1권 스프레드시트 실무

컴퓨터활용능력

1급 실기 엑셀 2021 사용자용

발 행 일	2024년 11월 15일 (1판 1쇄)
ISBN	979-11-92695-53-2 (13000)
정 가	38,000원
집 필	이상미, 김옥남, 장은영
진 행	김동주
본문디자인	디자인앨리스
발 행 처	(주)아카데미소프트
발 행 인	유성천
주 소	경기도 파주시 정문로 588번길 24
홈페이지	www.aso.co.kr / www.asotup.co.kr

※ 이 책은 저작권법에 따라 보호를 받는 저작물이므로 무단 전재와 무단 복제를 금지하며, 이 책 내용의 전부 또는 일부를 이용하려면 반드시 ㈜아카데미소프트의 서면동의를 받아야 합니다.

이 책의 구성

1단계 기출문제유형 완전분석하기

▶ 시험에 나오는 기능과 문제 유형을 따라하기 형식으로 설명

출제유형분석을 통해 학습 방법을 제시하였습니다.

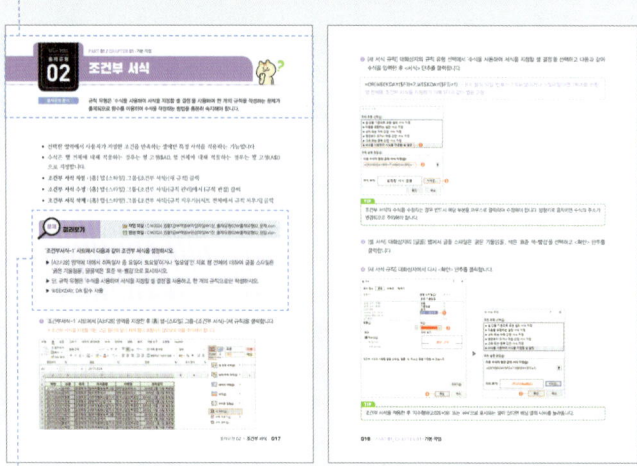

시험에 출제된 문제 유형과 함께 해결 방법을 따라하기 형식으로 설명하였습니다.

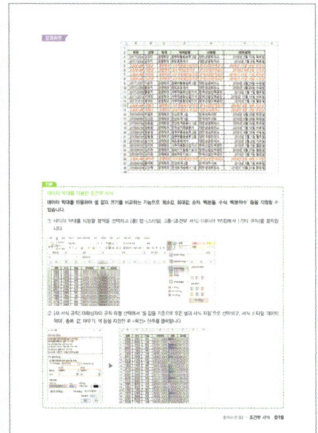

다양한 문제 유형과 해결 방법을 따라하기 형식으로 설명하였습니다.

2단계 ▶ 최신유형문제 따라하기

▶ 새롭게 변경된 시험 출제 유형에 맞게 단계별로 문제를 해결할 수 있도록 따라하기 형식으로 설명

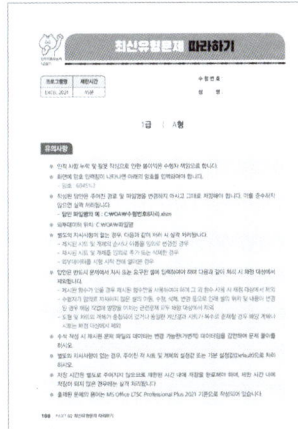
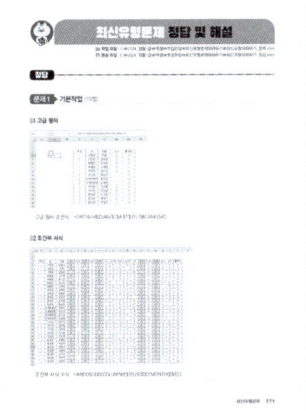
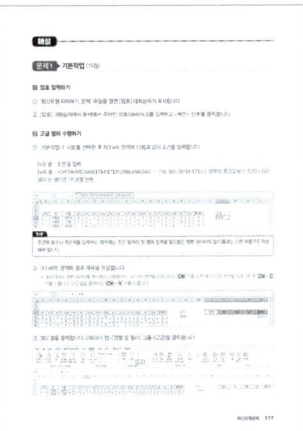

3단계 ▶ 실전모의고사 5회 / 최신기출유형 10회

▶ 완벽한 시험을 대비 할 수 있도록 문제와 정답, 해설 제공

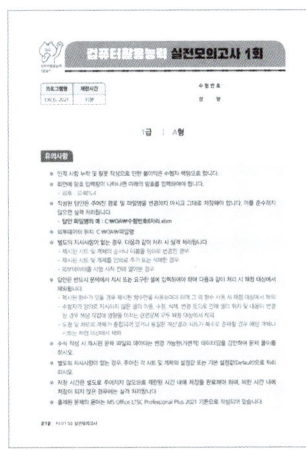

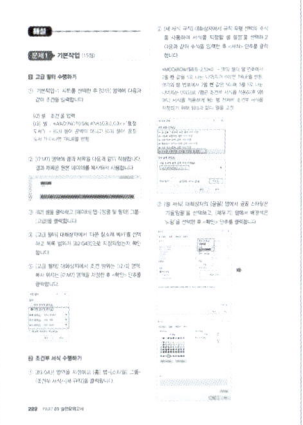

컴활1급 실기, 2024년도 시험변경사항 안내

2024년도 컴퓨터활용능력 1급 실기 시험안내

1 직무내용

컴퓨터와 주변기기를 이용하고, 인터넷을 사용하는 사무환경에서 스프레드시트, 데이터베이스 관리시스템 등의 응용 프로그램을 이용하여 필요한 정보를 수집, 분석, 활용하는 업무를 수행

2 시험안내

- **실기검정방법** : 컴퓨터 작업형(10문제 이내)
- **시험시간** : 90분

등급	시험방법	시험방법	출제형태	시험시간	합격기준
1급	필기 시험	컴퓨터 일반 스프레드시트 일반 데이터베이스 일반	객관식 (60문항)	60분	매 과목 100점 만점에 과목당 40점 이상이고, 평균 60점 이상
	실기 시험	스프레드시트 실무 데이터베이스 실무	컴퓨터 작업형 (10문항 이내)	90분 (과목별 45분)	100점 만점에 70점 이상
실기 프로그램					
Windows 10, Microsoft Office 2021					

※ 운영체제의 경우 Windows 7의 지원 종료로 Windows 10 기준을 적용함
※ 웹 브라우저의 경우 기술발달 및 산업현장의 수요에 따라 버전을 명시하지 않고 웹 브라우저의 공통 기능을 기준으로 적용함
※ 스프레드시트 및 데이터베이스 프로그램의 경우 기술발달 및 산업현장의 수요에 따라 Microsoft Office 2021 버전으로 업데이트함

3 2024 출제기준 주요 변경 내용

스프레드시트

- Microsoft Office 2021 버전 기준 적용에 따른 변경사항 반영
- 주로 사용되지 않는 함수 삭제 및 주로 사용되는 함수 추가

데이터베이스

- Microsoft Office 2021 버전 기준 적용에 따른 변경사항 반영

스프레드시트 함수 출제 범위 (1급)

구분	주요 함수
날짜와 시간함수	DATE, DATEVALUE, DAY, DAYS, EDATE, EOMONTH, HOUR, MINUTE, MONTH, NETWORKDAYS, NOW, SECOND, TIME, TODAY, WEEKDAY, WEEKNUM, WORKDAY, YEAR
논리 함수	AND, FALSE, IF, IFS, IFERROR, NOT, OR, TRUE, SWITCH
데이터베이스 함수	DAVERAGE, DCOUNT, DCOUNTA, DGET, DMAX, DMIN, DPRODUCT, DSTEDEV, DSUM, DVAR
문자열 함수	CONCAT, EXACT, FIND, FIXED, LEFT, LEN, LOWER, MID, PROPER, REPLACE, REPT, RIGHT, SEARCH, SUBSTITUTE, TEXT, TRIM, UPPER, VALUE
수학과 삼각함수	ABS, EXP, FACT, INT, MDETERM, MINVERSE, MMULT, MOD, PI, POWER, PRODUCT, QUOTIENT, RAND, RANDBETWEEN, ROUND, ROUNDDOWN, ROUNDUP, SIGN, SQRT, SUM, SUMIF, SUMIFS, SUMPRODUCT, TRUNC
재무함수	FV, NPV, PMT, PV, SLN, SYD
찾기와 참조함수	ADDRESS, AREAS, CHOOSE, COLUMN, COLUMNS, HLOOKUP, INDEX, INDIRECT, LOOKUP, MATCH, OFFSET, ROW, ROWS, TRANSPOSE, VLOOKUP, XLOOKUP, XMATCH
통계함수	AVERAGE, AVERAGEA, AVERAGEIF, AVERAGEIFS, COUNT, COUNTA, COUNTBLANK, COUNTIF, COUNTIFS, FREQUENCY, GEOMEAN, HARMEAN, LARGE, MAX, MAXA, MEDIAN, MIN, MINA, MODE.SNGL, PERCENTILE.INC, RANK.EQ, SMALL, STDEV.S, VAR.S
정보함수	CELL, ISBLANK, ISERR, ISERROR, ISEVEN, ISLOGICAL, ISNONTEXT, ISNUMBER, ISODD, ISTEXT, TYPE

목 차 CONTENTS

PART 01 기출문제유형 완전분석하기

CHAPTER 01 기본 작업
- 출제유형 01 고급 필터 ········· 010
- 출제유형 02 조건부 서식 ········· 017
- 출제유형 03 시트 보호와 페이지 레이아웃 ········· 023

CHAPTER 02 계산 작업
- 출제유형 01 날짜/시간 함수 ········· 038
- 출제유형 02 논리 함수 ········· 042
- 출제유형 03 문자열 함수 ········· 046
- 출제유형 04 통계 함수 ········· 050
- 출제유형 05 수학/삼각 함수 ········· 056
- 출제유형 06 찾기/참조 함수 ········· 060
- 출제유형 07 데이터베이스 함수 ········· 065
- 출제유형 08 재무 함수 ········· 069
- 출제유형 09 정보 함수 ········· 072
- 출제유형 10 배열 수식 ········· 076
- 출제유형 11 사용자 정의 함수 ········· 082

CHAPTER 03 분석 작업
- 출제유형 01 피벗 테이블 ········· 092
- 출제유형 02 데이터 도구와 필터 ········· 106

CHAPTER 04 기타작업
- 출제유형 01 차트 ········· 118
- 출제유형 02 매크로 ········· 128
- 출제유형 03 프로시저 ········· 155

PART 02 최신유형문제 따라하기

- 최신유형문제 ········· 166
  - ▶ 최신유형문제 정답 및 해설 ········· 171

PART 03 실전모의고사

- 실전모의고사 1회 ● 212
  - ▶ 실전모의고사 1회 정답 및 해설 ● 217
- 실전모의고사 2회 ● 236
  - ▶ 실전모의고사 2회 정답 및 해설 ● 241
- 실전모의고사 3회 ● 256
  - ▶ 실전모의고사 3회 정답 및 해설 ● 261
- 실전모의고사 4회 ● 276
  - ▶ 실전모의고사 4회 정답 및 해설 ● 281
- 실전모의고사 5회 ● 296
  - ▶ 실전모의고사 5회 정답 및 해설 ● 301

PART 04 최신기출유형

- 최신기출유형 1회 ● 318
  - ▶ 최신기출유형 1회 정답 및 해설 ● 323
- 최신기출유형 2회 ● 338
  - ▶ 최신기출유형 2회 정답 및 해설 ● 343
- 최신기출유형 3회 ● 356
  - ▶ 최신기출유형 3회 정답 및 해설 ● 361
- 최신기출유형 4회 ● 376
  - ▶ 최신기출유형 4회 정답 및 해설 ● 381
- 최신기출유형 5회 ● 396
  - ▶ 최신기출유형 5회 정답 및 해설 ● 401
- 최신기출유형 6회 ● 416
  - ▶ 최신기출유형 6회 정답 및 해설 ● 421
- 최신기출유형 7회 ● 436
  - ▶ 최신기출유형 7회 정답 및 해설 ● 441
- 최신기출유형 8회 ● 454
  - ▶ 최신기출유형 8회 정답 및 해설 ● 459
- 최신기출유형 9회 ● 474
  - ▶ 최신기출유형 9회 정답 및 해설 ● 479
- 최신기출유형 10회 ● 494
  - ▶ 최신기출유형 10회 정답 및 해설 ● 499

부록 시험에 자주 나오는 엑셀 함수 정리 함수사전

함수 사용 방법 알아보기

- 함수사전 01 날짜/시간 함수 ● 516
- 함수사전 02 논리 함수 ● 523
- 함수사전 03 문자열 함수 ● 527
- 함수사전 04 통계 함수 ● 536
- 함수사전 05 수학/삼각 함수 ● 548
- 함수사전 06 찾기/참조 함수 ● 557
- 함수사전 07 데이터베이스 함수 ● 564
- 함수사전 08 재무 함수 ● 569
- 함수사전 09 정보 함수 ● 572

컴퓨터활용능력
1급 실기

PART 01
기출문제유형 완전분석하기

CHAPTER 01

<기본 작업>

출제유형 01   고급 필터

출제유형 02   조건부 서식

출제유형 03   시트 보호와 페이지 레이아웃

PART 01 / CHAPTER 01 · 기본 작업

고급 필터

출제유형 분석 함수를 이용한 하나의 수식으로 조건을 입력한 후 조건에 맞는 '전체 자료'를 필터링하거나, 특정 자료만 필터링하는 문제가 출제되므로 이를 충분히 숙지해야 합니다.

- 여러 필드를 결합하여 복잡한 조건을 지정하거나 필터링 결과를 다른 위치에 복사하는 경우에 사용합니다.
- 조건은 지시사항에서 지정된 영역에 함수를 이용하여 하나의 수식으로 입력합니다.
- 특정 필드가 지정된 경우 고급 필터를 실행하기 전에 미리 해당 필드명을 복사해야 합니다.
- [데이터] 탭-[정렬 및 필터] 그룹-[고급] 클릭
- [고급 필터] 대화상자

① **현재 위치에 필터** : 복사 위치를 지정하지 않고 현재 위치에 필터링 결과를 표시
② **다른 장소에 복사** : 복사 위치를 미리 지정하고 복사 위치에 필터링 결과를 표시
③ **목록 범위** : 원본 데이터 목록에서 필터링을 적용할 범위를 지정(반드시 제목 행 포함)
④ **조건 범위** : 조건이 입력된 범위를 지정
⑤ **복사 위치** : '다른 장소에 복사'를 선택한 경우 필터링 결과를 표시할 위치를 지정, 특정 자료만 추출하는 경우에는 추출할 자료의 필드명을 입력한 후 해당 필드명을 복사 위치로 지정

📁 **작업 파일** : C:₩2024_컴활1급₩엑셀₩작업파일₩1장_출제유형01₩출제유형01_문제.xlsm
📗 **완성 파일** : C:₩2024_컴활1급₩엑셀₩완성파일₩1장_출제유형01₩출제유형01_정답.xlsx

'고급필터-1' 시트에서 다음과 같이 고급 필터 작업을 수행하시오.

▶ [A2:F28] 영역에서 시행청이 '대한상공회의소'이거나 자격증명이 '2급'으로 끝나는 자료를 표시하시오.
▶ 조건은 [A30:A31] 영역에 입력하시오. (OR, RIGHT 함수 사용)
▶ 결과는 [A35] 셀부터 표시하시오.

❶ '고급필터-1' 시트를 선택한 후 [A30:A31] 영역에 다음과 같이 조건을 입력합니다.

[A30] 셀 : '조건'을 입력
[A31] 셀 : =OR(E3="대한상공회의소", RIGHT(D3,2)="2급") → [E3] 셀이 '대한상공회의소'이거나 [D3] 셀의 마지막 2글자가 '2급'이면 TRUE를 반환

TIP
조건이 함수나 계산식으로 입력되는 경우 조건 범위의 첫 행에 입력할 필드명은 원본 데이터의 필드명과는 다른 이름으로 작성해야 하므로 '조건'이라고 입력합니다.

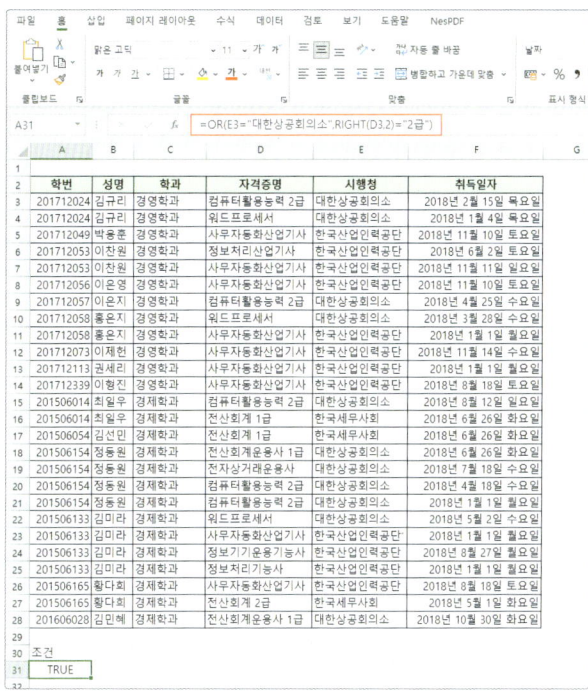

❷ [A2] 셀을 클릭하고 [데이터] 탭-[정렬 및 필터] 그룹-[고급]을 클릭합니다.

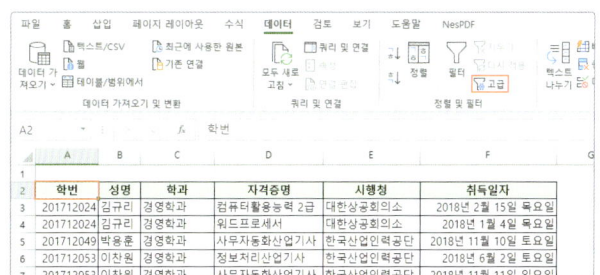

❸ [고급 필터] 대화상자에서 '다른 장소에 복사'를 선택하고 목록 범위가 [A2:F28]로 지정되었는지 확인합니다.

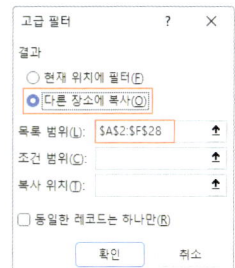

TIP
목록 범위는 원본 데이터가 들어있는 범위로 반드시 제목 행을 포함하여 지정합니다.

❹ 조건 범위는 [A30:A31] 영역, 복사 위치는 [A35] 셀을 지정한 후 <확인> 단추를 클릭합니다.

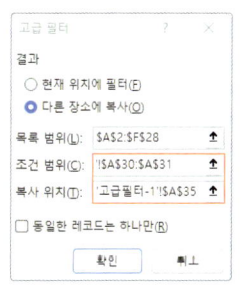

TIP
추출할 필드가 별도로 지정되지 않은 경우 '복사 위치'는 문제에서 지시된 결과 셀(예 : [A35])을 선택합니다.

결과화면

TIP

특정 필드만 추출하기

① 고급 필터의 결과를 전체가 아닌 특정 자료만 추출하는 경우에는 해당 필드명을 복사하여 사용합니다.

※ [A2:C2] 영역을 드래그하고 **Ctrl** 키를 누른 상태에서 [F2] 셀을 클릭한 후 **Ctrl** + **C** 키를 눌러 복사합니다. [A35] 셀에서 **Ctrl** + **V** 키를 눌러 붙여넣기 합니다.

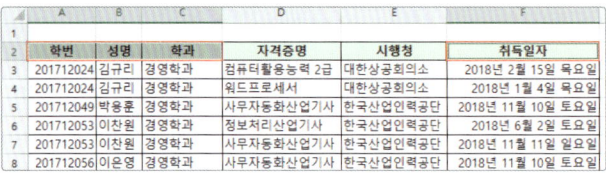 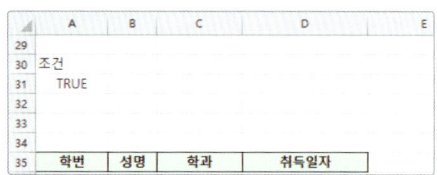

② [A2] 셀을 클릭하고 [데이터] 탭-[정렬 및 필터] 그룹-[고급]을 클릭합니다. [고급 필터] 대화상자에서 범위 및 복사 위치를 다음과 같이 지정합니다.

③ 학번, 성명, 학과, 취득일자 필드만 추출된 것을 확인합니다.

결과화면

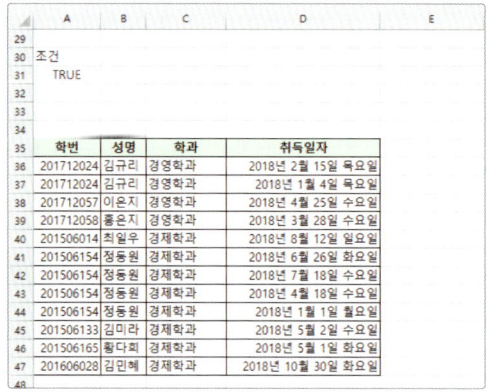

출제유형 완전정복 ▶ 고급 필터

완전정복 - 01

📁 **작업 파일** : C:₩2024_컴활1급₩엑셀₩작업파일₩1장_출제유형01₩완전정복01_문제.xlsm
📊 **완성 파일** : C:₩2024_컴활1급₩엑셀₩완성파일₩1장_출제유형01₩완전정복01_정답.xlsm

'고급필터-2' 시트에서 다음과 같이 고급 필터 작업을 수행하시오.

▶ [A2:F27] 영역에서 직급이 '과장'이 아니면서 연봉이 중간값보다 큰 자료를 '성명', '연봉', '입사일' 열만 순서대로 표시하시오.
▶ 조건은 [H2:H3] 영역에 입력하시오. (AND, NOT, MEDIAN 함수 사용)
▶ 결과는 [H5] 셀부터 표시하시오.

● 작업과정

1 '고급필터-2' 시트를 선택한 후 [H2:H3] 영역에 다음과 같이 조건을 입력합니다.

[H2] 셀 : '조건'을 입력
[H3] 셀 : =AND(NOT(C3="과장"), E3>MEDIAN($E$3:$E$27)) → [C3] 셀이 '과장'이 아니고 [E3] 셀이 중간값(MEDIAN)보다 크면 TRUE를 반환

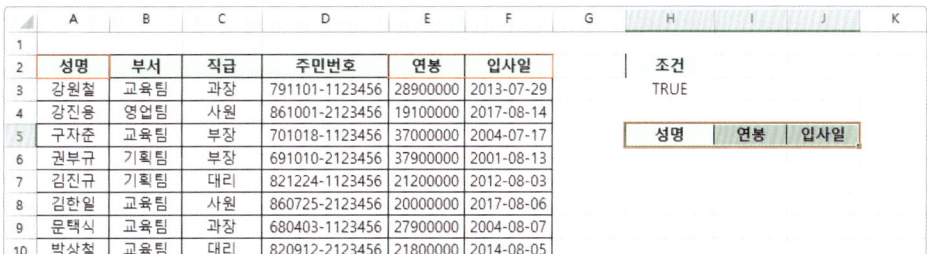

2 [H5:J5] 영역에 특정 자료만 추출할 필드명을 작성합니다. 필드명은 원본 데이터를 복사해서 사용합니다.

※ [A2] 셀을 클릭하고 **Ctrl** 키를 누른 채 [E2:F2] 영역을 드래그한 후 **Ctrl** + **C** 키를 눌러 복사합니다. [H5] 셀을 클릭하고 **Ctrl** + **V** 키를 눌러 붙여넣기 합니다.

3 [A2] 셀을 클릭하고 [데이터] 탭-[정렬 및 필터] 그룹-[고급]을 클릭합니다.

4 [고급 필터] 대화상자에서 '다른 장소에 복사'를 선택합니다. 목록 범위는 [A2:F27] 영역, 조건 범위는 [H2:H3] 영역, 복사 위치는 [H5:J5] 영역을 지정한 후 <확인> 단추를 클릭합니다.

TIP
추출 결과에 '####'이 표시되면 열 너비가 좁다는 의미이므로 열 머리글 경계선에서 드래그하여 열 너비를 늘려줍니다.

결과화면

완전정복 - 02

📂 **작업 파일** : C:₩2024_컴활1급₩엑셀₩작업파일₩1장_출제유형01₩완전정복_02문제.xlsm
📄 **완성 파일** : C:₩2024_컴활1급₩엑셀₩완성파일₩1장_출제유형01₩완전정복_02정답.xlsm

'고급필터-3' 시트에서 다음과 같이 고급필터 작업을 수행하시오.

▶ [A2:F20] 영역에서 '생년월일'의 연도가 1995 이상이고, 면접시간이 12시 이후인 데이터의 '성명', '생년월일', '지원부서', '면접시간' 열만 순서대로 표시하시오.
▶ 조건은 [A23:A24] 영역 내에 알맞게 입력하시오.(AND, YEAR 함수 사용)
▶ 결과는 [A26] 열부터 표시하시오.

● 작업과정 ●

1 '고급필터-3' 시트를 선택한 후 [A23:A24] 영역에 다음과 같이 조건을 입력합니다.

[A23] 셀 : '조건'을 입력
[A24] 셀 : =AND(YEAR(C3)>=1995,F3>=0.5) → [C3] 셀의 연도가 1995 이상이고 [F3] 셀의 값이 0.5 이상이면 TRUE를 반환, 오전 12시는 0, 오전 6시는 0.25, 오후 12시는 0.5, 오후 6시는 0.75입니다.
※ 시간을 입력(12:00 pm)한 후 Ctrl + 1 키를 눌러 [셀 서식] 대화상자가 나오면 범주를 '일반'으로 지정하여 값(0.5)을 확인할 수 있습니다.

2　[A26:D26] 영역에 특정 자료만 추출할 필드명을 작성합니다.

※ 필드명은 원본 데이터를 복사해서 사용합니다. [B2:C2] 영역을 드래그하고 Ctrl 키를 누른 채 [E2:F2] 영역을 드래그한 후 Ctrl + C 키를 누릅니다. [A26] 셀을 클릭하고 Ctrl + V 키를 누릅니다.

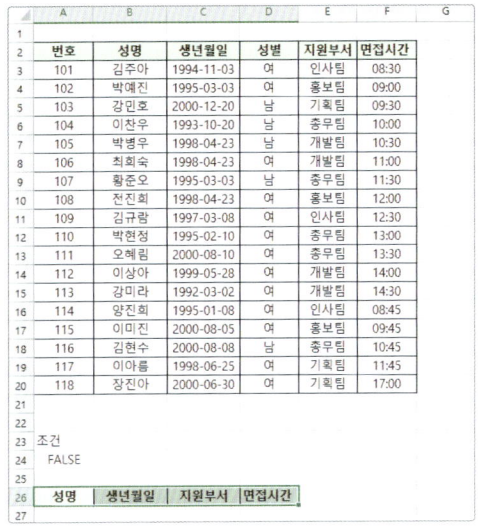

3　[A2] 셀을 클릭하고 [데이터] 탭-[정렬 및 필터] 그룹-[고급]을 클릭합니다.

4　[고급 필터] 대화상자에서 '다른 장소에 복사'를 선택하고 다음과 같이 범위 및 복사 위치를 지정한 후 <확인> 단추를 클릭합니다.

- 목록 범위 : [A2:F20]
- 조건 범위 : [A23:A24]
- 복사 위치 : [A26:D26]

결과화면

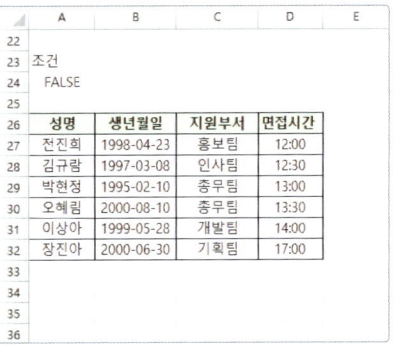

시험에 출제되는 유형 연습

❶ '시험일'[B3]의 연도가 2020년이고 '3월'[D3] 또는 '4월'[E3]의 점수가 80 이상인 행만을 대상으로 표시하시오.(YEAR, AND, OR 함수 사용)

=AND(YEAR(B3)=2020,OR(D3>=80,E3>=80))

❷ '취업률'[I5:I15]의 순위가 1~5위에 해당하는 행만을 대상으로 표시하시오.(RANK.EQ, AND 함수 사용)

=AND(RANK.EQ(I5,$I$5:$I$15)>=1,RANK.EQ(I5,$I$5:$I$15)<=5)

❸ '판매금액'[F3:F24]이 전체 '판매금액' 평균 이상이거나 물품코드[B3]의 앞 두 글자가 "AQ"인 행만을 대상으로 표시하시오. (OR, LEFT, AVERAGE 함수 사용)

=OR(F3>=AVERAGE($F$3:$F$24),LEFT(B3,2)="AQ")

❹ '출석수'[T3:T30]가 출석수의 중간값보다 작거나 '10/4'[P3]일이 빈 셀인 행만을 대상으로 표시하시오.(ISBLANK, OR, MEDIAN 함수 사용)

=OR(T3<MEDIAN($T$3:$T$30),ISBLANK(P3))

❺ '지점명'[B3]이 "충" 자로 시작하거나 글자수가 2글자인 행만을 대상으로 표시하시오.(LEFT, LEN, OR 함수 사용)

=OR(LEFT(B3,1)="충",LEN(B3)=2)

PART 01 / CHAPTER 01 · 기본 작업

조건부 서식

출제유형 분석 규칙 유형은 '수식을 사용하여 서식을 지정할 셀 결정'을 사용하여 한 개의 규칙을 작성하는 문제가 출제되므로 함수를 이용하여 수식을 작성하는 방법을 충분히 숙지해야 합니다.

- 선택한 영역에서 사용자가 지정한 조건을 만족하는 셀에만 특정 서식을 적용하는 기능입니다.
- 수식은 행 전체에 대해 적용하는 경우는 열 고정($A1), 열 전체에 대해 적용하는 경우는 행 고정(A$1) 으로 지정합니다.
- 조건부 서식 지정 : [홈] 탭-[스타일] 그룹-[조건부 서식]-[새 규칙] 클릭
- 조건부 서식 수정 : [홈] 탭-[스타일] 그룹-[조건부 서식]-[규칙 관리]에서 [규칙 편집] 클릭
- 조건부 서식 삭제 : [홈] 탭-[스타일] 그룹-[조건부 서식]-[규칙 지우기]-[시트 전체에서 규칙 지우기] 클릭

📂 작업 파일 : C:\2024_컴활1급\엑셀\작업파일\1장_출제유형02\출제유형02_문제.xlsm
📂 완성 파일 : C:\2024_컴활1급\엑셀\완성파일\1장_출제유형02\출제유형02_정답.xlsm

'조건부서식-1' 시트에서 다음과 같이 조건부 서식을 설정하시오.

▶ [A3:F28] 영역에 대해서 취득일자 중 요일이 '토요일'이거나 '일요일'인 자료 행 전체에 대하여 글꼴 스타일은 '굵은 기울임꼴', 글꼴색은 '표준 색-빨강'으로 표시하시오.
▶ 단, 규칙 유형은 '수식을 사용하여 서식을 지정할 셀 결정'을 사용하고, 한 개의 규칙으로만 작성하시오.
▶ WEEKDAY, OR 함수 사용

❶ '조건부서식-1' 시트에서 [A3:F28] 영역을 지정한 후 [홈] 탭-[스타일] 그룹-[조건부 서식]-[새 규칙]을 클릭합니다.
※ 조건부 서식을 지정할 때는 고급 필터와 달리 제목 행이 포함되지 않으므로 이를 주의해야 합니다.

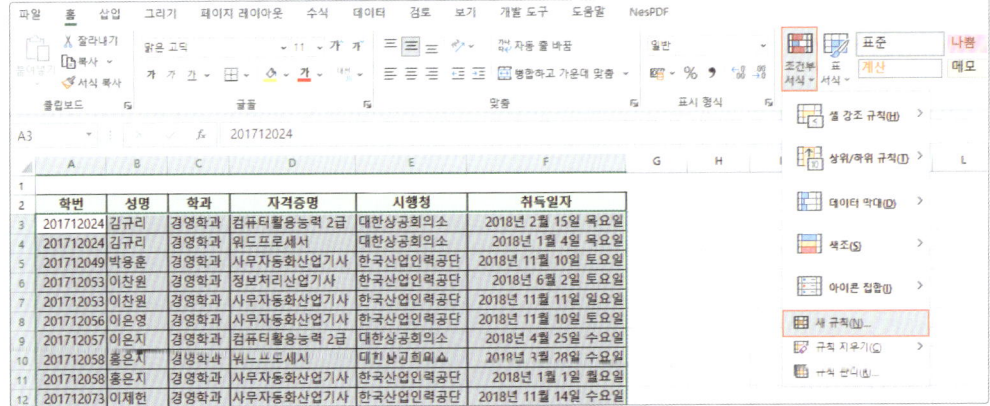

❷ [새 서식 규칙] 대화상자의 규칙 유형 선택에서 '수식을 사용하여 서식을 지정할 셀 결정'을 선택하고 다음과 같이 수식을 입력한 후 <서식> 단추를 클릭합니다.

> =OR(WEEKDAY($F3)=7,WEEKDAY($F3)=1) → [F3] 셀의 요일 번호가 7(토요일)이거나 1(일요일)이면 TRUE를 반환,
> 행 전체에 조건부 서식을 지정하기 위해 $F3과 같이 열을 고정

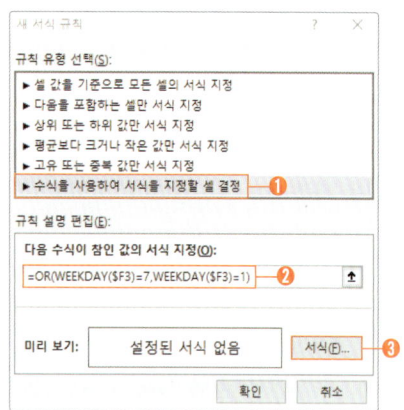

TIP
조건부 서식의 수식을 수정하는 경우 반드시 해당 부분을 마우스로 클릭하여 수정해야 합니다. 방향키로 움직이면 수식의 주소가 변경되므로 주의해야 합니다.

❸ [셀 서식] 대화상자의 [글꼴] 탭에서 글꼴 스타일은 '굵은 기울임꼴', 색은 '표준 색-빨강'을 선택하고 <확인> 단추를 클릭합니다.

❹ [새 서식 규칙] 대화상자에서 다시 <확인> 단추를 클릭합니다.

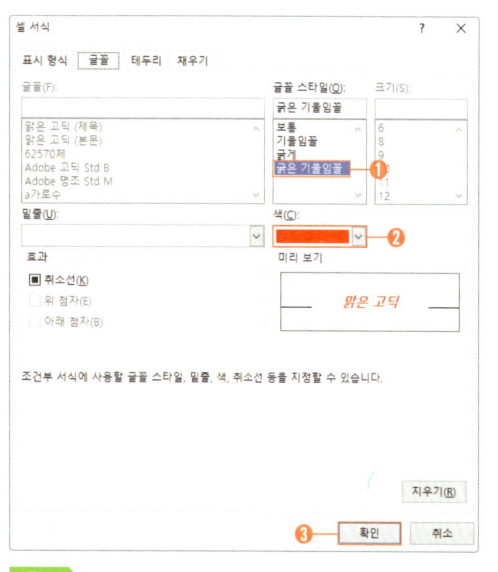 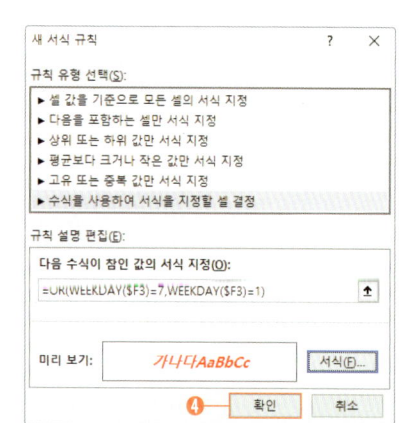

TIP
조건부 서식을 적용한 후 '지수형태(2.02E+08)' 또는 '###'으로 표시되는 열이 있다면 해당 열의 너비를 늘려줍니다.

결과화면

TIP

데이터 막대를 이용한 조건부 서식

데이터 막대를 이용하여 셀 값의 크기를 비교하는 기능으로 '최소값, 최대값, 숫자, 백분율, 수식, 백분위수' 등을 지정할 수 있습니다.

① 데이터 막대를 지정할 영역을 선택하고 [홈] 탭-[스타일] 그룹-[조건부 서식]-[데이터 막대]에서 [기타 규칙]을 클릭합니다.

② [새 서식 규칙] 대화상자의 규칙 유형 선택에서 '셀 값을 기준으로 모든 셀의 서식 지정'으로 선택하고, 서식 스타일 '데이터 막대', 종류, 값, 채우기, 색 등을 지정한 후 <확인> 단추를 클릭합니다.

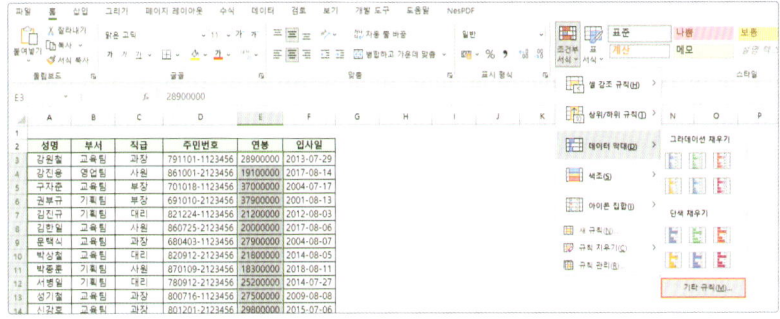

출제유형 완전정복 ▶ 조건부 서식

완전정복 - 01

📁 **작업 파일** : C:₩2024_컴활1급₩엑셀₩작업파일₩1장_출제유형02₩완전정복01_문제.xlsm
📁 **완성 파일** : C:₩2024_컴활1급₩엑셀₩완성파일₩1장_출제유형02₩완전정복01_정답.xlsm

'조건부서식-2' 시트에서 다음과 같이 조건부 서식을 설정하시오.

▶ [A3:F27] 영역에 대해서 부서가 '기획팀'이면서 근무기간이 '5년'을 초과하는 자료 행 전체에 대하여 글꼴 스타일은 '굵은 기울임꼴', 글꼴색은 '표준 색-파랑'으로 표시하시오.
▶ 단, 규칙 유형은 '수식을 사용하여 서식을 지정할 셀 결정'을 사용하고, 한 개의 규칙으로만 작성하시오.
▶ YEAR, TODAY, AND 함수 사용
▶ 근무기간 = 올해 연도-입사 연도

작업과정

1. '조건부서식-2' 시트에서 [A3:F27] 영역을 지정한 후 [홈] 탭-[스타일] 그룹-[조건부 서식]-[새 규칙]을 클릭합니다.

2. [새 서식 규칙] 대화상자의 규칙 유형 선택에서 '수식을 사용하여 서식을 지정할 셀 결정'을 선택하고 다음과 같이 수식을 입력한 후 <서식> 단추를 클릭합니다.

=AND($B3="기획팀",YEAR(TODAY())-YEAR($F3)>5) → [B3] 셀이 "기획팀"이고 현재 날짜의 연도에서 [F3] 셀의 연도를 뺀 값이 5를 초과하면 TRUE를 반환, 행 전체에 조건부 서식을 지정하기 위해 $B3과 같이 열을 고정

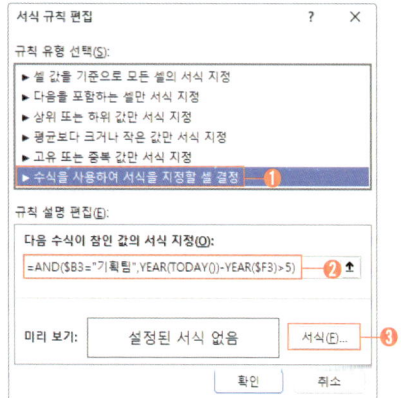

3. [셀 서식] 대화상자의 [글꼴] 탭에서 글꼴 스타일은 '굵은 기울임꼴', 색은 '표준 색-파랑'을 선택하고 <확인> 단추를 클릭합니다.

4. [새 서식 규칙] 대화상자에서 다시 <확인> 단추를 클릭합니다.

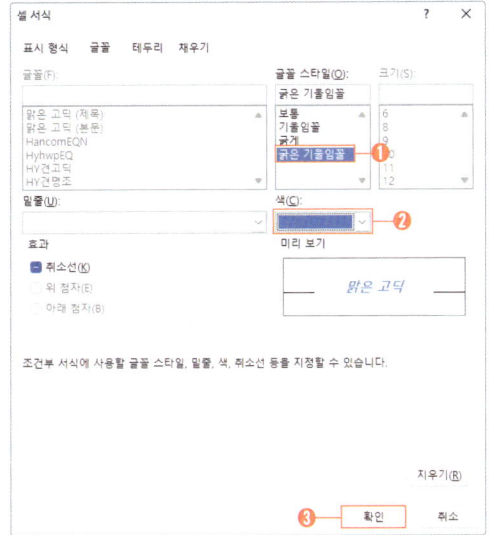
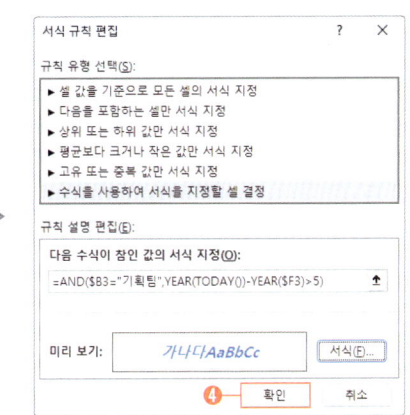

결과화면

	A	B	C	D	E	F
2	성명	부서	직급	주민번호	연봉	입사일
3	강원철	교육팀	과장	791101-1123456	28900000	2013-07-29
4	강진용	영업팀	사원	861001-2123456	19100000	2017-08-14
5	구자준	교육팀	부장	701018-1123456	37000000	2004-07-17
6	*권부규*	*기획팀*	*부장*	*691010-2123456*	*37900000*	*2001-08-13*
7	*김진규*	*기획팀*	*대리*	*821224-1123456*	*21200000*	*2012-08-03*
8	김한일	교육팀	사원	860725-2123456	20000000	2017-08-06
9	문택식	교육팀	과장	680403-1123456	27900000	2004-08-07
10	박상철	교육팀	대리	820912-2123456	21800000	2014-08-05
11	*박종훈*	*기획팀*	*사원*	*870109-2123456*	*18300000*	*2018-08-11*
12	*서병일*	*기획팀*	*대리*	*780912-2123456*	*25200000*	*2014-07-27*
13	성기철	교육팀	과장	800716-1123456	27500000	2009-09-08
14	신강호	교육팀	과장	801201-1123456	29800000	2015-07-06
15	오명진	교육팀	대리	831111-1123456	22200000	2015-08-10
16	윤성현	영업팀	부장	701212-1123456	35200000	1999-09-08
17	이기호	영업팀	사원	820303-1123456	23300000	2006-07-29
18	이병호	홍보팀	사원	860516-2123456	19200000	2017-08-04
19	이영성	영업팀	사원	860326-2123456	19500000	2017-08-05
20	*이영주*	*기획팀*	*대리*	*810101-2123456*	*21600000*	*2014-07-21*
21	이한재	교육팀	과장	841213-1123456	30200000	2012-08-05
22	이현우	영업팀	대리	900108-1123456	23000000	2014-07-26
23	장정미	홍보팀	대리	911010-2123456	23300000	2004-08-07
24	*조한열*	*기획팀*	*사원*	*900110-2123456*	*21000000*	*2016-07-27*
25	최준섭	홍보팀	부장	740823-1123456	25100000	2003-08-09
26	*한영환*	*기획팀*	*과장*	*820617-2123456*	*27600000*	*2005-07-28*
27	한재혁	홍보팀	사원	770205-1123456	18600000	2018-07-16

TIP
조건부 서식에 TODAY 함수를 사용했기 때문에 조건부 서식 결과가 다를 수 있습니다.

시험에 출제되는 유형 연습

① '입고일자'[C3]의 월이 5 또는 6이고, 가격[D3]이 30,000 이상인 행 전체에 대하여 글꼴 스타일 '굵은 기울임꼴', 글꼴 색 '표준 색-파랑'으로 적용하시오.(MONTH, AND, OR 함수 사용)

=AND(OR(MONTH($C3)=5,MONTH($C3)=6),$D3>=30000)

② '취업률'[I5]이 전체 '취업률'[I5:I15]의 평균 이상이고 '성별'[C5]이 "여"인 행 전체에 대하여 글꼴 스타일 '굵은 기울임꼴', 글꼴 색 '표준 색-파랑'으로 적용하시오.(AVERAGE, AND 함수 사용)

=AND($I5>=AVERAGE($I$5:$I$15),$C5="여")

③ '환자코드'[B4]의 끝자리가 "1"로 끝나고 '진료과목'[F4]의 전체 글자수가 3글자인 행 전체에 대하여 글꼴 스타일을 '굵게', 글꼴 색을 '표준 색-빨강'으로 적용하시오.(AND, RIGHT, LEN 함수 사용)

=AND(RIGHT($B4,1)="1",LEN($F4)=3)

④ 해당 열 번호가 홀수이면서 [E2:S2] 영역의 월이 홀수인 열 전체에 대하여 채우기 색을 '표준 색-노랑'으로 적용하시오. (AND, COLUMN, ISODD, MONTH 함수 사용)

=AND(ISODD(COLUMN()),ISODD(MONTH(E$2)))

⑤ '기타'[I3]의 공백을 제외한 앞 세 글자와 '점수'[G3]를 곱한 값과 '반영점수'[H3]가 같지 않은 전체 행에 대해서 글꼴 스타일은 '굵게', 채우기 색은 '표준 색-노랑'으로 적용하시오.(LEFT, TRIM 함수 사용)

=LEFT(TRIM($I3),3)*$G3<>$H3

PART 01 / CHAPTER 01 · 기본 작업

시트 보호와 페이지 레이아웃

출제유형 분석

셀이나 차트의 잠금과 수식 숨기기를 적용하여 셀의 내용과 워크시트를 보호하거나 페이지 나누어 보기로 표시하고 페이지 나누기 구분선을 조정하는 문제와 용지 방향, 배율, 여백, 머리글/바닥글, 인쇄 영역, 반복할 행/열 등을 지정하는 다양한 유형의 문제가 출제되므로 이를 충분히 숙지해야 합니다.

 **시트 보호와 통합 문서 보기**

- 사용자가 실수나 의도적으로 중요한 데이터를 변경, 이동, 삭제하는 것을 막기 위해 특정 워크시트 또는 통합 문서 요소를 보호하는 기능입니다.
- [셀 서식] 대화상자-[보호] 탭에서 '잠금', '숨김'을 체크
- **시트 보호** : [검토] 탭-[보호] 그룹-[시트 보호]에서 '잠긴 셀 선택', '잠기지 않은 셀 선택'을 체크
- **통합 문서 보호** : [검토] 탭-[보호] 그룹-[통합 문서 보호]에서 '구조'를 체크
- **페이지 나누기 보기** : [보기] 탭-[통합 문서 보기] 그룹-[페이지 나누기 미리 보기]를 클릭

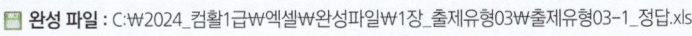

📁 **작업 파일** : C:₩2024_컴활1급₩엑셀₩작업파일₩1장_출제유형03₩출제유형03-1_문제.xlsm
📁 **완성 파일** : C:₩2024_컴활1급₩엑셀₩완성파일₩1장_출제유형03₩출제유형03-1_정답.xlsm

'시트보호-1' 시트에서 다음과 같이 시트 보호와 통합 문서 보기를 설정하시오.

▶ [G3:G28] 영역에 셀 잠금과 수식 숨기기를 적용한 후 잠긴 셀의 내용과 워크시트를 보호하시오.
▶ 잠긴 셀의 선택과 잠금 해제된 셀의 선택은 허용하고, 시트 보호 해제 암호는 지정하지 마시오.
▶ 통합 문서에 워크시트의 삽입, 삭제, 이동, 이름 바꾸기를 할 수 없도록 구조만 보호하시오.
▶ '시트보호-1' 시트를 페이지 나누기 보기로 표시하고, [A2:G28] 영역만 1페이지로 인쇄되도록 페이지 나누기 구분선을 조정하시오.

Skill 01 셀 잠금과 수식 숨기기

① '시트보호-1' 시트를 선택하고 [G3:G28] 영역을 지정한 후 마우스 오른쪽 단추를 눌러 [셀 서식]을 클릭합니다.

② [셀 서식] 대화상자의 [보호] 탭에서 '잠금'과 '숨김'을 체크한 후 <확인> 단추를 클릭합니다.

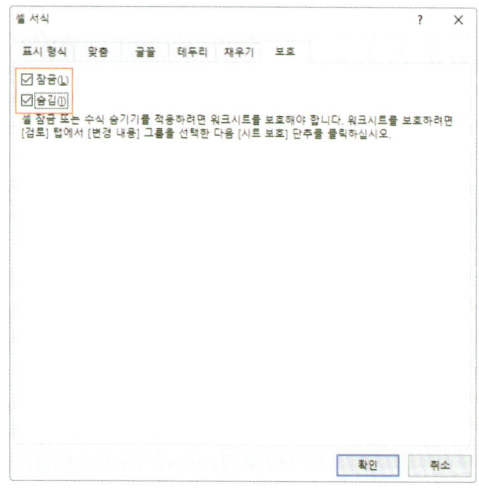

> **TIP**
> **잠금과 숨김**
> - **잠금** : 선택한 셀이 변경, 이동, 삭제되지 않도록 보호합니다.
> - **숨김** : 수식 입력줄에 수식이 표시되지 않도록 셀의 수식을 숨깁니다.
> - 잠금과 숨김을 선택해도 시트를 보호하지 않으면 아무 효과가 없으므로 보호 항목을 선택한 후 [검토] 탭-[보호] 그룹-[시트 보호]를 선택하여 지정합니다.

Skill 02 시트 보호와 통합 문서 보호

❶ [검토] 탭-[보호] 그룹-[시트 보호]를 클릭합니다. [시트 보호] 대화상자에서 '잠긴 셀 선택', '잠금 해제된 셀 선택'을 체크한 후 <확인> 단추를 클릭합니다.

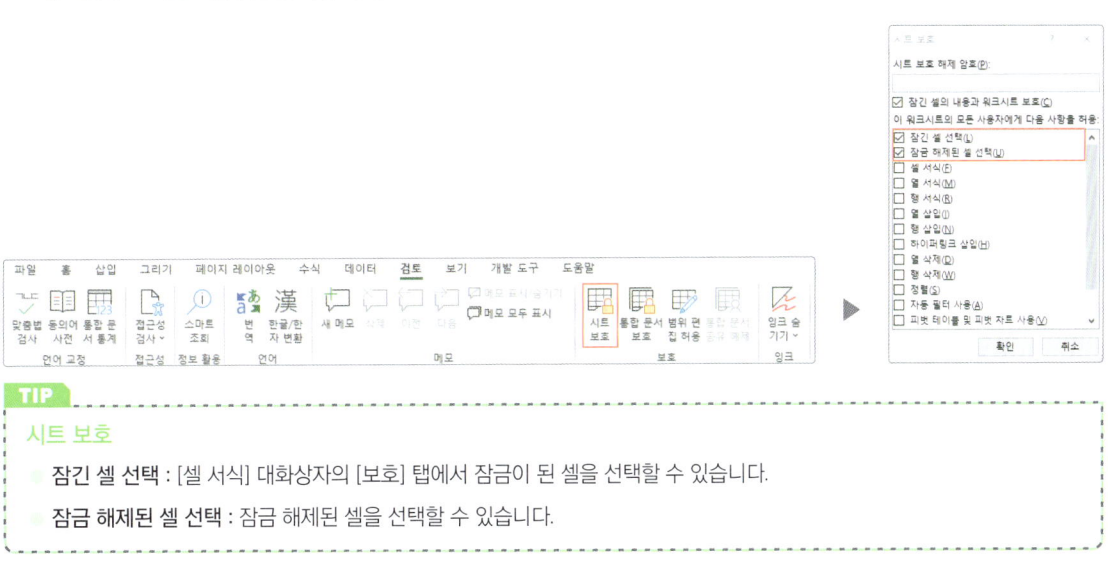

> **TIP**
> **시트 보호**
> - **잠긴 셀 선택** : [셀 서식] 대화상자의 [보호] 탭에서 잠금이 된 셀을 선택할 수 있습니다.
> - **잠금 해제된 셀 선택** : 잠금 해제된 셀을 선택할 수 있습니다.

❷ [검토] 탭-[보호] 그룹-[통합 문서 보호]를 클릭합니다. [구조 및 창 보호] 대화상자의 보호할 대상에서 '구조'를 체크한 후 <확인> 단추를 클릭합니다.

> **TIP**
> 엑셀 2021에서는 창 보호 기능을 폐지했으므로 [구조 및 창 보호] 대화상자에서 '창'은 비활성화 되어 선택할 수 없습니다.

Skill 03 페이지 나누기 미리보기

❶ [보기] 탭-[통합 문서 보기] 그룹-[페이지 나누기 미리 보기]를 클릭하여 페이지 나누기 보기로 표시합니다.

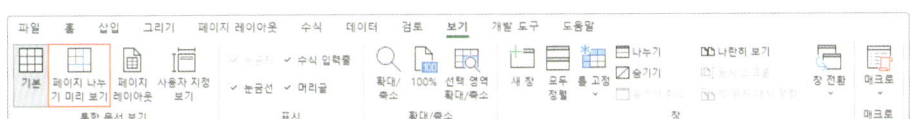

❷ 파란색 점선으로 표시된 페이지 구분선 위에 마우스 포인터를 놓고 G열로 드래그하여 페이지 구분선 위치를 조정합니다.

• 결과 •

❶ [G3:G28] 영역의 수식이 수식 입력줄에 나타나지 않으며 Delete 키를 누르면 다음과 같은 오류 메시지가 표시됩니다.

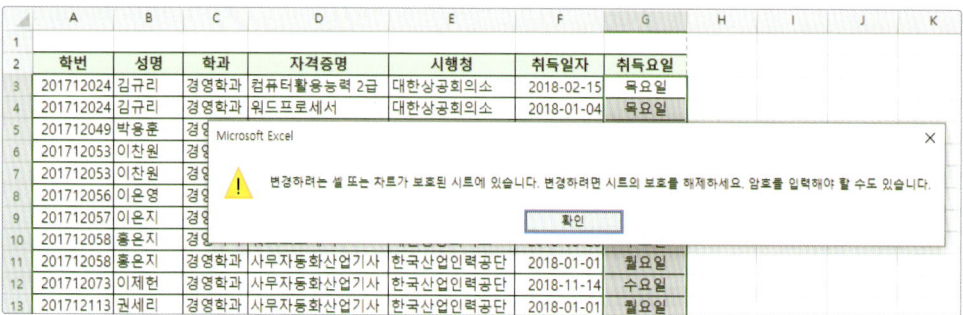

❷ '시트보호-1' 시트 탭에서 마우스 오른쪽 단추를 누르면 삽입, 삭제, 이름 바꾸기, 이동/복사 등이 비활성화되어 표시됩니다.

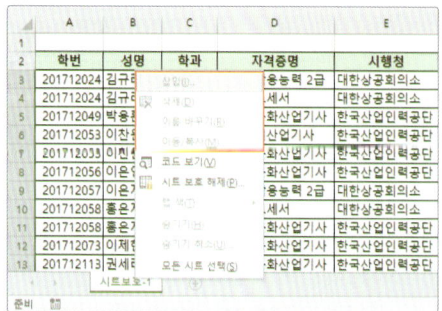

❸ [A2:G28] 영역이 파란색 실선 안에 표시되어 '1페이지'로 맞춰집니다.

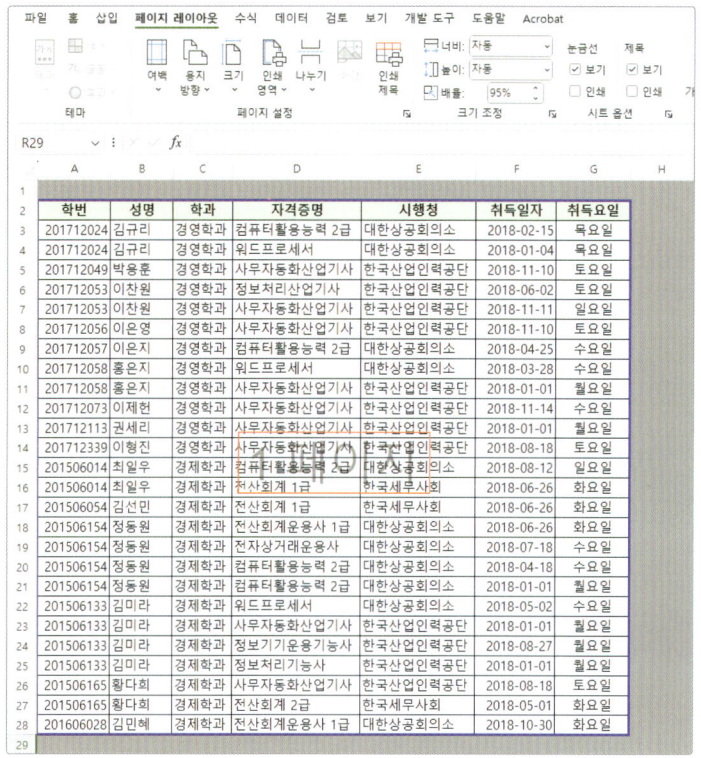

유형체크 02   페이지 레이아웃

- 워크시트를 인쇄하기 위해 용지 방향, 배율, 여백, 머리글/바닥글, 인쇄 영역, 반복할 행/열 등을 지정하는 기능입니다.
- [페이지 레이아웃] 탭-[페이지 설정] 그룹- (대화상자 표시 아이콘) 클릭

📁 작업 파일 : C:₩2024_컴활1급₩엑셀₩작업파일₩1장_출제유형03₩출제유형03-2_문제.xlsm
📁 완성 파일 : C:₩2024_컴활1급₩엑셀₩완성파일₩1장_출제유형03₩출제유형03-2_정답.xlsm

'페이지레이아웃-1' 시트에서 다음과 같이 페이지 레이아웃을 설정하시오.

▶ 인쇄될 내용이 페이지의 정 가운데에 인쇄되도록 페이지 가운데 맞춤을 설정하시오.
▶ 매 페이지 하단의 오른쪽 구역에는 페이지 번호가 [표시 예]와 같이 표시되도록 바닥글을 설정하시오.
 [표시 예 : 현재 페이지 번호가 1이면 → 1 페이지]
▶ 용지 방향을 '가로', 용지 너비, 용지 높이가 1 페이지로 인쇄될 수 있도록 자동 맞춤을 설정하시오.

Skill 01 페이지 가운데 맞춤

① '페이지레이아웃-1' 시트에서 [페이지 레이아웃] 탭-[페이지 설정] 그룹의 (대화상자 표시 아이콘)을 클릭합니다.

② [페이지 설정] 대화상자의 [여백] 탭에서 페이지 가운데 맞춤의 '가로'와 '세로'를 체크합니다.

Skill 02 바닥글 설정

① [페이지 설정] 대화상자에서 [머리글/바닥글] 탭을 선택하고 <바닥글 편집> 단추를 클릭합니다.

② [바닥글] 대화상자의 오른쪽 구역에서 (페이지 번호 삽입)을 클릭하고 Space Bar 키를 눌러 한 칸 띄운 후 '페이지'를 입력한 다음 <확인> 단추를 클릭합니다.

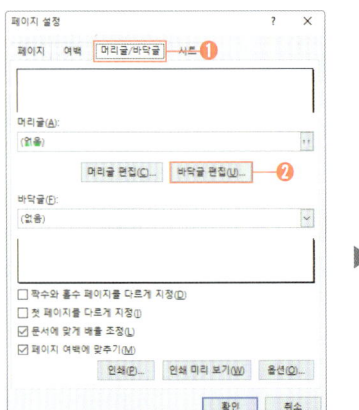

Skill 03 자동 맞춤

① [페이지 설정] 대화상자에서 [페이지] 탭을 선택합니다. 용지 방향을 '가로', 자동 맞춤을 선택하고 용지 너비와 용지 높이를 '1'로 지정한 후 <확인> 단추를 클릭합니다.

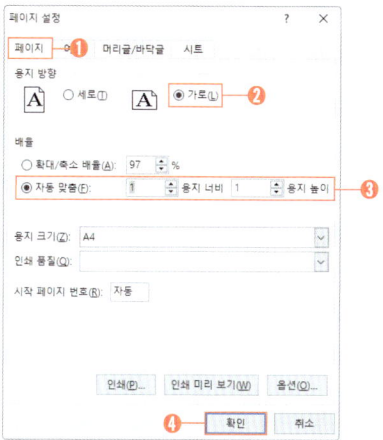

② [파일]-[인쇄]를 선택하여 결과를 확인합니다.

결과화면

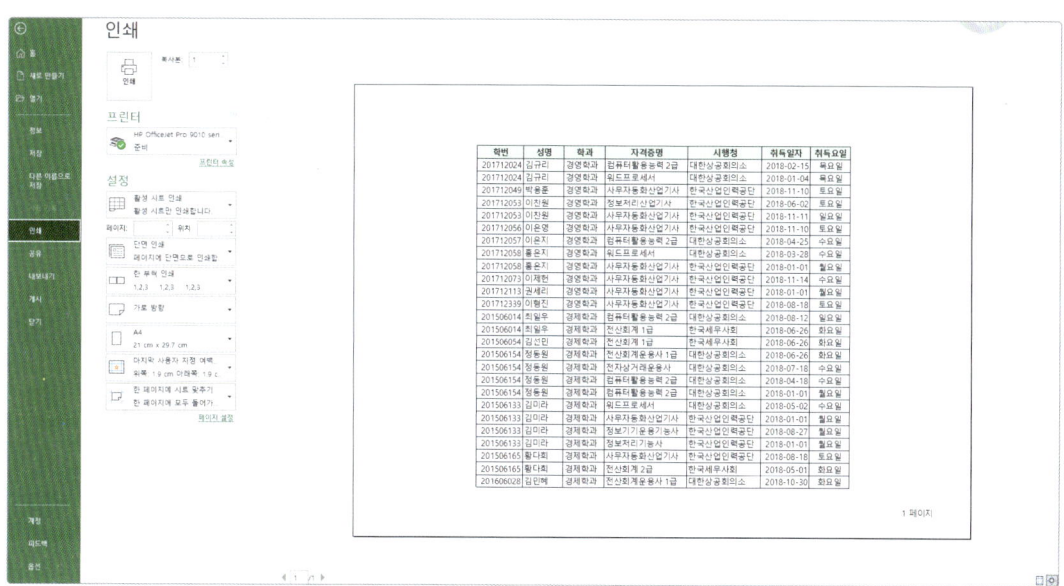

TIP

[페이지 설정] 대화상자

● **[페이지] 탭**

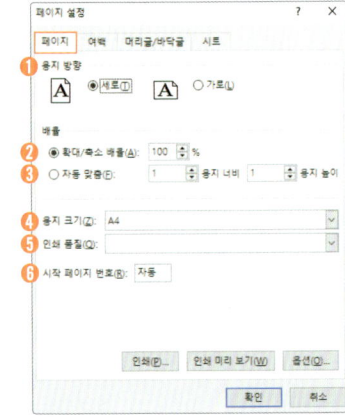

① 용지 방향		세로 또는 가로 방향으로 선택
② 확대/축소 배율		10~400%로 축소 또는 확대
③ 자동 맞춤		지정한 너비와 높이에 맞추어 인쇄
④ 용지 크기		인쇄 용지의 크기 설정
⑤ 인쇄 품질		인쇄 품질을 높일수록 선명하게 인쇄
⑥ 시작 페이지 번호		자동으로 설정하면 1페이지부터 인쇄

● **[여백] 탭**

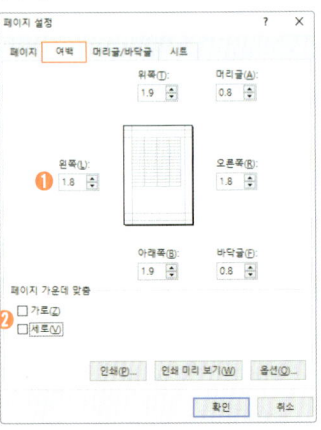

① 여백	인쇄 용지의 위, 아래, 왼쪽, 오른쪽, 머리글, 바닥글 여백을 지정
② 페이지 가운데 맞춤	가로 또는 세로 방향으로 페이지 가운데를 맞춰 인쇄

● **[머리글/바닥글] 탭**

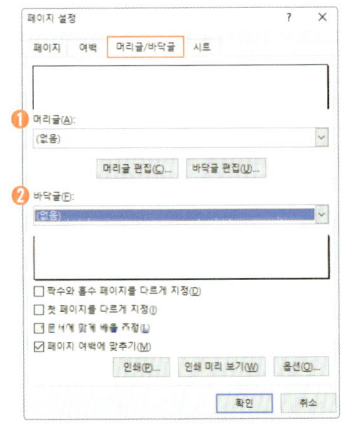

① 머리글	모든 페이지의 상단에 고정적으로 인쇄되는 내용을 지정
② 바닥글	모든 페이지의 하단에 고정적으로 인쇄되는 내용을 지정

- [머리글]/[바닥글] 대화상자

▲ [머리글] 대화상자

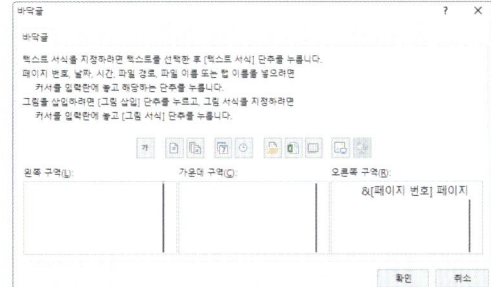
▲ [바닥글] 대화상자

가	텍스트 서식		페이지 번호 삽입		전체 페이지 수 삽입
	날짜 삽입		시간 삽입		
	파일 경로 삽입		파일 이름 삽입		시트 이름 삽입
	그림 삽입		그림 서식		

- [시트] 탭

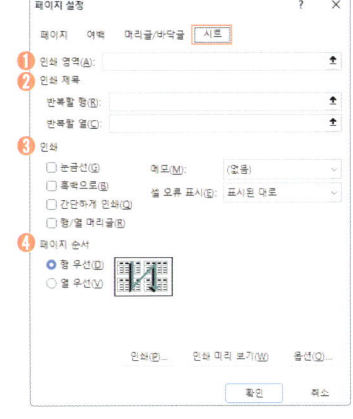

① 인쇄 영역	특정 영역만 선택하여 인쇄
② 인쇄 제목	• 모든 페이지에 반복해서 인쇄할 행과 열을 지정 • 반복할 행 : $1:$3(매 페이지마다 1행에서 3행의 내용을 반복) • 반복할 열 : $A:$C(매 페이지마다 A열에서 C열의 내용을 반복)
③ 인쇄	• 눈금선, 행/열 머리글 등 기본적으로 인쇄되지 않는 내용 중 원하는 항목을 선택하여 인쇄 • 메모 : 시트 끝이나 시트에 표시된 대로 인쇄가 가능 • 간단하게 인쇄 : 차트, 도형, 그림, 클립아트 등의 그래픽 요소를 제외하고 텍스트만 빠르게 인쇄하는 기능 • 셀 오류 표시 : 표시된 대로, 〈공백〉, --, #N/A 중 선택하여 표시 • 행/열 머리글 : 워크시트의 행 머리글과 열 머리글을 포함하여 인쇄
④ 페이지 순서	페이지 인쇄 순서를 행 또는 열 방향으로 지정

출제유형 완전정복 — 시트 보호와 페이지 레이아웃

완전정복 - 01

📁 **작업 파일** : C:₩2024_컴활1급₩엑셀₩작업파일₩1장_출제유형03₩완전정복01_문제.xlsm
📄 **완성 파일** : C:₩2024_컴활1급₩엑셀₩완성파일₩1장_출제유형03₩완전정복01_정답.xlsm

'시트보호-2' 시트에서 다음과 같이 시트 보호와 통합 문서 보기를 설정하시오.

▶ [A2:F27] 영역에 셀 잠금을 적용하고 차트는 수정할 수 없도록 잠금을 적용한 후 잠긴 셀의 내용과 워크시트를 보호하시오.
▶ 잠긴 셀의 선택과 잠금 해제된 셀의 선택, 정렬은 허용하시오.
▶ 단, 시트 보호 암호는 지정하지 마시오.

● 작업과정

1. '시트보호-2' 시트에서 [A2:F27] 영역을 지정하고 마우스 오른쪽 단추를 눌러 [셀 서식]을 선택합니다.

2. [셀 서식] 대화상자의 [보호] 탭에서 '잠금'을 체크한 후 <확인> 단추를 클릭합니다.

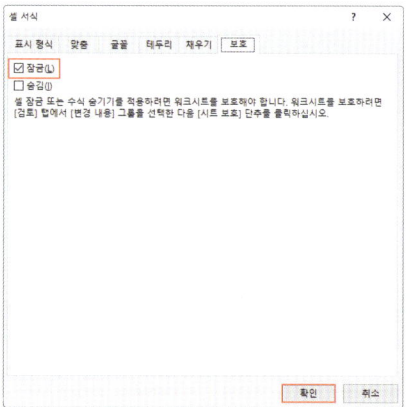

3. 차트 영역에서 마우스 오른쪽 단추를 눌러 [차트 영역 서식]을 클릭합니다.

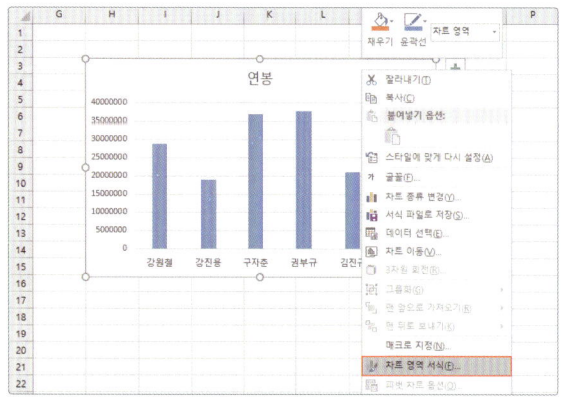

> **TIP**
>
> **그림 영역이 선택되지 않도록 주의!**
>
> 그림 영역에서 마우스 오른쪽 단추를 누르면 [차트 영역 서식] 메뉴가 나오지 않습니다.
>
>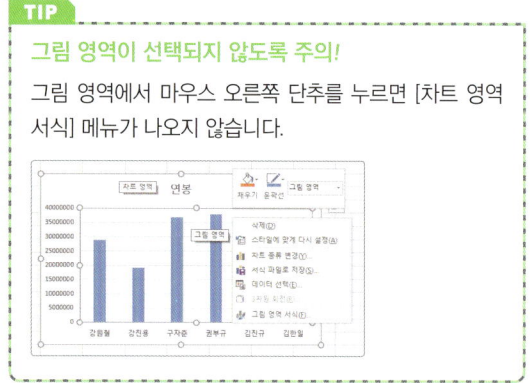

4 [차트 영역 서식] 창의 [차트 옵션]-[크기 및 속성]-[속성]의 '잠금'을 체크합니다.

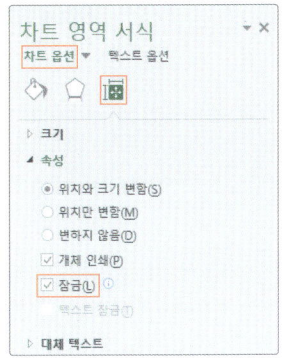

5 [검토] 탭-[보호] 그룹-[시트 보호]를 클릭합니다.

6 [시트 보호] 대화상자에서 '잠긴 셀 선택', '잠금 해제된 셀 선택', '정렬'을 체크한 후 <확인> 단추를 클릭합니다.

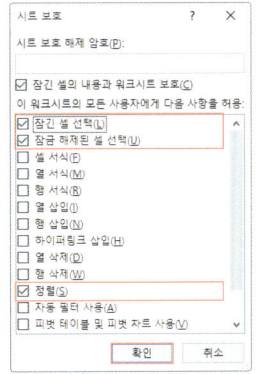

• 결과 •

1 [A2:F27] 영역에서 Delete 키를 누르면 다음과 같은 오류 메시지가 표시됩니다.

2 차트는 선택이 되지 않는 상태가 됩니다.

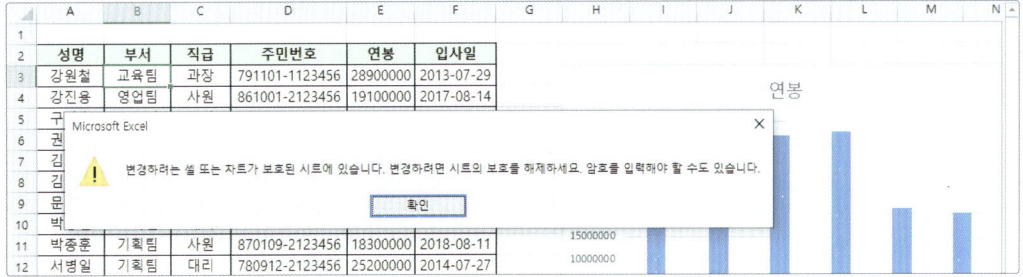

작업 파일 : C:₩2024_컴활1급₩엑셀₩작업파일₩1장_출제유형03₩완전정복02_문제.xlsm
완성 파일 : C:₩2024_컴활1급₩엑셀₩완성파일₩1장_출제유형03₩완전정복02_정답.xlsm

'페이지레이아웃-2' 시트에서 다음과 같이 페이지 레이아웃을 설정하시오.

▶ 인쇄될 내용이 페이지의 정 가운데에 인쇄되도록 페이지 가운데 맞춤을 설정하시오.
▶ 매 페이지 상단의 왼쪽 구역에는 날짜가 표준 색-파랑 글씨로 [표시 예]와 같이 표시되도록 머리글을 설정하시오.
　[표시 예 : 날짜가 2021-10-19 이면 → 인쇄날짜 : 2021-10-19]
▶ [A2:F20] 영역을 인쇄 영역으로 설정하고, '눈금선'과 '행/열 머리글'이 인쇄되도록 설정하시오.

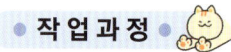

① '페이지레이아웃-2' 시트에서 [페이지 레이아웃] 탭-[페이지 설정] 그룹의 🔲(대화상자 표시 아이콘)을 클릭합니다.

② [페이지 설정] 대화상자의 [여백] 탭에서 페이지 가운데 맞춤의 '가로'와 '세로'를 체크합니다.

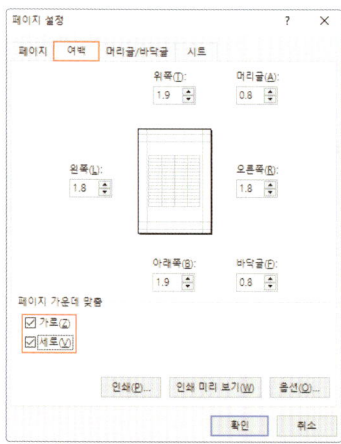

③ [페이지 설정] 대화상자에서 [머리글/바닥글] 탭을 선택하고 <머리글 편집>을 클릭합니다.

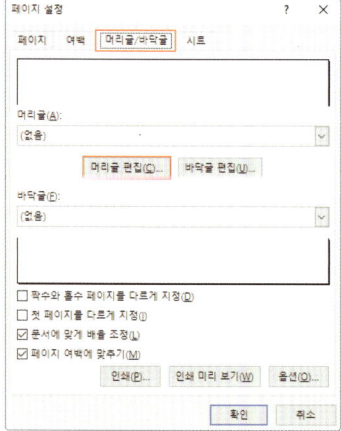

4. [머리글] 대화상자의 왼쪽 구역에서 '인쇄날짜 : '를 입력하고 (날짜 삽입)을 클릭합니다. 입력된 왼쪽 구역 내용을 드래그한 후 (텍스트 서식)을 클릭합니다.

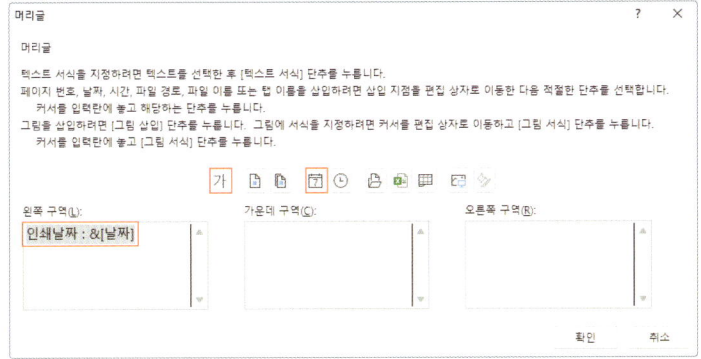

5. [글꼴] 대화상자에서 색을 '표준 색-파랑'으로 지정한 후 <확인> 단추를 클릭합니다. [머리글] 대화상자에서 다시 <확인> 단추를 클릭합니다.

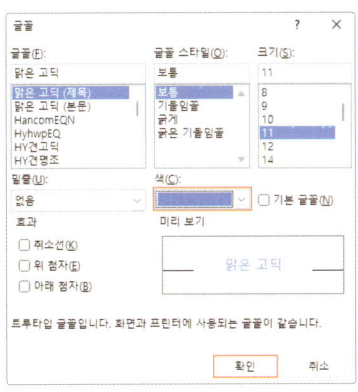 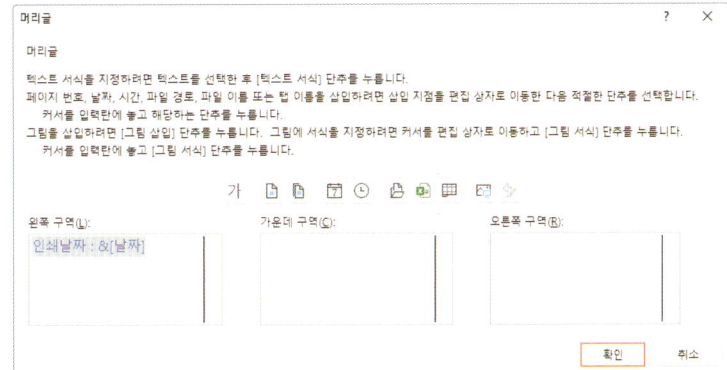

6. [페이지 설정] 대화상자의 [시트] 탭에서 인쇄 영역을 [A2:F20]으로 드래그하여 지정하고, '눈금선'과 '행/열 머리글'을 체크한 후 <확인> 단추를 클릭합니다.

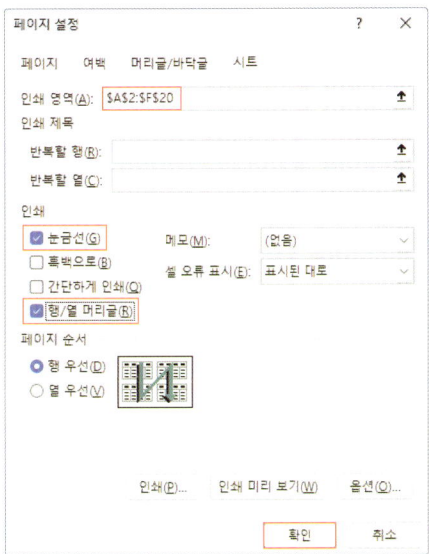

TIP

인쇄 영역 설정은 [페이지 레이아웃] 탭-[페이지 설정] 그룹-[인쇄 영역]-[인쇄 영역 설정]을 클릭하여 지정할 수도 있습니다.

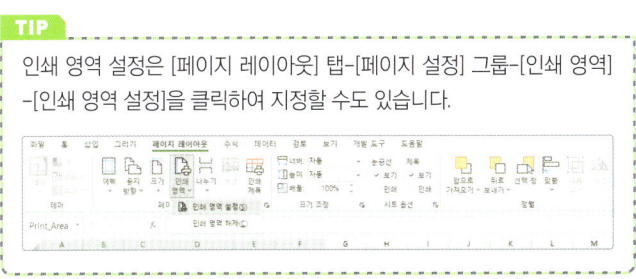

7 [파일]-[인쇄]를 선택하여 결과를 확인합니다.

결과화면

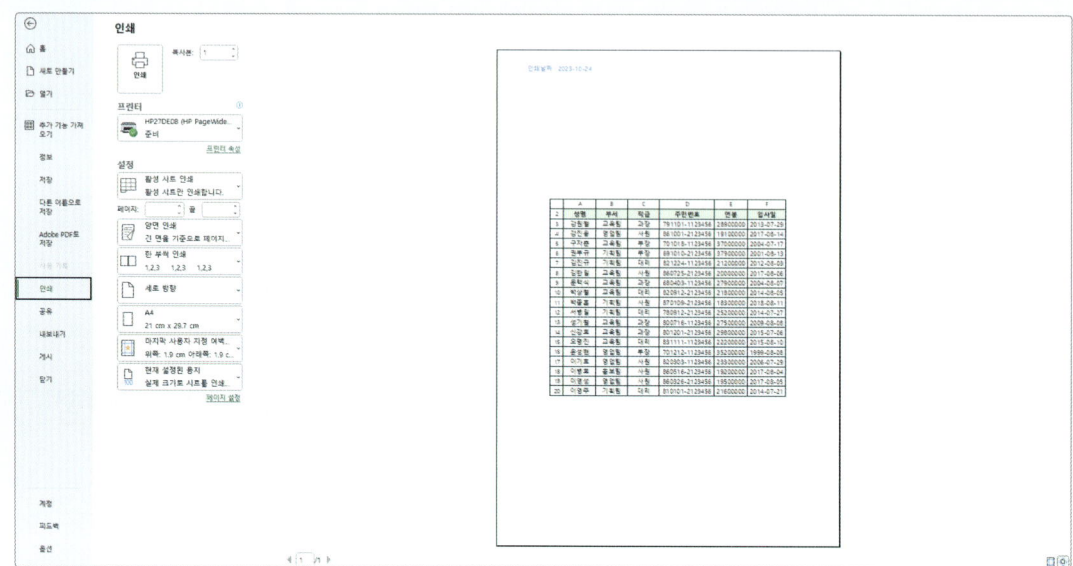

PART 01
기출문제유형 완전분석하기

CHAPTER 02

<계산 작업>

출제유형 01 날짜/시간 함수

출제유형 02 논리 함수

출제유형 03 문자열 함수

출제유형 04 통계 함수

출제유형 05 수학/삼각 함수

출제유형 06 찾기/참조 함수

출제유형 07 데이터베이스 함수

출제유형 08 재무 함수

출제유형 09 정보 함수

출제유형 10 배열 수식

출제유형 11 사용자 정의 함수

PART 01 / CHAPTER 02 · 계산 작업

날짜/시간 함수

출제유형 분석

날짜/시간 함수는 다른 함수와 중첩해서 출제되는 경우가 많고, 특히 시간을 계산하는 문제는 수식이 까다로운 편이니 함수의 사용법을 정확하게 숙지해야 합니다.

1 NOW( )
현재 컴퓨터 시스템의 날짜와 시간을 표시하는 함수

2 TODAY( )
현재 컴퓨터 시스템의 날짜를 표시하는 함수

3 DATE(년,월,일)
특정한 날짜를 표시하는 함수

4 YEAR(날짜 or 셀 주소 or 날짜 텍스트)
'날짜'에서 '연도'를 구하는 함수

5 MONTH(날짜 or 셀 주소 or 날짜 텍스트)
'날짜'에서 '월'을 구하는 함수

6 DAY(날짜 or 셀 주소 or 날짜 텍스트)
특정 날짜에서 일 단위(1~31)의 숫자만 추출하는 함수

7 DAYS(종료날짜,시작날짜)
시작 날짜부터 종료 날짜까지 경과한 날짜 수를 구하는 함수

8 TIME(시,분,초)
특정한 시간을 표시하는 함수

9 HOUR(시간 or 셀 주소 or 시간 텍스트)
'시간(시/분/초)'에서 '시'에 해당하는 값을 구하는 함수

⑩ MINUTE(시간 or 셀 주소 or 시간 텍스트)

'시간(시/분/초)'에서 '분'에 해당하는 값을 구하는 함수

⑪ SECOND(시간 or 셀 주소 or 시간 텍스트)

'시간(시/분/초)'에서 '초'에 해당하는 값을 구하는 함수

⑫ WEEKDAY(날짜,반환값)

- 날짜에서 해당하는 요일의 번호를 구하는 함수
- 반환값(1 또는 생략 : 일요일이 1, 2 : 월요일이 1, 3 : 월요일이 0)

⑬ DATEVALUE(날짜 텍스트)

날짜의 일련번호를 표시하는 함수

⑭ EDATE(시작날짜,개월)

지정한 날짜를 기준으로 이전의 날짜(개월)나 이후의 날짜(개월)를 표시하는 함수

⑮ EOMONTH(시작날짜,개월)

지정된 개월 수 이전 또는 이후 달에서 마지막 날의 날짜를 표시하는 함수

⑯ WORKDAY(시작날짜,일,작업 일수에서 제외될 날짜 목록)

특정 일(시작 날짜)의 전이나 후의 날짜 수에서 주말이나 휴일을 제외한 날짜 수, 즉 평일 수를 구하는 함수

⑰ NETWORKDAYS(시작날짜,끝날짜,휴일)

- 시작 날짜와 끝 날짜 사이의 작업 일 수를 구하는 함수
- 작업 일 수에 주말은 포함되지 않음

⑱ WEEKNUM(해당주 날짜,반환유형)

해당 주 날짜가 일 년 중 몇 번째 주인지 표시하는 함수

출제유형 완전정복 ▶ 날짜/시간 함수

완전정복 - 01

📁 작업 파일 : C:₩2024_컴활1급₩엑셀₩작업파일₩2장_출제유형01₩완전정복01_문제.xlsm
📗 완성 파일 : C:₩2024_컴활1급₩엑셀₩완성파일₩2장_출제유형01₩완전정복01_정답.xlsm

동영상 강의

'계산작업-1' 시트에서 다음 과정을 수행하고 저장하시오.

1. [표1]에서 입사일자[C3:C11]와 현재 날짜를 이용하여 근무년수[D3:D11]를 표시하시오.
   ▶ 근무년수 = 현재 날짜의 연도 – 입사일자의 연도
   ▶ YEAR, TODAY 함수 사용

2. [표2]에서 반납예정일[H3:H11]과 반납일[I3:I11]을 이용하여 연체료[J3:J11]를 표시하시오.
   ▶ 연체료 : (반납일 – 반납예정일) * 1000
   ▶ DATE, WORKDAY, DAYS 중 알맞은 함수 사용

3. [표3]에서 도착시간[C16:C24]과 출발시간[B16:B24]과의 차를 계산하여 요금[D16:D24]에 표시하시오.
   ▶ 요금은 10분당 1000원임
   ▶ HOUR, MINUTE 함수 사용

4. [표4]에서 시작일[G16:G24]과 종료일[H16:H24]을 이용하여 근무일수[I16:I24]를 표시하시오.
   ▶ 주말(토, 일요일)과 [표5]의 공휴일을 참조하여 제외
   ▶ WORKDAY, DAYS, NETWORKDAYS 중 알맞은 함수 사용

● 작업 과정 ●

1 [표1]에서 입사일자[C3:C11]와 현재 날짜를 이용하여 근무년수[D3:D11]를 표시하시오.

① [D3] 셀에 다음과 같이 수식을 입력한 후 Enter 키를 누릅니다.

=YEAR(TODAY())-YEAR(C3) → 현재 날짜의 연도에서 [C3] 셀의 연도를 빼서 계산한 값을 표시

② [홈] 탭-[표시 형식] 그룹에서 '날짜'를 '일반'으로 변경합니다.

③ 결과를 확인하고 채우기 핸들을 드래그하여 [D11] 셀까지 수식을 복사합니다.
   ※ '근무년수' 값은 TODAY 함수의 결과에 따라 달라질 수 있습니다.

2 [표2]에서 반납예정일[H3:H11]과 반납일[I3:I11]을 이용하여 연체료[J3:J11]를 표시하시오.

① [J3] 셀에 다음과 같이 수식을 입력한 후 Enter 키를 누릅니다.

=DAYS(I3,H3)*1000 → [I3] 셀에서 [H3] 셀을 뺀 값에 1000을 곱하여 계산

② 결과를 확인하고 채우기 핸들을 드래그하여 [J11] 셀까지 수식을 복사합니다.

3 [표3]에서 도착시간[C16:C24]과 출발시간[B16:B24]과의 차를 계산하여 요금[D16:D24]에 표시하시오.

① [D16] 셀에 다음과 같이 수식을 입력한 후 Enter 키를 누릅니다.

=(HOUR(C16-B16)*60+MINUTE(C16-B16))/10*1000

=(HOUR(C16-B16)*60+MINUTE(C16-B16))/10*1000
　　　　①　　　　　　　②

→ ①과 ②를 더한 값을 10으로 나눈 후 1000을 곱하여 계산
① [C16] 셀에서 [B16] 셀을 뺀 값의 시에 60을 곱하여 계산(시를 분으로 환산)
② [C16] 셀에서 [B16] 셀을 뺀 값의 분을 계산

② 결과를 확인하고 채우기 핸들을 드래그하여 [D24] 셀까지 수식을 복사합니다.

4 [표4]에서 시작일[G16:G24]과 종료일[H16:H24]을 이용하여 근무일수[I16:I24]를 표시하시오.

① [I16] 셀에 다음과 같이 수식을 입력한 후 Enter 키를 누릅니다.

=NETWORKDAYS(G16,H16,$K$16:$K$18) → [G16] 셀에서 [H16] 셀까지의 기간을 주말과 [K16:K18] 셀 범위의 날짜를 제외하여 근무일수를 계산

② 결과를 확인하고 채우기 핸들을 드래그하여 [I24] 셀까지 수식을 복사합니다.

결과화면

[표1] 회원 관리 현황

이름	부서	입사일자	근무년수
윤태민	총무부	2007-02-21	16
김도현	영업부	2019-02-14	4
김원주	인사부	2011-06-07	12
최재림	총무부	2003-08-01	20
김한솔	경리부	2016-11-25	7
송정훈	총무부	2013-12-09	10
김준섭	영업부	2017-12-19	6
박제현	인사부	2016-11-22	7
배수지	경리부	2012-08-15	11

[표2] 도서 연체현황

고객번호	대여일	반납예정일	반납일	연체료
K001	2020-08-18	2020-08-24	2020-08-26	2,000
K002	2020-08-20	2020-08-26	2020-09-06	11,000
K003	2020-08-22	2020-08-28	2020-09-05	8,000
K004	2020-08-23	2020-09-01	2020-09-05	4,000
K005	2020-08-23	2020-09-01	2020-09-03	2,000
K006	2020-08-24	2020-09-02	2020-09-05	3,000
K007	2020-08-24	2020-09-02	2020-09-05	3,000
K008	2020-08-24	2020-09-02	2020-09-04	2,000
K009	2020-08-25	2020-09-03	2020-09-08	5,000

[표3] 시외버스 요금 계산

버스번호	출발시간	도착시간	요금
B13	8:00	10:30	15,000
B55	9:30	11:45	13,500
B18	10:20	14:30	25,000
B60	10:45	12:50	12,500
B33	11:00	13:00	12,000
B20	12:00	17:00	30,000
B95	13:30	17:30	24,000
B70	14:20	16:30	13,000
B71	15:30	18:30	18,000

[표4] 4분기 프리랜서 근무현황

성명	시작일	종료일	근무일수
윤태민	2023-10-02	2023-11-15	31
김도현	2023-10-04	2023-11-30	41
김원주	2023-10-04	2023-11-10	27
최재림	2023-10-10	2023-12-30	58
김한솔	2023-10-16	2023-12-26	51
송정훈	2023-10-30	2023-11-24	20
김준섭	2023-10-02	2023-12-01	43
박제현	2023-10-02	2023-12-30	62
배수지	2023-10-25	2023-12-31	47

[표5] 4분기 공휴일

날짜	비고
2023-10-03	개천절
2023-10-09	한글날
2023-12-25	크리스마스

PART 01 / CHAPTER 02 · 계산 작업

논리 함수

출제유형 분석

논리 함수는 개수가 적은 편이지만 출제 빈도가 높으며 다른 함수와 중첩되어 까다로운 문제가 출제될 수 있기 때문에 많은 연습이 필요합니다.

1 IF(조건,참일 때 수행할 내용,거짓일 때 수행할 내용)

조건을 지정하여 해당 조건에 만족하면 '참(TRUE)'에 해당하는 값을, 그렇지 않으면 '거짓(FALSE)'에 해당하는 값을 표시하는 함수

2 IFS(조건1, 조건1이 참일 때 값, 조건2, 조건2 참일 때 값…)

여러 조건에 대해 다른 결과 값을 쉽게 반환 하도록 도와주는 함수
※ 엑셀 2016 이하 버전에는 IFS 함수가 등록되어 있지 않아 #NAME? 오류가 납니다.

3 IFERROR(수식,오류시 출력할 값)

수식에서 오류가 발생할 경우 사용자가 지정한 값을 출력하고, 그렇지 않으면 수식 결과를 출력하는 함수

> **TIP**
>
> | 오류값 | |
> |---|---|
> | #DIV/0! | 0으로 나누기 연산을 시도한 경우 |
> | #N/A | 수식에서 잘못된 값으로 연산을 시도한 경우 |
> | #NAME? | 함수 이름이나 정의되지 않은 셀 이름을 사용한 경우 |
> | #NULL! | 교차하지 않은 두 영역의 교점을 지정한 경우 발생되는 오류
예) =SUM(A1 B1) |
> | #NUM! | 표현할 수 있는 숫자의 범위를 넘어갈 때 |
> | #REF! | 셀 참조를 잘못 사용한 경우 |
> | #VALUE! | 함수의 인수로 잘못된 값을 사용한 경우 |

4 SWITCH(조건식, 결과값1, 반환값1…)

조건식의 결과에 따라 다른 값을 반환하는 논리 함수
※ 엑셀 2019 이상 버전에 새로 추가된 함수

5 NOT(조건)
조건식의 결과값을 반대로 표시하는 함수

6 AND(조건1,조건2 …)
모든 조건을 만족하면 '참(TRUE)'을, 그렇지 않으면 '거짓(FALSE)'을 표시하는 함수

7 OR(조건1,조건2 …)
한 개의 조건이라도 만족하면 '참(TRUE)'을, 그렇지 않으면 '거짓(FALSE)'을 표시하는 함수

8 TRUE( )
논리값을 TRUE로 표시하는 함수

9 FALSE( )
논리값을 FALSE로 표시하는 함수

출제유형 완전정복 ▶ 논리 함수

완전정복 - 01

📁 작업 파일 : C:₩2024_컴활1급₩엑셀₩작업파일₩2장_출제유형02₩완전정복01_문제.xlsm
📄 완성 파일 : C:₩2024_컴활1급₩엑셀₩완성파일₩2장_출제유형02₩완전정복01_정답.xlsm

'계산작업-2' 시트에서 다음 과정을 수행하고 저장하시오.

1. [표1]에서 오차율[B3:B7]이 1% 미만이고 생산량[C3:C7]이 10,000 이상이면 '통과', 아니면 '검토'로 판정 [D3:D7]에 표시하시오. ▶ IF와 AND 함수 사용
2. [표2]에서 국어점수[H3:H9]가 90 이상이면서 영어점수[I3:I9] 또는 수학점수[J3:J9]가 80 이상이면 결과 [K3:K9]에 '우수'를, 이외에는 공백으로 표시하시오. ▶ IF, AND, OR 함수 사용
3. [표3]에서 중간고사[B13:B19]와 기말고사[C13:C19]를 비교하여 중간고사보다 순위가 올랐으면 '상승', 같은 경우 '유지', 내려갔으면 '하락'으로 분석[D13:D19]에 표시하시오. ▶ IF 함수 사용
4. [표4]에서 가족수[H13:H20]에 따른 수당[I13:I20]을 표시하고, 가족수의 값이 없는 경우 "미기재 오류"라고 표시하시오.(가족수가 1이면 100,000, 가족수가 2이면 200,000, 가족수가 3이면 300,000, 가족수가 4이면 400,000을 표시) ▶ IFS, IFERROR 함수 사용
5. [표5]에서 신호[C24:C28]가 1이면 개폐[D24:D28]에 "열림"을 표시하고, 0이면 "닫힘"을 표시하시오. 이외에는 "미점검"라고 표시하시오. ▶ SWITCH 함수 사용

작업과정

1 [표1]에서 오차율[B3:B7]이 1% 미만이고 생산량[C3:C7]이 10,000 이상이면 '통과', 아니면 '검토'로 판정[D3:D7]에 표시하시오.

① [D3] 셀에 다음과 같이 수식을 입력한 후 Enter 키를 누릅니다.

=IF(AND(B3<1%,C3>=10000),"통과","검토") → [B3]셀이 1% 미만이고 [C3] 셀이 10,000 이상이면 "통과", 아니면 "검토"로 표시

② 결과를 확인하고 채우기 핸들을 드래그하여 [D7] 셀까지 수식을 복사합니다.

2 [표2]에서 국어점수[H3:H9]가 90 이상이면서 영어점수[I3:I9] 또는 수학점수[J3:J9]가 80 이상이면 결과[K3:K9]에 '우수'를, 이외에는 공백으로 표시하시오.

① [K3] 셀에 다음과 같이 수식을 입력한 후 Enter 키를 누릅니다.

=IF(AND(H3>=90,OR(I3>=80,J3>=80)),"우수","")

=IF(AND(H3>=90,OR(I3>=80,J3>=80)),"우수","")
        ①

→ [H3] 셀이 90 이상이면서 ①을 만족하면 "우수", 아니면 공백으로 표시
① [I3] 셀이 80 이상이거나 [J3] 셀이 80 이상이면 TRUE를 반환

② 결과를 확인하고 채우기 핸들을 드래그하여 [K9] 셀까지 수식을 복사합니다.

3 [표3]에서 중간고사[B13:B19]와 기말고사[C13:C19]를 비교하여 중간고사보다 순위가 올랐으면 '상승', 같은 경우 '유지', 내려갔으면 '하락'으로 분석[D13:D19]에 표시하시오.

① [D13] 셀에 다음과 같이 수식을 입력한 후 Enter 키를 누릅니다.

=IF(B13>C13,"상승",IF(B13=C13,"유지","하락")) → [B13] 셀이 [C13] 셀보다 크면 "상승", [B13] 셀과 [C13] 셀이 같으면 "유지", 그렇지 않으면 "하락"으로 표시

② 결과를 확인하고 채우기 핸들을 드래그하여 [D19] 셀까지 수식을 복사합니다.

> **TIP**
> IF 함수를 중첩할 때 숫자 크기에 따라 조건을 단계적으로 나누려면 조건의 순서가 중요합니다. 상위 조건일수록 맨 앞에 위치하고, 상위 조건을 만족하지 못할 경우 적용할 하위 조건, 모든 조건이 만족하지 않았을 때의 반환 값 순으로 입력합니다.

4 [표4]에서 가족수[H13:H20]에 따른 수당[I13:I20]을 표시하고, 가족수의 값이 없는 경우 "미기재 오류"라고 표시하시오.

① [I13] 셀에 다음과 같이 수식을 입력한 후 Enter 키를 누릅니다.

=IFERROR(IFS(H13=1,100000,H13=2,200000,H13=3,300000,H13=4,400000),"미기재 오류") → [I13] 셀에 [H13] 셀의 가족수가 1 이면 100,000을 표시하고, 가족수가 2 이면 200,000, 가족수가 3 이면 300,000, 가족수가 4 이면 400,000을 표시하고, 그 외의 값인 오류가 있으면 "미기재 오류"라고 표시

② 결과를 확인하고 채우기 핸들을 드래그하여 [I20] 셀까지 수식을 복사합니다.

> **TIP**
> IFERROR 함수를 사용하지 않고 푸는 방법
> =IFS(H13=1,100000,H13=2,200000,H13=3,300000,H13=4,400000,TRUE,"미기재오류")
> IFS 함수의 인수는 조건식으로 특정화하지 않은 모든 상황을 TRUE로 대체합니다. 즉, TRUE는 모든 조건식을 만족하지 않은 경우로 해석하면 이해하기 쉽습니다.

5 [표5]에서 신호[C24:C28]가 1 이면 개폐[D24:D28]에 "열림"을 표시하고, 0이면 "닫힘"을 표시하시오. 이외에는 "미점검"으로 표시하시오.

① [D24] 셀에 다음과 같이 수식을 입력한 후 Enter 키를 누릅니다.

=SWITCH(C24,1,"열림",0,"닫힘","미점검") → [C24] 셀에 신호 값을 표시하고, 비교값이 1 이면, 반환값으로 "열림"이라고 표시하고, 비교값이 0 이면 "닫힘"을, 이외에는 "미점검"으로 표시

② 결과를 확인하고 채우기 핸들을 드래그하여 [D28] 셀까지 수식을 복사합니다.

> **TIP**
> 특정 값을 치환해야하는 경우 → 치환하는 값이 많은 경우 사용 함수

결과화면

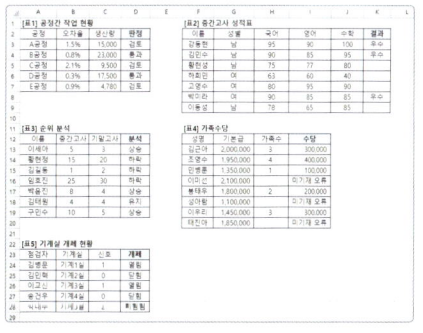

PART 01 / CHAPTER 02 · 계산 작업

문자열 함수

출제유형 분석 　문자열 함수는 인수가 간단하고 사용 방법이 어렵지 않지만 문자열 함수의 개수가 많고 다른 함수와 중첩되어 출제되는 경우가 대부분이므로 다양한 유형의 문제를 많이 풀어봐야 합니다.

1 LEFT(문자열,추출할 문자수)

문자열의 왼쪽에서 원하는 수 만큼의 문자를 표시하는 함수

2 RIGHT(문자열,추출할 문자수)

문자열의 오른쪽에서 원하는 수 만큼의 문자를 표시하는 함수

3 MID(문자열,시작 위치,추출할 문자수)

문자열의 지정된 위치부터 지정된 수만큼 문자를 표시하는 함수

4 LOWER(문자열)

문자열의 모든 영문을 소문자로 변환하는 함수

5 UPPER(문자열)

문자열의 모든 영문을 대문자로 변환하는 함수

6 PROPER(문자열)

영단어의 첫 번째 영문자를 대문자로, 나머지는 소문자로 변환하는 함수

7 TRIM(문자열)

문자열의 앞과 뒤의 공백을 제거하고, 문자열 사이의 공백이 많을 경우 공백을 한 칸만 표시하는 함수

8 FIND(검색할 문자열,대상 문지열,검색을 시작할 위치)

- 특정 문자열을 지정된 문자열에서 검색하고 시작하는 위치를 표시하는 함수(대소문자 구분O, 와일드 카드 사용 X)
- FIND 함수는 글자 순서대로 위치를 표시

⑨ SEARCH(검색할 문자열,대상 문자열,검색을 시작할 위치)

- 특정 문자열을 지정된 분자열에서 검색하고 시작하는 위치를 표시하는 함수(대소문자 구분X, 와일드 카드 사용 O)
- SEARCH 함수는 글자 순서대로 위치를 표시

⑩ REPLACE(문자열,시작 위치,변환 글자 수,새로 변환할 글자)

문자열에서 지정된 영역의 글자를 다른 글자로 변환하여 표시하는 함수

⑪ SUBSTITUTE(문자열,대상 문자,변환할 문자,변환할 문자 위치 순서)

문자열에서 지정된 문자를 다른 문자로 변환하여 표시하는 함수

⑫ LEN(문자열)

문자열의 글자 수를 표시하는 함수

⑬ TEXT(값,"지정할 표시형식")

숫자 값에 표시형식을 지정하여 텍스트로 표시하는 함수

⑭ FIXED(값,반올림할 소수점 이하 자릿수,쉼표 표시 여부)

값을 지정된 자릿수에서 반올림하고, 마침표와 쉼표를 이용해 표시하는 함수

⑮ CONCAT(셀 범위 또는 문자열1,문자열2,…)

여러개의 텍스트 또는 여러개의 셀 범위의 텍스트를 하나의 문자열로 결합하는 함수

※ 엑셀 2016 이상 버전에 새로 추가된 함수

> **TIP**
> 기존 CONCATENATE와 큰 차이점은 각 셀 뿐만 아니라 셀 범위를 드래그하여 연결할 수 있습니다.

⑯ VALUE(문자열)

문자열로 입력된 수를 숫자로 변환하는 함수

⑰ EXACT(문자열1,문자열2)

두 문자열을 비교하여 같으면 TRUE를, 다르면 FALSE를 표시하는 함수(단, 영문 대소문자는 구분하며 글자 서식은 구분하지 않음)

⑱ REPT(문자열,반복할 횟수)

문자열을 지정된 횟수만큼 반복하는 함수

출제유형 완전정복 ▶ 문자열 함수

완전정복 - 01

📁 작업 파일 : C:₩2024_컴활1급₩엑셀₩작업파일₩2장_출제유형03₩완전정복01_문제.xlsm
📄 완성 파일 : C:₩2024_컴활1급₩엑셀₩완성파일₩2장_출제유형03₩완전정복01_정답.xlsm

'계산작업-3' 시트에서 다음 과정을 수행하고 저장하시오.

1. [표1]에서 주민등록번호[B3:B9]를 이용하여 생년월일[C3:C9]을 표시하시오.
   ▶ DATE와 MID 함수 사용
   ▶ '1997년 06월 02일' 형식으로 표기 [표기 예 : 1997-6-2 → 1997년 06월 02일]

2. [표2]에서 팀명[F3:F10]은 모두 대문자로 변환하고, 감독명[G3:G10]은 첫 문자만 대문자로 변환하여 팀명과 감독명을 결합하여 비고[H3:H10]에 표시하시오.
   ▶ 표기 예 : 팀명이 'seoul', 감독명이 'lee'인 경우 'SEOUL(Lee)'로 표시
   ▶ CONCAT, PROPER, UPPER 함수 사용

3. [표3]의 코드[A14:A22]와 학년[B14:B22]을 이용하여 수강코드[C14:C22]를 표시하시오.
   ▶ 수강코드는 코드 중간에 학년의 마지막 글자를 삽입하여 표시
   ▶ 코드가 'K03', 학년이 '고1'인 경우 : K-1-03
   ▶ RIGHT, REPLACE 함수와 & 연산자 사용

4. [표3]의 수강완료[F14:F22]와 전체수강[G14:G22]을 이용하여 진행률[H14:H22]을 표시하시오.
   ▶ '수강완료/전체수강'의 값이 0.75일 경우 : ▶▶▶▶▶▶▶75.0%
   ▶ REPT, TEXT 함수 사용

● 작업 과정 ●

1 [표1]에서 주민등록번호[B3:B9]를 이용하여 생년월일[C3:C9]을 표시하시오.

① [C3] 셀에 다음과 같이 수식을 입력한 후 Enter 키를 누릅니다.

=DATE(MID(B3,1,2),MID(B3,3,2),MID(B3,5,2)) → [B3] 셀의 맨 앞 두 글자를 '연도', [B3] 셀의 세 번째부터 두 글자를 '월', [B3] 셀의 다섯 번째부터 두 글자를 '일'로 하는 날짜를 표시

② Ctrl + 1 키를 눌러 [셀 서식] 대화상자의 [표시 형식] 탭에서 '사용자 지정'을 클릭한 후 yyyy"년" mm"월" dd"일"을 선택하여 적용시킵니다.

③ 결과를 확인하고 채우기 핸들을 드래그하여 [C9] 셀까지 수식을 복사합니다.

2 [표2]에서 팀명[F3:F10]은 모두 대문자로 변환하고, 감독명[G3:G10]은 첫 문자만 대문자로 변환하여 팀명과 감독명을 결합하여 비고[H3:H10]에 표시하시오.

① [H3] 셀에 다음과 같이 수식을 입력한 후 Enter 키를 누릅니다.

=CONCAT(UPPER(F3),"(",PROPER(G3),")") → [F3] 셀을 대문자로 변환하고 [G3] 셀의 첫 문자를 대문자로 변환하여 괄호 안에 넣은 후 [F3] 셀과 [G3] 셀을 결합하여 표시

② 결과를 확인하고 채우기 핸들을 드래그하여 [H10] 셀까지 수식을 복사합니다.

3 [표3]의 코드[A14:A22]와 학년[B14:B22]을 이용하여 수강코드[C14:C22]를 표시하시오.

① [C14] 셀에 다음과 같이 수식을 입력한 후 **Enter** 키를 누릅니다.

=REPLACE(A14,2,0,"-"&RIGHT(B14,1)&"-")

=REPLACE(A14,2,0,"-"&RIGHT(B14,1)&"-")
                              ①

→ [A14] 셀의 두 번째 글자 자리에 ①을 삽입하여 표시, ① "-"과 [B14] 셀의 마지막 글자와 "-"을 표시

② 결과를 확인하고 채우기 핸들을 드래그하여 [C22] 셀까지 수식을 복사합니다.

4 [표3]의 수강완료[F14:F22]와 전체수강[G14:G22]을 이용하여 진행률[H14:H22]을 표시하시오.

① [H14] 셀에 다음과 같이 수식을 입력한 후 **Enter** 키를 누릅니다.

※ '▶' 기호는 한글 자음 'ㅁ'을 입력하고 **한자** 키를 누른 후 선택하여 입력합니다.

=REPT("▶",(F14/G14)*10)&TEXT(F14/G14,"0.0%")

=REPT("▶",(F14/G14)*10)&TEXT(F14/G14,"0.0%")
         ①   ②

→ ①과 ②를 연결하여 표시
① "▶"을 (F14/G14)*10의 결과(7.5)만큼 반복
② F14/G14의 결과를 "0.0%"의 형식으로 표시

② 결과를 확인하고 채우기 핸들을 드래그하여 [H22] 셀까지 수식을 복사합니다.

결과화면

	A	B	C	D	E	F	G	H
1	[표1] 회원 명단				[표2] 농구팀 목록			
2	성명	주민등록번호	생년월일		순위	팀명	감독명	비고
3	김윤아	970622-*******	1997년 06월 22일		1	seoul	lee	SEOUL(Lee)
4	유헌일	990102-*******	1999년 01월 02일		2	incheon	park	INCHEON(Park)
5	김수아	870524-*******	1987년 05월 24일		3	suwon	kim1	SUWON(Kim1)
6	허정현	790321-*******	1979년 03월 21일		4	ulsan	choi	ULSAN(Choi)
7	남현우	961225-*******	1996년 12월 25일		5	daegu	lim	DAEGU(Lim)
8	이우리	930303-*******	1993년 03월 03일		6	paju	kim2	PAJU(Kim2)
9	박정훈	890404-*******	1989년 04월 04일		7	jeju	hong	JEJU(Hong)
10					8	changwon	jang	CHANGWON(Jang)
11								
12	[표3] 수강 진행률							
13	코드	학년	수강코드	이름	학습과목	수강완료	전체수강	진행률
14	K03	고1	K-1-03	김서준	국어	3	4	▶▶▶▶▶▶▶75.0%
15	E02	고2	E-2-02	김재환	영어	5	10	▶▶▶▶▶50.0%
16	M01	고3	M-3-01	김진현	수학	2	3	▶▶▶▶▶▶66.7%
17	K02	고1	K-1-02	김형준	국어	6	10	▶▶▶▶▶▶60.0%
18	K01	고2	K-2-01	김형태	국어	3	3	▶▶▶▶▶▶▶▶▶▶100.0%
19	S03	고2	S-2-03	박준선	과학	4	5	▶▶▶▶▶▶▶▶80.0%
20	M24	고1	M-1-24	박철윤	수학	5	6	▶▶▶▶▶▶▶▶83.3%
21	S39	고3	S-3-39	변석준	과학	7	7	▶▶▶▶▶▶▶▶▶▶100.0%
22	E88	고3	E-3-88	서원회	영어	4	7	▶▶▶▶▶57.1%
23								

출제유형 04 · 통계 함수

PART 01 / CHAPTER 02 · 계산 작업

출제유형 분석 통계 함수는 인수가 복잡하고 사용 방법이 어려우며, 논리 함수와 함께 사용되거나 배열 수식으로 출제되는 빈도가 높기 때문에 다양한 유형의 문제를 연습해야 합니다.

1 AVERAGE(인수1,인수2,…)
지정한 범위의 평균을 구하는 함수

2 AVERAGEA(인수1,인수2,…)
지정한 범위의 평균을 구하는 함수(논리값,문자열,참조,배열등 전부 포함하여 계산)

3 AVERAGEIF(조건 범위,조건,평균을 구할 범위)
범위에서 조건을 만족하는 값들의 평균을 구하는 함수

4 AVERAGEIFS(평균을 구할 범위, 조건범위1,조건1,조건범위2,조건2)
평균을 구할 범위의 셀들 중에서 1개 이상의 조건을 지정하여 해당 조건을 만족하는 셀들과 같은 행에 있는 값들의 평균을 구하는 함수

5 COUNT(인수1,인수2…)
지정한 범위에서 숫자가 입력된 셀의 개수를 표시해주는 함수

6 COUNTA(인수1,인수2…)
지정한 범위에서 비어있지 않은 셀의 개수(문자, 숫자, 날짜 등)를 표시하는 함수

7 COUNTBLANK(범위)
지정한 범위에서 비어있는 셀의 개수를 표시하는 함수

8 COUNTIF(값을 찾을 범위,조건)
범위에서 지정한 조건을 만족하는 셀의 개수를 표시하는 함수(조건을 하나만 지정할 수 있으며, 조건은 문자열로 입력)

⑨ COUNTIFS(값을 찾을 범위1,조건1,값을 찾을 범위2,조건2,…)
범위에서 1개 이상의 조건을 지정하여 조건에 만족하는 셀의 개수를 표시하는 함수

⑩ FREQUENCY(값이 나타나는 빈도를 계산할 범위,값을 분류할 값 or 배열)
범위에서 해당 값이 나타나는 빈도를 계산하여 세로 배열로 표시하는 함수

⑪ GEOMEAN(인수1,인수2…)
지정한 범위에서 양수 값들의 기하 평균을 구하는 함수

⑫ HARMEAN(수1,수2…)
지정한 범위에서 값들의 조화 평균을 구하는 함수

⑬ LARGE(큰값의 순위를 찾을 범위,찾을 순위)
범위에서 지정한 번째로 큰 값을 표시하는 함수

⑭ SMALL(작은값의 순위를 찾을 범위,찾을 순위)
범위에서 지정한 번째로 작은 값을 표시하는 함수

⑮ MAX(큰 값을 찾을 범위)
지정한 범위에서 가장 큰 값을 표시하는 함수

⑯ MAXA(인수1,인수2,…)
지정한 범위에서 가장 큰 값을 표시하는 함수(논리값, 텍스트로 나타낸 숫자 포함)

⑰ MIN(작은 값을 찾을 범위)
지정한 범위에서 가장 작은 값을 표시하는 함수

⑱ MINA(인수1,인수2,…)
지정한 범위에서 가장 작은 값을 표시하는 함수(논리값, 텍스트로 나타낸 숫자 포함)

⑲ MEDIAN(범위1,범위2,…)
- 지정한 범위의 수들의 중간 값을 표시하는 함수
- 인수가 홀수 개인 경우는 중간 값, 짝수 개인 경우는 중간 값 두 개의 평균을 표시

20 MODE.SNGL(범위1,범위2,…)

데이터 배열이나 범위에서 가장 많이 나타난 수(최빈수)를 표시하는 함수

※ 엑셀 2021 이상 버전에 새로 추가된 함수

21 PERCENTILE.INC(백분위로 지정할 배열 또는 범위,찾을 백분위)

데이터 배열이나 범위에서 지정한 k번째 백분위 수를 표시하는 함수

22 RANK.EQ(숫자,범위,정렬방식)

- 지정한 범위에서 해당 값의 순위를 구하는 함수
- 순위가 같은 값이 여러 개인 경우 높은 순위가 부여됨 [예] 4, 1, 1, 3
- 정렬방식을 생략하거나 0으로 지정하면 내림차순, 나머지는 오름차순

23 VAR.S(인수1,인수2,…)

지정한 값들을 표본(표본집단)으로 분산을 구하는 함수

24 STDEV.S(인수1,인수2,…)

표본집단의 표준편차를 구하는 함수

출제유형 완전정복 ▶ 통계 함수

완전정복 - 01

📁 작업 파일 : C:₩2024_컴활1급₩엑셀₩작업파일₩2장_출제유형04₩완전정복01_문제.xlsm
📗 완성 파일 : C:₩2024_컴활1급₩엑셀₩완성파일₩2장_출제유형04₩완전정복01_정답.xlsm

'계산작업-4' 시트에서 다음 과정을 수행하고 저장하시오.

1. [표1]에서 기록[C3:C9]에 대한 등수를 구하여 1위는 '1등', 2위는 '2등', 3위는 '3등', 그 외에는 공란으로 등수 [D3:D9]에 표시하시오.
   ▶ IF와 RANK.EQ 함수 사용, & 연산자 사용
   ▶ 순위는 기록이 가장 짧은 참가자가 1위

2. [표2]의 구분[G3:G9]과 포인트[H3:H9]를 이용하여 할인액[K3:K9]을 구하시오.
   ▶ 할인액 = 정가 × 수량 × 할인율
   ▶ 할인율은 구분이 '정회원'이거나 '특별회원'이면 30% 아니면 10%를 적용
   ▶ 할인액이 포인트[H3:H9]를 초과하는 경우 포인트 금액까지만 할인함
   ▶ IF, MIN, OR 함수 사용

3. [표3]의 과목코드[A13:A22], 1월[B13:B22], 2월[C13:C22]을 이용하여 구분별 1월과 2월의 개수를 [표4]의 [B26:C28] 영역에 계산하시오.
   ▶ [표4]의 구분은 과목코드의 두 번째 글자에 따라 다름
   ▶ 1월, 2월의 점수가 80 이상인 자료만을 대상으로 할 것
   ▶ [표시 예 : 2 → 2명]
   ▶ COUNTIFS 함수와 만능문자(?, *), & 연산자 사용

4. [표5]에서 구분[G13:G21]이 '테이크아웃'이면서 판매총액[J13:J21]이 200,000 이상 300,000 미만인 음료의 판매총액 평균을 [J22] 셀에 계산하시오.
   ▶ 계산된 판매총액 평균 뒤에 '원'을 포함하여 표시 [표시 예 : 100000원]
   ▶ SUMIFS, AVERAGEIFS, COUNTIFS 함수 중 알맞은 함수와 & 연산자 사용

5. [표5]의 음료 판매가[H13:H21] 중 가장 빈번하게 판매되는 음료의 가격을 [표6]의 최빈 판매가[G26] 셀에 계산하시오.
   ▶ [표5]의 구분에 해당되는 테이크아웃과 매장을 모두 포함한 판매가격
   ▶ MODE.SNGL 함수 사용

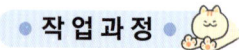

작업과정

1 [표1]에서 기록[C3:C9]에 대한 등수를 구하여 1위는 '1등', 2위는 '2등', 3위는 '3등', 그 외에는 공란으로 등수[D3:D9]에 표시하시오.

① [D3] 셀에 다음과 같이 수식을 입력한 후 **Enter** 키를 누릅니다.

> =IF(RANK.EQ(C3,$C$3:$C$9,1)<=3,RANK.EQ(C3,$C$3:$C$9,1)&"등","") → 기록에 대한 [C3] 셀의 등수가 3 이하이면 등수와 "등"을 연결하여 표시하고, 그렇지 않으면 공란을 표시

② 결과를 확인하고 채우기 핸들을 드래그하여 [D9] 셀까지 수식을 복사합니다.

2 [표2]의 구분[G3:G9]와 포인트[H3:H9]를 이용하여 할인액[K3:K9]을 구하시오.

① [K3] 셀에 다음과 같이 수식을 입력한 후 **Enter** 키를 누릅니다.

> =MIN(I3*J3*IF(OR(G3="정회원",G3="특별회원"),30%,10%),H3)

> =MIN(I3*J3*IF(OR(G3="정회원",G3="특별회원"),30%,10%),H3)
>   ①
> → [I3]*[J3]*① 결과 값이 포인트를 초과하면 [H3] 셀을 표시, ① [G3] 셀이 "정회원"이거나 "특별회원"이면 30% 아니면 10%를 적용

② 결과를 확인하고 채우기 핸들을 드래그하여 [K9] 셀까지 수식을 복사합니다.

3 [표3]의 과목코드[A13:A22], 1월[B13:B22], 2월[C13:C22]을 이용하여 구분별 1월과 2월의 개수를 [표4]의 [B26:C28] 영역에 계산하시오.

① [B26] 셀에 다음과 같이 수식을 입력한 후 **Enter** 키를 누릅니다.

> ※ '?'와 '*'는 와일드 카드로 '?'는 한 글자를 지정하고 '*'는 여러 글자를 지정합니다.

> =COUNTIFS(B$13:B$22,">=80",$A$13:$A$22,"?"&$A26&"*")&"명"

> =COUNTIFS(B$13:B$22,">=80",$A$13:$A$22,"?"&$A26&"*")&"명"
>   ①   ②
> → ①과 ②의 조건을 만족하는 자료의 개수 뒤에 "명"을 표시
> ① [B13:B22] 영역에서 80 이상인 자료(2월에도 적용하기 위해 행을 고정한 혼합참조를 사용)
> ② [A13:A22] 영역에서 두 번째 글자가 [A26] 셀과 같은 자료(2월에도 적용하기 위해 열을 고정한 혼합참조를 사용)
>   ※ "?"&$A26&"*" : 맨 앞 글자와 상관없이 두 번째 글자가 [A26] 셀과 일치한다는 의미로 셀 주소의 앞, 뒤에 '&'를 넣어 와일드 카드 문자와 분리해야 합니다.

② 결과를 확인하고 채우기 핸들을 드래그하여 [C28] 셀까지 수식을 복사합니다.

4　[표5]에서 구분[G13:G21]이 '테이크아웃'이면서 판매총액[J13:J21]이 200,000 이상 300,000 미만인 음료의 판매총액 평균을 [J22] 셀에 계산하시오.

① [J22] 셀에 다음과 같이 수식을 입력한 후 Enter 키를 누릅니다.

=AVERAGEIFS(J13:J21,G13:G21,"테이크아웃",J13:J21,">=200000",J13:J21,"<300000")&"원"

=AVERAGEIFS(J13:J21,G13:G21,"테이크아웃", J13:J21,">=200000",J13:J21,"<300000")&"원"
　　　　　　　　　　　　　　　①　　　　　　②

→ ①과 ②의 조건을 만족하는 자료의 [J13:J21] 영역 평균을 계산하고 뒤에 "원"을 표시
① [G13:G21] 영역에서 "테이크아웃"인 자료
② [J13:J21] 영역에서 200,000 이상이고 300,000 미만인 자료

5　[표5]의 음료 판매가[H13:H21] 중 가장 빈번하게 판매되는 음료의 가격을 [표6]의 최빈 판매가[G26] 셀에 계산하시오.

① [G26]셀에 다음과 같이 수식을 입력한 후 Enter 키를 누릅니다.

=MODE.SNGL(H13:H21) → [G26]셀에 [H13:H21]의 범위를 지정하고 가장 많이 나오는 판매가를 반환하여 표시

※ 쉼표로 구분된 인수 대신 단일 배열이나 배열에 대한 참조를 사용할 수도 있습니다.

결과화면

수학/삼각 함수

출제유형 분석

SUM, SUMIF, SUMIFS 등의 SUM 관련 함수와 INT, ROUND, ROUNDUP, ROUNDDOWN, TRUNC 등의 자릿수 관련 함수, MOD, SUMPRODUCT 등의 연산 관련 함수들이 자주 출제되므로 이를 숙지해야 합니다.

1 ABS(수)
수의 절댓값을 구하는 함수

2 EXP(거듭제곱할 횟수)
자연로그의 밑인 e를 지정한 수만큼 거듭제곱한 값을 구하는 함수

3 FACT(인수)
1부터 지정된 수까지의 정수를 곱한 값을 구하는 함수

4 INT(인수)
수의 가장 가까운 정수로 내린 값을 구하는 함수

5 MOD(대상 수,제수)
대상 수를 제수로 나눈 나머지를 구하는 함수

6 PI( )
원주율 값을 표시하는 함수

7 POWER(밑수,지수)
밑수를 지정한 만큼 거듭제곱한 값을 구하는 함수

8 PRODUCT(인수1,인수2,…)
지정한 수들을 곱한 결과를 표시하는 함수

9 QUOTIENT(피제수,제수)
피제수를 제수로 나눈 후 나머지를 버린 정수(몫)를 구하는 함수

⑩ RAND( )
0과 1 사이의 난수를 표시하는 함수

⑪ RANDBETWEEN(랜덤한 수의 최저값,랜덤한 수의 최댓값)
지정한 두 수 사이의 임의의 수를 표시하는 함수

⑫ ROUND(반올림할 수,반올림할 자릿수)
수를 지정한 자릿수로 반올림하는 함수

⑬ ROUNDDOWN(내림할 수,내림할 자릿수)
0에 가까워지도록 수를 내림하는 함수

⑭ ROUNDUP(올림할 수,올림할 자릿수)
0에서 멀어지도록 수를 올림하는 함수

⑮ SIGN(부호를 확인할 수)
수의 부호가 양수이면 1, 0이면 0, 음수이면 -1을 표시하는 함수

⑯ SQRT(인수)
인수의 양의 제곱근을 표시하는 함수

⑰ SUM(인수1,인수2,…)
지정된 범위의 합계를 구하는 함수

⑱ SUMIF(검색범위,조건,합계범위)
검색범위에서 조건을 검사하여 해당 조건을 만족하는 경우 합계범위의 합계를 구하는 함수

⑲ SUMIFS(합계범위,범위1,조건1,범위2,조건2…)
범위1에서 조건1이 만족되고 범위2에서 조건2가 만족되면 합계범위의 합계를 구하는 함수

⑳ SUMPRODUCT(배열1,배열2)
배열에서 해당 요소들을 모두 곱하고 그 곱의 합계를 구하는 함수

㉑ TRUNC(소수점 이하를 버릴 수,표시할 자릿수)
소수점 이하의 값을 버리고 정수로 표시하는 함수

출제유형 완전정복 ▶ 수학/삼각 함수

완전정복 - 01

📁 작업 파일 : C:₩2024_컴활1급₩엑셀₩작업파일₩2장_출제유형05₩완전정복01_문제.xlsm
📄 완성 파일 : C:₩2024_컴활1급₩엑셀₩완성파일₩2장_출제유형05₩완전정복01_정답.xlsm

'계산작업-5' 시트에서 다음 과정을 수행하고 저장하시오.

1. [표1]에서 시간[B3:B9]이 "160분" 이상이면서 관람등급[C3:C9]이 "8세이상"인 뮤지컬들의 예매량[D3:D9] 합계를 계산하여 [D10] 셀에 표시하시오.
   ▶ COUNTIFS, SUMIFS, AVERAGEIFS 중 알맞은 함수 사용

2. [표2]에서 과일별 총개수[G3:G9]를 상자당개수[H3:H9]로 나눠 상자(몫)수와 나머지를 구하여 상자(나머지) [I3:I9]에 표시하시오.
   ▶ 상자(몫)수와 나머지 표시 방법 : 상자(몫)수가 10이고, 나머지가 4 → 10(4)
   ▶ INT, MOD 함수와 & 연산자 사용

3. [표3]의 감상시간(분)을 이용하여 환산[D14:D21]에 표시하시오.
   ▶ 환산은 '감상시간(분)'을 시간과 분으로 환산하여 계산
   ▶ 감상시간(분)이 120 미만이면 시간으로만 표시하고, 감상시간(분)이 120 이상이면 시간과 분을 나누어 표시
   [표시 예 : 95 → 2시간, 140 → 2시간 20분]
   ▶ IF, MOD, ROUNDUP, TEXT 함수 사용

4. [표4]에서 호봉[G14:G22]과 기본급[H14:H22]을 이용하여 성과금[I14:I22]을 계산하시오.
   ▶ 성과금 = √호봉 × 기본급
   ▶ 성과금은 소수점 이하는 버리고 정수로 표시
   ▶ TRUNC와 SQRT 함수 사용

작업 과정

1 [표1]에서 시간[B3:B9]이 160분 이상이면서 관람등급[C3:C9]이 "8세이상"인 뮤지컬들의 예매량[D3:D9] 합계를 계산하여 [D10] 셀에 표시하시오.

① [D10] 셀에 다음과 같이 수식을 입력한 후 Enter 키를 누릅니다.

=SUMIFS(D3:D9,B3:B9,">=160",C3:C9,"8세이상")

=SUMIFS(D3:D9,B3:B9,">=160",C3:C9,"8세이상")
            　　　　　①　　　　　②

→ ①과 ②의 조건을 만족하는 자료의 [D3:D9] 영역 합계를 계산하여 표시
① [B3:B9] 영역에서 160분 이상인 자료
② [C3:C9] 영역에서 "8세이상"인 자료

2. [표2]에서 과일별 총개수[G3:G9]를 상자당개수[H3:H9]로 나눠 상자(몫)수와 나머지를 구하여 상자(나머지)[I3:I9]에 표시하시오.

① [I3] 셀에 다음과 같이 수식을 입력한 후 **Enter** 키를 누릅니다.

=INT(G3/H3)&"("&MOD(G3,H3)&")"

=INT(G3/H3)&"("&MOD(G3,H3)&")" → ① 다음에 ②를 괄호 안에 표시
    ①   ②

① G3/H3의 결과를 정수로 계산
② G3/H3의 나머지 값을 계산

② 결과를 확인하고 채우기 핸들을 드래그하여 [I9] 셀까지 수식을 복사합니다.

3. [표3]의 감상시간(분)을 이용하여 환산[D14:D21]에 표시하시오.

① [D14] 셀에 다음과 같이 수식을 입력한 후 **Enter** 키를 누릅니다.

=IF(C14<120,TEXT(ROUNDUP(C14/60,0),"0시간"),TEXT((C14-MOD(C14,60))/60,"0시간")&TEXT(MOD(C14,60), " 0분"))

=IF(C14<120,TEXT(ROUNDUP(C14/60,0),"0시간"), TEXT((C14-MOD(C14,60))/60,"0시간")&TEXT(MOD(C14,60),
                 ①   ②
" 0분"))
→ [C14] 셀의 값이 120보다 작으면 ①, 그렇지 않으면 ②를 표시
① C14/60을 정수로 올림하여 "0시간"의 형식으로 표시(예를 들어 감상시간이 95분인 경우 95/60을 정수로 올림하면 2시간으로 표시)
② (C14-MOD(C14,60))/60을 "0시간"의 형식으로 표시하고 MOD(C14,60)을 " 0분"으로 표시(예를 들어 감상시간이 140분인 경우 60으로 나눈 나머지는 20이므로 2시간 20분으로 표시)

② 결과를 확인하고 채우기 핸들을 드래그하여 [D21] 셀까지 수식을 복사합니다.

4. [표4]에서 호봉[G14:G22]과 기본급[H14:H22]을 이용하여 성과금[I14:I22]을 계산하시오.

① [I14] 셀에 다음과 같이 수식을 입력한 후 **Enter** 키를 누릅니다.

=TRUNC(SQRT(G14)*H14) → [G14] 셀의 제곱근에 [H14] 셀의 값을 곱한 후 소수점 이하는 버리고 정수로 표시

② 결과를 확인하고 채우기 핸들을 드래그하여 [I22] 셀까지 수식을 복사합니다.

결과화면

	A	B	C	D	E	F	G	H	I	J
1	[표1] 뮤지컬 예매 현황					[표2] 과일 보유현황				
2	뮤지컬명	시간	관람등급	예매량		과일명	총개수	상자당개수	상자(나머지)	
3	오페라의 유령	150분	8세이상	6,800		망고	650	20	32(10)	
4	모차르트	175분	8세이상	4,500		사과	530	30	17(20)	
5	렌트	160분	14세이상	3,850		수박	150	5	30(0)	
6	베어 더 뮤지컬	165분	15세이상	2,500		귤	865	40	21(25)	
7	더 모먼트	100분	13세이상	5,500		키위	488	25	19(13)	
8	백범	150분	8세이상	3,300		체리	1659	150	11(9)	
9	브로드웨이42번가	160분	8세이상	6,500		오렌지	745	35	21(10)	
10	160분 이상·8세이상 예매량 합계			11,000						
11										
12	[표3] DVD 목록					[표4] 성과금 지급				
13	DVD코드	대여일	감상시간(분)	환산		사원명	호봉	기본급	성과금	
14	NV0075	2020-01-05	140	2시간 20분		김성수	1	2,538,900	2,538,900	
15	NV0057	2020-01-08	95	2시간		이하랑	3	2,748,100	4,759,848	
16	NV0033	2020-02-01	120	2시간 0분		김지헌	7	3,205,900	8,482,014	
17	NV0017	2020-02-05	152	2시간 32분		이상윤	5	2,972,300	6,646,264	
18	NV0088	2020-02-08	144	2시간 24분		박다현	4	2,858,800	5,717,600	
19	NV0079	2020-03-02	115	2시간		송온빈	5	2,972,300	6,646,264	
20	NV0023	2020-03-10	175	2시간 55분		유돈슝	3	2,748,100	4,759,848	
21	NV0024	2020-03-18	135	2시간 15분		김민수	2	2,641,600	3,735,786	
22						박재민	1	2,050,000	5,717,000	

PART 01 / CHAPTER 02 · 계산 작업

찾기/참조 함수

출제유형 분석

찾기/참조 함수는 출제 빈도가 매우 높은 편으로 CHOOSE, HLOOKUP, VLOOKUP, INDEX, MATCH 함수 등이 자주 출제됩니다. 특히 배열 수식으로 출제되는 경우도 많으니 이와 관련된 문제들을 많이 풀어보는 것이 필요합니다.

1 CHOOSE(검색값,값1,값2…)

검색 값이 1이면 값1, 2이면 값2… 순서로 값을 표시하는 함수

2 HLOOKUP(찾을값,범위,행번호,일치유형)

범위의 첫 번째 행에서 값을 찾아 행번호로 지정한 행에서 대응하는 값을 표시하는 함수
- 일치유형 : 찾는 값이 정확히 일치하면 FALSE 또는 0, 비슷한 값을 찾을때는 TRUE 또는 1 또는 생략

3 VLOOKUP(찾을값,범위,열번호,일치유형)

범위의 첫 번째 열에서 값을 찾아 열번호로 지정한 열에서 대응하는 값을 표시하는 함수

4 LOOKUP(찾을값,범위1,범위2)

하나의 행 또는 열을 찾아 다음 두 번째 행 또는 열에서 같은 위치의 값을 구하는 함수

5 XLOOKUP(찾을값,찾을범위,출력범위,찾을값 없을 때 반환값, 일치유형)

범위의 좌우 상관없이 열에서 값을 찾아 열 번호로 지정한 열에서 대응하는 값을 표시하는 함수
[Match_mode](일치유형) 0, -1, 1, 2
  0 : 찾을값과 같은값(생략 시 0)
  -1 : 찾을값과 같은값 또는 찾을값 보다 작은 다음 값
  1 : 찾을값과 같은값 또는 찾을값 보다 큰 다음 값
  2 : 와일드 카드 일치 항목(*,?,~등 사용, 텍스트 데이터 찾기에 활용)

※ 엑셀 2021 이상 버전에 새로 추가된 함수

> **TIP**
>
> **XLOOKUP 요약**
> 조회범위에 동일값 존재시, 위/아래 값을 선택하여 반환
> 필요한 범위만 수식에 입력되므로 더욱 빠르게 연산
> HLOOKUP 함수도 대체(가로로 조회 가능)
> 와일드카드로 검색 가능(*,?,~)
>
> **XLOOKUP의 단점**
> 찾을범위와 출력범위의 넓이가 다를 경우 #VALUE 오류 발생
> 다중조건, 이미지출력 등의 고급기능은 여전히 INDEX/MATCH 함수를 사용해야 함
> 엑셀 2019를 포함한 모든 이전버전 사용자와 파일 공유시 #NAME오류 문제 발생

6 MATCH(찾을값,배열,검색유형)

- 범위(배열) 내에서 값을 찾은 후 해당 셀의 값이 아닌 상대적인 위치를 표시하는 함수
- 1 : 찾을값보다 작거나 같은 값 중 최대값을 찾음(오름차순 정렬)
- 0 : 찾을값과 같은 첫 번째 값을 찾음
- -1 : 찾을값보다 크거나 같은 값 중 최소값을 찾음(내림차순 정렬)

7 XMATCH(찾을값,배열,일치유형,검색유형)

배열 또는 셀 범위에서 지정된 항목을 검색한 다음 항목의 상대 위치를 표시하는 함수

[Match_mode](일치유형) 1, 0, -1, 2
    0 : 찾을값과 같은값(생략 시 0)
    1 : 찾을값과 같은값 또는 찾을값 보다 큰 다음 값
    -1 : 찾을값과 같은값 또는 찾을값 보다 작은 다음 값
    2 : 와일드 카드 일치 항목(*,?,~등 사용, 텍스트 데이터 찾기에 활용)

[Search_mode](검색유형) 1, -1, 2, -2
    1 : 첫 번째에서 마지막까지 검색(생략 시 1)
    -1 : 마지막에서 첫 번째 검색(역방향 검색)
    2 : 오름차순으로 정렬되는 lookup_array를 사용하는 이진 검색을 실행합니다. 정렬하지 않으면 잘못된 결과가 반환됨
    -2 : 내림차순으로 정렬되는 lookup_array를 사용하는 이진 검색을 실행합니다. 정렬하지 않으면 잘못된 결과가 반환됨

8 INDEX(범위,행,열)

범위에서 지정한 행과 열의 교차하는 값을 표시하는 함수

9 COLUMN(인수)

지정한 셀 또는 함수가 사용된 셀의 열 번호를 표시하는 함수

10 COLUMNS(인수)

배열이나 범위에 포함되어 있는 열의 개수를 표시하는 함수

11 ROW(인수)

지정한 셀 또는 함수가 사용된 셀의 행 번호로 표시하는 함수

12 ROWS(배열이나 범위)

배열 또는 지정한 셀 범위의 포함되어 있는 행의 수를 표시하는 함수

13 OFFSET(참조 셀, 이동할 행, 이동할 열, [표시할 행 수], [표시할 열 수])

참조 셀에서 지정한 행과 열만큼 떨어진 값을 표시하는 함수

14 TRANSPOSE(행과 열을 바꿀 범위)

지정한 범위의 행과 열의 값을 바꿔서 표시하는 함수

15 ADDRESS(행 번호, 열 번호, 참조 유형, 셀 주소 표시 형식)

입력한 행, 열 번호에 해당하는 셀 주소를 문자열로 반환해주는 함수

16 AREAS(범위)

- 범위내에서 영역수를 표시하는 함수
- 여러 범위를 지정할 때는 반드시 괄호를 이용

17 INDIRECT(참조할 셀 주소, 참조할 셀 주소의 유형)

- 입력된 셀 주소의 값을 문자열로 표시하는 함수
- 참조할 셀 주소는 반드시 텍스트로 입력

출제유형 완전정복 ▶ 찾기/참조 함수

완전정복 - 01

📁 작업 파일 : C:\2024_컴활1급\엑셀\작업파일\2장_출제유형06\완전정복01_문제.xlsm
📄 완성 파일 : C:\2024_컴활1급\엑셀\완성파일\2장_출제유형06\완전정복01_정답.xlsm

'계산작업-6' 시트에서 다음 과정을 수행하고 저장하시오.

1. [표1]의 학년[B3:B10], 수용인원[C3:C10], 임대료[D3:D10]를 이용하여 관리비[E3:E10]를 구하시오.
   ▶ 학년별 할인율은 1학년이 0%, 2학년은 5%, 3학년은 10%, 4학년은 20%의 할인율 적용
   ▶ 수용인원별 할인율은 3인실 이상인 경우 80%, 3인실 미만인 경우 70%의 할인율 적용
   ▶ 관리비 = 임대료 × (1−학년별 할인율) × (1−수용인원별 할인율)
   ▶ CHOOSE, IF 함수 사용

2. [표2]를 참조하여 [표3]의 [H3:H7] 영역에 타이틀명을 구하여 표시하시오.
   ▶ 타이틀명은 DVD코드의 마지막 두 문자에 따라 다르며, [표2]를 참조하여 계산하고 DVD코드가 없는 경우는 "없음"을 표시
   ▶ RIGHT, XLOOKUP, VLOOKUP, HLOOKUP 중 알맞은 함수 사용

3. [표4]의 수량과 등급을 이용하여 [표5]의 [F15:F22] 영역에 포인트점수를 계산하여 표시하시오.
   ▶ 포인트점수 = 판매금액 × 할인율
   ▶ 할인율은 [표4]의 할인율표를 참조
   ▶ TEXT, VLOOKUP, MATCH 함수 사용
   ▶ [표시 예 : 1234 → 1,234점, 0 → 0점]

● 작업과정 ●

1 [표1]의 학년[B3:B10], 수용인원[C3:C10], 임대료[D3:D10]를 이용하여 관리비[E3:E10]를 구하시오.

① [E3] 셀에 다음과 같이 수식을 입력한 후 **Enter** 키를 누릅니다.

=D3*(1−CHOOSE(B3,0%,5%,10%,20%))*(1−IF(C3>=3,80%,70%))

=D3*(1−<u>CHOOSE(B3,0%,5%,10%,20%)</u>)*(1−<u>IF(C3>=3,80%,70%)</u>) → =D3*(1−①)*(1−②)
                         ①   ②

① [B3] 셀의 값이 1이면 0%, 2이면 5%, 3이면 10%, 4이면 20%로 적용
② [C3] 셀의 값이 3 이상이면 80%, 그렇지 않으면 70%로 적용

② 결과를 확인하고 채우기 핸들을 드래그하여 [E10] 셀까지 수식을 복사합니다.

2 [표2]를 참조하여 [표3]의 [H3:H7] 영역에 타이틀명을 구하여 표시하시오.

① [H3] 셀에 다음과 같이 수식을 입력한 후 Enter 키를 누릅니다.

※ VLOOKUP 함수와 HLOOKUP 함수는 범위의 첫 번째 열이나 첫 번째 행에서 값을 찾는데 이 문제에서는 찾을 값이 두 번째 행에 있으므로 HLOOKUP 함수 대신 XLOOKUP 함수를 이용해야 합니다.

=XLOOKUP(RIGHT(G3,2)*1,$H$11:$L$11,$H$10:$L$10,"없음",0)

=XLOOKUP(RIGHT(G3,2)*1,$H$11:$L$11,$H$10:$L$10,"없음",0)
　　　　　　　①　　　　　　　　　　　　　　②

→ ①을 [H11:L11] 영역에서 찾은 후 [H10:L10] 영역의 정확히 일치하는 값을 표시
① [G3] 셀의 마지막 두 문자에 1을 곱하여 숫자로 변환
② 찾는 값이 없는 경우 "없음"을 표시

② 결과를 확인하고 채우기 핸들을 드래그하여 [H7] 셀까지 수식을 복사합니다.

3 [표4]의 수량과 등급을 이용하여 [표5]의 [F15:F22] 영역에 포인트점수를 계산하여 표시하시오.

① [F15] 셀에 다음과 같이 수식을 입력한 후 Enter 키를 누릅니다.

=TEXT(D15*VLOOKUP(B15,$H$15:$L$20,MATCH(E15,$J$14:$L$14,0)+2),"#,##0점")

=TEXT(D15*VLOOKUP(B15,$H$15:$L$20,MATCH(E15,$J$14:$L$14,0)+2),"#,##0점")
　　　　　　　　①　　　　　　　　　　　　②

→ D15*①을 "#,##0점"의 형식으로 표시
① [B15] 셀의 수량을 [H15:L20] 영역의 1열에서 찾은 후 ②+2열의 값을 반환
② [E15] 셀의 등급을 [J14:L14] 영역의 위치에서 찾은 후 몇 열에 있는지를 반환

※ 예를 들어 수량이 '50'이고 등급이 '정회원'인 경우 MATCH 함수의 결과는 1이며, VLOOKUP 함수로 3열의 값을 반환해야 하므로 MATCH 함수의 결과에 2를 더해줍니다.

② 결과를 확인하고 채우기 핸들을 드래그하여 [F22] 셀까지 수식을 복사합니다.

결과화면

	A	B	C	D	E	F	G	H	I	J	K	L
1	[표1]						[표3]					
2	성명	학년	수용인원	임대료	관리비		DVD코드	타이틀명				
3	윤태성	1	2	358,000	107,400		NV-10	히든피겨스				
4	윤보라	2	3	300,000	57,000		NV-11	히트맨				
5	심지영	3	4	280,000	50,400		NV-15	없음				
6	이도현	4	3	300,000	48,000		NV-13	반지의제왕				
7	한미우	3	1	400,000	108,000		NV-14	라라랜드				
8	박정진	2	5	357,000	67,830							
9	최재석	4	2	358,000	85,920		[표2]					
10	김한웅	1	1	400,000	120,000		제목	히든피겨스	히트맨	토이스토리	반지의제왕	라라랜드
11							코드	10	11	12	13	14
12												
13	[표5]						[표4] 할인율표					
14	구매자	수량	단가	판매금액	등급	포인트점수	수량		정회원	준회원	비회원	
15	방선우	50	3,500	175,000	정회원	875점	0 이상	10 미만	0.20%	0.10%	0.03%	
16	유리마	30	4,000	120,000	비회원	120점	10 이상	30 미만	0.35%	0.15%	0.05%	
17	김형철	20	5,000	100,000	준회원	150점	30 이상	50 미만	0.50%	0.20%	0.10%	
18	백준희	10	5,500	55,000	준회원	83점	50 이상	70 미만	0.50%	0.25%	0.20%	
19	김환영	55	8,000	440,000	정회원	2,200점	70 이상	100 미만	0.60%	0.35%	0.30%	
20	노선민	80	33	2,640	정회원	16점	100 이상		0.70%	0.45%	0.40%	
21	이하영	100	2,000	200,000	비회원	800점						
22	김하나	24	2,500	60,000	비회원	30점						
23												

PART 01 / CHAPTER 02 · 계산 작업

데이터베이스 함수

출제유형 분석 데이터베이스 함수는 출제 빈도가 높은 편은 아니지만 DSUM, DAVERAGE, DCOUNT, DCOUNTA, DGET 등의 함수가 중요합니다.

1 DSUM(데이터베이스,필드,조건범위)

조건을 만족하는 필드의 합계를 구하는 함수

2 DAVERAGE(데이터베이스,필드,조건범위)

조건을 만족하는 필드의 평균을 구하는 함수

3 DCOUNT(데이터베이스,필드,조건범위)

조건을 만족하는 필드에서 숫자가 있는 셀의 개수를 구하는 함수

4 DCOUNTA(데이터베이스,필드,조건범위)

조건을 만족하는 필드에서 비어있지 않은 셀의 개수를 구하는 함수

5 DMAX(데이터베이스,필드,조건범위)

조건을 만족하는 필드의 최대값을 구하는 함수

6 DMIN(데이터베이스,필드,조건범위)

조건을 만족하는 필드의 최소값을 구하는 함수

7 DVAR(데이터베이스,필드,조건범위)

조건을 만족하는 필드의 분산을 구하는 함수

8 DSTDEV(데이터베이스,필드,조건범위)

조건을 만족하는 필드의 표준 편차를 구하는 함수

9 DGET(데이터베이스,필드,조건범위)

조건을 만족하는 단일값을 구하는 함수

10 DPRODUCT(데이터베이스,필드,조건범위)

조건을 만족하는 필드의 곱을 구하는 함수

출제유형 완전정복 : 데이터베이스 함수

완전정복 - 01

▶ 작업 파일 : C:₩2024_컴활1급₩엑셀₩작업파일₩2장_출제유형07₩완전정복01_문제.xlsm
▶ 완성 파일 : C:₩2024_컴활1급₩엑셀₩완성파일₩2장_출제유형07₩완전정복01_정답.xlsm

'계산작업-7' 시트에서 다음 과정을 수행하고 저장하시오.

1. [표2]를 이용해서 월평균임금[B7:B17]의 50%가 3,000,000 이상인 자료의 개수를 계산하여 [표1]의 [B3] 셀에 표시하시오.
   ▶ 조건은 [표1]의 [A3] 셀에 작성
   ▶ DAVERAGE, DCOUNTA, DSUM 중 알맞은 함수를 선택하여 사용

2. [표4]의 [F6:H17] 영역을 참조하여 [표3]의 이름[F3]에 따른 연락처[G3], 거주지[H3]을 표시하시오.
   ▶ 이름[F3]에는 유효성 검사의 목록 값이 지정되어 있음
   ▶ DSTDEV, DGET, DPRODUCT 중 알맞은 함수를 선택하여 사용

● 작업과정

1 [표2]를 이용해서 월평균임금[B7:B17]의 50%가 3,000,000 이상인 자료의 개수를 계산하여 [표1]의 [B3] 셀에 표시하시오.

① [A3] 셀에 다음과 같이 조건을 입력한 후 Enter 키를 누릅니다.

   =B7*50%>=3000000

② [B3] 셀에 다음과 같이 수식을 입력한 후 Enter 키를 누릅니다.

   =DCOUNTA(A6:B17,B6,A2:A3) → [A6:B17] 영역에서 [A2:A3] 조건에 맞는 월평균임금의 개수를 구함

2 [표4]의 [F6:H17] 영역을 참조하여 [표3]의 이름[F3]에 따른 연락처[G3], 거주지[H3]을 표시하시오.

① [G3] 셀에 다음과 같이 수식을 입력한 후 Enter 키를 누릅니다.

   =DGET($F$6:$H$17,G6,$F$2:$F$3) → [F6:H17] 영역에서 [F2:F3] 조건에 맞는 연락처를 표시

② 결과를 확인하고 채우기 핸들을 드래그하여 [H3] 셀까지 수식을 복사합니다.

③ [F3] 셀의 유효성 검사 목록 단추를 눌러 값이 변경되는지 확인합니다.

결과화면

	A	B	C	D	E	F	G	H
1	[표1]					[표3] 이름별 연락처와 거주지		
2	조건	월평균임금의 50%가 3000000 이상인 자료의 개수				이름	연락처	거주지
3	TRUE		7			황다희	010-3344-6543	고양
4								
5	[표2]					[표4]		
6	업무구분	월평균임금				이름	연락처	거주지
7	IT컨설턴트	8,498,999				박인호	010-1111-2222	서울
8	IT프로젝트관리자	7,489,991				김하늘	010-2345-5432	창원
9	SW아키텍트	7,272,997				박규리	010-3030-4040	울산
10	SW엔지니어	5,072,009				이하온	010-5555-6666	고양
11	임베디드SW엔지니어	6,491,716				이규민	010-9999-1111	파주
12	DB엔지니어	5,732,222				박규석	010-9876-5432	서울
13	NW엔지니어	6,425,309				이하영	010-1234-5678	서울
14	시스템엔지니어	5,549,536				김시영	010-2424-3535	광주
15	IT마케터	7,502,283				이하정	010-4455-6677	대구
16	IT보안엔지니어	4,749,565				김미라	010-6767-5555	대구
17	IT품질관리자	6,863,528				황다희	010-3344-6543	고양

PART 01 / CHAPTER 02 · 계산 작업

재무 함수

출제유형 분석 재무 함수는 1급에만 출제되는 함수로 출제 빈도가 높은 편은 아닙니다. PMT 함수가 가장 많이 출제되었고 FV, PV 함수도 사용 방법을 익혀두는 것이 필요합니다.

1 **FV**(이자율, 납입 횟수, 납입금액, 미래 지급액의 현재 가치, 납입시점)

정기적인 납입금, 고정 이율에 따른 투자의 미래 가치를 구하는 함수

- 납입시점 : 0 또는 생략(기간 말), 1(기간 초)

2 **PV**(이자율, 납입 횟수, 납입금액, 미래 가치 또는 마지막 상환 후 현금 잔액, 납입시점)

정기적인 납입금, 고정 이율에 따른 대출 또는 투자의 현재 가치를 구하는 함수

3 **NPV**(할인율, 지급액 또는 수익1, 지급액 또는 수익2, …)

할인율과 미래 지급액, 수익에 따라 투자의 순 현재 가치를 구하는 함수

4 **PMT**(이자율, 상환횟수, 현재가치, 미래가치, 납입시점)

정기적으로 납입하고 일정한 이자율이 적용되는 대출 상환금을 구하는 함수

5 **SLN**(자산의 구입가, 자산의 잔존 가치, 총 감가 상각 기간)

정액법을 사용하여 단위 기간 동안 자산의 감가 상각을 구하는 함수

6 **SYD**(자산의 구입가, 자산의 잔존 가치, 총 감가 상각 기간, 계산할 감가 상각 기간)

연수합계법으로 자산의 감가 상각을 구하는 함수

출제유형 완전정복 ▶ 재무 함수

완전정복 - 01
- 작업 파일 : C:₩2024_컴활1급₩엑셀₩작업파일₩2장_출제유형08₩완전정복01_문제.xlsm
- 완성 파일 : C:₩2024_컴활1급₩엑셀₩완성파일₩2장_출제유형08₩완전정복01_정답.xlsm

'계산작업-8' 시트에서 다음 과정을 수행하고 저장하시오.

1. 연이율 2%로 3년 만기 저축을 매월 초 100,000원씩 적립하려고 한다. 3년 후 만기에 찾을 수 있는 금액은 얼마인지 [B5] 셀에 구하시오.

2. 연이율 5%로 30년 동안 매월 말에 500,000원씩 지급해 주는 연금보험의 현재 가치를 [E5] 셀에 구하시오.

3. [표3]의 판매금액과 할부기간(월)을 이용하여 할부금[F9:F16]을 계산하여 표시하시오.
   ▶ 연이율은 3%이고, 결과는 양수로 내림하여 십의 자리까지만 표시되도록 설정하시오.
   ▶ ROUNDDOWN, PMT 함수 사용

작업 과정

1 연이율 2%로 3년 만기 저축을 매월 초 100,000원씩 적립하려고 한다. 3년 후 만기에 찾을 수 있는 금액은 얼마인지 [B5] 셀에 구하시오.

① [B5] 셀에 다음과 같이 수식을 입력한 후 Enter 키를 누릅니다.

=FV(B2/12,B3*12,-B4,,1) → 월이율은 B2/12, 개월수는 B3*12, 월불입액은 B4, 매월 초 적립(1)한 경우 만기 금액을 계산(월불입액은 음수로 입력 : -B4)

2 연이율 5%로 30년 동안 매월 말에 500,000원씩 지급해 주는 연금보험의 현재 가치를 [E5] 셀에 구하시오.

① [E5] 셀에 다음과 같이 수식을 입력한 후 Enter 키를 누릅니다.

=PV(E2/12,E3*12,-E4) → 월이율은 E2/12, 기간은 E3*12, 월불입액은 E4, 현재 가치를 계산(월불입액은 음수로 입력 : -E4)

3 [표3]의 판매금액과 할부기간(월)을 이용하여 할부금[F9:F16]을 계산하여 표시하시오.

① [F9] 셀에 다음과 같이 수식을 입력한 후 Enter 키를 누릅니다.

=ROUNDDOWN(PMT(3%/12,E9,-D9),-1)

=ROUNDDOWN(PMT(3%/12,E9,-D9),-1) → ①의 값을 내림하여 십의 자리까지 표시
         ①

① 월이율은 3%/12, 할부기간은 E9, 금액은 D9인 경우 할부금을 계산(할부금은 음수로 입력 : -D9)

② 결과를 확인하고 채우기 핸들을 드래그하여 [F16] 셀까지 수식을 복사합니다.

결과화면

	A	B	C	D	E	F
1	[표1] FV			[표2] PV		
2	연이율	2%		연이율	5%	
3	기간	3년		기간	30년	
4	월불입액	100,000		월지급액	500,000	
5	만기금액	₩3,713,189		현재가치	₩93,140,809	
6						
7	[표3] PMT					
8	구매자	수량	단가	판매금액	할부기간(월)	할부금
9	방선우	50	3,500	175,000	3	₩58,620
10	유리마	30	4,000	120,000	2	₩60,220
11	김형철	20	5,000	100,000	5	₩20,150
12	백준회	10	5,500	55,000	3	₩18,420
13	김환영	55	8,000	440,000	12	₩37,260
14	노선민	80	3,500	280,000	9	₩31,500
15	이하영	100	2,000	200,000	2	₩100,370
16	김하나	24	2,500	60,000	6	₩10,080

PART 01 / CHAPTER 02 · 계산 작업

정보 함수

출제유형 분석   정보 함수는 자주 출제되는 함수는 아니며, 주로 ISBLANK와 ISERROR 함수 등이 IF 함수와 함께 출제됩니다.

1 ISBLANK(인수)

지정한 셀이 비어 있다면 TRUE를, 아니라면 FALSE를 표시하는 함수

2 ISERR(인수)

지정한 셀에 #N/A 오류가 발생하면 FALSE를, 그 외 오류가 발생하면 TRUE를 표시하는 함수

3 ISERROR(인수)

지정한 셀에 오류가 발생하면 TRUE를, 그 외에는 FALSE를 출력하는 함수

4 ISEVEN(인수)

지정한 셀의 값이 짝수이면 TRUE를, 홀수이면 FALSE를 표시하는 함수

5 ISODD(인수)

지정한 셀의 값이 홀수이면 TRUE를, 짝수이면 FALSE를 표시하는 함수

6 ISLOGICAL(인수)

지정한 셀의 값이 논리값이면 TRUE를, 아니면 FALSE를 표시하는 함수

7 ISNUMBER(인수)

지정한 셀의 값이 숫자라면 TRUE를, 아니면 FALSE를 표시하는 함수

8 ISTEXT(인수)

지정한 셀의 값이 문자열이면 TRUE를, 아니면 FALSE를 표시하는 함수

9 ISNONTEXT(인수)

지정한 셀의 값이 문자열이 아니면 TRUE를, 문자열이면 FALSE를 표시하는 함수

10 TYPE(인수)

지정한 셀의 값의 형식을 정수로 표시하는 함수

11 CELL(표시할 정보의 유형, 정보를 얻을 셀)

지정한 셀의 여러 가지 정보(주소, 내용, 행, 열 등)를 표시하는 함수

출제유형 완전정복 ▶ 정보 함수

완전정복 - 01

📁 작업 파일 : C:₩2024_컴활1급₩엑셀₩작업파일₩2장_출제유형09₩완전정복01_문제.xlsm
📗 완성 파일 : C:₩2024_컴활1급₩엑셀₩완성파일₩2장_출제유형09₩완전정복01_정답.xlsm

'계산작업-9' 시트에서 다음 과정을 수행하고 저장하시오.

1. [표1]의 1차, 2차, 3차, 4차, 결석수를 이용하여 결과[H3:H12]를 표시하시오.
   - ▶ 결과는 1차~4차의 평균이 1차~4차의 전체 평균보다 크거나 같고 결석수가 빈 칸인 경우 "통과", 그렇지 않은 경우 "재시험"을 표시하시오.
   - ▶ IF, AND, AVERAGE, ISBLANK 함수 사용

2. [표2]의 성명과 [표3]을 이용하여 부양공제[B16:B24]를 표시하시오.
   - ▶ 성명이 [표3]의 목록에 있으면 "O"로, 없으면 "X"로 표시
   - ▶ IF, ISERROR, MATCH 함수 사용

● 작업 과정 ●

1 [표1]의 1차, 2차, 3차, 4차, 결석수를 이용하여 결과[H3:H12]를 표시하시오.

① [H3] 셀에 다음과 같이 수식을 입력한 후 Enter 키를 누릅니다.

=IF(AND(AVERAGE(B3:E3)>=AVERAGE($B$3:$E$12),ISBLANK(G3)),"통과","재시험")

=IF(AND(AVERAGE(B3:E3)>=AVERAGE($B$3:$E$12),ISBLANK(G3)),"통과","재시험")
          ①

→ ①의 조건을 만족하면 "통과", 그렇지 않으면 "재시험"으로 표시
① [B3:E3] 영역의 평균이 [B3:E12] 영역의 평균보다 크거나 같고 [G3] 셀이 빈 칸이면 TRUE를 반환

② 결과를 확인하고 채우기 핸들을 드래그하여 [H12] 셀까지 수식을 복사합니다.

2 [표2]의 성명과 [표3]을 이용하여 부양공제[B16:B24]를 표시하시오.

① [B16] 셀에 다음과 같이 수식을 입력한 후 Enter 키를 누릅니다.

=IF(ISERROR(MATCH(A16,$F$16:$F$19,0)),"X","O")

=IF(ISERROR(MATCH(A16,$F$16:$F$19,0)),"X","O")
              ①

→ ①의 값이 오류이면 "X", 그렇지 않으면 "O"로 표시
① [A16] 셀의 성명을 [F16:F19] 영역에서 찾은 후 몇 행에 있는지를 반환

② 결과를 확인하고 채우기 핸들을 드래그하여 [B24] 셀까지 수식을 복사합니다.

결과화면

	A	B	C	D	E	F	G	H
1	[표1]							
2	이름	1차	2차	3차	4차	합계	결석수	**결과**
3	방선우	90	100	95	98	383		통과
4	유리마	85	100	78	85	348	2	재시험
5	김형철	99	92	84	90	365		통과
6	백준희	73	71	77	60	281	2	재시험
7	김환영	75	60	56	65	256	2	재시험
8	노선민	91	73	96	91	351		통과
9	이하영	78	90	77	87	332	3	재시험
10	김하나	75	92	89	94	350		통과
11	김시영	98	96	86	89	369		통과
12	류하은	63	40	55	50	208	2	재시험
13								
14	[표2]					[표3]		
15	성명	**부양공제**	소득공제	소득공제내용		성명	관계	
16	박인호	O	일반의료비	간소화자료		박인호	부	
17	김하늘	X	신용카드	대중교통		이하정	모	
18	박규리	O	신용카드	대중교통		박규리	본인	
19	이하정	O	현금영수증	일반사용분		박규석	자	
20	박규석	O	신용카드	일반사용분				
21	박규석	O	신용카드	일반사용분				
22	이하영	X	일반의료비	간소화자료				
23	김시영	X	일반의료비	간소화자료				
24	이하정	O	지정기부금	법인				

PART 01 / CHAPTER 02 · 계산 작업

배열 수식

출제유형 분석 배열 수식은 1급 실기 시험에서 가장 중요한 부분이라고 할 수 있습니다. 배열 함수 이외에도 다른 함수를 이용하여 복잡한 형태의 배열 수식을 만드는 문제가 매회 출제되므로 익숙해질 때까지 다양한 유형의 문제를 꾸준히 풀어보는 것이 필요합니다.

1. 배열 수식은 배열에 있는 하나 이상의 항목에서 여러 계산을 수행할 수 있는 수식으로, 여러 결과를 동시에 반환할 수도 있고 하나의 결과만 반환할 수도 있습니다.

2. 수식을 입력하고 Ctrl + Shift + Enter 키를 누르면 수식의 앞뒤에 중괄호({ })가 자동으로 입력됩니다.(2021 버전부터는 Enter 키만 쳐도 실행, frequency 제외)

3. 조건을 지정할 때 AND 조건은 '*', OR 조건은 '+'를 사용합니다.

4. **배열 공식**

		조건이 1개인 경우		조건이 여러 개인 경우
합계	방법1	=SUM((조건)*합계를 구할 범위)	방법1	=SUM((조건1)*(조건2)*합계를 구할 범위)
	방법2	=SUM(IF(조건,합계를 구할 범위))	방법2	=SUM(IF((조건1)*(조건2),합계를 구할 범위))
평균		=AVERAGE(IF(조건,평균을 구할 범위))		=AVERAGE(IF((조건1)*(조건2),평균을 구할 범위))
개수	방법1	=SUM((조건)*1)	방법1	=SUM((조건1)*(조건2))
	방법2	=SUM(IF(조건,1))	방법2	=SUM(IF((조건1)*(조건2),1))
	방법3	=COUNT(IF(조건,1))	방법3	=COUNT(IF((조건1)*(조건2),1))
최대값	방법1	=MAX((조건)*최대값을 구할 범위)	방법1	=MAX((조건1)*(조건2)*최대값을 구할 범위)
	방법2	=MAX(IF(조건,최대값을 구할 범위))	방법2	=MAX(IF((조건1)*(조건2),최대값을 구할 범위))
최소값	방법1	=MIN((조건)*최소값을 구할 범위)	방법1	=MIN((조건1)*(조건2)*최소값을 구할 범위)
	방법2	=MIN(IF(조건,최소값을 구할 범위))	방법2	=MIN(IF((조건1)*(조건2),최소값을 구할 범위))
k번째로 큰 값	방법1	=LARGE((조건)*k번째로 큰 값을 구할 범위,k)	방법1	=LARGE((조건1)*(조건2)*k번째로 큰 값을 구할 범위,k)
	방법2	=LARGE(IF(조건,k번째로 큰 값을 구할 범위),k)	방법2	=LARGE(IF((조건1)*(조건2),k번째로 큰 값을구할 범위),k)
k번째로 작은 값	방법1	=SMALL((조건)*k번째로 작은 값을 구할 범위,k)	방법1	=SMALL((조건1)*(조건2)*k번째로 작은 값을 구할 범위,k)
	방법2	=SMALL(IF(조건,k번째로 작은 값을 구할 범위),k)	방법2	=SMALL(IF((조건1)*(조건2),k번째로 작은 값을 구할 범위),k)

[예제] 배열 수식의 원리 – 성별이 '여'에 해당하는 점수의 합계 구하기

	A	B	C	D
1	이름	성별	점수	
2	김하은	여	80	
3	박은서	여	95	
4	최연우	남	70	
5	오규연	여	100	
6	곽정훈	남	85	
7	여자 점수 합계		275	
8				

=SUM((B2:B6="여")*C2:C6)

① 조건 'B2:B6="여"'에 의해 각각의 성별이 "여"와 비교되어 TRUE, FALSE의 배열로 만들어지고 논리값은 1, 0으로 바뀝니다.

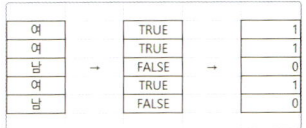

② 조건 배열과 점수 배열이 곱해져서 계산값이 나오고 SUM 함수에 의해 합계(275)가 계산됩니다.

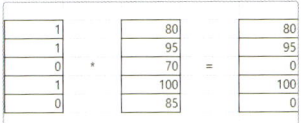

> **TIP**
>
> **INDEX, MATCH, MAX 함수를 이용한 배열 공식**
> - {=INDEX(결과를 구할 범위,MATCH(MAX((조건)*최대값을 구할 범위),(조건)*최대값을 구할 범위,열 번호))}
> - MAX 함수 대신 MIN, LARGE, SMALL 함수 등이 응용될 수 있습니다.

출제유형 완전정복 ▶ 배열 수식

완전정복 - 01

📁 작업 파일 : C:₩2024_컴활1급₩엑셀₩작업파일₩2장_출제유형10₩완전정복01_문제.xlsm
📄 완성 파일 : C:₩2024_컴활1급₩엑셀₩완성파일₩2장_출제유형10₩완전정복01_정답.xlsm

'계산작업-10' 시트에서 다음 과정을 수행하고 저장하시오.

1. [표3]을 참조하여 [표1]의 [B3:C5] 영역에 학과별로 시행청에 따른 자격증 취득 개수를 계산하여 표시하시오.
   ▶ SUM 함수를 사용한 배열 수식 사용

2. [표3]을 참조하여 [표2]의 [F3:F7] 영역에 자격증별 취득명수를 계산하여 표시하시오.
   ▶ [표2]의 [E3:E7]은 [표3]의 '자격증명'의 왼쪽 문자열 중의 일부임
   ▶ COUNT, IF, LEFT, LEN 함수를 모두 사용한 배열 수식 사용

● 작업 과정 ●

1 [표3]을 참조하여 [표1]의 [B3:C5] 영역에 학과별로 시행청에 따른 자격증 취득 개수를 계산하여 표시하시오.

① [B3] 셀에 다음과 같이 수식을 입력한 후 `Ctrl` + `Shift` + `Enter` 키를 누릅니다.

=SUM(($C$11:$C$22=$A3)*($E$11:$E$22=B$2)) → 학과가 [A3] 셀과 같고 시행청이 [B2] 셀과 같은 자료의 개수를 계산하여 표시

② 결과를 확인하고 채우기 핸들을 드래그하여 [C5] 셀까지 수식을 복사합니다.

2 [표3]을 참조하여 [표2]의 [F3:F7] 영역에 자격증별 취득명수를 계산하여 표시하시오.

① [F3] 셀에 다음과 같이 수식을 입력한 후 `Ctrl` + `Shift` + `Enter` 키를 누릅니다.

=COUNT(IF(LEFT($D$11:$D$22,LEN(E3))=E3,1))

=COUNT(IF(<u>LEFT($D$11:$D$22,LEN(E3))</u>=E3,1))
                      ①   ②

→ ①의 값이 [E3] 셀과 같은 자료의 개수를 계산하여 표시
① 자격증명을 왼쪽에서 [E3] 셀의 문자 수 만큼의 문자를 추출
② ①에서 추출한 문자가 [E3] 셀과 같다면 '1'을 반환하고 그렇지 않다면 'NULL'을 반환

② 결과를 확인하고 채우기 핸들을 드래그하여 [F7] 셀까지 수식을 복사합니다.

 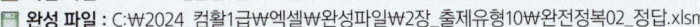 

'계산작업-11' 시트에서 다음 과정을 수행하고 저장하시오.

1. [표1]을 이용하여 [B18:E19] 영역에 단과대학과 구분별 최대 인원을 배출한 학과를 표시하시오.
   - ▶ INDEX, MATCH, LARGE 함수를 사용한 배열 수식 사용

2. [표1]을 이용하여 [B23:C23] 영역에 남녀의 취업률을 계산하여 표시하시오.
   - ▶ 예 : 남자의 취업률 = 남자의 취업자 수/남자의 졸업자 수
   - ▶ 백분율로 소수점 둘째 자리까지 표시 [표시 예 : 51.61%]
   - ▶ SUM, ROUND 함수를 사용한 배열 수식 사용

작업 과정

1 [표1]을 이용하여 [B18:E19] 영역에 단과대학과 구분별 최대 인원을 배출한 학과를 표시하시오.

① [B18] 셀에 다음과 같이 수식을 입력한 후 Ctrl + Shift + Enter 키를 누릅니다.

=INDEX($B$3:$B$14,MATCH(LARGE(($A$3:$A$14=$A18)*E$3:E$14,1),($A$3:$A$14=$A18)*E$3:E$14,0))

=INDEX($B$3:$B$14,MATCH(LARGE(($A$3:$A$14=$A18)*E$3:E$14,1),($A$3:$A$14=$A18)*E$3:E$14,0))
　　　　　　　　　　　　　　　　　　　　　　　　　　　　　①

→ [B3:B14] 영역에서 ① 행의 값을 표시
① 단과대학이 [A18] 셀과 같은 값 중 [E3:E14]의 최대값을 찾은 후 위치를 반환

② 결과를 확인하고 채우기 핸들을 드래그하여 [E19] 셀까지 수식을 복사합니다.

2 [표1]을 이용하여 [B23:C23] 영역에 남녀의 취업률을 계산하여 표시하시오.

① [B23] 셀에 다음과 같이 수식을 입력한 후 Ctrl + Shift + Enter 키를 누릅니다.

=ROUND((SUM(($C$3:$C$14=B$22)*$E$3:$E$14))/SUM(($C$3:$C$14=B$22)*$D$3:$D$14),4)

=ROUND((SUM(($C$3:$C$14=B$22)*$E$3:$E$14))/SUM(($C$3:$C$14=B$22)*$D$3:$D$14),4)
　　　　　　　　　　　①　　　　　　　　　　　　　　　　　②

→ ①/②의 값을 소수점 넷째 자리까지 표시(백분율로 소수점 둘째 자리까지 표시)
① 성별이 [B22] 셀과 같으면 [E3:E14] 영역의 합계를 계산
② 성별이 [B22] 셀과 같으면 [D3:D14] 영역의 합계를 계산

② 결과를 확인하고 채우기 핸들을 드래그하여 [C23] 셀까지 수식을 복사합니다.

완전정복 - 03

📁 작업 파일 : C:₩2024_컴활1급₩엑셀₩작업파일₩2장_출제유형10₩완전정복03_문제.xlsm
📁 완성 파일 : C:₩2024_컴활1급₩엑셀₩완성파일₩2장_출제유형10₩완전정복03_정답.xlsm

'계산작업-12' 시트에서 다음 과정을 수행하고 저장하시오.

1. [표1]의 행사내용, 참석인원과 [표2]를 이용하여 행사내용과 참석인원에 따른 빈도수[H3:I7]를 계산하여 표시하시오.
    - ▶ FREQUENCY, IF 함수를 이용한 배열 수식

2. [표1]의 행사일과 [표3]을 이용하여 월별 행사건수를 구한 후 해당 개수만큼 "☆"를 [G12:G17] 영역에 반복하여 표시하시오.
    - ▶ [표시 예 : 3 → ☆☆☆, 4 → ☆☆☆☆]
    - ▶ IF, SUM, MONTH, REPT 함수를 이용한 배열 수식

● 작업과정 ●

1 [표1]의 행사내용, 참석인원과 [표2]를 이용하여 행사내용과 참석인원에 따른 빈도수[H3:I7]를 계산하여 표시하시오.

① [H3:H7] 영역으로 지정한 후 다음과 같이 수식을 입력하고 **Ctrl** + **Shift** + **Enter** 키를 누릅니다.

※ FREQUENCY 함수는 특정 범위 안에 속하는 값의 개수를 배열의 형태로 반환하는 함수이므로 반드시 배열의 범위를 선택하고 입력한 후 **Ctrl** + **Shift** + **Enter** 키를 눌러야 합니다.

=FREQUENCY(IF($B$3:$B$17=H$2,$C$3:$C$17),$G$3:$G$7)

=FREQUENCY(IF($B$3:$B$17=H$2,$C$3:$C$17),$G$3:$G$7)
　　　　　　　　　　　　　①
→ ①의 영역에서 [G3:G7] 구간에 해당하는 개수를 계산
① 행사내용이 [H2] 셀과 같은 값들을 [C3:C17] 영역에서 지정

② 결과를 확인하고 채우기 핸들을 드래그하여 [I7] 셀까지 수식을 복사합니다

2 [표1]의 행사일과 [표3]을 이용하여 월별 행사건수를 구한 후 해당 개수만큼 "☆"를 [J18:J23] 영역에 반복하여 표시하시오.

① [G12] 셀에 다음과 같이 수식을 입력한 후 **Ctrl** + **Shift** + **Enter** 키를 누릅니다.

=REPT("☆",SUM(IF(MONTH($D$3:$D$17)=F12,1)))

=REPT("☆",SUM(IF(MONTH($D$3:$D$17)=F12,1)))
　　　　　　　　　　　①
→ "☆"을 ①의 개수만큼 반복하여 표시
① 행사일의 월이 [F12] 셀과 같은 경우 1씩 더하여 합계를 계산

② 결과를 확인하고 채우기 핸들을 드래그하여 [G17] 셀까지 수식을 복사합니다.

완전정복 - 01 ▶

	A	B	C	D	E	F	G
1	[표1] 시행청별 자격증 취득 현황				[표2] 자격증명별 취득 현황		
2	학과명	대한상공회의소	한국산업인력공단		자격증	취득명수	
3	경영학과	3	1		컴퓨터	4	
4	경제학과	4	1		워드	1	
5	컴퓨터공학과	1	2		정보	4	
6					전자상거래	1	
7					전산회계	2	
8							
9	[표3]						
10	학번	성명	학과	자격증명	시행청	취득일자	
11	201712024	김규리	경영학과	컴퓨터활용능력	대한상공회의소	2018-02-15	
12	201712024	김규리	경영학과	워드프로세서	대한상공회의소	2018-01-04	
13	201712057	이은지	경영학과	컴퓨터활용능력	대한상공회의소	2018-04-25	
14	201712058	홍은희	경영학과	정보처리산업기사	한국산업인력공단	2018-03-28	
15	201506014	최일우	경제학과	컴퓨터활용능력	대한상공회의소	2018-08-12	
16	201506154	정동원	경제학과	전산회계운용사 1급	대한상공회의소	2018-06-26	
17	201506154	정동원	경제학과	전자상거래운용사	대한상공회의소	2018-07-18	
18	201506154	김형민	경제학과	컴퓨터활용능력	대한상공회의소	2018-04-18	
19	201506154	김형민	경제학과	정보처리기능사	한국산업인력공단	2018-01-01	
20	201506133	김미라	컴퓨터공학과	정보처리기사	한국산업인력공단	2018-05-02	
21	201506165	황다희	컴퓨터공학과	정보보안기사	한국산업인력공단	2018-05-01	
22	201606028	김민혜	컴퓨터공학과	전산회계운용사 1급	대한상공회의소	2018-10-30	

완전정복 - 02 ▶

	A	B	C	D	E	F	G	H
1	[표1]							
2	단과대학	학과	성별	졸업자	취업	창업	진학	기타
3	인문대학	국어국문학과	남	20	15	1	3	1
4	인문대학	국어국문학과	여	30	22	2	3	3
5	인문대학	영어영문학과	남	25	20		3	2
6	인문대학	영어영문학과	여	30	20	3	5	2
7	인문대학	중어중문학과	남	15	10		3	2
8	인문대학	중어중문학과	여	15	8	4	2	1
9	사회과학대학	행정학과	남	25	20	1	4	1
10	사회과학대학	행정학과	여	10	6		1	3
11	사회과학대학	사회학과	남	30	18	2	3	7
12	사회과학대학	사회학과	여	20	18			2
13	사회과학대학	심리학과	남	10	5		1	4
14	사회과학대학	심리학과	여	20	10	1	1	8
15								
16	[표2] 단과대학별로 구분별 최대 인원을 배출한 학과							
17	단과대학	취업	창업	진학	기타			
18	인문대학	국어국문학과	중어중문학과	영어영문학과	국어국문학과			
19	사회과학대학	행정학과	사회학과	행정학과	심리학과			
20								
21	[표3] 성별별 취업률							
22		남	여					
23	취업률	70.40%	67.20%					

완전정복 - 03 ▶

	A	B	C	D	E	F	G	H	I	J	K	L
1	[표1]					[표2] 행사내용과 인원에 따른 빈도수						
2	성명	행사내용	참석인원	행사일		인원수		세미나	결혼식			
3	김동원	세미나	515	2020-02-20		0 ~	200	1	0			
4	박찬원	결혼식	564	2020-03-15		201 ~	300	4	1			
5	최진주	세미나	295	2020-03-18		301 ~	400	1	0			
6	왕석희	세미나	421	2020-04-05		401 ~	500	2	2			
7	황경아	세미나	150	2020-02-02		501 ~	600	2	2			
8	이미선	결혼식	584	2020-05-06								
9	김유하	세미나	211	2020-06-03								
10	박경진	세미나	521	2020-03-10		[표3] 월별 행사건수						
11	김양희	세미나	467	2020-01-10		월	행사건수					
12	손석주	세미나	282	2020-01-13		1월	☆☆					
13	윤정아	결혼식	456	2020-03-05		2월	☆☆☆					
14	임수아	결혼식	405	2020-06-10		3월	☆☆☆☆					
15	최우림	세미나	360	2020-05-10		4월	☆					
16	김준희	세미나	270	2020-05-22		5월	☆☆☆					
17	이수아	결혼식	204	2020-02-10		6월	☆☆					

PART 01 / CHAPTER 02 · 계산 작업

사용자 정의 함수

출제유형 분석

사용자 정의 함수도 매우 어렵게 생각하는 부분이지만 난이도가 높지 않은 문제가 출제됩니다. IF문이 가장 많이 출제되며 SELECT문도 출제 빈도가 높으므로 이 부분을 중심으로 코드를 암기하는 것이 필요합니다.

1 사용자 정의 함수

- 사용자 정의 함수는 엑셀에서 기본적으로 제공되지 않는 수식을 사용자가 직접 만들어 사용하는 기능입니다.
- [개발 도구] 탭-[코드] 그룹-[Visual Basic]을 클릭하거나 Alt + F11 키를 누른 후 [삽입]-[모듈]을 클릭합니다.

> **TIP**
>
> **[개발 도구] 추가**
> ① [파일]-[옵션] 을 클릭
> ② [Excel 옵션] 대화상자에서 [리본 사용자 지정] 클릭
> ③ 기본 탭에서 '개발 도구' 선택 후 <확인> 단추 클릭
>
>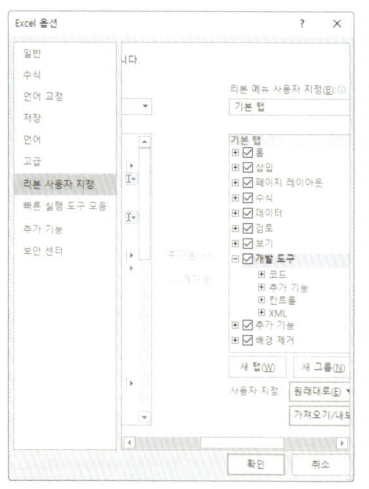

2 IF 구문

조건을 검사하여 참일 경우와 거짓일 경우 서로 다른 명령을 처리하는 구문입니다.

> **TIP**
>
> ① 1행1열의 값이 60 이상이면 ②를 수행
> ② 메시지 박스에 "합격"을 표시
> ③ ①의 조건을 만족하지 않으면 ④를 수행
> ④ 메시지 박스에 "불합격"을 표시
> ⑤ If문 종료

```
If 조건식 Then
    참일 때 실행
Else
    거짓일 때 실행
End If
```

```
① If Cells(1, 1).Value >= 60 Then
②     MsgBox "합격"
③ Else
④     MsgBox "불합격"
⑤ End If
```

3 Select 구문

조건이 여러 개인 경우 하나의 식을 여러 개의 값과 비교하여 각 조건에 해당하는 명령을 실행합니다.

> **TIP**
> ① Select문 시작
> ② [C3] 셀이 90 이상 100 이하이면 ③을 수행
> ③ [D3] 셀에 "여행"을 입력
> ④ [C3] 셀이 70 이상 89 이하이면 ⑤를 수행
> ⑤ [D3] 셀에 "도서"를 입력
> ⑥ ②, ④의 조건을 만족하지 않으면 ⑦을 수행
> ⑦ [D3] 셀에 "커피"를 입력
> ⑧ Select문 종료

```
Select Case 값
Case 값1
    명령문1
Case 값2
    명령문2
…
Case Else
    명령문3
End Select
```

```
① Select Case Range("C3")
②   Case 90 To 100
③       Range("D3") = "여행"
④   Case 70 To 89
⑤       Range("D3") = "도서"

⑥   Case Else
⑦       Range("D3") = "커피"
⑧ End Select
```

4 For~Next 구문

For문에 지정된 횟수만큼 For문 안에 있는 명령문을 반복 실행합니다.

```
For 반복변수 = 시작값 To 최종값 [Step 증가값]
    명령문
Next 반복변수
```

```
Public Function fn기타(반영점수)
① For i = 1 To 반영점수 / 10
②     fn기타 = fn기타 & "■"
③ Next i
End Function
```

> **TIP**
> ① i는 1에서 반영점수/10까지 반복
> ② fn기타에는 fn기타에 "■"를 연결하여 표시
> ③ 반복문 종료

출제유형 완전정복 ▶ 사용자 정의 함수

완전정복 - 01

📁 작업 파일 : C:₩2024_컴활1급₩엑셀₩작업파일₩2장_출제유형11₩완전정복01_문제.xlsm
📁 완성 파일 : C:₩2024_컴활1급₩엑셀₩완성파일₩2장_출제유형11₩완전정복01_정답.xlsm

'계산작업-13' 시트에서 다음 과정을 수행하고 저장하시오.

1. 사용자 정의 함수 'fn합격'을 작성하여 [표1]의 합격여부[E3:E10]를 표시하시오.
   ▶ 'fn합격'은 필기시험과 개별면접, 집단면접을 인수로 받아 값을 되돌려줌
   ▶ 합격여부는 필기시험과 면접점수가 모두 80점 이상이 되면 '합격', 그렇지 않으면 '불합격'으로 판정하시오.
   ▶ 면접점수는 개별면접과 집단면접의 평균 점수
   ▶ If~Else문 사용

   ```
   Public Function fn합격(필기시험, 개별면접, 집단면접)
   End Function
   ```

2. 사용자 정의 함수 'fn자동차세'를 작성하여 [표2]의 자동차세[J3:J6]를 표시하시오.
   ▶ 'fn자동차세'는 배기량을 인수로 받아 값을 되돌려줌
   ▶ 자동차세 = 배기량 × 배기량에 따른 과세표준
   ▶ 배기량에 따른 과세표준은 배기량이 1000 이하는 '100', 1000 초과 1600 이하는 '140', 1600 초과 2500 이하는 '200', 2500 초과는 '220'으로 계산하시오.
   ▶ Select Case문 사용

   ```
   Public Function fn자동차세(배기량)
   End Function
   ```

3. 사용자 정의 함수 'fn평가'를 작성하여 [표3]의 평가[D14:D21]를 표시하시오.
   ▶ 'fn평가'는 점수를 인수로 받아 값을 되돌려줌
   ▶ 점수가 10 이상이면 '점수/10'의 값만큼 "■"를 반복하여 표시하고, 그 외에는 "점수부족"으로 표시하시오.
   ▶ 점수가 38인 경우 : ■■■
   ▶ 점수가 9인 경우 : 점수부족
   ▶ IF문과 FOR문 사용

   ```
   Public function fn평가(점수)
   End Function
   ```

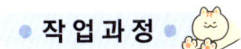

1. 사용자 정의 함수 'fn합격'을 작성하여 [표1]의 합격여부[E3:E10]를 표시하시오.

   ① [개발 도구] 탭-[코드] 그룹-[Visual Basic]을 클릭하거나 Alt + F11 키를 누릅니다.

   ② [삽입]-[모듈]을 클릭합니다.

   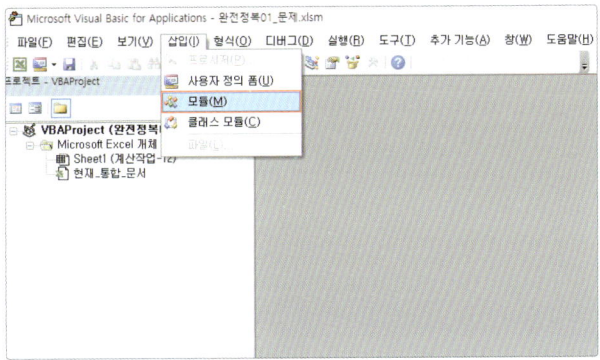

   ③ Module 창에 다음과 같이 코드를 입력합니다.

   ```
   Public Function fn합격(필기시험, 개별면접, 집단면접)
       면접점수 = (개별면접 + 집단면접) / 2
       If 필기시험 >= 80 And 면접점수 >= 80 Then
           fn합격 = "합격"
       Else
           fn합격 = "불합격"
       End If
   End Function
   ```

   ④ (보기 Microsoft Excel)을 클릭하거나 Alt + F11 키를 눌러 Excel로 돌아갑니다.

   ⑤ [E3] 셀을 클릭한 후 다음과 같이 수식을 입력합니다.

   =fn합격(B3,C3,D3)

   ⑥ 결과를 확인하고 채우기 핸들을 더블 클릭하여 수식을 복사합니다.

2 사용자 정의 함수 'fn자동차세'를 작성하여 [표2]의 자동차세[J3:J6]를 표시하시오.

① [개발 도구] 탭-[코드] 그룹-[Visual Basic]을 클릭하거나 Alt + F11 키를 누릅니다.

② [삽입]-[모듈]을 클릭합니다.

③ Module 창에 다음과 같이 코드를 입력합니다.

```
Public Function fn자동차세(배기량)
    Select Case 배기량
        Case Is <= 1000
            과세표준 = 100
        Case Is <= 1600
            과세표준 = 140
        Case Is <= 2500
            과세표준 = 200
        Case Is > 2500
            과세표준 = 220
    End Select
    fn자동차세 = 배기량 * 과세표준
End Function
```

④ (보기 Microsoft Excel)을 클릭하거나 Alt + F11 키를 눌러 Excel로 돌아갑니다.

⑤ [J3] 셀을 클릭한 후 다음과 같이 수식을 입력합니다.

=fn자동차세(H3)

⑥ 결과를 확인하고 채우기 핸들을 더블 클릭하여 수식을 복사합니다.

3 사용자 정의 함수 'fn평가'를 작성하여 [표3]의 평가[D14:D21]를 표시하시오.

① [개발 도구] 탭-[코드] 그룹-[Visual Basic]을 클릭하거나 Alt + F11 키를 누릅니다.

② [삽입]-[모듈]을 클릭합니다.

③ Module 창에 다음과 같이 코드를 입력합니다.

```
Public Function fn평가(점수)
    If 점수 >= 10 Then
        For i = 1 To 점수 / 10
            fn평가 = fn평가 & "■"
        Next i
    Else
        fn평가 = "점수부족"
    End If
End Function
```

④ (보기 Microsoft Excel)을 클릭하거나 Alt + F11 키를 눌러 Excel로 돌아갑니다.

⑤ [E3] 셀을 클릭한 후 다음과 같이 수식을 입력합니다.

=fn평가(C14)

⑥ 결과를 확인하고 채우기 핸들을 더블 클릭하여 수식을 복사합니다.

결과화면

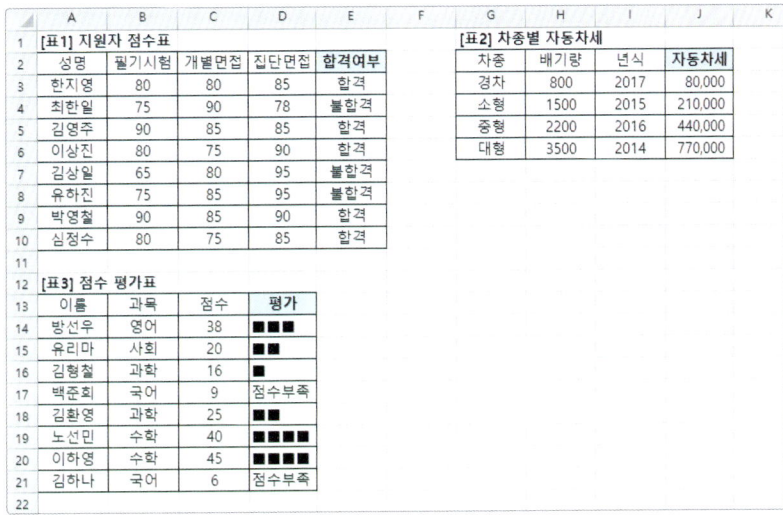

📁 작업 파일 : C:₩2024_컴활1급₩엑셀₩작업파일₩2장_출제유형11₩완전정복02_문제.xlsm
📄 완성 파일 : C:₩2024_컴활1급₩엑셀₩완성파일₩2장_출제유형11₩완전정복02_정답.xlsm

'계산작업-14' 시트에서 다음 과정을 수행하고 저장하시오.

1. [표1]의 판매가, 제조일, 보존기간(개월)과 [표2]를 이용하여 [H3:H17] 영역에 할인가를 계산하여 표시하시오.
   - ▶ 할인가 = 판매가 × (1-할인율)
   - ▶ 할인율은 (유통기한-기준일)/30을 기준으로 [표2]에서 찾아 계산
   - ▶ 유통기한은 제조일에서 보존기간(개월)이 지난날로 계산
   - ▶ VLOOKUP, EDATE, QUOTIENT 함수 사용

2. [표1]의 구분, 제조사, 판매량을 이용하여 [표3]의 [E21:H23] 영역에 구분별 제조사별 판매량의 합계를 계산하여 표시하시오.
   - ▶ SUMIFS 함수 사용

3. [표1]의 제품코드를 이용하여 [표4]의 [L21:L24] 영역에 전체에 대한 피부타입별 비율을 계산하여 표시하시오.
   - ▶ 제품코드의 5~6번째 글자가 피부타입을 표시함
   - ▶ MID, SUM, COUNTA 함수를 사용한 배열 수식으로 작성

4. 사용자 정의 함수 'fn비고'를 작성하여 [표1]의 비고[J3:J17]를 표시하시오.
   - ▶ 'fn비고'는 제조사와 제조일을 인수로 받아 값을 되돌려줌
   - ▶ 비고는 제조년도가 2018년 이하이고, 제조사가 "A사"이면 "쿠폰증정", 그렇지 않으면 빈칸으로 표시하시오.
   - ▶ If~Else문 사용

   ```
   Public Function fn비고(제조사, 제조일)
   End Function
   ```

5. [표1]을 이용하여 [표5]의 [B28:C30] 영역에 구분별 최고가 제품명과 판매가를 표시하시오.
   - ▶ MATCH, INDEX, MAX 함수를 사용한 배열 수식으로 작성

● 작업 과정

1 [표1]의 판매가, 제조일, 보존기간(개월)과 [표2]를 이용하여 [H3:H17] 영역에 할인가를 계산하여 표시하시오.

① [H3] 셀에 다음과 같이 수식을 입력한 후 Enter 키를 누릅니다.

=E3*(1-VLOOKUP(QUOTIENT(EDATE(F3,G3)-$J$1,30),$A$21:$B$24,2))

=E3*(1-VLOOKUP(QUOTIENT(EDATE(F3,G3)-$J$1,30),$A$21:$B$24,2))
              ①   ②

→ E3*(1-①)을 계산
① [F3] 셀에서 [G3] 셀의 값을 더한 날짜에서 [J1] 셀의 날짜를 뺀 값을 30으로 나누어 할인율을 구함
② ①을 [A21:B24] 영역의 1열에서 찾아 2열의 값을 반환

② 결과를 확인하고 채우기 핸들을 더블 클릭하여 [H17] 셀까지 수식을 복사합니다.

2 [표1]의 구분, 제조사, 판매량을 이용하여 [표3]의 [E21:H23] 영역에 구분별 제조사별 판매량의 합계를 계산하여 표시하시오.

① [E21] 셀에 다음과 같이 수식을 입력한 후 Enter 키를 누릅니다.

=SUMIFS($I$3:$I$17,$C$3:$C$17,$D21,$D$3:$D$17,E$20) → 구분이 [D21] 셀과 같고 제조사가 [E20] 셀과 같은 제품의 판매량 합계를 계산

② 결과를 확인하고 채우기 핸들을 드래그하여 [H23] 셀까지 수식을 복사합니다.

3 [표1]의 제품코드를 이용하여 [표4]의 [L21:L24] 영역에 전체에 대한 피부타입별 비율을 계산하여 표시하시오.

① [L21] 셀에 다음과 같이 수식을 입력한 후 Ctrl + Shift + Enter 키를 누릅니다.

=SUM((MID($A$3:$A$17,5,2)*1=J21)*1)/COUNTA($A$3:$A$17)

=SUM((MID($A$3:$A$17,5,2)*1=J21)*1)/COUNTA($A$3:$A$17)
　　　　　　　　①　　　　　　　　　　②

→ ①을 ②로 나눈 값을 계산
① 제품코드의 5번째에서 두 글자에 1을 곱한 값이 [J21] 셀과 같은 경우 1을 더하여 계산
② [A3:A17] 영역의 전체 개수를 계산

② 결과를 확인하고 채우기 핸들을 더블 클릭하여 [L24] 셀까지 수식을 복사합니다.

4 사용자 정의 함수 'fn비고'를 작성하여 [표1]의 [J3:J17] 영역에 비고를 계산하여 표시하시오.

① [개발 도구] 탭-[코드] 그룹-[Visual Basic]을 클릭하거나 Alt + F11 키를 누릅니다.

② [삽입]-[모듈]을 클릭합니다.

③ Module 창에 다음과 같이 코드를 입력합니다.

```
Public Function fn비고(제조사, 제조일)
    If Year(제조일) <= 2018 And 제조사 = "A사" Then
        fn비고 = "쿠폰증정"
    Else
        fn비고 = ""
    End If
End Function
```

④ (보기 Microsoft Excel)을 클릭하거나 Alt + F11 키를 눌러 Excel로 돌아갑니다.

⑤ [J3] 셀을 클릭한 후 다음과 같이 수식을 입력합니다.

=fn비고(D3,F3)

⑥ 결과를 확인하고 채우기 핸들을 더블 클릭하여 수식을 복사합니다.

5 [표1]을 이용하여 [표5]의 [B28:C30] 영역에 구분별 최고가 제품명과 판매가를 표시하시오.

① [B28] 셀에 다음과 같이 수식을 입력한 후 **Ctrl** + **Shift** + **Enter** 키를 누릅니다.

=INDEX($B$3:$E$17,MATCH(MAX(($C$3:$C$17=$A28)*$E$3:$E$17),($C$3:$C$17=$A28)*$E$3:$E$17,0),MATCH(B$27,$B$2:$E$2,0))

=INDEX($B$3:$E$17,MATCH(MAX(($C$3:$C$17=$A28)*$E$3:$E$17),($C$3:$C$17=$A28)*$E$3:$E$17,0), ①
MATCH(B$27,$B$2:$E$2,0)) ②

→ [A3:J17] 영역의 ①행 ②열의 값을 반환
① 구분이 [A28] 셀과 같은 경우 [E3:E17] 영역에서 최고값을 찾아 행 번호를 반환
② [B27] 셀 값이 [B2:E2] 영역에 일치하는 열 번호를 반환

② 결과를 확인하고 채우기 핸들을 드래그하여 [C30] 셀까지 수식을 복사합니다.

결과화면

	A	B	C	D	E	F	G	H	I	J	K	L
1	[표1]								기준일 :	2018-09-25		
2	제품코드	제품명	구분	제조사	판매가	제조일	보존기간(개월)	할인가	판매량	비고		
3	AT1310P	로즈 워터 토너	기초	A사	35,000	2019-05-01	36	31,500	16			
4	BS2320P	크림 스킨	기초	B사	28,000	2018-07-25	12	25,200	22			
5	CE9320Q	리바이탈 주름 개선 로션	기능성	C사	100,000	2019-01-30	24	90,000	31			
6	DE8210P	데일리 모이스쳐 로션	기초	D사	45,000	2018-01-03	12	40,500	13			
7	BC7340P	천연 클렌징 오일	클렌징	B사	22,000	2017-11-05	12	19,800	19			
8	BC3830Q	영양 콜라겐 크림	기능성	B사	80,000	2018-01-20	24	72,000	47			
9	AT4910P	시카 버블 토너	기초	A사	23,000	2018-02-10	24	20,700	38	쿠폰증정		
10	AC4920P	블랙 스네일 크림	기능성	A사	58,000	2017-12-25	12	52,200	30	쿠폰증정		
11	AE3230P	수딩 로션	기초	A사	33,000	2019-04-19	24	29,700	16			
12	DC2330P	퓨어 클렌징 오일	클렌징	D사	18,000	2017-12-09	12	16,200	44			
13	DC5530P	프로바이오틱 폼클렌징	클렌징	D사	32,000	2018-04-25	24	28,800	28			
14	DC5440P	콜라겐 클리어 폼클렌징	클렌징	A사	27,000	2017-10-23	24	24,300	10	쿠폰증정		
15	AC4910P	독도 클렌져	클렌징	A사	32,000	2018-01-05	12	28,800	47	쿠폰증정		
16	CC3810P	워터리 수분크림	기능성	C사	59,000	2019-12-05	24	53,100	11			
17	CC3930P	멀티 골드 리프팅 크림	기능성	C사	150,000	2017-11-05	12	135,000	14			
18												
19	[표2] 할인율			[표3] 구분별 제조사별 판매량 합계					[표4] 피부타입별 비율			
20	남은기간	할인율		구분	A사	B사	C사	D사	코드	피부타입	비율	
21	1	30%		기초	70	22	0	13	10	건성	33%	
22	7	20%		기능성	30	47	56	0	20	지성	20%	
23	12	15%		클렌징	57	19	0	72	30	수부지	33%	
24	24	10%							40	복합성	13%	
25												
26	[표5] 구분별 최고가 제품											
27	구분	제품명	판매가									
28	기초	데일리 모이스쳐 로션	45,000									
29	기능성	멀티 골드 리프팅 크림	150,000									
30	클렌징	프로바이오틱 폼클렌징	32,000									

PART 01
기출문제유형 완전분석하기

CHAPTER 03

<분석 작업>

출제유형 01 피벗 테이블

출제유형 02 데이터 도구와 필터

PART 01 / CHAPTER 03 · 분석 작업

피벗 테이블

출제유형 분석

피벗 테이블은 반드시 출제되는 문제로 값 필드 설정, 표시 형식, 피벗 테이블 옵션, 계산 필드 삽입, 피벗 테이블 스타일 지정 등 다양한 유형의 문제가 출제되므로 이를 충분히 숙지할 필요가 있습니다. 특히 외부 데이터를 이용하여 피벗 테이블을 작성하는 문제로 변경되었으므로 반드시 외부 데이터를 활용하여 연습해야 합니다.

- '외부 데이터 가져오기'는 데이터베이스 파일과 텍스트 파일 등을 워크시트로 가져오거나 쿼리 형태로 변경하여 엑셀에서 사용할 수 있도록 하는 기능을 말합니다.
- Microsoft Query 가져오기 : [데이터] 탭-[데이터 가져오기 및 변환] 그룹-[데이터 가져오기]-[기타 원본]-[Microsoft Qruery] 클릭
- CSV 가져오기 : [삽입] 탭-[표] 그룹-[피벗 테이블]-[외부 데이터 원본]-<연결 선택>-<더 찾아보기>

📁 **작업 파일** : C:\2024_컴활1급\엑셀\작업파일\3장_출제유형01\출제유형01_문제.xlsm
📄 **완성 파일** : C:\2024_컴활1급\엑셀\완성파일\3장_출제유형01\출제유형01_정답.xlsm

'피벗테이블-1' 시트에서 다음의 지시사항에 따라 피벗 테이블 보고서를 작성하시오.

▶ 외부 데이터 가져오기 기능을 사용하여 <급여.accdb>의 <명단> 테이블을 이용하시오.
▶ 피벗 테이블 보고서의 레이아웃과 위치는 <그림>을 참조하여 설정하고, 보고서 레이아웃을 개요 형식으로 표시하시오.
▶ '합계 : 급여합계'는 데이터 표시 형식을 '전체에 대한 비율'로 설정하시오.
▶ '합계 : 급여합계'를 제외한 숫자들은 천 단위마다 쉼표를 하며, 기본 단위가 천이 되도록 사용자 지정 셀 서식을 설정하시오. [표기 예 : 1500000 → 1,500]
▶ 피벗 테이블 스타일은 '연한 주황, 피벗 스타일 보통 10'으로 설정하시오.

직급	합계 : 기본급	합계 : 상여금	합계 : 급여합계
과장	2,000	1,050	4.10%
대리	22,340	11,088	44.98%
부장	5,700	3,290	12.10%
사원	19,445	9,412	38.83%
총합계	40,405	24,840	100.00%

※ 작업 완성된 그림이며 부분 점수 없음

Skill 01 외부 데이터 가져오기

① '피벗테이블-1' 시트를 선택하고 [데이터] 탭-[데이터 가져오기 및 변환] 그룹-[데이터 가져오기]-[기타 원본에서]-[Microsoft Qruery에서] 클릭합니다.

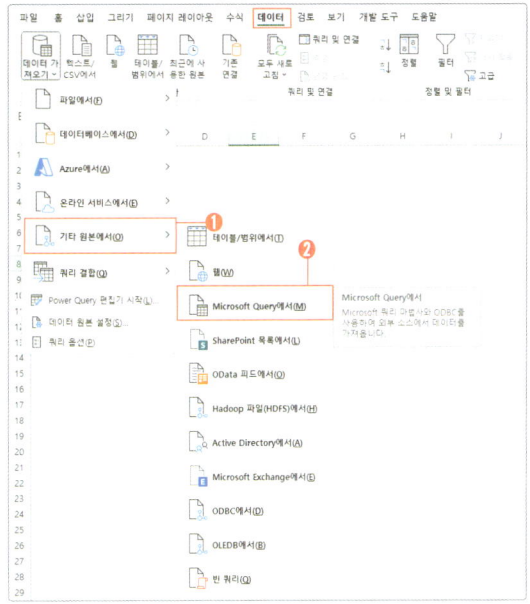

② [데이터 원본 선택] 대화상자에서 'MS Access Database*'을 선택하고 <확인> 단추를 클릭합니다.

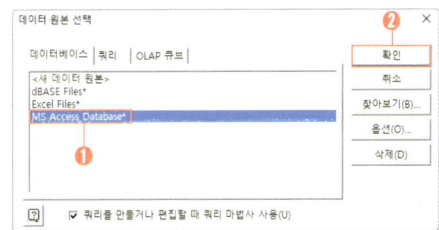

③ [데이터베이스 선택] 대화상자에서 'C:₩2024_컴활1급₩엑셀₩작업파일₩3장_출제유형01₩급여.accdb'를 선택하고 <확인> 단추를 클릭합니다.

TIP
시험장에서는 C 드라이브의 OA 폴더에 데이터가 들어있으므로 이 점을 유의합니다.

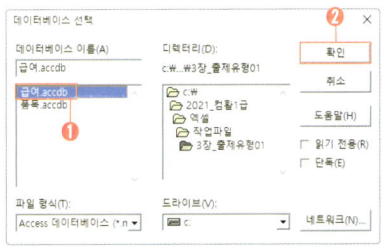

④ [쿼리 마법사-열 선택] 대화상자에서 ⊞를 클릭한 후 '부서'를 선택하고 > 를 클릭하거나 '부서'를 더블클릭합니다. 같은 방법으로 '직급', '기본급', '상여금', '급여합계', '실수령액'을 '쿼리에 포함된 열'에 삽입한 후 <다음> 단추를 클릭합니다.

TIP

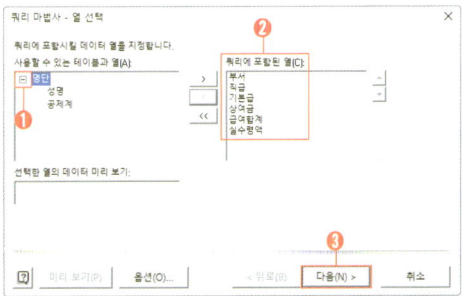

출제유형 01 · 피벗 테이블 **093**

❺ [쿼리 마법사 – 데이터 필터] 대화상자에서 <다음> 단추를 클릭합니다.

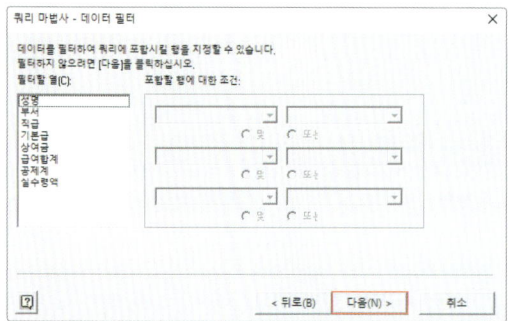

❻ [쿼리 마법사 – 정렬 순서] 대화상자에서 <다음> 단추를 클릭합니다.

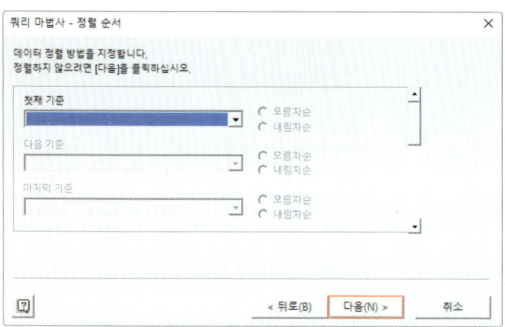

❼ [쿼리 마법사 – 마침] 대화상자에서 'Microsoft Excel로 데이터 되돌리기'를 선택하고 <마침> 단추를 클릭합니다.

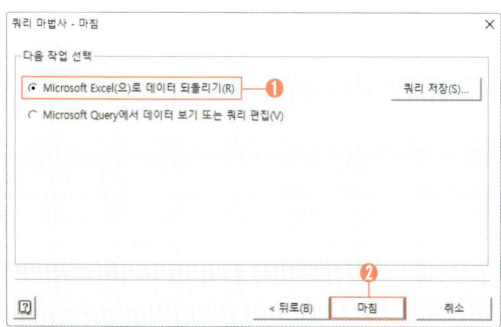

❽ [데이터 가져오기] 대화상자에서 '피벗 테이블 보고서'를 선택하고 '기존 워크시트'에서 시작 위치인 [B2] 셀을 지정한 후 <확인> 단추를 클릭합니다.
※ 피벗 테이블의 시작 위치는 항상 행 레이블의 시작 위치로 지정합니다.

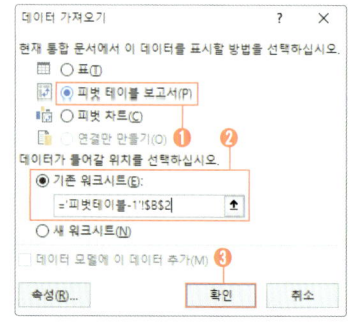

> **TIP**
> 처음에 [B2] 셀을 선택하고 외부 데이터 가져오기를 작업하면 데이터가 들어갈 위치는 자동으로 [B2] 셀이 선택됩니다.

피벗 테이블 필드 목록 작성

① [피벗 테이블 필드 목록] 창에서 행에 '직급', 값에 '기본급', '상여금', '급여합계'를 순차적으로 드래그합니다.

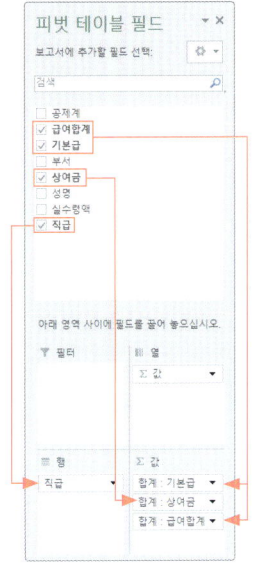

② 보고서 레이아웃을 개요 형식으로 변경하기 위해 [디자인] 탭-[레이아웃] 그룹-[보고서 레이아웃]-[개요 형식으로 표시]를 클릭합니다.

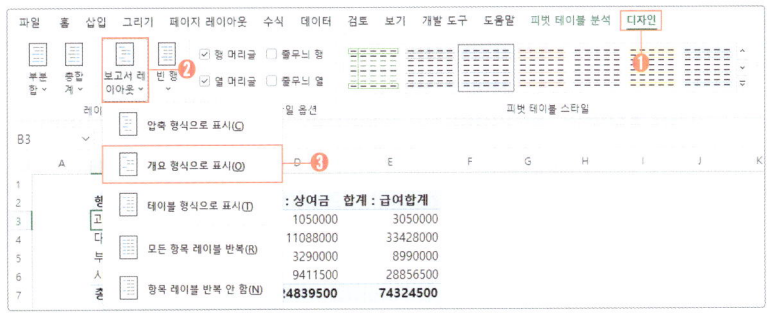

TIP

보고서 레이아웃

- **압축 형식으로 표시** : 하나의 열에 학년과 반 필드를 표시하고 들여쓰기로 항목을 구분합니다. 압축 형식은 공간을 절약하는 기본 레이아웃 형식입니다.
- **개요 형식으로 표시** : 하나의 필드에 하나의 열을 표시하는 형식으로 그룹의 부분합이 그룹 위에 표시됩니다.
- **테이블 형식으로 표시** : 개요 형식과 비슷하지만 그룹의 부분합이 그룹 아래에 표시됩니다.

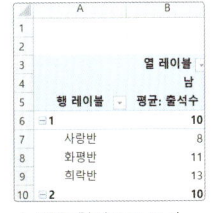 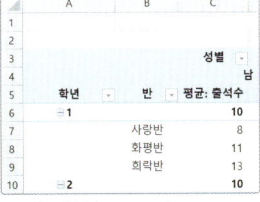 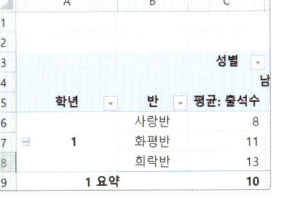

▲ 압축 형식으로 표시　　▲ 개요 형식으로 표시　　▲ 테이블 형식으로 표시

'합계 : 급여합계'의 데이터 표시 형식을 '전체에 대한 비율'로 설정

① [피벗 테이블 필드 목록] 창에서 '합계 : 급여합계'를 클릭하고 [값 필드 설정]을 선택합니다.

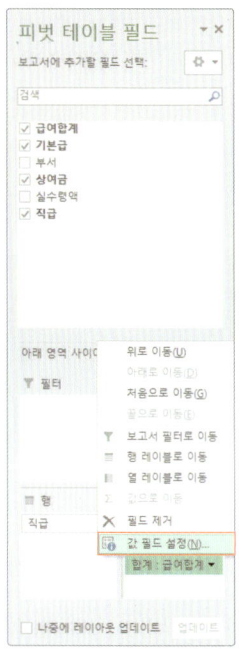

② [값 필드 설정] 대화상자의 [값 표시 형식] 탭에서 값 표시 형식을 '총합계 비율'로 선택하고 <확인> 단추를 클릭합니다.

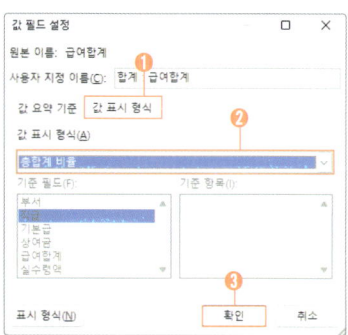

TIP

[E3] 셀을 선택하고 마우스 오른쪽 단추를 누른 후 [값 표시 형식]-[총 합계 비율]을 선택하여 비율을 설정해도 됩니다.

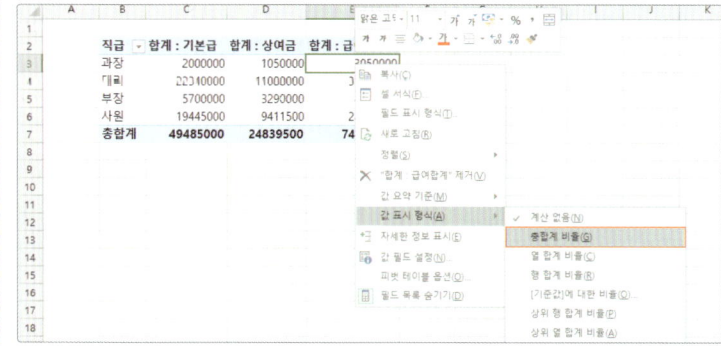

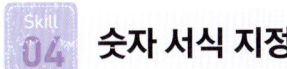

숫자 서식 지정

❶ [C3:D7] 영역을 지정하고 마우스 오른쪽 단추를 눌러 [셀 서식]을 선택합니다.

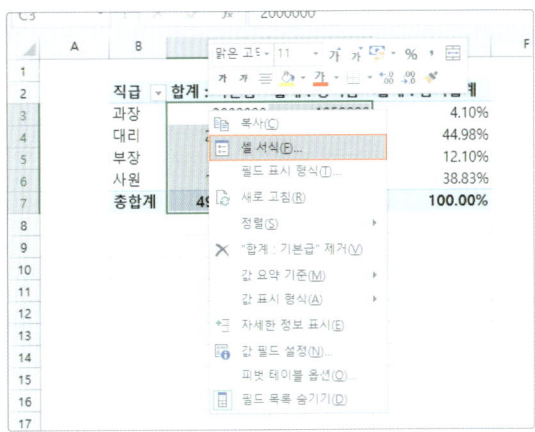

> **TIP**
> [합계 : 기본급]과 [합계 : 상여금]의 [값 필드 설정] 대화상자에서 [표시 형식] 단추를 누른 후 서식을 지정해도 됩니다.

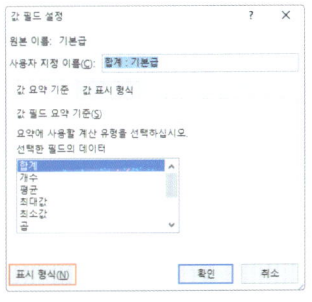

❷ [셀 서식] 대화상자의 [표시 형식] 탭에서 '사용자 지정'을 선택하고 "#,##0,"를 입력한 후 <확인> 단추를 클릭합니다.

※ '#,##0,'는 천 단위마다 쉼표를 지정하며, 천 단위를 생략하여 표시합니다. (예 : 2,000,000 → 2,000)

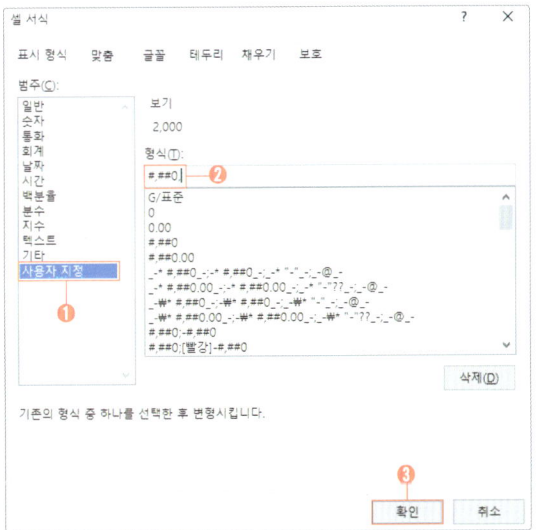

> **TIP**
>
> ### 사용자 지정 표시 형식
>
> ① 숫자 서식
>
> | | |
> |---|---|
> | # | 유효한 자릿수만 나타내고 유효하지 않은 0은 표시하지 않음 |
> | 0 | 유효하지 않은 자릿수를 0으로 표시 |
> | ? | 유효하지 않은 0 대신 공백을 추가하여 소수점을 맞춤 |
> | , | 천 단위 구분 기호로 콤마(,)를 삽입 |
> | [색 이름] | 각 구역의 첫 부분에 대괄호 안에 색을 입력 |
> | [조건] | 조건과 일치하는 숫자에만 서식을 적용 |
>
> ② 날짜 서식
>
> | | | | |
> |---|---|---|---|
> | yy | 연도 두 자리 | yyyy | 연도 네 자리 |
> | m | 월 1~12 | mm | 월 01~12 |
> | mmm | Jan~Dec | mmmm | January~December |
> | d | 일 1~31 | dd | 일 01~31 |
> | ddd | Sun~Sat | dddd | Sunday~Saturday |
>
> ③ 시간 서식
>
> | | | | |
> |---|---|---|---|
> | h | 시간 0~23 | hh | 시간 00~23 |
> | m | 분 0~59 | mm | 분 00~59 |
> | s | 초 0~59 | ss | 초 00~59 |
>
> ④ 문자열 서식
>
> | | |
> |---|---|
> | @ | 문자 데이터를 그대로 표시 |
> | * | * 뒤의 문자를 셀 너비만큼 채워서 표시 |
>
> ⑤ 사용자 지정 표시 형식
>
> #,##0;[빨강](#,##0);0.00;@"님"
> ❶   ❷   ❸   ❹
>
> ❶ 양수는 천 단위마다 쉼표 표시
> ❷ 음수는 빨간색으로 천 단위마다 쉼표 표시와 괄호안에 표시
> ❸ 0은 소수 이하 두자리로 표시
> ❹ 문자는 뒤에 "님"을 붙여서 표시

피벗 테이블 스타일 지정

① 피벗 테이블 스타일을 지정하기 위해 [디자인] 탭-[피벗 테이블 스타일] 그룹에서 '연한주황, 피벗 스타일 보통 10'을 선택합니다.

※ 피벗 테이블에 임의의 셀 포인터가 위치해 있어야 합니다.

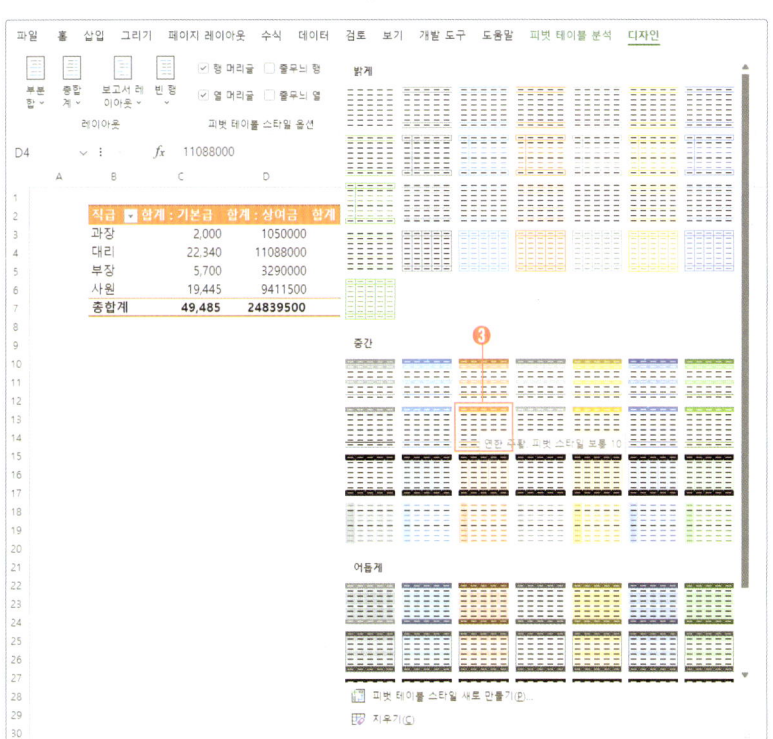

결과화면

	A	B	C	D	E	F
1						
2		직급	합계 : 기본급	합계 : 상여금	합계 : 급여합계	
3		과장	2,000	1,050	4.10%	
4		대리	22,340	11,088	44.98%	
5		부장	5,700	3,290	12.10%	
6		사원	19,445	9,412	38.83%	
7		총합계	49,485	24,840	100.00%	
8						
9						

TIP

CSV(Comma Separated Values) 파일로 피벗 테이블 만들기

① [삽입] 탭-[표] 그룹-[피벗 테이블]-[외부 데이터 원본]을 클릭합니다.

② [외부 원본의 피벗 테이블] 대화상자에서 <연결 선택>을 클릭합니다.

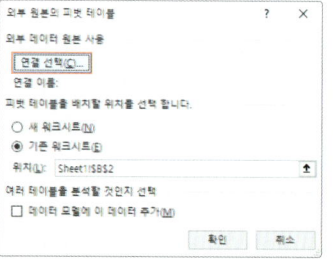

③ [기존 연결] 대화상자에서 <더 찾아보기>를 클릭합니다.

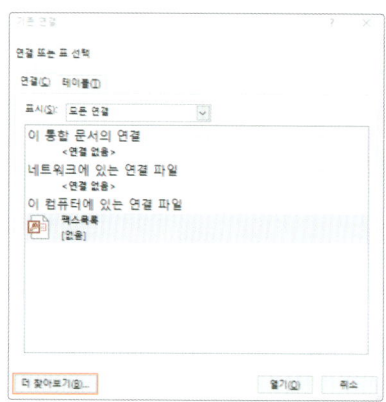

④ [데이터 원본 선택] 대화상자에서 'C:₩2024_컴활1급₩엑셀₩작업파일₩3장_출제유형01_급여.csv'를 선택하고 <열기> 단추를 클릭합니다.

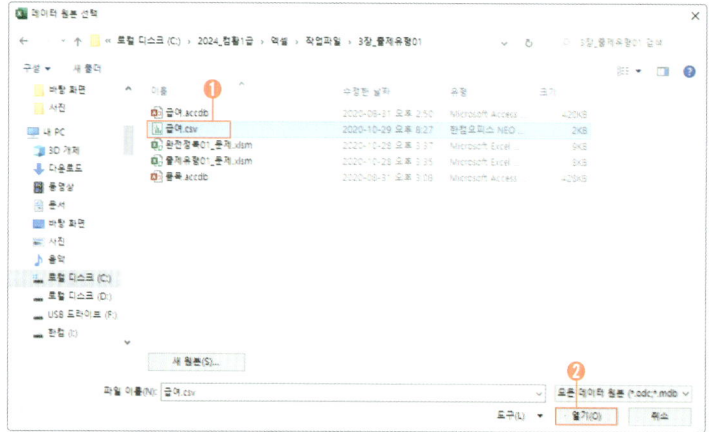

⑤ [텍스트 마법사 – 3단계 중 1단계] 대화상자에서 '구분 기호로 분리됨'을 선택하고 '내 데이터에 머리글 표시'를 체크한 후 <다음> 단추를 클릭합니다.

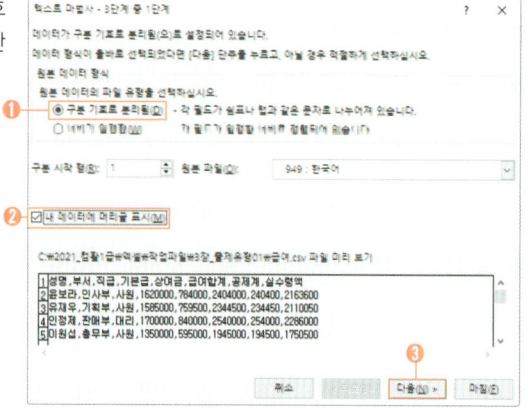

⑥ [텍스트 마법사 – 3단계 중 2단계] 대화상자에서 구분 기호를 '쉼표'로 선택하고 <다음> 단추를 클릭합니다.

⑦ [텍스트 마법사 – 3단계 중 3단계] 대화상자에서 직급 열을 선택하고 '열 가져오지 않음(건너뜀)'을 클릭합니다. 같은 방법으로 급여합계, 공제계 열을 선택하여 '열 가져오지 않음(건너뜀)'을 클릭하고 <마침> 단추를 클릭합니다.

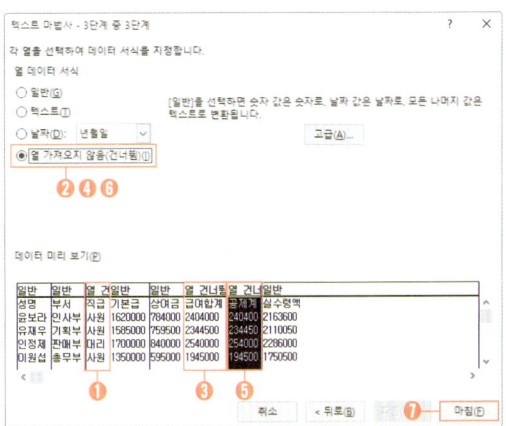

⑧ {외부 원본의 피벗 테이블} 대화상자에서 '데이터 모델에 이 데이터 추가'를 선택하고 '기존 워크시트([B2]셀)' 범위를 지정한 후 <확인>을 클릭합니다.

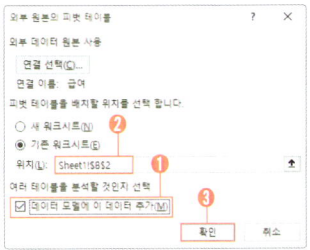

⑨ 아래와 같은 화면이 표시되면 피벗테이블을 작업합니다

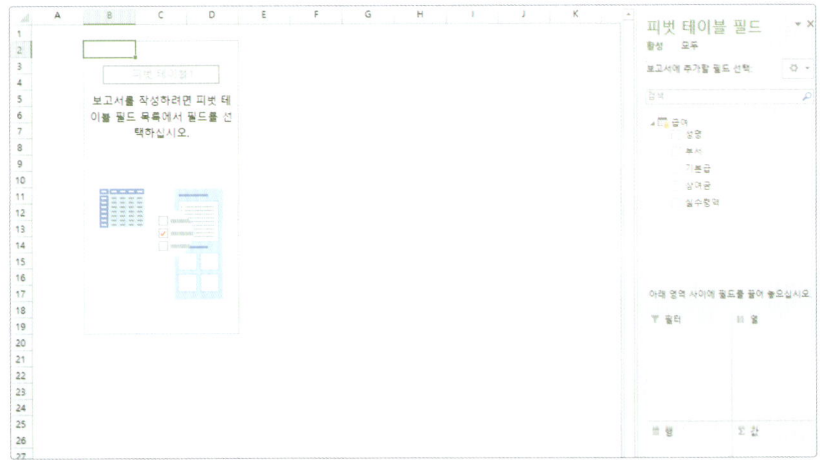

출제유형 완전정복 ▶ 피벗 테이블

완전정복 - 01

📂 작업 파일 : C:₩2024_컴활1급₩엑셀₩작업파일₩3장_출제유형01₩완전정복01_문제.xlsm
📂 완성 파일 : C:₩2024_컴활1급₩엑셀₩완성파일₩3장_출제유형01₩완전정복01_정답.xlsm

'피벗테이블-2' 시트에서 다음의 지시사항에 따라 피벗 테이블 보고서를 작성하시오.

▶ 외부 데이터 가져오기 기능을 사용하여 <품목.accdb>의 <매출> 테이블을 이용하시오.
▶ 피벗 테이블 보고서의 레이아웃과 위치는 <그림>을 참조하여 설정하고, 보고서 레이아웃을 개요 형식으로 표시하시오.
▶ '일자' 필드는 그룹의 '월' 단위로 설정하시오.
▶ 데이터 열에 표시되는 각 합계의 셀 서식은 쉼표 스타일로 설정하시오.
▶ 피벗 테이블 스타일은 '연한 파랑, 피벗 스타일 밝게 13'으로 설정하시오.

※ 작업 완성된 그림이며 부분 점수 없음

작업과정

1. '피벗테이블-2' 시트를 선택하고 [데이터] 탭-[데이터 가져오기 및 변환] 그룹-[데이터 가져오기]-[기타 원본에서]-[Microsoft Qruery에서] 클릭합니다.

2. [데이터 원본 선택] 대화상자에서 'MS Access Database*'를 선택하고 <확인> 단추를 클릭합니다.

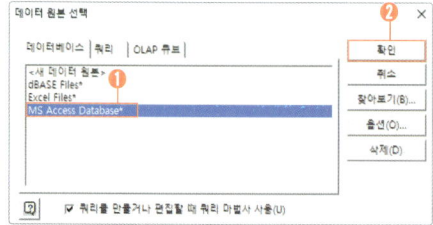

3 [데이터베이스 선택] 대화상자에서 'C:₩2024_컴활1급₩엑셀₩작업파일₩3장_출제유형01₩품목.accdb'을 선택한 후 <확인> 단추를 클릭합니다.

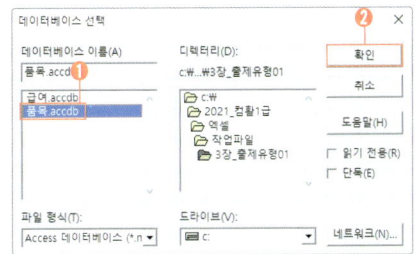

TIP
시험장에서는 C 드라이브의 OA 폴더에 데이터가 들어있으므로 이 점을 유의합니다.

4 [쿼리 마법사 – 열 선택] 대화상자에서 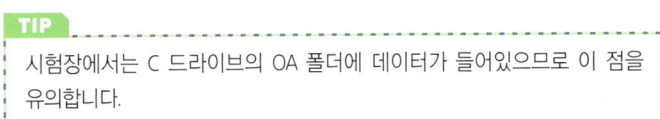을 클릭하여 모든 열을 '쿼리에 포함된 열'에 삽입하고 <다음> 단추를 클릭합니다.

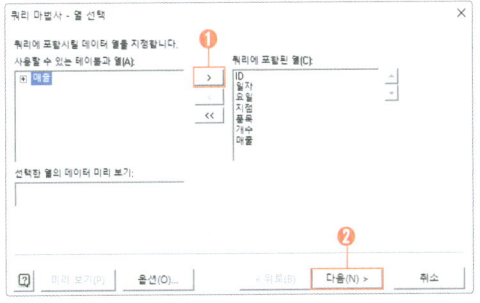

5 [쿼리 마법사 – 데이터 필터] 대화상자에서 <다음> 단추를 클릭합니다.

6 [쿼리 마법사 – 정렬 순서] 대화상자에서 <다음> 단추를 클릭합니다.

7 [쿼리 마법사 – 마침] 대화상자에서 'Microsoft Excel로 데이터 되돌리기'를 선택하고 <마침> 단추를 클릭합니다.

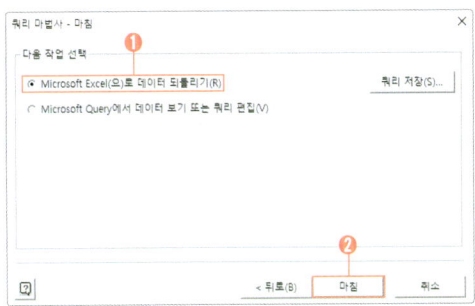

8 [데이터 가져오기] 대화상자에서 '피벗 테이블 보고서'를 선택하고 '기존 워크시트'에서 시작 위치인 [B3] 셀을 지정한 후 <확인> 단추를 클릭합니다.

※ 피벗 테이블의 시작 위치는 항상 행 레이블의 시작 위치로 지정합니다.

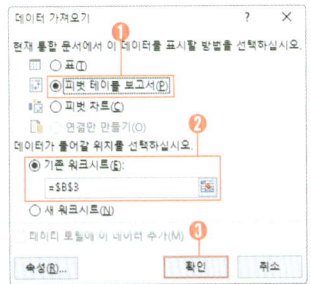

⑨ [피벗 테이블 필드] 창에서 필터에 '지점', 행에 '일자', 품목', 값에 '개수', '매출'을 드래그하고 열의 'Σ값'을 행으로 드래그합니다.

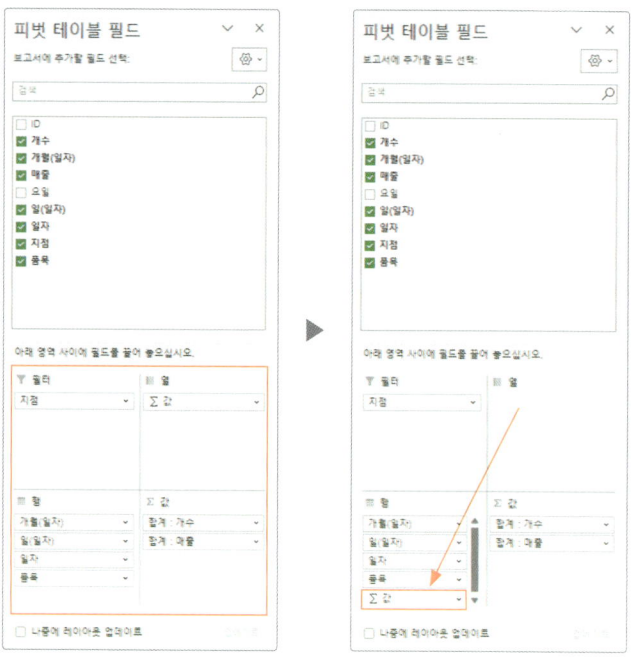

⑩ [B4] 셀에서 마우스 오른쪽 단추를 눌러 [그룹]을 클릭합니다. [그룹화] 대화상자에서 '월'만 선택하고 <확인> 단추를 클릭합니다.

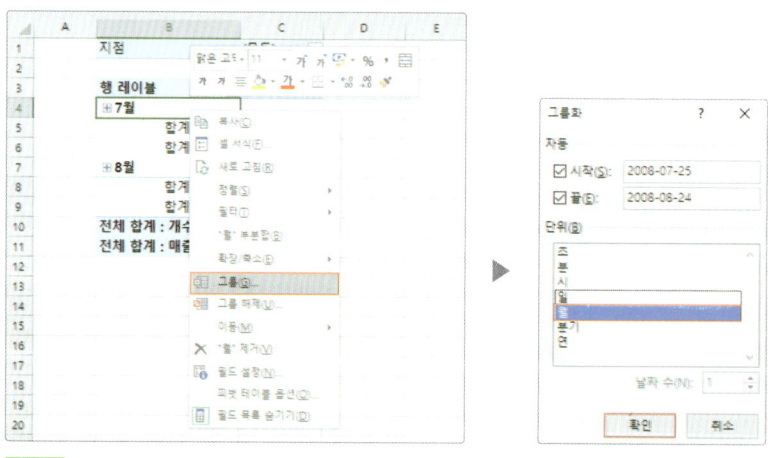

> **TIP**
> Excel 2021에서는 날짜 필드를 피벗 테이블에 추가하면 자동으로 그룹화되는 기능이 추가되었습니다. 여기에서는 '월'과 '일'이 자동으로 추가됩니다.

⑪ [디자인] 탭-[레이아웃] 그룹-[보고서 레이아웃]-[개요 형식으로 표시]를 클릭합니다.

⑫ [E6:E26] 영역을 지정하고 마우스 오른쪽 단추를 눌러 [셀 서식]을 선택합니다.

13 [셀 서식] 대화상자의 [표시 형식] 탭에서 범주는 '숫자'를 선택하고 '1000 단위 구분 기호(,) 사용'을 체크한 후 <확인> 단추를 클릭합니다.

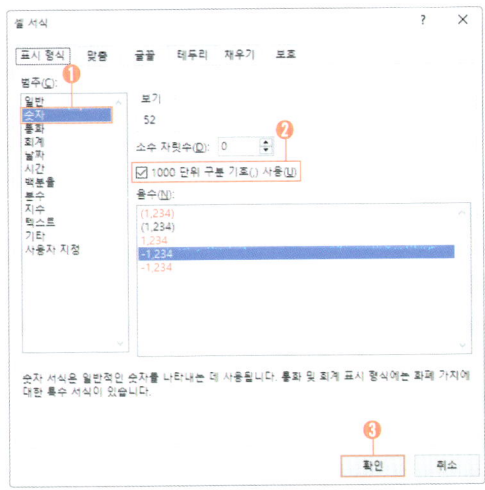

14 [디자인] 탭-[피벗 테이블 스타일] 그룹에서 '연한 파랑, 피벗 스타일 밝게 13'을 선택합니다.

결과화면

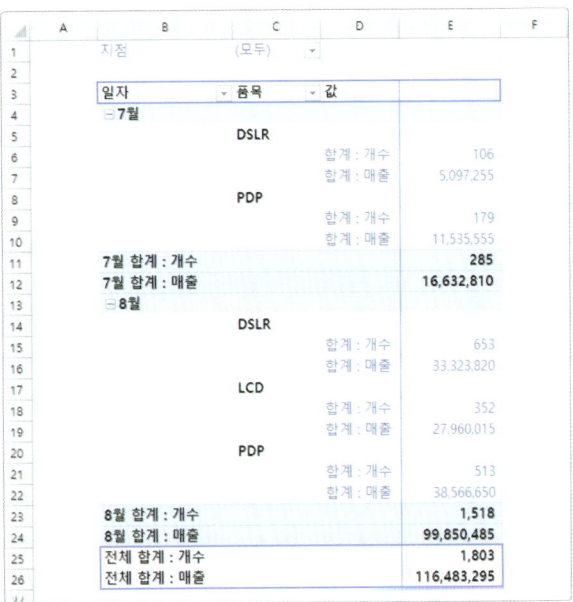

출제유형 01 • 피벗 테이블 **105**

PART 01 / CHAPTER 03 · 분석 작업

데이터 도구와 필터

출제유형 분석

데이터 도구와 필터는 데이터 유효성 검사, 중복된 항목 제거 등과 조건부 서식, 필터 등을 함께 활용하는 다양한 유형의 문제가 출제될 것으로 예상됩니다.

유형체크 01 데이터 유효성 검사와 필터

- **데이터 유효성 검사** : 데이터의 형식을 제어하거나 사용자가 셀에 입력하는 값을 제어하는 도구입니다.
  [데이터] 탭-[데이터 도구] 그룹-[데이터 유효성 검사]-[데이터 유효성 검사]를 클릭
- **필터** : 단순한 비교 조건을 이용하여 빠르게 필터링하는 기능으로 지정한 조건에 맞는 행만 표시합니다.
  [데이터] 탭-[정렬 및 필터] 그룹-[필터]를 클릭

 **미리보기**   📁 작업 파일 : C:₩2024_컴활1급₩엑셀₩작업파일₩3장_출제유형02₩출제유형02-1_문제.xlsm
📊 완성 파일 : C:₩2024_컴활1급₩엑셀₩완성파일₩3장_출제유형02₩출제유형02-1_정답.xlsm

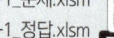

'유효성검사-1' 시트에 대하여 다음의 지시사항을 처리하시오.

[데이터 유효성 검사] 기능을 이용하여 [A4:A33] 영역에 1900-01-01부터 2025-12-31까지의 날짜만 입력되도록 제한 대상을 설정하시오.

▶ [A4:A33] 영역의 셀을 클릭한 경우 <그림>과 같은 설명 메시지를 표시하고, 유효하지 않은 데이터를 입력한 경우 <그림>과 같은 오류 메시지가 표시되도록 설정하시오.

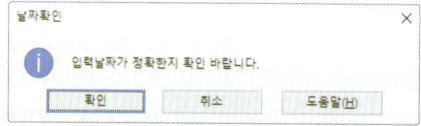

▶ [필터] 기능을 이용하여 '생년월일'이 2000-01-01 이후인 경우의 데이터 행만 표시되도록 날짜 필터를 설정하시오.

데이터 유효성 검사

① [A4:A33] 영역을 지정한 후 [데이터] 탭-[데이터 도구] 그룹-[데이터 유효성 검사]-[데이터 유효성 검사]를 클릭합니다.

② [데이터 유효성] 대화상자의 [설정] 탭에서 제한 대상을 '날짜'로 변경하고 시작 날짜에 '1900-01-01'과 끝 날짜에 '2025-12-31'을 입력합니다.

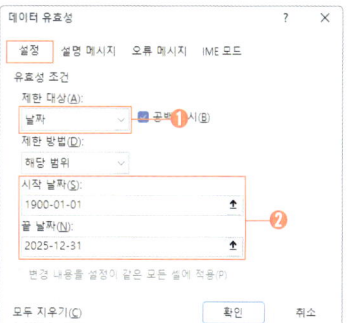

③ [데이터 유효성] 대화상자의 [설명 메시지] 탭에서 제목에 '입력날짜범위', 설명 메시지에 '1900년~2025년'을 입력합니다.

> **TIP**
> **설명 메시지**
> 데이터 유효성 검사를 적용한 셀을 클릭한 경우 화면에 표시되는 설명 메시지를 지정합니다.

④ [데이터 유효성] 대화상자의 [오류 메시지] 탭에서 스타일은 '정보'로 지정하고 제목은 '날짜확인', 오류 메시지는 '입력날짜가 정확한지 확인 바랍니다.'를 입력한 후 <확인> 단추를 클릭합니다.

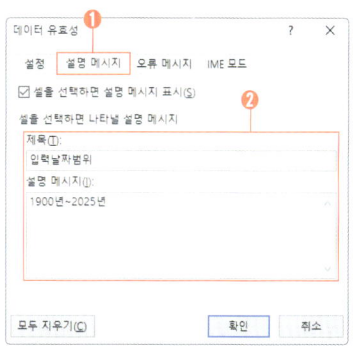

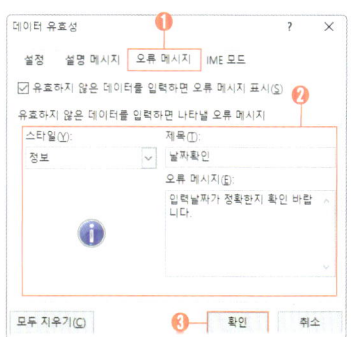

> **TIP**
> **오류 메시지**
> 데이터 유효성 검사를 적용한 셀에 유효하지 않은 데이터를 입력한 경우 화면에 표시되는 오류 메시지를 지정합니다.

> **TIP**
>
> **데이터 유효성 검사의 제한 대상**
>
> | 제한 대상 | 의미 |
> |---|---|
> | 정수 | 정수만 입력할 수 있도록 셀을 제한 |
> | 소수점 | 소수 또는 정수만 입력할 수 있도록 셀을 제한 |
> | 목록 | 드롭다운 목록으로 데이터를 선택할 수 있도록 제한 |
> | 날짜 | 날짜만 입력할 수 있도록 제한 |
> | 시간 | 시간만 입력할 수 있도록 제한 |
> | 텍스트 길이 | 텍스트의 길이를 제한 |
> | 사용자 지정 | 사용자 지정 수식을 사용 |

Skill 02 자동 필터 작성

❶ [A3] 셀을 선택하고 [데이터] 탭-[정렬 및 필터] 그룹-[필터]를 클릭합니다.

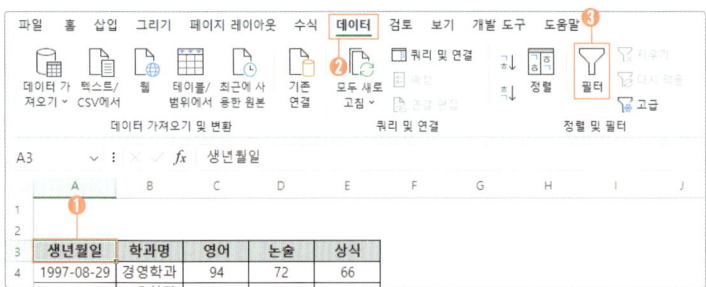

❷ '생년월일'의 ▼(필터 단추)를 클릭하고 [날짜 필터]-[이후]를 선택합니다.

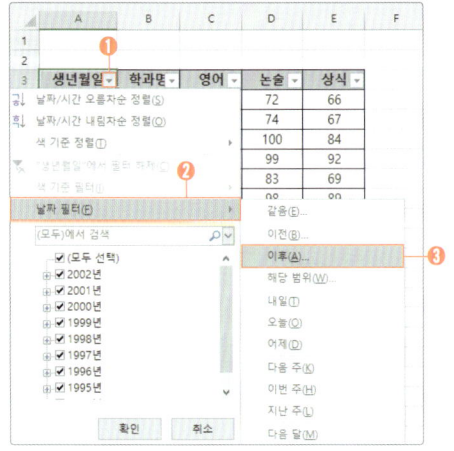

❸ [사용자 지정 자동 필터] 대화상자에서 '2000-01-01'을 입력한 후 <확인> 단추를 클릭합니다.

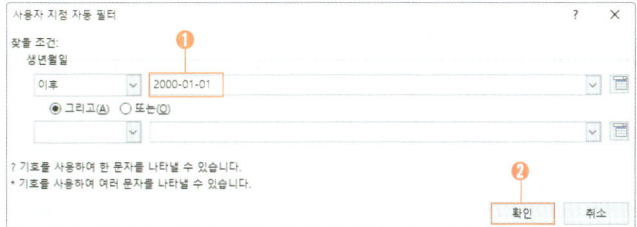

> **TIP**
> **자동 필터 지우기**
> 지정한 자동 필터를 모두 지우려면 [데이터] 탭-[정렬 및 필터] 그룹-[지우기]를 클릭합니다.

결과화면

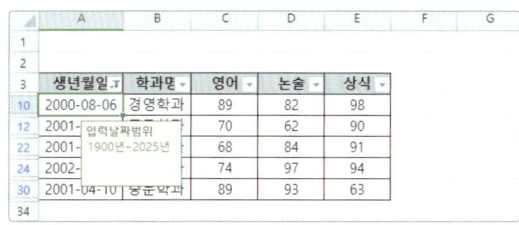

유형체크 02 　중복된 항목 제거 후 조건부 서식 및 자동 필터 작업

- 선택된 범위 내에서 중복된 레코드 중 하나를 제외하고 조건부 서식을 지정한 후 필터링합니다.
- **중복된 항목 제거** : [데이터] 탭-[데이터 도구] 그룹-[중복된 항목 제거] 클릭

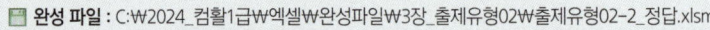

📁 **작업 파일** : C:₩2024_컴활1급₩엑셀₩작업파일₩3장_출제유형02₩출제유형02-2_문제.xlsm
📁 **완성 파일** : C:₩2024_컴활1급₩엑셀₩완성파일₩3장_출제유형02₩출제유형02-2_정답.xlsm

'중복제거-1' 시트에 대하여 다음의 지시사항을 처리하시오.

▶ [데이터 도구]를 이용하여 [표1]에서 '성명', '부서', '직급' 열을 기준으로 중복된 값이 입력된 셀을 포함하는 행을 삭제하시오.

▶ 조건부 서식의 셀 강조 규칙을 이용하여 [D3:D24] 영역의 중복 값에 대해 '진한 녹색 텍스트가 있는 녹색 채우기' 서식이 적용되도록 설정하시오.

▶ [필터] 기능을 이용하여 [표1]의 '기본급' 필드에서 '녹색 채우기' 색을 기준으로 필터링 하시오..

Skill 01 　중복된 항목 제거

❶ [A2] 셀을 선택하고 [데이터] 탭-[데이터 도구] 그룹-[중복된 항목 제거]를 클릭합니다.

❷ [중복된 항목 제거] 대화상자에서 <모두 선택 취소> 단추를 클릭합니다. '성명', '부서', '직급' 열을 체크한 후 <확인> 단추를 클릭합니다.

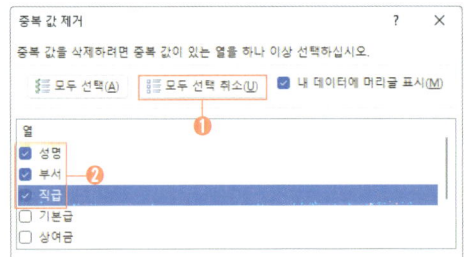

❸ 중복된 값이 제거되었다는 메시지를 확인한 후 <확인> 단추를 클릭합니다.

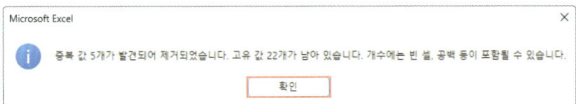

Skill 02 조건부 서식

① [D3:D24] 영역을 지정한 후 [홈] 탭-[스타일] 그룹-[조건부 서식]-[셀 강조 규칙]-[중복 값]을 클릭합니다.

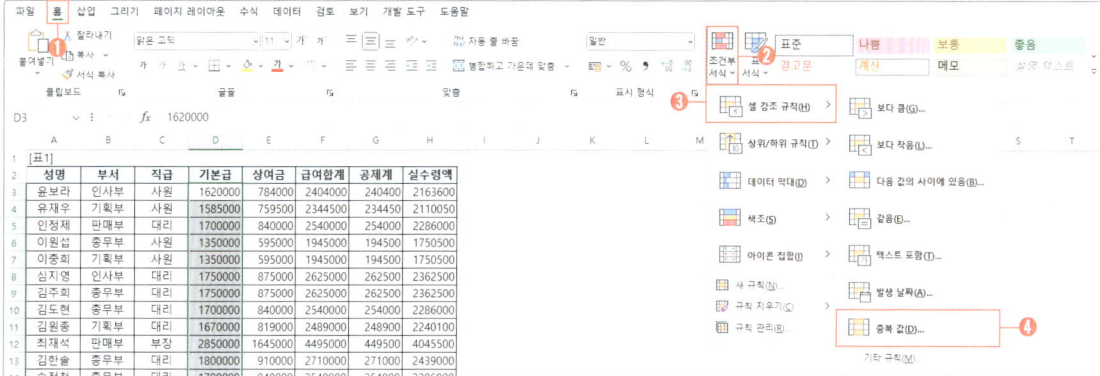

② [중복 값] 대화상자에서 적용할 서식을 '진한 녹색 텍스트가 있는 녹색 채우기'로 지정한 후 <확인> 단추를 클릭합니다.

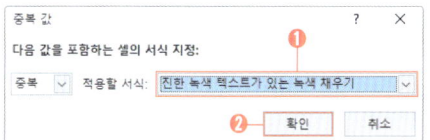

Skill 03 자동 필터

① [A2] 셀을 선택하고 [데이터] 탭-[정렬 및 필터] 그룹-[필터]를 클릭합니다.

② '기본급'의 ▼(필터 단추)를 클릭하고 [색 기준 필터]에서 '셀 색 기준 필터'의 녹색을 클릭합니다.

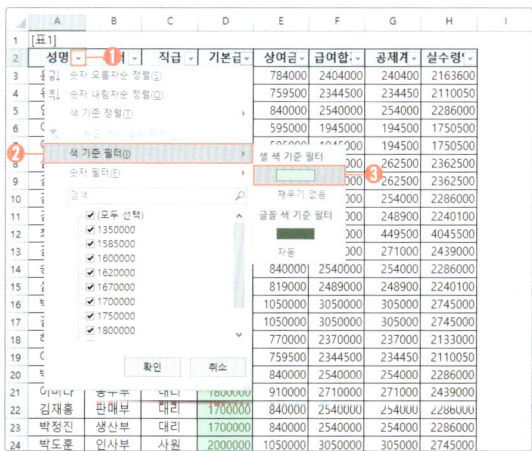

출제유형 02 • 데이터 도구와 필터 **111**

결과화면

	A	B	C	D	E	F	G	H
1	[표1]							
2	성명	부서	직급	기본급	상여금	급여합	공제계	실수령
4	유재우	기획부	사원	1585000	759500	2344500	234450	2110050
5	인정재	판매부	대리	1700000	840000	2540000	254000	2286000
6	이원섭	총무부	사원	1350000	595000	1945000	194500	1750500
7	이중희	기획부	사원	1350000	595000	1945000	194500	1750500
8	심지영	인사부	대리	1750000	875000	2625000	262500	2362500
9	김주희	총무부	대리	1750000	875000	2625000	262500	2362500
10	김도현	총무부	대리	1700000	840000	2540000	254000	2286000
11	김원종	기획부	대리	1670000	819000	2489000	248900	2240100
13	김한솔	총무부	대리	1800000	910000	2710000	271000	2439000
14	송정철	총무부	대리	1700000	840000	2540000	254000	2286000
15	심영섭	판매부	대리	1670000	819000	2489000	248900	2240100
16	박제현	생산부	사원	2000000	1050000	3050000	305000	2745000
17	김민환	총무부	과장	2000000	1050000	3050000	305000	2745000
19	이병열	총무부	사원	1585000	759500	2344500	234450	2110050
20	박승진	기획부	대리	1700000	840000	2540000	254000	2286000
21	이미라	총무부	대리	1800000	910000	2710000	271000	2439000
22	김재홍	판매부	대리	1700000	840000	2540000	254000	2286000
23	박정진	생산부	대리	1700000	840000	2540000	254000	2286000
24	박도훈	인사부	사원	2000000	1050000	3050000	305000	2745000

출제유형 완전정복 ▶ 데이터 도구와 필터

완전정복 - 01

📂 **작업 파일** : C:₩2024_컴활1급₩엑셀₩작업파일₩3장_출제유형02₩완전정복01_문제.xlsm
📄 **완성 파일** : C:₩2024_컴활1급₩엑셀₩완성파일₩3장_출제유형02₩완전정복01_정답.xlsm

'유효성검사-2' 시트에서 다음의 지시사항에 따라 데이터 유효성 검사를 작성하시오.

▶ [데이터 유효성 검사] 도구를 이용하여 [F4:G16] 영역에는 [표1]의 '중간', '기말' 필드의 값이 '30점'을 넘지 않도록 설정하시오.

▶ [F4:G16] 영역의 셀을 클릭한 경우 <그림>과 같은 설명 메시지를 표시하고, 유효하지 않은 데이터를 입력한 경우 <그림>과 같은 오류 메시지가 표시되도록 설정하시오.

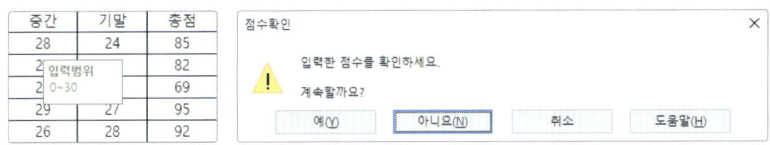

▶ [필터] 기능을 이용하여 [표1]의 '학과' 필드에서 '소프트웨어과' 데이터 행만 표시되도록 필터링 하시오.

● 작 업 과 정 ●

1️⃣ '유효성검사-2' 시트에서 [F4:G16] 영역을 지정한 후 [데이터] 탭-[데이터 도구] 그룹-[데이터 유효성 검사]-[데이터 유효성 검사]를 클릭합니다.

2️⃣ [데이터 유효성] 대화상자의 [설정] 탭에서 제한 대상을 '정수'로 변경하고 최소값에 '0', 최대값에 '30'을 입력합니다.

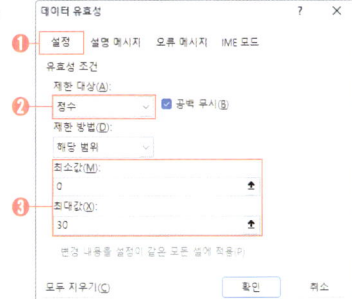

3️⃣ [데이터 유효성] 대화상자의 [설명 메시지] 탭에서 제목에 '입력범위', 설명 메시지에 '0~30'을 입력합니다.

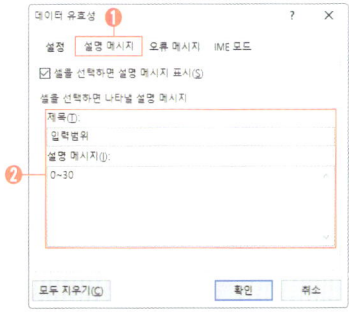

4 [데이터 유효성] 대화상자의 [오류 메시지] 탭에서 스타일은 '경고'로 지정하고 제목은 '점수확인', 오류 메시지는 '입력한 점수를 확인하세요.'를 입력한 후 <확인> 단추를 클릭합니다.

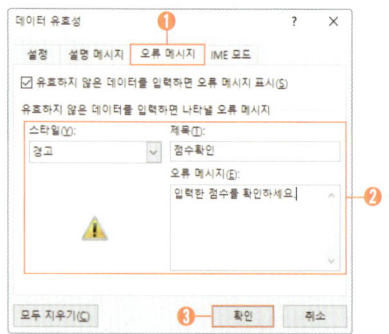

5 [A3] 셀을 선택하고 [데이터] 탭-[정렬 및 필터] 그룹-[필터]를 클릭합니다.

6 '학과'의 ▼(필터 단추)를 클릭하고 <모두 선택>을 해제한 후 '소프트웨어과'를 선택하고 <확인> 단추를 클릭합니다.

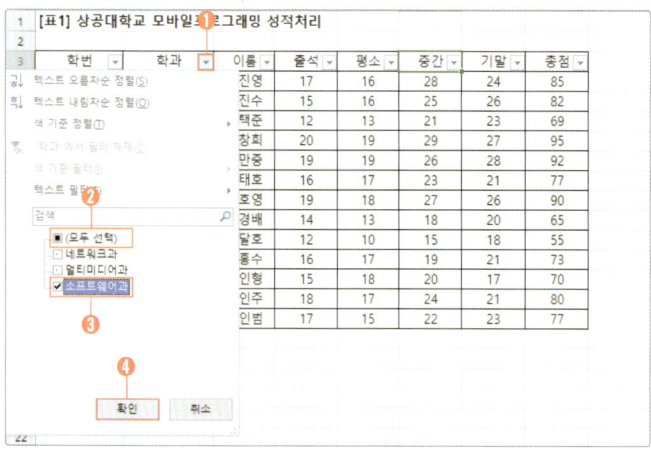

결과화면

 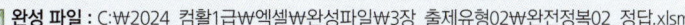 

'중복제거-2' 시트에 대하여 다음의 지시사항을 처리하시오.

▶ [데이터 도구]를 이용하여 '지점', '품목', '개수' 열을 기준으로 중복된 값이 입력된 셀을 포함하는 행을 삭제하시오.

▶ 조건부 서식의 셀 강조 규칙을 이용하여 [G4:G27] 영역의 중복 값에 대해 '연한 파랑 채우기' 서식이 적용되도록 설정하시오.

▶ [필터] 기능을 이용하여 '매출' 필드에서 '연한 파랑 채우기' 색을 기준으로 필터링 하시오.

● 작 업 과 정 ●

1 [A3] 셀을 선택하고 [데이터] 탭-[데이터 도구] 그룹-[중복된 항목 제거]를 클릭합니다.

2 [중복된 항목 제거] 대화상자에 <모두 선택 최소> 단추를 클릭합니다. '지점', '품목', '개수' 열을 체크한 후 <확인> 단추를 클릭합니다.

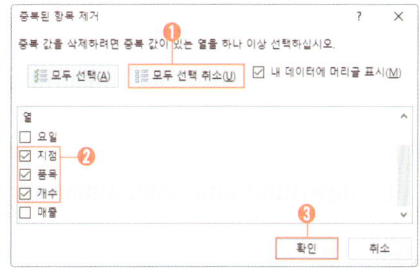

3 중복된 값이 제거되었다는 메시지를 확인한 후 <확인> 단추를 클릭합니다.

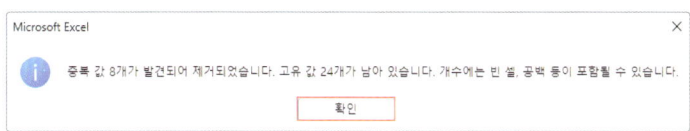

4 [G4:G27] 영역을 지정한 후 [홈] 탭-[스타일] 그룹-[조건부 서식]-[셀 강조 규칙]-[중복 값]을 클릭합니다.

5 [중복 값] 대화상자에서 적용할 서식을 '사용자 지정 서식'으로 선택합니다.

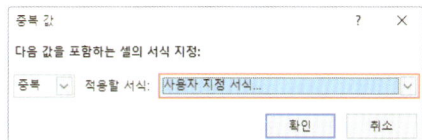

6 [셀 서식] 대화상자의 [채우기] 탭에서 '연한 파랑'을 선택하고 <확인> 단추를 클릭합니다.

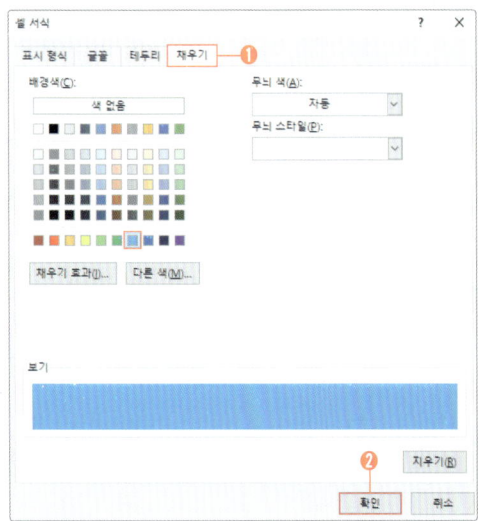

7 [중복 값] 대화상자에서 <확인> 단추를 클릭합니다.

8 [A3] 셀을 선택하고 [데이터] 탭-[정렬 및 필터] 그룹-[필터]를 클릭합니다.

9 '매출'의 ▼(필터 단추)를 클릭하고 [색 기준 필터]에서 '연한 파랑' 색을 선택합니다.

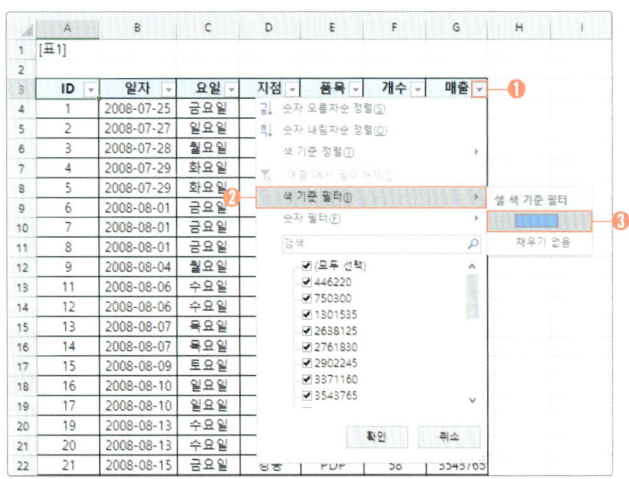

결과화면

116 PART 01_CHAPTER 03 · 분석 작업

PART 01
기출문제유형 완전분석하기

CHAPTER 04

<기타작업>

출제유형 01 차트

출제유형 02 매크로

출제유형 03 프로시저

PART 01 / CHAPTER 04 · 기타작업

차트

출제유형 분석

차트를 새롭게 작성하거나 이미 작성된 차트의 데이터 범위를 수정, 차트 종류 변경, 차트 요소 추가, 각 요소의 옵션 지정 등 다양한 문제가 출제되므로 차트 구성 요소를 정확히 파악하고 많은 연습을 해야 하는 부분입니다.

- 차트는 데이터를 막대, 선, 원 등으로 알아보기 쉽게 표현한 것으로 데이터를 효과적으로 전달하는 기능입니다.
- **차트 작성** : [삽입] 탭-[차트] 그룹

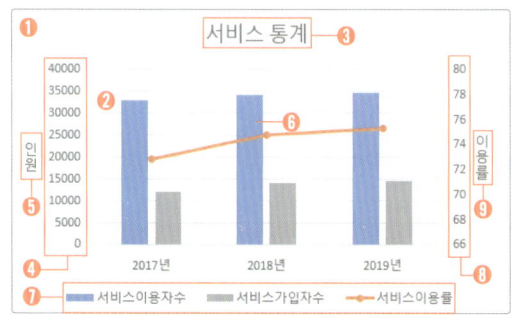

❶ 차트 영역   ❷ 그림 영역
❸ 차트 제목   ❹ 기본 세로 축
❺ 기본 세로 축 제목   ❻ 데이터 계열
❼ 범례   ❽ 보조 세로 축
❾ 보조 세로 축 제목

※ 차트의 각 영역에 마우스 포인터를 올려놓으면 해당 영역의 이름을 확인할 수 있습니다.

 **미리보기**

📁 작업 파일 : C:\2024_컴활1급\엑셀\작업파일\4장_출제유형01\출제유형01_문제.xlsm
📄 완성 파일 : C:\2024_컴활1급\엑셀\완성파일\4장_출제유형01\출제유형01_정답.xlsm

'차트-1' 시트에서 다음의 지시사항에 따라 차트를 수정하시오.

① '합계' 계열은 데이터 표식이 있는 꺾은선형 차트로 설정하시오.

② 보조 축이 보이도록 하고, 최소값 '750', 최대값 '950', 주 단위 '50'으로 설정하시오.

③ 차트 제목 및 각 축의 제목은 <그림>과 같이 설정하고, 차트 제목은 테두리에 '그림자(오프셋: 오른쪽 아래)'를 설정하시오.

④ 세로 (값) 축의 주 눈금선은 나타나지 않도록 하며, 범례의 위치를 범례 서식을 이용하여 '오른쪽'으로 설정하시오.

⑤ 'A사' 데이터 계열에 대한 추세선의 종류를 선형으로 추가하시오.

※ 차트는 반드시 문제에서 제공한 차트를 사용하여야 하며, 신규로 차트 작성 시 0점 처리됨

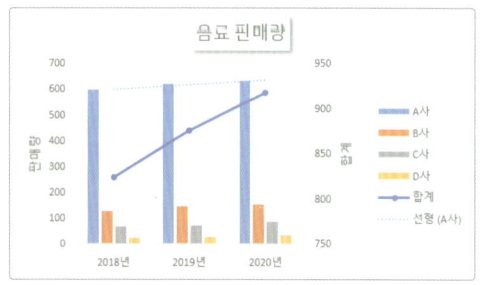

Skill 01 계열 차트 종류 변경과 보조 축 지정

① '차트-1' 시트에서 합계 계열을 클릭하고 마우스 오른쪽 단추를 눌러 [계열 차트 종류 변경]을 선택합니다.

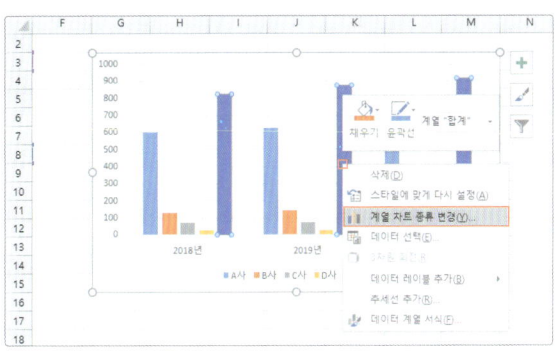

> **TIP**
> **차트 영역과 그림 영역**
> - **차트 영역** : 차트 전체의 영역으로 차트 영역을 드래그하여 차트를 이동할 수 있습니다.
> - **그림 영역** : 실제 차트가 표시되는 영역으로 가로 축과 세로 축을 이루는 사각형으로 둘러쌓인 부분입니다.

② [차트 종류 변경] 대화상자에서 '합계' 계열의 차트 종류를 '표식이 있는 꺾은선형'으로 선택하고 '보조 축'에 체크를 한 후 <확인> 단추를 클릭합니다.

> **TIP**
> **보조 축**
> 특정 데이터 계열의 값이 다른 계열의 값과 현저하게 차이가 날 경우나 단위가 다른 경우에(금액, 비율) 두 가지 이상의 데이터 계열을 가진 차트에 보조 축을 사용합니다.

③ 보조 세로 (값) 축을 클릭하고 마우스 오른쪽 단추를 눌러 [축 서식]을 선택합니다.
※ 보조 축을 더블 클릭해도 [축 서식] 창을 열 수 있습니다.

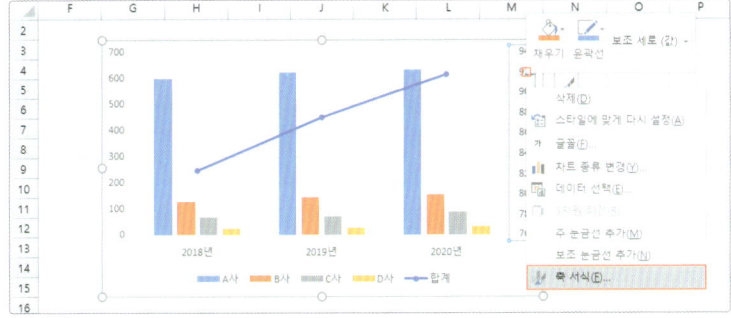

④ [축 서식] 창의 [축 옵션]에서 최소 '750', 최대 '950', 기본 단위 '50'을 각각 입력합니다.

Skill 02 차트 제목과 축 제목 지정

① 차트 제목을 지정하기 위해 [차트 디자인] 탭-[차트 레이아웃] 그룹-[차트 요소 추가]-[차트 제목]-[차트 위]를 클릭하고 '음료 판매량'을 입력합니다.

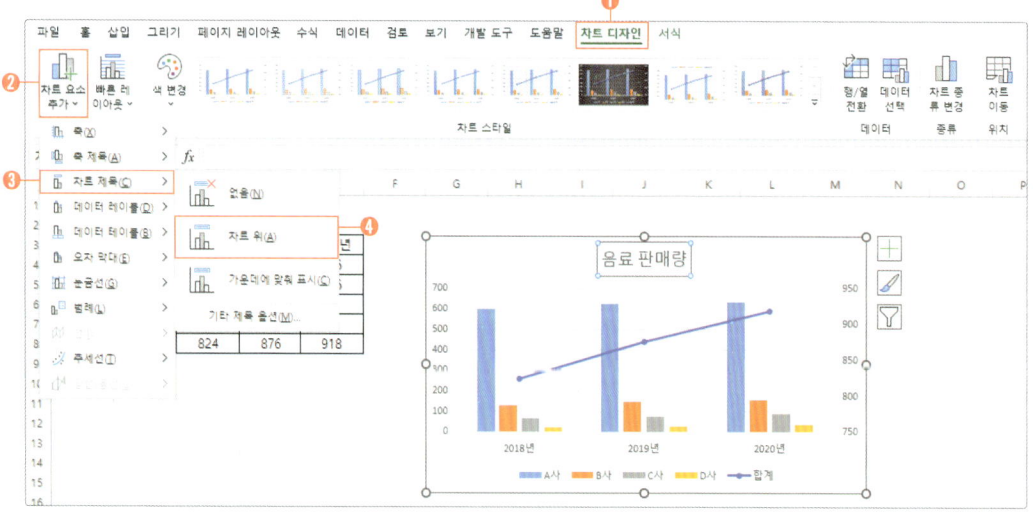

> **TIP**
>
> **차트 요소 추가**
>
> 차트 오른쪽 상단의 ⊞를 클릭한 후 추가하려는 차트 요소를 체크하여 추가할 수도 있습니다.

② [차트 디자인] 탭-[차트 레이아웃] 그룹-[차트 요소 추가]-[축 제목]-[기본 세로]를 클릭하고 '판매량'을 입력합니다.

③ [차트 디자인] 탭-[차트 레이아웃] 그룹-[차트 요소 추가]-[축 제목]-[보조 세로]를 클릭하고 '합계'를 입력합니다.

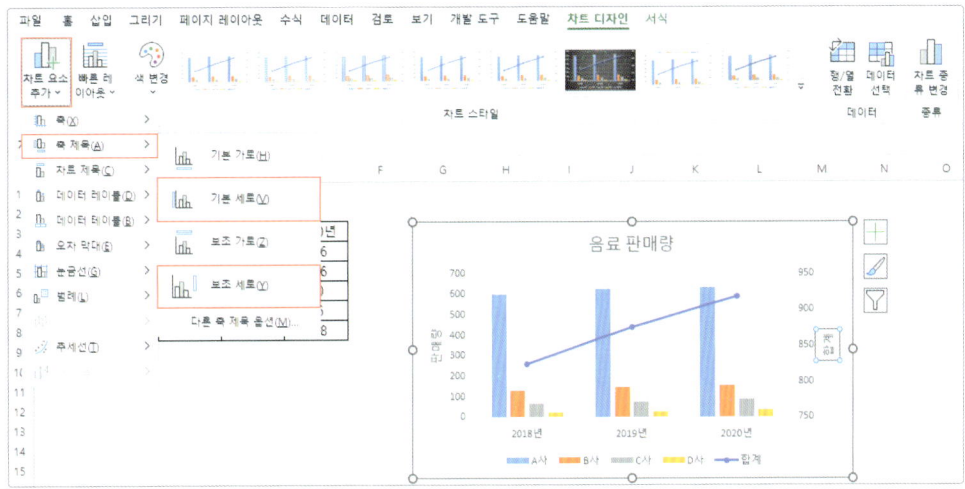

④ 차트 제목을 클릭하고 [차트 제목 서식] 창의 [제목 옵션]-[효과]-[그림자]-[미리 설정]에서 '오프셋: 오른쪽 아래'를 선택합니다.

※ [축 서식] 창이 열린 상태에서 차트 제목을 클릭하면 [차트 제목 서식] 창으로 변경됩니다.

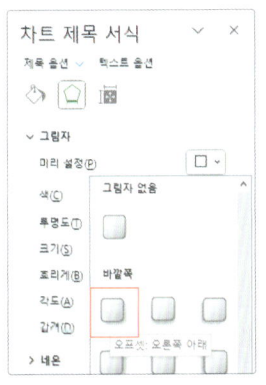 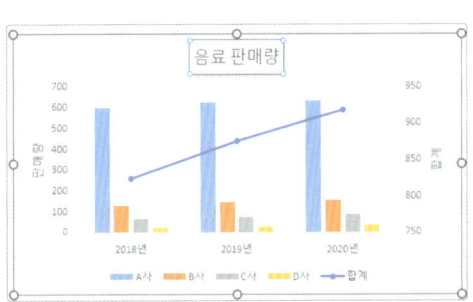

Skill 03 눈금선/범례/추세선

① [차트 디자인] 탭-[차트 레이아웃] 그룹-[차트 요소 추가]-[눈금선]-[기본 주 가로]를 클릭한 후 활성화를 해제하여 눈금선이 나타나지 않도록 합니다.

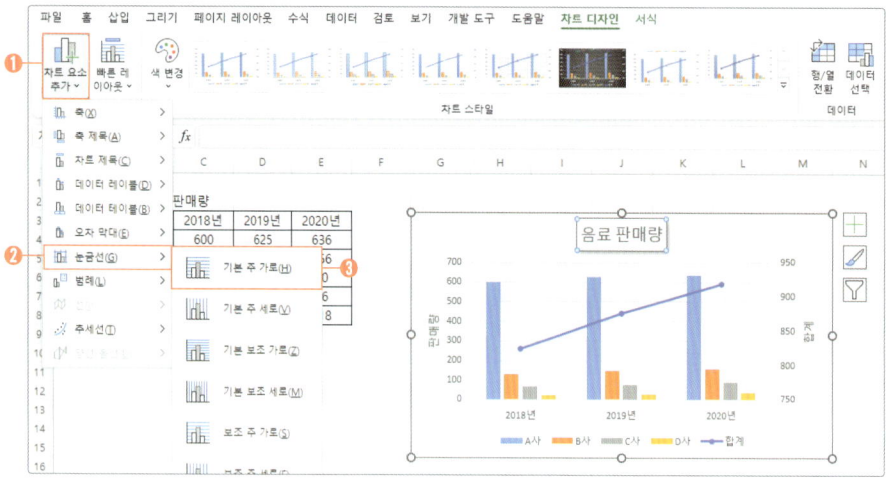

② [차트 디자인] 탭-[차트 레이아웃] 그룹-[차트 요소 추가]-[범례]-[오른쪽]을 선택합니다.

③ A사 계열을 클릭하고 [차트 디자인] 탭-[차트 레이아웃] 그룹-[차트 요소 추가]-[추세선]-[선형]을 선택합니다.
※ A사 계열을 클릭하고 마우스 오른쪽 단추를 누른 후 [추세선 추가]를 클릭해도 됩니다.

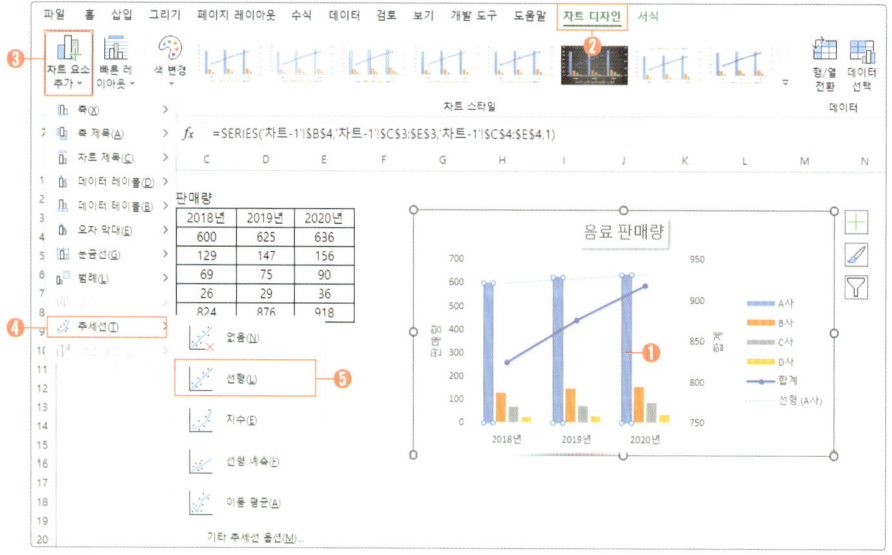

TIP

추세선
데이터 계열의 변화 추세나 방향을 표시하는 선으로 예측 문제를 분석하는데 사용됩니다. 추세선을 삭제하려면 추세선을 선택한 후 Delete 키를 누르거나 추세선 위에서 마우스 오른쪽 단추를 눌러 [삭제]를 선택합니다.

결과화면

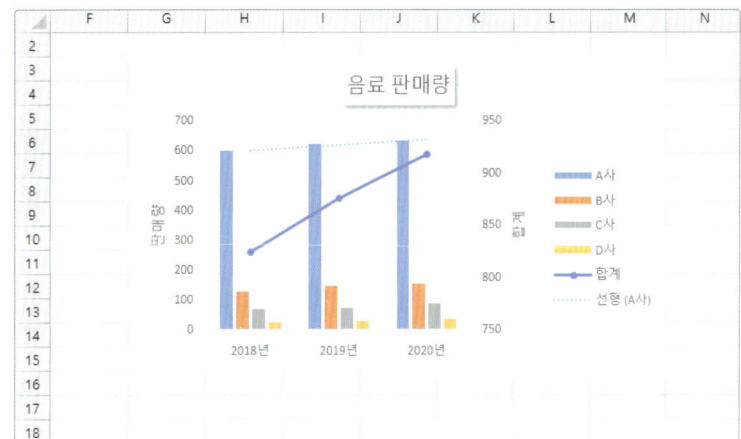

TIP

차트의 데이터 원본 범위 변경

① 차트의 데이터 원본 범위를 변경하려면 차트에서 마우스 오른쪽 단추를 누른 후 [데이터 선택]을 클릭합니다.

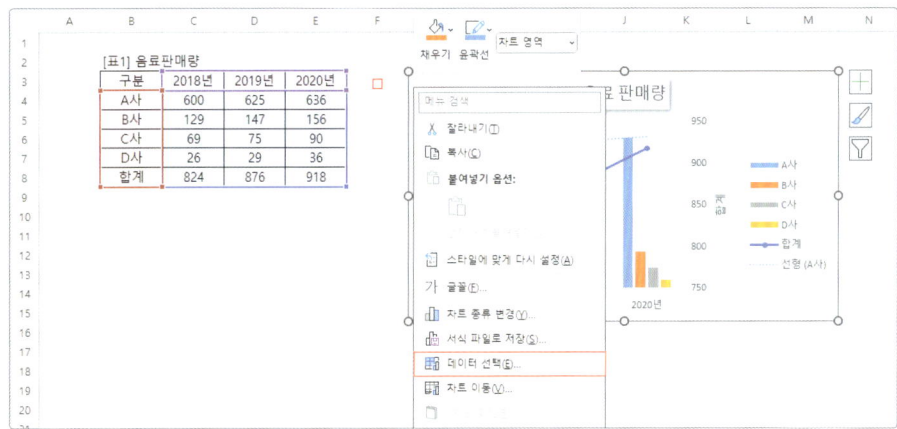

② [데이터 원본 선택] 대화상자에서 차트 데이터 범위를 변경하거나 범례 항목(계열)을 추가, 편집, 제거합니다.

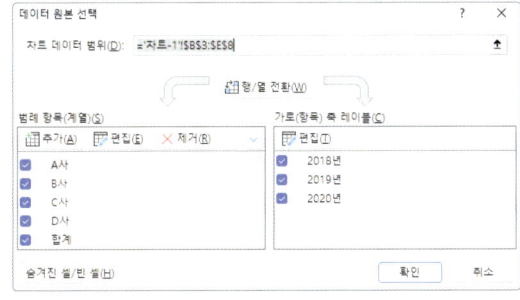

출제유형 완전정복 ▶ 차트

완전정복 - 01

📁 작업 파일 : C:₩2024_컴활1급₩엑셀₩작업파일₩4장_출제유형01₩완전정복01_문제.xlsm
📄 완성 파일 : C:₩2024_컴활1급₩엑셀₩완성파일₩4장_출제유형01₩완전정복01_정답.xlsm

'차트-2' 시트에서 다음의 지시사항에 따라 차트를 작성하시오.

1. 2017년~2019년의 '서비스 이용자수', '서비스 이용률', '서비스 가입자수' 데이터를 이용하여 동일 시트의 [B8:G20] 영역에 차트를 작성하시오.
2. '서비스 이용률'은 '표식이 있는 꺾은선형'으로 작성하시오.
3. 보조 축이 보이도록 하고, 최소 '66', 최대 '80', 기본 단위 '2'로 설정하시오.
4. 차트와 각 축의 제목과 텍스트의 방향은 <그림>과 같이 설정하시오.
5. 차트 영역 서식은 '둥근 모서리'로 설정하시오.

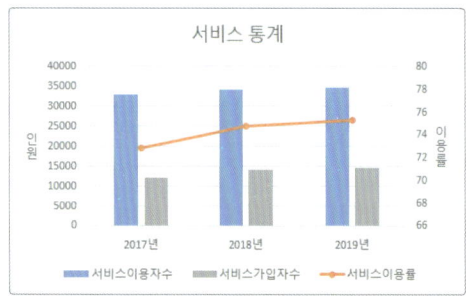

작업과정

1. '차트-2' 시트에서 [B3:B6] 영역을 지정하고 **Ctrl** 키를 누른 상태로 [D3:F6] 영역을 지정합니다.

2. [삽입] 탭-[차트] 그룹-[세로 또는 가로 막대형 차트 삽입]-[2차원 세로 막대형]-[묶은 세로 막대형]을 클릭합니다.

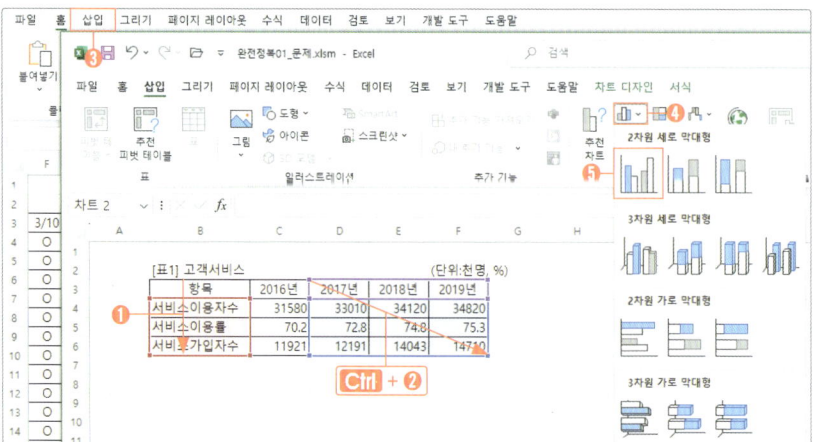

3 **Alt** 키를 누른 채 차트 영역을 드래그하여 [B8] 셀로 이동합니다. 이어서, **Alt** 키를 누른 채로 차트의 조절점을 드래그하여 [B8:G20] 영역에 맞춥니다.

※ **Alt** 키를 누른 채 드래그하면 차트를 셀에 정확하게 맞출 수 있습니다.

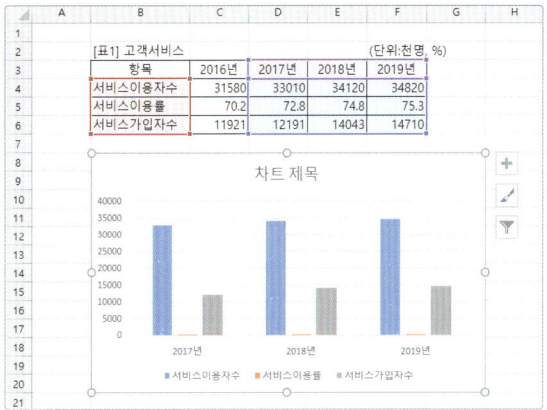

4 [서식] 탭-[현재 선택 영역] 그룹에서 '서비스 이용률 계열'을 선택한 후 선택된 계열 위에서 마우스 오른쪽 버튼을 눌러 [계열 차트 종류 변경]을 클릭합니다.

※ 선택하려는 계열의 막대 위에서 마우스 오른쪽 단추를 눌러 [계열 차트 종류 변경]을 선택하는 방법도 있습니다.

5 [차트 종류 변경] 대화상자에서 '서비스 이용률' 계열의 차트 종류를 '표식이 있는 꺾은선형'으로 선택하고 '보조 축'에 체크를 한 후 <확인> 단추를 클릭합니다.

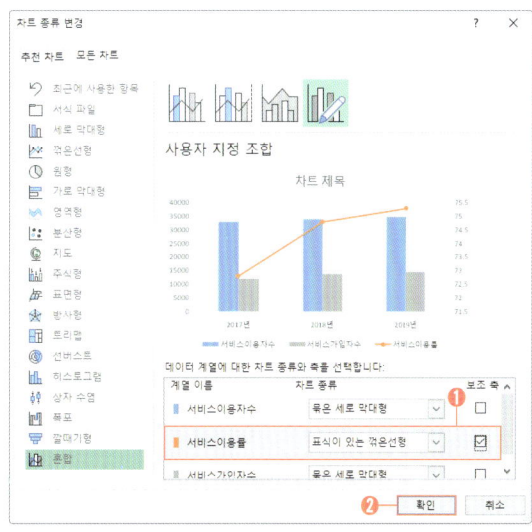

6　보조 세로 (값) 축을 클릭하고 마우스 오른쪽 단추를 눌러 [축 서식]을 선택합니다.

7　[축 서식] 창의 [축 옵션]에서 최소 '66', 최대 '80', 기본 단위 '2'를 입력합니다.

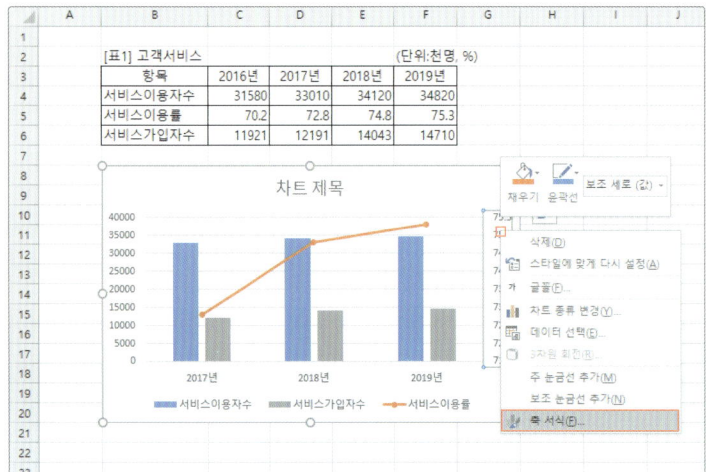

8　차트 제목에 '서비스 통계'를 입력합니다.

9　[차트 디자인] 탭-[차트 레이아웃] 그룹-[차트 요소 추가]-[축 제목]-[기본 세로]를 클릭하고 '인원'을 입력합니다.

10　[차트 디자인] 탭-[차트 레이아웃] 그룹-[차트 요소 추가]-[축 제목]-[보조 세로]를 클릭하고 '이용률'을 입력합니다.

11　세로 (값) 축 제목을 클릭합니다. [축 제목 서식] 창에서 [제목 옵션]-[크기 및 속성]-[맞춤]에서 텍스트 방향을 '세로'로 지정합니다.

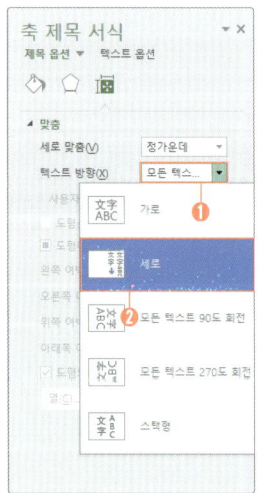

12　보조 세로 (값) 축 제목을 클릭합니다. [축 제목 서식] 창에서 [제목 옵션]-[크기 및 속성]-[맞춤]에서 텍스트 방향을 '세로'로 지정합니다.

13 차트 영역을 클릭합니다. [차트 영역 서식] 창에서 [차트 옵션]-[채우기 및 선]-[테두리]에서 '둥근 모서리'를 체크합니다.

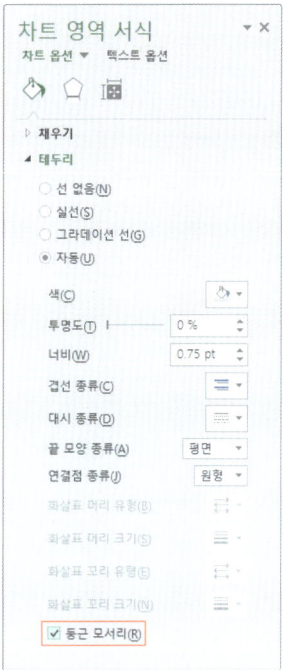

결과화면

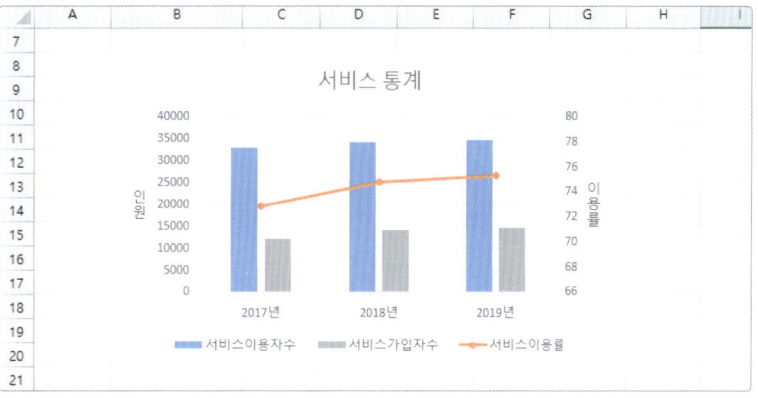

PART 01 / CHAPTER 04 · 기타작업

매크로

출제유형 분석

사용자 지정 표시 형식 설정/해제, 정렬, 부분합, 목표값 찾기, 통합, 데이터 표, 시나리오 등 다양한 매크로 만들기가 출제될 것으로 예상됩니다. 매크로 실행은 도형을 작성하거나 양식 단추를 만드는 유형으로 출제됩니다. 매크로를 잘못 만든 경우를 대비하여 삭제하고 다시 만드는 연습도 반드시 필요합니다.

 **정렬/부분합**

- **정렬** : 데이터 목록을 특정 기준에 따라 오름차순 또는 내림차순으로 재배열하는 기능입니다.
- 정렬 기준 필드가 하나인 경우 : [데이터] 탭-[정렬 및 필터] 그룹-[텍스트 오름차순 정렬]/[텍스트 내림차순 정렬] 클릭
- 정렬 기준 필드가 하나 이상인 경우 : [데이터] 탭-[정렬 및 필터] 그룹-[정렬] 클릭
- **부분합** : 데이터를 일정한 기준으로 요약하여 합계, 평균 등 다양한 계산을 수행하는 기능입니다.
- 부분합을 작성하려면 첫 행에는 필드명이 있어야 하며, 그룹화할 항목을 기준으로 반드시 정렬되어 있어야 합니다.
- 기준이 될 필드로 먼저 정렬하고 [데이터] 탭-[윤곽선] 그룹-[부분합] 클릭

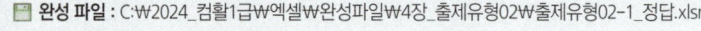

'부분합-1' 시트에 대하여 다음의 지시사항을 처리하시오.

▶ [부분합] 기능을 이용하여 '소양인증포인트 현황' 표에 학과별 '합계'의 최대값을 계산한 후 '기본영역', '인성봉사', '교육훈련'의 평균을 계산하시오.
▶ 정렬은 '학과'를 기준으로 오름차순으로 처리하시오.

Skill 01 정렬

① [A3] 셀을 선택하고 [데이터] 탭-[정렬 및 필터] 그룹-[텍스트 오름차순 정렬]을 클릭합니다.
 ※ 반드시 정렬할 필드의 필드명이 먼저 선택해야 합니다.

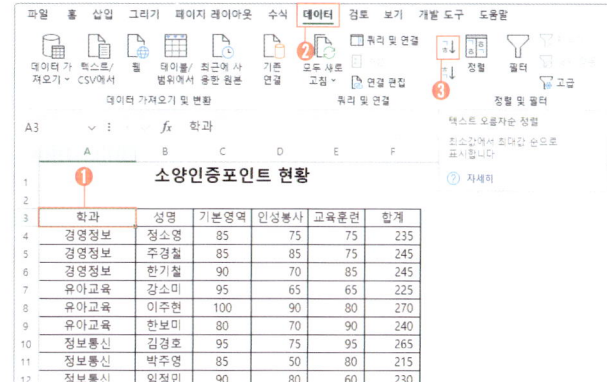

> **TIP**
>
> [정렬] 대화상자
>
> [데이터] 탭-[정렬 및 필터] 그룹-[정렬]을 클릭하면 [정렬] 대화상자에서 여러 개의 기준을 추가하여 정렬하는 것이 가능합니다.

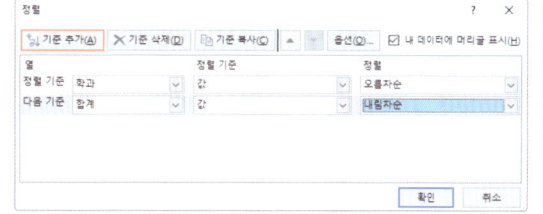

Skill 02 1차 부분합 작성

① [A3] 셀을 선택하고 [데이터] 탭-[개요] 그룹-[부분합]을 클릭합니다.

② [부분합] 대화상자에서 '그룹화할 항목'은 '학과', '사용할 함수'는 '최대', '부분합 계산 항목'은 '합계'를 선택하고 <확인> 단추를 클릭합니다.

> **TIP**
>
> [부분합] 대화상자
>
> | 그룹화할 항목 | 부분합을 계산할 기준 필드로 정렬되어 있는 항목 |
> |---|---|
> | 사용할 함수 | 합계, 평균, 개수, 최대, 최소, 곱, 숫자개수, 표본 표준 편차, 표준 편차, 표본 분산, 분산 등의 함수를 선택하여 계산할 함수를 지정 |
> | 부분합 계산 항목 | 부분합을 계산하여 표시할 항목을 선택 |
> | 새로운 값으로 대치 | 이전 부분합을 지우고 새로운 부분합을 구함 |
> | 모두 제거 | 부분합 삭제 |

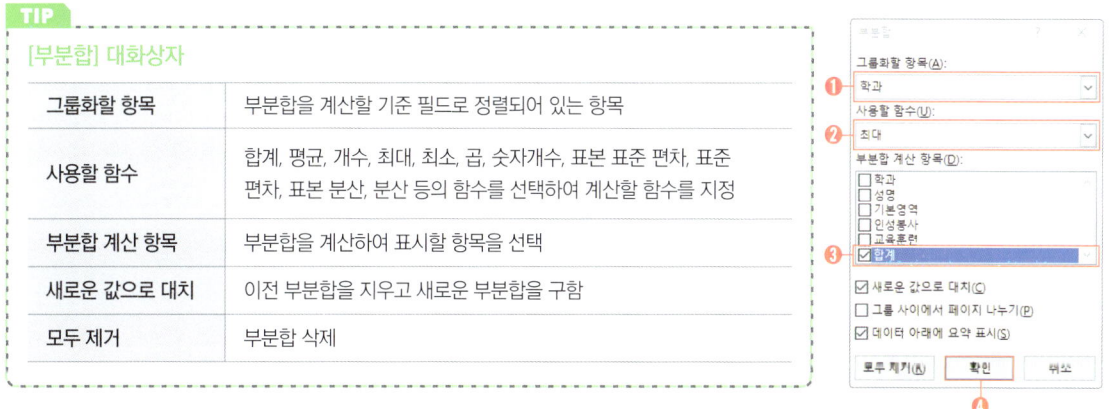

Skill 03 2차 부분합 작성

① 다시 [데이터] 탭-[개요] 그룹-[부분합]을 클릭합니다.

② [부분합] 대화상자에서 '그룹화할 항목'은 '학과', '사용할 함수'는 '평균', '부분합 계산 항목'은 '기본영역', '인성봉사', '교육훈련'을 선택하고, '새로운 값으로 대치'를 해제한 후 <확인> 단추를 클릭합니다.

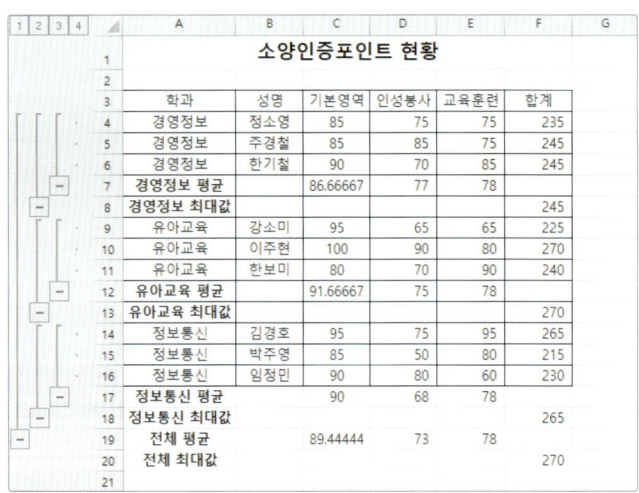

TIP
● 새로운 값으로 대치 : 2차 부분합을 작성하기 위해서는 반드시 '새로운 값으로 대치'를 해제해야 합니다. 만약 해제하지 않으면 1차 부분합의 결과가 지워지고 2차 부분합의 결과만 남게 됩니다.

결과화면

	A	B	C	D	E	F
1	소양인증포인트 현황					
2						
3	학과	성명	기본영역	인성봉사	교육훈련	합계
4	경영정보	정소영	85	75	75	235
5	경영정보	주경철	85	85	75	245
6	경영정보	한기철	90	70	85	245
7	경영정보 평균		86.66667	77	78	
8	경영정보 최대값					245
9	유아교육	강소미	95	65	65	225
10	유아교육	이주현	100	90	80	270
11	유아교육	한보미	80	70	90	240
12	유아교육 평균		91.66667	75	78	
13	유아교육 최대값					270
14	정보통신	김경호	95	75	95	265
15	정보통신	박주영	85	50	80	215
16	정보통신	임정민	90	80	60	230
17	정보통신 평균		90	68	78	
18	정보통신 최대값					265
19	전체 평균		89.44444	73	78	
20	전체 최대값					270
21						

 **목표값 찾기**

- 수식에서 원하는 결과를 얻기 위해 필요한 입력 값을 구하고자 하는 경우 사용하는 도구입니다.
- [데이터] 탭-[예측] 그룹-[가상 분석]-[목표값 찾기] 클릭

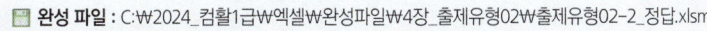

'목표값찾기-1' 시트에 대하여 다음의 지시사항을 처리하시오.

'손익계산서' 표에서 순이익의 평균[I9]이 65,000이 되려면 연평균 성장률[C11]이 몇 %가 되어야 하는지 목표값 찾기 기능을 이용하여 계산하시오.

❶ [I9] 셀을 선택하고 [데이터] 탭-[예측] 그룹-[가상 분석]-[목표값 찾기]를 클릭합니다.
  ※ 목표값을 찾을 수식이 들어있는 셀을 선택하고 목표값 찾기를 실행하는 것이 편리합니다.

❷ [목표값 찾기] 대화상자에서 '수식 셀'이 [I9] 셀로 지정된 것을 확인하고 '찾는 값'에 '65000', '값을 바꿀 셀'에 [C11] 셀을 지정한 후 <확인> 단추를 클릭합니다.

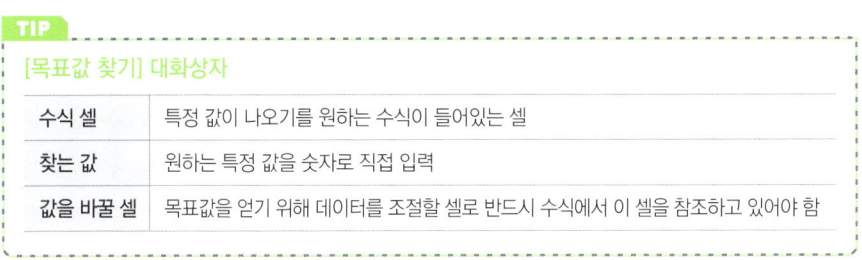

TIP

[목표값 찾기] 대화상자

수식 셀	특정 값이 나오기를 원하는 수식이 들어있는 셀
찾는 값	원하는 특정 값을 숫자로 직접 입력
값을 바꿀 셀	목표값을 얻기 위해 데이터를 조절할 셀로 반드시 수식에서 이 셀을 참조하고 있어야 함

❸ [목표값 찾기 상태] 대화상자에서 <확인> 단추를 클릭합니다.

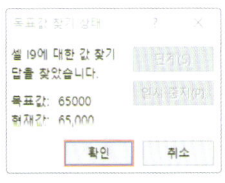

결과화면

유형체크 03 통합

- 하나 이상의 원본 영역을 지정하여 특정 함수로 계산한 후 하나의 표로 데이터를 요약하는 기능입니다.
- [데이터] 탭-[데이터 도구] 그룹-[통합] 클릭

 미리보기
📁 작업 파일 : C:₩2024_컴활1급₩엑셀₩작업파일₩4장_출제유형02₩출제유형02-3_문제.xlsm
📄 완성 파일 : C:₩2024_컴활1급₩엑셀₩완성파일₩4장_출제유형02₩출제유형02-3_정답.xlsm

'통합-1' 시트에 대하여 다음의 지시사항을 처리하시오.

[통합] 기능을 이용하여 [표1], [표2], [표3]에 대한 학과별 '정보인증', '국제인증', '전공인증'의 합계를 [표4]의 [G5:I8] 영역에 계산하시오.

① [F4:I8] 영역을 선택하고 [데이터] 탭-[데이터 도구] 그룹-[통합]을 클릭합니다.

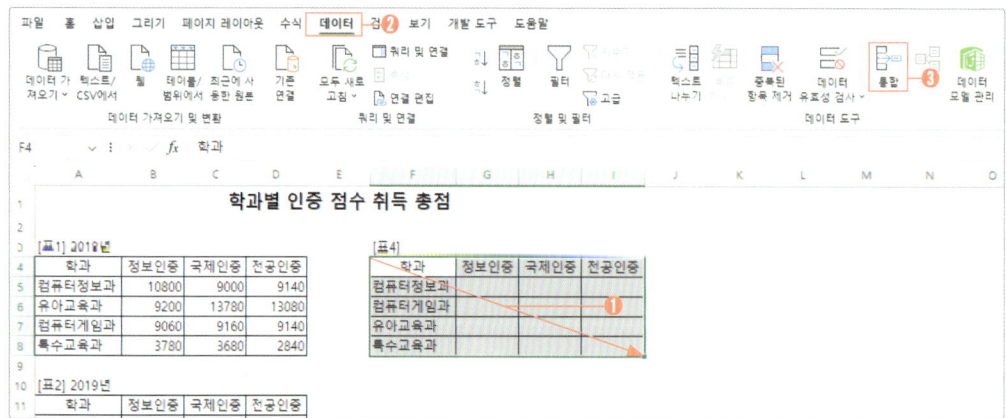

❷ [통합] 대화상자에서 '함수'는 '합계'로 지정하고, '참조'는 [A4:D8] 영역을 지정한 후 <추가> 단추를 클릭합니다.

❸ 같은 방법으로 [A11:D15] 영역과 [A18:D22] 영역을 추가하고, 사용할 레이블에서 '첫 행'과 '왼쪽 열'을 체크한 후 <확인> 단추를 클릭합니다.

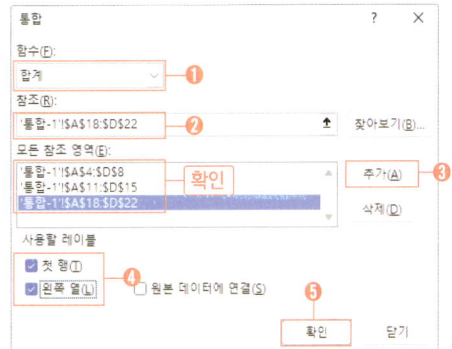

TIP

사용할 레이블

사용할 레이블에서 '첫 행'과 '왼쪽 열'을 체크하면 결과 영역의 제목 행과 제목 열을 기준으로 통합합니다. 체크하지 않으면 참조 영역과 결과 영역의 레이블 순서가 다른 경우 잘못된 통합 결과가 나올 수 있으므로 반드시 체크해야 합니다.

결과화면

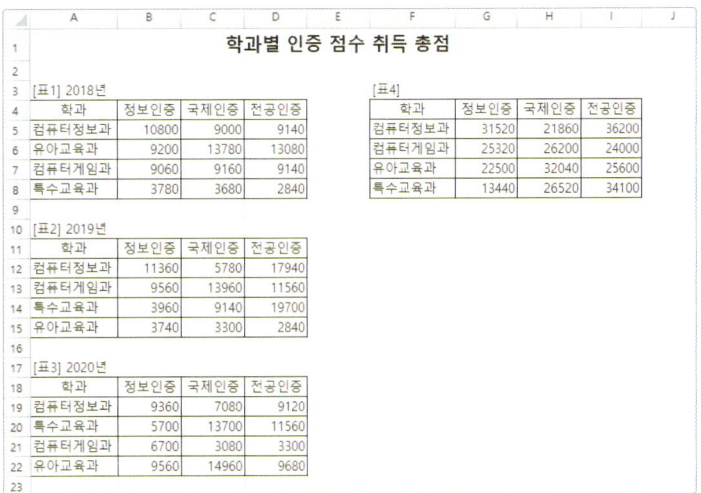

유형체크 04 · 데이터 표

- 수식에 포함된 특정 값을 변화시켜 수식의 결과가 어떻게 변하는지를 한 번에 연산하여 표의 형태로 표시해 주는 도구입니다.
- [데이터] 탭-[예측] 그룹-[가상 분석]-[데이터 표] 클릭

 **문제 미리보기**

📁 작업 파일 : C:₩2024_컴활1급₩엑셀₩작업파일₩4장_출제유형02₩출제유형02-4_문제.xlsm
📋 완성 파일 : C:₩2024_컴활1급₩엑셀₩완성파일₩4장_출제유형02₩출제유형02-4_정답.xlsm

'데이터표-1' 시트에 대하여 다음의 지시사항을 처리하시오.

[데이터 표] 기능을 이용하여 상환기간과 연이율 변동에 따른 월납부액을 [G5:L10] 영역에 계산하시오.

❶ [F4] 셀을 클릭하여 '='를 입력하고 수식이 들어있는 [C6] 셀을 클릭한 후 **Enter** 키를 누릅니다.

※ [C6] 셀을 [F4] 셀로 복사하는 것도 가능하며, 이 경우 수식이 절대 참조로 지정되어 있는지 확인합니다.

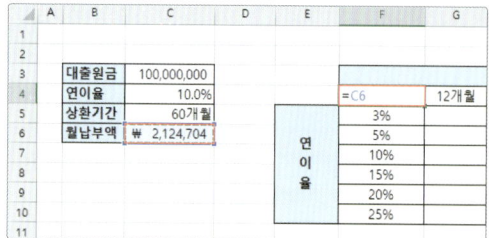

❷ [F4:L10] 영역을 지정하고 [데이터] 탭-[예측] 그룹-[가상 분석]-[데이터 표]를 클릭합니다.

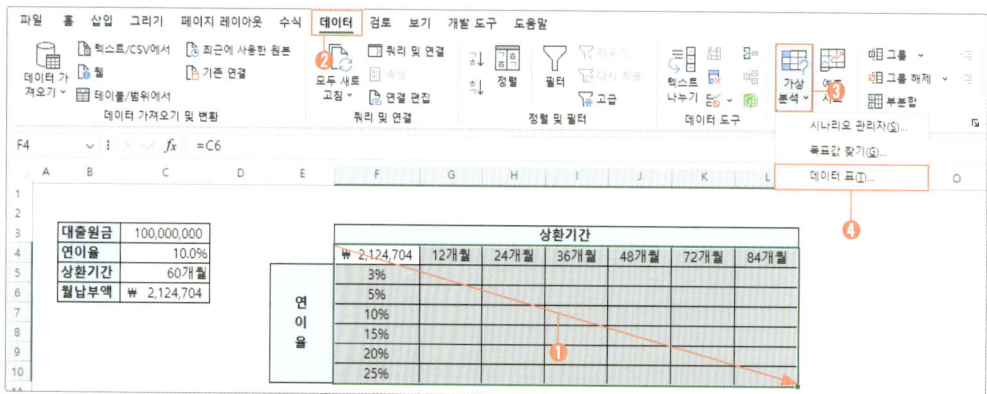

❸ [데이터 표] 대화상자에서 '행 입력 셀'은 상환기간인 [C5] 셀을, '열 입력 셀'은 연이율인 [C4] 셀을 지정한 후 <확인> 단추를 클릭합니다.

※ 데이터 표의 결과는 배열 수식으로 작성되므로 일부만을 수정할 수 없습니다. 잘못된 경우 데이터 표 전체를 지우고 다시 작성합니다.

> **TIP**
> 결과에 '####'이 표시되면 열 너비가 좁다는 의미이므로 열 머리글 경계선에서 드래그하여 열 너비를 늘려줍니다.

결과화면

	A	B	C	D	E	F	G	H	I	J	K	L
1												
2									상환기간			
3		대출원금	100,000,000			₩ 2,124,704	12개월	24개월	36개월	48개월	72개월	84개월
4		연이율	10.0%			3%	8,469,370	4,298,121	2,908,121	2,213,433	1,519,368	1,321,330
5		상환기간	60개월			5%	8,560,748	4,387,139	2,997,090	2,302,929	1,610,493	1,413,391
6		월납부액	₩ 2,124,704		연이율	10%	8,791,589	4,614,493	3,226,719	2,536,258	1,852,584	1,660,118
7						15%	9,025,831	4,848,665	3,466,533	2,783,075	2,114,501	1,929,675
8						20%	9,263,451	5,089,580	3,716,358	3,043,036	2,395,283	2,220,620
9						25%	9,504,420	5,337,152	3,975,983	3,315,713	2,693,718	2,531,164
10												
11												

 **시나리오**

- 시트에 입력되어 있는 데이터들에 대해 가상의 상황을 만들어서 그 결과를 분석하고 예측하는 기능입니다.
- [데이터] 탭-[예측] 그룹-[가상 분석]-[시나리오 관리자] 클릭

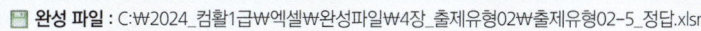

'시나리오-1' 시트에 대하여 다음의 지시사항을 처리하시오.

'혼수품목 매출 현황' 표에서 순이익률[H17]이 다음과 같이 변동하는 경우 순이익 합계[H15]의 변동 시나리오를 작성하시오.

▶ **셀이름 정의** : [H15] 셀은 '순이익합계', [H17] 셀은 '순이익률'로 정의하시오.
▶ **시나리오1** : 시나리오 이름은 '순이익 인상', 순이익률 30%로 설정하시오.
▶ **시나리오2** : 시나리오 이름은 '순이익 인하', 순이익률 20%로 설정하시오.

 이름 정의

❶ [H15] 셀을 선택하고 [이름 상자]에 '순이익합계'를 입력한 후 **Enter** 키를 누릅니다.

	A	B	C	D	E	F	G	H
1				혼수품목 매출 현황				
2								(단위:만원)
3		상품명		판매액			목표액	순이익
4				전반기	후반기	합계		
5		가전류	TV	3,000	3,200	6,200	6,400	1,550
6			냉장고	2,000	3,400	5,400	5,500	1,350
7			세탁기	2,000	3,400	5,400	3,000	1,350
8			홈시어터	3,800	2,000	5,800	6,500	1,450
9			김치냉장고	1,200	3,800	5,000	4,500	1,250
10			식기세척기	900	1,500	2,400	3,500	600
11		가구류	장롱	3,200	3,000	6,200	5,800	1,550
12			소파	1,000	1,500	2,500	2,200	625
13			식탁	560	460	1,020	1,200	255
14			침대	1,200	2,400	3,600	3,500	900
15		합계		18,860	24,660	43,520	42,100	10,880
16								
17						순이익률		25%

❷ [H17] 셀을 선택하고 [이름 상자]에 '순이익률'을 입력한 후 Enter 키를 누릅니다.

> **TIP**
>
> **정의된 이름 삭제**
>
> [수식] 탭-[정의된 이름] 그룹-[이름 관리자]를 클릭하여 삭제할 이름을 선택한 후 <삭제> 단추를 클릭합니다.

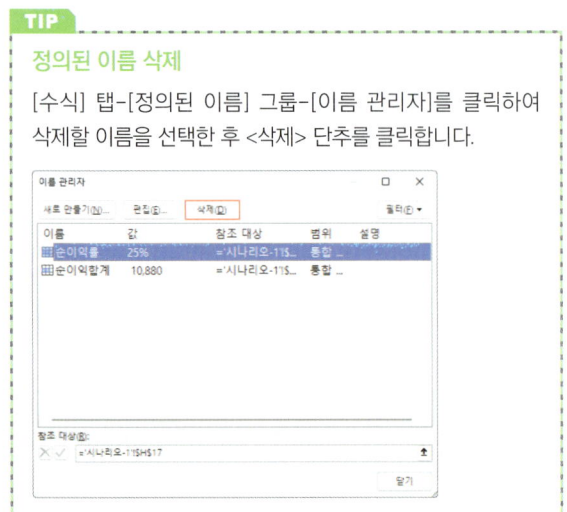
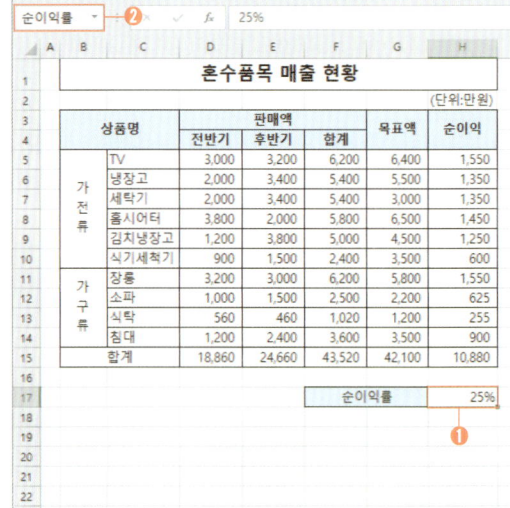

Skill 02 '순이익 인상' 시나리오 작성

❶ [H17] 셀을 선택하고 [데이터] 탭-[예측] 그룹-[가상 분석]-[시나리오 관리자]를 클릭합니다.

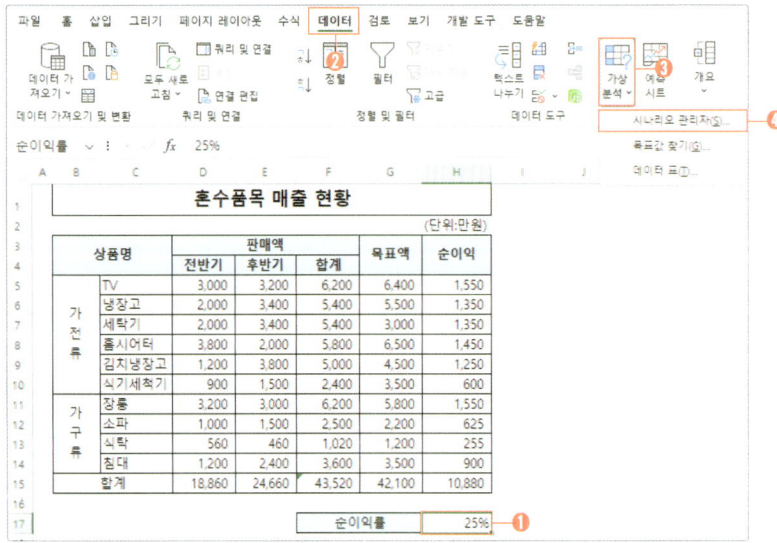

❷ [시나리오 관리자] 대화상자에서 <추가> 단추를 클릭합니다.

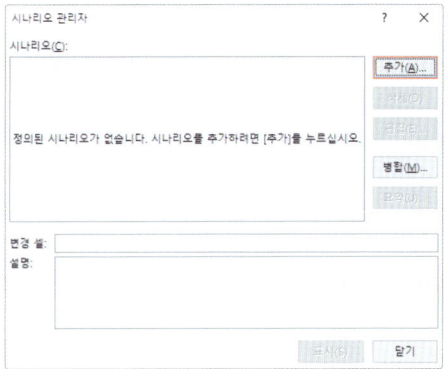

❸ [시나리오 추가] 대화상자에서 시나리오 이름에 '순이익 인상'을 입력하고 변경 셀에 [H17] 셀이 지정되었는지 확인한 후 <확인> 단추를 클릭합니다.

❹ [시나리오 값] 대화상자에서 '순이익률'은 '0.3'으로 입력한 후 <추가> 단추를 클릭합니다.

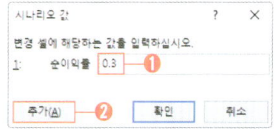

Skill 03 '순이익 인하' 시나리오 작성

❶ 다시 [시나리오 추가] 대화상자가 나타나면 시나리오 이름에 '순이익 인하'를 입력한 후 <확인> 단추를 클릭합니다.

❷ [시나리오 값] 대화상자에서 '순이익률'은 '0.2'로 입력한 후 <확인> 단추를 클릭합니다.

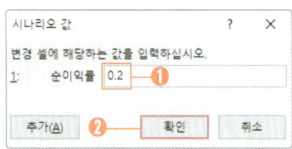

❸ [시나리오 관리자] 대화상자에서 '순이익 인상'과 '순이익 인하' 시나리오가 추가된 것을 확인한 후 <요약> 단추를 클릭합니다.

❹ [시나리오 요약] 대화상자에서 보고서 종류는 '시나리오 요약', 결과 셀은 [H15] 셀을 지정한 후 <확인> 단추를 클릭합니다.

※ 결과 셀에는 반드시 수식이 입력되어 있어야 합니다.

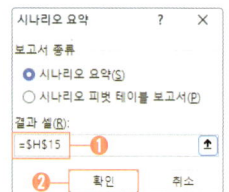

결과화면

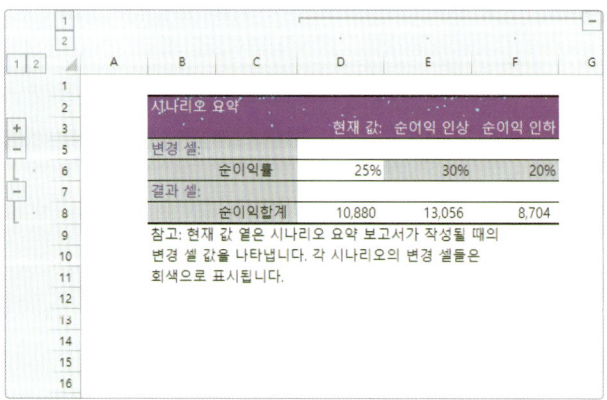

TIP

시나리오 삭제

- [데이터] 탭-[예측] 그룹-[가상분석]-[시나리오 관리자]를 클릭하고 [시나리오 관리자] 대화상자에서 삭제할 시나리오를 선택하고 <삭제> 단추를 클릭합니다.
- 시나리오 요약 보고서를 삭제하려면 '시나리오 요약' 시트에서 마우스 오른쪽 단추를 눌러 [삭제]를 선택합니다.

유형체크 06 　매크로

- 자주 사용하는 명령이나 반복적인 작업 등을 매크로로 기록하여 해당 작업이 필요할 때 빠르게 작업을 수행하는 기능입니다.
- **매크로 작성** : [개발 도구] 탭-[코드] 그룹-[매크로 기록]을 선택하여 기록 후 [기록 중지]를 클릭
- **매크로 삭제** : [개발 도구] 탭-[코드] 그룹-[매크로]를 선택하고, 삭제할 매크로 선택 후 <삭제>를 클릭

> **TIP**
>
> [개발 도구] 탭의 표시
>
> [개발 도구] 탭이 화면에 표시되지 않는 경우 [파일]-[옵션]을 클릭한 후 [리본 사용자 지정] 탭에서 '개발 도구'를 체크하고 <확인> 단추를 클릭합니다.
>
>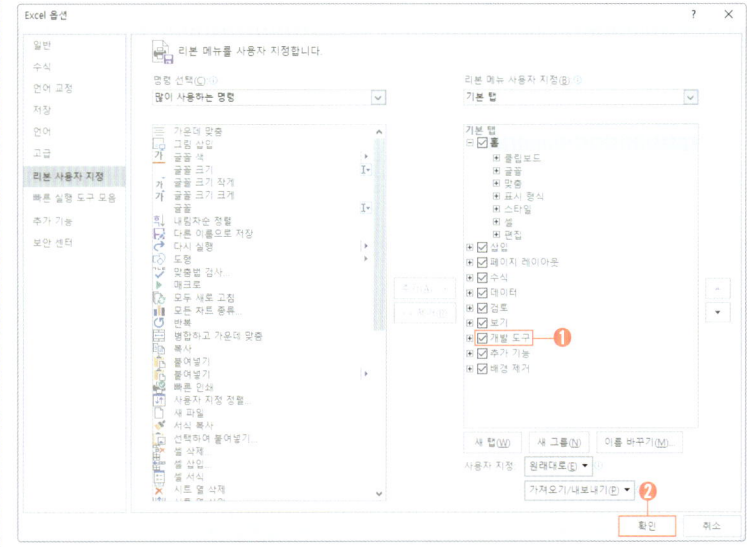

 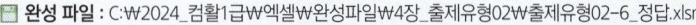 

📁 **작업 파일** : C:₩2024_컴활1급₩엑셀₩작업파일₩4장_출제유형02₩출제유형02-6_문제.xlsm
📄 **완성 파일** : C:₩2024_컴활1급₩엑셀₩완성파일₩4장_출제유형02₩출제유형02-6_정답.xlsm

'매크로-1' 시트에서 다음과 같은 기능을 수행하는 매크로를 현재 통합문서에 작성하고 실행하시오.

① [표4]의 [F12:H18] 영역에 대하여 사용자 지정 표시 형식을 설정하는 '서식적용' 매크로를 생성하시오.
- ▶ 셀 값이 0보다 큰 경우 파랑 색으로 기호(₩) 있는 천 단위 표시로, 셀 값이 0인 경우 "★" 기호만 표시하시오.
- ▶ '서식적용' 매크로는 양식 도구의 '단추'를 만들어 지정하며, 텍스트는 '서식적용'으로 입력하고, 동일 시트의 [H4:H5] 영역에 위치시키시오.

② [표4]의 [F12:H18] 영역에 대하여 표시 형식을 1000 단위 구분 기호가 있는 '숫자'로 적용하는 '서식해제' 매크로를 생성하시오.
- ▶ '서식해제' 매크로는 양식 도구의 '단추'를 만들어 지정하며, 텍스트는 '서식해제'로 입력하고, 동일 시트의 [H7:H8] 영역에 위치시키시오.
  ※ 셀 포인터의 위치에 관계없이 매크로가 실행되어야 정답으로 인정됨

Skill 01 '서식적용' 매크로 작성

❶ '매크로-1' 시트를 선택하고 빈 셀을 클릭한 후 [개발 도구] 탭-[코드] 그룹-[매크로 기록]을 클릭합니다.

❷ [매크로 기록] 대화상자에서 '매크로 이름'을 '서식적용'으로 입력하고 <확인> 단추를 클릭합니다.

❸ 상태 표시줄에 매크로 기록을 표시하는 ☐(기록 중지)가 표시된 것을 확인합니다.

❹ [F12:H18] 영역을 선택하고 마우스 오른쪽 단추를 눌러 [셀 서식]을 선택합니다.

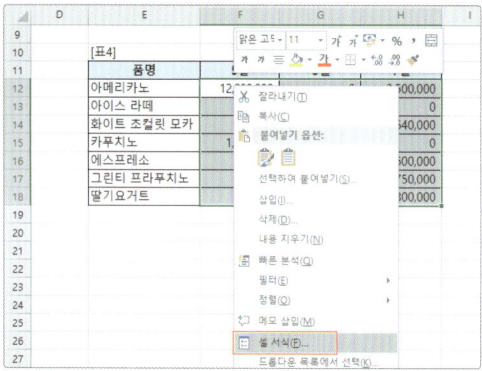

❺ [셀 서식] 대화상자의 [표시 형식] 탭에서 범주는 '사용자 지정'을 선택하고 형식에 다음과 같이 입력한 후 <확인> 단추를 클릭합니다.

※ '★' 기호는 한글 자음 'ㅁ'을 입력하고 [한자] 키를 누른 후 선택하여 입력합니다.

[파랑][>0]₩#,##0;[=0]"★" → [색상][조건]표시 형식의 순으로 지정하므로 셀 값이 0보다 큰 경우 파랑(글꼴색)과 기호(₩)가 붙은 천 단위 표시로 나타내고, 셀 값이 0이면 "★" 기호만 나타냅니다.

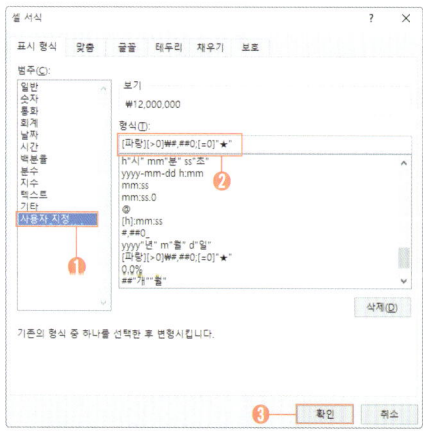

❻ 상태 표시줄의 ☐(기록 중지)를 클릭하거나 [개발 도구] 탭-[코드] 그룹-[기록 중지]를 클릭합니다.

Skill 02 '서식적용' 단추 작성

① [개발 도구] 탭-[컨트롤] 그룹-[삽입]-[양식 컨트롤]-[단추]를 클릭한 후 [H4:H5] 영역에 Alt 키를 누른 채 드래그하여 작성합니다.

※ Alt 키를 누른 채 드래그하면 셀에 정확히 맞게 작성할 수 있습니다.

② [매크로 지정] 대화상자에서 '매크로 이름'을 '서식적용'으로 선택하고 <확인> 단추를 클릭합니다.

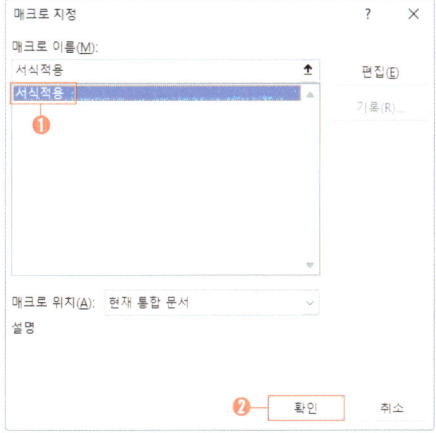

③ 마우스 오른쪽 단추를 클릭한 후, [텍스트 편집]을 클릭한 다음 단추의 텍스트를 '서식적용'으로 수정합니다.

※ 단추의 텍스트가 수정되지 않을 경우 Ctrl 키를 누른 채 단추를 클릭하여 텍스트 내용을 수정할 수 있습니다.

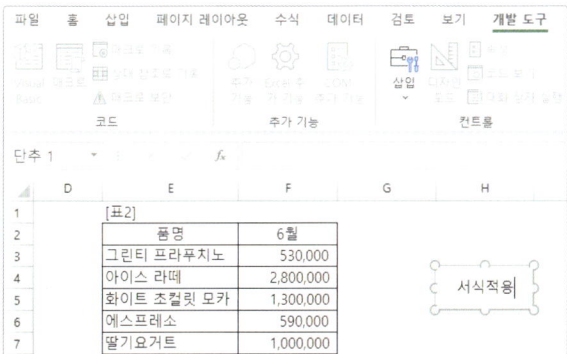

Skill 03 '서식해제' 매크로 작성

❶ 빈 셀을 클릭하고 [개발 도구] 탭-[코드] 그룹-[매크로 기록]을 클릭합니다.

❷ [매크로 기록] 대화상자에서 '매크로 이름'을 '서식해제'로 입력하고 <확인> 단추를 클릭합니다.

❸ [F12:H18] 영역을 범위로 지정한 후 마우스 오른쪽 단추를 눌러 [셀 서식]을 선택합니다.

❹ [셀 서식] 대화상자의 [표시 형식] 탭에서 범주는 '숫자'를 선택하고 '1000 단위 구분 기호(,) 사용'을 체크한 후 <확인> 단추를 클릭합니다.

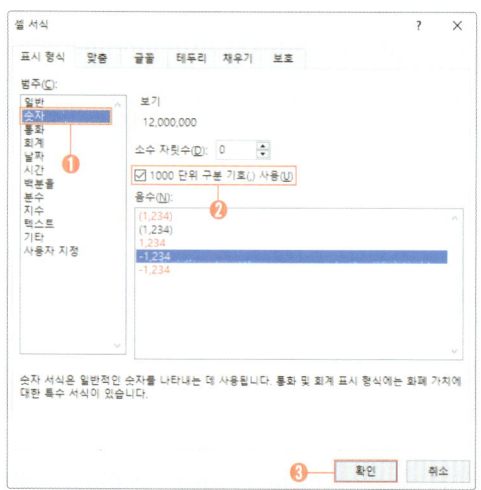
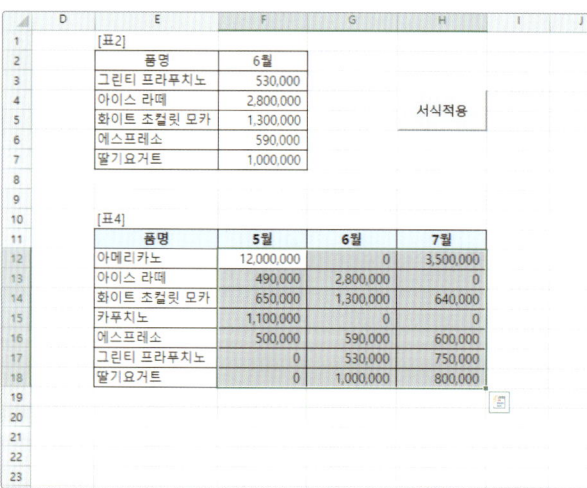

❺ 상태 표시줄의 ☐(기록 중지)를 클릭하거나 [개발 도구] 탭-[코드] 그룹-[기록 중지]를 클릭합니다.

'서식해제' 단추 작성

① [개발 도구] 탭-[컨트롤] 그룹-[삽입]-[양식 컨트롤]-[단추]를 클릭한 후 [H7:H8] 영역에 `Alt` 키를 누른 채 드래그하여 작성합니다.

② [매크로 지정] 대화상자에서 '매크로 이름'을 '서식해제'로 선택하고 <확인> 단추를 클릭합니다.

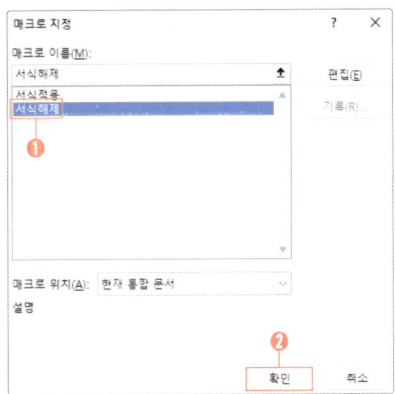

③ 마우스 오른쪽 단추를 클릭한 후, [텍스트 편집]을 클릭한 다음 단추의 텍스트를 '서식해제'로 수정합니다.

> **TIP**
> 매크로가 제대로 실행되지 않는 경우
> [개발 도구] 탭-[코드] 그룹-[매크로]를 선택하여 해당 매크로를 삭제한 후 매크로를 다시 작성합니다.

결과화면

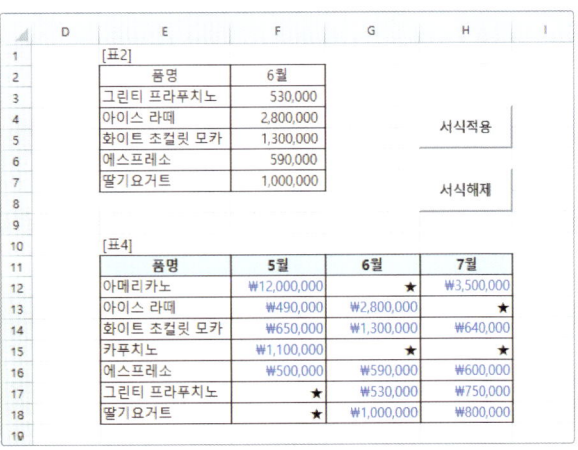

출제유형 완전정복 ▶ 매크로

📁 작업 파일 : C:₩2024_컴활1급₩엑셀₩작업파일₩4장_출제유형02₩완전정복01_문제.xlsm
📄 완성 파일 : C:₩2024_컴활1급₩엑셀₩완성파일₩4장_출제유형02₩완전정복01_정답.xlsm

'부분합-2' 시트에 대하여 다음의 지시사항을 처리하시오.

▶ [부분합] 기능을 이용하여 학과별로 '출석'과 '평소'의 합계를 계산한 후 '총점'의 최대값을 계산하시오.
▶ 정렬은 '학과'를 첫째 기준으로 오름차순, '학번'을 둘째 기준으로 오름차순으로 처리하시오.

● 작업과정

1 [A3] 셀을 선택하고 [데이터] 탭-[정렬 및 필터] 그룹-[정렬]을 클릭합니다.

※ 정렬의 기준이 여러 개인 경우 [정렬] 대화상자를 이용하여 정렬을 지정해야 합니다.

2 [정렬] 대화상자에서 정렬할 첫 번째 열은 '학과', 정렬은 '오름차순'을 선택하고 <기준 추가>를 클릭합니다. 다시 정렬할 두 번째 열은 '학번', 정렬은 '오름차순'을 선택하고 <확인> 단추를 클릭합니다.

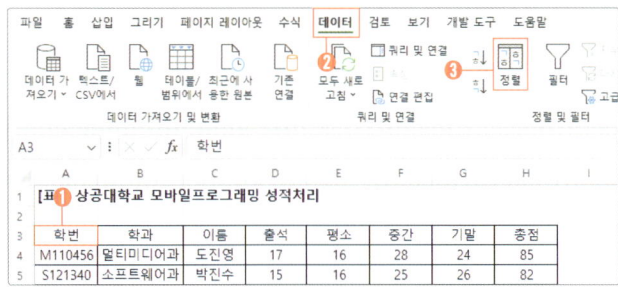

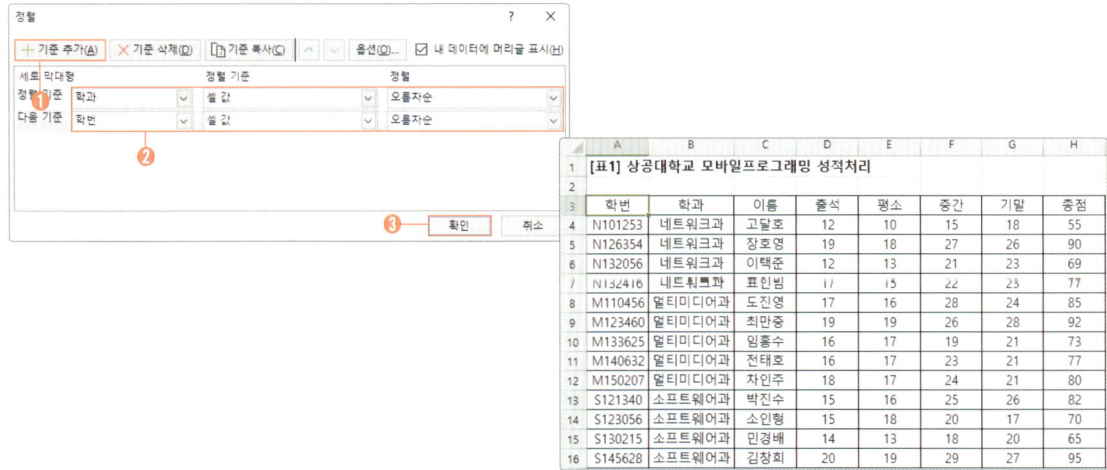

3 [데이터] 탭-[윤곽선] 그룹-[부분합]을 클릭합니다.

4 [부분합] 대화상자에서 '그룹화할 항목'은 '학과', '사용할 함수'는 '합계', '부분합 계산 항목'은 '출석', '평소'를 선택하고 <확인> 단추를 클릭합니다.

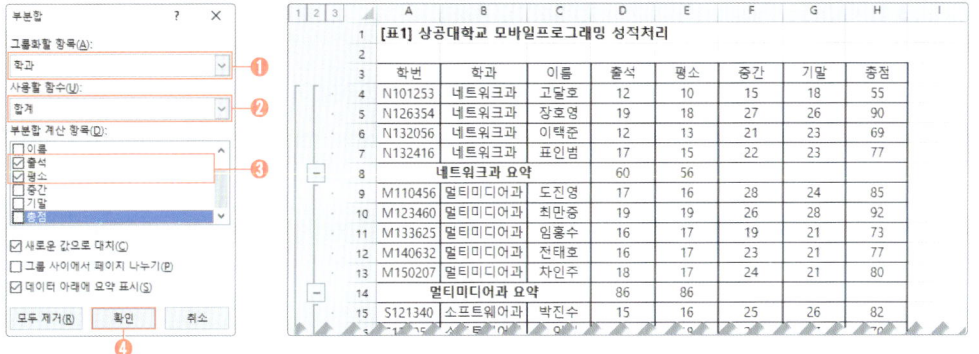

5 다시 [데이터] 탭-[개요] 그룹-[부분합]을 클릭합니다.

6 [부분합] 대화상자에서 '그룹화할 항목'은 '학과', '사용할 함수'는 '최대', '부분합 계산 항목'은 '총점'을 선택하고, '새로운 값으로 대치'를 클릭하여 해제한 후 <확인> 단추를 클릭합니다.

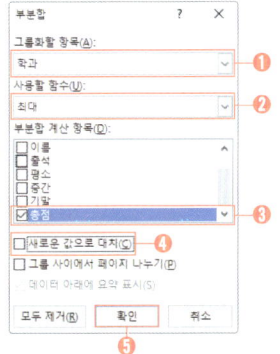

결과화면

작업 파일 : C:₩2024_컴활1급₩엑셀₩작업파일₩4장_출제유형02₩완전정복02_문제.xlsm
완성 파일 : C:₩2024_컴활1급₩엑셀₩완성파일₩4장_출제유형02₩완전정복02_정답.xlsm

'목표값찾기-2' 시트에 대하여 다음의 지시사항을 처리하시오.

'사원별 급여 현황' 표에서 총급여액[G12]이 3,000,0000이 되게 하려면 상여율[B14]이 얼마가 되어야 하는지 목표값 찾기 기능을 이용하여 계산하시오.

작업과정

1 [G12] 셀을 선택하고 [데이터] 탭-[예측] 그룹-[가상 분석]-[목표값 찾기]를 클릭합니다.

2 [목표값 찾기] 대화상자에서 '수식 셀'이 [G12] 셀로 지정된 것을 확인하고 '찾는 값'에 '3000000', '값을 바꿀 셀'에 [B14] 셀을 지정한 후 <확인> 단추를 클릭합니다.

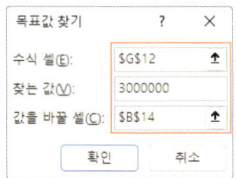

3 [목표값 찾기 상태] 대화상자에서 <확인> 단추를 클릭합니다.

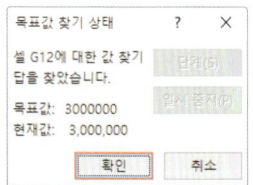

결과화면

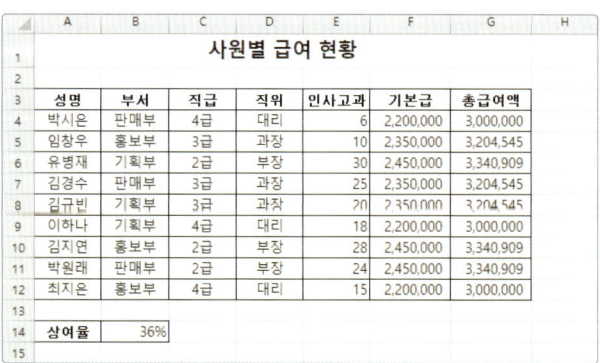

완전정복 - 03

📁 작업 파일 : C:₩2024_컴활1급₩엑셀₩작업파일₩4장_출제유형02₩완전정복03_문제.xlsm
📄 완성 파일 : C:₩2024_컴활1급₩엑셀₩완성파일₩4장_출제유형02₩완전정복03_정답.xlsm

'통합-2' 시트에 대하여 다음의 지시사항을 처리하시오.

[통합] 기능을 이용하여 [표1], [표2], [표3]에 대한 제품명별 '1월', '2월', '3월'의 평균을 [표4]의 [H19:J25] 영역에 계산하시오.

● 작업과정 ●

1. [G18:J25] 영역을 선택하고 [데이터] 탭-[데이터 도구] 그룹-[통합]을 클릭합니다.

2. [통합] 대화상자에서 '함수'는 '평균'으로 지정하고, '참조'는 [A4:D9] 영역을 지정한 후 <추가> 단추를 클릭합니다.

3. 같은 방법으로 [A12:D17] 영역과 [A20:D25] 영역을 추가하고, 사용할 레이블에서 '첫 행'과 '왼쪽 열'을 체크한 후 <확인> 단추를 클릭합니다.

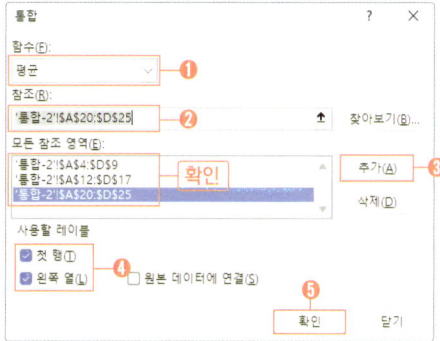

결과화면

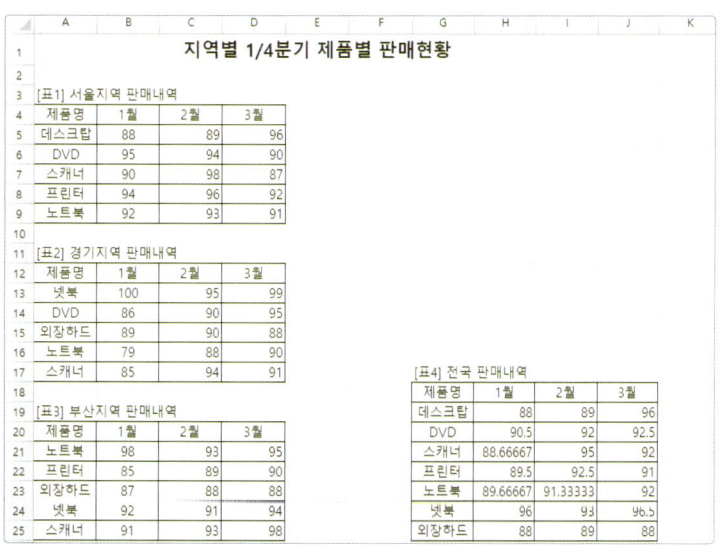

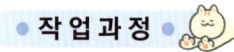

📁 작업 파일 : C:₩2024_컴활1급₩엑셀₩작업파일₩4장_출제유형02₩완전정복04_문제.xlsm
📗 완성 파일 : C:₩2024_컴활1급₩엑셀₩완성파일₩4장_출제유형02₩완전정복04_정답.xlsm

'데이터표-2' 시트에 대하여 다음의 지시사항을 처리하시오.

데이터 표 기능을 이용하여 (연)이자율 변동에 따른 월 불입금액을 [E3:E14] 영역에 계산하시오.

● 작업과정 ●

1 [E3] 셀을 클릭하여 '='를 입력하고 수식이 들어있는 [B4] 셀을 클릭한 후 **Enter** 키를 누릅니다.

※ [B4] 셀을 [E3] 셀로 복사하는 것도 가능하며, 이 경우 수식이 절대 참조로 지정되어 있는지 확인합니다.

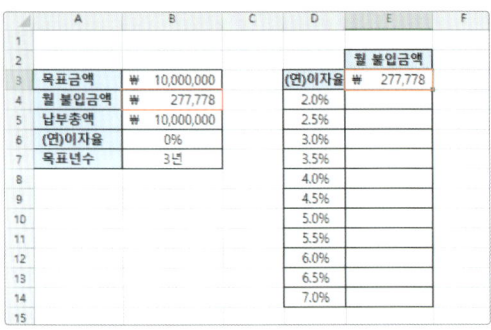

2 [D3:E14] 영역을 지정하고 [데이터] 탭-[예측] 그룹-[가상 분석]-[데이터 표]를 클릭합니다.

3 [데이터 표] 대화상자에서 열 입력 셀은 (연)이자율인 [B6] 셀을 지정한 후 <확인> 단추를 클릭합니다.

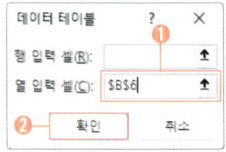

결과화면

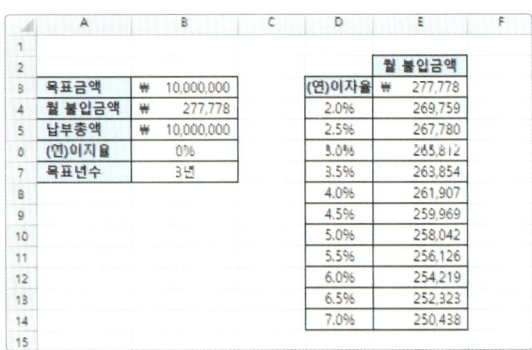

완전정복 - 05

📁 **작업 파일** : C:₩2024_컴활1급₩엑셀₩작업파일₩4장_출제유형02₩완전정복05_문제.xlsm
📄 **완성 파일** : C:₩2024_컴활1급₩엑셀₩완성파일₩4장_출제유형02₩완전정복05_정답.xlsm

'시나리오-2' 시트에 대하여 다음의 지시사항을 처리하시오.

'제품별 생산현황' 표에서 '이익률[B14]'과 '불량률[B15]' 셀이 다음과 같이 변동되는 경우 매출이익 합계[G13] 셀의 변동 시나리오를 작성하시오.

- ▶ [B14] 셀의 이름은 '이익률', [B15] 셀의 이름은 '불량률', [G13] 셀의 이름은 '이익합계'로 정의하시오.
- ▶ **시나리오 1** : 시나리오 이름은 '이익증가', 이익률은 30%, 불량률은 2%로 설정
- ▶ **시나리오 2** : 시나리오 이름은 '이익감소', 이익률은 20%, 불량률은 6%로 설정

● 작업과정 ●

1. [B14] 셀을 선택하고 [이름 상자]에 '이익률'을 입력한 후 Enter 키를 누릅니다.

2. [B15] 셀을 선택하고 [이름 상자]에 '불량률'을 입력한 후 Enter 키를 누릅니다.

3. [G13] 셀을 선택하고 [이름 상자]에 '이익합계'를 입력한 후 Enter 키를 누릅니다.

4. [B14:B15] 영역을 선택하고 [데이터] 탭-[예측] 그룹-[가상 분석]-[시나리오 관리자]를 클릭합니다.

5. [시나리오 관리자] 대화상자에서 <추가>를 클릭합니다.

6. [시나리오 추가] 대화상자에서 시나리오 이름에 '이익증가'를 입력하고 '변경 셀'에 [B14:B15] 영역이 지정되었는지 확인한 후 <확인> 단추를 클릭합니다.

7. [시나리오 값] 대화상자에서 이익률은 '0.3', 불량률은 '0.02'로 입력한 후 <추가> 단추를 클릭합니다.

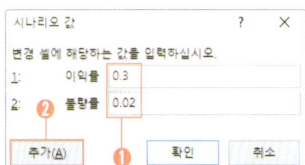

8 다시 [시나리오 추가] 대화상자가 나타나면 시나리오 이름에 '이익감소'를 입력한 후 <확인> 단추를 클릭합니다.

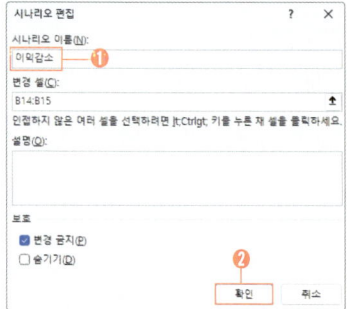

9 [시나리오 값] 대화상자에서 이익률은 '0.2', 불량률은 '0.06'으로 입력한 후 <확인> 단추를 클릭합니다.

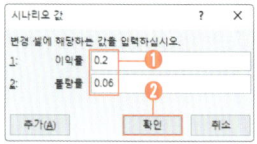

10 [시나리오 관리자] 대화상자에서 '이익증가'와 '이익감소' 시나리오가 추가된 것을 확인한 후 <요약> 단추를 클릭합니다.

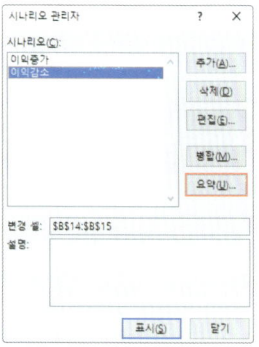

11 [시나리오 요약] 대화상자에서 보고서 종류는 '시나리오 요약', 결과 셀은 [G13] 셀을 지정한 후 <확인> 단추를 클릭합니다.

결과화면

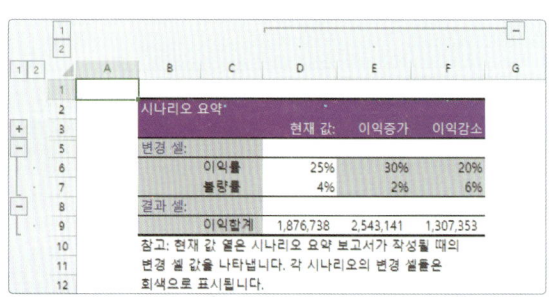

'매크로-2' 시트에서 다음과 같은 기능을 수행하는 매크로를 현재 통합문서에 작성하고 실행하시오.

1. [C4:I13] 영역에 대하여 사용자 지정 표시 형식을 설정하는 '손익표시' 매크로를 생성하시오.
   ▶ 양수일 때 파란색으로 기호 있는 천 단위 표시와 "▲" 표시, 셀 값이 0인 경우 "■" 기호만 표시, 음수일 때 빨간색으로 기호 없는 음수 표현(-) 천 단위와 "▼"로 표시하시오.
   ▶ [기본 도형]의 '빗면()'을 동일 시트의 [E15:E16] 영역에 생성한 후 텍스트를 '손익표시'로 입력하고, 도형을 클릭하면 '손익표시' 매크로가 실행되도록 설정하시오.

2. [C4:I13] 영역에 대하여 표시 형식을 '숫자' 범주의 1000단위 구분 기호(,)를 사용하는 '표시해제' 매크로를 생성하시오. 단, 음수는 '-1,234'와 같이 표시
   ▶ [기본 도형]의 '빗면()'을 동일 시트의 [G15:G16] 영역에 생성한 후 텍스트를 '표시해제'로 입력하고, 도형을 클릭하면 '표시해제' 매크로가 실행되도록 설정하시오.
   ※ 셀 포인터의 위치에 관계없이 매크로가 실행되어야 정답으로 인정됨

작업과정

1. '매크로-2' 시트를 선택하고 빈 셀을 클릭한 후 [개발 도구] 탭-[코드] 그룹-[매크로 기록]을 클릭합니다.

2. [매크로 기록] 대화상자에서 매크로 이름을 '손익표시'로 입력하고 <확인> 단추를 클릭합니다.

3. [C4:I13] 영역을 선택하고 마우스 오른쪽 단추를 눌러 [셀 서식]을 선택합니다.

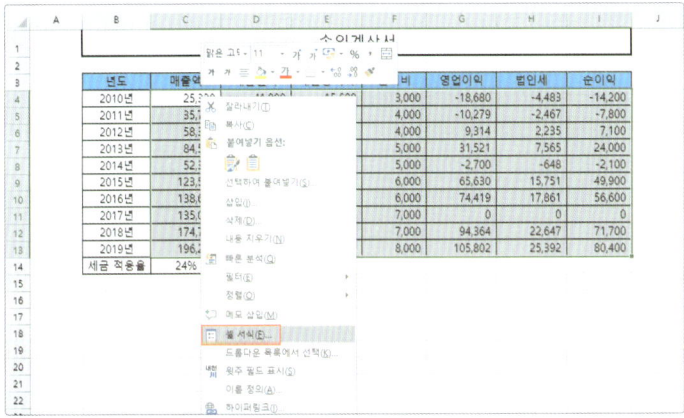

4 [셀 서식] 대화상자의 [표시 형식] 탭에서 범주는 '사용자 지정'을 선택하고 '형식'에 다음과 같이 입력한 후 <확인> 단추를 클릭합니다.

[파랑]₩#,##0"▲";[빨강]-#,##0"▼";"■" → 사용자 지정 형식은 '양수;음수;0'의 형식으로 지정하므로, 양수일 때는 파란색으로 기호(₩)가 붙은 천 단위 표시와 "▲"로 나타내고, 음수일 때는 빨간색으로 기호 없는 천 단위 표시와 "▼"로 표시, 0일 때는 검정색으로 "■" 기호만 표시합니다.

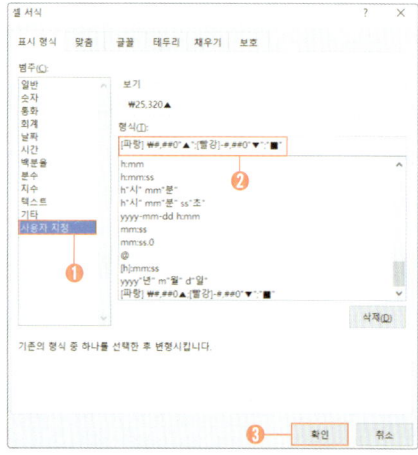

5 상태 표시줄의 □(기록 중지)를 클릭하거나 [개발 도구] 탭-[코드] 그룹-[기록 중지]를 클릭합니다.

6 [삽입] 탭-[일러스트레이션] 그룹-[도형]-[기본 도형]-[빗면]을 선택한 후 [E15:E16] 영역에 Alt 키를 누른 채 드래그하여 작성 하고 '손익표시'를 입력합니다.

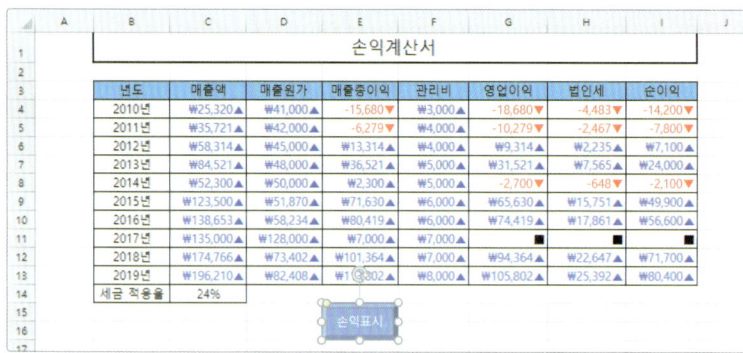

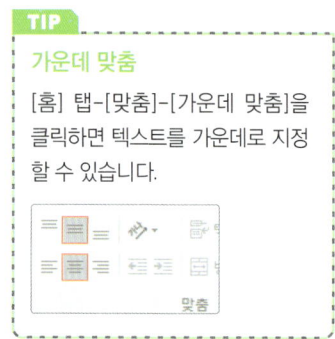

TIP

가운데 맞춤

[홈] 탭-[맞춤]-[가운데 맞춤]을 클릭하면 텍스트를 가운데로 지정할 수 있습니다.

7 '빗면' 도형에서 마우스 오른쪽 단추를 눌러 [매크로 지정]을 선택합니다.
※ 도형 단추를 지정하면 양식 단추와 달리 자동으로 [매크로 지정] 대화상자가 표시되지 않으므로 [매크로 지정]을 별도로 선택해야 합니다.

8 [매크로 지정] 대화상자에서 매크로 이름을 '손익표시'로 선택하고 <확인> 단추를 클릭합니다.

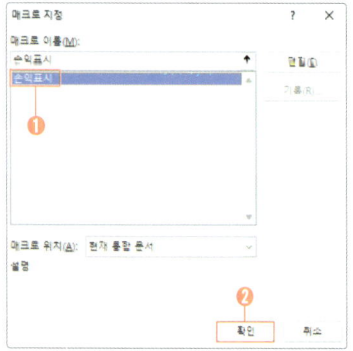

⑨ [개발 도구] 탭-[코드] 그룹-[매크로 기록]을 클릭합니다.

⑩ [매크로 기록] 대화상자에서 매크로 이름을 '표시해제'로 입력하고 <확인> 단추를 클릭합니다.

⑪ [C4:I13] 영역을 선택하고 마우스 오른쪽 단추를 눌러 [셀 서식]을 클릭합니다.

⑫ [셀 서식] 대화상자의 [표시 형식] 탭에서 범주는 '숫자'를 선택하고 '1000 단위 구분기호(,) 사용'을 체크합니다. 음수의 '-1,234'를 선택한 후 <확인> 단추를 클릭합니다.

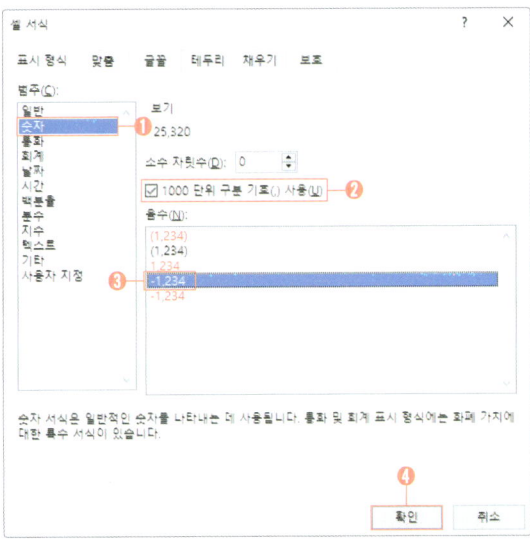

⑬ 상태 표시줄의 ☐(기록 중지)를 클릭하거나 [개발 도구] 탭-[코드] 그룹-[기록 중지]를 클릭합니다.

⑭ [삽입] 탭-[일러스트레이션] 그룹-[도형]-[기본 도형]-[빗면]을 선택한 후 [G15:G16] 영역에 Alt 를 누른 채 드래그하여 작성하고 '표시해제'를 입력합니다.

⑮ '빗면' 도형에서 마우스 오른쪽 단추를 눌러 [매크로 지정]을 선택합니다.

16 [매크로 지정] 대화상자에서 매크로 이름을 '표시해제'로 선택하고 <확인> 단추를 클릭합니다.

결과화면

PART 01 / CHAPTER 04 · 기타작업

프로시저

출제유형 분석

폼을 화면에 표시, 폼의 초기화, 자료를 워크시트에 입력, 메시지 박스 표시, 폼 종료 등의 다양한 기능을 프로시저로 작성하는 문제가 출제됩니다. 여러 가지 유형의 문제를 풀어보면서 코드를 기억할 수 있도록 학습하는 것이 필요한 부분입니다.

- VBA(Visual Basic Application)를 이용하여 프로그램을 작성하여 작업을 자동화하는 기능입니다.
- [개발도구] 탭-[코드] 그룹-[Visual Basic]를 선택하거나 `Alt` + `F11` 키를 누릅니다.
- VBE(Visual Basic Editor)의 화면

  ① **프로젝트 탐색기** : 현재 열려 있는 모든 통합 문서의 시트와 모듈, 사용자 정의 폼 등을 표시
  ② **속성 창** : 개체에 대한 모든 속성을 표시
  ③ **코드 창** : 선택된 모듈 내의 프로시저 내용을 표시

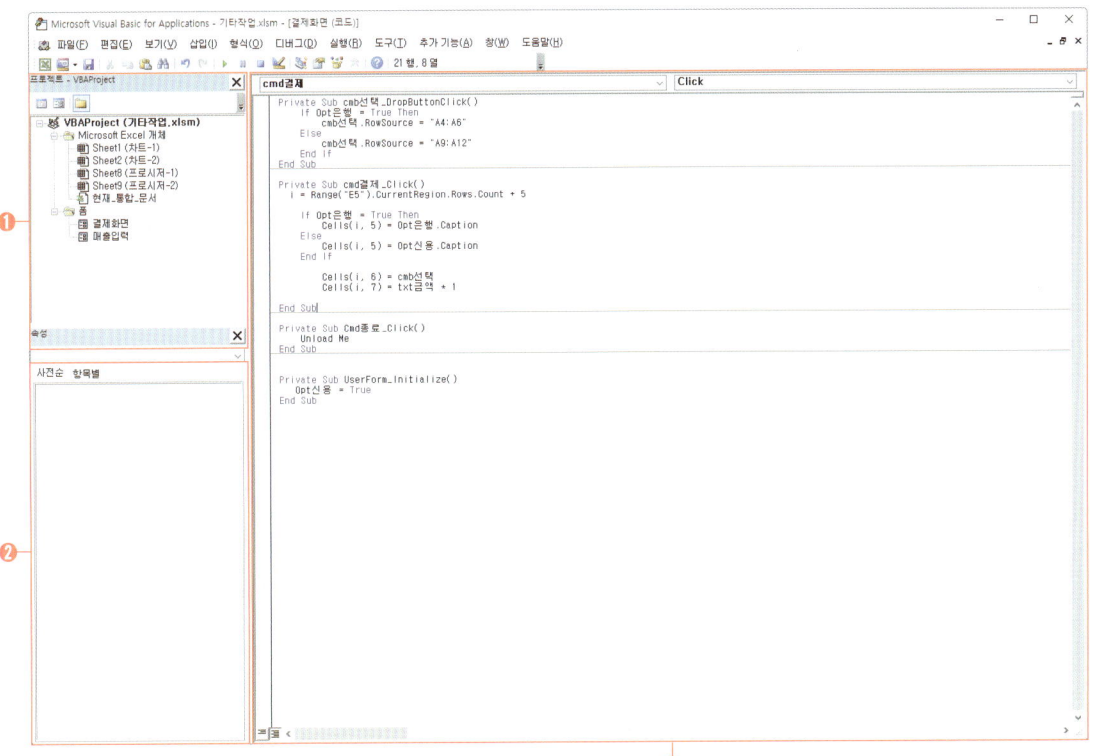

출제유형 03 • 프로시저 **155**

 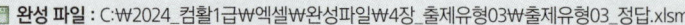 

'프로시저-1' 시트에서 다음과 같은 작업을 수행하도록 프로시저를 작성하시오.

① '결제하기' 버튼을 클릭하면 <결제화면> 폼이 나타나도록 하고, 폼이 초기화(Initialize)되면 '신용카드'(Opt신용)가 선택되도록 프로시저를 작성하시오.

② <결제화면> 폼이 '선택'(cmb선택)의 드롭버튼을 클릭(DropButtonClick)하면 다음과 같은 기능을 수행하도록 프로시저를 작성하시오.
   ▶ '은행이체'(Opt은행)가 선택되어 있으면 [A4:A6] 영역의 값이, '신용카드'(Opt신용)가 선택되어 있으면 [A9:A12] 영역의 값이 '선택'(cmb선택)의 목록으로 설정되도록 함

③ <결제화면> 폼의 '결제'(cmd결제) 버튼을 클릭하면 폼에 입력된 결제종류, 선택(cmb선택), 금액(txt금액)의 값이 [표1]에 입력되도록 작성하시오.
   ▶ 단, 결제종류는 선택된 결제종류의 caption 속성을 이용
   ▶ 시트에 입력될 때 숫자로 인식되도록 하기 위하여 금액은 'txt금액'에 1을 곱함
   ※ 데이터를 추가하면 항상 마지막 데이터 다음에 입력되어야 함

폼 보이기 프로시저

❶ '프로시저-1' 시트를 선택하고 [개발 도구] 탭-[컨트롤] 그룹-[디자인 모드]를 클릭합니다.

❷ <결제하기> 단추를 더블 클릭하고 다음과 같이 코드를 입력합니다.

```
Private Sub Btn결제_Click()
    결제화면.Show  → [결제화면] 폼을 화면에 표시
End Sub
```

TIP

개체명인 '결제화면'을 입력하고 마침표(.)를 눌러 메서드 메뉴가 표시되면 show 메서드의 첫 글자인 's'를 눌러 해당 메서드를 선택한 후 Ctrl + Enter 키를 누르면 입력됩니다.

Skill 02 폼 초기화 프로시저

① [프로젝트-VBAProject] 탐색기에서 '폼'의 '결제화면'에서 마우스 오른쪽 단추를 눌러 [코드 보기]를 클릭합니다.

② '개체 목록'은 'UserForm', '프로시저 목록'은 'Initialize'를 선택합니다.

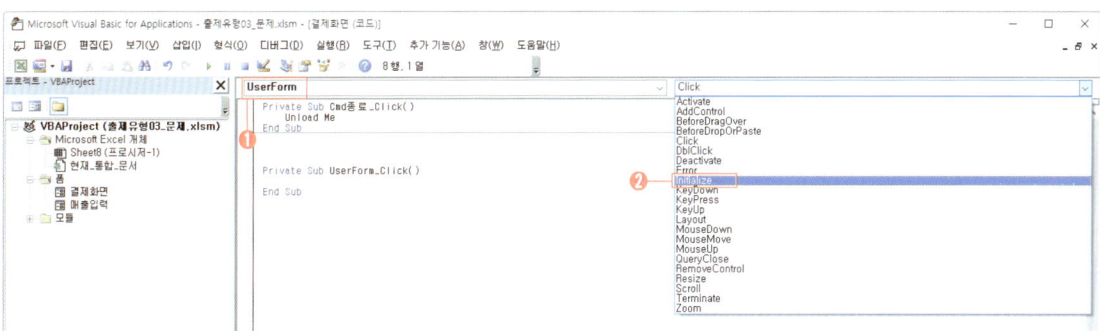

③ 다음과 같이 코드를 입력합니다.

```
Private Sub UserForm_Initialize( )
    Opt신용 = True  → Opt신용은 True로 지정하여 초기값으로 선택됨
End Sub
```

Skill 03 콤보상자 목록 설정 프로시저

❶ '개체 목록'은 'cmb선택', '프로시저 목록'은 'DropButtonClick'을 선택합니다.

❷ 다음과 같이 코드를 입력합니다.

```
Private Sub cmb선택_DropButtonClick( )
    If Opt은행 = True Then → Opt은행이 선택되어 있으면
        cmb선택.RowSource = "A4:A6" → [A4:A6] 영역의 값을 cmb선택의 목록으로 설정
    Else → Opt은행이 선택되어 있지 않으면
        cmb선택.RowSource = "A9:A12" → [A9:A12] 영역의 값을 cmb선택의 목록으로 설정
    End If
End Sub
```

Skill 04 등록 프로시저

❶ '개체 목록'은 'cmd결제', '프로시저 목록'은 'Click'을 선택합니다.

❷ 다음과 같이 코드를 입력합니다.

```
Private Sub cmd결제_Click( )
    i = Range("E5").CurrentRegion.Rows.Count + 5 → [E5] 셀을 기준으로 인접한 셀의 행 번호에 5를 더함

    If Opt은행 = True Then → Opt은행이 선택되어 있으면
        Cells(i, 5) = Opt은행.Caption → Opt은행의 Caption을 i행 5열에 입력
    Else → Opt은행이 선택되어 있지 않으면
        Cells(i, 5) = Opt신용.Caption → Opt신용의 Caption을 i행 5열에 입력
    End If

    Cells(i, 6) = cmb선택 → cmb선택의 값을 i행 6열에 입력
    Cells(i, 7) = txt금액 * 1 → txt금액에 1을 곱한 값을 i행 7열에 입력

End Sub
```

> **TIP**
>
> 'i = Range("E5").CurrentRegion.Rows.Count + 5'에서 Range를 생략하고 셀 주소에 대괄호 [ ]를 붙여서 사용해도 됩니다. 결과
> → 'i = [E5].CurrentRegion.Rows.Count + [E5].Row'
> 'Cells(i,7) = txt금액 * 1'은 문자값에 숫자 '1'을 곱해서 숫자값으로 변경하는 방법입니다. 또는 'Cells(i, 7) = txt금액.Value'로 입력하는 방법이 있습니다.

③ 🖼(보기 Microsoft Excel)을 클릭하거나 **Alt** + **F11** 키를 눌러 Excel로 돌아갑니다.

④ 실행 결과를 확인하기 위해 [개발 도구] 탭-[컨트롤] 그룹-[디자인 모드]를 클릭하여 디자인 모드를 해제합니다.

⑤ <결제하기> 단추를 클릭합니다. [결제화면] 폼이 표시되면 결제 종류가 '신용카드'가 기본으로 선택되고 '선택'을 클릭하여 목록이 표시되는 것을 확인합니다.

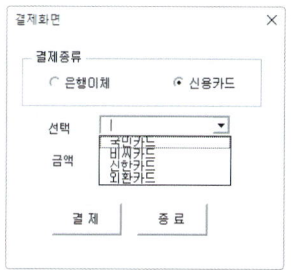

⑥ 데이터를 입력하고 <결제> 단추를 눌러 워크시트에 데이터가 입력된 것을 확인합니다.

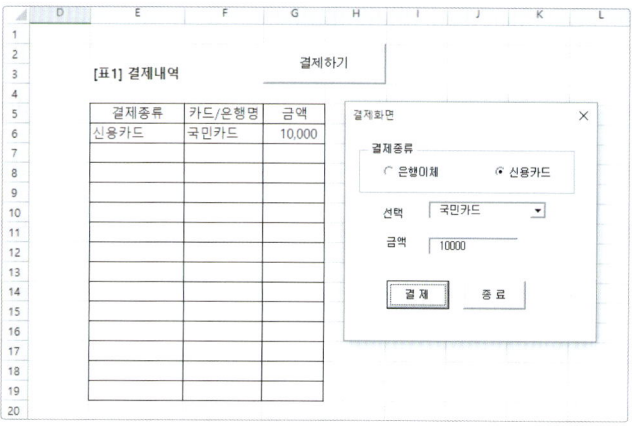

 **프로시저**

완전정복 - 01
　　작업 파일 : C:₩2024_컴활1급₩엑셀₩작업파일₩4장_출제유형03₩완전정복01_문제.xlsm
　　완성 파일 : C:₩2024_컴활1급₩엑셀₩완성파일₩4장_출제유형03₩완전정복01_정답.xlsm

'프로시저-2' 시트에서 다음과 같은 작업을 수행하도록 프로시저를 작성하시오.

1. '매출입력' 버튼을 클릭하면 <매출입력> 폼이 나타나도록 하고, 폼이 초기화(Initialize)되면 [H5:K14] 영역의 값이 상품목록(lst품목)의 목록에 설정되도록하고 수량의 스핀(spn수량) 버튼을 누르면(Change) 증감된 숫자가 수량(txt판매수량)에 표시되도록 프로시저를 작성하시오.

2. <매출입력> 폼의 등록(cmd등록) 버튼을 클릭하면 상품코드, 구분, 상품명, 수량(spn수량), 금액을 계산하여 [표1]에 입력되도록 작성하시오.
   ▶ 금액 = 단가 × 수량
   ▶ 상품코드, 구분, 상품명, 단가는 ListIndex 속성을 이용

3. <매출입력> 폼의 종료(cmd종료) 버튼을 클릭하면 현재 날짜와 시간을 표시한 <그림>과 같은 메시지를 표시한 후 폼을 종료하는 프로시저를 작성하시오.

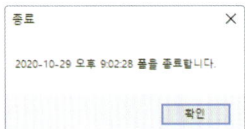

작업과정

1 '프로시저-2' 시트를 선택하고 [개발 도구] 탭-[컨트롤] 그룹-[디자인 모드]를 클릭합니다.

2 <매출입력> 단추를 더블 클릭하고 다음과 같이 코드를 입력합니다.

```
Private Sub cmd매출입력_Click( )
    매출입력.Show
End Sub
```

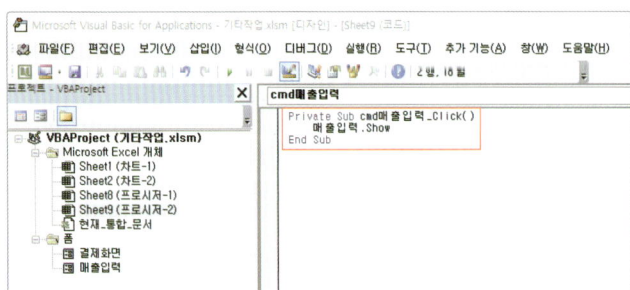

3 [프로젝트-VBAProject] 탐색기에서 '매출입력'을 선택하고 마우스 오른쪽 단추를 눌러 [코드 보기]를 클릭합니다.

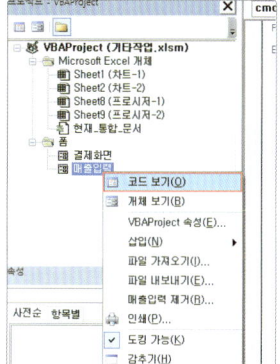

4 '개체 목록'은 'UserForm', '프로시저 목록'은 'Initialize'를 선택합니다.

5 다음과 같이 코드를 입력합니다.

Private Sub UserForm_Initialize( )
　　lst품목.RowSource = "H5:K14" → lst품목의 행 원본은 [H5:K14] 영역으로 지정함
End Sub

6 '개체 목록'은 'spn수량', '프로시저 목록'은 'Change'를 선택합니다.

7 다음과 같이 코드를 입력합니다.

Private Sub spn수량_Change( )
　　txt판매수량 = spn수량.Value → txt판매수량에 spn수량의 값을 입력
End Sub

8 '개체 목록'은 'cmd등록', '프로시저 목록'은 'Click'을 선택합니다.

9 다음과 같이 코드를 입력합니다.

Private Sub cmd등록_Click( )
　　i = Range("B5").CurrentRegion.Rows.Count + 5 → [B5] 셀을 기준으로 인접한 셀의 행 번호에 5를 더함
　　iRow = lst품목.ListIndex + 5 → lst품목에서 선택한 값의 ListIndex에 5를 더한 값을 iRow에 저장(예를 들어 '시금치'를 선택한 경우 ListIndex는 1이므로 6이 iRow에 저장되며, 입력시 6행을 지정하게 됨)

　　Cells(i, 2) = Cells(iRow, 8) → i행 2열에 iRow행 8열의 값을 입력
　　Cells(i, 3) = Cells(iRow, 9) → i행 3열에 iRow행 9열의 값을 입력
　　Cells(i, 4) = Cells(iRow, 10) → i행 4열에 iRow행 10열의 값을 입력
　　Cells(i, 5) = txt판매수량.Value → i행 5열에 txt판매수량의 값을 입력
　　Cells(i, 6) = Cells(iRow, 11) * Cells(i, 5) → i행 6열에 iRow행 11열*iRow행 5열의 값을 입력
End Sub

10 개체 목록은 'Cmd종료', 프로시저 목록은 'Click'을 선택합니다.

11 다음과 같이 코드를 입력합니다.

```
Private Sub Cmd종료_Click( )
    MsgBox Now( ) & " 폼을 종료합니다.", , "종료"  → 메시지 박스에 현재 날짜와 시간 뒤에 "폼을 종료합니다."를 연결
    하여 나타내고 <확인> 단추만을 표시, 제목표시줄에는 "종료"를 표시
    Unload Me  → 현재 작업 중인 폼을 종료
End Sub
```

TIP
MsgBox의 형식

MsgBox(표시할 내용, 단추, 제목)

단추	코드
확인(기본 값)	vbOKOnly
확인, 취소	vbOKCancel
예, 아니오	vbYesNo
예, 아니오, 취소	vbYesNoCancel

12 ⓧ(보기 Microsoft Excel)을 클릭하거나 Alt + F11 키를 눌러 Excel로 돌아갑니다.

13 실행 결과를 확인하기 위해 [개발 도구] 탭-[컨트롤] 그룹-[디자인 모드]를 클릭하여 디자인 모드를 해제합니다.

14 <매출입력> 단추를 클릭합니다. [매출입력] 폼이 표시되면 목록이 표시되는 것을 확인합니다.

15 [매출입력] 폼의 상품목록에서 상품을 선택하고 수량의 스핀을 눌러 수량을 지정한 후 <등록> 단추를 클릭하여 입력한 데이터가 워크시트에 입력되는 것을 확인합니다.

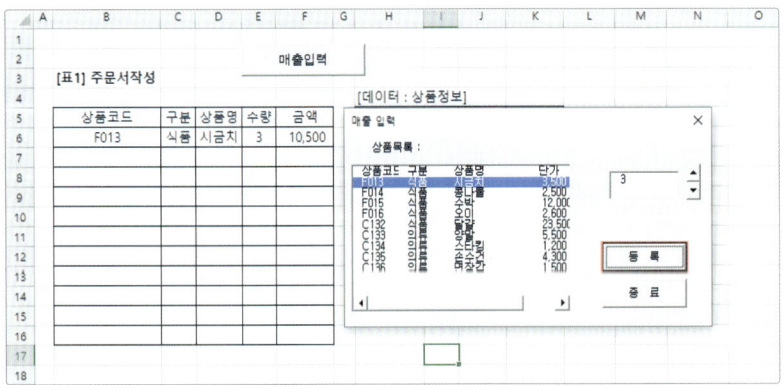

16 <종료> 단추를 클릭하여 폼을 종료합니다.

간단한 프로시저 정리 TiP

1. 학생관리.Show → 학생관리 폼을 보여줍니다.
2. cmb구분.RowSource = "A1:A5" → cmb구분의 행 원본을 [A1:A5] 영역으로 지정함
3. cmb구분.AddItem "서울" → cmb구분 목록에 "서울"을 추가
4. cmd지역.Caption = "서울" → cmd지역 컨트롤의 캡션을 "서울"로 표시
5. txt날짜 = Date → txt날짜에 현재 날짜를 표시
6. txt날짜 = Now → txt날짜에 현재 날짜와 시간을 표시
7. txt시간 = Time → txt시간에 현재 시간을 입력
8. Unload me → 현재 작업 중인 폼을 종료
9. [A2].Font.Name = "굴림체" → [A2] 셀의 글꼴을 굴림체로 지정
10. [A2].Font.Size = "12" → [A2] 셀의 글꼴 크기를 12 포인트로 지정

컴퓨터활용능력
1급 실기

PART 02
최신유형문제 따라하기

● **최신유형문제 따라하기**
최신유형문제 정답 및 해설

※ 'C:₩2024_컴활1급₩엑셀₩작업파일₩최신유형문제따라하기₩최신유형따라하기_문제.xlsm' 파일을 이용하여 최신유형문제와 문제 해결 방법을 알아봅니다.

최신유형문제 따라하기

프로그램명	제한시간
EXCEL 2021	45분

수험번호 :

성   명 :

1급 | A형

유의사항

- 인적 사항 누락 및 잘못 작성으로 인한 불이익은 수험자 책임으로 합니다.
- 화면에 암호 입력창이 나타나면 아래의 암호를 입력하여야 합니다.
  - 암호 : 6845%3
- 작성된 답안은 주어진 경로 및 파일명을 변경하지 마시고 그대로 저장해야 합니다. 이를 준수하지 않으면 실격 처리됩니다.
  - **답안 파일명의 예 : C:₩OA₩수험번호8자리.xlsm**
- 외부데이터 위치: C:₩OA₩파일명
- 별도의 지시사항이 없는 경우, 다음과 같이 처리 시 실격 처리됩니다.
  - 제시된 시트 및 개체의 순서나 이름을 임의로 변경한 경우
  - 제시된 시트 및 개체를 임의로 추가 또는 삭제한 경우
  - 외부데이터를 시험 시작 전에 열어본 경우
- 답안은 반드시 문제에서 지시 또는 요구한 셀에 입력하여야 하며 다음과 같이 처리 시 채점 대상에서 제외됩니다.
  - 제시된 함수가 있을 경우 제시된 함수만을 사용하여야 하며 그 외 함수 사용 시 채점 대상에서 제외
  - 수험자가 임의로 지시하지 않은 셀의 이동, 수정, 삭제, 변경 등으로 인해 셀의 위치 및 내용이 변경된 경우 해당 작업에 영향을 미치는 관련문제 모두 채점 대상에서 제외
  - 도형 및 차트의 개체가 중첩되어 있거나 동일한 계산결과 시트가 복수로 존재할 경우 해당 개체나 시트는 채점 대상에서 제외
- 수식 작성 시 제시된 문제 파일의 데이터는 변경 가능한(가변적) 데이터임을 감안하여 문제 풀이를 하시오.
- 별도의 지시사항이 없는 경우, 주어진 각 시트 및 개체의 설정값 또는 기본 설정값(Default)으로 처리하시오.
- 저장 시간은 별도로 주어지지 않으므로 제한된 시간 내에 저장을 완료해야 하며, 제한 시간 내에 저장이 되지 않은 경우에는 실격 처리됩니다.
- 출제된 문제의 용어는 MS Office LTSC Professional Plus 2021 기준으로 작성되어 있습니다.

문제 1 _ 기본작업(15점)_ 주어진 시트에서 다음 과정을 수행하고 저장하시오.

01 '기본작업-1' 시트에서 다음과 같이 고급 필터를 수행하시오. (5점)

- ▶ [B3:T31] 영역에서 '출석수'가 출석수의 중간값보다 작거나 '6/9'일이 빈 셀인 행에 대하여 '학년', '반', '이름', '6/9', '출석수' 열을 순서대로 표시하시오.
- ▶ 조건은 [V3:V4] 영역에 입력하시오. (ISBLANK, OR, MEDIAN 함수 사용)
- ▶ 결과는 [X3] 셀부터 표시하시오.

02 '기본작업-1' 시트에서 다음과 같이 조건부 서식을 설정하시오. (5점)

- ▶ [E3:S31] 영역에 대해서 해당 열 번호가 홀수이면서 [E3:S3] 영역의 월이 홀수인 열 전체에 대하여 채우기 색을 '표준 색-노랑'으로 적용하시오.
- ▶ 단, 규칙 유형은 '수식을 사용하여 서식을 지정할 셀 결정'을 사용하고, 한 개의 규칙으로만 작성하시오.
- ▶ AND, COLUMN, ISODD, MONTH 함수 사용

03 '기본작업-2' 시트에서 다음과 같이 시트 보호와 통합 문서 보기를 설정하시오. (5점)

- ▶ [E4:T31] 영역에 셀 잠금과 수식 숨기기를 적용한 후 잠긴 셀의 내용과 워크시트를 보호하시오.
- ▶ 잠긴 셀의 선택과 잠금 해제된 셀의 선택은 허용하고, 시트 보호 해제 암호는 지정하지 마시오.
- ▶ '기본작업-2' 시트를 페이지 나누기 보기로 표시하고, [B3:T31] 영역만 1페이지로 인쇄되도록 페이지 나누기 구분선을 조정하시오.

문제 2 _ 계산작업(30점)_ '계산작업' 시트에서 다음 과정을 수행하고 저장하시오.

01 [표1]의 코드와 [표2]를 이용하여 구분-성별[D4:D39]을 표시하시오. (6점)

- ▶ 구분과 성별은 [표2]를 참조
- ▶ 구분과 성별 사이에 '-' 기호를 추가하여 표시 [표시 예: 기본형-여자]
- ▶ CONCAT, VLOOKUP 함수 사용

02 [표1]의 가입나이, 코드, [표3]을 이용하여 가입금액[E4:E39]을 표시하시오. (6점)

- ▶ 가입금액은 코드와 가입나이로 [표3]을 참조
- ▶ INDEX, MATCH 함수 사용

03 [표1]의 가입나이와 [표4]의 나이를 이용하여 나이대별 가입자수를 [표4]의 [M21:M27] 영역에 표시 하시오. (6점)

- ▶ 가입자수가 0보다 큰 경우 계산된 값을 두 자리 숫자로 뒤에 '명'을 추가하여 표시하고, 그 외는 '미가입'으로 표시 [표시 예: 0 → 미가입, 7 → 07명]
- ▶ FREQUENCY, TEXT 함수를 이용한 배열 수식

04 [표1]의 가입나이, 코드, 가입기간을 이용하여 코드별 나이별 평균 가입기간을 [표5]의 [P22:T25] 영역에 계산 하시오. (6점)

- ▶ 단, 오류 발생시 공백으로 표시
- ▶ AVERAGE, IF, IFERROR 함수를 이용한 배열 수식

05 사용자 정의 함수 'fn가입상태'를 작성하여 [표1]의 가입상태[H4:H39]를 표시하시오. (6점)

- ▶ 'fn가입상태'는 가입기간, 미납기간을 인수로 받아 값을 되돌려줌
- ▶ 미납기간이 가입기간 이상이면 '해지예상', 미납기간이 가입기간 미만인 경우 중에서 미납기간이 0 이면 '정상', 미납기간이 2 초과이면 '휴면보험', 그 외는 미납기간과 '개월 미납'을 연결하여 표시 [표시 예: 1개월 미납]
- ▶ If 문, & 연산자 사용

    Public Function fn가입상태(가입기간, 미납기간)
    End Function

문제3 분석작업(20점)_ 주어진 시트에서 다음 과정을 수행하고 저장하시오.

01 '분석작업-1' 시트에서 다음의 지시사항에 따라 피벗 테이블 보고서를 작성하시오. (10점)

- ▶ 외부 데이터 원본으로 <출석부관리.csv>의 데이터를 사용하시오.
    - 원본 데이터는 구분 기호 쉼표(,)로 분리되어 있으며, 내 데이터에 머리글을 표시하시오.
    - '학년', '반', '이름', '성별', '출석수' 열만 가져와 데이터 모델에 이 데이터를 추가하시오.
- ▶ 피벗 테이블 보고서의 레이아웃과 위치는 <그림>을 참조하여 설정하고, 보고서 레이아웃을 개요 형식으로 표시하시오.
- ▶ '출석수' 필드는 표시 형식을 값 필드 설정의 셀 서식에서 '숫자' 범주를 이용하여 소수 자릿수를 0으로 설정하시오.
- ▶ '이름' 필드는 개수로 계산한 후 사용자 지정 이름을 '학생수'로 변경하시오.
- ▶ 빈 셀은 '*'로 표시하고, 레이블이 있는 셀은 병합하고 가운데 맞춤되도록 설정하시오.

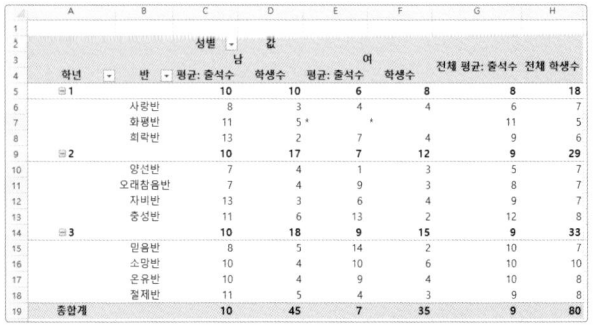

※ 작업 완성된 그림이며 부분점수 없음

02 '분석작업-2' 시트에 대하여 다음의 지시사항을 처리하시오. (10점)

▶ 데이터 도구를 이용하여 [표1]에서 '성명', '성별', '생년월일' 열을 기준으로 중복된 값이 입력된 셀을 포함하는 행을 삭제하시오.

▶ [부분합] 기능을 이용하여 [표1]에서 '반'별 '출석일수'의 평균을 계산한 후 '성별'별 '성명'의 개수를 계산하시오.
  - 반을 기준으로 오름차순으로 정렬하고, 반이 동일한 경우 성별을 기준으로 오름차순 정렬하시오.
  - 평균과 개수는 위에 명시된 순서대로 처리하시오.

문제 4 ▶ 기타작업(35점)_ 주어진 시트에서 다음 과정을 수행하고 저장하시오.

01 '기타작업-1' 시트에서 다음의 지시사항에 따라 차트를 수정하시오. (각 2점)

※ 차트는 반드시 문제에서 제공한 차트를 사용하여야 하며, 신규로 차트 작성 시 0점 처리 됨

① [C17:C21] 영역을 '중국(CNY)' 계열로 추가한 후 보조축으로 지정하시오.
   (단, 계열 추가 시 가로(항목) 축 레이블의 범위는 [B17:B21] 영역으로 설정)

② 기본 세로 축의 제목을 추가하여 [B2] 셀과 연동하고, 텍스트 상자의 텍스트 방향을 '세로'로 설정하시오.

③ 세로 (값) 축의 최소 값은 1150, 최대 값은 1250, 기본 단위는 10으로 설정하고, 범례는 범례 서식을 이용하여 '위쪽'에 표시하시오.

④ '미국(USD)' 계열의 선을 '완만한 선'으로 설정하고, 표식 옵션의 형식을 '▲'으로 변경하시오.

⑤ '미국(USD)' 계열의 '03월 16일' 요소에만 데이터 레이블 '값'을 표시하고, 데이터 레이블의 위치를 '아래쪽'으로 지정하시오.

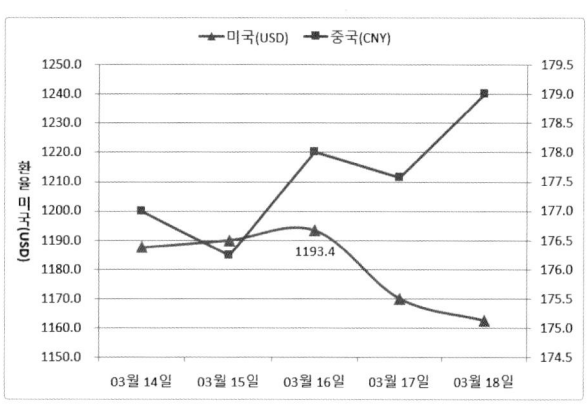

02 '기타작업-2' 시트에서 다음과 같은 기능을 수행하는 매크로를 현재 통합문서에 작성하시오. (각 5점)

① [E6:L33] 영역에 대하여 사용자 지정 표시 형식을 설정하는 '서식적용' 매크로를 생성하시오.
   ▶ 셀 값이 1과 같은 경우 영문자 대문자 "O"로 표시, 셀 값이 0과 같은 경우 영문자 대문자 "X"로 표시
   ▶ [개발 도구]-[삽입]-[양식 컨트롤]의 '단추'를 동일 시트의 [B2:C3] 영역에 생성한 후 텍스트를 '서식적용'으로 입력하고, 단추를 클릭하면 '서식적용' 매크로가 실행되도록 설정하시오.

② [M6:M33] 영역에 대하여 조건부 서식을 적용하는 '그래프보기' 매크로를 생성하시오.
- ▶ 규칙 유형은 '셀 값을 기준으로 모든 셀의 서식 지정'으로 선택하고, 서식 스타일 '데이터 막대', 최소값은 백분위수 20, 최대값은 백분위수 80으로 설정하시오.
- ▶ 막대 모양은 채우기를 '그라데이션 채우기', 색을 '표준 색-노랑'으로 설정하시오.
- ▶ [개발 도구]-[삽입]-[양식 컨트롤]의 '단추'를 동일 시트의 [E2:F3] 영역에 생성한 후 텍스트를 '그래프보기'로 입력하고, 단추를 클릭하면 '그래프보기' 매크로가 실행되도록 설정하시오.

  ※ 셀 포인터의 위치에 관계없이 매크로가 실행되어야 정답으로 인정됨

03 '기타작업-3' 시트에서 다음과 같은 작업을 수행하도록 프로시저를 작성하시오. (각 5점)

① '팡팡요금관리' 단추를 클릭하면 <팡팡요금관리> 폼이 나타나도록 설정하고, 폼이 초기화(Initialize)되면 구분/기본요금(cmb구분) 목록에는 [M6:N8] 영역의 값이 표시되고, 보호자동반은 유(opt유)가 초기값으로 선택되도록 프로시저를 작성하시오.

② '팡팡요금관리' 폼의 '등록'(cmd등록) 단추를 클릭하면 폼에 입력된 데이터가 [표1]에 입력되어 있는 마지막 행 다음에 연속하여 추가되도록 프로시저를 작성하시오.
- ▶ 구분과 기본요금에는 구분/기본요금(cmb구분)에서 선택된 값으로 각각 표시
- ▶ 보호자동반에는 opt유가 선택되면 '유', opt무가 선택되면 '무'로 표시
- ▶ 요금 = (퇴장시간의 시간-입장시간의 시간) × 기본요금
- ▶ If ~ Else문, Hour 함수 사용

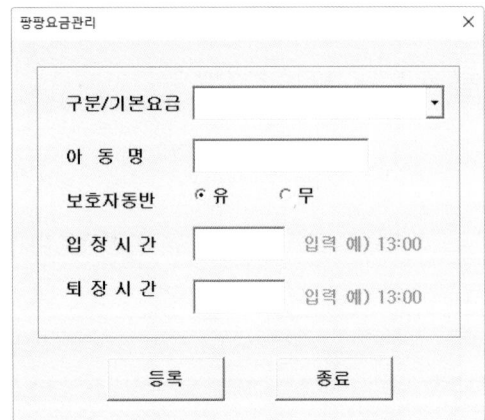

③ 종료(cmd종료) 단추를 클릭하면 <그림>과 같은 메시지 박스를 표시한 후 폼을 종료하는 프로시저를 작성하시오.
- ▶ 시스템의 현재 날짜와 시간 표시

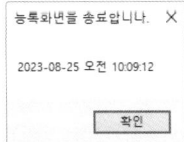

최신유형문제 정답 및 해설

📁 **작업 파일** : C:\2024_컴활1급\엑셀\작업파일\최신유형문제따라하기\최신유형따라하기_문제.xlsm
📁 **완성 파일** : C:\2024_컴활1급\엑셀\완성파일\최신유형문제따라하기\최신유형따라하기_정답.xlsm

정답

문제 1 ▶ 기본작업 (15점)

01 고급 필터

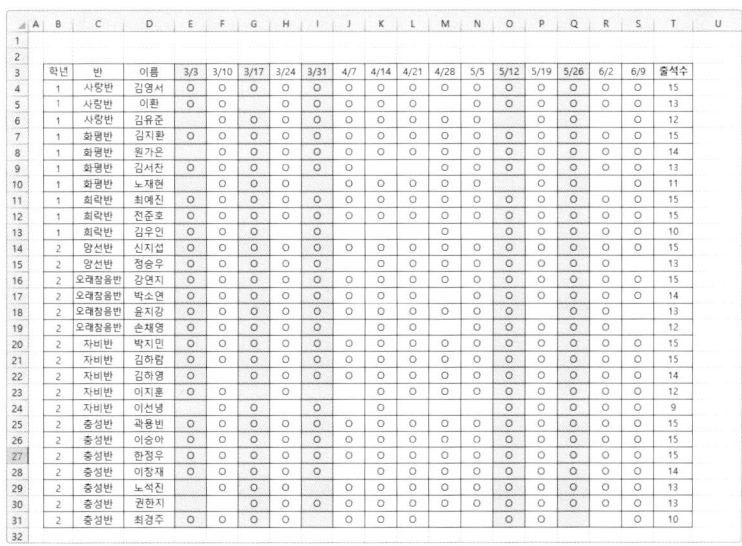

고급 필터 조건식 : =OR(T4<MEDIAN($T$4:$T$31),ISBLANK(S4))

02 조건부 서식

조건부 서식 수식 : =AND(ISODD(COLUMN(E$3)),ISODD(MONTH(E$3)))

03 시트 보호와 통합 문서 보호

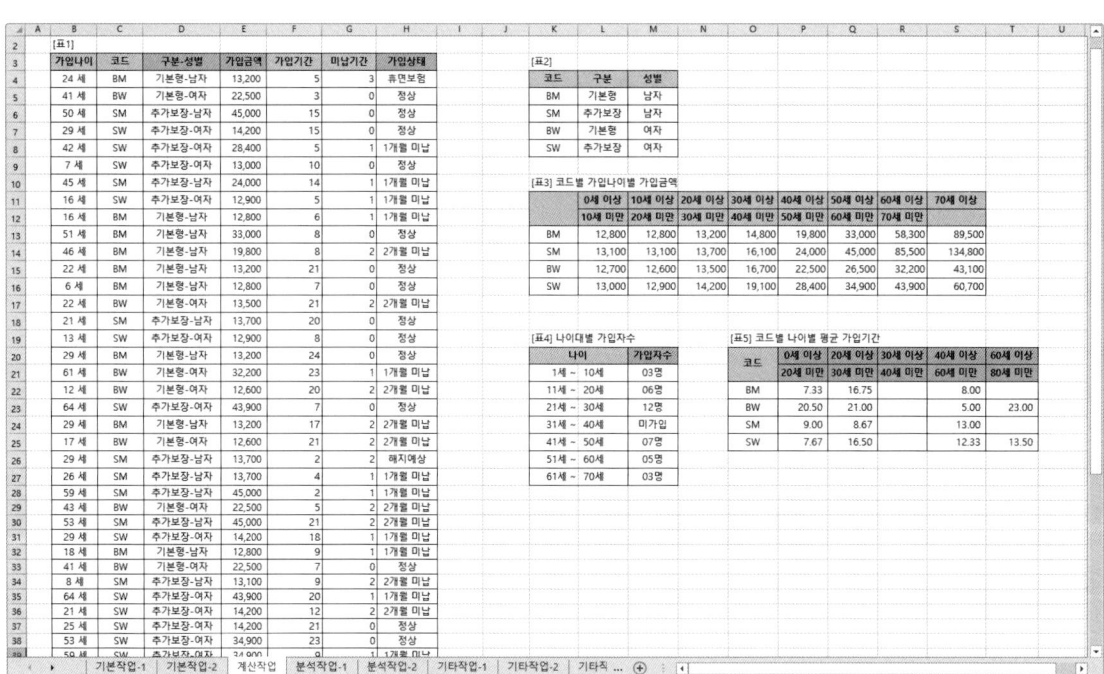

문제 2 계산작업 (30점)

01 구분-성별[D4:D39]

=CONCAT(VLOOKUP(C4,$K$5:$M$8,2,0),"-",VLOOKUP(C4,$K$5:$M$8,3,0))

02 가입금액[E4:E39]

=INDEX($L$13:$S$16,MATCH(C4,$K$13:$K$16,0),MATCH(B4,$L$11:$S$11,1))

03 나이대별 가입자수[M21:M27]

=TEXT(FREQUENCY($B$4:$B$39,$L$21:$L$27),"[>0]00명;미가입")

04 코드별 나이별 평균 가입기간[P22:T25]

=IFERROR(AVERAGE(IF(($C$4:$C$39=$O22)*($B$4:$B$39>=P$20)*($B$4:$B$39<P$21),$F$4:$F$39))," ")

05 fn가입상태[H4:H39]

```
Public Function fn가입상태(가입기간, 미납기간)
    If 미납기간 >= 가입기간 Then
        fn가입상태 = "해지예상"
    ElseIf 미납기간 = 0 Then
        fn가입상태 = "정상"
    ElseIf 미납기간 > 2 Then
        fn가입상태 = "휴면보험"
    Else
        fn가입상태 = 미납기간 & "개월 미납"
    End If
End Function
```

문제3 ▶ 분석작업 (20점)

01 피벗 테이블

		성별	값				
		남		여		전체 평균: 출석수	전체 학생수
학년	반	평균: 출석수	학생수	평균: 출석수	학생수		
⊟1		10	10	6	8	8	18
	사랑반	8	3	4	4	6	7
	화평반	11	5	*	*	11	5
	희락반	13	2	7	4	9	6
⊟2		10	17	7	12	9	29
	양선반	7	4	1	3	5	7
	오래참음반	7	4	9	3	8	7
	자비반	13	3	6	4	9	7
	충성반	11	6	13	2	12	8
⊟3		10	18	9	15	9	33
	믿음반	8	5	14	2	10	7
	소망반	10	4	10	6	10	10
	온유반	10	4	9	4	10	8
	절제반	11	5	4	3	9	8
총합계		10	45	7	35	9	80

02 데이터 도구

	A	B	C	D	E	F	G
1		[표1]					
2		반	성명	성별	생년월일	연락처	출석일수
3		믿음반	김종헌	남	2007-05-21	010-73**-****	13
4		믿음반	김종헌	남	2007-08-10	010-73**-****	12
5		믿음반	김주형	남	2007-06-29	010-42**-****	15
6		믿음반	박건우	남	2007-02-24	010-47**-****	14
7		믿음반	박연우	남	2007-09-11	010-82**-****	13
8		믿음반	전지호	남	2007-09-21	010-53**-****	15
9			6	남 개수			
10		믿음반	김서영	여	2007-02-08	010-88**-****	15
11		믿음반	송예린	여	2007-03-02		15
12			2	여 개수			
13		믿음반 평균					14
14		소망반	박진우	남	2007-02-03	010-71**-****	10
15		소망반	임형빈	남	2007-01-03	010-99**-****	12
16		소망반	장시훈	남	2007-12-07	010-46**-****	15
17			3	남 개수			
18		소망반	오정은	여	2007-04-17	010-40**-****	15
19		소망반	유연서	여	2007-12-10	010-52**-****	13
20		소망반	윤서연	여	2007-02-08		15
21		소망반	이수린	여	2007-08-09	010-27**-****	14
22		소망반	이유진	여	2007-09-16	010-44**-****	13
23		소망반	최경은	여	2007-04-30	010-32**-****	15
24			6	여 개수			
25		소망반 평균					13.55555556
26		온유반	김주한	남	2007-12-24	010-93**-****	9
27		온유반	박준영	남	2007-10-10	010-71**-****	15
28		온유반	차숙원	남	2007-08-27	010-62**-****	14
29			3	남 개수			
30		온유반	권지인	여	2007-01-02	010-84**-****	14
31		온유반	김시연	여	2007-09-06	010-36**-****	12
32		온유반	박지원	여	2007-09-09	010-47**-****	15
33		온유반	이지선	여	2007-06-18		15
34			4	여 개수			
35		온유반 평균					13.42857143
36			24	전체 개수			
37		전체 평균					13.66666667

문제 4 ▶ 기타작업 (25점)

01 차트

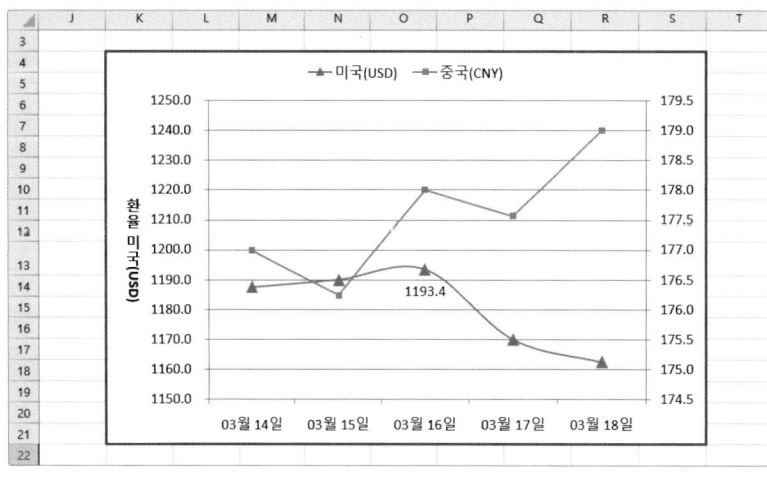

02 매크로

	A	B	C	D	E	F	G	H	I	J	K	L	M
1													
2		서식적용		그래프보기									
3													
4													
5		학년	반	이름	3/3	3/10	3/17	3/24	3/31	4/7	4/14	4/21	출석
6		1	사랑반	김영서	O	O	O	O	O	O	O	O	8
7		1	사랑반	이환	O	O	X	O	O	O	O	O	7
8		1	사랑반	김유준	X	O	O	O	O	O	O	O	7
9		1	화평반	김지환	O	O	O	O	O	O	O	O	8
10		1	화평반	원가온	X	O	O	O	O	O	O	O	7
11		1	화평반	김서찬	O	O	O	O	O	O	X	X	6
12		1	화평반	노재현	X	O	O	O	X	O	O	O	6
13		1	희락반	최예진	O	O	O	O	O	O	O	O	8
14		1	희락반	전준호	O	O	O	O	O	O	O	O	8
15		1	희락반	김우인	O	O	O	X	O	X	X	X	4
16		2	양선반	신지섭	O	O	O	O	O	O	O	O	8
17		2	양선반	정승우	O	O	O	O	O		O	O	7
18		2	오래참음반	강연지	O	O	O	O	O	O	O	O	8
19		2	오래참음반	박소연	O	O	O	O	O	O	O	O	8
20		2	오래참음반	윤지강	O	O	O	O	O	O	O	O	8
21		2	오래참음반	손채영	O	O	O	O	O		O	O	7
22		2	자비반	박지민	O	O	O	O	O	O	O	O	8
23		2	자비반	김하람	O	O	O	O	O	O	O	O	8
24		2	자비반	김하영	O	X	O	O	O	O	O	O	7
25		2	자비반	이지훈	O	O	X	O	X	X	O	O	5
26		2	자비반	이선녕	X	O	O	X	O	X	O	X	4
27		2	충성반	곽용빈	O	O	O	O	O	O	O	O	8
28		2	충성반	이승아	O	O	O	O	O	O	O	O	8
29		2	충성반	한정우	O	O	O	O	O	O	O	O	8
30		2	충성반	이창재	O	O	O	O	O	X	O	O	7
31		2	충성반	노석진	X	O	O	O	X	O	O	O	6

사용자 지정 표시 형식 : [=1]"O";[=0]"X"

03 프로시저

▶ 폼 보이기 프로시저

```
Private Sub cmd등록작업_Click( )
    팡팡요금관리.Show
End Sub
```

▶ 폼 초기화 프로시저

```
Private Sub UserForm_Initialize( )
    cmb구분.RowSource = "M6:N8"
    cmb구분.columnCount = 2
    opt유.Value = True
End Sub
```

▶ 등록 프로시저

```
Private Sub cmd등록_Click( )
  i = [B4].Row + [B4].CurrentRegion.Rows.Count
  Cells(i, 2) = cmb구분.List(cmb구분.ListIndex, 0)
  Cells(i, 3) = txt아동명

  If opt유.Value Then
     Cells(i, 4) = "유"
  Else
     Cells(i, 4) = "무"
  End If

  Cells(i, 5) = cmb구분.List(cmb구분.ListIndex, 1)
  Cells(i, 6) = txt입장시간.Value
  Cells(i, 7) = txt퇴장시간.Value
  Cells(i, 8) = (Hour(Cells(i, 7))-Hour(Cells(i, 6))) * Cells(i, 5)
End Sub
```

▶ 종료 프로시저

```
Private Sub cmd종료_Click( )
  MsgBox Now, vbOKOnly, "등록화면을 종료합니다."
  Unload Me
End Sub
```

해설

문제 1 ▶ 기본작업 (15점)

1 암호 입력하기

① '최신유형 따라하기_문제' 파일을 열면 [암호] 대화상자가 표시됩니다.

② [암호] 대화상자에서 문제에서 주어진 암호(6845%3)를 입력하고 <확인> 단추를 클릭합니다.

2 고급 필터 수행하기

① '기본작업-1' 시트를 선택한 후 [V3:V4] 영역에 다음과 같이 조건을 입력합니다.

[V3] 셀 : '조건'을 입력
[V4] 셀 : =OR(T4<MEDIAN($T$4:$T$31),ISBLANK(S4)) → [T4] 셀이 [$T$4:$T$31] 영역의 중간값보다 작거나 [S4] 셀이 빈 셀이면 TRUE를 반환

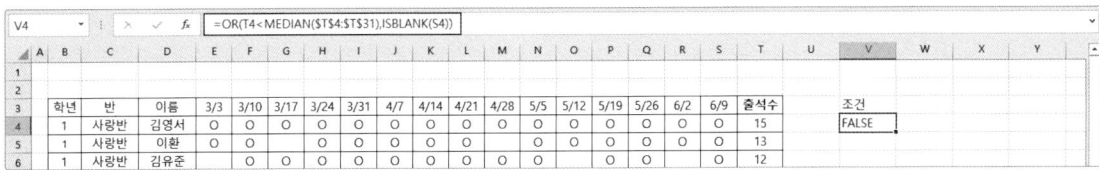

TIP
조건에 함수나 계산식을 입력하는 경우에는 조건 범위의 첫 행에 입력할 필드명은 원본 데이터의 필드명과는 다른 이름으로 작성해야 합니다.

② [X3:AB3] 영역에 결과 제목을 작성합니다.

※ 결과 제목은 원본 데이터를 복사해서 사용합니다. [B3:D3] 영역을 드래그하고 **Ctrl** 키를 누른 채 [S3:T3] 영역을 드래그한 후 **Ctrl**+**C** 키를 누릅니다. [X3] 셀을 클릭하고 **Ctrl**+**V** 키를 누릅니다.

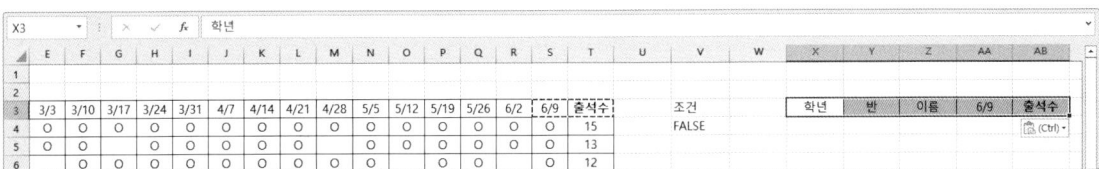

③ [B3] 셀을 클릭합니다. [데이터] 탭-[정렬 및 필터] 그룹-[고급]을 클릭합니다.

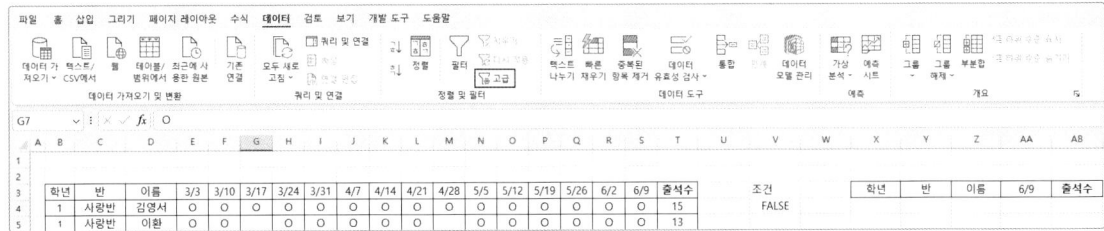

④ [고급 필터] 대화상자에서 '다른 장소에 복사'를 선택하고 목록 범위가 [B3:T31] 영역으로 지정되었는지 확인합니다.

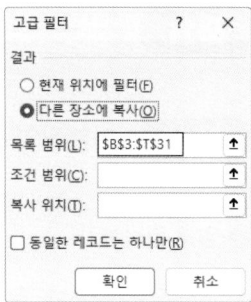

TIP
'목록 범위'가 잘못 지정된 경우에는 ⬆(범위 지정 단추)를 클릭한 후 [B3] 셀을 클릭, [T31] 셀을 Shift+클릭하여 다시 범위를 지정합니다.

⑤ 조건 범위는 [V3:V4] 영역, 복사 위치는 [X3:AB3] 영역을 지정한 후 <확인> 단추를 클릭합니다.

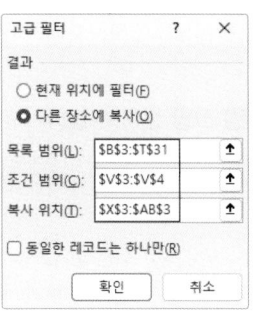

TIP
[고급 필터] 대화상자
- **현재 위치에 필터** : 복사 위치를 지정하지 않고 현재 위치에 필터링 결과를 표시
- **다른 장소에 복사** : 복사 위치를 미리 지정하고 복사 위치에 필터링 결과를 표시
- **목록 범위** : 원본 데이터 목록에서 필터링을 적용할 범위를 지정
- **조건 범위** : 조건이 입력된 범위를 지정
- **복사 위치** : '다른 장소에 복사'를 선택한 경우 필터링 결과를 표시할 위치를 지정

3 조건부 서식 수행하기

① [E3:S31] 영역을 지정합니다. [홈] 탭-[스타일] 그룹-[조건부 서식]-[새 규칙]을 클릭합니다.

② [새 서식 규칙] 대화상자에서 규칙 유형 선택의 '수식을 사용하여 서식을 지정할 셀 결정'을 선택하고 다음과 같이 수식을 입력한 후 <서식> 단추를 클릭합니다.

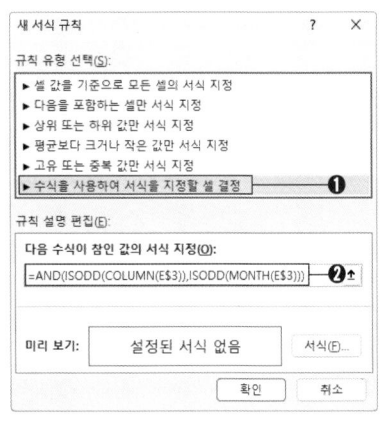

=AND(ISODD(COLUMN(E$3)),ISODD(MONTH(E$3))) → [E3]의 열 번호가 홀수이면서 [E3]의 월이 홀수이면 TRUE를 반환, 열 전체에 조건부 서식을 지정하기 위해 E$3과 같이 행을 고정

TIP
참조 방식
- **상대 참조** : 셀의 위치가 바뀌면 수식의 주소가 자동으로 변경됩니다. (예) A1
- **절대 참조** : 셀의 위치가 바뀌어도 수식의 주소가 변경되지 않습니다. (예) $A$1
- **혼합 참조** : 행이나 열 중에서 하나만 절대 참조로 지정됩니다. (예) $A1, A$1
- F4 키를 누르면 상대 참조 → 절대 참조 → 혼합 참조로 자동 변환할 수 있습니다.
- 조건부 서식을 열 전체에 적용하는 경우에는 행 고정, 행 전체에 적용하는 경우에는 열 고정을 지정합니다.

③ [셀 서식] 대화상자의 [채우기] 탭에서 배경색을 '노랑'으로 선택하고 <확인> 단추를 클릭합니다.

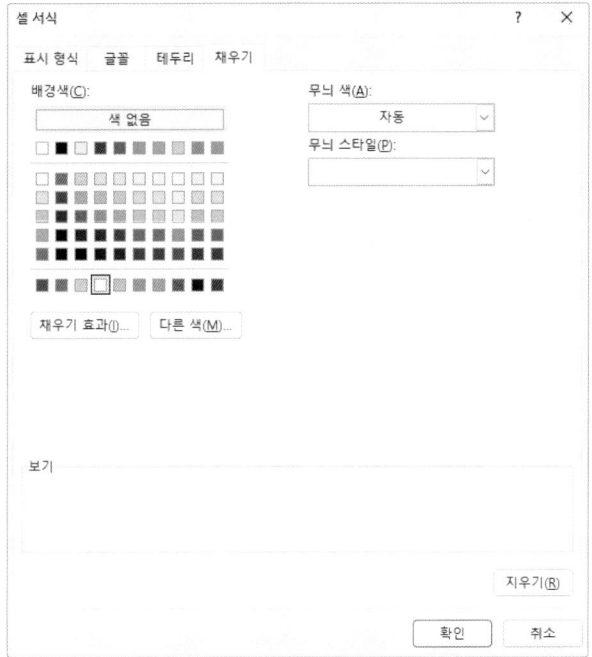

④ [새 서식 규칙] 대화상자에서 다시 <확인> 단추를 클릭합니다.

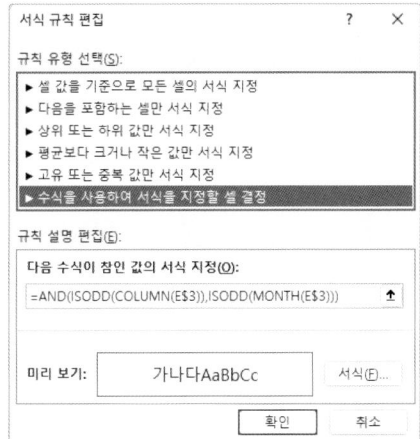

> **TIP**
>
> **조건부 서식 수정과 삭제**
> - 조건부 서식 수정 : [홈] 탭-[스타일] 그룹-[조건부 서식]-[규칙 관리]에서 [규칙 편집] 클릭
> - 조건부 서식 삭제 : [홈] 탭-[스타일] 그룹-[조건부 서식]-[규칙 지우기]-[시트 전체에서 규칙 지우기] 클릭

4 시트 보호와 통합 문서 보기

① '기본작업-2'를 선택하고 [E4:T31] 영역을 범위로 지정한 후 마우스 오른쪽 단추를 눌러 [셀 서식]을 선택합니다.

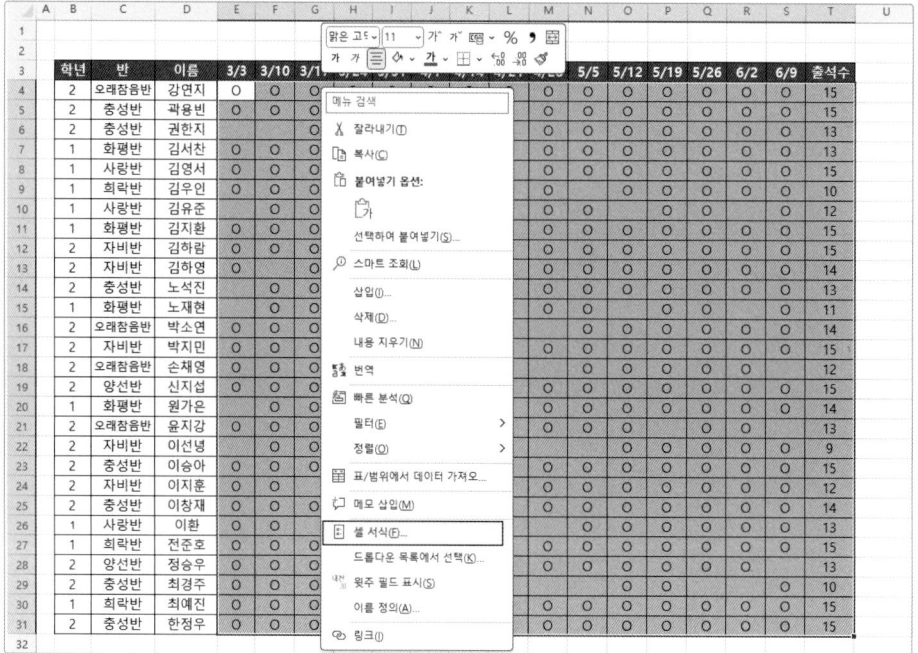

② [셀 서식] 대화상자의 [보호] 탭에서 '잠금'과 '숨김'을 체크한 후 <확인> 단추를 클릭합니다.

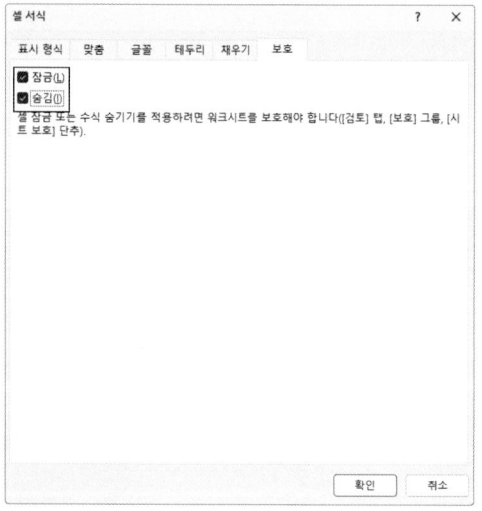

> **TIP**
>
> **잠금과 숨김**
> - **잠금** : 선택한 셀이 변경, 이동, 삭제되지 않도록 보호합니다.
> - **숨김** : 수식 입력줄에 수식이 표시되지 않도록 셀의 수식을 숨깁니다.
> - 잠금과 숨김을 선택해도 시트를 보호하지 않으면 아무 효과가 없으므로 항목을 선택한 후 [검토] 탭-[보호] 그룹-[시트 보호]를 지정해야 합니다.

③ [검토] 탭-[보호] 그룹-[시트 보호]를 클릭합니다.

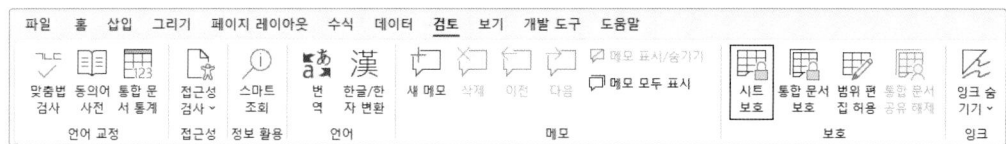

④ [시트 보호] 대화상자에서 '잠긴 셀 선택'과 '잠금 해제된 셀 선택'이 체크되었는지 확인한 후 <확인> 단추를 클릭합니다.

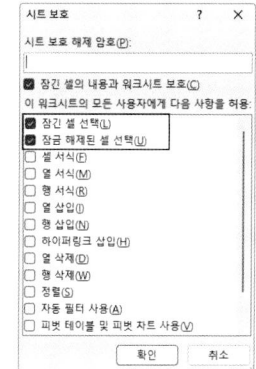

> **TIP**
>
> **시트 보호**
> - 잠긴 셀 선택 : [셀 서식] 대화상자의 [보호] 탭에서 잠금이 된 셀을 선택할 수 있습니다.
> - 잠금 해제된 셀 선택 : 잠금 해제된 셀을 선택할 수 있습니다.

⑤ [보기] 탭-[통합 문서 보기] 그룹-[페이지 나누기 미리 보기]를 클릭하여 페이지 나누기 보기로 표시합니다.

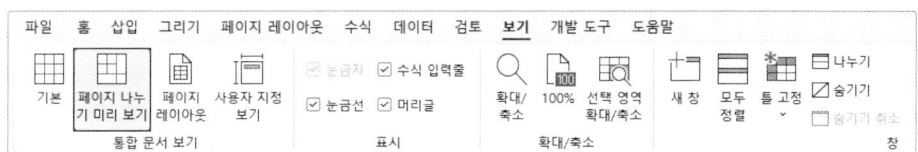

⑥ 파란색 점선으로 표시된 페이지 구분선 위에 마우스 포인터를 놓고 T열로 드래그하여 페이지 구분선 위치를 조정합니다. 이어서 페이지 구분선을 [B3:T31]에 맞게 드래그합니다.

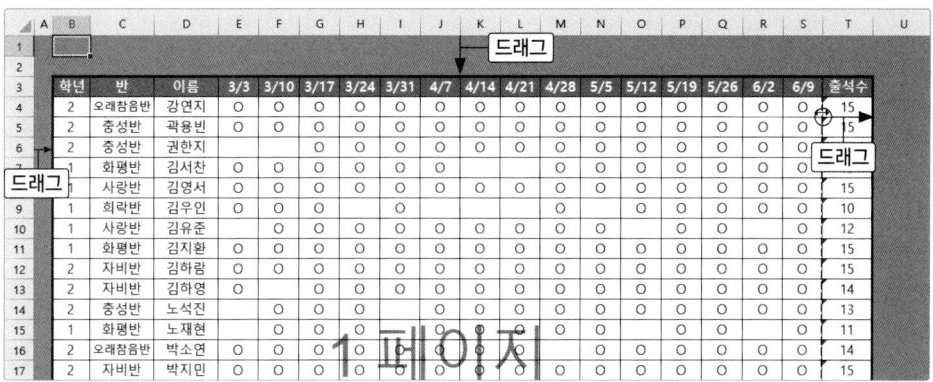

> **TIP**
>
> **페이지 나누기 미리 보기**
> - 워크시트 상태에서 페이지 구분선, 인쇄 영역, 페이지 번호 등을 보여주는 보기 상태입니다.
> - 페이지 나누기 미리 보기에서는 페이지 구분선을 드래그하여 구분선의 위치를 이동할 수 있습니다.

문제 2 계산작업 (30점)

1 구분-성별[D4:D39]

① '계산작업' 시트를 클릭합니다. [D4] 셀에 다음과 같이 수식을 입력합니다.

=CONCAT(VLOOKUP(C4,$K$5:$M$8,2,0),"-",VLOOKUP(C4,$K$5:$M$8,3,0))

=CONCAT(VLOOKUP(C4,$K$5:$M$8,2,0),"-",VLOOKUP(C4,$K$5:$M$8,3,0))
　　　　　　　　　①　　　　　　　　　　　　　　②

→ ①의 결과와 ②의 결과 사이에 "-"을 추가해서 표시
① [C4] 셀의 코드를 [K5:M8] 영역의 1열에서 찾은 후 2열의 '구분'을 반환
② [C4] 셀의 코드를 [K5:M8] 영역의 1열에서 찾은 후 3열의 '성별'을 반환

② 결과를 확인하고 채우기 핸들을 더블 클릭하여 수식을 복사합니다.

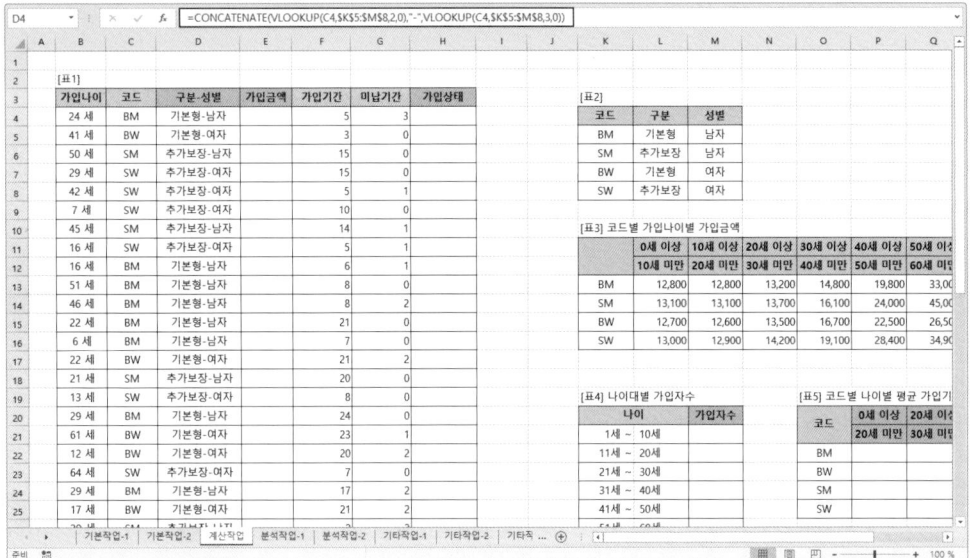

2 가입금액[E4:E39]

① [E4] 셀에 다음과 같이 수식을 입력합니다.

=INDEX($L$13:$S$16,MATCH(C4,$K$13:$K$16,0),MATCH(B4,$L$11:$S$11,1))

=INDEX($L$13:$S$16,MATCH(C4,$K$13:$K$16,0),MATCH(B4,$L$11:$S$11,1))
　　　　　　　　　　　　①　　　　　　　　　　　　②

→ [$L$13:$S$16]에서 ①의 결과를 행 번호로, ②의 결과를 열 번호로 지정한 값을 표시
① [C4] 셀의 코드를 [K13:K16] 영역에서 찾은 후 몇 행에 있는지를 반환
② [B4] 셀의 가입나이를 [L11:S11] 영역에서 찾은 후 몇 열에 있는지를 반환(같은 값이 없으면 작은 값을 찾음)

② 결과를 확인하고 채우기 핸들을 더블 클릭하여 수식을 복사합니다.

3 나이대별 가입자수[M21:M27]

① [M21:M27] 영역을 범위로 지정하고 다음과 같이 수식을 입력한 후 **Ctrl**+**Shift**+**Enter** 키를 누릅니다.

※ FREQUENCY 함수는 특정 범위 안에 속하는 값의 개수를 배열의 형태로 반환하는 함수이므로 반드시 배열의 범위를 선택하고 입력한 후 **Ctrl**+**Shift**+**Enter** 키를 눌러야 합니다.

※ TEXT 함수는 수식의 결과에 셀 서식을 지정하는 함수로 셀 서식은 "[조건]이 참일 때 지정할 서식;거짓일 때 지정할 서식"으로 입력합니다.

=TEXT(FREQUENCY($B$4:$B$39,$L$21:$L$27),"[>0]00명;미가입")

=TEXT(FREQUENCY($B$4:$B$39,$L$21:$L$27),"[>0]00명;미가입")
                        ①

→ ①의 결과가 0보다 크면 "00명"으로 표시하고, 그렇지 않으면 "미가입"으로 표시, ① [$B$4:$B$39]에서 [$L$21:$L$27]에 해당하는 나이의 개수를 구함

② 결과를 확인하고 채우기 핸들을 더블 클릭하여 수식을 복사합니다.

4 코드별 나이별 평균 가입기간[P22:T25]

① [P22] 셀에 다음과 같이 수식을 입력한 후 **Ctrl**+**Shift**+**Enter** 키를 누릅니다.

=IFERROR(AVERAGE(IF(($C$4:$C$39=$O22)*($B$4:$B$39>=P$20)*($B$4:$B$39<P$21),$F$4:$F$39))," ")

=IFERROR(AVERAGE(IF(($C$4:$C$39=$O22)*($B$4:$B$39>=P$20)*($B$4:$B$39<P$21),$F$4:$F$39)," ")
　　　　　　　　　　　①　　　　　　　　　②

→ ①과 ②의 조건을 만족하면 [F4:F39] 영역의 평균을 구하고, 오류가 발생하면 공백으로 표시
① 코드가 [$O22] 셀과 일치하면 TRUE를 반환
② 가입나이가 [P$20] 셀 이상이고 [P$21] 셀보다 작으면 TRUE를 반환

② 결과를 확인하고 채우기 핸들을 [T25] 셀까지 드래그하여 수식을 복사합니다.

5 fn가입상태[H4:H39]

① [개발 도구] 탭-[코드] 그룹-[Visual Basic]을 클릭하거나 **Alt**+**F11** 키를 누릅니다.

② [삽입]-[모듈]을 클릭합니다.

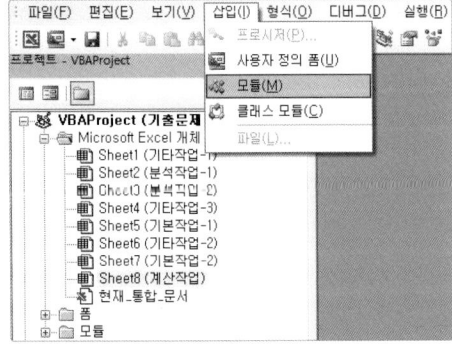

③ Module 창에 다음과 같이 코드를 입력합니다.

```
Public Function fn가입상태(가입기간, 미납기간)
    If 미납기간 >= 가입기간 Then
        fn가입상태 = "해지예상"
    ElseIf 미납기간 = 0 Then
        fn가입상태 = "정상"
    ElseIf 미납기간 > 2 Then
        fn가입상태 = "휴면보험"
    Else
        fn가입상태 = 미납기간 & "개월 미납"
    End If
End Function
```

Public Function fn가입상태(가입기간, 미납기간)
 ① If 미납기간 >= 가입기간 Then → 미납기간이 가입기간 이상이면 ②를 수행
 ②   fn가입상태 = "해지예상" → fn가입상태의 결과 값은 "해지예상"
 ③ ElseIf 미납기간 = 0 Then → ①의 조건을 만족하지 않고 미납기간이 0이면 ④를 수행
 ④   fn가입상태 = "정상" → ④ fn가입상태의 결과 값은 "정상"
 ⑤ ElseIf 미납기간 > 2 Then → ①, ③의 조건을 만족하지 않고 미납기간이 2를 초과하면 ⑥을 수행
 ⑥   fn가입상태 = "휴면보험" → fn가입상태의 결과 값은 "휴면보험"
 ⑦ Else → ①, ③, ⑤의 조건을 만족하지 않으면 ⑧을 수행
 ⑧   fn가입상태 = 미납기간 & "개월 미납" → fn가입상태의 결과 값은 미납기간과 "개월 미납"을 연결하여 표시
 ⑨ End If → If문 종료
End Function

④ ※ (보기 Microsoft Excel)을 클릭하거나 Alt + F11 키를 눌러 Excel로 돌아갑니다.

⑤ [H4] 셀을 클릭한 후 다음과 같이 수식(=fn가입상태(F4,G4))을 입력합니다.

⑥ 결과를 확인하고 채우기 핸들을 더블 클릭하여 수식을 복사합니다.

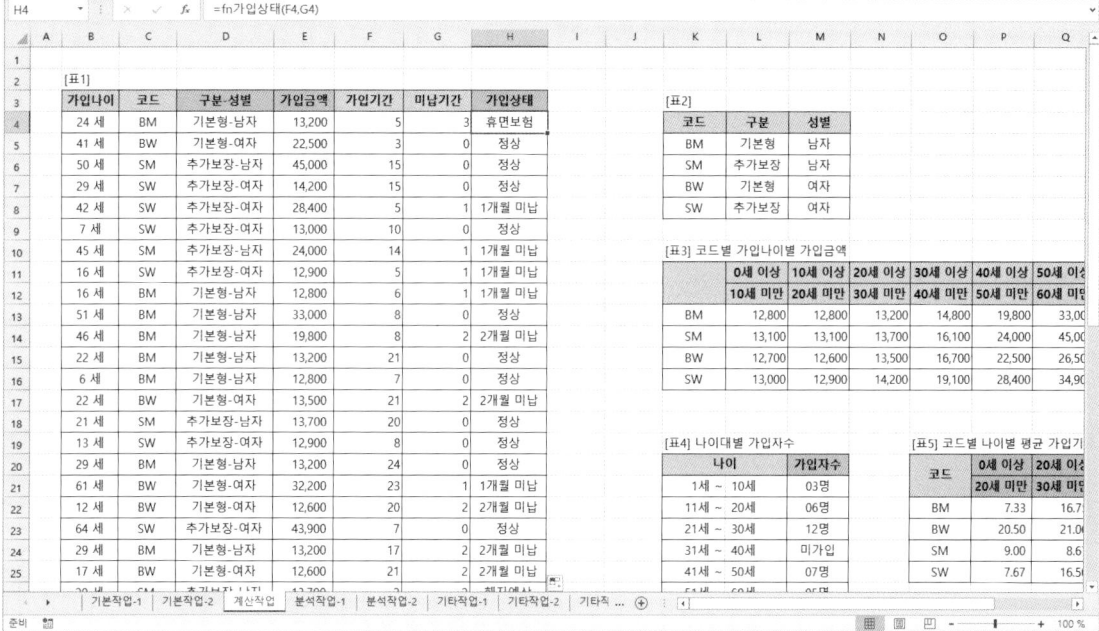

문제3 ▶ 분석작업 (20점)

1 피벗 테이블 보고서 작성

① '분석작업-1' 시트를 선택하고 [삽입] 탭-[표] 그룹-[피벗 테이블]-[외부 데이터 원본]을 클릭합니다.

② [외부 원본의 피벗 테이블] 대화상자에서 <연결 선택>을 클릭합니다.

③ [기존 연결] 대화상자에서 <더 찾아보기>를 클릭합니다.

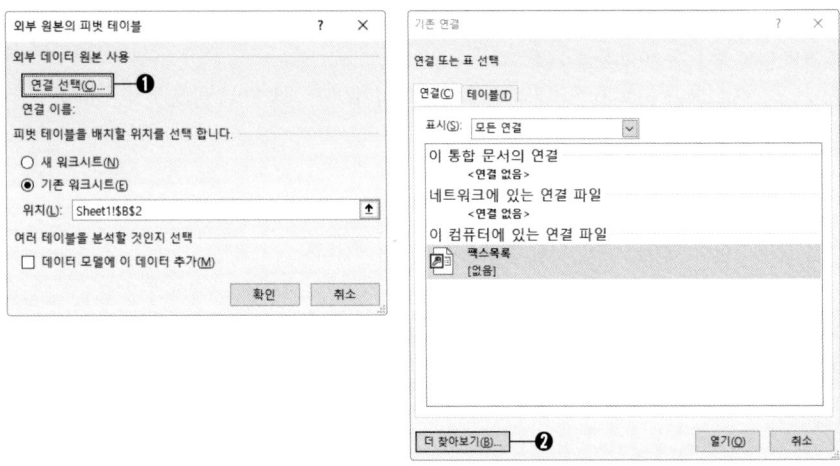

④ [데이터 원본 선택] 대화상자에서 'C:₩2024_컴활1급₩엑셀₩작업파일₩최신유형문제따라하기_출석부관리.csv'를 선택하고 <열기>를 클릭합니다.

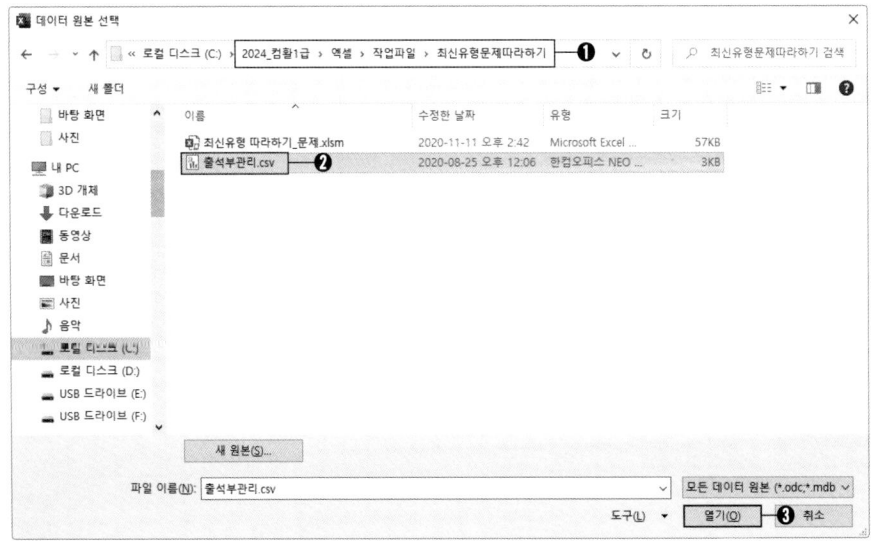

> **TIP**
> 시험장에서는 C 드라이브의 OA 폴더에 데이터가 들어있으므로 이 점을 유의합니다.

⑤ [텍스트 마법사-3단계 중 1단계] 대화상자에서 '구분 기호로 분리됨'을 선택하고 '내 데이터에 머리글 표시'를 체크한 후 <다음> 단추를 클릭합니다.

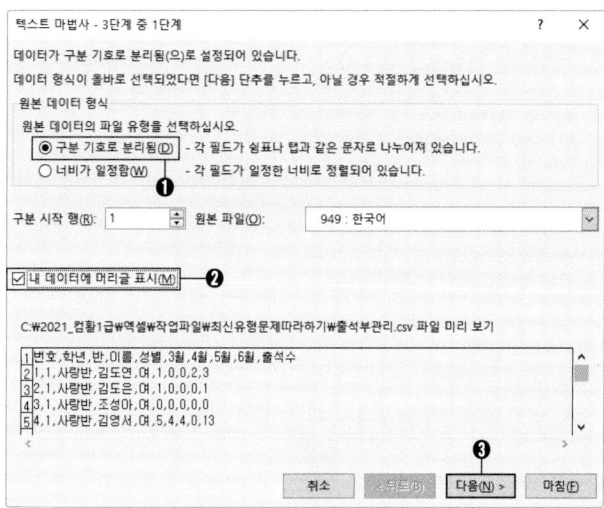

TIP
- **구분 기호로 분리됨** : 텍스트 파일의 각 항목이 탭, 콜론, 세미콜론, 공백, 기타 문자로 구분 되어 있는 경우 선택합니다.
- **너비가 일정함** : 각 열이 구분 기호로 분리되지 않고 너비가 일정한 경우 선택합니다. 드래그 하여 구분선의 위치를 이동할 수 있습니다.

⑥ [텍스트 마법사-3단계 중 2단계] 대화상자에서 구분 기호를 '쉼표'로 선택하고 <다음> 단추를 클릭합니다.

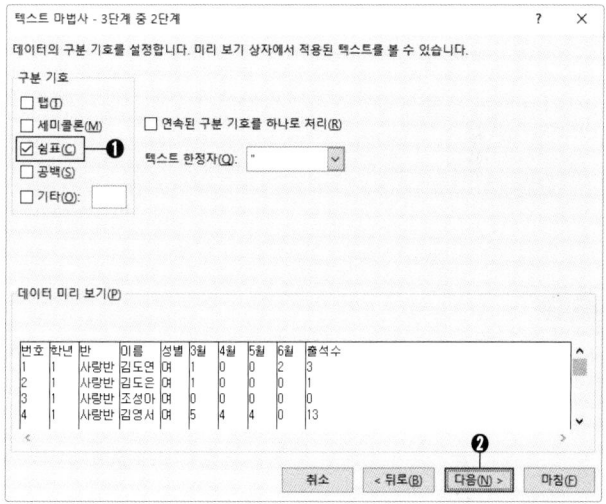

⑦ [텍스트 마법사-3단계 중 3단계] 대화상자에서 번호 열을 선택하고 '열 가져오지 않음(건너뜀)'을 클릭합니다. 같은 방법으로 3월, 4월, 5월, 6월도 '열 가져오지 않음(건너뜀)'을 지정한 후 <마침> 단추를 클릭합니다.

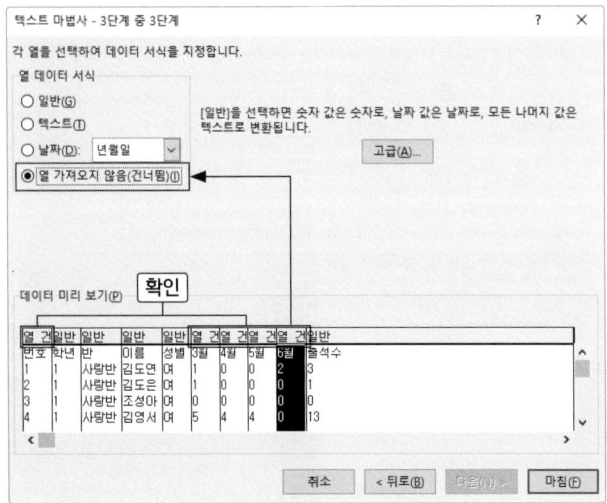

⑧ [외부 원본의 피벗 테이블] 대화상자에서 '데이터 모델에 이 데이터 추가'를 선택하고 '기존 워크시트([A2]셀)' 범위를 지정한 후 <확인>을 클릭합니다.

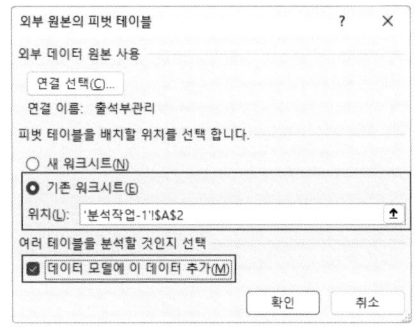

TIP
처음에 [A2] 셀을 선택하고 시작하면 데이터가 들어갈 위치는 자동으로 [A2] 셀이 선택됩니다.

⑨ [피벗 테이블 필드] 창에서 행에 '학년'과 '반', 열에 '성별', 값에 '출석수'와 '이름'을 드래그합니다.

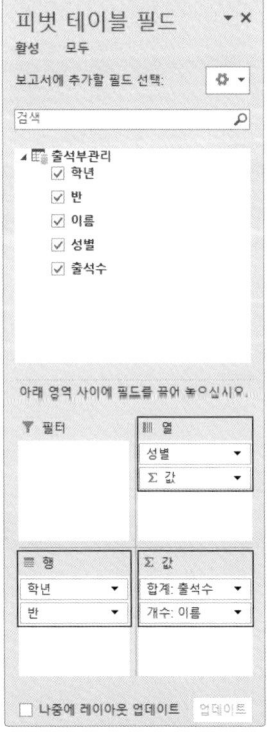

⑩ 보고서 레이아웃을 개요 형식으로 변경하기 위해 [디자인] 탭-[레이아웃] 그룹-[보고서 레이아웃]-[개요 형식으로 표시]를 클릭합니다.

※ '개요 형식으로 표시'는 하나의 필드에 하나의 열을 표시하는 형식으로 그룹의 부분합이 그룹 위에 표시됩니다.

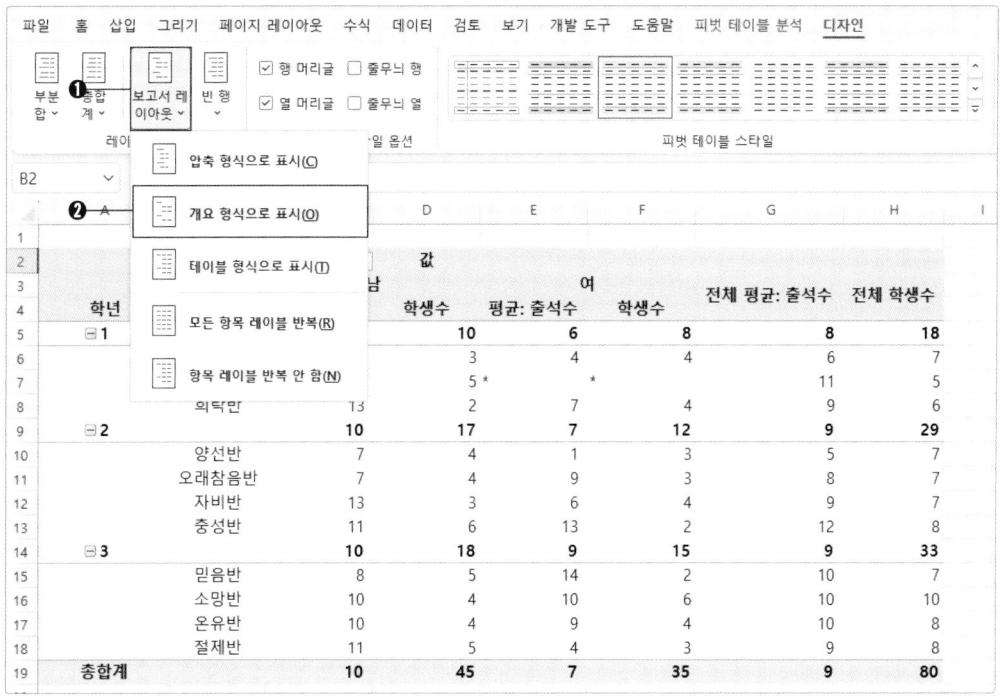

⑪ [피벗 테이블 필드] 창에서 값의 '합계 : 출석수'를 클릭하고 [값 필드 설정]을 선택합니다.

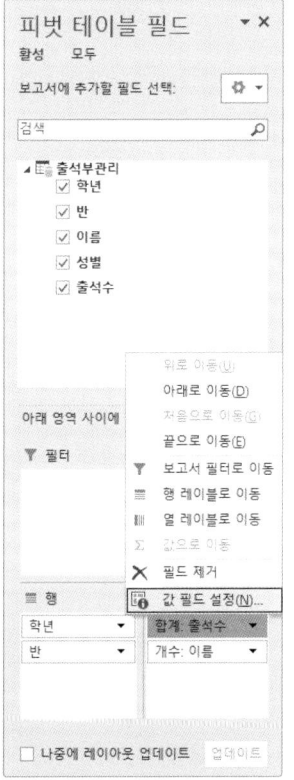

⑫ [값 필드 설정] 대화상자의 [값 요약 기준] 탭에서 '평균'을 선택하고 <표시 형식> 단추를 클릭합니다.

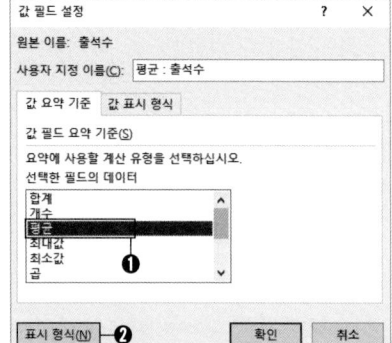

> **TIP**
> **값 요약 기준**
> 값 영역에 데이터를 요약하는 방법으로 사용할 함수와 표시 형식을 지정합니다.

⑬ [셀 서식] 대화상자의 [표시 형식] 탭에서 범주는 '숫자'를 선택하고 '소수 자릿수'는 '0'으로 지정한 후 <확인> 단추를 클릭합니다.

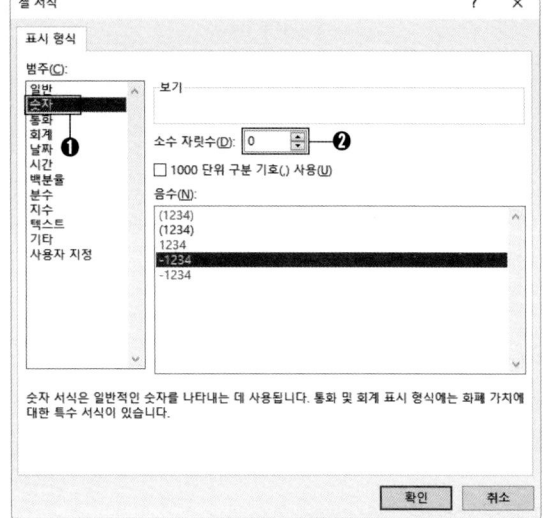

⑭ [값 필드 설정] 대화상자에서 다시 <확인> 단추를 클릭합니다.

⑮ [피벗 테이블 필드] 창에서 값의 '개수 : 이름'을 클릭하고 [값 필드 설정]을 선택합니다.

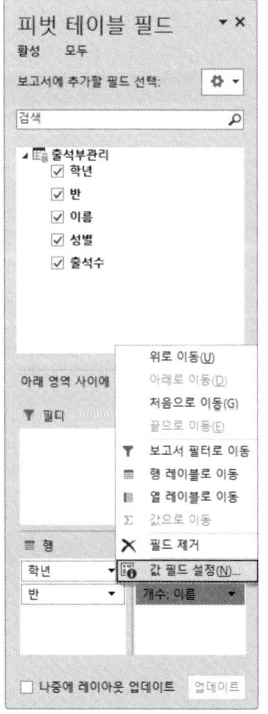

⑯ [값 필드 설정] 대화상자에서 '사용자 지정 이름'에 '학생수'를 입력하고 <확인> 단추를 클릭합니다.

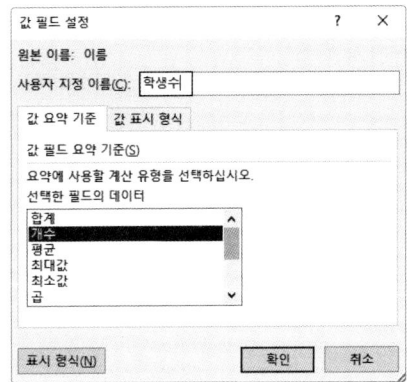

⑰ 피벗 테이블에서 마우스 오른쪽 단추를 눌러 [피벗 테이블 옵션]을 선택합니다.

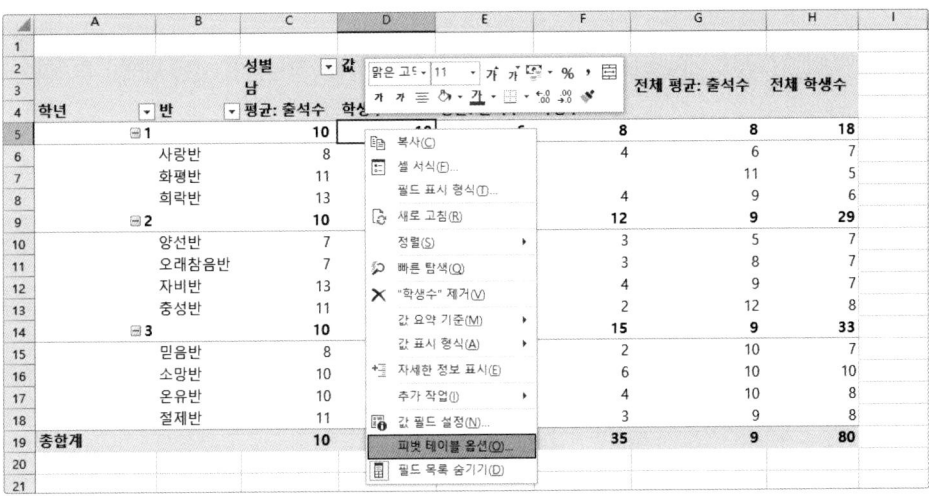

⑱ [피벗 테이블 옵션] 대화상자에서 '레이블이 있는 셀 병합 및 가운데 맞춤'을 선택하고, '빈 셀 표시'에 '*'을 입력한 후 <확인> 단추를 클릭합니다.

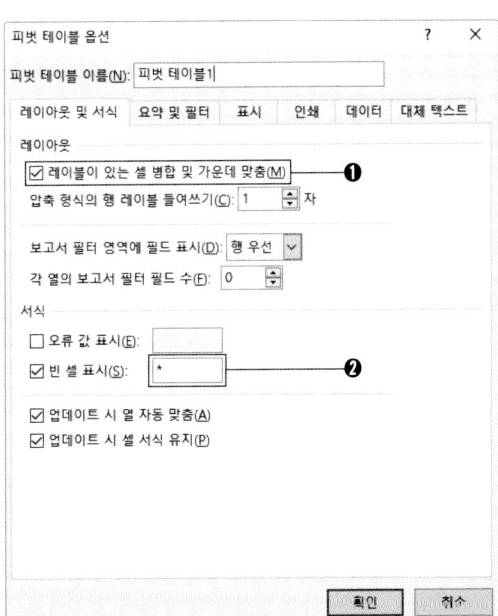

TIP

레이블이 있는 셀 병합 및 가운데 맞춤

'레이블이 있는 셀 병합 및 가운데 맞춤'을 지정하면 행 레이블과 열 레이블이 모두 셀 병합되고 가운데 맞춤으로 지정됩니다.

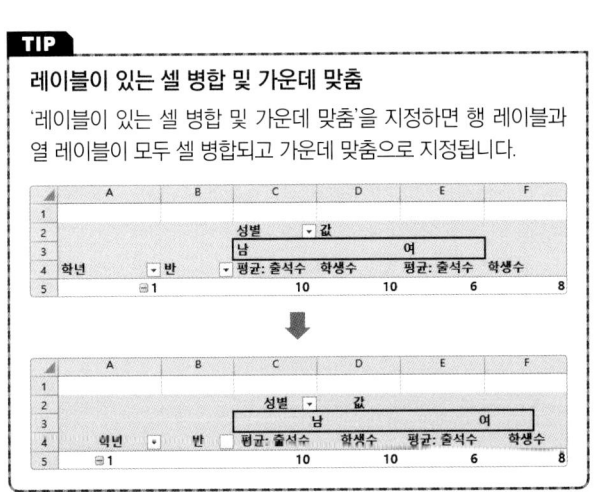

2 데이터 도구

① '분석작업-2' 시트의 [B2] 셀을 선택하고 [데이터] 탭-[데이터 도구] 그룹-[중복된 항목 제거]를 클릭합니다.

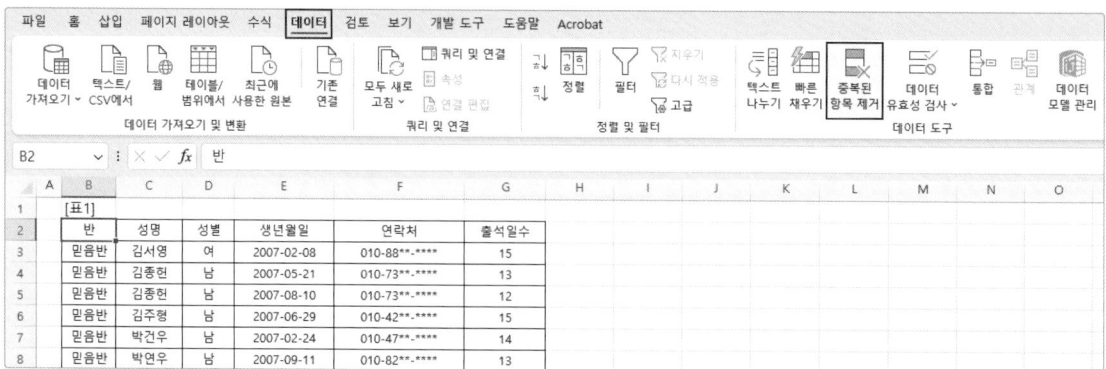

② [중복된 항목 제거] 대화상자에서 <모두 선택 취소> 단추를 클릭하고 '성명', '성별', '생년월일' 열을 체크한 후 <확인> 단추를 클릭합니다.

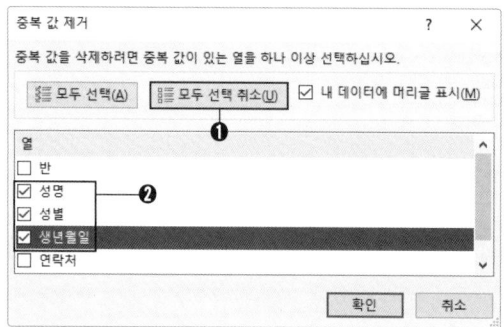

③ 중복된 값이 제거되었다는 메시지를 확인한 후 <확인> 단추를 클릭합니다.

④ [B2] 셀을 선택하고 [데이터] 탭-[정렬 및 필터] 그룹-[정렬]을 클릭합니다.

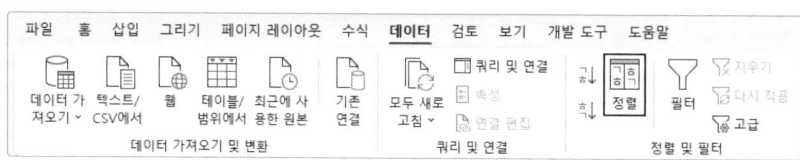

⑤ [정렬] 대화상자에서 정렬 기준을 '반'의 '오름차순'으로 지정하고 <기준 추가>를 누른 후 '성별'의 '오름차순'으로 지정하고 <확인> 단추를 누릅니다.

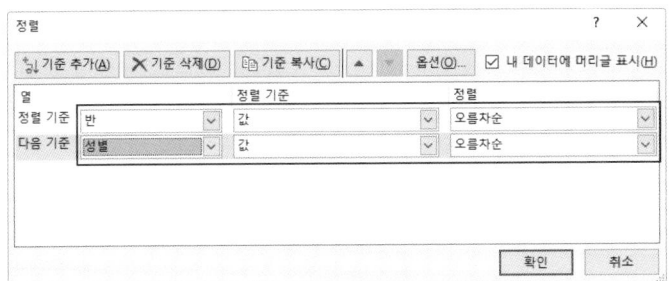

TIP
부분합을 작성하려면 그룹화할 항목을 기준으로 반드시 정렬되어 있어야 합니다.

⑥ [B2] 셀을 선택하고 [데이터] 탭-[개요] 그룹-[부분합]을 클릭합니다.

⑦ [부분합] 대화상자에서 다음과 같이 지정하고 <확인> 단추를 클릭합니다.

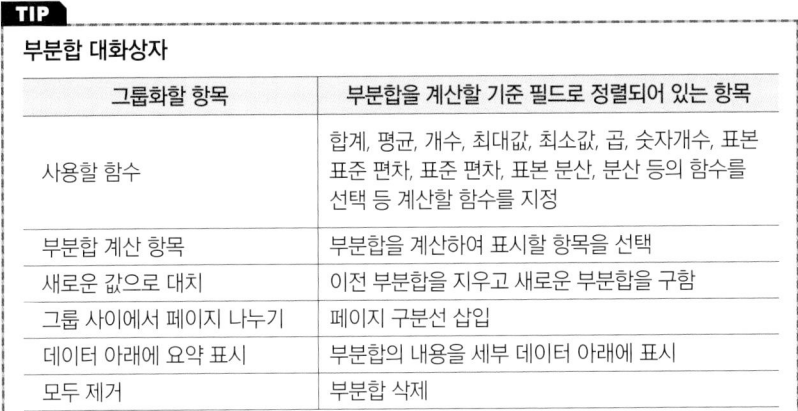

TIP

부분합 대화상자

그룹화할 항목	부분합을 계산할 기준 필드로 정렬되어 있는 항목
사용할 함수	합계, 평균, 개수, 최대값, 최소값, 곱, 숫자개수, 표본 표준 편차, 표준 편차, 표본 분산, 분산 등의 함수를 선택 등 계산할 함수를 지정
부분합 계산 항목	부분합을 계산하여 표시할 항목을 선택
새로운 값으로 대치	이전 부분합을 지우고 새로운 부분합을 구함
그룹 사이에서 페이지 나누기	페이지 구분선 삽입
데이터 아래에 요약 표시	부분합의 내용을 세부 데이터 아래에 표시
모두 제거	부분합 삭제

⑧ 다시 [데이터] 탭-[개요] 그룹-[부분합]을 선택합니다. [부분합] 대화상자에서 '새로운 값으로 대치'를 해제한 후 다음과 같이 지정하고 <확인> 단추를 클릭합니다.

※ '새로운 값으로 대치'를 해제하지 않으면 이전에 구한 평균 부분합이 지워지므로 주의해야 합니다.

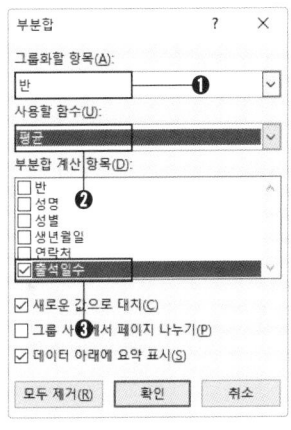

TIP

부분합 제거
부분합이 잘못 지정되어서 제거하려면 [데이터] 탭-[개요] 그룹-[부분합]을 선택하고 [부분합] 대화상자에서 <모두 제거> 단추를 클릭합니다.

문제4 기타작업 (35점)

1 차트 수정

① '기타작업-1' 시트를 선택하고 차트의 데이터 범위를 변경하기 위해 차트에서 마우스 오른쪽 단추를 눌러 [데이터 선택]을 선택합니다.

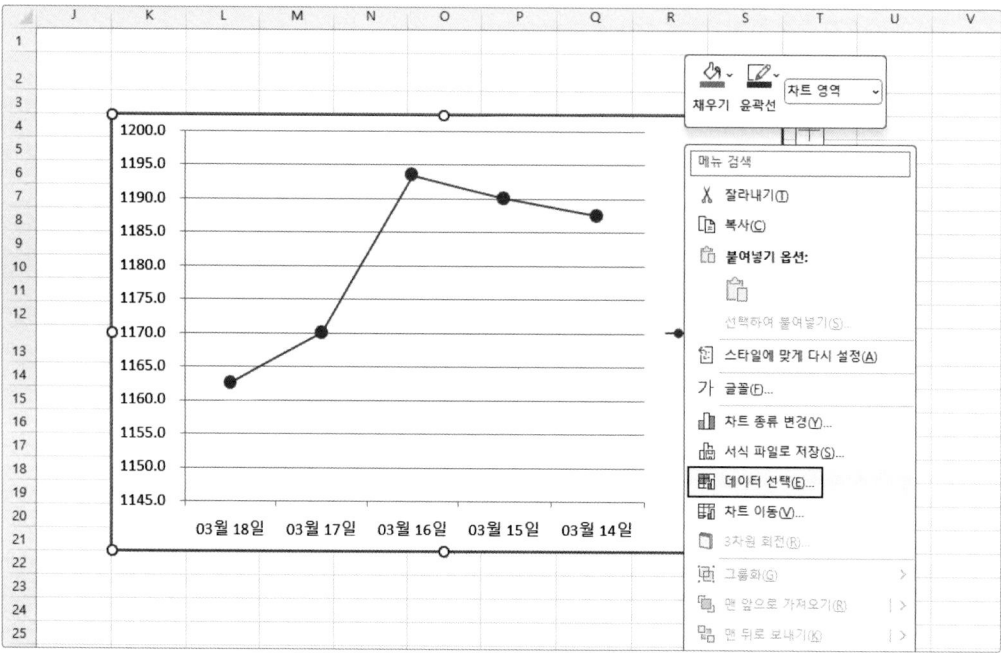

② [데이터 원본 선택] 대화상자에서 <추가> 단추를 클릭합니다.

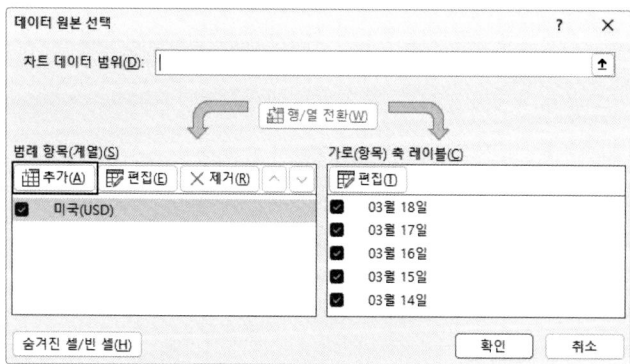

③ [계열 편집] 대화상자에서 '계열 이름'에 '중국(CNY)'을 입력하고 '계열 값'에 [C17:C21] 영역을 지정한 후 <확인> 단추를 클릭합니다.

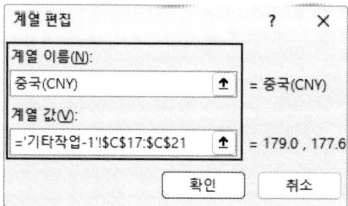

> **TIP**
> 계열 값은 원래 입력된 값을 모두 지운 후 지정합니다.

④ [데이터 원본 선택] 대화상자에서 '가로(항목) 축 레이블'의 <편집> 단추를 클릭합니다.

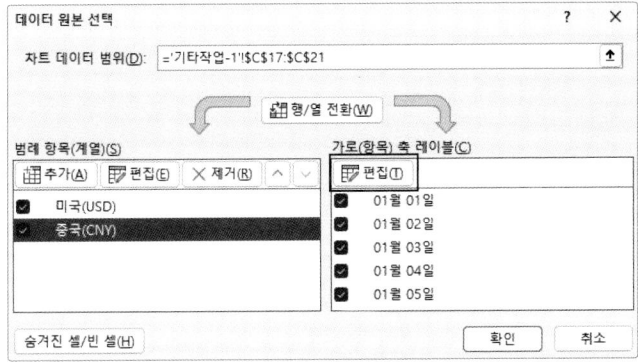

⑤ [축 레이블] 대화상자에서 축 레이블 범위를 [B17:B21] 영역으로 지정하고 <확인> 단추를 클릭합니다.

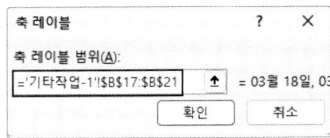

⑥ [데이터 원본 선택] 대화상자에서 가로(항목) 축 레이블이 변경된 것을 확인하고 <확인> 단추를 클릭합니다.

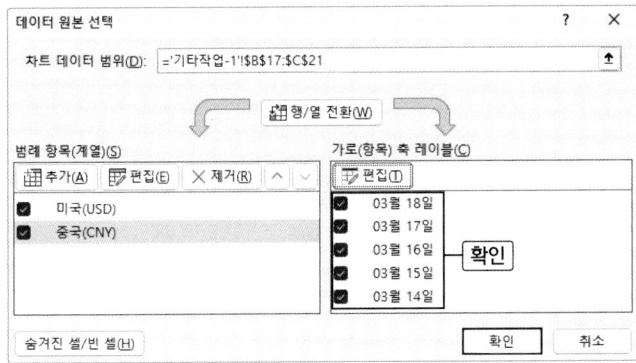

> **TIP**
>
> **중국 계열을 추가하는 다른 방법**
>
> ❶ [C17:C21] 영역을 지정하고 Ctrl+C 키를 누릅니다.
>
> ❷ 차트를 선택하고 Ctrl+V 키를 누릅니다.
>
> ❸ 차트에서 마우스 오른쪽 단추를 눌러 [데이터 선택]을 선택합니다.
>
> ❹ [데이터 선택] 대화상자에서 '계열2'를 선택하고 <편집> 단추를 누른 후 계열 이름을 '중국(CNY)'로 수정합니다.

⑦ 중국 계열을 보조 축으로 지정하기 위해 중국 계열 꺾은선을 선택한 후 마우스 오른쪽 단추를 눌러 [데이터 계열 서식]을 선택합니다.

※ 중국 계열 꺾은선을 더블 클릭해도 [데이터 계열 서식] 창을 열 수 있습니다.

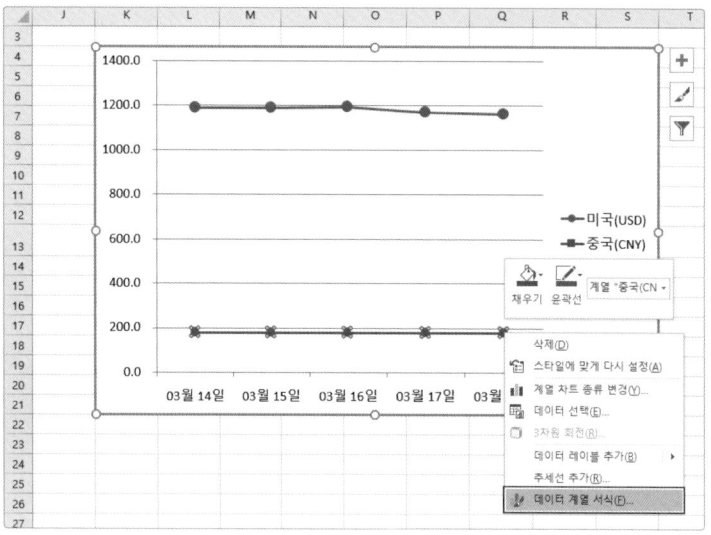

⑧ [데이터 계열 서식] 창의 [계열 옵션]-[계열 옵션]에서 '보조 축'을 클릭합니다.

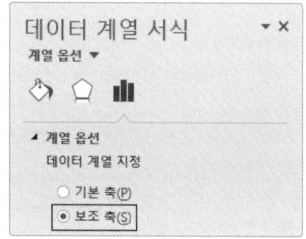

> **TIP**
>
> **보조 축**
>
> 특정 데이터 계열의 값이 다른 계열의 값과 현저하게 차이가 날 경우나 두 가지 이상의 데이터 계열을 가진 차트에 보조 축을 사용합니다.

⑨ 세로 (값) 축 제목을 지정하기 위해 [차트 디자인] 탭-[차트 레이아웃] 그룹-[차트 요소 추가]-[축 제목]-[기본 세로]를 클릭합니다.

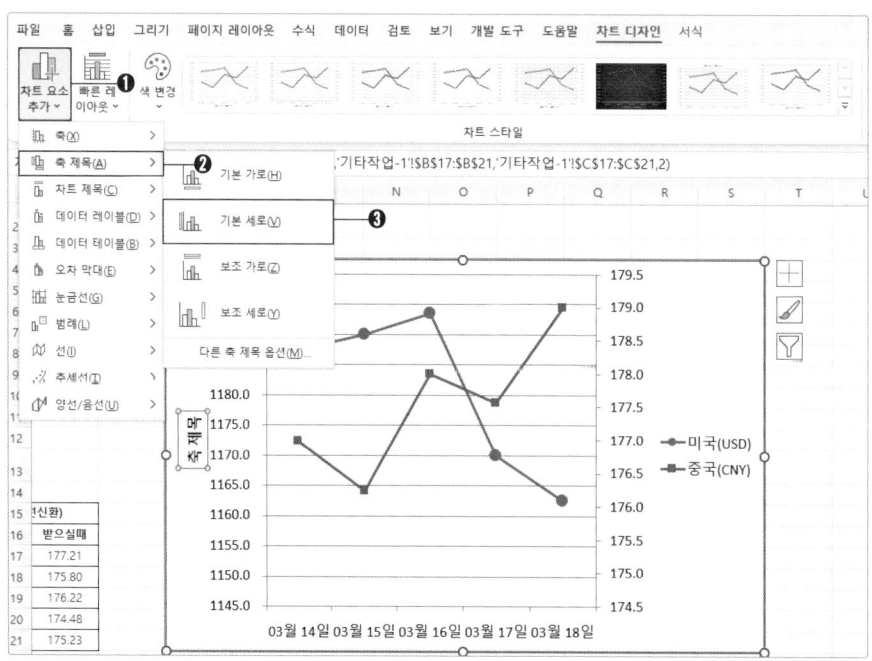

⑩ 세로 (값) 축 제목을 [B2] 셀과 연동하기 위해 세로 (값) 축 제목을 선택합니다. 수식 입력줄에 '='을 입력하고 [B2] 셀을 클릭한 후 **Enter** 키를 누릅니다.

※ 차트 제목이나 축 제목에 '='을 입력하고 셀을 클릭한 후 **Enter** 키를 누르면 셀과 연동되어 셀의 내용이 변경되면 제목이 함께 변경됩니다.

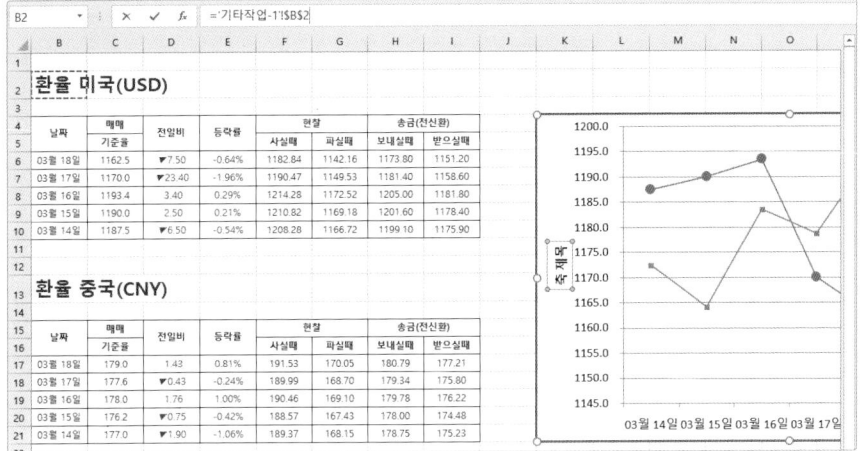

⑪ 세로 (값) 축 제목을 클릭하고 [축 제목 서식] 창의 [제목 옵션]-[크기 및 속성]-[맞춤]에서 텍스트 방향을 '세로'로 지정합니다.

※ [데이터 계열 서식] 창이 열린 상태에서 [세로 축 제목]을 클릭하면 [축 제목 서식] 창으로 변경이 됩니다.

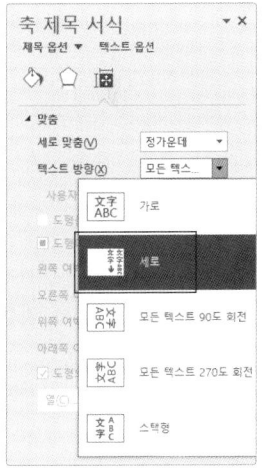

⑫ 세로 (값) 축을 클릭하고 [축 서식] 창의 [축 옵션]-[축 옵션]에서 최소 '1150', 최대 '1250', 기본 단위 '10'으로 지정합니다.

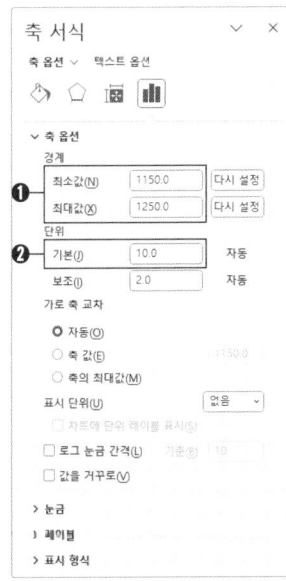

TIP
축 옵션
- **가로 축 교차** : 자동, 축 값, 축의 최대값으로 가로 축이 교차하도록 설정합니다.
- **로그 눈금 간격** : 데이터의 값 차이가 매우 클 때 사용합니다.
- **값을 거꾸로** : 세로 축에 표시되는 값을 거꾸로 나열합니다.

⑬ 범례의 위치를 지정하기 위해 범례를 클릭한 후 [범례 서식] 창의 [범례 옵션]-[범례 옵션]에서 범례의 위치를 '위쪽'으로 선택합니다.

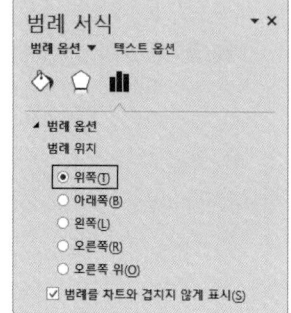

⑭ 미국 계열의 표식과 선 스타일을 변경하기 위해 미국 계열 꺾은선을 클릭합니다.

⑮ [데이터 계열 서식] 창의 [계열 옵션]-[채우기 및 선]-[표식]-[표식 옵션]에서 형식을 '▲'로 선택합니다.

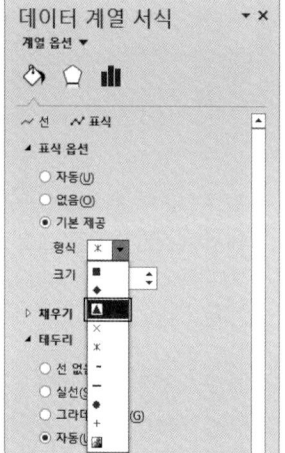

⑯ [데이터 계열 서식] 창의 [계열 옵션]-[채우기 및 선]-[표식]-[테두리]에서 '완만한 선'을 체크합니다.

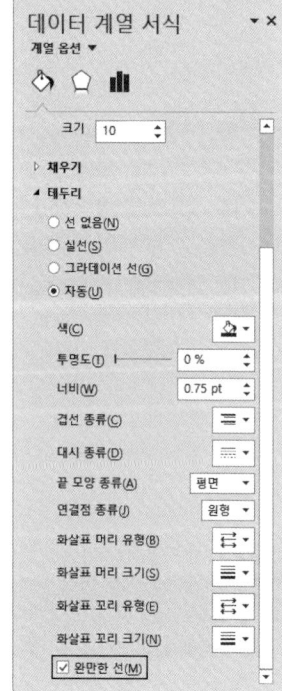

⑰ 미국 계열의 요소에 데이터 레이블을 표시하기 위해 미국 계열의 '3월 16일' 요소를 두 번 클릭하여 선택합니다.

⑱ [차트 디자인] 탭-[차트 레이아웃] 그룹-[차트 요소 추가]-[데이터 레이블]-[아래쪽]을 클릭합니다.

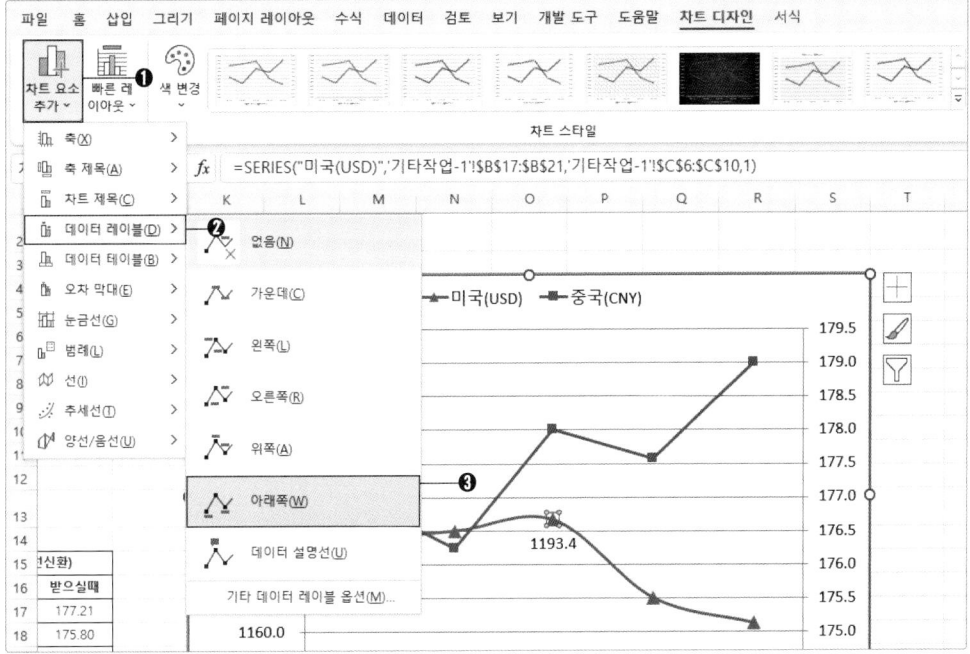

2 매크로 작성

① '기타작업-2' 시트를 선택하고 [개발 도구] 탭-[코드] 그룹-[매크로 기록]을 클릭합니다.

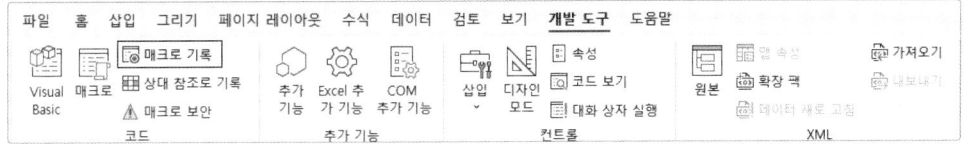

② [매크로 기록] 대화상자에서 '매크로 이름'을 '서식적용'으로 입력하고 <확인> 단추를 클릭합니다.

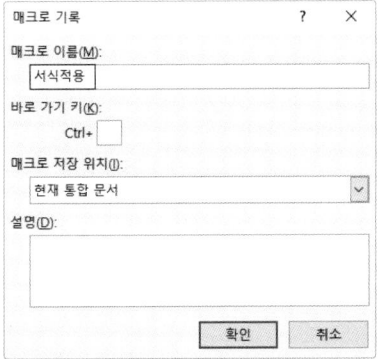

③ 상태 표시줄에 매크로 기록을 표시하는 □(기록 중지)가 표시된 것을 확인합니다.

④ [E6:L33] 영역을 지정하고 마우스 오른쪽 단추를 눌러 [셀 서식]을 선택합니다.

⑤ [셀 서식] 대화상자의 [표시 형식] 탭에서 범주의 '사용자 지정'을 선택하고 '형식'에 다음과 같이 입력한 후 <확인> 단추를 클릭합니다.

[=1]"O";[=0]"X" → 셀 값이 1과 같은 경우 영문자 대문자 "O"로 표시, 셀 값이 0과 같은 경우 영문자 대문자 "X"로 표시 합니다.

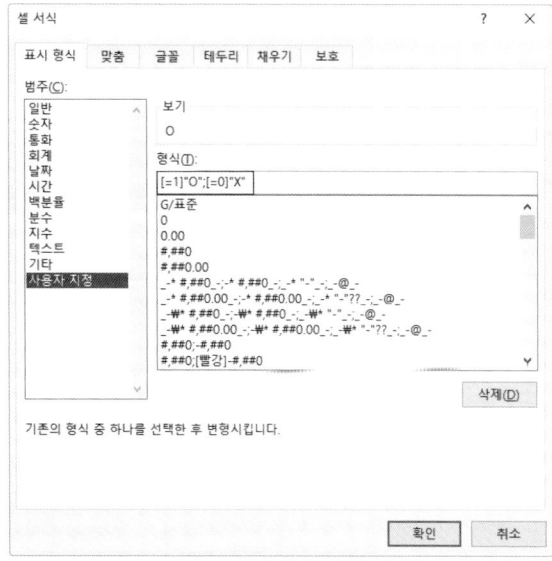

⑥ 상태 표시줄의 ☐(기록 중지)를 클릭하거나 [개발 도구] 탭-[코드] 그룹-[기록 중지]를 클릭합니다.

⑦ [개발 도구] 탭-[컨트롤] 그룹-[삽입]-[양식 컨트롤]-[단추]를 클릭한 후 [B2:C3] 영역에 드래그하여 작성합니다.
  ※ Alt 키를 누른 채 드래그하면 셀에 정확히 맞게 작성할 수 있습니다.

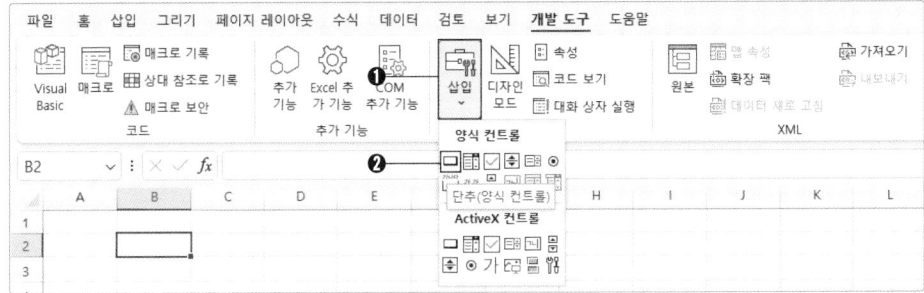

⑧ [매크로 지정] 대화상자에서 '매크로 이름'을 '서식적용'으로 선택하고 <확인> 단추를 클릭합니다.

⑨ 단추의 텍스트를 '서식적용'으로 수정합니다.

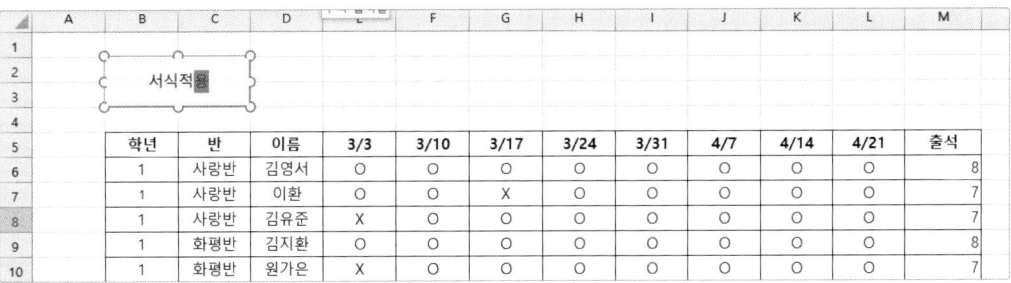

> **TIP**
> **매크로가 잘 동작하지 않는 경우**
> ❶ [개발 도구] 탭-[코드] 그룹-[매크로]를 클릭합니다.
> ❷ [매크로] 대화상자에서 '서식적용' 매크로를 선택하고 <삭제> 단추를 클릭합니다.
> ❸ 다시 매크로를 작성합니다.

⑩ [개발도구] 탭-[코드] 그룹-[매크로 기록]을 클릭합니다.

⑪ [매크로 기록] 대화상자에서 '매크로 이름'을 '그래프보기'로 입력하고 <확인> 단추를 클릭합니다.

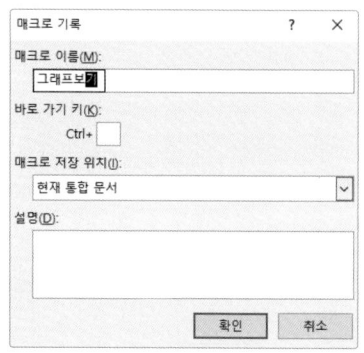

⑫ [M6:M33] 영역을 선택하고 [홈] 탭-[스타일] 그룹-[조건부 서식]-[데이터 막대]-[기타 규칙]을 클릭합니다.

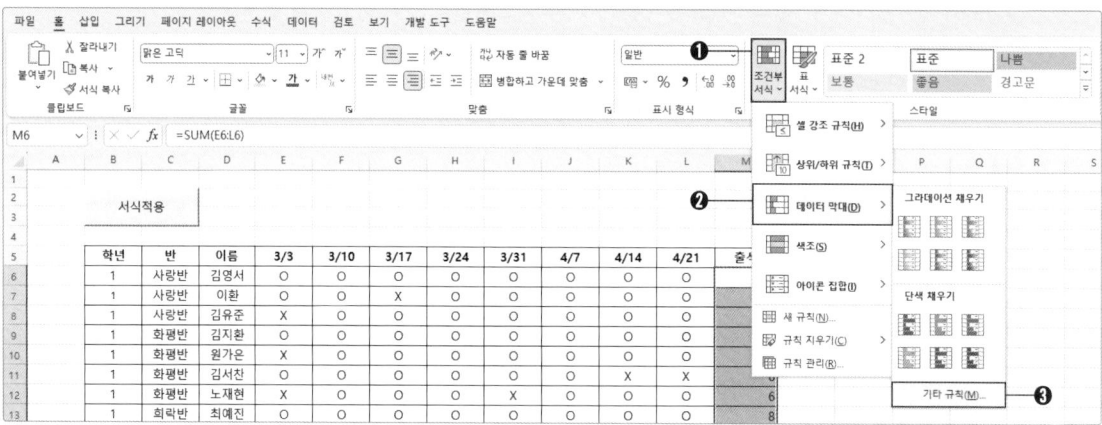

> **TIP**
> - **데이터 막대** : 데이터 막대의 길이를 이용하여 셀의 값을 나타냅니다.
> - **색조** : 2색조나 3색조를 이용하여 셀 범위에 그라데이션으로 셀 값을 나타냅니다.
> - **아이콘 집합** : 데이터를 몇 가지 범주로 분류하여 아이콘으로 값의 범위를 나타냅니다.

⑬ [새 서식 규칙] 대화상자에서 규칙 유형은 '셀 값을 기준으로 모든 셀의 서식 지정'으로 선택합니다. 서식 스타일은 '데이터 막대', 최소값은 '백분위수', '20', 최대값은 '백분위수', '80', 채우기는 '그라데이션 채우기', 색은 '노랑'으로 지정한 후 <확인> 단추를 클릭합니다.

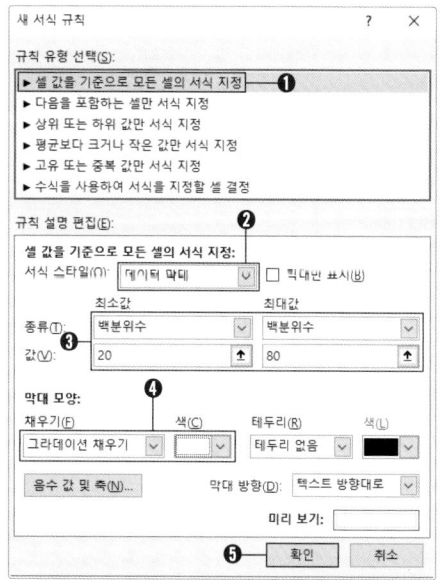

⑭ 상태 표시줄의 ☐(기록 중지)를 클릭합니다.

⑮ [개발 도구] 탭-[컨트롤] 그룹-[삽입]-[양식 컨트롤]-[단추]를 클릭한 후 [E2:F3] 영역에 **Alt** 키를 누른 채 드래그하여 작성합니다.

⑯ [매크로 지정] 대화상자에서 '매크로 이름'을 '그래프보기'로 선택하고 <확인> 단추를 클릭합니다.

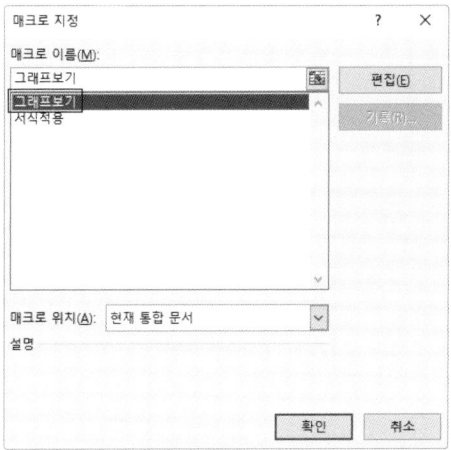

⑰ 단추의 텍스트를 '그래프보기'로 수정합니다.

3 프로시저 작성

1) 폼 보이기 프로시저

① '기타작업-3' 시트를 선택하고 [개발 도구] 탭-[컨트롤] 그룹-[디자인 모드]를 클릭합니다.

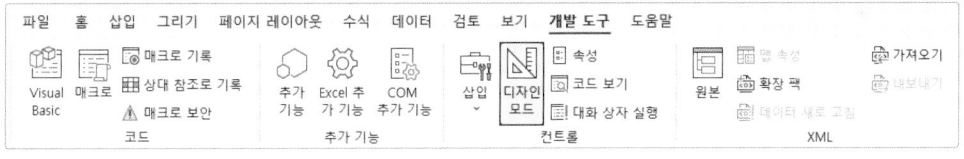

> **TIP**
> **디자인 모드**
> 디자인 모드에서 컨트롤을 더블클릭하여 이벤트 프로시저를 작성할 수 있습니다.

② <팡팡요금관리> 단추를 더블 클릭하고 다음과 같이 코드를 입력합니다.

```
Private Sub cmd등록작업_Click( )
    팡팡요금관리.Show
End Sub
```

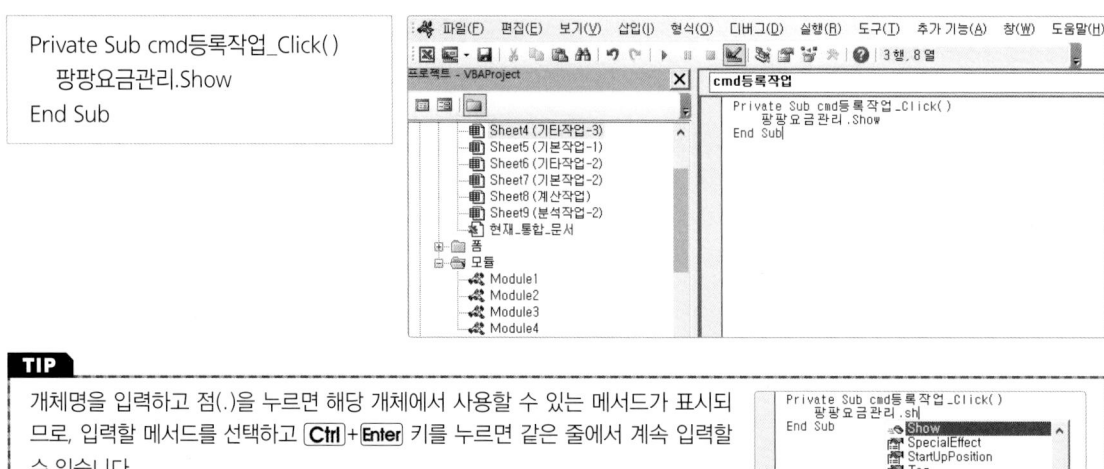

TIP
개체명을 입력하고 점(.)을 누르면 해당 개체에서 사용할 수 있는 메서드가 표시되므로, 입력할 메서드를 선택하고 Ctrl + Enter 키를 누르면 같은 줄에서 계속 입력할 수 있습니다.

③ 입력한 코드를 실행하려면 F5 키를 누르거나 도구 모음의 ▶ (실행)을 클릭하여 결과를 확인합니다.

2) 폼 초기화 프로시저

① [프로젝트-VBAProject] 탐색기에서 '팡팡요금관리'를 선택하고 마우스 오른쪽 단추를 눌러 [코드 보기]를 선택합니다.

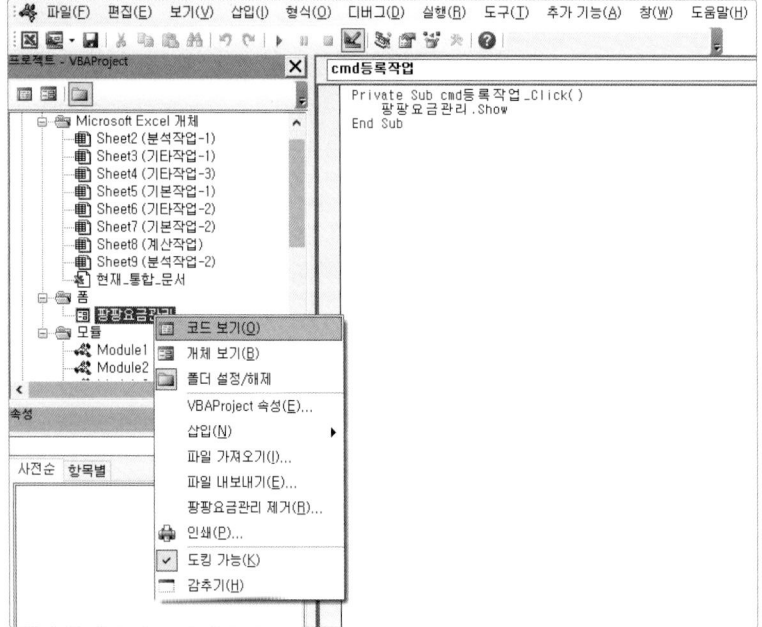

② 개체 목록은 'UserForm', 프로시저 목록은 'Initialize'를 선택합니다.

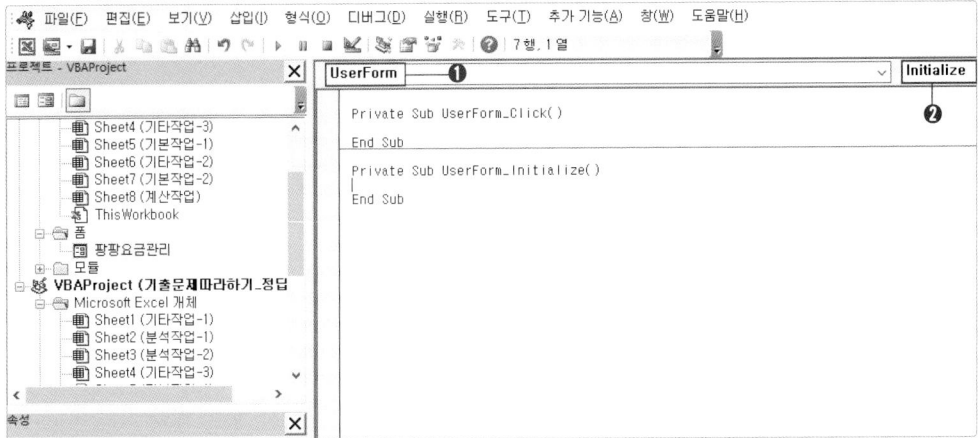

③ 다음과 같이 코드를 입력합니다.

```
Private Sub UserForm_Initialize( )
    cmb구분.RowSource = "M6:N8"
    cmb구분.columnCount = 2
        → cmb구분의 행 원본을 [M6:N8]로 지정
    opt유.Value = True
        → opt유의 값은 True로 지정하여 초기값으로 선택함
End Sub
```

3) 등록 프로시저

① 개체 목록은 'cmd등록', 프로시저 목록은 'Click'을 선택합니다.

② 다음과 같이 코드를 입력합니다.

```
Private Sub cmd등록_Click( )
    i = [B4].Row + [B4].CurrentRegion.Rows.Count → [B4] 셀의 행 번호인 4와 [B4] 셀을 기준으로 인접한 행의 개수를 더함
    Cells(i, 2) = cmb구분.List(cmb구분.ListIndex, 0) → i행 2열에 cmb구분에서 선택한 행의 0열 값을 입력
    Cells(i, 3) = txt아동명.Value → i행 3열에 txt아동명을 입력
    If opt유.Value Then → opt유가 True이면
        Cells(i, 4) = "유"  → i행 4열에 "유"를 입력
    Else                    → 그렇지 않으면
        Cells(i, 4) = "무"  → i행 4열에 "무"를 입력
    End If
    Cells(i, 5) = cmb구분.List(cmb구분.ListIndex, 1) → i행 5열에 cmb구분에서 선택한 행의 1열 값을 입력
    Cells(i, 6) = txt입장시간.Value → i행 6열에 txt입장시간 입력
    Cells(i, 7) = txt퇴장시간.Value → i행 7열에 txt퇴장시간 입력
    Cells(i, 8) = (Hour(Cells(i, 7))-Hour(Cells(i, 6))) * Cells(i, 5) → i행 8열에는 (퇴장시간-입장시간) * 기본요금을 계산하여 입력
End Sub
```

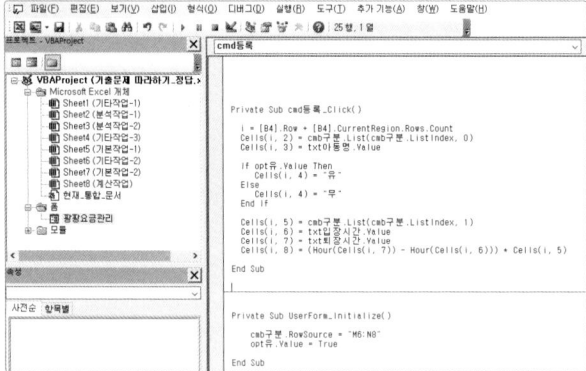

4) 종료 프로시저

① 개체 목록은 'cmd종료', 프로시저 목록은 'Click'을 선택합니다.

② 다음과 같이 코드를 입력합니다.

```
Private Sub cmd종료_Click()
    MsgBox Now, vbOKOnly, "등록화면을 종료합니다." → 메시지 박스에 현재 날짜와 시간을 나타내고 <확인> 단추만을 표시, 제목표시줄에는 "등록화면을 종료합니다."를 표시
    Unload Me → 현재 작업중인 폼을 종료
End Sub
```

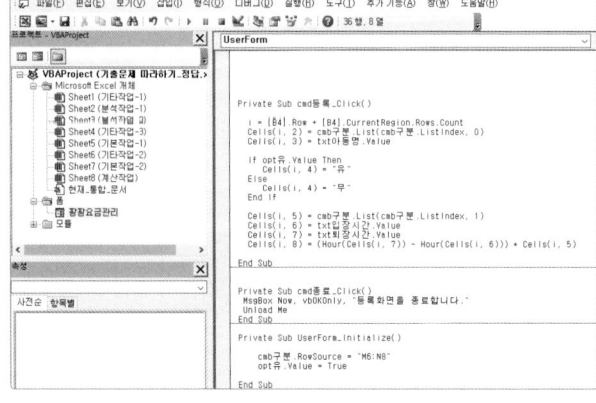

> **TIP**
>
> **MsgBox의 형식**
>
> MsgBox(표시할 내용, 단추, 제목)
>
> | 그룹화할 항목 | 코드 |
> |---|---|
> | 확인(기본 값) | vbOKOnly |
> | 확인, 취소 | vbOKCancel |
> | 예, 아니오 | vbYesNo |
> | 예, 아니오, 취소 | vbYesNoCancel |

③ 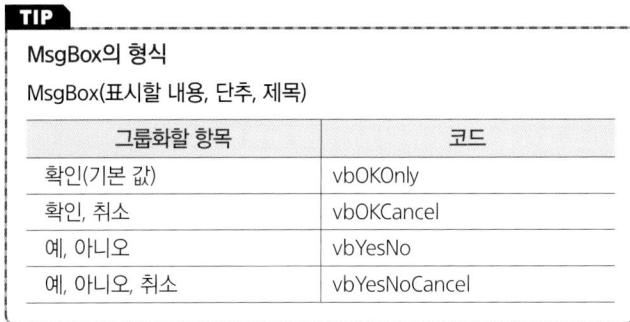(보기 Microsoft Excel)을 클릭하거나 **Alt**+**F11** 키를 눌러 Excel로 돌아갑니다.

④ 실행 결과를 확인하기 위해 [개발 도구] 탭-[컨트롤] 그룹-[디자인 모드]를 클릭하여 디자인 모드를 해제합니다.

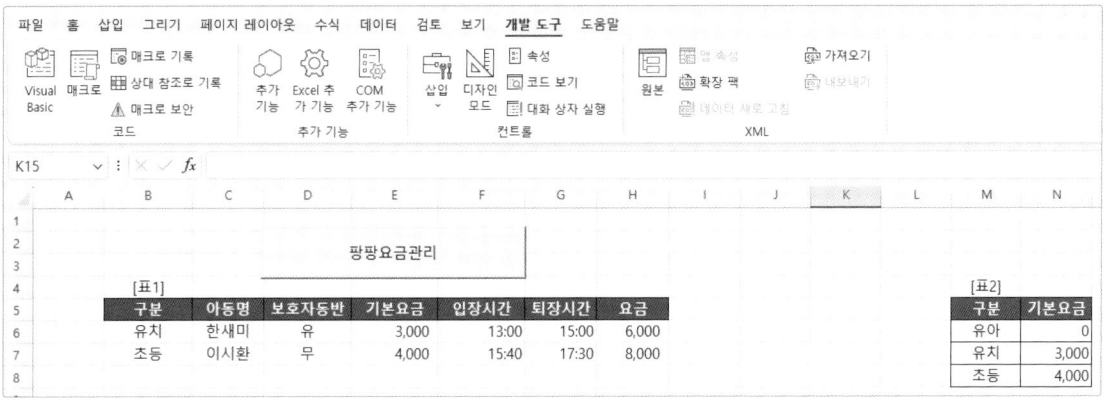

⑤ <팡팡요금관리> 단추를 클릭합니다. [팡팡요금관리] 폼이 표시되면 '구분/기본요금'을 클릭하여 목록이 표시되는 것을 확인합니다.

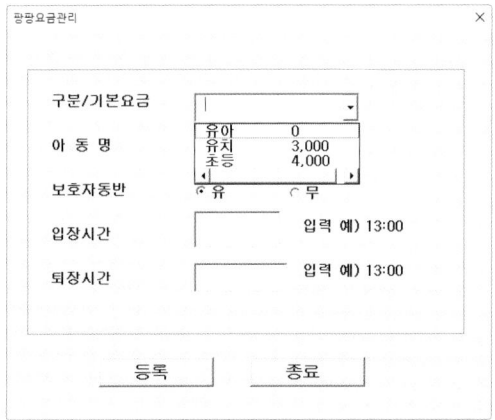

최신유형문제 | **207**

⑥ 데이터를 입력하고 <등록> 단추를 클릭합니다. 입력한 데이터가 워크시트에 입력되는 것을 확인합니다.

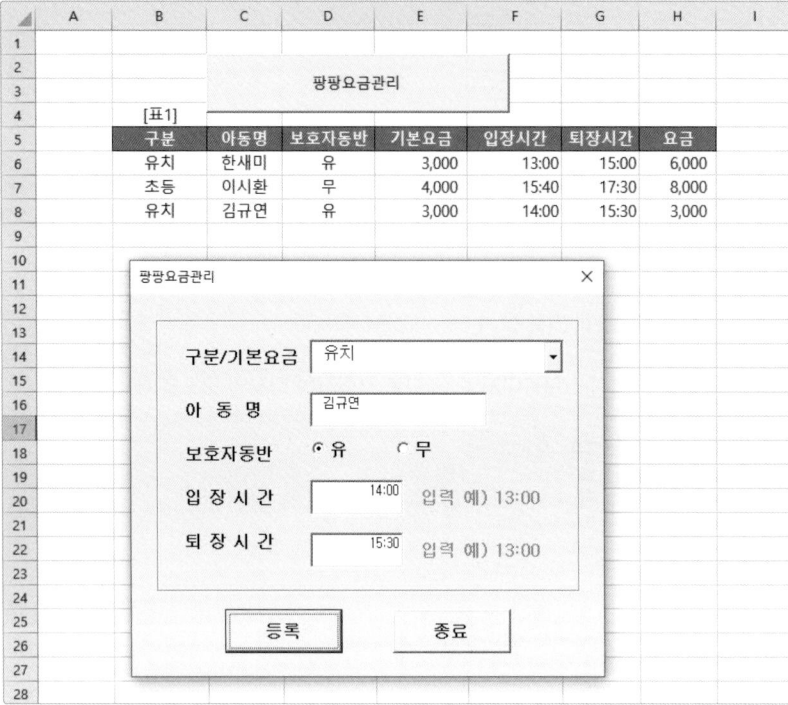

⑦ <종료> 단추를 클릭합니다. 시스템의 현재 날짜와 시간이 표시되는 것을 확인하고 <확인> 단추를 클릭합니다.

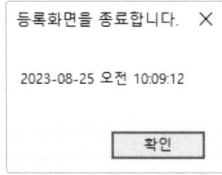

MEMO

컴퓨터활용능력
1급 실기

PART 03
실전모의고사

- **실전모의고사 1회**
  실전모의고사 **1회** 정답 및 해설

- **실전모의고사 2회**
  실전모의고사 **2회** 정답 및 해설

- **실전모의고사 3회**
  실전모의고사 **3회** 정답 및 해설

- **실전모의고사 4회**
  실전모의고사 **4회** 정답 및 해설

- **실전모의고사 5회**
  실전모의고사 **5회** 정답 및 해설

※ 'C:₩2024_컴활1급₩엑셀₩작업파일₩실진모의고시' 폴더를 이용하어 실전모의고사 문제를 해결합니다.

컴퓨터활용능력 실전모의고사 1회

프로그램명	제한시간
EXCEL 2021	45분

수 험 번 호 :

성   명 :

1급 | A형

유의사항

- 인적 사항 누락 및 잘못 작성으로 인한 불이익은 수험자 책임으로 합니다.
- 화면에 암호 입력창이 나타나면 아래의 암호를 입력하여야 합니다.
  - 암호 : 3248%4
- 작성된 답안은 주어진 경로 및 파일명을 변경하지 마시고 그대로 저장해야 합니다. 이를 준수하지 않으면 실격 처리됩니다.
  - 답안 파일명의 예 : C:₩OA₩수험번호8자리.xlsm
- 외부데이터 위치: C:₩OA₩파일명
- 별도의 지시사항이 없는 경우, 다음과 같이 처리 시 실격 처리됩니다.
  - 제시된 시트 및 개체의 순서나 이름을 임의로 변경한 경우
  - 제시된 시트 및 개체를 임의로 추가 또는 삭제한 경우
  - 외부데이터를 시험 시작 전에 열어본 경우
- 답안은 반드시 문제에서 지시 또는 요구한 셀에 입력하여야 하며 다음과 같이 처리 시 채점 대상에서 제외됩니다.
  - 제시된 함수가 있을 경우 제시된 함수만을 사용하여야 하며 그 외 함수 사용 시 채점 대상에서 제외
  - 수험자가 임의로 지시하지 않은 셀의 이동, 수정, 삭제, 변경 등으로 인해 셀의 위치 및 내용이 변경된 경우 해당 작업에 영향을 미치는 관련문제 모두 채점 대상에서 제외
  - 도형 및 차트의 개체가 중첩되어 있거나 동일한 계산결과 시트가 복수로 존재할 경우 해당 개체나 시트는 채점 대상에서 제외
- 수식 작성 시 제시된 문제 파일의 데이터는 변경 가능한(가변적) 데이터임을 감안하여 문제 풀이를 하시오.
- 별도의 지시사항이 없는 경우, 주어진 각 시트 및 개체의 설정값 또는 기본 설정값(Default)으로 처리하시오.
- 저장 시간은 별도로 주어지지 않으므로 제한된 시간 내에 저장을 완료해야 하며, 제한 시간 내에 저장이 되지 않은 경우에는 실격 처리됩니다.
- 출제된 문제의 용어는 MS Office LTSC Professional Plus 2021 기준으로 작성되어 있습니다.

문제 1 기본작업(15점)_ 주어진 시트에서 다음 과정을 수행하고 저장하시오.

01 '기본작업-1' 시트에서 다음과 같이 고급필터를 수행하시오. (5점)

- [B2:G43] 영역에서 '작업사항'이 공백이 아니면서 '작업사항'이 '품절도서'가 아닌 행에 대하여 '입력일자', '신청자이름', '서명', '저자', '작업사항' 열을 순서대로 표시하시오.
- 조건은 [I2:I3] 영역에 입력하시오. (AND, ISBLANK, NOT 함수 사용)
- 결과는 [I7] 셀부터 표시하시오.

02 '기본작업-1' 시트에서 다음과 같이 조건부 서식을 설정하시오. (5점)

- [B3:G43] 영역에서 다섯 번째 행마다 글꼴 스타일 '기울임꼴', 채우기 색 '표준 색-노랑'을 적용하시오.
- 단, 규칙 유형은 '수식을 사용하여 서식을 지정할 셀 결정'을 사용하고, 한 개의 규칙으로만 작성하시오.
- ROW, MOD 함수 사용

03 '기본작업-2' 시트에서 다음과 같이 페이지 레이아웃을 설정하시오. (5점)

- 인쇄될 내용이 페이지의 정 가운데에 인쇄되도록 페이지 가운데 맞춤을 설정하시오.
- 매 페이지 하단의 가운데 구역에는 페이지 번호가 [표시 예]와 같이 표시되도록 바닥글을 설정하시오.
  [표시 예: 현재 페이지 번호 1, 전체 페이지 번호 3 → 1/3]
- [B2:D42] 영역을 인쇄 영역으로 설정하고, 2행이 매 페이지마다 반복하여 인쇄되도록 인쇄 제목을 설정하시오.

문제 2 계산작업(30점)_ '계산작업' 시트에서 다음 과정을 수행하고 저장하시오.

01 [표1]의 성명과 [표2]를 이용하여 부양공제[D4:D42]를 표시하시오. (6점)

- 성명이 [표2]의 목록에 있으면 '예'로, 없으면 '아니오'로 표시
- IF, ISERROR, MATCH 함수 사용

02 [표1]의 법인명과 [표3]을 이용하여 사업자번호[H4:H42]를 표시하시오. (6점)

- 사업번호는 [표3]을 참조하여 구하고 사업자번호의 5번째부터 두 자리 문자를 '○●' 기호로 바꾸어 표시
  [표시 예: 123-45-6789 → 123-○●-6791]
- 단, 오류발생시 빈칸으로 표시하시오.
- IFERROR, REPLACE, XLOOKUP 함수 사용

03 [표1]의 소득공제, 소득공제내용, 금액을 이용하여 소득공제별 소득공제내용별 금액의 합계를 [표4]의 [N14:P16] 영역에 계산하시오. (6점)

▶ 합계는 천원 단위로 표시 [표시 예: 0 → 0, 1,321,420 → 1,321]
▶ IF, SUM, TEXT 함수를 이용한 배열 수식

04 [표1]에서 소득공제가 '일반의료비'인 관계별 최대 금액과 최소 금액의 차이를 [표5]의 [N21:N24] 영역에 계산하시오. (6점)

▶ IF, LARGE, SMALL 함수를 이용한 배열 수식

05 사용자 정의 함수 'fn의료비보조'를 작성하여 [표1]의 의료비보조[J4:J42]를 표시하시오. (6점)

▶ 'fn의료비보조'는 관계, 소득공제, 금액을 인수로 받아 값을 되돌려줌
▶ 소득공제가 '일반의료비'인 경우에는 관계가 '본인' 또는 '자' 또는 '처'이면 금액의 80%를, 아니면 금액의 50%을 계산하여 표시, 소득공제가 '일반의료비'가 아닌 경우에는 0으로 표시
▶ If ~ Else 문 사용

    Public Function fn 의료비보조(관계, 소득공제, 금액)
    End Function

문제 3 분석작업(20점)_ 주어진 시트에서 다음 과정을 수행하고 저장하시오.

01 '분석작업-1' 시트에서 다음의 지시사항에 따라 피벗 테이블 보고서를 작성하시오. (10점)

▶ 외부 데이터 가져오기 기능을 사용하여 <생활기상정보.accdb>의 <기상자료> 테이블의 '기상', '지역', '1월', '2월', '3월', '4월', '5월', '12월' 열을 이용하시오.
▶ 피벗 테이블 보고서의 레이아웃과 위치는 <그림>을 참조하여 설정하고, 보고서 레이아웃을 테이블 형식으로 표시하시오.
▶ '12월' + '1월' + '2월'로 계산하는 '겨울기상' 계산 필드와 '3월' + '4월' + '5월'로 계산하는 '봄기상' 계산 필드를 추가하시오.
▶ 행의 총합계는 표시되지 않도록 설정하시오.
▶ 피벗 테이블 스타일은 '피벗 스타일 밝게 15', 피벗 테이블 스타일 옵션은 '행 머리글', '열 머리글', '줄무늬 열'을 설정하시오.

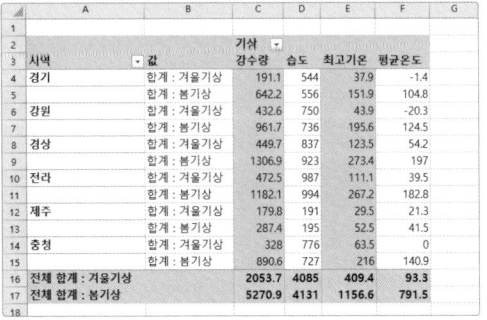

※ 작업 완성된 그림이며 부분점수 없음

02 '분석작업-2' 시트에 대하여 다음의 지시사항을 처리하시오. (10점)

▶ [데이터 유효성 검사] 기능을 이용하여 [D3:E35] 영역에는 2020-03-01부터 2020-04-30까지의 날짜만 입력되도록 제한 대상을 설정하시오.

▶ [D3:E35] 영역의 셀을 클릭한 경우 <그림>과 같은 설명 메시지를 표시하고, 유효하지 않은 데이터를 입력한 경우 <그림>과 같은 오류 메시지가 표시되도록 설정하시오.

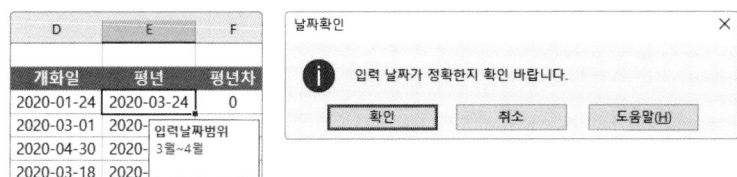

▶ [필터] 기능을 이용하여 '개화일'이 2020-03-01 이전 또는 2020-04-30 이후인 경우의 데이터 행만 표시되도록 날짜 필터를 설정하시오.

문제 4 기타작업(35점)_ 주어진 시트에서 다음 과정을 수행하고 저장하시오.

01 '기타작업-1' 시트에서 다음의 지시사항에 따라 차트를 수정하시오. (각 2점)

※ 차트는 반드시 문제에서 제공한 차트를 사용하여야 하며, 신규로 차트작성 시 0점 처리 됨

① 데이터 원본 선택은 '서울', '대전', '대구', '부산' 계열이 <그림>과 같이 표시되도록 범례 항목(계열)의 계열 이름을 수정하시오.

② 차트 제목을 추가하여 [B2] 셀과 연동하고, 차트 영역의 글꼴 크기를 '13pt'로 설정하시오.

③ 차트 종류를 '표식이 있는 꺾은선형'으로 변경하고, 그림 영역에 '미세 효과 – 회색, 강조 3' 도형 스타일을 적용하시오.

④ 세로 (값) 축의 최소 값은 4, 최대 값은 6으로 설정하고, 기본 주 세로 눈금선을 표시하시오.

⑤ 차트 영역의 테두리 스타일은 '둥근 모서리', 그림자는 '안쪽 가운데'로 설정하시오.

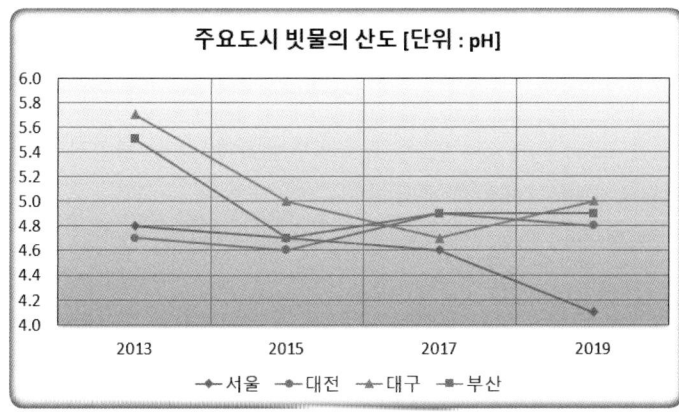

02 '기타작업-2' 시트에서 다음과 같은 기능을 수행하는 매크로를 현재 통합문서에 작성하시오. (각 5점)

① [F7:F39] 영역에 대하여 사용자 지정 표시 형식을 설정하는 '서식적용' 매크로를 생성하시오.
▶ 양수일 때 파랑색으로 기호 없이 소수점 이하 첫째 자리까지 표시, 음수일 때 빨강색으로 기호 없이 소수점 이하 첫째 자리까지 표시, 0일 때 검정색으로 "●" 기호만 표시
▶ [개발 도구]-[삽입]-[양식 컨트롤]의 '단추'를 동일 시트의 [B2:C3] 영역에 생성한 후 텍스트를 '서식적용'으로 입력하고, 단추를 클릭하면 '서식적용' 매크로가 실행되도록 설정하시오.

② [F7:F39] 영역에 대하여 표시 형식을 '일반'으로 적용하는 '서식해제' 매크로를 생성하시오.
▶ [개발 도구]-[삽입]-[양식 컨트롤]의 '단추'를 동일 시트의 [E2:F3] 영역에 생성한 후 텍스트를 '서식해제'로 입력하고, 단추를 클릭하면 '서식해제' 매크로가 실행되도록 설정하시오.
※ 셀 포인터의 위치에 관계없이 매크로가 실행되어야 정답으로 인정됨

03 '기타작업-3' 시트에서 다음과 같은 작업을 수행하도록 프로시저를 작성하시오. (각 5점)

① '성적입력' 단추를 클릭하면 <성적등록화면> 폼이 나타나도록 설정하고, 폼이 초기화(Initialize)되면 수강자(cmb수강자)에는 [O6:P17] 영역의 값이 표시되도록 설정하시오.

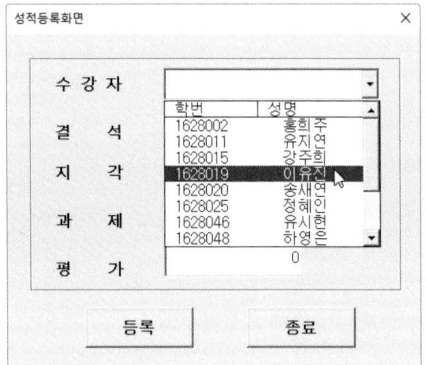

② '성적등록화면' 폼의 '등록'(cmd등록) 단추를 클릭하면 폼에 입력된 데이터가 [표1]에 입력되어 있는 마지막 행 다음에 연속하여 추가되도록 프로시저를 작성하시오.
▶ '학번'과 '성명'에는 선택된 수강자(cmb수강자)에 해당하는 학번과 성명을 각각 표시
▶ '출석'은 '20-(결석 * 2 + 지각 * 1)'로 계산
▶ '비고'는 '출석'이 12보다 작으면 '출석미달'로 표시
▶ If문 사용

③ 종료(cmd종료) 단추를 클릭하면 <그림>과 같은 메시지 박스를 표시한 후 폼을 종료하는 프로시저를 작성하시오.
▶ 시스템의 현재 시간과 " 평가를 종료합니다." 텍스트를 함께 표시

실전모의고사 1회 정답 및 해설

정답

문제 1 ▶ 기본작업 (15점)

01 고급 필터

고급 필터 조건식 : =AND(NOT(ISBLANK(G3)),G3<>"품절도서")

02 조건부 서식

조건부 서식 수식 : =MOD(ROW($B3)-2,5)=0

03 페이지 레이아웃

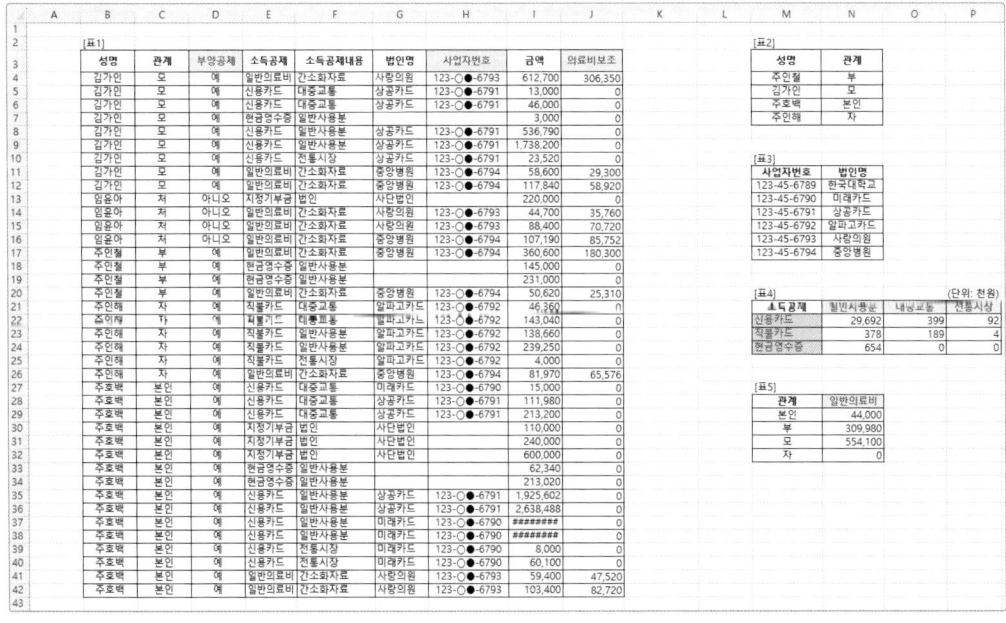

문제2 계산작업 (30점)

01 부양공제[D4:D42]

=IF(ISERROR(MATCH(B4,$M$4:$M$7,0)),"아니오","예")

02 사업자번호[H4:H42]

=IFERROR(REPLACE(XLOOKUP(G4,$P$4:$P$9,$Q$4:$Q$9),5,2,"○ ●"),"")

03 소득공제별 소득공제내용별 금액의 합계[N14:P16]

=TEXT(SUM(IF(($E$4:$E$42=$M14)*($F$4:$F$42=N$13),$I$4:$I$42)),"#,##0,")

04 관계별 최대 금액과 최소 금액의 차이[N21:N24]

=LARGE(IF(($C$4:$C$42=$M21)*($E$4:$E$42=$N$20),$I$4:$I$42),1)-SMALL(IF(($C$4:$C$42=$M21)*($E$4:$E$42=$N$20),$I$4:$I$42),1)

05 최고점수자[H25:J29]

```
Public Function fn의료비보조(관계, 소득공제, 금액)
    If 소득공제 = "일반의료비" Then
        If 관계 = "본인" Or 관계 = "자" Or 관계 = "처" Then
            fn의료비보조 = 금액 * 0.8
        Else
            fn의료비보조 = 금액 * 0.5
        End If
    Else
        fn의료비보조 = 0
    End If
End Function
```

문제3 ▶ 분석작업 (20점)

01 피벗 테이블

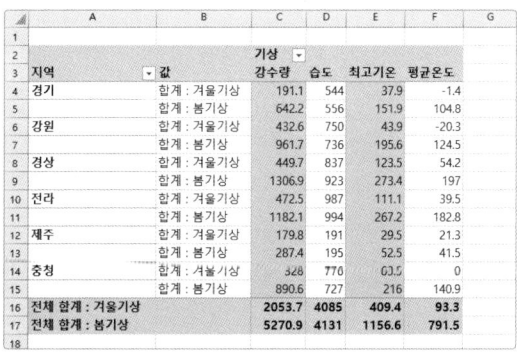

02 데이터 도구

	A	B	C	D	E	F	G
1							
2		꽃	지역명	개화일	평년	평년차	
3		개나리	강릉	2020-01-24	2020-03-24	0	
9		개나리	부산	2020-08-15	2020-03-16	-1	
30		진달래	서귀포	2020-01-15	2020-03-19	-4	
35		진달래	전주	2020-06-27	2020-03-29	-2	
36							

문제 4 기타작업 (35점)

01 차트

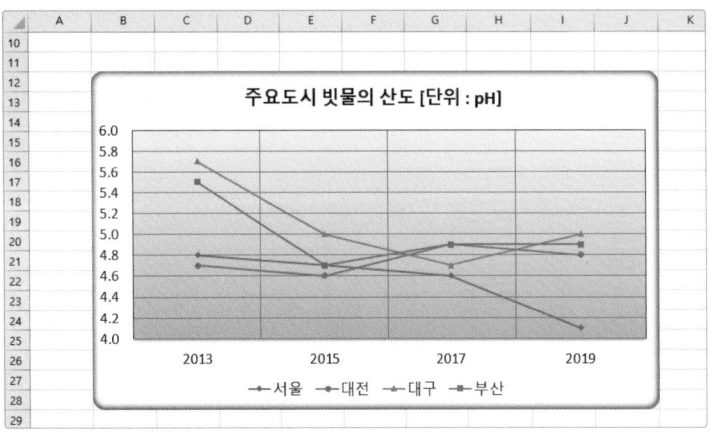

02 매크로

	A	B	C	D	E	F	G
1							
2			서식적용		서식해제		
3							
4							
5							
6		꽃	지역명	개화일	평년	평년차	
7		벚꽃	강릉	04월 02일	04월 01일	1.0	
8		진달래	강릉	03월 27일	03월 28일	1.0	
9		개나리	강릉	03월 25일	03월 25일	●	
10		벚꽃	광주	03월 29일	04월 02일	4.0	
11		진달래	광주	03월 27일	03월 27일	●	
12		개나리	광주	03월 19일	03월 23일	4.0	
13		벚꽃	대구	03월 26일	03월 31일	5.0	
14		진달래	대구	03월 24일	03월 26일	2.0	
15		개나리	대구	03월 16일	03월 19일	3.0	
16		벚꽃	대전	03월 31일	04월 05일	●	
17		진달래	대전	03월 27일	03월 29일	2.0	
18		개나리	대전	03월 23일	03월 21일	2.0	
19		벚꽃	부산	03월 26일	03월 28일	2.0	
20		진달래	부산	03월 18일	03월 19일	1.0	
21		개나리	부산	03월 16일	03월 17일	1.0	
22		벚꽃	서귀포	03월 23일	03월 24일	1.0	
23		진달래	서귀포	03월 16일	03월 20일	4.0	
24		개나리	서귀포	03월 15일	03월 14일	1.0	
25		벚꽃	서울	04월 06일	04월 10일	4.0	
26		개나리	서울	03월 27일	03월 26일	1.0	
27		진달래	서울	03월 27일	03월 29일	2.0	
28		벚꽃	수원	04월 07일	04월 10일	3.0	
29		진달래	수원	03월 30일	03월 31일	1.0	
30		개나리	수원	03월 29일	03월 31일	2.0	
31		벚꽃	여수	03월 29일	04월 02일	4.0	

사용자 지정 표시 형식 : [파랑]0.0;[빨강]0.0;[검정]"●"

03 프로시저

▶ 폼 보이기 프로시저

```
Private Sub cmd예약_Click( )
    성적등록화면.Show
End Sub
```

▶ 폼 초기화 프로시저

```
Private Sub UserForm_Initialize( )
    cmb수강자.RowSource = "O6:P17"
End Sub
```

▶ 등록 프로시저

```
Private Sub Cmd등록_Click( )

    i = [B4].Row + [B4].CurrentRegion.Rows.Count

    Cells(i, 2) = cmb수강자.List(cmb수강자.ListIndex, 0)
    Cells(i, 3) = cmb수강자.List(cmb수강자.ListIndex, 1)
    Cells(i, 4) = txt결석.Value
    Cells(i, 5) = txt지각.Value
    Cells(i, 6) = 20-(txt결석.Value * 2 + txt지각.Value * 1)
    Cells(i, 7) = txt과제.Value
    Cells(i, 8) = txt평가.Value

If Cells(i, 6) < 12 Then
    Cells(i, 9) = "출석미달"
End If

End Sub
```

▶ 종료 프로시저

```
Private Sub cmd종료_Click( )
    MsgBox Time & "평가를 종료합니다.", vbOKOnly, "등록종료"
    Unload Me
End Sub
```

해설

문제 1 기본작업 (15점)

1 고급 필터 수행하기

① '기본작업-1' 시트를 선택한 후 [I2:I3] 영역에 다음과 같이 조건을 입력합니다.

> [I2] 셀 : '조건'을 입력
> [I3] 셀 : =AND(NOT(ISBLANK(G3)),G3<>"품절도서") → [G3] 셀이 공백이 아니고 [G3] 셀이 '품절도서'가 아니면 TRUE를 반환

② [I7:M7] 영역에 결과 제목을 다음과 같이 작성합니다. 결과 제목은 원본 데이터를 복사해서 사용합니다.

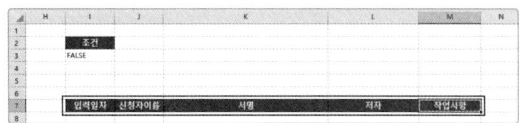

③ [B2] 셀을 클릭하고 [데이터] 탭-[정렬 및 필터] 그룹-[고급]을 클릭합니다.

④ [고급 필터] 대화상자에서 '다른 장소에 복사'를 선택하고 목록 범위가 [B2:G43]으로 지정되었는지 확인합니다.

⑤ [고급 필터] 대화상자에서 조건 범위는 [I2:I3] 영역, 복사 위치는 [I7:M7] 영역을 지정한 후 <확인> 단추를 클릭합니다.

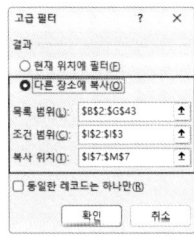

2 조건부 서식 수행하기

① [B3:G43] 영역을 지정하고 [홈] 탭-[스타일] 그룹-[조건부 서식]-[새 규칙]을 클릭합니다.

② [새 서식 규칙] 대화상자에서 규칙 유형 선택의 '수식을 사용하여 서식을 지정할 셀 결정'을 선택하고 다음과 같이 수식을 입력한 후 <서식> 단추를 클릭합니다.

> =MOD(ROW($B3)-2,5)=0 → [B3] 셀의 행 번호에서 2를 뺀 값을 5로 나눈 나머지가 0이면 TRUE를 반환, [B7]의 행 번호에서 2를 뺀 값은 5이며, 5를 5로 나눈 나머지는 0이므로 7행은 조건부 서식을 적용(이후 5행마다 서식을 적용하게 됨), 행 전체에 조건부 서식을 지정하기 위해 $B3과 같이 열을 고정

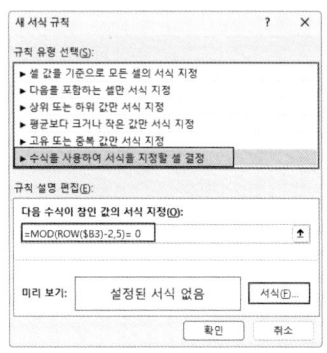

③ [셀 서식] 대화상자의 [글꼴] 탭에서 글꼴 스타일은 '기울임꼴'을 선택하고, [채우기] 탭에서 배경색은 '노랑'을 선택한 후 <확인> 단추를 클릭합니다.

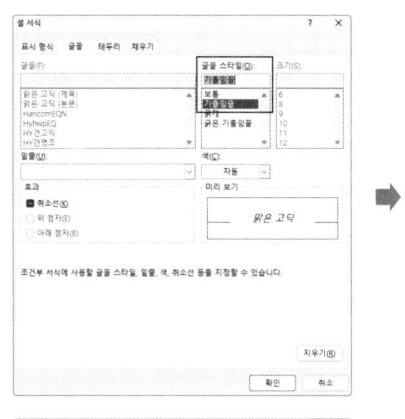

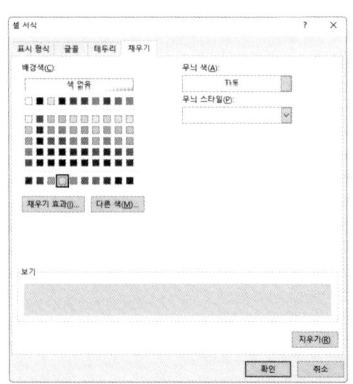

④ [새 서식 규칙] 대화상자에서 다시 <확인> 단추를 클릭합니다.

3 페이지 레이아웃

① '기본작업-2' 시트를 선택한 후 [페이지 레이아웃] 탭-[페이지 설정] 그룹의 🔽(대화상자 표시 아이콘)을 클릭합니다.

② [페이지 설정] 대화상자의 [여백] 탭에서 '페이지 가운데 맞춤'의 '가로'와 '세로'를 체크합니다.

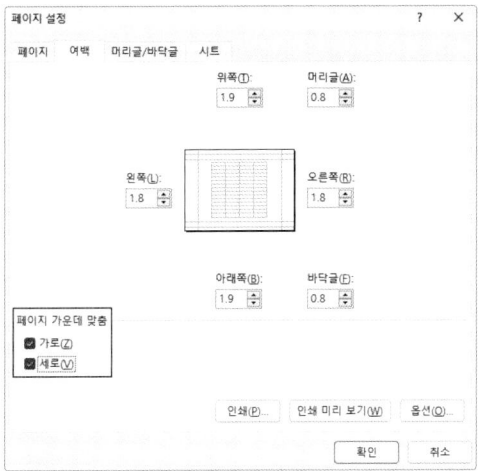

> **TIP**
> **페이지 가운데 맞춤**
> 가로와 세로 방향으로 페이지 가운데에 맞춰서 인쇄합니다.

③ [페이지 설정] 대화상자에서 [머리글/바닥글] 탭을 선택하고 <바닥글 편집> 단추를 클릭합니다.

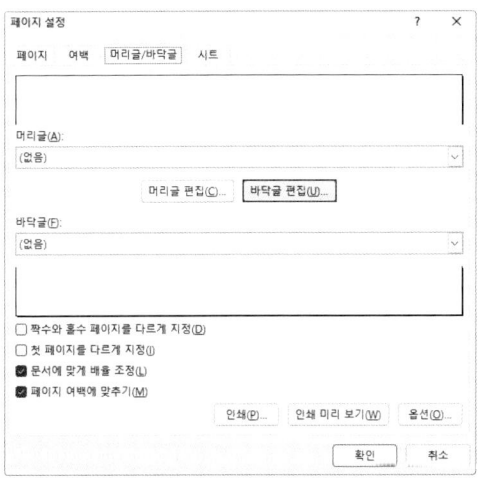

④ [바닥글] 대화상자의 가운데 구역에서 📄(페이지 번호 삽입)를 클릭하고 '/'를 입력합니다. 📄(전체 페이지 수 삽입)을 클릭하고 <확인> 단추를 클릭합니다.

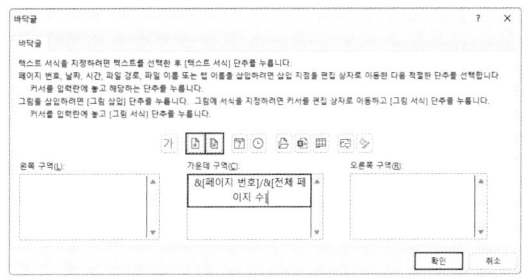

⑤ [페이지 설정] 대화상자에서 [시트] 탭을 선택합니다. 인쇄 영역은 [B2:D42] 영역을 지정하고, 반복할 행에서 2행의 행 머리글을 클릭한 후 <확인> 단추를 클릭합니다.

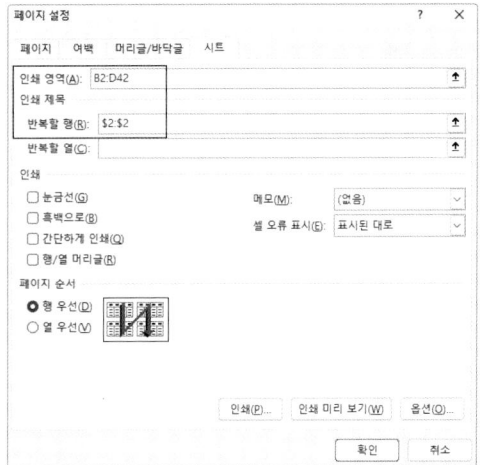

> **TIP**
> **반복할 행**
> 반복할 행을 지정하면 $2:$2와 같이 행 번호로 표시되며, 모든 페이지에 반복해서 2행이 인쇄되도록 설정됩니다. 또는 $1:$3으로 지정하면 1행부터 3행까지 인쇄되도록 설정됩니다.

문제 2 계산작업 (30점)

1 부양공제[D4:D42]

① [D4] 셀에 다음과 같이 수식을 입력합니다.

=IF(ISERROR(MATCH(B4,$M$4:$M$7,0)),"아니오","예")

=IF(ISERROR(MATCH(B4,$M$4:$M$7,0)),"아니오", "예")
      ①
→ ①의 결과가 오류이면 "아니오", 그렇지 않으면 "예"로 표시, ① [B4] 셀의 성명을 [M4:M7] 영역에서 찾은 후 위치를 반환

② 결과를 확인하고 채우기 핸들을 더블 클릭하여 수식을 복사합니다.

2 사업자번호[H4:H42]

① [H4] 셀에 다음과 같이 수식을 입력합니다.

=IFERROR(REPLACE(XLOOKUP(G4,$P$4:$P$9,$Q$4:$Q$9),5,2,"○●"),"")

=IFERROR(REPLACE(XLOOKUP(G4,$P$4:$P$9,$Q$4:$Q$9),5,2,"○●"),"")
          ①
→ ①의 결과의 5번째에서 2글자를 "○●"로 바꾸어 표시, ① [G4] 셀의 법인명을 [P4:P9] 영역에서 찾은 후 찾아올 값의 영역 [Q4:Q9]의 사업자번호를 반환

② 결과를 확인하고 채우기 핸들을 더블 클릭하여 수식을 복사합니다.

3 소득공제별 소득공제내용별 금액의 합계[N14:P16]

① [N14] 셀에 다음과 같이 수식을 입력한 후 Ctrl+Shift+Enter 키를 누릅니다.

=TEXT(SUM(IF(($E$4:$E$42=$M14)*($F$4:$F$42=N$13),$I$4:$I$42)),"#,##0,")

=TEXT(SUM(IF(($E$4:$E$42=$M14)*($F$4:$F$42=N$13),$I$4:$I$42)),"#,##0,") ①
→ ①의 결과에 천 단위 구분 기호를 표시하고 천 원 단위로 표시, ① 소득공제가 [M14] 셀과 같고 소득공제내용이 [N13] 셀과 같으면 [I4:I42] 영역의 합계를 구함

② 결과를 확인하고 채우기 핸들을 드래그하여 수식을 복사합니다.

4 관계별 최대 금액과 최소 금액의 차이[N21:N24]

① [N21] 셀에 다음과 같이 수식을 입력한 후 Ctrl+Shift+Enter 키를 누릅니다.

=LARGE(IF(($C$4:$C$42=$M21)*($E$4:$E$42=$N$20),$I$4:$I$42),1)-SMALL(IF(($C$4:$C$42=$M21)*($E$4:$E$42=$N$20),$I$4:$I$42),1)

=LARGE(IF(($C$4:$C$42=$M21)*($E$4:$E$42
        ①
=$N$20),$I$4:$I$42),1)-SMALL(IF(($C$4:$C$42
=$M21)*($E$4:$E$42=$N$20),$I$4:$I$42),1)
        ②
→ ①과 ②의 차이를 표시, ① 관계가 [M21] 셀과 같고 소득공제가 [N20] 셀과 같으면 [I4:I42] 영역의 최대값을 구함, ② 관계가 [M21] 셀과 같고 소득공제가 [N20] 셀과 같으면 [I4:I42] 영역의 최소값을 구함

② 결과를 확인하고 채우기 핸들을 더블 클릭하여 수식을 복사합니다.

5 fn의료비보조[J4:J42]

① [개발 도구] 탭-[코드] 그룹-[Visual Basic]을 클릭하거나 Alt+F11 키를 누릅니다.

② [삽입]-[모듈]을 클릭합니다.

③ Module 창에 다음과 같이 코드를 입력합니다.

Public Function fn의료비보조(관계, 소득공제, 금액)
① If 소득공제 = "일반의료비" Then → 소득공제가 "일반의료비"이면 ②를 수행
② If 관계 = "본인" Or 관계 = "자" Or 관계 = "처" Then → ①의 조건을 만족하고 관계가 "본인" 또는 "자" 또는 "처"인 경우 ③을 수행
③   fn의료비보조 = 금액 * 0.8 → fn의료비보조의 결과 값은 금액의 80%
④ Else → ②의 조건을 만족하지 않으면 ⑤를 수행
⑤   fn의료비보조 = 금액 * 0.5 → fn의료비보조의 결과 값은 금액의 50%

⑥ End If → If문 종료
⑦ Else → ①의 조건을 만족하지 않으면 ⑧을 수행
⑧   fn의료비보조 = 0 → fn의료비보조의 결과 값은 0
⑨ End If → If문 종료
End Function

④ ▣(보기 Microsoft Excel)을 클릭하거나 `Alt`+`F11` 키를 눌러 Excel로 돌아갑니다.

⑤ [J4] 셀을 클릭한 후 다음과 같이 수식을 입력합니다.

=fn의료비보조(C4,E4,I4)

⑥ 결과를 확인하고 채우기 핸들을 더블 클릭하여 수식을 복사합니다.

문제3 ▶ 분석작업 (20점)

1 피벗 테이블 보고서 작성

① '분석작업-1' 시트를 선택하고 [데이터] 탭-[데이터 가져오기 및 변환] 그룹-[데이터 가져오기]-[기타 원본에서]-[Microsoft Query에서]를 클릭합니다.

② [데이터 원본 선택] 대화상자에서 'MS Access Database*'을 선택하고 <확인> 단추를 클릭합니다.

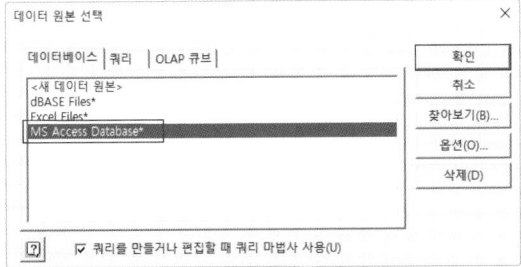

TIP
[데이터 원본 선택] 대화상자 하단의 '쿼리를 만들거나 편집할 때 쿼리 마법사 사용'이 해제되어 있으면 쿼리 마법사가 열리지 않으므로 반드시 선택된 상태를 유지해야 합니다.

③ [데이터베이스 선택] 대화상자에서 'C:\OA\생활기상 정보.accdb'를 선택하고 <확인> 단추를 클릭합니다.

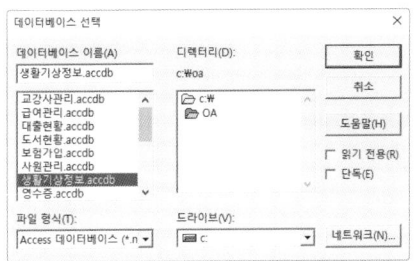

④ [쿼리 마법사-열 선택] 대화상자에서 ⊞를 클릭한 후 '기상'을 선택하고 > 를 클릭하거나 '기상'을 더블 클릭합니다. 같은 방법으로 '지역', '1월', '2월', '3월', '4월', '5월', '12월'을 '쿼리에 포함된 열'에 삽입한 후 <다음> 단추를 클릭합니다.

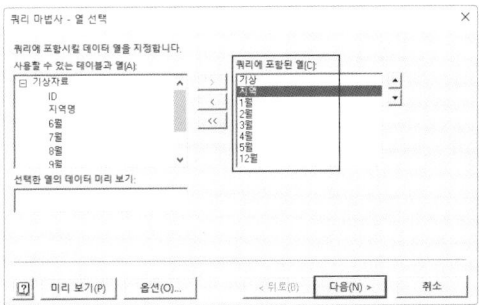

TIP
- < : 하나의 열을 제외
- << : 모든 열을 제외
- ▲▼ : 열의 순서를 변경

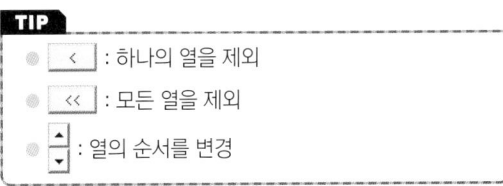

⑤ [쿼리 마법사-데이터 필터] 대화상자에서 <다음> 단추를 클릭합니다.

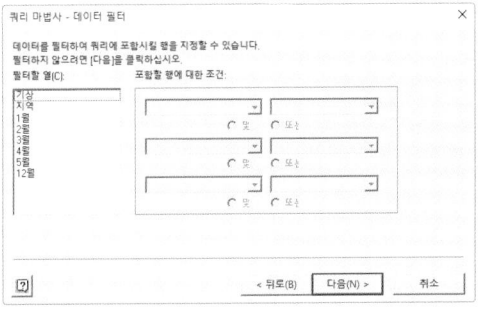

TIP
- 및 : 지정한 조건을 모두 만족하는 행만 추출합니다.
- 또는 : 지정한 조건을 하나라도 만족하는 행을 추출합니다.

⑥ [쿼리 마법사-정렬 순서] 대화상자에서 <다음> 단추를 클릭합니다.

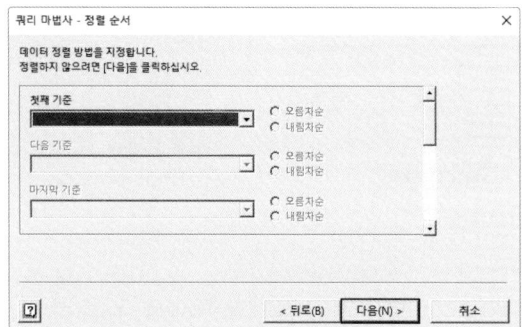

⑦ [쿼리 마법사-마침] 대화상자에서 'Microsoft Office Excel로 데이터 되돌리기'를 선택하고 <마침> 단추를 클릭합니다.

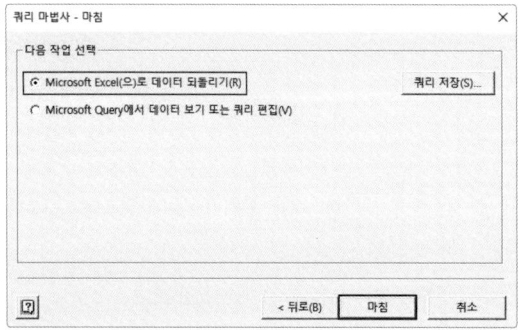

⑧ [데이터 가져오기]에서 '피벗 테이블 보고서'를 선택하고 기존 워크시트에서 시작 위치인 [A2] 셀을 지정한 후 <확인> 단추를 클릭합니다.

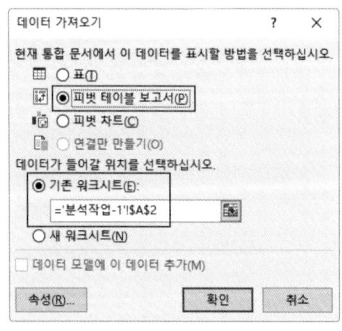

⑨ [피벗 테이블 필드] 창에서 행에 '지역', 열에 '기상'을 드래그합니다.

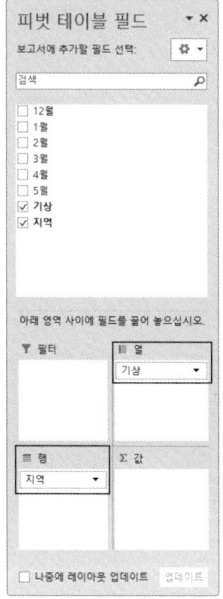

⑩ 계산 필드를 추가하기 위해 [피벗 테이블 분석] 탭-[계산] 그룹-[필드, 항목 및 집합]-[계산 필드]를 선택합니다.

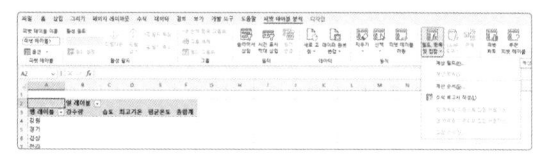

⑪ [계산 필드 삽입] 대화상자에서 이름에 '겨울기상'을 입력하고 수식에 '12월', '1월', '2월'을 각각 더블 클릭하여 수식을 완성한 후 <추가> 단추를 클릭합니다.

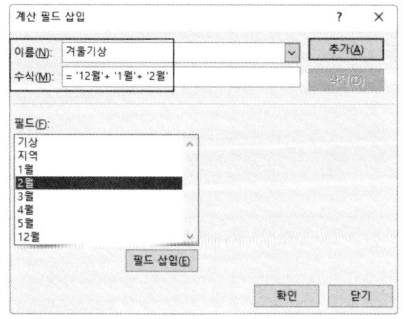

> **TIP**
> **계산 필드**
> 피벗 테이블에 원본 데이터를 참조하는 별도의 필드를 추가하는 기능으로 '12월', '1월', '2월'의 필드 값을 합하여 '겨울기상'이라는 새로운 필드를 추가합니다.

⑫ 같은 방법으로 [계산 필드 삽입] 대화상자에서 이름에 '봄기상'을 입력하고 수식에 '3월', '4월', '5월'을 각각 더블 클릭하여 수식을 완성한 후 <추가> 단추를 클릭하고 <확인> 단추를 클릭합니다.

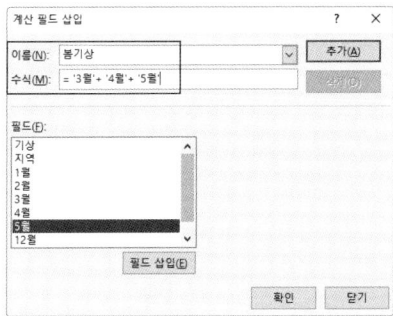

⑬ [디자인] 탭-[레이아웃] 그룹-[보고서 레이아웃]-[테이블 형식으로 표시]를 클릭합니다.

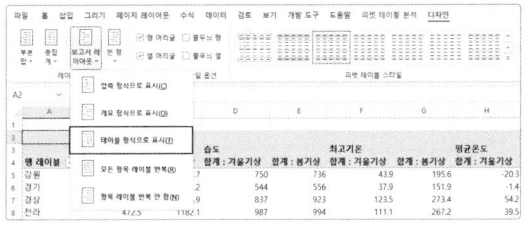

⑭ [피벗 테이블 필드] 창에서 'Σ값'을 행 레이블로 드래그합니다.

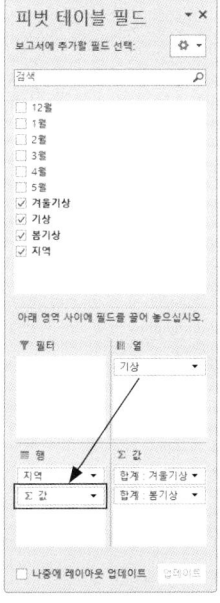

TIP

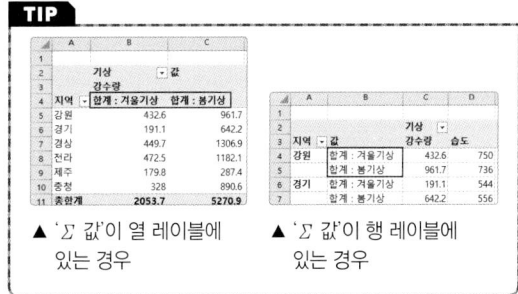

▲ 'Σ 값'이 열 레이블에 있는 경우   ▲ 'Σ 값'이 행 레이블에 있는 경우

⑮ [디자인] 탭-[레이아웃] 그룹-[총합계]-[열의 총합계만 설정]을 클릭합니다.

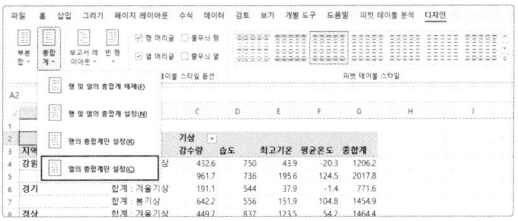

TIP
행의 총합계와 열의 총합계

⑯ [디자인] 탭-[피벗 테이블 스타일] 그룹에서 '밝은 회색, 피벗 스타일 밝게 15'를 선택합니다.

⑰ [디자인] 탭-[피벗 테이블 스타일 옵션] 그룹에서 '행 머리글', '열 머리글', '줄무늬 열'을 클릭합니다.

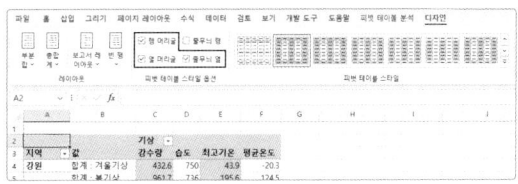

⑱ 출력형태와 같이 지역의 순서를 정렬하기 위해 [A6] 셀의 테두리를 드래그하여 [A4] 셀의 위치로 이동합니다.

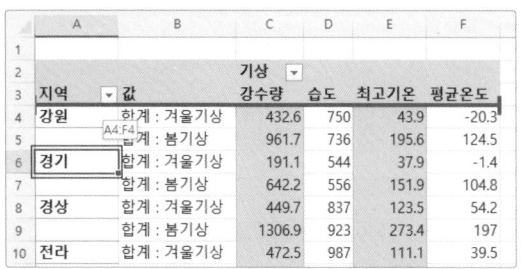

2 데이터 도구 이용

① '분석작업-2' 시트를 선택한 후 [D3:E35] 영역을 지정하고 [데이터] 탭-[데이터 도구] 그룹-[데이터 유효성 검사]-[데이터 유효성 검사]를 클릭합니다.

② [데이터 유효성] 대화상자의 [설정] 탭에서 제한 대상을 '날짜'로 지정하고 시작 날짜와 끝 날짜를 다음과 같이 입력합니다.

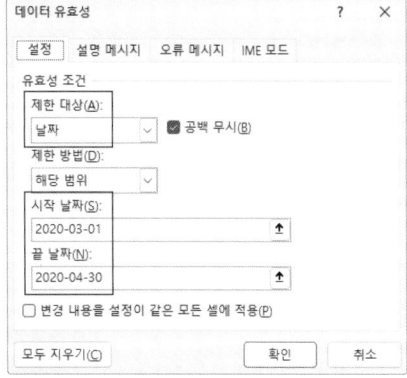

TIP
데이터 유효성 검사는 사용자가 입력하는 데이터의 값을 제한하는 기능으로 제한 대상을 '날짜'로 지정하면 해당 날짜의 범위에 해당하는 값만 입력할 수 있습니다.

③ [데이터 유효성] 대화상자의 [설명 메시지] 탭에서 제목과 설명 메시지를 다음과 같이 입력합니다.

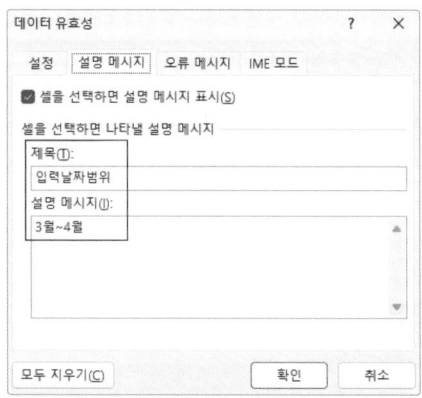

④ [데이터 유효성] 대화상자의 [오류 메시지] 탭에서 스타일은 '정보'로 지정하고 제목과 오류 메시지를 다음과 같이 입력한 후 <확인> 단추를 클릭합니다.

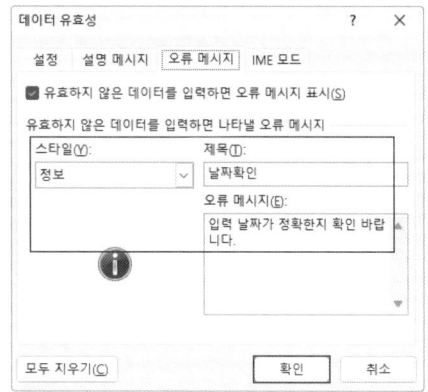

TIP
데이터 유효성 검사 지우기
❶ 데이터 유효성 검사를 잘못 설정한 경우 해당 셀을 선택하고 [데이터] 탭-[데이터 도구] 그룹-[데이터 유효성 검사]-[데이터 유효성 검사]를 클릭합니다.
❷ [데이터 유효성 검사] 대화상자의 [설정] 탭에서 <모두 지우기> 단추를 클릭합니다.

⑤ [B2] 셀을 선택하고 [데이터] 탭-[정렬 및 필터] 그룹-[필터]를 클릭합니다.

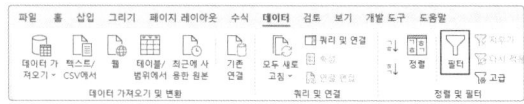

⑥ '개화일'의 ▼(필터 단추)를 클릭하고 [날짜 필터]-[이전]을 선택합니다.

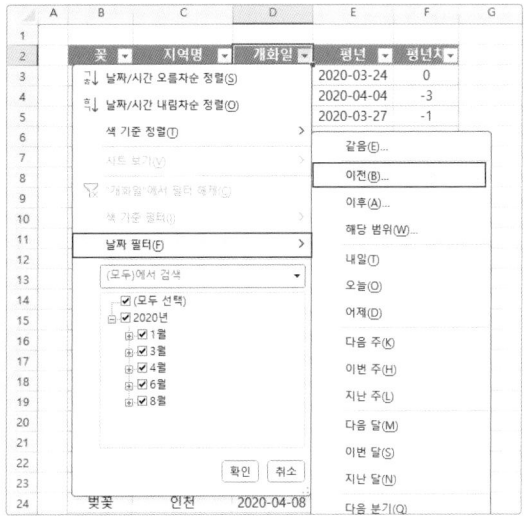

⑦ [사용자 지정 자동 필터] 대화상자에서 찾을 조건을 다음과 같이 지정한 후 <확인> 단추를 클릭합니다.

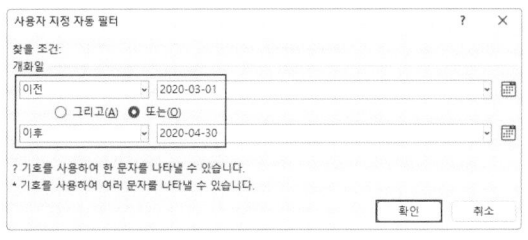

문제 4 ▶ 기타작업 (35점)

1 차트 수정

① '기타작업-1' 시트를 선택하고 차트의 데이터 범위를 변경하기 위해 차트에서 마우스 오른쪽 단추를 눌러 [데이터 선택]을 선택합니다.

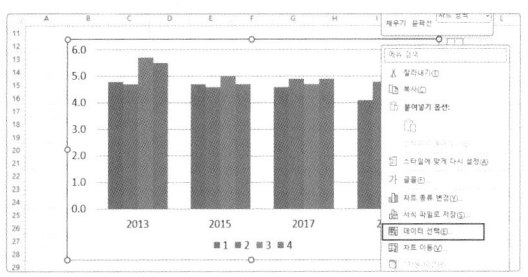

② [데이터 원본 선택] 대화상자의 범례 항목(계열)에서 '1'을 선택하고 <편집> 단추를 클릭합니다.

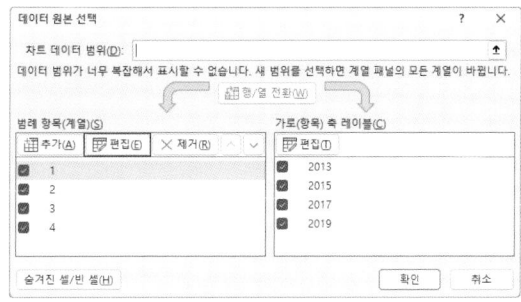

③ [계열 편집] 대화상자에서 계열 이름을 '서울'로 입력하고 <확인> 단추를 클릭합니다.

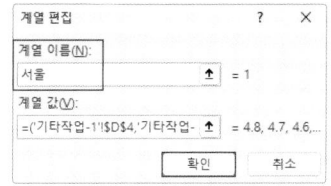

④ 같은 방법으로 [데이터 원본 선택] 대화상자에서 '2'는 '대전', '3'은 '대구', '4'는 '부산'으로 입력하고 <확인> 단추를 클릭합니다.

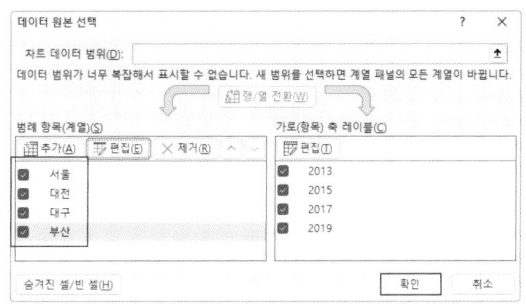

⑤ 차트 제목을 지정하기 위해 [차트 디자인] 탭-[차트 레이아웃] 그룹-[차트 요소 추가]-[차트 제목]-[차트 위]를 클릭합니다.

⑥ 차트 제목을 [B2] 셀과 연동하기 위해 차트 제목을 선택합니다. 수식 입력줄에 '='을 입력하고 [B2] 셀을 클릭한 후 **Enter** 키를 누릅니다.

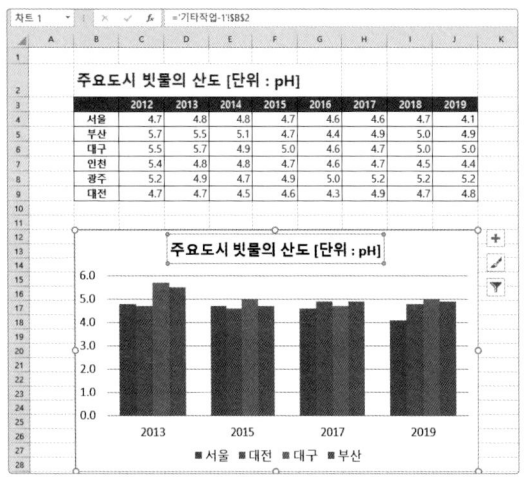

⑦ 차트 영역을 클릭하고 [홈] 탭-[글꼴] 그룹에서 글꼴 크기를 '13pt'로 지정합니다.

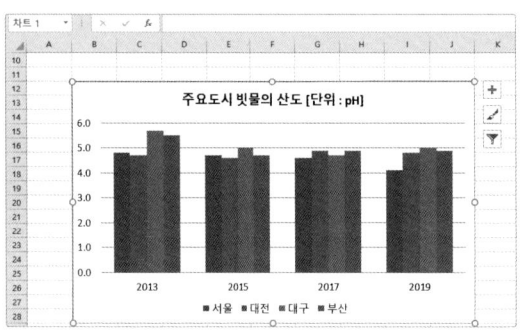

⑧ 차트 종류를 변경하기 위해 차트에서 마우스 오른쪽 단추를 눌러 [차트 종류 변경]을 선택합니다.

⑨ [차트 종류 변경] 대화상자의 [모든 차트] 탭에서 '꺾은선형'–'표식이 있는 꺾은선형'을 선택하고 <확인> 단추를 클릭합니다.

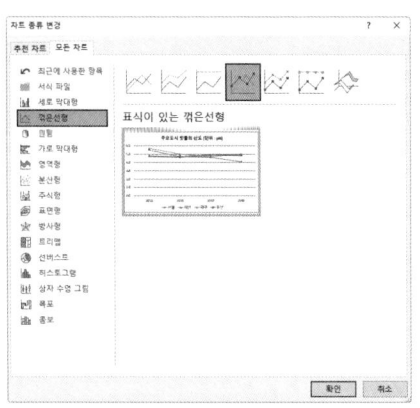

⑩ 그림 영역을 클릭하고 [서식] 탭-[도형 스타일] 그룹에서 '미세 효과 – 회색, 강조3'을 선택합니다.

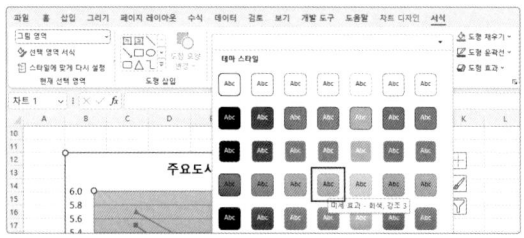

⑪ 세로 (값) 축에서 마우스 오른쪽 단추를 눌러 [축 서식]을 클릭합니다.

⑫ [축 서식] 창의 [축 옵션]-[축 옵션]에서 최소를 '4', 최대를 '6', 기본 단위를 '0.2'로 입력합니다.

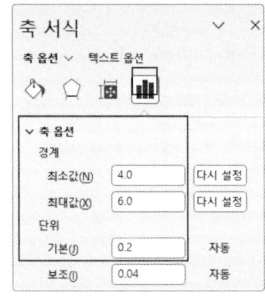

⑬ 눈금선을 표시하기 위해 [차트 디자인] 탭-[차트 레이아웃] 그룹-[차트 요소 추가]-[눈금선]-[기본 주 세로]를 클릭합니다.

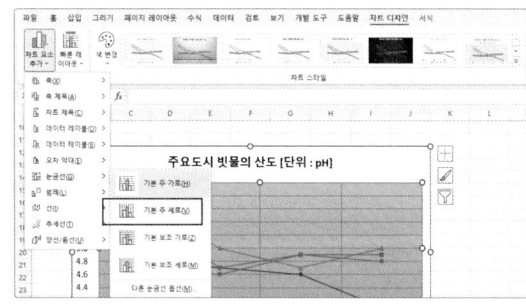

⑭ 차트 영역을 클릭하고 [차트 영역 서식] 창의 [차트 옵션]-[채우기 및 선]-[테두리]에서 '둥근 모서리'를 체크합니다.

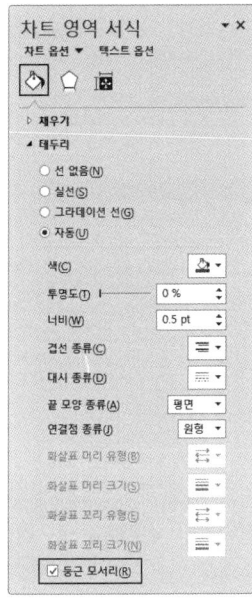

⑮ [차트 영역 서식] 창의 [차트 옵션]-[효과]-[그림자]-[미리 설정]에서 '안쪽 가운데'를 클릭합니다.

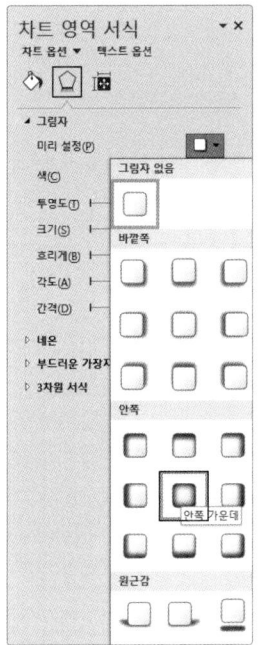

2 매크로 작성

① '기타작업-2' 시트를 선택하고 [개발 도구] 탭-[코드] 그룹-[매크로 기록]을 클릭합니다.

② [매크로 기록] 대화상자에서 '매크로 이름'을 '서식적용'으로 입력하고 <확인> 단추를 클릭합니다.

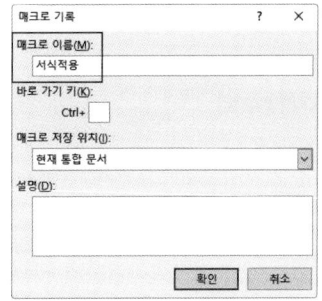

③ [F7:F39] 영역을 선택하고 마우스 오른쪽 단추를 눌러 [셀 서식]을 선택합니다.

④ [셀 서식] 대화상자의 [표시 형식] 탭에서 범주를 '사용자 지정'으로 선택하고 형식에 다음과 같이 입력한 후 <확인> 단추를 클릭합니다.

[파랑]0.0;[빨강]0.0;[검정]"●" → 사용자 지정 형식은 양수;음수;0의 형식으로 지정하므로, 양수일 때는 파랑색으로 소수 첫째 자리까지 표시, 음수일 때는 빨강색으로 소수 첫째 자리까지 표시, 0일 때는 검정색으로 "●" 기호만 표시합니다.

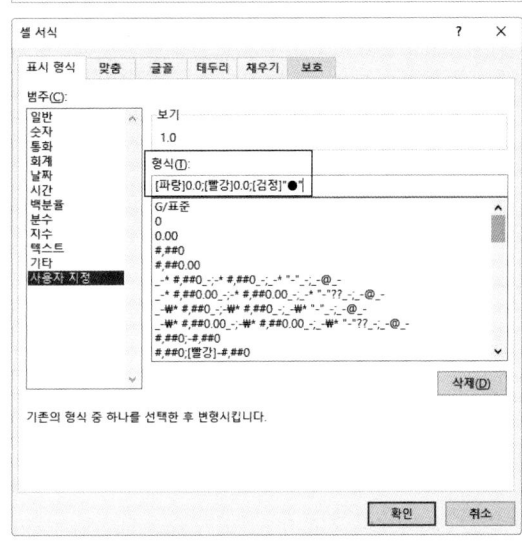

⑤ 상태 표시줄의 □(기록 중지)를 클릭하거나 [개발 도구] 탭-[코드] 그룹-[기록 중지]를 클릭합니다.

⑥ [개발 도구] 탭-[컨트롤] 그룹-[삽입]-[양식 컨트롤]-[단추]를 클릭한 후 Alt 키를 누른 채 [B2:C3] 영역에 드래그하여 작성합니다.

⑦ [매크로 지정] 대화상자에서 매크로 이름을 '서식적용'으로 선택하고 <확인> 단추를 클릭합니다.

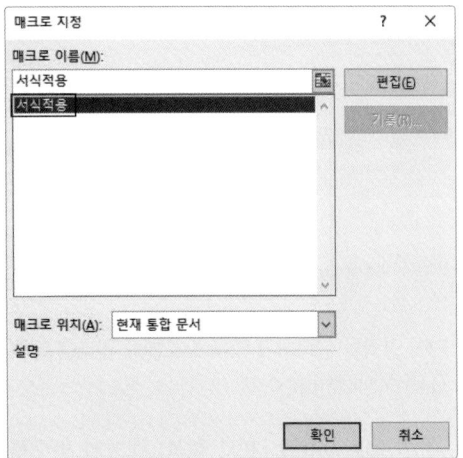

⑧ 단추의 텍스트를 '서식적용'으로 수정합니다.

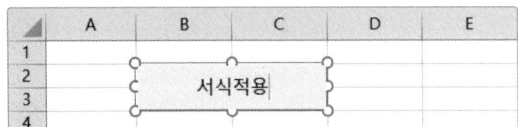

⑨ [개발 도구] 탭-[코드] 그룹-[매크로 기록]을 클릭합니다.

⑩ [매크로 기록] 대화상자에서 매크로 이름을 '서식해제'로 입력하고 <확인> 단추를 클릭합니다.

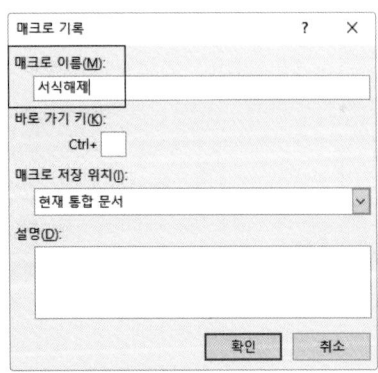

⑪ [F7:F39] 영역을 선택하고 마우스 오른쪽 단추를 눌러 [셀 서식]을 클릭합니다.

⑫ [셀 서식] 대화상자의 [표시 형식] 탭에서 범주는 '일반'을 선택하고 <확인> 단추를 클릭합니다.

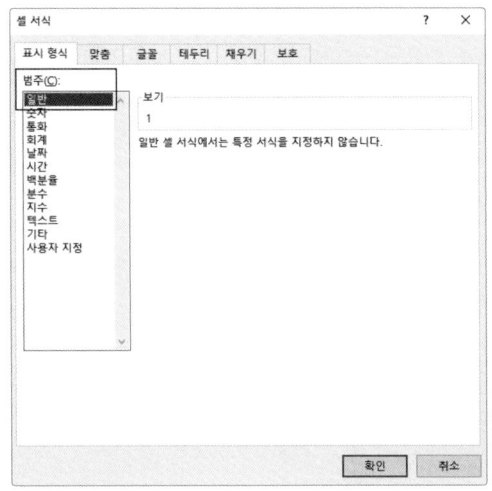

⑬ 상태 표시줄의 ☐(기록 중지)를 클릭하고 [개발 도구] 탭-[컨트롤] 그룹-[삽입]-[양식 컨트롤]-[단추]를 클릭한 후 Alt 키를 누른 채 [E2:F3] 영역에 드래그하여 작성합니다.

⑭ [매크로 지정] 대화상자에서 '매크로 이름'을 '서식해제'로 선택하고 <확인> 단추를 클릭합니다.

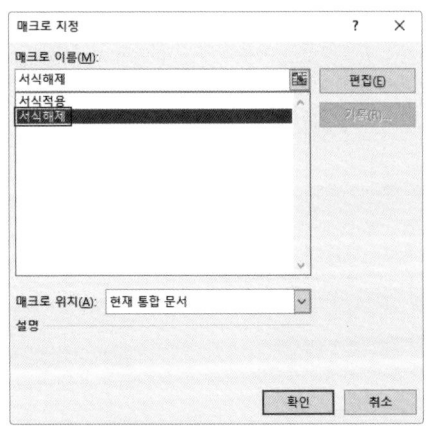

⑮ 단추의 텍스트를 '서식해제'로 수정합니다.

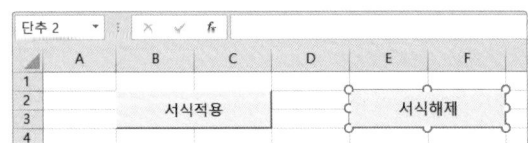

3 프로시저

1) 폼 보이기 프로시저

① '기타작업-3' 시트를 선택하고 [개발 도구] 탭-[컨트롤] 그룹-[디자인 모드]를 클릭합니다.

② <성적입력> 단추를 더블 클릭하고 다음과 같이 코드를 입력합니다.

```
Private Sub cmd등록_Click( )
    성적등록화면.Show
End Sub
```

2) 폼 초기화 프로시저

① [프로젝트-VBAProject] 탐색기에서 '성적등록화면'을 선택하고 마우스 오른쪽 단추를 눌러 [코드 보기]를 선택합니다.

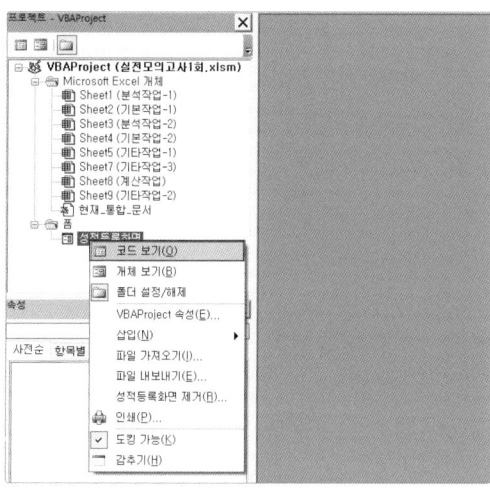

② 개체 목록은 'UserForm', 프로시저 목록은 'Initialize'를 선택합니다.

③ 다음과 같이 코드를 입력합니다.

```
Private Sub UserForm_Initialize( )
    cmb수강자.RowSource = "O6:P17"   → cmb수강자의 행 원본을 [O6:P17]로 지정
End Sub
```

3) 등록 프로시저

① 개체 목록은 'cmd등록', 프로시저 목록은 'Click'을 선택합니다.

② 다음과 같이 코드를 입력합니다.

```
Private Sub cmd등록_Click( )

    i = [B4].Row + [B4].CurrentRegion.Rows.Count   → [B4] 셀의 행 번호인 4와 [B4] 셀을 기준으로 인접한 행의 개수를 더함

    Cells(i, 2) = cmb수강자.List(cmb수강자.ListIndex, 0)   → i행 2열에 cmb수강자에서 선택한 행의 0열 값인 학번을 입력
    Cells(i, 3) = cmb수강자.List(cmb수강자.ListIndex, 1)   → i행 3열에 cmb수강자에서 선택한 행의 1열 값인 성명을 입력
    Cells(i, 4) = txt결석.Value   → i행 4열에 txt결석의 값을 입력
    Cells(i, 5) = txt지각.Value   → i행 5열에 txt지각의 값을 입력
    Cells(i, 6) = 20-(txt결석.Value * 2 + txt지각.Value * 1)   → i행 6열에 '20-(결석 * 2 + 지각 * 1)'을 계산한 값을 입력
    Cells(i, 7) = txt과제.Value   → i행 7열에 txt과제의 값을 입력
    Cells(i, 8) = txt평가.Value   → i행 8열에 txt평가의 값을 입력

    If Cells(i, 6) < 12 Then   → i행 6열의 값이 12보다 작으면 다음 줄 수행
        Cells(i, 9) = "출석미달"   → i행 9열에 '출석미달'을 입력

    End If   → if문 종료

End Sub
```

4) 종료 프로시저

① 개체 목록은 'cmd종료', 프로시저 목록은 'Click'을 선택합니다.

② 다음과 같이 코드를 입력합니다.

```
Private Sub cmd종료_Click( )

    MsgBox Time & " 평가를 종료합니다.",
    vbOKOnly, "등록종료" → 메시지 박스에 현재
    시간과 "평가를 종료합니다."를 연결하여 나타
    내고 <확인> 단추만을 표시, 제목표시줄에는
    "등록종료"를 표시

    Unload Me → 현재 작업 중인 폼을 종료

End Sub
```

③ ▣(보기 Microsoft Excel)을 클릭하거나 Alt + F11 키를 눌러 Excel로 돌아갑니다.

④ 실행 결과를 확인하기 위해 [개발 도구] 탭-[컨트롤] 그룹-[디자인 모드]를 클릭하여 디자인 모드를 해제합니다.

⑤ <성적입력> 단추를 클릭합니다. [성적등록화면] 폼이 표시되면 '수강자'의 ▼(목록 단추)를 클릭하여 목록이 표시되는 것을 확인합니다.

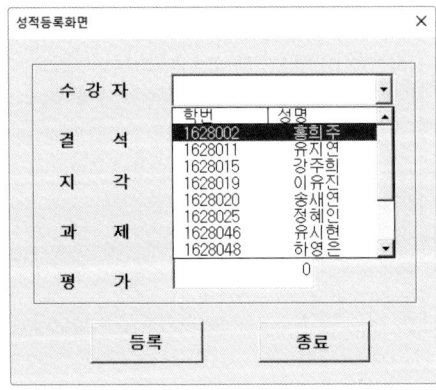

⑥ 데이터를 입력하고 <등록> 단추를 클릭합니다. 입력한 데이터가 워크시트에 입력되는 것을 확인합니다.

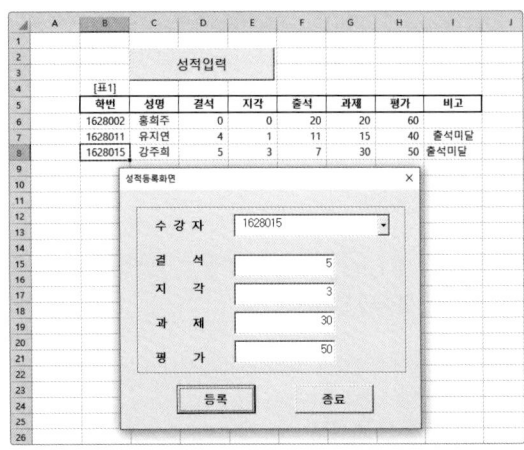

⑦ <종료> 단추를 클릭합니다. 시스템의 현재 시간과 텍스트가 표시되는 것을 확인하고 <확인> 단추를 클릭합니다.

MEMO

컴퓨터활용능력 실전모의고사 2회

프로그램명	제한시간
EXCEL 2021	45분

수 험 번 호 :

성   명 :

1급 │ A형

유의사항

- 인적 사항 누락 및 잘못 작성으로 인한 불이익은 수험자 책임으로 합니다.
- 화면에 암호 입력창이 나타나면 아래의 암호를 입력하여야 합니다.
  - 암호 : 9871!2
- 작성된 답안은 주어진 경로 및 파일명을 변경하지 마시고 그대로 저장해야 합니다. 이를 준수하지 않으면 실격 처리됩니다.
  - **답안 파일명의 예 : C:₩OA₩수험번호8자리.xlsm**
- 외부데이터 위치: C:₩OA₩파일명
- 별도의 지시사항이 없는 경우, 다음과 같이 처리 시 실격 처리됩니다.
  - 제시된 시트 및 개체의 순서나 이름을 임의로 변경한 경우
  - 제시된 시트 및 개체를 임의로 추가 또는 삭제한 경우
  - 외부데이터를 시험 시작 전에 열어본 경우
- 답안은 반드시 문제에서 지시 또는 요구한 셀에 입력하여야 하며 다음과 같이 처리 시 채점 대상에서 제외됩니다.
  - 제시된 함수가 있을 경우 제시된 함수만을 사용하여야 하며 그 외 함수 사용 시 채점 대상에서 제외
  - 수험자가 임의로 지시하지 않은 셀의 이동, 수정, 삭제, 변경 등으로 인해 셀의 위치 및 내용이 변경된 경우 해당 작업에 영향을 미치는 관련문제 모두 채점 대상에서 제외
  - 도형 및 차트의 개체가 중첩되어 있거나 동일한 계산결과 시트가 복수로 존재할 경우 해당 개체나 시트는 채점 대상에서 제외
- 수식 작성 시 제시된 문제 파일의 데이터는 변경 가능한(가변적) 데이터임을 감안하여 문제 풀이를 하시오.
- 별도의 지시사항이 없는 경우, 주어진 각 시트 및 개체의 설정값 또는 기본 설정값(Default)으로 처리 하시오.
- 저장 시간은 별도로 주어지지 않으므로 제한된 시간 내에 저장을 완료해야 하며, 제한 시간 내에 저장이 되지 않은 경우에는 실격 처리됩니다.
- 출제된 문제의 용어는 MS Office LTSC Professional Plus 2021 기준으로 작성되어 있습니다.

문제 1 기본작업(15점)_ 주어진 시트에서 다음 과정을 수행하고 저장하시오.

01 '기본작업-1' 시트에서 다음과 같이 고급필터를 수행하시오. (5점)

- [B2:H27] 영역에서 '사원코드'의 마지막 숫자가 홀수이면서 '평균' 점수가 평균의 중간값보다 큰 행에 대하여 '사원코드', '이름', '평가1', '평가2', '평가3' 열을 순서대로 표시하시오.
- 조건은 [B29:B30] 영역에 입력하시오. (MOD, RIGHT, AND, MEDIAN 함수 사용)
- 결과는 [B32] 셀부터 표시하시오.

02 '기본작업-1' 시트에서 다음과 같이 조건부 서식을 설정하시오. (5점)

- [B3:H27] 영역에 대해서 '입사일자'의 '월'이 홀수이면서 '평균' 점수가 전체평균 점수보다 큰 행에 대하여 글꼴 스타일 '굵은 기울임꼴', 글꼴 색 '표준 색-녹색'으로 적용하시오.
- 단, 규칙 유형은 '수식을 사용하여 서식을 지정할 셀 결정'을 사용하고, 한 개의 규칙으로만 작성하시오.
- AND, MONTH, ISODD, AVERAGE 함수 사용

03 '기본작업-2' 시트에서 다음과 같이 페이지 레이아웃을 설정하시오. (5점)

- [B2:H34] 영역을 인쇄 영역으로 설정하고, 인쇄용지가 가로로 인쇄되도록 용지 방향을 설정하시오.
- 매 페이지 하단의 가운데 구역에는 현재 페이지 번호가 [표시 예]와 같이 표시되도록 바닥글을 설정하시오.
  [표시 예 : 현재 페이지 번호 1, 전체 페이지 번호 3 → 1/3]
- 인쇄될 내용이 페이지 가로 가운데에 인쇄되도록 설정하고 2행이 매 페이지마다 반복하여 인쇄되도록 인쇄 제목을 설정하시오.

문제 2 계산작업(30점)_ '계산작업' 시트에서 다음 과정을 수행하고 저장하시오.

01 [표1]의 급여총액을 구분에 따른 시급과 야간수당을 계산하여 [G4:G16] 영역에 표시하시오. (6점)

- 구분이 '평일'인 경우 시급(11,000원)과 야간수당(6,000원)을 <참조표>를 이용하여 계산하시오.
- 급여총액 = (근무시간 × 시급) + (야간근무 × 야간수당)
- SUMPRODUCT, OFFSET, MATCH 함수를 이용

02 [표1]의 구분, 입사일, 근무시간을 이용하여 [H4:H16] 영역에 추가수당 지급여부를 표시하시오. (6점)

- 구분[D4:D16]이 '주말'이면서 입사일[C4:C16]의 연도가 2020년 이전이거나 근무시간이 110 이상이면 "지급", 그렇지 않으며 공백으로 표시
- IF, AND, OR, YEAR 함수 사용

03 [표2]의 구분별 근무시간과 야간근무의 최대 근무시간을 [L4:M5] 영역에 표시하시오. (6점)

- ▶ 시간에 '시간'을 표시 [표시 예 : 60시간]
- ▶ MAX, IF, CONCAT 함수를 사용한 배열 수식으로 작성

04 [표3]의 입사년도별 평일과 주말의 인원수를 [L10:M13] 영역에 표시하시오. (6점)

- ▶ 인원수에 '명'을 표시 [표시 예 : 1 → 1명, 0 → 0명]
- ▶ SUM, YEAR, TEXT 함수를 사용한 배열 수식으로 작성

05 [표1]의 영역에서 입사일을 인수로 받아 비고[I4:I16]를 계산하여 되돌려주는 사용자 정의 함수 'fn비고'를 작성하시오. (6점)

- ▶ 근무기간이 3이상이면 "정직원 상담"으로 표시하고 그렇지 않으면 공백으로 표시하시오.
- ▶ 근무기간 = 현재날짜 연도 - 입사일 연도
- ▶ IF, DATE, YEAR 이용

```
Public Function fn비고(입사일)

End Function
```

문제3 분석작업(20점)_ 주어진 시트에서 다음 과정을 수행하고 저장하시오.

01 '분석작업-1' 시트에서 다음의 지시사항에 따라 피벗 테이블 보고서를 작성하시오. (10점)

- ▶ 외부 데이터 가져오기 기능을 사용하여 <판매관리.accdb>의 <판매점> 테이블을 이용하시오.
- ▶ 피벗 테이블 보고서의 레이아웃과 위치는 <그림>을 참조하여 설정하고, 보고서 레이아웃을 개요 형식으로 표시하시오.
- ▶ '설립일자'는 '2011-01-20'부터 '2020-11-03'일 까지 1,095일 단위로 그룹하고 '지역'은 <그림>과 같이 정렬하시오.
- ▶ 매출액의 표시 형식은 '값 필드' 설정의 셀 서식을 이용하여 '숫자' 범주에서 설정하시오.

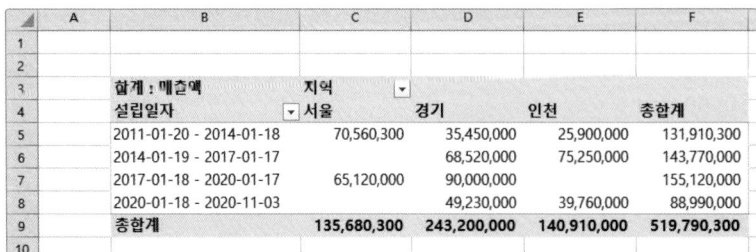

※ 작업 완성된 그림이며 부분점수 없음

02 '분석작업-2' 시트에 대하여 다음의 지시사항을 처리하시오. (10점)

▶ [정렬] 기능을 이용하여 [표1], [표2], [표3], [표4], [표5], [표6]의 '제품명'을 'CPU-RAM-SSD-메인보드-그래픽카드' 순으로 정렬하시오.

▶ [통합] 기능을 이용하여 [표1], [표2], [표3], [표4], [표5], [표6]에 대해 첫 행만을 기준으로 목표량과 판매량의 평균을 [표7]의 [C20:D24] 영역에 계산하시오.

문제 4 기타작업(35점)_ 주어진 시트에서 다음 과정을 수행하고 저장하시오.

01 '기타작업-1' 시트에서 다음의 지시사항에 따라 차트를 수정하시오. (각 2점)

※ 차트는 반드시 문제에서 제공한 차트를 사용하여야 하며, 신규로 차트 작성 시 0점 처리됨

① '판매량' 계열은 제거하고 '비율' 계열은 '표식이 있는 꺾은 선형'으로 변경한 후 보조 축으로 설정하시오.

② 범례를 위쪽에 표시하고, 보조 세로 축 기본 단위를 <그림>과 같이 표시하시오.

③ 차트 제목은 <그림>과 같이 [B1] 셀과 연동되도록 설정하시오.

④ '비율'의 'VGA' 요소에만 데이터 레이블을 <그림>과 같이 표시하시오.

⑤ 차트 영역의 테두리 스타일은 '둥근 모서리', 네온은 '네온: 5pt, 녹색, 강조색 6'으로 설정하시오.

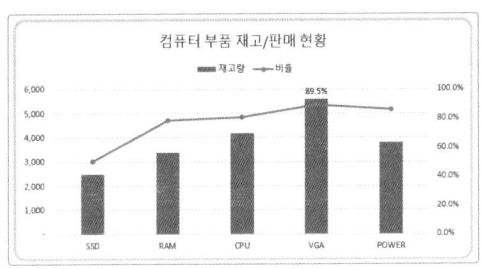

02 '기타작업-2' 시트에서 다음과 같은 기능을 수행하는 매크로를 현재 통합문서에 저장하시오. (각 5점)

① [D4:F16] 영역에 대하여 사용자 지정 표시 형식을 설정하는 '서식적용' 매크로를 생성하시오.

▶ 셀 값이 2,000 이상일 경우 빨간색으로 숫자 뒤에 공백이 입력된 천 단위 표시, 그 외는 숫자 뒤에 공백이 입력된 천 단위 표시

▶ [개발 도구]-[삽입]-[양식 컨트롤]의 '단추'를 동일 시트의 [D18:D19] 영역에 생성한 후 텍스트를 '서식적용'으로 입력하고, 단추를 클릭하면 '서식적용' 매크로가 실행되도록 설정하시오.

② [D4:F16] 영역에 대하여 표시 형식을 기호가 없는 '회계'로 적용하는 '서식해제' 매크로를 생성하시오.

▶ [개발 도구]-[삽입]-[양식 컨트롤]의 '단추'를 동일 시트의 [F18:F19] 영역에 생성한 후 텍스트를 '서식해제'로 입력하고, 단추를 클릭하면 '서식해제' 매크로가 실행되도록 설정하시오.

※ 셀 포인터의 위치에 관계없이 매크로가 실행되어야 정답으로 인정됨

03 '기타작업-3' 시트에서 다음과 같은 작업을 수행하도록 프로시저를 작성하시오. (각 5점)

① '제품입력' 단추를 클릭하면 <제품입력> 폼이 나타나도록 설정하고, 폼이 초기화(Initialize)되면 부품명(cmb부품명)에는 [I5:I12] 영역의 값이 표시되도록 프로시저를 작성하시오.

② <제품입력> 폼의 '등록(cmd등록)' 단추를 클릭하면 폼에 입력된 데이터가 [표1]에 입력되어 있는 마지막 행 다음에 연속하여 추가되는 프로시저를 작성하시오.

▶ '총합'에는 '1월', '2월', '3월'의 합계를 표시하시오.

▶ 입력되는 데이터는 워크시트에 입력된 기존 데이터와 같은 형식의 데이터로 입력하시오.

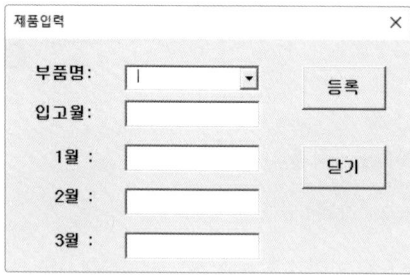

③ <제품입력> 폼의 '닫기(cmd닫기)' 단추를 클릭하면 <그림>과 같은 메시지 박스를 표시한 후 폼을 종료하는 프로시저를 작성하시오.

▶ 시스템의 현재 시간을 표시

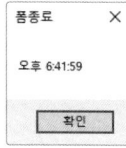

실전모의고사 2회 정답 및 해설

정답

문제 1 ▶ 기본작업 (15점)

01 고급 필터

사원코드	이름	평가1	평가2	평가3
K02345	김동준	90	84	89
F01121	박상은	84	87	98
A01235	이서영	89	79	94
K04231	최진우	93	95	82
F20111	김민태	87	85	91
F22031	이시우	92	91	91
A09095	김진오	97	92	94

조건: TRUE

고급 필터 조건식 : =AND(MOD(RIGHT(B3,1),2)=1,H3>MEDIAN($H$3:$H$27))

02 조건부 서식

사원코드	이름	입사일자	평가1	평가2	평가3	평균
K02345	김동준	2002-01-14	90	84	89	87.7
A03234	이진호	2003-01-13	99	85	86	90.0
F01121	박상은	2001-01-08	84	87	98	89.7
K12324	김재성	2012-08-06	75	86	97	86.0
K05234	이세진	2005-06-01	85	83	93	87.0
A15231	김주환	2015-01-12	64	79	92	78.3
A01235	이서영	2001-07-02	89	79	94	87.3
F17233	김지연	2017-08-01	56	76	85	72.3
F19273	이가람	2019-01-10	54	74	89	72.3
K11032	안유영	2011-01-10	75	85	86	82.0
A13442	박훈	2013-07-10	85	81	88	84.7
K02301	우지원	2002-01-14	91	82	77	83.3
A02702	유미나	2002-01-14	92	98	85	91.7
K04231	최진우	2004-08-02	93	95	82	90.0
F17595	정오철	2017-08-01	85	69	83	79.0
F20111	김민태	2020-01-10	87	85	91	87.7
A17024	주원영	2017-08-01	71	75	85	77.0
K19022	김철	2019-01-10	76	76	84	78.7
F21871	나원준	2021-01-05	85	79	86	83.3
A15232	이세웅	2015-01-12	92	81	79	84.0
K15233	지현우	2015-01-12	91	81	77	83.0
K14085	오태석	2014-09-05	92	86	76	84.7
F22031	이시우	2022-01-20	92	91	91	91.3
A09095	김진오	2009-09-15	97	92	94	94.3
F09234	유선미	2009-09-15	98	91	95	94.7

조건부 서식 수식 : =AND(ISODD(MONTH($D3)),$H3>AVERAGE($H$3:$H$27))

03 페이지 레이아웃

문제2 계산작업 (30점)

01 급여총액[G4:G16]

=SUMPRODUCT(E4:F4,OFFSET($B$19,MATCH(D4,$B$20:$B$21,0),1,1,2))

02 추가수당[H4:H16]

=IF(AND(D4="주말",OR(YEAR(C4)<=2020,E4>=110)),"지급","")

03 최대 근무시간[L4:M5]

=CONCAT(MAX(IF($D$4:$D$16=$K4,E$4:E$16)),"시간")

04 입사년도별 인원수[L10:M13]

=TEXT(SUM((YEAR($C$4:$C$16)=$K10)*($D$4:$D$16=L$9)),"0명")

05 fn비고[I4:I16]

```
Public Function fn비고(입사일)

    If Year(Date) - Year(입사일) >= 3 Then
        fn비고 = "정직원 상담"
    Else
        fn비고 = ""
    End If

End Function
```

문제3 분석작업 (20점)

01 피벗 테이블

	A	B	C	D	E	F	G
1							
2							
3		합계 : 매출액		지역			
4		설립일자		서울	경기	인천	총합계
5		2011-01-20 - 2014-01-18		70,560,300	35,450,000	25,900,000	131,910,300
6		2014-01-19 - 2017-01-17			68,520,000	75,250,000	143,770,000
7		2017-01-18 - 2020-01-17		65,120,000	90,000,000		155,120,000
8		2020-01-18 - 2020-11-03			49,230,000	39,760,000	88,990,000
9		총합계		135,680,300	243,200,000	140,910,000	519,790,300
10							

02 데이터 도구

	A	B	C	D	E	F	G	H	I	J	K	L
1												
2		[표1] 1월				[표2] 2월				[표3] 3월		
3		제품명	목표량	판매량		제품명	목표량	판매량		제품명	목표량	판매량
4		CPU	600	540		CPU	600	621		CPU	500	487
5		RAM	1,500	1,320		RAM	1,400	1,250		RAM	1,000	981
6		SSD	1,000	1,250		SSD	1,200	981		SSD	1,000	1,120
7		메인보드	800	921		메인보드	800	756		메인보드	700	782
8		그래픽카드	700	658		그래픽카드	700	865		그래픽카드	500	433
9												
10		[표4] 4월				[표5] 5월				[표6] 6월		
11		제품명	목표량	판매량		제품명	목표량	판매량		제품명	목표량	판매량
12		CPU	600	674		CPU	700	723		CPU	700	699
13		RAM	700	710		RAM	700	787		RAM	1,000	828
14		SSD	800	722		SSD	800	652		SSD	700	653
15		메인보드	500	644		메인보드	600	584		메인보드	800	741
16		그래픽카드	500	503		그래픽카드	600	855		그래픽카드	800	754
17												
18		[표7] 제품별 평균										
19		제품명	목표량	판매량								
20		CPU	617	624								
21		RAM	1,050	979								
22		SSD	917	896								
23		메인보드	700	738								
24		그래픽카드	633	678								
25												

문제 4 기타작업 (35점)

01 차트

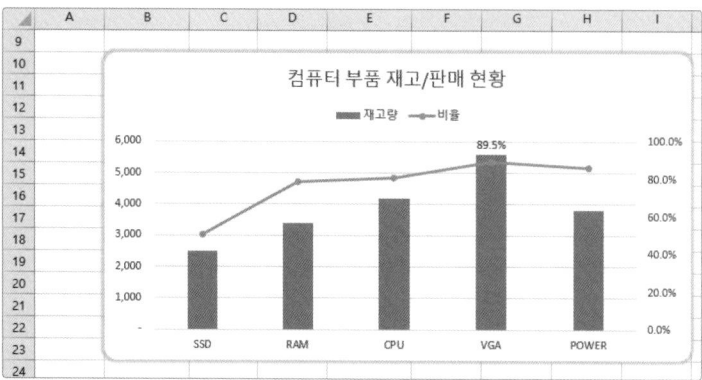

02 매크로

	A	B	C	D	E	F
1		전자부품 연도별 판매량				
2						
3		상품명	상품코드	2020년판매량	2021년판매량	2022년판매량
4		LED	L1120	713	1,074	1,254
5		SSD	S5523	1,362	1,599	1,602
6		복합기	TH1155	2,260	2,833	2,120
7		노트북	N3050	934	1,135	2,531
8		VR	V1203	837	1,268	2,421
9		CPU	A1120	522	545	1,266
10		VGA	R3070	1,074	1,054	1,890
11		마우스	G1061	1,048	1,086	1,020
12		키보드	KB224	1,087	945	1,099
13		허브	H1200	1,002	498	324
14		라우터	RA1256	888	1,037	1,434
15		NAS	N1121	474	189	117
16		공유기	T6250	110	617	685
17						
18				서식적용		서식해제
19						
20						

사용자 지정 표시 형식 : [빨강][>=2000]#,##0_-;#,##0_-

03 프로시저

▶ 폼 보이기 프로시저

```
Private Sub cmd입력_Click()
    제품입력.Show
End Sub
```

▶ 폼 초기화 프로시저

```
Private Sub UserForm_Initialize( )
    cmb부품명.RowSource = "I5:I12"
End Sub
```

▶ 등록 및 종료 프로시저

```
Private Sub cmd등록_Click( )
    i = [B3].Row + [B3].CurrentRegion.Rows.Count

    Cells(i, 2) = cmb부품명
    Cells(i, 3) = txt입고월
    Cells(i, 4) = txt1월.Value
    Cells(i, 5) = txt2월.Value
    Cells(i, 6) = txt3월.Value
    Cells(i, 7) = Cells(i, 4) + Cells(i, 5) + Cells(i, 6)
End Sub

Private Sub cmd닫기_Click( )
    MsgBox Time, , "폼종료"
    Unload Me
End Sub
```

해설

문제1 ▶ 기본작업 (15점)

1 고급 필터 수행하기

① '기본작업-1' 시트를 선택한 후 [B29:B30] 영역에 다음과 같이 조건을 입력합니다.

> [B29] 셀 : '조건'을 입력
> [B30] 셀 : =AND(MOD(RIGHT(B3,1),2)=1,H3>MEDIAN($H$3:$H$27)) → [B3] 셀의 마지막 숫자가 홀수이면서 [H3] 셀이 [H3:H27] 영역의 중앙값보다 큰 값이면 TRUE를 반환

② [B2], [C2], [E2], [F2], [G2] 영역을 선택하고 **Ctrl**+**V** 키를 누른 후 [B32] 셀에서 **Ctrl**+**V** 키를 누릅니다.

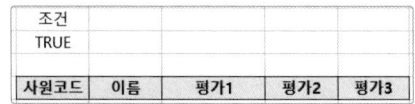

③ [B2] 셀을 클릭하고 [데이터] 탭-[정렬 및 필터] 그룹-[고급]을 클릭합니다.

④ [고급 필터] 대화상자에서 '다른 장소에 복사'를 선택하고 목록 범위는 [B2:H27] 영역이 지정되었는지 확인합니다.

⑤ [고급 필터] 대화상자에서 조건 범위는 [B29:B30] 영역, 복사 위치는 [B32:F32] 영역을 지정한 후 <확인> 단추를 클릭합니다.

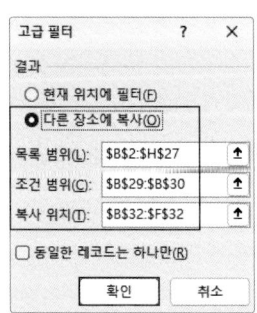

2 조건부 서식 수행하기

① [B3:H27] 영역을 지정하고 [홈] 탭-[스타일] 그룹-[조건부 서식]-[새 규칙]을 클릭합니다.

② [새 서식 규칙] 대화상자에서 규칙 유형 선택의 '수식을 사용하여 서식을 지정할 셀 결정'을 선택하고 다음과 같이 수식을 입력한 후 <서식> 단추를 클릭합니다.

> =AND(ISODD(MONTH($D3)),$H3>AVERAGE($H$3:$H$27)) [D3] 셀의 월이 홀수이면서 [H3] 셀이 [H3:H27] 영역의 평균보다 크면 TRUE를 반환

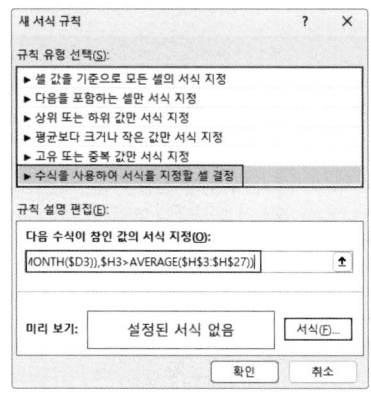

③ [셀 서식] 대화상자의 [글꼴] 탭에서 글꼴 스타일은 '굵은 기울임꼴', 색은 '녹색'을 선택하고 <확인> 단추를 클릭합니다.

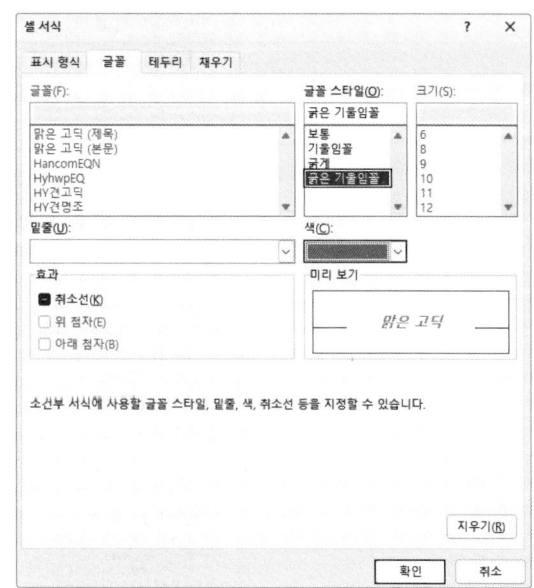

④ [새 서식 규칙] 대화상자에서 다시 <확인> 단추를 클릭합니다.

3 페이지 레이아웃

① '기본작업-2' 시트를 선택한 후 [페이지 레이아웃] 탭-[페이지 설정] 그룹의 ⬚(대화상자 표시 아이콘)을 클릭합니다.

② [페이지 설정] 대화상자의 [페이지] 탭에서 용지 방향을 '가로'로 선택하고 [시트] 탭에서 인쇄 영역을 [B2:H34] 영역을 지정합니다.

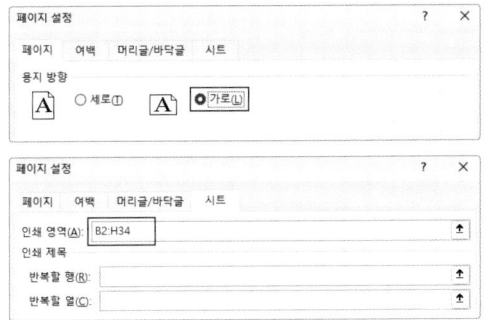

③ [페이지 설정] 대화상자의 [머리글/바닥글] 탭을 선택하고 [바닥글 편집]을 클릭합니다.

④ 가운데 구역에서 ⬚(페이지 번호 삽입)을 클릭하고 '/'를 입력합니다. ⬚(전체 페이지 수 삽입)을 클릭하고 <확인> 단추를 클릭합니다.

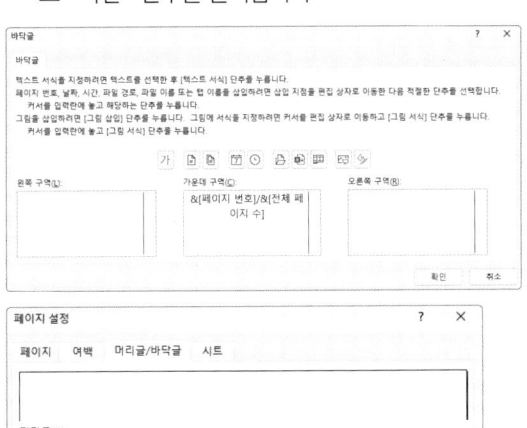

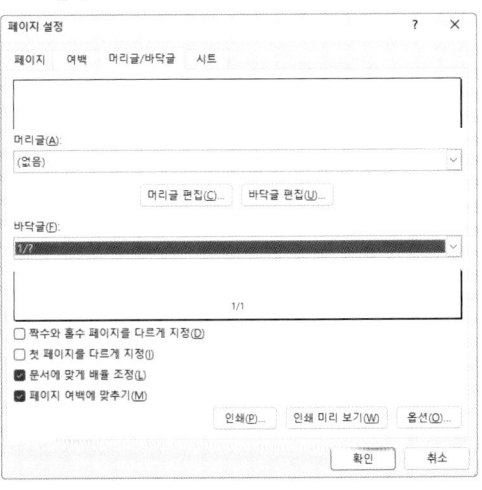

⑤ [페이지 설정] 대화상자의 [시트] 탭에서 반복할 행에서 2행을 선택하고 [여백] 탭에서 페이지 가운데 맞춤에서 '가로'를 체크하고 <확인> 단추를 클릭합니다.

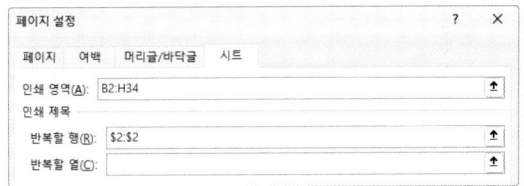

문제2 ▶ 계산작업 (30점)

1 급여총액[G4:G16]

① [G4] 셀에 다음과 같이 수식을 입력합니다.

=SUMPRODUCT(E4:F4,OFFSET($B$19,MATCH(D4,$B$20:$B$21,0),1,1,2))

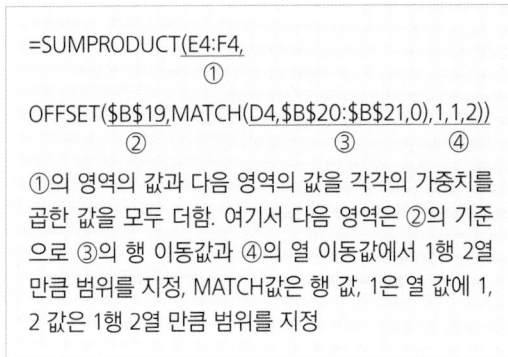

①의 영역의 값과 다음 영역의 값을 각각의 가중치를 곱한 값을 모두 더함. 여기서 다음 영역은 ②의 기준으로 ③의 행 이동값과 ④의 열 이동값에서 1행 2열 만큼 범위를 지정, MATCH값은 행 값, 1은 열 값에 1, 2 값은 1행 2열 만큼 범위를 지정

② 결과를 확인하고 채우기 핸들을 더블 클릭하여 수식을 복사합니다.

2 추가수당[H4:H16]

① [H4] 셀에 다음과 같이 수식을 입력합니다.

```
=IF(AND(D4="주말",OR(YEAR(C4)<=2020,E4>=110)),
"지급","")
```

```
=IF(AND(D4="주말",OR(YEAR(C4)<=2020,E4>=110))
         ①              ②            ③
,"지급","")
①의 값이 TRUE이면서 ② 또는 ③의 값이 TRUE이면
"지급"을 출력, 그렇지 않으면 공백으로 출력
```

② 결과를 확인하고 채우기 핸들을 더블 클릭하여 수식을 복사합니다.

3 구분별 최대 근무시간[L4:M5]

① [L4] 셀에 다음과 같이 수식을 입력한 후 Ctrl + Shift + Enter 키를 누릅니다.

```
=CONCAT(MAX(IF($D$4:$D$16=$K4,E$4:E$16)),
"시간")
```

```
==CONCAT(MAX(IF($D$4:$D$16=$K4,E$4:E$16)),
"시간")              ①          ②
①의 구분이 [K4]와 같으면 ②의 [E4:E16] 영역의
최대값을 구하고 '시간'을 연결
```

② 결과를 확인하고 채우기 핸들을 드래그하여 수식을 복사합니다.

4 아르바이트 현황[L10:M13]

① [L10] 셀에 다음과 같이 수식을 입력한 후 Ctrl + Shift + Enter 키를 누릅니다.

```
=TEXT(SUM((YEAR($C$4:$C$16)=$K10)*($D$4:$
D$16=L$9)),"0명")
```

```
=TEXT(SUM((YEAR($C$4:$C$16)=$K10)*($D$4:$
D$16=L$9)),"0명")      ①
①의 입사일의 연도가 [K10]과 같고 구분이 [L9]와 같
으면 TRUE값의 합계(인원수)를 구하고 TEXT함수의
서식으로 출력
```

② 결과를 확인하고 채우기 핸들을 드래그하여 수식을 복사합니다.

5 비고[I4:I16]

① [개발 도구] 탭-[코드] 그룹-[Visual Basic]을 클릭하거나 Alt + F11 키를 누릅니다.

② [삽입]-[모듈]을 클릭합니다.

③ Module 창에 다음과 같이 코드를 입력합니다.

```
Public Function fn비고(입사일)
① If Year(Date) - Year(입사일) >= 3 Then → 현
재년도에서 입사일의 연도를 뺀 값이 3이상이면 ②
를 수행
②      fn비고 = "정직원 상담"
   Else → ①의 조건을 만족하지 않으면 ③을 수행
③      fn비고 = ""
   End If → If문 종료
End Function
```

④ ▥ (보기 Microsoft Excel)을 클릭하거나 Alt + F11 키를 눌러 Excel로 돌아갑니다.

⑤ [I4] 셀을 클릭한 후 다음과 같이 수식을 입력합니다.

```
=fn비고(C4)
```

⑥ 결과를 확인하고 채우기 핸들을 더블 클릭하여 수식을 복사합니다.

문제3 ▶ 분석작업 (20점)

1 피벗 테이블 보고서 작성

① '분석작업-1' 시트를 선택하고 [데이터] 탭-[데이터 가져오기 및 변환] 그룹-[데이터 가져오기]-[기타 원본에서]-[Microsoft Query에서]를 클릭합니다.

② [데이터 원본 선택] 대화상자에서 'MS Access Database*'을 선택하고 <확인> 단추를 클릭합니다.

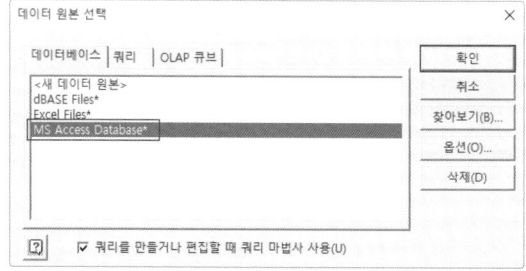

> **TIP**
> [데이터 원본 선택] 대화상자 하단의 '쿼리를 만들거나 편집할 때 쿼리 마법사 사용'이 해제되어 있으면 쿼리 마법사가 열리지 않으므로 반드시 선택된 상태를 유지해야 합니다.

③ [데이터베이스 선택] 대화상자에서 'C:₩OA₩판매관리.accdb'를 선택하고 <확인> 단추를 클릭합니다.

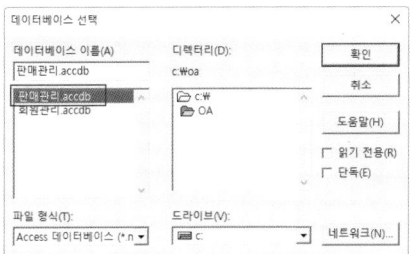

④ [쿼리 마법사-열 선택] 대화상자에서 ⊞를 클릭한 후 '판매점'을 선택하고 > 를 클릭하거나 '판매점'을 더블 클릭합니다. 같은 방법으로 '매장코드', '거래처명', '대표', '설립일자', '거래구분', '지역', '매출액'을 '쿼리에 포함된 열'에 삽입한 후 <다음> 단추를 클릭합니다.

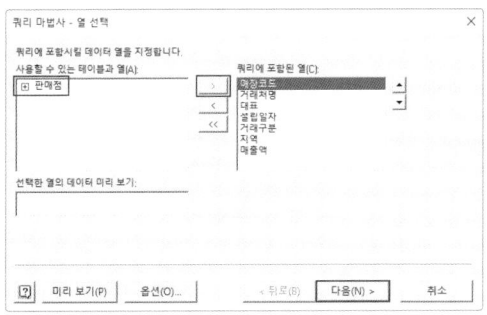

> **TIP**
> - < : 하나의 열을 제외
> - << : 모든 열을 제외
> - ↕ : 열의 순서를 변경

⑤ [쿼리 마법사-데이터 필터] 대화상자에서 <다음> 단추를 클릭합니다.

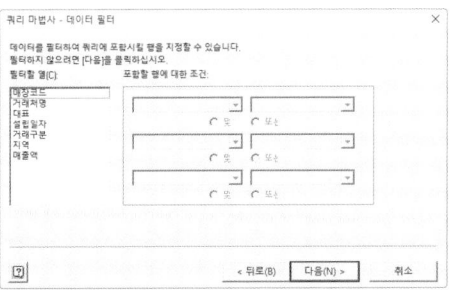

> **TIP**
> - 및 : 지정한 조건을 모두 만족하는 행만 추출합니다.
> - 또는 : 지정한 조건을 하나라도 만족하는 행을 추출합니다.

⑥ [쿼리 마법사-정렬 순서] 대화상자에서 <다음> 단추를 클릭합니다.

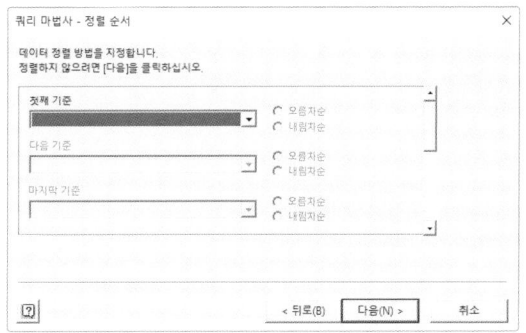

⑦ [쿼리 마법사-마침] 대화상자에서 'Microsoft Excel로 데이터 되돌리기'를 선택하고 <마침> 단추를 클릭합니다.

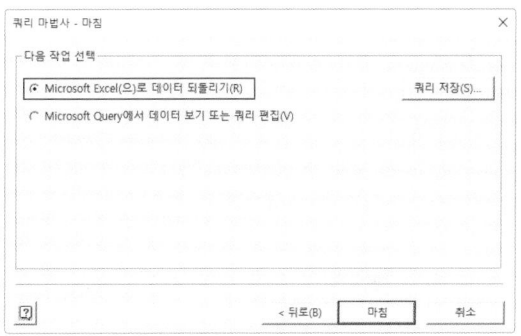

⑧ [데이터 가져오기]에서 '피벗 테이블 보고서'를 선택하고 기존 워크시트에서 시작 위치인 [B3] 셀을 지정한 후 <확인> 단추를 클릭합니다.

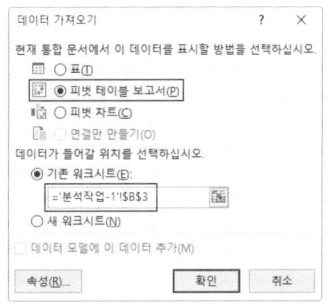

⑨ [피벗 테이블 필드] 창에서 행 '설립일자', 열에 '지역', 값에 '매출액'을 드래그합니다.

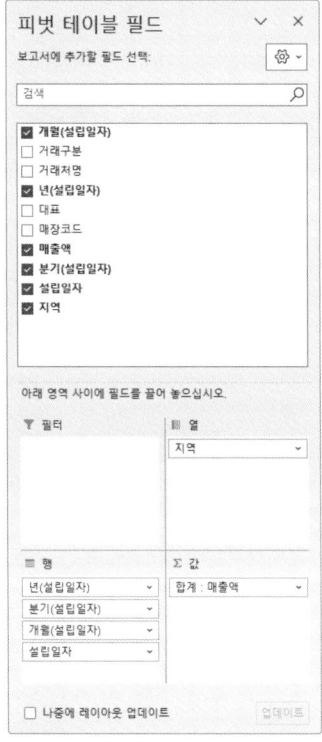

TIP

EXCEL 2021에서는 날짜 필드를 피벗 테이블에 추가하면 자동으로 그룹화되는 기능이 추가되었습니다. 여기에서는 '년', '분기', '개월'이 자동으로 추가됩니다.

⑩ [디자인] 탭-[레이아웃] 그룹-[보고서 레이아웃]-[개요 형식으로 표시]를 클릭합니다.

⑪ [B5] 셀에서 마우스 오른쪽 단추를 눌러 [그룹]을 클릭합니다.

⑫ [그룹화] 대화상자에서 단위에서 '월', '분기', '연'을 해제하고 '일'을 선택 후 날짜 수에 '1095'를 입력하고 <확인> 단추를 클릭합니다.

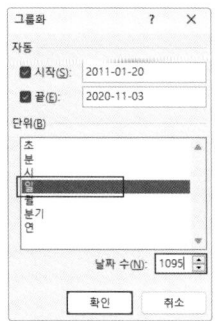

⑬ '지역'에서 서울([D4])을 선택하고 셀의 왼쪽 경계선에서 마우스 포인터가 변경되면 드래그하여 경기([C4])의 왼쪽으로 이동합니다.

⑭ [C5:F9] 영역을 선택하고 마우스 오른쪽 단추를 눌러 [셀 서식]을 클릭합니다.

⑮ [셀 서식] 대화상자의 [표시 형식] 탭에서 범주는 '숫자', 1000 단위 구분 기호 사용을 체크하고 <확인> 단추를 클릭합니다.

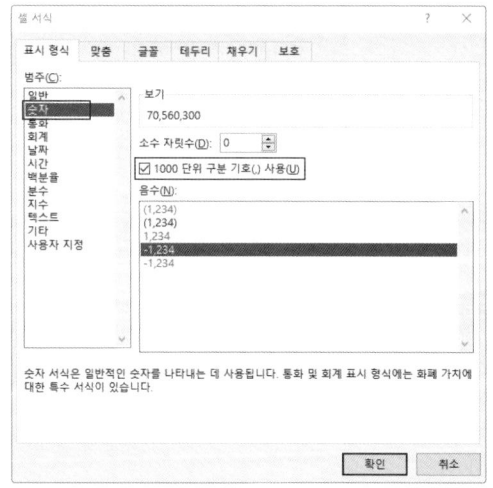

2 데이터 도구

① '분석작업-2' 시트를 선택 후 [표1]의 [B3:D8] 영역을 지정하고 [데이터] 탭-[정렬 및 필터] 그룹-[정렬]을 클릭합니다.

② [정렬] 대화상자에서 세로 막대형은 '제품명', 정렬 '사용자 지정 목록'을 선택합니다.

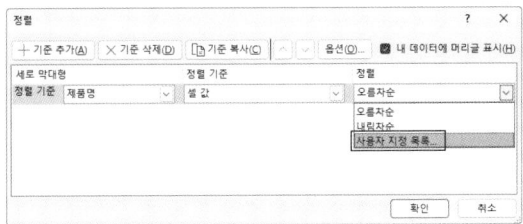

③ [사용자 지정 목록] 대화상자의 목록 항목에서 'CPU', 'RAM', 'SSD', '메인보드', '그래픽카드'를 입력하고 [추가]-<확인>단추를 클릭합니다.

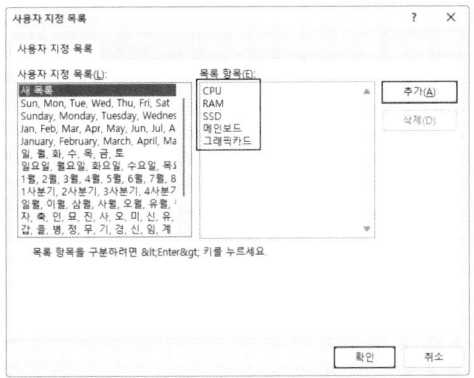

④ [정렬] 대화상자의 정렬에서 사용자 정렬 순서가 있으면 <확인>단추를 클릭합니다.

⑤ [표2]의 [F3:H8]영역을 지정하고 [데이터] 탭-[정렬 및 필터] 그룹-[정렬]을 클릭합니다.

⑥ [정렬] 대화상자에서 세로 막대형은 '제품명', 정렬 '사용자 지정 목록'을 선택합니다.

⑦ [사용자 지정 목록] 대화상자의 사용자 지정 목록에서 'CPU, RAM, SSD, 메인보드, 그래픽카드'가 입력된 목록을 선택하고 <확인>단추를 클릭합니다.

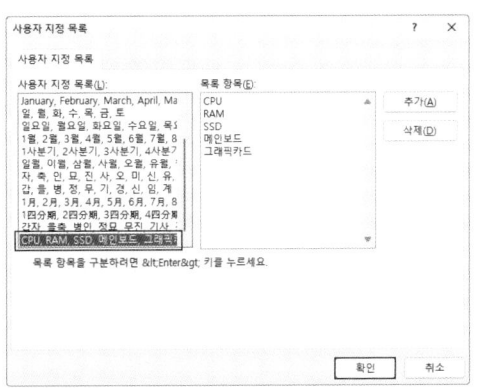

⑧ 같은 방법으로 [표3], [표4], [표5], [표6]을 사용자 지정 목록으로 정렬을 합니다.

⑨ [표7]의 [C19:D24] 영역을 지정하고 [데이터] 탭-[데이터 도구] 그룹-[통합]을 선택합니다.

⑩ [통합] 대화상자에서 함수는 '평균'을 선택하고 참조에서 [표1]의 [C3:D8] 영역을 지정하고 [추가]단추를 클릭합니다.

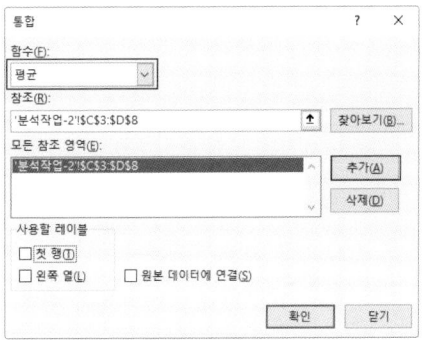

⑪ 이어서, 같은 방법으로 참조에 [G3:H8], [K3:L8], [C11:D16], [G11:H16], [K11:L16] 영역을 추가하고 사용할 레이블에서 '첫 행'을 체크 후 <확인>단추를 클릭합니다.

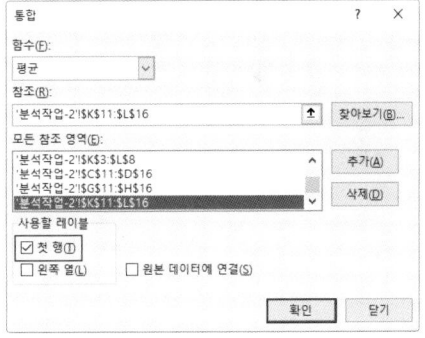

문제4 ▶ 기타작업 (35점)

1 차트 수정

① '기타작업-1' 시트를 선택하고 차트 영역에서 마우스 오른쪽 단추를 눌러 [데이터 선택]을 선택합니다.

② [데이터 원본 선택] 대화상자에서 범례 항목(계열)에서 '판매량'을 선택하고 [제거]를 클릭 후 <확인> 단추를 클릭합니다.

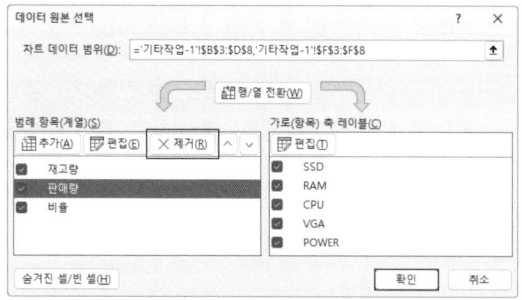

③ 재고량 계열에서 마우스 오른쪽 단추를 눌러 [계열 차트 종류 변경]을 선택합니다.

④ [차트 종류 변경] 대화상자에서 비율의 차트 종류를 '표식이 있는 꺾은선형'을 선택 후 보조 축을 체크하고 <확인> 단추를 클릭합니다.

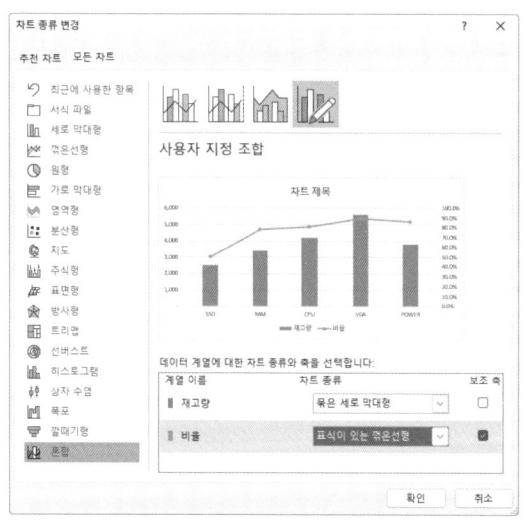

⑤ [차트 디자인] 탭-[차트 레이아웃] 그룹-[차트 요소 추가]-[범례]-[위쪽]을 선택합니다.

⑥ 보조 세로 축을 클릭하고 마우스 오른쪽 단추를 눌러 [축 서식]을 선택합니다. [축 서식] 창의 [축 옵션]에서 최소를 '0.0', 최대를 '1.0', 기본 단위를 '0.2'로 입력합니다.

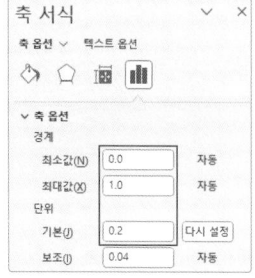

⑦ 차트 제목을 선택하고 '수식 입력줄'을 클릭한 다음 '='을 입력하고 마우스로 [B1:F1] 영역을 클릭하고 Enter 키를 누릅니다.

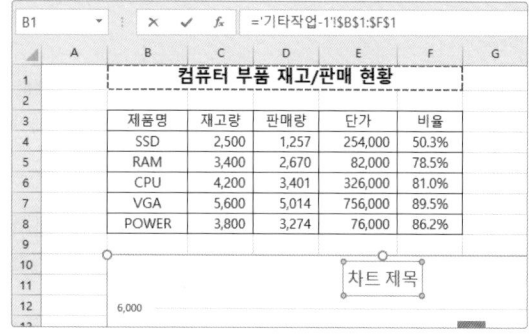

⑧ 비율 계열을 선택하고 다시 한번 VGA요소를 클릭합니다. 이어서 [차트 디자인] 탭-[차트 레이아웃] 그룹-[차트 요소 추가]-[데이터 레이블]-[위쪽]을 선택합니다.

⑨ 차트 영역을 클릭하고 [차트 영역 서식] 창의 [차트 옵션]-[채우기 및 선]-[테두리]에서 '둥근 모서리'를 체크합니다.

※ [축 서식] 창이 열린 상태에서 차트 영역을 클릭하면 [차트 영역 서식] 창으로 변경됩니다.

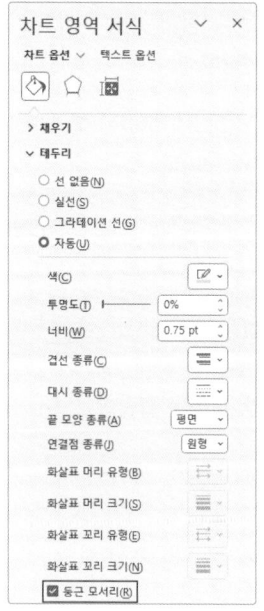

⑩ [차트 영역 서식] 창의 [차트 옵션]-[효과]-[네온]-[미리 설정]에서 '네온: 5pt, 녹색, 강조색 6'을 클릭합니다.

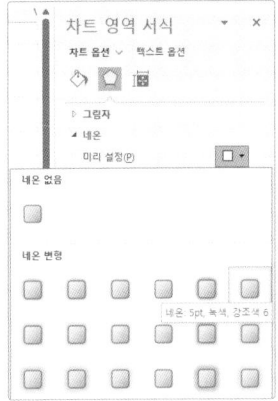

2 매크로 작성

① '기타작업-2' 시트를 선택하고 [개발 도구] 탭-[코드] 그룹-[매크로 기록]을 클릭합니다.

② [매크로 기록] 대화상자에서 매크로 이름을 '서식적용'으로 입력하고 <확인> 단추를 클릭합니다.

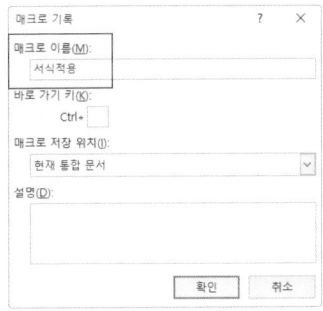

③ [D4:F16] 영역을 선택하고 마우스 오른쪽 단추를 눌러 [셀 서식]을 클릭합니다.

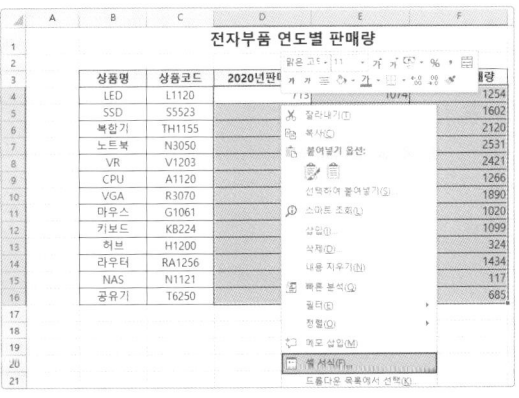

④ [셀 서식] 대화상자 [표시 형식] 탭에서 범주는 '사용자 지정'을 선택하고 형식에 다음과 같이 입력한 후 <확인> 단추를 클릭합니다.

※ 서식 뒤에 밑줄(_)과 빈 칸이나 하이픈(-)을 지정하면 숫자 뒤에 공백이 입력됩니다.

[빨강][>=2000]#,##0_-;#,##0_-

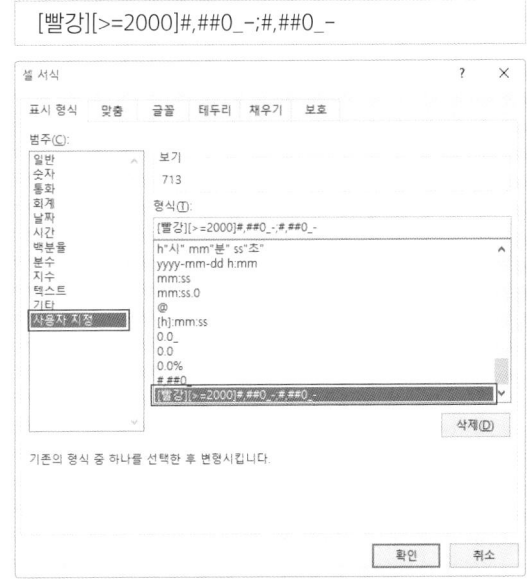

⑤ 상태 표시줄의 □(기록 중지)를 클릭합니다.

⑥ [개발 도구] 탭-[컨트롤] 그룹-[삽입]-[양식 컨트롤]-[단추]를 클릭한 후 **Alt** 키를 누른 채 [D18:D19] 영역에 드래그하여 작성합니다.

⑦ [매크로 지정] 대화상자에서 매크로 이름은 '서식적용'으로 선택하고 <확인> 단추를 클릭합니다.

⑧ 단추의 텍스트를 '서식적용'으로 수정합니다.

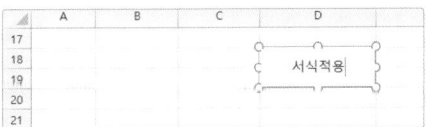

⑨ [개발 도구] 탭-[코드] 그룹-[매크로 기록]을 클릭합니다.

⑩ [매크로 기록] 대화상자에서 매크로 이름을 '서식해제'로 입력하고 <확인> 단추를 클릭합니다.

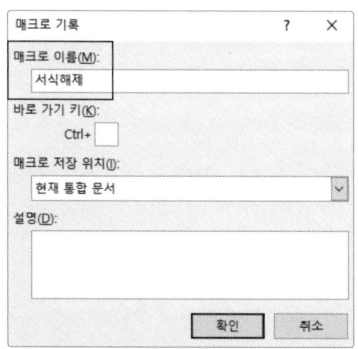

⑪ [D4:F16] 영역을 선택하고 마우스 오른쪽 단추를 눌러 [셀 서식]을 클릭합니다.

⑫ [셀 서식] 대화상자의 [표시 형식] 탭에서 범주는 '회계'를 선택하고 기호를 '없음'으로 선택한 후 <확인> 단추를 클릭합니다.

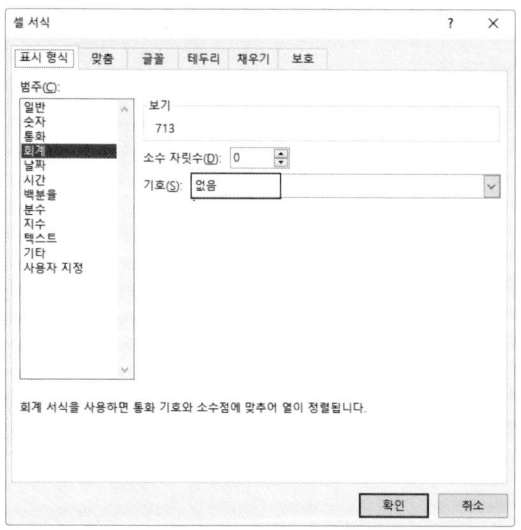

⑬ 상태 표시줄의 □(기록 중지)를 클릭합니다. [개발 도구] 탭-[컨트롤] 그룹-[삽입]-[양식 컨트롤]-[단추]를 클릭한 후 Alt 키를 누른 채 [F18:F19] 영역에 드래그하여 작성합니다.

⑭ [매크로 지정] 대화상자에서 매크로 이름을 '서식해제'로 선택하고 <확인> 단추를 클릭합니다.

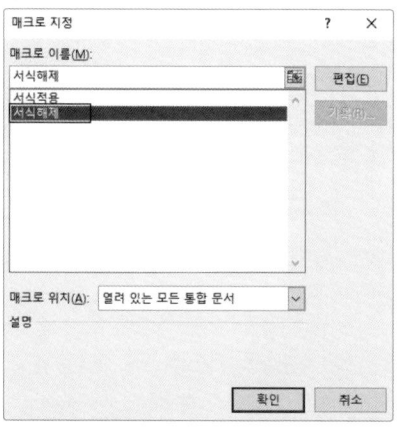

⑮ 단추의 텍스트를 '서식해제'로 수정합니다.

3 프로시저 작성

1) 폼 보이기 프로시저

① '기타작업-3' 시트를 선택하고 [개발 도구] 탭-[컨트롤] 그룹-[디자인 모드]를 클릭합니다.

② <제품 입력> 단추를 더블 클릭하고 다음과 같이 코드를 입력합니다.

```
Private Sub cmd입력_Click( )
    제품입력.Show
End Sub
```

2) 폼 초기화 프로시저

① [프로젝트-VBProject] 탐색기에서 '제품입력'을 선택하고 마우스 오른쪽 단추를 눌러 [코드 보기]를 클릭합니다.

② 개체 목록은 'UserForm', 프로시저 목록은 'Initialize'를 선택합니다.

③ 다음과 같이 코드를 입력합니다.

```
Private Sub UserForm_Initialize( )
    cmb부품명.RowSource = "I5:I12"  → cmb부품의
    행 원본을 [I5:I12]로 지정
End Sub
```

3) 등록 프로시저

① 개체 목록은 'cmd등록', 프로시저 목록은 'Click'을 선택합니다.

② 다음과 같이 코드를 입력합니다.

```
Private Sub cmd등록_Click( )

  i = [B3].Row + [B3].CurrentRegion.Rows.Count
→ [B3] 셀의 행 번호인 3과 [B3] 셀을 기준으로 인접한
행의 개수를 더함
  Cells(i, 2) = cmb부품명
  Cells(i, 3) = txt입고월
  Cells(i, 4) = txt1월.Value
  Cells(i, 5) = txt2월.Value
  Cells(i, 6) = txt3월.Value
  Cells(i, 7) = Cells(i, 4) + Cells(i, 5) + Cells(i, 6)
→ 총합(G열) 부분에 1월, 2월, 3월의 값을 더함
End Sub
```

4) 종료 프로시저

① 개체 목록은 'cmd닫기', 프로시저 목록은 'Click'을 선택합니다.

② 다음과 같이 코드를 입력합니다.

```
Private Sub cmd닫기_Click( )
    MsgBox Time, , "폼종료" → 현재 시간을 나타내
면서 "폼종료" 글자를 나타냄
    Unload Me
End Sub
```

③ 🅧(보기 Microsoft Excel)을 클릭하거나 Alt + F11 키를 눌러 Excel로 돌아갑니다.

④ 실행 결과를 확인하기 위해 [개발 도구] 탭-[컨트롤] 그룹-[디자인 모드]를 클릭하여 디자인 모드를 해제합니다.

컴퓨터활용능력 실전모의고사 3회

프로그램명	제한시간
EXCEL 2021	45분

수 험 번 호 :

성   명 :

1급 | A형

유의사항

- 인적 사항 누락 및 잘못 작성으로 인한 불이익은 수험자 책임으로 합니다.
- 화면에 암호 입력창이 나타나면 아래의 암호를 입력하여야 합니다.
  - 암호 : 3241@2
- 작성된 답안은 주어진 경로 및 파일명을 변경하지 마시고 그대로 저장해야 합니다. 이를 준수하지 않으면 실격 처리됩니다.
  - 답안 파일명의 예 : C:\OA\수험번호8자리.xlsm
- 외부데이터 위치: C:\OA\파일명
- 별도의 지시사항이 없는 경우, 다음과 같이 처리 시 실격 처리됩니다.
  - 제시된 시트 및 개체의 순서나 이름을 임의로 변경한 경우
  - 제시된 시트 및 개체를 임의로 추가 또는 삭제한 경우
  - 외부데이터를 시험 시작 전에 열어본 경우
- 답안은 반드시 문제에서 지시 또는 요구한 셀에 입력하여야 하며 다음과 같이 처리 시 채점 대상에서 제외됩니다.
  - 제시된 함수가 있을 경우 제시된 함수만을 사용하여야 하며 그 외 함수 사용 시 채점 대상에서 제외
  - 수험자가 임의로 지시하지 않은 셀의 이동, 수정, 삭제, 변경 등으로 인해 셀의 위치 및 내용이 변경된 경우 해당 작업에 영향을 미치는 관련문제 모두 채점 대상에서 제외
  - 도형 및 차트의 개체가 중첩되어 있거나 동일한 계산결과 시트가 복수로 존재할 경우 해당 개체나 시트는 채점 대상에서 제외
- 수식 작성 시 제시된 문제 파일의 데이터는 변경 가능한(가변적) 데이터임을 감안하여 문제 풀이를 하시오.
- 별도의 지시사항이 없는 경우, 주어진 각 시트 및 개체의 설정값 또는 기본 설정값(Default)으로 처리하시오.
- 저장 시간은 별도로 주어지지 않으므로 제한된 시간 내에 저장을 완료해야 하며, 제한 시간 내에 저장이 되지 않은 경우에는 실격 처리됩니다.
- 출제된 문제의 용어는 MS Office LTSC Professional Plus 2021 기준으로 작성되어 있습니다.

문제 1 기본작업(15점)_ 주어진 시트에서 다음 과정을 수행하고 저장하시오.

01 '기본작업-1' 시트에서 다음과 같이 고급필터를 수행하시오. (5점)

▶ [B2:H27] 영역에서 '수강과목'의 마지막 두 글자가 '조리'이면서 '접수일'의 월이 1이거나 '평균' 점수가 전체 평균보다 큰 행에 대하여 '수강과목', '이름', '필기평가', '실기평가' 열을 순서대로 표시하시오.
▶ 조건은 [B29:B30] 영역에 입력하시오. (AND, RIGHT, OR, MONTH, AVERAGE 함수 사용)
▶ 결과는 [B32] 셀부터 표시하시오.

02 '기본작업-1' 시트에서 다음과 같이 조건부 서식을 설정하시오. (5점)

▶ [B3:H27] 영역에 대해서 '접수일'의 '월'이 1이면서 '평균' 점수가 10번째로 큰 값 이상인 행에 대하여 글꼴 스타일 '굵게', 글꼴 색 '표준 색-파랑'으로 적용하시오.
▶ 단, 규칙 유형은 '수식을 사용하여 서식을 지정할 셀 결정'을 사용하고, 한 개의 규칙으로만 작성하시오.
▶ AND, MONTH, LARGE 함수 사용

03 '기본작업-2' 시트에서 다음과 같이 페이지 레이아웃을 설정하시오. (5점)

▶ [B2:H41] 영역을 인쇄 영역으로 설정하고, 인쇄용지가 가로로 인쇄되도록 용지 방향을 설정하시오.
▶ 매 페이지 상단의 왼쪽 구역에는 현재 페이지 번호가 [표시 예]와 같이 표시되도록 머리글을 설정하시오.
[표시 예 : 현재 페이지 번호 1 → 1페이지]
▶ 인쇄될 내용이 페이지의 가로·세로 가운데에 인쇄되도록 설정하고 2행이 매 페이지마다 반복하여 인쇄되도록 인쇄 제목을 설정하시오.

문제 2 계산작업(30점)_ '계산작업' 시트에서 다음 과정을 수행하고 저장하시오.

01 [표1]의 1월평가와 2월평가의 평균을 계산하여 [H4:H24] 영역에 표시하시오. (6점)

▶ 평균은 소수 첫째 자리까지만 표시하고, 뒤에 '점'을 추가하여 표시하시오.
[표시 예 : 87.56 → 87.5점, 90 → 90.0점]
▶ AVERAGE, TRUNC, TEXT 함수를 이용

02 [표1]의 접수일, 1월평가, 2월평가를 이용하여 [I4:I24] 영역에 시험접수 여부를 표시하시오. (6점)

▶ 접수일[C4:C24]의 월이 홀수이면서 1월평가[F4:F24]가 90이상이거나 2월평가[G4:G24]가 90이상이면 "시험접수", 그렇지 않으면 공백으로 표시
▶ IF, AND, OR, ISODD, MONTH 함수를 이용

03 [표2]의 구분별 이론과 실무의 1월평가평균을 [M4:N6] 영역에 표시하시오. (6점)

▶ AVERAGE, IF 함수를 사용한 배열 수식으로 작성

04 [표3]의 연도별별 이론과 실무의 인원수를 [M10:N12] 영역에 표시하시오. (6점)

▶ SUM, IF, YEAR, CONCAT 함수를 사용한 배열 수식으로 작성
▶ 인원수에 '명'을 표시 [표시 예 : 2 → 2명]

05 [표1]의 영역에서 1월평가와 2월평가를 인수로 받아 비고[J4:J24]를 계산하여 되돌려주는 사용자 정의 함수 'fn비고'를 작성하시오. (6점)

▶ 1월평가, 2월평가의 두 과목이 90미만이면 "보충수강"으로 표시하고 1월평가, 2월평가중 한 과목이 90미만이면 "과제평가"로 표시, 그렇지 않으면 공백으로 표시하시오.
▶ IF, AND, OR 이용

```
Public Function fn비고(평가1, 평가2)
End Function
```

문제3 분석작업(20점)_ 주어진 시트에서 다음 과정을 수행하고 저장하시오.

01 '분석작업-1' 시트에서 다음의 지시사항에 따라 피벗 테이블 보고서를 작성하시오. (10점)

▶ 외부 데이터 가져오기 기능을 사용하여 <회원관리.accdb>의 <회원> 테이블에서 '강사', '가입일자', '구분', '수강료' 열을 이용하시오.
▶ 피벗 테이블 보고서의 레이아웃과 위치는 <그림>을 참조하여 설정하고, 보고서 레이아웃을 테이블 형식으로 표시하시오.
▶ '매출액' 필드는 '연' 단위로 그룹을 지정하시오.
▶ '매출액' 필드는 열 합계 비율로 나타내고, 값 필드 설정의 셀 석식에서 '백분율' 소수 첫째자리까지 표시하시오.
▶ 피벗 테이블 스타일은 '연한 녹색, 피벗 스타일 보통 7'로 설정하시오.

	A	B	C	D	E	F
1		강사	(모두)			
2						
3		합계 : 수강료	구분			
4		가입일자	성인	청소년	총합계	
5		2018년	7.7%	0.0%	5.3%	
6		2019년	6.6%	15.0%	9.2%	
7		2020년	19.8%	31.3%	23.3%	
8		2021년	44.0%	20.0%	36.6%	
9		2022년	22.0%	33.8%	25.6%	
10		총합계	100.0%	100.0%	100.0%	
11						

02 '분석작업-2' 시트에 대하여 다음의 지시사항을 처리하시오. (10점)

▶ [데이터 유효성 검사] 도구를 이용하여 [E3:E15]영역에는 '필기', '실기'만 입력 되도록 제한 대상을 설정하시오.
▶ [E3:E15] 영역의 셀을 클릭한 경우 <그림>과 같은 설명 메시지를 표시하고, 유효하지 않은 데이터를 입력한 경우<그림>과 같은 오류 메시지가 표시되도록 설정하시오.

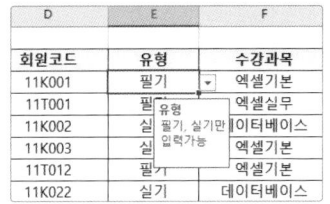 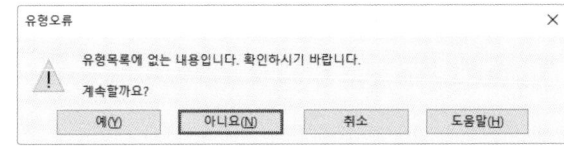

▶ [필터] 도구를 이용하여 수강과목이 '엑셀'이 들어간 데이터 행만 표시되도록 설정하시오.

문제 4 기타작업(35점)_ 주어진 시트에서 다음 과정을 수행하고 저장하시오.

01 '기타작업-1' 시트에서 다음의 지시사항에 따라 차트를 수정하시오. (각 2점)

※ 차트는 반드시 문제에서 제공한 차트를 사용하여야 하며, 신규로 차트 작성 시 0점 처리됨

① '합격인원' 계열은 제거하고 '합격률' 계열은 '표식이 있는 꺾은 선형'으로 변경한 후 보조 축으로 설정하시오.

② 범례를 오른쪽에 표시하고, 보조 세로 축 기본 단위를 <그림>과 같이 표시하시오.

③ 차트 제목은 <그림>과 같이 [B1] 셀과 연동되도록 설정하시오.

④ '합격률'의 '컴퓨터활용능력' 요소에만 데이터 레이블을 <그림>과 같이 표시하시오.

⑤ 차트 영역의 테두리 스타일은 '둥근 모서리', 입체 효과는 '각지게'로 설정하시오.

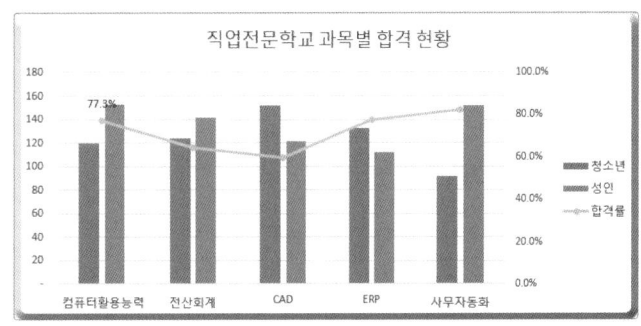

02 '기타작업-2' 시트에서 다음과 같은 기능을 수행하는 매크로를 현재 통합문서에 저장하시오. (각 5점)

① [G5:G24] 영역에 대하여 사용자 지정 표시 형식을 설정하는 '서식적용' 매크로를 생성하시오.
▶ 셀 값이 90 이상일 경우 파란색으로 "우수", 그 외는 빨간색으로 "노력"으로 표시하시오.
▶ [개발 도구]-[삽입]-[양식 컨트롤]의 '단추'를 동일 시트의 [E2:E3] 영역에 생성한 후 텍스트를 '서식적용'으로 입력하고, 단추를 클릭하면 '서식적용' 매크로가 실행되도록 설정하시오.

② [G5:G24] 영역에 대하여 표시 형식을 소수점 이하 첫째 자리까지 표시로 적용하는 '서식해제' 매크로를 생성하시오.

▶ [개발 도구]-[삽입]-[양식 컨트롤]의 '단추'를 동일 시트의 [G2:G3] 영역에 생성한 후 텍스트를 '서식해제'로 입력하고, 단추를 클릭하면 '서식해제' 매크로가 실행되도록 설정하시오.

※ 셀 포인터의 위치에 관계없이 매크로가 실행되어야 정답으로 인정됨

03 '기타작업-3' 시트에서 다음과 같은 작업을 수행하도록 프로시저를 작성하시오. (각 5점)

① '과목검색' 단추를 클릭하면 <강의과목검색화면> 폼이 나타나도록 설정하고, 폼이 초기화(Initialize)되면 수강과목(cmb수강과목)에는 [B5:B12] 영역의 값이 표시되도록 프로시저를 작성하시오.

② <강의과목검색화면> 폼의 수강과목(cmb수강과목)을 선택하고 검색(cmd검색)을 클릭하면 강사명(txt강사명), 개강월(txt개강월), 정원(txt정원), 신청인원(txt신청인원), 비고(txt비고)에 해당하는 시트의 자료가 폼에 나타나도록 Listindex 속성을 이용하여 작성하시오.

▶ 폼에 데이터가 입력될 때 표의 행과 폼의 입력 내용이 일치하도록 작성하시오.

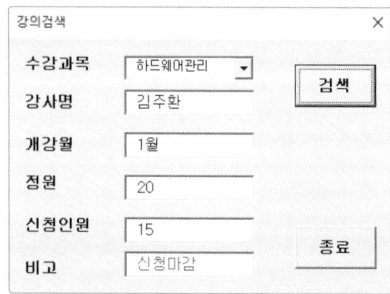

③ '종료(cmd종료)' 단추를 클릭하면 <강의과목검색화면> 폼이 화면에서 사라지도록 프로시저를 작성하시오.

실전모의고사 3회 정답 및 해설

정답

문제1 기본작업 (15점)

01 고급 필터

고급 필터 조건식 : =AND(RIGHT(B3,2)="조리",OR(MONTH(E3)=1,H3>AVERAGE($H$3:$H$27)))

02 조건부 서식

조건부 서식 수식 : =AND(MONTH($E3)=1,$H3>=LARGE($H$3:$H$27,10))

03 페이지 레이아웃

1페이지

강의코드	과정명	입실시간	신청자	누적시간	수강료(3개월)	비고
OF001	사무관리	10시	이두현	35	532,000	
ER102	전산회계	13시	이두현	12	637,000	20%할인
CD303	CAD	18시	신정현	31	658,000	
OF001	사무관리	16시	김가인	11	532,000	
EX404	엑셀활용	8시	지현우	15	510,000	
CD303	CAD	18시	김가인	39	658,000	20%할인
OF001	사무관리	10시	조서영	41	532,000	
ER102	전산회계	13시	조서영	23	637,000	20%할인
ER102	전산회계	13시	공가경	21	637,000	
CD303	CAD	18시	홍성휘	15	658,000	
OF001	사무관리	10시	공가경	18	532,000	20%할인
ER102	전산회계	13시	이슬기	19	637,000	
OF001	사무관리	10시	이슬기	20	532,000	20%할인
OF001	사무관리	10시	최지우	22	532,000	
ER102	전산회계	13시	최지우	42	637,000	20%할인
CD303	CAD	18시	조재민	47	658,000	
OF001	사무관리	10시	김서영	12	532,000	
ER102	전산회계	13시	노영리	45	637,000	
OF001	사무관리	10시	유홍균	12	532,000	
ER102	전산회계	13시	유홍균	9	637,000	20%할인
CD303	CAD	18시	노영리	5	658,000	20%할인
CD303	CAD	18시	이동현	12	658,000	
EX404	엑셀활용	8시	이성현	3	510,000	
OF001	사무관리	10시	이성현	12	532,000	20%할인
OF001	사무관리	10시	곽태민	6	532,000	
ER102	전산회계	13시	곽태민	18	637,000	20%할인
CD303	CAD	18시	김진우	12	658,000	

문제 2 ▶ 계산작업 (30점)

	A	B	C	D	E	F	G	H	I	J	K	L	M	N
1														
2		[표1] 직업전문학교 등록현황										[표2] 1월평가 평균		
3		이름	접수일	반별	구분	1월평가	2월평가	평균	평가	비고		구분	이론	실무
4		김한수	2022-01-20	야간	실무	97	91	94.0점	시험접수			평일	90.0	94.3
5		김주홍	2020-05-01	주말	이론	97	92	94.5점	시험접수			주말	89.6	90.7
6		김지섭	2021-03-20	평일	실무	96	95	95.5점	시험접수			야간	91.7	91.7
7		안영희	2021-09-10	평일	실무	95	100	97.5점	시험접수					
8		박희석	2020-01-05	야간	이론	94	100	97.0점	시험접수			[표3] 연도별 수강생 현황		
9		이다영	2022-06-01	야간	이론	89	99	94.0점		과제평가		접수년도	이론	실무
10		이시영	2021-10-01	주말	이론	86	91	88.5점		과제평가		2020	2	4
11		서윤준	2020-11-10	주말	실무	91	92	91.5점	시험접수			2021	6	4
12		윤동건	2020-04-03	평일	실무	92	90	91.0점				2022	4	1
13		김원종	2021-06-05	평일	이론	92	95	93.5점						
14		이예찬	2022-02-10	야간	이론	92	89	90.5점		과제평가				
15		문동준	2022-03-20	주말	이론	91	89	90.0점	시험접수	과제평가				
16		송정철	2021-10-05	주말	실무	90	88	89.0점		과제평가				
17		김창수	2021-01-03	야간	실무	89	86	87.5점		보충수강				
18		원태연	2020-11-20	야간	실무	89	88	88.5점		보충수강				
19		신해나	2021-12-04	주말	이론	86	81	83.5점		보충수강				
20		이길우	2021-12-08	평일	이론	85	98	91.5점		과제평가				
21		안소영	2022-03-01	야간	이론	88	92	90.0점	시험접수	과제평가				
22		손재균	2020-12-20	주말	실무	91	91	91.0점						
23		박주현	2021-10-08	평일	이론	92	90	91.0점						
24		이지원	2021-09-19	평일	이론	91	91	91.0점	시험접수					

01 평균[H4:H24]

=TEXT(TRUNC(AVERAGE(F4:G4),1),"0.0점")

02 추가수당[I4:I24]

=IF(AND(ISODD(MONTH(C4)),OR(F4>=90,G4>=90)),"시험접수","")

03 1월평가 평균[M4:N6]

=AVERAGE(IF(($D$4:$D$24=$L4)*($E$4:$E$24=M$3),($F$4:$F$24)))

04 연도별 수강인원[M10:N12]

=CONCAT(SUM(IF((YEAR($C$4:$C$24)=$L10)*($E$4:$E$24=M$9),1)),"명")

05 fn비고[J4:J24]

```
Public Function fn비고(평가1, 평가2)

    If 평가1 < 90 And 평가2 < 90 Then
        fn비고 = "보충수강"
    ElseIf 평가1 < 90 Or 평가2 < 90 Then
        fn비고 = "과제평가"
    Else
        fn비고 = " "
    End If

End Function
```

문제 3 ▶ 분석작업 (20점)

01 피벗 테이블

02 데이터 도구

	A	B	C	D	E	F	G
1		[표1]					
2		수강자	가입일자	회원코드	유형	수강과목	
3		이서영	2020-11-02	11K001	필기	엑셀기본	
4		한소연	2021-01-10	11T001	필기	엑셀실무	
6		최해성	2020-12-06	11K003	실기	엑셀기본	
7		김상원	2020-02-04	11T012	필기	엑셀기본	
10		이두현	2020-12-03	11K034	실기	엑셀실무	
11		홍성휘	2021-01-25	11T045	실기	엑셀실무	
12		조재민	2020-10-26	11K043	실기	엑셀기본	
14		이종명	2020-10-19	11T015	필기	엑셀기본	
15		박정민	2021-01-04	11T019	필기	엑셀실무	

문제 4 기타작업 (35점)

01 차트

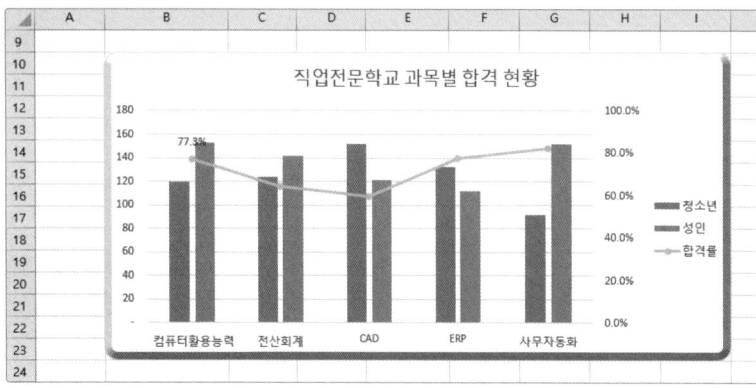

02 매크로

	A	B	C	D	E	F	G	H
1								
2					서식적용		서식해제	
3		[표1]컴퓨터활용성적						
4		학번	이름	1차평가	2차평가	3차평가	평균	
5		202112001	오채영	99	94	91	94.7	
6		202112002	이기랑	85	91	91	89.0	
7		202112003	이문수	91	93	89	91.0	
8		202112004	최길동	92	99	97	96.0	
9		202112005	이재용	93	96	81	90.0	
10		202112006	박성진	94	93	92	93.0	
11		202112007	하서희	94	92	95	93.7	
12		202112008	홍준수	85	95	96	92.0	
13		202112009	민경아	87	95	95	92.3	
14		202112010	황경철	86	97	97	93.3	
15		202112011	이준희	91	98	95	94.7	
16		202112012	최동우	92	95	81	89.3	
17		202112013	한경숙	91	93	82	88.7	
18		202112014	나영오	90	92	81	87.7	
19		202112015	이하늘	87	91	91	89.7	
20		202112016	오종민	88	90	97	91.7	
21		202112017	최원석	89	90	92	90.3	
22		202112018	이동연	89	89	93	90.3	
23		202112019	김준수	91	88	95	91.3	
24		202112020	김준태	92	90	96	92.7	

사용자 지정 표시 형식 : [파랑][>=90]"우수";[빨강]"노력"

03 프로시저

▶ 폼 보이기 프로시저

```
Private Sub cmd검색_Click( )
    강의과목검색화면.Show
End Sub
```

▶ 폼 초기화 프로시저

```
Private Sub UserForm_Initialize( )
    cmb수강과목.RowSource = "B5:B12"
End Sub
```

▶ 검색 프로시저

```
Private Sub cmd검색_Click( )
    i = cmb수강과목.ListIndex + 5

    txt강사명 = Cells(i, 3)
    txt개강월 = Cells(i, 4)
    txt정원 = Cells(i, 5)
    txt신청인원 = Cells(i, 6)
    txt비고 = Cells(i, 7)
End Sub
```

▶ 종료 프로시저

```
Private Sub cmd종료_Click( )
    Unload Me
End Sub
```

해설

문제 1 기본작업 (15점)

1 고급 필터 수행하기

① '기본작업-1' 시트를 선택한 후 [B29:B30] 영역에 다음과 같이 조건을 입력합니다.

[B29] 셀 : '조건'을 입력
[B30] 셀 : =AND(RIGHT(B3,2)="조리",OR(MONTH(E3)=1,H3>AVERAGE($H$3:$H$27))) → [B3] 셀의 마지막 두 문자가 "조리" 면서 [E3] 셀의 월이 1월이거나 [H3] 셀이 평균보다 큰 값이면 TRUE를 반환

② [B2], [D2], [F2], [G2] 영역을 선택하고 Ctrl+C 키를 누른 후 [B32] 셀에서 Ctrl+V 키를 누릅니다.

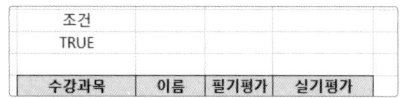

③ [B2] 셀을 클릭하고 [데이터] 탭-[정렬 및 필터] 그룹-[고급]을 클릭합니다.

④ [고급 필터] 대화상자에서 '다른 장소에 복사'를 선택하고 목록 범위는 [B2:H27] 영역이 지정되었는지 확인합니다.

⑤ [고급 필터] 대화상자에서 조건 범위는 [B29:B30] 영역, 복사 위치는 [B32:E32] 영역을 지정한 후 <확인> 단추를 클릭합니다.

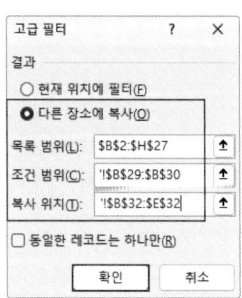

2 조건부 서식 수행하기

① [B3:H27] 영역을 지정하고 [홈] 탭-[스타일] 그룹-[조건부 서식]-[새 규칙]을 클릭합니다.

② [새 서식 규칙] 대화상자에서 규칙 유형 선택의 '수식을 사용하여 서식을 지정할 셀 결정'을 선택하고 다음과 같이 수식을 입력한 후 <서식> 단추를 클릭합니다.

=AND(MONTH($E3)=1,$H3>=LARGE($H$3:$H$27,10)) [E3] 셀의 월이 1이면서 [H3] 셀이 [H3:H27] 영역의 10번째로 큰 값보다 크거나 같으면 TRUE를 반환

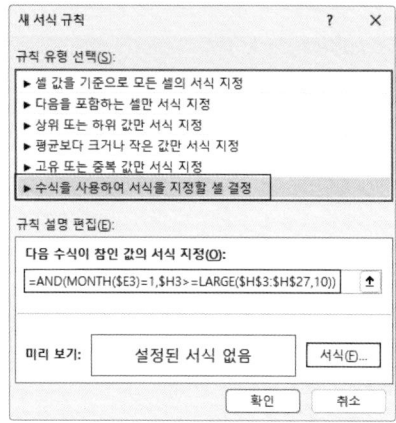

③ [셀 서식] 대화상자의 [글꼴] 탭에서 글꼴 스타일은 '굵게', 색은 '파랑'을 선택하고 <확인> 단추를 클릭합니다.

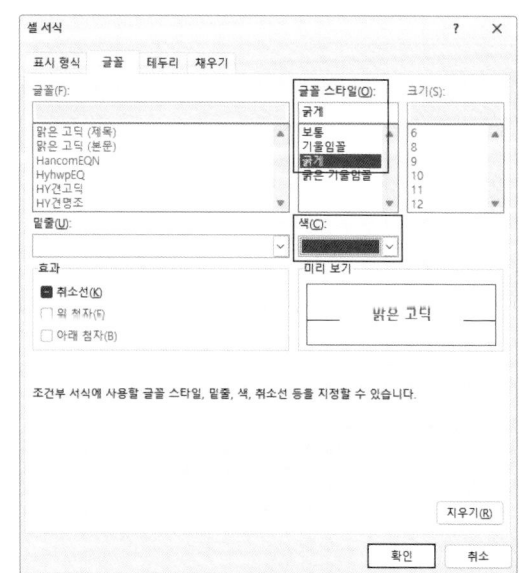

④ [새 서식 규칙] 대화상자에서 다시 <확인> 단추를 클릭합니다.

3 페이지 레이아웃

① '기본작업-2' 시트를 선택한 후 [페이지 레이아웃] 탭-[페이지 설정] 그룹의 ▣(대화상자 표시 아이콘)을 클릭합니다.

② [페이지 설정] 대화상자의 [시트] 탭에서 인쇄 영역에서 [B2:H41] 영역을 지정하고 [페이지] 탭에서 용지 방향에서 '가로'를 선택합니다.

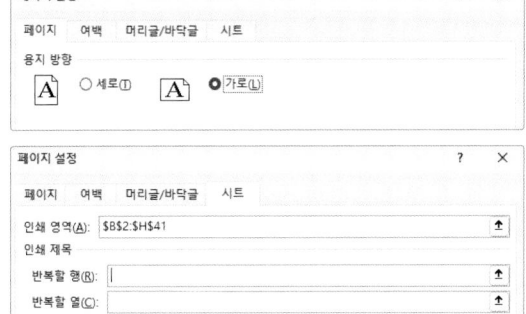

③ [페이지 설정] 대화상자의 [머리글/바닥글] 탭을 선택하고 [머리글 편집]을 클릭합니다.

④ 왼쪽 구역에서 ▣(페이지 번호 삽입)을 클릭하고 '페이지'를 입력하고 <확인> 단추를 클릭합니다.

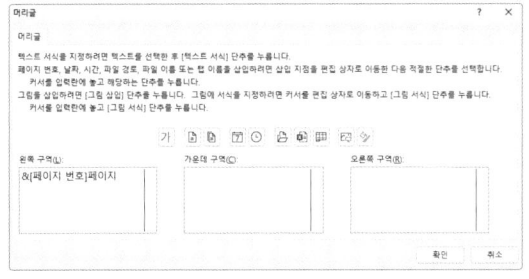

⑤ [페이지 설정] 대화상자에서 머리글이 추가된 것을 확인합니다.

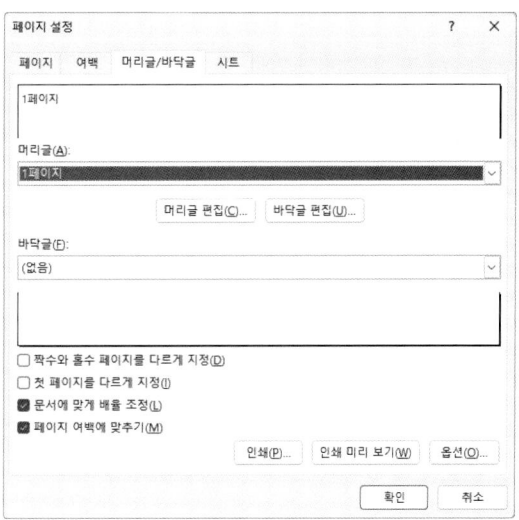

⑥ [페이지 설정] 대화상자의 [시트] 탭에서 반복할 행에서 2행을 선택하고 [여백] 탭에서 페이지 가운데 맞춤에서 '가로'와 '세로'를 체크하고 <확인> 단추를 클릭합니다.

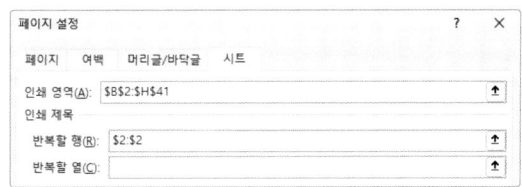

문제2 계산작업 (30점)

1 평균[H4:H24]

① [H4] 셀에 다음과 같이 수식을 입력합니다.

=TEXT(TRUNC(AVERAGE(F4:G4),1),"0.0점")

=TEXT(TRUNC(AVERAGE(F4:G4),1),"0.0점")
　　　　　　　　①
① 1월평가와 2월평가의 평균을 반올림 없이 소수 첫째 자리까지 표시하고 TEXT함수의 서식으로 출력

② 결과를 확인하고 채우기 핸들을 더블 클릭하여 수식을 복사합니다.

2 평가[I4:I24]

① [I4] 셀에 다음과 같이 수식을 입력합니다.

```
=IF(AND(ISODD(MONTH(C4)),OR(F4>=90,G4>=90)),"시험접수","")
```

```
=IF(AND(ISODD(MONTH(C4)),OR(F4>=90,G4>=90)),
              ①              ②
"시험접수","")
① 접수일의 월이 홀수이면서 ② 1월평가 또는 2월
평가가 TRUE 이면 "시험접수"를 출력, 그렇지 않으면
공백으로 출력
```

② 결과를 확인하고 채우기 핸들을 더블 클릭하여 수식을 복사합니다.

3 1월평가 평균[M4:N6]

① [M4] 셀에 다음과 같이 수식을 입력한 후 **Ctrl**+**Shift**+**Enter** 키를 누릅니다.

```
=AVERAGE(IF(($D$4:$D$24=$L4)*($E$4:$E$24=M$3),($F$4:$F$24)))
```

```
=AVERAGE(IF(($D$4:$D$24=$L4)*($E$4:$E$24=M$3),
                    ①                ②
($F$4:$F$24)))
①의 반별이 [L4]와 같으면서 ②의 구분이 [M3]와 같
으면 [F4:F24] 영역의 평균을 구함
```

② 결과를 확인하고 채우기 핸들을 드래그하여 수식을 복사합니다.

4 연도별 수강생 현황[M10:N12]

① [M10] 셀에 다음과 같이 수식을 입력한 후 **Ctrl**+**Shift**+**Enter** 키를 누릅니다.

```
=CONCAT(SUM(IF((YEAR($C$4:$C$24)=$L10)*($E$4:$E$24=M$9),1)),"명")
```

```
=CONCAT(SUM(IF((YEAR($C$4:$C$24)=$L10)*($E$4:$E$24=M$9),1)),"명")    ①
                ②
①의 접수일의 연도가 [L10]과 같으면서 ②의 구분이
[M9]와 같으면 1값의 합계(인원수)를 구함
```

② 결과를 확인하고 채우기 핸들을 드래그하여 수식을 복사합니다.

5 비고[J4:J24]

① [개발 도구] 탭-[코드] 그룹-[Visual Basic]을 클릭하거나 **Alt**+**F11** 키를 누릅니다.

② [삽입]-[모듈]을 클릭합니다.

③ Module 창에 다음과 같이 코드를 입력합니다.

```
Public Function fn비고(평가1, 평가2)
① If 평가1 < 90 And 평가2 < 90 Then → 평가1이
90미만이면서 평가2가 90미만이면 ②를 수행
② fn비고 = "보충수강"
③ ElseIf 평가1 < 90 Or 평가2 < 90 Then → 평가1이
90미만 또는 평가2가 90미만이면 ④를 수행
④ fn비고 = "과제평가"
    Else → ③의 조건을 만족하지 않으면 ⑤를 수행
⑤ fn비고 = ""
    End If → If문 종료
End Function
```

④ 🅇(보기 Microsoft Excel)을 클릭하거나 **Alt**+**F11** 키를 눌러 Excel로 돌아갑니다.

⑤ [J4] 셀을 클릭한 후 다음과 같이 수식을 입력합니다.

```
=fn비고(F4,G4)
```

⑥ 결과를 확인하고 채우기 핸들을 더블 클릭하여 수식을 복사합니다.

문제3 ▶ 분석작업 (20점)

1 피벗 테이블 보고서 작성

① '분석작업-1' 시트를 선택하고 [데이터] 탭-[데이터 가져오기 및 변환] 그룹-[데이터 가져오기]-[기타 원본에서]-[Microsoft Query에서]를 클릭합니다.

② [데이터 원본 선택] 대화상자에서 'MS Access Database*'을 선택하고 <확인> 단추를 클릭합니다.

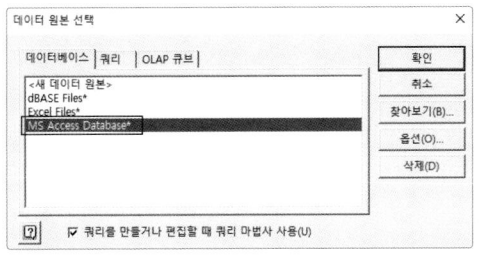

> **TIP**
> [데이터 원본 선택] 대화상자 하단의 '쿼리를 만들거나 편집할 때 쿼리 마법사 사용'이 해제되어 있으면 쿼리 마법사가 열리지 않으므로 반드시 선택된 상태를 유지해야 합니다.

③ [데이터베이스 선택] 대화상자에서 'C:₩OA₩회원관리.accdb'를 선택하고 <확인> 단추를 클릭합니다.

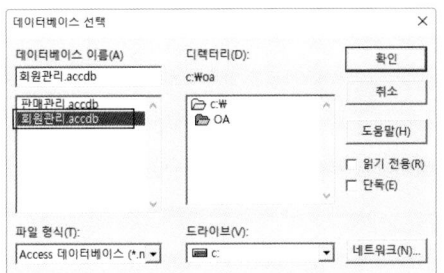

④ [쿼리 마법사-열 선택] 대화상자에서 ⊞를 클릭한 후 '회원'을 선택하고 > 를 클릭하거나 '회원'을 더블 클릭합니다. 같은 방법으로 '구분', '가입일자', '강사', '수강료'를 '쿼리에 포함된 열'에 삽입한 후 <다음> 단추를 클릭합니다.

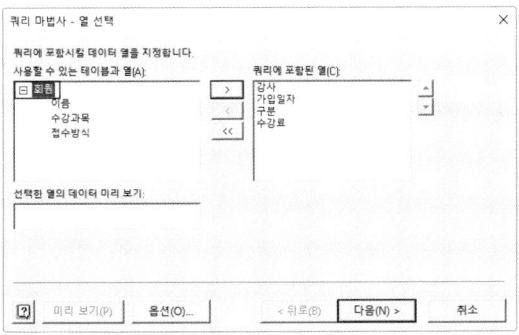

> **TIP**
> ● < : 하나의 열을 제외
> ● << : 모든 열을 제외
> ● ⬆⬇ : 열의 순서를 변경

⑤ [쿼리 마법사-데이터 필터] 대화상자에서 <다음> 단추를 클릭합니다.

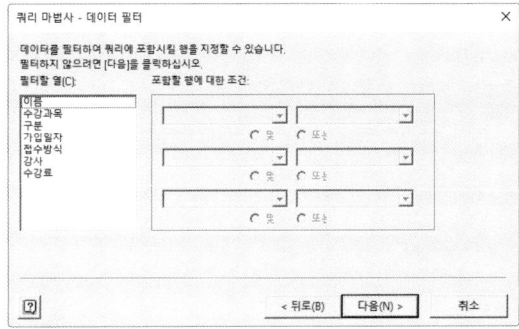

> **TIP**
> ● **및** : 지정한 조건을 모두 만족하는 행만 추출합니다.
> ● **또는** : 지정한 조건을 하나라도 만족하는 행을 추출합니다.

⑥ [쿼리 마법사-정렬 순서] 대화상자에서 <다음> 단추를 클릭합니다.

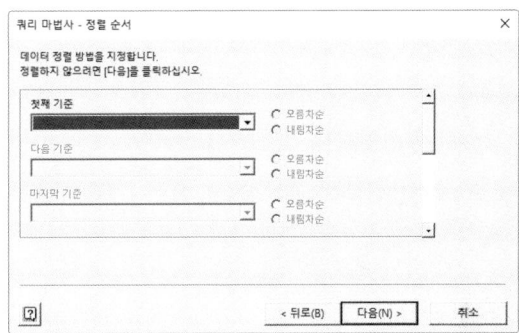

⑦ [쿼리 마법사-마침] 대화상자에서 'Microsoft Excel로 데이터 되돌리기'를 선택하고 <마침> 단추를 클릭합니다.

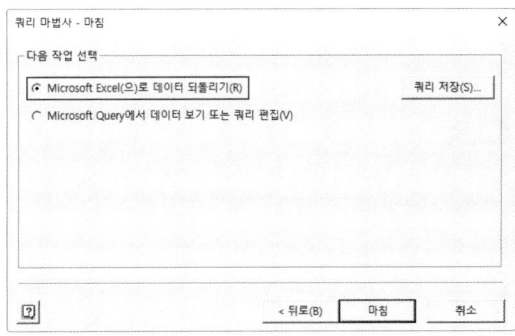

⑧ [데이터 가져오기]에서 '피벗 테이블 보고서'를 선택하고 기존 워크시트에서 시작 위치인 [B3] 셀을 지정한 후 <확인> 단추를 클릭합니다.

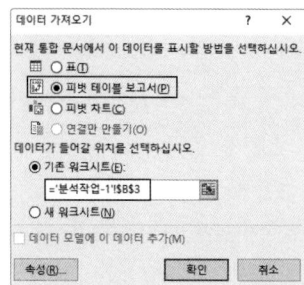

⑨ [피벗 테이블 필드] 창에서 필터에 '강사' 행 '가입일자', 열에 '구분', 값에 '수강료'를 드래그합니다.

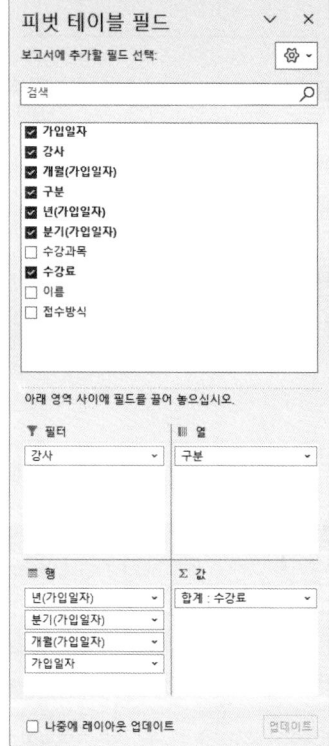

TIP
EXCEL 2021에서는 날짜 필드를 피벗 테이블에 추가하면 자동으로 그룹화되는 기능이 추가되었습니다. 여기에서는 '년', '분기', '개월'이 자동으로 추가됩니다.

⑩ [디자인] 탭-[레이아웃] 그룹-[보고서 레이아웃]-[테이블 형식으로 표시]를 클릭합니다.

⑪ [B5] 셀에서 마우스 오른쪽 단추를 눌러 [그룹]을 클릭합니다.

⑫ [그룹화] 대화상자에서 단위 '월', '분기'를 해제하고 '연' 만 남도록 하고 <확인> 단추를 클릭합니다.

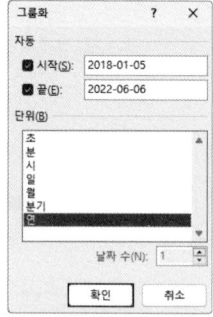

⑬ [피벗 테이블 필드] 창에서 값의 '합계 : 수강료'를 클릭하고 [값 필드 설정]을 선택합니다.

⑭ [값 필드 설정] 대화상자의 [값 표시 형식] 탭-[값 표시 형식]에서 '열 합계 비율'을 선택하고 <확인> 단추를 클릭합니다.

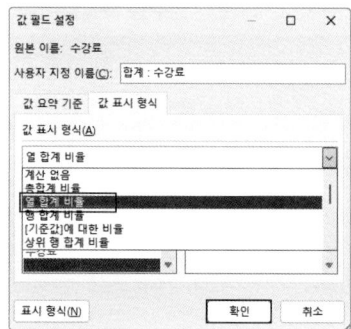

⑮ [C5:E10] 영역을 지정하고 마우스 오른쪽 단추 [셀 서식]-[표시 형식] 탭에서 범주는 '백분율' 소수 자릿수 1로 지정하고 <확인> 단추를 클릭합니다.

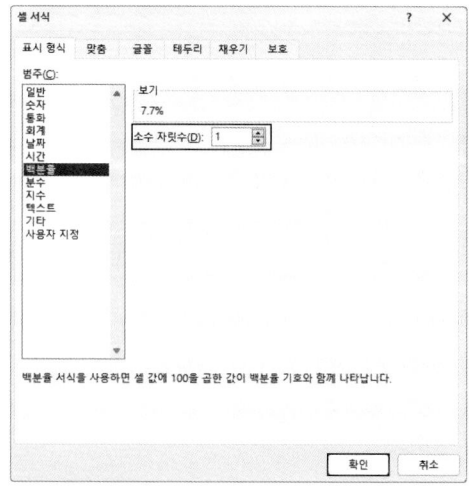

⑯ [B3] 셀을 선택하고 [디자인] 탭-[피벗 테이블 스타일] 그룹에서 '연한 녹색, 피벗 스타일 보통 7'을 선택합니다.

2 데이터 도구

① '분석작업-2' 시트를 선택 후 [표1]의 [E3:E15] 영역을 지정하고 [데이터] 탭-[데이터 도구] 그룹-[데이터 유효성 검사]-[데이터 유효성 검사]를 클릭합니다.

② [데이터 유효성] 대화상자의 [설정] 탭에서 제한 대상을 '목록'으로 원본은 '필기, 실기'로 입력합니다.

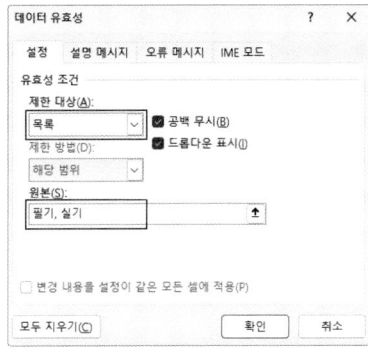

③ [데이터 유효성] 대화상자의 [설명 메시지] 탭에서 제목과 설명 메시지를 다음과 같이 입력합니다.

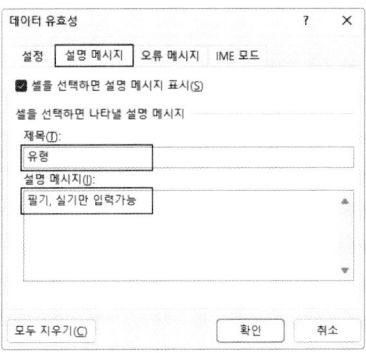

④ [데이터 유효성] 대화상자의 [오류 메시지] 탭에서 스타일은 '경고'로 지정하고 제목과 오류 메시지를 다음과 같이 입력한 후 <확인> 단추를 클릭합니다.

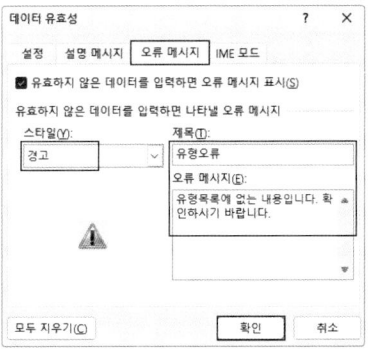

⑤ [B2] 셀을 선택하고 [데이터] 탭-[정렬 및 필터] 그룹-[필터]를 클릭합니다.

⑥ '수강과목'의 ▼(필터 단추)를 클릭하고 [텍스트 필터]-[포함]을 선택하고 유형에 '엑셀'을 입력하고 <확인> 단추를 클릭합니다.

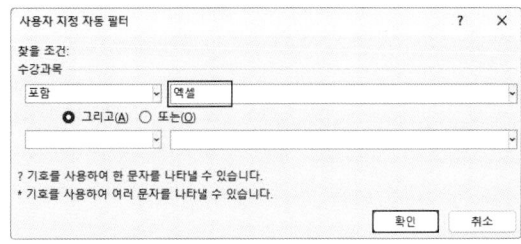

문제 4 ▶ 기타작업 (35점)

1 차트 수정

① '기타작업-1' 시트를 선택하고 차트 영역에서 마우스 오른쪽 단추를 눌러 [데이터 선택]을 선택합니다.

② [데이터 원본 선택] 대화상자에서 범례 항목(계열)에서 '합격인원'을 선택하고 [제거]를 클릭 후 <확인> 단추를 클릭합니다.

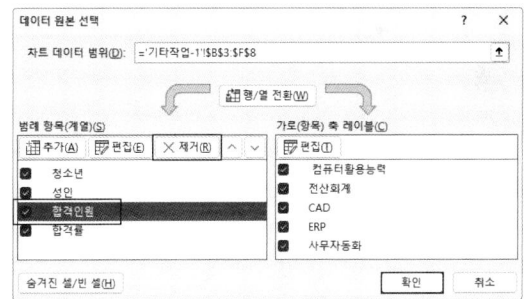

③ 청소년 계열에서 마우스 오른쪽 단추를 눌러 [계열 차트 종류 변경]을 선택합니다.

④ [차트 종류 변경] 대화상자에서 합격률의 차트 종류를 '표식이 있는 꺾은선형'을 선택 후 보조 축을 체크한 후 <확인>단추를 클릭합니다.

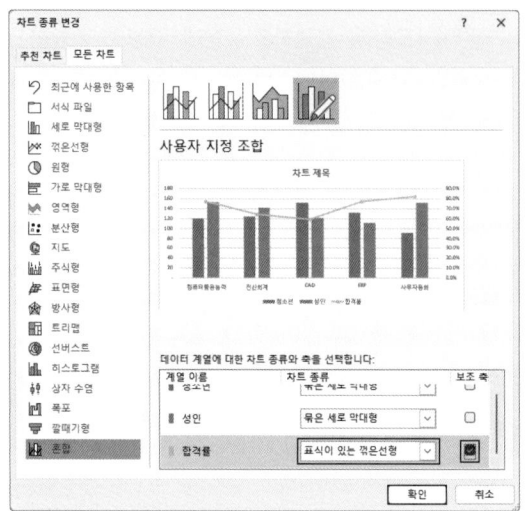

⑤ [차트 도구]-[디자인] 탭-[차트 레이아웃] 그룹-[차트 요소 추가]-[범례]-[오른쪽]을 선택합니다.

⑥ 보조 세로 축을 클릭하고 마우스 오른쪽 단추를 눌러 [축 서식]을 선택합니다. [축 서식] 창의 [축 옵션]에서 최소를 '0.0', 최대를 '1.0', 기본 단위를 '0.2'로 입력합니다.

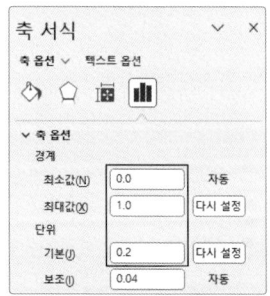

⑦ 차트 제목을 선택하고 '수식 입력줄'을 클릭한 다음 '='을 입력하고 마우스로 [B1:F1] 영역을 클릭하고 **Enter** 키를 누릅니다.

⑧ 합격률 계열을 선택하고 다시 한번 컴퓨터활용능력요소를 클릭합니다. 이어서 [차트 도구]-[디자인] 탭-[차트 레이아웃] 그룹-[차트 요소 추가]-[데이터 레이블]-[위쪽]을 선택합니다.

⑨ 차트 영역을 클릭하고 [차트 영역 서식] 창의 [차트 옵션]-[채우기 및 선]-[테두리]에서 '둥근 모서리'를 체크합니다.

※ [축 서식] 창이 열린 상태에서 차트 영역을 클릭하면 [차트 영역 서식] 창으로 변경됩니다.

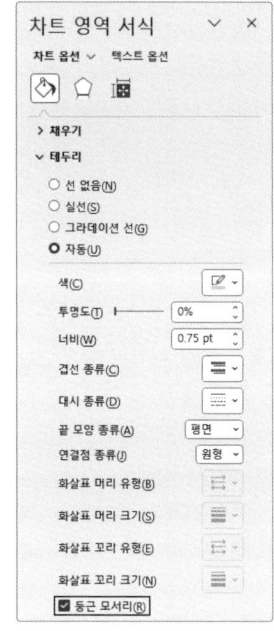

⑩ [차트 영역 서식] 창의 [차트 옵션]-[효과]-[3차원 서식]-[위쪽 입체]에서 '각지게'를 클릭합니다.

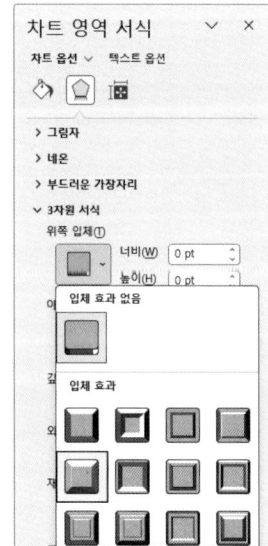

2 매크로 작성

① '기타작업-2' 시트를 선택하고 [개발 도구] 탭-[코드] 그룹-[매크로 기록]을 클릭합니다.

② [매크로 기록] 대화상자에서 매크로 이름을 '서식적용'으로 입력하고 <확인> 단추를 클릭합니다.

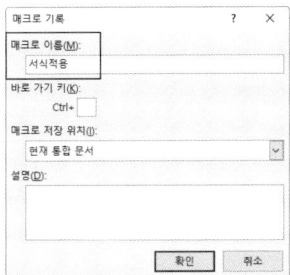

③ [G5:G24] 영역을 선택하고 마우스 오른쪽 단추를 눌러 [셀 서식]을 클릭합니다.

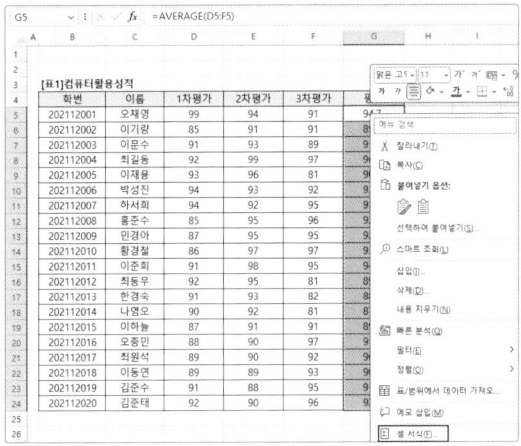

④ [셀 서식] 대화상자 [표시 형식] 탭에서 범주는 '사용자 지정'을 선택하고 형식에 다음과 같이 입력한 후 <확인> 단추를 클릭합니다.

[파랑][>=90]"우수";[빨강]"노력"

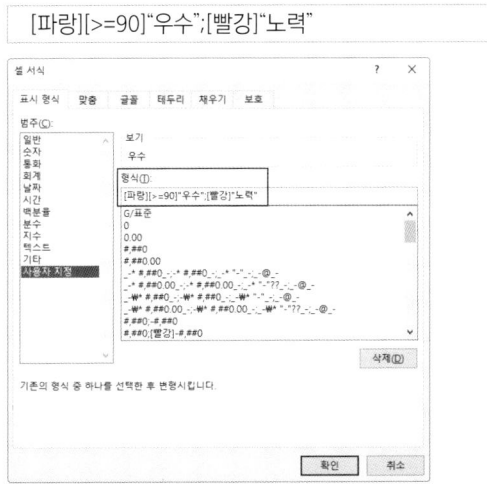

⑤ 상태 표시줄의 □(기록 중지)를 클릭합니다.

⑥ [개발 도구] 탭-[컨트롤] 그룹-[삽입]-[양식 컨트롤]-[단추]를 클릭한 후 Alt 키를 누른 채 [E2:E3] 영역에 드래그하여 작성합니다.

⑦ [매크로 지정] 대화상자에서 매크로 이름은 '서식적용'으로 선택하고 <확인> 단추를 클릭합니다.

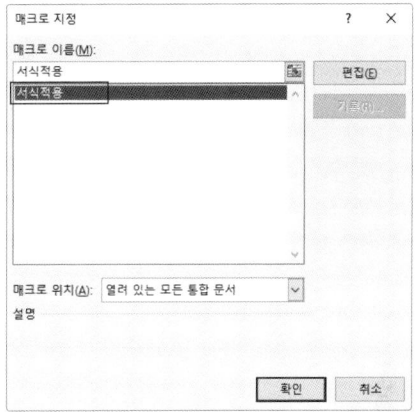

⑧ 단추의 텍스트를 '서식적용'으로 수정합니다.

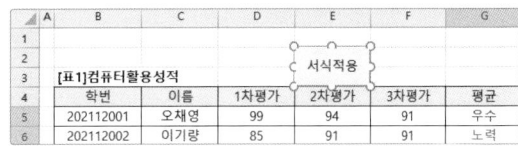

⑩ [매크로 기록] 대화상자에서 매크로 이름을 '서식해제'로 입력하고 <확인> 단추를 클릭합니다.

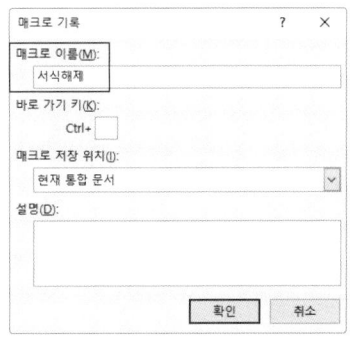

⑪ [G5:G24] 영역을 선택하고 마우스 오른쪽 단추를 눌러 [셀 서식]을 클릭합니다.

⑫ [셀 서식] 대화상자의 [표시 형식] 탭에서 범주는 '사용자 지정'을 선택하고 형식에 다음과 같이 입력한 후 <확인> 단추를 클릭합니다.

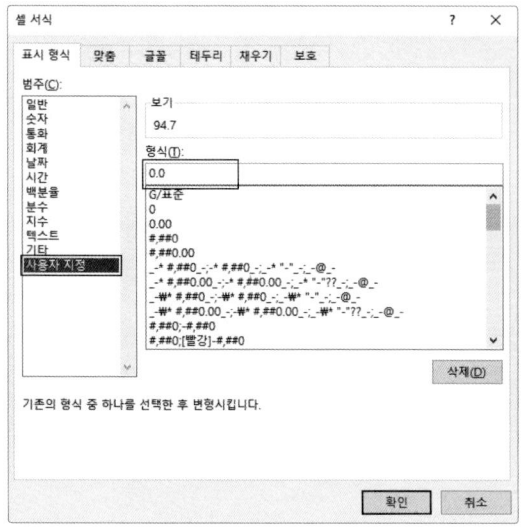

⑬ 상태 표시줄의 □(기록 중지)를 클릭합니다. [개발 도구] 탭-[컨트롤] 그룹-[삽입]-[양식 컨트롤]-[단추]를 클릭한 후 Alt 키를 누른 채 [G2:G3] 영역에 드래그하여 작성합니다.

⑭ [매크로 지정] 대화상자에서 매크로 이름을 '서식해제'로 선택하고 <확인> 단추를 클릭합니다.

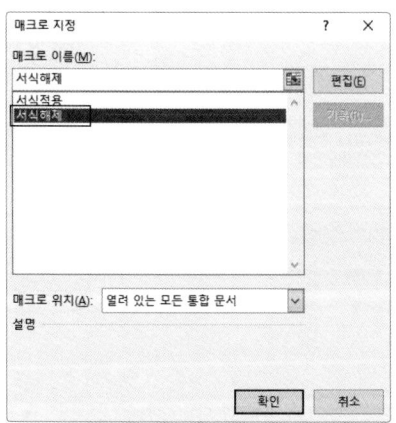

⑮ 단추의 텍스트를 '서식해제'로 수정합니다.

3 프로시저 작성

1) 폼 보이기 프로시저

① '기타작업-3' 시트를 선택하고 [개발 도구] 탭-[컨트롤] 그룹-[디자인 모드]를 클릭합니다.

② <제품 입력> 단추를 더블 클릭하고 다음과 같이 코드를 입력합니다.

```
Private Sub cmd검색_Click( )
    강의과목검색화면.Show
End Sub
```

2) 폼 초기화 프로시저

① [프로젝트-VBProject] 탐색기에서 '강의과목검색화면'을 선택하고 마우스 오른쪽 단추를 눌러 [코드 보기]를 클릭합니다.

② 개체 목록은 'UserForm', 프로시저 목록은 'Initialize'를 선택합니다.

③ 다음과 같이 코드를 입력합니다.

```
Private Sub UserForm_Initialize( )
    cmb수강과목.RowSource = "B5:B12" → cmb수강과목의 행 원본을 [B5:B12]로 지정
End Sub
```

3) 검색 프로시저

① 개체 목록은 'cmd등록', 프로시저 목록은 'Click'을 선택합니다..

② 다음과 같이 코드를 입력합니다.

```
Private Sub cmd검색_Click( )
    i = cmb수강과목.ListIndex + 5 → cmb수강과목의 선택한 값이 ListIndex에 5를 더함(예를 들어 첫 번째 이름을 선택할 경우 ListIndex는 0이므로 i는 5가 됨)
    txt강사명 = Cells(i, 3) → Cells(i, 3)의 값을 txt강사명에 표시
    txt개강월 = Cells(i, 4)
    txt정원 = Cells(i, 5)
    txt신청인원 = Cells(i, 6)
    txt비고 = Cells(i, 7)
End Sub
```

4) 종료 프로시저

① 개체 목록은 'cmd종료', 프로시저 목록은 'Click'을 선택합니다.

② 다음과 같이 코드를 입력합니다.

```
Private Sub cmd종료_Click( )
        Unload Me
End Sub
```

③ ☒(보기 Microsoft Excel)을 클릭하거나 Alt + F11 키를 눌러 Excel로 돌아갑니다.

④ 실행 결과를 확인하기 위해 [개발 도구] 탭-[컨트롤] 그룹-[디자인 모드]를 클릭하여 디자인 모드를 해제합니다.

컴퓨터활용능력 실전모의고사 4회

프로그램명	제한시간
EXCEL 2021	45분

수 험 번 호 :

성   명 :

1급 | A형

유의사항

- 인적 사항 누락 및 잘못 작성으로 인한 불이익은 수험자 책임으로 합니다.
- 화면에 암호 입력창이 나타나면 아래의 암호를 입력하여야 합니다.
  - 암호 : 338%57
- 작성된 답안은 주어진 경로 및 파일명을 변경하지 마시고 그대로 저장해야 합니다. 이를 준수하지 않으면 실격 처리됩니다.
  - 답안 파일명의 예 : C:₩OA₩수험번호8자리.xlsm
- 외부데이터 위치: C:₩OA₩파일명
- 별도의 지시사항이 없는 경우, 다음과 같이 처리 시 실격 처리됩니다.
  - 제시된 시트 및 개체의 순서나 이름을 임의로 변경한 경우
  - 제시된 시트 및 개체를 임의로 추가 또는 삭제한 경우
  - 외부데이터를 시험 시작 전에 열어본 경우
- 답안은 반드시 문제에서 지시 또는 요구한 셀에 입력하여야 하며 다음과 같이 처리 시 채점 대상에서 제외됩니다.
  - 제시된 함수가 있을 경우 제시된 함수만을 사용하여야 하며 그 외 함수 사용 시 채점 대상에서 제외
  - 수험자가 임의로 지시하지 않은 셀의 이동, 수정, 삭제, 변경 등으로 인해 셀의 위치 및 내용이 변경된 경우 해당 작업에 영향을 미치는 관련문제 모두 채점 대상에서 제외
  - 도형 및 차트의 개체가 중첩되어 있거나 동일한 계산결과 시트가 복수로 존재할 경우 해당 개체나 시트는 채점 대상에서 제외
- 수식 작성 시 제시된 문제 파일의 데이터는 변경 가능한(가변적) 데이터임을 감안하여 문제 풀이를 하시오.
- 별도의 지시사항이 없는 경우, 주어진 각 시트 및 개체의 설정값 또는 기본 설정값(Default)으로 처리하시오.
- 저장 시간은 별도로 주어지지 않으므로 제한된 시간 내에 저장을 완료해야 하며, 제한 시간 내에 저장이 되지 않은 경우에는 실격 처리됩니다.
- 출제된 문제의 용어는 MS Office LTSC Professional Plus 2021 기준으로 작성되어 있습니다.

문제 1 기본작업(15점)_ 주어진 시트에서 다음 과정을 수행하고 저장하시오.

01 '기본작업-1' 시트에서 다음과 같이 고급필터를 수행하시오. (5점)

- ▶ [A4:J33] 영역에서 '소속'이 '본사'가 아니면서, '번호'가 홀수이거나, '지체일수'가 평균보다 큰 자료의 부서, 성명, 소속, 지체일수, 벌금총액 열만 순서대로 표시하시오.
- ▶ 조건은 [A36:A37] 영역에 입력하시오. (NOT, AND, OR, MOD, AVERAGE 함수 사용)
- ▶ 결과는 [A39] 셀부터 표시하시오.

02 '기본작업-1' 시트에 다음과 같이 조건부 서식을 설정하시오. (5점)

- ▶ 부서가 '관리부'이거나 지체일수가 홀수인 행 전체에 대해서 글꼴 스타일은 '기울임꼴', 글꼴 색은 '표준 색-빨강'으로 적용하시오.
- ▶ 단, 규칙 유형은 '수식을 사용하여 서식을 지정할 셀 결정'을 사용하고, 한 개의 규칙으로만 작성하시오.
- ▶ OR, ISODD 함수 사용

03 '기본작업-2' 시트에서 다음과 같이 시트 보호를 설정하시오. (5점)

- ▶ [I4:I33] 영역에 수식 숨기기를 적용하고 차트는 수정할 수 없도록 잠금을 적용한 후 잠긴 셀의 내용과 워크시트를 보호하시오.
- ▶ 잠긴 셀의 선택과 잠금 해제된 셀의 선택, 정렬은 허용하시오.
- ▶ 시트 보호 암호는 지정하지 마시오.

문제 2 계산작업(30점)_ '계산작업' 시트에서 다음 과정을 수행하고 저장하시오.

01 [표1]의 [P2:Q10]을 이용하여 [표2]에서 성명에 대한 회원구분을 산출한 후 '정회원'인 경우에는 [C3:C28] 영역에 'O'를, '준회원'인 경우에는 '△'를 표시하시오. (6점)

- ▶ 단, 오류 발생시 공백으로 표시
- ▶ IFS, VLOOKUP, IFERROR 함수 사용

02 [표2]의 결제와 포인트를 이용하여 할인액[I3:I28]을 구하시오. (6점)

- ▶ 할인액 = 정가 × 수량 × 할인율
- ▶ 할인율은 결제가 '제휴'이거나 '현금'이면 30% 아니면 10%를 적용
- ▶ 할인액이 포인트[F3:F28]를 초과하는 경우 포인트 금액까지만 할인함
- ▶ IF, MIN, OR 함수 사용

03 [표2]에서 성명과 지불액을 이용하여 지불액의 합계중 개인별 지불액의 합이 차지하는 비율을 계산하여 [표1]의 백분율[R3:R10]에 표시하시오. (6점)

▶ 백분율은 소수 이하 한자리로 표시
▶ SUM, IF, TEXT 함수를 이용한 배열 수식 사용

04 [표2]의 도서코드와 결제를 이용하여 [표3]의 [Q14:T18] 영역에 코드별 결제별 건수를 계산하시오. (6점)

▶ 코드는 도서코드의 첫 번째 글자임
▶ 표시 예 : 2건
▶ & 연산자와 COUNT, IF, LEFT 함수를 이용한 배열 수식 사용

05 사용자 정의 함수 'fn단가'를 작성하여 계산하시오. (6점)

▶ 'fn단가'는 도서코드와 정가를 인수로 받아 페이지수를 산출한 후 페이지당 단가를 계산하는 함수임
▶ 페이지수는 도서코드의 길이에 따라 다르며, '-'과 '-' 사이의 숫자임
▶ 'fn단가'는 '정가/페이지수'로 계산하고, 소수 첫째자리에서 반올림하시오.
▶ If, Len, Round, Mid 문 사용

```
Public Function fn단가(도서코드, 정가)
End Function
```

문제 3 분석작업(20점)_ 주어진 시트에서 다음 과정을 수행하고 저장하시오.

01 '분석작업-1' 시트에서 다음의 지시사항에 따라 피벗 테이블 보고서를 작성하시오. (10점)

▶ 외부 데이터 가져오기 기능을 사용하여 <도서현황.accdb>의 <도서> 테이블을 이용하시오.
▶ 피벗 테이블 보고서의 레이아웃과 위치는 <그림>을 참조하여 설정하고 보고서 레이아웃을 개요 형식으로 표시하시오.
▶ 출판일을 '1922-03-12'부터 '2000-10-28'일까지 3,650일 단위로 그룹화 하시오.
▶ '가격/페이지'를 계산하는 '단가' 계산 필드를 추가하시오.
▶ 피벗 테이블 스타일은 '피벗 스타일 보통 15'로 지정하고, 데이터 영역의 셀 서식은 '쉼표 스타일'을 적용하시오.

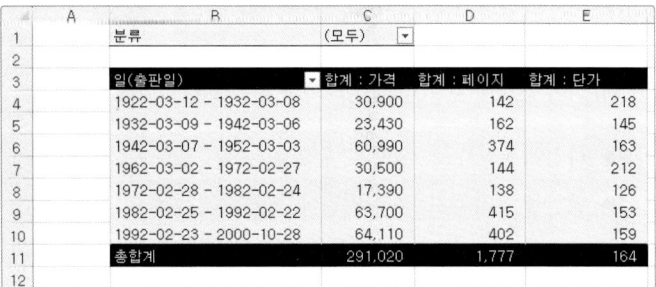

※ 작업 완성된 그림이며 부분점수 없음

02 '분석작업-2' 시트에서 다음의 지시사항을 처리하시오. (10점)

- ▶ 텍스트 나누기 기능을 이용하여 '성명' 필드에서 '성'과 '이름'으로 텍스트 분리하시오.
- ▶ 조건부 서식에서 셀 강조 규칙의 '텍스트 포함'을 이용하여 [D4:D33] 영역의 '성'이 '김'인 텍스트에 '진한 빨강 텍스트가 있는 연한 빨강 채우기' 서식이 적용되도록 설정하시오.
- ▶ 필터 도구를 이용하여 '성' 필드에서 '진한 빨강 텍스트가 있는 연한 빨강 채우기' 색을 기준으로 필터링 하시오.

문제 4 기타작업(35점)_ 주어진 시트에서 다음 과정을 수행하고 저장하시오.

01 '기타작업-1' 시트에서 다음의 지시사항에 따라 차트를 수정하시오. (각 2점)

※ 차트는 반드시 문제에서 제공한 차트를 사용하여야 하며, 신규로 차트작성 시 0점 처리 됨

① '전체' 데이터 계열의 차트 종류를 '데이터 표식이 있는 꺾은선형' 으로 설정하고, 보조 Y(값) 축이 보이도록 하시오.

② 30대와 50대 데이터 계열은 삭제하고, 차트 제목, 축 제목들은 <그림>과 같이 설정하시오.

③ 범례는 차트 아래쪽에 배치하시오.

④ 차트 영역 서식에서 글꼴은 '굴림', 크기는 '10'으로 설정하시오.

⑤ '전체' 데이터 계열에 대해 데이터 레이블 '값 표시'로 설정하시오.

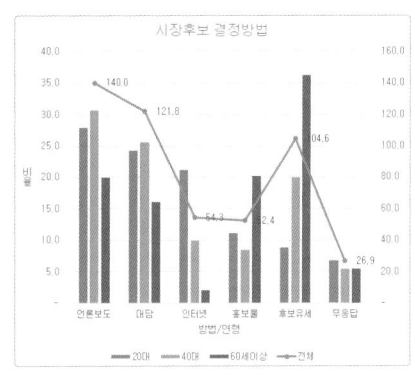

02 '기타작업-2' 시트에서 다음과 같은 기능을 수행하는 매크로를 현재 통합문서에 작성하시오. (각 5점)

① [E4:E33] 영역에 대하여 사용자 지정 표시 형식을 설정하는 '서식적용' 매크로를 생성하시오.
- ▶ 지체일수가 8일 이상인 경우 빨간색으로 표시, 8일 미만은 파란색으로 표시
- ▶ [개발 도구]-[삽입]-[양식 컨트롤]의 '단추'를 동일 시트의 [I3:J4] 영역에 생성한 후 텍스트를 '서식적용' 으로 입력하고, 단추를 클릭하면 '서식적용' 매크로가 실행되도록 설정하시오

② [E4:E33] 영역에 대하여 표시 형식을 '일반'으로 적용하는 '서식해제' 매크로를 생성하시오.
- ▶ [개발 도구]-[삽입]-[양식 컨트롤]의 '단추'를 동일 시트의 [I6:J7] 영역에 생성한 후 텍스트를 '서식해제'로 입력하고, 단추를 클릭하면 '서식해제' 매크로가 실행되도록 설정하시오.
  ※ 셀 포인터의 위치에 관계없이 매크로가 실행되어야 정답으로 인정됨

03 '기타작업-3' 시트에서 다음과 같은 작업을 수행하도록 프로시저를 작성하시오. (각 5점)

① '연락처관리' 단추를 클릭하면 <UF연락처관리> 폼이 나타나도록 프로시저를 작성하고, 폼이 초기화(Initialize) 되면 [H2:H4] 영역의 값이 종류(Cmb전종) 목록에 추가되도록 하고, 옵션 버튼의 친구(Opt친구)가 선택되도록 프로시저를 작성하시오.

② <UF연락처관리> 폼의 입력(Cmd입력) 버튼을 클릭하면 폼에 입력된 데이터를 시트의 표 안에 추가되도록 프로시저를 작성하시오.

▶ 관계는 해당 항목(친구, 직장, 기타)이 선택되는 경우에 따라 '친구', '직장', '기타'로 입력하시오.

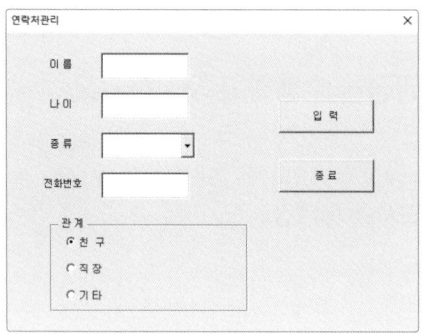

③ 종료(Cmd 종료) 단추를 클릭하면 [H1] 셀의 글꼴을 '굴림체'로 변경하고 폼을 종료하는 프로시저를 작성하시오.

실전모의고사 4회 정답 및 해설

정답

문제 1 ▶ 기본작업 (15점)

01 고급 필터

고급 필터 조건식 : =AND(NOT(D4="본사"),OR(MOD(A4,2)=1,G4>AVERAGE($G$4:$G$33)))

02 조건부 서식

조건부 서식 수식 : =OR($B4="관리부",ISODD($G4))

03 시트 보호

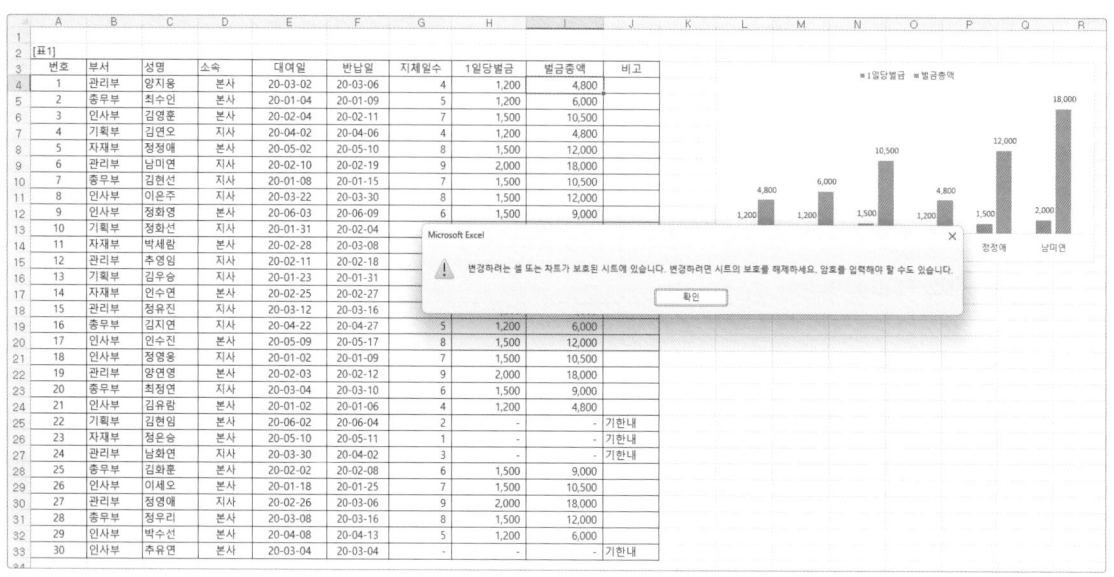

문제 2 ▶ 계산작업 (30점)

01 정회원[C3:C28]

=IFERROR(IFS(VLOOKUP(B3,$P$3:$Q$10,2,0)="정회원","○",VLOOKUP(B3,$P$3:$Q$10,2,0)="준회원","△"),"")

02 할인액[I3:I28]

=MIN(G3*H3*IF(OR(D3="제휴",D3="현금"),30%,10%),F3)

03 백분율[R3:R10]

=TEXT(SUM(IF($B$3:$B$28=P3,$K$3:$K$28))/SUM($K$3:$K$28),"0.0%")

04 거래건수[Q14:T18]

=COUNT(IF((LEFT($A$3:$A$28,1)=$P14)*($D$3:$D$28=Q$13),1))&"건"

05 fn단가[L3:L28]

```
Public Function fn단가(도서코드, 정가)
    If Len(도서코드) = 7 Then
        fn단가 = Round(정가 / Mid(도서코드, 3, 3), 0)
    Else
        fn단가 = Round(정가 / Mid(도서코드, 3, 2), 0)
    End If
End Function
```

문제3 분석작업 (20점)

01 피벗 테이블

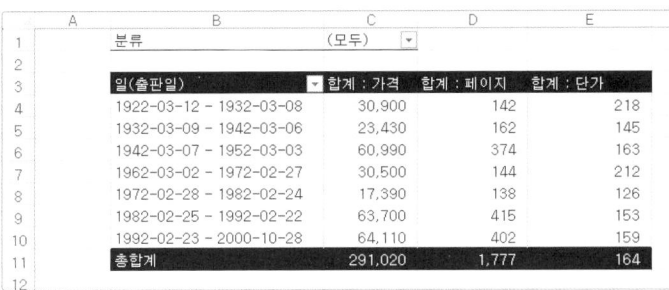

02 데이터 도구

문제 4 ▶ 기타작업 (35점)

01 차트

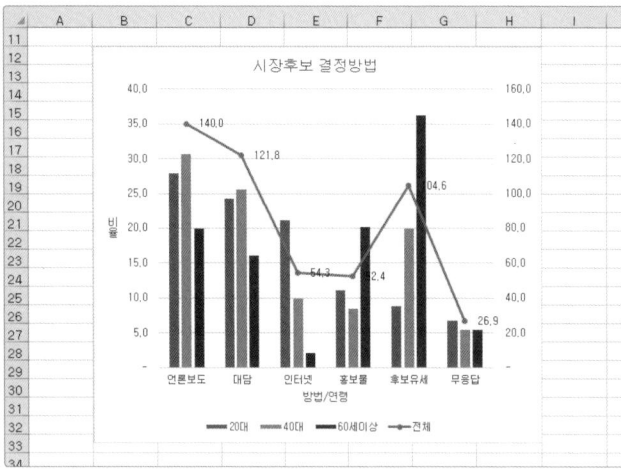

02 매크로

	A	B	C	D	E	F	G	H	I	J	K
1											
2	[표1]										
3	번호	부서	성명	소속	지체일수	1일당벌금	벌금총액		서식적용		
4	1	관리부	양지웅	본사	4	1,200	4,800				
5	2	총무부	최수인	본사	5	1,200	6,000				
6	3	인사부	김영훈	본사	7	1,500	10,500		서식해제		
7	4	기획부	김연오	지사	4	1,200	4,800				
8	5	자재부	정정애	본사	8	1,500	12,000				
9	6	관리부	남미연	지사	9	2,000	18,000				
10	7	총무부	김현선	지사	7	1,500	10,500				
11	8	인사부	이은주	지사	8	1,500	12,000				
12	9	인사부	정화영	본사	6	1,500	9,000				
13	10	기획부	정화선	지사	4	1,200	4,800				
14	11	자재부	박세람	본사	9	2,000	18,000				
15	12	관리부	추영임	지사	7	1,500	10,500				
16	13	기획부	김우승	지사	8	1,500	12,000				
17	14	자재부	인수연	본사	2	-	-				
18	15	관리부	정유진	지사	4	1,200	4,800				
19	16	총무부	김지연	지사	5	1,200	6,000				
20	17	인사부	인수진	본사	8	1,500	12,000				
21	18	인사부	정영웅	지사	7	1,500	10,500				
22	19	관리부	양연영	본사	9	2,000	18,000				
23	20	총무부	최정연	지사	6	1,500	9,000				
24	21	인사부	김유람	본사	4	1,200	4,800				
25	22	기획부	김현임	본사	2	-	-				
26	23	자재부	정은승	본사	1	-	-				
27	24	관리부	남화연	지사	3	-	-				
28	25	총무부	김화훈	본사	6	1,500	9,000				
29	26	인사부	이세오	본사	7	1,500	10,500				
30	27	관리부	정영애	지사	9	2,000	18,000				

사용자 지정 표시 형식 : [빨강][>=8]G/표준;[파랑][<8]G/표준

03 프로시저

▶ 폼 보이기 프로시저

```
Private Sub Cmd연락처실행_Click( )
    UF연락처관리.Show
End Sub
```

▶ 폼 초기화 프로시저

```
Private Sub UserForm_Initialize( )
    Cmb전종.RowSource = "H2:H4"
    Opt친구 = True
End Sub
```

▶ 등록 프로시저

```
Private Sub Cmd입력_Click( )
    i = [A3].CurrentRegion.Rows.Count + 2
    Cells(i, 1) = Txt이름
    Cells(i, 2) = Cmb전종
    Cells(i, 3) = Txt전번
    If Opt친구 = True Then
        Cells(i, 4) = "친구"
    ElseIf Opt직장 = True Then
        Cells(i, 4) = "직장"
    Else
        Cells(i, 4) = "기타"
    End If
    Cells(i, 5) = Txt나이
End Sub
```

▶ 종료 프로시저

```
Private Sub Cmd종료_Click( )
    [H1].Font.Name = "굴림체"
    Unload Me
End Sub
```

해설

문제 1 기본작업 (15점)

1 고급 필터 수행하기

① '기본작업-1' 시트를 선택한 후 [A36:A37] 영역에 다음과 같이 조건을 입력합니다.

[A36] 셀 : '조건'을 입력
[A37] 셀 : =AND(NOT(D4="본사"),OR(MOD(A4,2)=1, G4>AVERAGE($G$4:$G$33))) → [D4] 셀이 "본사"가 아니면서, [A4] 셀의 값이 홀수이거나, [G4] 셀의 값이 평균보다 크면 TRUE를 반환

② [A39:E39] 영역에 결과 제목을 다음과 같이 작성합니다. 결과 제목은 원본 데이터를 복사해서 사용합니다.

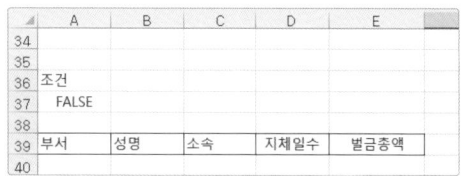

③ [A3] 셀을 클릭하고 [데이터] 탭-[정렬 및 필터] 그룹-[고급]을 클릭합니다.

④ [고급 필터] 대화상자에서 '다른 장소에 복사'를 선택하고 목록 범위가 [A3:J33]으로 지정되었는지 확인합니다.

⑤ [고급 필터] 대화상자에서 조건 범위는 [A36:A37] 영역, 복사 위치는 [A39:E39] 영역을 지정한 후 <확인> 단추를 클릭합니다.

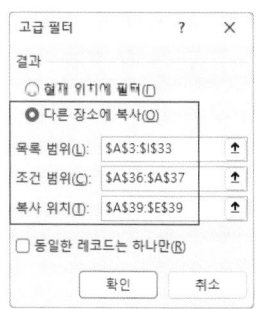

2 조건부 서식 수행하기

① [A4:J33] 영역을 지정하고 [홈] 탭-[스타일] 그룹-[조건부 서식]-[새 규칙]을 클릭합니다.

② [새 서식 규칙] 대화상자의 규칙 유형 선택에서 '수식을 사용하여 서식을 지정할 셀 결정'을 선택하고 다음과 같이 수식을 입력한 후 <서식> 단추를 클릭합니다.

=OR($B4="관리부",ISODD($G4)) → [B4] 셀이 "관리부"이거나, [G4] 셀의 값이 홀수이면 TRUE를 반환

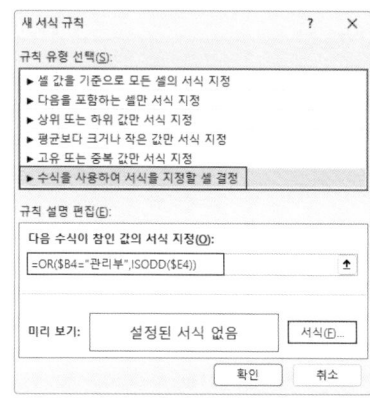

③ [셀 서식] 대화상자의 [글꼴] 탭에서 글꼴 스타일은 '기울임꼴', 색은 '빨강'을 선택하고 <확인> 단추를 클릭합니다.

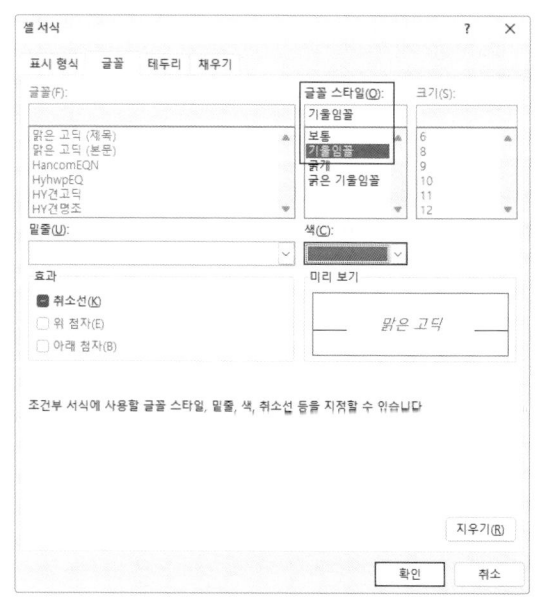

④ [새 서식 규칙] 대화상자에서 다시 <확인> 단추를 클릭합니다.

3 시트 보호

① '기본작업-2' 시트를 선택합니다. [I4:I33] 영역을 지정하고 마우스 오른쪽 단추를 눌러 [셀 서식]을 클릭합니다.

② [셀 서식] 대화상자의 [보호] 탭에서 '잠금'과 '숨김'을 체크하고 <확인> 단추를 클릭합니다.

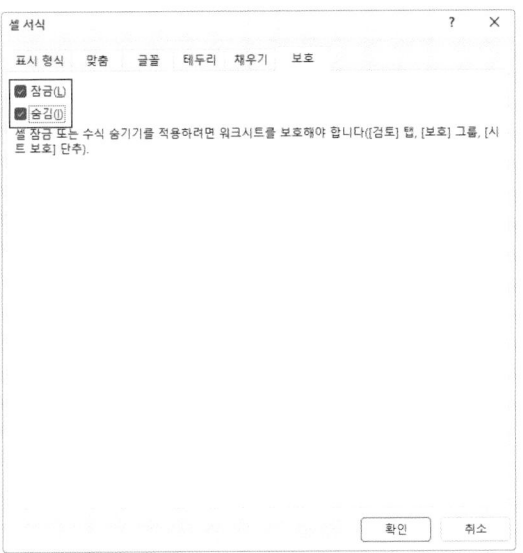

③ 차트에서 마우스 오른쪽 단추를 눌러 [차트 영역 서식]을 선택합니다.

④ [차트 영역 서식] 창의 [차트 옵션]-[크기 및 속성]-[속성]에서 '잠금'이 체크되어 있는지 확인합니다.

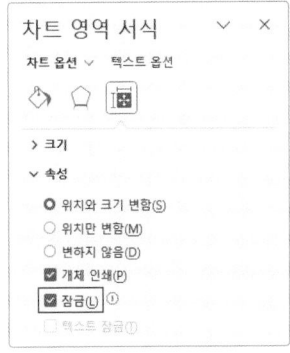

⑤ [검토] 탭-[변경 내용] 그룹-[시트 보호]를 선택합니다.

⑥ [시트 보호] 창에서 '잠긴 셀의 내용과 워크시트 보호'가 체크되어 있는지 확인하고, '잠긴 셀 선택', '잠금 해제된 셀 선택', '정렬'을 체크하고 <확인> 단추를 클릭합니다.

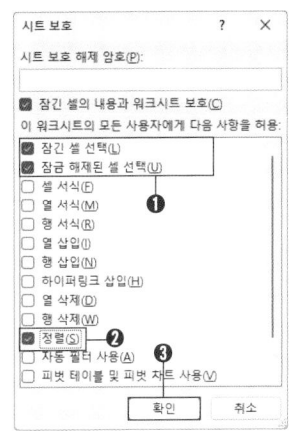

문제 2 ▶ 계산작업 (30점)

1 정회원[C3:C28]

① [C3] 셀에 다음과 같이 수식을 입력합니다.

=IFERROR(IFS(VLOOKUP(B3,$P$3:$Q$10,2,0)="정회원","○",VLOOKUP(B3,$P$3:$Q$10,2,0)="준회원","△"),"")

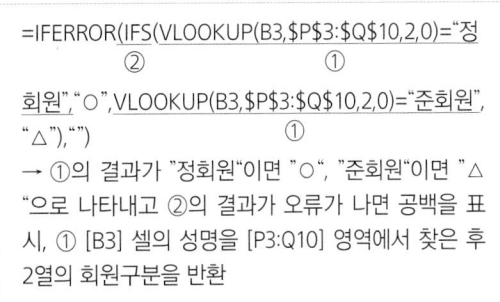

→ ①의 결과가 "정회원"이면 "○", "준회원"이면 "△"으로 나타내고 ②의 결과가 오류가 나면 공백을 표시, ① [B3] 셀의 성명을 [P3:Q10] 영역에서 찾은 후 2열의 회원구분을 반환

② 결과를 확인하고 채우기 핸들을 더블 클릭하여 수식을 복사합니다.

2 할인액[I3:I28]

① [I3] 셀에 다음과 같이 수식을 입력합니다.

```
=MIN(G3*H3*IF(OR(D3="제휴",D3="현금"),30%,
10%), F3)
```

```
=MIN(G3*H3*IF(OR(D3="제휴",D3="현금"),30%,
10%),F3)
                        ①
→ [G3]*[H3]*①의 결과와 [F3] 셀 중 작은 값을 표시,
① [D3] 셀이 "제휴"이거나 "현금"이면 30%, 그렇지
않으면 10%를 적용
```

② 결과를 확인하고 채우기 핸들을 더블 클릭하여 수식을 복사합니다.

3 백분율[R3:R10]

① [R3] 셀에 다음과 같이 수식을 입력한 후 **Ctrl**+**Shift**+**Enter** 키를 누릅니다.

```
=TEXT(SUM(IF($B$3:$B$28=P3,$K$3:$K$28))/
SUM($K$3:$K$28),"0.0%")
```

```
=TEXT(SUM(IF($B$3:$B$28=P3,$K$3:$K$28))/
SUM($K$3:$K$28),"0.0%")    ①
→ ①의 결과를 [K3:K28]의 합계로 나눈 후 소수 이하
한자리의 백분율로 표시, ① 성명이 [P3] 셀과 같으면
[K3:K28] 영역의 합계를 구함
```

② 결과를 확인하고 채우기 핸들을 드래그하여 수식을 복사합니다.

4 거래건수[Q14:T18]

① [Q14] 셀에 다음과 같이 수식을 입력한 후 **Ctrl**+**Shift**+**Enter** 키를 누릅니다.

```
=COUNT(IF((LEFT($A$3:$A$28,1)=$P14)*($D$3:$
D$28=Q$13),1))&"건"
```

```
=COUNT(IF((LEFT($A$3:$A$28,1)=$P14)*($D$3:$
D$28=Q$13),1))&"건"        ①
→ ①의 결과에 "건"을 표시, ① 도서코드의 첫 글자가
[P14] 셀과 같고 결제가 [Q13] 셀과 같으면 1을 주고
그 갯수를 셈
```

② 결과를 확인하고 채우기 핸들을 드래그하여 수식을 복사합니다.

5 fn단가[L3:L28]

① [개발 도구] 탭-[코드] 그룹-[Visual Basic]을 클릭하거나 **Alt**+**F11** 키를 누릅니다.

② [삽입]-[모듈]을 클릭합니다.

③ Module 창에 다음과 같이 코드를 입력합니다.

```
Public Function fn단가(도서코드, 정가)
  ① If Len(도서코드) = 7 Then → 도서코드의 길이가
     7이면 ②를 수행
  ②    fn단가 = Round(정가 / Mid(도서코드, 3, 3), 0)
     → fn단가의 결과 값은 정가를 도서코드의
     세 번째에서 3글자로 나눈 값을 반올림하여
     정수로 계산
  ③ Else → ①의 조건을 만족하지 않으면 ④를 수행
  ④    fn단가 = Round(정가 / Mid(도서코드, 3, 2), 0)
     → fn단가의 결과 값은 정가를 도서코드의
     세 번째에서 2글자로 나눈 값을 반올림하여
     정수로 계산
  ⑤ End If → If문 종료
End Function
```

④ (보기 Microsoft Excel)을 클릭하거나 **Alt**+**F11** 키를 눌러 Excel로 돌아갑니다.

⑤ [L3] 셀을 클릭한 후 다음과 같이 수식을 입력합니다.

```
=fn단가(A3,G3)
```

⑥ 결과를 확인하고 채우기 핸들을 더블 클릭하여 수식을 복사합니다.

문제 3 ▶ 분석작업 (20점)

1 피벗 테이블 보고서 작성

① '분석작업-1' 시트를 선택하고 [데이터] 탭-[외부 데이터 가져오기] 그룹-[기타 원본에서]-[Microsoft Query에서]를 클릭합니다.

② [데이터 원본 선택] 대화상자에서 'MS Access Database*'을 선택하고 <확인> 단추를 클릭합니다.

③ [데이터베이스 선택] 대화상자에서 'C:\OA\도서현황.accdb'를 선택하고 <확인> 단추를 클릭합니다.

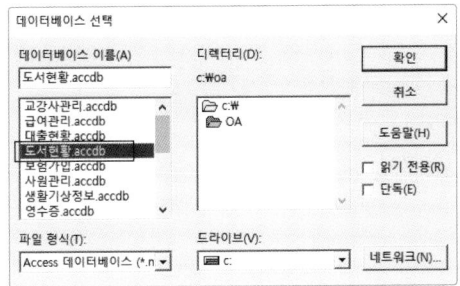

④ [쿼리 마법사-열 선택] 대화상자에서 > 을 클릭하여 모든 열을 '쿼리에 포함된에 열'에 삽입하고 <다음> 단추를 클릭합니다.

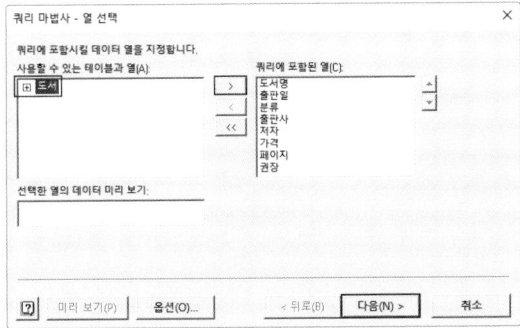

⑤ [쿼리 마법사-데이터 필터] 대화상자에서 <다음> 단추를 클릭합니다.

⑥ [쿼리 마법사-정렬 순서] 대화상자에서 <다음> 단추를 클릭합니다.

⑦ [쿼리 마법사-마침] 대화상자에서 'Microsoft Office Excel로 데이터 되돌리기'를 선택하고 <마침> 단추를 클릭합니다.

⑧ [데이터 가져오기] 대화상자에서 '피벗 테이블 보고서'를 선택하고 '기존 워크시트'에서 시작 위치인 [B3] 셀을 지정한 후 <확인> 단추를 클릭합니다.

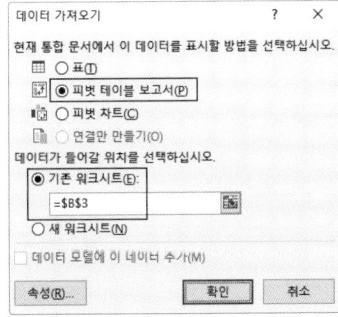

> **TIP**
> 피벗 테이블의 시작 위치는 항상 행 레이블의 시작 위치로 지정합니다.

⑨ [피벗 테이블 필드] 창에서 필터에 '분류', 행에 '출판일', '권장', 값에 '가격', '페이지'를 드래그합니다.

※ EXCEL 2021에서는 날짜 필드를 피벗 테이블에 추가하면 자동으로 그룹화되는 기능이 추가되었습니다. 여기에서는 '년', '분기', '개월'이 자동으로 추가됩니다.

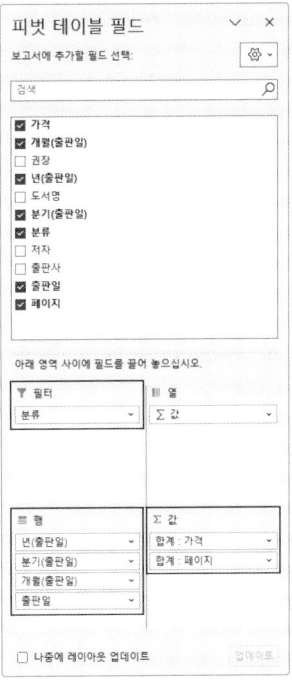

⑩ [피벗 테이블 도구]-[디자인] 탭-[레이아웃] 그룹-[보고서 레이아웃]-[개요 형식으로 표시]를 클릭합니다.

⑪ [B4] 셀에서 마우스 오른쪽 단추를 눌러 [그룹]을 선택합니다.

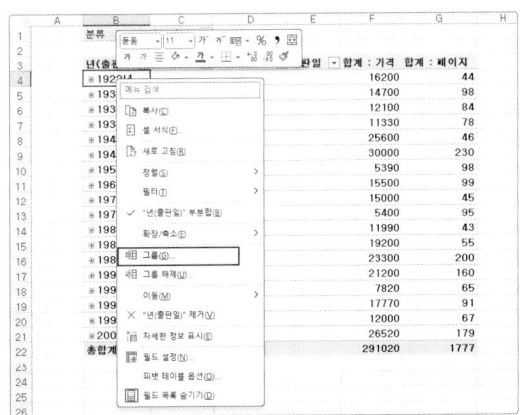

⑫ [그룹화] 대화상자에서 단위를 '일'로 지정하고 날짜 수에 '3650'을 입력한 후 <확인> 단추를 클릭합니다.

※ '월', '분기', '연'은 클릭하여 해제합니다.

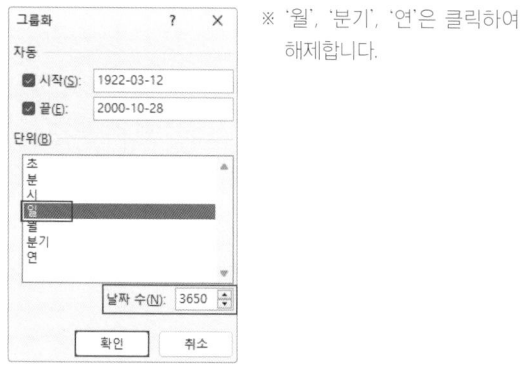

⑬ [피벗 테이블 분석] 탭-[계산] 그룹-[필드, 항목 및 집합]-[계산 필드]를 선택합니다.

⑭ [계산 필드 삽입] 대화상자에서 이름에 '단가'를 입력하고 수식에 '가격', '페이지'를 각각 더블 클릭하여 수식을 완성한 후 <추가> 단추를 클릭하고 <확인> 단추를 클릭합니다.

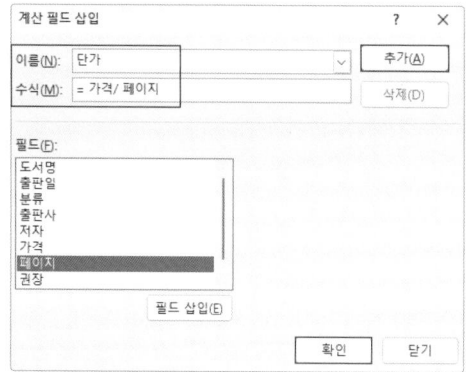

⑮ [피벗 테이블 도구]-[디자인] 탭-[피벗 테이블 스타일] 그룹에서 '흰색, 피벗 스타일 보통 15'를 선택합니다.

⑯ [C4:E11] 영역을 선택하고 [홈] 탭-[표시 형식] 그룹-[쉼표 스타일]을 클릭합니다.

2 데이터 도구

① '분석작업-2' 시트의 [C4:C33] 영역을 선택하고 [데이터] 탭-[데이터 도구] 그룹-[텍스트 나누기]를 클릭합니다.

② [텍스트 마법사 3단계 중 1단계] 대화상자에서 '구분 기호로 분리됨'을 선택하고 <다음> 단추를 클릭합니다.

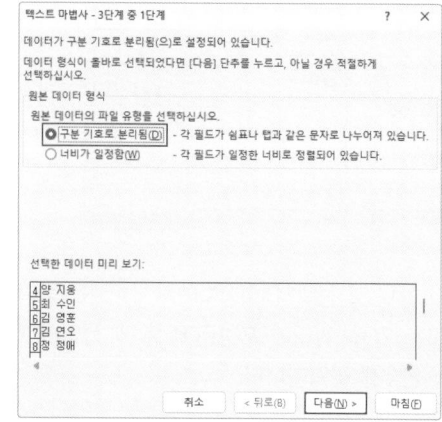

③ [텍스트 마법사-3단계 중 2단계] 대화상자의 구분 기호에서 '공백'을 체크하고 <다음> 단추를 클릭합니다.

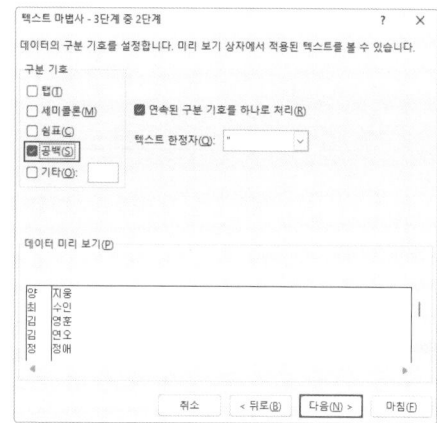

④ [텍스트 나누기 마법사 3단계 중 3단계] 대화상자에서 대상은 [D4:E33] 영역을 지정하고 <마침> 단추를 클릭합니다.

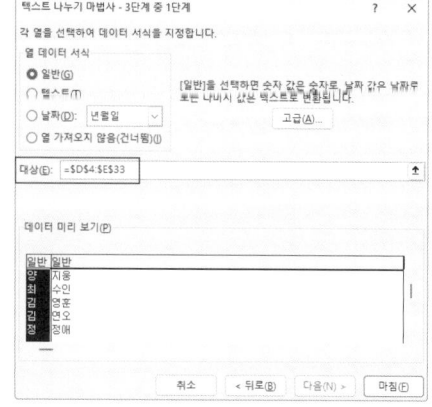

⑤ 다음과 같이 메시지 상자가 표시되면 <확인> 단추를 클릭합니다.

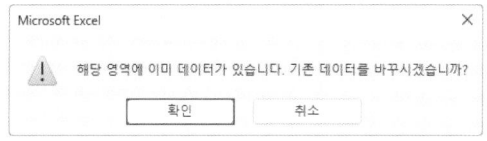

⑥ [D4:D33] 영역을 지정하고 [홈] 탭-[스타일] 그룹-[조건부 서식]-[셀 강조 규칙]의 '텍스트 포함'을 클릭합니다.

⑦ [텍스트 포함] 대화상자에서 '김'을 입력하고 적용할 서식에서 '진한 빨강 텍스트가 있는 연한 빨강 채우기'를 선택한 후 <확인> 단추를 클릭합니다.

⑧ [A3] 셀을 선택하고 [데이터] 탭-[정렬 및 필터] 그룹-[필터]를 클릭합니다.

⑨ '성'의 ▼(필터 단추)를 클릭하고 [색 기준 필터]에서 '연한 빨강 채우기' 셀 색 기준 필터를 선택합니다.

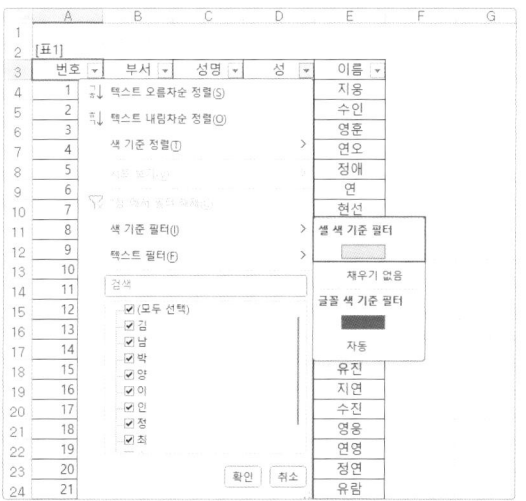

문제 4 ▶ 기타작업 (35점)

1 차트 수정

① '기타작업-1' 시트를 선택하고 차트의 '전체' 계열을 클릭한 후 마우스 오른쪽 단추를 눌러 [계열 차트 종류 변경]을 클릭합니다.

② [차트 종류 변경] 대화상자에서 '전체' 계열의 차트 종류를 '표식이 있는 꺾은선형'으로 지정하고 보조 축을 체크한 후 <확인> 단추를 클릭합니다.

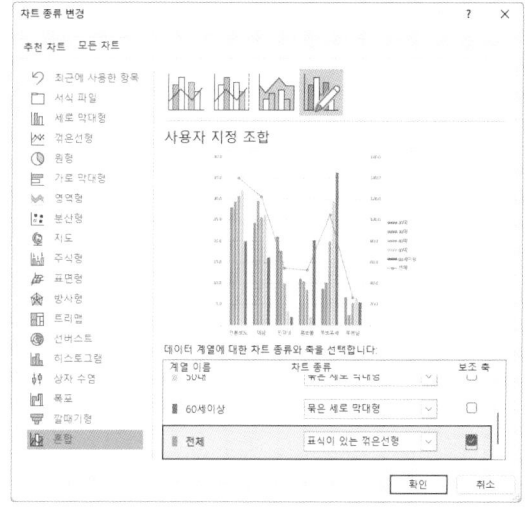

③ 차트의 데이터 범위를 변경하기 위해 차트에서 마우스 오른쪽 단추를 눌러 [데이터 선택]을 클릭합니다.

④ [데이터 원본 선택] 대화상자의 범례 항목(계열)에서 '30대'를 선택하고 <제거> 단추를 클릭합니다. 같은 방법으로 '50대'도 제거한 후 <확인> 단추를 클릭합니다.

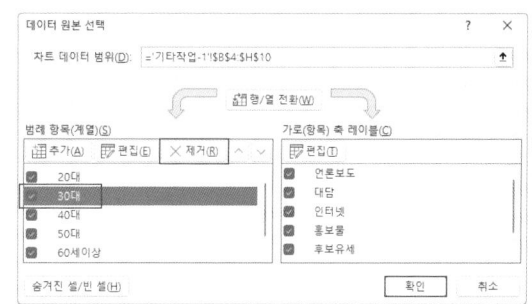

⑤ [차트 디자인] 탭-[차트 레이아웃] 그룹-[차트 요소 추가]-[차트 제목]-[차트 위]를 클릭합니다. 차트 제목에 '시장후보 결정방법'을 입력합니다.

⑥ [차트 디자인] 탭-[차트 레이아웃] 그룹-[차트 요소 추가]-[축 제목]-[기본 세로]를 클릭하고 '비율'을 입력합니다.

⑦ 세로 (값) 축 제목에서 마우스 오른쪽 단추를 눌러 [축 제목 서식]을 클릭합니다.

⑧ [축 제목 서식] 창의 [제목 옵션]-[크기 및 속성]-[맞춤]에서 텍스트 방향을 '세로'로 지정합니다.

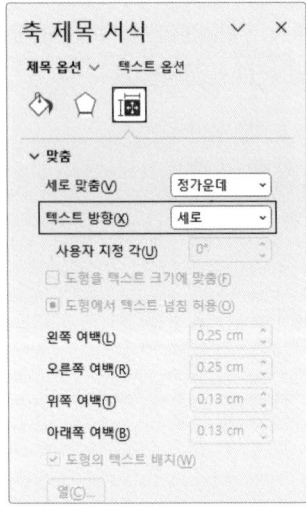

⑨ [차트 디자인] 탭-[차트 레이아웃] 그룹-[차트 요소 추가]-[축 제목]-[기본 가로]를 클릭하고 '방법/연령'을 입력합니다.

⑩ 범례를 클릭합니다. [범례 서식] 창의 [범례 옵션]-[범례 옵션]에서 범례 위치를 '아래쪽'으로 선택합니다.

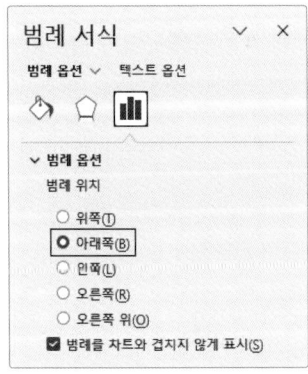

⑪ 차트 영역을 클릭하고 [홈] 탭-[글꼴] 그룹에서 글꼴을 '굴림', '10pt'로 지정합니다.

⑫ '전체' 계열을 클릭하고 마우스 오른쪽 단추를 눌러 [데이터 레이블 추가]를 클릭합니다.

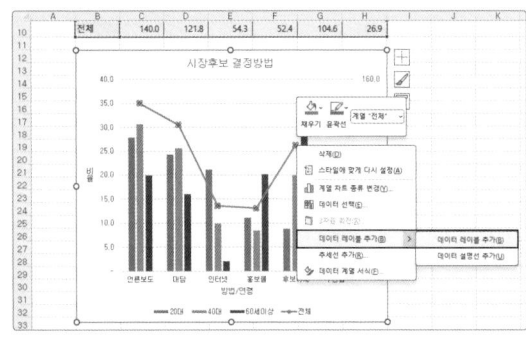

2 매크로 작성

① '기타작업-2' 시트를 선택하고 [개발 도구] 탭-[코드] 그룹-[매크로 기록]을 클릭합니다.

② [매크로 기록] 대화상자에서 '매크로 이름'을 '서식적용'으로 입력하고 <확인> 단추를 클릭합니다.

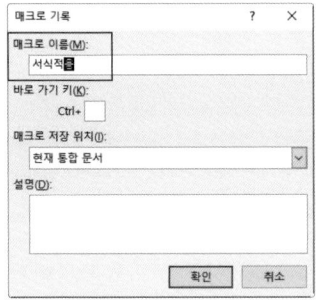

③ 상태 표시줄에 매크로 기록을 표시하는 □(기록 중지)가 표시된 것을 확인합니다.

④ [E4:E33] 영역을 선택하고 마우스 오른쪽 단추를 눌러 [셀 서식]을 클릭합니다.

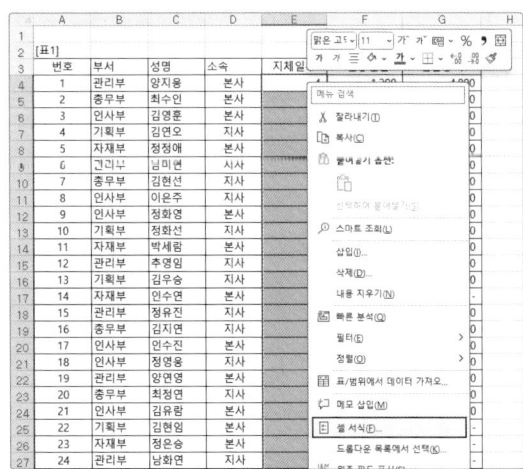

⑤ [셀 서식] 대화상자의 [표시 형식] 탭에서 범주의 '사용자 지정'을 선택하고 '형식'에 다음과 같이 입력한 후 <확인> 단추를 클릭합니다.

[빨강][>=8]G/표준;[파랑][<8]G/표준 → 8 이상이면 빨강, 8 미만이면 파랑으로 표시

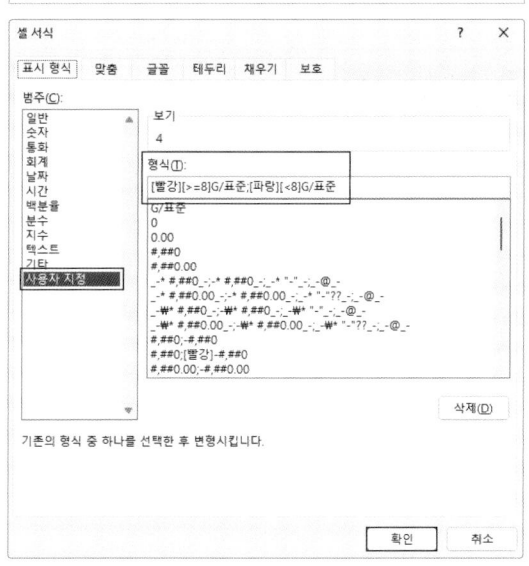

⑥ 상태 표시줄의 □(기록 중지)를 클릭합니다.

⑦ [개발 도구] 탭-[컨트롤] 그룹-[삽입]-[양식 컨트롤]-[단추]를 클릭한 후 Alt 키를 누른 채 [I3:J4] 영역에 드래그하여 작성합니다.

⑧ [매크로 지정] 대화상자에서 매크로 이름을 '서식적용'으로 선택하고 <확인> 단추를 클릭합니다.

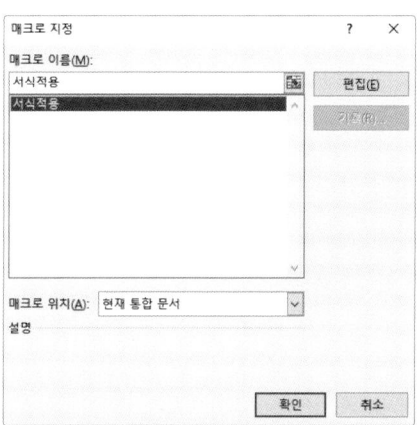

⑨ 단추의 텍스트를 '서식적용'으로 수정합니다.

⑩ [개발 도구] 탭-[코드] 그룹-[매크로 기록]을 클릭합니다.

⑪ [매크로 기록] 대화상자에서 매크로 이름을 '서식해제'로 입력하고 <확인> 단추를 클릭합니다.

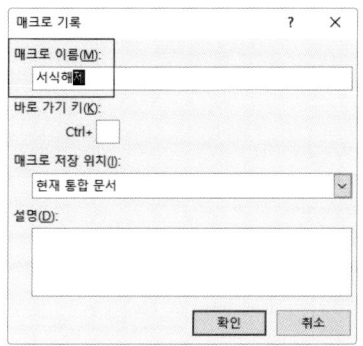

⑫ [E4:E33] 영역을 선택하고 마우스 오른쪽 단추를 눌러 [셀 서식]을 클릭합니다.

⑬ [셀 서식] 대화상자의 [표시 형식] 탭에서 범주는 '일반'을 선택하고 <확인> 단추를 클릭합니다.

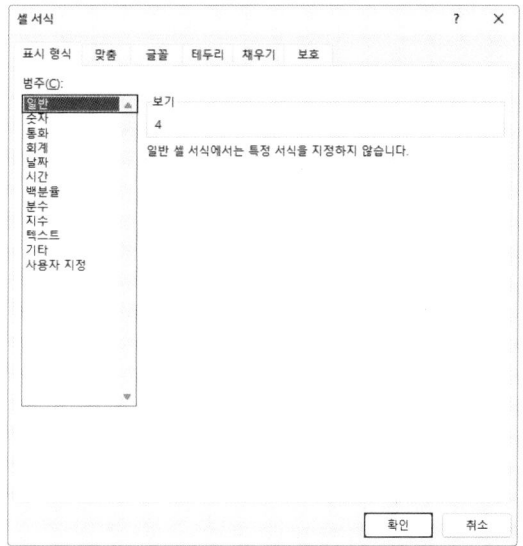

⑭ 상태 표시줄의 □(기록 중지)를 클릭합니다.

⑮ [개발 도구] 탭-[컨트롤] 그룹-[삽입]-[양식 컨트롤]-[단추]를 클릭한 후 Alt 키를 누른 채 [I6:J7] 영역에 드래그하여 작성합니다.

⑯ [매크로 지정] 대화상자에서 매크로 이름을 '서식 해제'로 선택하고 <확인> 단추를 클릭합니다.

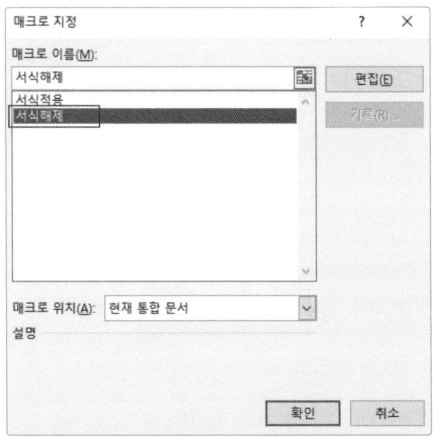

⑰ 단추의 텍스트를 '서식해제'로 수정합니다.

3 폼 보이기 프로시저

① '기타작업-3' 시트를 선택하고 [개발 도구] 탭-[컨트롤] 그룹-[디자인 모드]를 클릭합니다.

② <연락처관리> 단추를 더블 클릭하고 다음과 같이 코드를 입력합니다.

```
Private Sub Cmd연락처실행_Click( )
    UF연락처관리.Show
End Sub
```

4 폼 초기화 프로시저

① [프로젝트-VBAProject] 탐색기에서 'UF연락처관리'를 선택하고 마우스 오른쪽 단추를 눌러 [코드 보기]를 선택합니다.

② 개체 목록은 'UserForm', 프로시저 목록은 'Initialize'를 선택합니다.

③ 다음과 같이 코드를 입력합니다.

```
Private Sub UserForm_Initialize( )
    Cmb전종.RowSource = "H2:H4" → Cmb전종의
        행 원본을 [H2:H4]로 지정
    Opt친구 = True → Opt친구는 True로 지정하여
        초기값으로 선택됨
End Sub
```

5 등록 프로시저

① 개체 목록은 'Cmd입력', 프로시저 목록은 'Click'을 선택합니다.

② 다음과 같이 코드를 입력합니다.

```
Private Sub Cmd입력_Click( )
    i = [A3].CurrentRegion.Rows.Count + 2
    → [A3] 셀을 기준으로 인접한 셀의 행 번호에 2를
        더함
    Cells(i, 1) = Txt이름
    Cells(i, 2) = Cmb전종
    Cells(i, 3) = Txt전번
    If Opt친구 = True Then
        Cells(i, 4) = "친구"
    ElseIf Opt직장 = True Then
        Cells(i, 4) = "직장"
    Else
        Cells(i, 4) = "기타"
    End If
    Cells(i, 5) = Txt나이
End Sub
```

6 종료 프로시저

① 개체 목록은 'Cmd종료', 프로시저 목록은 'Click'을 선택합니다.

② 다음과 같이 코드를 입력합니다.

```
Private Sub Cmd종료_Click( )
    [H1].Font.Name = "굴림체" → [H1] 셀의 글꼴은
        '굴림체'로 지정
    Unload Me
End Sub
```

③ (보기 Microsoft Excel)을 클릭하거나 Alt + F11 키를 눌러 Excel로 돌아갑니다.

④ 실행 결과를 확인하기 위해 [개발 도구] 탭-[컨트롤] 그룹-[디자인 모드]를 클릭하여 디자인 모드를 해제합니다.

⑤ <연락처관리> 단추를 클릭합니다. [연락처관리] 폼이 표시되면 데이터를 입력하고 <입력> 단추를 클릭한 후 입력한 데이터가 워크시트에 입력되는 것을 확인합니다.

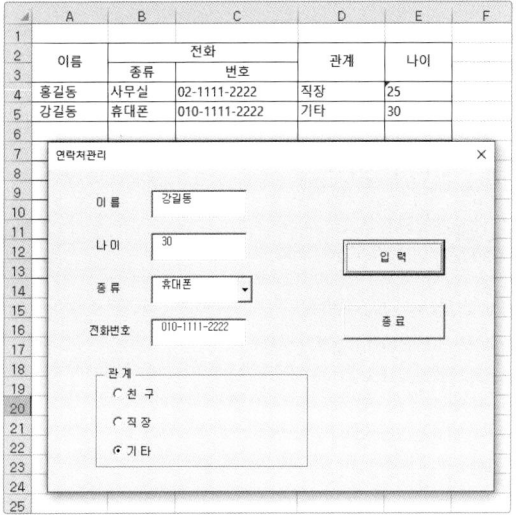

⑥ <종료> 단추를 클릭합니다. [H1] 셀의 글꼴이 굴림체로 변경된 것을 확인합니다.

컴퓨터활용능력 실전모의고사 5회

프로그램명	제한시간
EXCEL 2021	45분

수 험 번 호 :

성   명 :

1급 | A형

유의사항

- 인적 사항 누락 및 잘못 작성으로 인한 불이익은 수험자 책임으로 합니다.
- 화면에 암호 입력창이 나타나면 아래의 암호를 입력하여야 합니다.
  - 암호 : 135%67
- 작성된 답안은 주어진 경로 및 파일명을 변경하지 마시고 그대로 저장해야 합니다. 이를 준수하지 않으면 실격 처리됩니다.
  - 답안 파일명의 예 : C:₩OA₩수험번호8자리.xlsm
- 외부데이터 위치: C:₩OA₩파일명
- 별도의 지시사항이 없는 경우, 다음과 같이 처리 시 실격 처리됩니다.
  - 제시된 시트 및 개체의 순서나 이름을 임의로 변경한 경우
  - 제시된 시트 및 개체를 임의로 추가 또는 삭제한 경우
  - 외부데이터를 시험 시작 전에 열어본 경우
- 답안은 반드시 문제에서 지시 또는 요구한 셀에 입력하여야 하며 다음과 같이 처리 시 채점 대상에서 제외됩니다.
  - 제시된 함수가 있을 경우 제시된 함수만을 사용하여야 하며 그 외 함수 사용 시 채점 대상에서 제외
  - 수험자가 임의로 지시하지 않은 셀의 이동, 수정, 삭제, 변경 등으로 인해 셀의 위치 및 내용이 변경된 경우 해당 작업에 영향을 미치는 관련문제 모두 채점 대상에서 제외
  - 도형 및 차트의 개체가 중첩되어 있거나 동일한 계산결과 시트가 복수로 존재할 경우 해당 개체나 시트는 채점 대상에서 제외
- 수식 작성 시 제시된 문제 파일의 데이터는 변경 가능한(가변적) 데이터임을 감안하여 문제 풀이를 하시오.
- 별도의 지시사항이 없는 경우, 주어진 각 시트 및 개체의 설정값 또는 기본 설정값(Default)으로 처리하시오.
- 저장 시간은 별도로 주어지지 않으므로 제한된 시간 내에 저장을 완료해야 하며, 제한 시간 내에 저장이 되지 않은 경우에는 실격 처리됩니다.
- 출제된 문제의 용어는 MS Office LTSC Professional Plus 2021 기준으로 작성되어 있습니다.

문제 1 ▶ 기본작업(15점)_ 주어진 시트에서 다음 과정을 수행하고 저장하시오.

01 '기본작업-1' 시트에서 다음과 같이 고급필터를 수행하시오. (5점)

- [B3:I18] 영역에서 '성별'이 '남'이고 '부서'가 '기술지원부'가 아니고 '승진시험'이 평균이상인 자료와 '성별'이 '여'이고 '승진시험'이 평균이상인 자료에 대하여 '사번', '성명', '부서', '성별', '승진시험' 열을 순서대로 표시하시오.
- 조건은 [B20:B21] 영역에 입력하시오. (OR, AND, AVERAGE 함수 사용)
- 결과는 [B23] 셀부터 표시하시오.

02 '기본작업-1' 시트에 다음과 같이 조건부 서식을 설정하시오. (5점)

- [B4:I18] 영역에서 '사번'의 두 번째 자리부터 두 자리가 '97'이면서 '직위'가 '주임'이고 '승진시험'이 90 이상인 자료의 행 전체에 대해서 글꼴 스타일이 '굵게', 글꼴 색은 '표준 색-파랑'으로 적용하시오.
- 단, 규칙 유형은 '수식을 사용하여 서식을 지정할 셀 결정'을 사용하고, 한 개의 규칙으로만 작성하시오.
- AND, MID 함수 이용

03 '기본작업-2' 시트에서 다음과 같이 페이지 레이아웃을 설정하시오. (5점)

- [B3:I18] 영역을 인쇄 영역으로 설정하고, 인쇄될 내용이 페이지의 가로와 세로를 정 가운데에 인쇄되도록 페이지 가운데 맞춤을 설정하시오.
- 인쇄될 때 눈금선과 행/열 머리글이 인쇄되고 흑백으로 인쇄되도록 설정하시오.
- 페이지 하단의 가운데에 오늘 날짜가 인쇄되도록 바닥글을 지정하시오.

문제 2 ▶ 계산작업(30점)_ '계산작업' 시트에서 다음 과정을 수행하고 저장하시오.

01 [표5]의 데이터를 이용하여 [표1]의 [D3:D20] 영역에 '부서명'을 찾아 구하시오. (6점)

- 코드는 업무코드의 첫째 자리 숫자를 이용하시오.
- LEFT, VALUE, XLOOKUP 함수를 이용하시오.

02 [표4]의 고과별 비율을 참조하여 [표1]의 'A고과'와 'B고과'의 비율에 따른 고과점수[I3:I20]를 계산하여 표시하시오. (6점)

- 고과점수에 '점'을 표시 [표시 예 : 85.6점]
- SUMPRODUCT, CONCAT 함수를 이용하시오.

03 [표1] 영역에서 '승진시험'을 인수로 받아 등급[J3:J20]을 결정하는 사용자 정의 함수 'fn등급'을 아래 조건에 따라 작성하여 수행하시오. (6점)

- ▶ '등급'은 '승진시험'이 90 이상 100 이하이면 "A"이고, '승진시험'이 80 이상 89 이하이면 "B", '승진시험'이 70 이상 79 이하이면 "C", '승진시험'이 69 이하이면 "D"로 나타내시오.
- ▶ SELECT CASE문 이용

    Public Function fn등급(승진시험)
    End Function

04 [표1]의 영역을 참조하여 [표2]의 직위별 승진시험 평균[C24:C28]을 구하시오. (6점)

- ▶ IF와 AVERAGE 함수를 이용한 배열수식을 사용하시오.

05 [표1]를 참조하여 [표3]의 영역에 각 직위별 'A고과', 'B고과', '승진시험' 점수가 가장 큰 사원의 '성명'을 최고점수자[H25:J29] 셀에 표시하시오. (6점)

- ▶ INDEX, MATCH, MAX 함수를 이용한 배열수식을 사용하시오.

문제 3 분석작업(20점)_ 주어진 시트에서 다음 과정을 수행하고 저장하시오.

01 '분석작업-1' 시트에서 다음의 지시사항에 따라 피벗 테이블 보고서를 작성하시오. (10점)

- ▶ 외부 데이터 가져오기 기능을 사용하여 <성적관리.accdb>의 <성적> 테이블을 이용하시오.
- ▶ 피벗 테이블 보고서의 레이아웃과 위치는 <그림>을 참조하여 설정하고, 보고서 레이아웃을 테이블 형식으로 표시하시오.
- ▶ 평점환산, 어학테스트, 면접의 표준편차를 계산하는 필드를 추가하시오.
- ▶ 학번이 15로 시작하면 '컴퓨터공학과'로, 17로 시작하면 '사이버보안과'로, 21로 시작하면 '중어중문과', 22로 시작하면 '경영학과'로 그룹을 지정하시오.
- ▶ 피벗 테이블 스타일은 '흰색, 피벗 스타일 보통 15'로 지정하고, 데이터 영역의 셀 수식은 소수이하 2자리로 지정하시오.

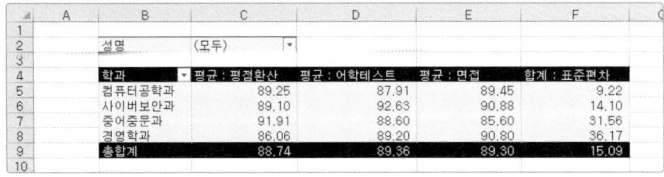

※ 작업 완성된 그림이며 부분점수 없음

02 '분석작업-2' 시트에 대하여 다음의 지시사항을 처리하시오. (10점)

▶ [데이터 유효성 검사] 도구를 이용하여 [D5:D21] 영역에는 직위가 과장, 부장, 대리, 팀장, 주임, 사원만 입력되도록 제한 대상을 설정하시오.

▶ [D5:D21] 영역의 셀을 클릭한 경우 <그림>과 같은 설명 메시지를 표시하고, 유효하지 않은 데이터를 입력한 경우 <그림>과 같은 오류 메시지가 표시되도록 설정하시오.

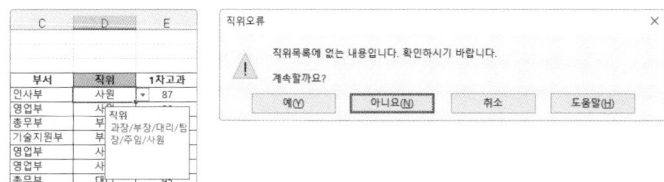

▶ [필터] 도구를 이용하여 '직위'가 사원인 데이터 행만 표시되도록 설정하시오.

문제 4 기타작업(35점)_ 주어진 시트에서 다음 과정을 수행하고 저장하시오.

01 '기타작업-1' 시트에서 다음의 지시사항에 따라 차트를 수정하시오. (각 2점)

※ 차트는 반드시 문제에서 제공한 차트를 사용하여야 하며, 신규로 차트작성 시 0점 처리 됨

① '승진시험' 데이터만 '표식이 있는 꺾은선형' 차트로 변경하고, 보조 축을 나타내시오.

② 차트 제목은 <그림>과 같이 [B2] 셀과 연동되도록 설정하시오.

③ 세로 축, 보조 세로 축의 제목을 <그림>과 같이 지정하시오.

④ '승진시험' 점수가 최고인 사원의 값만 레이블을 나타내시오.

⑤ 차트 위치를 '새 시트(S)'로 선택하고, 생성된 차트의 이름을 'Chart1'로 설정하시오.

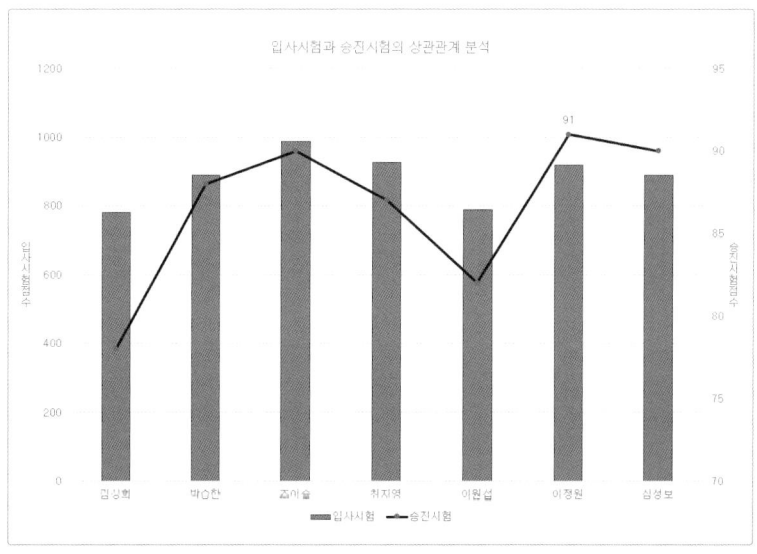

02 '기타작업-2' 시트에서 다음과 같은 기능을 수행하는 매크로를 현재 통합문서에 작성하시오. (각 5점)

① [F6:F21] 영역에 대하여 사용자 지정 표시 형식을 설정하는 '승진여부' 매크로를 생성하시오.
   ▶ 승진시험의 셀 값이 80점 이상이면 "승진"으로 표시, 셀 값이 80점 미만일 경우 공백으로 표시
   ▶ [개발 도구]-[삽입]-[양식 컨트롤]의 '단추'를 동일 시트의 [B2:C3] 영역에 생성한 후 텍스트를 '승진여부'로 입력하고, 단추를 클릭하면 '승진여부' 매크로가 실행되도록 설정하시오.

② [F6:F21] 영역에 대하여 표시 형식을 '일반'으로 적용하는 '승진점수' 매크로를 생성하시오.
   ▶ [개발 도구]-[삽입]-[양식 컨트롤]의 '단추'를 동일 시트의 [E2:F3] 영역에 생성한 후 텍스트를 '승진점수'로 입력하고, 단추를 클릭하면 '승진점수' 매크로가 실행되도록 설정하시오.
   ※ 셀 포인터의 위치에 관계없이 매크로가 실행되어야 정답으로 인정됨

03 '기타작업-3' 시트에서 사용자 정의 폼 <고과성적검색화면>에 대하여 다음 지시사항 및 그림을 참조하여 작업을 수행하고 저장하시오. (각 5점)

① '성적검색' 단추를 클릭하면 <고과성적검색화면> 폼이 화면에 나타나도록 설정하고, 폼이 초기화(Initialize)되면 이름(Combo이름) 목록에는 [A4:A19]의 값들이 나타나도록 프로시저를 작성하시오.

② 폼의 이름(Combo이름)을 선택하고, 이름검색(Cmd이름검색) 단추를 클릭하면 이름(Combo이름)에 해당하는 부서(Text_부서), 직위(Text_직위), 입사시험(Text_입사시험), FLEX외국어(Text_외국어), 승진시험(Text_승진시험)에 해당하는 시트의 자료가 폼에 나타나도록 Listindex 속성을 이용하여 작성하시오.
   ▶ 폼에 데이터가 입력될 때 표의 행과 폼의 입력 내용이 일치하도록 작성하시오.

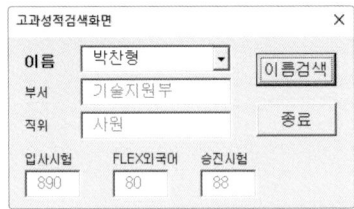

③ 종료(cmd종료) 단추를 클릭하면 <그림>과 같은 메시지 박스를 표시한 후 폼을 종료하는 프로시저를 작성하시오.
   ▶ 시스템의 현재 날짜와 시간 표시

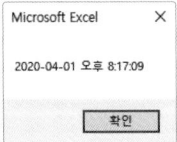

실전모의고사 5회 정답 및 해설

정답

문제 1 기본작업 (15점)

01 고급 필터

고급 필터 조건식 : =OR(AND(E4="남",D4<>"기술지원부",I4>=AVERAGE($I$4:$I$18)),AND(E4="여",I4>=AVERAGE($I$4:$I$18)))

02 조건부 서식

조건부 서식 수식 : =AND(MID($B4,2,2)="97",$F4="주임",$I4>=90)

03 페이지 레이아웃

사번	성명	부서	성별	직위	1차고과	2차고과	승진시험
F970123	강춘철	경리과	남	사원	75	80	86
F980126	박병재	기술지원부	남	사원	98	86	95
F980124	이건우	기술지원부	남	사원	79	65.8	90
F970127	이풍훈	총무부	남	사원	78	85.6	90
F970116	김진일	기술지원부	남	사원	94	74.2	80
F980132	김순혜	영업2부	여	주임	70	84.2	85
F010023	금서빈	영업3부	남	사원	70	86	95
F010026	박지수	경리과	여	주임	70	79.6	90
F970117	김길수	기술지원부	여	주임	85	87.8	95
F970110	인길경	기술지원부	남	주임	88	92.6	95
F970111	최정진	총무부	남	주임	87	83.2	97
F970113	한성운	총무부	남	주임	78	91.2	80
F970112	김하림	총무부	남	주임	85	83	80
F970121	이윤지	회계과	여	주임	90	90	90
F980122	이승환	기술지원부	남	사원	58	74	96

2020-08-29

문제 2 ▶ 계산작업 (30점)

[표1]

성명	업무코드	부서명	직위	A고과	B고과	승진시험	고과점수	등급
유영빈	13	총무부	과장	87	74	88	79.2점	B
안우진	12	총무부	주임	65	68	70	66.8점	C
윤순도	35	영업부	사원	87	87	94	87점	A
장형민	43	기술지원부	사원	64	67	90	65.8점	A
조찬익	31	영업부	주임	94	80	87	85.6점	B
주혜진	53	비서실	부장	61	83	82	74.2점	B
최봉근	22	인사부	부장	95	77	92	84.2점	A
이관형	63	감사실	주임	95	80	80	86점	B
박성주	54	비서실	사원	82	78	77	79.6점	C
박성진	14	총무부	사원	86	89	86	87.8점	B
김현수	54	비서실	대리	95	91	82	92.6점	B
변도현	62	감사실	주임	88	80	88	83.2점	B
신재형	13	총무부	주임	93	90	92	91.2점	A
안용우	23	인사부	사원	77	87	86	83점	B
유강현	26	인사부	사원	60	78	77	70.8점	C
유재홍	64	감사실	대리	74	64	63	68점	D
이도현	34	영업부	대리	67	68	65	67.6점	D
김원상	64	감사실	과장	70	75	70	73점	C

[표4]

구분	A고과	B고과
비율	40%	60%

[표5]

코드	팀1	팀2	부서명
1	입고	출고	총무부
2	인사	급여	인사부
3	내수	수출	영업부
4	국내	해외	기술지원부
5	관리	실무	비서실
6	기획	내사	감사실

[표2]

직위	승진시험평균	인원수
부장	87	2
과장	79	2
대리	70	3
주임	83.4	5
사원	85	6

[표3]

직위	최고점수자		
	A고과	B고과	승진시험
부장	최봉근	주혜진	최봉근
과장	유영빈	김원상	유영빈
대리	김현수	김현수	김현수
주임	이관형	신재형	신재형
사원	윤순도	박성진	윤순도

01 부서명[D3:D20]

=XLOOKUP(VALUE(LEFT(C3,1)),$L$9:$L$14,$O$9:$O$14)

02 고과점수[I3:I20]

=CONCAT(SUMPRODUCT(F3:G3,$M$5:$N$5),"점")

03 fn등급[J3:J20]

```
Public Function fn등급(승진시험)
    Select Case 승진시험
        Case Is >= 90
            fn등급 = "A"
        Case Is >= 80
            fn등급 = "B"
        Case Is >= 70
            fn등급 = "C"
        Case Else
            fn등급 = "D"
    End Select
End Function
```

04 승진시험의 평균[C24:C28]

=AVERAGE(IF($E$3:$E$20=B24,$H$3:$H$20))

05 최고점수자[H25:J29]

=INDEX($B$3:$B$20,MATCH(MAX(($E$3:$E$20=$G25)*F$3:F$20),($E$3:$E$20=$G25)*F$3:F$20,0))

문제3 분석작업 (20점)

01 피벗 테이블

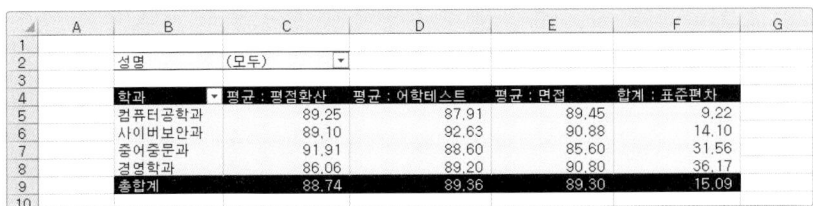

02 데이터 도구

⊿	A	B	C	D	E	F	G	H	I	J
1										
2		[표1]								
3										
4		성명 ▼	부서 ▼	직위 ▼	1차고과 ▼	2차고과 ▼	승진시험 ▼	종합점수 ▼		
5		강준형	인사부	사원	87	87	94	268		
6		박정재	영업부	사원	90	90	90	270		
9		김진일	영업부	사원	90	88	95	273		
10		김은혜	영업부	사원	86	89	86	261		
15		최정진	인사부	사원	78	87	87	252		
16		한성윤	기술지원부	사원	92	95	90	277		
22										

문제 4 ▶ 기타작업 (35점)

01 차트

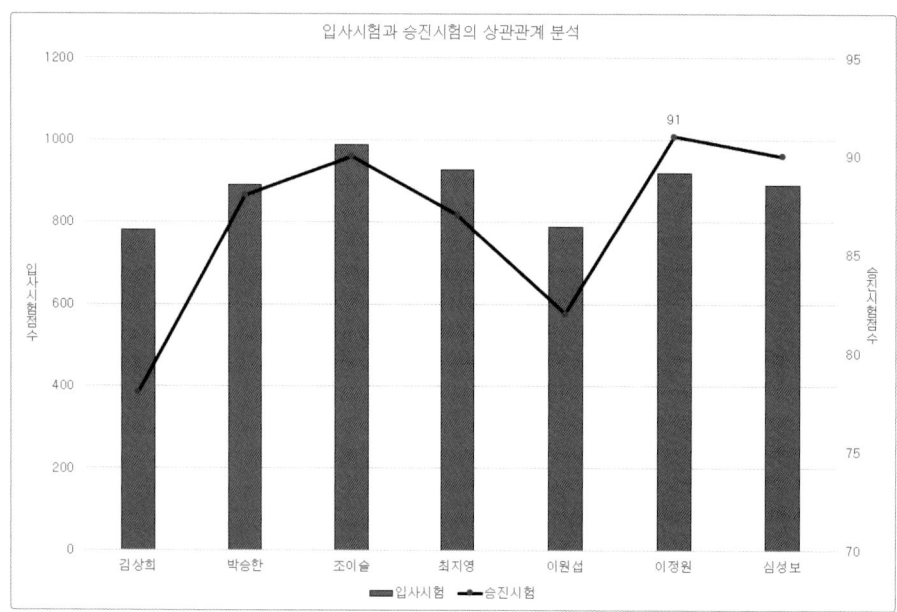

02 매크로

⊿	A	B	C	D	E	F	G
1	고과성적						
2		승진여부			승진점수		
3							
4							
5	성명	부서	직위	입사시험	FLEX외국어	승진시험	
6	김나영	기술지원부	사원	780	70		
7	박찬형	기술지원부	사원	890	80	승진	
8	신은보	영업부	사원	987	90	승진	
9	안우진	영업부	주임	927	80	승진	
10	김준도	총무부	대리	789	91	승진	
11	김재웅	총무부	대리	919	83	승진	
12	김국현	총무부	주임	890	67	승진	
13	이태은	기술지원부	사원	895	80	승진	
14	박주희	기술지원부	팀장	782	78		
15	이세연	기술지원부	주임	786	89	승진	
16	황상철	영업2부	주임	895	91	승진	
17	박정규	영업3부	대리	788	80	승진	
18	김현중	영업3부	주임	893	90	승진	
19	최찬희	인사부	사원	877	87	승진	
20	최리나	총무부	주임	760	78		
21	정민재	총무부	대리	774	64		
22							

사용자 지정 표시 형식 : [>=80]"승진";[<80]" "

03 프로시저

▶ 폼 보이기 프로시저

```
Private Sub 성적검색_Click( )
    고과성적검색화면.Show
End Sub
```

▶ 폼 초기화 프로시저

```
Private Sub UserForm_Initialize( )
    Combo이름.RowSource = "A4:A19"
End Sub
```

▶ 등록 프로시저

```
Private Sub Cmd이름검색_Click( )

    i = Combo이름.ListIndex + 4

    Text_부서 = Cells(i, 2)
    Text_직위 = Cells(i, 3)
    Text_입사시험 = Cells(i, 4)
    Text_외국어 = Cells(i, 5)
    Text_승진시험 = Cells(i, 6)

End Sub
```

▶ 종료 프로시저

```
Private Sub cmd종료_Click( )
    MsgBox Now
    Unload Me
End Sub
```

해설

문제 1 ▶ 기본작업 (15점)

1 고급 필터 수행하기

① '기본작업-1' 시트를 선택한 후 [B20:B21] 영역에 다음과 같이 조건을 입력합니다.

> [B20] 셀 : '조건'을 입력
> [B21] 셀 : =OR(AND(E4="남",D4<>"기술지원부",I4>= AVERAGE($I$4:$I$18)),AND(E4="여",I4>=AVERAGE($I$4:$I$18))) → [E4] 셀이 "남"이고 [D4] 셀이 "기술지원부"가 아니고 [I4] 셀이 평균이상이거나 [E4] 셀이 "여"이고 [I4] 셀이 평균이상이면 TRUE를 반환

② [B3:E3] 영역을 드래그합니다. [I3] 셀을 **Ctrl** 키를 누른 채 클릭한 후 **Ctrl**+**C** 키를 누릅니다. [B23] 셀을 클릭하고 **Ctrl**+**V** 키를 누릅니다.

③ [B3] 셀을 클릭하고 [데이터] 탭-[정렬 및 필터] 그룹-[고급]을 클릭합니다.

④ [고급 필터] 대화상자에서 '다른 장소에 복사'를 선택하고 목록 범위는 [B3:I18] 영역이 지정되었는지 확인합니다.

⑤ [고급 필터] 대화상자에서 조건 범위는 [B20:B21] 영역, 복사 위치는 [B23:F23] 영역을 지정한 후 <확인> 단추를 클릭합니다.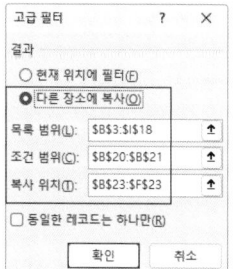

2 조건부 서식 수행하기

① [B4:I18] 영역을 지정하고 [홈] 탭-[스타일] 그룹-[조건부 서식]-[새 규칙]을 클릭합니다.

② [새 서식 규칙] 대화상자에서 규칙 유형 선택의 '수식을 사용하여 서식을 지정할 셀 결정'을 선택하고 다음과 같이 수식을 입력한 후 <서식> 단추를 클릭합니다.

> =AND(MID($B4,2,2)="97",$F4="주임",I4>=90) → [B4] 셀의 두 번째부터 두 글자가 "97"이고 [F4] 셀이 "주임"이고, [I4] 셀이 90 이상이면 TRUE를 반환

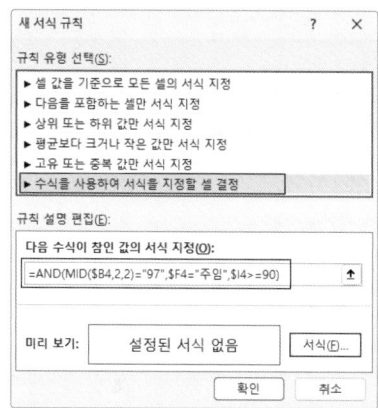

③ [셀 서식] 대화상자의 [글꼴] 탭에서 글꼴 스타일은 '굵게', 색은 '파랑'을 선택하고 <확인> 단추를 클릭합니다.

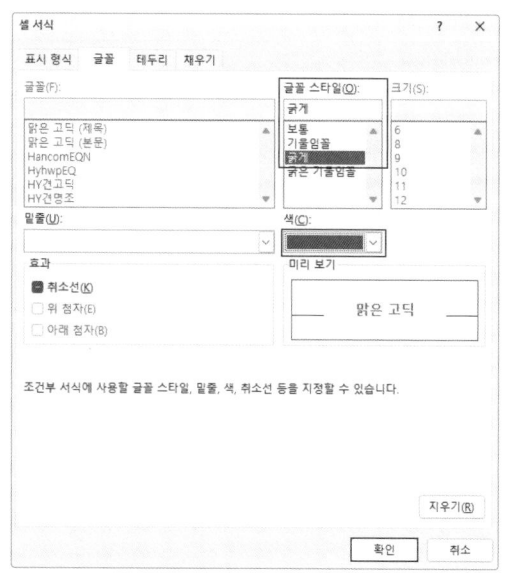

④ [새 서식 규칙] 대화상자에서 다시 <확인> 단추를 클릭합니다.

3 페이지 레이아웃

① '기본작업-2' 시트를 선택하고 [페이지 레이아웃] 탭-[페이지 설정] 그룹의 (대화상자 표시 아이콘)을 클릭합니다.

② [페이지 설정] 대화상자의 [시트] 탭에서 인쇄 영역을 [B3:I18] 영역으로 지정하고 '눈금선', '흑백으로', '행/열 머리글'을 체크합니다.

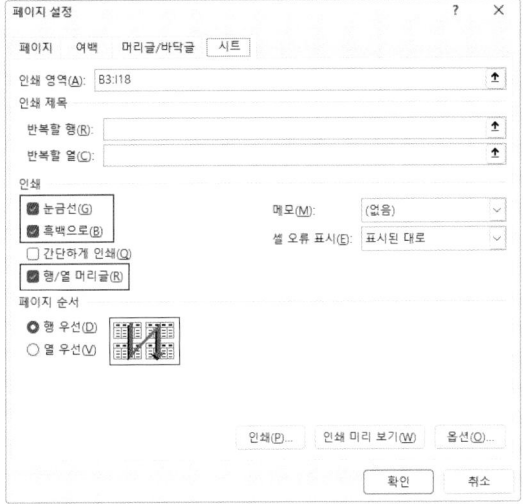

③ [페이지 설정] 대화상자의 [여백] 탭에서 페이지 가운데 맞춤의 '가로'와 '세로'를 체크합니다.

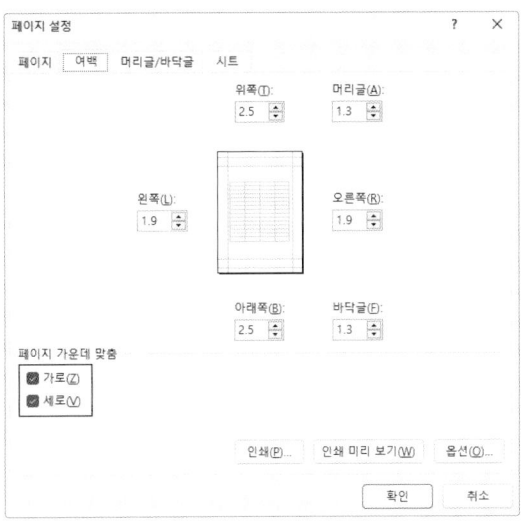

④ [페이지 설정] 대화상자에서 [머리글/바닥글] 탭을 선택하고 <바닥글 편집> 단추를 클릭합니다.

⑤ 가운데 구역에서 (날짜 삽입)을 클릭하고 <확인> 단추를 클릭합니다.

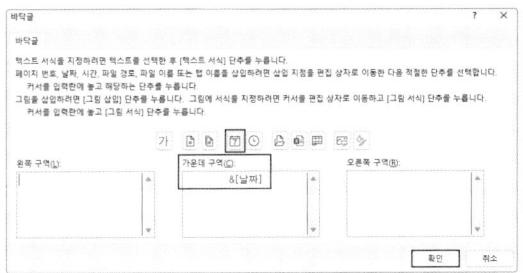

문제2 ▶ 계산작업 (30점)

1 부서명[D3:D20]

① [D3] 셀에 다음과 같이 수식을 입력합니다.

=XLOOKUP(VALUE(LEFT(C3,1)),$L$9:$L$14,$O$9:$O$14)

=XLOOKUP(VALUE(LEFT(C3,1)),$L$9:$L$14,$O$9:$O$14)
                  ①
→ [L9:L14] 영역에서 ①을 찾아 [O9:O14] 영역의 값을 반환, ① [C3] 셀의 첫 글자를 숫자로 변환

② 결과를 확인하고 채우기 핸들을 더블 클릭하여 수식을 복사합니다.

2 고과점수[I3:I20]

① [I3] 셀에 다음과 같이 수식을 입력합니다.

=CONCAT(SUMPRODUCT(F3:G3,$M$5:$N$5),"점")

=CONCAT(SUMPRODUCT(F3:G3,$M$5:$N$5),"점")
→ A고과와 B고과의 점수에 각각의 비율을 곱한 값을 모두 더한 값에 "점"을 연결

② 결과를 확인하고 채우기 핸들을 더블 클릭하여 수식을 복사합니다.

3 fn등급[J3:J20]

① [개발 도구] 탭-[코드] 그룹-[Visual Basic]을 클릭하거나 **Alt**+**F11** 키를 누릅니다.

② [삽입]-[모듈]을 클릭합니다.

③ Module 창에 다음과 같이 코드를 입력합니다.

```
Public Function fn등급(승진시험)
①   Select Case 승진시험      → Select문 시작
②       Case Is >= 90          → 승진시험이 90 이상인 경우 ③을 수행
③           fn등급 = "A"       → fn등급은 "A"
④       Case Is >= 80          → 승진시험이 80 이상 89 이하인 경우 ⑤를 수행
⑤           fn등급 = "B"       → fn등급은 "B"
⑥       Case Is >= 70          → 승진시험이 70 이상 79 이하인 경우 ⑦을 수행
⑦           fn등급 = "C"       → fn등급은 "C"
⑧       Case Else              → 승진시험이 69 이하인 경우 ⑨를 수행
⑨           fn등급 = "D"       → fn등급은 "D"
⑩   End Select                 → Select문 종료
End Function
```

④ ▣(보기 Microsoft Excel)을 클릭하거나 **Alt**+**F11** 키를 눌러 Excel로 돌아갑니다.

⑤ [J3] 셀을 클릭한 후 다음과 같이 수식을 입력합니다.

```
=fn등급(H3)
```

⑥ 결과를 확인하고 채우기 핸들을 더블 클릭하여 수식을 복사합니다.

4 승진시험의 평균[C24:C28]

① [C24] 셀에 다음과 같이 수식을 입력한 후 **Ctrl**+**Shift**+**Enter** 키를 누릅니다.

```
=AVERAGE(IF($E$3:$E$20=B24,$H$3:$H$20))  → 직위가 [B24] 셀과 같으면 [H3:H20] 영역의 평균을 구함
```

② 결과를 확인하고 채우기 핸들을 드래그하여 수식을 복사합니다.

5 최고점수자[H25:J29]

① [H25] 셀에 다음과 같이 수식을 입력한 후 **Ctrl**+**Shift**+**Enter** 키를 누릅니다.

```
=INDEX($B$3:$B$20,MATCH(MAX(($E$3:$E$20=$G25)*F$3:F$20),($E$3:$E$20=$G25)*F$3:F$20,0))
```

```
=INDEX($B$3:$B$20,MATCH(MAX(($E$3:$E$20=$G25)*F$3:F$20),($E$3:$E$20=$G25)*F$3:F$20,0))
                  ①
→ [B3:B20] 영역에서 ①의 결과를 행 번호로 지정한 값을 표시, ① 직위가 [G25] 셀과 같은 값 중 [F3:F20] 영역에서 최대값을 찾아 몇 행에 있는지 반환
```

② 결과를 확인하고 채우기 핸들을 드래그하여 수식을 복사합니다.

문제3 ▶ 분석작업 (20점)

1 피벗 테이블 보고서 작성

① '분석작업-1' 시트를 선택하고 [데이터] 탭-[데이터 가져오기 및 변환] 그룹-[데이터 가져오기]-[기타 원본에서]-[Microsoft Query에서]를 클릭합니다.

② [데이터 원본 선택] 대화상자에서 'MS Access Database*'을 선택하고 <확인> 단추를 클릭합니다.

③ [데이터베이스 선택] 대화상자에서 'C:\OA\성적관리.accdb'를 선택하고 <확인> 단추를 클릭합니다.

④ [쿼리 마법사-열 선택] 대화상자에서 > 을 클릭하여 모든 열을 '쿼리에 포함된 열'에 삽입하고 <다음> 단추를 클릭합니다.

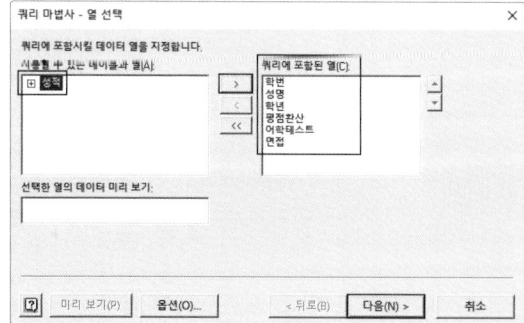

⑤ [쿼리 마법사-데이터 필터] 대화상자에서 <다음> 단추를 클릭합니다.

⑥ [쿼리 마법사-정렬 순서] 대화상자에서 <다음> 단추를 클릭합니다.

⑦ [쿼리 마법사-마침] 대화상자에서 'Microsoft Office Excel로 데이터 되돌리기'를 선택하고 <마침> 단추를 클릭합니다.

⑧ [데이터 가져오기] 대화상자에서 '피벗 테이블 보고서'를 선택하고 기존 워크시트에서 시작 위치인 [B4] 셀을 지정하고 <확인> 단추를 클릭합니다.

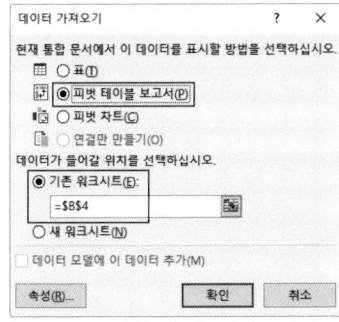

⑨ [피벗 테이블 필드] 창에서 필터에 '성명', 행에 '학번', 값에 '평점환산', '어학테스트', '면접'을 드래그합니다.

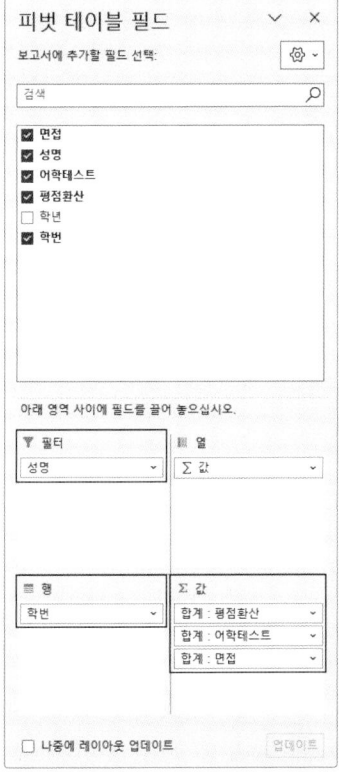

⑩ 값의 '합계 : 평점환산'을 클릭하고 [값 필드 설정]을 선택합니다.

⑪ [값 필드 설정] 대화상자에서 [값 요약 기준] 탭의 '평균'을 선택하고 <확인> 단추를 클릭합니다.

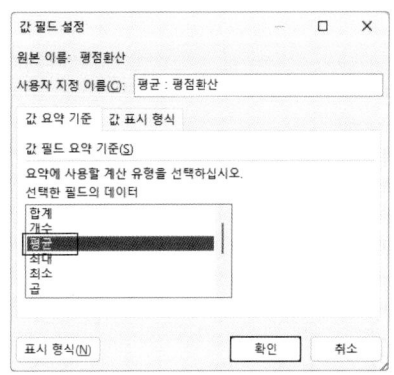

⑫ 같은 방법으로 '합계 : 어학테스트'와 '합계 : 면접'도 각각 클릭하고 [값 필드 설정]을 선택한 후 '평균'을 선택합니다.

⑬ [디자인] 탭-[레이아웃] 그룹-[보고서 레이아웃]-[개요 형식으로 표시]를 클릭합니다..

⑭ [피벗 테이블 분석] 탭-[계산] 그룹-[필드 항목 및 집합]-[계산 필드]를 선택합니다.

⑮ [계산 필드 삽입] 대화상자에서 이름에 '표준편차'를 입력하고 수식에 '=stdev.s('를 입력합니다. '평점환산', '어학테스트,', '면접'을 각각 더블 클릭하여 필드를 추가하고 ')'를 입력하여 수식을 완성한 후 <추가> 단추와 <확인> 단추를 차례대로 클릭합니다.

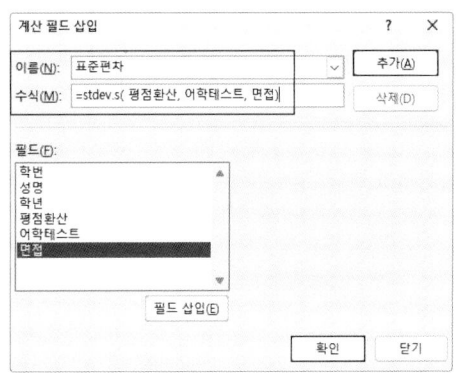

⑯ [B5] 셀에서 마우스 오른쪽 단추를 눌러 [그룹]을 선택합니다.

⑰ [그룹화] 대화상자에서 시작에 '15000', 끝에 '23000', 단위에 '1000'을 입력하고 <확인> 단추를 클릭합니다.

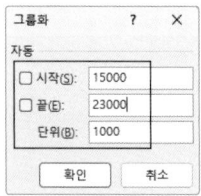

⑱ [B4] 셀에 '학과'를 입력하고 각각의 학과를 다음과 같이 입력합니다.

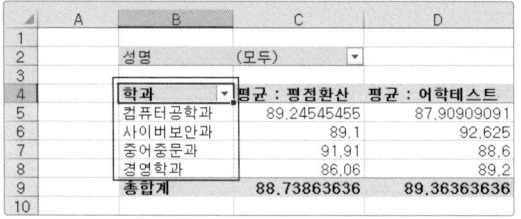

⑲ [디자인] 탭-[피벗 테이블 스타일] 그룹에서 '흰색, 피벗 스타일 보통 15'를 선택합니다.

⑳ [C5:F9] 영역을 지정하고 마우스 오른쪽 단추를 눌러 [셀 서식]을 선택합니다.

㉑ [셀 서식] 대화상자의 [표시 형식] 탭에서 '숫자'를 선택하고 소수 자릿수를 '2'로 지정한 후 <확인> 단추를 클릭합니다.

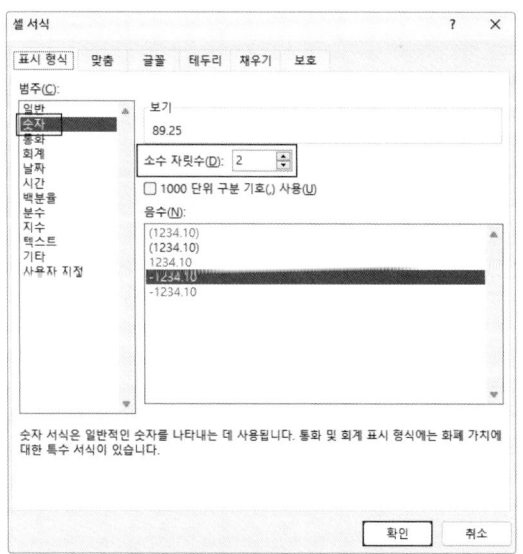

2 데이터 도구

① '분석작업-2' 시트를 선택 후 [D5:D21] 영역을 지정하고 [데이터] 탭-[데이터 도구] 그룹-[데이터 유효성 검사]-[데이터 유효성 검사]를 클릭합니다.

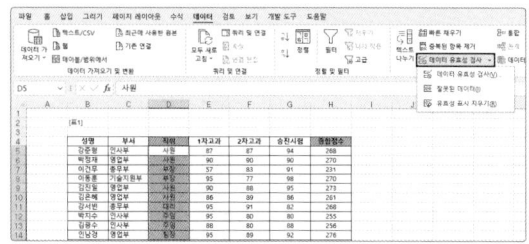

② [데이터 유효성] 대화상자의 [설정] 탭에서 제한 대상을 '목록'으로 지정하고 원본에 '과장, 부장, 대리, 팀장, 주임, 사원'을 입력합니다.

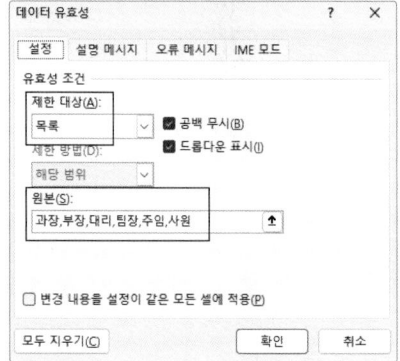

> **TIP**
> 제한 대상을 '목록'으로 지정하면 원본으로 지정한 값을 드롭다운 형식으로 선택되도록 할 수 있습니다. 원본의 각 항목은 콤마(,)로 구분하여 입력합니다.

③ [데이터 유효성] 대화상자의 [설명 메시지] 탭에서 제목과 설명 메시지를 다음과 같이 입력합니다.

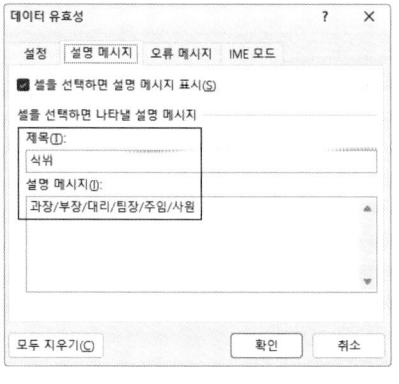

④ [데이터 유효성] 대화상자의 [오류 메시지] 탭에서 스타일은 '경고'로 지정하고 제목과 오류 메시지를 다음과 같이 입력한 후 <확인> 단추를 클릭합니다.

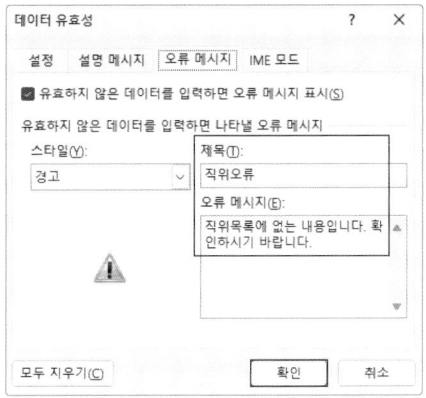

⑤ [B4] 셀을 선택하고 [데이터] 탭-[정렬 및 필터] 그룹-[필터]를 클릭합니다.

⑥ '직위'의 ▼(필터 단추)를 클릭하고 모두 선택을 해제한 후 사원만 선택한 다음 <확인> 단추를 클릭합니다.

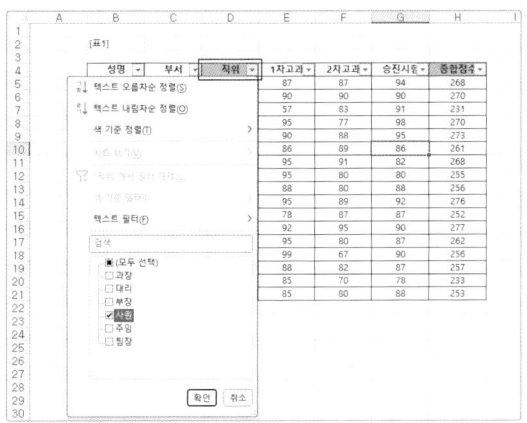

문제 4 ▶ 기타작업 (35점)

1 차트 수정

① '기타작업-1' 시트를 선택하고 차트 영역에서 마우스 오른쪽 단추를 눌러 [차트 종류 변경]을 선택합니다.

② [차트 종류 변경] 대화상자에서 승진시험 계열의 차트 종류는 '표식이 있는 꺾은선형'을 선택하고 보조 축을 체크한 후 <확인> 단추를 클릭합니다.

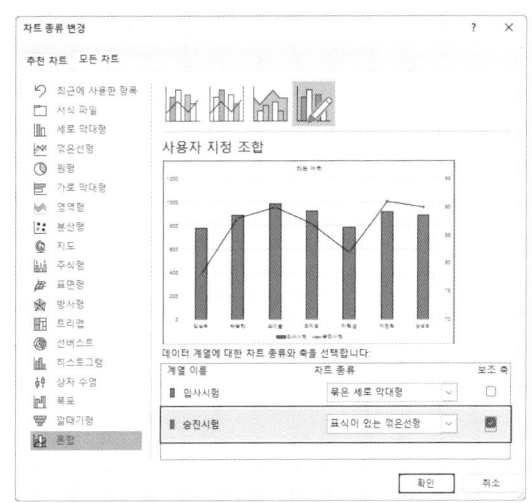

③ [차트 디자인] 탭-[차트 레이아웃] 그룹-[차트 요소 추가]-[차트 제목]-[차트 위]를 클릭합니다. 수식 입력 줄에 '='을 입력하고 [B2] 셀을 클릭한 후 **Enter** 키를 누릅니다.

④ [차트 디자인] 탭-[차트 레이아웃] 그룹-[차트 요소 추가]-[축 제목]-[기본 세로]를 클릭하고 '입사시험 점수'를 입력합니다.

⑤ 세로 (값) 축 제목에서 마우스 오른쪽 단추를 눌러 [축 제목 서식]을 클릭합니다.

⑥ [축 제목 서식] 창의 [제목 옵션]-[크기 및 속성]-[맞춤]에서 텍스트 방향을 '세로'로 지정합니다.

⑦ [차트 디자인] 탭-[차트 레이아웃] 그룹-[차트 요소 추가]-[축 제목]-[보조 세로]를 클릭하고 '승진시험 점수'를 입력합니다.

⑧ [축 제목 서식] 창의 [제목 옵션]-[크기 및 속성]-[맞춤]에서 텍스트 방향을 '세로'로 지정합니다.

⑨ '승진시험' 계열의 '이정원' 요소를 두 번 클릭합니다. [차트 디자인] 탭-[차트 레이아웃] 그룹-[차트 요소 추가]-[데이터 레이블]-[위쪽]을 클릭합니다.

⑩ 차트 위치를 변경하기 위해 [디자인] 탭-[위치] 그룹-[차트 이동]을 클릭합니다.

⑪ [차트 이동] 대화상자에서 '새 시트'를 선택하고 <확인> 단추를 클릭합니다.

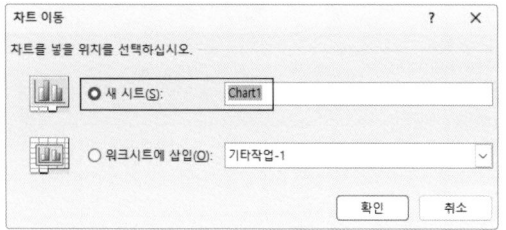

2 매크로 작성

① '기타작업-2' 시트를 선택하고 [개발 도구] 탭-[코드] 그룹-[매크로 기록]을 클릭합니다.

② [매크로 기록] 대화상자에서 매크로 이름을 '승진여부'로 입력하고 <확인> 단추를 클릭합니다.

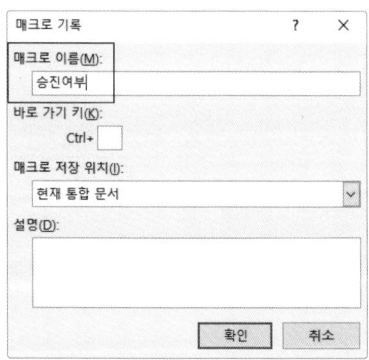

③ 상태 표시줄에 매크로 기록을 표시하는 □(기록 중지)가 표시된 것을 확인합니다.

④ [F6:F21] 영역을 선택하고 마우스 오른쪽 단추를 눌러 [셀 서식]을 클릭합니다.

⑤ [셀 서식] 대화상자의 [표시 형식] 탭에서 범주는 '사용자 지정'을 선택하고 형식에 다음과 같이 입력한 후 <확인> 단추를 클릭합니다.

[>=80]"승진";[<80]" "

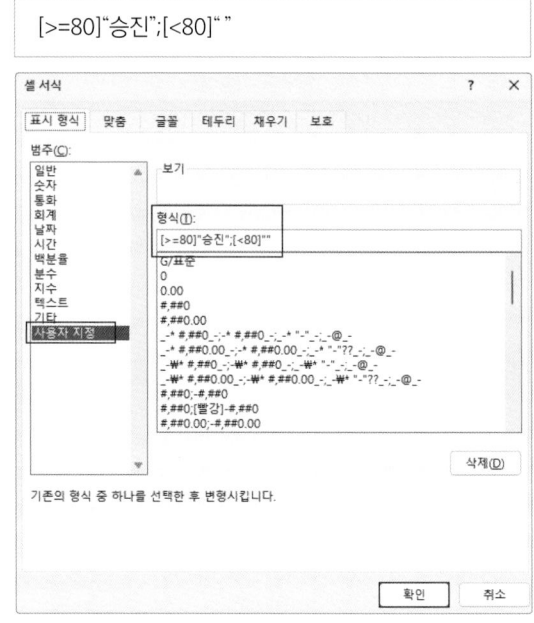

⑥ 상태 표시줄의 □(기록 중지)를 클릭합니다.

⑦ [개발 도구] 탭-[컨트롤] 그룹-[삽입]-[양식 컨트롤]-[단추]를 클릭한 후 Alt 키를 누른 채 [B2:C3] 영역에 드래그하여 작성합니다.

⑧ [매크로 지정] 대화상자에서 매크로 이름을 '승진여부'로 선택하고 <확인> 단추를 클릭합니다.

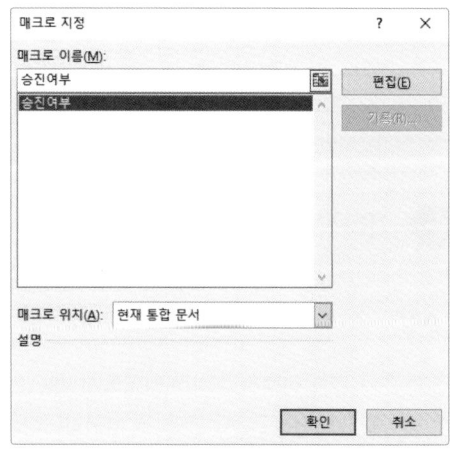

⑨ 단추의 텍스트를 '승진여부'로 수정합니다.

⑩ [개발 도구] 탭-[코드] 그룹-[매크로 기록]을 클릭합니다.

⑪ [매크로 기록] 대화상자에서 '매크로 이름'을 '승진점수'로 입력하고 <확인> 단추를 클릭합니다.

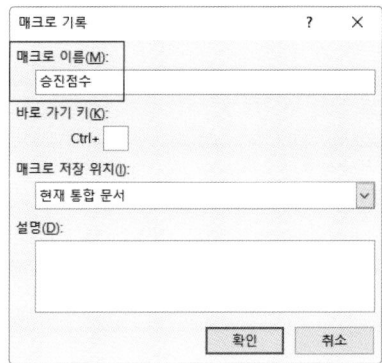

⑫ [F6:F21] 셀을 선택하고 마우스 오른쪽 단추를 눌러 [셀 서식]을 클릭합니다.

⑬ [셀 서식] 대화상자의 [표시 형식] 탭에서 범주는 '일반'을 선택하고 <확인> 단추를 클릭합니다.

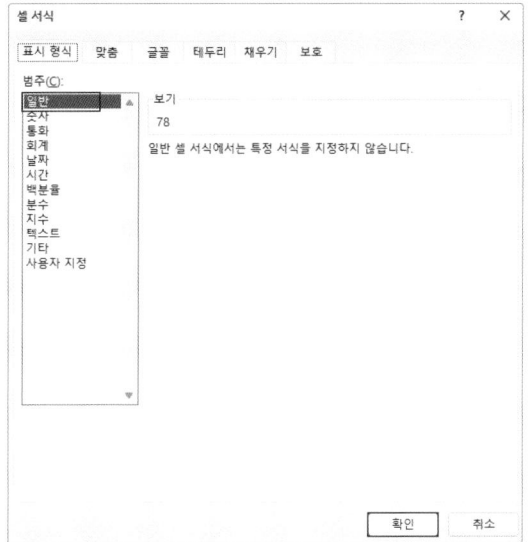

⑭ 상태 표시줄의 □(기록 중지)를 클릭합니다. [개발 도구] 탭-[컨트롤] 그룹-[삽입]-[양식 컨트롤]-[단추]를 클릭한 후 **Alt** 키를 누른 채 [E2:F3] 영역에 드래그하여 작성합니다.

⑮ [매크로 지정] 대화상자에서 '매크로 이름'을 '승진점수'로 선택하고 <확인> 단추를 클릭합니다.

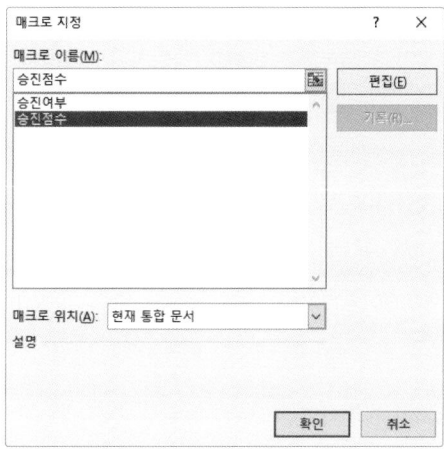

⑯ 단추의 텍스트를 '승진점수'로 수정합니다.

3 프로시저 작성

1) 폼 보이기 프로시저

① '기타작업-3' 시트를 선택하고 [개발 도구] 탭-[컨트롤] 그룹-[디자인 모드]를 클릭합니다.

② <성적검색> 단추를 더블 클릭하고 다음과 같이 코드를 입력합니다.

```
Private Sub 성적검색_Click( )
    고과성적검색화면.Show
End Sub
```

2) 폼 초기화 프로시저

① [프로젝트-VBAProject] 탐색기에서 '고과성적검색화면'을 선택하고 마우스 오른쪽 단추를 눌러 [코드 보기]를 클릭합니다.

② 개체 목록은 'UserForm', 프로시저 목록은 'Initialize'를 선택합니다.

③ 다음과 같이 코드를 입력합니다.

```
Private Sub UserForm_Initialize( )
    Combo이름.RowSource = "A4:A19" →
    Combo이름의 행 원본을 [A4:A19]로 지정
End Sub
```

3) 이름검색 프로시저

① 개체 목록은 'Cmd이름검색', 프로시저 목록은 'Click'을 선택합니다.

② 다음과 같이 코드를 입력합니다.

```
Private Sub Cmd이름검색_Click( )
    i = Combo이름.ListIndex + 4 → Combo이름에 선택한 값의 ListIndex에 4를 더함(예를 들어 첫 번째 이름을 선택할 경우 ListIndex는 0이므로 i는 4가 됨)
    Text_부서 = Cells(i, 2) → Cells(i, 2)의 값을 Text_부서에 표시
    Text_직위 = Cells(i, 3)
    Text_입사시험 = Cells(i, 4)
    Text_외국어 = Cells(i, 5)
    Text_승진시험 = Cells(i, 6)
End Sub
```

4) 종료 프로시저

① 개체 목록은 'cmd종료', 프로시저 목록은 'Click'을 선택합니다.

② 다음과 같이 코드를 입력합니다.

```
Private Sub cmd종료_Click( )
    MsgBox Now → 메시지 박스에 현재 날짜와 시간을 표시
    Unload Me
End Sub
```

③ ⊠(보기 Microsoft Excel)을 클릭하거나 Alt + F11 키를 눌러 Excel로 돌아갑니다.

④ 실행 결과를 확인하기 위해 [개발 도구] 탭-[컨트롤] 그룹-[디자인 모드]를 클릭하여 디자인 모드를 해제합니다.

⑤ <성적검색> 단추를 클릭합니다. [고과성적검색화면] 폼이 표시되면 이름을 선택하고 <이름검색> 단추를 클릭한 후 폼에 데이터가 표시되는 것을 확인합니다.

⑥ <종료> 단추를 클릭하고 메시지 박스가 표시되는 것을 확인합니다.

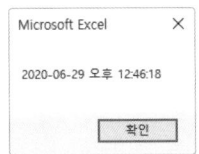

MEMO

컴퓨터활용능력
1급 실기

PART 04
최신기출유형

- **최신기출유형 1회**
  최신기출유형 1회 정답 및 해설
- **최신기출유형 2회**
  최신기출유형 2회 정답 및 해설
- **최신기출유형 3회**
  최신기출유형 3회 정답 및 해설
- **최신기출유형 4회**
  최신기출유형 4회 정답 및 해설
- **최신기출유형 5회**
  최신기출유형 5회 정답 및 해설
- **최신기출유형 6회**
  최신기출유형 6회 정답 및 해설
- **최신기출유형 7회**
  최신기출유형 7회 정답 및 해설
- **최신기출유형 8회**
  최신기출유형 8회 정답 및 해설
- **최신기출유형 9회**
  최신기출유형 9회 정답 및 해설
- **최신기출유형 10회**
  최신기출유형 10회 정답 및 해설

※ 'C:₩2024_컴활1급₩엑셀₩작업파일₩최신기출유형' 폴더를 이용하여 최신기출유형 문제를 해결합니다.

컴퓨터활용능력 최신기출유형 1회

프로그램명	제한시간
EXCEL 2021	45분

수 험 번 호 :

성   명 :

1급 | A형

유의사항

- 인적 사항 누락 및 잘못 작성으로 인한 불이익은 수험자 책임으로 합니다.
- 화면에 암호 입력창이 나타나면 아래의 암호를 입력하여야 합니다.
  - 암호 : 3917&9
- 작성된 답안은 주어진 경로 및 파일명을 변경하지 마시고 그대로 저장해야 합니다. 이를 준수하지 않으면 실격 처리됩니다.
  - 답안 파일명의 예 : C:₩OA₩수험번호8자리.xlsm
- 외부데이터 위치: C:₩OA₩파일명
- 별도의 지시사항이 없는 경우, 다음과 같이 처리 시 실격 처리됩니다.
  - 제시된 시트 및 개체의 순서나 이름을 임의로 변경한 경우
  - 제시된 시트 및 개체를 임의로 추가 또는 삭제한 경우
  - 외부데이터를 시험 시작 전에 열어본 경우
- 답안은 반드시 문제에서 지시 또는 요구한 셀에 입력하여야 하며 다음과 같이 처리 시 채점 대상에서 제외됩니다.
  - 제시된 함수가 있을 경우 제시된 함수만을 사용하여야 하며 그 외 함수 사용 시 채점 대상에서 제외
  - 수험자가 임의로 지시하지 않은 셀의 이동, 수정, 삭제, 변경 등으로 인해 셀의 위치 및 내용이 변경된 경우 해당 작업에 영향을 미치는 관련문제 모두 채점 대상에서 제외
  - 도형 및 차트의 개체가 중첩되어 있거나 동일한 계산결과 시트가 복수로 존재할 경우 해당 개체나 시트는 채점 대상에서 제외
- 수식 작성 시 제시된 문제 파일의 데이터는 변경 가능한(가변적) 데이터임을 감안하여 문제 풀이를 하시오.
- 별도의 지시사항이 없는 경우, 주어진 각 시트 및 개체의 설정값 또는 기본 설정값(Default)으로 처리 하시오.
- 저장 시간은 별도로 주어지지 않으므로 제한된 시간 내에 저장을 완료해야 하며, 제한 시간 내에 저장이 되지 않은 경우에는 실격 처리됩니다.
- 출제된 문제의 용어는 MS Office LTSC Professional Plus 2021 기준으로 작성되어 있습니다.

문제 1 기본작업(15점)_ 주어진 시트에서 다음 과정을 수행하고 저장하시오.

01 '기본작업-1' 시트에서 다음과 같이 고급필터를 수행하시오. (5점)

- [B2:J28] 영역에서 구분이 '통원'이고, 지급금액이 지급금액의 하위 10위보다 작고, 진료일의 연도가 2018 이전인 데이터의 '피보험자', '진료일', '수납금액', '미지급금액', '지급금액' 필드를 순서대로 표시하시오. (AND, SMALL, YEAR 함수 사용)
- 조건은 [B30:B31] 영역에 입력하시오.
- 결과는 [B33] 셀부터 표시하시오.

02 '기본작업-1' 시트의 [B3:J28] 영역에 대해 다음과 같이 조건부 서식을 설정하시오. (5점)

- 미지급금액이 미지급금액의 평균을 초과하고, 관계[D3:D28]가 '모'가 아닌 행 전체에 대해서 글꼴 스타일은 '굵게', 글꼴 색은 '표준 색-파랑'으로 적용하시오.
- 단, 규칙 유형은 '수식을 사용하여 서식을 지정할 셀 결정'을 사용하고, 한 개의 규칙으로만 작성하시오.
- AND, AVERAGE 함수 사용

03 '기본작업-2' 시트에서 다음과 같이 페이지 레이아웃을 설정하시오. (5점)

- 해당 시트가 인쇄될 때 용지 너비가 1페이지에 인쇄되도록 인쇄배율-자동맞춤을 지정하시오.
- 인쇄될 내용이 페이지의 가로 가운데에 인쇄되도록 설정하시오.
- 매 페이지 하단의 가운데 구역에는 페이지 번호가 [표시 예]와 같이 표시되도록 바닥글을 설정하시오.
  [표시 예 : 현재 페이지 번호 1, 전체 페이지 번호 3 → 1page/3page]

문제 2 계산작업(30점)_ '계산작업' 시트에서 다음 과정을 수행하고 저장하시오.

01 [표1]의 직원을 이용하여 피보험자[C4:C38]를 표시하시오. (6점)

- 직원의 두 번째 문자를 '*'로 바꾸고, 뒤에 '가족'을 추가하여 표시하시오.
  [표시 예 : 이현수 → 이*수 가족]
- CONCAT, MID, SUBSTITUTE 함수 사용

02 [표1]의 구분과 [표2]를 이용하여 지급금액(자기부담)[G4:G38]을 계산하시오. (6점)

- 지급금액(자기부담) = 수납금액 - 자기부담금
- 지급금액(자기부담)이 0 이하일 경우 '지급제외'로 표시
- IF, VLOOKUP 함수 사용

03 [표1]의 관계, 수납금액을 이용하여 사용자 정의 함수 'fn지급금액'을 작성하고 지급금액(보상금)[H4:H38]을 계산하시오. (6점)

▶ 'fn지급금액'은 관계, 수납금액을 인수로 받아 지급금액(보상금)을 표시하는 함수임
▶ 지급금액(보상금) = 수납금액 * 보상률
▶ 관계가 '부' 또는 '모'일 경우 보상률은 50%, 그 외는 모두 보상률을 90%로 계산하시오.
▶ IF문 사용

```
Public Function fn지급금액(관계, 수납금액)

End Function
```

04 [표1]을 이용하여 관계별 구분별 건수를 [표3]의 [L13:O18] 영역에 표시하시오. (6점)

▶ 건수 뒤에 '건' 표시 [표시 예 : 2 → 2건, 0 → 0건]
▶ TEXT, SUM 함수를 이용한 배열 수식 사용

05 [표1]에서 수납금액을 이용하여 수납금액의 50% 이상인 값들의 평균을 [표4]의 [N22] 셀에 표시하시오. (6점)

▶ AVERAGE, IF, PERCENTILE.INC 함수를 이용한 배열 수식 사용

문제 3 분석작업(20점)_ 주어진 시트에서 다음 과정을 수행하고 저장하시오.

01 '분석작업-1' 시트에서 다음의 지시사항에 따라 피벗 테이블 보고서를 작성하시오. (10점)

▶ 외부 데이터 가져오기 기능을 사용하여 <의료비지원.accdb>의 <의료비> 테이블의 '직원', '관계', '진료과', '진료일', '종료일', '지급금액' 열을 이용하시오.
▶ 피벗 테이블 보고서의 레이아웃과 위치는 <그림>을 참조하여 설정하고, 보고서 레이아웃을 테이블 형식으로 표시하시오.
▶ 진료일과 관계는 <그림>과 같이 지정하시오.
▶ 피벗 테이블 스타일은 '흰색, 피벗 스타일 보통 1'로 지정하시오.
▶ '지급금액'의 표시 형식은 기호 없는 '회계' 형식으로 지정하고 '부분합은 표시 안 함'하시오.

	A	B	C	D	E	F	G	H	I
1									
2		합계 : 지급금액	관계2	관계					
3			■직계가족				■배우자	■피고용인	총합계
4		진료일	딸	모	부	아들	배우자	피고용인	
5		2016년	43,470	166,100	207,140			174,330	591,040
6		2017년	454,050	292,120	659,500	52,794	221,364	70,740	1,750,568
7		2018년	306,441	339,410	242,945	360,927	43,490	72,000	1,365,213
8		2019년	128,295	84,540	1,559,272	63,180	180,000		2,015,287
9		2020년		36,450					36,450
10		총합계	932,256	918,620	2,668,857	476,901	444,854	317,070	5,758,558
11									

※ 작업 완성된 그림이며 부분점수 없음

02 '분석작업-2' 시트에 대하여 다음의 지시사항을 처리하시오. (10점)

▶ [데이터 유효성 검사] 도구를 이용하여 [H3:H28] 영역에는 수납금액이 3000원 이상이 입력되도록 제한 대상을 설정하시오.

▶ [H3:H28] 영역의 셀을 클릭한 경우 <그림>과 같은 설명 메시지를 표시하고, 유효하지 않은 데이터를 입력한 경우 <그림>과 같은 오류 메시지가 표시되도록 설정하시오.

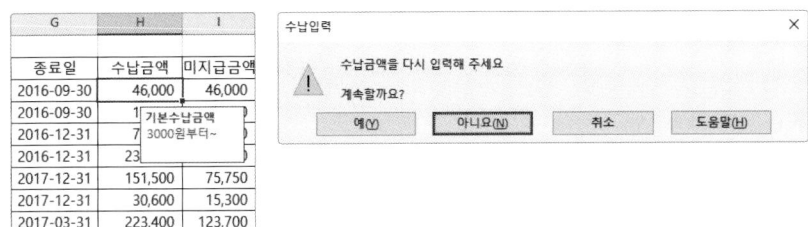

▶ [필터] 기능을 이용하여 '수납금액'이 상위 10인 항목의 데이터 행만 표시되도록 숫자 필터를 설정하시오.

문제 4 기타작업(35점)_ 주어진 시트에서 다음 과정을 수행하고 저장하시오.

01 '기타작업-1' 시트에서 다음의 지시사항에 따라 차트를 수정하시오. (각 2점)

※ 차트는 반드시 문제에서 제공한 차트를 사용하여야 하며, 신규로 차트 작성 시 0점 처리됨

① 차트 종류를 '누적 세로 막대형'으로 변경하고, 'GDP대비(%)' 계열은 차트 종류를 '표식이 있는 꺾은선형'으로 변경한 후 보조 축으로 지정하시오.

② 차트 제목은 '차트 위'로 추가하여 <그림>과 같이 입력하고, 범례 서식을 이용하여 범례 위치를 '아래쪽'으로 변경하시오.

③ '민간의료비' 계열에 데이터 레이블의 위치를 '안쪽 끝에'로 지정하여 추가하시오.

④ 보조 세로 축의 축 옵션에서 최소값과 최대값을 <그림>과 같이 지정하시오.

⑤ 차트 영역의 테두리 스타일을 '둥근 모서리'로, 그림자는 '안쪽 가운데'로 설정하시오.

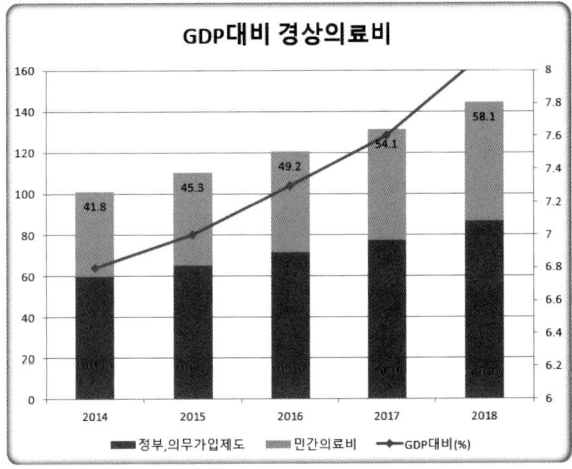

02 '기타작업-2' 시트에서 다음과 같은 기능을 수행하는 매크로를 현재 통합문서에 작성하시오. (각 5점)

① [G6:I31] 영역에 대하여 사용자 지정 표시 형식을 설정하는 '서식적용' 매크로를 생성하시오.
- ▶ 셀 값이 100,000원 이상인 경우 빨간색으로 숫자 뒤에 공백이 입력된 천 단위 표시, 셀 값이 100,000원 미만인 경우 숫자 뒤에 공백이 입력된 천 단위 표시
- ▶ [개발 도구]-[삽입]-[양식 컨트롤]의 '단추'를 동일 시트의 [D2:E3] 영역에 생성한 후 텍스트를 '서식적용'으로 입력하고, 단추를 클릭하면 '서식적용' 매크로가 실행되도록 설정하시오.

② [G6:I31] 영역에 대하여 표시 형식을 기호가 없는 '회계'로 적용하는 '서식해제' 매크로를 생성하시오.
- ▶ [개발 도구]-[삽입]-[양식 컨트롤]의 '단추'를 동일 시트의 [G2:H3] 영역에 생성한 후 텍스트를 '서식해제'로 입력하고, 단추를 클릭하면 '서식해제' 매크로가 실행되도록 설정하시오.

  ※ 셀 포인터의 위치에 관계없이 매크로가 실행되어야 정답으로 인정됨

03 '기타작업-3' 시트에서 다음과 같은 작업을 수행하도록 프로시저를 작성하시오. (각 5점)

① '입장료 입력' 단추를 클릭하면 <입장료입력> 폼이 나타나도록 프로시저를 작성하시오.

② 폼이 초기화되면(Initialize) '구분(Cmbo구분)'의 목록에는 [M4:M6] 영역이 설정되고, '대상/입장료(List대상)'의 목록에는 [N4:O6] 영역이 설정되며, 인원수(Text인원수)에는 0이 표시되는 프로시저를 작성하시오.
- ▶ 'Cmbo구분'과 'List대상' 컨트롤의 값은 첫 번째 항목이 기본으로 선택되도록 처리하시오.

③ <입장료입력> 폼의 입력(Cmd입력) 단추를 클릭하면 구분(Cmbo구분), 대상(List대상), 입장료, 인원수(Text인원수), 금액, 작업일이 [표1]에 입력되도록 프로시저를 작성하시오.
- ▶ 인원수(Text인원수)의 값이 0 보다 큰 값으로 입력되는 경우에만 [표1]에 입력되도록 처리하고, 0 이하로 입력되면 '인원수를 입력하세요'라는 메시지를 출력하시오.
- ▶ 입장료는 List대상 목록을 이용하여 입력하시오.(List, ListIndex 이용)
- ▶ 금액 = 인원수 * 입장료
- ▶ 작업일은 시스템의 현재 날짜가 입력되도록 처리하시오.(Date 이용)

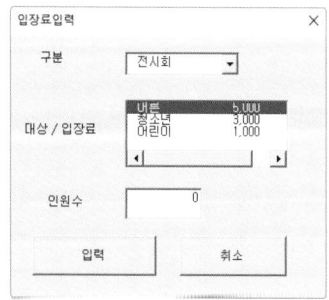

최신기출유형 1회 정답 및 해설

정답

문제 1 ▶ 기본작업 (15점)

01 고급 필터

고급 필터 조건식 : =AND(E3="통원",J3<SMALL($J$3:$J$28,10),YEAR(F3)<=2018)

02 조건부 서식

조건부 서식 수식 : =AND($I3>AVERAGE($I$3:$I$28),$D3<>"모")

03 페이지 레이아웃

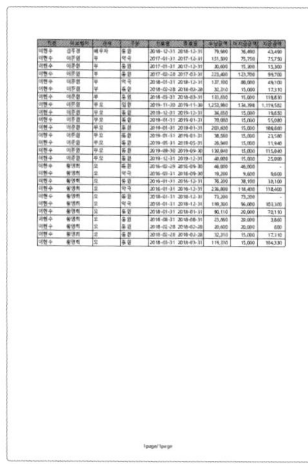

문제 2 계산작업 (30점)

01 피보험자[C4:C38]

=CONCAT(SUBSTITUTE(B4,MID(B4,2,1),"*")," 가족")

02 지급금액(자기부담)[G4:G38]]

=IF(F4-VLOOKUP(E4,$K$4:$L$7,2,0)<=0,"지급제외",F4-VLOOKUP(E4,$K$4:$L$7,2,0))

03 fn지급금액[H4:H38]

```
Public Function fn지급금액(관계, 수납금액)
    If 관계 = "부" Or 관계 = "모" Then
        fn지급금액 = 수납금액 * 0.5
    Else
        fn지급금액 = 수납금액 * 0.9
    End If
End Function
```

04 구분별 건수[L13:O18]

=TEXT(SUM(($D$4:$D$38=$K13)*($E$4:$E$38=L$12)),"0건")

05 수납금액 50% 이상 평균[N22]

=AVERAGE(IF(F4:F38>=PERCENTILE.INC(F4:F38,0.5),F4:F38))

문제3 ▶ 분석작업 (20점)

01 피벗 테이블

	A	B	C	D	E	F	G	H	I	J
1										
2		합계 : 지급금액	관계2		관계					
3			⊟직계가족				⊟배우자	⊟피고용인	총합계	
4		진료일	딸	모	부	아들	배우자	피고용인		
5		2016년	43,470	166,100	207,140			174,330	591,040	
6		2017년	454,050	292,120	659,500	52,794	221,364	70,740	1,750,568	
7		2018년	306,441	339,410	242,945	360,927	43,490	72,000	1,365,213	
8		2019년	128,295	84,540	1,559,272	63,180	180,000		2,015,287	
9		2020년		36,450					36,450	
10		총합계	932,256	918,620	2,668,857	476,901	444,854	317,070	5,758,558	
11										

02 데이터 도구

	A	B	C	D	E	F	G	H	I	J	K
1											
2		직원	피보험	관계	구분	진료일	종료일	수납금액	미지급금	지급금액	
6		이현수	황명희	모	약국	2016-01-31	2016-12-31	236,800	118,400	118,400	
7		이현수	이준원	부	약국	2017-01-31	2017-12-31	151,500	75,750	75,750	
9		이현수	이준원	부	통원	2017-02-28	2017-03-31	223,400	123,700	99,700	
11		이현수	이준원	부	약국	2018-01-31	2018-12-31	137,100	88,000	49,100	
13		이현수	황명희	모	약국	2018-01-31	2018-12-31	199,300	96,000	103,300	
18		이현수	황명희	모	통원	2018-03-31	2018-03-31	119,330	15,000	104,330	
20		이현수	이준원	부	통원	2018-03-31	2018-03-31	133,830	15,000	118,830	
21		이현수	이준원	부모	입원	2019-11-30	2019-11-30	1,253,980	134,398	1,119,582	
24		이현수	이준원	부모	통원	2019-01-31	2019-01-31	203,600	15,000	188,600	
27		이현수	이준원	부모	통원	2019-09-30	2019-09-30	130,840	15,000	115,840	

문제 4 기타작업 (35점)

01 차트

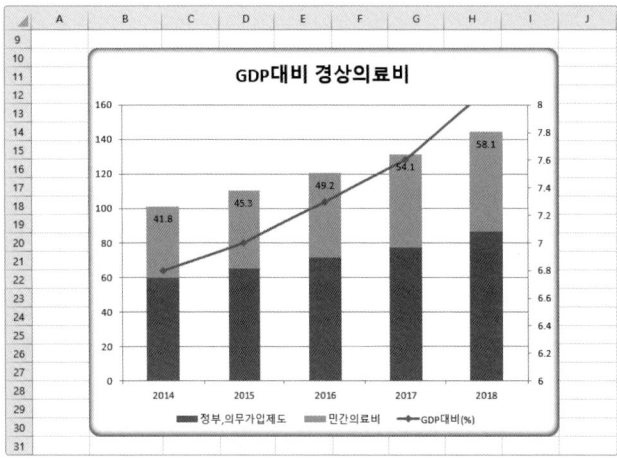

02 매크로

사용자 지정 표시 형식 : [빨강][>=100000]#,##0_-;[<100000]#,##0_-;

03 프로시저

▶ 폼 보이기 프로시저

```
Private Sub Cmd입력_Click( )
    입장료입력.Show
End Sub
```

▶ 폼 초기화 프로시저

```
Private Sub UserForm_Initialize( )
    Cmbo구분.RowSource = "M4:M6"
    Cmbo구분 = "전시회"
    List대상.RowSource = "N4:O6"
    List대상 = List대상.List(0, 0)
    Text인원수=0
End Sub
```

▶ 등록 프로시저

```
Private Sub Cmd입력_Click( )
    i = [B3].CurrentRegion.Rows.Count + 2
    j = Cmbo구분.ListIndex
    If Text인원수 = "" Or Text인원수 <= 0 Then
        MsgBox "인원수를 입력하세요"
    Else
        Cells(i, 2) = Cmbo구분
        Cells(i, 3) = List대상.List(j, 0)
        Cells(i, 4) = List대상.List(j, 1)
        Cells(i, 5) = Val(Text인원수)
        Cells(i, 6) = Cells(i, 4) * Cells(i, 5)
        Cells(i, 7) = Date
    End If
End Sub
```

해설

문제 1 기본작업 (15점)

1 고급 필터 수행하기

① '기본작업-1' 시트를 선택한 후 [B30:B31] 영역에 다음과 같이 조건을 입력합니다.

[B30] 셀 : '조건'을 입력
[B31] 셀 : =AND(E3="통원",J3<SMALL($J$3:$J$28, 10),YEAR(F3)<=2018) → [E3] 셀이 "통원"이고, [J3] 셀이 [J3:J28] 영역의 하위 10위보다 작고, [F3] 셀의 연도가 2018 이하이면 TRUE를 반환

② [C2], [F2], [H2:J2] 영역을 선택하고 **Ctrl**+**C** 키를 누른 후 [B33] 셀에서 **Ctrl**+**V** 키를 누릅니다.

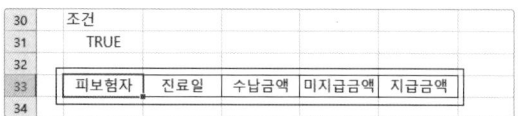

③ [B2] 셀을 클릭하고 [데이터] 탭-[정렬 및 필터] 그룹-[고급]을 클릭합니다.

④ [고급 필터] 대화상자에서 '다른 장소에 복사'를 선택하고 목록 범위는 [B2:J28] 영역이 지정되었는지 확인합니다.

⑤ [고급 필터] 대화상자에서 조건 범위는 [B30:B31] 영역, 복사 위치는 [B33:F33] 영역을 지정한 후 <확인> 단추를 클릭합니다.

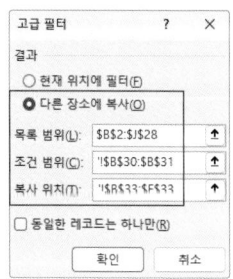

2 조건부 서식 수행하기

① [B3:J28] 영역을 지정하고 [홈] 탭-[스타일] 그룹-[조건부 서식]-[새 규칙]을 클릭합니다.

② [새 서식 규칙] 대화상자에서 규칙 유형 선택의 '수식을 사용하여 서식을 지정할 셀 결정'을 선택하고 다음과 같이 수식을 입력한 후 <서식> 단추를 클릭합니다.

=AND($I3>AVERAGE($I$3:$I$28),$D3<>"모") → [I3] 셀이 [I3:I28] 영역의 평균보다 크고 [D3] 셀이 "모"가 아니면 TRUE를 반환

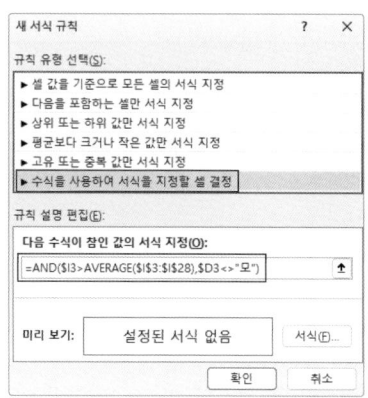

③ [셀 서식] 대화상자의 [글꼴] 탭에서 글꼴 스타일은 '굵게', 색은 '파랑'을 선택하고 <확인> 단추를 클릭합니다.

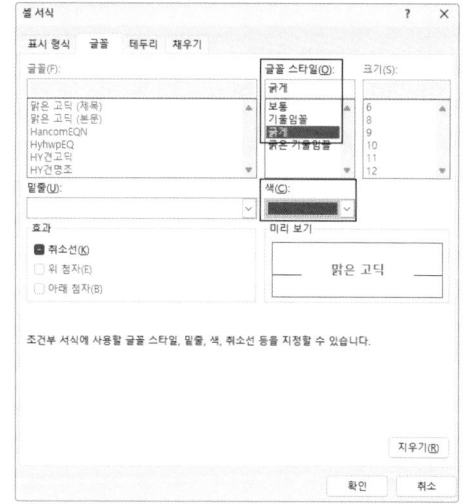

④ [새 서식 규칙] 대화상자에서 다시 <확인> 단추를 클릭합니다.

3 페이지 레이아웃

① '기본작업-2' 시트를 선택한 후 [페이지 레이아웃] 탭-[페이지 설정] 그룹의 ⎍ (대화상자 표시 아이콘)을 클릭합니다.

② [페이지 설정] 대화상자의 [페이지] 탭에서 자동 맞춤의 용지 너비와 용지 높이를 '1'로 지정합니다.

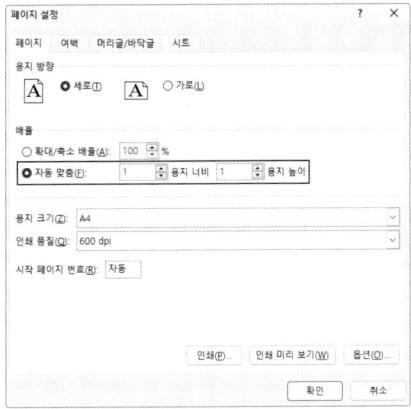

③ [페이지 설정] 대화상자의 [여백] 탭에서 페이지 가운데 맞춤에서 '가로'를 체크합니다.

④ [페이지 설정] 대화상자에서 [머리글/바닥글] 탭을 선택하고 [바닥글 편집]을 클릭합니다.

⑤ 가운데 구역에서 📄(페이지 번호 삽입)을 클릭하고 'page/'를 입력합니다. 📄(전체 페이지 수 삽입)을 클릭한 후 'page'를 입력하고 <확인> 단추를 클릭합니다.

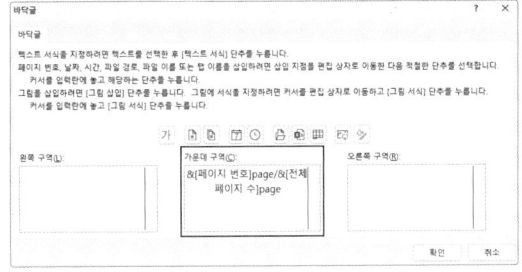

⑥ [페이지 설정] 대화상자에서 바닥글이 추가된 것을 확인하고 <확인> 단추를 클릭합니다.

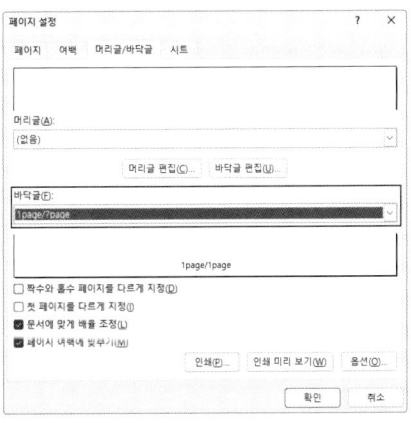

문제2 ▶ 계산작업 (30점)

1 피보험자[C4:C38]

① [C4] 셀에 다음과 같이 수식을 입력합니다.

=CONCAT(SUBSTITUTE(B4,MID(B4,2,1),"*")," 가족")

=CONCAT(SUBSTITUTE(B4,MID(B4,2,1),"*")," 가족")
             ①

→ ①의 뒤에 '가족'을 추가하여 표시, ① [B4] 셀의 두 번째 문자를 '*'로 바꿈

② 결과를 확인하고 채우기 핸들을 더블 클릭하여 수식을 복사합니다.

2 지급금액(자기부담)[G4:G38]

① [G4] 셀에 다음과 같이 수식을 입력합니다.

=IF(F4-VLOOKUP(E4,$K$4:$L$7,2,0)<=0,"지급제외",F4-VLOOKUP(E4,$K$4:$L$7,2,0))

=IF(F4-VLOOKUP(E4,$K$4:$L$7,2,0)<=0,"지급
         ①
제외",F4-VLOOKUP(E4,$K$4:$L$7,2,0))
         ①

→ [F4]에서 ①을 뺀 값이 0 이하이면 "지급제외", 그렇지 않으면 [F4]에서 ①을 뺀 값을 표시, ① [E4] 셀의 값을 [K4:L7]의 1열에서 찾은 후 2열의 값을 반환

② 결과를 확인하고 채우기 핸들을 더블 클릭하여 수식을 복사합니다.

3 fn지급금액[H4:H38]

① [개발 도구] 탭-[코드] 그룹-[Visual Basic]을 클릭하거나 **Alt** + **F11** 키를 누릅니다.

② [삽입]-[모듈]을 클릭합니다.

③ Module 창에 다음과 같이 코드를 입력합니다.

```
Public Function fn지급금액(관계, 수납금액)
  ① If 관계 = "부" Or 관계 = "모" Then → 관계가 "부"
     또는 "모"인 경우 ②를 수행
  ②    fn지급금액 = 수납금액 * 0.5 → fn지급금액
        은 수납금액에 0.5를 곱하여 계산(백분율은
        반드시 숫자로 입력)
  ③ Else ①의 조건을 만족하지 않으면 ④를 수행
  ④    fn지급금액 = 수납금액 * 0.9 → fn지급금액
        은 수납금액의 0.9를 곱하여 계산
  ⑤ End If → If문 종료
End Function
```

④ ▣(보기 Microsoft Excel)을 클릭하거나 Alt +F11 키를 눌러 Excel로 돌아갑니다.

⑤ [H4] 셀을 클릭한 후 다음과 같이 수식을 입력합니다.

```
=fn지급금액(D4, F4)
```

⑥ 결과를 확인하고 채우기 핸들을 더블 클릭하여 수식을 복사합니다.

4 구분별 건수[L13:O18]

① [L13] 셀에 다음과 같이 수식을 입력한 후 Ctrl + Shift + Enter 키를 누릅니다.

```
=TEXT(SUM(($D$4:$D$38=$K13)*($E$4:$E$38
=L$12)),"0건")
```

```
=TEXT(SUM(($D$4:$D$38=$K13)*($E$4:$E$38
=L$12)),"0건")                    ①
→ ①의 결과 뒤에 '건' 표시, ① 관계가 [K13] 셀과
  같고 구분이 [L12] 셀과 같은 값의 건수를 반환, 0일 때
  "0건"을 표시해야 하므로 반드시 "#건"이 아닌 "0건"
  으로 지정해야 합니다.
```

② 결과를 확인하고 채우기 핸들을 드래그하여 수식을 복사합니다.

5 수납금액 50% 이상 평균[N22]

① [N22] 셀에 다음과 같이 수식을 입력한 후 Ctrl + Shift + Enter 키를 누릅니다.

```
=AVERAGE(IF(F4:F38>=PERCENTILE.INC(F4:F38,
0.5),F4:F38))
```

```
=AVERAGE(IF(F4:F38>=PERCENTILE.INC(F4:F38,0.5)
,F4:F38))                         ①
→ 수납금액이 ① 이상인 값들의 평균을 표시, ① 수
  납금액의 50%에 해당하는 값을 반환
```

문제 3 분석작업 (20점)

1 피벗 테이블 보고서 작성

① '분석작업-1' 시트를 선택하고 [데이터] 탭-[데이터 가져오기 및 변환] 그룹-[데이터 가져오기]-[기타 원본에서]-[Microsoft Query에서]를 클릭합니다.

② [데이터 원본 선택] 대화상자에서 'MS Access Database*'을 선택하고 <확인> 단추를 클릭합니다.

③ [데이터베이스 선택] 대화상자의 'C:\OA\의료비지원.accdb'를 선택하고 <확인> 단추를 클릭합니다.

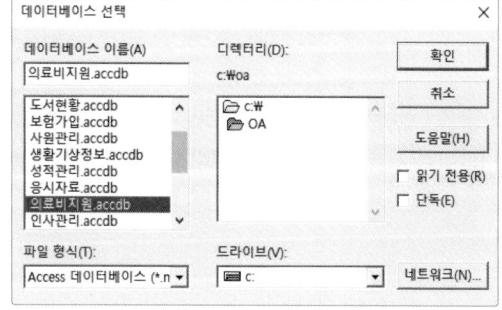

④ [쿼리 마법사-열 선택] 대화상자에서 ⊞를 클릭한 후 '직원'을 선택하고 > 를 클릭하거나 '직원'을 더블 클릭합니다. 같은 방법으로 '관계', '진료과', '진료일', '종료일', '지급금액'을 '쿼리에 포함된 열'에 삽입한 후 <다음> 단추를 클릭합니다.

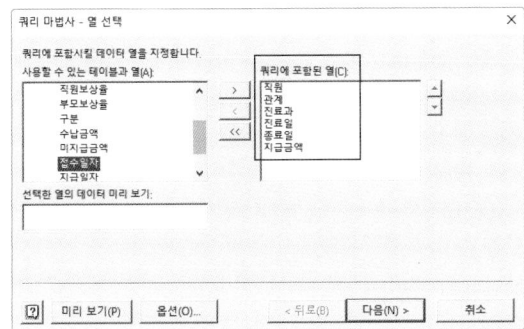

⑤ [쿼리 마법사-데이터 필터] 대화상자에서 <다음> 단추를 클릭합니다.

⑥ [쿼리 마법사-정렬 순서] 대화상자에서 <다음> 단추를 클릭합니다.

⑦ [쿼리 마법사-마침] 대화상자에서 'Microsoft Office Excel로 데이터 되돌리기'를 선택하고 <마침> 단추를 클릭합니다.

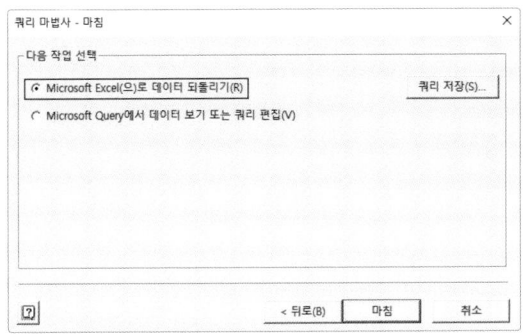

⑧ [데이터 가져오기]에서 '피벗 테이블 보고서'를 선택하고 기존 워크시트에서 시작 위치인 [B2] 셀을 지정하고 <확인> 단추를 클릭합니다.

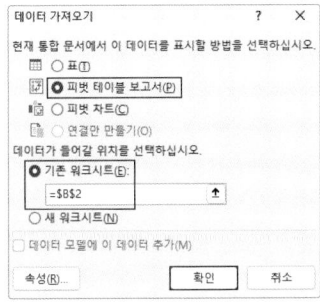

⑨ [피벗 테이블 필드] 창에서 행에 '진료일', 열에 '관계', 값에 '지급금액'을 드래그합니다.

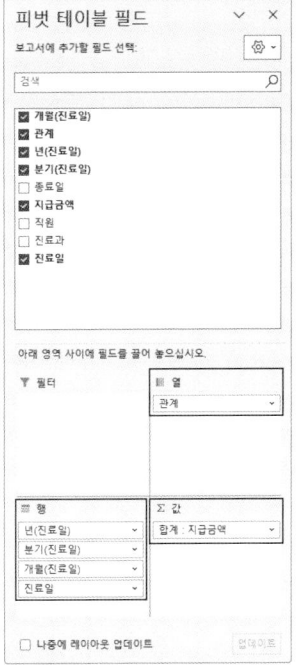

TIP

EXCEL 2021에서는 날짜 필드를 피벗 테이블에 추가하면 자동으로 그룹화되는 기능이 추가되었습니다. 여기에서는 '년', '분기', '개월'이 자동으로 추가됩니다.

⑩ [디자인] 탭-[레이아웃] 그룹-[보고서 레이아웃]-[테이블 형식으로 표시]를 클릭합니다.

⑪ [B4] 셀에서 마우스 오른쪽 단추를 눌러 [그룹]을 클릭합니다.

⑫ [그룹화] 대화상자에서 '분기' 및 '월'을 해제하고 '연'만 선택한 후 <확인> 단추를 클릭합니다.

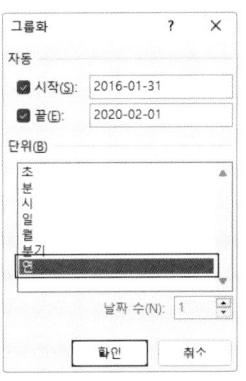

⑬ '딸', '모', '부', '아들'을 그룹화하기 위해 [C3:D3], [F3:G3] 영역을 선택하고 마우스 오른쪽 단추를 눌러 [그룹]을 선택합니다.

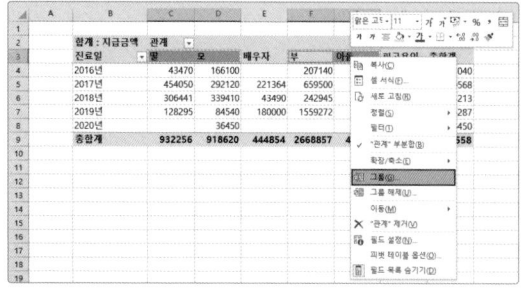

TIP

선택한 항목의 그룹화

① **Ctrl** 키를 눌러 두 개 이상의 값을 선택하고 마우스 오른쪽 단추를 누른 후 [그룹]을 선택합니다.
② 그룹의 이름을 원하는 이름으로 변경합니다.

⑭ [C3] 셀에 '직계가족'을 입력하고 **Enter** 키를 누릅니다.

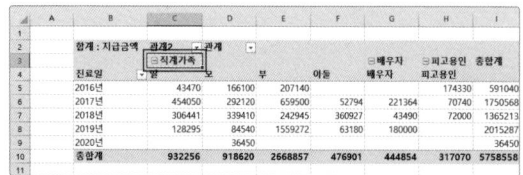

⑮ [디자인] 탭-[피벗 테이블 스타일] 그룹에서 '흰색, 피벗 스타일 보통 1'을 선택합니다.

⑯ [C5:I10] 영역을 선택하고 마우스 오른쪽 단추를 눌러 [셀 서식]을 클릭합니다.

⑰ [셀 서식] 대화상자의 [표시 형식] 탭에서 범주는 '회계', 기호는 '없음'으로 선택한 후 <확인> 단추를 클릭합니다.

⑱ [디자인] 탭-[레이아웃] 그룹에서 [부분합]-[부분합 표시 안 함]을 클릭합니다.

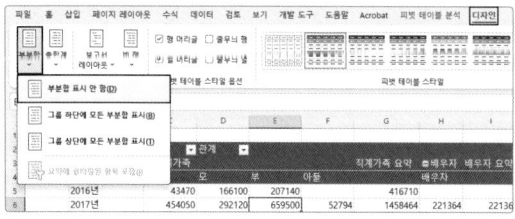

2 데이터 도구

① '분석작업-2' 시트를 선택 후 [H3:H28] 영역을 지정하고 [데이터] 탭-[데이터 도구] 그룹-[데이터 유효성 검사]-[데이터 유효성 검사]를 클릭합니다.

② [데이터 유효성] 대화상자의 [설정] 탭에서 제한 대상을 '정수'로 지정하고 제한 방법과 최소값을 다음과 같이 입력합니다.

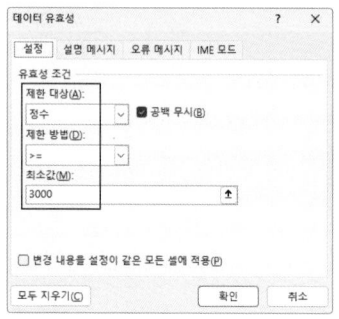

TIP

제한 대상을 '정수'로 지정하면 정수만 입력할 수 있도록 셀을 제한합니다.

③ [데이터 유효성] 대화상자의 [설명 메시지] 탭에서 제목과 설명 메시지를 다음과 같이 입력합니다.

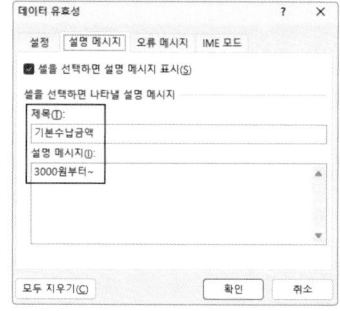

④ [데이터 유효성] 대화상자의 [오류 메시지] 탭에서 스타일은 '경고'로 지정하고 제목과 오류 메시지를 다음과 같이 입력한 후 <확인> 단추를 클릭합니다.

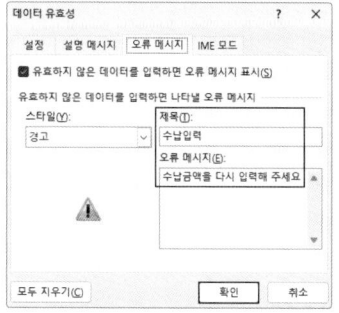

⑤ [B2] 셀을 선택하고 [데이터] 탭-[정렬 및 필터] 그룹-[필터]를 클릭합니다.

⑥ '수납금액'의 ▼ (필터 단추)를 클릭하고 [숫자 필터]-[상위 10]을 선택합니다.

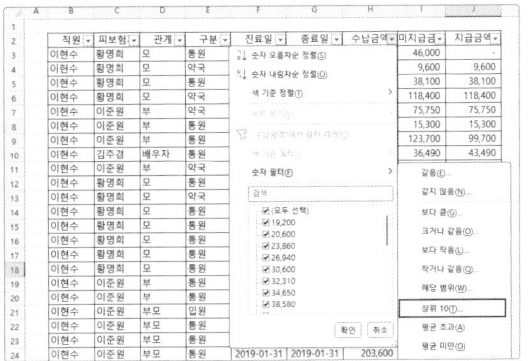

⑦ [상위 10 자동 필터] 대화상자에서 찾을 조건을 다음과 같이 지정한 후 <확인> 단추를 클릭합니다.

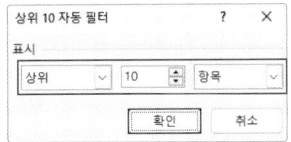

문제 4 ▶ 기타작업 (35점)

1 차트 수정

① '기타작업-1' 시트를 선택하고 차트 영역에서 마우스 오른쪽 단추를 눌러 [차트 종류 변경]을 선택합니다.

② [차트 종류 변경] 대화상자에서 '세로 막대형'의 '누적 세로 막대형'을 선택하고 <확인> 단추를 클릭합니다.

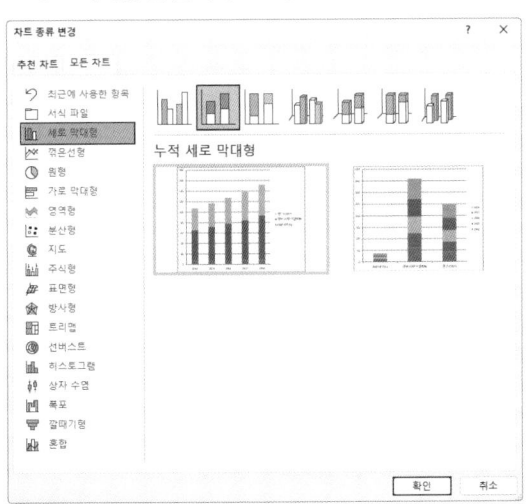

③ 'GDP대비(%)' 계열을 클릭하고 마우스 오른쪽 단추를 눌러 [계열 차트 종류 변경]을 클릭합니다. 'GDP대비(%)' 계열의 차트 종류를 '표식이 있는 꺾은선형'으로 선택하고 보조 축을 체크한 후 <확인> 단추를 클릭합니다.

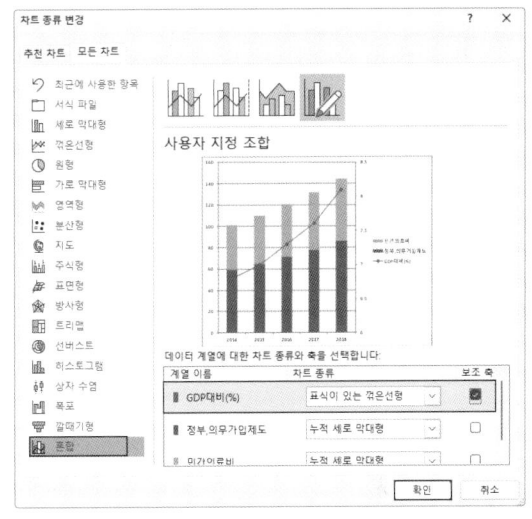

④ [차트 디자인] 탭-[차트 레이아웃] 그룹-[차트 요소 추가]-[차트 제목]-[차트 위]를 클릭하고 차트 제목에 'GDP대비 경상의료비'를 입력합니다.

⑤ [차트 디자인] 탭-[차트 레이아웃] 그룹-[차트 요소 추가]-[범례]-[아래쪽]을 클릭합니다.

⑥ '민간의료비' 계열을 클릭합니다. [디자인] 탭-[차트 레이아웃] 그룹-[차트 요소 추가]-[데이터 레이블]-[안쪽 끝에]를 선택합니다.

⑦ 보조 세로 축을 클릭하고 마우스 오른쪽 단추를 눌러 [축 서식]을 선택합니다. [축 서식] 창의 [축 옵션]에서 최소를 '6', 최대를 '8', 기본 단위를 '0.2'로 입력합니다.

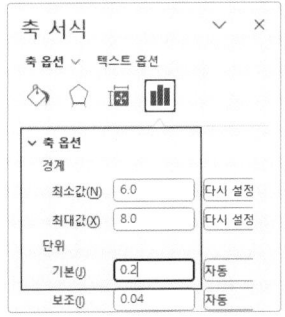

⑧ 차트 영역을 클릭합니다. [차트 영역 서식] 창의 [차트 옵션]-[채우기 및 선]-[테두리]에서 '둥근 모서리'를 체크합니다.

※ [축 서식] 창이 열린 상태에서 차트 영역을 클릭하면 [차트 영역 서식] 창으로 변경됩니다.

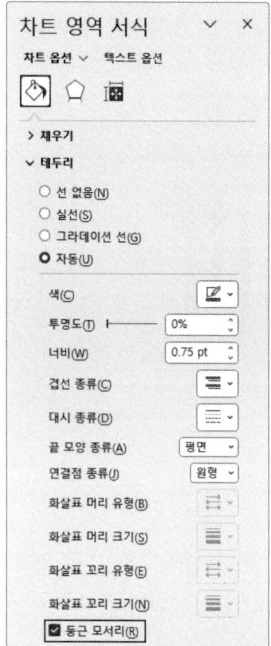

⑨ [차트 영역 서식] 창의 [차트 옵션]-[효과]-[그림자]-[미리 설정]에서 '안쪽 가운데'를 클릭합니다.

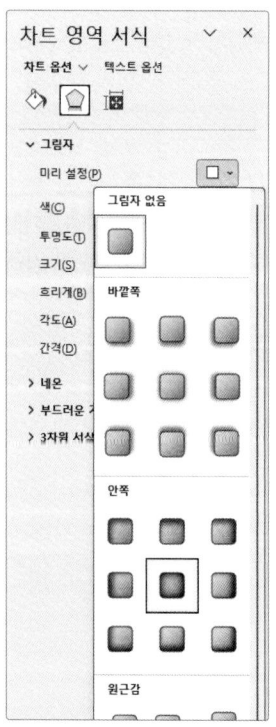

2 매크로 작성

① '기타작업-2' 시트를 선택하고 [개발 도구] 탭-[코드] 그룹-[매크로 기록]을 클릭합니다.

② [매크로 기록] 대화상자에서 매크로 이름을 '서식적용'으로 입력하고 <확인> 단추를 클릭합니다.

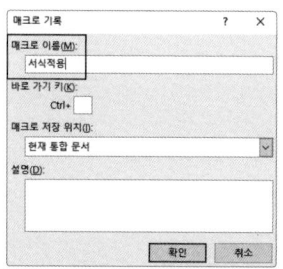

③ [G6:I31] 영역을 선택하고 마우스 오른쪽 단추를 눌러 [셀 서식]을 클릭합니다.

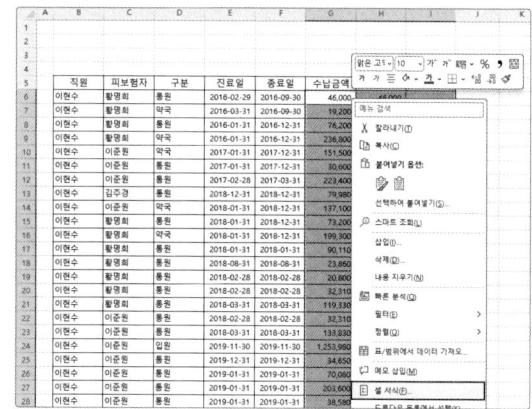

④ [셀 서식] 대화상자는 [표시 형식] 탭에서 범주는 '사용자 지정'을 선택하고 형식에 다음과 같이 입력한 후 <확인> 단추를 클릭합니다.

※ 서식 뒤에 밑줄(_)과 빈 칸이나 하이픈(-)을 지정하면 숫자 뒤에 공백이 입력됩니다.

[빨강][>=100000]#,##0_-;[<100000]#,##0_-;

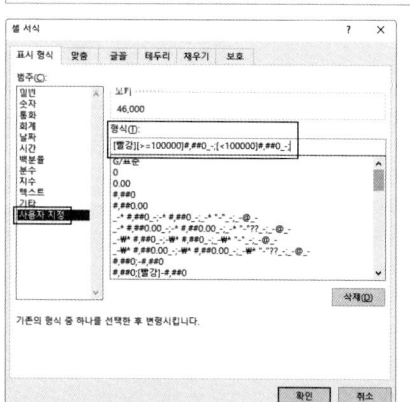

⑤ 상태 표시줄의 ☐(기록 중지)를 클릭합니다.

⑥ [개발 도구] 탭-[컨트롤] 그룹-[삽입]-[양식 컨트롤]-[단추]를 클릭한 후 **Alt** 키를 누른 채 [D2:E3] 영역에 드래그하여 작성합니다.

⑦ [매크로 지정] 대화상자에서 매크로 이름을 '서식적용'으로 선택하고 <확인> 단추를 클릭합니다.

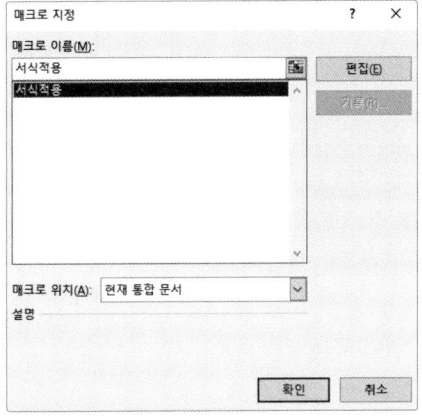

⑧ 단추의 텍스트를 '서식적용'으로 수정합니다.

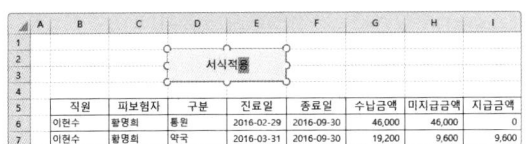

⑨ [개발 도구] 탭-[코드] 그룹-[매크로 기록]을 클릭합니다.

⑩ [매크로 기록] 대화상자에서 매크로 이름을 '서식해제'로 입력하고 <확인> 단추를 클릭합니다.

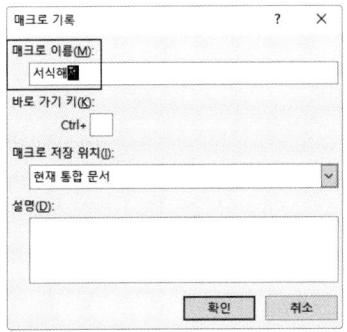

⑪ [G6:I31] 영역을 선택하고 마우스 오른쪽 단추를 눌러 [셀 서식]을 클릭합니다.

⑫ [셀 서식] 대화상자의 [표시 형식] 탭에서 범주는 '회계'를 선택하고 기호를 '없음'으로 선택한 후 <확인> 단추를 클릭합니다.

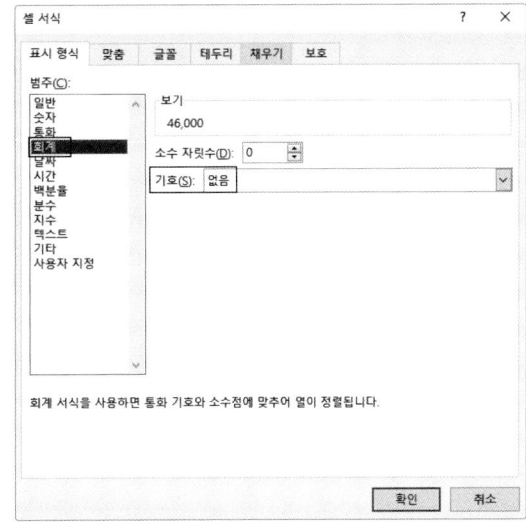

⑬ 상태 표시줄의 ☐(기록 중지)를 클릭합니다. [개발 도구] 탭-[컨트롤] 그룹-[삽입]-[양식 컨트롤]-[단추]를 클릭한 후 **Alt** 키를 누른 채 [G2:H3] 영역에 드래그하여 작성합니다.

⑭ [매크로 지정] 대화상자에서 '매크로 이름'을 '서식해제'로 선택하고 <확인> 단추를 클릭합니다.

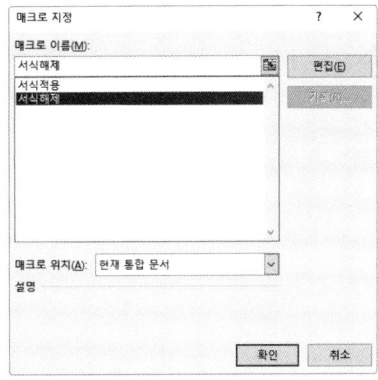

⑮ 단추의 텍스트를 '서식해제'로 수정합니다.

3 프로시저 작성

1) 폼 보이기 프로시저

① '기타작업-3' 시트를 선택하고 [개발 도구] 탭-[컨트롤] 그룹-[디자인 모드]를 클릭합니다.

② <입장료 입력> 단추를 더블 클릭하고 다음과 같이 코드를 입력합니다.

```
Private Sub Cmd입력_Click( )
    입장료입력.Show
End Sub
```

2) 폼 초기화 프로시저

① [프로젝트-VBAProject] 탐색기에서 '입장료입력'을 선택하고 마우스 오른쪽 단추를 눌러 [코드 보기]를 클릭합니다.

② 개체 목록은 'UserForm', 프로시저 목록은 'Initialize'를 선택합니다.

③ 다음과 같이 코드를 입력합니다.

```
Private Sub UserForm_Initialize( )
    Cmbo구분.RowSource = "M4:M6" → cmb구분
    의 행 원본을 [M4:M6]로 지정
    Cmbo구분 = "전시회" → Cmbo구분에는 "전시회"
    를 표시
    List대상.RowSource = "N4:O6" → List대상의 행
    원본을 [N4:O6]으로 지정
    List대상 = List대상.List(0, 0) → List대상에는
    기본적으로 첫 번째 항목이 표시
    Text인원수=0 → Text 인원수에는 0을 표시
End Sub
```

3) 등록 프로시저

① 개체 목록은 'Cmd입력', 프로시저 목록은 'Click'을 선택합니다.

② 다음과 같이 코드를 입력합니다.

```
Private Sub Cmd입력_Click( )
    i = [B3].CurrentRegion.Rows.Count + 2
    j = Cmbo구분.ListIndex → Cmbo구분에서 선택
    한 값의 Listindex를 j에 저장
    If Text인원수 = " " Or Text인원수 <= 0 Then
        MsgBox "인원수를 입력하세요"
    Else
        Cells(i, 2) = Cmbo구분
        Cells(i, 3) = List대상.List(j, 0) → 예를 들어
```

```
        어린이를 선택한 경우 ListIndex는 2이므로
        List대상의 2행0열의 값인 '어린이'를 Cells
        (i, 3)에 입력
        Cells(i, 4) = List대상.List(j, 1) → 예를 들어
        어린이를 선택한 경우 ListIndex는 2이므로
        List대상의 2행1열의 값인 '1,000'을 Cells(i, 4)
        에 입력
        Cells(i, 5) = Val(Text인원수)
        Cells(i, 6) = Cells(i, 4) * Cells(i, 5)
        Cells(i, 7) = Date
    End If
End Sub
```

③ 을 클릭하거나 Alt + F11 키를 눌러 Excel로 돌아갑니다.

④ 실행 결과를 확인하기 위해 [개발 도구] 탭-[컨트롤] 그룹-[디자인 모드]를 클릭하여 디자인 모드를 해제합니다.

⑤ <입장료입력> 단추를 클릭합니다. [입장료입력] 폼이 표시되면 데이터를 입력하고 <입력> 단추를 클릭한 후 입력한 데이터가 워크시트에 입력되는 것을 확인합니다.

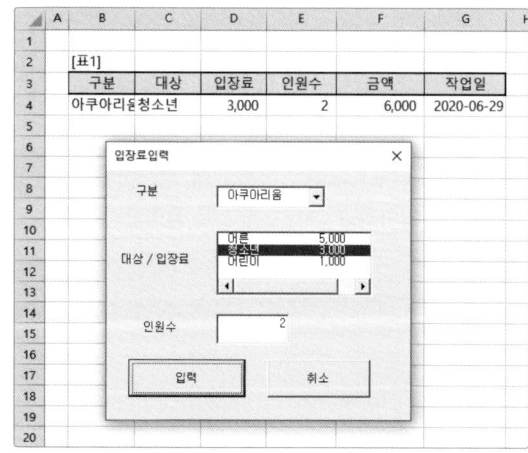

⑥ <취소> 단추를 클릭하여 폼을 종료합니다.

MEMO

컴퓨터활용능력 최신기출유형 2회

프로그램명	제한시간
EXCEL 2021	45분

수 험 번 호 :

성   명 :

1급 │ A형

유의사항

- 인적 사항 누락 및 잘못 작성으로 인한 불이익은 수험자 책임으로 합니다.
- 화면에 암호 입력창이 나타나면 아래의 암호를 입력하여야 합니다.
  - 암호 : 5210%8
- 작성된 답안은 주어진 경로 및 파일명을 변경하지 마시고 그대로 저장해야 합니다. 이를 준수하지 않으면 실격 처리됩니다.
  - 답안 파일명의 예 : C:\OA\수험번호8자리.xlsm
- 외부데이터 위치: C:\OA\파일명
- 별도의 지시사항이 없는 경우, 다음과 같이 처리 시 실격 처리됩니다.
  - 제시된 시트 및 개체의 순서나 이름을 임의로 변경한 경우
  - 제시된 시트 및 개체를 임의로 추가 또는 삭제한 경우
  - 외부데이터를 시험 시작 전에 열어본 경우
- 답안은 반드시 문제에서 지시 또는 요구한 셀에 입력하여야 하며 다음과 같이 처리 시 채점 대상에서 제외됩니다.
  - 제시된 함수가 있을 경우 제시된 함수만을 사용하여야 하며 그 외 함수 사용 시 채점 대상에서 제외
  - 수험자가 임의로 지시하지 않은 셀의 이동, 수정, 삭제, 변경 등으로 인해 셀의 위치 및 내용이 변경된 경우 해당 작업에 영향을 미치는 관련문제 모두 채점 대상에서 제외
  - 도형 및 차트의 개체가 중첩되어 있거나 동일한 계산결과 시트가 복수로 존재할 경우 해당 개체나 시트는 채점 대상에서 제외
- 수식 작성 시 제시된 문제 파일의 데이터는 변경 가능한(가변적) 데이터임을 감안하여 문제 풀이를 하시오.
- 별도의 지시사항이 없는 경우, 주어진 각 시트 및 개체의 설정값 또는 기본 설정값(Default)으로 처리 하시오.
- 저장 시간은 별도로 주어지지 않으므로 제한된 시간 내에 저장을 완료해야 하며, 제한 시간 내에 저장이 되지 않은 경우에는 실격 처리됩니다.
- 출제된 문제의 용어는 MS Office LTSC Professional Plus 2021 기준으로 작성되어 있습니다.

문제 1 기본작업(15점)_ 주어진 시트에서 다음 과정을 수행하고 저장하시오.

01 '기본작업-1' 시트에서 다음과 같이 고급필터를 수행하시오. (5점)

- [A1:G15] 영역에서 가입년월일의 월이 6월 이전이고 가입지점의 마지막 글자가 '남'인 데이터의 모든 필드를 순서대로 표시하시오.
- 조건은 [A17:A18] 영역에 입력하시오. (AND, MONTH, RIGHT 함수 사용)
- 결과는 [A20] 셀부터 표시하시오.

02 '기본작업-1' 시트에서 다음과 같이 조건부 서식을 설정하시오. (5점)

- [A2:G15] 영역에서 남자고객 자료 중 가입년도가 짝수인 행 전체에 대해서 글꼴 스타일은 '굵은 기울임꼴', 글꼴 색은 '표준 색-녹색'으로 적용하시오.
- '주민등록번호'의 8번째 문자가 '1'이면 '남자', '2'이면 '여자'를 나타냄
- 단, 규칙 유형은 '수식을 사용하여 서식을 지정할 셀 결정'을 사용하고, 한 개의 규칙으로만 작성하시오.
- AND, MID, YEAR, ISEVEN 함수 사용

03 '기본작업-2' 시트에서 다음과 같이 페이지 레이아웃을 설정하시오. (5점)

- [A1:G15] 영역을 인쇄 영역으로 설정하고, 용지 여백 '넓게'(위쪽, 아래쪽, 왼쪽, 오른쪽 : 2.54cm, 머리글, 바닥글 : 1.27cm)로 설정하시오.
- 용지 방향을 '가로'로 지정하고 인쇄될 내용이 가로만 페이지의 정 가운데에 인쇄되도록 페이지 가운데 맞춤을 설정하시오.
- 인쇄될 때 눈금선과 행/열 머리글이 인쇄되도록 설정하시오.

문제 2 계산작업(30점)_ '계산작업' 시트에서 다음 과정을 수행하고 저장하시오.

01 [표2]를 이용하여 [표1]의 보험구분을 [B4:B29] 영역에 표시하시오. (6점)

- 보험구분은 보험코드의 첫 번째 문자에 따라 다르며, [표2]를 참조하시오.
- LEFT, VLOOKUP, HLOOKUP, LOOKUP 중 알맞은 함수 사용

02 [표1]을 이용하여 [표3]의 지점명[J9:J13]에 해당하는 월불입액의 평균을 [K9:K13] 영역에 계산하여 표시하시오. (6점)

- 평균은 반올림하여 정수로 표시하시오.
- AVERAGE, IF, ROUND 함수를 이용한 배열 수식 사용

03 [표1]의 월불입액을 이용하여 월불입액차트를 [G4:G29] 영역에 표시하시오. (6점)

- ▶ 월불입액이 120,000인 경우 : ●○○○○○○○○○
- ▶ 월불입액이 520,000인 경우 : ●●●●●○○○○○
- ▶ CONCAT, REPT, QUOTIENT 함수를 이용

04 [표1]의 영역에서 월불입액을 인수로 받아 할인액[H4:H29]을 계산하여 되돌려주는 사용자 정의 함수 'fn할인액'을 작성하시오. (6점)

- ▶ 할인액 = 월불입액 × 할인율
- ▶ 할인율은 월불입액이 20만원 미만이면 2%, 20만원 이상이고 30만원 미만이면 3%, 30만원 이상이고 40만원 미만이면 4%, 40만원 이상이면 5%를 적용하시오.
- ▶ SELECT~CASE 문 사용

    Public Function fn할인액(월불입액)
    End Function

05 [표1]를 이용하여 각 지점별 월불입액이 최대인 사람의 성명을 [K17:K20] 영역에 표시하시오.(6점)

- ▶ INDEX, MATCH, LARGE 함수를 이용한 배열 수식 사용

문제 3 분석작업(20점)_ 주어진 시트에서 다음 과정을 수행하고 저장하시오.

01 '분석작업-1' 시트에서 다음의 지시사항에 따라 피벗 테이블 보고서를 작성하시오. (10점)

- ▶ 외부 데이터 가져오기 기능을 사용하여 <보험가입.accdb>의 <가입자명단> 테이블을 이용하시오.
- ▶ 피벗 테이블 보고서의 레이아웃과 위치는 <그림>을 참조하여 설정하고, 보고서 레이아웃을 개요 형식으로 표시하시오.
- ▶ '영남' 지점의 '변액보험' 가입자에 대한 데이터만 자동 생성 후 생성된 시트명을 '변액보험'으로 설정하시오.
- ▶ 빈 셀은 '*'로 표시하시고, 숫자 서식은 쉼표 스타일(,)을 지정하시오.
- ▶ 피벗 테이블 스타일을 '연한 파랑, 피벗 스타일 보통 6'으로 지정하시오.

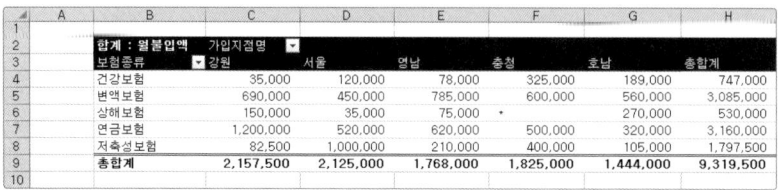

※ 작업 완성된 그림이며 부분점수 없음

02 '분석작업-2' 시트에 대하여 다음의 지시사항을 처리하시오. (10점)

▶ [표1]의 가입자별 '주민등록번호'를 참고하여 '출생년도'와 '출생월'에 [빠른 채우기] 기능을 사용하여 입력하시오.

▶ 조건부 서식의 셀 강조 규칙을 이용하여 [C4:C17] 영역의 출생년도가 80년 보다 큰 출생자만 빨강 텍스트 서식을 지정하시오.

▶ [필터] 기능을 이용하여 [표1]의 '출생년도' 필드에서 '빨강 텍스트' 글꼴을 기준으로 필터링 하시오.

문제 4 기타작업(35점)_ 주어진 시트에서 다음 과정을 수행하고 저장하시오.

01 '기타작업-1' 시트에서 다음의 지시사항에 따라 차트를 수정하시오. (각 2점)

※ 차트는 반드시 문제에서 제공한 차트를 사용하여야 하며, 신규로 차트 작성 시 0점 처리됨

① 데이터 범위를 수정하여 <그림>과 같이 표시하시오.

② 기본 세로 축 눈금의 단위 레이블을 표시하고 표시 단위를 '천'으로 설정하시오.

③ 차트 레이아웃을 '차트 레이아웃9'로 지정하고 차트 제목과 축 제목을 <그림>과 같이 표시하시오.

④ 범례의 배치를 '아래쪽', 글꼴 크기 '11pt'로 설정하시오.

⑤ 그림 영역에 도형 스타일을 '미세효과 – 파랑, 강조5'로 지정하시오.

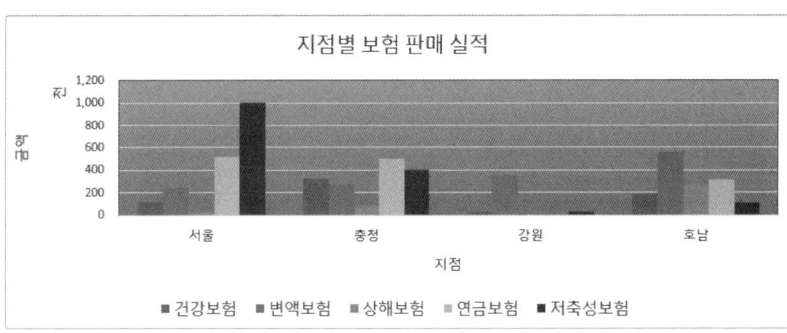

02 '기타작업-2' 시트에서 다음의 지시사항에 따라 차트를 완성하시오. (각 5점)

① [데이터 표] 기능을 이용하여 [표1]을 참조한 행/열 변동에 따른 [표2]의 구구단표를 완성하는 '구구단' 매크로를 생성하시오.

▶ [개발 도구]-[삽입]-[양식 컨트롤]의 '단추'를 동일 시트의 [E2:F3] 영역에 생성한 후 텍스트를 '구구단'으로 입력하고, 단추를 클릭하면 '구구단' 매크로가 실행되도록 설정하시오.

② [데이터 표] 기능을 이용하여 구구단을 구한 것을 삭제하는 '구구단삭제' 매크로를 생성하시오.

▶ [개발 도구]-[삽입]-[양식 컨트롤]의 '단추'를 동일 시트의 [H2:I3] 영역에 생성한 후 텍스트를 '구구단삭제'로 입력하고, 단추를 클릭하면 '구구단삭제' 매크로가 실행되도록 설정하시오.

※ 셀 포인터의 위치에 관계없이 매크로가 실행되어야 정답으로 인정됨

03 '기타작업-3' 시트에서 다음과 같은 작업을 수행하도록 프로시저를 작성하시오. (각 5점)

① '가입신청' 단추를 클릭하면 사용자 정의 폼 <신청양식>이 나타나도록 설정하고 보험종류(Cmb종류)에는 [H7:H11] 영역의 값이, 가입지점에는 "강원", "서울", "영남", "호남", "충청"이 표시되도록 프로시저를 작성하시오.

② 보험종류(Cmb종류)와 가입지점(Cmb지점)을 선택한 후 성명(Txt성명)을 입력하고 신청확인(Cmd확인) 단추를 클릭하면 폼에 입력된 데이터가 [표1]에 입력되어 있는 마지막 행 다음에 연속하여 추가입력 되도록 작성하시오.

▶ 폼에서 선택된 보험종류에 해당하는 월납부액, 납부총액, 이자총액을 [참조표]에서 찾아 [표1]에 표시하시오. (ListIndex 속성을 이용)

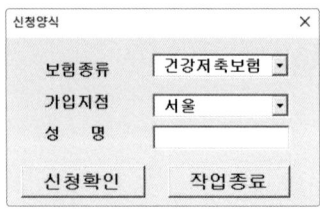

③ 작업종료(Cmd종료) 단추를 클릭하면 사용자 정의 폼 <신청양식>이 화면에서 사라지도록 프로시저를 작성하시오.

최신기출유형 2회 정답 및 해설

정답

문제 1 ▶ 기본작업 (15점)

01 고급 필터

고급 필터 조건식 : =AND(MONTH(C2)<=6,RIGHT(E2,1)="남")

02 조건부 서식

조건부 서식 수식 : =AND(MID($B2,8,1)="1",ISEVEN(YEAR($C2)))

03 페이지 레이아웃

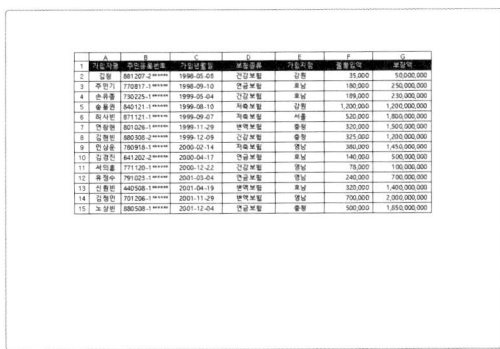

문제 2 ▶ 계산작업 (30점)

01 보험구분[B4:B29]

=LOOKUP(LEFT(D4,1),$K$5:$O$5,$K$4:$O$4)

02 월불입액 평균[K9:K13]

=ROUND(AVERAGE(IF($E$4:$E$29=J9,$F$4:$F$29)),0)

03 월불입액차트[G4:G29]

=CONCAT(REPT("●",QUOTIENT(F4,100000)),REPT("○",10-QUOTIENT(F4,100000)))

04 fn할인액[H4:H29]

```
Public Function fn할인액(월불입액)
    Select Case 월불입액
        Case Is < 200000
            fn할인액 = 월불입액 * 0.02
        Case Is < 300000
            fn할인액 = 월불입액 * 0.03
        Case Is < 400000
            fn할인액 = 월불입액 * 0.04
        Case Else
            fn할인액 = 월불입액 * 0.05
    End Select
End Function
```

05 월불입액 최대 성명[K17:K20]

=INDEX($C$4:$C$29,MATCH(LARGE(($E$4:$E$29=J17)*($F$4:$F$29),1),($E$4:$E$29=J17)*($F$4:$F$29),0))

문제 3 분석작업 (20점)

01 피벗 테이블

	A	B	C	D	E	F	G	H
2		합계 : 월불입액	가입지점명					
3		보험종류	강원	서울	영남	충청	호남	총합계
4		건강보험	35,000	120,000	78,000	325,000	189,000	747,000
5		변액보험	690,000	450,000	785,000	600,000	560,000	3,085,000
6		상해보험	150,000	35,000	75,000	*	270,000	530,000
7		연금보험	1,200,000	520,000	620,000	500,000	320,000	3,160,000
8		저축성보험	82,500	1,000,000	210,000	400,000	105,000	1,797,500
9		총합계	2,157,500	2,125,000	1,768,000	1,825,000	1,444,000	9,319,500

	A	B	C	D	E	F	G	H
1	가입자명	주민등록번호	가입년월일	보험코드	보험종류	가입지점명	월불입액	보장액
2	최환	651205-207891	2001-12-26	V001	변액보험	영남	85000	850000000
3	지수현	601206-167235	2001-11-29	V001	변액보험	영남	700000	2000000000

02 데이터 도구

	A	B	C	D
1	[표1]			
3	가입자명	주민등록번호	출생년	출생월
6	김정	881207-2******	88	12
7	김현빈	880308-2******	88	3
8	노상빈	880508-1******	88	5
11	송용권	840121-1******	84	1
17	허사빈	871121-1******	87	11

문제 4 기타작업 (35점)

01 차트

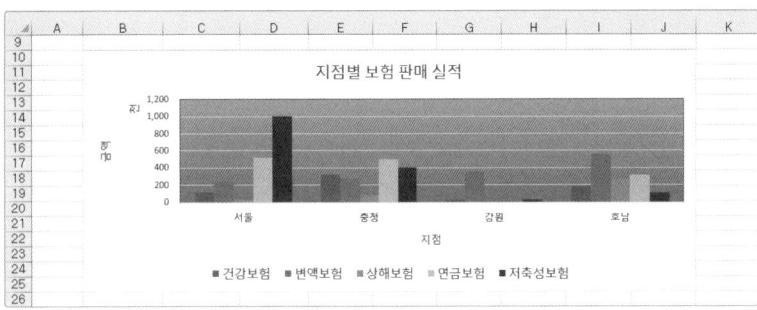

지점별 보험 판매 실적

■ 건강보험 ■ 변액보험 ■ 상해보험 ■ 연금보험 ■ 저축성보험

02 매크로

	A	B	C	D	E	F	G	H	I	J	K
1	[표1]										
2		행	2		구구단			구구단삭제			
3		열	3								
4		행*열	6								
6	[표2]					구구단표					
7		6	1	2	3	4	5	6	7	8	9
8		1	1	2	3	4	5	6	7	8	9
9		2	2	4	6	8	10	12	14	16	18
10		3	3	6	9	12	15	18	21	24	27
11		4	4	8	12	16	20	24	28	32	36
12		5	5	10	15	20	25	30	35	40	45
13		6	6	12	18	24	30	36	42	48	54
14		7	7	14	21	28	35	42	49	56	63
15		8	8	16	24	32	40	48	56	64	72
16		9	9	18	27	36	45	54	63	72	81

03 프로시저

▶ 폼 보이기 프로시저

```
Private Sub 가입신청_Click( )
    신청양식.Show
End Sub
```

▶ 폼 초기화 프로시저

```
Private Sub UserForm_Initialize( )
    Cmb지점.AddItem "강원"
    Cmb지점.AddItem "서울"
    Cmb지점.AddItem "영남"
    Cmb지점.AddItem "호남"
    Cmb지점.AddItem "충청"
    Cmb종류.RowSource = "H7:H11"
End Sub
```

▶ 등록 프로시저

```
Private Sub Cmd확인_Click( )
    iRow = Cmb종류.ListIndex + 7
    i = Range("A2").CurrentRegion.Rows.Count + 1

    Cells(i, 1) = Cmb종류
    Cells(i, 2) = Cmb지점
    Cells(i, 3) = Txt성명
    Cells(i, 4) = Cells(iRow, 9)
    Cells(i, 5) = Cells(iRow, 10)
    Cells(i, 6) = Cells(iRow, 11)

End Sub
```

▶ 종료 프로시저

```
Private Sub Cmd종료_Click( )
    Unload Me
End Sub
```

해설

문제1 ▶ 기본작업 (15점)

1 고급 필터 수행하기

① '기본작업-1' 시트를 선택한 후 [A17:A18] 영역에 다음과 같이 조건을 입력합니다.

[A17] 셀 : '조건'을 입력
[A18] 셀 : =AND(MONTH(C2)<=6,RIGHT(E2,1)="남") → [C2] 셀의 월이 6보다 작거나 같고, [E2] 셀의 마지막 글자가 "남"이면 TRUE를 반환

② [A1] 셀을 클릭하고 [데이터] 탭-[정렬 및 필터] 그룹-[고급]을 클릭합니다.

③ [고급 필터] 대화상자에서 '다른 장소에 복사'를 선택하고 목록 범위는 [A1:G15] 영역이 지정되었는지 확인합니다.

④ [고급 필터] 대화상자에서 조건 범위는 [A17:A18] 영역, 복사 위치는 [A20] 셀을 지정한 후 <확인> 단추를 클릭합니다.

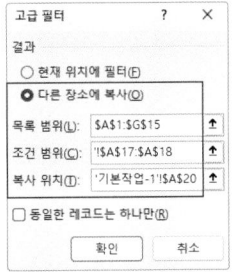

2 조건부 서식 수행하기

① [A2:G15] 영역을 지정하고 [홈] 탭-[스타일] 그룹-[조건부 서식]-[새 규칙]을 클릭합니다.

② [새 서식 규칙] 대화상자에서 규칙 유형 선택의 '수식을 사용하여 서식을 지정할 셀 결정'을 선택하고 다음과 같이 수식을 입력한 후 <서식> 단추를 클릭합니다.

=AND(MID($B2,8,1)="1",ISEVEN(YEAR($C2))) → [B2] 셀의 8번째 글자가 "1"이고, [C2] 셀의 연도가 짝수이면 TRUE를 반환

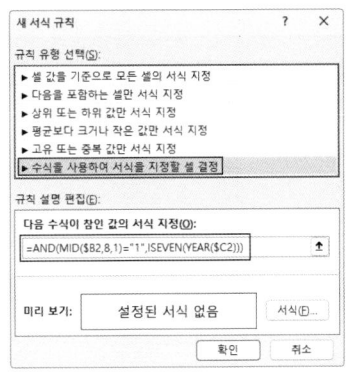

③ [셀 서식] 대화상자의 [글꼴] 탭에서 글꼴 스타일은 '굵은 기울임꼴', 색은 '녹색'을 선택하고 <확인> 단추를 클릭합니다.

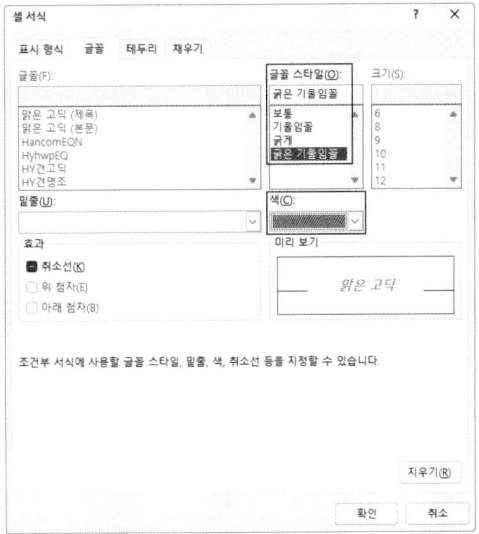

④ [새 서식 규칙] 대화상자에서 다시 <확인> 단추를 클릭합니다.

3 페이지 레이아웃

① '기본작업-2' 시트 선택하고 [A1:G15] 영역을 선택하고 [페이지 레이아웃] 탭-[페이지 설정] 그룹-[인쇄 영역]-[인쇄 영역 설정]을 클릭합니다.

※ 인쇄 영역 설정은 [페이지 설정] 대화상자의 [시트] 탭에서 설정해도 됩니다.

② [페이지 레이아웃] 탭-[페이지 설정] 그룹-[여백]-[넓게]를 클릭합니다.

※ [페이지 설정] 대화상자의 [여백] 탭에서 여백을 직접 지정해도 됩니다.

③ [페이지 레이아웃] 탭-[페이지 설정] 그룹에서 (대화상자 표시 아이콘)을 클릭합니다. [페이지 설정] 대화상자의 [페이지] 탭에서 용지 방향의 '가로'를 체크합니다.

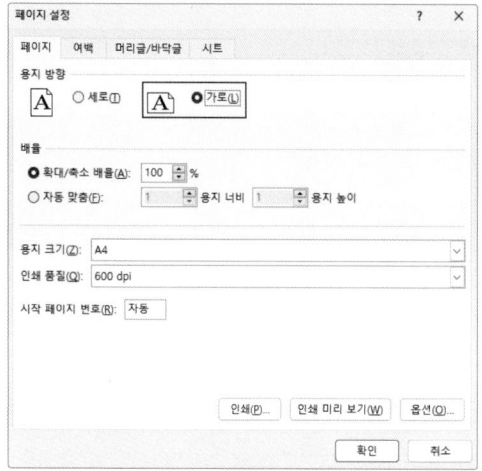

④ [페이지 설정] 대화상자의 [여백] 탭에서 여백을 설정하고 페이지 가운데 맞춤의 '가로'를 체크합니다.

※ 여백은 2.54를 입력하고 <확인> 단추를 누른 다음 다시 여백을 확인하면 2.5로 변경되어 소수 첫째 자리까지 반올림 표시를 합니다.

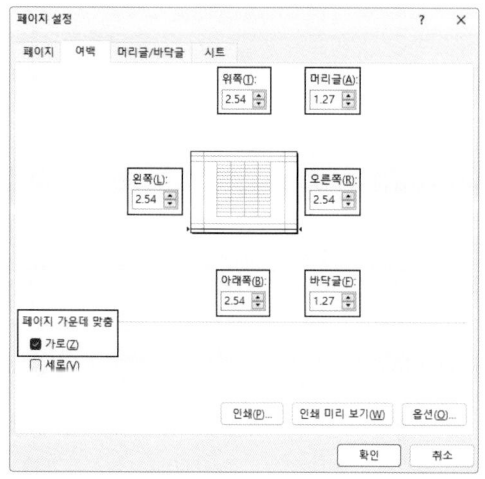

⑤ [페이지 설정] 대화상자의 [시트] 탭에서 인쇄 영역을 [A1:G15]로 설정하고 '눈금선'과 '행/열 머리글'을 체크한 후 <확인> 단추를 클릭합니다.

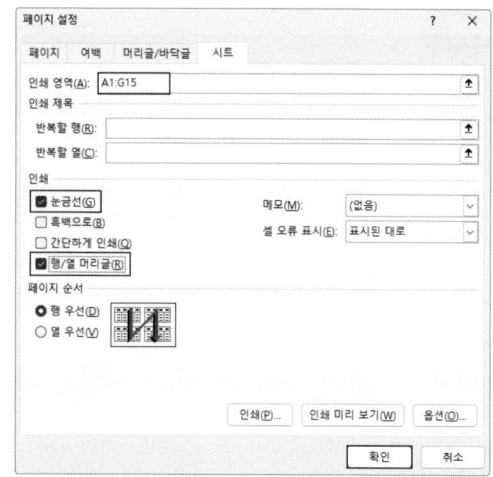

문제2 ▶ 계산작업 (30점)

1 보험구분[B4:B29]

① [B4] 셀에 다음과 같이 수식을 입력합니다.

※ VLOOKUP 함수와 HLOOKUP 함수는 범위의 첫 번째 열이나 첫 번째 행에서 값을 찾는데 이 문제에서는 찾을 값이 두 번째 행에 있으므로 HLOOKUP 함수를 사용할 수 없습니다.

=LOOKUP(LEFT(D4,1),$K$5:$O$5,$K$4:$O$4) →
[D4] 셀의 첫 번째 문자를 [K5:O5] 영역에서 찾은 후 [K4:O4]의 값을 표시

② 결과를 확인하고 채우기 핸들을 더블 클릭하여 수식을 복사합니다.

2 월불입액 평균[K9:K13]

① [K9] 셀에 다음과 같이 수식을 입력한 후 **Ctrl**+**Shift**+**Enter** 키를 누릅니다.

=ROUND(AVERAGE(IF($E$4:$E$29=J9,$F$4:$F$29)),0)

=ROUND(AVERAGE(IF($E$4:$E$29=J9,$F$4:$F$29)),0)
                    ①
→ ①을 반올림하여 정수로 표시, ① 지점명이 [J9] 셀과 같은 경우 [F4:F29] 영역의 평균을 구함

② 결과를 확인하고 채우기 핸들을 더블 클릭하여 수식을 복사합니다.

3 월불입액차트[G4:G29]

① [G4] 셀에 다음과 같이 수식을 입력합니다.

=CONCAT(REPT("●",QUOTIENT(F4,100000)),REPT("○",10-QUOTIENT(F4,100000)))

=CONCAT(REPT("●",QUOTIENT(F4,100000)),REPT
①
("○",10-QUOTIENT(F4,100000)))
②

→ ①과 ②를 연결하여 표시, ① [F4] 셀을 100,000로 나눈 값의 몫만큼 "●"를 표시, ② 10에서 [F4] 셀을 100000로 나눈 값의 몫을 뺀 만큼 "○"를 표시

※ 월불입금액이 520,000인 경우 520,000을 100,000으로 나눈 값의 몫은 5이므로 "●"은 5개, "○"은 10-5인 5개를 표시합니다.

② 결과를 확인하고 채우기 핸들을 더블 클릭하여 수식을 복사합니다.

4 fn할인액[H4:H29]

① [개발 도구] 탭-[코드] 그룹-[Visual Basic]을 클릭하거나 **Alt**+**F11** 키를 누릅니다.

② [삽입]-[모듈]을 클릭합니다.

③ Module 창에 다음과 같이 코드를 입력합니다.

```
Public Function fn할인액(월불입액)
    Select Case 월불입액
        Case Is < 200000
            fn할인액 = 월불입액 * 0.02
        Case Is < 300000
            fn할인액 = 월불입액 * 0.03
        Case Is < 400000
            fn할인액 = 월불입액 * 0.04
        Case Else
            fn할인액 = 월불입액 * 0.05
    End Select
End Function
```

④ ▣(보기 Microsoft Excel)을 클릭하거나 **Alt**+**F11** 키를 눌러 Excel로 돌아갑니다.

⑤ [H4] 셀을 클릭한 후 다음과 같이 수식을 입력합니다.

=fn할인액(F4)

⑥ 결과를 확인하고 채우기 핸들을 더블 클릭하여 수식을 복사합니다.

5 월불입액 최대 성명[K17:K20]

① [K17] 셀에 다음과 같이 수식을 입력한 후 **Ctrl**+**Shift**+**Enter** 키를 누릅니다.

=INDEX($C$4:$C$29,MATCH(LARGE(($E$4:$E$29=J17)*($F$4:$F$29),1),($E$4:$E$29=J17)*($F$4:$F$29),0))

=INDEX($C$4:$C$29,MATCH(LARGE(($E$4:$E$29=J17)*($F$4:$F$29),1),($E$4:$E$29=J17)*($F$4:
①
$F$29),0))

→ [C4:C29] 영역에서 ①의 결과를 행 번호로 지정한 값을 표시, ① 지점명이 [J17] 셀과 같은 값 중 [F4:F29] 영역에서 최대값을 찾아 몇 행에 있는지 반환

② 결과를 확인하고 채우기 핸들을 드래그하여 수식을 복사합니다.

문제3 ▶ 분석작업 (20점)

1 피벗 테이블 보고서 작성

① '분석작업-1' 시트를 선택하고 [데이터] 탭-[데이터 가져오기 및 변환] 그룹-[데이터 가져오기]-[기타 원본에서]-[Microsoft Query에서]를 클릭합니다.

② [데이터 원본 선택] 대화상자에서 'MS Access Database*'을 선택하고 <확인> 단추를 클릭합니다.

③ [데이터베이스 선택] 대화상자에서 'C:\OA\보험가입.accdb'를 선택하고 <확인> 단추를 클릭합니다.

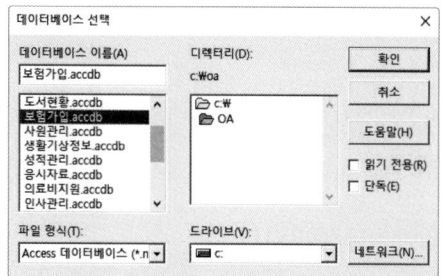

④ [쿼리 마법사-열 선택] 대화상자에서 > 을 클릭하여 모든 열을 '쿼리에 포함된 열'에 삽입하고 <다음> 단추를 클릭합니다.

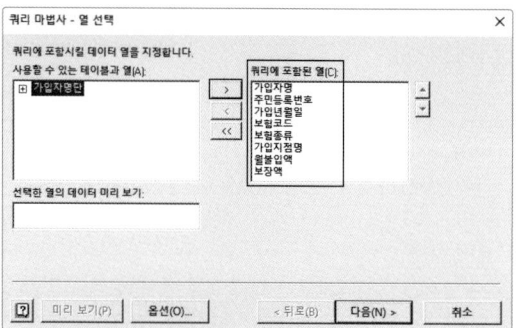

⑤ [쿼리 마법사-데이터 필터] 대화상자에서 <다음> 단추를 클릭합니다.

⑥ [쿼리 마법사-정렬 순서] 대화상자에서 <다음> 단추를 클릭합니다.

⑦ [쿼리 마법사-마침] 대화상자에서 'Microsoft Office Excel로 데이터 되돌리기'를 선택하고 <마침> 단추를 클릭합니다.

⑧ [데이터 가져오기] 대화상자에서 '피벗 테이블 보고서'를 선택하고 기존 워크시트에서 시작 위치인 [B2] 셀을 지정하고 <확인> 단추를 클릭합니다.

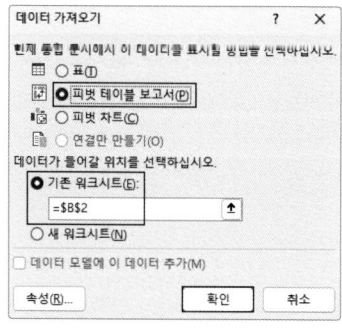

⑨ [피벗 테이블 필드] 창에서 행에 '보험종류', 열에 '가입지점명', 값에 '월불입액'을 드래그합니다.

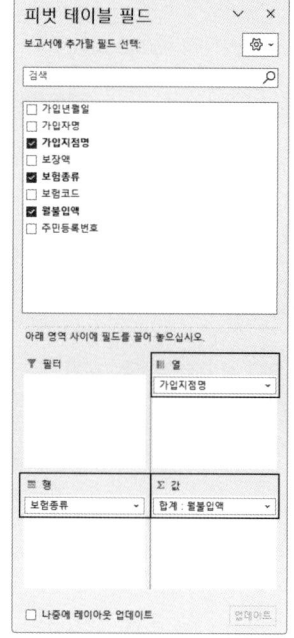

⑩ [디자인] 탭-[레이아웃] 그룹-[보고서 레이아웃]-[개요 형식으로 표시]를 클릭합니다.

⑪ '영남' 지점의 '변액보험' 가입자 데이터만 자동 생성하기 위해 [E5] 셀을 더블 클릭합니다.

⑫ 시트탭에서 자동 생성된 시트명을 더블 클릭하고 '변액보험'으로 변경합니다.

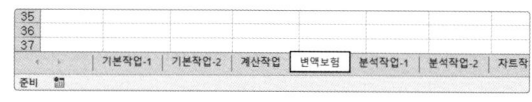

⑬ '분석작업-1' 시트의 피벗 테이블에서 마우스 오른쪽 단추를 눌러 [피벗 테이블 옵션]을 클릭합니다.

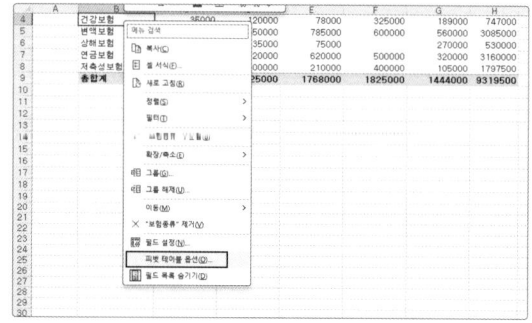

⑭ [피벗 테이블 옵션] 대화상자의 [레이아웃 및 서식] 탭에서 빈 셀 표시에 '*'을 입력한 후 <확인> 단추를 클릭합니다.

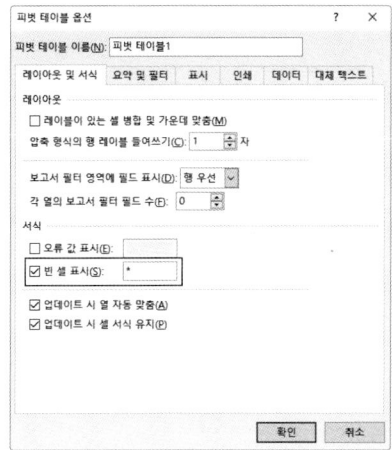

⑮ [C4:H9] 영역을 선택하고 [홈] 탭-[표시 형식] 그룹-[쉼표 스타일]을 클릭합니다.

⑯ [디자인] 탭-[피벗 테이블 스타일] 그룹에서 '연한 파랑, 피벗 스타일 보통 6'를 선택합니다.

2 데이터 도구

① '분석작업-2' 시트를 선택하고 [C4] 셀을 선택하고 주민등록번호 맨 앞자리 두 자리를 입력한 후 **Enter** 키를 누릅니다.

TIP
빠른 채우기
- 입력된 데이터의 패턴을 감지하여 자동으로 데이터를 입력하는 기능으로 빠른 채우기를 이용하면 주민등록번호에서 출생년도와 출생월을 분리할 수 있습니다.
- 빠른 채우기가 실행되지 않으면 [파일]-[옵션]-[고급]에서 '빠른 자동 채우기'를 선택합니다.

② [C5] 셀에 다음 주민번호 첫 자리인 '7'을 입력하면 자동으로 빠르게 나머지 데이터가 보이는데 **Enter** 키를 누르면 빠르게 데이터가 채워집니다.

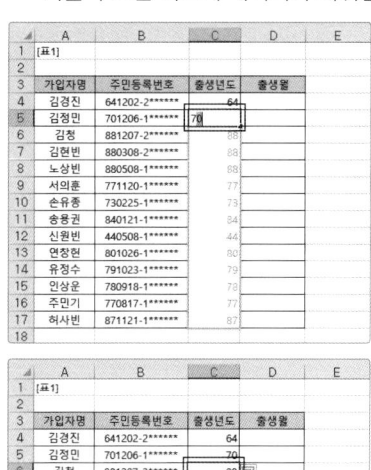

③ [D4] 셀에 '12'를 입력한 후 [D5] 셀에서 [데이터] 탭-[데이터 도구] 그룹-[빠른 채우기]를 클릭합니다.
※ 메뉴를 선택하는 대신 **Ctrl**+**E** 키를 눌러도 됩니다.

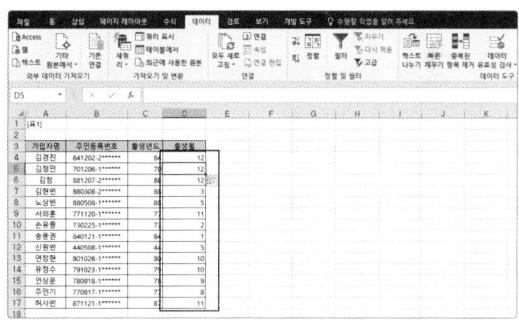

④ [C4:C17] 영역을 지정하고 [홈] 탭-[스타일] 그룹-[조건부 서식]-[셀 강조 규칙]-[보다 큼]을 클릭합니다.

⑤ [보다 큼] 대화상자에서 80을 입력 후 적용할 서식을 '빨강 텍스트'로 지정하고 <확인> 단추를 클릭합니다.

⑥ [A3] 셀을 선택하고 [데이터] 탭-[정렬 및 필터] 그룹-[필터]를 클릭합니다.

⑦ '출생년도'의 ▼(필터 단추)를 클릭하고 [색 기준 필터]에서 '빨강 텍스트'를 선택합니다.

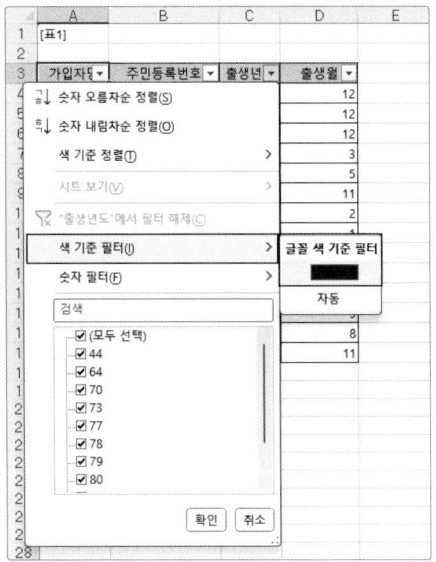

문제4 ▶ 기타작업 (35점)

1 차트 수정

① '기타작업-1' 시트를 선택하고 [G3:G8] 영역을 지정한 후 **Ctrl**+**C** 키를 누릅니다.

② 차트 영역을 클릭하고 **Ctrl**+**V** 키를 누릅니다.
※ 차트를 선택하고 마우스 오른쪽 단추를 눌러 [데이터 선택]을 선택하여 계열을 추가해도 됩니다.

③ 세로 (값) 축을 클릭하고 마우스 오른쪽 단추를 눌러 [축 서식]을 클릭합니다.

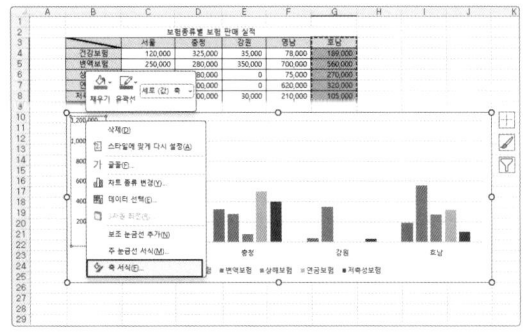

④ [축 서식] 창의 [축 옵션]에서 표시 단위를 '천'으로 선택하고 '차트에 단위 레이블 표시'가 체크되었는지 확인합니다.

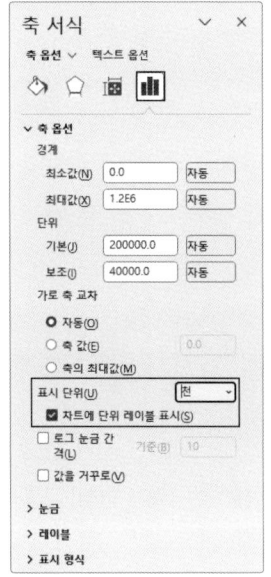

TIP
표시 단위를 '천'으로 선택

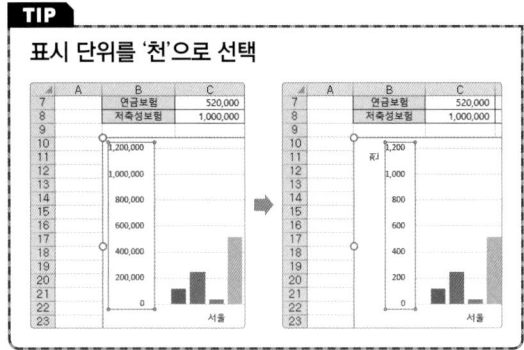

⑤ [디자인] 탭-[차트 레이아웃] 그룹-[빠른 레이아웃]-[레이아웃 9]를 선택합니다.

⑥ 차트 제목은 '지점별 보험 판매 실적', 세로 (값) 축 제목은 '금액', 가로 (항목) 축 제목은 '지점'으로 입력합니다.

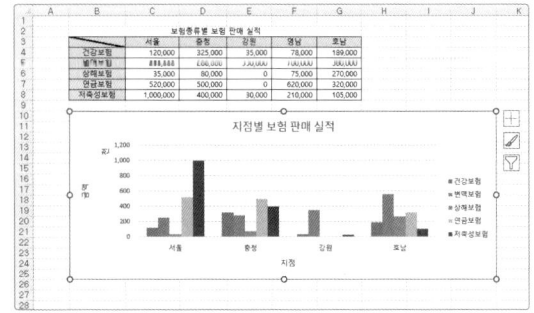

⑦ [차트 디자인] 탭-[차트 레이아웃] 그룹-[차트 요소 추가]-[범례]-[아래쪽]을 클릭합니다.

⑧ 범례가 선택된 상태에서 [홈] 탭-[글꼴] 그룹에서 글꼴 크기를 '11pt'로 지정합니다.

⑨ 그림 영역을 클릭하고 [차트 도구]-[서식] 탭-[도형 스타일] 그룹-[미세효과-파랑, 강조5]를 클릭합니다.
※ 그림 영역은 차트에서 가로 축과 세로 축으로 둘러쌓인 사각형 부분을 의미합니다.

2 매크로 작성

① '기타작업-2' 시트를 선택하고 [개발 도구] 탭-[코드] 그룹-[매크로 기록]을 클릭합니다.

② [매크로 기록] 대화상자에서 '매크로 이름'을 '구구단'으로 입력하고 <확인> 단추를 클릭합니다.

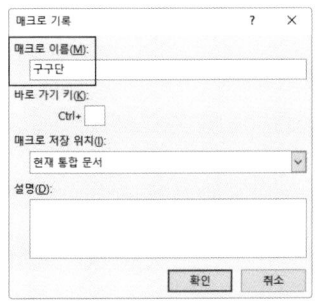

③ [B7] 셀을 클릭한 후 '='를 입력하고 수식이 들어있는 [C4] 셀을 클릭하고 **Enter** 키를 누릅니다.
※ [C4] 셀을 [B7] 셀로 복사하는 것도 가능하며, 이 경우 수식이 절대 참조로 지정되어 있는지 확인합니다.

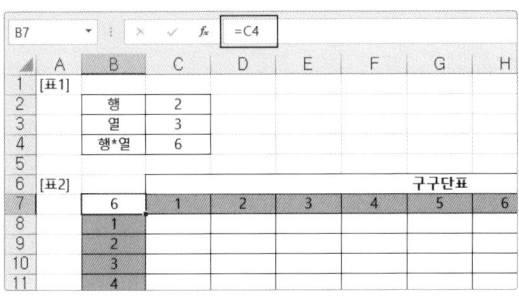

④ [B7:K16] 영역을 지정하고 [데이터] 탭-[예측] 그룹-[가상분석]-[데이터 표]를 클릭합니다.

⑤ [데이터 표] 대화상자에서 행 입력 셀은 행이 입력된 [C2] 셀을, 열 입력 셀은 열이 입력된 [C3] 셀을 지정한 후 <확인> 단추를 클릭합니다.

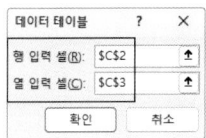

⑥ 상태 표시줄의 ☐(기록 중지)를 클릭하거나 [개발 도구] 탭-[코드] 그룹-[기록 중지]를 클릭합니다.

⑦ [개발 도구] 탭-[컨트롤] 그룹-[삽입]-[양식 컨트롤]-[단추]를 클릭한 후 **Alt** 키를 누른 채 [E2:F3] 영역에 드래그하여 작성합니다.

⑧ [매크로 지정] 대화상자에서 매크로 이름을 '구구단'으로 선택하고 <확인> 단추를 클릭합니다.

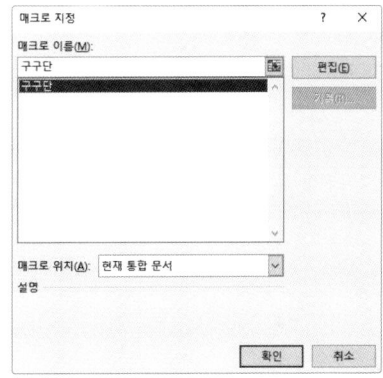

⑨ 단추의 텍스트를 '구구단'으로 수정합니다.

⑩ [개발 도구] 탭-[코드] 그룹-[매크로 기록]을 클릭합니다.

⑪ [매크로 기록] 대화상자에서 매크로 이름을 '구구단삭제'로 입력하고 <확인> 단추를 클릭합니다.

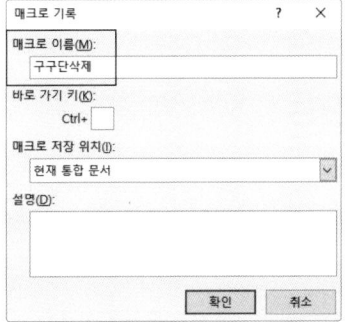

⑫ [C8:K16] 영역을 선택하고 Delete 키를 눌러 데이터를 삭제한 후 임의의 셀을 클릭합니다.

⑬ 상태 표시줄의 ☐를 클릭하거나 [개발 도구] 탭-[코드] 그룹-[기록 중지]를 클릭합니다.

⑭ [개발 도구] 탭-[컨트롤] 그룹-[삽입]-[양식 컨트롤]-[단추]를 클릭한 후 Alt 키를 누른 채 [H2:I3] 영역에 드래그하여 작성합니다.

⑮ [매크로 지정] 대화상자에서 매크로 이름을 '구구단삭제'로 선택하고 <확인> 단추를 클릭합니다. 단추의 텍스트를 '구구단삭제'로 수정합니다.

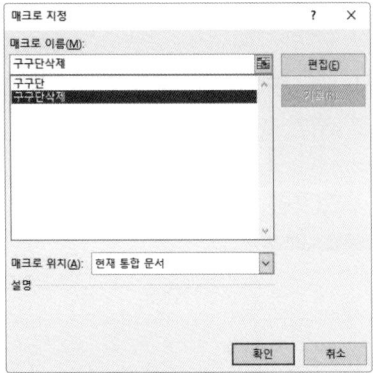

3 프로시저 작성

1) 폼 보이기 프로시저

① '기타작업-3' 시트를 선택하고 [개발 도구] 탭-[컨트롤] 그룹-[디자인 모드]를 클릭합니다.

② <가입신청> 단추를 더블 클릭하고 다음과 같이 코드를 입력합니다.

```
Private Sub 가입신청_Click( )
    신청양식.Show
End Sub
```

2) 폼 초기화 프로시저

① [프로젝트-VBAProject] 탐색기에서 '신청양식'을 선택하고 마우스 오른쪽 단추를 눌러 [코드 보기]를 클릭합니다.

② 개체 목록은 'UserForm', 프로시저 목록은 'Initialize'를 선택합니다.

③ 다음과 같이 코드를 입력합니다.

```
Private Sub UserForm_Initialize( )
    Cmb지점.AddItem "강원"  → Cmb지점 목록에
                              "강원"을 추가
    Cmb지점.AddItem "서울"
    Cmb지점.AddItem "영남"
    Cmb지점.AddItem "호남"
    Cmb지점.AddItem "충청"
    Cmb종류.RowSource = "H7:H11"  → Cmb종류의
                              행 원본을 [H7:H11]로 지정
End Sub
```

3) 등록 프로시저

① 개체 목록은 'Cmd확인', 프로시저 목록은 'Click'을 선택합니다.

② 다음과 같이 코드를 입력합니다.

```
Private Sub Cmd확인_Click( )
    iRow = Cmb종류.ListIndex + 7  → Cmb종류에
                    서 선택한 값의 ListIndex에 7을 더한 값을 iRow
                    에 저장(예를 들어 '건강저축보험'을 선택한 경우
                    ListIndex는 0이므로 7이 iRow에 저장되며, 입력
                    시 7행을 지정하게 됨)
    i = Range("A2").CurrentRegion.Rows.Count + 1

    Cells(i, 1) = Cmb종류
    Cells(i, 2) = Cmb지점
    Cells(i, 3) = Txt성명
    Cells(i, 4) = Cells(iRow, 9)
    Cells(i, 5) = Cells(iRow, 10)
    Cells(i, 6) = Cells(iRow, 11)
End Sub
```

4) 종료 프로시저

① 개체 목록은 'Cmd종료', 프로시저 목록은 'Click'을 선택합니다.

② 다음과 같이 코드를 입력합니다.

```
Private Sub Cmd종료_Click( )
    Unload Me
End Sub
```

③ ◩(보기 Microsoft Excel)을 클릭하거나 Alt +F11 키를 눌러 Excel로 돌아갑니다.

④ 실행 결과를 확인하기 위해 [개발 도구] 탭-[컨트롤] 그룹-[디자인 모드]를 클릭하여 디자인 모드를 해제합니다.

⑤ <가입신청> 단추를 클릭합니다. [신청양식] 폼이 표시되면 데이터를 입력하고 <신청확인>을 클릭한 후 입력한 데이터가 워크시트에 입력되는 것을 확인합니다.

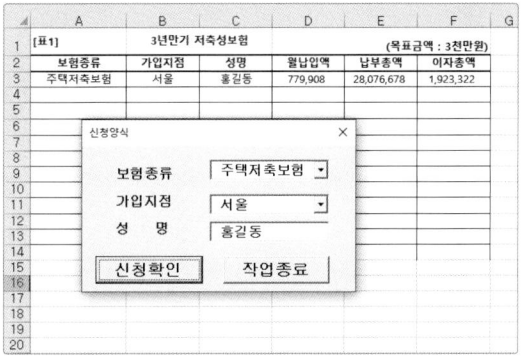

⑥ <작업종료> 단추를 클릭하여 폼을 종료합니다.

컴퓨터활용능력 최신기출유형 3회

프로그램명	제한시간
EXCEL 2021	45분

수 험 번 호 :

성   명 :

1급   A형

유의사항

- 인적 사항 누락 및 잘못 작성으로 인한 불이익은 수험자 책임으로 합니다.
- 화면에 암호 입력창이 나타나면 아래의 암호를 입력하여야 합니다.
  - 암호 : 8190*2
- 작성된 답안은 주어진 경로 및 파일명을 변경하지 마시고 그대로 저장해야 합니다. 이를 준수하지 않으면 실격 처리됩니다.
  - 답안 파일명의 예 : C:\OA\수험번호8자리.xlsm
- 외부데이터 위치: C:\OA\파일명
- 별도의 지시사항이 없는 경우, 다음과 같이 처리 시 실격 처리됩니다.
  - 제시된 시트 및 개체의 순서나 이름을 임의로 변경한 경우
  - 제시된 시트 및 개체를 임의로 추가 또는 삭제한 경우
  - 외부데이터를 시험 시작 전에 열어본 경우
- 답안은 반드시 문제에서 지시 또는 요구한 셀에 입력하여야 하며 다음과 같이 처리 시 채점 대상에서 제외됩니다.
  - 제시된 함수가 있을 경우 제시된 함수만을 사용하여야 하며 그 외 함수 사용 시 채점 대상에서 제외
  - 수험자가 임의로 지시하지 않은 셀의 이동, 수정, 삭제, 변경 등으로 인해 셀의 위치 및 내용이 변경된 경우 해당 작업에 영향을 미치는 관련문제 모두 채점 대상에서 제외
  - 도형 및 차트의 개체가 중첩되어 있거나 동일한 계산결과 시트가 복수로 존재할 경우 해당 개체나 시트는 채점 대상에서 제외
- 수식 작성 시 제시된 문제 파일의 데이터는 변경 가능한(가변적) 데이터임을 감안하여 문제 풀이를 하시오.
- 별도의 지시사항이 없는 경우, 주어진 각 시트 및 개체의 설정값 또는 기본 설정값(Default)으로 처리하시오.
- 저장 시간은 별도로 주어지지 않으므로 제한된 시간 내에 저장을 완료해야 하며, 제한 시간 내에 저장이 되지 않은 경우에는 실격 처리됩니다.
- 출제된 문제의 용어는 MS Office LTSC Professional Plus 2021 기준으로 작성되어 있습니다.

문제 1 기본작업(15점)_ 주어진 시트에서 다음 과정을 수행하고 저장하시오.

01 '기본작업-1' 시트에서 다음과 같이 고급필터를 수행하시오. (5점)

▶ [A2:G25] 영역에서 '접수번호'의 두 번째 글자가 2이고, '컴퓨터일반'이 전체 '컴퓨터일반'의 하위 10위 이내에 포함되는 행만을 표시하시오.
▶ 조건은 [I2:I3] 영역에 입력하시오. (AND, MID, SMALL 함수 사용)
▶ 결과는 [I5] 셀부터 표시하시오.

02 '기본작업-1' 시트에서 다음과 같이 조건부 서식을 설정하시오. (5점)

▶ [A3:G25] 영역에 대해서 '회차'가 3 이상이고 '컴퓨터일반', '스프레드시트', '데이터베이스', '워드프로세서' 중 큰 과목의 점수와 작은 과목의 점수 평균이 60 이상인 행 전체에 대하여 채우기 색을 '표준 색-노랑'으로 적용하시오.
▶ 단, 규칙 유형은 '수식을 사용하여 서식을 지정할 셀 결정'을 사용하고, 한 개의 규칙으로만 작성하시오.
▶ AND, AVERAGE, MAX, MIN 함수 사용

03 '기본작업-2' 시트에서 다음과 같이 페이지 레이아웃을 설정하시오. (5점)

▶ 기존 인쇄 영역에 [A18:G26] 영역을 인쇄 영역으로 추가하고, 페이지의 내용이 자동으로 확대/축소되어 1페이지에 인쇄되도록 설정하시오.
▶ 행 머리글과 열 머리글이 인쇄되도록 설정하시오.
▶ 페이지의 상단 오른쪽에 현재 날짜와 시간이 인쇄되도록 머리글을 설정하시오.

문제 2 계산작업(30점)_ '계산작업' 시트에서 다음 과정을 수행하고 저장하시오.

01 [표1]의 1차, 2차, 3차, 4차, 결석시수를 이용하여 [I3:I22] 영역에 결과를 표시하시오. (6점)

▶ 결과는 1차~4차의 평균이 1차~4차의 전체 평균보다 크거나 같고 결석수가 빈 칸인 경우 "pass", 그렇지 않은 경우 "fail"을 표시하시오.
▶ IF, AND, AVERAGE, ISBLANK 함수 사용

02 [표1]의 구분코드, 3차, 4차를 이용하여 구분별 3차와 4차의 인원수를 [표2]의 [C26:D28] 영역에 계산하여 표시하시오. (6점)

▶ [표2]의 구분은 구분코드의 두 번째 글자에 따라 다름
▶ 3차, 4차의 점수가 90 이상인 자료만을 대상으로 할 것
▶ 표시 예 : 2 → 2명
▶ COUNTIFS, CONCAT 함수와 만능문자(?, *)

03 [표1]의 구분코드, 총점, 결석시수를 이용하여 구분코드별 총점 평균과 결석시수 평균을 [표3]의 [H26:I31] 영역에 계산하시오. (6점)

▶ 평균은 소수점 둘째 자리에서 반올림하여 소수점 첫째 자리까지만 표시하시오.
▶ AVERAGE, IF, ROUND 함수를 이용한 배열 수식

04 [표1]의 1차, 2차, 3차, 4차와 [표4]의 점수를 이용하여 점수대별 개수를 구한 후 해당 개수만큼 "○"를 [표4]의 [B32:E36] 영역에 반복하여 표시하시오. (6점)

▶ 표시 예 : 2 → ○○
▶ FREQUENCY, REPT 함수를 이용한 배열 수식

05 [표1]의 영역에서 구분코드와 총점을 인수로 받아 평가[J3:J22]를 계산하여 되돌려주는 사용자 정의 함수 'fn평가'를 작성하시오. (6점)

▶ 평가는 합계가 350 이상이면 "A등급", 300 이상이면 "B등급", 그 외는 "C등급"을 표시한 다음 구분코드 뒤의 두 글자를 붙여 표시하시오. [표시 예 : B등급65]
▶ IF 문과 RIGHT 함수 사용

```
Public Function fn평가(구분코드, 총점)

End Function
```

문제 3 ▶ 분석작업(20점)_ 주어진 시트에서 다음 과정을 수행하고 저장하시오.

01 '분석작업-1' 시트에서 다음의 지시사항에 따라 피벗 테이블 보고서를 작성하시오. (10점)

▶ 외부 데이터 가져오기 기능을 사용하여 <응시자료.accdb>의 <응시자명단> 테이블을 이용하시오.
▶ 피벗 테이블 보고서의 레이아웃과 위치는 <그림>을 참조하여 설정하고, 보고서 레이아웃을 개요 형식으로 표시하시오.
▶ '응시일'은 <그림>과 같이 그룹을 설정하시오.
▶ 표시 형식을 <그림>과 같이 지정하고, '연한 노랑, 피벗 스타일 보통 5'를 지정하시오.

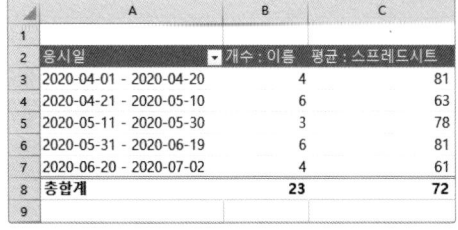

※ 작업 완성된 그림이며 부분점수 없음

02 '분석작업-2' 시트에 대하여 다음의 지시사항을 처리하시오. (10점)

▶ [데이터 도구] 기능을 이용하여 [표1]에서 '이름', '응시월' 열을 기준으로 중복된 값이 입력된 셀을 포함하는 행을 삭제하시오.

▶ 조건부 서식의 셀 강조 규칙을 이용하여 [C5:C24] 영역의 중복 값에 대해 '진한 노랑 텍스트가 있는 노랑 채우기' 서식이 적용되도록 설정하시오.

▶ [필터] 기능을 이용하여 [표1]의 '응시월' 필드에서 '노랑 채우기' 색을 기준으로 필터링 하시오.

문제 4 기타작업(35점)_ 주어진 시트에서 다음 과정을 수행하고 저장하시오.

01 '기타작업-1' 시트에서 다음의 지시사항 따라 차트를 수정하시오. (각 2점)

※ 차트는 반드시 문제에서 제공한 차트를 사용하여야 하며, 신규로 차트 작성시 0점 처리됨

① '7월' 계열의 차트 종류를 '표식이 있는 꺾은선형'으로 변경하시오.

② 차트 제목을 <그림>과 같이 표시한 후 도형 스타일 '보통 효과-황금색, 강조 4'로 지정하시오.

③ 세로 (값) 축을 거꾸로 표시하시오.

④ '4월' 계열의 '워드프로세서' 요소에 대해서만 <그림>과 같이 데이터 레이블을 추가하고 위치를 지정하시오.

⑤ '차트 영역'의 테두리 스타일을 둥근 모서리로 지정하시오.

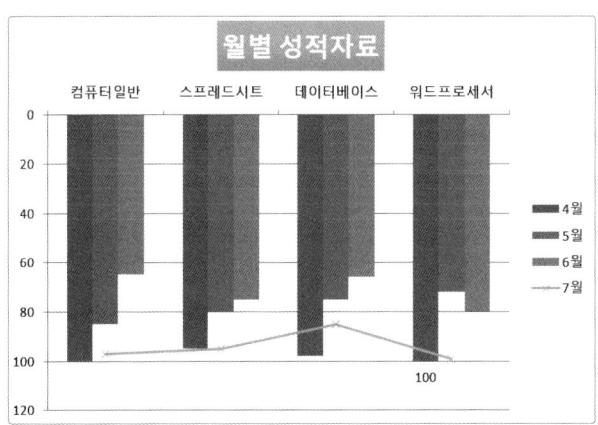

02 '기타작업-2' 시트에서 다음과 같은 기능을 수행하는 매크로를 현재 통합문서에 작성하시오. (각 5점)

① [부분합] 기능을 이용하여 [A4:G27] 영역에 대하여 '응시월'을 기준으로 오름차순 정렬한 후 '응시월'별로 '컴퓨터일반', '스프레드시트', '데이터베이스', '프레젠테이션'의 합계를 계산하는 매크로를 생성하고, 매크로 이름을 '부분합계산'으로 정의하시오.

▶ [도형]-[기본 도형]의 '배지'를 동일 시트의 [C1:D2] 영역에 생성한 후 텍스트를 '부분합계산'으로 입력하고, 단추를 클릭하면 '부분합계산' 매크로가 실행되도록 설정하시오.

② 작성된 부분합계산을 삭제하는 '부분합삭제' 매크로를 생성하시오.

▶ [도형]-[기본 도형]의 '배지'를 동일 시트의 [F1:G2] 영역에 생성한 후 텍스트를 '부분합삭제'로 입력하고, 단추를 클릭하면 '부분합삭제' 매크로가 실행되도록 설정하시오.

※ 셀 포인터의 위치에 관계없이 매크로가 실행되어야 정답으로 인정됨

03 '기타작업-3' 시트에서 다음과 같은 작업을 수행하도록 프로시저를 작성하시오. (각 5점)

① <판매현황> 단추를 클릭하면 '판매현황' 폼이 나타나도록 설정하고, 폼이 초기화(Initialize)되면 판매자(cmb판매자) 목록에는 [J5:J8] 영역의 값이, 판매시간(txt판매시간)에는 현재 시간이, 지점명(cmb지점명) 목록에는 "서울", "경기", "부산", "강원", "광주"가 표시되도록 프로시저를 작성하시오.

▶ Time 함수 사용

② '판매현황' 폼의 '입력(cmd입력)' 단추를 클릭하면 폼에 입력된 데이터가 [표1]에 입력되어 있는 마지막 행 다음에 연속하여 추가되고, 폼의 모든 컨트롤의 값이 초기화 되도록 프로시저를 작성하시오.

▶ '달성여부'는 '판매달성'이 '판매계획' 이상이면 "목표달성", 그렇지 않으면 "실적부진"으로 표시

▶ 입력되는 데이터는 워크시트에 입력된 기존 데이터와 같은 형식의 데이터로 입력하시오.

▶ If ~ Else문, TimeValue, Val 함수 사용

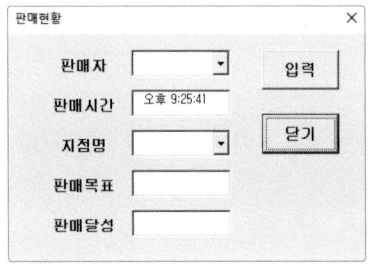

③ 닫기(cmd닫기) 단추를 클릭하면 폼을 종료하는 프로시저를 작성하시오.

최신기출유형 3회 정답 및 해설

정답

문제 1 ▶ 기본작업 (15점)

01 고급 필터

접수번호	이름	회차	컴퓨터일반	스프레드시트	데이터베이스	워드프로세서
P233	김진현	3	63	94	89	90
S217	서현성	3	70	63	95	63
Q290	인상운	3	43	63	70	75
S248	전홍주	2	52	72	78	65

조건: FALSE

고급 필터 조건식 : =AND(MID(A3,2,1)="2",D3<=SMALL($D$3:$D$25,10))

02 조건부 서식

접수번호	이름	회차	컴퓨터일반	스프레드시트	데이터베이스	워드프로세서
P017	김서준	2	86	45	75	70
Q104	김재환	1	98	96	86	89
P233	김진현	3	63	94	89	90
R011	김형준	2	55	84	63	55
S222	김형태	2	98	100	95	96
P035	박준선	1	54	59	50	54
R003	박철융	1	95	97	95	92
S067	변석준	3	90	69	89	90
R194	서원희	1	100	24	54	66
S217	서현성	3	70	63	95	63
Q200	송주성	1	94	75	100	79
Q301	오동훈	2	75	86	96	95
R144	이승엽	3	54	51	90	80
R207	이진호	1	90	96	85	88
P032	이혁주	2	65	48	44	60
Q290	인상운	3	43	63	70	75
R293	임지연	1	90	82	95	100
S248	전홍주	2	52	72	78	65
S010	조재경	3	75	52	63	69
R195	주예찬	3	53	92	49	79
P199	최인호	1	82	77	84	65
Q116	한병진	1	51	57	76	96
Q123	황일용	2	99	85	84	76

조건부 서식 수식 : =AND($C3>=3, AVERAGE(MAX($D3:$G3),MIN($D3:$G3))>=60)

03 페이지 레이아웃

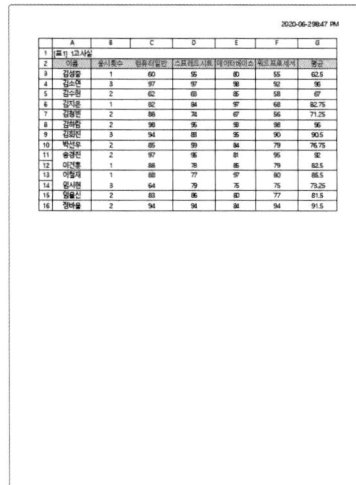
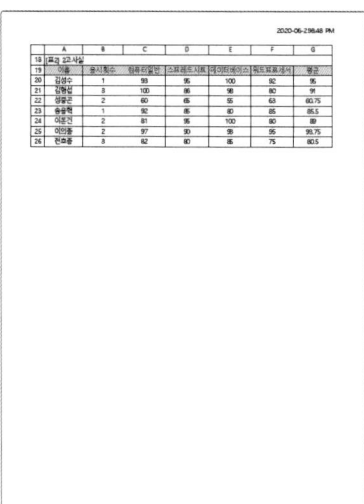

문제 2 계산작업 (30점)

01 결과[I3:I22]

=IF(AND(AVERAGE(C3:F3)>=AVERAGE($C$3:$F$22),ISBLANK(H3)),"pass","fail")

02 구분별 인원수[C26:D28]

=CONCAT(COUNTIFS(E$3:E$22,">=90",$A$3:$A$22,"?"&$A26&"*"),"명")

03 구분코드별 총점 평균/결석시수 평균[H26:I31]

=ROUND(AVERAGE(IF($A$3:$A$22=$G26,G$3:G$22)),1)

04 점수대별 개수[B32:E36]

=REPT("○",FREQUENCY(C3:C22,$A$32:$A$36))

05 fn평가[J3:J22]

```
Public Function fn평가(구분코드, 총점)
    If 총점 >= 350 Then
        fn평가 = "A등급" & Right(구분코드, 2)
    ElseIf 총점 >= 300 Then
        fn평가 = "B등급" & Right(구분코드, 2)
    Else
        fn평가 = "C등급" & Right(구분코드, 2)
    End If
End Function
```

문제 3 ▶ 분석작업 (20점)

01 피벗 테이블

응시일	개수 : 이름	평균 : 스프레드시트
2020-04-01 - 2020-04-20	4	81
2020-04-21 - 2020-05-10	6	63
2020-05-11 - 2020-05-30	3	78
2020-05-31 - 2020-06-19	6	81
2020-06-20 - 2020-07-02	4	61
총합계	23	72

02 데이터 도구

[표1]

접수번	이름	응시월	컴퓨터일	스프레드시!	데이터베이:	워드프로세
P233	김진현	6월	63	94	89	90
R003	박철윤	4월	95	97	95	92
S067	변석준	4월	90	69	89	90
R144	이승엽	6월	54	51	90	80
R207	이진호	6월	90	96	85	88
R293	임지연	5월	90	82	95	100
S248	전홍주	5월	52	72	78	65
R195	최인호	6월	53	92	49	79
Q123	황일용	6월	99	85	84	76

문제 4 ▶ 기타작업 (35점)

01 차트

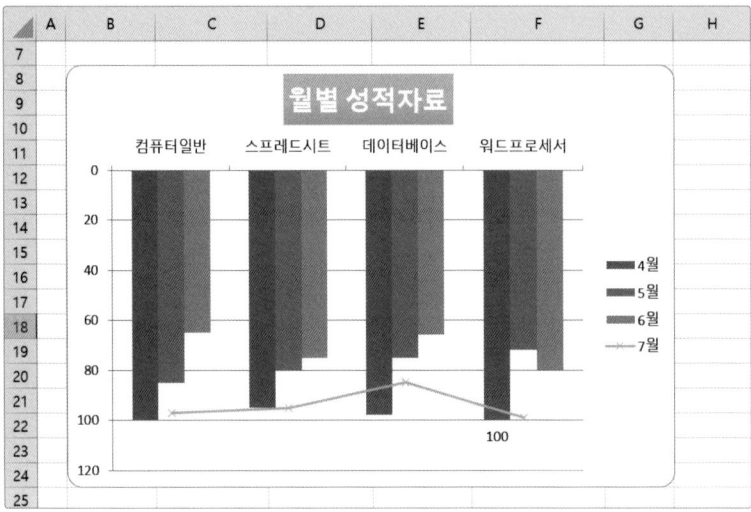

02 매크로

	A	B	C	D	E	F	G
1							
2				부분합계산		부분합삭제	
3							
4	접수번호	이름	응시월	컴퓨터일반	스프레드시트	데이터베이스	워드프로세서
5	S222	김형태	4월	98	100	95	96
6	P035	박준선	4월	54	59	50	54
7	R003	박철윤	4월	95	97	95	92
8	S067	변석준	4월	90	69	89	90
9	R194	서원희	4월	100	24	54	66
10	R011	김형준	4월	55	84	63	55
11			4월 요약	492	433	446	453
12	S217	서현성	5월	70	63	95	63
13	R293	임지연	5월	90	82	95	100
14	S248	전홍주	5월	52	72	78	65
15	S010	조재경	5월	75	52	63	69
16	R195	주예찬	5월	53	92	49	79
17	P017	김서준	5월	86	45	75	70
18	Q104	김재환	5월	98	96	86	89
19			5월 요약	524	502	541	535
20	P233	김진현	6월	63	94	89	90
21	Q301	오동훈	6월	75	86	96	95
22	Q200	송주성	6월	94	75	100	79
23	R144	이승엽	6월	54	51	90	80
24	R207	이진호	6월	90	96	85	88
25	Q123	황일용	6월	99	85	84	76
26	Q290	인상운	6월	43	63	70	75
27	P032	이혁주	6월	65	48	44	60
28	P199	최인호	6월	82	77	84	65
29			6월 요약	665	675	742	708
30	Q116	한병진	7월	51	57	76	96
31			7월 요약	51	57	76	96
32			총합계	1732	1667	1805	1792

03 프로시저

▶ 폼 보이기 프로시저

```
Private Sub cmd판매현황_Click( )
    판매현황.Show
End Sub
```

▶ 폼 초기화 프로시저

```
Private Sub UserForm_Initialize( )
    cmb판매자.RowSource = "J5:J8"
    txt판매시간 = Time
    cmb지점명.AddItem "서울"
    cmb지점명.AddItem "경기"
    cmb지점명.AddItem "부산"
    cmb지점명.AddItem "강원"
    cmb지점명.AddItem "광주"
End Sub
```

▶ 등록 프로시저

```
Private Sub cmd입력_Click( )
    i = Range("A4").CurrentRegion.Rows.Count + 3
    Cells(i, 2) = cmb판매자
    If TimeValue(txt판매시간) >= 0.5 Then
        Cells(i, 3) = TimeValue(txt판매시간)
        Cells(i, 4) = "오후"
    Else
        Cells(i, 3) = TimeValue(txt판매시간)
        Cells(i, 4) = "오전"
    End If
    Cells(i, 5) = cmb지점명
    Cells(i, 6) = Val(txt판매목표)
    Cells(i, 7) = Val(txt판매달성)
    If Cells(i, 7) >= Cells(i, 6) Then
        Cells(i, 8) = "목표달성"
    Else
        Cells(i, 8) = "실적부진"
    End If
    cmb판매자 = ""
    txt판매시간 = ""
    cmb지점명 = ""
    txt판매목표 = ""
    txt판매달성 = ""
End Sub
```

▶ 종료 프로시저

```
Private Sub cmd닫기_Click( )
    Unload Me
End Sub
```

해설

문제1 기본작업 (15점)

1 고급 필터 수행하기

① '기본작업-1' 시트를 선택한 후 [I2:I3] 영역에 다음과 같이 조건을 입력합니다.

> [I2] 셀 : '조건'을 입력
> [I3] 셀 : =AND(MID(A3,2,1)="2",D3<=SMALL($D$3:$D$25,10)) → [A3] 셀의 두 번째 글자가 "2"이고, [D3] 셀이 [D3:D25] 영역의 하위 10위 이내이면 TRUE를 반환

② [A2] 셀을 클릭하고 [데이터] 탭-[정렬 및 필터] 그룹-[고급]을 클릭합니다.

③ [고급 필터] 대화상자에서 '다른 장소에 복사'를 선택하고 목록 범위는 [A2:G25] 영역이 지정되었는지 확인합니다.

④ [고급 필터] 대화상자에서 조건 범위는 [I2:I3] 영역, 복사 위치는 [I5] 셀을 지정한 후 <확인> 단추를 클릭합니다.

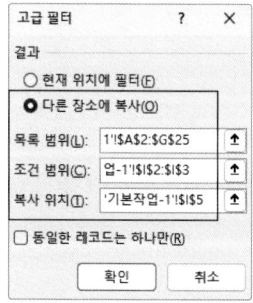

2 조건부 서식 수행하기

① [A3:G25] 영역을 지정하고 [홈] 탭-[스타일] 그룹-[조건부 서식]-[새 규칙]을 클릭합니다.

② [새 서식 규칙] 대화상자에서 '규칙 유형 선택'의 '수식을 사용하여 서식을 지정할 셀 결정'을 선택하고 다음과 같이 수식을 입력한 후 <서식> 단추를 클릭합니다.

> =AND($C3>=3, AVERAGE(MAX($D3:$G3),MIN($D3:$G3))>=60) → [C3] 셀이 3 이상이고 [D3:G3] 영역에서 가장 큰 값과 작은 값의 평균이 60 이상이면 TRUE를 반환

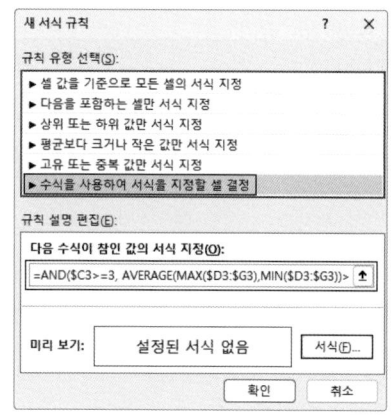

③ [셀 서식] 대화상자의 [채우기] 탭에서 배경색은 '노랑'을 선택하고 <확인> 단추를 클릭합니다.

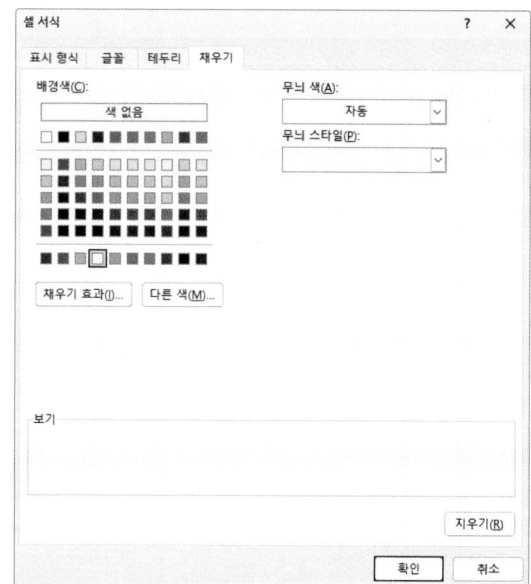

④ [새 서식 규칙] 대화상자에서 다시 <확인> 단추를 클릭합니다.

3 페이지 레이아웃

① '기본작업-2' 시트를 선택하고 [페이지 레이아웃] 탭-[페이지 설정] 그룹의 ▣(대화상자 표시 아이콘)을 클릭합니다.

② [페이지 설정] 대화상자의 [시트] 탭에서 인쇄 영역의 기존 인쇄 영역 뒤에 ','를 입력하고 [A18:G26] 영역을 드래그하여 추가한 후 '행/열 머리글'을 체크합니다.

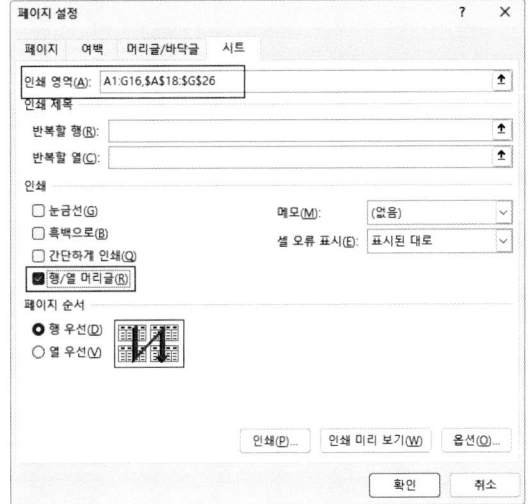

TIP

[A18:G26] 영역을 선택하고 [페이지 레이아웃] 탭-[페이지 설정] 그룹-[인쇄 영역]-[인쇄 영역에 추가]를 클릭해도 됩니다.

③ [페이지 설정] 대화상자의 [페이지] 탭에서 자동 맞춤의 용지 너비와 용지 높이를 '1'로 지정하고 <확인> 단추를 클릭합니다.

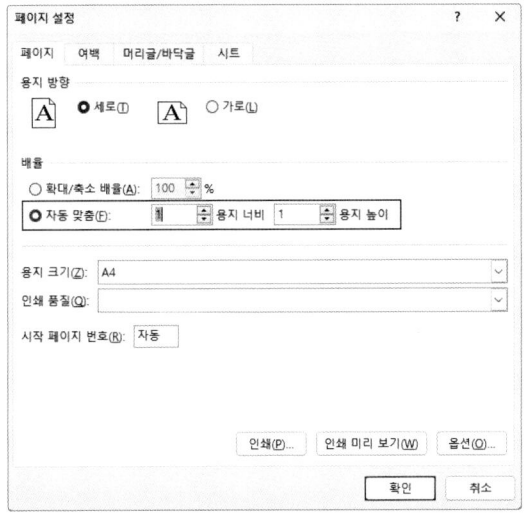

④ [페이지 설정] 대화상자에서 [머리글/바닥글] 탭을 선택하고 <머리글 편집> 단추를 클릭합니다.

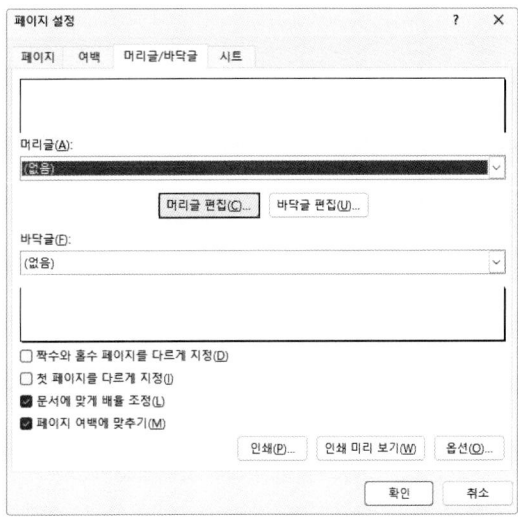

⑤ [머리글] 대화상자의 오른쪽 구역에서 📅(날짜 삽입)과 🕐(시간 삽입)을 클릭하고 <확인> 단추를 클릭합니다.

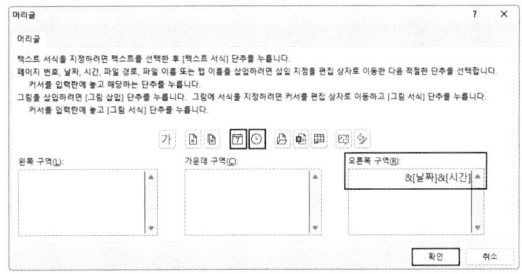

문제2 ▶ 계산작업 (30점)

1 결과[I3:I22]

① '계산작업' 시트를 선택하고 [I3] 셀에 다음과 같이 수식을 입력합니다.

=IF(AND(AVERAGE(C3:F3)>=AVERAGE($C$3:$F$22), ISBLANK(H3)), "pass", "fail")

```
=IF(AND(AVERAGE(C3:F3)>=AVERAGE($C$3:$F$22),
              ①
ISBLANK(H3)),"pass","fail")
     ②
```
→ ①과 ②가 TRUE이면 "pass", 그렇지 않은 경우 "fail"을 표시, ① [C3:F3] 영역의 평균이 [C3:F22] 영역의 평균보다 크거나 같으면 TRUE를 반환, ② [H3] 셀이 빈 칸이면 TRUE를 반환

② 결과를 확인하고 채우기 핸들을 더블 클릭하여 수식을 복사합니다.

2 구분별 인원수[C26:D28]

① [C26] 셀에 다음과 같이 수식을 입력합니다.

```
=CONCAT(COUNTIFS(E$3:E$22,">=90",$A$3:$A$22,"?"&$A26&"*"),"명")
```

```
=CONCAT(COUNTIFS(E$3:E$22,">=90",$A$3:$A$
                    ①                   ②
22,"?"&$A26&"*"),"명")
```
→ ①과 ②의 조건을 만족하는 자료의 개수 다음에 "명"을 표시, ① [E3:E22] 영역에서 90 이상인 자료(4차는 [F3:F22] 영역이므로 행 고정 혼합 참조 지정), ② [A3:A22] 영역에서 "?A*"을 만족하는 자료('?'는 한 글자, '*'는 여러 글자를 의미)

② 결과를 확인하고 채우기 핸들을 드래그하여 수식을 복사합니다.

3 구분코드별 총점 평균/결석시수 평균[H26:I31]

① [H26] 셀에 다음과 같이 수식을 입력한 후 Ctrl + Shift + Enter 키를 누릅니다.

```
=ROUND(AVERAGE(IF($A$3:$A$22=$G26,G$3
:G$22)),1)
```

```
=ROUND(AVERAGE(IF($A$3:$A$22=$G26,G$3
                       ①
:G$22)),1)
```
→ ①의 값을 반올림하여 소수점 첫째 자리까지만 표시, ① 구분코드가 [G26] 셀과 같은 경우 [G3:G22] 영역의 평균을 계산(결석시수의 평균은 [H3:H22] 영역이므로 행 고정 혼합 참조를 지정)

② 결과를 확인하고 채우기 핸들을 드래그하여 수식을 복사합니다.

4 점수대별 개수[B32:E36]

① [B32:B36] 영역을 지정하고 다음과 같이 수식을 입력한 후 Ctrl + Shift + Enter 키를 누릅니다.

※ FREQUENCY 함수는 특정 범위 안에 속하는 값의 개수를 배열의 형태로 반환하는 함수이므로 반드시 배열의 범위를 선택하고 입력한 후 Ctrl + Shift + Enter 를 눌러야 합니다.

```
=REPT("O",FREQUENCY(C3:C22,$A$32:$A$36))
```

```
=REPT("O",FREQUENCY(C3:C22,$A$32:$A$36))
                         ①
```
→ ①의 개수만큼 "O"을 반복하여 표시, ① [C3:C22]에서 [A32:A36]에 해당하는 개수를 계산

② 결과를 확인하고 채우기 핸들을 드래그하여 수식을 복사합니다.

5 fn평가[J3:J22]

① [개발 도구] 탭-[코드] 그룹-[Visual Basic]을 클릭하거나 Alt + F11 키를 누릅니다.

② [삽입]-[모듈]을 클릭합니다.

③ Module 창에 다음과 같이 코드를 입력합니다.

```
Public Function fn평가(구분코드, 총점)
    If 총점 >= 350 Then
        fn평가 = "A등급" & Right(구분코드, 2)
    ElseIf 총점 >= 300 Then
        fn평가 = "B등급" & Right(구분코드, 2)
    Else
        fn평가 = "C등급" & Right(구분코드, 2)
    End If
End Function
```

④ ☒ (보기 Microsoft Excel)을 클릭하거나 Alt + F11 키를 눌러 Excel로 돌아갑니다.

⑤ [J3] 셀을 클릭한 후 다음과 같이 수식을 입력합니다.

```
=fn평가(A3,G3)
```

⑥ 결과를 확인하고 채우기 핸들을 더블 클릭하여 수식을 복사합니다.

문제3 ▶ 분석작업 (20점)

1 피벗 테이블 보고서 작성

① '분석작업-1' 시트를 선택하고 [데이터] 탭-[데이터 가져오기 및 변환] 그룹-[데이터 가져오기]-[기타 원본에서]-[Microsoft Query에서]를 클릭합니다.

② [데이터 원본 선택] 대화상자에서 'MS Access Database*'을 선택하고 <확인> 단추를 클릭합니다.

③ [데이터베이스 선택] 대화상자에서 'C:\OA\응시자료.accdb'를 선택하고 <확인> 단추를 클릭합니다.

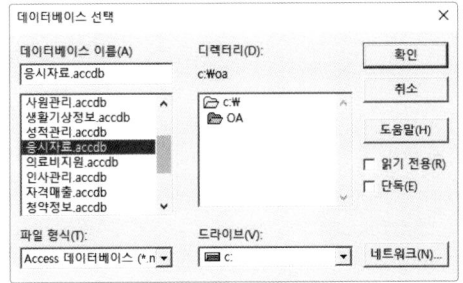

④ [쿼리 마법사-열 선택] 대화상자에서 > 을 클릭하여 모든 열을 '쿼리에 포함된 열'에 삽입하고 <다음> 단추를 클릭합니다.

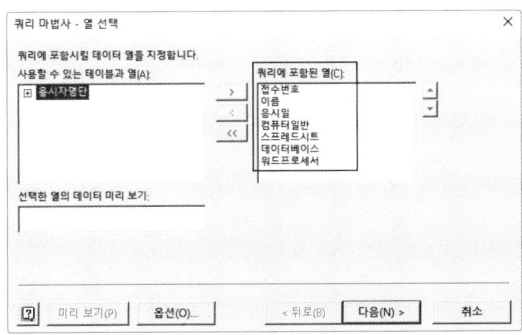

⑤ [쿼리 마법사-데이터 필터] 대화상자에서 <다음> 단추를 클릭합니다.

⑥ [쿼리 마법사-정렬 순서] 대화상자에서 <다음> 단추를 클릭합니다.

⑦ [쿼리 마법사-마침] 대화상자에서 'Microsoft Office Excel로 데이터 되돌리기'를 선택하고 <마침> 단추를 클릭합니다.

⑧ [데이터 가져오기] 대화상자에서 '피벗 테이블 보고서'를 선택하고 기존 워크시트에서 시작 위치인 [A2] 셀을 지정하고 <확인> 단추를 클릭합니다.

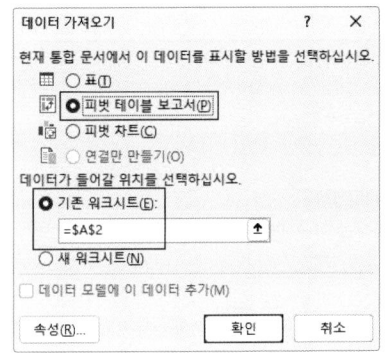

⑨ [피벗 테이블 필드] 창에서 행에 '응시일', 값에 '이름', '스프레드시트'를 드래그합니다.

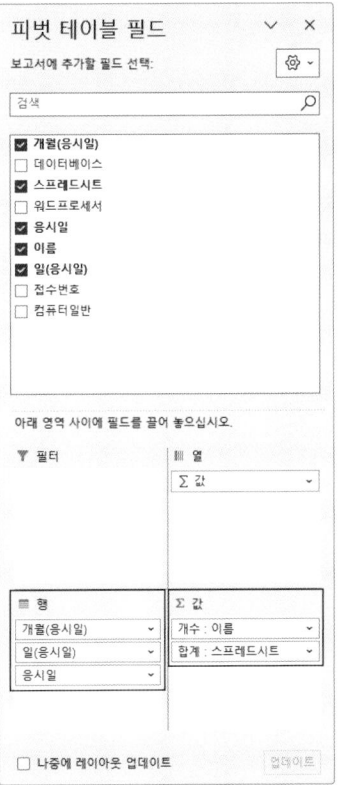

⑩ 값의 '합계 : 스프레드시트'를 클릭하고 [값 필드 설정]을 선택합니다.

⑪ [값 필드 설정] 대화상자의 [값 요약 기준] 탭에서 '평균'을 선택하고 <표시 형식> 단추를 클릭합니다.

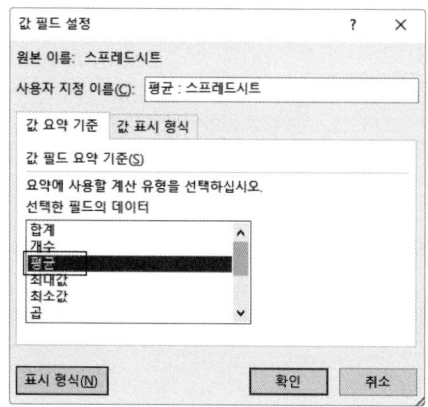

⑫ [셀 서식] 대화상자의 [표시 형식] 탭에서 범주는 '숫자'를 선택하고 <확인> 단추를 클릭합니다.

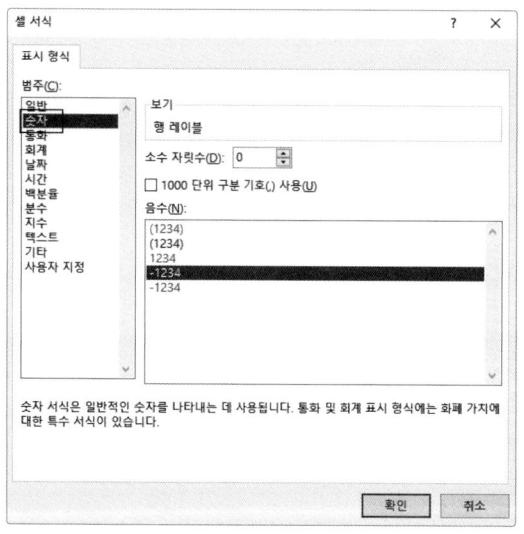

⑬ [값 필드 설정] 대화상자에서 다시 <확인> 단추를 클릭합니다.

⑭ [디자인] 탭-[레이아웃] 그룹-[보고서 레이아웃]-[개요 형식으로 표시]를 클릭합니다.

⑮ [A3] 셀에서 마우스 오른쪽 단추를 눌러 [그룹]을 클릭합니다.

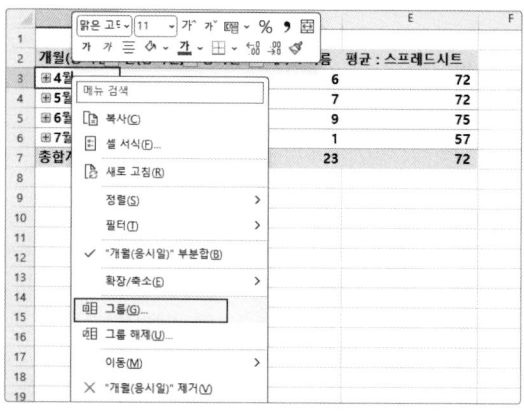

⑯ [그룹화] 대화상자에서 '일'만 선택하고 '날짜 수'는 '20'으로 지정한 후 <확인> 단추를 클릭합니다.

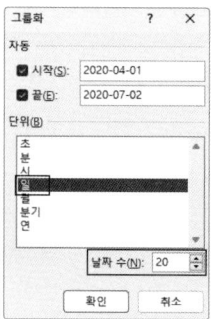

⑰ [디자인] 탭-[피벗 테이블 스타일] 그룹에서 '연한 노랑, 피벗 스타일 보통 5'를 선택합니다.

2 데이터 도구

① '분석작업-2' 시트를 선택하고 [A4] 셀을 선택하고 [데이터] 탭-[데이터 도구] 그룹-[중복된 항목 제거]를 클릭합니다.

② [중복된 항목 제거] 대화상자에서 <모두 선택 취소> 단추를 클릭합니다. '이름', '응시월' 열을 체크한 후 <확인> 단추를 클릭합니다.

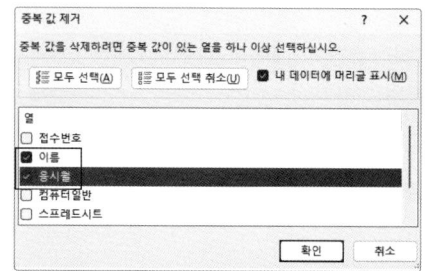

③ 중복된 값이 제거되었다는 메시지를 확인한 후 <확인> 단추를 클릭합니다.

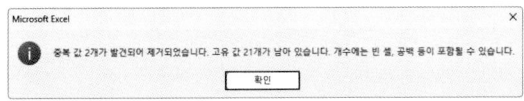

④ [C5:C25] 영역을 지정하고 [홈] 탭-[스타일] 그룹-[조건부 서식]-[셀 강조 규칙]-[중복 값]을 클릭합니다.

⑤ [중복 값] 대화상자에서 적용할 서식을 '진한 노랑 텍스트가 있는 노랑 채우기'로 지정하고 <확인> 단추를 클릭합니다.

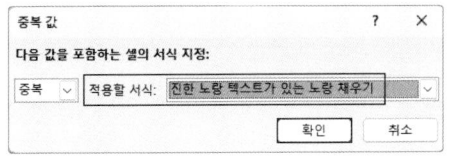

⑥ [A4] 셀을 선택하고 [데이터] 탭-[정렬 및 필터] 그룹-[필터]를 클릭합니다.

⑦ '응시월'의 ▼(필터 단추)를 클릭하고 [색 기준 필터]-[셀 색 기준 필터]에서 '노랑 채우기' 색을 선택합니다.

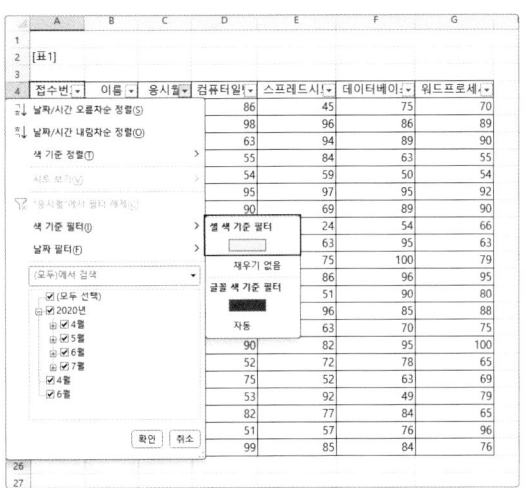

문제 4 ▶ 기타작업 (35점)

1 차트 수정

① '기타작업-1' 시트를 선택하고 '7월' 계열을 클릭하고 마우스 오른쪽 단추를 눌러 [계열 차트 종류 변경]을 클릭합니다.

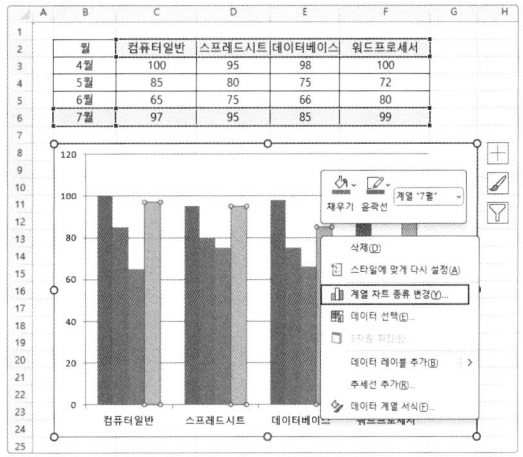

② [차트 종류 변경] 대화상자에서 '7월' 계열의 차트 종류를 '표식이 있는 꺾은선형'으로 선택하고 <확인> 단추를 클릭합니다.

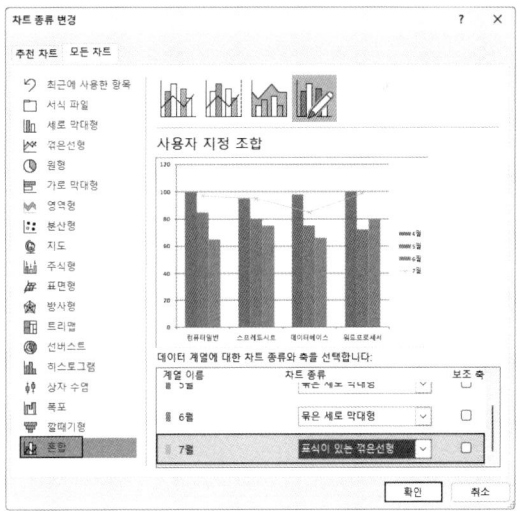

③ [차트 디자인] 탭-[차트 레이아웃] 그룹-[차트 요소 추가]-[차트 제목]-[차트 위]를 클릭하고 '월별 성적 자료'를 입력합니다.

④ 차트 제목이 선택된 상태에서 [서식] 탭-[도형 스타일] 그룹에서 '보통 효과-황금색, 강조4'를 클릭합니다.

⑤ 세로 (값) 축에서 마우스 오른쪽 단추를 눌러 [축 서식]을 클릭합니다.

⑥ [축 서식] 창의 [축 옵션]에서 '값을 거꾸로'를 체크합니다.

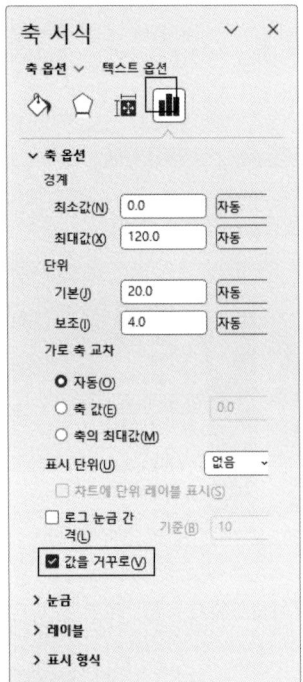

> **TIP**
> 값을 거꾸로
>
>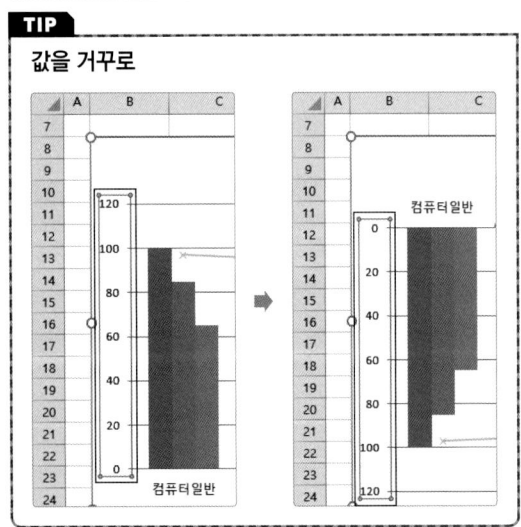

⑦ '4월' 계열의 '워드프로세서' 요소를 두 번 클릭합니다. [차트 디자인] 탭-[차트 레이아웃] 그룹-[차트 요소 추가]-[데이터 레이블]-[바깥쪽 끝에]를 선택합니다.

⑧ 차트 영역을 클릭하고 [차트 영역 서식] 창의 [차트 옵션]-[채우기 및 선]-[테두리]에서 '둥근 모서리'를 체크합니다.

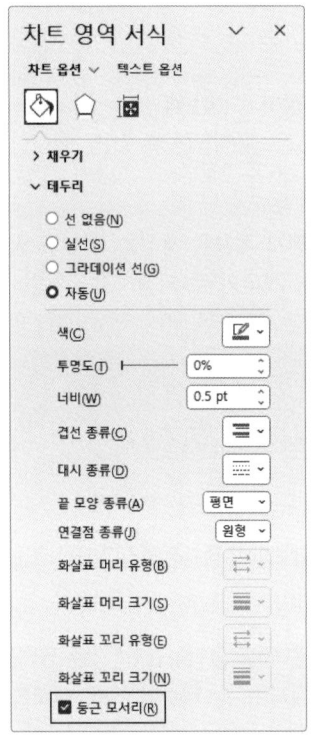

2 매크로 작성

① '기타작업-2' 시트를 선택하고 [개발 도구] 탭-[코드] 그룹-[매크로 기록]을 클릭합니다.

② [매크로 기록] 대화상자에서 매크로 이름을 '부분합계산'으로 입력하고 <확인> 단추를 클릭합니다.

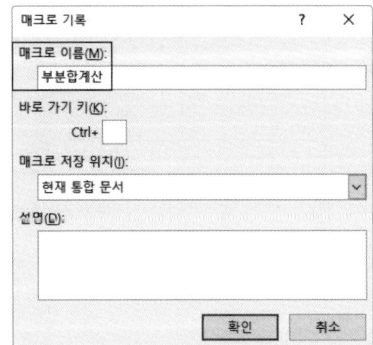

③ [C4] 셀을 선택하고 [데이터] 탭-[정렬 및 필터] 그룹-[텍스트 오름차순 정렬]을 클릭합니다.

④ [데이터] 탭-[윤곽선] 그룹-[부분합]을 클릭하고 다음과 같이 지정한 후 <확인> 단추를 클릭합니다.

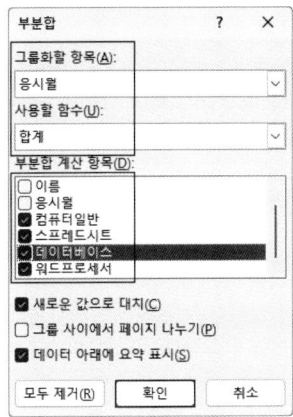

⑤ 상태 표시줄의 □(기록 중지)를 클릭하거나 [개발 도구] 탭-[코드] 그룹-[기록 중지]를 클릭합니다.

⑥ [삽입] 탭-[일러스트레이션] 그룹-[도형]-[기본 도형]-[배지]를 선택하고 [C1:D2] 영역에 Alt 키를 누른 채 드래그하여 작성한 후 '부분합계산'을 입력합니다.
   ※ [홈] 탭-[맞춤]-[가운데 맞춤]을 클릭하면 텍스트를 가운데로 지정할 수 있습니다.

⑦ 배지에서 마우스 오른쪽 단추를 눌러 [매크로 지정]을 클릭합니다.

⑧ [매크로 지정] 대화상자에서 매크로 이름을 '부분합계산'으로 선택하고 <확인> 단추를 클릭합니다.

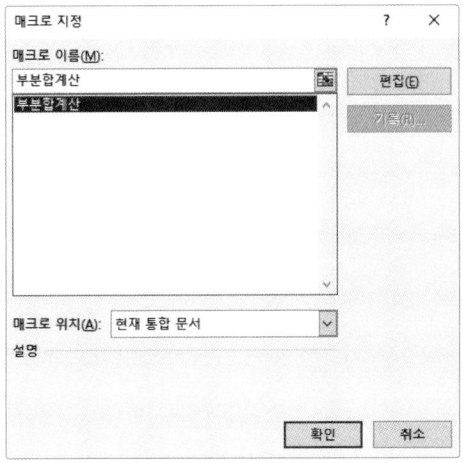

⑨ [개발 도구] 탭-[코드] 그룹-[매크로 기록]을 클릭합니다.

⑩ [매크로 기록] 대화상자에서 매크로 이름을 '부분합삭제'로 입력하고 <확인> 단추를 클릭합니다.

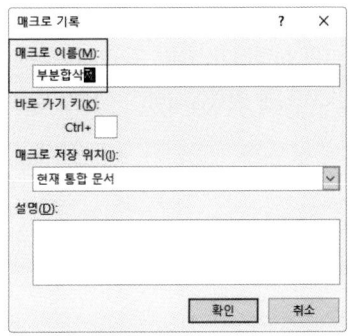

⑪ [C4] 셀을 클릭하고 [데이터] 탭-[윤곽선] 그룹-[부분합]을 클릭합니다. [부분합] 대화상자의 <모두 제거> 단추를 클릭합니다.

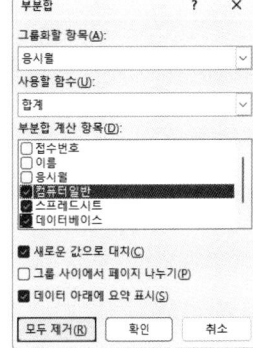

⑫ 상태 표시줄의 □(기록 중지)를 클릭하거나 [개발 도구] 탭-[코드] 그룹-[기록 중지]를 클릭합니다.

⑬ [삽입] 탭-[일러스트레이션] 그룹-[도형]-[배지]를 선택하고 [F1:G2] 영역에 Alt 키를 누른 채 드래그하여 작성한 후 '부분합삭제'를 입력합니다.

⑭ 배지에서 마우스 오른쪽 단추를 눌러 [매크로 지정]을 클릭합니다.

⑮ [매크로 지정] 대화상자에서 매크로 이름을 '부분합삭제'로 선택하고 <확인> 단추를 클릭합니다.

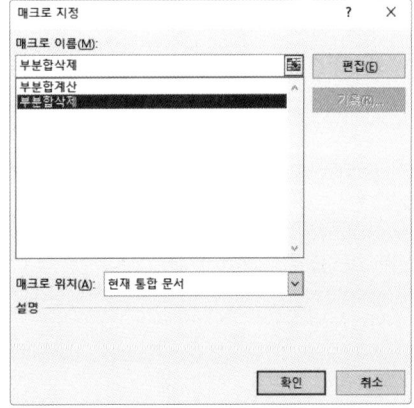

3 프로시저 작성

1) 폼 보이기 프로시저

① '기타작업-3' 시트를 선택하고 [개발 도구] 탭-[컨트롤] 그룹-[디자인 모드]를 클릭합니다.

② <판매현황> 단추를 더블 클릭하고 다음과 같이 코드를 입력합니다.

```
Private Sub cmd판매현황_Click( )
    판매현황.Show
End Sub
```

2) 폼 초기화 프로시저

① [프로젝트-VBAProject] 탐색기에서 '판매현황'을 선택하고 마우스 오른쪽 단추를 눌러 [코드 보기]를 클릭합니다.

② 개체 목록은 'UserForm', 프로시저 목록은 'Initialize'를 선택합니다.

③ 다음과 같이 코드를 입력합니다.

```
Private Sub UserForm_Initialize( )
    cmb판매자.RowSource = "J5:J8" → cmb판매자
    의 행 원본을 [J5:J8]로 지정
    txt판매시간 = Time → txt판매시간은 현재 시간
    을 초기값으로 입력함
    cmb지점명.AddItem "서울" → cmb지점명 목록
    에 "서울"을 추가
    cmb지점명.AddItem "경기"
    cmb지점명.AddItem "부산"
    cmb지점명.AddItem "강원"
    cmb지점명.AddItem "광주"
End Sub
```

3) 등록 프로시저

① 개체 목록은 'cmd입력', 프로시저 목록은 'Click'을 선택합니다.

② 다음과 같이 코드를 입력합니다.

```
Private Sub cmd입력_Click( )
    i = Range("A4").CurrentRegion.Rows.Count + 3
    Cells(i, 2) = cmb판매자
①      If TimeValue(txt판매시간) >= 0.5 Then →
        txt판매시간의 값이 0.5 이상인 경우 ②, ③
        수행
②          Cells(i, 3) = TimeValue(txt판매시간) → i행
            3열에 txt판매시간의 값을 표시
③          Cells(i, 4) = "오후" → i행 4열에 "오후"를
            표시
④      Else → ①의 조건을 만족하지 않으면 ⑤, ⑥
        을 수행
⑤          Cells(i, 3) = TimeValue(txt판매시간) → i행
            3열에 txt판매시간의 값을 표시
⑥          Cells(i, 4) = "오전" → i행 4열에 "오전"을
            표시
⑦      End If → If문 종료
    Cells(i, 5) = cmb지점명
    Cells(i, 6) = Val(txt판매목표)
    Cells(i, 7) = Val(txt판매달성)

    If Cells(i, 7) >= Cells(i, 6) Then
        Cells(i, 8) = "목표달성"
    Else
        Cells(i, 8) = "실적부진"
    End If

    cmb판매자 = " " → 모든 컨트롤의 값을 초기화
    txt판매시간 = " "
    cmb지점명 = " "
    txt판매목표 = " "
    txt판매달성 = " "

End Sub
```

※ TimeValue(Time 문자열) : Time 문자열이 나타내는 시간에 대한 소수를 반환하는 함수로 오후 12:00는 0.5로 변경됩니다.

4) 종료 프로시저

① 개체 목록은 'cmd닫기', 프로시저 목록은 'Click'을 선택합니다.

② 다음과 같이 코드를 입력합니다.

```
Private Sub cmd닫기_Click( )
    Unload Me
End Sub
```

③ ☒(보기 Microsoft Excel)을 클릭하거나 Alt + F11 키를 눌러 Excel로 돌아갑니다.

④ 실행 결과를 확인하기 위해 [개발 도구] 탭-[컨트롤] 그룹-[디자인 모드]를 클릭하여 디자인 모드를 해제합니다.

⑤ <판매현황> 단추를 클릭합니다. [판매현황] 폼이 표시되면 데이터를 입력하고 <입력> 단추를 클릭한 후 입력한 데이터가 워크시트에 입력되는 것을 확인합니다.

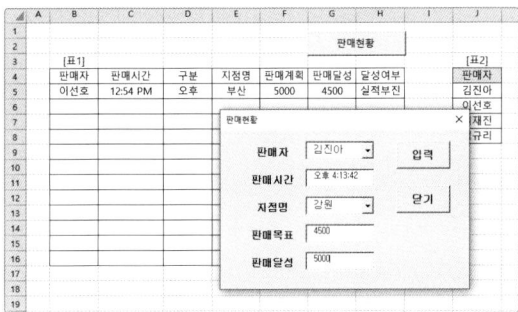

⑥ <닫기> 단추를 클릭하여 폼을 종료합니다.

컴퓨터활용능력 최신기출유형 4회

컴퓨터활용능력
1급실기

프로그램명	제한시간
EXCEL 2021	45분

수 험 번 호 :

성   명 :

1급   A형

유의사항

- 인적 사항 누락 및 잘못 작성으로 인한 불이익은 수험자 책임으로 합니다.
- 화면에 암호 입력창이 나타나면 아래의 암호를 입력하여야 합니다.
  - 암호 : 7345^7
- 작성된 답안은 주어진 경로 및 파일명을 변경하지 마시고 그대로 저장해야 합니다. 이를 준수하지 않으면 실격 처리됩니다.
  - 답안 파일명의 예 : C:₩OA₩수험번호8자리.xlsm
- 외부데이터 위치: C:₩OA₩파일명
- 별도의 지시사항이 없는 경우, 다음과 같이 처리 시 실격 처리됩니다.
  - 제시된 시트 및 개체의 순서나 이름을 임의로 변경한 경우
  - 제시된 시트 및 개체를 임의로 추가 또는 삭제한 경우
  - 외부데이터를 시험 시작 전에 열어본 경우
- 답안은 반드시 문제에서 지시 또는 요구한 셀에 입력하여야 하며 다음과 같이 처리 시 채점 대상에서 제외됩니다.
  - 제시된 함수가 있을 경우 제시된 함수만을 사용하여야 하며 그 외 함수 사용 시 채점 대상에서 제외
  - 수험자가 임의로 지시하지 않은 셀의 이동, 수정, 삭제, 변경 등으로 인해 셀의 위치 및 내용이 변경된 경우 해당 작업에 영향을 미치는 관련문제 모두 채점 대상에서 제외
  - 도형 및 차트의 개체가 중첩되어 있거나 동일한 계산결과 시트가 복수로 존재할 경우 해당 개체나 시트는 채점 대상에서 제외
- 수식 작성 시 제시된 문제 파일의 데이터는 변경 가능한(가변적) 데이터임을 감안하여 문제 풀이를 하시오.
- 별도의 지시사항이 없는 경우, 주어진 각 시트 및 개체의 설정값 또는 기본 설정값(Default)으로 처리 하시오.
- 저장 시간은 별도로 주어지지 않으므로 제한된 시간 내에 저장을 완료해야 하며, 제한 시간 내에 저장이 되지 않은 경우에는 실격 처리됩니다.
- 출제된 문제의 용어는 MS Office LTSC Professional Plus 2021 기준으로 작성되어 있습니다.

문제 1 기본작업(15점)_ 주어진 시트에서 다음 과정을 수행하고 저장하시오.

01 '기본작업-1' 시트에서 다음과 같이 고급필터를 수행하시오. (5점)

- [A2:I27] 영역에서 '대출코드'의 맨 앞 글자가 "S"로 시작하고, 구매건수가 상위 10위 이내인 행만을 표시하시오.
- 조건은 [A29:A30] 영역에 입력하시오. (AND, LEFT, RANK.EQ 함수 사용)
- 결과는 [A32] 셀부터 표시하시오.

02 '기본작업-1' 시트에서 다음과 같이 조건부 서식을 설정하시오. (5점)

- [A3:I27] 영역에 대해서 지점이 "강남"이나 "강동"이고, 구매금액이 전체 구매금액의 평균 이상인 전체 행에 대하여 글꼴 스타일은 '굵게', 밑줄은 '이중 실선'으로 적용하시오.
- 단, 규칙 유형은 '수식을 사용하여 서식을 지정할 셀 결정'을 이용하시오.
- OR, AND, AVERAGE 함수 사용

03 '기본작업-2' 시트에서 다음과 같이 페이지 레이아웃을 설정하시오. (5점)

- 인쇄 용지가 가로로 인쇄되도록 용지 방향을 '가로'로 설정하고, 인쇄될 내용이 페이지의 가로 가운데에 인쇄되도록 페이지 가운데 맞춤을 설정하시오.
- 매 페이지 하단의 가운데 구역에는 시트 이름과 페이지 번호가 [표시 예]와 같이 표시되도록 바닥글을 설정하시오.
  [표시 예 : 시트 이름이 '기본작업-2'이고, 현재 페이지 번호가 1인 경우 → 기본작업-2 시트/1페이지]
- [A2:I27] 영역을 인쇄 영역으로 설정하고, 2행이 매 페이지마다 반복하여 인쇄되도록 인쇄 제목을 설정하시오.

문제 2 계산작업(30점)_ '계산작업' 시트에서 다음 과정을 수행하고 저장하시오.

01 [표1]의 대출코드와 [표2]를 이용하여 [E4:E28] 영역에 직업과 지점을 계산하여 표시하시오. (6점)

- 직업은 대출코드의 첫 글자와 [표2]를 이용하여 계산
- 지점은 대출코드의 다섯 번째와 여섯 번째 글자를 4로 나눈 나머지가 0이면 "강남", 1이면 "강서", 2이면 "강북", 3이면 "강동"으로 표시
- 표시 예 : 회사원(강북)
- VLOOKUP, CHOOSE, MOD, LEFT, RIGHT 함수와 & 연산자 사용

02 [표1]의 대출코드, 대출금액, 대출기간을 이용하여 [J4:J28] 영역에 월상환액을 계산하여 표시하시오. (6점)

- 대출이율은 대출코드의 맨 앞 글자와 대출기간을 이용하여 [표2]에서 찾아 계산
- 대출이율과 대출기간은 연 단위임

▶ 대출이 없을 경우 "대출없음"을 표시
▶ IFERROR, PMT, OFFSET, MATCH, LEFT 함수 사용

03 [표1]의 영역에서 구매건수와 구매금액을 인수로 받아 비고[K4:K28]을 계산하여 되돌려주는 사용자 정의 함수 'fn비고'를 작성하시오. (6점)

▶ 비고는 구매건수가 50 이상이고, 구매금액이 15,000,000 이상이면 "우수회원", 그렇지 않으면 빈칸으로 표시 하시오.

```
Public Function fn비고(구매건수, 구매금액)
End Function
```

04 [표1]의 대출코드와 대출금액을 이용하여 [표3]의 [N5:N9] 영역에 직업별 최대 대출금액을 계산하여 표시하시오. (6점)

▶ 직업은 대출코드의 첫 글자로 구분
▶ 표시 예 : ₩5,000,000원
▶ IF, LEFT, MAXA, TEXT 함수를 사용한 배열 수식으로 작성

05 [표1]을 이용하여 [M12] 셀에 87년생 중 구매건수가 가장 많은 회원의 이름을 표시하시오. (6점)

▶ MAX, LEFT, MATCH, INDEX 함수 사용한 배열 수식으로 작성

문제3 분석작업(20점)_ 주어진 시트에서 다음 과정을 수행하고 저장하시오.

01 '분석작업-1' 시트에서 다음의 지시사항에 따라 피벗 테이블 보고서를 작성하시오. (10점)

▶ 외부 데이터 가져오기 기능을 사용하여 <대출현황.accdb>의 <대출정보> 테이블을 이용하시오.
▶ 피벗 테이블 보고서의 레이아웃과 위치는 <그림>을 참조하여 설정하고, 보고서 레이아웃을 개요 형식으로 표시하시오.
▶ 빈 셀에 "*"를 표시하고 열의 총합계만 표시하시오.
▶ 표시 형식을 <그림>과 같이 지정하고, '연한 주황, 피벗 스타일 보통 3'을 지정하시오.

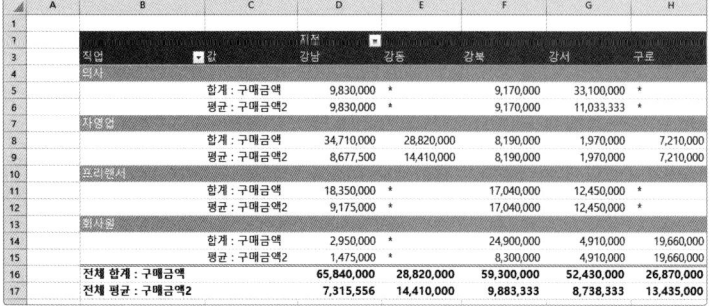

※ 작업이 완성된 그림이며 부분점수 없음

02 '분석작업-2' 시트에 대하여 다음의 지시사항을 처리하시오. (10점)

▶ [데이터 유효성 검사] 기능을 이용하여 [C3:C27] 영역에는 주민등록번호(000000-0000000)가 하이픈을 포함하여 14자리로 입력되도록 제한 대상을 설정하시오. (AND, LEN, FIND 함수 사용)

▶ [C3:C27] 영역의 셀을 클릭한 경우 <그림>과 같은 설명 메시지를 표시하고, 유효하지 않은 데이터를 입력한 경우 <그림>과 같은 오류 메시지가 표시되도록 설정하시오.

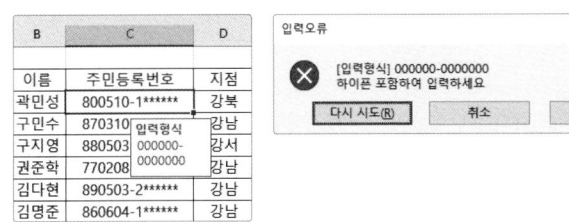

▶ [필터] 기능을 이용하여 '주민등록번호'가 70년생들의 데이터 행만 표시되도록 텍스트 필터를 설정하시오.

문제 4 기타작업(35점)_ 주어진 시트에서 다음 과정을 수행하고 저장하시오.

01 '기타작업-1' 시트에서 다음의 지시사항 따라 차트를 수정하시오.(각 2점)

※ 차트는 반드시 문제에서 제공한 차트를 사용하여야 하며, 신규로 차트 작성시 0점 처리됨

① 차트 레이아웃은 '레이아웃 1', 차트 스타일은 '스타일 5'로 지정하시오.

② '대출기간' 계열의 차트 종류를 '표식이 있는 꺾은선형'으로 변경한 후 보조 축으로 지정하시오.

③ 차트 제목과 세로 축 제목을 <그림>과 같이 지정하시오.

④ 기본 세로 축의 표시 단위를 <그림>과 같이 지정하시오.

⑤ 차트 영역의 테두리 스타일은 '둥근 모서리', 그림자는 '안쪽 가운데'로 표시하시오.

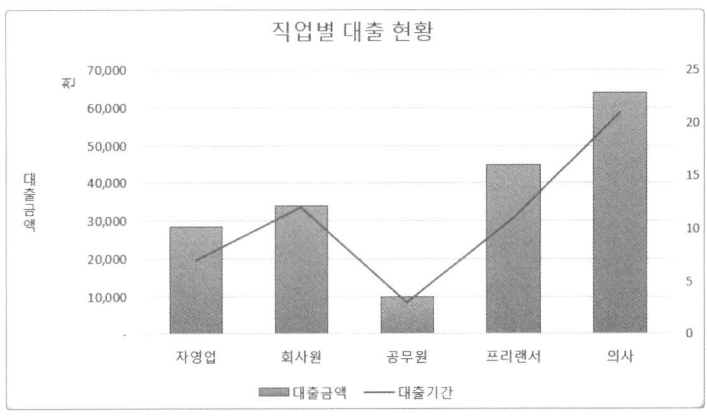

02 '기타작업-2' 시트에서 다음과 같은 기능을 수행하는 매크로를 현재 통합문서에 작성하시오. (각 5점)

① [F6:G30] 영역에 대하여 사용자 지정 표시 형식을 설정하는 '반복서식' 매크로를 생성하시오.
   ▶ 구매금액과 대출금액의 셀 값 앞에 '*'를 반복하여 표시, 0은 빨강색으로 '#'을 반복하고 0을 표시
   ▶ [개발 도구]-[삽입]-[양식 컨트롤]의 '단추'를 동일 시트의 [C2:C3] 영역에 생성한 후 텍스트를 '반복서식'으로 입력하고, 단추를 클릭하면 '반복서식' 매크로가 실행되도록 설정하시오.

② [F6:G30] 영역에 대하여 표시 형식을 '숫자'로 적용하고 1,000 단위 구분 기호를 표시하는 '반복해제' 매크로를 생성하시오.
   ▶ [개발 도구]-[삽입]-[양식 컨트롤]의 '단추'를 동일 시트의 [E2:F3] 영역에 생성한 후 텍스트를 '반복해제'로 입력하고, 단추를 클릭하면 '반복해제' 매크로가 실행되도록 설정하시오.
   ※ 셀 포인터의 위치에 관계없이 매크로가 실행되어야 정답으로 인정됨

03 '기타작업-3' 시트에서 다음과 같은 작업을 수행하도록 프로시저를 작성하시오. (각 5점)

① <대출등록> 단추를 클릭하면 '대출등록' 폼이 나타나고, 폼이 초기화 되면 [J5:J9] 영역의 내용이 '직업(cmb직업)' 콤보 상자의 목록에 표시되고, 현재 날짜가 '대출일(txt대출일)' 텍스트 상자에 표시되도록 프로시저를 작성하시오.

② '대출등록' 폼의 <등록(cmd등록)> 단추를 클릭하면 폼에 입력된 데이터가 시트의 표에 입력되도록 프로시저를 작성하시오.
   ▶ 대출금액과 월이자에는 천 단위마다 콤마를 표시하여 입력하시오.
   ▶ 연이율은 백분율로 변환하여 입력하되, 소수점 둘째 자리까지 표시하시오(표시 예 : 3.5 → 3.50%).
   ▶ 월이자는 '대출금액 × 연이율/12'로 계산하여 입력하시오.

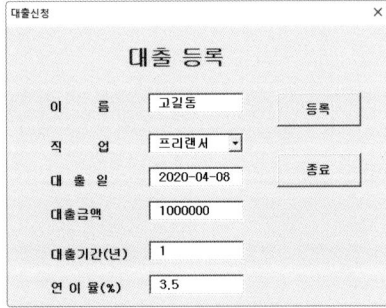

③ <종료(cmd종료)> 단추를 클릭하면 "대출이 등록되었습니다."라는 내용이 표시된 메시지 박스를 표시한 후 폼을 종료하시오.
   ▶ 단, 대출기간이 5년 이상인 경우에는 "할인 대상자입니다."라는 내용이 표시된 메시지 박스를 표시한 후 폼을 종료하시오.

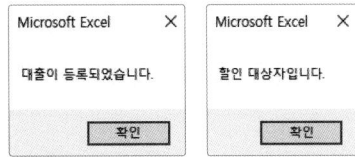

최신기출유형 4회 정답 및 해설

정답

문제 1 기본작업 (15점)

01 고급 필터

고급 필터 조건식 : =AND(LEFT(A3,1)="S",RANK.EQ(F3,$F$3:$F$27)<=10)

02 조건부 서식

조건부 서식 수식 : =AND(OR($E3="강남",$E3="강동"),$G3>=AVERAGE($G$3:$G$27))

03 페이지 레이아웃

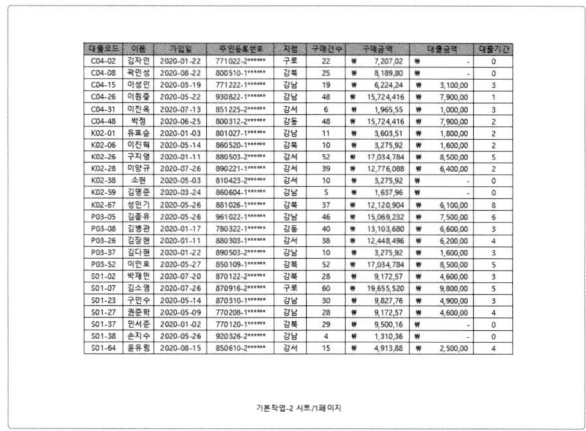

문제 2 계산작업 (30점)

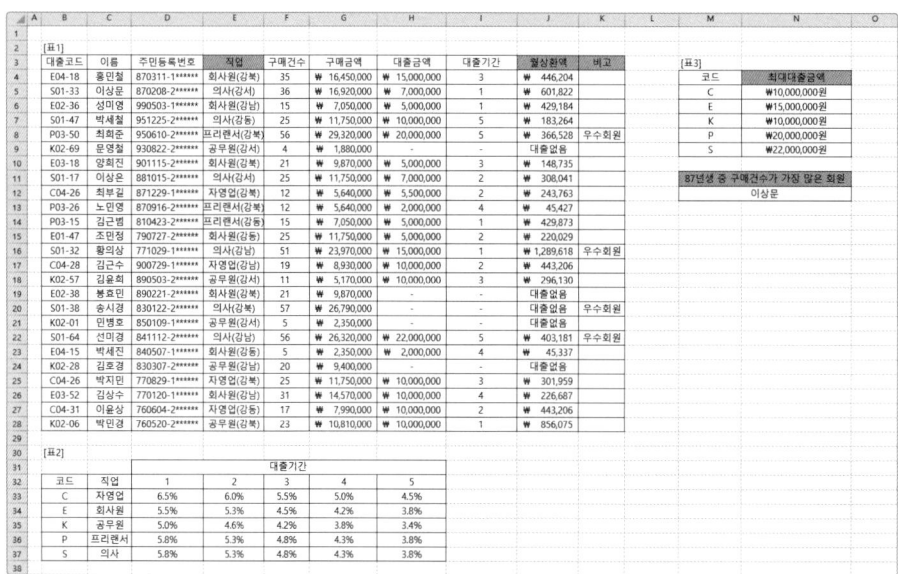

01 직업과 지점명[E4:E28]

=VLOOKUP(LEFT(B4,1),$B$33:$C$37,2,0)&"("&CHOOSE(MOD(RIGHT(B4,2),4)+1,"강남","강서","강북","강동")&")"

02 월상환액[J4:J28]

=IFERROR(PMT(OFFSET($C$32,MATCH(LEFT(B4,1),$B$33:$B$37,0),I4)/12,I4*12,-H4),"대출없음")

03 fn비고[K4:K28]

```
Public Function fn비고(구매건수, 구매금액)
    If 구매건수 >= 50 And 구매금액 >= 15000000 Then
        fn비고 = "우수회원"
    Else
        fn비고 = " "
    End If
End Function
```

04 직업별 최대 대출금액[N5:N9]

=TEXT(MAXA(IF(LEFT($B$4:$B$28,1)=M5,$H$4:$H$28)),"₩#,###원")

05 구매건수가 가장 많은 회원의 이름[M12]

=INDEX(C4:C28,MATCH(MAX((LEFT(D4:D28,2)="87")*F4:F28),(LEFT(D4:D28,2)="87")*F4:F28,0))

문제 3 분석작업 (20점)

01 피벗 테이블

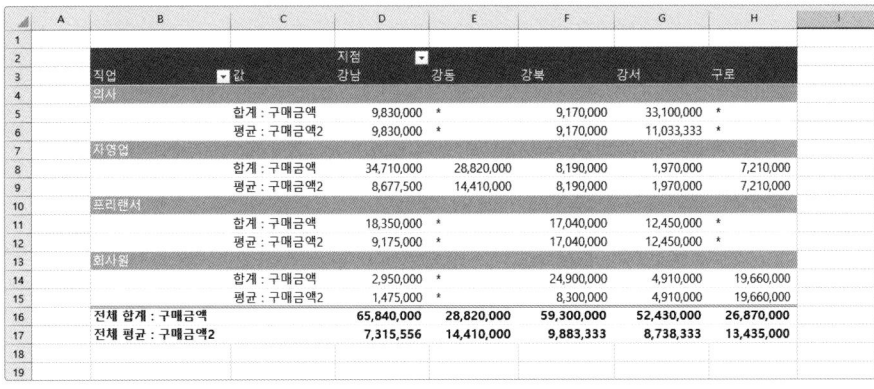

02 데이터 도구

문제 4 ▸ 기타작업 (35점)

01 차트

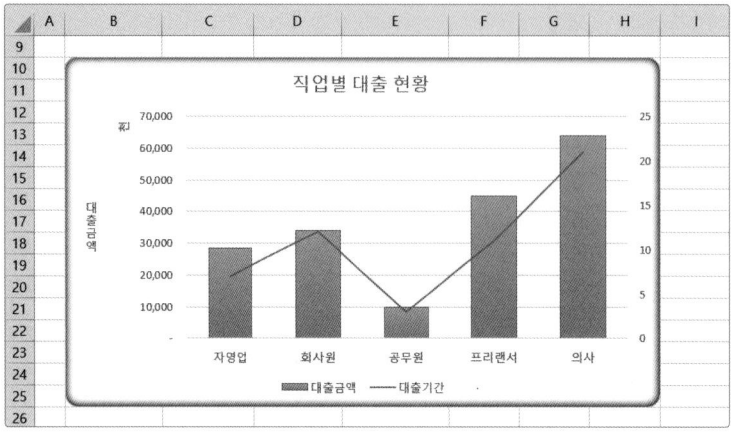

02 매크로

대출코드	이름	주민등록번호	지점	구매건수	구매금액	대출금액	대출기간
C04-08	곽민성	800510-1******	강북	25	********8,189,800	############0	0
S01-23	구민수	870310-1******	강남	30	********9,827,760	********4,900,000	3
K02-26	구지영	880503-2******	강서	52	********17,034,784	********8,500,000	5
S01-27	권준학	770208-1******	강남	28	********9,172,576	********4,600,000	4
P03-37	김다현	890503-2******	강남	10	********3,275,920	********1,600,000	3
K02-59	김명준	860604-1******	강남	5	********1,637,960	############0	0
P03-08	김병관	780322-1******	강동	40	********13,103,680	********6,600,000	3
S01-07	김소영	870916-2******	구로	60	********19,655,520	********9,800,000	5
C04-02	김자민	771022-2******	구로	22	********7,207,024	############0	0
P03-26	김장현	880303-1******	강서	38	********12,448,496	********6,200,000	4
P03-05	김종유	961022-1******	강남	46	********15,069,232	********7,500,000	6
S01-37	민서준	770120-1******	강북	29	********9,500,168	############0	0
S01-02	박재민	870122-2******	강북	28	********9,172,576	********4,600,000	3
C04-48	박정	800312-2******	강동	48	********15,724,416	********7,900,000	2
K02-67	성민기	881026-1******	강북	37	********12,120,904	********6,100,000	8
K02-38	소현	810423-2******	강서	10	********3,275,920	############0	0
S01-38	손지수	920326-2******	강남	4	********1,310,368	############0	0
K02-01	유효승	801027-1******	강남	11	********3,603,512	********1,800,000	2
S01-64	윤유림	850610-2******	강서	15	********4,913,880	********2,500,000	4
C04-15	이성민	771222-1******	강남	19	********6,224,248	********3,100,000	3
K02-28	이양규	890221-1******	강서	39	********12,776,088	********6,400,000	2
C04-26	이원중	930822-1******	강남	48	********15,724,416	********7,900,000	1
P03-52	이인호	850109-1******	강북	52	********17,034,784	********8,500,000	5
C04-31	이진욱	851225-2******	강서	6	********1,965,552	********1,000,000	3
K02-06	이진혁	860520-1******	강북	10	********3,275,920	********1,600,000	2

사용자 지정 표시 형식 : **#,##0;;[빨강]*#0

03 프로시저

▶ 폼 보이기 프로시저

```
Private Sub cmd대출등록_Click( )
    대출등록.Show
End Sub
```

▶ 폼 초기화 프로시저

```
Private Sub UserForm_Initialize( )
    cmb직업.RowSource = "J5:J10"
    txt대출일 = Date
End Sub
```

▶ 등록 프로시저

```
Private Sub cmd등록_Click( )
    i = [B3].Row + [B3].CurrentRegion.Rows.Count
    Cells(i, 2) = txt이름
    Cells(i, 3) = cmb직업
    Cells(i, 4) = txt대출일
    Cells(i, 5) = Format(txt대출금액, "#,###")
    Cells(i, 6) = Val(txt대출기간)
    Cells(i, 7) = Format(txt연이율 / 100, "0.00%")
    Cells(i, 8) = Format(Cells(i, 5) * Cells(i, 7) / 12, "#,###")
End Sub
```

▶ 종료 프로시저

```
Private Sub cmd종료_Click( )
    If txt대출기간 >= 5 Then
        MsgBox "할인 대상자입니다."
    Else
        MsgBox "대출이 등록되었습니다."
    End If
    Unload Me
End Sub
```

해설

문제 1 ▶ 기본작업 (15점)

1 고급 필터 수행하기

① '기본작업-1' 시트를 선택한 후 [A29:A30] 영역에 다음과 같이 조건을 입력합니다.

> [A29] 셀 : '조건'을 입력
> [A30] 셀 : =AND(LEFT(A3,1)="S",RANK.EQ(F3, $F$3:$F$27)<=10) → [A3] 셀의 첫 글자가 "S"이고, [F3] 셀이 상위 10위 이내이면 TRUE를 반환
> ※ RANK.EQ 함수는 같은 값인 경우 동일한 순위가 부여됩니다. 예를 들어 구매건수가 52로 같은 경우 순위는 2가 되고 중복 숫자가 2개 있는 경우 다음 순위는 4가 됩니다.

② [A2] 셀을 클릭하고 [데이터] 탭-[정렬 및 필터] 그룹-[고급]을 클릭합니다.

③ [고급 필터] 대화상자에서 '다른 장소에 복사'를 선택하고 목록 범위는 [A2:I27] 영역이 지정되었는지 확인합니다.

④ [고급 필터] 대화상자에서 조건 범위는 [A29:A30] 영역, 복사 위치는 [A32] 셀을 지정한 후 <확인> 단추를 클릭합니다.

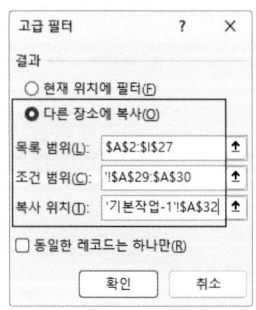

2 조건부 서식 수행하기

① [A3:I27] 영역을 지정하고 [홈] 탭-[스타일] 그룹-[조건부 서식]-[새 규칙]을 클릭합니다.

② [새 서식 규칙] 대화상자에서 규칙 유형 선택의 '수식을 사용하여 서식을 지정할 셀 결정'을 선택하고 다음과 같이 수식을 입력한 후 <서식> 단추를 클릭합니다.

> =AND(OR($E3="강남",$E3="강동"),$G3>= AVERAGE($G$3:$G$27)) → [E3] 셀이 "강남"이나 "강동"이고, [G3] 셀이 [G3:G27] 영역의 평균 이상이면 TRUE를 반환

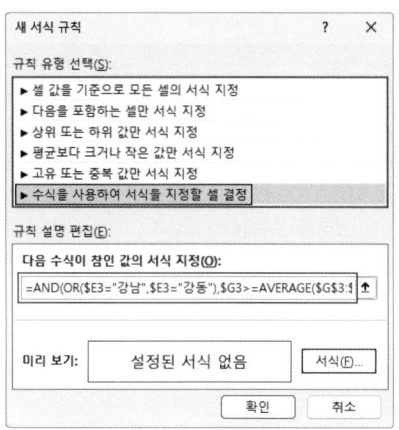

③ [셀 서식] 대화상자의 [글꼴] 탭에서 글꼴 스타일은 '굵게', 밑줄은 '이중 실선'을 선택하고 <확인> 단추를 클릭합니다.

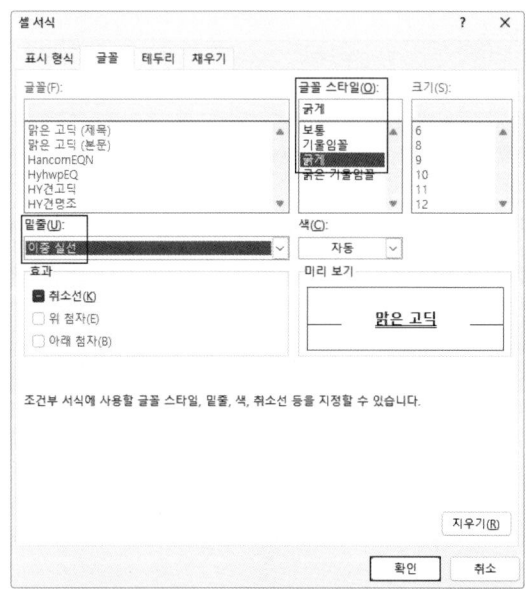

④ [새 서식 규칙] 대화상자에서 다시 <확인> 단추를 클릭합니다.

3 페이지 레이아웃

① '기본작업-2' 시트를 선택하고 [페이지 레이아웃] 탭-[페이지 설정] 그룹의 (대화상자 표시 아이콘)을 클릭합니다.

② [페이지 설정] 대화상자의 [페이지] 탭에서 용지 방향의 '가로'를 체크합니다.

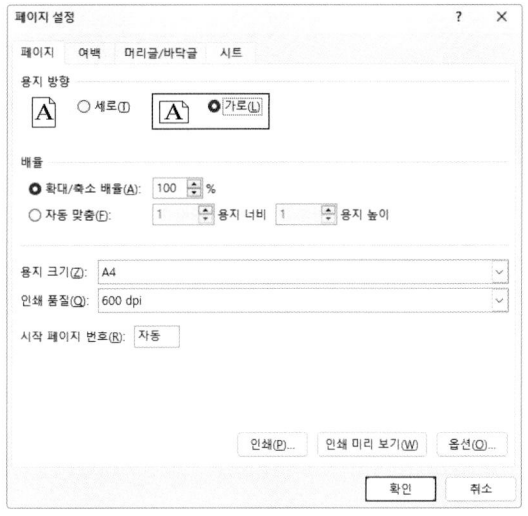

③ [페이지 설정] 대화상자의 [여백] 탭에서 페이지 가운데 맞춤의 '가로'를 체크합니다.

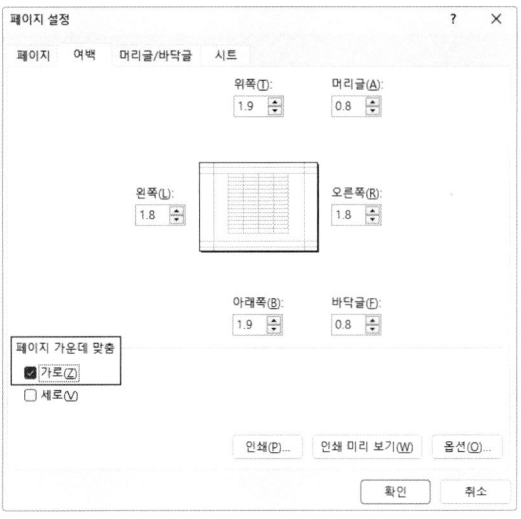

④ [페이지 설정] 대화상자에서 [머리글/바닥글] 탭을 선택하고 <바닥글 편집>을 클릭합니다.

⑤ [바닥글] 대화상자의 가운데 구역에서 (시트 이름 삽입)을 클릭하고 ' 시트/'를 입력합니다. (페이지 번호 삽입)을 클릭하고 '페이지'를 입력합니다.

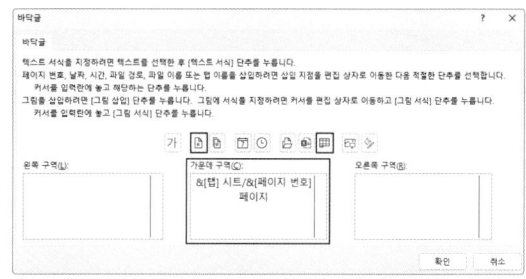

⑥ [페이지 설정] 대화상자에서 [시트] 탭을 선택하고 인쇄 영역을 [A2:I27]로 지정하고, 반복할 행에서 2행의 행 머리글을 클릭한 후 <확인> 단추를 클릭합니다.

문제2 ▶ 계산작업 (30점)

1 직업과 지점명[E4:E28]

① [E4] 셀에 다음과 같이 수식을 입력합니다.

```
=VLOOKUP(LEFT(B4,1),$B$33:$C$37,2,0)&"("&CHOOSE(MOD(RIGHT(B4,2),4)+1,"강남","강서","강북","강동")&")"
```

=VLOOKUP(LEFT(B4,1),$B$33:$C$37,2,0)&"("&C
　　　　　　　　　　　　　　　　　　　　①
HOOSE(MOD(RIGHT(B4,2),4)+1,"강남","강서","강북",
　　　　　　　　②
"강동")&")"

→ ① 다음에 ②를 괄호로 표시, ① [B4] 셀의 첫 글자를 [B33:C37] 영역의 1열에서 찾은 후 2열의 값을 표시, ② [B4] 셀의 마지막 두 글자를 4로 나눈 나머지에 1을 더한 값이 1이면 "강남", 2이면 "강서", 3이면 "강북", 4이면 "강동"으로 표시(CHOOSE의 두 번째 인수는 1인 경우부터 시작되므로 1을 더해줌)

② 결과를 확인하고 채우기 핸들을 더블 클릭하여 수식을 복사합니다.

2 월상환액[J4:J28]

① [J4] 셀에 다음과 같이 수식을 입력합니다.

```
=IFERROR(PMT(OFFSET($C$32,MATCH(LEFT(B4,1),$B$33:$B$37,0),I4)/12,I4*12,-H4),"대출없음")
```

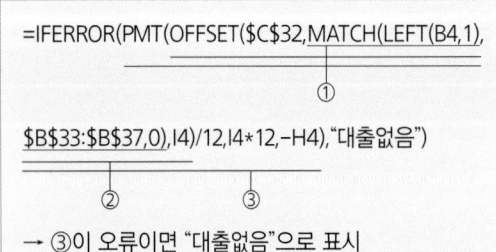

→ ③이 오류이면 "대출없음"으로 표시
① [B4] 셀의 첫 글자를 [B33:B37] 영역에서 찾은 위치를 반환
② [C32] 셀로부터 ① 행, [I4] 열만큼 떨어진 값을 반환
③ ②를 12로 나눈 값을 대출이율, I4*12를 대출기간, H4를 대출금액으로 지정한 월상환액을 계산

※ 대출코드가 'E04-18'이고, 대출기간이 '3'인 경우, MATCH(LEFT(B4,1),$B$33:$B$37,0)의 결과 값은 2가 되고, OFFSET($C$32,MATCH(LEFT(B4,1),$B$33:$B$37,0),I4)은 [C32]셀로부터 2행 3열 떨어진 값인 4.5%가 됩니다. PMT(OFFSET($C$32,MATCH(LEFT(B4,1),$B$33:$B$37,0),I4)/12,I4*12,H4)에 의해 PMT(4.5%/12,3*12,-15000000)이 계산됩니다.

② 결과를 확인하고 채우기 핸들을 더블 클릭하여 수식을 복사합니다.

3 fn비고[K4:K28]

① [개발 도구] 탭-[코드] 그룹-[Visual Basic]을 클릭하거나 **Alt**+**F11** 키를 누릅니다.

② [삽입]-[모듈]을 클릭합니다.

③ Module 창에 다음과 같이 코드를 입력합니다.

```
Public Function fn비고(구매건수, 구매금액)
    If 구매건수 >= 50 And 구매금액 >= 15000000 Then
        fn비고 = "우수회원"
    Else
        fn비고 = " "
    End If
End Function
```

④ ☒(보기 Microsoft Excel)을 클릭하거나 **Alt**+**F11** 키를 눌러 Excel로 돌아갑니다.

⑤ [K4] 셀을 클릭한 후 다음과 같이 수식을 입력합니다.

```
=fn비고(F4,G4)
```

⑥ 결과를 확인하고 채우기 핸들을 더블 클릭하여 수식을 복사합니다.

4 직업별 최대 대출금액[N5:N9]

① [N5] 셀에 다음과 같이 수식을 입력한 후 **Ctrl**+**Shift**+**Enter** 키를 누릅니다.

```
=TEXT(MAXA(IF(LEFT($B$4:$B$28,1)=M5,$H$4:
$H$28)),"₩#,###원")
```

```
=TEXT(MAXA(IF(LEFT($B$4:$B$28,1)=M5,$H$4:
                                    ①
$H$28)),"₩#,###원")
```
→ ①의 값을 "₩#,###원" 형식으로 표시
① 대출코드의 첫 글자가 [M5] 셀과 같은 경우 [H4:H28] 영역의 최대값을 반환

② 결과를 확인하고 채우기 핸들을 드래그하여 수식을 복사합니다.

5 구매건수가 가장 많은 회원의 이름[M12]

① [M12] 셀에 다음과 같이 수식을 입력한 후 **Ctrl**+**Shift**+**Enter** 키를 누릅니다.

```
=INDEX(C4:C28,MATCH(MAX((LEFT(D4:D28,2)=
"87")*F4:F28),(LEFT(D4:D28,2)="87")*F4:F28,0))
```

```
=INDEX(C4:C28,MATCH(MAX((LEFT(D4:D28,2)=
                        ①
"87")*F4:F28),(LEFT(D4:D28,2)="87")*F4:F28,0))
```
→ [C4:C28] 영역에서 ①의 결과를 행 번호로 지정한 값을 표시, ① 주민등록번호의 맨 앞 두 글자가 "87"인 값 중 [F4:F28] 영역에서 최대값을 찾아 몇 행에 있는지 반환

문제3 ▶ 분석작업 (20점)

1 피벗 테이블 보고서 작성

① '분석작업-1' 시트를 선택하고 [데이터] 탭-[데이터 가져오기 및 변환] 그룹-[데이터 가져오기]-[기타 원본에서]-[Microsoft Query에서]를 클릭합니다.

② [데이터 원본 선택] 대화상자에서 'MS Access Database*'을 선택하고 <확인> 단추를 클릭합니다.

③ [데이터베이스 선택] 대화상자에서 'C:\OA\대출현황.accdb'를 선택하고 <확인> 단추를 클릭합니다.

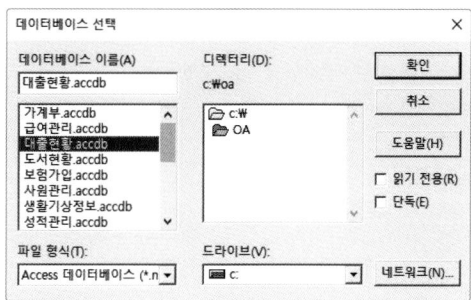

④ [쿼리 마법사-열 선택] 대화상자에서 > 을 클릭하여 모든 열을 '쿼리에 포함된 열'에 삽입하고 <다음> 단추를 클릭합니다.

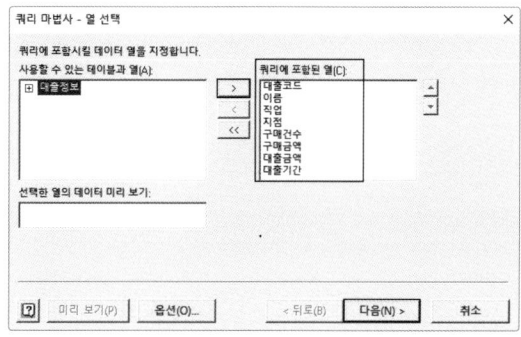

⑤ [쿼리 마법사-데이터 필터] 대화상자에서 <다음> 단추를 클릭합니다.

⑥ [쿼리 마법사-정렬 순서] 대화상자에서 <다음> 단추를 클릭합니다.

⑦ [쿼리 마법사-마침] 대화상자에서 'Microsoft Office Excel로 데이터 되돌리기'를 선택하고 <마침> 단추를 클릭합니다.

⑧ [데이터 가져오기] 대화상자에서 '피벗 테이블 보고서'를 선택하고 기존 워크시트에서 시작 위치인 [B2] 셀을 지정하고 <확인> 단추를 클릭합니다.

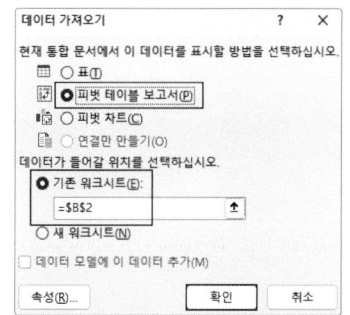

⑨ [피벗 테이블 필드] 창에서 행에 '직업', 열에 '지점', 값에 '구매금액'을 두 번 드래그하고 열 레이블의 'Σ 값'을 행 레이블로 드래그합니다.

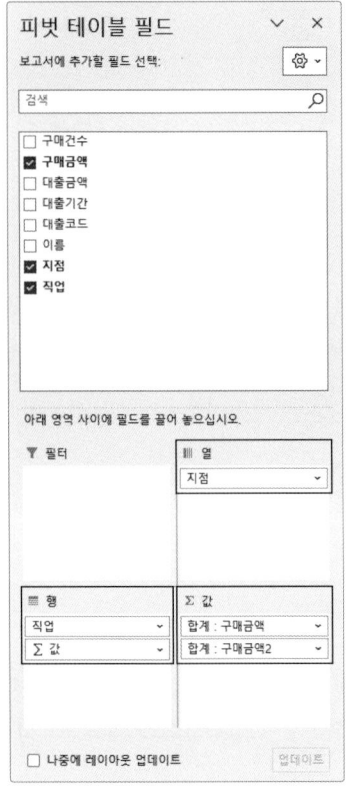

⑩ 값의 '합계 : 구매금액2'를 클릭하고 [값 필드 설정] 을 선택합니다.

⑪ [값 필드 설정] 대화상자에서 [값 요약 기준] 탭의 '평균'을 선택하고 <확인> 단추를 클릭합니다.

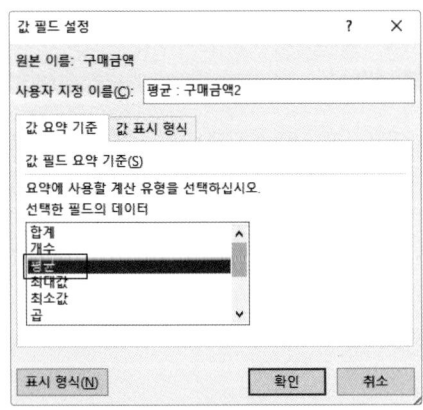

⑫ [디자인] 탭-[레이아웃] 그룹-[보고서 레이아웃]- [개요 형식으로 표시]를 클릭합니다.

⑬ 피벗 테이블에서 마우스 오른쪽 단추를 눌러 [피벗 테이블 옵션]을 클릭합니다.

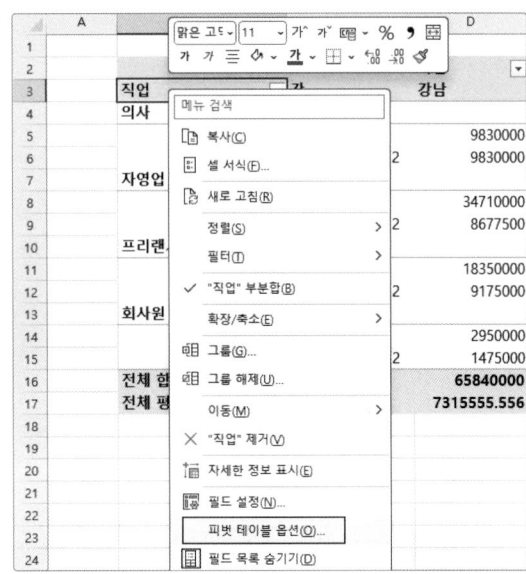

⑭ [피벗 테이블 옵션] 대화상자의 [레이아웃 및 서식] 탭에서 빈 셀 표시에 '*'을 입력합니다.

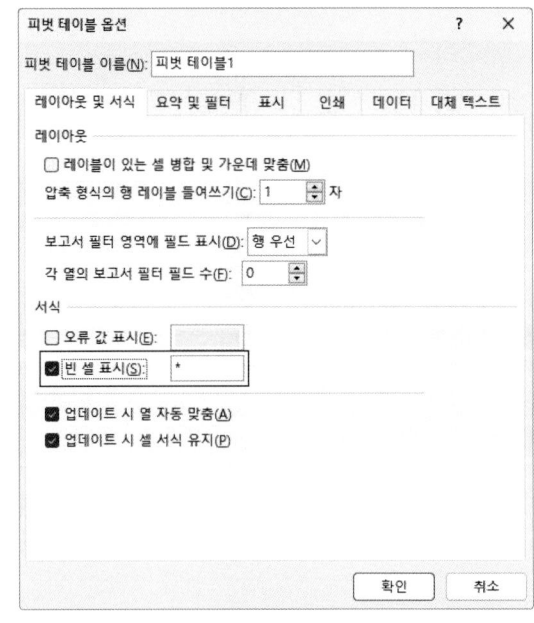

⑮ [피벗 테이블 옵션] 대화상자의 [요약 및 필터] 탭에서 '행 총합계 표시'의 체크를 해제하고 <확인> 단추를 클릭합니다.([디자인] 탭-[레이아웃] 그룹-[총합계]-[열의 총합계만 설정]도 가능)

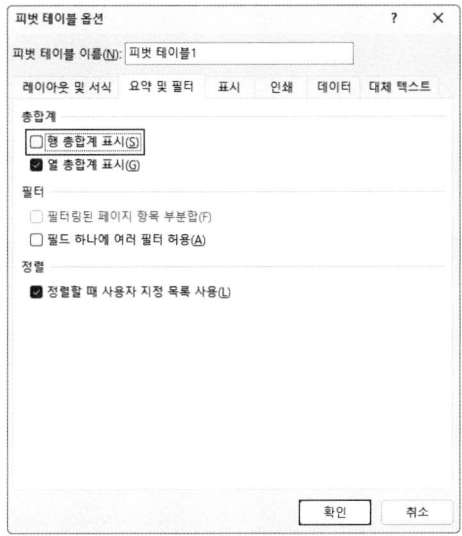

⑯ [D5:H17] 영역을 지정하고 [홈] 탭-[표시 형식] 그룹-[쉼표 스타일]을 클릭합니다.

⑰ [디자인] 탭-[피벗 테이블 스타일] 그룹에서 '연한 주황, 피벗 스타일 보통 3'을 선택합니다.

2 데이터 도구

① '분석작업-2' 시트를 선택 후 [C3:C27] 영역을 지정하고 [데이터] 탭-[데이터 도구] 그룹-[데이터 유효성 검사]-[데이터 유효성 검사]를 클릭합니다.

② [데이터 유효성] 대화상자의 [설정] 탭에서 제한 대상을 '사용자 지정'으로 지정하고 수식에 '=AND(LEN(C3)=14, FIND("-", C3)=7)'을 입력합니다.

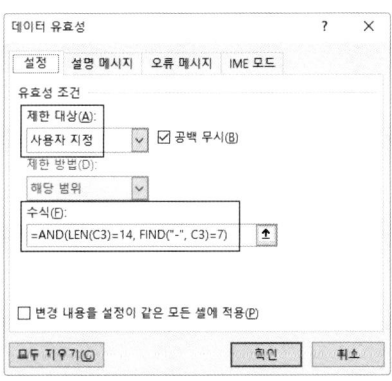

TIP
=AND(LEN(C3)=14, FIND("-", C3)=7) → [C3] 셀의 글자 수가 14이고, [C3] 셀의 7번째 글자가 "-"이면 TRUE를 반환

③ [데이터 유효성] 대화상자의 [설명 메시지] 탭에서 제목과 설명 메시지를 다음과 같이 입력합니다.

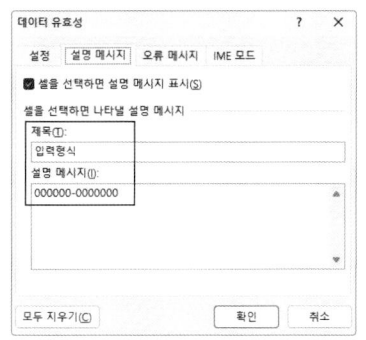

④ [데이터 유효성] 대화상자의 [오류 메시지] 탭에서 스타일은 '중지'로 지정하고 제목과 오류 메시지를 다음과 같이 입력한 후 <확인> 단추를 클릭합니다.

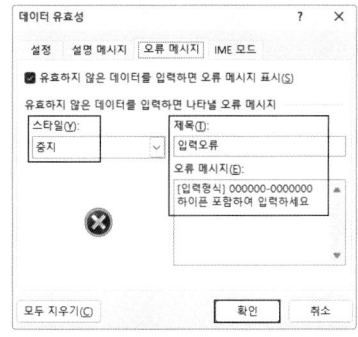

⑤ [A2] 셀을 선택하고 [데이터] 탭-[정렬 및 필터] 그룹-[필터]를 클릭합니다.

⑥ '주민등록번호'의 ▼(필터 단추)를 클릭하고 [텍스트 필터]-[시작 문자]를 선택합니다.

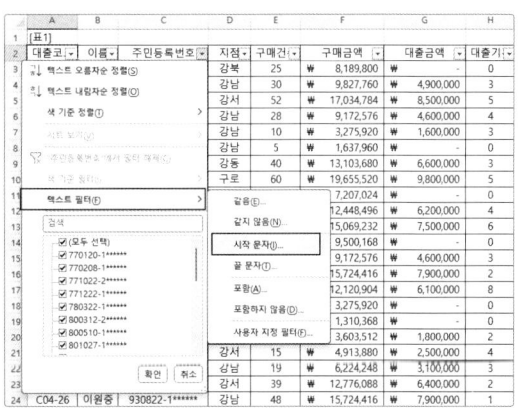

⑦ [사용자 지정 자동 필터] 대화상자에서 찾을 조건을 다음과 같이 지정한 후 <확인> 단추를 클릭합니다.

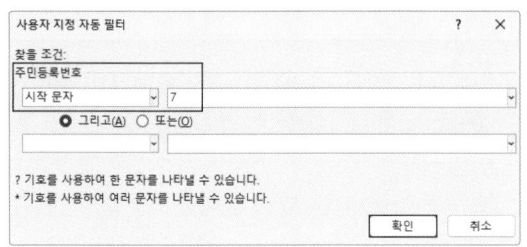

문제 4 ▶ 기타작업 (35점)

1 차트 수정

① '기타작업-1' 시트를 선택합니다. 차트를 클릭하고 [차트 도구]-[디자인] 탭-[차트 레이아웃] 그룹-[빠른 레이아웃]-[레이아웃1]을 클릭합니다.

② [차트 디자인] 탭-[차트 스타일] 그룹-[스타일5]를 클릭합니다.

③ '대출기간' 계열을 선택하고 마우스 오른쪽 단추를 눌러 [계열 차트 종류 변경]을 클릭합니다.

※ '대출기간' 계열을 선택하기 어려운 경우 [차트 도구]-[서식] 탭-[현재 선택 영역] 그룹-[차트 영역]을 클릭한 후 계열 "대출기간"을 선택합니다.

④ [차트 종류 변경] 대화상자에서 '대출기간' 계열의 차트 종류를 '꺾은선형'으로 선택한 후 보조 축을 클릭하고 <확인> 단추를 클릭합니다.

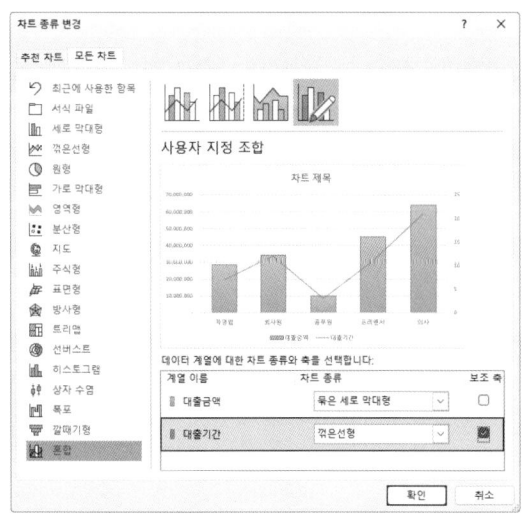

⑤ 차트 제목은 '직업별 대출 현황'으로 입력합니다.

⑥ [차트 디자인] 탭-[차트 레이아웃] 그룹-[차트 요소 추가]-[축 제목]-[기본 세로]를 클릭하고 '대출금액'을 입력합니다.

⑦ 세로 (값) 축 제목에서 마우스 오른쪽 단추를 눌러 [축 제목 서식]을 클릭합니다.

⑧ [축 제목 서식] 창의 [제목 옵션]-[크기 및 속성]-[맞춤]에서 텍스트 방향을 '세로'로 선택합니다.

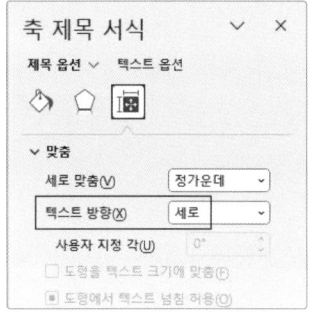

⑨ [축 서식] 창의 [축 옵션]에서 표시 단위를 '천'으로 선택하고 '차트에 단위 레이블 표시'가 체크되었는지 확인합니다.

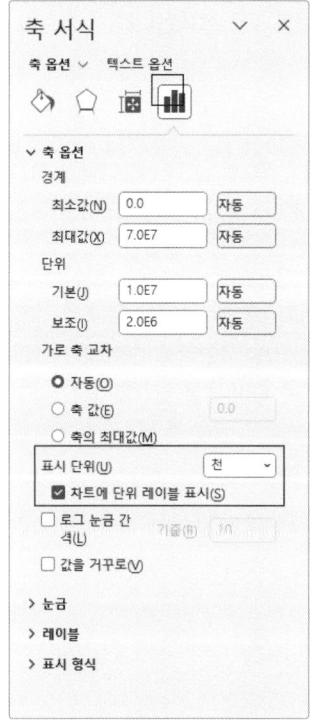

⑩ 차트 영역을 클릭하고 [차트 영역 서식] 창의 [차트 옵션]-[채우기 및 선]-[테두리]에서 '둥근 모서리'를 체크합니다.

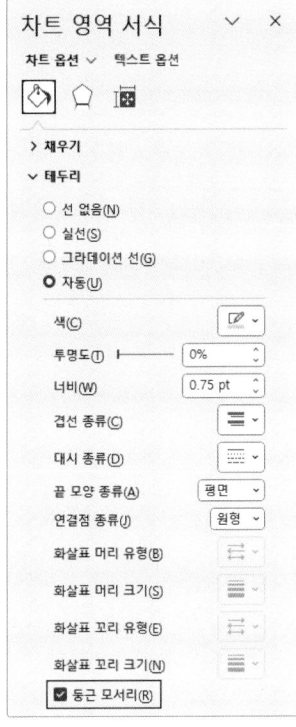

⑪ [차트 영역 서식] 창의 [차트 옵션]-[효과]-[그림자]-[미리 설정]에서 '안쪽 가운데'를 클릭합니다.

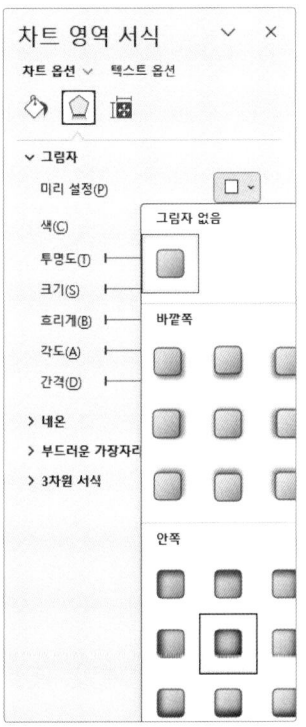

2 매크로 작성

① '기타작업-2' 시트를 선택하고 [개발 도구] 탭-[코드] 그룹-[매크로 기록]을 클릭합니다.

② [매크로 기록] 대화상자에서 매크로 이름을 '반복서식'으로 입력하고 <확인> 단추를 클릭합니다.

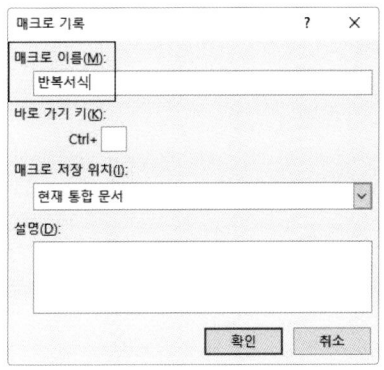

③ [F6:G30] 영역을 선택하고 마우스 오른쪽 단추를 눌러 [셀 서식]을 클릭합니다.

④ [셀 서식] 대화상자의 [표시 형식] 탭에서 범주는 '사용자 지정'을 선택하고 형식에 다음과 같이 입력한 후 <확인> 단추를 클릭합니다.

※ 문자 앞에 '*'을 지정하면 문자가 빈 공간(열 너비) 만큼 반복 표시됩니다.

**#,##0;;[빨강]*#0

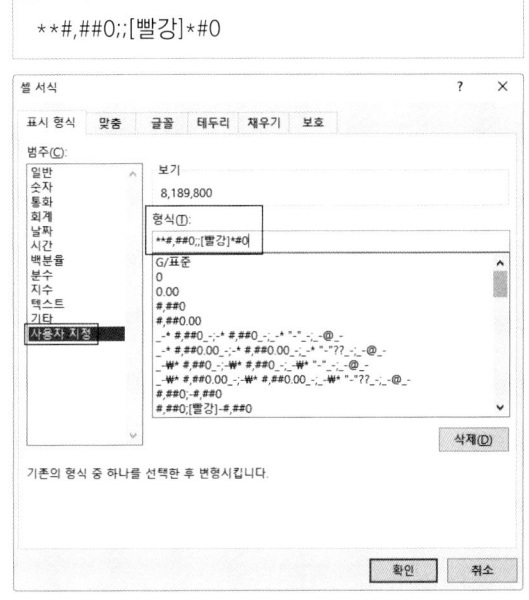

⑤ 상태 표시줄의 ☐(기록 중지)를 클릭하거나 [개발 도구] 탭-[코드] 그룹-[기록 중지]를 클릭합니다.

⑥ [개발 도구] 탭-[컨트롤] 그룹-[삽입]-[양식 컨트롤] -[단추]를 클릭한 후 **Alt** 키를 누른 채 [C2:C3] 영역에 드래그하여 작성합니다.

⑦ [매크로 지정] 대화상자에서 매크로 이름을 '반복 서식'으로 선택하고 <확인> 단추를 클릭합니다.

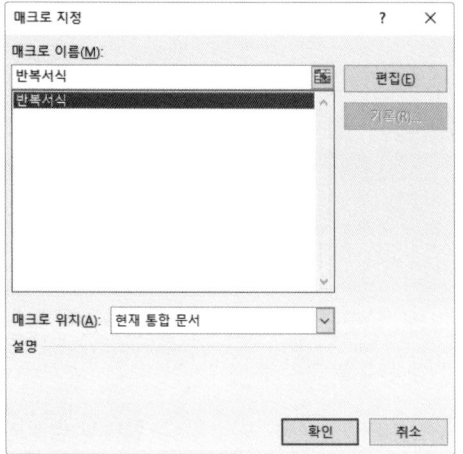

⑧ 단추의 텍스트를 '반복서식'으로 수정합니다.

⑨ [개발 도구] 탭-[코드] 그룹-[매크로 기록]을 클릭합니다.

⑩ [매크로 기록] 대화상자에서 '매크로 이름'을 '반복해 제'로 입력하고 <확인> 단추를 클릭합니다.

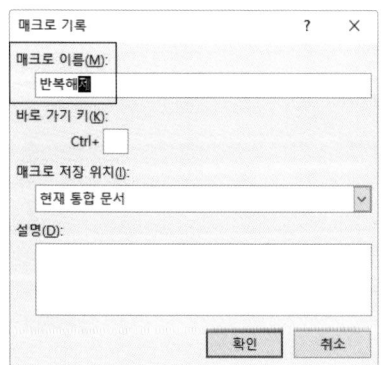

⑪ [F6:G30] 셀을 선택하고 마우스 오른쪽 단추를 눌러 [셀 서식]을 클릭합니다.

⑫ [셀 서식] 대화상자의 [표시 형식] 탭에서 범주는 '숫자'를 선택하고 '1000 단위 구분 기호(,) 사용'을 선택한 후 <확인> 단추를 클릭합니다.

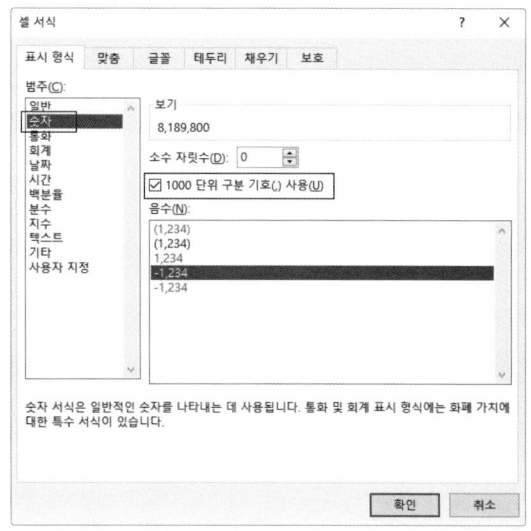

⑬ 상태 표시줄의 ☐(기록 중지)를 클릭합니다. [개발 도구] 탭-[컨트롤] 그룹-[삽입]-[양식 컨트롤]-[단추] 를 클릭한 후 **Alt** 키를 누른 채 [E2:F3] 영역에 드래그하여 작성합니다.

⑭ [매크로 지정] 대화상자에서 '매크로 이름'을 '반복 해제'로 선택하고 <확인> 단추를 클릭합니다.

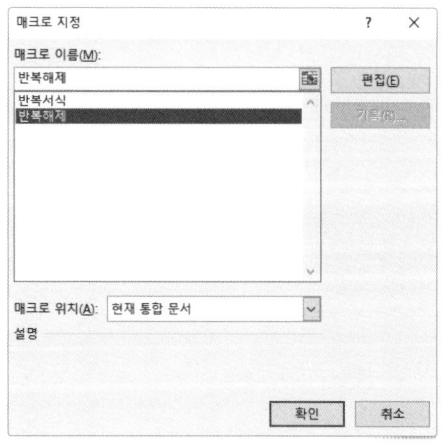

⑮ 단추의 텍스트를 '반복해제'로 수정합니다.

3 프로시저 작성

1) 폼 보이기 프로시저

① '기타작업-3' 시트를 선택하고 [개발 도구] 탭-[컨트롤] 그룹-[디자인 모드]를 클릭합니다.

② <대출등록> 단추를 더블 클릭하고 다음과 같이 코드를 입력합니다.

```
Private Sub cmd대출등록_Click( )
    대출등록.Show
End Sub
```

2) 폼 초기화 프로시저

① [프로젝트-VBAProject] 탐색기에서 '대출등록'을 선택하고 마우스 오른쪽 단추를 눌러 [코드 보기]를 클릭합니다.

② 개체 목록은 'UserForm', 프로시저 목록은 'Initialize'를 선택합니다.

③ 다음과 같이 코드를 입력합니다.

```
Private Sub UserForm_Initialize( )
    cmb직업.RowSource = "J5:J10"  → cmb직업의
                                   행 원본을 [J5:J10]으로 지정
    txt대출일 = Date  → txt대출일은 오늘 날짜를
                       초기값으로 입력함
End Sub
```

3) 등록 프로시저

① 개체 목록은 'cmd등록', 프로시저 목록은 'Click'을 선택합니다.

② 다음과 같이 코드를 입력합니다.

```
Private Sub cmd등록_Click( )
    i = [B3].Row + [B3].CurrentRegion.Rows.Count
    Cells(i, 2) = txt이름
    Cells(i, 3) = cmb직업
    Cells(i, 4) = txt대출일
    Cells(i, 5) = Format(txt대출금액, "#,###")
    Cells(i, 6) = Val(txt대출기간)
    Cells(i, 7) = Format(txt연이율 / 100, "0.00%")
        → txt연이율을 100으로 나눈 값을 소수 둘째
          자리의 백분율로 표시
    Cells(i, 8) = Format(Cells(i, 5) * Cells(i, 7) / 12,
    "#,###")  → 월이자는 '대출금액×연이율/12'로
                계산하고 천 단위 구분 기호를 표시
End Sub
```

4) 종료 프로시저

① 개체 목록은 'cmd종료', 프로시저 목록은 'Click'을 선택합니다.

② 다음과 같이 코드를 입력합니다.

```
Private Sub cmd종료_Click( )
    If txt대출기간 >= 5 Then
        MsgBox "할인 대상자입니다."
    Else
        MsgBox "대출이 등록되었습니다."
    End If
    Unload Me
End Sub
```

③ ☒(보기 Microsoft Excel)을 클릭하거나 Alt + F11 키를 눌러 Excel로 돌아갑니다.

④ 실행 결과를 확인하기 위해 [개발 도구] 탭-[컨트롤] 그룹-[디자인 모드]를 클릭하여 디자인 모드를 해제합니다.

⑤ <대출등록> 단추를 클릭합니다. [대출등록] 폼이 표시되면 데이터를 입력하고 <등록>을 클릭한 후 입력한 데이터가 워크시트에 입력되는 것을 확인합니다.

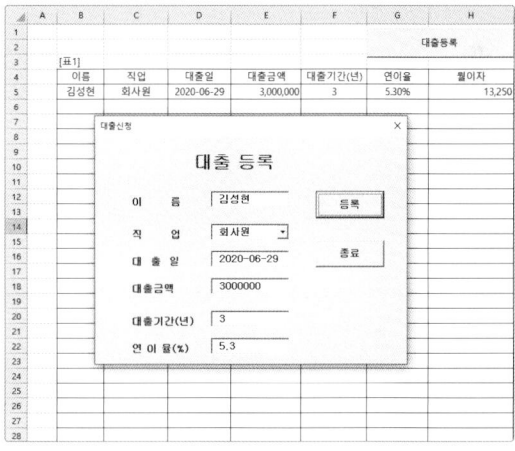

⑥ <종료> 단추를 클릭하여 폼을 종료합니다. 메시지 박스가 표시되는 것을 확인합니다.

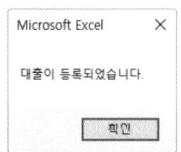

컴퓨터활용능력 최신기출유형 5회

프로그램명	제한시간
EXCEL 2021	45분

수 험 번 호 :

성   명 :

1급 | A형

유의사항

- 인적 사항 누락 및 잘못 작성으로 인한 불이익은 수험자 책임으로 합니다.
- 화면에 암호 입력창이 나타나면 아래의 암호를 입력하여야 합니다.
  - 암호 : 9238!4
- 작성된 답안은 주어진 경로 및 파일명을 변경하지 마시고 그대로 저장해야 합니다. 이를 준수하지 않으면 실격 처리됩니다.
  - 답안 파일명의 예 : C:₩OA₩수험번호8자리.xlsm
- 외부데이터 위치: C:₩OA₩파일명
- 별도의 지시사항이 없는 경우, 다음과 같이 처리 시 실격 처리됩니다.
  - 제시된 시트 및 개체의 순서나 이름을 임의로 변경한 경우
  - 제시된 시트 및 개체를 임의로 추가 또는 삭제한 경우
  - 외부데이터를 시험 시작 전에 열어본 경우
- 답안은 반드시 문제에서 지시 또는 요구한 셀에 입력하여야 하며 다음과 같이 처리 시 채점 대상에서 제외됩니다.
  - 제시된 함수가 있을 경우 제시된 함수만을 사용하여야 하며 그 외 함수 사용 시 채점 대상에서 제외
  - 수험자가 임의로 지시하지 않은 셀의 이동, 수정, 삭제, 변경 등으로 인해 셀의 위치 및 내용이 변경된 경우 해당 작업에 영향을 미치는 관련문제 모두 채점 대상에서 제외
  - 도형 및 차트의 개체가 중첩되어 있거나 동일한 계산결과 시트가 복수로 존재할 경우 해당 개체나 시트는 채점 대상에서 제외
- 수식 작성 시 제시된 문제 파일의 데이터는 변경 가능한(가변적) 데이터임을 감안하여 문제 풀이를 하시오.
- 별도의 지시사항이 없는 경우, 주어진 각 시트 및 개체의 설정값 또는 기본 설정값(Default)으로 처리하시오.
- 저장 시간은 별도로 주어지지 않으므로 제한된 시간 내에 저장을 완료해야 하며, 제한 시간 내에 저장이 되지 않은 경우에는 실격 처리됩니다.
- 출제된 문제의 용어는 MS Office LTSC Professional Plus 2021 기준으로 작성되어 있습니다.

문제 1 ▶ 기본작업(15점)_ 주어진 시트에서 다음 과정을 수행하고 저장하시오.

01 '기본작업-1' 시트에서 다음과 같이 고급필터를 수행하시오. (5점)

- ▶ [B3:N28] 영역에서 지점명이 '강'자로 시작하거나 글자수가 3인 데이터의 '지점명', '9월', '10월', '11월', '12월'을 표시하시오.
- ▶ 조건은 [P3:P4] 영역에 입력하시오. (LEFT, LEN, OR 함수 사용)
- ▶ 결과는 [P6] 셀부터 표시하시오.

02 '기본작업-1' 시트에서 다음과 같이 조건부 서식을 설정하시오. (5점)

- ▶ [B4:N28] 영역에 대해서 8월의 값이 8월의 평균보다 작고, 9월의 값이 9월의 평균보다 작은 데이터의 행 전체에 대하여 글꼴 스타일은 '굵게', 글꼴 색은 '표준 색-빨강'으로 적용하시오.
- ▶ 단, 규칙 유형은 '수식을 사용하여 서식을 지정할 셀 결정'을 사용하고, 한 개의 규칙으로만 작성하시오.
- ▶ AND, AVERAGE 함수 사용

03 '기본작업-2' 시트에서 다음과 같이 시트 보호와 통합 문서 보호를 설정하시오. (5점)

- ▶ [O3:P27] 영역에 셀 잠금과 수식 숨기기를 적용한 후 잠긴 셀의 내용과 워크시트를 보호하시오.
- ▶ 잠긴 셀의 선택과 잠금 해제된 셀의 선택은 허용하시오.
- ▶ 워크시트를 추가하거나 삭제할 수 없도록 통합문서의 구조를 보호하시오.
- ▶ 단, 시트 보호와 통합 문서 보호 모두 암호는 지정하지 마시오.

문제 2 ▶ 계산작업(30점)_ '계산작업' 시트에서 다음 과정을 수행하고 저장하시오.

01 [표1]의 지역과 [표2]를 이용하여 [B3:B29] 영역에 번호를 계산하여 표시하시오. (6점)

- ▶ 번호는 지역에 따른 코드와 일련번호를 연결하여 표시
- ▶ 일련번호는 수식이 입력된 행 번호에서 2을 뺀 값으로 표시
- ▶ 지역이 "서울/부산"이고, 수식이 3행에 입력된 경우 : SB-1
- ▶ 지역이 "기타광역시"이고, 수식이 4행에 입력된 경우 : KY-2
- ▶ CONCAT, ROW, VLOOKUP 함수 사용

02 [표1]의 지역, 구분과 [표3]을 이용하여 [E3:E29] 영역에 지역과 구분에 따른 청약가능액을 계산하여 표시하시오. (6점)

- ▶ INDEX, MATCH 함수 사용

03 [표1]의 영역에서 무주택, 부양가족수, 가입년수를 인수로 받아 가산점[J3:J29]을 계산하여 되돌려주는 사용자 정의 함수 'fn가산점'을 작성하시오. (6점)

▶ 가산점은 '무주택 × 2 + 부양가족수 × 5 + 가입년수'로 계산하되, 가입년수가 1년 이하이면 "가입기간미달"을 표시하시오.

▶ IF문 이용

   Public Function fn가산점(무주택, 부양가족수, 가입년수)
   End Function

04 [표1]의 지역과 무주택을 이용하여 [표4]의 [M15:M17] 영역에 지역별 무주택 평균을 계산하여 다음과 같이 표시하시오. (6점)

▶ 무주택 평균이 5.7일 경우 : ■■■■■
▶ REPT, IF, AVERAGE 함수를 적용한 배열 수식 사용

05 [표1]의 현재예치금을 이용하여 [표5]의 [N21:N25] 영역에 각 범위에 해당하는 비율을 계산하여 표시하시오. (6점)

▶ 비율 : 각 범위의 인원수/전체 인원수 × 100
▶ FREQUENCY, COUNT 함수를 적용한 배열 수식 사용

문제3 분석작업(20점)_ 주어진 시트에서 다음 과정을 수행하고 저장하시오.

01 '분석작업-1' 시트에서 다음의 지시사항에 따라 피벗 테이블 보고서를 작성하시오. (10점)

▶ 외부 데이터 가져오기 기능을 사용하여 <청약정보.accdb>의 <청약신청> 테이블을 이용하시오.
▶ 피벗 테이블 보고서의 레이아웃과 위치는 <그림>을 참조하여 설정하고, 보고서 레이아웃을 개요 형식으로 표시하시오.
▶ '지역'을 기준으로 <그림>과 같이 그룹을 설정하고, '구분'은 <그림>과 같이 정렬하시오.
▶ 현재예치금의 표시 형식은 '값 필드' 설정의 셀 서식을 이용하여 '숫자' 범주에서 <그림>과 같이 설정하시오.

	A	B	C	D	E	F	G	H
1								
2		합계 : 현재예치금		구분				
3		지역2	지역	85㎡ 이하	102㎡ 이하	135㎡ 이하	135㎡ 초과	총합계
4		⊟기타시군		850	800	3,000		4,650
5			고양시	200		500		700
6			수원시	100	250			350
7			안양시			500		500
8			용인시	250	250	800		1,300
9			파주시	300	300	1,200		1,800
10		⊟기타광역시		1,400	800	2,700	2,000	6,900
11			광주광역시	750		800		1,550
12			울산광역시			1,300		1,300
13			인천광역시	650	800	600	2,000	4,050
14		⊟서울/부산		350	1,250	1,500		3,100
15			부산광역시		750			750
16			서울특별시	350	500	1,500		2,350
17		총합계		2,600	2,850	7,200	2,000	14,650

※ 작업이 완성된 그림이며 부분점수 없음

02 '분석작업-2' 시트에 대하여 다음의 지시사항을 처리하시오. (10점)

▶ 데이터 유효성 검사를 이용하여 [표1]에서 '1월'부터 '12월' 셀까지의 [C4:N28] 영역에 데이터가 유효한 범위를 20 이하로 설정하고 데이터가 유효한 범위가 아닐 때 잘못된 데이터를 표시하시오.

▶ 조건부 서식의 셀 강조 규칙을 이용하여 [C4:N28] 영역의 20 초과에 대해 채우기 색을 '표준 색-주황'으로 서식이 적용되도록 설정하시오.

▶ 필터 도구를 이용하여 [표1]의 '1월' 필드에서 '주황'색을 기준으로 필터링 하시오.

문제 4 기타작업(35점)_ 주어진 시트에서 다음 과정을 수행하고 저장하시오.

01 '기타작업-1' 시트에서 다음의 지시사항 따라 차트를 수정하시오.(각 2점)

※ 차트는 반드시 문제에서 제공한 차트를 사용하여야 하며, 신규로 차트 작성시 0점 처리됨

① '진달래'의 2021년 개화시기를 <그림>과 같이 추가하시오.

② '매화' 계열을 '영역형' 차트로 변경한 후 도형 스타일을 '미세효과-주황, 강조6'으로 지정하시오.

③ '진달래' 계열의 광주 항목에 <그림>과 같이 데이터 레이블을 표시하시오.

④ '진달래' 계열을 완만한 선으로 표시하고, 표식을 '●' 형식으로 표시하시오.

⑤ 기본 세로 주 눈금선을 표시하고, 가로 축의 세로 축 교차의 축 위치를 '눈금'으로 지정하시오.

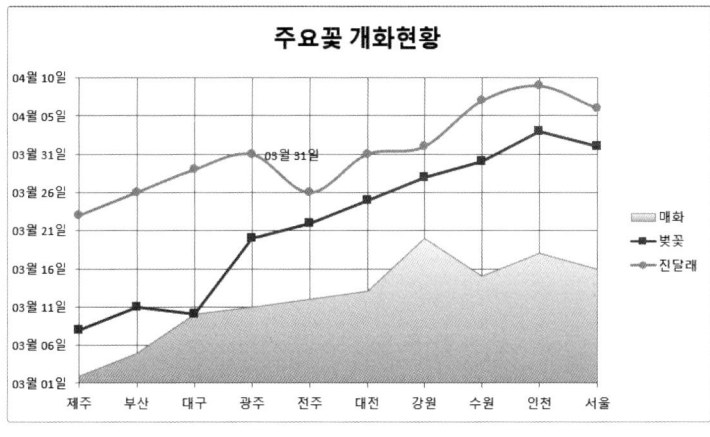

02 '기타작업-2' 시트에서 다음과 같은 기능을 수행하는 매크로를 현재 통합문서에 작성하시오. (각 5점)

① [C4:N28] 영역에 대하여 사용자 지정 표시 형식을 설정하는 '서식적용' 매크로를 생성하시오.

▶ 셀 값이 양수인 경우 파란색으로 표시, 음수인 경우 빨간색으로 '-' 기호 표시

▶ [개발 도구]-[삽입]-[양식 컨트롤]의 '단추'를 동일 시트의 [C30:E31] 영역에 생성한 후 텍스트를 '서식적용'으로 입력하고, 단추를 클릭하면 '서식적용' 매크로가 실행되도록 설정하시오.

② [C4:N28] 영역에 대하여 표시 형식을 '일반'으로 적용하는 '서식해제' 매크로를 생성하시오.
▶ [개발 도구]-[삽입]-[양식 컨트롤]의 '단추'를 동일 시트의 [G30:I31] 영역에 생성한 후 텍스트를 '서식해제'로 입력하고, 단추를 클릭하면 '서식해제' 매크로가 실행되도록 설정하시오.

※ 셀 포인터의 위치에 관계없이 매크로가 실행되어야 정답으로 인정됨

03 '기타작업-3' 시트에서 다음과 같은 작업을 수행하도록 프로시저를 작성하시오. (각 5점)

① '도서등록' 단추를 클릭하면 <도서등록> 폼이 나타나고, 폼이 초기화 되면 [J5:J10] 영역의 내용이 '분야(cmb분야)' 콤보 상자의 목록에 표시되고, '구분'을 표시하는 옵션 버튼 중 '국내도서(opt국내)'가 기본적으로 선택되도록 프로시저를 작성하시오.

② <도서등록> 폼의 등록(cmd등록) 단추를 클릭하면 폼에 입력된 데이터가 [표1]에 입력되도록 프로시저를 작성하시오.
▶ '구분'은 옵션 버튼 중 '국내도서(opt국내)'를 선택하면 '국내도서', '외국도서(opt외국)'를 선택하면 '외국도서', 'eBook(opt이북)'을 선택하면 'eBook'이 입력되도록 설정하시오.
▶ '판매가'는 수치 데이터로 입력되도록 설정하시오.

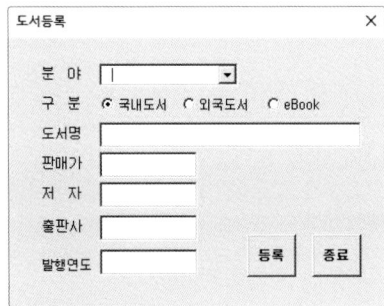

③ <도서등록> 폼의 종료(cmd종료) 단추를 클릭하면 현재 날짜와 시간을 표시한 <그림>과 같은 메시지를 표시한 후 폼을 종료하는 프로시저를 작성하시오.

최신기출유형 5회 정답 및 해설

정답

문제 1 기본작업 (15점)

01 고급 필터

	O	P	Q	R	S	T	U
1							
2							
3		조건					
4		TRUE					
5							
6		지점명	9월	10월	11월	12월	
7		강남	5	5	2	17	
8		강동	12	5	4	1	
9		강북	5	8	4	1	
10		강서	7	8	21	5	
11		강릉	5	5	4	25	
12		여의도	5	4	2	5	
13		청량리	2	8	5	9	
14		왕십리	8	7	5	10	
15							

고급 필터 조건식 : =OR(LEFT(B4,1)="강",LEN(B4)=3)

02 조건부 서식

	A	B	C	D	E	F	G	H	I	J	K	L	M	N	O
1															
2		[표1]													
3		지점명	1월	2월	3월	4월	5월	6월	7월	8월	9월	10월	11월	12월	
4		강남	2	5	10	8	2	8	5	9	5	5	2	17	
5		강동	6	30	6	7	2	4	4	1	12	5	4	1	
6		강북	4	1	5	7	20	7	19	1	5	8	4	1	
7		강서	5	4	5	3	1	5	7	2	7	8	21	5	
8		고양	5	8	7	12	5	2	2	7	7	8	9		
9		구리	10	5	2	5	12	16	2	5	16	2	5	36	
10		성남	10	2	5	2	6	7	5	2	6	5	2	6	
11		속초	5	5	2	6	8	7	1	52	5	5	1	5	
12		강릉	52	5	4	5	2	7	5	18	5	5	4	25	
13		수원	2	1	4	5	2	5	1	4	5	8	5	2	
14		시흥	4	5	14	30	6	2	74	8	5	9	5	5	
15		광주	5	4	5	3	5	2	5	4	4	1	10	5	
16		용인	5	32	5	2	10	21	3	5	4	8	5	5	
17		여의도	52	14	2	12	25	5	2	3	5	4	2	5	
18		통영	5	2	4	2	5	3	5	8	4	25	5	10	
19		춘천	5	6	4	5	7	5	5	4	5	3	5	7	
20		철원	9	4	7	8	1	4	5	8	7	9	23	9	
21		부산	5	1	4	5	5	4	5	10	18	8	5	5	
22		화성	5	25	4	5	8	22	2	5	13	4	5	8	
23		청량리	21	5	8	25	7	5	10	8	2	8	5	9	
24		원주	4	5	2	2	5	5	6	7	2	4	4	1	
25		울산	9	7	5	14	7	5	1	4	5	14	15	6	
26		목포	5	5	5	10	5	2	9	5	4	5	3	1	
27		왕십리	4	4	2	21	2	1	4	5	8	7	5	10	
28		파주	25	2	5	9	4	52	1	9	5	5	2	4	
29															

조건부 서식 수식 : =AND($J4<AVERAGE($J$4:$J$28),$K4<AVERAGE($K$4:$K$28))

03 시트 보호와 통합 문서 보호

문제2 계산작업 (30점)

01 번호[B3:B29]

=CONCAT(VLOOKUP(C3,$L$3:$M$5,2,0),"-",ROW()-2)

02 청약가능액[E3:E29]

=INDEX($M$9:$P$11,MATCH(C3,$L$9:$L$11,0),MATCH(D3,$M$8:$P$8,1))

03 fn가산점[J3:J29]

```
Public Function fn가산점(무주택, 부양가족수, 가입년수)
    If 가입년수 <= 1 Then
        fn가산점 = "가입기간미달"
    Else
        fn가산점 = 무주택 * 2 + 부양가족수 * 5 + 가입년수
    End If
End Function
```

04 무주택 평균[M15:M17]

=REPT("■",AVERAGE(IF($C$3:$C$29=L15,$G$3:$G$29)))

05 현재예치금 비율[N21:N25]

=FREQUENCY(F3:F29,M21:M25)/COUNT(F3:F29)*100

문제3 ▶ 분석작업 (20점)

01 피벗 테이블

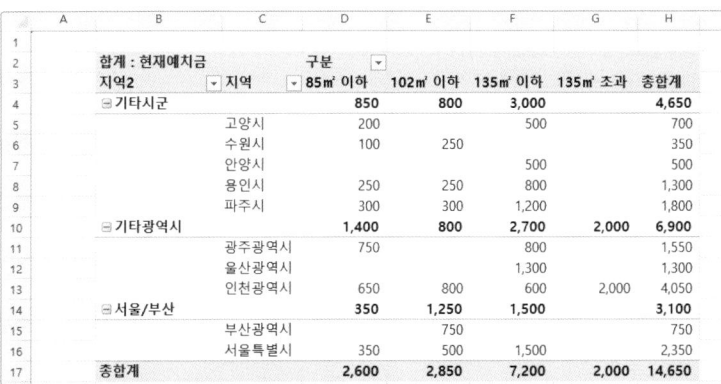

02 데이터 도구

	A	B	C	D	E	F	G	H	I	J	K	L	M	N	O
1															
2		[표1]													
3		지점명	1월	2월	3월	4월	5월	6월	7월	8월	9월	10월	11월	12월	
12		강릉	52	5	4	5	2	7	5	18	5	5	4	25	
17		여의도	52	14	2	12	25	5	2	3	5	4	2	5	
23		청량리	21	5	-8	25	7	5	10	8	2	8	5	9	
28		파주	25	2	5	9	4	52	1	9	5	5	2	4	
29															

문제4 기타작업 (35점)

01 차트

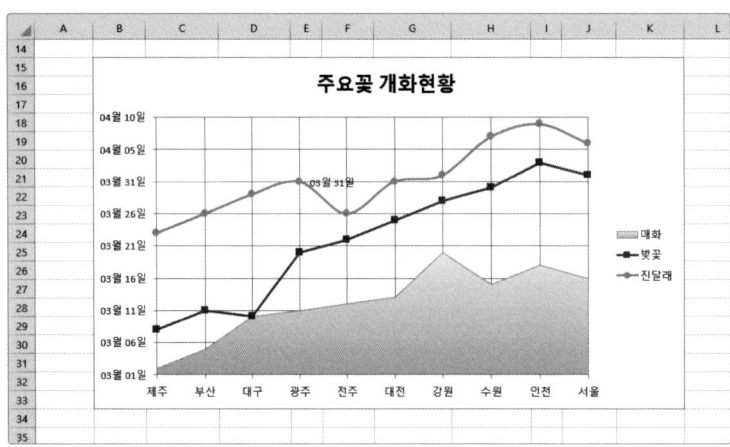

02 매크로

	A	B	C	D	E	F	G	H	I	J	K	L	M	N	O
2		[표1]													
3		지점명	1월	2월	3월	4월	5월	6월	7월	8월	9월	10월	11월	12월	
4		강남	2	5	10	8	2	8	5	9	5	5	2	17	
5		강동	6	30	6	7	2	4	4	1	-12	5	4	1	
6		강북	4	-1	5	7	20	7	19	1	5	8	4	1	
7		강서	5	4	5	3	1	5	7	2	7	8	21	5	
8		고양	5	8	7	-12	5	5	2	2	7	7	8	9	
9		구리	10	5	2	5	12	16	2	5	16	2	5	36	
10		성남	10	2	5	2	6	7	5	2	6	5	2	6	
11		속초	5	5	2	6	8	7	1	52	5	-5	1	5	
12		강릉	52	5	4	5	2	7	5	18	5	5	4	25	
13		수원	2	1	4	5	2	5	1	4	5	8	5	2	
14		시흥	4	5	14	-30	6	2	74	8	5	9	5	5	
15		광주	5	4	5	3	5	2	5	4	4	1	10	5	
16		용인	5	-32	5	2	10	21	3	-5	4	8	5	5	
17		여의도	52	14	2	12	25	5	2	3	5	4	2	5	
18		통영	5	2	4	2	5	3	5	8	4	25	5	10	
19		춘천	5	6	4	5	5	7	5	5	4	5	3	7	
20		철원	9	4	7	8	1	4		8	7	9	23	9	
21		부산	5	-1	4	5	4	5	10	-18	8	5	5		
22		화성	5	25	4	5	8	22	2	5	13	4	5	8	
23		청량리	21	5	-8	25	7	5	10	8	2	8	5	9	
24		원주	4	5	2	2	5	5	6	7	2	-4	4	1	
25		울산	9	7	5	14	5	1	5	4	5	14	15	6	
26		목포	5	5	5	10	5	-2	9	5	4	5	3	1	
27		왕십리	4	4	2	21	2	1	4	5	8	7	5	10	
28		파주	25	2	5	9	4	52	1	9	5	5	2	4	
29															
30			서식적용			서식해제									
31															

사용자 지정 표시 형식 : [파랑]G/표준;[빨강]-G/표준

03 프로시저

▶ 폼 보이기 프로시저

```
Private Sub cmd도서등록_Click( )
    도서등록.Show
End Sub
```

▶ 폼 초기화 프로시저

```
Private Sub UserForm_Initialize( )
    cmb분야.RowSource = "J5:J10"
    opt국내 = True
End Sub
```

▶ 등록 프로시저

```
Private Sub cmd등록_Click( )
    i = Range("b4").CurrentRegion.Rows.Count + 3
    Cells(i, 2) = cmb분야
    If opt국내 = True Then
        Cells(i, 3) = "국내도서"
    ElseIf opt외국 = True Then
        Cells(i, 3) = "외국도서"
    Else
        Cells(i, 3) = "eBook"
    End If
    Cells(i, 4) = txt도서명
    Cells(i, 5) = Val(txt판매가)
    Cells(i, 6) = txt저자
    Cells(i, 7) = txt출판사
    Cells(i, 8) = txt발행연도
End Sub
```

▶ 종료 프로시저

```
Private Sub cmd종료_Click( )
    MsgBox Now( ), , "폼을 종료합니다."
    Unload Me
End Sub
```

해설

문제 1 ▶ 기본작업 (15점)

1 고급 필터 수행하기

① '기본작업-1' 시트를 선택한 후 [P3:P4] 영역에 다음과 같이 조건을 입력합니다.

> [P3] 셀 : '조건'을 입력
> [P4] 셀 : =OR(LEFT(B4,1)="강",LEN(B4)=3) → [B4] 셀의 첫 글자가 "강"이거나 [B4] 셀의 글자수가 3이면 TRUE를 반환

② [B3], [K3:N3] 영역을 선택하고 Ctrl + C 키를 누릅니다. [P6] 셀에서 Ctrl + V 키를 누릅니다.

③ [B3] 셀을 클릭하고 [데이터] 탭-[정렬 및 필터] 그룹-[고급]을 클릭합니다.

④ [고급 필터] 대화상자에서 '다른 장소에 복사'를 선택하고 목록 범위는 [B3:N28] 영역이 지정되었는지 확인합니다.

⑤ [고급 필터] 대화상자에서 조건 범위는 [P3:P4] 영역, 복사 위치는 [P6:T6] 영역을 지정한 후 <확인> 단추를 클릭합니다.

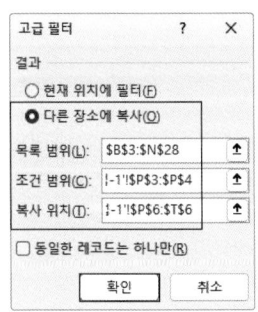

2 조건부 서식 수행하기

① [B4:N28] 영역을 지정하고 [홈] 탭-[스타일] 그룹-[조건부 서식]-[새 규칙]을 클릭합니다.

② [새 서식 규칙] 대화상자에서 규칙 유형 선택의 '수식을 사용하여 서식을 지정할 셀 결정'을 선택하고 다음과 같이 수식을 입력한 후 <서식> 단추를 클릭합니다.

> =AND($J4<AVERAGE($J$4:$J$28),$K4<AVERAGE($K$4:$K$28)) → [J4] 셀이 [J4:J28] 영역의 평균보다 작고, [K4] 셀이 [K4:K28] 영역의 평균보다 작으면 TRUE를 반환

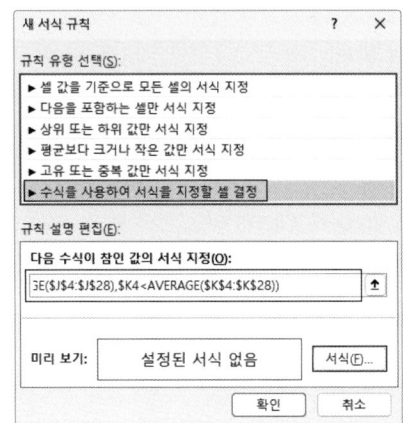

③ [셀 서식] 대화상자의 [글꼴] 탭에서 글꼴 스타일은 '굵게', 색은 '빨강'을 선택하고 <확인> 단추를 클릭합니다.

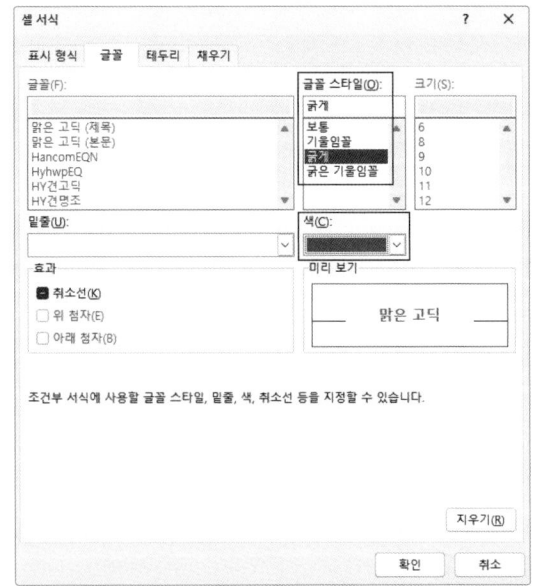

④ [새 서식 규칙] 대화상자에서 다시 <확인> 단추를 클릭합니다.

③ 시트 보호와 통합 문서 보호

① '기본작업-2' 시트를 선택하고 [O3:P27] 영역을 범위로 지정한 후 마우스 오른쪽 단추를 눌러 [셀 서식]을 클릭합니다.

② [셀 서식] 대화상자의 [보호] 탭에서 '잠금'과 '숨김'을 체크한 후 <확인> 단추를 클릭합니다.

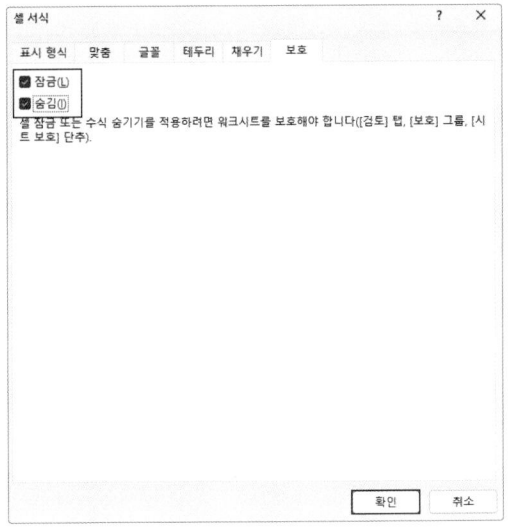

③ [검토] 탭-[변경 내용] 그룹-[시트 보호]를 클릭합니다.

④ [시트 보호] 대화상자에서 '잠긴 셀 선택'과 '잠금 해제된 셀 선택'이 체크되었는지 확인한 후 <확인> 단추를 클릭합니다.

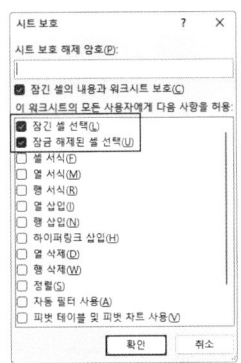

⑤ [검토] 탭-[변경 내용] 그룹-[통합 문서 보호]를 클릭합니다. [구조 및 창 보호] 대화상자에서 '구조'를 체크하고 <확인> 단추를 클릭합니다.

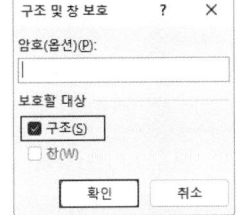

문제 2 ▶ 계산작업 (30점)

① 번호[B3:B29]

① [B3] 셀에 다음과 같이 수식을 입력합니다.

=CONCAT(VLOOKUP(C3,$L$3:$M$5,2,0),"-",ROW( )-2)

=CONCAT(VLOOKUP(C3,$L$3:$M$5,2,0),"-",ROW( )-2)
　　　　　①　　　　　　　　　　　　　②
→ ①과 ② 사이에 "-"을 연결하여 표시, ① [C3] 셀의 값을 [L3:M5] 영역의 1열에서 찾은 후 2열의 값을 표시, ② 현재 셀의 행 번호에서 2를 뺀 값을 표시

② 결과를 확인하고 채우기 핸들을 더블 클릭하여 수식을 복사합니다.

② 청약가능액[E3:E29]

① [E3] 셀에 다음과 같이 수식을 입력합니다.

=INDEX($M$9:$P$11,MATCH(C3,$L$9:$L$11,0),MATCH(D3,$M$8:$P$8,1))

=INDEX($M$9:$P$11,MATCH(C3,$L$9:$L$11,0),MATCH(D3,$M$8:$P$8,1))
　　　　　　　　　　　①
　　　　　　　　　　　　　　　　②
→ [M29:P11] 영역에서 ① 행, ② 열의 교차값을 표시, ① [C3] 셀의 값을 [L9:L11] 영역에서 찾은 후 위치를 반환, ② [D3] 셀보다 작거나 같은 값을 [M3:P8] 영역에서 찾은 후 위치를 반환

※ MATCH 함수의 마지막 인수를 1로 지정하면 찾을 값보다 작거나 같은 값 중에서 최대값을 찾습니다.

② 결과를 확인하고 채우기 핸들을 더블 클릭하여 수식을 복사합니다.

③ fn가산점[J3:J29]

① [개발 도구] 탭-[코드] 그룹-[Visual Basic]을 클릭하거나 **Alt** + **F11** 키를 누릅니다.

② [삽입]-[모듈]을 클릭합니다.

③ Module 창에 다음과 같이 코드를 입력합니다.

```
Public Function fn가산점(무주택, 부양가족수, 가입
년수)
    If 가입년수 <= 1 Then
        fn가산점 = "가입기간미달"
    Else
        fn가산점 = 무주택 * 2 + 부양가족수 * 5 + 가입
        년수
    End If
End Function
```

④ ☒(보기 Microsoft Excel)을 클릭하거나 **Alt** + **F11** 키를 눌러 Excel로 돌아갑니다.

⑤ [J3] 셀을 클릭한 후 다음과 같이 수식을 입력합니다.

```
=fn가산점(G3,H3,I3)
```

⑥ 결과를 확인하고 채우기 핸들을 더블 클릭하여 수식을 복사합니다.

4 무주택 평균[M15:M17]

① [M15] 셀에 다음과 같이 수식을 입력한 후 **Ctrl** + **Shift** + **Enter** 키를 누릅니다.

```
=REPT("■",AVERAGE(IF($C$3:$C$29=L15,$G$3:
$G$29)))
```

```
=REPT("■",AVERAGE(IF($C$3:$C$29=L15,$G$3:
$G$29)))                                    ①
```
→ ①의 값만큼 "■"를 표시, ① 지역이 [L15] 셀과 같은 경우 [G3:G29] 영역의 평균을 계산

② 결과를 확인하고 채우기 핸들을 더블 클릭하여 수식을 복사합니다.

5 현재예치금 비율[N21:N25]

① [N21:N26] 영역을 지정한 후 다음과 같이 수식을 입력한 후 **Ctrl** + **Shift** + **Enter** 키를 누릅니다.

```
=FREQUENCY(F3:F29,M21:M25)/COUNT(F3:F29)
*100
```

```
=FREQUENCY(F3:F29,M21:M25)/COUNT(F3:F29)
*100              ①                    ②
```
→ ①을 ②로 나눈 값에 100을 곱한 값을 표시, ① [F3:F29]에서 [M21:M25]에 해당하는 인원을 구함, ② 전체 인원수

문제3 ▶ 분석작업 (20점)

1 피벗 테이블 보고서 작성

① '분석작업-1' 시트를 선택하고 [데이터] 탭-[데이터 가져오기 및 변환] 그룹-[데이터 가져오기]-[기타 원본에서]-[Microsoft Query에서]를 클릭합니다.

② [데이터 원본 선택] 대화상자에서 'MS Access Database*'을 선택하고 <확인> 단추를 클릭합니다.

③ [데이터베이스 선택] 대화상자에서 'C:\OA\청약정보.accdb'를 선택하고 <확인> 단추를 클릭합니다.

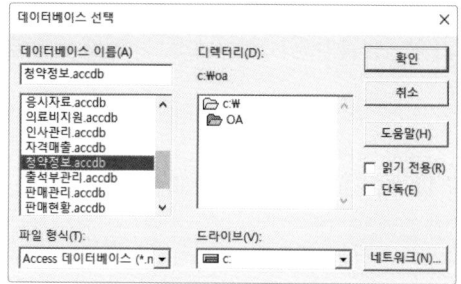

④ [쿼리 마법사-열 선택] 대화상자에서 > 을 클릭하여 모든 열을 '쿼리에 포함된 열'에 삽입하고 <다음> 단추를 클릭합니다.

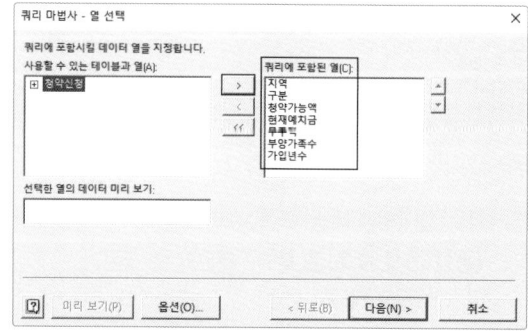

⑤ [쿼리 마법사-데이터 필터] 대화상자에서 <다음> 단추를 클릭합니다.

⑥ [쿼리 마법사-정렬 순서] 대화상자에서 <다음> 단추를 클릭합니다.

⑦ [쿼리 마법사-마침] 대화상자에서 'Microsoft Office Excel로 데이터 되돌리기'를 선택하고 <마침> 단추를 클릭합니다.

⑧ [데이터 가져오기] 대화상자에서 '피벗 테이블 보고서'를 선택하고 기존 워크시트에서 시작 위치인 [B2] 셀을 지정하고 <확인> 단추를 클릭합니다.

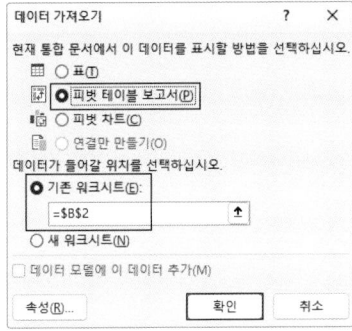

⑨ [피벗 테이블 필드] 창에서 행에 '지역', 열에 '구분', 값에 '현재예치금'을 드래그합니다.

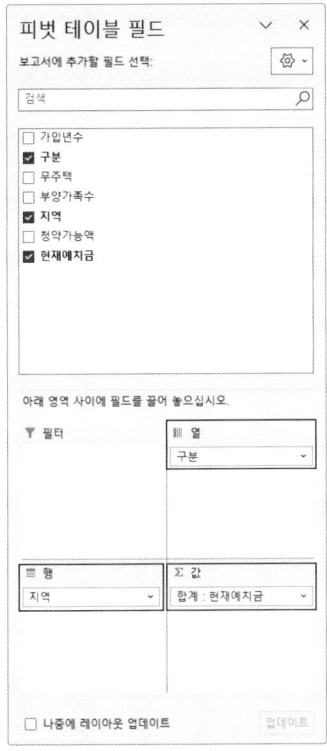

⑩ [디자인] 탭-[레이아웃] 그룹-[보고서 레이아웃]-[개요 형식으로 표시]를 클릭합니다.

⑪ [B6:B7] 영역을 지정하고 마우스 오른쪽 단추를 눌러 [그룹]을 클릭합니다.

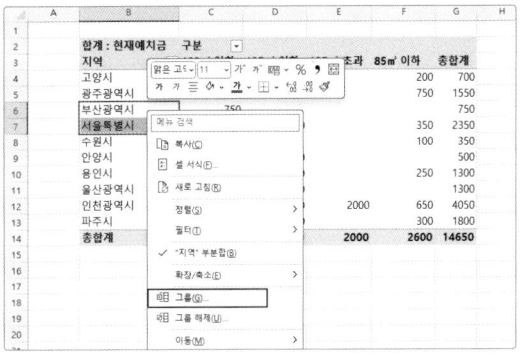

⑫ 같은 방법으로 [B6], [B17], [B19] 셀을 선택하고 마우스 오른쪽 단추를 눌러 [그룹]을 클릭합니다.

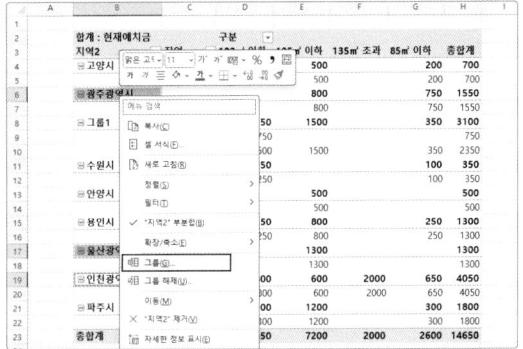

⑬ 다시 [B4], [B13], [B15], [B17], [B19] 셀을 마우스 오른쪽 단추를 눌러 [그룹]을 클릭합니다.

⑭ 다음과 같이 그룹명을 '기타시군', '기타광역시', '서울/부산'으로 변경합니다.

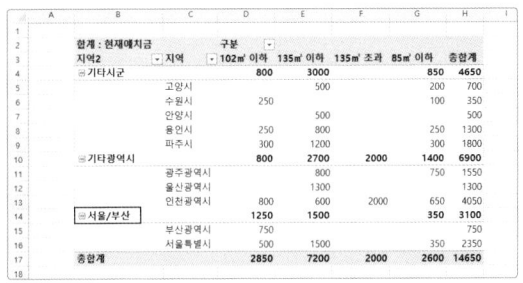

⑮ [G3] 셀을 드래그하여 [D3] 셀 앞으로 이동하여 정렬합니다.

⑯ [피벗 테이블 필드] 창에서 값의 '합계 : 현재예치금'을 클릭하고 [값 필드 설정]을 선택합니다.

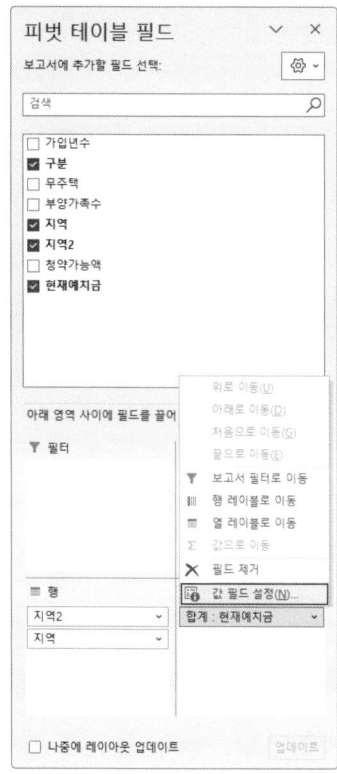

⑰ [값 필드 설정] 대화상자에서 <표시 형식> 단추를 클릭합니다.

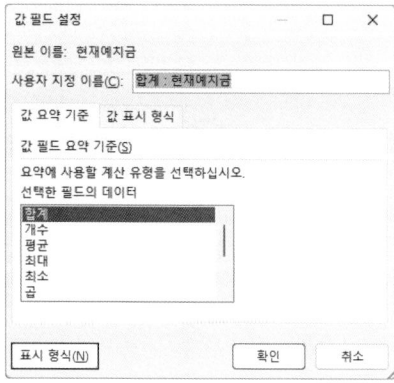

⑱ [셀 서식] 대화상자의 [표시 형식] 탭에서 범주는 '숫자'를 선택하고 '1000 단위 구분 기호(,) 사용'을 체크하고 <확인> 단추를 클릭합니다.

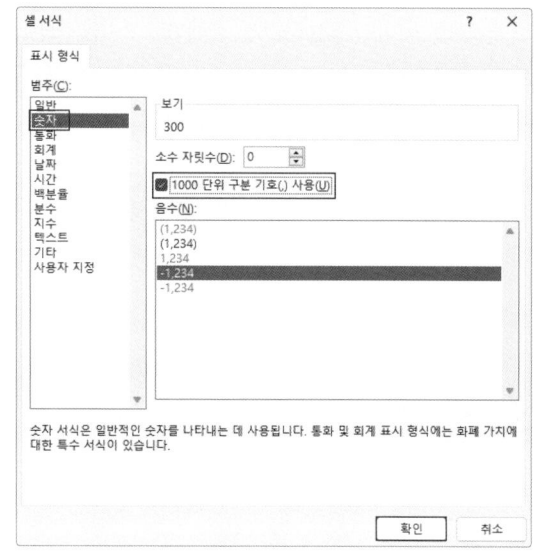

⑲ [값 필드 설정] 대화상자에서 다시 <확인> 단추를 클릭합니다.

2 데이터 도구

① '분석작업-2' 시트를 선택하고 [C4:N28] 영역을 선택하고 [데이터] 탭-[데이터 도구] 그룹-[데이터 유효성 검사]-[데이터 유효성 검사]를 클릭합니다.

② [데이터 유효성] 대화상자에서 제한 대상은 '정수', 제한 방법은 '<=', 최대값은 '20'으로 입력하고 <확인> 단추를 클릭합니다.

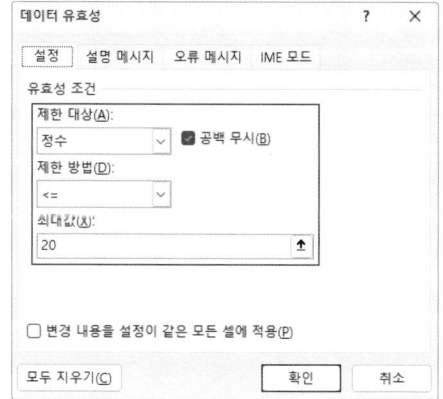

③ [데이터] 탭-[데이터 도구] 그룹-[데이터 유효성 검사]-[잘못된 데이터]를 클릭합니다.

④ [C4:N28] 영역을 지정하고 [홈] 탭-[스타일] 그룹-[조건부 서식]-[셀 강조 규칙]-[기타 규칙]을 클릭합니다.

⑤ [새 서식 규칙] 대화상자에서 규칙 유형은 '다음을 포함하는 셀만 서식 지정'으로 선택하고 '셀 값', '>', '20'을 입력한 후 <서식> 단추를 클릭합니다.

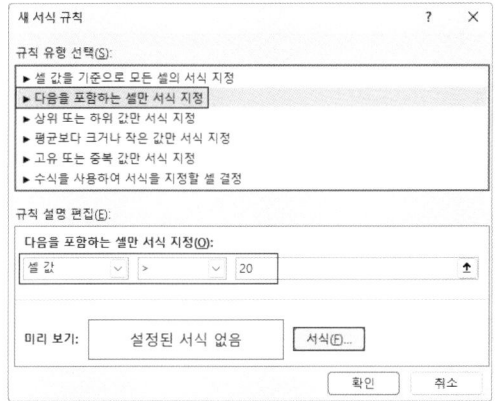

⑥ [셀 서식] 대화상자의 [채우기] 탭에서 배경색을 '주황'으로 선택한 후 <확인> 단추를 클릭합니다.

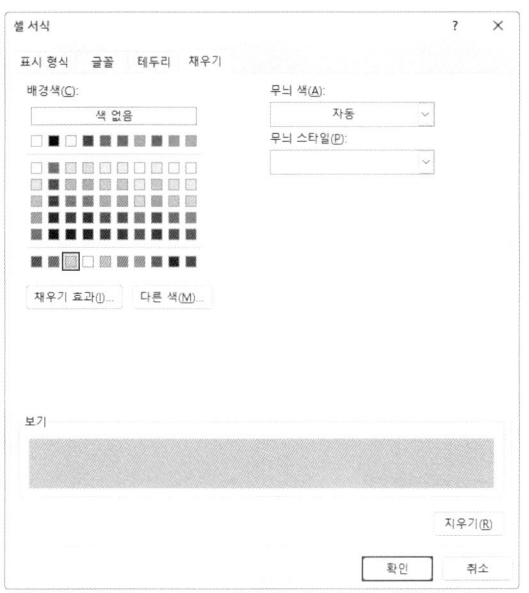

⑦ [B3] 셀을 선택하고 [데이터] 탭-[정렬 및 필터] 그룹-[필터]를 클릭합니다. '1월'의 ▼(필터 단추)를 클릭하고 [색 기준 필터]에서 '주황색'을 선택합니다.

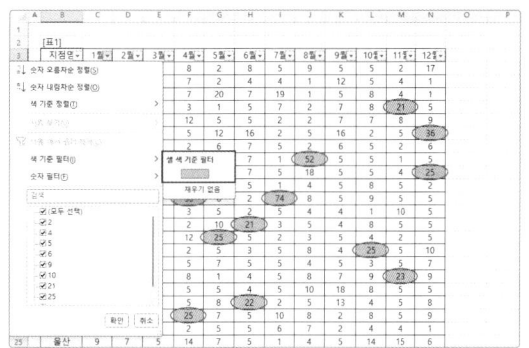

> **TIP**
> 잘못된 데이터를 표시하는 빨간색 원은 임시로 표시되는 기능으로 파일을 저장하면 사라집니다.

문제 4 ▶ 기타작업 (35점)

1 차트 수정

① '기타작업-1' 시트를 선택하고 [J3:K13] 영역을 지정한 후 **Ctrl** + **C** 키를 누릅니다.

② 차트 영역을 클릭하고 **Ctrl** + **V** 키를 누릅니다.

※ 차트를 선택하고 마우스 오른쪽 단추를 눌러 [데이터 선택]을 클릭한 후 계열을 추가해도 됩니다.

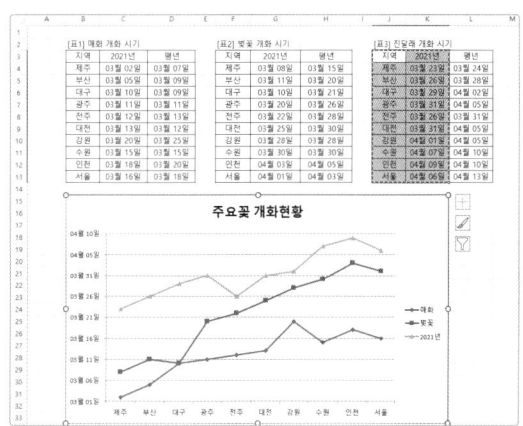

③ 차트 영역에서 마우스 오른쪽 단추를 눌러 [데이터 선택]을 클릭합니다.

④ [데이터 원본 선택] 대화상자의 범례 항목(계열)에서 '2021년'을 선택하고 <편집> 단추를 클릭합니다.

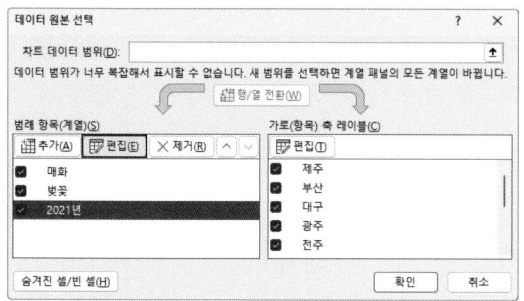

⑤ [계열 편집] 대화상자에서 계열 이름을 '진달래'로 입력하고 <확인> 단추를 클릭합니다. 다시 [데이터 원본 선택] 대화상자에서 <확인> 단추를 클릭합니다.

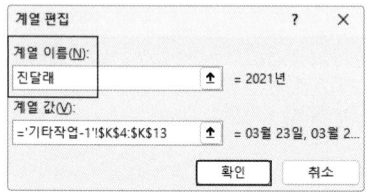

⑥ '매화' 계열을 클릭하고 마우스 오른쪽 단추를 눌러 [계열 차트 종류 변경]을 클릭합니다.

⑦ [차트 종류 변경] 대화상자에서 '매화' 계열의 차트 종류를 '영역형'으로 선택하고 <확인> 단추를 클릭합니다.

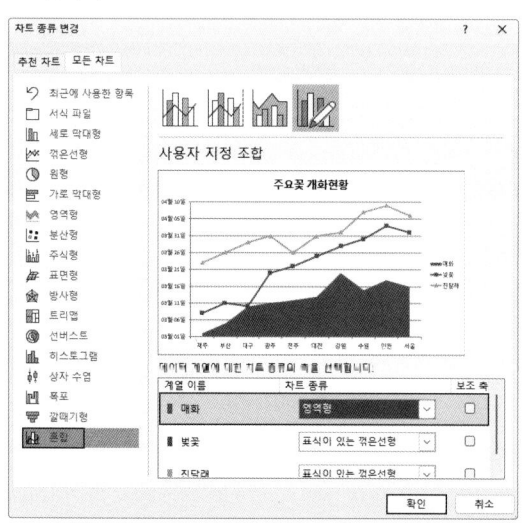

⑧ '매화' 계열이 선택한 상태에서 [서식] 탭-[도형 스타일]에서 '미세 효과=주황, 강조6;'을 클릭합니다.

⑨ '진달래' 계열의 '광주' 항목을 두 번 클릭하고 마우스 오른쪽 단추를 눌러 [데이터 레이블 추가]-[데이터 레이블 추가]를 클릭합니다.

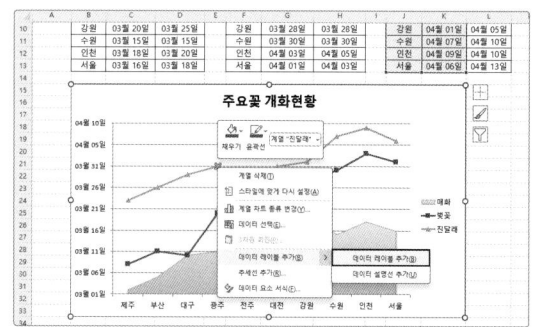

⑩ '진달래' 계열을 클릭하고 마우스 오른쪽 단추를 눌러 [데이터 계열 서식]을 클릭합니다.

⑪ [데이터 계열 서식] 창에서 [계열 옵션]-[채우기 및 선]-[선]의 '완만한 선'을 체크합니다.

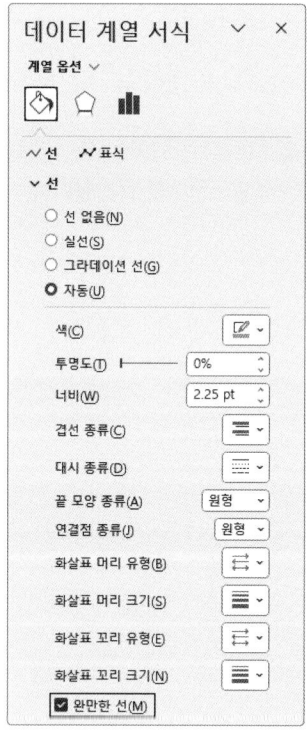

⑫ [데이터 계열 서식] 창의 [계열 옵션]-[채우기 및 선]-[표식]-[표식 옵션]의 '형식'을 '●'로 선택합니다.

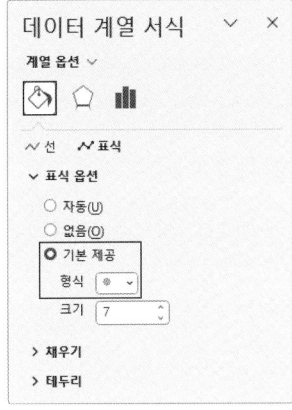

⑬ [차트 디자인] 탭-[차트 레이아웃] 그룹-[차트 요소 추가]-[눈금선]-[기본 주 세로]를 클릭합니다.

⑭ 가로축을 클릭하고 [축 서식] 창의 [축 옵션]에서 [축 위치]를 '눈금'으로 선택합니다.

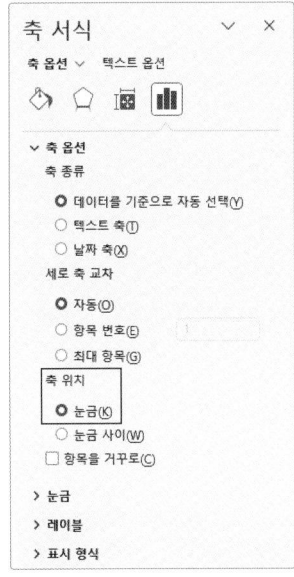

TIP

[축 위치]

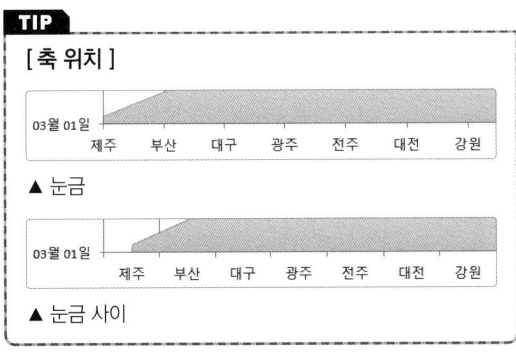

▲ 눈금

▲ 눈금 사이

2 매크로 작성

① '기타작업-2' 시트를 선택하고 [개발 도구] 탭-[코드] 그룹-[매크로 기록]을 클릭합니다.

② [매크로 기록] 대화상자에서 '매크로 이름'을 '서식 적용'으로 입력하고 <확인> 단추를 클릭합니다.

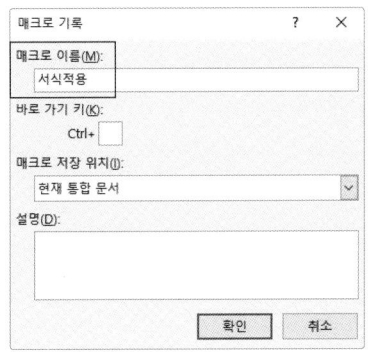

③ [C4:N28] 영역을 선택하고 마우스 오른쪽 단추를 눌러 [셀 서식]을 클릭합니다.

④ [셀 서식] 대화상자의 [표시 형식] 탭에서 범주의 '사용자 지정'을 선택하고 '형식'에 다음과 같이 입력한 후 <확인> 단추를 클릭합니다.

[파랑]G/표준;[빨강]-G/표준

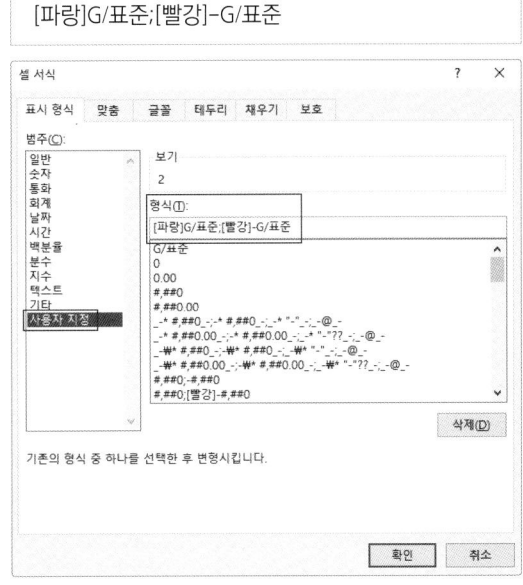

⑤ 상태 표시줄의 □(기록 중지)를 클릭합니다.

⑥ [개발 도구] 탭-[컨트롤] 그룹-[삽입]-[양식 컨트롤]-[단추]를 클릭한 후 Alt 를 누른 채 [C30:E31] 영역에 드래그하여 작성합니다.

⑦ [매크로 지정] 대화상자에서 매크로 이름을 '서식적용'으로 선택하고 <확인> 단추를 클릭합니다.

⑧ 단추의 텍스트를 '서식적용'으로 수정합니다.

⑨ [개발 도구] 탭-[코드] 그룹-[매크로 기록]을 클릭합니다.

⑩ [매크로 기록] 대화상자에서 매크로 이름을 '서식해제'로 입력하고 <확인> 단추를 클릭합니다.

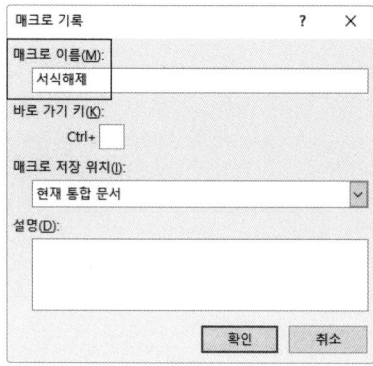

⑪ [C4:N28] 영역을 선택하고 마우스 오른쪽 단추를 눌러 [셀 서식]을 클릭합니다.

⑫ [셀 서식] 대화상자의 [표시 형식] 탭에서 범주는 '일반'을 선택하고 <확인> 단추를 클릭합니다.

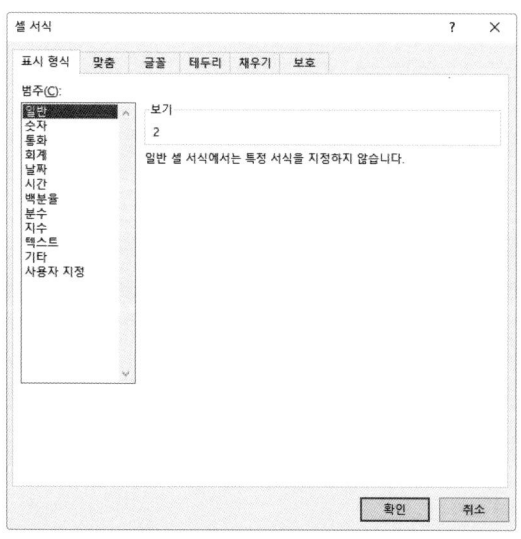

⑬ 상태 표시줄의 ☐(기록 중지)를 클릭합니다.

⑭ [개발 도구] 탭-[컨트롤] 그룹-[삽입]-[양식 컨트롤]-[단추]를 클릭합니다. Alt 키를 누른 채 [G30:I31] 영역에 드래그하여 작성합니다.

⑮ [매크로 지정] 대화상자에서 매크로 이름을 '서식해제'로 선택하고 <확인> 단추를 클릭합니다.

⑯ 단추의 텍스트를 '서식해제'로 수정합니다.

3 프로시저 작성

1) 폼 보이기 프로시저

① '기타작업-3' 시트를 선택하고 [개발 도구] 탭-[컨트롤] 그룹-[디자인 모드]를 클릭합니다.

② <도서등록> 단추를 더블 클릭하고 다음과 같이 코드를 입력합니다.

```
Private Sub cmd도서등록_Click( )
    도서등록.Show
End Sub
```

2) 폼 초기화 프로시저

① [프로젝트-VBAProject] 탐색기에서 '도서등록'을 선택하고 마우스 오른쪽 단추를 눌러 [코드 보기]를 클릭합니다.

② 개체 목록은 'UserForm', 프로시저 목록은 'Initialize'를 선택합니다.

③ 다음과 같이 코드를 입력합니다.

```
Private Sub UserForm_Initialize( )
    cmb분야.RowSource = "J5:J10" → cmb분야의
    행 원본을 [J5:J10]로 지정
    opt국내 = True → opt국내는 True로 지정하여
    초기값으로 선택됨
End Sub
```

3) 등록 프로시저

① 개체 목록은 'cmd등록', 프로시저 목록은 'Click'을 선택합니다.

② 다음과 같이 코드를 입력합니다.

```
Private Sub cmd등록_Click( )
    i = Range("B4").CurrentRegion.Rows.Count + 3
    Cells(i, 2) = cmb분야
    If opt국내 = True Then
        Cells(i, 3) = "국내도서"
    ElseIf opt외국 = True Then
        Cells(i, 3) = "외국도서"
    Else
        Cells(i, 3) = "eBook"
    End If
    Cells(i, 4) = txt도서명
    Cells(i, 5) = Val(txt판매가)
    Cells(i, 6) = txt저자
    Cells(i, 7) = txt출판사
    Cells(i, 8) = txt발행연도
End Sub
```

4) 종료 프로시저

① 개체 목록은 'cmd종료', 프로시저 목록은 'Click'을 선택합니다.

② 다음과 같이 코드를 입력합니다.

```
Private Sub cmd종료_Click( )
    MsgBox Now( ), , "폼을 종료합니다."
    Unload Me
End Sub
```

③ ▣ (보기 Microsoft Excel)을 클릭하거나 Alt + F11 키를 눌러 Excel로 돌아갑니다.

④ 실행 결과를 확인하기 위해 [개발 도구] 탭-[컨트롤] 그룹-[디자인 모드]를 클릭하여 디자인 모드를 해제합니다.

⑤ <도서등록> 단추를 클릭합니다. [도서등록] 폼이 표시되면 데이터를 입력하고 <등록> 단추를 클릭한 후 입력한 데이터가 워크시트에 입력되는 것을 확인합니다.

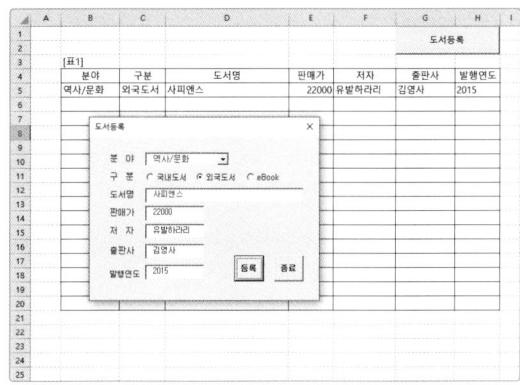

⑥ <종료> 단추를 클릭합니다. 시스템의 현재 날짜와 시간이 표시되는 것을 확인하고 <확인> 단추를 클릭합니다.

컴퓨터활용능력 최신기출유형 6회

프로그램명	제한시간
EXCEL 2021	45분

수 험 번 호 :

성   명 :

1급 | A형

유의사항

- 인적 사항 누락 및 잘못 작성으로 인한 불이익은 수험자 책임으로 합니다.
- 화면에 암호 입력창이 나타나면 아래의 암호를 입력하여야 합니다.
  - 암호 : 4926&5
- 작성된 답안은 주어진 경로 및 파일명을 변경하지 마시고 그대로 저장해야 합니다. 이를 준수하지 않으면 실격 처리됩니다.
  - **답안 파일명의 예 : C:\OA\수험번호8자리.xlsm**
- 외부데이터 위치: C:\OA\파일명
- 별도의 지시사항이 없는 경우, 다음과 같이 처리 시 실격 처리됩니다.
  - 제시된 시트 및 개체의 순서나 이름을 임의로 변경한 경우
  - 제시된 시트 및 개체를 임의로 추가 또는 삭제한 경우
  - 외부데이터를 시험 시작 전에 열어본 경우
- 답안은 반드시 문제에서 지시 또는 요구한 셀에 입력하여야 하며 다음과 같이 처리 시 채점 대상에서 제외됩니다.
  - 제시된 함수가 있을 경우 제시된 함수만을 사용하여야 하며 그 외 함수 사용 시 채점 대상에서 제외
  - 수험자가 임의로 지시하지 않은 셀의 이동, 수정, 삭제, 변경 등으로 인해 셀의 위치 및 내용이 변경된 경우 해당 작업에 영향을 미치는 관련문제 모두 채점 대상에서 제외
  - 도형 및 차트의 개체가 중첩되어 있거나 동일한 계산결과 시트가 복수로 존재할 경우 해당 개체나 시트는 채점 대상에서 제외
- 수식 작성 시 제시된 문제 파일의 데이터는 변경 가능한(가변적) 데이터임을 감안하여 문제 풀이를 하시오.
- 별도의 지시사항이 없는 경우, 주어진 각 시트 및 개체의 설정값 또는 기본 설정값(Default)으로 처리하시오.
- 저장 시간은 별도로 주어지지 않으므로 제한된 시간 내에 저장을 완료해야 하며, 제한 시간 내에 저장이 되지 않은 경우에는 실격 처리됩니다.
- 출제된 문제의 용어는 MS Office LTSC Professional Plus 2021 기준으로 작성되어 있습니다.

문제 1 기본작업(15점)_ 주어진 시트에서 다음 과정을 수행하고 저장하시오.

01 '기본작업-1' 시트에서 다음과 같이 고급필터를 수행하시오. (5점)

▶ [B2:J28] 영역에서 '판매구분'이 '이월'로 시작하고, '품목'이 '스커트' 또는 '바지'이고 '판매단가×판매수량'이 '판매금액'과 같지 않은 행만을 표시하시오.
▶ 조건은 [B30:B31] 영역에 입력하시오. (LEFT, AND, OR 함수 사용)
▶ 결과는 [B33] 셀부터 표시하시오.

02 '기본작업-1' 시트에서 다음과 같이 조건부 서식을 설정하시오. (5점)

▶ [B3:J28] 영역에 대해서 행 번호가 홀수인 전체 행에 대하여 글꼴 스타일은 '굵게', 글꼴 색은 '표준 색-빨강', 배경색은 '표준 색-노랑'으로 적용하는 조건부 서식을 작성하시오.
▶ 단, 규칙 유형은 '수식을 사용하여 서식을 지정할 셀 결정'을 사용하고, 한 개의 규칙으로만 작성하시오.
▶ ROW, ISODD 함수 사용

03 '기본작업-2' 시트에서 다음과 같이 페이지 레이아웃과 시트 보호를 설정하시오. (5점)

▶ [B4:J20] 영역을 인쇄 영역으로 설정하고, 인쇄될 내용이 페이지의 가로만 정 가운데에 인쇄되도록 페이지 가운데 맞춤을 설정하시오.
▶ [J5:J30] 영역에 '잠금'과 '수식 숨기기'를 적용하시오.
▶ 제목에 있는 텍스트에 '잠금'과 '텍스트 잠금'을 적용한 후 잠긴 셀의 내용과 워크시트를 보호하시오.
▶ 잠긴 셀의 선택과 잠금 해제된 셀의 선택, 정렬은 허용하시오.
▶ 시트 보호 암호는 지정하지 마시오.

문제 2 계산작업(30점)_ '계산작업' 시트에서 다음 과정을 수행하고 저장하시오.

01 [표1]의 판매단가표와 [표3]의 품목과 판매수량을 이용하여 [I12:I37] 영역에 판매금액을 계산하여 표시하시오. (6점)

▶ 판매금액은 판매수량 × 판매단가 × (1-할인율)로 계산
▶ 판매단가는 [표1]의 판매단가표를 참조하여 계산
▶ 할인율은 판매수량이 30 이상이면 10%, 그렇지 않으면 0으로 계산
▶ IF, VLOOKUP, MATCH 함수 사용

02 [표4]의 판매일과 [표5]의 공휴일을 이용하여 [표4]의 [M12:M28] 영역에 수선일을 계산하여 표시하시오. (6점)

- ▶ 수선일은 판매일에서 주말과 공휴일을 제외한 3일 후의 날로 계산
- ▶ 공휴일은 [표5]를 이용
- ▶ TEXT, WORKDAY 함수 사용
- ▶ 예: 판매일 : 2020-05-04 → 수선일 : 2020년 5월 8일 금요일

03 사용자 정의 함수 'fn포인트'를 작성하여 [표3]의 [J12:J37] 영역에 포인트를 계산하여 표시하시오. (6점)

- ▶ 'fn포인트'는 판매금액을 인수로 받아 사은품을 계산하는 함수이다.
- ▶ 포인트는 판매금액이 500,000 이상이면, '10,000점', 판매금액이 300,000 이상이면 '5,000점' 그 외는 빈칸을 표시하시오.
- ▶ SELECT CASE문 사용

  Public Function fn포인트(판매금액)
  End Function

04 [표3]의 판매구분과 품목을 이용하여 [표2]의 [J5:N6] 영역에 구분과 품목별 판매건수를 계산하여 표시하시오. (6점)

- ▶ SUM, LEFT 함수를 이용한 배열 수식 사용

05 [표3]의 판매수량을 이용하여 [M8] 셀에 판매수량의 하위 3번째까지의 평균을 계산하여 표시하시오. (6점)

- ▶ IF, AVERAGE, SMALL 함수를 이용한 배열 수식 사용

문제 3 분석작업(20점)_ 주어진 시트에서 다음 과정을 수행하고 저장하시오.

01 '분석작업-1' 시트에서 다음의 지시사항에 따라 피벗 테이블 보고서를 작성하시오. (10점)

- ▶ 외부 데이터 원본으로 <교복판매.csv>의 데이터를 사용하시오.
  - 원본 데이터는 구분 기호 쉼표(,)로 분리되어 있으며, 내 데이터에 머리글을 표시하시오.
  - '판매직원', '판매구분', '품목', '판매단가', '판매수량' 열만 가져와 데이터 모델에 이 데이터를 추가하시오.
- ▶ 피벗 테이블 보고서의 레이아웃과 위치는 <그림>을 참조하여 설정하고, 보고서 레이아웃을 개요 형식으로 표시하시오.
- ▶ 표시 형식을 <그림>과 같이 지정하고, '흰색, 피벗 스타일 밝게 5'를 지정하시오.

※ 작업이 완성된 그림이며 부분점수 없음

02 '분석작업-2' 시트에 대하여 다음의 지시사항을 처리하시오. (10점)

▶ [데이터 유효성 검사] 기능을 이용하여 [H3:H28] 영역에는 판매단가 금액이 40,000원에서 200,000원 범위만 입력되도록 제한 대상을 설정하시오.

▶ [H3:H28] 영역의 셀을 클릭한 경우 <그림>과 같은 설명 메시지를 표시하고, 유효하지 않은 데이터를 입력한 경우 <그림>과 같은 오류 메시지가 표시되도록 설정하시오.

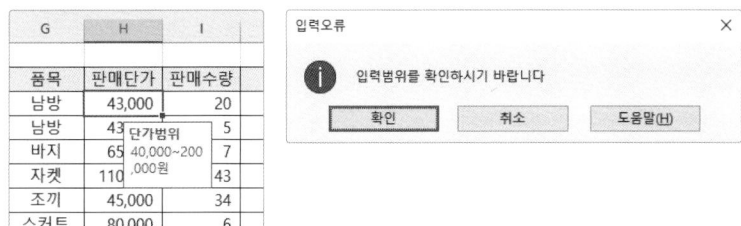

▶ [필터] 기능을 이용하여 '판매단가'가 10만원 이상인 경우의 데이터 행만 표시되도록 숫자 필터를 설정하시오.

문제 4 기타작업(35점)_ 주어진 시트에서 다음 과정을 수행하고 저장하시오.

01 '기타작업-1' 시트에서 다음의 지시사항 따라 차트를 수정하시오.(각 2점)

※ 차트는 반드시 문제에서 제공한 차트를 사용하여야 하며, 신규로 차트 작성시 0점 처리됨

① 차트 종류를 '3차원 누적 세로 막대형'으로 변경한 후 3차원 회전의 X와 Y를 0°로 지정하시오.

② 차트 제목과 범례를 <그림>과 같이 지정하시오.

③ 데이터 계열 순서를 <그림>과 같이 변경한 후 간격 깊이와 간격 너비를 25%로 지정하시오.

④ 데이터 레이블을 <그림>과 같이 표시하시오.

⑤ 가로(항목)축과의 레이블 간격을 500으로 지정하고, 차트 영역에 '둥근 모서리'를 지정하시오.

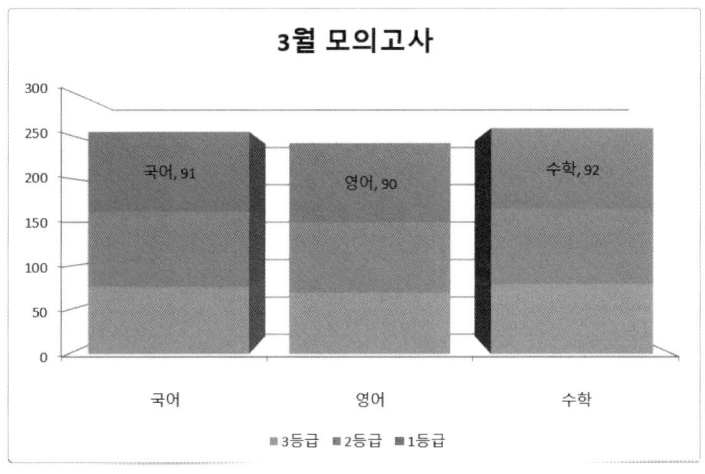

02 '기타작업-2' 시트에서 다음과 같은 기능을 수행하는 매크로를 현재 통합문서에 작성하시오. (각 5점)

① [통합] 기능을 이용하여 [표5]의 [C21:D25] 영역에 대해 [표1], [표2], [표3], [표4]의 품목별 판매단가와 판매수량의 합계를 계산하여 표시하는 매크로를 생성하고, 매크로 이름을 '품목별합계'로 정의하시오.

▶ [개발 도구]-[삽입]-[양식 컨트롤]의 '단추'를 동일 시트의 [F21:G22] 영역에 생성한 후 텍스트를 '품목별합계'로 입력하고, 단추를 클릭하면 '품목별합계' 매크로가 실행되도록 설정하시오.

② [통합] 기능을 이용하여 품목별합계를 구한 것을 삭제하는 '품목별합계삭제' 매크로를 생성하시오.

▶ [개발 도구]-[삽입]-[양식 컨트롤]의 '단추'를 동일 시트의 [I21:J22] 영역에 생성한 후 텍스트를 '품목별합계삭제'로 입력하고, 단추를 클릭하면 '품목별합계삭제' 매크로가 실행되도록 설정하시오.

※ 셀 포인터의 위치에 관계없이 매크로가 실행되어야 정답으로 인정됨

03 '기타작업-3' 시트에서 다음과 같은 작업을 수행하도록 프로시저를 작성하시오. (각 5점)

① <판매입력> 단추를 클릭하면 '판매입력' 폼이 나타나고, 폼이 초기화 되면 '품목(cmb품목)' 콤보 상자의 목록에 '기타작업-2' 시트의 [J12:K18] 영역의 값이 설정되도록 프로시저를 작성하시오.

② '판매입력' 폼의 <입력> 단추(cmd판매입력)를 클릭하면 폼에 입력된 구매자(txt구매자), 품목(cmb품목), 판매수량(txt판매수량)과 판매일자, 판매단가, 판매금액을 계산하여 [표1]에 입력되어 있는 마지막 행 다음에 연속하여 추가 입력되도록 프로시저를 작성하시오.

▶ 판매일자는 현재 시스템의 날짜를 입력하시오(Date 함수 이용).

▶ 판매단가는 '품목(cmb품목)' 콤보 상자의 목록을 이용하여 입력하시오(List, ListIndex 이용).

▶ 판매금액은 판매수량×판매단가로 계산하시오.

▶ 구매자를 입력하지 않았거나 판매수량이 0인 경우에는 그림과 같이 메시지 상자를 표시하시오.

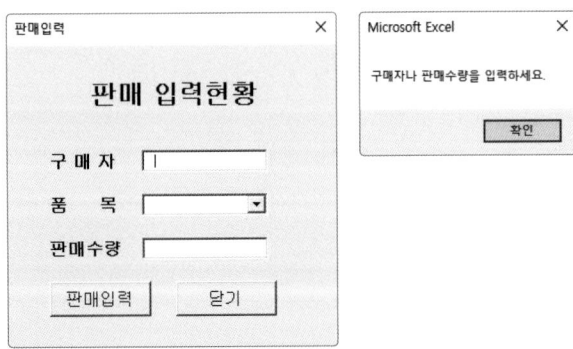

③ <닫기> 단추(cmd닫기)를 클릭하면 폼을 종료하는 프로시저를 작성하시오.

최신기출유형 6회 정답 및 해설

정답

문제 1 ▶ 기본작업 (15점)

01 고급 필터

고급 필터 조건식 : =AND(LEFT(F3,2)="이월",OR(G3="스커트",G3="바지"),J3<>H3*I3)

02 조건부 서식

조건부 서식 수식 : =ISODD(ROW($B3))

421 | 최신기출유형 6회

03 페이지 레이아웃

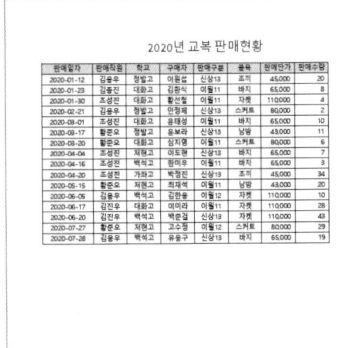
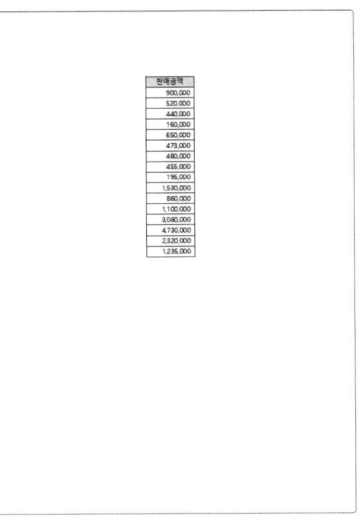
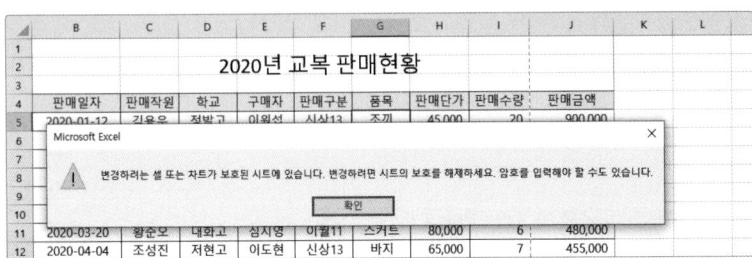

문제2 계산작업 (30점)

01 판매금액[I12:I37]

=H12*VLOOKUP(F12,$B$5:$G$7,MATCH(G12,$C$4:$G$4,0)+1,0)*(1-IF(H12>=30,10%,0))

02 수선일[M12:M28]

=TEXT(WORKDAY(L12,3,$P$12:$P$21),"yyyy년 m월 d일 aaaa")

03 fn포인트[J12:J37]

```
Public Function fn포인트(판매금액)
    Select Case 판매금액
        Case Is >= 500000
            fn포인트 = "10,000점"
        Case Is >= 300000
            fn포인트 = "5,000점"
        Case Else
            fn포인트 = " "
    End Select
End Function
```

04 구분과 품목별 판매건수[J5:N6]

=SUM((LEFT($F$12:$F$37,2)=$I5)*($G$12:$G$37=J$4))

05 하위 3번째까지의 평균[M8]

=AVERAGE(IF($H$12:$H$37<=SMALL($H$12:$H$37,3),$H$12:$H$37))

문제3 분석작업 (20점)

01 피벗 테이블

	A	B	C	D	E
1					
2	판매직원	판매구분	평균 : 판매단가	평균 : 판매수량	
3	⊟김용우		75,333	12	
4		공구가	68,400	12	
5		정상가	110,000	10	
6	⊟김종진		48,833	16	
7		공구가	58,500	8	
8		정상가	44,000	20	
9	⊟김진우		96,333	27	
10		공구가	99,000	43	
11		정상가	95,000	19	
12	⊟조성진		60,750	11	
13		공구가	64,125	14	
14		정상가	54,000	4	
15	⊟황준오		63,963	13	
16		공구가	55,350	14	
17		정상가	66,833	12	
18	총합계		67,835	14	
19					

02 데이터 도구

	A	B	C	D	E	F	G	H	I	J	K
1											
2		판매일자	판매직	학교	구매자	판매구	품목	판매단	판매수	판매금액	
6		2020-06-20	김진우	백석고	백준걸	신상13	자켓	110,000	43	4,730,000	
10		2020-06-17	김진우	대화고	이미라	이월11	자켓	110,000	28	3,080,000	
20		2019-11-17	황준오	가좌고	안성윤	신상13	자켓	110,000	2	220,000	
23		2020-01-30	조성진	대화고	황선철	이월11	자켓	110,000	4	440,000	
24		2020-06-05	김용우	백석고	김한웅	이월12	자켓	110,000	10	1,100,000	
28		2020-10-18	김용우	가좌고	김효영	이월11	자켓	110,000	14	1,540,000	
29											

문제 4 기타작업 (35점)

01 차트

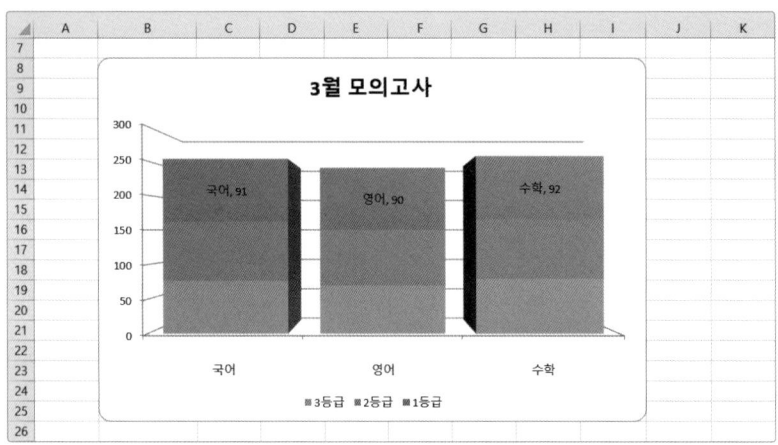

02 매크로

사용자 지정 표시 형식 : [파랑]G/표준;[빨강]-G/표준

03 프로시저

▶ 폼 보이기 프로시저

```
Private Sub cmd판매입력_Click( )
    판매입력.Show
End Sub
```

▶ 폼 초기화 프로시저

```
Private Sub UserForm_Initialize( )
    cmb품목.RowSource = "'기타작업-2'!J12:K18"
End Sub
```

▶ 등록 프로시저

```
Private Sub cmd판매입력_Click( )
    If txt구매자 = "" Or Val(txt판매수량) = 0 Then
        MsgBox "구매자나 판매수량을 입력하세요."
    Else
        i = [b2].Row + [b2].CurrentRegion.Rows.Count
        Cells(i, 2) = Date
        Cells(i, 3) = txt구매자
        Cells(i, 4) = cmb품목
        Cells(i, 5) = cmb품목.List(cmb품목.ListIndex, 1)
        Cells(i, 6) = Val(txt판매수량)
        Cells(i, 7) = txt판매수량 * Cells(i, 5)
    End If
End Sub
```

▶ 종료 프로시저

```
Private Sub cmd닫기_Click( )
    Unload Me
End Sub
```

해설

문제 1 기본작업 (15점)

1 고급 필터 수행하기

① '기본작업-1' 시트를 선택한 후 [B30:B31] 영역에 다음과 같이 조건을 입력합니다.

[B30] 셀 : '조건'을 입력
[B31] 셀 : =AND(LEFT(F3,2)="이월",OR(G3="스커트",G3="바지"),J3<>H3*I3) → [F3] 셀의 왼쪽에서 두 글자가 "이월"이고 [G3] 셀이 "스커트" 또는 "바지"이고 [J3] 셀이 [H3]*[I3]과 같지 않으면 TRUE를 반환

② [B2] 셀을 클릭하고 [데이터] 탭-[정렬 및 필터] 그룹-[고급]을 클릭합니다.

③ [고급 필터] 대화상자에서 '다른 장소에 복사'를 선택하고 목록 범위는 [B2:J28] 영역이 지정되었는지 확인합니다.

④ [고급 필터] 대화상자에서 조건 범위는 [B30:B31] 영역, 복사 위치는 [B33] 셀을 지정한 후 <확인> 단추를 클릭합니다.

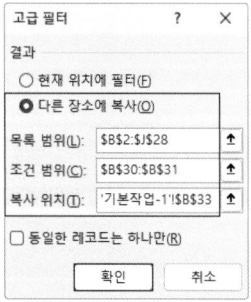

2 조건부 서식 수행하기

① [B3:J28] 영역을 지정하고 [홈] 탭-[스타일] 그룹-[조건부 서식]-[새 규칙]을 클릭합니다.

② [새 서식 규칙] 대화상자에서 규칙 유형 선택의 '수식을 사용하여 서식을 지정할 셀 결정'을 선택하고 다음과 같이 수식을 입력한 후 <서식> 단추를 클릭합니다.

=ISODD(ROW($B3)) → [B3] 셀의 행 번호가 홀수이면 TRUE를 반환

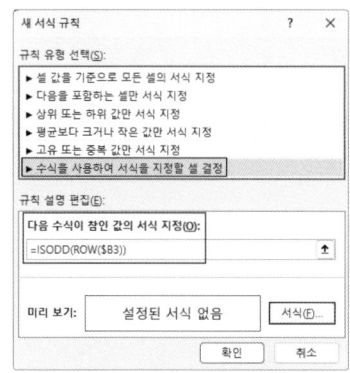

③ [셀 서식] 대화상자의 [글꼴] 탭에서 글꼴 스타일은 '굵게', 색은 '빨강'을 선택합니다. [채우기] 탭에서 배경 색은 '노랑'으로 지정한 후 <확인> 단추를 클릭합니다.

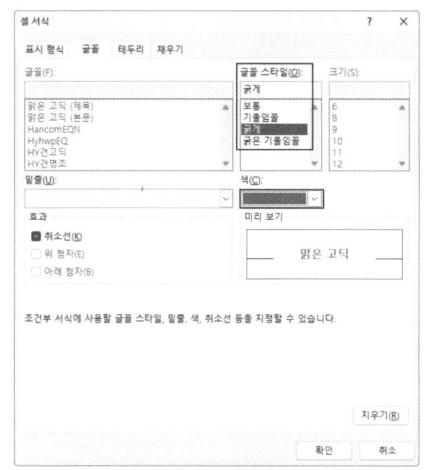

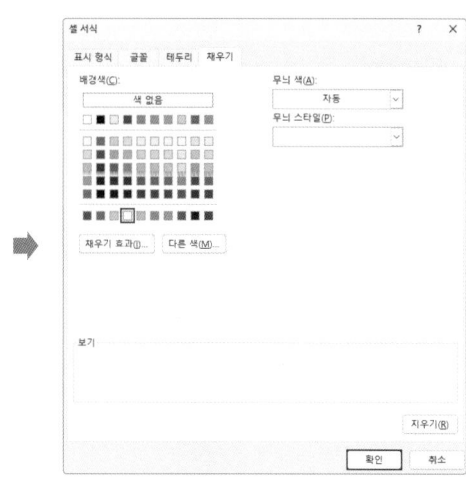

④ [새 서식 규칙] 대화상자에서 다시 <확인> 단추를 클릭합니다.

3 페이지 레이아웃과 시트 보호

① '기본작업-2' 시트를 선택하고 [페이지 레이아웃] 탭 -[페이지 설정] 그룹의 (대화상자 표시 아이콘)을 클릭합니다.

② [페이지 설정] 대화상자의 [시트] 탭에서 인쇄 영역을 [B4:J20] 영역으로 지정합니다.

③ [페이지 설정] 대화상자의 [여백] 탭에서 페이지 가운데 맞춤의 '가로'를 체크하고 <확인> 단추를 클릭합니다.

④ '기본작업-2' 시트에서 [J5:J30] 영역을 선택하고 마우스 오른쪽 단추를 눌러 [셀 서식]을 클릭합니다.

⑤ [셀 서식] 대화상자의 [보호] 탭에서 '잠금'과 '숨김'을 체크하고 <확인> 단추를 클릭합니다.

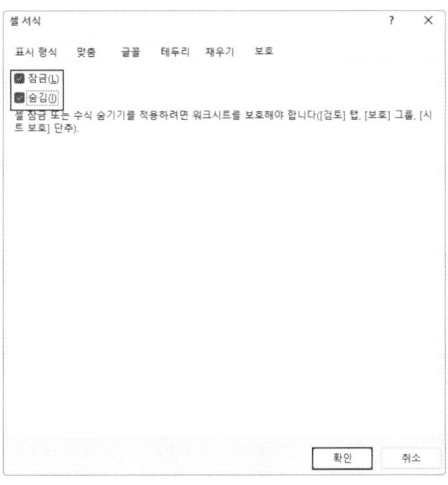

⑥ 제목 텍스트 상자의 테두리에서 마우스 오른쪽 단추를 눌러 [도형 서식]을 클릭합니다.

⑦ [도형 서식] 창에서 [도형 옵션]-[크기 및 속성]-[속성]의 '잠금'과 '텍스트 잠금'이 체크되어 있는지 확인합니다.

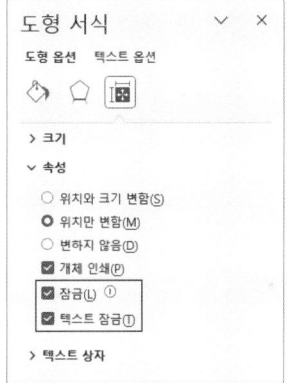

⑧ [검토] 탭-[변경 내용] 그룹-[시트 보호]를 선택합니다.

⑨ [시트 보호] 대화상자에서 '잠긴 셀의 내용과 워크시트 보호'가 체크되어 있는지 확인하고, '잠긴 셀 선택', '잠금 해제된 셀 선택', '정렬'을 체크하고 <확인> 단추를 클릭합니다.

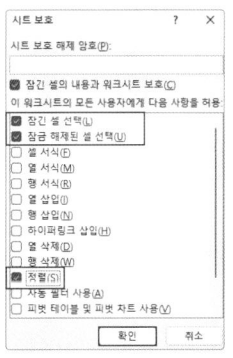

문제 2 ▶ 계산작업 (30점)

1 판매금액[I12:I37]

① [I12] 셀에 다음과 같이 수식을 입력합니다.

```
=H12*VLOOKUP(F12,$B$5:$G$7,MATCH(G12,$C$4:$G$4,0)+1,0)*(1-IF(H12>=30,10%,0))
```

```
=H12*VLOOKUP(F12,$B$5:$G$7,MATCH(G12,$C$4:
                    ①                    ②
$G$4,0)+1,0)*(1-IF(H12>=30,10%,0))
                     ③
```
→ [H12] * ① * (1-③)을 계산하여 표시
① [F12] 셀의 판매구분을 [B5:G7] 영역에서 찾은 후 ②의 결과+1을 열로 하여 값을 반환
② [C4:G4] 영역에서 [G12] 셀과 같은 값을 찾아 몇 열에 있는지 반환
③ [H12] 셀이 30 이상이면 10%, 그렇지 않으면 0을 반환

② 결과를 확인하고 채우기 핸들을 더블 클릭하여 수식을 복사합니다.

2 수선일[M12:M28]

① [M12] 셀에 다음과 같이 수식을 입력합니다.

```
=TEXT(WORKDAY(L12,3,$P$12:$P$21),"yyyy년 m월 d일 aaaa")
```

```
=TEXT(WORKDAY(L12,3,$P$12:$P$21),"yyyy년 m월 d일 aaaa")
              ①
```
→ ①의 결과를 "yyyy년 m월 d일 aaaa"의 형식으로 표시, ① [L12] 셀에서 3일 후의 날짜를 반환(주말과 [P12:P21] 영역의 휴일을 제외)

② 결과를 확인하고 채우기 핸들을 더블 클릭하여 수식을 복사합니다.

3 fn포인트[J12:J37]

① [개발 도구] 탭-[코드] 그룹-[Visual Basic]을 클릭하거나 **Alt**+**F11** 키를 누릅니다.

② [삽입]-[모듈]을 클릭합니다.

③ Module 창에 다음과 같이 코드를 입력합니다.

```
Public Function fn포인트(판매금액)
    Select Case 판매금액
        Case Is >= 500000
            fn포인트 = "10,000점"
        Case Is >= 300000
            fn포인트 = "5,000점"
        Case Else
            fn포인트 = " "
    End Select
End Function
```

④ ■(보기 Microsoft Excel)을 클릭하거나 **Alt**+**F11** 키를 눌러 Excel로 돌아갑니다.

⑤ [J12] 셀을 클릭한 후 다음과 같이 수식을 입력합니다.

```
=fn포인트(I12)
```

⑥ 결과를 확인하고 채우기 핸들을 더블 클릭하여 수식을 복사합니다.

4 구분과 품목별 판매건수[J5:N6]

① [J5] 셀에 다음과 같이 수식을 입력한 후 **Ctrl**+**Shift**+**Enter** 키를 누릅니다.

```
=SUM((LEFT($F$12:$F$37,2)=I5)*($G$12:$G$37=J$4)) → 구분이 [I5] 셀과 같고 품목이 [J4] 셀과 같은 경우 개수를 표시
```

② 결과를 확인하고 채우기 핸들을 드래그하여 수식을 복사합니다.

5 하위 3번째까지의 판매수량 평균[M8]

① [M8] 셀에 다음과 같이 수식을 입력한 후 **Ctrl**+**Shift**+**Enter** 키를 누릅니다.

```
=AVERAGE(IF($H$12:$H$37<=SMALL($H$12:$H$37,3),$H$12:$H$37))
```

```
=AVERAGE(IF($H$12:$H$37<=SMALL($H$12:$H$
37,3),$H$12:$H$37))
                    ①
```
→ ①을 만족하면 [H12:H37] 영역의 평균을 계산하여 표시
① 판매수량이 [H12:H37] 영역에서 3번째로 작은 값 이하이면 TRUE를 반환

문제3 ▶ 분석작업 (20점)

1 피벗 테이블 보고서 작성

① '분석작업-1' 시트를 선택하고 [삽입] 탭-[표] 그룹-[피벗 테이블]-[외부 데이터 원본]을 클릭합니다.

② [외부 원본의 피벗 테이블] 대화상자에서 <연결 선택>을 클릭하고, [기존 연결] 대화상자에서 <더 찾아보기>를 클릭합니다.

③ [데이터 원본 선택] 대화상자에서 'C:₩OA₩교복판매.csv'를 선택하고 <열기> 단추를 클릭합니다.

④ [텍스트 마법사-3단계 중 1단계] 대화상자에서 '구분 기호로 분리됨'을 선택하고 '내 데이터에 머리글 표시'를 체크한 후 <다음> 단추를 클릭합니다.

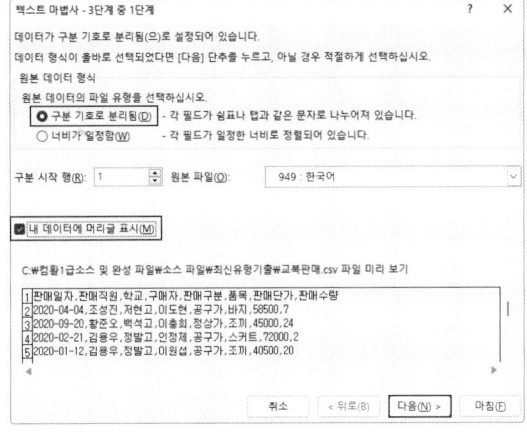

⑤ [텍스트 마법사-3단계 중 2단계] 대화상자에서 구분 기호를 '쉼표'로 선택하고 <다음> 단추를 클릭합니다.

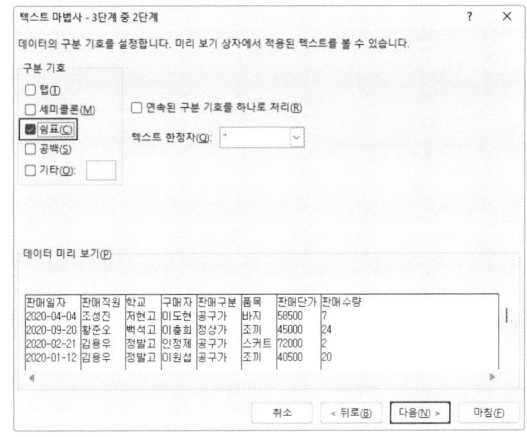

⑥ [텍스트 마법사-3단계 중 3단계] 대화상자에서 판매일자 열을 선택하고 '열 가져오지 않음(건너뜀)'을 클릭합니다. 같은 방법으로 학교, 구매자도 '열 가져오지 않음'을 지정한 후 <마침> 단추를 클릭합니다.

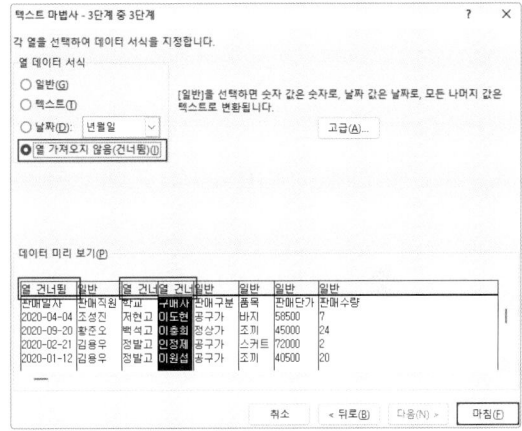

⑦ [외부 원본의 피벗 테이블] 대화상자에서 '데이터 모델에 이 데이터 추가'를 선택하고 '기존 워크시트 ([A2]셀)' 범위를 지정한 후 <확인>을 클릭합니다.

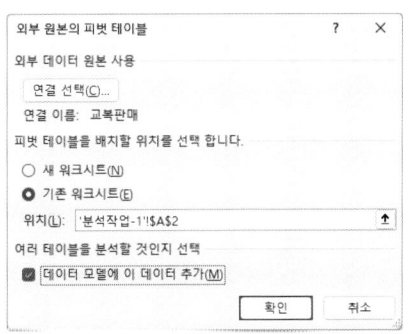

⑧ [피벗 테이블 필드] 창에서 행에 '판매직원', '판매구분', 값에 '판매단가', '판매수량'을 드래그합니다.

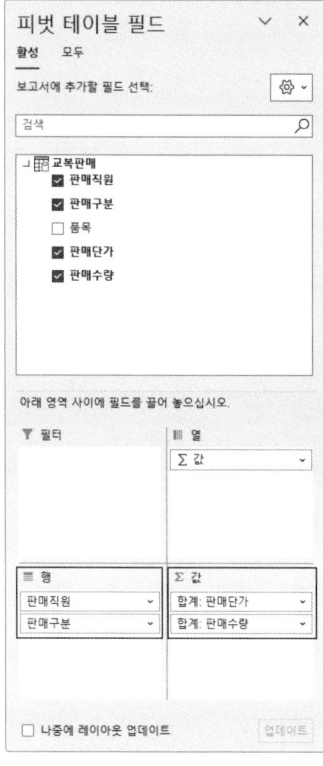

⑨ 값의 '합계 : 판매단가'를 클릭하고 [값 필드 설정]을 선택합니다.

⑩ [값 필드 설정] 대화상자의 [값 요약 기준] 탭에서 '평균'을 선택하고 <표시 형식> 단추를 클릭합니다.

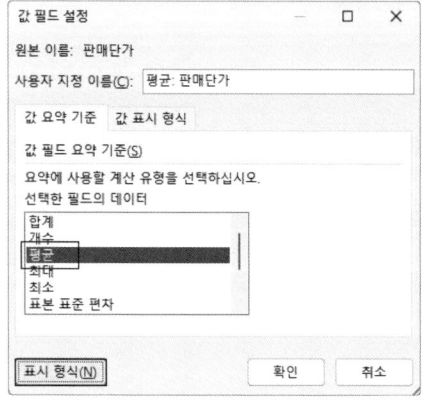

⑪ [셀 서식] 대화상자의 [표시 형식] 탭에서 범주는 '숫자'를 선택하고 '1000 단위 구분 기호(,) 사용'을 체크한 후 <확인> 단추를 클릭합니다.

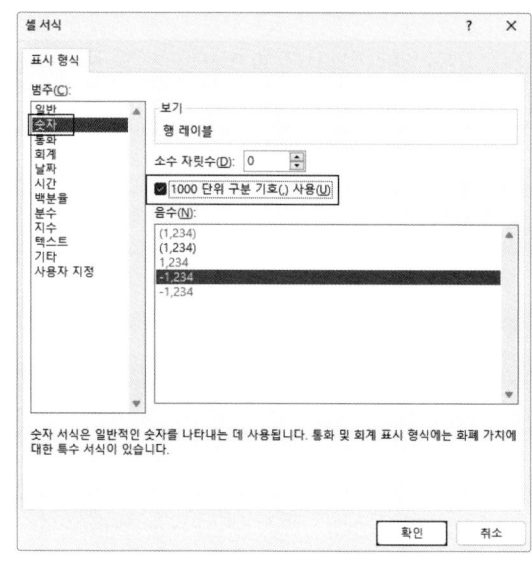

⑫ [값 필드 설정] 대화상자에서 다시 <확인> 단추를 클릭합니다.

⑬ 같은 방법으로 '합계 : 판매수량'도 [값 필드 설정] 대화상자에서 '평균'으로 지정하고 <표시 형식> 단추를 클릭합니다.

⑭ [셀 서식] 대화상자의 [표시 형식] 탭에서 범주는 '숫자'를 선택하고, 소수 자릿수를 '0'으로 지정한 후 <확인> 단추를 클릭합니다.

⑮ [값 필드 설정] 대화상자에서 다시 <확인> 단추를 클릭합니다.

⑯ [디자인] 탭-[레이아웃] 그룹-[보고서 레이아웃]-[개요 형식으로 표시]를 클릭합니다.

⑰ 피벗 테이블에서 마우스 오른쪽 단추를 눌러 [피벗 테이블 옵션]을 선택합니다.

⑱ [피벗 테이블 옵션] 대화상자의 [요약 및 필터] 탭에서 '행 총합계 표시'의 체크를 해제하고 <확인> 단추를 클릭합니다.([디자인] 탭-[레이아웃] 그룹-[총합계]-[열의 총합계만 설정]도 가능)

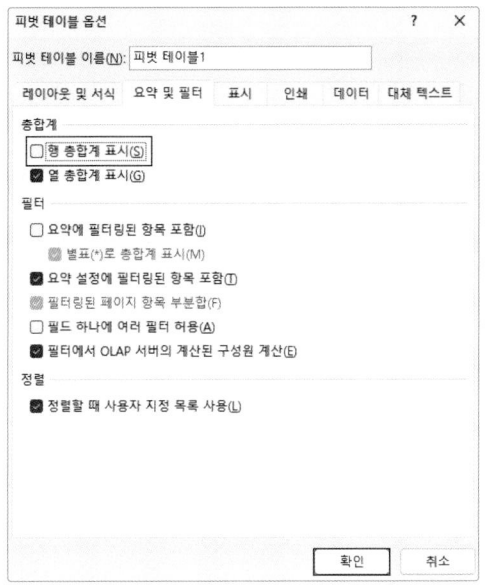

⑲ [디자인] 탭-[피벗 테이블 스타일] 그룹에서 '흰색, 피벗 스타일 밝게 5'를 선택합니다.

2 데이터 도구

① '분석작업-2' 시트를 선택 후 [H3:H28] 영역을 지정하고 [데이터] 탭-[데이터 도구] 그룹-[데이터 유효성 검사]-[데이터 유효성 검사]를 클릭합니다.

② [데이터 유효성] 대화상자의 [설정] 탭에서 제한 대상을 '정수'로 지정하고 제한 방법과 최소값, 최대값을 다음과 같이 입력합니다.

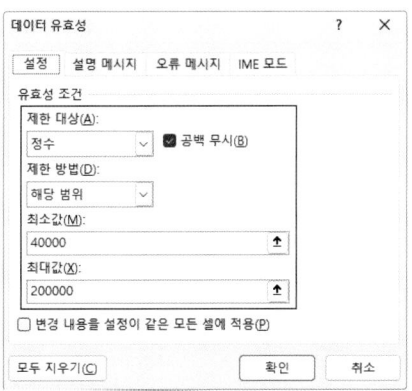

③ [데이터 유효성] 대화상자의 [설명 메시지] 탭에서 제목과 설명 메시지를 다음과 같이 입력합니다.

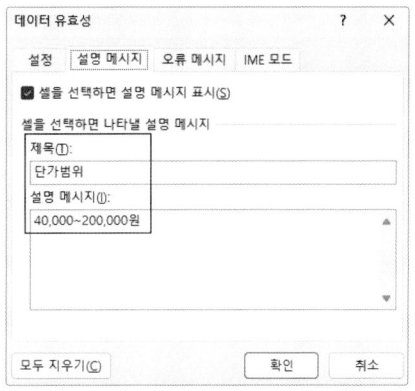

④ [데이터 유효성] 대화상자의 [오류 메시지] 탭에서 스타일은 '정보'로 지정하고 제목과 오류 메시지를 다음과 같이 입력한 후 <확인> 단추를 클릭합니다.

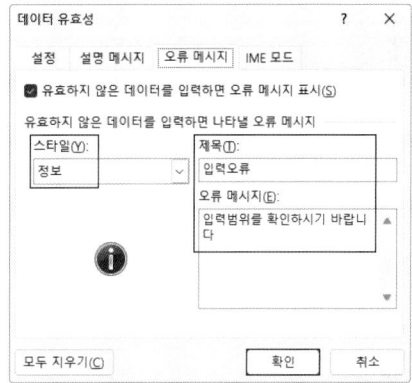

⑤ [B2] 셀을 선택하고 [데이터] 탭-[정렬 및 필터] 그룹-[필터]를 클릭합니다.

⑥ '판매단가'의 ▼(필터 단추)를 클릭하고 [숫자 필터]-[크거나 같음]을 선택합니다.

⑦ [사용자 지정 자동 필터] 대화상자에서 찾을 조건을 다음과 같이 지정한 후 <확인> 단추를 클릭합니다.

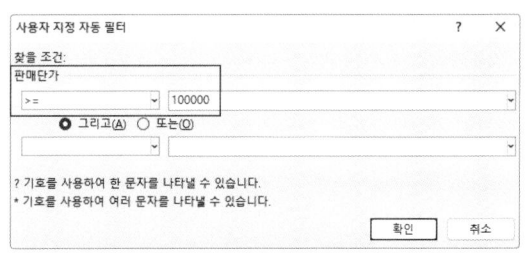

문제4 기타작업 (35점)

1 차트 수정

① '기타작업-1' 시트를 선택하고 차트 영역에서 마우스 오른쪽 단추를 눌러 [차트 종류 변경]을 클릭합니다.

② [차트 종류 변경] 대화상자의 [모든 차트] 탭에서 '세로 막대형'의 '3차원 누적 세로 막대형'을 선택하고 <확인> 단추를 클릭합니다.

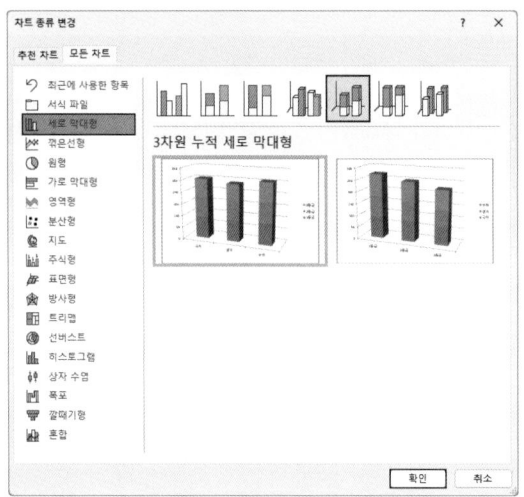

③ 차트 영역에서 마우스 오른쪽 단추를 눌러 [3차원 회전]을 클릭합니다.

④ [차트 영역 서식] 창의 [차트 옵션]-[효과]-[3차원 회전]에서 X 회전과 Y 회전을 0으로 지정합니다.

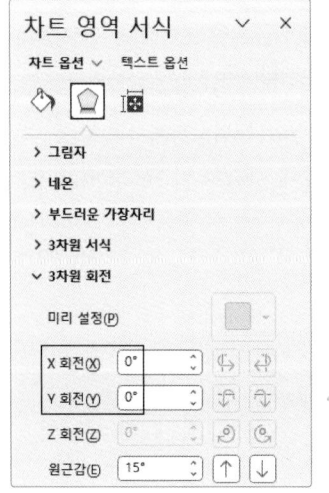

⑤ [차트 디자인] 탭-[차트 레이아웃] 그룹-[차트 요소 추가]-[차트 제목]-[차트 위]를 클릭하고 '3월 모의고사'를 입력합니다.

⑥ [차트 디자인] 탭-[차트 레이아웃] 그룹-[차트 요소 추가]-[범례]-[아래쪽]을 클릭합니다.

⑦ 차트에서 마우스 오른쪽 단추를 눌러 [데이터 선택]을 클릭합니다.

⑧ [데이터 원본 선택] 대화상자의 범례 항목(계열)에서 '1등급'을 선택하고 ∨(아래로 이동)을 클릭해서 맨 아래로 이동합니다. 같은 방법으로 '2등급'도 아래로 이동한 후 <확인> 단추를 클릭합니다.

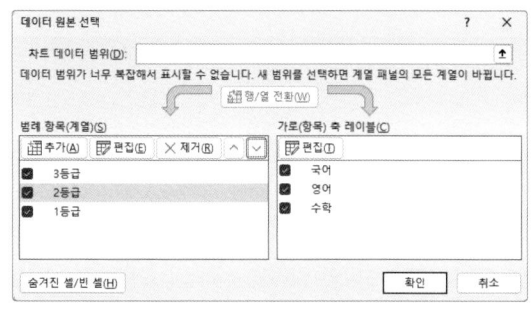

⑨ 차트에서 '1등급' 계열을 클릭합니다. [데이터 계열 서식] 창의 [계열 옵션]에서 간격 깊이와 간격 너비를 '25%'로 지정합니다.

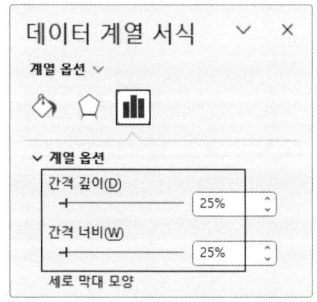

⑩ '1등급' 계열을 클릭한 상태에서 [차트 디자인] 탭-[차트 레이아웃] 그룹-[차트 요소 추가]-[데이터 레이블]-[기타 데이터 레이블 옵션]을 클릭합니다.

⑪ [데이터 레이블 서식] 창의 [레이블 옵션]에서 '항목 이름'과 '값'을 체크하고 구분 기호는 콤마(,)로 지정합니다.

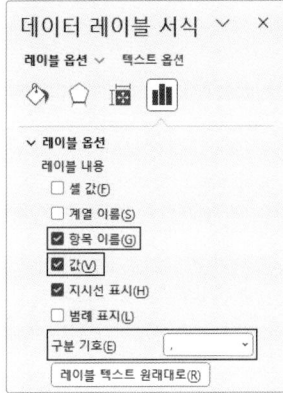

⑫ 가로 (항목) 축을 클릭합니다. [축 서식] 창의 [축 옵션]-[레이블]에서 축과의 간격을 '500'으로 지정합니다.

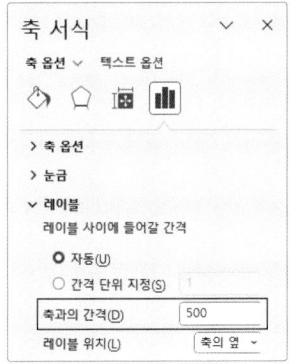

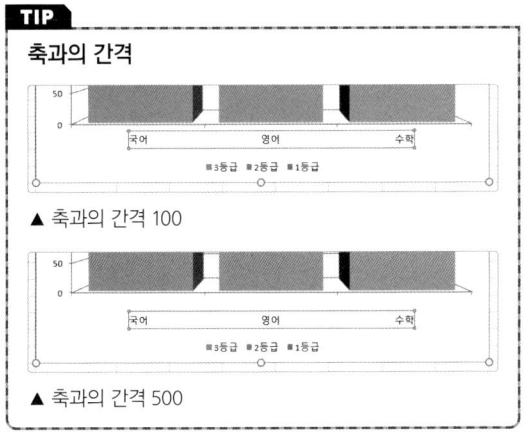

▲ 축과의 간격 100

▲ 축과의 간격 500

⑬ 차트 영역을 클릭합니다. [차트 영역 서식] 창의 [차트 옵션]-[채우기 및 선]-[테두리]에서 '둥근 모서리'를 체크합니다.

2 매크로 작성

① '기타작업-2' 시트를 선택하고 [개발 도구] 탭-[코드] 그룹-[매크로 기록]을 클릭합니다.

② [매크로 기록] 대화상자에서 매크로 이름을 '품목별합계'로 입력하고 <확인> 단추를 클릭합니다.

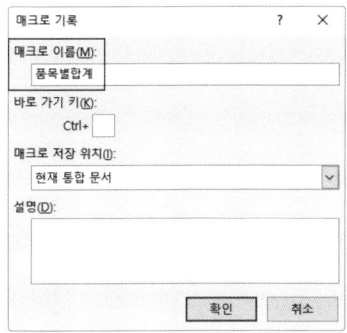

③ [B20:D25] 영역을 선택하고 [데이터] 탭-[데이터 도구] 그룹-[통합]을 클릭합니다.

④ [통합] 대화상자에서 함수는 '합계'로 지정하고, 참조는 [D2:F7] 영역을 지정한 후 <추가> 단추를 클릭합니다.

⑤ 같은 방법으로 [J2:L8], [D11:F16], [J11:L18] 영역을 추가하고, 사용할 레이블에서 '첫 행', '왼쪽 열'을 체크한 후 <확인> 단추를 클릭합니다.

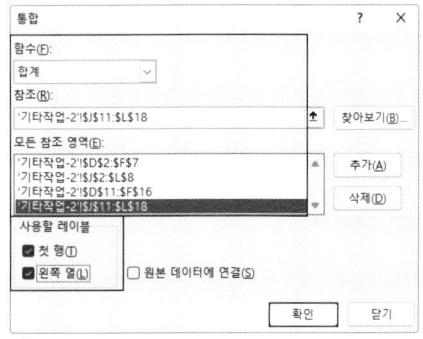

⑥ 상태 표시줄의 □(기록 중지)를 클릭하거나 [개발 도구] 탭-[코드] 그룹-[기록 중지]를 클릭합니다.

⑦ [개발 도구] 탭-[컨트롤] 그룹-[삽입]-[양식 컨트롤]-[난추]를 클릭합니다. **Alt** 키를 누른 채 [F21:G22] 영역에 드래그하여 작성합니다.

⑧ [매크로 지정] 대화상자에서 매크로 이름을 '품목별합계'로 선택하고 <확인> 단추를 클릭합니다.

⑨ 단추의 텍스트를 '품목별합계'로 수정합니다.

⑩ [개발 도구] 탭-[코드] 그룹-[매크로 기록]을 클릭합니다.

⑪ [매크로 기록] 대화상자에서 매크로 이름을 '품목별합계삭제'로 입력하고 <확인> 단추를 클릭합니다.

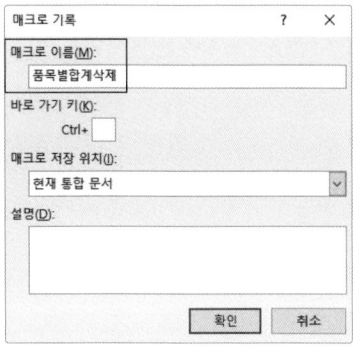

⑫ [C21:D25] 영역을 선택하고 Delete 키를 눌러 데이터를 삭제한 후 임의의 셀을 클릭합니다.

⑬ 상태 표시줄의 □ (기록 중지)를 클릭합니다.

⑭ [개발 도구] 탭-[컨트롤] 그룹-[삽입]-[양식 컨트롤]-[단추]를 클릭합니다. Alt 키를 누른 채 [I21:J22] 영역에 드래그하여 작성합니다.

⑮ [매크로 지정] 대화상자에서 매크로 이름을 '품목별합계삭제'로 선택하고 <확인> 단추를 클릭합니다.

⑯ 단추의 텍스트를 '품목별합계삭제'로 수정합니다.

3 프로시저 작성

1) 폼 보이기 프로시저

① '기타작업-3' 시트를 선택하고 [개발 도구] 탭-[컨트롤] 그룹-[디자인 모드]를 클릭합니다.

② <판매입력> 단추를 더블 클릭하고 다음과 같이 코드를 입력합니다.

```
Private Sub cmd판매입력_Click( )
    판매입력.Show
End Sub
```

2) 폼 초기화 프로시저

① [프로젝트-VBAProject] 탐색기에서 '판매입력'을 선택하고 마우스 오른쪽 단추를 눌러 [코드 보기]를 클릭합니다.

② 개체 목록은 'UserForm', 프로시저 목록은 'Initialize'를 선택합니다.

③ 다음과 같이 코드를 입력합니다.

```
Private Sub UserForm_Initialize( )
    cmb품목.RowSource = "'기타작업-2'!J12:K18"
    → cmb품목의 행 원본을 '기타작업-2' 시트의
      [J12:K18] 영역으로 지정
End Sub
```

3) 등록 프로시저

① 개체 목록은 'cmd판매입력', 프로시저 목록은 'Click'을 선택합니다.

② 다음과 같이 코드를 입력합니다.

```
Private Sub cmd판매입력_Click( )
    If txt구매자 = "" Or Val(txt판매수량) = 0 Then
        MsgBox "구매자나 판매수량을 입력하세요."
        → txt구매자를 입력하지 않거나 txt판매수량이
          0이면 메시지 박스를 표시
    Else
    i = [B2].Row + [B2].CurrentRegion.Rows.Count
    Cells(i, 2) = Date
    Cells(i, 3) = txt구매자
    Cells(i, 4) = cmb품목
    Cells(i, 5) = cmb품목.List(cmb품목.ListIndex, 1)
    Cells(i, 6) = Val(txt판매수량)
    Cells(i, 7) = txt판매수량 * Cells(i, 5)
    End If
End Sub
```

4) 종료 프로시저

① 개체 목록은 'cmd닫기', 프로시저 목록은 'Click'을 선택합니다.

② 다음과 같이 코드를 입력합니다.

```
Private Sub cmd닫기_Click( )
    Unload Me
End Sub
```

③ ■(보기 Microsoft Excel)을 클릭하거나 Alt + F11 키를 눌러 Excel로 돌아갑니다.

④ 실행 결과를 확인하기 위해 [개발 도구] 탭-[컨트롤] 그룹-[디자인 모드]를 클릭하여 디자인 모드를 해제합니다.

⑤ <판매입력> 단추를 클릭합니다. [판매입력] 폼이 표시되면 데이터를 입력하고 <판매입력> 단추를 클릭한 후 입력한 데이터가 워크시트에 입력되는 것을 확인합니다.

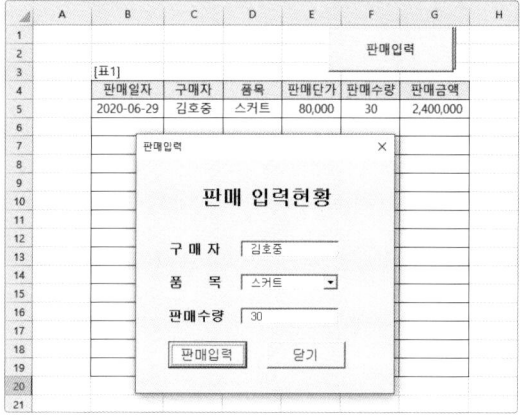

⑥ <닫기> 단추를 클릭하여 폼을 종료합니다.

컴퓨터활용능력 최신기출유형 7회

프로그램명	제한시간
EXCEL 2021	45분

수 험 번 호 :

성   명 :

1급 | A형

유의사항

- 인적 사항 누락 및 잘못 작성으로 인한 불이익은 수험자 책임으로 합니다.
- 화면에 암호 입력창이 나타나면 아래의 암호를 입력하여야 합니다.
  - 암호 : 3568@3
- 작성된 답안은 주어진 경로 및 파일명을 변경하지 마시고 그대로 저장해야 합니다. 이를 준수하지 않으면 실격 처리됩니다.
  - 답안 파일명의 예 : C:₩OA₩수험번호8자리.xlsm
- 외부데이터 위치: C:₩OA₩파일명
- 별도의 지시사항이 없는 경우, 다음과 같이 처리 시 실격 처리됩니다.
  - 제시된 시트 및 개체의 순서나 이름을 임의로 변경한 경우
  - 제시된 시트 및 개체를 임의로 추가 또는 삭제한 경우
  - 외부데이터를 시험 시작 전에 열어본 경우
- 답안은 반드시 문제에서 지시 또는 요구한 셀에 입력하여야 하며 다음과 같이 처리 시 채점 대상에서 제외됩니다.
  - 제시된 함수가 있을 경우 제시된 함수만을 사용하여야 하며 그 외 함수 사용 시 채점 대상에서 제외
  - 수험자가 임의로 지시하지 않은 셀의 이동, 수정, 삭제, 변경 등으로 인해 셀의 위치 및 내용이 변경된 경우 해당 작업에 영향을 미치는 관련문제 모두 채점 대상에서 제외
  - 도형 및 차트의 개체가 중첩되어 있거나 동일한 계산결과 시트가 복수로 존재할 경우 해당 개체나 시트는 채점 대상에서 제외
- 수식 작성 시 제시된 문제 파일의 데이터는 변경 가능한(가변적) 데이터임을 감안하여 문제 풀이를 하시오.
- 별도의 지시사항이 없는 경우, 주어진 각 시트 및 개체의 설정값 또는 기본 설정값(Default)으로 처리 하시오.
- 저장 시간은 별도로 주어지지 않으므로 제한된 시간 내에 저장을 완료해야 하며, 제한 시간 내에 저장이 되지 않은 경우에는 실격 처리됩니다.
- 출제된 문제의 용어는 MS Office LTSC Professional Plus 2021 기준으로 작성되어 있습니다.

문제 1 기본작업(15점)_ 주어진 시트에서 다음 과정을 수행하고 저장하시오.

01 '기본작업-1' 시트에서 다음과 같이 고급필터를 수행하시오. (5점)

- ▶ [A1:H27] 영역에서 '수강료'의 전체평균보다 '수강료'가 적고, '수강가산점'의 전체평균보다 '수강가산점'이 큰 행에 대하여 '이름', '학년', '과목', '담당강사' 열을 순서대로 표시하시오.
- ▶ 조건은 [K2:K3] 영역에 입력하시오. (AVERAGE, AND 함수 사용)
- ▶ 결과는 [K7] 셀부터 표시하시오.

02 '기본작업-1' 시트에서 다음과 같이 조건부 서식을 설정하시오. (5점)

- ▶ [A2:H27] 영역에 대해서 '등록일자'를 이용하여 홀수 달에 등록한 자료이거나 행 번호가 3의 배수인 행 전체에 대하여 글꼴 스타일이 '굵게', 글꼴 색은 '표준 색-파랑'으로 적용되는 조건부 서식을 작성하시오.
- ▶ 단, 규칙 유형은 '수식을 사용하여 서식을 지정할 셀 결정'을 사용하고, 한 개의 규칙으로만 작성하시오.
- ▶ OR, MONTH, ISODD, MOD, ROW 함수 사용

03 '기본작업-2' 시트에서 다음과 같이 시트 보호를 설정하시오. (5점)

- ▶ 제목 텍스트와 차트는 수정할 수 없도록 잠금을 적용한 후 잠긴 셀의 내용과 워크시트를 보호하시오.
- ▶ 잠긴 셀의 선택과 잠금 해제된 셀의 선택, 정렬은 허용하시오.
- ▶ 시트 보호 암호는 지정하지 마시오.

문제 2 계산작업(30점)_ '계산작업' 시트에서 다음 과정을 수행하고 저장하시오.

01 [표1]의 강사코드와 연도를 이용해서 강의코드를 계산하여 [C4:C31] 영역에 표시하시오. (6점)

- ▶ 강의코드는 강사코드의 중간에 연도의 마지막 두 글자를 삽입하여 표시
- ▶ 강사코드가 'T001', 연도가 '2019'일 경우 : T-19-001
- ▶ RIGHT, REPLACE 함수와 & 연산자 사용

02 [표1]의 학년, 강의과목과 [표2]의 할인율표를 이용하여 [H4:H31] 영역에 학년과 강의과목에 따른 수강료할인율을 계산하여 표시하시오. (6점)

- ▶ HLOOKUP, MATCH 함수 사용

03 [표1]의 현재강의수와 전체강의수를 이용하여 [L4:L31] 영역에 진행률을 계산하여 다음과 같이 표시하시오. (6점)

- ▶ '현재강의수/전체강의수'의 값이 0.714일 경우 : ◆◆◆◆◆◆◆71.4%
- ▶ '현재강의수/전체강의수'의 값이 오류일 경우 : 신규강의
- ▶ REPT, TEXT, IFERROR 함수와 & 연산자 사용

04 사용자 정의 함수 'fn비고'를 작성하여 [표1]의 [M4:M31] 영역에 계산하여 표시하시오. (6점)

- ▶ 'fn비고'는 현재강의수와 수강인원을 인수로 받아 값을 되돌려준다.
- ▶ '수강인원/현재강의수'가 30 이상이면 "추가강좌", 15 이상이면 공백, 그 외에는 "강좌폐강"으로 표시하시오.
- ▶ SELECT CASE문 이용

    Public Function fn비고(현재강의수, 수강인원)
    End Function

05 [표5]의 담당강사, 강의과목, 수강인원을 이용하여 [표3]의 [H35:K37] 영역에 과목별 수강인원 순위별 강사의 이름을 계산하여 표시하시오. (6점)

- ▶ [표3]의 순위는 수강인원이 많은 순으로 지정됨
- ▶ INDEX, MATCH, LARGE 함수를 적용한 배열 수식 사용

문제 3 분석작업(20점)_ 주어진 시트에서 다음 과정을 수행하고 저장하시오.

01 '분석작업-1' 시트에서 다음의 지시사항에 따라 피벗 테이블 보고서를 작성하시오. (10점)

- ▶ 외부 데이터 가져오기 기능을 사용하여 <학원등록.accdb>의 <등록현황> 테이블을 이용하시오.
- ▶ 피벗 테이블 보고서의 레이아웃과 위치는 <그림>을 참조하여 설정하시오.
- ▶ 학년별 부분합이 하단에 표시되도록 지정하시오.
- ▶ 표시 형식을 <그림>과 같이 지정하고, '연한 주황, 피벗 스타일 보통 17'를 지정하시오.

※ 작업이 완성된 그림이며 부분점수 없음

02 '분석작업-2' 시트에 대하여 다음의 지시사항을 처리하시오. (10점)

▶ 데이터 도구를 이용하여 [표1]에서 '성명', '기본급', '과목수당' 열을 기준으로 중복된 값이 입력된 셀을 포함하는 행을 삭제하시오.

▶ 조건부 서식의 셀 강조 규칙을 이용하여 [D3:D11] 영역의 중복 값에 대해 '빨강 텍스트' 서식이 적용되도록 설정하시오.

▶ 필터 도구를 이용하여 [표1]의 '학생수당' 필드에서 '빨강 텍스트'를 기준으로 필터링 하시오.

문제4 기타작업(35점)_ 주어진 시트에서 다음 과정을 수행하고 저장하시오.

01 '기타작업-1' 시트에서 다음의 지시사항에 따라 차트를 작성하시오.(각 2점)

① 차트 종류 : 그림과 같은 차트 종류를 선택하여 작성하시오.

② 차트 위치는 '새 시트'로 선택하고 생성된 차트 시트 이름은 '차트작성'으로 설정하시오.

③ 차트 제목, 가로 축 제목을 그림과 같이 입력하고 차트 제목에 대하여 글꼴 크기 '20', '굵게'로 설정하시오.

④ 범례의 배치를 '위쪽', 글꼴 크기 '12', 그림자를 '오프셋 대각선 오른쪽 아래'로 설정하시오.

⑤ 세로 축 눈금의 단위 레이블의 표시 단위를 '천'으로 설정하고, '3학년' 계열에 데이터 레이블을 '값 표시'로 설정하시오.

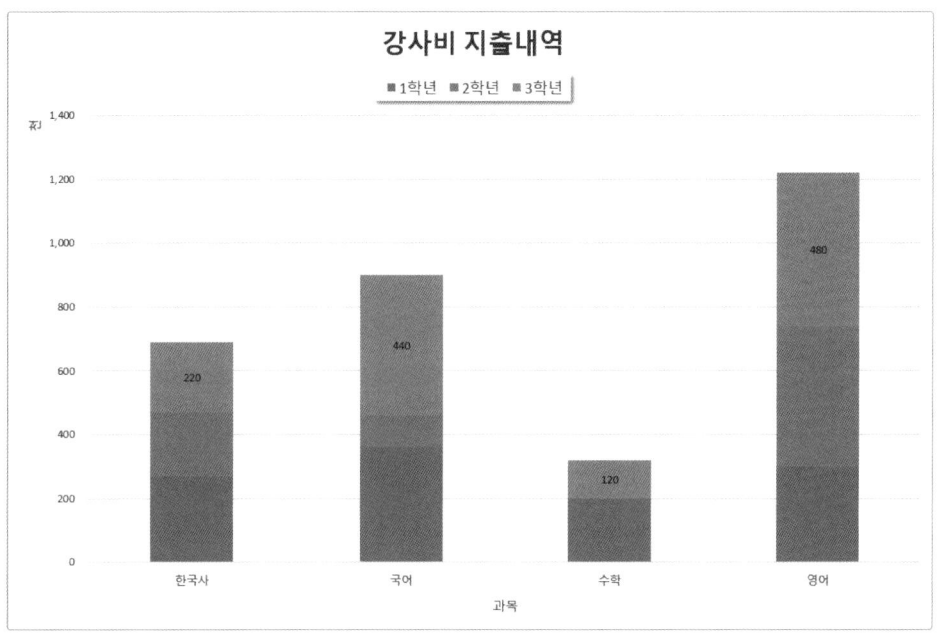

02 '기타작업-2' 시트에서 다음과 같은 기능을 수행하는 매크로를 현재 통합문서에 작성하시오. (각 5점)

① [표1]의 영역에 '급여' 별 '내림차순' 정렬하고, [필터] 기능을 이용하여 '급여' 순위 상위 20% 이내에 해당하는 데이터를 표시하는 매크로를 생성하고 매크로 이름을 '최고급여'로 하시오.

▶ [개발 도구]-[삽입]-[양식 컨트롤]의 '단추'를 동일 시트의 [H2:I3] 영역에 생성한 후 텍스트를 '최고급여'로 입력하고, 단추를 클릭하면 '최고급여' 매크로가 실행되도록 설정하시오.

② 자동 필터를 해제하는 '최고급여취소' 매크로를 생성하시오.

▶ [개발 도구]-[삽입]-[양식 컨트롤]의 '단추'를 동일 시트의 [K2:L3] 영역에 생성한 후 텍스트를 '최고급여취소'로 입력하고, 단추를 클릭하면 '최고급여취소' 매크로가 실행되도록 설정하시오.

※ 셀 포인터의 위치에 관계없이 매크로가 실행되어야 정답으로 인정됨

03 '기타작업-3' 시트에서 다음과 같은 작업을 수행하도록 프로시저를 작성하시오. (각 5점)

① '수강등록' 단추를 클릭하면 <수강등록> 폼이 나타나도록 설정하고, 폼이 초기화(Initialize)되면 접수코드(Lst접수코드) 목록에는 [H7:I15] 영역의 값이 표시되도록 프로시저를 작성하시오.

② 접수코드(C접수코드)를 선택하고 접수자(t접수자), 수강개월(t수강개월) 입력 후 등록(c등록) 단추를 클릭하면 폼에 입력된 데이터가 [표1]에 입력되어 있는 마지막 행 다음에 연속해서 추가 입력되도록 작성하시오.

▶ 수강료 = 수강개월 × 월수강료

▶ 폼에서 선택된 접수코드(C접수코드)에 해당하는 과목, 과목강사, 월수강료는 [참조표]에서 찾아 [표1]의 과목, 과목강사, 수강료에 표시하시오. (ListIndex 속성을 이용).

▶ 워크시트에 데이터를 입력할 때 표의 제목 행과 입력 내용이 일치하도록 작성하시오

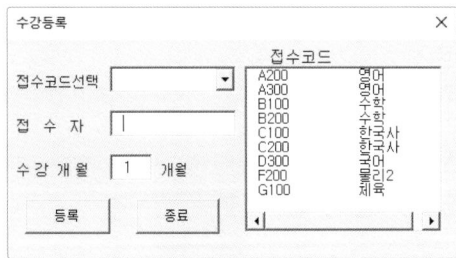

③ 종료(C종료) 단추를 클릭하면 사용자 정의 폼 <수강등록> 이 화면에서 사라지도록 프로시저를 작성하시오.

최신기출유형 7회 정답 및 해설

정답

문제 1 ▶ 기본작업 (15점)

01 고급 필터

K3			f_x	=AND(AVERAGE($G$2:$G$27)>G2,AVERAGE($H$2:$H$27)<H2)				
	J	K	L	M	N	O	P	Q	R	S

	J	K	L	M	N
1					
2		조건			
3		TRUE			
4					
5					
6					
7		이름	학년	과목	담당강사
8		신원빈	2	영어	이나균
9		정윤호	1	수학	김대영
10		박정	2	한국사	고영주
11		송용권	2	물리2	전진호
12		이재겸	2	체육	송윤아
13		여현지	1	체육	송윤아
14					

고급 필터 조건식 : =AND(AVERAGE($G$2:$G$27)>G2,AVERAGE($H$2:$H$27)<H2)

02 조건부 서식

	A	B	C	D	E	F	G	H
1	접수코드	등록일자	이름	학년	과목	담당강사	수강료	수강가산점
2	A200	2020-06-09	신원빈	2	영어	이나균	190,000	7
3	A200	2020-06-17	김준하	2	영어	이나균	220,000	7
4	A300	2020-06-24	박준형	3	영어	신하림	230,000	12
5	A300	2020-06-12	김경진	3	영어	신하림	230,000	1
6	A300	2020-06-14	최민혁	3	영어	신하림	230,000	1
7	A300	2020-06-15	장지애	3	영어	신하림	230,000	12
8	A300	2020-06-29	손유종	3	영어	신하림	230,000	1
9	B100	2020-07-17	정윤호	1	수학	김대영	210,000	9
10	B100	2020-07-18	주민기	1	수학	김대영	210,000	1
11	C100	2020-07-03	김현빈	1	한국사	황준희	200,000	3
12	C100	2020-07-13	이유주	1	한국사	황준희	200,000	1
13	C100	2020-07-14	노상빈	1	한국사	황준희	200,000	1
14	C100	2020-07-16	김병관	1	한국사	황준희	200,000	3
15	C100	2020-06-28	민서준	1	한국사	황준희	200,000	2
16	C200	2020-06-01	김종유	2	한국사	고영주	210,000	1
17	C200	2020-06-07	박정	2	한국사	고영주	210,000	6
18	C300	2020-06-19	이우성	3	한국사	이서진	220,000	5
19	C300	2020-06-21	이하랑	3	한국사	이서진	220,000	5
20	C300	2020-06-23	김현우	3	한국사	이서진	220,000	5
21	C300	2020-06-18	김성수	3	한국사	이서진	220,000	5
22	D300	2020-06-26	이정우	3	국어	이명회	220,000	14
23	F200	2020-07-22	송용권	2	물리2	전진호	210,000	5
24	G100	2020-06-22	김지헌	1	체육	송윤아	200,000	3
25	G100	2020-07-15	허사빈	3	체육	송윤아	280,000	4
26	G100	2020-06-04	이재겸	2	체육	송윤아	210,000	5
27	G100	2020-06-11	여현지	1	체육	송윤아	200,000	8

조건부 서식 수식 : =OR(ISODD(MONTH($B2)),MOD(ROW(),3)=0)

03 시트 보호

문제 2 ▶ 계산작업 (30점)

01 강의코드[C4:C31]

=REPLACE(B4,2,0,"-"&RIGHT(D4,2)&"-")

02 수강료할인율[H4:H31]

=HLOOKUP(F4,$C$34:$E$36,MATCH(G4,$B$35:$B$36,-1)+1)

03 진행률[L4:L31]

=IFERROR(REPT("◆",(I4/K4)*10)&TEXT(I4/K4,"0.0%"),"신규강의")

04 fn비고[M4:M31]

```
Public Function fn비고(현재강의수, 수강인원)
    Select Case 수강인원 / 현재강의수
        Case Is >= 30
            fn비고 = "추가강좌"
        Case Is >= 15
            fn비고 = " "
        Case Else
            fn비고 = "강좌폐강"
    End Select
End Function
```

05 강의과목별 수강인원 순위[H35:K37]

=INDEX($E$4:$E$31,MATCH(LARGE(($G$4:$G$31=H$34)*$J$4:$J$31,$G35),($G$4:$G$31=H$34)*$J$4:$J$31,0))

문제 3 ▶ 분석작업 (20점)

01 피벗 테이블

02 데이터 도구

문제 4 기타작업 (35점)

01 차트

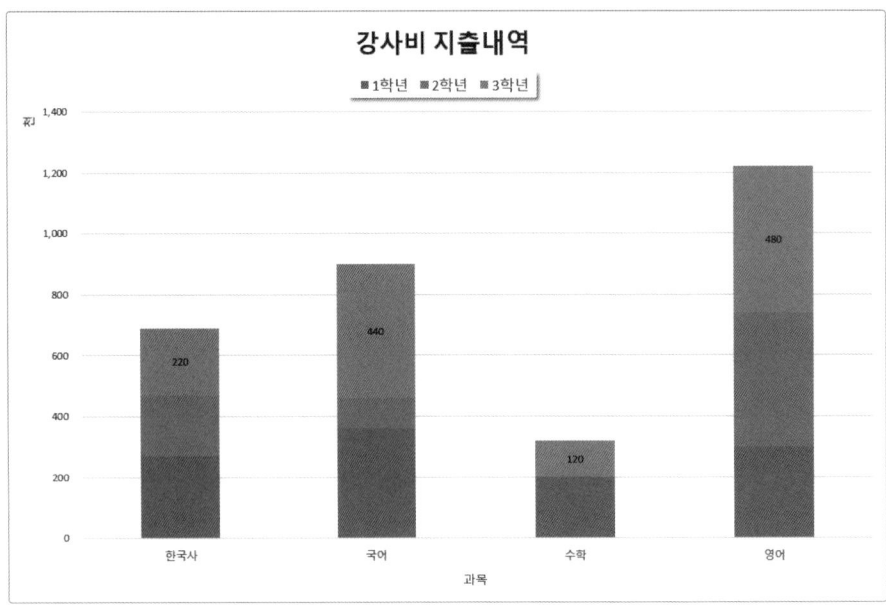

02 매크로

	A	B	C	D	E	F	G	H	I	J	K	L	M
1	[표1]												
2	성명	기본급	과목수	학생수	급여	연구비			최고급여			최고급여취소	
3	김대영	2,500,000	700,000	120,000	3,020,000	45,300							
4	신하림	2,400,000	700,000	90,000	2,890,000	43,350							
14													
15													
16													
17													

03 프로시저

▶ 폼 보이기 프로시저

```
Private Sub cmd수강등록_Click( )
    수강등록.Show
End Sub
```

▶ 폼 초기화 프로시저

```
Private Sub UserForm_Initialize( )
    Lst접수코드.RowSource = "H7:I15"
    Lst접수코드.ColumnCount = 2
End Sub
```

▶ 등록 프로시저

```
Private Sub c등록_Click( )
    i = [A2].Row + [A2].CurrentRegion.Rows.Count-1
    j = C접수코드.ListIndex + 7

    Cells(i, 1) = t접수자
    Cells(i, 2) = Val(t수강개월)
    Cells(i, 3) = C접수코드
    Cells(i, 4) = Cells(j, 9)
    Cells(i, 5) = Cells(j, 10)
    Cells(i, 6) = t수강개월 * Cells(j, 11)

End Sub
```

▶ 종료 프로시저

```
Private Sub C종료_Click( )
    Unload Me
End Sub
```

해설

문제1 ▶ 기본작업 (15점)

1 고급 필터 수행하기

① '기본작업-1' 시트를 선택한 후 [K2:K3] 영역에 다음과 같이 조건을 입력합니다.

> [K2] 셀 : '조건'을 입력
> [K3] 셀 : =AND(AVERAGE($G$2:$G$27)>G2,AVERAGE($H$2:$H$27)<H2) → [G2:G27] 영역의 평균보다 [G2] 셀이 작고, [H2:H27] 영역의 평균보다 [H2] 셀이 크면 TRUE를 반환

② [C1:F1] 영역을 드래그하고 **Ctrl**+**C** 키를 누릅니다. [K7] 셀을 클릭하고 **Ctrl**+**V** 키를 누릅니다.

③ [A1] 셀을 클릭하고 [데이터] 탭-[정렬 및 필터] 그룹-[고급]을 클릭합니다.

④ [고급 필터] 대화상자에서 '다른 장소에 복사'를 선택하고 목록 범위는 [A1:H27] 영역이 지정되었는지 확인합니다.

⑤ [고급 필터] 대화상자에서 조건 범위는 [K2:K3] 영역, 복사 위치는 [K7:N7] 영역을 지정한 후 <확인> 단추를 클릭합니다.

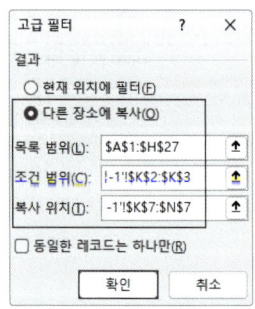

2 조건부 서식 수행하기

① [A2:H27] 영역을 지정하고 [홈] 탭-[스타일] 그룹-[조건부 서식]-[새 규칙]을 클릭합니다.

② [새 서식 규칙] 대화상자에서 규칙 유형 선택의 '수식을 사용하여 서식을 지정할 셀 결정'을 선택하고 다음과 같이 수식을 입력한 후 <서식> 단추를 클릭합니다.

> =OR(ISODD(MONTH($B2)),MOD(ROW(),3)=0) → [B2] 셀의 월이 홀수 이거나 행 번호를 3으로 나누어서 0이면 TRUE를 반환

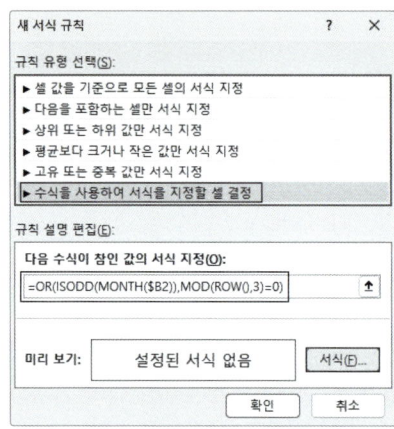

③ [셀 서식] 대화상자의 [글꼴] 탭에서 글꼴 스타일은 '굵게', 색은 '파랑'을 선택하고 <확인> 단추를 클릭합니다.

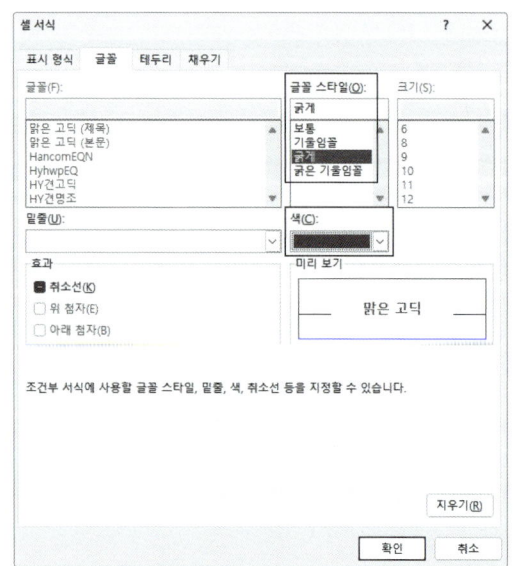

④ [새 서식 규칙] 대화상자에서 다시 <확인> 단추를 클릭합니다.

3 시트 보호

① '기본작업-2' 시트를 선택하고 [A2] 셀을 선택하고 마우스 오른쪽 단추를 눌러 [셀 서식]을 클릭합니다.

② [셀 서식] 대화상자의 [보호] 탭에서 '잠금'을 체크하고 <확인> 단추를 클릭합니다.

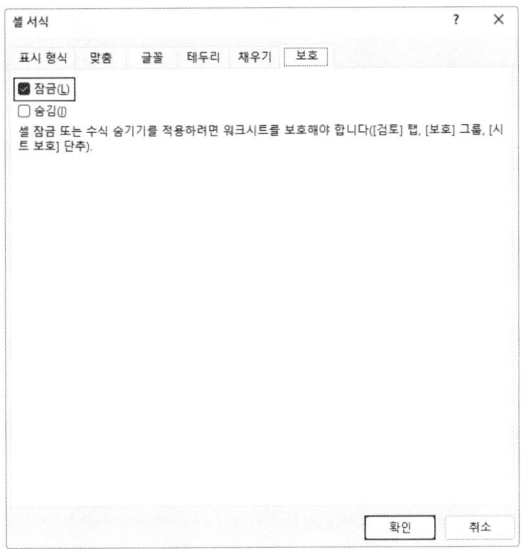

③ 차트에서 마우스 오른쪽 단추를 눌러 [차트 영역 서식]을 클릭합니다.

④ [차트 영역 서식] 창에서 [차트 옵션]-[크기 및 속성]-[속성]의 '잠금'이 체크되어 있는지 확인합니다.

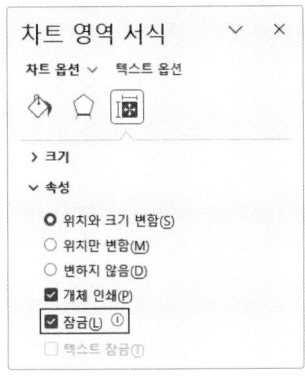

⑤ [검토] 탭-[변경 내용] 그룹-[시트 보호]를 클릭합니다. [시트 보호] 대화상자에서 '잠긴 셀 선택', '잠금 해제된 셀 선택', '정렬'을 체크한 후 <확인> 단추를 클릭합니다.

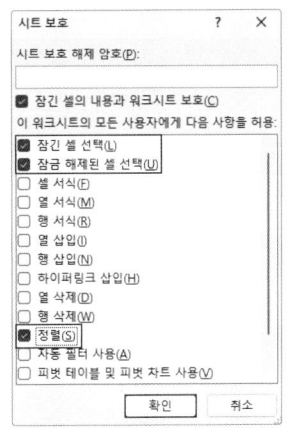

문제2 ▶ 계산작업 (30점)

1 강의코드[C4:C31]

① [C4] 셀에 다음과 같이 수식을 입력합니다.

```
=REPLACE(B4,2,0,"-"&RIGHT(D4,2)&"-")
```

```
=REPLACE(B4,2,0,"-"&RIGHT(D4,2)&"-")
                    ①
```

→ [B4] 셀의 두 번째 글자 자리에서 시작하여 0개의 글자를 ①로 바꿈(새롭게 추가함), ① "-" 다음에 [D4] 셀의 오른쪽 두 글자와 "-"를 표시

② 결과를 확인하고 채우기 핸들을 더블 클릭하여 수식을 복사합니다.

2 수강료할인율[H4:H31]

① [H4] 셀에 다음과 같이 수식을 입력합니다.

=HLOOKUP(F4,$C$34:$E$36,MATCH(G4,$B$35:$B$36,-1)+1)

=HLOOKUP(F4,$C$34:$E$36,<u>MATCH(G4,$B$35:$B$36,-1)</u>+1)
　　　　　　　　　　　　　　　①
→ [F4] 셀의 값을 [C34:E36] 영역의 첫 행에서 찾은 후 ①의 값의 행에 위치한 값을 표시
① [G4] 셀을 [B35:B36] 영역에서 찾음. 예를 들어 [G4] 셀은 '영어'이므로 1이 되고 1을 더한 값인 2를 반환, [G4] 셀이 '영어'가 아닌 다른 값일 경우 2가 되고 1을 더한 값인 3을 반환

② 결과를 확인하고 채우기 핸들을 더블 클릭하여 수식을 복사합니다.

3 진행률[L4:L31]

① [L4] 셀에 다음과 같이 수식을 입력합니다.

=IFERROR(REPT("◆",(I4/K4)*10)&TEXT(I4/K4,"0.0%"),"신규강의")

=IFERROR(<u>REPT("◆",(I4/K4)*10)</u>&<u>TEXT(I4/K4,"0.0%")</u>,"신규강의")
　　　　　　　　①　　　　　　　　　②
→ ① 다음에 ②를 표시하며, 오류가 있는 경우에는 "신규강의"로 표시, ① I4/K4를 계산한 후 10을 곱한 값만큼 "◆"를 표시, 예) I4/K4가 0.714286인 경우 10을 곱하면 7.14286이므로 "◆"를 7번 표시. ② I4/K4의 값을 0.0%의 형식으로 표시

② 결과를 확인하고 채우기 핸들을 더블 클릭하여 수식을 복사합니다.

4 fn비고[M4:M31]

① [개발 도구] 탭-[코드] 그룹-[Visual Basic]을 클릭합니다.

② [삽입]-[모듈]을 클릭합니다.

③ Module 창에 다음과 같이 코드를 입력합니다.

```
Public Function fn비고(현재강의수, 수강인원)
    Select Case 수강인원 / 현재강의수
        Case Is >= 30
            fn비고 = "추가강좌"
        Case Is >= 15
            fn비고 = " "
        Case Else
            fn비고 = "강좌폐강"
    End Select
End Function
```

④ ☒ (보기 Microsoft Excel)을 클릭하거나 Alt + F11 키를 눌러 Excel로 돌아갑니다.

⑤ [M4] 셀을 클릭한 후 다음과 같이 수식을 입력합니다.

=fn비고(I4,J4)

⑥ 결과를 확인하고 채우기 핸들을 더블 클릭하여 수식을 복사합니다.

5 강의과목별 수강인원 순위[H35:K37]

① [H35] 셀에 다음과 같이 수식을 입력한 후 Ctrl + Shift + Enter 키를 누릅니다.

=INDEX($E$4:$E$31,MATCH(LARGE(($G$4:$G$31=H$34)*$J$4:$J$31,$G35),($G$4:$G$31=H$34)*$J$4:$J$31,0))

=INDEX($E$4:$E$31,<u>MATCH(LARGE(($G$4:$G$31=H$34)*$J$4:$J$31,$G35),($G$4:$G$31=H$34)*$J$4:$J$31,0)</u>)
　　　　　　　　　　　　　　　　　　　　　①
→ [E4:E31] 영역에서 ①의 결과를 행 번호로 지정하고 1열의 값을 반환, ① 과목이 [H34] 셀과 같은 값 중 [J4:J31] 영역에서 [G35] 셀의 값번째로 큰 값을 찾아 몇 행에 있는지 반환

② 결과를 확인하고 채우기 핸들을 드래그하여 수식을 복사합니다.

문제3 ▶ 분석작업 (20점)

1 피벗 테이블 보고서 작성

① '분석작업-1' 시트를 선택하고 [데이터] 탭-[데이터 가져오기 및 변환] 그룹-[데이터 가져오기]-[기타 원본에서]-[Microsoft Query에서]를 클릭합니다.

② [데이터 원본 선택] 대화상자에서 'MS Access Database*'을 선택하고 <확인> 단추를 클릭합니다.

③ [데이터베이스 선택] 대화상자에서 'C:\OA\학원등록.accdb'를 선택하고 <확인> 단추를 클릭합니다.

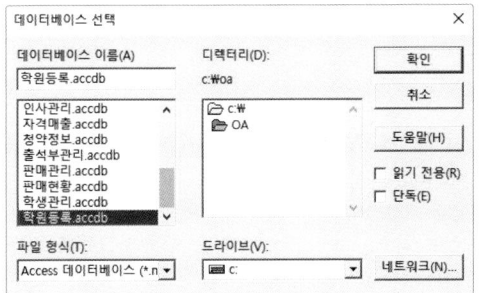

④ [쿼리 마법사-열 선택]에서 > 을 클릭하여 모든 열을 '쿼리에 포함된 열'에 삽입하고 <다음> 단추를 클릭합니다.

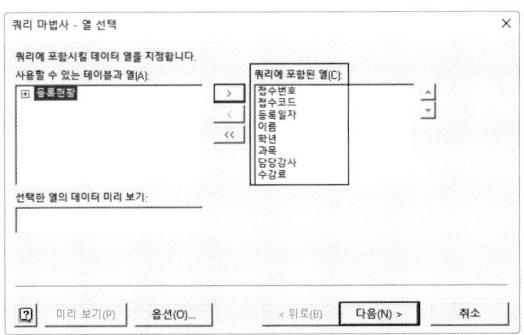

⑤ [쿼리 마법사-데이터 필터] 대화상자에서 <다음> 단추를 클릭합니다.

⑥ [쿼리 마법사-정렬 순서] 대화상자에서 <다음> 단추를 클릭합니다.

⑦ [쿼리 마법사-마침] 대화상자에서 'Microsoft Office Excel로 데이터 되돌리기'를 선택하고 <마침> 단추를 클릭합니다.

⑧ [데이터 가져오기] 대화상자에서 '피벗 테이블 보고서'를 선택하고 기존 워크시트에서 시작 위치인 [B3] 셀을 지정하고 <확인> 단추를 클릭합니다.

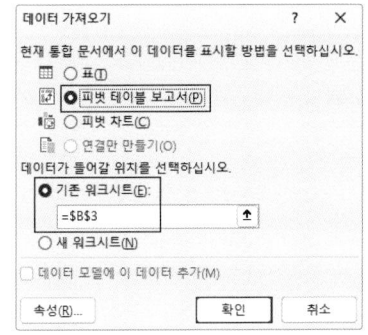

⑨ [피벗 테이블 필드] 창에서 필터에 '담당강사', 행에 '학년', '과목', 값에 '수강료'를 드래그 합니다.

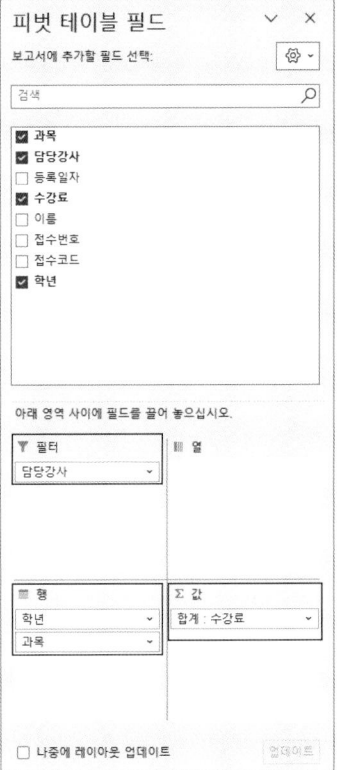

⑩ [디자인] 탭-[레이아웃] 그룹-[부분합]-[그룹 하단에 모든 부분합 표시]를 클릭합니다.

⑪ 값의 '합계 : 수강료'를 클릭합니다. [값 필드 설정]을 선택한 후 [값 필드 설정] 대화상자에서 <표시 형식> 단추를 클릭합니다.

⑫ [셀 서식] 대화상자의 [표시 형식] 탭에서 범주는 '숫자'를 선택하고 '1000 단위 구분 기호(,) 사용'을 체크한 후 <확인> 단추를 클릭합니다.

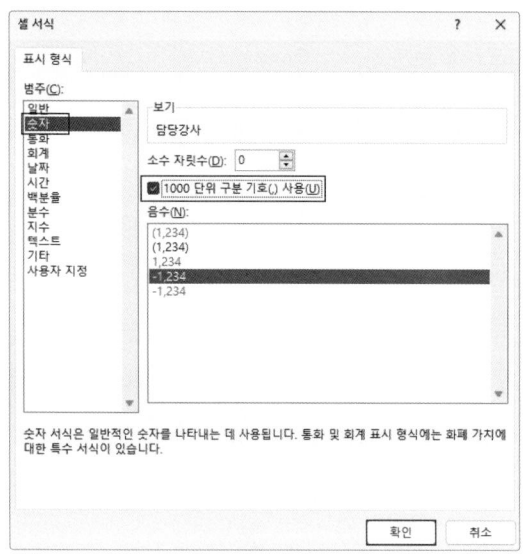

⑬ [값 필드 설정] 대화상자에서 다시 <확인> 단추를 클릭합니다.

⑭ [디자인] 탭-[피벗 테이블 스타일] 그룹에서 '연한 주황, 피벗 스타일 보통 17'를 선택합니다.

2 데이터 도구

① '분석작업-2' 시트를 선택하고 [A2] 셀을 선택하고 [데이터] 탭-[데이터 도구] 그룹-[중복된 항목 제거]를 클릭합니다.

② [중복된 항목 제거] 대화상자에서 <모두 선택 취소> 단추를 클릭합니다. '성명', '기본급', '과목수당' 열을 체크한 후 <확인> 단추를 클릭합니다.

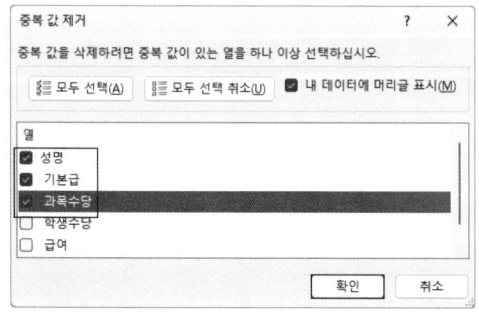

③ 중복된 값이 제거되었다는 메시지를 확인한 후 <확인> 단추를 클릭합니다.

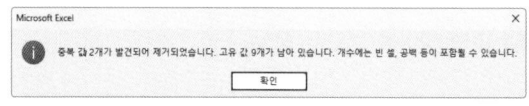

④ [D3:D11] 영역을 지정하고 [홈] 탭-[스타일] 그룹-[조건부 서식]-[셀 강조 규칙]-[중복 값]을 클릭합니다.

⑤ [중복 값] 대화상자에서 적용할 서식을 '빨강 텍스트'로 지정하고 <확인> 단추를 클릭합니다.

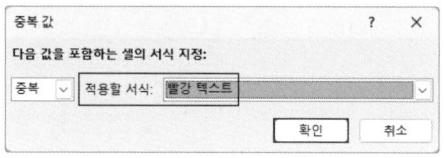

⑥ [A2] 셀을 선택하고 [데이터] 탭-[정렬 및 필터] 그룹-[필터]를 클릭합니다.

⑦ '학생수당'의 ▼(필터 단추)를 클릭하고 [색 기준 필터]에서 '빨강'을 선택합니다.

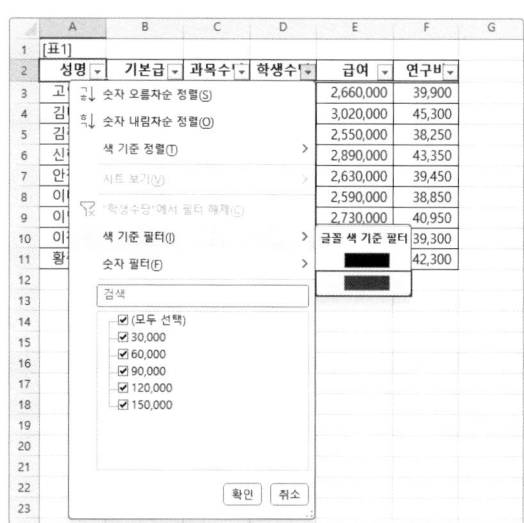

문제4 ▶ 기타작업 (35점)

1 차트 수정

① '기타작업-1' 시트를 선택합니다. [B3:E7] 영역을 지정한 후 [삽입] 탭-[차트] 그룹-[세로 또는 가로 막대형 차트 삽입]-[누적 세로 막대형]을 클릭합니다.

② [차트 디자인] 탭-[위치] 그룹-[차트 이동]을 클릭합니다.

③ [차트 이동] 대화상자에서 '새 시트'를 선택하고 시트 이름에는 '차트작성'을 입력하고 <확인> 단추를 클릭합니다.

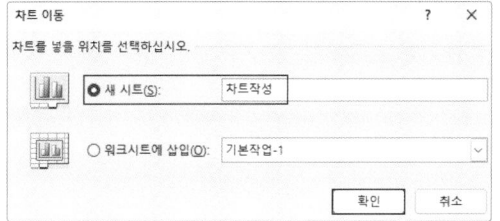

④ 차트 제목에 '강사비 지출내역'을 입력하고 [홈] 탭-[글꼴] 그룹-[글꼴 크기]는 '20pt'으로 지정하고 '굵게'를 클릭합니다.

⑤ [차트 디자인] 탭-[차트 레이아웃] 그룹-[차트 요소 추가]-[축 제목]-[기본 가로]를 클릭하고 '과목'을 입력합니다.

⑥ [차트 디자인] 탭-[차트 레이아웃] 그룹-[차트 요소 추가]-[범례]-[위쪽]을 클릭합니다.

⑦ 범례를 클릭하고 [홈] 탭-[글꼴] 그룹-[글꼴 크기]에서 '12pt'로 지정합니다.

⑧ 범례를 선택한 상태에서 [서식] 탭-[도형 스타일] 그룹-[도형 효과]-[그림자]-[오프셋 대각선 오른쪽 아래]를 클릭합니다.

⑨ 세로 (값) 축에서 마우스 오른쪽 단추를 눌러 [축 서식]을 클릭합니다.

⑩ [축 서식] 창의 [축 옵션]에서 표시 단위를 '천'으로 선택합니다.

⑪ '3학년' 계열을 클릭합니다. [차트 도구]-[디자인] 탭-[차트 레이아웃] 그룹-[차트 요소 추가]-[데이터 레이블]-[가운데]를 클릭합니다.

2 매크로 작성

① '기타작업-2' 시트를 선택하고 [개발 도구] 탭-[코드] 그룹-[매크로 기록]을 클릭합니다.

② [매크로 기록] 대화상자에서 매크로 이름을 '최고급여'로 입력하고 <확인> 단추를 클릭합니다.

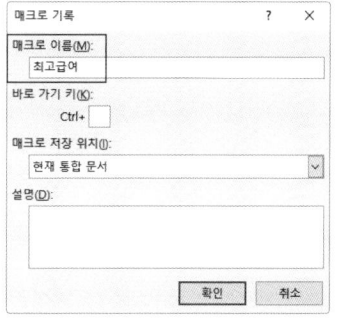

③ [E2] 셀을 선택하고 [데이터] 탭-[정렬 및 필터] 그룹-[텍스트 내림차순 정렬]을 클릭합니다.

④ [데이터] 탭-[정렬 및 필터] 그룹-[필터]를 클릭합니다.

⑤ [E2] 셀의 ▼(필터 단추)를 클릭하고 [숫자 필터]-[상위 10]을 선택합니다.

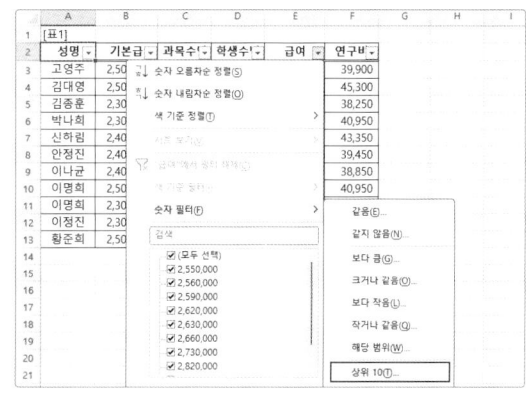

⑥ [상위 10 자동 필터] 대화상자에서 다음과 같이 지정하고 <확인> 단추를 클릭합니다.

⑦ 상태 표시줄의 □(기록 중지)를 클릭하거나 [개발 도구] 탭-[코드] 그룹-[기록 중지]를 클릭합니다.

⑧ [개발 도구] 탭-[컨트롤] 그룹-[삽입]-[양식 컨트롤]-[단추]를 클릭하고 Alt 키를 누른 채 [H2:I3] 영역에 드래그하여 작성합니다.

⑨ [매크로 지정] 대화상자에서 매크로 이름을 '최고급여'로 선택하고 <확인> 단추를 클릭합니다.

⑩ 단추의 텍스트를 '최고급여'로 수정합니다.

⑪ [개발 도구] 탭-[코드] 그룹-[매크로 기록]을 클릭합니다.

⑫ [매크로 기록] 대화상자에서 매크로 이름을 '최고급여취소'로 입력하고 <확인> 단추를 클릭합니다.

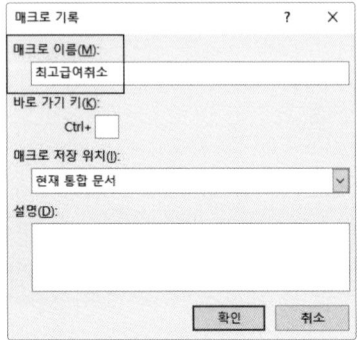

⑬ [데이터] 탭-[정렬 및 필터] 그룹-[필터]를 클릭하여 필터된 부분을 해지합니다.

⑭ 상태 표시줄에서 □(기록 중지)를 클릭합니다.

⑮ [개발 도구] 탭-[컨트롤] 그룹-[삽입]-[양식 컨트롤]-[단추]를 클릭합니다. Alt 키를 누른 채 [K2:L3] 영역에 드래그하여 작성합니다.

⑯ [매크로 지정] 대화상자에서 매크로 이름을 '최고급여취소'로 선택하고 <확인> 단추를 클릭합니다.

⑰ 단추의 텍스트를 '최고급여취소'로 수정합니다.

3 프로시저 작성

1) 폼 보이기 프로시저

① '기타작업-3' 시트를 선택하고 [개발 도구] 탭-[컨트롤] 그룹-[디자인 모드]를 클릭합니다.

② <수강등록> 단추를 더블 클릭하고 다음과 같이 코드를 입력합니다.

```
Private Sub cmd수강등록_Click( )
    수강등록.Show
End Sub
```

2) 폼 초기화 프로시저

① [프로젝트-VBAProject] 탐색기에서 '수강등록'을 선택하고 마우스 오른쪽 단추를 눌러 [코드 보기]를 클릭합니다.

② 개체 목록은 'UserForm', 프로시저 목록은 'Initialize'를 선택합니다.

③ 다음과 같이 코드를 입력합니다.

```
Private Sub UserForm_Initialize( )
    Lst접수코드.RowSource = "H7:I15"
    Lst접수코드.ColumnCount = 2 → 목록 상자의
        원본으로 사용될 열 개수를 2로 지정(지정하지
        않으면 1열만 표시됨)
End Sub
```

3) 등록 프로시저

① 개체 목록은 'c등록', 프로시저 목록은 'Click'을 선택합니다.

② 다음과 같이 코드를 입력합니다.

```
Private Sub c등록_Click( )
    i = [A2].Row + [A2].CurrentRegion.Rows.Count-1
    j = C접수코드.ListIndex + 7
    
    Cells(i, 1) = t접수자
    Cells(i, 2) = Val(t수강개월)
    Cells(i, 3) = C접수코드
    Cells(i, 4) = Cells(j, 9)
    Cells(i, 5) = Cells(j, 10)
    Cells(i, 6) = t수강개월 * Cells(j, 11)
End Sub
```

4) 종료 프로시저

① 개체 목록은 'C종료', 프로시저 목록은 'Click'을 선택합니다.

② 다음과 같이 코드를 입력합니다.

```
Private Sub C종료_Click( )
    Unload Me
End Sub
```

③ ▣(보기 Microsoft Excel)을 클릭하거나 Alt + F11 키를 눌러 Excel로 돌아갑니다.

④ 실행 결과를 확인하기 위해 [개발 도구] 탭-[컨트롤] 그룹-[디자인 모드]를 클릭하여 디자인 모드를 해제합니다.

⑤ <수강등록> 단추를 클릭합니다. [수강등록] 폼이 표시되면 데이터를 입력하고 <등록> 단추를 클릭한 후 입력한 데이터가 워크시트에 입력되는 것을 확인합니다.

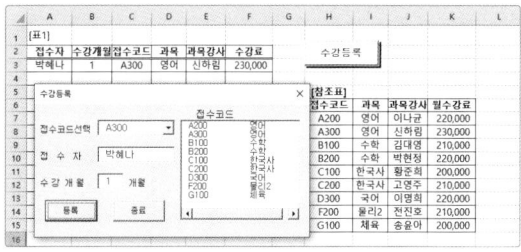

⑥ <종료> 단추를 클릭하여 폼을 종료합니다.

컴퓨터활용능력 최신기출유형 8회

프로그램명	제한시간
EXCEL 2021	45분

수 험 번 호 :

성   명 :

1급 | A형

유의사항

- 인적 사항 누락 및 잘못 작성으로 인한 불이익은 수험자 책임으로 합니다.
- 화면에 암호 입력창이 나타나면 아래의 암호를 입력하여야 합니다.
  - 암호 : 9945*1
- 작성된 답안은 주어진 경로 및 파일명을 변경하지 마시고 그대로 저장해야 합니다. 이를 준수하지 않으면 실격 처리됩니다.
  - **답안 파일명의 예 : C:₩OA₩수험번호8자리.xlsm**
- 외부데이터 위치: C:₩OA₩파일명
- 별도의 지시사항이 없는 경우, 다음과 같이 처리 시 실격 처리됩니다.
  - 제시된 시트 및 개체의 순서나 이름을 임의로 변경한 경우
  - 제시된 시트 및 개체를 임의로 추가 또는 삭제한 경우
  - 외부데이터를 시험 시작 전에 열어본 경우
- 답안은 반드시 문제에서 지시 또는 요구한 셀에 입력하여야 하며 다음과 같이 처리 시 채점 대상에서 제외됩니다.
  - 제시된 함수가 있을 경우 제시된 함수만을 사용하여야 하며 그 외 함수 사용 시 채점 대상에서 제외
  - 수험자가 임의로 지시하지 않은 셀의 이동, 수정, 삭제, 변경 등으로 인해 셀의 위치 및 내용이 변경된 경우 해당 작업에 영향을 미치는 관련문제 모두 채점 대상에서 제외
  - 도형 및 차트의 개체가 중첩되어 있거나 동일한 계산결과 시트가 복수로 존재할 경우 해당 개체나 시트는 채점 대상에서 제외
- 수식 작성 시 제시된 문제 파일의 데이터는 변경 가능한(가변적) 데이터임을 감안하여 문제 풀이를 하시오.
- 별도의 지시사항이 없는 경우, 주어진 각 시트 및 개체의 설정값 또는 기본 설정값(Default)으로 처리하시오.
- 저장 시간은 별도로 주어지지 않으므로 제한된 시간 내에 저장을 완료해야 하며, 제한 시간 내에 저장이 되지 않은 경우에는 실격 처리됩니다.
- 출제된 문제의 용어는 MS Office LTSC Professional Plus 2021 기준으로 작성되어 있습니다.

문제 1 ▶ 기본작업(15점) _ 주어진 시트에서 다음 과정을 수행하고 저장하시오.

01 '기본작업-1' 시트에서 다음과 같이 고급필터를 수행하시오. (5점)

▶ [A2:H48] 영역에서 '고과점수'의 순위가 5~15위에 해당하는 행에 대하여 '이름', '부서명', '직위', '고과점수' 열을 순서대로 표시하시오.
▶ 조건은 [J2:J3] 영역에 입력하시오. (AND, RANK.EQ 함수 사용)
▶ 결과는 [J6] 셀부터 표시하시오.

02 '기본작업-1' 시트에서 다음과 같이 조건부 서식을 설정하시오. (5점)

▶ [A3:H48] 영역에 대해서 '사번'의 끝자리가 "1"로 끝나고 '부서명'의 전체 글자수가 세 글자인 행 전체에 대하여 글꼴 스타일을 '굵게', 글꼴 색을 '표준 색-연한 파랑'으로 적용하시오.
▶ 단, 규칙 유형은 '수식을 사용하여 서식을 지정할 셀 결정'을 사용하고, 한 개의 규칙으로만 작성하시오.
▶ AND, RIGHT, LEN 함수 사용

03 '기본작업-2' 시트에서 다음과 같이 페이지 레이아웃을 설정하시오. (5점)

▶ 기존 인쇄 영역에 [A35:H48] 영역을 인쇄 영역으로 추가하고, 페이지의 내용이 자동으로 확대/축소되어 인쇄되도록 설정하시오.
▶ 행 머리글(1, 2, 3 등)과 열 머리글(A, B, C 등)이 인쇄되도록 설정하시오.
▶ 페이지의 상단 오른쪽에 오늘의 날짜가 인쇄되도록 머리글을 설정하시오.

문제 2 ▶ 계산작업(30점) _ '계산작업' 시트에서 다음 과정을 수행하고 저장하시오.

01 [표1]을 이용해서 부서별 업무달성도 평균을 [표2]의 [K4:K9] 영역에 계산하여 표시하시오. (6점)

▶ 부서는 [J4:J9]를 기준으로 계산
▶ TEXT, IF와 AVERAGE 함수를 사용한 배열 수식
▶ [표시 예 : 76.5 → 76.5점, 0 → 0.0점]

02 [표1]을 참조하여 부서명이 기획부인 사람 중 의사전달력 점수가 가장 높은 사람의 번호를 [표3]의 [N5] 셀에 표시하시오. (6점)

▶ 번호에 '번'을 추가하여 표시 [표시 예 : 12 → 12번]
▶ CONCAT, MATCH, DMAX 함수 사용

03 [표1]을 참조하여 업무달성도 빈도수를 [표4]의 [K17:K21] 영역에 표시하시오. (6점)

▶ [표1]과 [표4]를 사용하여 빈도수를 표시하되, 뒤에 "명"을 표시
▶ FREQUENCY와 TEXT 함수를 사용한 배열 수식

04 총점을 계산하는 사용자 정의 함수 'fn총점'을 작성하여 [H4:H26] 영역에 계산을 수행하시오. (6점)

▶ 'fn총점'은 업무달성도, 성실성, 노력도, 의사전달력을 인수로 받아 값을 되돌려줌
▶ 총점은 '업무달성도*0.3+성실성*0.2+노력도*0.3+의사전달력*0.2'로 계산하되, 업무달성도, 성실성, 노력도, 의사전달력 중 하나라도 60점 미만이면 0으로 표시하시오.

```
Public Function fn총점(업무달성도, 성실성, 노력도, 의사전달력)
End Function
```

05 [표5]를 참조하여 각 과목별 가중치 [B29:E29]를 반영하여 점수를 구한 후 점수에 해당하는 등급을 [F30:F35] 영역에 계산하여 표시하시오. (6점)

▶ [표6]을 이용하여 계산
▶ SUMPRODUCT, VLOOKUP 함수 이용

문제 3 분석작업(20점)_ 주어진 시트에서 다음 과정을 수행하고 저장하시오.

01 '분석작업-1' 시트에서 다음의 지시사항에 따라 피벗 테이블 보고서를 작성하시오. (10점)

▶ 외부 데이터 가져오기 기능을 사용하여 <인사관리.accdb>의 <인사고과> 테이블의 '사번', '이름', '입사일자', '점수', '직위', '평가' 열을 이용하시오.
▶ 피벗 테이블 보고서의 레이아웃과 위치는 <그림>을 참조하여 설정하고, 보고서 레이아웃을 개요 형식으로 표시하시오.
▶ '입사일자'를 년 단위로 그룹을 설정하고, 점수의 전체에 대한 비율을 표시하는 '전체비율' 계산 필드를 추가하시오.
▶ 피벗 테이블 스타일은 '연한파랑, 피벗 스타일 밝게 9', 피벗 테이블 스타일 옵션은 '줄무늬 열'을 지정하시오.

	A	B	C	D	E
1					
2		직위	입사일자	합계 : 점수	전체비율
3		⊟대리		2028	54.44%
4			2012년	92.25	2.48%
5			2013년	1015	27.25%
6			2014년	454.5	12.20%
7			2015년	159	4.27%
8			2016년	232	6.23%
9			2017년	75.25	2.02%
10		⊟사원		1697.25	45.56%
11			2016년	537.5	14.43%
12			2017년	313	8.40%
13			2018년	504.5	13.54%
14			2019년	342.25	9.19%
15		⊟(비어 있음)			0.00%
16			(비어 있음)		0.00%
17		총합계		3725.25	100.00%

※ 작업 완성된 그림이며 부분점수 없음

02 '분석작업-2' 시트에 대하여 다음의 지시사항을 처리하시오. (10점)

▶ 데이터 도구를 이용하여 [표1]에서 '부서', '비품' 열을 기준으로 중복된 값이 입력된 셀을 포함하는 행을 삭제하시오.

▶ 조건부 서식의 셀 강조 규칙을 이용하여 [E4:E8] 영역의 중복 값에 대해 '진한 빨강 텍스트가 있는 연한 빨강 채우기' 서식이 적용되도록 설정하시오.

▶ [필터] 기능을 이용하여 [표1]의 '보유량' 필드에서 '연한 빨강 채우기'를 기준으로 필터링 하시오.

문제4 기타작업(35점)_ 주어진 시트에서 다음 과정을 수행하고 저장하시오.

01 '기타작업-1' 시트에서 다음의 지시사항에 따라 차트를 수정하시오. (각 2점)

※ 차트는 반드시 문제에서 제공한 차트를 사용하여야 하며, 신규로 차트 작성 시 0점 처리됨

① '판매량' 계열의 차트 종류를 '데이터 표식이 있는 꺾은선형'으로 변경하시오.

② '판매량' 계열에 데이터 값을 표시하시오.

③ '목표량' 계열의 겹치기를 '50'으로 지정하시오.

④ 기본 세로 축의 최소값을 100, 기본 단위를 300으로 설정하시오.

⑤ 차트 영역 서식은 그림자(오프셋 대각선 오른쪽 아래)를 설정하여 둥글게 표시하시오.

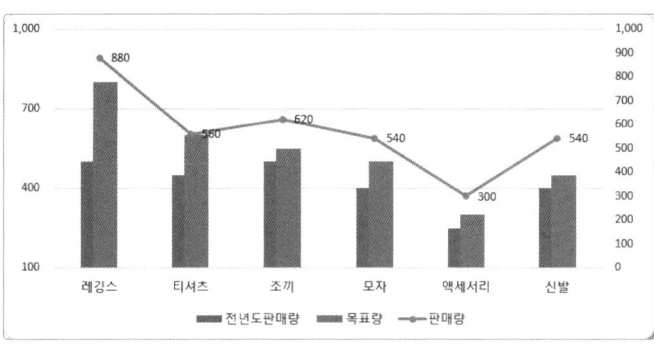

02 '기타작업-2' 시트에서 다음과 같은 기능을 수행하는 매크로를 현재 통합문서에 작성하시오. (각 5점)

① [H3:H48] 영역에 대하여 사용자 지정 표시 형식을 설정하는 '서식적용' 매크로를 생성하시오.

▶ 고과점수의 셀 값이 70점 이상인 경우 점수 앞에 "△" 기호 입력 후 소수점 이하 첫째 자리까지 표시, 70점 미만인 경우 빨간색으로 점수 앞에 "▽" 기호 입력 후 소수점 이하 첫째 자리까지 표시

▶ [개발 도구]-[삽입]-[양식 컨트롤]의 '단추'를 동일 시트의 [J3:K4] 영역에 생성한 후 텍스트를 '서식적용'으로 입력하고, 단추를 클릭하면 '서식적용' 매크로가 실행되도록 설정하시오.

② [H3:H48] 영역에 대하여 표시 형식을 '일반'으로 적용하는 '서식해제' 매크로를 생성하시오.
▶ [개발 도구]-[삽입]-[양식 컨트롤]의 '단추'를 동일 시트의 [J6:K7] 영역에 생성한 후 텍스트를 '서식해제'로 입력하고, 단추를 클릭하면 '서식해제' 매크로가 실행되도록 설정하시오.

※ 셀 포인터의 위치에 관계없이 매크로가 실행되어야 정답으로 인정됨

03 '기타작업-3' 시트에서 다음과 같은 작업을 수행하도록 프로시저를 작성하시오. (각 5점)

① '인사고과입력' 단추를 클릭하면 <인사고과> 폼이 나타나도록 프로시저를 작성하고 폼이 초기화(Initialize)되면 [G5:G10] 영역의 값이 콤보상자(cmb부서)의 목록에 설정되고, 날짜(Txt날짜) 컨트롤에는 현재 연도가 표시되도록 프로시저를 작성하시오.

▶ DATE, YEAR 함수 이용

② <인사고과> 폼의 <등록(Cmd등록)> 단추를 클릭하면 폼에 입력된 데이터를 시트의 표 안에 추가되도록 프로시저를 작성하시오.

▶ 평균은 (업무달성도+성실성)/2로 계산하여 입력하시오.

③ 종료(Cmd종료) 단추를 클릭하면 <인사고과> 폼이 종료되는 프로시저를 작성하시오.

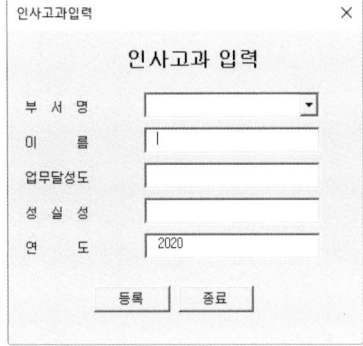

최신기출유형 8회 정답 및 해설

정답

문제 1 ▶ 기본작업 (15점)

01 고급 필터

고급 필터 조건식 : =AND(RANK.EQ(H3,$H$3:$H$48)>=5,RANK.EQ(H3,$H$3:$H$48)<=15)

02 조건부 서식

조건부 서식 수식 : =AND(RIGHT($A3,1)="1",LEN($E3)=3)

03 페이지 레이아웃

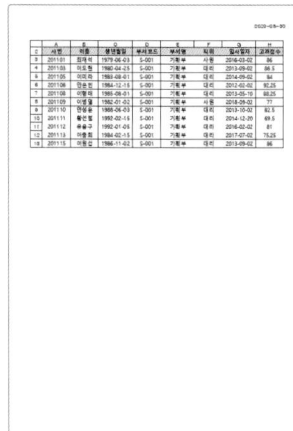
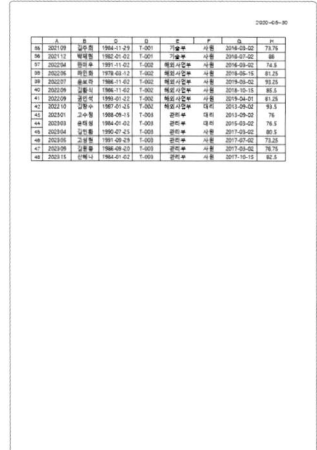

문제 2 ▶ 계산작업 (30점)

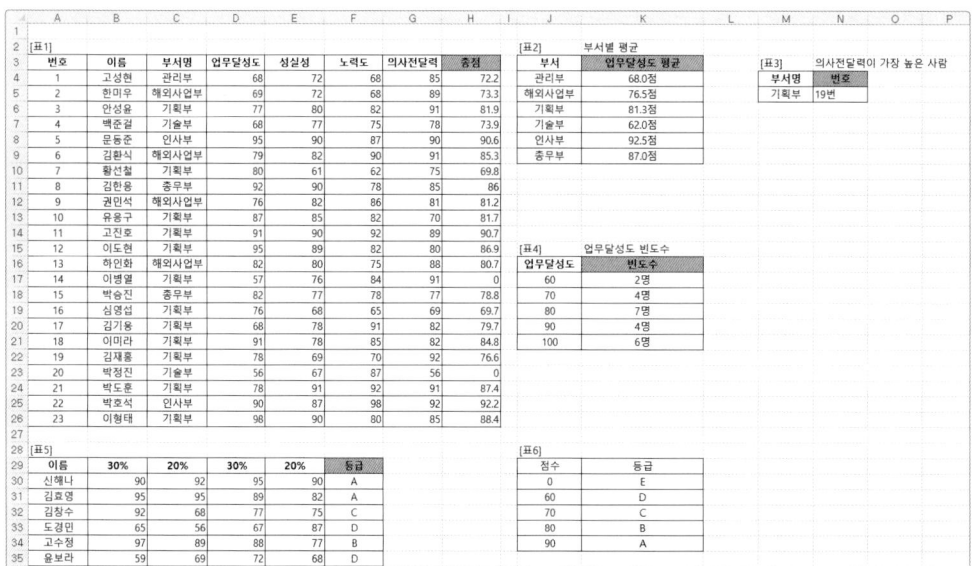

01 업무달성도 평균[K4:K9]

=TEXT(AVERAGE(IF($C$4:$C$26=J4,$D$4:$D$26)),"0.0점")

02 의사전달력이 가장 높은 사람[N5]

=CONCAT(MATCH(DMAX(A3:H26,G3,M4:M5),G4:G26,0),"번")

03 업무달성도 빈도수[K17:K21]

=TEXT(FREQUENCY(D4:D26,J17:J21),"0명")

04 fn총점[H4:H26]

```
Public Function fn총점(업무달성도, 성실성, 노력도, 의사전달력)
    If 업무달성도 < 60 Or 성실성 < 60 Or 노력도 < 60 Or 의사전달력 < 60 Then
        fn총점 = 0
    Else
        fn총점 = 업무달성도 * 0.3 + 성실성 * 0.2 + 노력도 * 0.3 + 의사전달력 * 0.2
    End If

End Function
```

05 등급[F30:F35]

=VLOOKUP(SUMPRODUCT($B$29:$E$29,B30:E30),$J$30:$K$34,2)

문제3 ▶ 분석작업 (20점)

01 피벗 테이블

	직위	입사일자	합계 : 점수	전체비율
	⊟대리		2028	54.44%
		2012년	92.25	2.48%
		2013년	1015	27.25%
		2014년	454.5	12.20%
		2015년	159	4.27%
		2016년	232	6.23%
		2017년	75.25	2.02%
	⊟사원		1697.25	45.56%
		2016년	537.5	14.43%
		2017년	313	8.40%
		2018년	504.5	13.54%
		2019년	342.25	9.19%
	⊟(비어 있음)			0.00%
		(비어 있음)		0.00%
	총합계		3725.25	100.00%

02 데이터 도구

	[표1]			부서별 비품관리				
	부서	비	지급일	보유	요청	사용연	금액	
	해외사업부	B	2019-07-21	15	20	2	700,000	
	총무부	A	2020-03-02	15	18	1	660,000	
						합계	3,360,000	

문제 4 기타작업 (35점)

01 차트

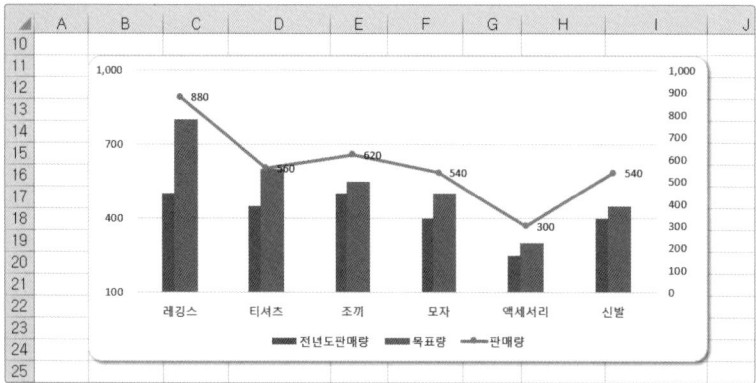

02 매크로

	A	B	C	D	E	F	G	H	I	J	K	L
1												
2	사번	이름	생년월일	부서코드	부서명	직위	입사일자	고과점수				
3	202305	고성현	1991-09-29	T-003	관리부	사원	2017-07-02	△73.3			서식적용	
4	202204	한미우	1991-11-02	T-002	해외사업부	사원	2016-03-02	△74.5				
5	201110	안성윤	1988-06-03	S-001	기획부	대리	2013-10-02	△82.5				
6	202101	백준걸	1983-05-02	S-001	기술부	사원	2016-03-02	△74.5			서식해제	
7	201309	문동준	1978-03-12	S-002	인사부	사원	2019-07-02	△90.5				
8	202209	김환식	1986-11-02	T-002	해외사업부	사원	2018-10-15	△85.5				
9	201111	황선철	1992-02-15	S-001	기획부	대리	2014-12-20	▽69.5				
10	201207	김한용	1982-06-02	S-003	총무부	대리	2013-07-02	△86.3				
11	202209	권민석	1993-01-22	T-002	해외사업부	사원	2019-04-01	△81.3				
12	201112	유용구	1992-01-05	S-001	기획부	대리	2016-02-02	△81.0				
13	201117	고진호	1989-06-03	S-001	기획부	대리	2013-07-02	△90.5				
14	201103	이도현	1980-04-25	S-001	기획부	대리	2013-09-02	△86.5				
15	202205	하인화	1978-03-12	T-002	해외사업부	사원	2018-05-15	△81.3				
16	201109	이병열	1982-01-02	S-001	기획부	사원	2018-09-02	△77.0				
17	201211	박승진	1986-11-02	S-003	총무부	대리	2013-09-02	△78.5				
18	201135	심영섭	1984-11-29	S-001	기획부	대리	2016-07-02	▽69.5				
19	201119	김기웅	1990-11-03	S-001	기획부	대리	2014-08-15	△79.8				
20	201105	이미라	1983-08-01	S-001	기획부	대리	2014-09-02	△84.0				
21	201121	김재홍	1992-03-12	S-001	기획부	사원	2019-04-01	△77.3				
22	202103	박정진	1988-09-03	S-001	기술부	사원	2016-05-15	▽66.5				
23	201125	박도훈	1985-08-01	S-001	기획부	대리	2014-02-03	△88.0				
24	201311	박호석	1988-09-15	S-002	인사부	사원	2018-10-15	△91.8				
25	201108	이형태	1985-08-01	S-001	기획부	대리	2013-05-10	△88.3				
26	202315	신혜나	1984-01-02	T-003	관리부	사원	2017-10-15	△82.5				
27	201116	김효영	1979-06-23	S-001	기획부	대리	2014-09-02	▽68.0				
28	202210	김창수	1987-01-25	T-002	해외사업부	대리	2013-09-02	△93.5				
29	201202	도경민	1980-07-05	S-003	총무부	대리	2013-09-02	△90.5				
30	202301	고수정	1988-09-15	T-003	관리부	대리	2013-09-02	△76.0				

사용자 정의 서식 : [>=70]△0.0;[빨강][<70]▽0.0

03 프로시저

▶ 폼 보이기 프로시저

```
Private Sub 인사고과입력_Click( )
    인사고과.Show
End Sub
```

▶ 폼 초기화 프로시저

```
Private Sub UserForm_Initialize( )
    cmb부서.RowSource = "G5:G10"
    Txt날짜 = Year(Date)
End Sub
```

▶ 등록 프로시저

```
Private Sub Cmd등록_Click( )

    i = [a4].Row + [a4].CurrentRegion.Rows.Count
    Cells(i, 1) = cmb부서
    Cells(i, 2) = Txt이름
    Cells(i, 3) = Val(Txt업무달성도)
    Cells(i, 4) = Val(Txt성실성)
    Cells(i, 5) = (Val(Txt업무달성도) + Val(Txt성실성)) / 2

End Sub
```

▶ 종료 프로시저

```
Private Sub Cmd종료_Click( )
    Unload Me
End Sub
```

해설

문제 1 기본작업 (15점)

1 고급 필터 수행하기

① '기본작업-1' 시트를 선택한 후 [J2:J3] 영역에 다음과 같이 조건을 입력합니다.

> [J2] 셀 : '조건'을 입력
> [J3] 셀 : =AND(RANK.EQ(H3,$H$3:$H$48)>=5, RANK.EQ(H3,$H$3:$H$48)<=15) → [H3:H48] 영역에서 [H3] 셀의 순위가 5보다 크거나 같고 15보다 작거나 같으면 TRUE를 반환

② [B2], [E2:F2], [H2] 영역을 선택하고 **Ctrl**+**C** 키를 누릅니다. [J6] 셀을 클릭하고 **Ctrl**+**V** 키를 누릅니다.

③ [A2] 셀을 클릭하고 [데이터] 탭-[정렬 및 필터] 그룹-[고급]을 클릭합니다.

④ [고급 필터] 대화상자에서 '다른 장소에 복사'를 선택하고 목록 범위는 [A2:H48] 영역이 지정되었는지 확인합니다.

⑤ [고급 필터] 대화상자에서 조건 범위는 [J2:J3] 영역, 복사 위치는 [J6:M6] 영역을 지정한 후 <확인> 단추를 클릭합니다.

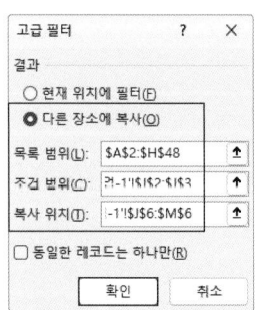

2 조건부 서식 수행하기

① [A3:H48] 영역을 지정하고 [홈] 탭-[스타일] 그룹-[조건부 서식]-[새 규칙]을 클릭합니다.

② [새 서식 규칙] 대화상자에서 규칙 유형 선택의 '수식을 사용하여 서식을 지정할 셀 결정'을 선택하고 다음과 같이 수식을 입력한 후 <서식> 단추를 클릭합니다.

> =AND(RIGHT($A3,1)="1",LEN($E3)=3) → [A3] 셀의 마지막 글자가 "1"이고 [E3] 셀의 글자 수가 3이면 TRUE를 반환

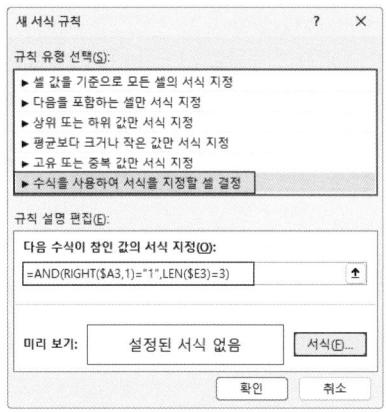

③ [셀 서식] 대화상자의 [글꼴] 탭에서 글꼴 스타일은 '굵게', 색은 '연한 파랑'을 선택하고 <확인> 단추를 클릭합니다.

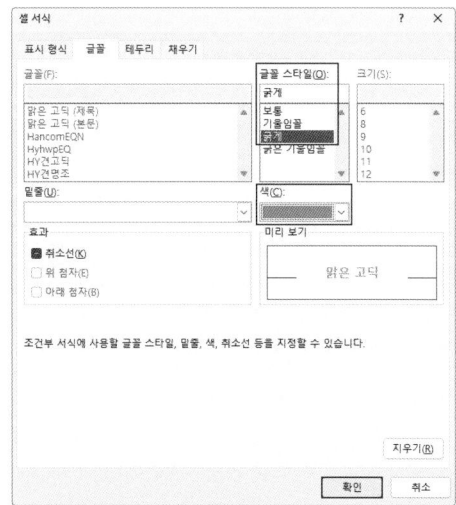

④ [새 서식 규칙] 대화상자에서 다시 <확인> 단추를 클릭합니다.

3 페이지 레이아웃

① '기본작업-2' 시트를 선택하고 [A35:H48] 영역을 지정하고 [페이지 레이아웃] 탭-[페이지 설정] 그룹 -[인쇄 영역]-[인쇄 영역에 추가]를 클릭합니다.

② [페이지 레이아웃] 탭-[페이지 설정] 그룹에서 ⌐ (대화상자 표시 아이콘)을 클릭합니다.

③ [페이지 설정] 대화상자의 [페이지] 탭에서 자동 맞춤의 용지 너비와 용지 높이를 '1'로 지정합니다.

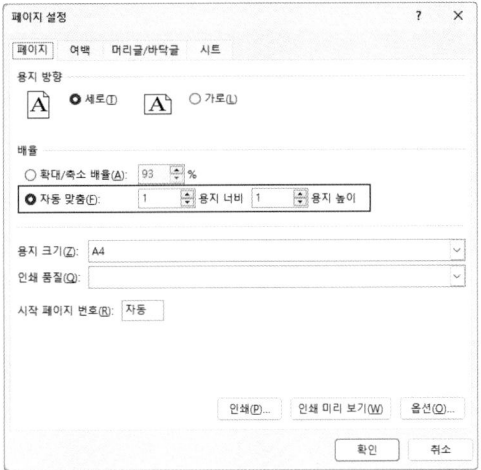

④ [페이지 설정] 대화상자의 [시트] 탭에서 '행/열 머리글'을 체크합니다.

⑤ [페이지 설정] 대화상자의 [머리글/바닥글] 탭을 선택하고 <머리글 편집> 단추를 클릭합니다.

⑥ [머리글] 대화상자의 오른쪽 구역에서 🗓(날짜 삽입)을 클릭하고 <확인> 단추를 클릭합니다.

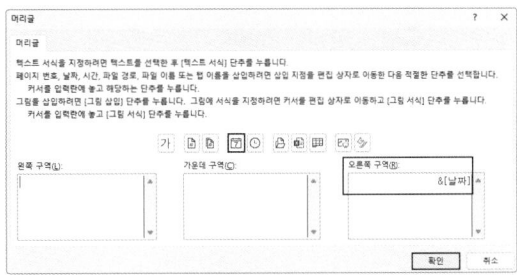

⑦ [페이지 설정] 대화상자에서 다시 <확인> 단추를 클릭합니다.

문제2 계산작업 (30점)

1 업무달성도 평균[K4:K9]

① [K4] 셀에 다음과 같이 수식을 입력한 후 **Ctrl**+**Shift**+**Enter** 키를 누릅니다.

=TEXT(AVERAGE(IF($C$4:$C$26=J4,$D$4:$D$26)),"0.0점")

=TEXT(AVERAGE(IF($C$4:$C$26=J4,$D$4:$D$26)),"0.0점")
　　　　　　　　　　　①
→ ①의 결과 값을 "0.0점"의 형식으로 표시, ① 부서명이 [J4] 셀과 같은 경우 [D4:D26] 영역의 평균을 계산

② 결과를 확인하고 채우기 핸들을 더블 클릭하여 수식을 복사합니다.

2 의사전달력이 가장 높은 사람[N5]

① [N5] 셀에 다음과 같이 수식을 입력합니다.

=CONCAT(MATCH(DMAX(A3:H26,G3,M4:M5),G4:G26,0),"번")

=CONCAT(MATCH(<u>DMAX(A3:H26,G3,M4:M5)</u>,G4:G26,0),"번")
　　　　　　　　　　　　①
→ [G4:G26] 영역에서 ①의 위치를 반환, ① [A3:H26] 영역에서 부서명이 '기획부'인 조건을 만족하는 것 중 가장 높은 의사전달력 점수를 반환

3 업무달성도 빈도수[K17:K21]

① [K17:K21] 영역을 지정하고 다음과 같이 수식을 입력한 후 **Ctrl**+**Shift**+**Enter** 키를 누릅니다.

※ FREQUENCY 함수는 특정 범위 안에 속하는 값의 개수를 배열의 형태로 반환하는 함수이므로 반드시 배열의 범위를 선택하고 입력한 후 **Ctrl**+**Shift**+**Enter** 키를 눌러야 합니다.

```
=TEXT(FREQUENCY(D4:D26,J17:J21),"0명")
```

```
=TEXT(FREQUENCY(D4:D26,J17:J21),"0명")
                 ①
→ ①을 "0명"의 형식으로 표시, ① [D4:D26]에서 [J17:J21]에 해당하는 업무달성도의 빈도수를 구함
```

4 fn총점[H4:H26]

① [개발 도구] 탭-[코드] 그룹-[Visual Basic]을 클릭합니다.

② [삽입]-[모듈]을 클릭합니다.

③ Module 창에 다음과 같이 코드를 입력합니다.

```
Public Function fn총점(업무달성도, 성실성, 노력도, 의사전달력)
    If 업무달성도 < 60 Or 성실성 < 60 Or 노력도 < 60 Or 의사전달력 < 60 Then
        fn총점 = 0
    Else
        fn총점 = 업무달성도 * 0.3 + 성실성 * 0.2 + 노력도 * 0.3 + 의사전달력 * 0.2
    End If
End Function
```

④ ☒(보기 Microsoft Excel)을 클릭하거나 **Alt**+**F11** 키를 눌러 Excel로 돌아갑니다.

⑤ [H4] 셀을 클릭한 후 다음과 같이 수식을 입력합니다.

```
=fn총점(D4,E4,F4,G4)
```

⑥ 결과를 확인하고 채우기 핸들을 더블 클릭하여 수식을 복사합니다.

5 등급[F30:F35]

① [F30] 셀에 다음과 같이 수식을 입력합니다.

```
=VLOOKUP(SUMPRODUCT($B$29:$E$29,B30:E30
),$J$30:$K$34,2)
```

```
=VLOOKUP(SUMPRODUCT($B$29:$E$29,B30:E30
),$J$30:$K$34,2)
                ①
→ ①의 값을 [J30:K34] 영역의 1열에서 찾은 후 2열의 등급을 반환, ① [B30:E30] 영역에 각각의 가중치를 곱한 값을 모두 더함
```

② 결과를 확인하고 채우기 핸들을 더블 클릭하여 수식을 복사합니다.

문제3 ▶ 분석작업 (20점)

1 피벗 테이블 보고서 작성

① '분석작업-1' 시트를 선택하고 [데이터] 탭-[데이터 가져오기 및 변환] 그룹-[데이터 가져오기]-[기타 원본에서]-[Microsoft Query에서]를 클릭합니다.

② [데이터 원본 선택] 대화상자에서 'MS Access Database *'을 선택하고 <확인> 단추를 클릭합니다.

③ [데이터베이스 선택] 대화상자에서 'C:₩OA₩인사관리.accdb'를 선택하고 <확인> 단추를 클릭합니다.

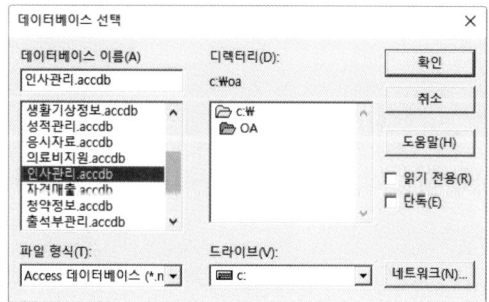

④ [쿼리 마법사-열 선택] 대화상자에서 ⊞를 클릭한 후 '사번'을 선택하고 > 를 클릭하거나 '사번'을 더블클릭합니다. 같은 방법으로 '이름', '입사일자', '점수', '직위', '평가'를 '쿼리에 포함된 열'에 삽입한 후 <다음> 단추를 클릭합니다.

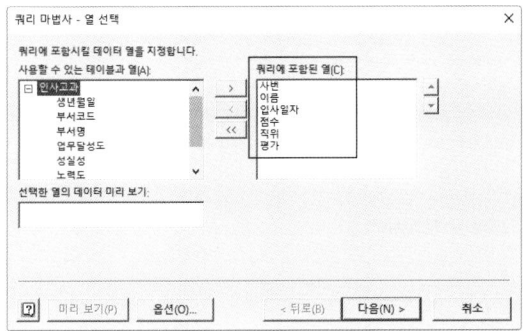

⑤ [쿼리 마법사-데이터 필터] 대화상자에서 <다음> 단추를 클릭합니다.

⑥ [쿼리 마법사-정렬 순서] 대화상자에서 <다음> 단추를 클릭합니다.

⑦ [쿼리 마법사-마침] 대화상자에서 'Microsoft Office Excel로 데이터 되돌리기'를 선택하고 <마침> 단추를 클릭합니다.

⑧ [데이터 가져오기]에서 '피벗 테이블 보고서'를 선택하고 기존 워크시트에서 시작 위치인 [B2] 셀을 지정하고 <확인> 단추를 클릭합니다.

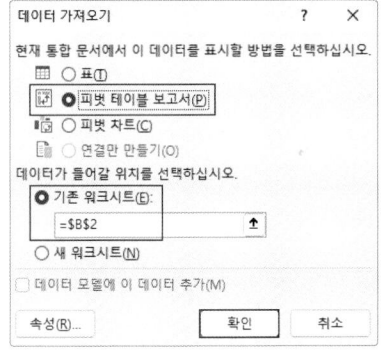

⑨ [피벗 테이블 필드] 창에서 행에 '직위', '입사일자', 값에 '점수'를 드래그합니다.

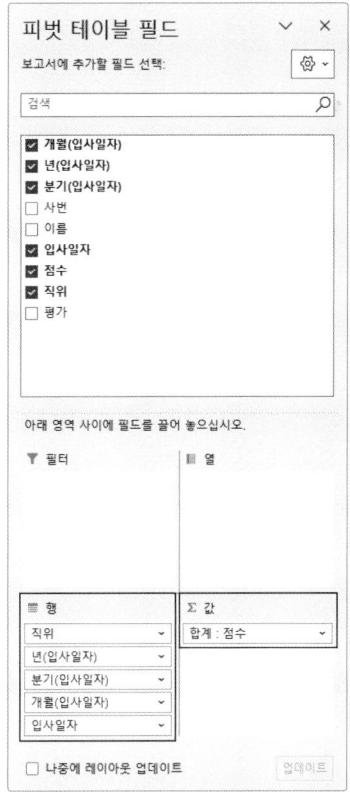

⑩ [디자인] 탭-[레이아웃] 그룹 -[보고서 레이아웃]-[개요 형식으로 표시]를 클릭합니다.

⑪ [C4] 셀에서 마우스 오른쪽 단추를 눌러 [그룹]을 클릭합니다.

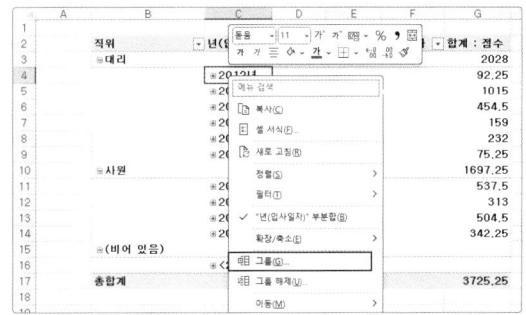

⑫ [그룹화] 대화상자에서 단위는 '연'만 선택하고 <확인> 단추를 클릭합니다.

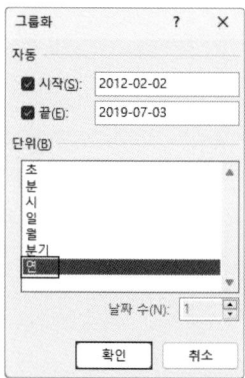

⑬ [피벗 테이블 분석] 탭-[계산] 그룹-[필드, 항목 및 집합]-[계산 필드]을 클릭합니다. 이어서, [계산 필드] 대화상자에서 [이름]을 '점수2', [수식]을 '=점수'로 입력한 다음 <추가> 및 <확인> 단추를 클릭합니다.

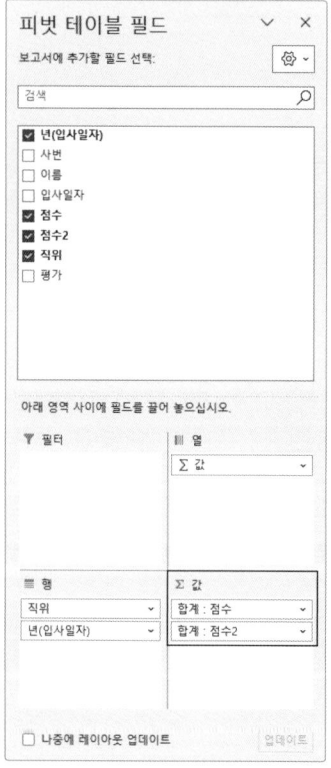

⑭ 새로 추가한 '합계 : 점수2'를 클릭하고 [값 필드 설정]을 선택합니다.

⑮ [값 필드 설정] 대화상자의 [값 표시 형식] 탭에서 값 표시 형식을 '총합계 비율'로 선택하고 사용자 지정 이름에 '전체비율'을 입력한 후 <확인> 단추를 클릭합니다.

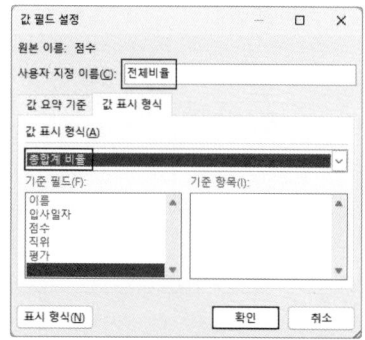

⑯ [디자인] 탭-[피벗 테이블 스타일] 그룹에서 '연한 파랑, 피벗 스타일 밝게 9'를 클릭합니다. [피벗 테이블 스타일 옵션] 그룹의 '줄무늬 열'을 체크합니다.

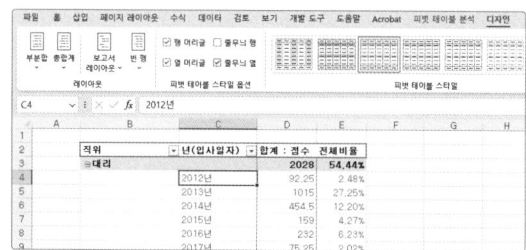

2 데이터 도구

① '분석작업-2' 시트를 선택하고 [B3] 셀을 선택하고 [데이터] 탭-[데이터 도구] 그룹-[중복된 항목 제거]를 클릭합니다.

② [중복된 항목 제거] 대화상자에서 <모두 선택 취소> 단추를 클릭하고 '부서', '비품' 열을 체크한 후 <확인> 단추를 클릭합니다.

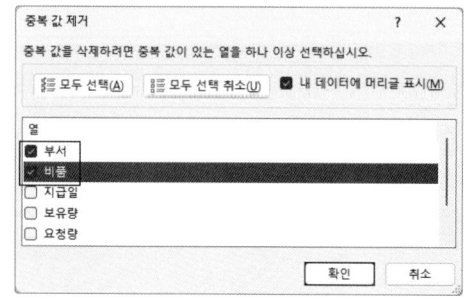

③ 중복된 값이 제거되었다는 메시지를 확인한 후 <확인> 단추를 클릭합니다.

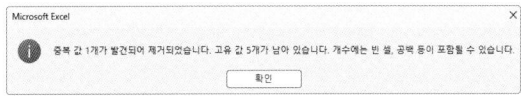

④ [E4:E8] 영역을 지정하고 [홈] 탭-[스타일] 그룹-[조건부 서식]-[셀 강조 규칙]-[중복 값]을 클릭합니다.

⑤ [중복 값] 대화상자에서 적용할 서식을 '진한 빨강 텍스트가 있는 연한 빨강 채우기'로 지정하고 <확인> 단추를 클릭합니다.

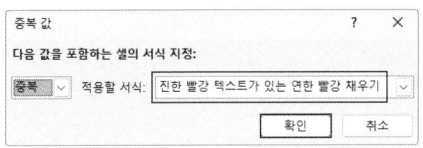

⑥ [B3] 셀을 선택하고 [데이터] 탭-[정렬 및 필터] 그룹-[필터]를 클릭합니다.

⑦ '보유량'의 ▼(필터 단추)를 클릭하고 [색 기준 필터]의 [셀 색 기준 필터]에서 '연한 빨강 채우기'를 선택합니다.

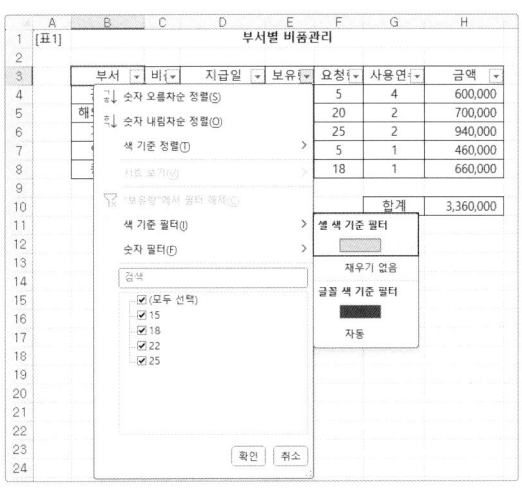

문제4 ▶ 기타작업 (35점)

1 차트 수정

① '기타작업-1' 시트를 선택하고 차트에서 '판매량' 계열을 클릭한 후 마우스 오른쪽 단추를 눌러 [계열 차트 종류 변경]을 클릭합니다.

② [차트 종류 변경] 대화상자에서 '판매량' 계열의 차트 종류를 '표식이 있는 꺾은선형'으로 지정하고 보조 축을 체크한 후 <확인> 단추를 클릭합니다.

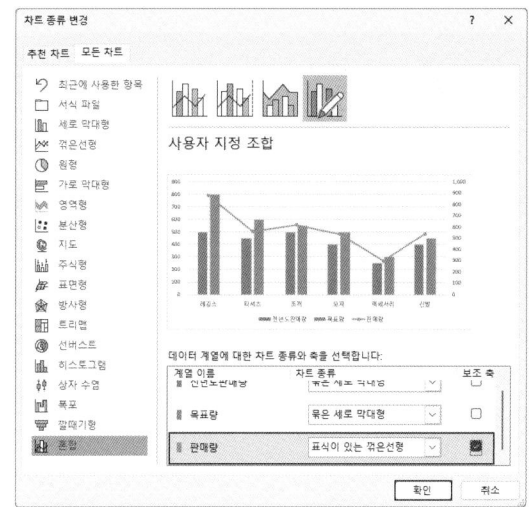

③ '판매량' 계열을 클릭하고 마우스 오른쪽 단추를 눌러 [데이터 레이블 추가]-[데이터 레이블 추가]를 클릭합니다.

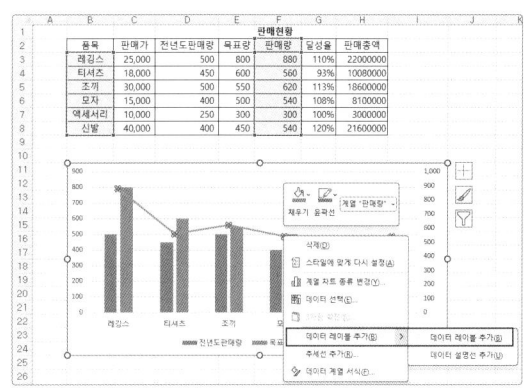

④ '목표량' 계열을 클릭하고 마우스 오른쪽 단추를 눌러 [데이터 계열 서식]을 클릭합니다.

⑤ [데이터 계열 서식] 창의 [계열 옵션]에서 계열 겹치기를 '50'으로 지정합니다.

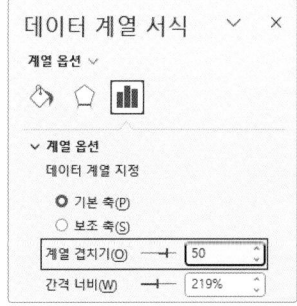

⑥ 세로 (값) 축을 클릭합니다. [축 서식] 창의 [축 옵션]에서 최소를 '100', 최대를 '1000', 기본 단위를 '300'으로 지정합니다.

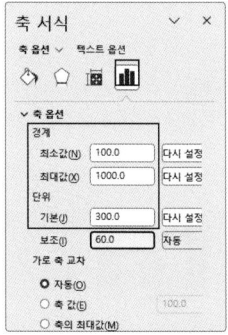

⑦ 차트 영역을 클릭합니다. [차트 영역 서식] 창의 [차트 옵션]-[효과]-[그림자]-[미리 설정]에서 '오프셋 대각선 오른쪽 아래'를 지정합니다.

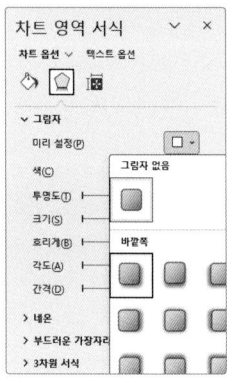

⑧ [차트 영역 서식] 창의 [차트 옵션]-[채우기 및 선]-[테두리]에서 '둥근 모서리'를 체크합니다.

2 매크로 작성

① '기타작업-2' 시트를 선택하고 [개발 도구] 탭-[코드] 그룹-[매크로 기록]을 클릭합니다.

② [매크로 기록] 대화상자에서 '매크로 이름'을 '서식적용'으로 입력하고 <확인> 단추를 클릭합니다.

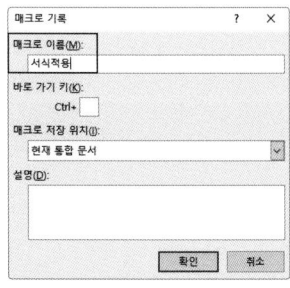

③ [H3:H48] 영역을 선택하고 마우스 오른쪽 단추를 눌러 [셀 서식]을 클릭합니다.

④ [셀 서식] 대화상자의 [표시 형식] 탭에서 범주는 '사용자 지정'을 선택하고 형식에 다음과 같이 입력한 후 <확인> 단추를 클릭합니다.

[>=70]△0.0;[빨강][<70]▽0.0

※ '△' 기호는 한글 자음 'ㅁ'을 입력하고 한자 키를 누른 후 선택하여 입력합니다.

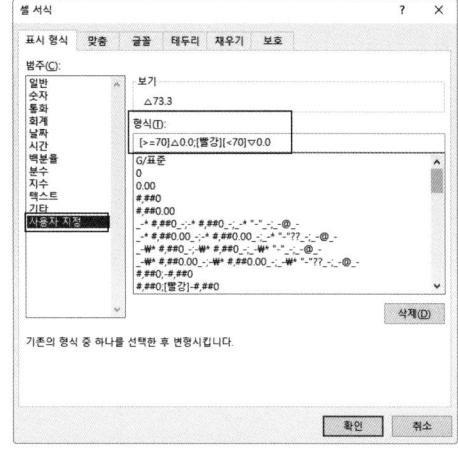

⑤ 상태 표시줄의 □(기록 중지)를 클릭합니다.

⑥ [개발 도구] 탭-[컨트롤] 그룹-[삽입]-[양식 컨트롤]-[단추]를 클릭한 후 Alt 키를 누른 채 [J3:K4] 영역에 드래그하여 작성합니다.

⑦ [매크로 지정] 대화상자에서 매크로 이름을 '서식적용'으로 선택하고 <확인> 단추를 클릭합니다.

⑧ 단추의 텍스트를 '서식적용'으로 수정합니다.

⑨ [개발 도구] 탭-[코드] 그룹-[매크로 기록]을 클릭합니다.

⑩ [매크로 기록] 대화상자에서 매크로 이름을 '서식해제'로 입력하고 <확인> 단추를 클릭합니다.

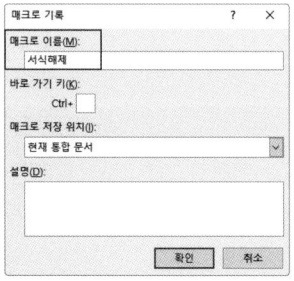

⑪ [H3:H48] 영역을 선택하고 마우스 오른쪽 단추를 눌러 [셀 서식]을 클릭합니다.

⑫ [셀 서식] 대화상자의 [표시 형식] 탭에서 범주는 '일반'을 선택하고 <확인> 단추를 클릭합니다.

⑬ 상태 표시줄의 □(기록 중지)를 클릭합니다. [개발 도구] 탭-[컨트롤] 그룹-[삽입]-[양식 컨트롤]-[단추]를 클릭한 후 Alt 키를 누른 채 [J6:K7] 영역에 드래그하여 작성합니다.

⑭ [매크로 지정] 대화상자에서 매크로 이름을 '서식해제'로 선택하고 <확인> 단추를 클릭합니다.

⑯ 단추의 텍스트를 '서식해제'로 수정합니다.

3 프로시저 작성

1) 폼 보이기 프로시저

① '기타작업-2' 시트를 선택하고 [개발 도구] 탭-[컨트롤] 그룹-[디자인 모드]를 클릭합니다.

② <인사고과입력> 단추를 더블 클릭하고 다음과 같이 코드를 입력합니다.

```
Private Sub 인사고과입력_Click( )
    인사고과.Show
End Sub
```

2) 폼 초기화 프로시저

① [프로젝트-VBAProject] 탐색기에서 '인사고과'를 선택하고 마우스 오른쪽 단추를 눌러 [코드 보기]를 클릭합니다.

② 개체 목록은 'UserForm', 프로시저 목록은 'Initialize'를 선택합니다.

③ 다음과 같이 코드를 입력합니다.

```
Private Sub UserForm_Initialize( )
    cmb부서.RowSource = "G5:G10"
    Txt날짜 = Year(Date)
End Sub
```

3) 등록 프로시저

① 개체 목록은 'Cmd등록', 프로시저 목록은 'Click'을 선택합니다.

② 다음과 같이 코드를 입력합니다.

```
Private Sub Cmd등록_Click( )

    i = [A4].Row + [A4].CurrentRegion.Rows.Count
    Cells(i, 1) = cmb부서
    Cells(i, 2) = Txt이름
    Cells(i, 3) = Val(Txt업무달성도)
    Cells(i, 4) = Val(Txt성실성)
    Cells(i, 5) = (Val(Txt업무달성도) + Val(Txt성실성)) / 2

End Sub
```

4) 종료 프로시저

① 개체 목록은 'Cmd종료', 프로시저 목록은 'Click'을 선택합니다.

② 다음과 같이 코드를 입력합니다.

```
Private Sub Cmd종료_Click( )
    Unload Me
End Sub
```

③ ⊠(보기 Microsoft Excel)을 클릭하거나 Alt + F11 키를 눌러 Excel로 돌아갑니다.

④ 실행 결과를 확인하기 위해 [개발 도구] 탭-[컨트롤] 그룹-[디자인 모드]를 클릭하여 디자인 모드를 해제합니다.

⑤ <인사고과입력> 단추를 클릭합니다. [인사고과입력] 폼이 표시되면 데이터를 입력하고 <등록> 단추를 클릭한 후 입력한 데이터가 워크시트에 입력되는 것을 확인합니다.

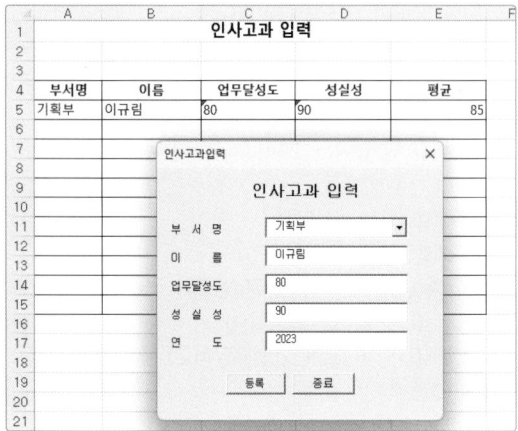

⑥ <종료> 단추를 클릭하여 폼을 종료합니다.

MEMO

컴퓨터활용능력 최신기출유형 9회

프로그램명	제한시간
EXCEL 2021	45분

수 험 번 호 :

성   명 :

1급 | A형

유의사항

- 인적 사항 누락 및 잘못 작성으로 인한 불이익은 수험자 책임으로 합니다.
- 화면에 암호 입력창이 나타나면 아래의 암호를 입력하여야 합니다.
  - 암호 : 3287&8
- 작성된 답안은 주어진 경로 및 파일명을 변경하지 마시고 그대로 저장해야 합니다. 이를 준수하지 않으면 실격 처리됩니다.
  - **답안 파일명의 예 : C:₩OA₩수험번호8자리.xlsm**
- 외부데이터 위치: C:₩OA₩파일명
- 별도의 지시사항이 없는 경우, 다음과 같이 처리 시 실격 처리됩니다.
  - 제시된 시트 및 개체의 순서나 이름을 임의로 변경한 경우
  - 제시된 시트 및 개체를 임의로 추가 또는 삭제한 경우
  - 외부데이터를 시험 시작 전에 열어본 경우
- 답안은 반드시 문제에서 지시 또는 요구한 셀에 입력하여야 하며 다음과 같이 처리 시 채점 대상에서 제외됩니다.
  - 제시된 함수가 있을 경우 제시된 함수만을 사용하여야 하며 그 외 함수 사용 시 채점 대상에서 제외
  - 수험자가 임의로 지시하지 않은 셀의 이동, 수정, 삭제, 변경 등으로 인해 셀의 위치 및 내용이 변경된 경우 해당 작업에 영향을 미치는 관련문제 모두 채점 대상에서 제외
  - 도형 및 차트의 개체가 중첩되어 있거나 동일한 계산결과 시트가 복수로 존재할 경우 해당 개체나 시트는 채점 대상에서 제외
- 수식 작성 시 제시된 문제 파일의 데이터는 변경 가능한(가변적) 데이터임을 감안하여 문제 풀이를 하시오.
- 별도의 지시사항이 없는 경우, 주어진 각 시트 및 개체의 설정값 또는 기본 설정값(Default)으로 처리 하시오.
- 저장 시간은 별도로 주어지지 않으므로 제한된 시간 내에 저장을 완료해야 하며, 제한 시간 내에 저장이 되지 않은 경우에는 실격 처리됩니다.
- 출제된 문제의 용어는 MS Office LTSC Professional Plus 2021 기준으로 작성되어 있습니다.

문제 1 기본작업(15점)_ 주어진 시트에서 다음 과정을 수행하고 저장하시오.

01 '기본작업-1' 시트에서 다음과 같이 고급필터를 수행하시오. (5점)

- ▶ [B2:J20] 영역에서 '고객번호'가 'PR'로 시작하고, '최종주문일'이 '3월' 또는 '4월'인 데이터의 '이름', '성별', '지역', '최종주문일'을 표시하시오.
- ▶ 조건은 [B22:B23] 영역에 입력하시오. (AND, LEFT, MONTH, OR 함수 사용)
- ▶ 결과는 [B26] 셀부터 표시하시오.

02 '기본작업-1' 시트에서 다음과 같이 조건부 서식을 설정하시오. (5점)

- ▶ 행 번호가 짝수인 전체 행에 대해서 글꼴 스타일은 '기울임꼴', 글꼴 색은 '표준 색-파랑'으로 적용하는 조건부 서식을 작성하시오.
- ▶ 단, 규칙 유형은 '수식을 사용하여 서식을 지정할 셀 결정'을 사용하고, 한 개의 규칙으로만 작성하시오.
- ▶ ROW, MOD 함수 사용

03 '기본작업-2' 시트에서 다음과 같이 페이지 레이아웃을 설정하시오. (5점)

- ▶ 페이지가 가로 방향의 가운데에 출력되도록 페이지 가운데 맞춤을 지정하시오.
- ▶ 매 페이지 왼쪽 위에는 시트 이름이 표시되도록 머리글을 설정하고, 오른쪽 아래에는 페이지 번호가 표시되도록 바닥글을 설정하시오.
- ▶ [B2:L41] 영역을 인쇄 영역으로 설정하고, 2행이 매 페이지마다 반복하여 인쇄되도록 인쇄 제목을 설정하시오.

문제 2 계산작업(30점)_ '계산작업' 시트에서 다음 과정을 수행하고 저장하시오.

01 [표1]을 이용해서 성별로 순위에 해당하는 기록을 [표2]의 [I3:J5] 영역에 계산하여 표시하시오. (6점)

- ▶ 코드의 첫 번째 자리가 'M'이면 '남자', 'W'면 '여자'임
- ▶ IF, SMALL, LEFT 함수를 적용한 배열 수식

02 [표1]을 이용하여 기록내 완주한 선수들의 인원수를 [표3]의 [I9:L9] 영역에 계산하여 표시하시오. (6점)

- ▶ SUM, IF 함수를 적용한 배열 수식

03 [표1]의 선수코드 2~3번째 문자와 4~5번째 문자를 이용하여 각 선수의 소속을 [E3:E23] 영역에 계산하여 표시하시오. (6점)

- ▶ [H12:K20] 영역을 참조하여 계산

▶ 오류가 발생하면 "오류"로 표시

▶ IFERROR, VLOOKUP, MID, MATCH 함수 이용

04 사용자 정의 함수 'fn성별'을 작성하여 [표1]의 [F3:F23] 영역에 성별을 계산하여 표시하시오. (6점)

▶ 'fn성별'은 선수코드를 인수로 받아 값을 되돌려줌

▶ 성별은 선수코드의 첫 번째 글자가 'M'이면 '남', 'W'이면 '여'를 의미함.

▶ 'fn성별' 함수를 이용하여 [F3:F23] 영역에 성별을 표시하시오.

```
Public Function fn성별(선수코드)
End Function
```

05 [표5]의 주문량, 재고량, 반품량을 이용하여 [표5]의 [H27:H36] 영역에 비고를 계산하여 표시하시오. (6점)

▶ 반품량이 공백이고 주문량이 8000 이상, 재고량이 1000 이하이면 '베스트셀러'를 표시하고, 그렇지 않으면 공백을 표시하시오.

▶ IF, OR, AND, ISBLANK, ISERROR 중 알맞은 함수를 선택하여 사용

문제 3 분석작업(20점)_ 주어진 시트에서 다음 과정을 수행하고 저장하시오.

01 '분석작업-1' 시트에서 다음의 지시사항에 따라 피벗 테이블 보고서를 작성하시오. (10점)

▶ 외부 데이터 가져오기 기능을 사용하여 <급여관리.accdb>의 <급여지급> 테이블을 이용하시오.

▶ 피벗 테이블 보고서의 레이아웃과 위치는 <그림>을 참조하여 설정하고, 보고서 레이아웃을 테이블 형식으로 표시하시오.

▶ 직위별 부분합이 표시되지 않도록 지정하시오.

▶ 표시 형식을 <그림>과 같이 지정하고, '연한 주황, 피벗 스타일 밝게 17'를 지정하시오.

	A	B	C	D	E	F	G
1							
2		직위 ▼	입사일 ▼	합계 : 배우자	합계 : 부양가족		
3		⊟ 부장	2월	3명	2명		
4			3월	1명	3명		
5			12월	0명	1명		
6		⊟ 과장	1월	3명	6명		
7			2월	1명	4명		
8			3월	2명	4명		
9			4월	1명	3명		
10		⊟ 대리	1월	3명	14명		
11			2월	2명	7명		
12			3월	1명	2명		
13		⊟ 사원	1월	3명	6명		
14			2월	3명	7명		
15			3월	2명	1명		
16		총합계		25명	60명		
17							
18							

※ 작업 완성된 그림이며 부분점수 없음

02 '분석작업-2' 시트에 대하여 다음의 지시사항을 처리하시오. (10점)

▶ [텍스트 나누기] 기능을 이용하여 '고객번호'의 앞부분인 '고객등급코드'와 뒷부분인 '고객-No'로 분리하시오. [예 : SP-006의 경우 고객등급코드는 'SP', 고객-No는 '6']
▶ 조건부 서식의 아이콘 집합을 이용하여 [F3:F20] 영역에 추천 영역의 '평점4' 아이콘을 적용하시오.
▶ [필터] 기능을 이용하여 '고객-No' 필드에서 ▂▃▅색 아이콘 기준으로 필터링 하시오.

문제 4 기타작업(35점)_ 주어진 시트에서 다음 과정을 수행하고 저장하시오.

01 '기타작업-1' 시트에서 다음의 지시사항 따라 차트를 수정하시오.(각 2점)

※ 차트는 반드시 문제에서 제공한 차트를 사용하여야 하며, 신규로 차트 작성 시 0점 처리됨

① 원본 데이터 각 계열(강서, 중구)의 값에서 소계를 제외하도록 원본 데이터 범위를 수정하시오.

② '합계' 계열의 차트 종류를 '표식이 있는 꺾은선형'으로 변경한 후 보조 축으로 지정하고 축 제목을 '개인별누계'로 입력한 후 텍스트 방향을 세로로 지정하시오.

③ 차트 제목은 '개인별 영업실적표'로, 기본 세로 축 제목은 '실적'으로 입력한 후 텍스트 방향을 세로로 지정하시오.

④ '합계' 데이터 계열의 모든 요소에 데이터 레이블 '값 표시'로 설정하고 범례의 위치를 '아래쪽'으로 배치하시오.

⑤ 차트 위치를 '새 시트'로 선택하고, 생성된 차트 시트 이름은 'Chart'로 지정하시오.

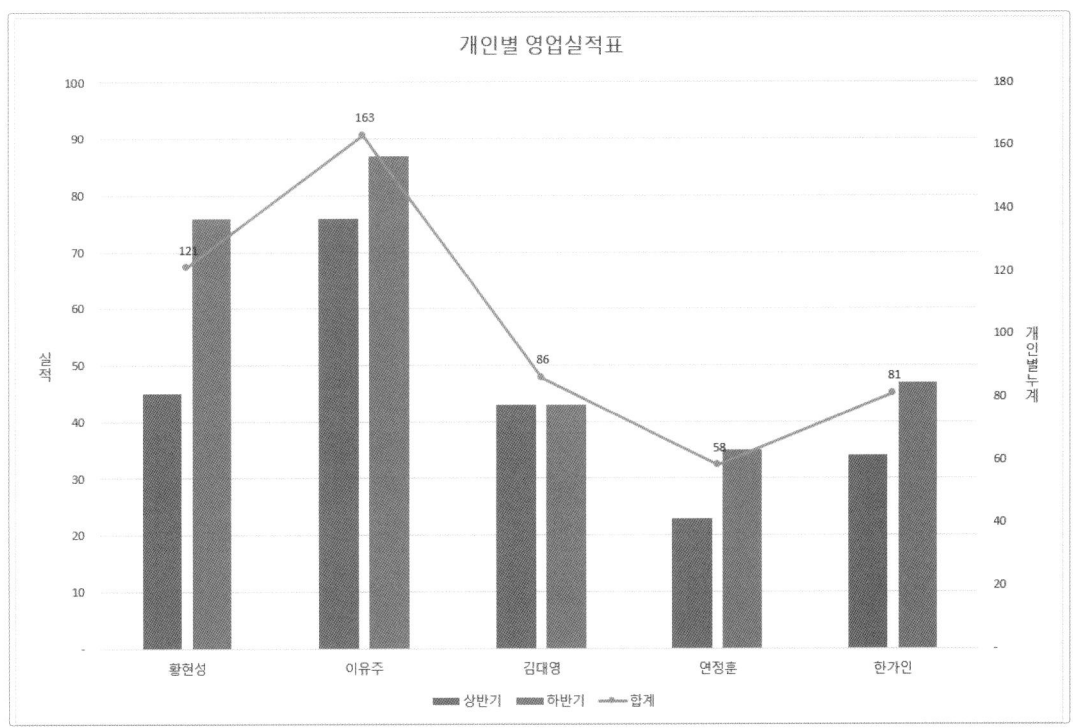

02 '기타작업-2' 시트에서 다음과 같은 기능을 수행하는 매크로를 현재 통합문서에 작성하시오. (각 5점)

① [G3:J20] 영역에 대하여 사용자 지정 표시 형식을 설정하는 '구매실적서식' 매크로를 생성하시오.
   ▶ 양수일 때 파란색으로 표시, 음수일 때 빨간색으로 괄호 안에 셀 값이 묶이도록 표시, 셀 값이 0일 경우 검정색으로 "☆" 기호만 표시
   ▶ [개발 도구]-[삽입]-[양식 컨트롤]의 '단추'를 동일 시트의 [L2:M3] 영역에 생성한 후 텍스트를 '구매실적서식'으로 입력하고, 단추를 클릭하면 '구매실적서식' 매크로가 실행되도록 설정하시오.

② [G3:J20] 영역에 대하여 표시 형식을 '숫자'로 적용하는 '서식지우기' 매크로를 생성하시오. 단, 음수는 '-1,234'와 같이 표시
   ▶ [개발 도구]-[삽입]-[양식 컨트롤]의 '단추'를 동일 시트의 [L5:M6] 영역에 생성한 후 텍스트를 '서식지우기'로 입력하고, 단추를 클릭하면 '서식지우기' 매크로가 실행되도록 설정하시오.
   ※ 셀 포인터의 위치에 관계없이 매크로가 실행되어야 정답으로 인정됨

03 '기타작업-3' 시트에서 다음과 같은 작업을 수행하도록 프로시저를 작성하시오. (각 5점)

① '예약' 단추를 클릭하면 <진료예약> 폼이 나타나도록 설정하고, 폼이 초기화(Initialize)되면 진료과목(cmb진료과목) 목록에는 [I5:J13] 영역의 값이 표시되도록 프로시저를 작성하시오.

② <진료예약> 폼의 '등록(cmd등록)' 단추를 클릭하면 폼에 입력된 데이터가 [표1]에 입력되어 있는 마지막 행 다음에 연속하여 추가되도록 프로시저를 작성하시오.
   ▶ '비고'는 '진료시간'이 17시 이상이면 "시간외진료", 그렇지 않으면 공백으로 표시
   ▶ If ~ Else문, Hour 함수 사용

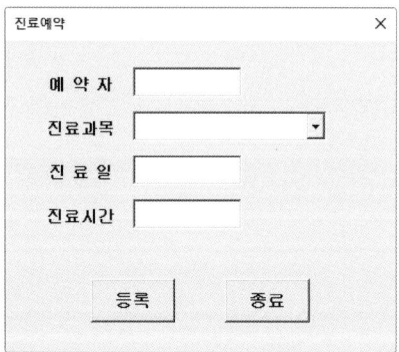

③ '종료(cmd종료)' 단추를 클릭하면 <그림>과 같은 메시지 박스를 표시한 후 폼을 종료하는 프로시저를 작성하시오.
   ▶ 현재 날짜와 시간 표시

최신기출유형 9회 정답 및 해설

정답

문제 1 기본작업 (15점)

01 고급 필터

	A	B	C	D	E	F	G	H	I
21									
22		조건							
23		FALSE							
24									
25									
26		이름	성별	지역	최종주문일				
27		윤준	여	노원	2020-04-03				
28		김창수	남	노원	2020-04-22				
29		원태연	여	중랑	2020-03-16				
30		이길호	남	강북	2020-04-22				
31									

B23: =AND(LEFT($B3,2)="PR",OR(MONTH($F3)=3,MONTH($F3)=4))

고급 필터 조건식 : =AND(LEFT($B3,2)="PR",OR(MONTH($F3)=3,MONTH($F3)=4))

02 조건부 서식

	A	B	C	D	E	F	G	H	I	J	K
1											
2		고객번호	이름	성별	지역	최종주문일	1월 구매실적	2월 구매실적	3월 구매실적	구매실적합계	
3		SP-006	김한솔	여	강북	2020-03-18	37,000	135,000	78,000	250,000	
4		DD-005	김재홍	남	도봉	2020-04-14	7,700	52,200	7,700	67,600	
5		DD-006	김준섭	남	도봉	2020-01-15	55,000	122,500	12,500	190,000	
6		SP-014	이영주	여	노원	2020-01-12	12,500	5,800	22,020	40,320	
7		PR-016	박호석	남	도봉	2020-01-18	140,520	135,000	152,000	427,520	
8		SP-011	이다일	남	중랑	2020-02-08	5,800	135,000	2,020	142,820	
9		SP-008	이시영	여	도봉	2020-03-13	7,000	38,700	122,500	168,200	
10		PR-010	윤준	여	노원	2020-04-03	52,200	14,560	38,700	105,460	
11		SP-012	윤동건	남	중랑	2020-01-22	38,700	37,000	14,560	90,260	
12		SP-005	김원종	남	강북	2020-01-23	135,000	178,000	120,200	433,200	
13		PR-008	이예찬	남	중랑	2020-05-22	38,700	21,020	37,000	96,720	
14		DD-011	문동준	남	노원	2020-01-22	122,500	140,520	78,000	341,020	
15		PR-002	송정철	남	강북	2020-05-21	135,000	55,000	135,000	325,000	
16		PR-012	김창수	남	노원	2020-04-22	11,250	22,020	52,200	85,470	
17		PR-009	원태연	여	중랑	2020-03-16	78,000	2,020	135,000	215,020	
18		DD-001	신해나	여	노원	2020-03-11	37,000	38,000	29,000	104,000	
19		DD-004	심연주	여	도봉	2020-04-12	38,700	78,000	38,700	155,400	
20		PR-014	이길호	남	강북	2020-04-22	2,020	80,250	11,250	93,520	
21											

조건부 서식 수식 : =MOD(ROW($B3),2)=0

03 페이지 레이아웃

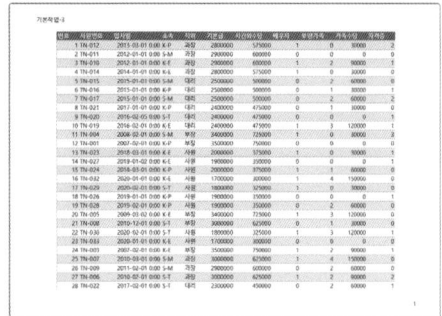
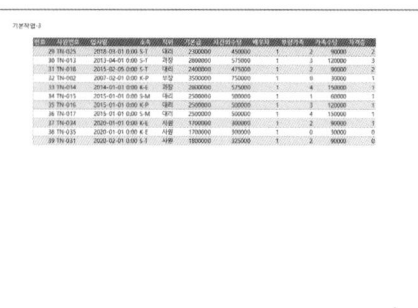

문제 2 ▶ 계산작업 (30점)

01 성별 순위 기록[I3:J5]

=SMALL(IF(LEFT($C$3:$C$23,1)=I$2,$D$3:$D$23),$H3)

02 기록내 완주한 선수들의 인원수[I9:L9]

=SUM(IF($D$3:$D$23<=I8,1,0))

03 각 선수의 소속[E3:E23]

=IFERROR(VLOOKUP(MID(C3,2,2),$H$13:$K$20,MATCH(MID(C3,4,2)*1,$I$12:$K$12,0)+1,0),"오류")

04 fn성별[F3:F23]

```
Public Function fn성별(선수코드)
    If Left(선수코드, 1) = "M" Then
        fn성별 = "남"
    Else
        fn성별 = "여"
    End If
End Function
```

05 비고[H27:H36]

=IF(AND(ISBLANK(G27),E27>=8000,F27<=1000),"베스트셀러","")

문제3 ▶ 분석작업 (20점)

01 피벗 테이블

	A	B	C	D	E	F
1						
2		직위	입사일	합계 : 배우자	합계 : 부양가족	
3		⊟부장	2월	3명	2명	
4			3월	1명	3명	
5			12월	0명	1명	
6		⊟과장	1월	3명	6명	
7			2월	1명	4명	
8			3월	2명	4명	
9			4월	1명	3명	
10		⊟대리	1월	3명	14명	
11			2월	2명	7명	
12			3월	1명	2명	
13		⊟사원	1월	3명	6명	
14			2월	3명	7명	
15			3월	2명	1명	
16		총합계		25명	60명	
17						

02 데이터 도구

	A	B	C	D	E	F	G
1							
2		고객번	이름	성별	고객등급코드	고객-N.	
6		SP-014	이영주	여	SP	14	
7		PR-016	박호석	남	PR	16	
20		PR-014	이길호	남	PR	14	
21							

문제 4 기타작업 (35점)

01 차트

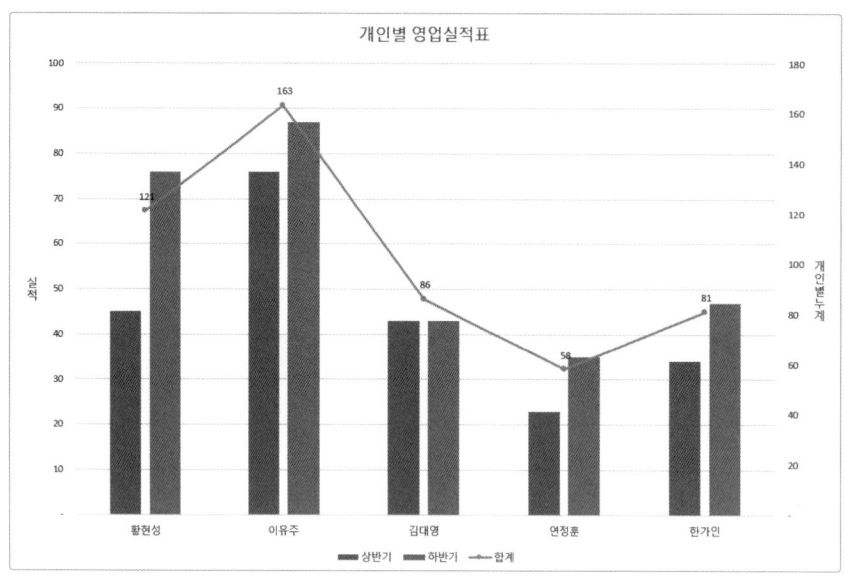

02 매크로

	A	B	C	D	E	F	G	H	I	J	K	L	M	N
1														
2		고객번호	이름	성별	지역	최종주문일	1월 구매실적	2월 구매실적	3월 구매실적	구매실적합계				
3		SP-006	김한솔	여	강북	2020-01-18	37,000	(135,000)	78,000	250,000		구매실적서식		
4		DD-005	김재홍	남	도봉	2020-01-14	7,700	52,200	7,700	(67,600)				
5		DD-006	김준섭	남	도봉	2020-01-15	55,000	(122,500)	12,500	190,000				
6		SP-014	이영주	여	노원	2020-01-12	12,500	5,800	(22,020)	☆		서식지우기		
7		PR-016	박호석	남	도봉	2020-01-18	☆	135,000	152,000	427,520				
8		SP-011	이다일	남	중랑	2020-01-08	5,800	(135,000)	2,020	142,820				
9		SP-008	이시영	여	도봉	2020-01-13	7,000	38,700	122,500	168,200				
10		PR-010	윤준	여	노원	2020-01-03	52,200	14,560	☆	105,460				
11		SP-012	윤동건	남	중랑	2020-01-22	(38,700)	37,000	14,560	90,260				
12		SP-005	김원종	남	강북	2020-01-23	135,000	178,000	120,200	433,200				
13		PR-008	이예찬	남	중랑	2020-01-22	☆	21,020	37,000	96,720				
14		DD-011	문동준	남	노원	2020-01-22	122,500	140,520	(78,000)	341,020				
15		PR-002	송정철	남	강북	2020-01-21	135,000	55,000	135,000	325,000				
16		PR-012	김창수	남	노원	2020-01-22	(11,250)	☆	52,200	85,470				
17		PR-009	원태연	여	중랑	2020-01-16	78,000	2,020	135,000	215,020				
18		DD-001	신해나	여	노원	2020-01-11	37,000	(38,000)	29,000	104,000				
19		DD-004	심연주	여	도봉	2020-01-12	38,700	78,000	☆	(155,400)				
20		PR-014	이길호	남	강북	2020-01-22	2,020	80,250	11,250	93,520				
21														

사용자 정의 서식 : [파랑]#,##0;[빨강](#,##0);"☆"

03 프로시저

▶ 폼 보이기 프로시저

```
Private Sub cmd예약_Click( )
    진료예약.Show
End Sub
```

▶ 폼 초기화 프로시저

```
Private Sub UserForm_Initialize( )
    cmb진료과목.RowSource = "I5:J13"
End Sub
```

▶ 등록 프로시저

```
Private Sub cmd등록_Click( )
    i = [b3].Row + [b3].CurrentRegion.Rows.Count
    Cells(i, 2) = txt예약자
    Cells(i, 3) = cmb진료과목.Column(0)
    Cells(i, 4) = cmb진료과목.Column(1)
    Cells(i, 5) = txt진료일
    Cells(i, 6) = txt진료시간
    If Hour(txt진료시간) >= 17 Then
        Cells(i, 7) = "시간외진료"
    Else
        Cells(i, 7) = ""
    End If
End Sub
```

▶ 종료 프로시저

```
Private Sub cmd종료_Click( )
    MsgBox Now( ) & " 폼을 종료합니다.", , "종료"
    Unload Me
End Sub
```

해설

문제 1 ▶ 기본작업 (15점)

1 고급 필터 수행하기

① '기본작업-1' 시트를 선택한 후 [B22:B23] 영역에 다음과 같이 조건을 입력합니다.

> [B22] 셀 : '조건'을 입력
> [B23] 셀 : =AND(LEFT(B3,2)="PR",OR(MONTH(F3)=3,MONTH(F3)=4)) → [B3] 셀의 왼쪽에서 두 글자가 "PR"이고 [F3] 셀이 "3월"이거나 "4월"이면 TRUE를 반환

② [C2:F2] 영역을 드래그하고 **Ctrl**+**C** 키를 누릅니다. [B26] 셀을 클릭하고 **Ctrl**+**V** 키를 누릅니다.

③ [B2] 셀을 클릭하고 [데이터] 탭-[정렬 및 필터] 그룹-[고급]을 클릭합니다.

④ [고급 필터] 대화상자에서 '다른 장소에 복사'를 선택하고 목록 범위는 [B2:J20] 영역이 지정되었는지 확인합니다.

⑤ [고급 필터] 대화상자에서 조건 범위는 [B22:B23] 영역, 복사 위치는 [B26:E26] 영역을 지정한 후 <확인> 단추를 클릭합니다.

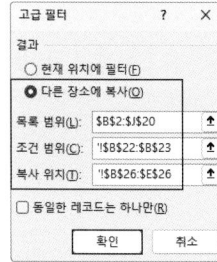

2 조건부 서식 수행하기

① [B3:J20] 영역을 지정하고 [홈] 탭-[스타일] 그룹-[조건부 서식]-[새 규칙]을 클릭합니다.

② [새 서식 규칙] 대화상자에서 규칙 유형 선택의 '수식을 사용하여 서식을 지정할 셀 결정'을 선택하고 다음과 같이 수식을 입력한 후 <서식> 단추를 클릭합니다.

> =MOD(ROW($B3),2)=0 → [B3] 셀의 행 번호를 2로 나눈 나머지가 0이면 TRUE를 반환

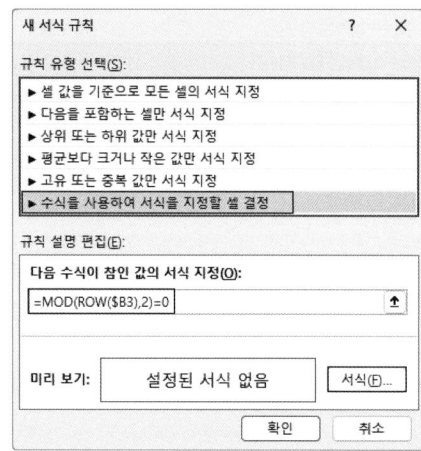

③ [셀 서식] 대화상자의 [글꼴] 탭에서 글꼴 스타일은 '기울임꼴', 색은 '파랑'을 선택하고 <확인> 단추를 클릭합니다.

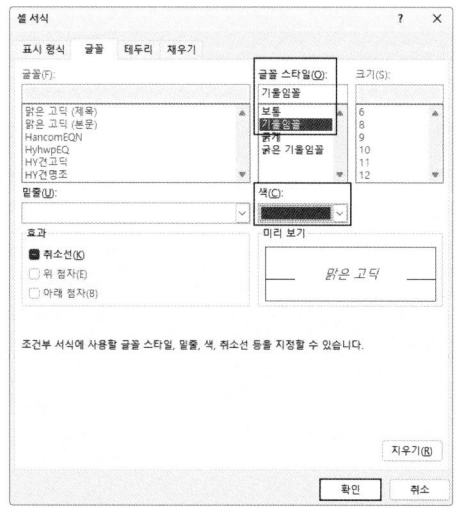

④ [새 서식 규칙] 대화상자에서 다시 <확인> 단추를 클릭합니다.

3 페이지 레이아웃

① '기본작업-2' 시트를 선택하고 [페이지 레이아웃] 탭-[페이지 설정] 그룹의 ▫(대화상자 표시 아이콘)을 클릭합니다.

② [페이지 설정] 대화상자의 [여백] 탭에서 페이지 가운데 맞춤의 '가로'를 체크합니다.

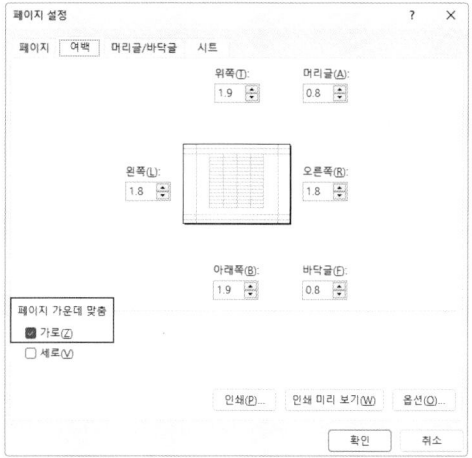

③ [페이지 설정] 대화상자에서 [머리글/바닥글] 탭을 선택하고 <머리글 편집> 단추를 클릭합니다.

④ [머리글] 대화상자의 왼쪽 구역에서 ▫(시트 이름 삽입)을 클릭하고 <확인> 단추를 클릭합니다.

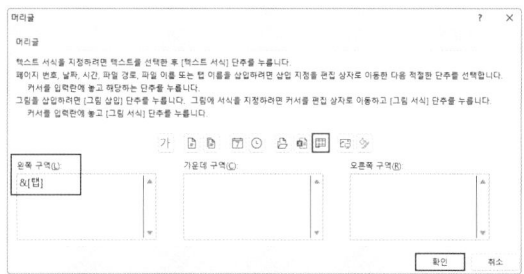

⑤ [페이지 설정] 대화상자에서 <바닥글 편집>을 클릭합니다. 오른쪽 구역에서 ▫(페이지 번호 삽입)을 클릭하고 <확인> 단추를 클릭합니다.

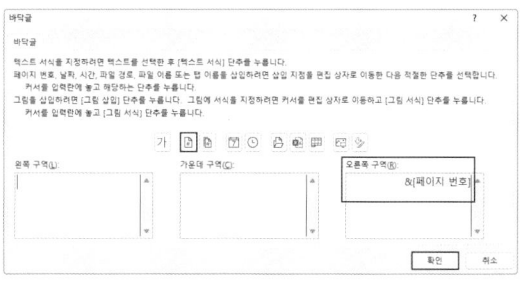

⑥ [페이지 설정] 대화상자에서 [시트] 탭을 선택하고 인쇄 영역을 [B2:L41]로 지정하고, 반복할 행에서 2행의 행 머리글을 클릭한 후 <확인> 단추를 클릭합니다.

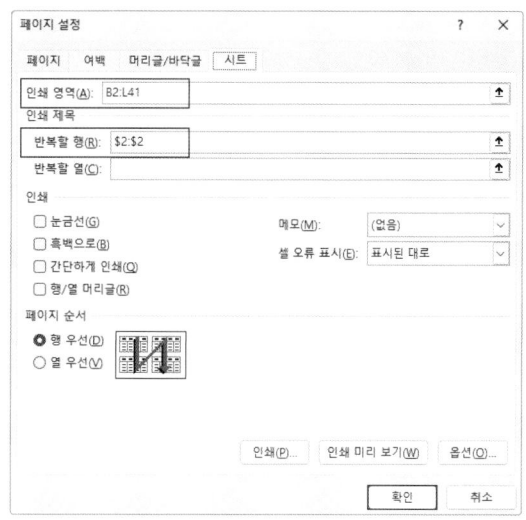

문제2 ▶ 계산작업 (30점)

1 성별 순위 기록[I3:J5]

① [I3] 셀에 다음과 같이 수식을 입력한 후 **Ctrl** + **Shift** + **Enter** 키를 누릅니다.

=SMALL(IF(LEFT($C$3:$C$23,1)=I$2,$D$3:$D$23),$H3) → 선수코드의 첫 글자가 [I2] 셀과 같으면 [D3:D23] 영역에서 [H3] 셀의 값번째로 작은 값을 표시

② 결과를 확인하고 채우기 핸들을 드래그하여 수식을 복사합니다.

2 기록내 완주한 선수들의 인원수[I9:L9]

① [I9] 셀에 다음과 같이 수식을 입력한 후 **Ctrl** + **Shift** + **Enter** 키를 누릅니다.

=SUM(IF($D$3:$D$23<=I8,1,0)) → 기록이 [I8] 셀보다 작거나 같으면 1씩 더한 값을 표시

② 결과를 확인하고 채우기 핸들을 드래그하여 수식을 복사합니다.

3 각 선수의 소속[E3:E23]

① [E3] 셀에 다음과 같이 수식을 입력한 후 **Enter** 키를 누릅니다.

```
=IFERROR(VLOOKUP(MID(C3,2,2),$H$13:$K$20,
MATCH(MID(C3,4,2)*1,$I$12:$K$12,0)+1,0),"오류")
```

=IFERROR(VLOOKUP(MID(C3,2,2),$H$13:$K$20,
                                ①
MATCH(MID(C3,4,2)*1,$I$12:$K$12,0)+1,0),"오류")
                               ②

→ ①의 결과 값이 오류이면 "오류"로 표시하고, 그렇지 않으면 ①을 표시, ① [C3] 셀의 2~3번째 글자를 [H13:K20] 영역의 1열에서 찾은 후 ②+1열의 값을 반환, ② [C3] 셀의 4~5번째 글자를 [I12:K12] 영역에서 찾은 후 몇 열에 있는지를 반환(MID 함수의 결과는 문자이므로 숫자로 변환하기 위해 1을 곱함)

② 결과를 확인하고 채우기 핸들을 드래그하여 수식을 복사합니다.

4 fn성별[F3:F23]

① [개발 도구] 탭-[코드] 그룹-[Visual Basic]을 클릭하거나 **Alt**+**F11** 키를 누릅니다.

② [삽입]-[모듈]을 클릭합니다.

③ Module 창에 다음과 같이 코드를 입력합니다.

```
Public Function fn성별(선수코드)
    If Left(선수코드, 1) = "M" Then
        fn성별 = "남"
    Else
        fn성별 = "여"
    End If
End Function
```

④ 🗙 (보기 Microsoft Excel)을 클릭하거나 **Alt**+**F11** 키를 눌러 Excel로 돌아갑니다.

⑤ [F3] 셀을 클릭한 후 다음과 같이 수식을 입력합니다.

```
=fn성별(C3)
```

⑥ 결과를 확인하고 채우기 핸들을 더블 클릭하여 수식을 복사합니다.

5 비고[H27:H36]

① [H27] 셀에 다음과 같이 수식을 입력한 후 **Enter** 키를 누릅니다.

```
=IF(AND(ISBLANK(G27),E27>=8000,F27<=1000),
"베스트셀러","")
```
→ [G27] 셀이 공백이고 [E27] 셀이 8000 이상이고 [F27] 셀이 1000 이하이면 "베스트셀러", 그렇지 않으면 공백으로 표시

② 결과를 확인하고 채우기 핸들을 드래그하여 수식을 복사합니다.

문제3 ▶ 분석작업 (20점)

1 피벗 테이블 보고서 작성

① '분석작업-1' 시트를 선택하고 [데이터] 탭-[데이터 가져오기 및 변환] 그룹-[데이터 가져오기]-[기타 원본에서]-[Microsoft Query에서]를 클릭합니다.

② [데이터 원본 선택] 대화상자에서 'MS Access Database*'을 선택하고 <확인> 단추를 클릭합니다.

③ [데이터베이스 선택] 대화상자에서 'C:\OA\급여관리.accdb'를 선택하고 <확인> 단추를 클릭합니다.

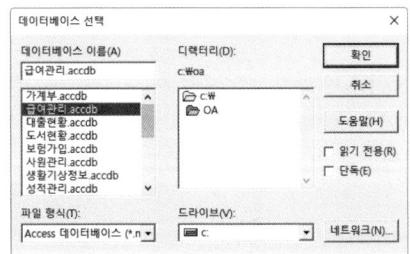

④ [쿼리 마법사-열 선택] 대화상자에서 `>` 을 클릭하여 모든 열을 '쿼리에 포함된 열'에 삽입하고 <다음> 단추를 클릭합니다.

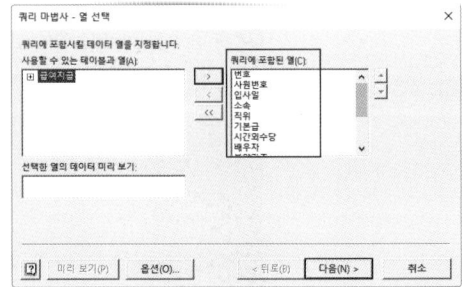

⑤ [쿼리 마법사-데이터 필터] 대화상자에서 <다음> 단추를 클릭합니다.

⑥ [쿼리 마법사-정렬 순서] 대화상자에서 <다음> 단추를 클릭합니다.

⑦ [쿼리 마법사-마침] 대화상자에서 'Microsoft Office Excel로 데이터 되돌리기'를 선택하고 <마침> 단추를 클릭합니다.

⑧ [데이터 가져오기] 대화상자에서 '피벗 테이블 보고서'를 선택하고 기존 워크시트에서 시작 위치인 [B2] 셀을 지정하고 <확인> 단추를 클릭합니다.

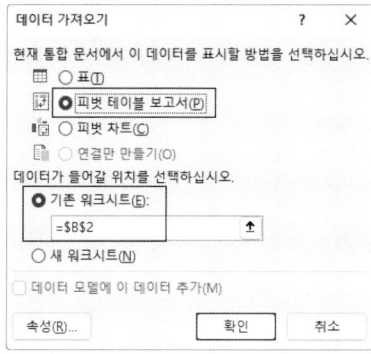

⑨ [피벗 테이블 필드] 창에서 행에 '직위', '입사일', 값에 '배우자', '부양가족'을 드래그합니다.

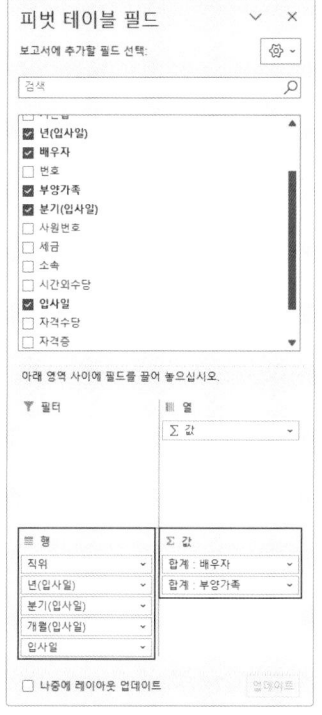

⑩ [B4] 셀에서 마우스 오른쪽 단추를 눌러 [그룹]을 클릭합니다.

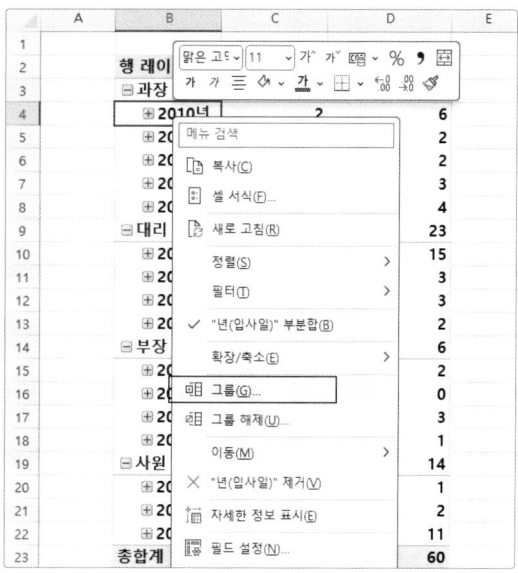

⑪ [그룹화] 대화상자에서 단위는 '월'만 선택하고 <확인> 단추를 클릭합니다.

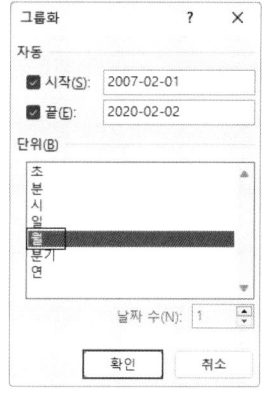

⑫ [디자인] 탭-[레이아웃] 그룹-[보고서 레이아웃]-[테이블 형식으로 표시]를 클릭 합니다.

⑬ [디자인] 탭-[부분합] 그룹-[부분합 표시 안 함]을 클릭합니다.

⑭ [D3:E16] 영역을 지정하고 마우스 오른쪽 단추를 눌러 [셀 서식]을 클릭합니다.

⑮ [셀 서식] 대화상자의 [표시 형식] 탭에서 범주는 '사용자 지정'을 선택하고 형식에 '0명'을 입력한 후 <확인> 단추를 클릭합니다.

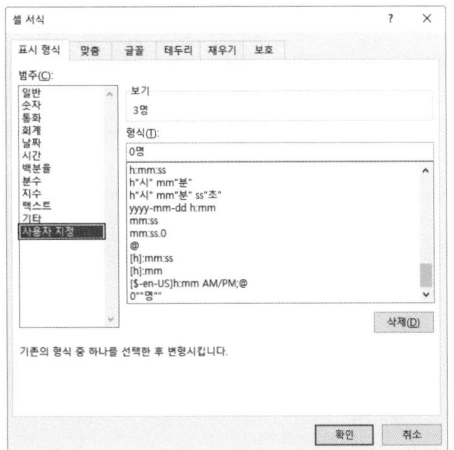

⑯ [디자인] 탭-[피벗 테이블 스타일] 그룹에서 '연한 주황, 피벗 스타일 밝게 17'을 클릭합니다.

⑰ 출력형태와 같이 직위의 순서를 정렬하기 위해 [B10] 셀의 테두리를 드래그하여 [B3] 셀의 위치로 이동합니다.

2 데이터 도구

① '분석작업-2' 시트를 선택하고 [B3:B20] 영역을 선택하고 [데이터] 탭-[데이터 도구] 그룹-[텍스트 나누기]를 클릭합니다.

② [텍스트 마법사 – 3단계 중 1단계] 대화상자에서 '구분 기호로 분리됨'을 선택하고 <다음> 단추를 클릭합니다.

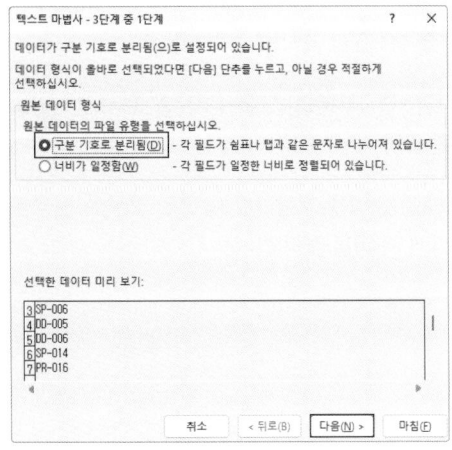

③ [텍스트 마법사 – 3단계 중 2단계] 대화상자에서 구분 기호의 '기타'를 체크하고 '-'을 입력한 후 <다음> 단추를 클릭합니다.

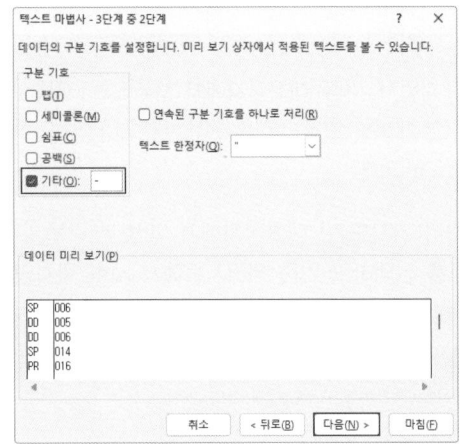

④ [텍스트 마법사 – 3단계 중 3단계] 대화상자에서 워크시트의 분할 데이터를 표시할 위치인 대상에 [E3:F20] 영역을 지정하고 <마침> 단추를 클릭합니다.

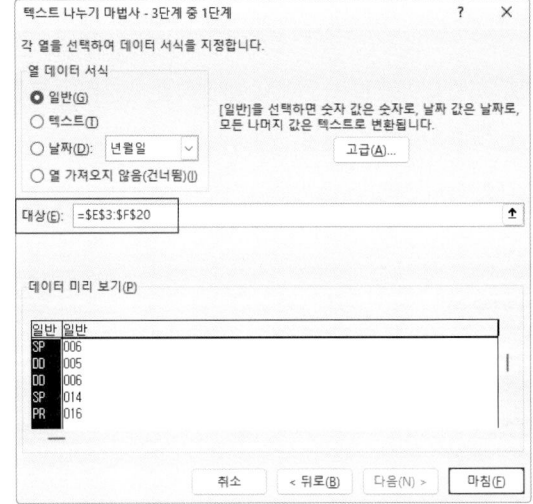

⑤ 다음과 같이 메시지 상자가 표시되면 <확인> 단추를 클릭합니다.

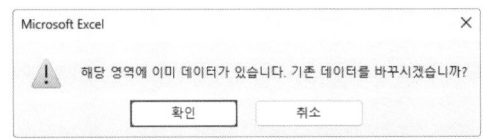

⑥ [F3:F20] 영역을 지정하고 [홈] 탭-[스타일] 그룹-[조건부 서식]-[아이콘 집합]의 추천 중 '평점4'를 클릭합니다.

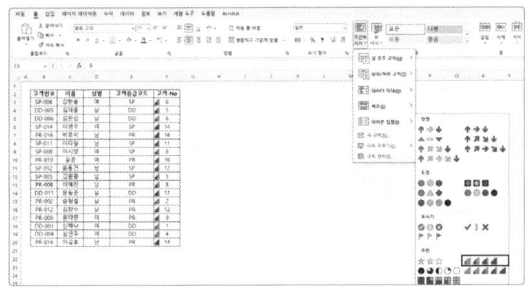

⑦ [B2] 셀을 선택하고 [데이터] 탭-[정렬 및 필터] 그룹-[필터]를 클릭합니다.

⑧ '고객-No'의 ▼(필터 단추)를 클릭하고 [색 기준 필터]-[셀 아이콘 기준 필터]에서 ▦를 선택합니다.

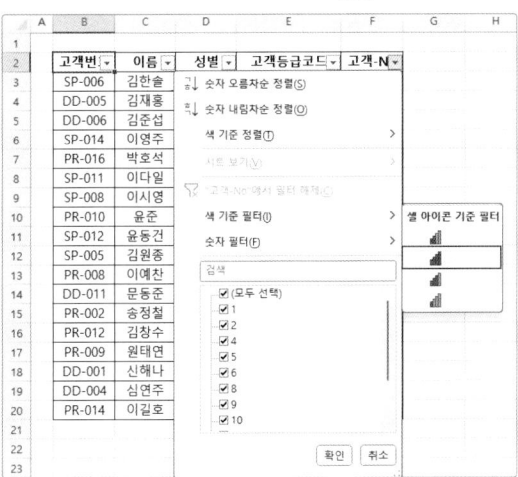

문제 4 ▶ 기타작업 (35점)

1 차트 수정

① '기타작업-1' 시트를 선택하고 차트 영역에서 마우스 오른쪽 단추를 [데이터 선택]을 클릭합니다.

② [데이터 원본 선택] 대화상자의 차트 데이터 범위에서 [B2:E2] 영역을 드래그하고 **Ctrl**을 누른 상태에서 [B4:E6]과 [B8:E9] 영역을 드래그한 후 <확인> 단추를 클릭합니다.

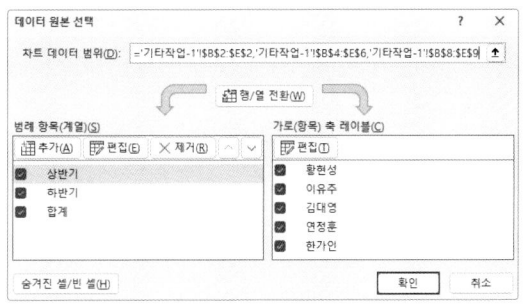

③ '합계' 계열을 클릭하고 마우스 오른쪽 단추를 눌러 [계열 차트 종류 변경]을 클릭합니다.

④ [차트 종류 변경] 대화상자에서 '합계' 계열의 차트 종류를 '표식이 있는 꺾은선형'으로 선택하고 보조 축을 체크한 후 <확인> 단추를 클릭합니다.

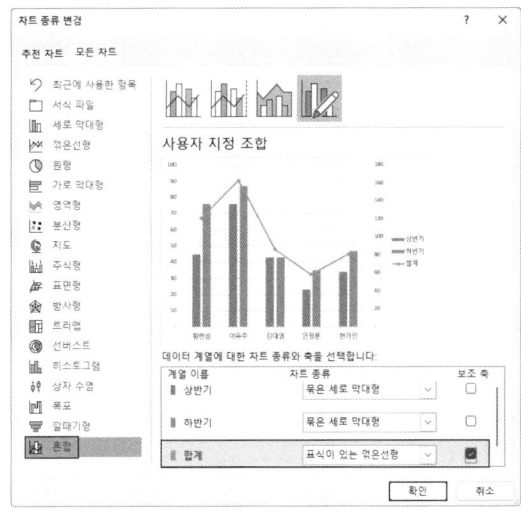

⑤ [차트 디자인] 탭-[차트 레이아웃] 그룹-[차트 요소 추가]-[축 제목]-[보조 세로]를 클릭하고 '개인별 누계'를 입력합니다.

⑥ 보조 세로 (값) 축 제목에서 마우스 오른쪽 단추를 눌러 [축 제목 서식]을 클릭합니다.

⑦ [축 제목 서식] 창의 [제목 옵션]-[크기 및 속성]-[맞춤]에서 텍스트 방향을 '세로'로 지정합니다.

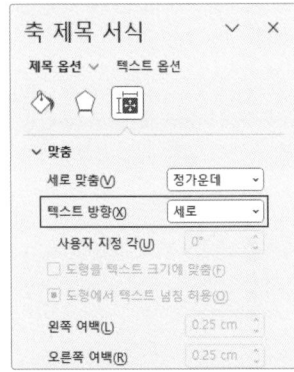

⑧ [차트 디자인] 탭-[차트 레이아웃] 그룹-[차트 요소 추가]-[차트 제목]-[차트 위]를 클릭하고 '개인별 영업실적표'를 입력합니다.

⑨ [차트 디자인] 탭-[차트 레이아웃] 그룹-[차트 요소 추가]-[축 제목]-[기본 세로]를 클릭하고 '실적'을 입력합니다.

⑩ 세로 (값) 축 제목을 클릭합니다. [축 제목 서식] 창의 [제목 옵션]-[크기 및 속성]-[맞춤]에서 텍스트 방향을 '세로'로 지정합니다.

⑪ '합계' 계열을 클릭합니다. [차트 도구]-[디자인] 탭-[차트 레이아웃] 그룹-[차트 요소 추가]-[데이터 레이블]-[위쪽]을 클릭합니다.

⑫ [차트 디자인] 탭-[차트 레이아웃] 그룹-[차트 요소 추가]-[범례]-[아래쪽]을 클릭합니다.

⑬ [차트 디자인] 탭-[위치] 그룹-[차트 이동]을 클릭합니다.

⑭ [차트 이동] 대화상자에서 새 시트를 선택한 후 시트 이름을 'Chart'로 지정하고 <확인> 단추를 클릭합니다.

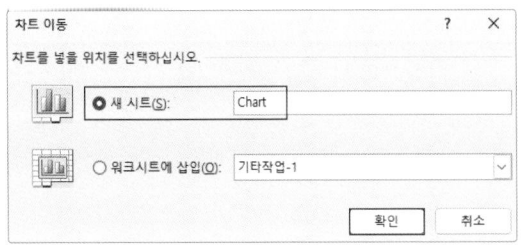

2 매크로 작성

① '기타작업-2' 시트를 선택하고 [개발 도구] 탭-[코드] 그룹-[매크로 기록]을 클릭합니다.

② [매크로 기록] 대화상자에서 '매크로 이름'을 '구매실적서식'으로 입력하고 <확인> 단추를 클릭합니다.

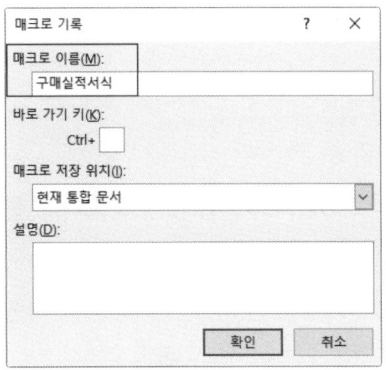

③ [G3:J20] 영역을 선택하고 마우스 오른쪽 단추를 눌러 [셀 서식]을 클릭합니다.

④ [셀 서식] 대화상자의 [표시 형식] 탭에서 범주는 '사용자 지정'을 선택하고 형식에 다음과 같이 입력한 후 <확인> 단추를 클릭합니다.

[파랑]#,##0;[빨강](#,##0);"☆"

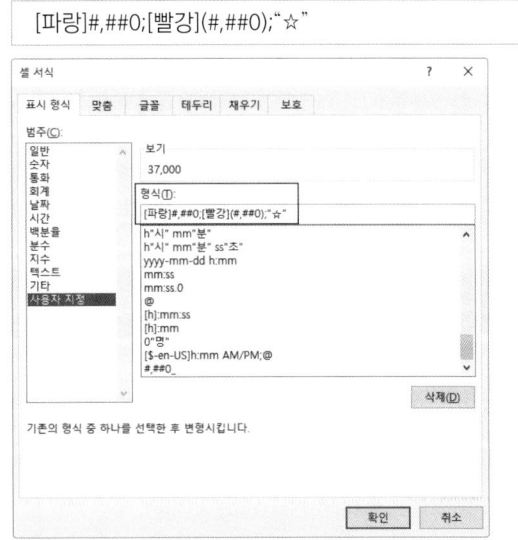

⑤ 상태 표시줄의 ☐ (기록 중지)를 클릭합니다.

⑥ [개발 도구] 탭-[컨트롤] 그룹-[삽입]-[양식 컨트롤]-[단추]를 클릭한 후 **Alt** 키를 누른 채 [L2:M3] 영역에 드래그하여 작성합니다.

⑧ [매크로 지정] 대화상자에서 매크로 이름을 '구매실적 서식'으로 선택하고 <확인> 단추를 클릭합니다.

⑨ 단추의 텍스트를 '구매실적서식'으로 수정합니다.

⑩ [개발 도구] 탭-[코드] 그룹-[매크로 기록]을 클릭합니다.

⑪ [매크로 기록] 대화상자에서 매크로 이름을 '서식지우기'로 입력하고 <확인> 단추를 클릭합니다.

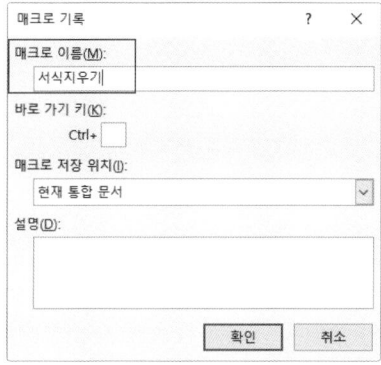

⑫ [G3:J20] 영역을 선택하고 마우스 오른쪽 단추를 눌러 [셀 서식]을 클릭합니다.

⑬ [셀 서식] 대화상자의 [표시 형식] 탭에서 범주는 '숫자'를 선택하고 음수는 '-1,234'를 지정한 후 <확인> 단추를 클릭합니다.

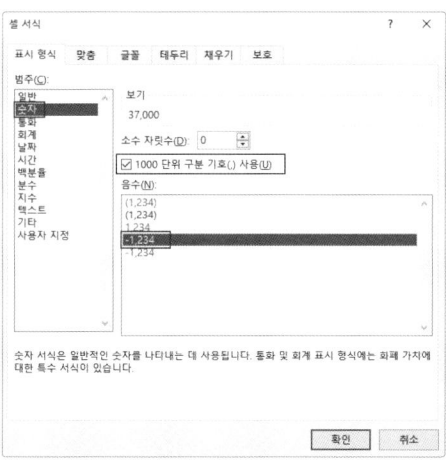

⑭ 상태 표시줄의 □(기록 중지)를 클릭합니다.

⑮ [개발 도구] 탭-[컨트롤] 그룹-[삽입]-[양식 컨트롤]-[단추]를 클릭한 후 **Alt** 키를 누른 채 [L5:M6] 영역에 드래그하여 작성합니다.

⑯ [매크로 지정] 대화상자에서 '매크로 이름'을 '서식지우기'로 선택하고 <확인> 단추를 클릭합니다.

⑰ 단추의 텍스트를 '서식지우기'로 수정합니다.

3 프로시저 작성

1) 폼 보이기 프로시저

① '기타작업-3' 시트를 선택하고 [개발 도구] 탭-[컨트롤] 그룹-[디자인 모드]를 클릭합니다.

② <예약> 단추를 더블 클릭하고 다음과 같이 코드를 입력합니다.

```
Private Sub cmd예약_Click( )
    진료예약.Show
End Sub
```

2) 폼 초기화 프로시저

① [프로젝트-VBAProject] 탐색기에서 '진료예약'을 선택하고 마우스 오른쪽 단추를 눌러 [코드 보기]를 클릭합니다.

② 개체 목록은 'UserForm', 프로시저 목록은 'Initialize'를 선택합니다.

③ 다음과 같이 코드를 입력합니다.

```
Private Sub UserForm_Initialize( )
    cmb진료과목.RowSource = "I5:J13"
End Sub
```

3) 등록 프로시저

① 개체 목록은 'cmd등록', 프로시저 목록은 'Click'을 선택합니다.

② 다음과 같이 코드를 입력합니다.

```
Private Sub cmd등록_Click( )
    i = [B3].Row + [B3].CurrentRegion.Rows.Count
    Cells(i, 2) = txt예약자
    Cells(i, 3) = cmb진료과목.Column(0)
    Cells(i, 4) = cmb진료과목.Column(1)
    
    Cells(i, 5) = txt진료일
    Cells(i, 6) = txt진료시간
    If Hour(txt진료시간) >= 17 Then
        Cells(i, 7) = "시간외진료"
    Else
        Cells(i, 7) = ""
    End If
End Sub
```

4) 종료 프로시저

① 개체 목록은 'cmd종료', 프로시저 목록은 'Click'을 선택합니다.

② 다음과 같이 코드를 입력합니다.

※ MsgBox Now( ) & " 폼을 종료합니다.",vbOKOnly,"종료" 로 입력해도 됩니다.

```
Private Sub cmd종료_Click( )
    MsgBox Now( ) & " 폼을 종료합니다.", , "종료"
    Unload Me
End Sub
```

③ (보기 Microsoft Excel)을 클릭하거나 `Alt`+`F11` 키를 눌러 Excel로 돌아갑니다.

④ 실행 결과를 확인하기 위해 [개발 도구] 탭-[컨트롤] 그룹-[디자인 모드]를 클릭하여 디자인 모드를 해제합니다.

⑤ <예약> 단추를 클릭합니다. [진료예약] 폼이 표시되면 데이터를 입력하고 <등록> 단추를 클릭한 후 입력한 데이터가 워크시트에 입력되는 것을 확인합니다.

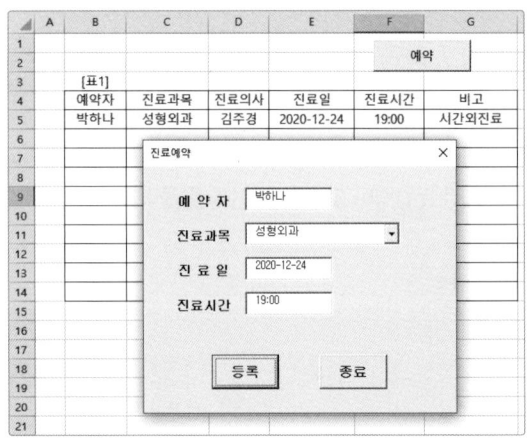

⑥ <종료> 단추를 클릭합니다. 시스템의 현재 날짜와 시간이 표시되는 것을 확인하고 <확인> 단추를 클릭합니다.

MEMO

컴퓨터활용능력 최신기출유형 10회

프로그램명	제한시간
EXCEL 2021	45분

수 험 번 호 :

성   명 :

1급   A형

유의사항

- 인적 사항 누락 및 잘못 작성으로 인한 불이익은 수험자 책임으로 합니다.
- 화면에 암호 입력창이 나타나면 아래의 암호를 입력하여야 합니다.
  - 암호 : 1845^3
- 작성된 답안은 주어진 경로 및 파일명을 변경하지 마시고 그대로 저장해야 합니다. 이를 준수하지 않으면 실격 처리됩니다.
  - 답안 파일명의 예 : C:₩OA₩수험번호8자리.xlsm
- 외부데이터 위치: C:₩OA₩파일명
- 별도의 지시사항이 없는 경우, 다음과 같이 처리 시 실격 처리됩니다.
  - 제시된 시트 및 개체의 순서나 이름을 임의로 변경한 경우
  - 제시된 시트 및 개체를 임의로 추가 또는 삭제한 경우
  - 외부데이터를 시험 시작 전에 열어본 경우
- 답안은 반드시 문제에서 지시 또는 요구한 셀에 입력하여야 하며 다음과 같이 처리 시 채점 대상에서 제외됩니다.
  - 제시된 함수가 있을 경우 제시된 함수만을 사용하여야 하며 그 외 함수 사용 시 채점 대상에서 제외
  - 수험자가 임의로 지시하지 않은 셀의 이동, 수정, 삭제, 변경 등으로 인해 셀의 위치 및 내용이 변경된 경우 해당 작업에 영향을 미치는 관련문제 모두 채점 대상에서 제외
  - 도형 및 차트의 개체가 중첩되어 있거나 동일한 계산결과 시트가 복수로 존재할 경우 해당 개체나 시트는 채점 대상에서 제외
- 수식 작성 시 제시된 문제 파일의 데이터는 변경 가능한(가변적) 데이터임을 감안하여 문제 풀이를 하시오.
- 별도의 지시사항이 없는 경우, 주어진 각 시트 및 개체의 설정값 또는 기본 설정값(Default)으로 처리하시오.
- 저장 시간은 별도로 주어지지 않으므로 제한된 시간 내에 저장을 완료해야 하며, 제한 시간 내에 저장이 되지 않은 경우에는 실격 처리됩니다.
- 출제된 문제의 용어는 MS Office LTSC Professional Plus 2021 기준으로 작성되어 있습니다.

문제 1 기본작업(15점)_ 주어진 시트에서 다음 과정을 수행하고 저장하시오.

01 '기본작업-1' 시트에서 다음과 같이 고급필터를 수행하시오. (5점)

▶ [B2:J32] 영역에서 '영어', '논술', '상식'의 평균이 전체 평균 이상이고 '생년월일'의 연도가 '1997'이거나 '1998'인 행에서 '이름', '생년월일', '평가' 열을 순서대로 표시하시오.
▶ 조건은 [B34:B35] 영역에 입력하시오. (YEAR, OR AND, AVERAGE 함수 사용)
▶ 결과는 [B37] 셀부터 표시하시오.

02 '기본작업-1' 시트에서 다음과 같이 조건부 서식을 설정하시오. (5점)

▶ [B3:J32] 영역에 대해서 '학번'의 앞 두자리가 '18' 이하이고 '평가'가 'B'인 행 전체에 대하여 글꼴 스타일을 '굵게', 채우기 색을 '표준 색-주황'으로 적용하시오.
▶ 단, 규칙 유형은 '수식을 사용하여 서식을 지정할 셀 결정'을 사용하고, 한 개의 규칙만으로 작성하시오.
▶ LEFT, VALUE, AND 함수 사용

03 '기본작업-2' 시트에서 다음과 같이 페이지 레이아웃을 설정하시오. (5점)

▶ 인쇄 용지가 가로로 인쇄되도록 용지 방향을 설정하시오.
▶ 페이지가 가로 방향의 가운데에 출력되도록 페이지 가운데 맞춤을 지정하시오.
▶ 매 페이지 왼쪽 위에는 오늘 날짜가 표시되도록 머리글을 설정하고, 오른쪽 아래에는 페이지 번호가 표시되도록 바닥글을 설정하시오.
▶ [B1:J32] 영역을 인쇄 영역으로 설정하고, 2행이 매 페이지마다 표시되도록 설정하시오.

문제 2 계산작업(30점)_ '계산작업' 시트에서 다음 과정을 수행하고 저장하시오.

01 [표1]의 영어, 논술, 상식과 [표3]을 이용하여 평가를 [I4:I28] 영역에 계산하여 표시하시오. (6점)

▶ 평가는 [표3]을 기준으로 계산
▶ 평균은 영어에 0.4, 논술에 0.3, 상식에 0.3을 곱해 더한 값으로 계산
▶ SUMPRODUCT, XLOOKUP 함수 사용

02 [표1]과 [표2]를 참조하여 학과코드별 학생수를 구해, 학생수만큼 "◎"를 [M6:R6] 영역에 표시하시오. (6점)

▶ DCOUNTA, REPT 함수 사용
▶ 표시 예 : 학생수 4명 → ◎◎◎◎

03 [표1]의 학과코드와 상식을 참조하여 학과코드별 상식의 점수가 90 이상인 학생들의 상식 평균을 [M7:R7] 영역에 표시하시오. (6점)

- ▶ 해당 학과 학생이 없는 경우에는 "해당없음"을 표시
- ▶ IF, AVERAGE, IFERROR 함수를 사용한 배열 수식

04 비고를 계산하는 사용자 정의 함수 'fn비고'를 작성하여 [J4:J28] 영역에 계산을 수행하시오. (6점)

- ▶ 'fn비고'는 영어, 논술, 상식을 인수로 받아 값을 되돌려줌
- ▶ 비고는 영어, 논술, 상식이 모두 80 이상이면 영어에 0.4, 논술에 0.3, 상식에 0.3을 곱하여 더한 값과 '-상위권'을 연결하여 표시하고, 그 외는 빈 칸을 표시하시오.

```
Public Function fn비고(영어, 논술, 상식)

End Function
```

05 [표1]를 학과코드별 영어 점수가 가장 높은 학생의 이름을 찾아 [M8:R8] 영역에 표시하시오. (6점)

- ▶ INDEX, MATCH, MAX 함수를 사용한 배열 수식

문제 3 분석작업(20점)_ 주어진 시트에서 다음 과정을 수행하고 저장하시오.

01 '분석작업-1' 시트에서 다음의 지시사항에 따라 피벗 테이블 보고서를 작성하시오. (10점)

- ▶ 외부 데이터 원본으로 <학생관리.csv>의 데이터를 사용하시오.
  - 원본 데이터는 구분 기호 쉼표(,)로 분리되어 있으며, 내 데이터에 머리글을 표시하시오.
  - '생년월일', '학과명', '영어', '논술', '상식' 열만 가져와 데이터 모델에 이 데이터를 추가하시오.
- ▶ 피벗 테이블 보고서의 레이아웃과 위치는 <그림>을 참조하여 설정하고, 보고서 레이아웃을 개요 형식으로 표시하시오.
- ▶ 피벗 테이블 스타일은 '연한 파랑, 피벗 스타일 보통 2'를 지정하고 표시 형식은 소수점 첫째 자리까지만 표시하시오.

	A	B	C	D	E	F
1						
2	학과명	생년월일		평균: 영어	평균: 논술	평균: 상식
3	⊟IT융합과					
4		1994		93.0	89.0	99.0
5		1996		98.0	82.0	66.0
6		1997		80.0	79.0	99.0
7		1998		92.0	73.5	81.0
8	⊟경영학과					
9		1997		91.0	86.0	68.0
10		1999		62.0	88.0	98.0
11		2000		89.0	82.0	98.0
12		2001		68.0	84.0	91.0
13	⊟물리학과					
14		1997		70.0	70.0	96.0
15		1998		92.3	73.0	87.0
16	⊟영문학과					
17		1995		89.0	99.0	92.0
18		1996		74.0	93.0	95.0
19		1998		93.0	78.7	77.7
20	⊟중문학과					
21		1998		80.0	77.0	100.0
22		1999		64.0	100.0	84.0
23		2001		79.5	77.5	76.5
24		2002		74.0	97.0	94.0
25	⊟화학과					
26		1997		63.0	83.0	69.0
27		1998		82.0	81.8	71.3
28	총합계			83.5	81.7	83.3

※ 작업 완성된 그림이며 부분점수 없음

02 '분석작업-2' 시트에 대하여 다음의 지시사항을 처리하시오. (10점)

▶ [표1]의 '학번' 필드에서 앞 두 자리는 '입학년도'이고 '10'은 학과 코드, 나머지는 '고유번호'로 '입학년도'와 '고유번호'에 [빠른 채우기] 기능을 사용하여 입력하시오.

▶ 조건부 서식의 셀 강조 규칙을 이용하여 [F3:F32] 영역의 입학년도가 20인 학생 데이터에 빨강 텍스트 서식을 지정하시오.

▶ [필터] 기능을 이용하여 [표1]의 '입학년도' 필드에서 '빨강 텍스트' 글꼴을 기준으로 필터링 하시오.

문제 4 기타작업(35점)_ 주어진 시트에서 다음 과정을 수행하고 저장하시오.

01 '기타작업-1' 시트에서 다음의 지시사항에 따라 차트를 수정하시오. (각 2점)

※ 차트는 반드시 문제에서 제공한 차트를 사용하여야 하며, 신규로 차트 작성 시 0점 처리됨

① '상식' 계열을 추가한 후 계열 순서를 <그림>과 같이 지정하시오.

② 차트 제목을 <그림>과 같이 추가한 후 글꼴을 '굴림', 글꼴 크기를 '15'로 지정하시오.

③ '논술' 계열에서 값이 가장 큰 데이터 요소에 <그림>과 같이 레이블을 지정하시오.

④ '논술' 계열에 3구간 이동 평균 추세선을 추가하시오.

⑤ 차트 영역의 테두리 색을 '표준 색-녹색'으로 지정하고 둥근 모서리로 표시하시오.

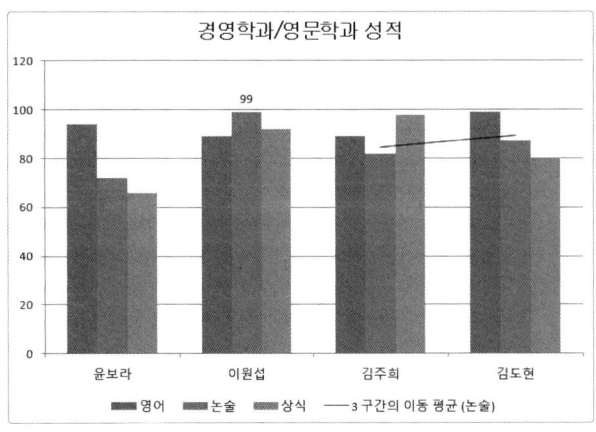

02 '기타작업-2' 시트에서 다음과 같은 기능을 수행하는 매크로를 현재 통합문서에 작성하시오. (각 5점)

① [G3:G32] 영역에 대하여 사용자 지정 표시 형식을 설정하는 'A등급' 매크로를 생성하시오.

▶ 셀 값이 90점 이상인 점수만 녹청색인 "A"로 표시

▶ [개발 도구]-[삽입]-[양식 컨트롤]의 '단추'를 동일 시트의 [L3:M4] 영역에 생성한 후 텍스트를 'A등급'으로 입력하고, 단추를 클릭하면 'A등급' 매크로가 실행되도록 설정하시오.

② [H3:I32] 영역에 대하여 조건부 서식을 적용하는 '막대보기' 매크로를 생성하시오.

▶ 규칙 유형은 '셀 값을 기준으로 모든 셀의 서식 지정'으로 선택하고, 서식 스타일 '데이터 막대', 최소값은 백분위수 20, 최대값은 백분위수 80로 설정하시오.

▶ 막대 모양은 채우기를 '그라데이션 채우기', 색을 '표준 색-주황'으로 설정하시오.

▶ [개발 도구]-[삽입]-[양식 컨트롤]의 '단추'를 동일 시트의 [L6:M7] 영역에 생성한 후 텍스트를 '막대보기'로 입력하고, 단추를 클릭하면 '막대보기' 매크로가 실행되도록 설정하시오.

※ 셀 포인터의 위치에 관계없이 매크로가 실행되어야 정답으로 인정됨

03 '기타작업-3' 시트에서 다음과 같은 작업을 수행하도록 프로시저를 작성하시오. (각 5점)

① '성적입력' 단추를 클릭하면 <성적입력> 폼이 나타나고 폼이 초기화(Initialize)되면 [K3:K8] 영역의 값이 콤보 상자(cmb학과명)의 목록에 설정되도록 프로시저를 작성하시오.

② <성적입력> 폼의 <입력(cmd입력)> 단추를 클릭하면 폼에 입력된 데이터를 시트의 표 안에 추가되도록 프로시저를 작성하시오.

▶ 영어, 논술, 상식의 점수는 100 이하의 숫자 데이터로 입력되도록 설정하고 100을 초과하는 경우에는 <그림>과 같은 메시지 박스가 표시되도록 설정하시오.

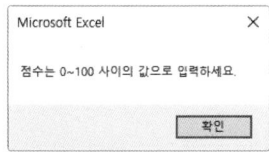

▶ 입력 후에는 학과명(cmb학과명)을 선택할 수 없도록 설정하시오.

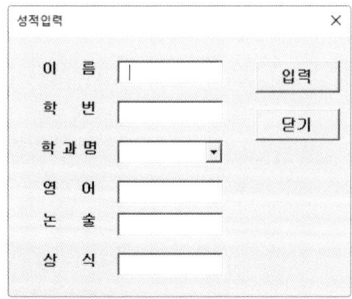

③ <닫기> 단추(cmd닫기)를 클릭하면 전체 학생수를 표시한 메시지 박스가 표시된 후 폼을 종료하는 프로시저를 작성하시오.

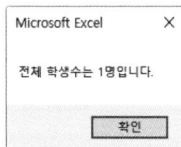

최신기출유형 10회 정답 및 해설

정답

문제 1 ▶ 기본작업 (15점)

01 고급 필터

고급 필터 조건식 : =AND(AVERAGE(G3:I3)>=AVERAGE($G$3:$I$32),OR(YEAR(D3)=1997,YEAR(D3)=1998))

02 조건부 서식

조건부 서식 수식 : =AND(VALUE(LEFT($B3,2))<=18,$J3="B")

03 페이지 레이아웃

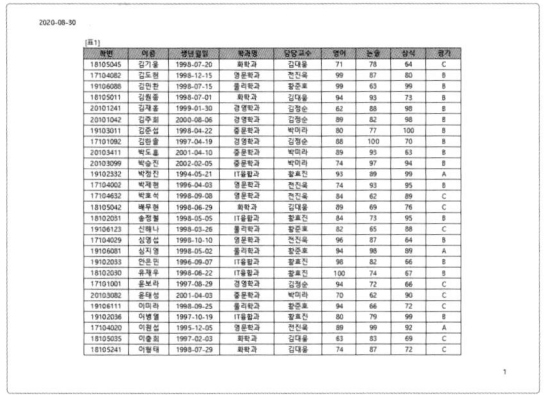
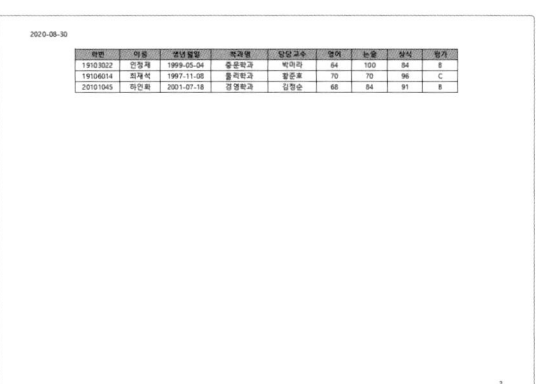

문제2 ▶ 계산작업 (30점)

01 평가[I4:I28]

=XLOOKUP(SUMPRODUCT(F4:H4,{0.4,0.3,0.3}),$M$11:$Q$11,$M$12:$Q$12,,-1)

02 학생수[M6:R6]

=REPT("◎",DCOUNTA($B$3:$J$28,3,M4:M5))

03 상식평균[M7:R7]

=IFERROR(AVERAGE(IF(($D$4:$D$28=M5)*($H$4:$H$28>=90),$H$4:$H$28)),"해당없음")

04 fn비고[J4:J28]

```
Function fn비고(영어, 논술, 상식)
    If 영어 >= 80 And 논술 >= 80 And 상식 >= 80 Then
        fn비고 = 영어 * 0.4 + 논술 * 0.3 + 상식 * 0.3 & "-상위권"
    Else
        fn비고 = ""
    End If
End Function
```

05 영어최고[M8:R8]

=INDEX($C$4:$C$28,MATCH(MAX(($D$4:$D$28=M5)*$F$4:$F$28),($D$4:$D$28=M5)*$F$4:$F$28,0))

문제3 ▶ 분석작업 (20점)

01 피벗 테이블

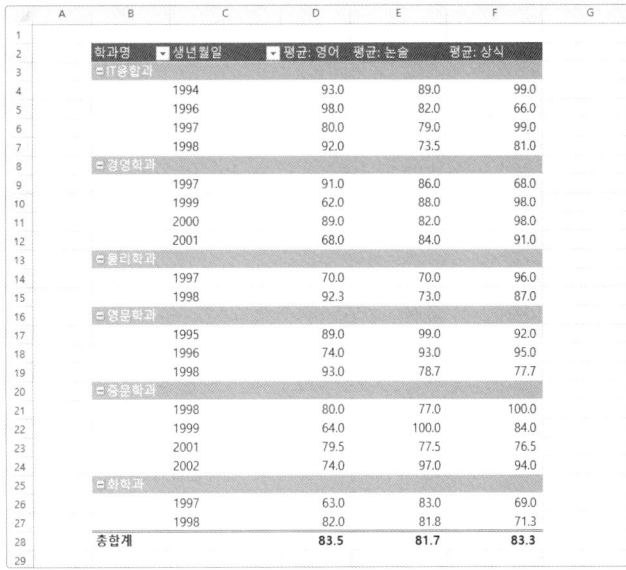

02 데이터 도구

문제 4 기타작업 (35점)

01 차트

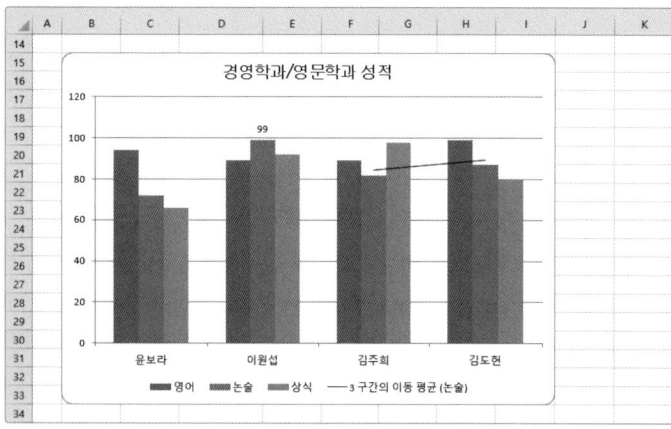

02 매크로

	A	B	C	D	E	F	G	H	I	J	K	L	M
1	[표1]												
2		학번	이름	생년월일	학과명	담당교수	영어	논술	상식	평가			
3		17101001	윤보라	1997-08-29	경영학과	김정순	A	72	66	C			
4		18102030	유재우	1998-06-22	IT융합과	황효진		74	67	B		A등급	
5		19103022	인정제	1999-05-04	중문학과	박미라	64	100	84	B			
6		17104020	이원섭	1995-12-05	영문학과	전진욱	89	99	92	A		막대보기	
7		18105035	이충희	1997-02-03	화학과	김대웅	63	83	69	C			
8		19106081	심지영	1998-05-02	물리학과	황준호		98	89	A			
9		20101042	김주희	2000-08-06	경영학과	김정순	89	82	98	B			
10		19102033	안은민	1996-09-07	IT융합과	황효진		82	66	B			
11		20103082	윤태성	2001-04-03	중문학과	박미라	70	62	90	C			
12		17104082	김도현	1998-12-15	영문학과	전진욱	A	87	80	B			
13		18105011	김원종	1998-07-01	화학과	김대웅		93	73	B			
14		19106014	최재석	1997-11-08	물리학과	황준호	70	70	96	C			
15		17101092	김한솔	1997-04-19	경영학과	김정순	88	100	70	B			
16		18102033	송정철	1998-05-05	IT융합과	황효진	84	73	95	B			
17		19103011	김준섭	1998-04-22	중문학과	박미라	80	77	100	B			
18		17104002	박제현	1996-04-03	영문학과	전진욱	74	93	95	B			
19		18105042	배무현	1998-06-29	화학과	김대웅	89	69	76	C			
20		19106088	김민환	1998-07-15	물리학과	황준호		63	99	B			
21		20101045	하인화	2001-07-18	경영학과	김정순	68	84	91	B			
22		19102036	이병열	1997-10-19	IT융합과	황효진	80	79	99	B			
23		20103099	박승진	2002-02-05	중문학과	박미라	74	97	94	B			
24		17104029	심영섭	1998-10-10	영문학과	전진욱		87	64	B			
25		18105045	김기웅	1998-07-20	화학과	김대웅	71	78	64	C			
26		19106111	이미라	1998-09-25	물리학과	황준호		66	72	C			
27		20101241	김재홍	1999-01-30	경영학과	김정순	62	88	98	B			
28		19102332	박정진	1994-05-21	IT융합과	황효진	A	89	99	A			
29		20103411	박도훈	2001-04-10	중문학과	박미라	89	93	63	B			

사용자 정의 서식 : [녹청][>=90]"A";G/표준

03 프로시저

▶ 폼 보이기 프로시저

```
Private Sub cmd성적입력_Click( )
    성적입력.Show
End Sub
```

▶ 폼 초기화 프로시저

```
Private Sub UserForm_Initialize( )
    cmb학과명.RowSource = "K3:K8"
End Sub
```

▶ 등록 프로시저

```
Private Sub cmd입력_Click( )
    If Val(txt영어) > 100 Or Val(txt논술) > 100 Or Val(txt상식) > 100 Then
        MsgBox "점수는 0~100 사이의 값으로 입력하세요."
    Else
        i = [B2].Row + [B2].CurrentRegion.Rows.Count
        Cells(i, 2) = txt이름
        Cells(i, 3) = txt학번
        Cells(i, 4) = cmb학과명
        Cells(i, 5) = Val(txt영어)
        Cells(i, 6) = Val(txt논술)
        Cells(i, 7) = Val(txt상식)
        cmb학과명.Locked = True
    End If
End Sub
```

▶ 종료 프로시저

```
Private Sub cmd닫기_Click( )
    MsgBox "전체 학생수는 " & [B2].CurrentRegion.Rows.Count - 1 & "명입니다."
    Unload Me
End Sub
```

해설

문제 1 ▶ 기본작업 (15점)

1 고급 필터 수행하기

① '기본작업-1' 시트를 선택한 후 [B34:B35] 영역에 다음과 같이 조건을 입력합니다.

[B34] 셀 : '조건'을 입력
[B35] 셀 : =AND(AVERAGE(G3:I3)>=AVERAGE($G$3:$I$32),OR(YEAR(D3)=1997,YEAR(D3)=1998))
→ [G3:I3] 영역의 평균이 전체 평균 이상이고 [D3] 셀의 연도가 1997이거나 1998이면 TRUE를 반환

② [C2:D2], [J2] 영역을 선택하고 **Ctrl**+**C** 키를 누릅니다. [B37] 셀을 클릭하고 **Ctrl**+**V** 키를 누릅니다.

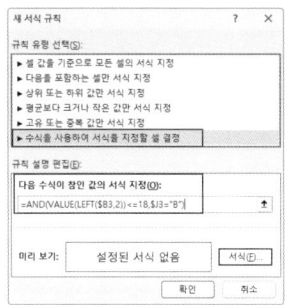

③ [B2] 셀을 클릭하고 [데이터] 탭-[정렬 및 필터] 그룹-[고급]을 클릭합니다.

④ [고급 필터] 대화상자에서 '다른 장소에 복사'를 선택하고 목록 범위는 [B2:J32] 영역이 지정되었는지 확인합니다.

⑤ [고급 필터] 대화상자에서 조건 범위는 [B34:B35] 영역, 복사 위치는 [B37:D37] 영역을 지정한 후 <확인> 단추를 클릭합니다.

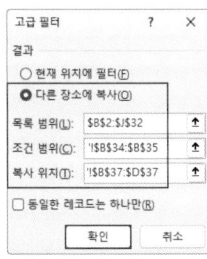

2 조건부 서식 수행하기

① [B3:J32] 영역을 지정하고 [홈] 탭-[스타일] 그룹-[조건부 서식]-[새 규칙]을 클릭합니다.

② [새 서식 규칙] 대화상자에서 규칙 유형 선택의 '수식을 사용하여 서식을 지정할 셀 결정'을 선택하고 다음과 같이 수식을 입력한 후 <서식> 단추를 클릭합니다.

=AND(VALUE(LEFT($B3,2))<=18,$J3="B") → [B3] 셀의 앞 두 글자를 숫자로 바꾼 값이 18 이하이고, [J3] 셀이 "B"이면 TRUE를 반환

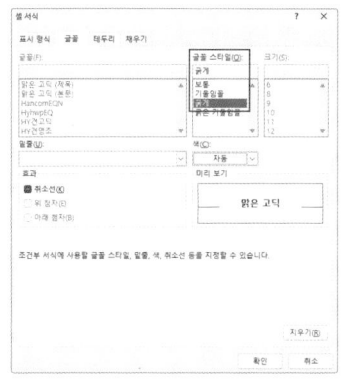

③ [셀 서식] 대화상자의 [글꼴] 탭에서 글꼴 스타일은 '굵게', [채우기] 탭에서 배경색은 '주황'을 선택하고 <확인> 단추를 클릭합니다.

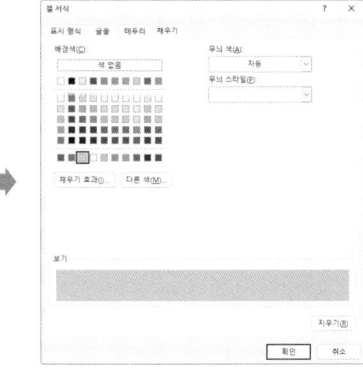

④ [새 서식 규칙] 대화상자에서 다시 <확인> 단추를 클릭합니다.

3 페이지 레이아웃

① '기본작업-2' 시트를 선택하고 [페이지 레이아웃] 탭-[페이지 설정] 그룹의 🔽(대화상자 표시 아이콘)을 클릭합니다.

② [페이지 설정] 대화상자의 [페이지] 탭에서 용지 방향의 '가로'를 체크합니다.

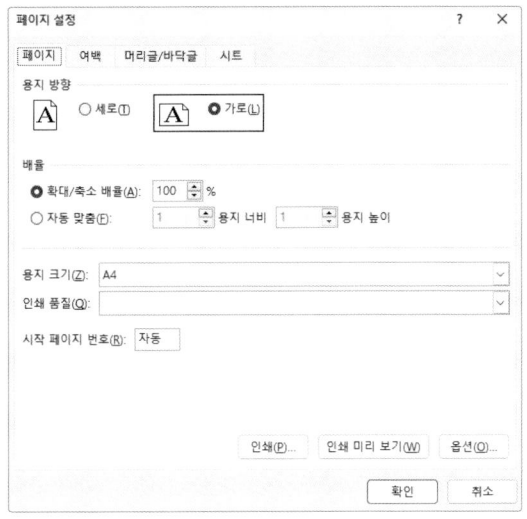

③ [페이지 설정] 대화상자의 [여백] 탭에서 페이지 가운데 맞춤을 '가로'로 선택합니다.

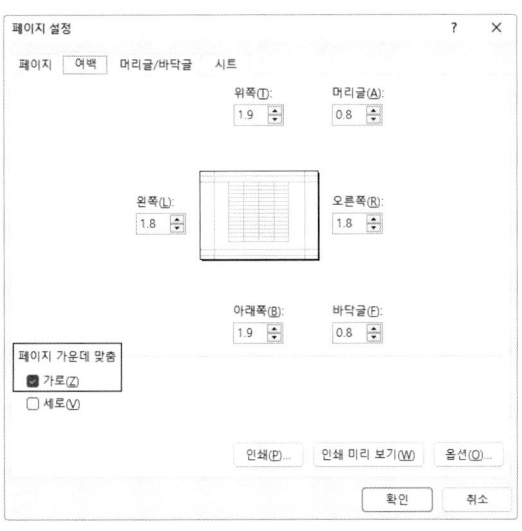

④ [페이지 설정] 대화상자에서 [머리글/바닥글] 탭을 선택하고 <머리글 편집> 단추를 클릭합니다.

⑤ [머리글] 대화상자의 왼쪽 구역에서 🔽(날짜 삽입)을 클릭하고 <확인> 단추를 클릭합니다.

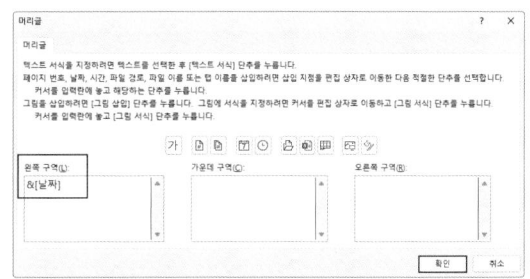

⑥ [페이지 설정] 대화상자에서 <바닥글 편집> 단추를 클릭합니다.

⑦ [바닥글] 대화상자의 오른쪽 구역에서 🔽(페이지 번호 삽입)을 클릭하고 <확인> 단추를 클릭합니다.

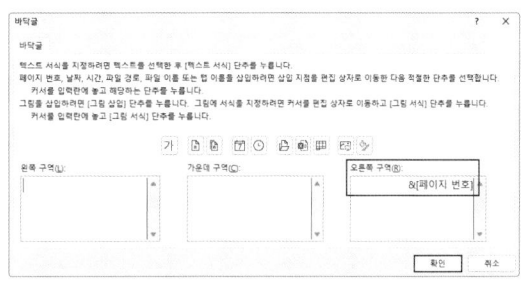

⑧ [페이지 설정] 대화상자의 [시트] 탭에서 인쇄 영역을 [B1:J32]로 지정하고, 반복할 행을 2행으로 지정한 후 <확인> 단추를 클릭합니다.

문제2 ▶ 계산작업 (30점)

1 평가[I4:I28]

① [I4] 셀에 다음과 같이 수식을 입력합니다.

=XLOOKUP(SUMPRODUCT(F4:H4,{0.4,0.3,0.3}),$M$11:$Q$11,$M$12:$Q$12,,-1)

=XLOOKUP(SUMPRODUCT(F4:H4,{0.4,0.3,0.3}),$M$11:$Q$11,$M$12:$Q$12,,-1) ①
→ [M11:Q11] 영역에서 ①의 값을 찾은 후 [M12:Q12] 영역의 값을 정확히 일치하거나 작은 값을 표시, ① [F4:H4] 영역에 각각의 가중치인 0.4, 0.3, 0.3을 곱한 값을 모두 더함

② 결과를 확인하고 채우기 핸들을 더블 클릭하여 수식을 복사합니다.

2 학생수[M6:R6]

① [M6] 셀에 다음과 같이 수식을 입력합니다.

=REPT("◎",DCOUNTA($B$3:$J$28,3,M4:M5))

=REPT("◎",DCOUNTA($B$3:$J$28,3,M4:M5))
        ①
→ "◎"을 ①의 개수만큼 표시, ① [B3:J28] 영역의 3열에서 학과코드가 [M5] 셀과 같은 값의 개수를 반환

② 결과를 확인하고 채우기 핸들을 드래그하여 수식을 복사합니다.

3 상식평균[M7:R7]

① [M7] 셀에 다음과 같이 수식을 입력한 후 **Ctrl**+**Shift**+**Enter** 키를 누릅니다.

=IFERROR(AVERAGE(IF(($D$4:$D$28=M5)*($H$4:$H$28>=90),$H$4:$H$28)),"해당없음")

=IFERROR(AVERAGE(IF(($D$4:$D$28=M5)*($H$4:$H$28>=90),$H$4:$H$28)),"해당없음") ①
→ ①이 오류이면 "해당없음"을 표시, ① 학과코드가 [M5] 셀과 같고 상식이 90 이상인 경우 [H4:H28] 영역의 평균을 계산

② 결과를 확인하고 채우기 핸들을 드래그하여 수식을 복사합니다.

4 fn비고[J4:J28]

① [개발 도구] 탭-[코드] 그룹-[Visual Basic]을 클릭하거나 **Alt**+**F11** 키를 누릅니다.

② [삽입]-[모듈]을 클릭합니다.

③ Module 창에 다음과 같이 코드를 입력합니다.

```
Function fn비고(영어, 논술, 상식)
    If 영어 >= 80 And 논술 >= 80 And 상식 >= 80 Then
        fn비고 = 영어 * 0.4 + 논술 * 0.3 + 상식 * 0.3 & "-상위권"
    Else
        fn비고 = ""
    End If
End Function
```

④ ⊠ (보기 Microsoft Excel)을 클릭하거나 **Alt**+**F11** 키를 눌러 Excel로 돌아갑니다.

⑤ [J4] 셀을 클릭한 후 다음과 같이 수식을 입력합니다.

=fn비고(F4,G4,H4)

⑥ 결과를 확인하고 채우기 핸들을 더블 클릭하여 수식을 복사합니다.

5 영어최고[M8:R8]

① [M8] 셀에 다음과 같이 수식을 입력한 후 **Ctrl**+**Shift**+**Enter** 키를 누릅니다.

=INDEX($C$4:$C$28,MATCH(MAX(($D$4:$D$28=M5)*$F$4:$F$28),($D$4:$D$28=M5)*$F$4:$F$28,0))

=INDEX($C$4:$C$28,MATCH(MAX(($D$4:$D$28=M5)*$F$4:$F$28),($D$4:$D$28=M5)*$F$4:$F$28,0)) ①
→ [C4:C28] 영역에서 ①의 결과를 행 번호로 지정한 값을 표시, ① 학과코드가 [M5] 셀과 같은 값 중 [F4:F28] 영역에서 최대값을 찾아 몇 행에 있는지 반환

② 결과를 확인하고 채우기 핸들을 드래그하여 수식을 복사합니다.

문제3 ▶ 분석작업 (20점)

1 피벗 테이블 보고서 작성

① '분석작업-1' 시트를 선택하고 [삽입] 탭-[표] 그룹-[피벗 테이블]-[외부 데이터 원본]을 클릭합니다.

② [외부 원본의 피벗 테이블] 대화상자에서 <연결 선택>을 클릭하고, [기존 연결] 대화상자에서 <더 찾아보기>를 클릭합니다.

③ [데이터 원본 선택] 대화상자에서 'C:₩OA₩학생관리.csv'를 선택하고 <열기> 단추를 클릭합니다.

④ [텍스트 마법사 - 3단계 중 1단계] 대화상자에서 '구분 기호로 분리됨'을 선택하고 '내 데이터에 머리글 표시'를 체크한 후 <다음> 단추를 클릭합니다.

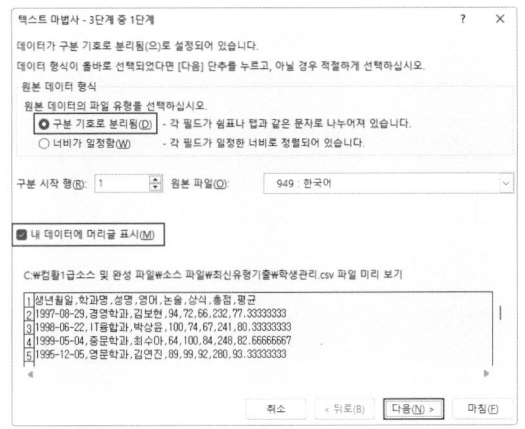

⑤ [텍스트 마법사 - 3단계 중 2단계] 대화상자에서 구분 기호를 '쉼표'로 선택하고 <다음> 단추를 클릭합니다.

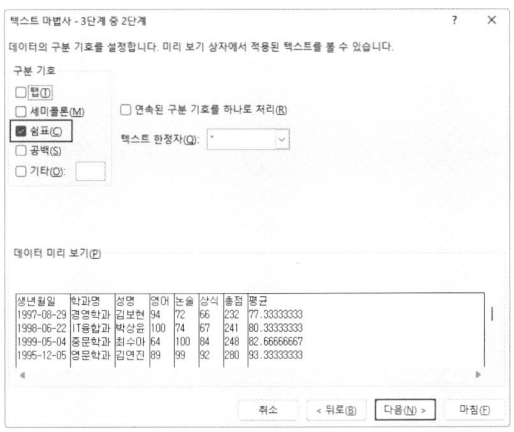

⑥ [텍스트 마법사 - 3단계 중 3단계] 대화상자에서 성명 열을 선택하고 '열 가져오지 않음(건너뜀)'을 클릭합니다. 같은 방법으로 총점, 평균도 '열 가져오지 않음'을 지정한 후 <마침> 단추를 클릭합니다.

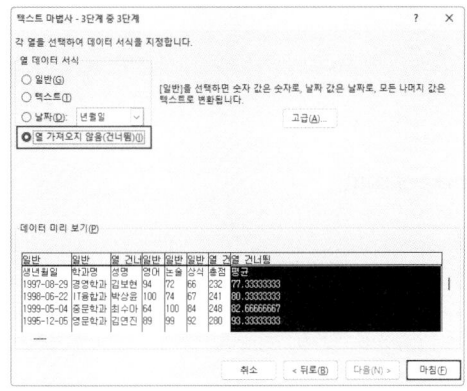

⑦ [외부 원본의 피벗 테이블] 대화상자에서 '데이터 모델에 이 데이터 추가'를 선택하고 '기존 워크시트 ([B2]셀)' 범위를 지정한 후 <확인>을 클릭합니다.

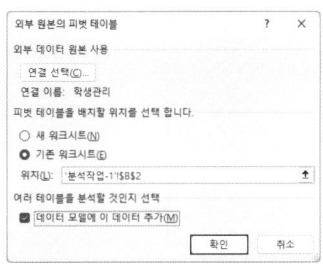

⑧ [피벗 테이블 필드] 창에서 행에 '학과명', '생년월일', 값에 '영어', '논술', '상식'을 드래그합니다.

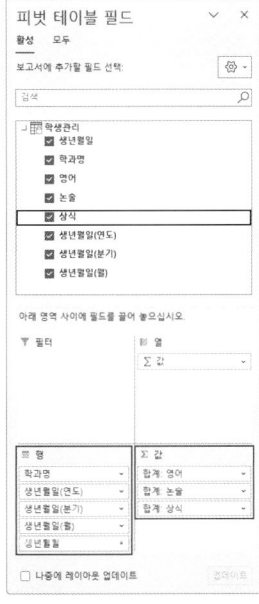

⑨ '합계 : 영어'를 클릭하고 [값 필드 설정]을 선택합니다.

⑩ [값 필드 설정] 대화상자의 [값 요약 기준] 탭에서 '평균'을 선택하고 <확인> 단추를 클릭합니다.

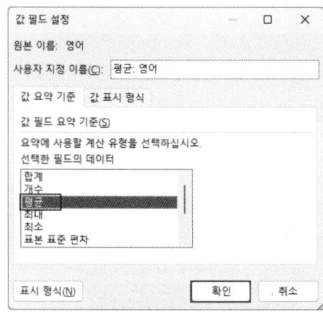

⑪ 같은 방법으로 '합계 : 논술'과 '합계 ; 상식'을 '평균'으로 지정합니다.

⑫ [B4] 셀에서 마우스 오른쪽 단추를 눌러 [그룹]을 클릭합니다.

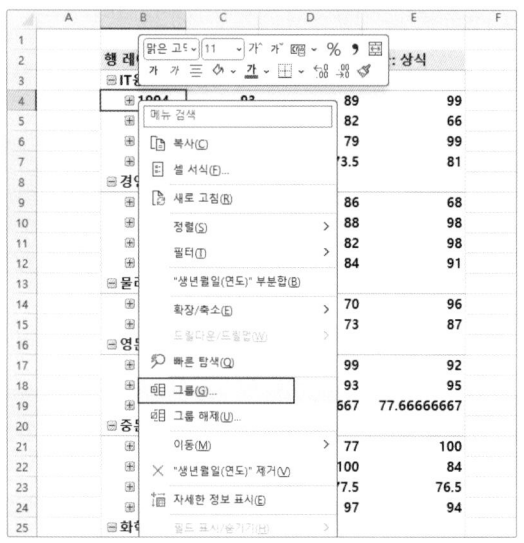

⑬ [그룹화] 대화상자에서 단위는 '연'만 선택하고 <확인> 단추를 클릭합니다.

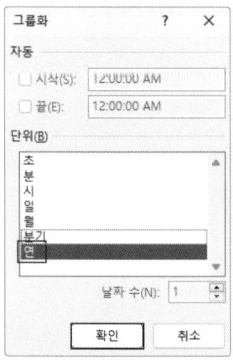

⑭ [디자인] 탭-[레이아웃] 그룹-[보고서 레이아웃]-[개요 형식으로 표시]를 클릭합니다.

⑮ [D2] 셀에서 마우스 오른쪽 단추를 눌러 ["생년월일" 제거]를 클릭하고 [C2] 셀은 '생년월일'로 변경합니다.

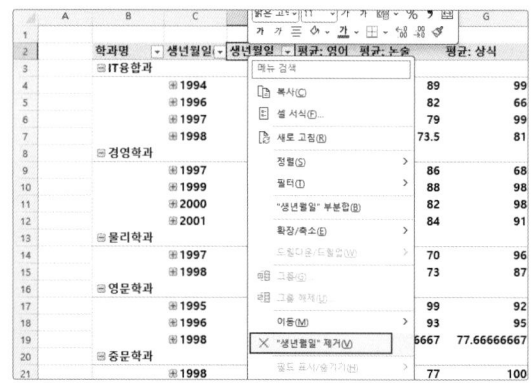

⑯ [디자인] 탭-[피벗 테이블 스타일] 그룹에서 '연한 파랑, 피벗 스타일 보통 2'를 클릭합니다.

⑰ [D3:F28] 영역을 지정하고 마우스 오른쪽 단추를 눌러 [셀 서식]을 클릭합니다.

⑱ [셀 서식] 대화상자의 [표시 형식] 탭에서 범주는 '숫자'로 선택하고 소수 자릿수를 '1'로 지정한 후 <확인> 단추를 클릭합니다.

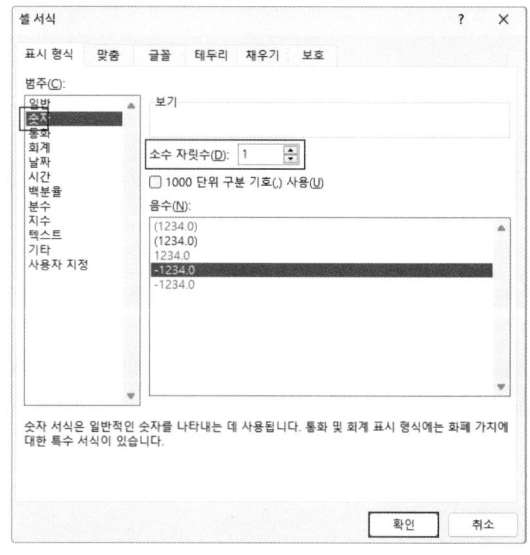

2 데이터 도구

① '분석작업-2' 시트를 선택하고 [F3] 셀을 선택하고 학번 맨 앞자리 두 자리를 입력한 후 **Enter** 키를 누릅니다.

② [데이터] 탭-[데이터 도구] 그룹-[빠른 채우기]를 클릭합니다.

③ 고유번호 필드에 '1001'을 입력하고 **Enter** 키를 누른 후 [데이터] 탭-[데이터 도구] 그룹-[빠른 채우기]를 클릭합니다.

④ [F3:F32] 영역을 지정하고 [홈] 탭-[스타일] 그룹-[조건부 서식]-[셀 강조 규칙]-[같음]을 클릭합니다.

⑤ [같음] 대화상자에서 '20'을 입력하고 적용할 서식을 '빨강 텍스트'로 지정한 후 <확인> 단추를 클릭합니다.

⑥ [B2] 셀을 선택하고 [데이터] 탭-[정렬 및 필터] 그룹-[필터]를 클릭합니다.

⑦ '입학년도'의 ▼(필터 단추)를 클릭하고 [색 기준 필터]에서 '빨강 텍스트'를 선택합니다.

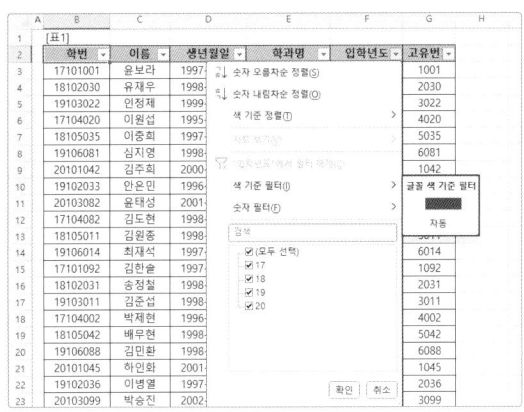

문제 4 ▶ 기타작업 (35점)

1 차트 수정

① '기타작업-1' 시트를 선택하고 [G2:G3], [G6], [G9], [G12] 영역을 지정한 후 **Ctrl**+**C** 키를 누릅니다.

② 차트 영역을 클릭하고 **Ctrl**+**V** 키를 누릅니다.

③ [차트 디자인] 탭-[차트 레이아웃] 그룹-[차트 요소 추가]-[차트 제목]-[차트 위]를 클릭하고 차트 제목에 '경영학과/영문학과 성적'을 입력합니다.

④ [홈] 탭-[글꼴] 그룹에서 글꼴은 '굴림', 글꼴 크기는 '15pt'로 지정합니다.

⑤ '논술' 계열의 '이원섭' 요소를 두 번 클릭하여 선택합니다. [차트 디자인] 탭-[차트 레이아웃] 그룹-[차트 요소 추가]-[데이터 레이블]-[바깥쪽 끝에]를 클릭합니다.

⑥ '논술' 계열을 클릭하고 마우스 오른쪽 단추를 눌러 [추세선 추가]를 클릭합니다.

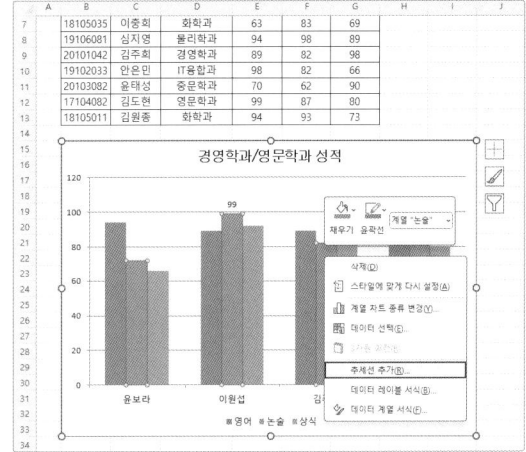

⑦ [추세선 서식] 창의 [추세선 옵션]에서 '이동 평균'을 선택하고 구간을 '3'으로 지정합니다.

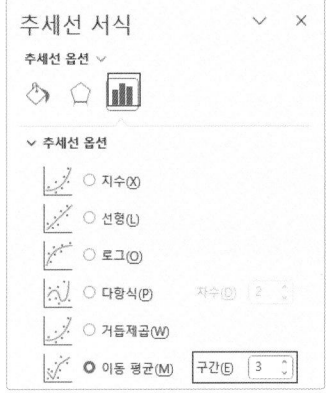

⑧ 차트 영역을 클릭하고 [차트 영역 서식] 창의 [차트 옵션]-[채우기 및 선]-[테두리]에서 색을 '녹색'으로 지정합니다.

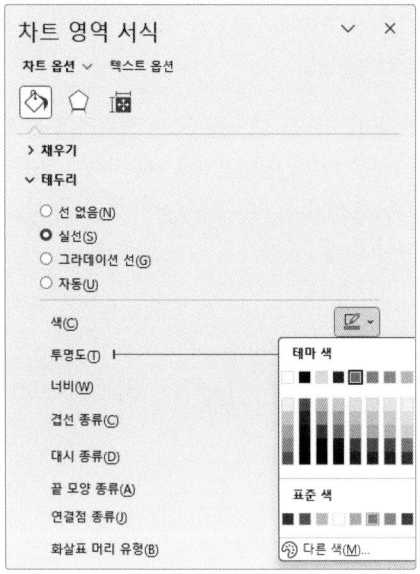

⑨ [차트 영역 서식] 창의 [차트 옵션]-[채우기 및 선]-[테두리]에서 '둥근 모서리'를 체크합니다

2 매크로 작성

① '기타작업-2' 시트를 선택하고 [개발 도구] 탭-[코드] 그룹-[매크로 기록]을 클릭합니다.

② [매크로 기록] 대화상자에서 매크로 이름을 'A등급'으로 입력하고 <확인> 단추를 클릭합니다.

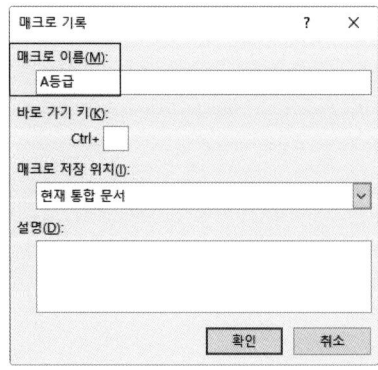

③ [G3:G32] 영역을 선택하고 마우스 오른쪽 단추를 눌러 [셀 서식]을 클릭합니다.

④ [셀 서식] 대화상자의 [표시 형식] 탭에서 범주는 '사용자 지정'을 선택하고 형식에 다음과 같이 입력한 후 <확인> 단추를 클릭합니다.

[녹청][>=90]"A";G/표준

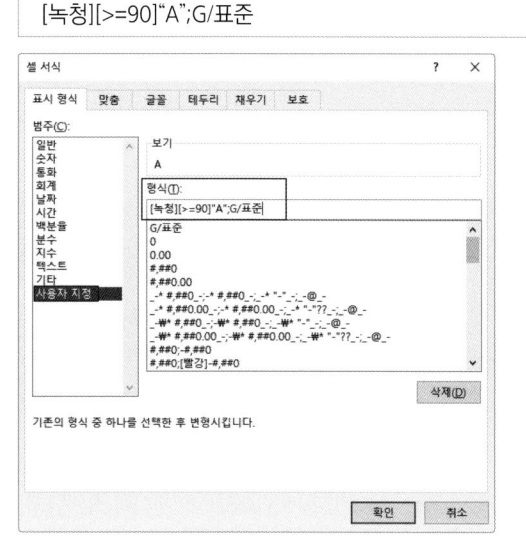

⑤ 상태 표시줄의 ☐ (기록 중지)를 클릭합니다.

⑥ [개발 도구] 탭-[컨트롤] 그룹-[삽입]-[양식 컨트롤]-[단추]를 클릭한 후 **Alt** 키를 누른 채 [L3:M4] 영역에 드래그하여 작성합니다.

⑦ [매크로 지정] 대화상자에서 매크로 이름을 'A등급'으로 선택하고 <확인> 단추를 클릭합니다.

⑧ 단추의 텍스트를 'A등급'으로 수정합니다.

⑨ [개발도구] 탭-[코드] 그룹-[매크로 기록]을 클릭합니다.

⑩ [매크로 기록] 대화상자에서 '매크로 이름'을 '막대보기'로 입력하고 <확인> 단추를 클릭합니다.

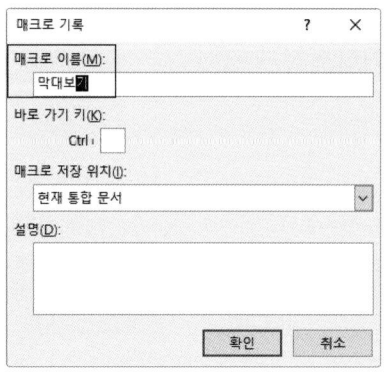

⑪ [H3:I32] 영역을 선택하고 [홈] 탭-[스타일] 그룹-[조건부 서식]-[데이터 막대]에서 [기타 규칙]을 클릭합니다.

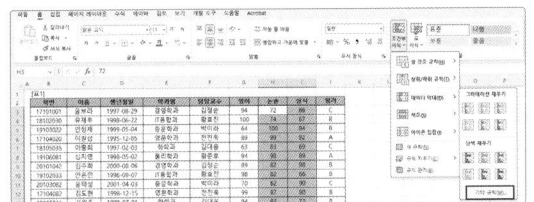

⑫ [새 서식 규칙] 대화상자에서 규칙 유형은 '셀 값을 기준으로 모든 셀의 서식 지정으로 선택하고, 서식 스타일은 '데이터 막대', 최소값은 '백분위수', 20, 최대값은 '백분위수', 80, 채우기는 '그라데이션 채우기', 색은 '주황'으로 지정한 후 <확인> 단추를 클릭합니다.

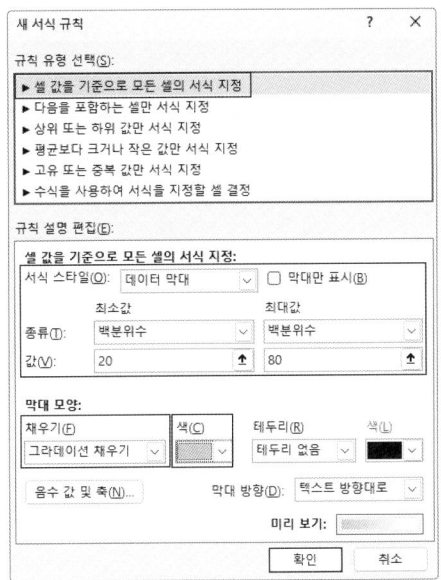

⑬ 상태 표시줄의 □(기록 중지)를 클릭하고 [개발 도구] 탭-[컨트롤] 그룹-[삽입]-[양식 컨트롤]-[단추]를 클릭한 후 Alt 키를 누른 채 [L6:M7] 영역에 드래그하여 작성합니다.

⑭ [매크로 지정] 대화상자에서 매크로 이름을 '막대보기'로 선택하고 <확인> 단추를 클릭합니다.

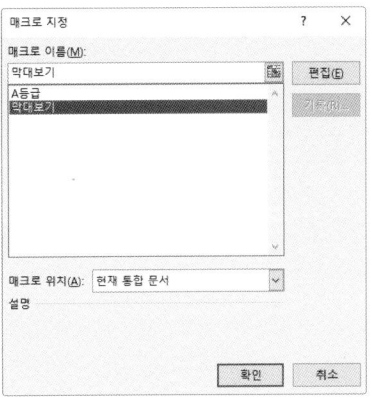

⑮ 단추의 텍스트를 '막대보기'로 수정합니다.

3 프로시저 작성

1) 폼 보이기 프로시저

① '기타작업-3' 시트를 선택하고 [개발 도구] 탭-[컨트롤] 그룹-[디자인 모드]를 클릭합니다.

② <성적입력> 단추를 더블 클릭하고 다음과 같이 코드를 입력합니다

```
Private Sub cmd성적입력_Click( )
    성적입력.Show
End Sub
```

2) 폼 초기화 프로시저

① [프로젝트-VBAProject] 탐색기에서 '성적입력'을 선택하고 마우스 오른쪽 단추를 눌러 [코드 보기]를 클릭합니다.

② 개체 목록은 'UserForm', 프로시저 목록은 'Initialize'를 선택합니다.

③ 다음과 같이 코드를 입력합니다.

```
Private Sub UserForm_Initialize( )
    cmb학과명.RowSource = "K3:K8"
End Sub
```

3) 입력 프로시저

① 개체 목록은 'cmd입력', 프로시저 목록은 'Click'을 선택합니다.

② 다음과 같이 코드를 입력합니다.

```
Private Sub cmd입력_Click( )
    If Val(txt영어) > 100 Or Val(txt논술) > 100 Or Val(txt상식) > 100 Then
        MsgBox "점수는 0~100 사이의 값으로 입력하세요."
    Else
        i = [B2].Row + [B2].CurrentRegion.Rows.Count
        Cells(i, 2) = txt이름
        Cells(i, 3) = txt학번
        Cells(i, 4) = cmb학과명
        Cells(i, 5) = Val(txt영어)
        Cells(i, 6) = Val(txt논술)
        Cells(i, 7) = Val(txt상식)
        cmb학과명.Locked = True  → cmb학과명을 선택할 수 없도록 잠금
    End If
End Sub
```

4) 종료 프로시저

① 개체 목록은 'cmd닫기', 프로시저 목록은 'Click'을 선택합니다.

② 다음과 같이 코드를 입력합니다.

```
Private Sub cmd닫기_Click( )
    MsgBox "전체 학생수는 " & [B2].CurrentRegion.Rows.Count-1 & "명입니다."
    Unload Me
End Sub
```

③ ▥(보기 Microsoft Excel)을 클릭하거나 Alt + F11 키를 눌러 Excel로 돌아갑니다.

④ 실행 결과를 확인하기 위해 [개발 도구] 탭-[컨트롤] 그룹-[디자인 모드]를 클릭하여 디자인 모드를 해제합니다.

⑤ <성적입력> 단추를 클릭합니다. [성적입력] 폼이 표시되면 데이터를 입력하고 <입력> 단추를 클릭한 후 입력한 데이터가 워크시트에 입력되는 것을 확인합니다.

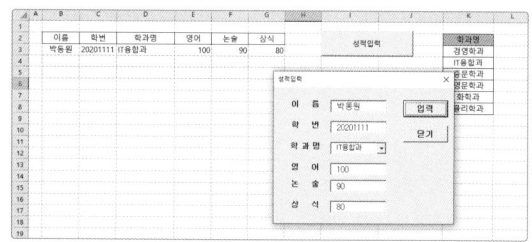

⑥ <닫기> 단추를 클릭하여 폼을 종료합니다.

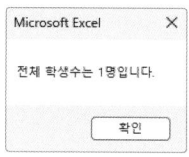

MEMO

컴퓨터활용능력
1급 실기

· 부록 ·

시험에 자주 나오는 엑셀 함수 정리
함수사전

<함수 사용 방법 알아보기>

함수사전 01 날짜/시간 함수

함수사전 02 논리 함수

함수사전 03 문자열 함수

함수사전 04 통계 함수

함수사전 05 수학/삼각 함수

함수사전 06 찾기/참조 함수

함수사전 07 데이터베이스 함수

함수사전 08 재무 함수

함수사전 09 정보 함수

날짜/시간 함수

함수 사용 방법 알아보기

'C:₩2024_컴활1급₩함수사전₩작업파일₩날짜와시간함수.xlsx' 파일을 이용하여 날짜/시간 함수의 사용 방법을 알아봅니다.

1 NOW( )

현재 컴퓨터 시스템의 날짜와 시간을 표시하는 함수

예

	B	C	D
1	결과		함수식
2	2023-11-03	◀	=NOW()

2 TODAY( )

현재 컴퓨터 시스템의 날짜를 표시하는 함수

연습문제 ▶ 'TODAY 함수' 시트 탭을 클릭하여 문제를 풀어 보세요.

① [연습 01]에서 생년월일[C4:C9]부터 오늘 날짜까지의 날 수 계산[D4:D9]을 구하시오.

▶ DAYS, TODAY 함수 사용

	B	C	D
2	[연습 01]		
3	성명	생년월일	날 수 계산
4	장금숙	2000-03-15	
5	임재성	2004-12-25	
6	이상은	2002-02-02	
7	손봉주	2003-03-03	
8	윤채영	1998-12-12	
9	이하율	2001-01-01	

정답 [D4] 셀에 「=DAYS(TODAY(),C4)」를 입력하고 [D9] 셀까지 수식 복사

② [연습 02]에서 입사일[C13:C17]을 이용하여 근무연수[D13:D17]를 구하시오.

▶ 근무연수 = 시스템 날짜의 연도-입사일 년도

▶ TODAY, YEAR 함수, & 연산자 사용

▶ 표시 예 : 5년

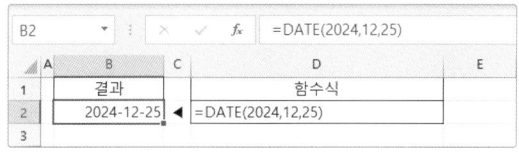

> **정답** [D13] 셀에 「=YEAR(TODAY())-YEAR(C13)&"년"」을 입력하고 [D17] 셀까지 수식 복사

3 DATE(년,월,일)

특정한 날짜를 표시하는 함수

예

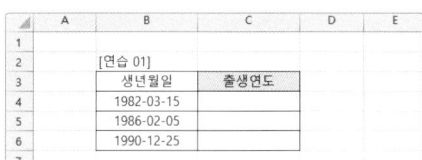

4 YEAR(날짜 or 셀 주소 or 날짜 텍스트)

'날짜'에서 '연도'를 구하는 함수

> **연습문제** 'YEAR 함수' 시트 탭을 클릭하여 문제를 풀어 보세요.

① [연습 01]에서 생년월일[B4:B6]을 이용하여 출생연도[C4:C6]를 구하시오.
  ▶ YEAR 함수와 & 연산자 사용
  ▶ 표시 예 : 1982년

	A	B	C	D	E
1					
2		[연습 01]			
3		생년월일	출생연도		
4		1982-03-15			
5		1986-02-05			
6		1990-12-25			
7					

> **정답** [C4] 셀에 「=YEAR(B4)&"년"」를 입력하고 [C6] 셀까지 수식 복사

② [연습 02]에서 상품입고일[B11:B14]을 이용하여 비고[C11:C14]를 구하시오.
  ▶ 연도가 2024년이면 '신상품', 2023년이면 '재고상품' 그 외에는 '이월상품'으로 표기
  ▶ IF와 YEAR 함수 사용

	A	B	C	D	E
8					
9		[연습 02]			
10		상품입고일	비고		
11		2024-01-05			
12		2022-12-05			
13		2023-01-04			
14		2021-12-05			
15					

> **정답** [C11] 셀에 「=IF(YEAR(B11)=2024,"신상품",IF(YEAR(B11)=2023,"재고상품","이월상품"))」을 입력하고 [C14] 셀까지 수식 복사

5 MONTH(날짜 or 셀 주소 or 날짜 텍스트)

'날짜'에서 '월'을 구하는 함수

> **연습문제** 'MONTH 함수' 시트 탭을 클릭하여 문제를 풀어 보세요.

① 생년월일[B3:B5]을 이용하여 비고[C3:C5]를 구하시오.
- ▶ 생년월일에서 2이면 '2월생', 그 외에는 공백으로 구하시오.
- ▶ IF와 MONTH 함수 사용

	A	B	C	D	E
1					
2		생년월일	비고		
3		1982-03-15			
4		1986-02-05			
5		1990-12-25			
6					
7					

> **정답** [C3] 셀에 「=IF(MONTH(B3)=2,"2월생"," ")」을 입력하고 [C5] 셀까지 수식 복사

6 DAY(날짜 or 셀 주소 or 날짜 텍스트)

특정 날짜에서 일 단위(1~31)의 숫자만 추출하는 함수

> **연습문제** 'DAY 함수' 시트 탭을 클릭하여 문제를 풀어 보세요.

① 판매일자[B3:B6]의 일을 이용하여 기간구분[D3:D6]을 구하시오.
- ▶ 기간구분은 판매일자의 일이 10 이하이면 '초순', 10 초과 20 이하이면 '중순', 20 초과이면 '하순'으로 표시
- ▶ DAY, IF 함수 사용

	A	B	C	D	E
1					
2		판매일자	판매량	기간구분	
3		2024-07-03	36		
4		2024-07-15	47		
5		2024-07-28	67		
6		2024-07-30	42		
7					

> **정답** [D3] 셀에 「=IF(DAY(B3)<=10,"초순",IF(DAY(B3)<=20,"중순","하순"))」을 입력하고 [D6] 셀까지 수식 복사

7 DAYS(종료날짜,시작날짜)

시작 날짜부터 종료 날짜까지 경과한 날짜 수를 구하는 함수

> **연습문제** 'DAYS 함수' 시트 탭을 클릭하여 문제를 풀어 보세요.

① 입사일[D3:D8]과 퇴사일[E3:E8]을 이용하여 퇴직금[F3:F8]을 구하시오.
   ▶ 퇴직금은 근속일과 기본급의 곱에 0.6%로 계산
   ▶ DATE, DAYS, DAY 함수 중 알맞은 함수를 선택하여 사용

	A	B	C	D	E	F	G
1							
2		사원명	기본급	입사일	퇴사일	퇴직금	
3		이충희	1,500,000	1999-10-05	2023-03-04		
4		김미나	1,358,000	2000-03-02	2023-05-02		
5		조정현	1,250,000	2002-05-10	2024-05-01		
6		박준희	1,450,000	1999-12-01	2024-04-09		
7		홍수연	1,200,000	2003-03-02	2024-12-05		
8		이나라	1,100,000	2005-05-04	2024-03-06		

> **정답** [F3] 셀에 「=DAYS(E3,D3)*C3*0.6%」을 입력하고 [F8] 셀까지 수식 복사

8 TIME(시,분,초)

특정한 시간을 표시하는 함수

예)

	A	B	C	D	E
1		결과		함수식	
2		8:15 AM	◀	=TIME(8,15,15)	
3		8:10 PM	◀	=TIME(20,10,15)	

9 HOUR(시간 or 셀 주소 or 시간 텍스트)

'시간(시/분/초)'에서 '시'에 해당하는 값을 구하는 함수

예)

	A	B	C	D	E
1		결과		함수식	
2		17	◀	'=HOUR("17:25:37")	
3		5	◀	=HOUR("5시 15분 25초")	
4		22	◀	22:30:15	

10 MINUTE(시간 or 셀 주소 or 시간 텍스트)

'시간(시/분/초)'에서 '분'에 해당하는 값을 구하는 함수

예)

	A	B	C	D	E
1		결과		함수식	
2		25	◀	=MINUTE("17:25:37")	
3		15	◀	=MINUTE("5시 15분 25초")	
4		30	◀	22:30:15	

11 SECOND(시간 or 셀 주소 or 시간 텍스트)

'시간(시/분/초)'에서 '초'에 해당하는 값을 구하는 함수

연습문제 ▶ 'SECOND 함수' 시트 탭을 클릭하여 문제를 풀어 보세요.

① 출근시간[B3:B5]과 퇴근시간[C3:C5]을 이용하여 근무시간[D3:D5]을 구하시오.
   ▶ 근무시간 = 퇴근시간-출근시간
   ▶ 단, 분 단위가 30분 이상이면 근무시간에 1시간을 추가할 것
   ▶ IF, MINUTE, HOUR 함수와 & 연산자 사용
   ▶ 표시 예 : 10시간

	A	B	C	D	E
1					
2		출근시간	퇴근시간	근무시간	
3		9:02	21:00		
4		8:35	20:00		
5		11:25	18:00		
6					

정답 [D3] 셀에 「=IF(MINUTE(C3-B3)>=30,HOUR(C3-B3)+1,HOUR(C3-B3))&"시간"」을 입력하고 [D5] 셀까지 수식 복사

12 WEEKDAY(날짜,반환유형)

날짜에서 해당하는 요일의 번호를 구하는 함수

연습문제 ▶ 'WEEKDAY 함수' 시트 탭을 클릭하여 문제를 풀어 보세요.

① 출발날짜[C3:C5]를 이용하여 출발요일[D3:D5]를 구하시오.
   ▶ CHOOSE와 WEEKDAY 함수 사용
   ▶ 요일의 계산 방식은 일요일부터 시작하는 1번 방식으로 지정

> **TIP**
> 반환유형
> ● 1또는 생략 : 일요일(1) ~ 토요일(7)
> ● 2 : 월요일(1) ~ 일요일(7)
> ● 3 : 월요일(0) ~ 일요일(6)

	A	B	C	D	E
1					
2		여행지	출발날짜	출발요일	
3		홍콩/마카오	2024-08-19		
4		이탈리아/프랑스	2024-09-19		
5		영국/스코트랜드	2024-08-18		
6					

정답 [D3] 셀에 「=CHOOSE(WEEKDAY(C3,1),"일요일","월요일","화요일","수요일","목요일","금요일","토요일")」을 입력하고 [D5] 셀까지 수식 복사

13 DATEVALUE(날짜 텍스트)

날짜의 일련번호를 표시하는 함수
📝 2024-12-31의 일련번호를 표시

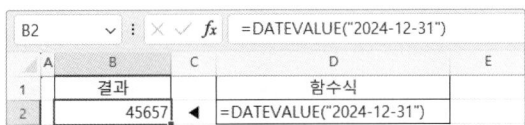

14 EDATE(시작날짜,개월)

지정한 날짜를 기준으로 이전의 날짜(개월)나 이후의 날짜(개월)를 표시하는 함수

연습문제 ▶ 'EDATE 함수' 시트 탭을 클릭하여 문제를 풀어 보세요.

① 차량등록일[C3:C7]을 이용하여 자동차 검사시작일[D3:D7]을 표시하시오.
   ▶ 검사시작일은 차량등록일 기준으로 24개월 뒤, 30일전의 날짜를 표시

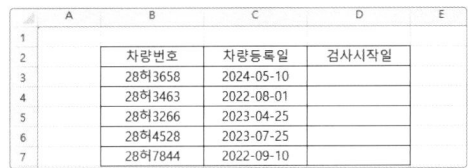

※ 결과값이 일련번호로 나오면 [셀 서식] 대화상자의 '표시형식'을 '날짜'로 변경

정답 [D3] 셀에 「=EDATE(C3,24)-30」을 입력하고 [D7] 셀까지 수식 복사

15 EOMONTH(시작날짜,개월)

지정된 개월 수 이전 또는 이후 달에서 마지막 날의 날짜를 표시하는 함수

연습문제 ▶ 'EOMONTH 함수' 시트 탭을 클릭하여 문제를 풀어 보세요.

① 제품구입일[C3:C5]과 A/S 기간[D3:D5]을 이용하여 A/S 만료일[E3:E5]을 구하시오.
   ▶ A/S 기간이 1년인 경우 제품구입일로부터 12개월 뒤 해당 월의 마지막 날짜를 표시하고, A/S 기간이 2년인 경우 제품구입일로부터 24개월 뒤 해당 월의 마지막 날짜를 표시
   ▶ 표시 예 : 제품구입일(2023-01-20) → A/S 기간(1년) → A/S 만료일(2024-01-31)
   ▶ IF, EOMONTH 함수 사용

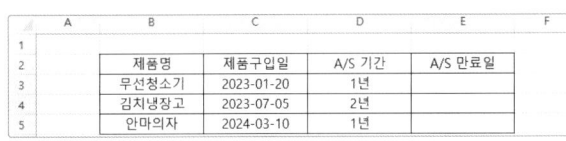

정답 [E3] 셀에 「=EOMONTH(C3,IF(D3="1년",12,24))」을 입력하고 [E5] 셀까지 수식 복사

16 WORKDAY(시작날짜,일,작업 일수에서 제외될 날짜 목록)

특정 일(시작 날짜)의 전이나 후의 날짜 수에서 주말이나 휴일을 제외한 날짜 수, 즉 평일 수를 구하는 함수

연습문제 ▶ 'WORKDAY 함수' 시트 탭을 클릭하여 문제를 풀어 보세요.

① 공사작업 휴일[G3:G5]을 참조하여 공사시작일[C3:C6]과 작업일[D3:D6]에 따른 공사완료일[E3:E6]을 구하시오.
   ▶ DATE, DAY, WORKDAY 함수 중 알맞은 함수를 선택하여 사용

	A	B	C	D	E	F	G	H	I
1									
2		공사내용	공사시작일	작업일	공사완료일		[공사작업 휴일]		
3		인테리어	2024-05-07	35			2024-05-06	임시공휴일	
4		칸막이	2024-05-10	15			2024-05-09	출장	
5		바닥	2024-05-01	10			2024-06-06	현충일	
6		식당	2024-05-03	20					
7									

정답 [E3] 셀에 「=WORKDAY(C3,D3,$G$3:$G$5)」을 입력하고 [E6] 셀까지 수식 복사

17 NETWORKDAYS(시작날짜,끝날짜,휴일)

시작 날짜와 끝 날짜 사이의 작업 일 수를 구하는 함수

연습문제 ▶ 'NETWORKDAYS 함수' 시트 탭을 클릭하여 문제를 풀어 보세요.

① 날짜[B3:B4]를 이용하여 근무일수[C7]를 구하시오.
   ▶ 단, 주말과 공휴일은 제외

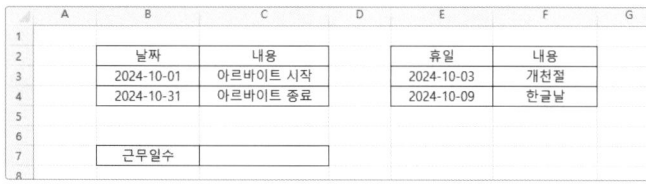

정답 [C7] 셀에 「=NETWORKDAYS(B3,B4,$E$3:$E$4)」을 입력

18 WEEKNUM(해당주 날짜,반환유형)

해당 주 날짜가 일 년 중 몇 번째 주인지 표시하는 함수

연습문제 ▶ 'WEEKNUM 함수' 시트 탭을 클릭하여 문제를 풀어 보세요.

① 날짜[B3:B6]를 이용하여 몇 주에 해당하는지 주차[C3:C6]를 구하시오.
   ▶ 단, 반환유형은 일요일부터 시작하도록 지정할 것

> **TIP**
> 반환유형
> ● 1또는 생략 : 주가 일요일부터 시작
> ● 2 : 주가 월요일부터 시작

	A	B	C	D	E
1					
2		날짜	주차		
3		2024-05-10			
4		2024-06-11			
5		2024-11-15			
6		2024-04-13			
7					

정답 [C3] 셀에 「=WEEKNUM(B3,1)」을 입력하고 [C6] 셀까지 수식 복사

함수 사용 방법 알아보기

논리 함수

'C:\2024_컴활1급\함수사전\작업파일\논리함수.xlsx' 파일을 이용하여 논리 함수의 사용 방법을 알아봅니다.

1 IF(조건,참일 때 수행할 내용,거짓일 때 수행할 내용)

조건을 지정하여 해당 조건에 만족하면 '참(TRUE)'에 해당하는 값을, 그렇지 않으면 '거짓(FALSE)'에 해당 하는 값을 표시하는 함수

연습문제 ▶ 'IF 함수' 시트 탭을 클릭하여 문제를 풀어 보세요.

① [연습 01]에서 접수인원[C4:C7]이 30 이상이면 '인기강좌', 그 외에는 공백을 비고[D4:D7]에 표시하시오.
   ▶ IF 함수 사용

	A	B	C	D	E
1					
2		[연습 01]			
3		강좌명	접수인원	비고	
4		가죽공예	36		
5		추억의 올드팝송	22		
6		닥종이 인형	33		
7		연필인물화	25		
8					

정답 [D4] 셀에 「=IF(C4>=30,"인기강좌"," ")」을 입력하고 [D7] 셀까지 수식 복사

② [연습 02]에서 신고액[B12:B16]이 전년도신고액[C12:C16]보다 크면 '▲', 같으면 '◎', 적으면 '▼'으로 구하시오.
   ▶ IF 함수 사용

	A	B	C	D	E
9					
10		[연습 02]			
11		신고액	전년도신고액	비고	
12		51,038	61,000		
13		75,038	75,038		
14		66,039	62,000		
15		88,020	75,000		
16		36,010	35,000		
17					

정답 [D12] 셀에 「=IF(B12>C12,"▲",IF(B12=C12,"◎","▼"))」을 입력하고 [D16] 셀까지 수식 복사

③ [연습 03]에서 수강료[H4:H7]를 이용하여 재료비[I4:I7]를 구하시오.
   ▶ 재료비=수강료×재료비율
   ▶ 단, 재료비율은 분류가 한식이면 '0.7', 그 외에는 '0.6'으로 계산
   ▶ IF 함수 사용

	E	F	G	H	I	J
1						
2		[연습 03]				
3		분류	요리명	수강료	재료비	
4		양식	까르보나라	25,000		
5		한식	버섯잡채	30,000		
6		양식	피자떡볶이	25,000		
7		베이커리	찹쌀케이크	20,000		
8						

정답 [I4] 셀에 「=IF(F4="한식",H4*0.7,H4*0.6)」을 입력하고 [I7] 셀까지 수식 복사

2 IFS(조건1, 조건1이 참일 때 값, 조건2, 조건2 참일 때 값…)

여러 조건에 대해 다른 결과 값을 쉽게 반환 하도록 도와주는 함수

연습문제 'IFS 함수' 시트 탭을 클릭하여 문제를 풀어보세요.

① [연습 01]에서 외국에서 받아온 점수 Grade[C4:C7]을 "A"이면 "수", "B"이면 "우", "C"이면 "미", "D"이면 "양", "E"이면 "가"에 해당하는 값을 [D4:D7] 셀에 표시하시오.
   ▶ 해당하는 등급이 없으면 "등급없음"을 표시

	A	B	C	D	E
1					
2		[연습 01]			
3		과목	Grade	한글 등급	
4		영어	B		
5		수학	A		
6		과학	D		
7		미술	T		
8					

정답 [D4] 셀에 「=IFS(C4="A","수",C4="B","우",C4="C","미",C4="D","양",C4="E","가",TRUE,"등급없음")」을 입력하고 [D7] 셀까지 수식 복사

② [연습 02]에서 근무자의 시간당 작업량[D12:D15]이 9개 이상이면 10%, 8개 이상이면 7%, 7개 이상이면 6%, 7개 미만이면 0%가 나타나도록 성과금[E12:E15] 셀에 표시하시오.

	A	B	C	D	E
9					
10		[연습 02]			
11		근무자	근무시간	시간당 작업량	성과금
12		김시원	10,057	8.1	
13		서현승	7,511	6.7	
14		김준우	8,420	8.9	
15		이유진	9,540	9.2	
16					

정답 [E12] 셀에 「=IFS(D12>=9,10%,D12>=8,7%,D12>=7,6%,D12<7,0%)」을 입력하고 [E15] 셀까지 수식 복사

3 IFERROR(수식,오류시 출력할 값)

수식에서 오류가 발생할 경우 사용자가 지정한 값을 출력하고, 그렇지 않으면 수식 결과를 출력하는 함수

연습문제 'IFERROR 함수' 시트 탭을 클릭하여 문제를 풀어 보세요.

① 단가[C4:C8]와 출고수량[D4:D8]을 이용하여 판매금액 [E4:E8]를 구하시오.
   ▶ 판매금액=단가*출고수량
   ▶ 단, 오류가 발생하면 '계산오류'라고 표기

	A	B	C	D	E	F
1						
2						
3		대리점	단가	출고수량	판매금액	
4		서울상사	1,675	45		
5		우주상사	1,700	55		
6		서울상사	1,455	없음		
7		미래상사	준비중	0		
8		서울상사	2,350	없음		
9						

정답 [E4] 셀에 「=IFERROR(C4*D4,"계산오류")」를 입력하고 [E8] 셀까지 수식 복사

4 SWITCH(조건식, 결과값1, 반환값1…)

조건식의 결과에 따라 다른 값을 반환하는 논리 함수

연습문제 ▶ 'SWITCH 함수' 시트 탭을 클릭하여 문제를 풀어보세요.

① [F4] 셀에 검색 도서명이 '컴활1급 실기'일 경우 대출여부 결과 값으로 [G4] 셀에 '대출가능'을 표시하고 검 색 도서명에 따라 대출여부가 바뀌 도록 표시하시오.

정답 [G4] 셀에 「=SWITCH(F4,B4,C4,B5,C5,B6,C6,B7,C7)」을 입력

5 NOT(조건)

조건식의 결과값을 반대로 표시하는 함수

예 평균이 80 이상이면 '합격' 그렇지 않으면 '불합격'을 표시 ▶ =IF(NOT(F2>=80),"불합격","합격")

6 AND(조건1,조건2 …)

모든 조건을 만족하면 '참(TRUE)'을 그렇지 않으면 '거짓(FALSE)'을 표시하는 함수

연습문제 ▶ 'AND 함수' 시트 탭을 클릭하여 문제를 풀어 보세요.

① [연습 01]에서 근무년수[C4:C9]가 15년 이상이고 영업실적[D4:D9]이 100000 이상이면 '승진대기', 그렇지 않으면 공백으로 승진여부[E4:E9]에 표시하시오.
   ▶ IF, AND 함수 사용

정답 [E4] 셀에 「=IF(AND(C4>=15,D4>=100000),"승진대기"," ")」을 입력하고 [E9] 셀까지 수식 복사

② [연습 02]에서 전월구매액[C13:C17]과 총구매건수[D13:D17]를 이용하여 추가적립금[E13:E17]을 구하시오.
- ▶ 전월구매액[C13:C17]이 300,000 이상이고 총구매건수[D13:D17]가 15 이상이면 '2,000', 그 외에는 '500'으로 표기
- ▶ IF, AND 함수

	A	B	C	D	E	F
10						
11		[연습 02]				
12		회원번호	전월구매액	총구매건수	추가적립금	
13		SG-01	285,000	13		
14		SG-02	375,000	22		
15		SG-03	317,000	23		
16		SG-04	398,000	12		
17		SG-05	303,000	20		
18						

정답 [E13] 셀에 「=IF(AND(C13>=300000,D13>=15),2000,500)」을 입력하고 [E17] 셀까지 수식 복사

7 OR(조건1,조건2 …)

한 개의 조건이라도 만족하면 '참(TRUE)'을 그렇지 않으면 '거짓(FALSE)'을 표시하는 함수

연습문제 'OR 함수' 시트 탭을 클릭하여 문제를 풀어 보세요.

① [연습 01]에서 렌탈수량[C4:C8]과 렌탈기간[D4:D8]을 이용하여 관리등급[E4:E8]을 구하시오.
- ▶ 렌탈수량[C4:C8]이 10 이상이거나, 렌탈기간[D4:D8]이 5 이상이면 '우수렌탈', 그렇지 않으면 공백으로 표기
- ▶ IF, OR 함수 사용

	A	B	C	D	E	F
1						
2		[연습 01]				
3		종류	렌탈수량	렌탈기간	관리등급	
4		의자	12개	5개월		
5		테이블	5개	4개월		
6		의자	11개	6개월		
7		책상	12개	5개월		
8		책장	4개	2개월		
9						

정답 [E4] 셀에 「=IF(OR(C4>=10,D4>=5),"우수렌탈"," ")」을 입력하고 [E8] 셀까지 수식 복사

② [연습 02]에서 성과[E12:E16]가 10 이상이면서 근무평가[C12:C16]가 100 이상이거나 교육평가[D12:D16]가 200 이상이면 승진여부[F12:F16]에 '승진'을 이 외에는 공백으로 표시하시오.
- ▶ IF, AND, OR 함수 사용

	A	B	C	D	E	F	G
9							
10		[연습 02]					
11		성명	근무평가	교육평가	성과	승진여부	
12		신가람	90	245	18		
13		김가온	110	230	9		
14		김리아	95	185	8		
15		이단비	105	285	11		
16		한가람	95	260	15		
17							

정답 [F12] 셀에 「=IF(AND(E12>=10,OR(C12>=100,D12>=200)),"승진"," ")」을 입력하고 [F16] 셀까지 수식 복사

함수사전 03 문자열 함수

함수 사용 방법 알아보기

'C:₩2024_컴활1급₩함수사전₩작업파일₩문자열함수.xlsx' 파일을 이용하여 문자열 함수의 사용 방법을 알아봅니다.

1 LEFT(문자열,추출할 문자수)

문자열의 왼쪽에서 원하는 수 만큼의 문자를 표시하는 함수

연습문제 ▶ 'LEFT 함수' 시트 탭을 클릭하여 문제를 풀어 보세요.

① [연습 01]에서 배송코드[B4:B7]의 첫 글자를 추출하여 배송지역[C4:C7]에 표시하시오.
  ▶ 표시 예 : A지역
  ▶ LEFT 함수, & 연산자 사용

	A	B	C	D
1				
2		[연습 01]		
3		배송코드	배송지역	
4		AU-0502		
5		CI-0714		
6		DA-0112		
7		BP-0486		
8				

정답 [C4] 셀에 「=LEFT(B4,1)&"지역"」을 입력하고 [C7] 셀까지 수식 복사

② [연습 02]에서 품목코드[B11:B14]의 첫 번째 글자가 1이면 '농산물', 2이면 '전자제품', 그 외에는 '제과제빵'으로 품목[C11:C14]에 표시하시오.
  ▶ IF, LEFT 함수 이용

	A	B	C	D	E
8					
9		[연습 02]			
10		품목코드	품목		
11		2S-452			
12		1N-231			
13		1Y-021			
14		3H-498			
15					

정답 [C11] 셀에 「=IF(LEFT(B11,1)="1","농산물",IF(LEFT(B11,1)="2","전자제품","제과제빵"))」을 입력하고 [C14] 셀까지 수식 복사

2 RIGHT(문자열,추출할 문자수)

문자열의 오른쪽에서 원하는 수 만큼의 문자를 표시하는 함수

연습문제 ▶ 'RIGHT 함수' 시트 탭을 클릭하여 문제를 풀어 보세요.

① [연습 01]에서 선수코드[D4:D8]의 마지막 문자가 'P' 이거나 'C'이면 '내야수', 그렇지 않으면 '외야수'로 포지션[E4:E8]에 표시하시오.

▶ IF, RIGHT, OR 함수 사용

	A	B	C	D	E
2		[연습 01]			
3		팀명	선수명	선수코드	포지션
4		삼성	장대포	48602P	
5		LG	조진수	29806C	
6		기아	정수비	39607Y	
7		현대	박만호	28506P	
8		두산	정조준	18509Y	

정답 [E4] 셀에 「=IF(OR(RIGHT(D4,1)="P",RIGHT(D4,1)="C"),"내야수","외야수")」를 입력하고 [E8] 셀까지 수식 복사

② [연습 02]에서 분과[B12:B16]를 이용하여 오른쪽 첫 번째 글자가 1이면 '■', 2이면 '■■', 그 외에는 공백으로 구분[F12:F16]을 표시하시오.

▶ IF, RIGHT 함수 사용

	A	B	C	D	E	F
10		[연습 02]				
11		분과	부문	중고생	대학생	구분
12		평면1	수채화	26명	243명	
13		평면1	한국화	4명	151명	
14		평면2	소묘	45명	387명	
15		평면2	디자인	12명	502명	
16		서예	한자	2명	393명	

정답 [F12] 셀에 「=IF(RIGHT(B12,1)="1","■",IF(RIGHT(B12,1)="2","■■"," "))」을 입력하고 [F16] 셀까지 수식 복사

3 MID(문자열,시작 위치,추출할 문자수)

문자열의 지정된 위치부터 지정된 수만큼 문자를 표시하는 함수

연습문제 ▶ 'MID 함수' 시트 탭을 클릭하여 문제를 풀어 보세요.

① [연습 01]에서 관리코드[D4:D7]를 이용하여 포지션[F4:F7]을 구하시오.

▶ 관리코드의 4번째 문자가 1이면 '센터', 2이면 '포드', 3이면 '가드'로 표시

▶ IF, MID 함수 사용

	A	B	C	D	E	F
2		[연습 01]				
3		팀명	선수명	관리코드	경력	포지션
4		전주KCC	김사랑	K99111	3년	
5		창원LG	박지영	T02322	2년	
6		서울삼성	이영주	S97101	5년	
7		고양오리온	이길호	L94303	5년	

정답 [F4] 셀에 「=IF(MID(D4,4,1)="1","센터",IF(MID(D4,4,1)="2","포드","가드"))」를 입력하고 [F7] 셀까지 수식 복사

② [연습 02]에서 상품코드[B11:B15]를 이용하여 판매종료일[E11:E15]을 구하시오.
- ▶ 상품코드의 5번째부터 2글자에 2001을 더하여 연, 7번째부터 2글자를 월, 9번째부터 2글자를 일로 표시
- ▶ 표시 예 : B03-200621 → 2021-06-21
- ▶ DATE, MID 함수 사용

	A	B	C	D	E
8					
9		[연습 02]			
10		상품코드	판매상품	판매기간	판매종료일
11		B03-200621	참외	1일	
12		S05-200607	펜션 2박	2일	
13		S03-200628	거품 입욕	1일	
14		S06-200614	미스트	3일	
15		S04-190605	수제 햄버거	1일	
16					

정답 [E11] 셀에 「=DATE(MID(B11,5,2)+2001,MID(B11,7,2),MID(B11,9,2))」을 입력하고 [E15] 셀까지 수식 복사

4 LOWER(문자열)

문자열의 모든 영문을 소문자로 변환하는 함수

연습문제 ▶ 'LOWER 함수' 시트 탭을 클릭하여 문제를 풀어 보세요.

① [연습 01]에서 국가[B4:B11]와 수도[C4:C11]를 연결하여 지역[E4:E11]을 표시하시오.
- ▶ 수도명은 국가 뒤 괄호( ) 안에 넣어서 모두 소문자로 표시
- ▶ 표시 예 : Portugal Lisbon → Portugal(lisbon)
- ▶ LOWER 함수와 & 연산자 사용

	A	B	C	D	E
1					
2		[연습 01]			
3		국가	수도	강수량(mm)	지역
4		England	London	695	
5		France	Paris	614	
6		Germany	Berlin	589	
7		Netherland	Amsterdam	765	
8		Portugal	Lisbon	792	
9		Spain	Madrid	438	
10		Sweden	Stockholm	500	
11		Switzerland	Bern	1000	
12					

정답 [E4] 셀에 「=B4&"("&LOWER(C4)&")"」을 입력하고 [E11] 셀까지 수식 복사

5 UPPER(문자열)

문자열의 모든 영문을 대문자로 변환하는 함수

연습문제 ▶ 'UPPER 함수' 시트 탭을 클릭하여 문제를 풀어 보세요.

① [연습 01]에서 코드[B4:B11], 생산일자[C4:C11], 인식표[D4:D11]를 이용하여 제품코드[E4:E11]를 구하시오.
- ▶ 제품코드는 코드 뒤에 '-', 생산일자 중 월 뒤에 '-', 인식표를 연결한 후 대문자로 표시
- ▶ 표시 예 : 코드가 jh, 생산일자 2020-10-02, 인식표 k이면 → JH-10-K

▶ UPPER, MONTH 함수와 & 연산자 사용

	A	B	C	D	E
1					
2		[연습 01]			
3		코드	생산일자	인식표	제품코드
4		ag	2024-11-11	w	
5		rf	2024-08-30	e	
6		dj	2024-12-30	f	
7		ik	2024-10-15	d	
8		wd	2024-11-22	e	
9		od	2024-12-10	w	
10		uf	2024-09-03	h	
11		dh	2024-12-29	d	

정답 [E4] 셀에 「=UPPER(B4)&"-"&MONTH(C4)&"-"&UPPER(D4)」를 입력하고 [E11] 셀까지 수식 복사

6 PROPER(문자열)

영단어의 첫 번째 영문자를 대문자로, 나머지는 소문자로 변환하는 함수

연습문제 ▶ 'PROPER 함수' 시트 탭을 클릭하여 문제를 풀어 보세요.

① [연습 01]에서 팀명[C4:C9]과 국가[D4:D9]를 이용하여 팀명(국가)[E4:E9]를 표시하시오.
  ▶ 팀명에 대해 전체 문자를 대문자로 변환하고, 국가에 대해 첫 문자를 대문자로 변환하여 표시
  ▶ 표시 예 : 팀명이 'star', 국가가 'korea' 인 경우 'STAR(Korea)'로 표시
  ▶ UPPER, PROPER 함수와 & 연산자 사용

	A	B	C	D	E
1					
2		[연습 01]			
3		순위	팀명	국가	팀명(국가)
4		1	susung	korea	
5		2	baroserona	spain	
6		3	chelsy	england	
7		4	roma	italy	
8		5	hoven	netherlands	
9		6	isac	france	

정답 [E4] 셀에 「=UPPER(C4)&"("&PROPER(D4)&")"」를 입력하고 [E9] 셀까지 수식 복사

7 TRIM(문자열)

문자열의 앞과 뒤의 공백을 제거하고, 문자열 사이의 공백이 많을 경우 공백을 한 칸만 표시하는 함수

연습문제 ▶ 'TRIM 함수' 시트 탭을 클릭하여 문제를 풀어 보세요.

① [연습 01]에서 도서코드[B4:B10]의 앞뒤에 있는 공백을 제거한 후, 앞에서 3문자만 추출하여 전체 문자를 대문자로 변환하고, 변환된 문자열 뒤에 '-KR'을 추가하여 변환도서코드[E4:E10]에 표시하시오.
  ▶ 표시 예 : mng-002 → MNG-KR
  ▶ TRIM, LEFT, UPPER 함수와 & 연산자 사용

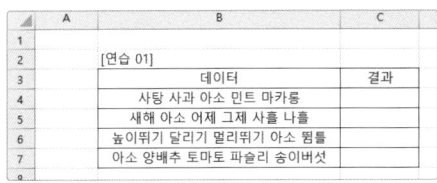

> **정답** [E4] 셀에 「=LEFT(UPPER(TRIM(B4)),3)&"-KR"」을 입력하고 [E10] 셀까지 수식 복사

8 FIND(검색할 문자열,대상 문자열,검색을 시작할 위치)

- 특정 문자열을 대상 문자열에서 검색하여 문자의 시작 위치를 표시하는 함수
  (대소문자 구분 O, 와일드 카드 사용 X)
- FIND 함수는 글자(공백 포함) 순서대로 위치를 표시

연습문제 'FIND 함수' 시트 탭을 클릭하여 문제를 풀어 보세요.

① [연습 01]의 데이터[B4:B7] 내용 중에서 '아소'를 찾아 시작되는 위치를 결과[C4:C7]에 표시하시오.

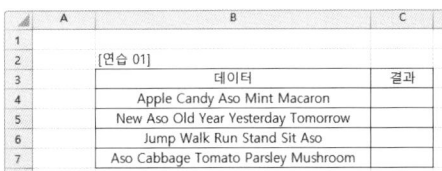

> **정답** [C4] 셀에 「=FIND("아소",B4)」를 입력하고 [C7] 셀까지 수식 복사

9 SEARCH(검색할 문자열,대상 문자열,검색을 시작할 위치)

- 특정 문자열을 대상 문자열에서 검색하여 문자의 시작 위치를 표시하는 함수
  (대소문자 구분 X, 와일드카드 사용 O)
- SEARCH 함수는 글자(공백 포함) 순서대로 위치를 표시

연습문제 'SEARCH 함수' 시트 탭을 클릭하여 문제를 풀어 보세요.

① [연습 01]의 데이터[B4:B7] 내용 중에서 'aso'를 찾아 시작되는 위치를 결과[C4:C7]에 표시하시오.

	A	B	C
1			
2		[연습 01]	
3		데이터	결과
4		Apple Candy Aso Mint Macaron	
5		New Aso Old Year Yesterday Tomorrow	
6		Jump Walk Run Stand Sit Aso	
7		Aso Cabbage Tomato Parsley Mushroom	

※ FIND 함수와 차이점은 '대소문자의 구분'이 없고, '와일드 카드(*,?)'를 사용할 수 있음

정답 [C4] 셀에 「=SEARCH("aso", B4)」을 입력하고 [C7] 셀까지 수식 복사

② [연습 02]에서 상품명[E4:E8]에서 '/' 뒤의 문자열만 추출하여 저장용량[F4:F8]에 표시하시오.
▶ 표시 예 : SM-M205N/32GB → 32GB
▶ RIGHT, LEN, SEARCH 함수 사용

	D	E	F
1			
2		[연습 02]	
3		상품명	저장용량
4		SM-M205N/32GB	
5		A1863/256GB	
6		SM-N960/24GB	
7		SM-G97/128GB	
8		LM-V409N/16GB	

정답 [F4] 셀에 「=RIGHT(E4,LEN(E4)-SEARCH("/",E4))」을 입력하고 [F8] 셀까지 수식 복사

⑩ REPLACE(문자열,시작 위치,변환 글자 수,새로 변환할 글자)

문자열에서 (시작 위치, 변환 글자수) 다른 문자로 변환하여 표시하는 함수

연습문제 'REPLACE 함수' 시트 탭을 클릭하여 문제를 풀어 보세요.

① [연습 01]에서 성명[G4:G10]을 활용하여 합격자성명[B4:B10]에 가운데 글자가 '*'로 보이도록 표시하시오.
▶ 표시 예 : 이진우 → 이*우, 선우용녀 → 선**녀
▶ IF, LEN, REPLACE 함수 사용

	A	B	C	D	E	F	G	H
1								
2		[연습 01]						
3		합격자성명	생년월일	지원분야	면접일자		성명	생년월일
4		이*우	1997.02.15	영업부	2020.12.01		이진우	1997.02.15
5		남*주	2003.01.20	총무부	2020.12.01		남은주	2003.01.20
6		선**녀	1999.10.03	인사부	2020.12.03		선우용녀	1999.10.03
7		김*진	1998.05.07	개발부	2020.12.03		김향진	1998.05.07
8		독**재	1998.12.10	개발부	2020.12.02		독고영재	1998.12.10
9		안*미	1996.01.13	인사부	2020.12.01		안영미	1996.01.13
10		고*미	1997.09.30	영업부	2020.12.02		고영미	1997.09.30

정답 [B4] 셀에 「=IF(LEN(G4)>3,REPLACE(G4,2,2,"**"),REPLACE(G4,2,1,"*"))」을 입력하고 [B10] 셀까지 수식 복사

⑪ SUBSTITUTE(문자열,대상 문자,변환할 문자,변환할 문자 위치 순서)

문자열에서 지정된 문자를 다른 문자로 변환하여 표시하는 함수

연습문제 'SUBSTITUTE 함수' 시트 탭을 클릭하여 문제를 풀어 보세요.

① [연습 01]의 메일주소[C4:C8]에서 도메인 'asos'를 'aso'로 변환하여 도메인 변경[D4:D8]에 표시하시오.

A	B	C	D
	[연습 01]		
	이름	메일주소	도메인 변경
	이영석	aso_101@asos.co.kr	
	나사위	aso_302@asos.co.kr	
	이서진	aso_103@asos.co.kr	
	진아영	aso_304@asos.co.kr	
	윤준희	aso_105@asos.co.kr	

정답 [D4] 셀에 「=SUBSTITUTE(C4,"asos","aso")」를 입력하고 [D8] 셀까지 수식 복사

12 LEN(문자열)

문자열의 글자 수를 표시하는 함수

연습문제 ▶ 'LEN 함수' 시트 탭을 클릭하여 문제를 풀어 보세요.

① [연습 01]에서 비밀번호[C4:C8]의 문자열 길이를 비밀번호 글자 수[D4:D8]에 표시하시오.

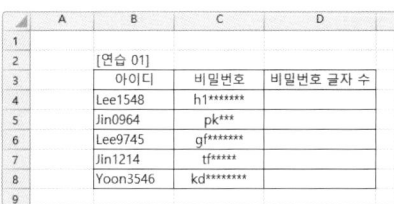

A	B	C	D
	[연습 01]		
	아이디	비밀번호	비밀번호 글자 수
	Lee1548	h1*******	
	Jin0964	pk***	
	Lee9745	gf*******	
	Jin1214	tf*****	
	Yoon3546	kd********	

정답 [D4] 셀에 「=LEN(C4)」를 입력하고 [D8] 셀까지 수식 복사

13 TEXT(값, "지정할 표시형식")

숫자에 표시형식을 지정하여 문자로 변환하는 함수

연습문제 ▶ 'TEXT 함수' 시트 탭을 클릭하여 문제를 풀어 보세요.

① [연습]01에서 한글, 엑셀, 파포 점수의 평균값을 평균[F4:F8]에 표시하시오.
- ▶ 표시 예 : 79.66667 → 79.7점
- ▶ TEXT, AVERAGE 함수 사용

A	B	C	D	E	F
	[연습 01]				
	이름	한글	엑셀	파포	평균
	김대한	82	74	83	
	이민국	71	74	69	
	홍길동	82	91	99	
	유재석	91	94	99	
	김호동	62	43	59	

정답 [F4] 셀에 「=TEXT(AVERAGE(C4:E4),"0.0점")」을 입력하고 [F8] 셀까지 수식 복사

14 FIXED(값,반올림할 소수점 이하 자릿수,쉼표 표시 여부)

값을 지정된 자릿수에서 반올림하고, 마침표와 쉼표를 이용해 표시하는 함수

연습문제 ▶ 'FIXED 함수' 시트 탭을 클릭하여 문제를 풀어 보세요.

① [연습 01]에서 1달러 환율[C4:C8]을 소수점 아래 한 자리에서 반올림하고 쉼표를 이용하여 결과[D4:D8]에 표시하시오.

▶ 표시 예 : 1187.31 → 1,187.3

	A	B	C	D
1				
2		[연습 01]		
3		국가	1달러 환율	결과
4		대한민국(원)	1187.31	
5		베트남(동)	23210.61	
6		일본(엔)	106.31	
7		러시아(루블)	75.58	
8		스위스(프랑)	0.91	
9				

TIP

쉼표 표시 여부
- TRUE : 결과값에 쉼표(,)가 표시되지 않음
- FALSE : 결과값에 쉼표(,)가 표시됨

정답 [D4] 셀에 「=FIXED(C4,1,FALSE)」를 입력하고 [D8] 셀까지 수식 복사

15 CONCAT(셀 범위 또는 문자열1,문자열2,…)

여러개의 텍스트 또는 여러개의 셀 범위의 텍스트를 하나의 문자열로 결합하는 함수

연습문제 ▶ 'CONCAT 함수' 시트 탭을 클릭하여 문제를 풀어보세요

① [연습 01]에서 시[B4:B7], "시 ", 구[C4:C7], "구 ", 도로명[D4:D7]을 이용하여 주소[E4:E7]에 표시하시오.

	A	B	C	D	E	F
1						
2		[연습 01]				
3		시	구	도로명	주소	
4		서울	종로	세종로 1-58		
5		인천	남동	구월로 126-1		
6		부산	부산	새싹로92번길 60		
7		고양	덕양	통일로 789		
8						

정답 [E4] 셀에 「=CONCAT(B4,"시 ",C4,"구 ",D4)」을 입력하고 [E7] 셀까지 수식 복사

② [연습 02]에서 시, 구, 도로명 [B13:D16]을 이용하여 주소[E13:E16]에 표시하시오.

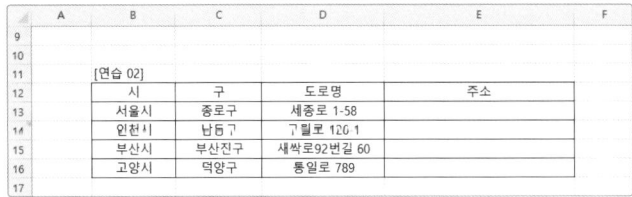

정답 [E13] 셀에 「=CONCAT(B13:D13)」을 입력하고 [E16] 셀까지 수식 복사

16 VALUE(문자열)

문자열로 입력된 수를 숫자로 변환하는 함수

연습문제 ▶ 'VALUE 함수' 시트 탭을 클릭하여 문제를 풀어 보세요.

① [연습 01]에서 자료[B4:B7]의 데이터를 이용하여 결과[C4:C7]에 숫자로 표시하시오.

	A	B	C
1			
2		[연습 01]	
3		자료	결과
4		50%	
5		2020-10-10	
6		1500	
7		액세스	

정답 [C4] 셀에 「=VALUE(B4)」를 입력하고 [C7] 셀까지 수식 복사

17 EXACT(문자열1,문자열2)

두 문자열을 비교하여 같으면 TRUE를, 다르면 FALSE를 표시하는 함수(단, 영문 대소문자는 구분하며 글자 서식은 구분하지 않음)

연습문제 ▶ 'EXACT' 시트 탭을 클릭하여 문제를 풀어 보세요.

① [연습 01]에서 조건1[B4:B8]과 조건2[C4:C8]의 값이 정확한지 비교하여 결과[D4:D8]에 표시하시오.

	A	B	C	D
1				
2		[연습 01]		
3		조건1	조건2	결과
4		가위	거위	
5		첫 번째	첫 번째	
6		143542	*143542*	
7		Lee	lee	
8		엑셀	엑셀	

정답 [D4] 셀에 「=EXACT(B4,C4)」를 입력하고 [D8] 셀까지 수식 복사

18 REPT(문자열,반복할 횟수)

문자열을 지정된 횟수만큼 반복하는 함수

연습문제 ▶ 'REPT 함수' 시트 탭을 클릭하여 문제를 풀어 보세요.

① [연습 01]에서 데이터[B4:B7]를 30으로 나눈 몫만큼 결과[C4:C7]에 '★'을 표시하시오.

	A	B	C
1			
2		[연습 01]	
3		데이터	결과
4		90점	
5		60점	
6		30점	
7		0점	

정답 [C4] 셀에 「=REPT("★",B4/30)」을 입력하고 [C7] 셀까지 수식 복사

통계 함수

함수 사용 방법 알아보기

'C:₩2024_컴활1급₩함수사전₩작업파일₩통계함수.xlsx' 파일을 이용하여 통계 함수의 사용 방법을 알아봅니다.

1 AVERAGE(인수1,인수2,…)

지정한 범위의 평균을 구하는 함수

연습문제 ▶ 'AVERAGE 함수' 시트 탭을 클릭하여 문제를 풀어 보세요.

① [연습 01]에서 컴퓨터일반[C4:C9]과 워드[D4:D9]를 이용하여 합격여부[E4:E9]를 표시하시오.
  ▶ 합격여부는 평균 점수가 60 이상이며, 한 과목이라도 40 미만이 없는 경우 '합격', 그렇지 않으면 '불합격' 으로 표시
  ▶ AND, AVERAGE, IF 함수 사용

	A	B	C	D	E
1					
2		[연습 01]			
3		사원명	컴퓨터일반	워드	합격여부
4		이지연	65	75	
5		한가람	77	25	
6		오두영	85	62	
7		안치연	90	88	
8		명기영	45	55	
9		나미인	50	78	
10					

정답 [E4] 셀에 「=IF(AND(AVERAGE(C4:D4)>=60,C4>=40,D4>=40),"합격","불합격")」을 입력하고 [E9] 셀까지 수식 복사

2 AVERAGEA(인수1,인수2,…)

지정한 범위의 평균을 구하는 함수(논리값, 문자열, 참조, 배열 등 전부 포함하여 계산)

연습문제 ▶ 'AVERAGEA 함수' 시트 탭을 클릭하여 문제를 풀어 보세요.

① [연습 01]에서 각 학생들의 중간[C4:C6], 수행[D4:D6], 기말[E4:E6] 점수에 대한 평균을 구하여 평균[F4:F6]에 표시하시오.

	A	B	C	D	E	F
1						
2		[연습 01]				
3		성명	중간	수행	기말	평균
4		김정훈	70	60	80	
5		오석현	90	미제출	70	
6		이영선	TRUE	100	80	
7						

※ 인수에서 문자열과 FALSE는 '0'으로 취급하며, TRUE는 '1'로 취급함

정답 [F4] 셀에 「=AVERAGEA(C4:E4)」을 입력하고 [F6] 셀까지 수식 복사

3 AVERAGEIF(조건 범위,조건,평균을 구할 범위)

범위에서 조건을 만족하는 값들의 평균을 구하는 함수

연습문제 ▶ 'AVERAGEIF 함수' 시트 탭을 클릭하여 문제를 풀어 보세요.

① [연습 01]에서 직위[D4:D12]와 인사고과[E4:E12]를 이용하여 직위별 인사고과평균[H4:H7]을 계산하시오.
   ▶ 직위[D4:D12]를 이용하여 각 직위별 인사고과평균을 구하고, 산출된 값 앞에 해당 직위를 추가하여 표시
   ▶ 표시 예 : 부장 직위의 인사고과평균이 87인 경우 → 부장-87
   ▶ AVERAGEIF 함수와 & 연산자 사용

	A	B	C	D	E	F	G	H
1								
2		[연습 01]						
3		성명	부서명	직위	인사고과		직위	인사고과평균
4		박경아	총무부	과장	80		부장	
5		최지선	총무부	대리	85		과장	
6		김봉주	영업부	사원	88		대리	
7		박형준	기술지원부	사원	84		사원	
8		김하영	영업부	대리	75			
9		이영석	비서실	부장	85			
10		허성근	인사부	부장	95			
11		황선미	감사실	과장	86			
12		정유경	비서실	사원	68			
13								

정답 [H4] 셀에 「=G4&"-"&AVERAGEIF($D$4:$D$12,G4,$E$4:$E$12)」을 입력하고 [H7] 셀까지 수식 복사

4 AVERAGEIFS(평균을 구할 범위,조건범위1,조건1,조건범위2,조건2)

평균을 구할 범위의 셀들 중에서 1개 이상의 조건을 지정하여 해당 조건을 만족하는 셀들과 같은 행에 있는 값들의 평균을 구하는 함수

연습문제 ▶ 'AVERAGEIFS 함수' 시트 탭을 클릭하여 문제를 풀어 보세요.

① [연습 01]에서 키(Cm)[D4:D12]가 180 이상인 20대의 몸무게(Kg) 평균을 [B14] 셀에 구하시오.
   ▶ 몸무게 평균 뒤에 'Kg'을 포함하여 표시
   ▶ 표시 예 : 10Kg
   ▶ AVERAGEIFS 함수와 & 연산자 사용

	A	B	C	D	E
1					
2		[연습 01]			
3		이름	구분	키(Cm)	몸무게(Kg)
4		김성남	20대	190	91
5		황윤기	30대	175	82
6		남성호	20대	176	65
7		이미남	20대	187	80
8		강동일	30대	173	70
9		최철호	20대	183	78
10		박연기	30대	168	68
11		유성철	20대	178	85
12		이남자	20대	181	72
13		키가 180 이상인 20대의 몸무게 평균			
14					
15					

정답 [B14] 셀에 「=AVERAGEIFS(E4:E12,C4:C12,"20대",D4:D12,">=180")&"Kg"」을 입력

5 COUNT(인수1,인수2…)

지정한 범위에서 숫자가 입력된 셀의 개수를 표시해주는 함수

연습문제 ▶ 'COUNT 함수' 시트 탭을 클릭하여 문제를 풀어 보세요.

① [연습 01]에서 전기요금을 납부한 납부 인원[G7]을 구하시오.

	A	B	C	D	E	F	G
1							
2		[연습 01]					
3		이름	이영석	나사위	이서진	진아영	윤준희
4		전기요금	89,000	78,000	미납	미납	85,000
5		이름	이미란	김가영	한소라	이예지	한 준
6		전기요금	미납	98,000	65,000	미납	85,000
7				납부 인원			
8							

정답 [G7] 셀에 「=COUNT(C4:G4,C6:G6)」을 입력

6 COUNTA(인수1,인수2…)

지정한 범위에서 비어있지 않은 셀의 개수(문자, 숫자, 날짜 등)를 표시하는 함수

연습문제 ▶ 'COUNTA 함수' 시트 탭을 클릭하여 문제를 풀어 보세요.

① [연습 01]에서 7월 1일[C5:C14]부터 7월 4일[F5:F14]까지의 기간을 이용하여 전략 세미나 기간 동안의 총 결석 횟수[F15]를 구하시오.

	A	B	C	D	E	F
1						
2		[연습 01]				
3						(결석 표시 : ◇)
4		성명	7월 1일	7월 2일	7월 3일	7월 4일
5		이도령	◇	◇		
6		성산문				
7		강감찬	◇		◇	
8		을지문덕		◇	◇	
9		이순신	◇			◇
10		연개소문				◇
11		계백			◇	
12		박혁거세				
13		정유비	◇		◇	
14		황관우	◇			◇
15		전략 세미나 기간 동안의 총 결석 횟수				
16						

정답 [F15] 셀에 「=COUNTA(C5:F14)」를 입력

7 COUNTBLANK(범위)

지정한 범위에서 비어있는 셀의 개수를 표시하는 함수

연습문제 ▶ 'COUNTBLANK 함수' 시트 탭을 클릭하여 문제를 풀어 보세요.

① [연습 01]의 수금실적[D4:D11]에서 수금실적이 없는 셀의 개수를 산출하여 미수건수[D12]에 표시하시오.

▶ 표시 예 : 5건

▶ COUNTBLANK 함수와 & 연산자 이용

	A	B	C	D
1				
2		[연습 01]		
3		청구서번호	청구일	수금실적
4		A5024	2024-06-07	193,908
5		A7008	2024-06-07	
6		B8036	2024-06-07	
7		A4040	2024-06-07	1,965,645
8		A5024	2024-06-07	6,000,000
9		B3025	2024-06-07	2,697,000
10		B7145	2024-06-07	
11		A3096	2024-06-11	5,000,000
12		미수건수		

정답 [D12] 셀에 「=COUNTBLANK(D4:D11)&"건"」을 입력

8 COUNTIF(값을 찾을 범위,조건)

범위에서 지정한 조건을 만족하는 셀의 개수를 표시하는 함수(조건을 하나만 지정할 수 있으며, 조건은 문자열로 입력)

연습문제 ▶ 'COUNTIF 함수' 시트 탭을 클릭하여 문제를 풀어 보세요.

① [연습]01에서 성별[D4:D14]이 '여'인 사람의 인원수를 계산하여 인원수(여)[D17]에 표시하시오.

▶ 산출된 인원수 뒤에 "명"을 추가하여 표시 [표시 예 : 3명]

▶ COUNTIF 함수와 & 연산자 사용

	A	B	C	D
1				
2		[연습 01]		
3		이름	나이	성별
4		장두리	28	여
5		이미나	32	여
6		윤정환	40	남
7		최영미	19	여
8		정지은	20	여
9		황두태	25	남
10		김영환	26	남
11		안남식	20	남
12		이나영	28	여
13		유은주	29	여
14		성삼민	24	남
15				
16				인원수(여)
17				

정답 [D17] 셀에 「=COUNTIF(D4:D14,"여")&"명"」을 입력

9 COUNTIFS(값을 찾을 범위1,조건1,값을 찾을 범위2,조건2,⋯)

범위에서 1개 이상의 조건을 지정하여 조건에 만족하는 셀의 개수를 표시하는 함수

연습문제 ▶ 'COUNTIFS 함수' 시트 탭을 클릭하여 문제를 풀어 보세요.

① [연습 01]에서 상여금[F4:F11]이 1,200,000 보다 크면서 기본급[E4:E11]이 기본급의 평균 이상인 인원수를 [F13] 셀에 표시하시오.

▶ 계산된 인원수 뒤에 '명'을 추가하여 표시 [표시 예 : 2명]

▶ AVERAGE, COUNTIFS 함수와 & 연산자 사용

	A	B	C	D	E	F
1						
2		[연습 01]				
3		이름	부서	직위	기본급	상여금
4		나대로	영업부	부장	3,560,000	2,512,000
5		이민호	생산부	과장	3,256,000	1,826,000
6		김기만	총무부	사원	2,560,000	1,282,000
7		황정숙	생산부	대리	3,075,000	1,568,000
8		남영길	생산부	주임	2,856,000	1,240,000
9		김병기	영업부	사원	2,473,000	1,195,000
10		최득호	총무부	사원	2,372,000	1,153,000
11		남민호	영업부	주임	2,903,000	1,200,000
12						
13		상여금이 1,200,000원 보다 크면서,				
14		평균 기본급 이상인 인원수				
15						

정답 [F13] 셀에 「=COUNTIFS(F4:F11,">1200000",E4:E11,">="&AVERAGE(E4:E11))&"명"」을 입력

⑩ FREQUENCY(값이 나타나는 빈도를 계산할 범위,값을 분류할 값 or 배열)

범위에서 해당 값이 나타나는 빈도를 계산하여 세로 배열로 표시하는 함수

연습문제 ▶ 'FREQUENCY 함수' 시트 탭을 클릭하여 문제를 풀어 보세요.

① [연습 01]을 참조하여 업무달성도 빈도수[H4:H8] 영역에 표시하시오.

▶ 빈도수를 표시하되, 뒤에 "명"을 표시

▶ FREQUENCY와 TEXT 함수를 사용한 배열 수식

	A	B	C	D	E	F	G	H
1								
2		[연습 01]						
3		번호	이름	부서명	업무달성도		업무달성도	빈도수
4		1	고성현	관리부	68%		60%	
5		2	한미우	해외사업부	69%		70%	
6		3	안성윤	기획부	77%		80%	
7		4	백준걸	기술부	68%		90%	
8		5	문동준	인사부	95%		100%	
9		6	김환식	해외사업부	79%			
10		7	황선철	기획부	80%			
11		8	김한웅	총무부	92%			
12		9	권민석	해외사업부	76%			
13		10	유농수	기획부	87%			
14		11	고진호	기획부	91%			
15								

TIP

빈도수
- 60% : 60% 이하의 빈도수
- 70% : 61%~70% 빈도수
- 80% : 71%~80% 빈도수
- 90% : 81%~90% 빈도수
- 100% : 91%~100% 빈도수

정답 [H4:H8] 영역을 범위로 먼저 지정하고 「=TEXT(FREQUENCY(E4:E14,G4:G8),"0명")」을 입력한 후 **Ctrl**+**Shift**+**Enter** 키를 누름

※ 배열 수식을 입력할 때는 수식을 입력한 후 **Ctrl**+**Shift**+**Enter** 키를 눌러야 함(함수식 양 끝에 중괄호가{=TEXT(FREQUENCY(E4:E14, G4:G8),"0명")} 삽입됨)

11 GEOMEAN(인수1,인수2…)

지정한 범위에서 양수 값들의 기하 평균을 구하는 함수

연습문제 ▶ 'GEOMEAN 함수' 시트 탭을 클릭하여 문제를 풀어 보세요.

① [연습 01]에서 데이터[B4:B8]의 기하 평균을 계산하여 결과[C10]에 표시하시오.

	A	B	C
1			
2		[연습 01]	
3		데이터	
4		4	
5		3	
6		2	
7		4	
8		2	
9			
10		결과	
11			

정답 [C10] 셀에 「=GEOMEAN(B4:B8)」을 입력

12 HARMEAN(수1,수2…)

지정한 범위에서 값들의 조화 평균을 구하는 함수

연습문제 ▶ 'HARMEAN 함수' 시트 탭을 클릭하여 문제를 풀어 보세요.

① [연습 01]에서 데이터[B4:B8]의 조화 평균을 계산하여 결과[C10]에 표시하시오.

	A	B	C
1			
2		[연습 01]	
3		데이터	
4		4	
5		3	
6		2	
7		4	
8		2	
9			
10		결과	
11			

정답 [C10] 셀에 「=HARMEAN(B4:B8)」을 입력

13 LARGE(큰값의 순위를 찾을 범위,찾을 순위)

범위에서 지정한 번째로 큰 값을 표시하는 함수

연습문제 ▶ 'LARGE 함수' 시트 탭을 클릭하여 문제를 풀어 보세요.

① [연습 01]에서 총점[E4:E11]이 첫 번째로 높은 사람은 '최우수', 두 번째로 높은 사람은 '우수', 그렇지 않은 사람은 공백을 순위[F4:F11]에 표시하시오.
▶ IF, LARGE 함수 사용

	A	B	C	D	E	F
1						
2		[연습 01]				
3		이름	국사	상식	총점	순위
4		진위철	82	94	176	
5		박성봉	63	83	146	
6		최기국	76	86	162	
7		황천길	62	88	150	
8		신문고	92	96	188	
9		최경수	85	80	165	
10		방정환	62	77	139	
11		김숙희	73	68	141	

정답 [F4] 셀에 「=IF(LARGE($E$4:$E$11,1)=E4,"최우수",IF(LARGE($E$4:$E$11,2)=E4,"우수"," "))」을 입력하고 [F11] 셀까지 수식 복사

14 SMALL(작은값의 순위를 찾을 범위,찾을 순위)

범위에서 지정한 번째로 작은 값을 표시하는 함수

연습문제 ▶ 'SMALL 함수' 시트 탭을 클릭하여 문제를 풀어 보세요.

① [연습 01]에서 평균[G4:G9]을 이용하여 상위 2등과 하위 2등의 점수 차를 산출하여 [E10] 셀에 표시하시오.
▶ LARGE, SMALL 함수 사용

	A	B	C	D	E	F	G
1							
2		[연습 01]					
3		성명	과제	중간	기말	출석	평균
4		나영인	10	80	150	10	92.59
5		김민탁	5	40	120	10	64.81
6		연제식	10	50	180	5	90.74
7		강철민	10	70	130	5	79.63
8		소인영	10	90	125	10	87.04
9		임인애	5	80	120	10	79.63
10		상위 2등과 하위 2등과의 점수차					

정답 [E10] 셀에 「=LARGE(G4:G9,2)-SMALL(G4:G9,2)」을 입력

15 MAX(큰 값을 찾을 범위)

지정한 범위에서 가장 큰 값을 표시하는 함수

연습문제 ▶ 'MAX 함수' 시트 탭을 클릭하여 문제를 풀어 보세요.

① [연습 01]에서 1일 렌탈 요금[D4:D11]을 이용하여 가장 비싼 1일 렌탈 요금[D12]을 구하시오.

	A	B	C	D
1				
2		[연습 01]		
3		관리코드	모델	1일 렌탈 요금
4		L3-01	제니시스	265,000
5		G1-01	스파크	68,000
6		L3-02	BMW520	330,000
7		L3-03	K9	280,000
8		G2-02	쏘렌토	140,500
9		G3-03	아우디A5	360,000
10		L1-04	레이	70,500
11		L2-05	싼타페	152,000
12		가장 비싼 1일 렌탈 요금		

정답 [D12] 셀에 「=MAX(D4:D11)」을 입력

16 MAXA(인수1,인수2,…)

지정한 값들 중에서 가장 큰 값을 표시하는 함수(논리값, 텍스트로 나타낸 숫자 포함)

연습문제 'MAXA 함수' 시트 탭을 클릭하여 문제를 풀어 보세요.

① [연습 01]의 월상환액[F4:F17]에서 가장 큰 값을 [F18] 셀에 구하시오.

※ 논리값 TRUE는 '1'로 계산됨

	A	B	C	D	E	F
1						
2		[연습 01]				
3		대출코드	직업	대출금액	대출기간	월상환액
4		E04-18	회사원(강북)	₩ 15,000,000	3	₩ 446,204
5		P03-50	프리랜서(강북)	₩ 20,000,000	5	₩ 366,528
6		K02-69	공무원(강서)	-	-	대출없음
7		E03-18	회사원(강북)	₩ 5,000,000	3	₩ 148,735
8		S01-17	의사(강서)	₩ 7,000,000	2	₩ 308,041
9		C04-28	자영업(강남)	₩ 10,000,000	2	₩ 443,206
10		K02-57	공무원(강서)	₩ 10,000,000	3	₩ 296,130
11		E02-38	회사원(강북)	-	-	대출없음
12		S01-38	의사(강북)	-	-	대출없음
13		K02-01	공무원(강서)	-	-	대출없음
14		S01-64	의사(강남)	₩ 22,000,000	5	₩ 403,181
15		E04-15	회사원(강동)	₩ 2,000,000	4	₩ 45,337
16		K02-28	공무원(강남)	-	-	대출없음
17		C04-26	자영업(강북)	₩ 10,000,000	3	₩ 301,959
18		월 상환액이 가장 큰 값				
19						

정답 [F18] 셀에 「=MAXA(F4:F17)」을 입력

17 MIN(작은 값을 찾을 범위)

지정한 범위에서 가장 작은 값을 표시하는 함수

연습문제 'MIN 함수' 시트 탭을 클릭하여 문제를 풀어 보세요.

① [연습 01]에서 판매가[D4:D11]을 이용하여 최저 판매가[D12]를 구하시오.

	A	B	C	D
1				
2		[연습 01]		
3		상품명	분류	판매가
4		코트	여성용	160,000
5		후드티	공용	25,000
6		청바지	남성용	55,000
7		바지	여성용	48,000
8		정장	남성용	200,000
9		점퍼	여성용	60,000
10		가디건	남성용	28,000
11		티셔츠	공용	15,000
12		최저 판매가		
13				

정답 [D12] 셀에 「=MIN(D4:D11)」을 입력

18 MEDIAN(범위1,범위2,…)

- 지정한 범위의 수들의 중간 값을 표시하는 함수
- 인수가 홀수 개인 경우는 중간 값, 짝수 개인 경우는 중간 값 두 개의 평균을 표시

연습문제 ▶ 'MEDIAN 함수' 시트 탭을 클릭하여 문제를 풀어 보세요.

① [연습 01]에서 단위[E4:E11]의 중간값을 [E12]을 구하시오.

	A	B	C	D	E
1					
2		[연습 01]			
3		품목명	출하지	분류	단위
4		우엉	안동	채소	10
5		배	나주	과일	15
6		사과	영주	과일	15
7		고구마	안면	채소	10
8		토란	임자	채소	15
9		감귤	제주	과일	10
10		복숭아	천안	과일	10
11		순무	김포	채소	20
12			단위의 중간값		
13					

※ 중간값은 범위의 숫자들을 크기 순으로 정렬하였을 때 중간에 위치한 값을 구함(평균값이 아님)

정답 [E12] 셀에 「=MEDIAN(E4:E11)」을 입력

19 MODE.SNGL(범위1,범위2,…)

데이터 배열이나 범위에서 가장 많이 나타난 수(최빈수)를 표시하는 함수

연습문제 ▶ 'MODE.SNGL 함수' 시트 탭을 클릭하여 문제를 풀어보세요.

① [연습 01]의 데이터[B4:D8]에서 가장 많이 나타난 수[D10]를 구하시오.

	A	B	C	D
1				
2		[연습 01]		
3			데이터	
4		4	5	3
5		3	4	4
6		2	3	2
7		4	5	3
8		2	3	4
9				
10		가장 많이 나타난 수		
11				

정답 [D10] 셀에 「=MODE.SNGL(B4:D8)」을 입력

20 PERCENTILE.INC(백분위로 지정할 배열 또는 범위, 찾을 백분위)

데이터 배열이나 범위에서 지정한 k번째 백분위 수를 표시하는 함수

연습문제 ▶ 'PERCENTILE.INC 함수' 시트 탭을 클릭하여 문제를 풀어보세요.

① [연습 01]의 평균[G4:G9]에서 80 백분위수 점수를 비고[E10]에 표시하시오

	A	B	C	D	E	F	G
1							
2		[연습 01]					
3		성명	과제	중간	기말	출석	평균
4		나영인	10	80	150	10	92.59
5		김민탁	5	40	120	10	64.81
6		연제식	10	50	180	5	90.74
7		강철민	10	70	130	5	79.63
8		소인영	10	90	125	10	87.04
9		임인애	5	80	120	10	79.63
10				비고			
11							

TIP
찾을 백분위(상대적 위치)
- 80% : 전체 기준으로 상위 20% 기준값
- 50% : 전체 기준으로 중간값
- 20% : 전체 기준으로 상위 80% 기준값

정답 [E10] 셀에 「=PERCENTILE.INC(G4:G9,0.8)」

21 RANK.EQ(숫자, 범위, 정렬방식)

- 지정한 범위에서 해당 값의 순위를 구하는 함수
- 순위가 같은 값이 여러 개인 경우 높은 순위가 부여됨 [예] 4, 1, 1, 3
- 정렬방식을 생략하거나 0으로 지정하면 내림차순, 나머지는 오름차순

연습문제 ▶ 'RANK.EQ 함수' 시트 탭을 클릭하여 문제를 풀어 보세요.

① [연습 01]에서 수영기록[C4:C10]을 이용하여 시상[D4:D10] 영역에 표시하시오.
  ▶ 수영기록이 가장 빠른 사람은 '금메달', 두 번째인 사람은 '은메달', 세 번째인 사람은 '동메달', 그 외는 공백으로 표시
  ▶ IF, RANK.EQ 함수 사용

	A	B	C	D
1				
2		[연습 01]		
3		성명	수영기록	시상
4		김민아	45:28	
5		남은희	44:05	
6		정숙영	47:58	
7		김은주	45:33	
8		박선아	46:00	
9		정은순	49:33	
10		황선희	48:27	
11				

TIP
정렬방식
- 0또는 생략 : 내림차순(가장 큰 값이 1위)으로 순위 지정
- 0이 아닌 값 : 오름차순(가장 작은 값이 1위)으로 순위 지정

정답 [D4] 셀에 「=IF(RANK.EQ(C4,$C$4:$C$10,1)=1,"금메달",IF(RANK.EQ(C4,$C$4:$C$10,1)=2,"은메달", IF(RANK.EQ(C4,$C$4:$C$10,1)=3,"동메달"," ")))」을 입력하고 [D10] 셀까지 수식 복사

② [연습 02]에서 성적[H4:H10]을 기준으로 순위를 구하여 1~2위는 '인사부', 3~4위는 '총무부', 나머지는 영업부로 부서배치[I4:I10] 영역에 표시하시오.

▶ 순위는 성적이 가장 높은 사람이 1위

▶ IF, RANK.EQ 함수 사용

	E	F	G	H	I
1					
2		[연습 02]			
3		수험번호	성명	성적	부서배치
4		1001	오나라	95	
5		1002	유채화	74	
6		1003	김사랑	85	
7		1004	한나리	88	
8		1005	조절해	60	
9		1006	사오정	92	
10		1007	금나라	72	
11					

정답 [I4] 셀에 「=IF(RANK.EQ(H4,$H$4:$H$10)<=2,"인사부",IF(RANK.EQ(H4,$H$4:$H$10)<=4,"총무부","영업부"))」를 입력하고 [I10] 셀까지 수식 복사

22 VAR.S(인수1,인수2,…)

지정한 값들을 표본(표본집단)으로 분산을 구하는 함수

연습문제 ▶ 'VAR.S 함수' 시트 탭을 클릭하여 문제를 풀어보세요.

① [연습]01에서 평균[E4:E12]을 이용하여 분산[H4]을 구하시오.

	A	B	C	D	E	F	G	H
1								
2		[연습 01]						
3		이름	엑셀	액세스	평균		전체평균	85
4		김성남	85	90	87.5		분산	
5		황윤기	90	90	90			
6		남성호	80	85	82.5			
7		이미남	80	90	85			
8		강동일	95	80	87.5			
9		최철호	85	85	85			
10		박연기	90	90	90			
11		유성철	75	80	77.5			
12		이남자	80	80	80			
13								

정답 [H4] 셀에 「=VAR.S(E4:E12)」를 입력

㉓ STDEV.S(인수1,인수2,…)

표본집단의 표준편차를 구하는 함수

연습문제 ▶ 'STDEV.S 함수' 시트 탭을 클릭하여 문제를 풀어 보세요.

① [연습]01에서 평균[E4:E12]을 이용하여 표준편차[H5]를 구하시오.

	A	B	C	D	E	F	G	H
1								
2		[연습 01]						
3		이름	엑셀	액세스	평균		전체평균	85
4		김성남	85	90	87.5		분산	18.75
5		황윤기	90	90	90		표준편차	
6		남성호	80	85	82.5			
7		이미남	80	90	85			
8		강동일	95	80	87.5			
9		최철호	85	85	85			
10		박연기	90	90	90			
11		유성철	75	80	77.5			
12		이남자	80	80	80			
13								

정답 [H5] 셀에 「=STDEV.S(E4:E12)」를 입력

수학/삼각 함수

'C:\2024_컴활1급\함수사전\작업파일\수학삼각함수.xlsx' 파일을 이용하여 수학/삼각 함수의 사용 방법을 알아봅니다.

1 ABS(수)

수의 절댓값을 구하는 함수

예

A	B	C	D	E
1	데이터	결과		함수식
2	-10	10	◀	=ABS(B2)
3	10	10	◀	=ABS(B3)
4	-45	45	◀	=ABS(B4)
5	45	45	◀	=ABS(B5)

2 EXP(거듭제곱할 횟수)

자연로그의 밑인 e를 지정한 수만큼 거듭제곱한 값을 구하는 함수

예

A	B	C	D	E
1	결과			함수식
2	2.718282	◀		=EXP(1)
3	7.389056	◀		=EXP(2)
4	20.08554	◀		=EXP(3)
5	54.59815	◀		=EXP(4)

※ 자연로그의 밑은 무리수인 상수로 2.718281828459045…로 나타내지며 기호는 e로 표기함

3 FACT(인수)

1부터 지정된 수까지의 정수를 곱한 값을 구하는 함수

예

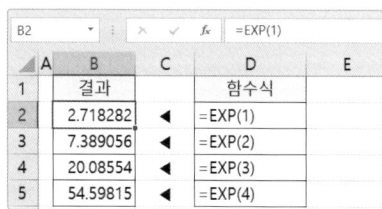

A	B	C	D	E
1	데이터	결과		함수식
2	0	1	◀	=FACT(B2)
3	1	1	◀	=FACT(B3)
4	5	120	◀	=FACT(B4)
5	10	3628800	◀	=FACT(B5)

> **TIP**
> **팩토리얼(계승값)**
> 5팩토리얼은 5*4*3*2*1로 계산하여 120을 구함

4 INT(인수)

수의 가장 가까운 정수로 내린 값을 구하는 함수

연습문제 ▶ 'INT 함수' 시트 탭을 클릭하여 문제를 풀어 보세요.

① [연습 01]에서 건구온도[C4:C10]와 습구온도[D4:D10]를 이용하여 불쾌지수[E4:E10]를 구하시오.
- ▶ 불쾌지수 = (건구온도 + 습구온도) × 0.72 + 40.6
- ▶ 불쾌지수는 정수로 표시(표시 예 : 66.736 → 66)

	A	B	C	D	E
1					
2		[연습 01]			
3		일자	건구온도	습구온도	불쾌지수
4		08월 15일	30.4	30	
5		08월 16일	29.6	45	
6		08월 17일	28.7	32	
7		08월 18일	26.3	10	
8		08월 19일	26.7	15	
9		08월 20일	25	20	
10		08월 21일	23.1	30	
11					

※ 양수이면 소수점 부분만 버리지만(16.21 → 16) 음수일 때는 소수점 부분을 버리고 작은 값으로 변환(-16.21 → -17)

정답 [E4] 셀에 「=INT((C4+D4)*0.72+40.6)」을 입력하고 [E10] 셀까지 수식 복사

5 MOD(대상 수,제수)

대상 수를 제수로 나눈 나머지를 구하는 함수

연습문제 ▶ 'MOD 함수' 시트 탭을 클릭하여 문제를 풀어 보세요.

① [연습 01]에서 차량번호[D4:D10]의 끝자리 숫자를 이용하여 운행구분[E4:E10]에 표시하시오.
- ▶ 차량번호의 끝자리 숫자가 홀수이면 '오전', 짝수이면 '오후'로 표시
- ▶ IF, MOD, RIGHT 함수 사용

	A	B	C	D	E
1					
2		[연습 01]			
3		소속	담당기사	차량번호	운행구분
4		A팀	이대리	01가6512	
5		A팀	남경필	02가5411	
6		B팀	황주봉	03가4531	
7		A팀	최원석	01가3613	
8		B팀	김주철	02가3578	
9		A팀	황고집	02가8425	
10		B팀	이태랑	01가7254	
11					

정답 [E4] 셀에 「=IF(MOD(RIGHT(D4,1),2)=0,"오후","오전")」을 입력하고 [E10] 셀까지 수식 복사

6 PI( )

원주율 값을 표시하는 함수

예

A	B	C	D	E	F	G
1	반지름	구하고자 하는 값	결과		함수식	
2	3	원의 넓이	28.27433	◀	=PI()*(3^2)	
3	3	원의 둘레	18.84956	◀	=PI()*(3*2)	
4	4	원의 넓이	50.26548	◀	=PI()*(4^2)	
5	4	원의 둘레	25.13274	◀	=PI()*(4*2)	

※ PI( )는 원주율(3.14...)을 표시함

7 POWER(밑수,지수)

밑수를 지정한 만큼 거듭제곱한 값을 구하는 함수

예

A	B	C	D	E
1	결과		함수식	
2	3	◀	=POWER(3,1)	
3	81	◀	=POWER(3,4)	
4	25.6289063	◀	=POWER(1.5,8)	
5	64	◀	=POWER(-2,6)	

※ POWER(3,4)는 3*3*3*3을 의미하며, 연산자(^)를 이용하여 3^4로 입력할 수도 있음

8 PRODUCT(인수1,인수2,…)

지정한 수들을 곱한 결과를 표시하는 함수

연습문제 ▶ 'PRODUCT 함수' 시트 탭을 클릭하여 문제를 풀어 보세요.

① [연습 01]에서 제품별 가격[C4:C7], 판매수량[D4:D7], 순이익률[E4:E7]을 이용하여 순이익을 구한 후 [F4:F7]에 표시하시오.

A	B	C	D	E	F
1					
2	[연습 01]				
3	제품	가격	판매수량	순이익률	순이익
4	아메리카노	2,500	42	15%	
5	카페라떼	3,500	35	10%	
6	에스프레소	2,000	12	20%	
7	카푸치노	3,500	28	10%	

정답 [F4] 셀에 「=PRODUCT(C4:E4)」를 입력하고 [F7] 셀까지 수식 복사

9 QUOTIENT(피제수,제수)

피제수를 제수로 나눈 후 나머지를 버린 정수(몫)를 구하는 함수

연습문제 ▶ 'QUOTIENT 함수' 시트 탭을 클릭하여 문제를 풀어 보세요.

① [연습 01] 월불입액[E4:E10]을 이용하여 월불입액차트를 [F4:F10] 영역에 표시하시오.
- ▶ 월불입액이 120,000인 경우 : ●○○○○○○○○○
- ▶ 월불입액이 520,000인 경우 : ●●●●●○○○○○
- ▶ CONCATENATE, REPT, QUOTIENT 함수를 이용

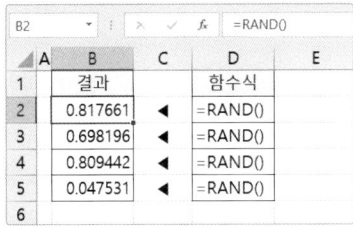

정답 [F4] 셀에 「=CONCATENATE(REPT("●",QUOTIENT(E4,100000)),REPT("○",10-QUOTIENT(E4,100000)))」을 입력하고 [F10] 셀까지 수식 복사

10 RAND( )

0과 1 사이의 난수를 표시하는 함수

예

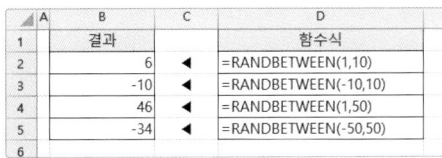

11 RANDBETWEEN(랜덤한 수의 최저값,랜덤한 수의 최댓값)

지정한 두 수 사이의 임의의 수를 표시하는 함수

예

	A	B	C	D
1		결과		함수식
2		6	◀	=RANDBETWEEN(1,10)
3		-10	◀	=RANDBETWEEN(-10,10)
4		46	◀	=RANDBETWEEN(1,50)
5		-34	◀	=RANDBETWEEN(-50,50)

12 ROUND(반올림할 수, 반올림할 자릿수)

수를 지정한 자릿수로 반올림하는 함수

연습문제 ▶ 'ROUND 함수' 시트 탭을 클릭하여 문제를 풀어 보세요.

① [연습 01]에서 각 학급별 국어[D4:D15]의 평균 점수를 [H5:H7] 영역에 계산하시오.
   ▶ 산출된 평균 점수는 반올림하여 소수점 이하 첫째 자리까지만 표시하고, 뒤에 '점'을 추가하여 표시
     [표시 예 : 77.75 → 77.8점]
   ▶ ROUND, AVERAGEIF 함수와 & 연산자 사용

TIP
반올림 자릿수(1234.1234 기준)
- 3 : 소수 셋째 자리(1234.123)
- 2 : 소수 둘째 자리(1234.12)
- 1 : 소수 첫째 자리(1234.1)
- 0 : 일의 자리(1234)
- −1 : 십의 자리(1230)
- −2 : 백의 자리(1200)
- −3 : 천의 자리(1000)

정답 [H5] 셀에 「=ROUND(AVERAGEIF($B$4:$B$15,G5,$D$4:$D$15),1)&"점"」을 입력하고 [H7] 셀까지 수식 복사

13 ROUNDDOWN(내림할 수, 내림할 자릿수)

0에 가까워지도록 수를 내림하는 함수

연습문제 ▶ 'ROUNDDOWN 함수' 시트 탭을 클릭하여 문제를 풀어 보세요.

① [연습 01]의 과세표준[B4:B12]의 값이 400,000 이상이면 1.75%, 400,000 미만 300,000 이상이면 1.35%, 나머지는 1.05%의 세율을 적용하여 공제액[C4:C12]에 표시하시오.
   ▶ 공제액 = 과세표준 × 세율로 계산하고, 공제액은 십의 자리를 내림하여 표시
   ▶ 표시 예 : 1,250 → 1,200
   ▶ ROUNDDOWN, IF 함수 사용

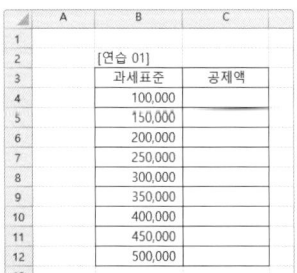

정답 [C4] 셀에 「=ROUNDDOWN(IF(B4>=400000,B4*1.75%,IF(B4>=300000,B4*1.35%,B4*1.05%)),−2)」를 입력하고 [C12] 셀까지 수식 복사

14 ROUNDUP(올림할 수, 올림할 자릿수)

0에서 멀어지도록 수를 올림하는 함수

연습문제 ▶ 'ROUNDUP 함수' 시트 탭을 클릭하여 문제를 풀어 보세요.

① [연습 01]에서 가격[D4:D11]을 이용하여 자전거 가격의 평균[D12]을 계산하시오.
   ▶ 평균은 올림하여 천 단위까지 표시
   ▶ 표시 예 : 177,500 → 178,000

	A	B	C	D
1				
2		[연습 01]		
3		분류	제품명	가격
4		산악용	지오닉스	245,000
5		아동용	스피어	110,000
6		산악용	레오니드	321,000
7		일반형	자이크	96,000
8		일반형	벨록스	128,000
9		산악용	타이액스	232,000
10		아동용	레온	120,000
11		일반형	세인트	168,000
12		자전거 가격의 평균		
13				

정답 [D12] 셀에 「=ROUNDUP(AVERAGE(D4:D11),-3)」을 입력

15 SIGN(부호를 확인할 수)

수의 부호가 양수이면 1, 0이면 0, 음수이면 -1를 표시하는 함수

예

	A	B	C	D	E
1		데이터		결과	
2		128	▶	1	
3		0	▶	0	
4		-128	▶	-1	
5		-0.1	▶	-1	
6					

D2: =SIGN(B2)

16 SQRT(인수)

인수의 양의 제곱근을 표시하는 함수

연습문제 ▶ 'SQRT 함수' 시트 탭을 클릭하여 문제를 풀어 보세요.

① [연습 01]에서 계약건수[E4:E9]와 계약수당[C11], 기본급[F4:F9]를 이용하여 지급 급여[G4:G9]를 계산하시오.
   ▶ 지급 급여 = $\sqrt{계약건수} \times 계약수당 + 기본급$
   ▶ SQRT, ROUND 함수 사용
   ▶ 지급 급여는 백 단위에서 반올림하여 천 단위까지 표시하시오

	A	B	C	D	E	F	G
1							
2		[연습 01]					
3		사원코드	성명	직급	계약건수	기본급	지급 급여
4		S-05001	김아령	과장	4	3,500,000	
5		S-07010	허만호	대리	3	2,900,000	
6		T-10003	이민재	사원	1	2,500,000	
7		S-12005	강수정	대리	2	2,900,000	
8		T-05012	박한길	과장	5	3,500,000	
9		S-06011	남성호	사원	1	2,500,000	
10							
11		계약수당	200,000				
12							

정답 [G4] 셀에 「=ROUND(SQRT(E4)*$C$11+F4, −3)」을 입력하고 [G9] 셀까지 수식 복사

17 SUM(인수1,인수2,…)

지정된 범위의 합계를 구하는 함수

연습문제 ▶ 'SUM 함수' 시트 탭을 클릭하여 문제를 풀어 보세요.

① [연습 01]에서 연수성적[C4:C10]과 면접점수[D4:D10]의 합이 '160' 이상이고, 결석이 '3' 이하이면 '선발', 그렇지 않으면 공백으로 전형결과[F4:F10]에 표시하시오.

▶ IF, AND, SUM 함수 사용

	A	B	C	D	E	F
1						
2		[연습 01]				
3		접수번호	연수성적	면접점수	결석	전형결과
4		HK-321	72	75	2	
5		HK-322	85	89	0	
6		HK-323	54	94	3	
7		HK-324	91	85	5	
8		HK-325	86	84	0	
9		HK-326	94	79	4	
10		HK-327	95	75	2	
11						

정답 [F4] 셀에 「=IF(AND(SUM(C4:D4)>=160,E4<=3),"선발"," ")」을 입력하고 [F10] 셀까지 수식 복사

18 SUMIF(검색범위,조건,합계범위)

검색범위에서 조건을 검사하여 해당 조건을 만족하는 경우 합계범위의 합계를 구하는 함수

연습문제 ▶ 'SUMIF 함수' 시트 탭을 클릭하여 문제를 풀어 보세요.

① [연습 01]에서 집행금액[D4:D10]이 200,000 이상 300,000 미만인 집행금액의 총합을 구하여 [B12] 셀에 표시하시오.

	A	B	C	D
1				
2		[연습 01]		
3		이름	날짜	집행금액
4		김미라	04월 02일	250,000
5		강은철	04월 05일	345,000
6		고아라	04월 08일	705,000
7		김성일	04월 15일	120,000
8		감우성	04월 17일	234,000
9		오빈나	04월 21일	123,500
10		김시은	04월 28일	258,000
11		200000~300000원 집행금액의 합계		
12				
13				

정답 [B12] 셀에 「=SUMIF(D4:D10,">=200000",D4:D10)-SUMIF(D4:D10,">=300000",D4:D10)」을 입력

⑲ SUMIFS(합계범위,범위1,조건1,범위2,조건2…)

범위1에서 조건1이 만족되고 범위2에서 조건2가 만족되면 합계범위의 합계를 구하는 함수

연습문제 ▶ 'SUMIFS 함수' 시트 탭을 클릭하여 문제를 풀어 보세요.

① [연습 01]에서 '서울' 지역의 '양천' 지점에서 판매한 K8 총 판매 대수를 구하여 [E12] 셀에 표시하시오.
  ▶ 표시 예 : 25대
  ▶ SUMIFS 함수와 & 연산자 사용

	A	B	C	D	E
1					
2		[연습 01]			
3		지역	지점	K7	K8
4		대전	갈마	42	77
5		서울	양천	102	88
6		부산	광안	122	109
7		서울	화곡	89	56
8		부산	영도	90	78
9		대전	계산	105	44
10		서울	양천	110	120
11		서울	양천	76	87
12			K8 총 판매 대수		
13					

정답 [E12] 셀에 「=SUMIFS(E4:E11,B4:B11,"서울",C4:C11,"양천")&"대"」를 입력

⑳ SUMPRODUCT(배열1,배열2)

배열에서 해당 요소들을 모두 곱하고 그 곱의 합계를 구하는 함수

연습문제 ▶ 'SUMPRODUCT 함수' 시트 탭을 클릭하여 문제를 풀어 보세요.

① [연습 01]의 고과별 비율을 참조하여 'A고과'와 'B고과'의 비율에 따른 고과점수[E8:E12]를 계산하여 표시하시오.

	A	B	C	D	E
1					
2			고과별 비율		
3		구분	A고과	B고과	
4		비율	40%	60%	
5					
6		[연습 01]			
7		성명	A고과	B고과	고과점수
8		조찬익	94	80	
9		주혜진	61	83	
10		최봉근	95	77	
11		이관형	95	80	
12		박성주	82	78	
13					

정답 [E8] 셀에 「=SUMPRODUCT($C$4:$D$4,C8:D8)」을 입력하고 [E12] 셀까지 수식 복사

21 TRUNC(소수점 이하를 버릴 수, 표시할 자릿수)

소수점 이하의 값을 버리고 정수로 표시하는 함수

연습문제 ▶ 'TRUNC 함수' 시트 탭을 클릭하여 문제를 풀어 보세요.

① [연습 01]에서 각 학생들의 중간[C4:C10], 수행[D4:D10], 기말[E4:E10] 점수에 대한 평균을 구하여 평균 [F4:F10]에 표시하시오.

▶ 반올림 없이 소수 이하 첫째 자리까지 표시(표시 예 : 94.37 → 94.3)

▶ AVERAGE, TRUNC 함수 사용

	A	B	C	D	E	F
1						
2		[연습 01]				
3		성명	중간	수행	기말	평균
4		김정훈	78.45	45.78	87.23	
5		오석현	88.79	87.34	90.45	
6		이영선	92.45	80.23	78.23	
7		임현재	88.45	77.54	98.56	
8		남정왕	88.66	89.12	89.54	
9		고문섭	90	90.23	77.45	
10		라동훈	48.54	94.35	67.79	
11						

TIP
TRUNC 함수와 INT 함수의 차이점은 음수를 사용했을 때만 다름
- 12.26 : INT 결과 → 12, TRUNC 결과 → 12
- -12.26 : INT 결과 → -13, TRUNC 결과 → -12

정답 [F4] 셀에 「=TRUNC(AVERAGE(C4:E4),1)」을 입력하고 [F10] 셀까지 수식 복사

찾기/참조 함수

'C:₩2024_컴활1급₩함수사전₩작업파일₩찾기참조함수.xlsx' 파일을 이용하여 찾기/참조 함수의 사용 방법을 알아봅니다.

1 CHOOSE(검색값, 값1, 값2···)

검색 값이 1이면 값1, 2이면 값2··· 순서로 값을 표시하는 함수

연습문제 ▶ 'CHOOSE 함수' 시트 탭을 클릭하여 문제를 풀어 보세요.

① [연습 01]에서 회원코드[C4:C10]를 10으로 나눈 나머지가 '1'이면 '서울', '2'이면 '강원도', '3'이면 '경상도', '4'이면 '충청도', '5'이면 '전라도'로 거주지역[D4:D10]에 표시하시오.

▶ CHOOSE, MOD 함수 사용

	A	B	C	D
1				
2		[연습 01]		
3		성명	회원코드	거주지역
4		김자영	125	
5		임인영	234	
6		남영찬	122	
7		나도향	123	
8		방영호	111	
9		임기자	145	
10		안현우	431	
11				

정답 [D4] 셀에 「=CHOOSE(MOD(C4,10),"서울","강원도","경상도","충청도","전라도")」를 입력하고 [D10] 셀까지 수식 복사

2 HLOOKUP(찾을값, 범위, 행번호, 방법)

범위의 첫 번째 행에서 값을 찾아 행번호로 지정한 행에서 대응하는 값을 표시하는 함수

연습문제 ▶ 'HLOOKUP 함수' 시트 탭을 클릭하여 문제를 풀어 보세요.

① [연습 01]에서 원서번호[B4:B11]의 왼쪽 첫 번째 문자와 [C13:E14] 영역을 참조하여 지원학과[E4:E11]를 표시하시오.

▶ 단, 오류발생시 지원학과에 '코드오류'로 표시
▶ IFERROR, HLOOKUP, LEFT 함수 사용

	A	B	C	D	E
1					
2		[연습 01]			
3		원서번호	이름	거주지	지원학과
4		M-120	전영록	서울시 강북구	
5		N-082	육성종	대전시 대덕구	
6		S-035	이준호	인천시 남동구	
7		M-072	윤기철	서울시 성북구	
8		S-141	남조원	경기도 김포시	
9		N-033	최성원	경기도 고양시	
10		M-037	박석下	강원도 춘천시	
11		A-028	민영도	서울시 마포구	
12					
13		학과코드	S	N	M
14		학 과 명	소프트웨어	네트워크	멀티미디어
15					

> **TIP**
> **방법**
> ● TRUE 또는 1(생략 가능) : 정확하게 일치하는 값이 없으면 찾을 값보다 작은값을 반환하여 근사값을 찾음
> ● FALSE 또는 0 : 정확하게 일치하는 값을 찾으며, 만약 일치하는 값이 없다면 #N/A 오류값이 반환됨

정답 [E4] 셀에 「=IFERROR(HLOOKUP(LEFT(B4,1),$C$13:$E$14,2,FALSE),"코드오류")」를 입력하고 [E11] 셀까지 수식 복사

3 VLOOKUP(찾을값,범위,열번호,방법)

범위의 첫 번째 열에서 값을 찾아 열번호로 지정한 열에서 대응하는 값을 표시하는 함수

연습문제 ▶ 'VLOOKUP 함수' 시트 탭을 클릭하여 문제를 풀어 보세요.

① [연습 01]에서 회원코드[B4:B10]의 맨 앞 첫 번째 문자와 [B13:D17] 영역을 참조하여 회원분류[E4:E10]를 표시하시오.

▶ VLOOKUP, LEFT 함수 사용

	A	B	C	D	E
1					
2		[연습 01]			
3		회원코드	성명	계약금액	회원분류
4		U-001	연지우	25,000,000	
5		Q-002	원상현	3,650,000	
6		S-003	김우철	12,350,000	
7		T-004	성시연	18,600,000	
8		Q-005	장대우	3,650,000	
9		U-006	방상태	25,000,000	
10		R-007	조자룡	8,750,000	
11					
12		코드	이용회수	회원분류	
13		Q	10미만	비회원	
14		R	11~20	정회원	
15		S	21~30	우수회원	
16		T	31~40	골드회원	
17		U	41~50	특별회원	
18					

> **TIP**
> ● VLOOKUP 함수는 찾을값을 찾을 범위 내에서 'ㄴ' 방향으로 값을 찾음
>   - 'ㄴ' 방향 : 위에서 아래로 찾음(찾을값) → 왼쪽에서 오른쪽으로 찾음(지정 열)
> ● HLOOKUP 함수는 찾을값을 찾을 범위 내에서 'ㄱ' 방향으로 값을 찾음
>   - 'ㄱ' 방향 : 왼쪽에서 오른쪽으로 찾음(찾을값) → 위에서 아래로 찾음(지정 행)

정답 [E4] 셀에 「=VLOOKUP(LEFT(B4,1),$B$13:$D$17,3,0)」을 입력하고 [E10] 셀까지 수식 복사

4 XLOOKUP(찾을값,찾을범위,출력범위,방법)

기준값의 범위 또는 배열을 검색하고 두 번째 범위 또는 배열에서 해당 항목을 반환하는 함수

연습문제 ▶ 'XLOOKUP 함수' 시트 탭을 클릭하여 문제를 풀어보세요.

① [연습 01]에서 제품명[C5:C12], 분류[B5:B12] 영역을 참조하여 [G5]셀의 제품명이 바뀔 때마다 분류를 [H5] 셀에 표시하시오.

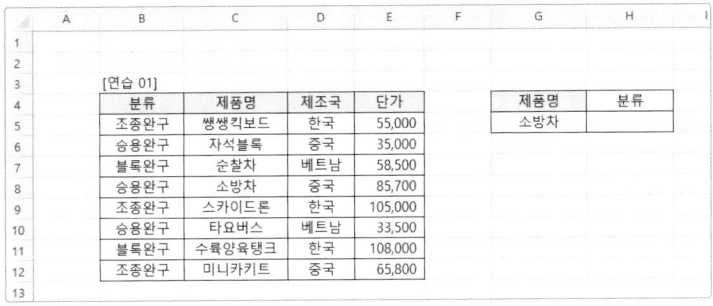

정답   [H5] 셀에 「=XLOOKUP(G5,C5:C12,B5:B12)」를 입력

5 LOOKUP(찾을값,범위1,범위2)

하나의 행 또는 열을 찾아 다음 두 번째 행 또는 열에서 같은 위치의 값을 구하는 함수

연습문제   'LOOKUP 함수' 시트 탭을 클릭하여 문제를 풀어 보세요.

① [연습 01]를 이용하여 보험구분을 [B4:B8] 영역에 표시하시오.
  ▶ 보험구분은 보험코드[D4:D8]의 첫 번째 문자에 따라 다르며, [C11:G12]를 참조하시오.
  ▶ LEFT, LOOKUP 함수 사용

정답   [B4] 셀에 「=LOOKUP(LEFT(D4,1),$C$11:$G$11,$C$12:$G$12)」를 입력하고 [B8] 셀까지 수식 복사

6 MATCH(찾을값,배열,검색유형)

- 범위(배열) 내에서 찾을값을 찾은 후 해당 셀의 값이 아닌 상대적인 위치를 표시하는 함수
- 1 : 찾을값보다 작거나 같은 값 중 최대값을 찾음(오름차순 정렬)
- 0 : 찾을값과 같은 첫 번째 값을 찾음
- -1 : 찾을값보다 크거나 같은 값 중 최소값을 찾음(내림차순 정렬)

연습문제   'MATCH 함수' 시트 탭을 클릭하여 문제를 풀어 보세요.

① [연습 01]에서 만족[C5:C10]의 값을 만족 기준표[B14:C18]를 참조하여 만족지수에 따른 등급을 만족도 [F5:F10]에 표시하시오.
  ▶ 만족도는 만족이 81~100까지는 1, 61~80까지는 2, 41~60까지는 3, 21~40까지는 4, 이하는 5등급으로 한다.
  ▶ 표시 예 : 1등급
  ▶ MATCH 함수와 & 사용

	A	B	C	D	E	F
1						
2		[연습 01]				
3		응급의료 서비스 만족도(%, N=462)				
4		항목	만족	보통	불만족	만족도
5		친절도	42.6	38.9	18.5	
6		적절한 처치	92.6	34.4	13	
7		충분한 설명	73.9	29.9	16.2	
8		행정절차 적절도	48.3	40.4	11.3	
9		검사대기시간	38.1	39.8	22.1	
10		응급실환경	33.2	38.7	28.1	
11						
12		<만족 기준표>				
13		만족지수	등급			
14		100	1			
15		80	2			
16		60	3			
17		40	4			
18		20	5			
19						

TIP
- MATCH 함수는 지정된 범위 내에서 찾을값의 상대적인 위치만 찾아주기 때문에 VLOOKUP 또는 INDEX 함수 등과 중첩하여 사용됨
- MATCH 함수 결과(셀의 값이 아닌 상대 위치를 반환)
  - 100([B14]) : 1 반환(범위에 따른 상대적인 위치 값)
  - 80([B15]) : 2 반환(범위에 따른 상대적인 위치 값)
  - 60([B16]) : 3 반환 / 40([B17]) : 4 반환 / 20([B18]) : 5 반환

정답 [F5] 셀에 「=MATCH(C5,$B$14:$B$18,-1)&"등급"」을 입력하고 [F10] 셀까지 수식 복사

7 XMATCH(찾을값, 배열, 일치유형, 검색유형)

배열 또는 셀 범위에서 지정된 항목을 검색한 다음 항목의 상대 위치를 표시하는 함수

연습문제 ▶ 'XMATCH 함수' 시트 탭을 클릭하여 문제를 풀어보세요.

① [연습 01]에서 품목[B4:B12], 판매일[C4:C12] 셀의 값을 참조하여 마지막 모나미 제품 판매일을 [C14] 셀에 표시하시오.

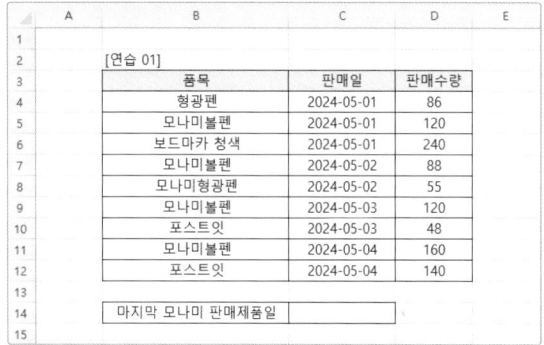

TIP
- XMATCH("모나미볼펜",$B$4:$B$12,0,-1) : [B4:B12] 범위에서 "모나미볼펜"을 역방향으로 검색해 정확하게 일치하는 상대적 위치(8)를 반환
- =INDEX($C$4:$C$12,8,1) : XMATCH 함수로 찾은 위치(8)를 이용하여 [C4:C12] 범위에서 8행 1열의 값(2024-05-04)을 표시함

정답 [C14] 셀에 「=INDEX($C$4:$C$12,XMATCH("모나미볼펜",$B$4:$B$12,0,-1),1)」를 입력

8 INDEX(범위, 행, 열)

범위에서 시성한 행과 열의 교차하는 값을 표시하는 함수

연습문제 ▶ 'INDEX 함수' 시트 탭을 클릭하여 문제를 풀어 보세요.

① [연습 01]에서 금년연봉[E4:E9]과 연봉순위[B12]를 이용하여 연봉이 '1위'인 이름[C12]을 구하시오.
  ▶ INDEX, MATCH, LARGE 함수 사용

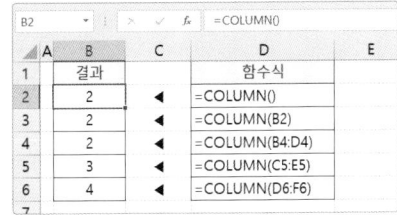

	A	B	C	D	E	F
1						
2		[연습 01]				
3		직급	성명	작년연봉	금년연봉	상승금액
4		과장	배진나	35,000,000	38,000,000	3,000,000
5		대리	최현진	30,000,000	32,000,000	2,000,000
6		과장	강은주	38,000,000	40,000,000	2,000,000
7		대리	심지영	28,000,000	33,000,000	5,000,000
8		과장	양소희	34,000,000	37,000,000	3,000,000
9		대리	박찬수	29,000,000	32,000,000	3,000,000
10						
11		연봉순위	이름			
12		1				

> **TIP**
> - MATCH(LARGE(E4:E9,B12),E4:E9,0) : [E4:E9] 범위에서 최대값(40,000,000)과 정확하게 일치하는 상대적 위치(3)를 반환
> - =INDEX(B4:F9,3,2) : MATCH 함수로 찾은 위치(3)를 이용하여 [B4:F9] 범위에서 3행 2열의 값(강은주)을 표시함

정답 [C12] 셀에 「=INDEX(B4:F9,MATCH(LARGE(E4:E9,B12),E4:E9,0),2)」을 입력

9 COLUMN(인수)

- 지정한 셀 또는 함수가 사용된 셀의 열 번호를 표시하는 함수
- 셀 주소를 생략하면 함수가 사용된 셀의 열을, 셀 주소를 입력하면 입력한 셀 주소의 열을, 셀 범위를 입력하면 시작 셀의 열을 숫자로 표시

예

	A	B	C	D	E
1		결과		함수식	
2		2	◀	=COLUMN()	
3		2	◀	=COLUMN(B2)	
4		2	◀	=COLUMN(B4:D4)	
5		3	◀	=COLUMN(C5:E5)	
6		4	◀	=COLUMN(D6:F6)	

10 COLUMNS(인수)

배열이나 범위에 포함되어 있는 열의 개수를 표시하는 함수

예

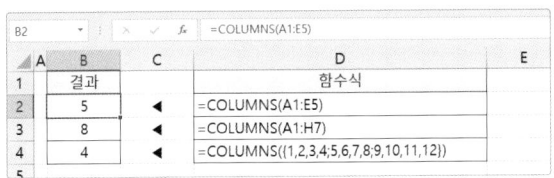

	A	B	C	D	E
1		결과		함수식	
2		5	◀	=COLUMNS(A1:E5)	
3		8	◀	=COLUMNS(A1:H7)	
4		4	◀	=COLUMNS({1,2,3,4;5,6,7,8;9,10,11,12})	

11 ROW(인수)

지정한 셀 또는 함수가 사용된 셀의 행 번호로 표시하는 함수

연습문제 'ROW 함수' 시트 탭을 클릭하여 문제를 풀어 보세요.

① [연습 01]에서 번호[B4:B11]에 행 번호(1, 2, 3, 4, 5, 6, 7, 8)를 표시하시오.

	A	B	C	D	E	F
1						
2		[연습 01]				
3		번호	성명	응시구분	1차	2차
4			한가람	T2	79	97
5			김은철	T2	77	89
6			고사리	T1	56	76
7			박은별	T2	88	80
8			성준서	T1	88	93
9			이성연	T2	91	67
10			박한나	T1	85	56
11			이미리	T1	76	89
12						

정답 [B4] 셀에 「=ROW()-3」을 입력하고 [B11] 셀까지 수식 복사

12 ROWS(배열이나 범위)

배열 또는 지정한 셀 범위의 포함되어 있는 행의 개수를 표시하는 함수

예

	A	B	C	D	E
1		결과		함수식	
2		5	◀	=ROWS(A1:E5)	
3		7	◀	=ROWS(A1:H7)	
4		3	◀	=ROWS({1,2,3,4;5,6,7,8;9,10,11,12})	
5					

13 OFFSET(참조 셀, 이동할 행, 이동할 열, [표시할 행 수], [표시할 열 수])

참조 셀에서 지정한 행과 열만큼 떨어진 값을 표시하는 함수

예 부스를 기준으로 나 관의 3번 부스의 기업을 표시 ▶ 함수식 : =OFFSET(B2,3,2)

※ 이동할 행과 열은 참조 셀을 기준으로 행은 아래쪽(음수는 위쪽)으로 열은 오른쪽(음수는 왼쪽)으로 떨어져 있음

14 TRANSPOSE(행과 열을 바꿀 범위)

지정한 범위의 행과 열의 값을 바꿔서 표시하는 함수

예 A매장의 월별 매출만 추출하여 세로로 표시
▶ 함수식 : [H2:I6] 영역을 범위로 지정하고 =TRANSPOSE(B2:F3)을 입력한 후 **Ctrl**+**Shift**+**Enter** 키를 누름 (함수식 양 끝에 중괄호가{=TRANSPOSE(B2:F3)} 삽입됨)

	A	B	C	D	E	F	G	H	I	J
1		월별 매출 현황						A매장 매출 현황		
2		구분	1월	2월	3월	4월		구분	A매장	
3		A매장	862	951	625	995	▶	1월	862	
4		B매장	1250	1100	998	1201		2월	951	
5		C매장	560	604	854	546		3월	625	
6		D매장	1521	1352	1105	905		4월	995	
7										

15 ADDRESS(행 번호, 열 번호, 참조 유형)

입력한 행, 열 번호에 해당하는 셀 주소를 문자열로 반환해주는 함수

예

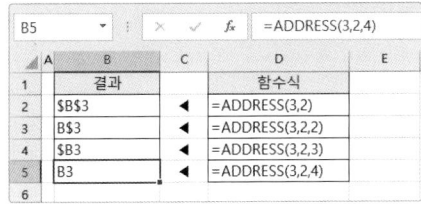

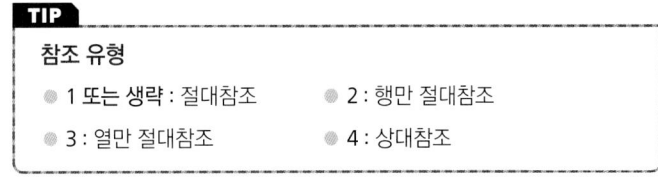

> **TIP**
> 참조 유형
> - 1 또는 생략 : 절대참조
> - 2 : 행만 절대참조
> - 3 : 열만 절대참조
> - 4 : 상대참조

16 AREAS(범위)

- 범위내에서 영역수를 표시하는 함수
- 여러 범위를 지정할 때는 반드시 괄호를 이용

예

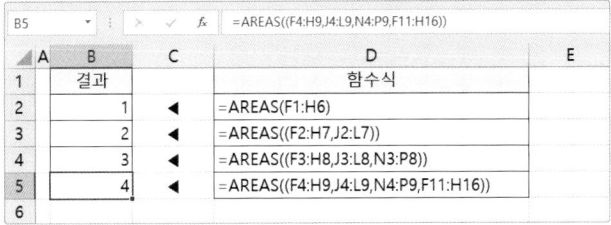

17 INDIRECT(참조할 셀 주소, 참조할 셀 주소의 유형)

- 입력된 셀 주소의 값을 문자열로 표시하는 함수
- 참조할 셀 주소는 반드시 텍스트로 입력

예

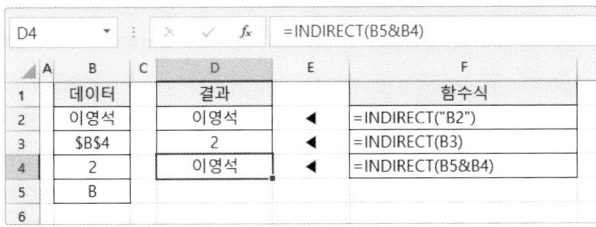

함수 사용 방법 알아보기

데이터베이스 함수

'C:₩2024_컴활1급₩함수사전₩작업파일₩데이터베이스함수.xlsx' 파일을 이용하여 데이터베이스 함수의 사용 방법을 알아봅니다.

1 DSUM(데이터베이스,필드,조건범위)

조건을 만족하는 필드의 합계를 구하는 함수

연습문제 'DSUM 함수' 시트 탭을 클릭하여 문제를 풀어 보세요.

① [연습 01]에서 지역[C4:C11]이 '중구'인 후원금[D4:D11]의 합계를 구하여 중구 지역의 후원금 합계[C14] 셀에 표시하시오
- ▶ 중구 지역의 후원금 합계는 백의 자리에서 올림하여 천 단위까지 표시
- ▶ 표시 예 : 71,248,340 → 71,249,000
- ▶ DSUM, ROUNDUP 함수 사용

	A	B	C	D
1				
2		[연습 01]		
3		담당자	지역	후원금
4		김달호	중구	15,297,520
5		이충수	서대문구	25,487,430
6		남동훈	양천구	46,782,890
7		김준성	중구	27,158,500
8		남일우	강남구	35,489,300
9		장시영	서대문구	78,952,730
10		이동숙	노원구	31,276,200
11		전수화	중구	33,792,320
12				
13			중구 지역의 후원금 합계	
14				
15				

정답 [C14] 셀에 「=ROUNDUP(DSUM(B3:D11,3,C3:C4),-3)」을 입력

2 DAVERAGE(데이터베이스,필드,조건범위)

조건을 만족하는 필드의 평균을 구하는 함수

연습문제 'DAVERAGE 함수' 시트 탭을 클릭하여 문제를 풀어 보세요.

① [연습 01]에서 학과[C4:C12]가 '국문과'인 학생들의 윤리[E4:E12] 점수 평균을 산출하여 윤리 평균[E13] 셀에 표시하시오.

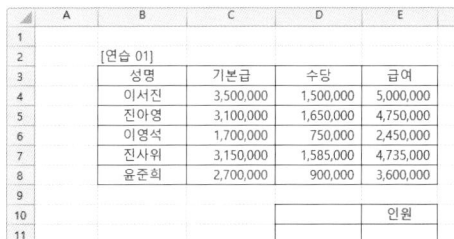

정답 [E13] 셀에 「=DAVERAGE(B3:E12,4,C3:C4)」를 입력

3 DCOUNT(데이터베이스,필드,조건범위)

조건을 만족하는 필드에서 숫자가 있는 셀의 개수를 구하는 함수

연습문제 ▶ 'DCOUNT 함수' 시트 탭을 클릭하여 문제를 풀어 보세요.

① [연습 01]을 이용해서 기본급[C4:C8]이 3,000,000 이상인 인원을 계산하여 인원[E11] 셀에 표시하시오.
▶ [D10:D11] 영역에 조건을 입력하여 함수 적용

※ 필드 지정 시 [C3] 또는 '2'를 입력해도 결과는 동일함

정답 계산식 : , [E11] 셀에 「=DCOUNT(B3:E8,C3,D10:D11)」을 입력

4 DCOUNTA(데이터베이스,필드,조건범위)

조건을 만족하는 필드에서 비어있지 않은 셀의 개수를 구하는 함수

연습문제 ▶ 'DCOUNTA 함수' 시트 탭을 클릭하여 문제를 풀어 보세요.

① [연습 01]을 이용해서 배송지역[E4:E8]이 금천인 제품명의 개수를 계산하여 [E9] 셀에 표시하시오.
▶ [G3:G4] 영역에 조건을 입력하여 함수 적용

정답 계산식 :

	G
3	배송지역
4	금천
5	

, [E9] 셀에 「=DCOUNTA(B3:E8,1,G3:G4)」를 입력

5 DMAX(데이터베이스,필드,조건범위)

조건을 만족하는 필드의 최대값을 구하는 함수

연습문제 ▶ 'DMAX 함수' 시트 탭을 클릭하여 문제를 풀어 보세요.

① [연습 01]에서 직위[C4:C11]가 과장인 사원 중 최대 호봉을 [D12] 셀에 계산하시오.
   ▶ [F3:F4] 영역에 조건을 입력하여 함수 적용

	A	B	C	D	E	F
1						
2		[연습 01]				
3		사원명	직위	호봉		
4		김영우	부장	29		
5		정미영	사원	10		
6		황노식	과장	25		
7		임미래	사원	11		
8		박지은	과장	23		
9		이동현	부장	31		
10		김숙현	사원	16		
11		김은영	부장	29		
12		과장의 최대 호봉				
13						

※ 필드 지정 시 '3' 또는 [D3]을 입력해도 결과는 동일함

정답 계산식 :

	F
3	직위
4	과장
5	

, [D12] 셀에 「=DMAX(B3:D11,3,F3:F4)」를 입력

6 DMIN(데이터베이스,필드,조건범위)

조건을 만족하는 필드의 최소값을 구하는 함수

연습문제 ▶ 'DMIN 함수' 시트 탭을 클릭하여 문제를 풀어 보세요.

① [연습 01]에서 연령[D4:D12]이 '30대'인 참가자 중 가장 낮은 점수와 연령[D4:D12]이 '40대'인 참가자 중 가장 낮은 점수를 찾아 두 점수에 대한 평균을 [D15] 셀에 계산하시오.
   ▶ 조건은 [B14:C15] 영역에 입력하시오.
   ▶ DMIN, AVERAGE 함수 사용

	A	B	C	D	E
1					
2		[연습 01]			
3		참가번호	성명	연령	점수
4		1001	남주나	40대	98
5		1002	임석훈	20대	70
6		1003	마중태	30대	67
7		1004	이영석	30대	90
8		1005	태연해	20대	78
9		1006	이하진	30대	97
10		1007	정이지	20대	90
11		1008	김상수	30대	56
12		1009	이재훈	40대	88
13					
14				최저점수평균	
15					
16					

정답
- 계산식:

	B	C
14	연령	연령
15	30대	40대

- [D15] 셀에 「=AVERAGE(DMIN(B3:E12,E3,B14:B15),DMIN(B3:E12,E3,C14:C15))」를 입력

7 DVAR(데이터베이스,필드,조건범위)

조건을 만족하는 필드의 분산을 구하는 함수

연습문제 'DVAR 함수' 시트 탭을 클릭하여 문제를 풀어 보세요.

① [연습 01]에서 직책[D4:D9]이 사원인 직원의 급여액 분산을 [E12] 셀에 계산하시오.

	A	B	C	D	E
1					
2		[연습 01]			
3		직원명	부서	직책	급여
4		이서진	홍보부	사원	1,975,000
5		진아영	경리부	과장	2,550,000
6		이영석	홍보부	사원	1,750,000
7		진사위	홍보부	대리	2,350,000
8		윤준희	총무부	사원	1,895,000
9		송현아	자재부	사원	1,950,000
10					
11					급여액 분산
12					
13					

정답 [E12] 셀에 「=DVAR(B3:E9,E3,D3:D4)」를 입력

8 DSTDEV(데이터베이스,필드,조건범위)

조건을 만족하는 필드의 표준 편차를 구하는 함수

① [연습 01]에서 직책[D4:D9]이 사원인 직원의 급여액 표준편차를 [E12] 셀에 계산하시오.

	A	B	C	D	E
1					
2		[연습 01]			
3		직원명	부서	직책	급여
4		이서진	홍보부	사원	1,975,000
5		진아영	경리부	과장	2,550,000
6		이영석	홍보부	사원	1,750,000
7		진사위	홍보부	대리	2,350,000
8		윤준희	총무부	사원	1,895,000
9		송현아	자재부	사원	1,950,000
10					
11					급여액 표준편차
12					
13					

정답 [E12] 셀에 「=DSTDEV(B3:E9,E3,D3:D4)」를 입력

9 DGET(데이터베이스,필드,조건범위)

조건을 만족하는 단일값을 구하는 함수

연습문제 ▶ 'DGET 함수' 시트 탭을 클릭하여 문제를 풀어 보세요.

① [연습 01]에서 [B3:H11] 영역을 참조하여 이름[B15]에 따른 출석[C15], 과제[D15]을 산출하여 표시하시오.
   ▶ 조건 영역은 [B14:D15]에서 알맞은 영역을 찾아서 지정할 것

	A	B	C	D	E	F	G	H
1								
2		[연습 01]						
3		학번	이름	성별	출석	과제	중간	기말
4		20071406	김영지	여	35	0	20	25
5		20071407	나웅선	남	100	94	70	80
6		20071501	김채원	여	100	82	98	98
7		20071502	노민혁	남	50	0	0	70
8		20071506	송성빈	남	67	80	90	70
9		20071507	송명신	여	100	82	80	87
10		20071508	유성진	남	100	94	100	94
11		20071509	윤예진	여	90	100	60	85
12								
13		이름별 출석과 과제 점수						
14		이름	출석	과제				
15		노민혁						
16								

※ 찾는 값이 없으면 '#VALUE!' 오류가 발생하며, 값이 여러 개인 경우에는 '#NUM!' 오류가 발생함

정답 [C15] 셀에 「=DGET(B3:H11,E3,B14:B15)」를 입력, [D15] 셀에 「=DGET(B3:H11,F3,B14:B15)」를 입력

10 DPRODUCT(데이터베이스,필드,조건범위)

조건을 만족하는 필드의 곱을 구하는 함수

① [연습 01]에서 성명[B4:B9]이 '이'로 시작하는 사람의 급여를 모두 곱하여 [E12] 셀에 계산하시오.
   ▶ 조건은 [B11:B12] 영역에 입력하시오.

	A	B	C	D	E
1					
2		[연습 01]			
3		성명	부서	직책	급여
4		이서진	홍보부	사원	1,975,000
5		진아영	경리부	과장	2,550,000
6		이영석	홍보부	사원	1,750,000
7		진사위	홍보부	대리	2,350,000
8		윤준희	총무부	사원	1,895,000
9		송현아	자재부	사원	1,950,000
10					
11					급여의 곱
12					
13					

정답 계산식: (B11: 성명, B12: 이*), [E12] 셀에 「=DPRODUCT(B3:E9,E3,B11:B12)」를 입력

재무 함수

함수 사용 방법 알아보기

Excel 2021 함수사전 08

'C:₩2024_컴활1급₩함수사전₩작업파일₩재무함수.xlsx' 파일을 이용하여 재무 함수의 사용 방법을 알아봅니다.

1 FV(이자율,납입 횟수,납입금액, 미래 지급액의 현재 가치,납입 시점)

정기적인 납입금, 고정 이율에 따른 투자의 미래 가치를 구하는 함수

연습문제 ▶ 'FV 함수' 시트 탭을 클릭하여 문제를 풀어 보세요.

① [연습 01]에서 만기지급액을 [D4:D7] 영역에 계산하시오.

▶ 만기지급액은 2년간 연이율 3%로 매월 말에 예금한 후 매월 복리로 계산되어 만기에 찾게되는 예금액 계산

	A	B	C	D
1				
2		[연습 01]		
3		이름	납입금액	만기지급액
4		윤준희	100,000	
5		이서진	50,000	
6		진아영	250,000	
7		진사위	150,000	
8				

정답 [D4] 셀에 「=FV(3%/12,2*12,-C4,0,0)」을 입력하고 [D7] 셀까지 수식 복사

TIP

=FV(3%/12,2*12,-C4,0,0)

- =FV(3%/12,2*12,-C4) : '현재가치'와 '납입시점'을 생략해도 결과는 동일함
- 3%/12 : 연이율은 12로 나눔
- 2*12 : 기간은 12로 곱함
- -C4 : 납입금은 지출이기 때문에 음수로 계산
- 0 : 앞으로 지급할 납입금의 합계로 한번에 예치할 때 사용(생략 가능)
- 0 : 매월 말에 입금하기 때문에 '0' 또는 생략, 만약 매월 초이면 '1'로 지정

2 PV(이자율,납입 횟수,납입금액, 미래 가치 또는 마지막 상환 후 현금 잔액,납입시점)

정기적인 납입금, 고정 이율에 따른 대출 또는 투자의 현재 가치를 구하는 함수

연습문제 ▶ 'PV 함수' 시트 탭을 클릭하여 문제를 풀어 보세요.

① [연습 01]에서 2년 동안 연이율 2.5%로 매월말 십만원씩 상환해야 한다면 이 금액의 현재 가치가 얼마인지 [C6] 셀에 구하시오.

	A	B	C
1			
2		[연습 01]	
3		연이율	2.5%
4		기간	2
5		월상환액	100,000
6		현재가치	
7			

정답 [C6] 셀에 「=PV(C3/12, C4*12,-C5)」를 입력

TIP

=PV(C3/12,C4*12,-C5)

- =PV(C3/12,C4*12,-C5,0,0) : '미래가치'와 '납입시점'에 '0'을 입력해도 결과는 동일함
- C3/12 : 연이율은 12로 나눔
- C4*12 : 기간은 12로 곱함
- -C5 : 상환금은 지출이기 때문에 음수로 계산
- 미래가치(생략) : 상환이 끝나면 미래가치로 볼 때 상환액이 없기 때문에 '0' 또는 생략
- 납입시점(생략) : 매월 말에 입금하기 때문에 '0' 또는 생략, 만약 매월 초이면 '1'로 지정

함수사전 08 • 재무 함수   569

3 NPV(할인율,지급액 또는 수익1,지급액 또는 수익2,…)

할인율과 미래 지급액, 수익에 따라 투자의 순 현재 가치를 구하는 함수

예) 커피숍에 삼천만원을 투자하고 3년간 천만원의 매출이 보장될 때 순현재가치를 표시
▶ 함수식 : =NPV(C2,C3:C8)

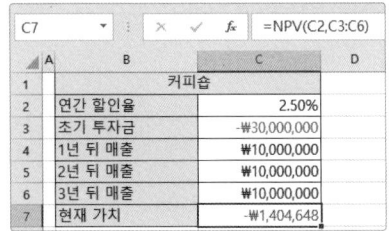

TIP
- =NPV(C2,C3:C6) : 초기투자가 기간의 말에 발생하면 투자금을 인수로 지정
- =NPV(C2,C4:C6)+C3 : 초기투자가 기간의 초에 발생하면 함수 계산이 끝난 후 더함

4 PMT(이자율,상환 횟수,현재 가치,미래 가치 또는 상환 후 잔액, 납입시점)

정기적으로 납입하고 일정한 이자율이 적용되는 대출 상환금을 구하는 함수

① [연습 01]에서 연 이자율, 납입기간, 대출원금을 이용하여 월 상환금[F4:F6]을 계산하시오.
▶ 월 상환금은 양수로 표시하며, 매월 말에 지급함

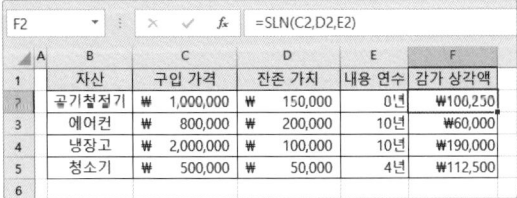

TIP
=PMT(C4/12,D4*12,-E4)
- C4/12 : 연이자율을 12로 나눔
- D4*12 : 기간은 12로 곱함
- -E4 : 현재가치는 대출원금이며, 양수로 표시해야 하기 때문에 '-'기호를 붙임
- 납입시점 : 매월 말에 지급하기 때문에 '0'또는 생략함

정답 [F4] 셀에 「=PMT(C4/12,D4*12,-E4)」를 입력하고 [F6] 셀까지 수식 복사

5 SLN(자산의 구입가,자산의 잔존 가치,총 감가 상각 기간)

단위 기간 동안의 자산 감가 상각을 구하는 함수

예) 정액법을 사용하여 제품의 수명 년수에 따른 감가 상각액을 계산하여 표시 ▶ 함수식 : =SLN(C2,D2,E2)

※ 정액법 공식 : (구입가격-잔존가치)/수명 년수

자산	구입 가격	잔존 가치	내용 연수	감가 상각액
공기청정기	₩ 1,000,000	₩ 150,000	0년	₩100,250
에어컨	₩ 800,000	₩ 200,000	10년	₩60,000
냉장고	₩ 2,000,000	₩ 100,000	10년	₩190,000
청소기	₩ 500,000	₩ 50,000	4년	₩112,500

6 SYD(자산의 구입가,자산의 잔존 가치,총 감가 상각 기간,계산할 감가 상각 기간)

연수합계법으로 자산의 감가 상각을 구하는 함수

예 연수합계법을 사용하여 사용 기간에 따른 감가 상각액을 계산하여 표시 ▶ 함수식 : =SYD(C2,D2,E2,F2)

자산	구입 가격	잔존 가치	내용 연수	사용 기간	감가 상각액
공기청정기	₩ 1,000,000	₩ 150,000	8년	6년	₩70,833
에어컨	₩ 800,000	₩ 200,000	10년	7년	₩43,636
냉장고	₩ 2,000,000	₩ 100,000	10년	5년	₩207,273
청소기	₩ 500,000	₩ 50,000	4년	2년	₩135,000

09 정보 함수

함수 사용 방법 알아보기

'C:₩2024_컴활1급₩함수사전₩작업파일₩정보함수.xlsx' 파일을 이용하여 정보 함수의 사용 방법을 알아봅니다.

1 ISBLANK(인수)

지정한 셀이 비어 있다면 TRUE를, 아니라면 FALSE를 표시하는 함수

연습문제 ▶ 'ISBLANK 함수' 시트 탭을 클릭하여 문제를 풀어 보세요.

① [연습 01]에서 출석일수가 공백인 경우에는 재수강, 나머지는 공백으로 계산하여 비고[D4:D10] 영역에 결과를 표시하시오.
   ▶ IF, ISBLANK 함수 사용

	A	B	C	D
1				
2		[연습 01]		
3		학생코드	출석일수	비고
4		1-J001	10	
5		1-J002		
6		1-J003	15	
7		1-J004	25	
8		2-J001		
9		2-J002	22	
10		2-J003	12	

정답 [D4] 셀에 「=IF(ISBLANK(C4),"재수강"," ")」을 입력하고 [D10] 셀까지 수식 복사

2 ISERR(인수)

지정한 셀에 #N/A 오류가 발생하면 FALSE를 그 외 오류가 발생하면 TRUE를 표시하는 함수

① [연습 01]에서 데이터[B4:B10]가 오류인지 확인하여 오류확인[C4:C10] 영역에 결과를 표시하시오.
   ▶ #N/A 오류는 제외

	A	B	C
1			
2		[연습 01]	
3		데이터	오류확인
4		아카데미	
5		#N/A	
6		#DIV/0!	
7		5000	
8		#VALUE!	
9		#NULL!	
10		#NUM!	

정답 [C4] 셀에 「=ISERR(B4)」를 입력하고 [C10] 셀까지 수식 복사

3 ISERROR(인수)

지정한 셀에 오류가 발생하면 TRUE를 그 외에는 FALSE를 출력하는 함수

연습문제 'ISERROR 함수' 시트 탭을 클릭하여 문제를 풀어 보세요.

① [연습 01]에서 부족수량을 계산하여 [D4:D10]에 표시하시오.
- ▶ 부족수량 = 판매오더수량 − 회사보유재고(단, 계산식에 오류가 있으면 '보유재고확인'으로 표시)
- ▶ IF, ISERROR 함수 사용

	A	B	C	D
1				
2		[연습 01]		
3		회사보유재고	판매오더수량	부족수량
4		100	85	
5		없음	75	
6		75	100	
7		48	70	
8		65	90	
9		없음	50	
10		43	60	
11				

TIP
오류가 없으면 FALSE, 있으면 TRUE 반환
- =ISERROR(C4−B4) : FALSE → −15
- =ISERROR(C5−B5) : TRUE → #VALUE!

정답 [D4] 셀에 「=IF(ISERROR(C4−B4),"재고확인",C4−B4)」를 입력하고 [D10] 셀까지 수식 복사

4 ISEVEN(인수)

지정한 셀의 값이 짝수이면 TRUE를, 홀수이면 FALSE를 표시하는 함수

예

	A	B	C	D	E	F
		데이터	결과		함수식	
1						
2		−2	TRUE	◀	=ISEVEN(B2)	
3		0	TRUE	◀	=ISEVEN(B3)	
4		1	FALSE	◀	=ISEVEN(B4)	
5		2.5	TRUE	◀	=ISEVEN(B5)	
6		2020-09-25	FALSE	◀	=ISEVEN(B6)	

5 ISODD(인수)

지정한 셀의 값이 홀수이면 TRUE를, 짝수이면 FALSE를 표시하는 함수

예

	A	B	C	D	E	F
1		데이터	결과		함수식	
2		−2	FALSE	◀	=ISODD(B2)	
3		0	FALSE	◀	=ISODD(B3)	
4		1	TRUE	◀	=ISODD(B4)	
5		2.5	FALSE	◀	=ISODD(B5)	
6		2020-09-25	TRUE	◀	=ISODD(B6)	

6 ISLOGICAL(인수)

지정한 셀의 값이 논리값이면 TRUE를, 아니면 FALSE를 표시하는 함수

예)

	A	B	C	D	E	F
1		데이터	결과		함수식	
2		1	FALSE	◀	=ISLOGICAL(B2)	
3		참	FALSE	◀	=ISLOGICAL(B3)	
4		TRUE	TRUE	◀	=ISLOGICAL(B4)	
5			TRUE	◀	=ISLOGICAL(3=4)	
6						

7 ISNUMBER(인수)

지정한 셀의 값이 숫자라면 TRUE를, 아니면 FALSE를 표시하는 함수

예)

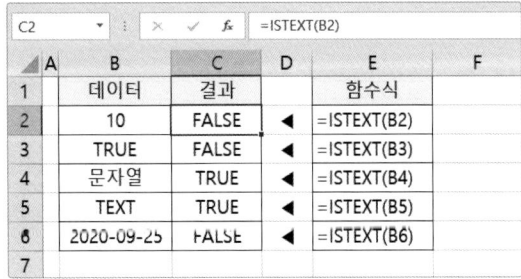

	A	B	C	D	E	F
1		데이터	결과		함수식	
2		0	TRUE	◀	=ISNUMBER(B2)	
3		-5	TRUE	◀	=ISNUMBER(B3)	
4		십삼	FALSE	◀	=ISNUMBER(B4)	
5		TRUE	FALSE	◀	=ISNUMBER(B5)	
6		2020-09-25	TRUE	◀	=ISNUMBER(B6)	
7						

8 ISTEXT(인수)

지정한 셀의 값이 문자열이면 TRUE를, 아니면 FALSE를 표시하는 함수

예)

	A	B	C	D	E	F
1		데이터	결과		함수식	
2		10	FALSE	◀	=ISTEXT(B2)	
3		TRUE	FALSE	◀	=ISTEXT(B3)	
4		문자열	TRUE	◀	=ISTEXT(B4)	
5		TEXT	TRUE	◀	=ISTEXT(B5)	
6		2020-09-25	FALSE	◀	=ISTEXT(B6)	
7						

7 ISNONTEXT(인수)

지정한 셀의 값이 문자열이 아니면 TRUE를, 문자열이면 FALSE를 표시하는 함수

예

	A	B	C	D	E	F
1		데이터	결과		함수식	
2		10	TRUE	◀	=ISNONTEXT(B2)	
3		TRUE	TRUE	◀	=ISNONTEXT(B3)	
4		문자열	FALSE	◀	=ISNONTEXT(B4)	
5		TEXT	FALSE	◀	=ISNONTEXT(B5)	
6		2020-09-25	TRUE	◀	=ISNONTEXT(B6)	
7						

10 TYPE(인수)

지정한 셀에 대한 값의 형식을 정수로 표시하는 함수

형식	숫자	문자열	논리값	오류값	배열
결과	1	2	4	16	64

예

	A	B	C	D	E	F
1		데이터	결과		함수식	
2		12	1	◀	=TYPE(B2)	
3		TEXT	2	◀	=TYPE(B3)	
4		TRUE	4	◀	=TYPE(B4)	
5		#NULL!	16	◀	=TYPE(B5)	
6			64	◀	=TYPE({1,2,3})	
7						

11 CELL(표시할 정보의 유형, 정보를 얻을 셀)

- 지정한 셀의 여러 가지 정보를 표시하는 함수
- 표시할 정보의 유형

인수	표시할 정보
address	참조 주소를 문자열(절대 주소)로 표시
col	열 번호를 숫자로 표시
color	음수를 표시하는 색상이 설정된 셀은 1, 아니면 0을 표시
contents	셀의 수식이 아닌 값을 표시
filename	파일의 전체 경로를 포함한 파일 이름을 표시
format	숫자 서식에 해당하는 텍스트 값을 표시
parentheses	숫자값에 괄호로 서식을 지정하면 1을, 아니면 0을 표시

prefix	지정된 맞춤에 따라 왼쪽은 작은 따옴표('), 오른쪽은 큰 따옴표("), 가운데는 캐럿(^), 양쪽은 백슬래시(\), 나머지는 공백(" ")을 표시
protect	잠금 설정이 되어있다면 1, 아니면 0을 표시
row	행 번호를 숫자로 표시
type	입력된 값의 형식에 따라 셀이 비어 있으면 'b'를, 셀에 텍스트 상수가 포함되어 있으면 'l'를, 다른 타입은 'v'를 표시
width	열 너비를 정수로 표시

예

	A	B	C	D	E
1		결과		함수식	
2		$A$2	◄	=CELL("address",A2)	
3		1	◄	=CELL("col",A3)	
4		0	◄	=CELL("color", A4)	
5		0	◄	=CELL("contents", A5)	
6		C:\[정보 함수.xlsx]CELL	◄	=CELL("filename", A6)	
7		G	◄	=CELL("format", A7)	
8		0	◄	=CELL("parentheses", A8)	
9			◄	=CELL("prefix", A9)	
10		1	◄	=CELL("protect", A10)	
11		11	◄	=CELL("row", A11)	
12	b		◄	=CELL("type",A12)	
13		1	◄	=CELL("width", A13)	
14					

MEMO

MEMO

2권 데이터베이스 실무

컴퓨터활용능력
1급 실기 　액세스 2021　 사용자용

발 행 일	2024년 11월 15일 (1판 1쇄)
I S B N	979-11-92695-53-2(13000)
정　　가	38,000원
집　　필	이상미, 김옥남, 장은영
진　　행	김동주
본문디자인	디자인앨리스
발 행 처	(주)아카데미소프트
발 행 인	유성천
주　　소	경기도 파주시 정문로 588번길 24
홈 페 이 지	www.aso.co.kr / www.asotup.co.kr

※ 이 책은 저작권법에 따라 보호를 받는 저작물이므로 무단 전재와 무단 복제를 금지하며, 이 책 내용의 전부 또는 일부를 이용하려면 반드시 ㈜아카데미소프트의 서면동의를 받아야 합니다.

이 책의 구성

> **1단계** 기출문제유형 완전분석하기
> ▶ 시험에 나오는 기능과 문제 유형을 따라하기 형식으로 설명

출제유형분석을 통해 학습 방법을 제시하였습니다.

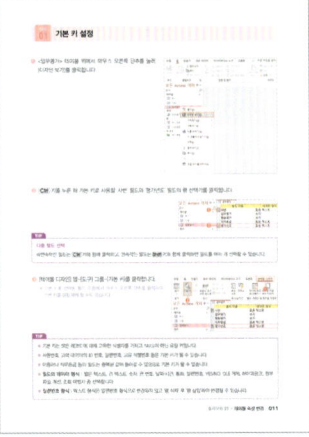

시험에 출제된 문제 유형과 함께 해결 방법을 따라하기 형식으로 설명하였습니다.

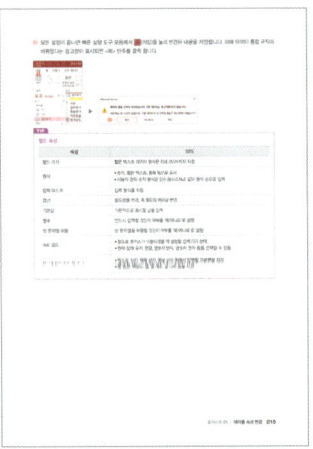

다양한 문제 유형과 해결 방법을 따라하기 형식으로 설명하였습니다.

Microsoft Access 2021

2단계 ▶ 최신유형문제 따라하기

▶ 새롭게 변경된 시험 출제 유형에 맞게 단계별로 문제를 해결할 수 있도록 따라하기 형식으로 설명

 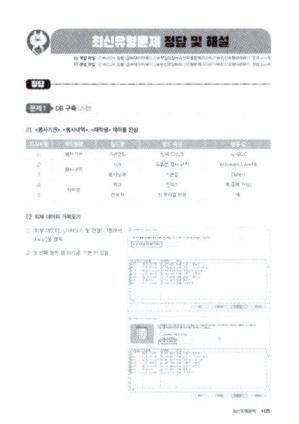 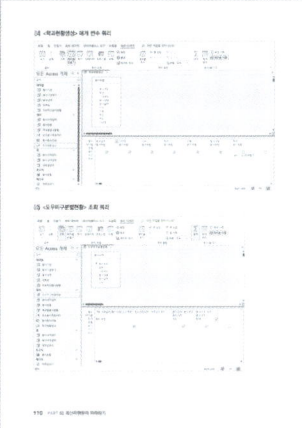

3단계 ▶ 실전모의고사 5회 / 최신기출유형 10회

▶ 완벽한 시험을 대비할 수 있도록 문제와 정답, 해설 제공

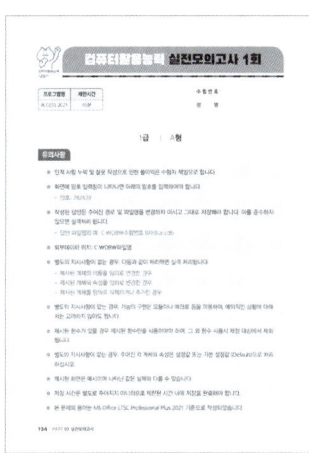 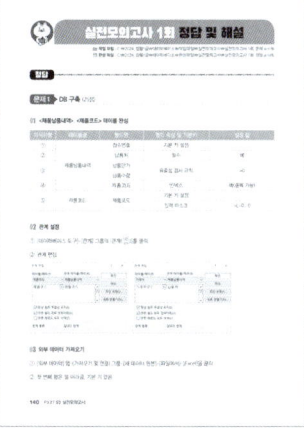 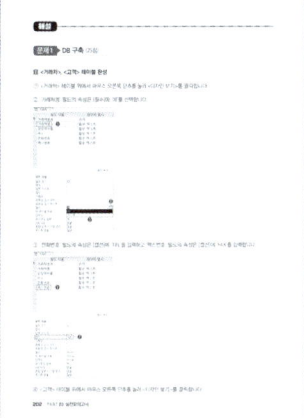

컴활1급 실기, 2024년도 시험변경사항 안내

2024년도 컴퓨터활용능력 1급 실기 시험안내

1 직무내용

컴퓨터와 주변기기를 이용하고, 인터넷을 사용하는 사무환경에서 스프레드시트, 데이터베이스 관리시스템 등의 응용 프로그램을 이용하여 필요한 정보를 수집, 분석, 활용하는 업무를 수행

2 시험안내

- 실기검정방법 : 컴퓨터 작업형(10문제 이내)
- 시험시간 : 90분

등급	시험방법	시험방법	출제형태	시험시간	합격기준
1급	필기 시험	컴퓨터 일반 스프레드시트 일반 데이터베이스 일반	객관식 (60문항)	60분	매 과목 100점 만점에 과목당 40점 이상이고, 평균 60점 이상
	실기 시험	스프레드시트 실무 데이터베이스 실무	컴퓨터 작업형 (10문항 이내)	90분 (과목별 45분)	매 과목 100점 만점에 두 과목 모두 70점 이상
실기 프로그램					
Windows 10, Microsoft Office 2021					

※ 운영체제의 경우 Windows 10 기준을 적용함
※ 웹 브라우저의 경우 기술발달 및 산업현장의 수요에 따라 버전을 명시하지 않고 웹 브라우저의 공통 기능을 기준으로 적용함
※ 스프레드시트 및 데이터베이스 프로그램의 경우 기술발달 및 산업현장의 수요에 따라 Microsoft Office 2021 버전으로 업데이트함

3 2024년도 출제기준 주요 변경 내용

스프레드시트

- Microsoft Office 2021 버전 기준 적용에 따른 변경사항 반영
- 주로 사용되지 않는 함수 삭제 및 주로 사용되는 함수 추가

데이터베이스

- Microsoft Office 2021 버전 기준 적용에 따른 변경사항 반영
- 데이터베이스 출제 항목별 배점 변경

작업유형	배점	출제 항목	상세 배점
1. DB 구축	25점	테이블 완성	3점
		데이터 생성	5점
		관계	5점
		필드의 조회 속성	5점
2. 입력 및 수정	20점	폼완성	3점
		쿼리, 매크로 함수	5점~6점
		콤보 상자 설정	5점
		하위 폼 추가하기	5점
3. 조회 및 출력	20점	보고서 완성	3점
		이벤트 프로시저	5점
4. 처리 기능	35점	쿼리	7점
합계	100점		

데이터베이스 주요 연산자 및 함수 (1급)

구분	연산자 및 함수
산술/대입 연산	+, -, *, /, ₩, mod, &, ^, =
논리/비교 연산	And, Or, Not, =, <, >, >=, <=, <>, Like, is
날짜/시간 처리	now, date, time, weekday, dateadd, datediff, datepart, datevalue, year, month, day, hour, second, minute, dateserial, timeserial, timevalue
텍스트 처리	left, mid, right, trim, ltrim, rtrim, instr, strcomp, len, lenB, lcase, ucase, replace, space, string, strConv, strReverse
선택	iif, choose, switch
자료 형식 변환	cdate, cint, clng, cstr, cbool, val, str
자료 형식 평가	isdate, isnull, isnumeric, iserror, isobject
도메인 집계	davg, dsum, dcount, dmin, dmax, dlookup
SQL 집계	avg, sum, count, min, max
수학	rnd, round, abs, int
메시지	inputbox, msgbox
재무함수	fv, ipmt, irr, mirr, nper, npv, pmt, ppmt, pv, rate
기타	RGB, timer

목 차 CONTENTS

PART 01 기출문제유형 완전분석하기

CHAPTER 01 테이블 완성
- 출제유형 01 테이블 속성 변경 ········· 010
- 출제유형 02 관계 설정 ········· 018
- 출제유형 03 외부 데이터 가져오기 ········· 023

CHAPTER 02 폼의 입력과 수정
- 출제유형 01 폼의 속성 ········· 032
- 출제유형 02 조건부 서식 ········· 044
- 출제유형 03 컨트롤에 원본 목록 만들기 ········· 049
- 출제유형 04 하위 폼 연결하기 ········· 053
- 출제유형 05 매크로 생성과 지정 ········· 058

CHAPTER 03 보고서의 조회 및 출력
- 출제유형 01 보고서의 완성 ········· 068
- 출제유형 02 이벤트 프로시저 구현 ········· 074

CHAPTER 04 쿼리의 작성과 구현
- 출제유형 01 쿼리의 작성과 실행 ········· 082
- 출제유형 02 쿼리 유형에 따른 다양한 쿼리 작성 ········· 093

PART 02 최신유형문제 따라하기

- 최신유형문제 100
  - ▶ 최신유형문제 정답 및 해설 105

PART 03 실전모의고사

- 실전모의고사 1회 134
  - ▶ 실전모의고사 1회 정답 및 해설 140
- 실전모의고사 2회 164
  - ▶ 실전모의고사 2회 정답 및 해설 170
- 실전모의고사 3회 190
  - ▶ 실전모의고사 3회 정답 및 해설 196
- 실전모의고사 4회 216
  - ▶ 실전모의고사 4회 정답 및 해설 222
- 실전모의고사 5회 244
  - ▶ 실전모의고사 5회 정답 및 해설 250

PART 04 최신기출유형

- 최신기출유형 1회 274
  - ▶ 최신기출유형 1회 정답 및 해설 280
- 최신기출유형 2회 304
  - ▶ 최신기출유형 2회 정답 및 해설 310
- 최신기출유형 3회 332
  - ▶ 최신기출유형 3회 정답 및 해설 338
- 최신기출유형 4회 360
  - ▶ 최신기출유형 4회 정답 및 해설 367
- 최신기출유형 5회 390
  - ▶ 최신기출유형 5회 정답 및 해설 396
- 최신기출유형 6회 416
  - ▶ 최신기출유형 6회 정답 및 해설 422
- 최신기출유형 7회 442
  - ▶ 최신기출유형 7회 정답 및 해설 447
- 최신기출유형 8회 466
  - ▶ 최신기출유형 8회 정답 및 해설 472
- 최신기출유형 9회 492
  - ▶ 최신기출유형 9회 정답 및 해설 498
- 최신기출유형 10회 518
  - ▶ 최신기출유형 10회 정답 및 해설 525

컴퓨터활용능력
1급 실기

PART 01
기출문제유형 완전분석하기

CHAPTER 01

<테이블 완성>

출제유형 01   테이블 속성 변경

출제유형 02   관계 설정

출제유형 03   외부 데이터 가져오기

PART 01 / CHAPTER 01 · 테이블 완성

테이블 속성 변경

출제유형 분석

테이블의 데이터 형식 변경과 기본 키 설정, 입력 마스크, 유효성 검사 규칙, 인덱스 등의 테이블 속성을 변경하는 문제가 자주 출제되므로 이를 충분히 숙지해야할 필요가 있습니다.

 **미리 보기**

📁 작업 파일 : C:₩2024_컴활1급₩데이터베이스₩작업파일₩1장_출제유형01₩출제유형01_문제.accdb
📁 완성 파일 : C:₩2024_컴활1급₩데이터베이스₩완성파일₩1장_출제유형01₩출제유형01_정답.accdb

사원들의 업무평가를 수행하기 위한 데이터베이스를 구축하고자 한다. 다음의 지시사항에 따라 테이블을 완성하시오.

① <업무평가> 테이블의 '사번'과 '평가년도' 필드를 기본 키로 설정하시오.
② <업무평가> 테이블의 '업무평가'와 '행동평가' 필드에는 0보다 작거나 100보다 큰 값이 입력되지 않도록 유효성 검사 규칙을 설정하시오.
③ <업무평가> 테이블의 '직무등급' 필드에는 'A', 'B', 'C', 'D', 'F' 이외의 문자는 입력될 수 없도록 설정하시오. 단, 이외의 문자가 입력되면 '등급을 확인하세요.'를 표시하시오.
④ <업무평가> 테이블의 '사번' 필드는 'S1000'과 같은 형태로 영문 대문자 1개와 숫자 4개가 반드시 입력되도록 입력 마스크를 설정하시오.
   ▶ 영문자 입력은 영어와 한글만 입력할 수 있도록 설정할 것
   ▶ 숫자 입력은 0~9까지의 숫자만 입력할 수 있도록 설정할 것
⑤ <업무평가> 테이블의 '평가년도' 필드는 중복 가능한 인덱스를 설정하시오.

※ [액세스]의 데이터 형식

데이터 형식	의미
짧은 텍스트	최대 255자 길이의 텍스트와 숫자의 조합을 입력
긴 텍스트	최대 63,999자 길이의 텍스트와 숫자의 조합을 입력
숫자 / 큰 번호	바이트, 정수, 실수, 복소수, 10진수 등의 숫자를 입력
날짜/시간	100년에서 9999년 사이의 날짜 및 시간을 입력
날짜/시간 연장됨	날짜/시간 확장 데이터 형식, 1년에서 9999년 사이의 날짜 및 시간을 입력
통화	8바이트 길이로 일반 숫자, 통화, 표준, 백분율 등에 기호를 표시하여 입력
일련번호	4바이트 크기로 새 레코드가 추가될 때마다 순차적으로 1씩 증가
Yes/No	1비트 크기로 예/아니요, 참/거짓 중 하나만을 포함
OLE 개체	최대 2GB 정도의 포함된 개체를 입력
하이퍼링크	최대길이 2048의 텍스트로 저장되고 하이퍼링크의 주소로 사용되는 텍스트와 숫자의 조합을 입력
첨부 파일	첨부 파일을 추가하여 입력
계산	식 작성기를 이용하여 수식을 입력하는 형식
조회 마법사	목록 상자 또는 콤보 상자를 사용하여 다른 테이블 또는 값 목록에서 값을 선택한 후 조회를 수행하여 입력

※ 액세스 작업 화면에 주어진 모든 개체들이 화면에 표시됩니다. 이때 보안 경고창이 표시되면 <콘텐츠 사용> 단추를 클릭합니다.

Skill 01 기본 키 설정

① <업무평가> 테이블 위에서 마우스 오른쪽 단추를 눌러 [디자인 보기]를 클릭합니다.

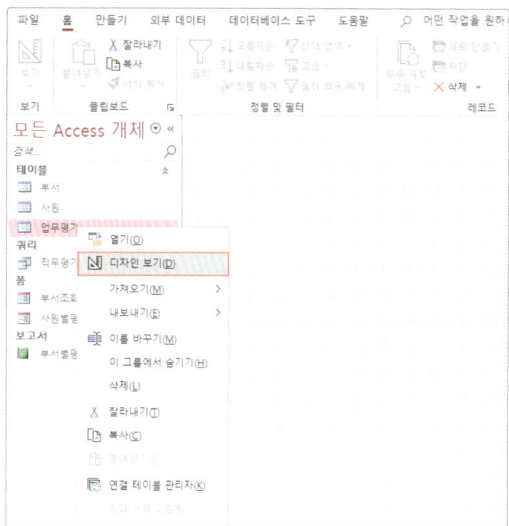

② Ctrl 키를 누른 채 기본 키로 사용할 '사번' 필드와 '평가년도' 필드의 행 선택기를 클릭합니다.

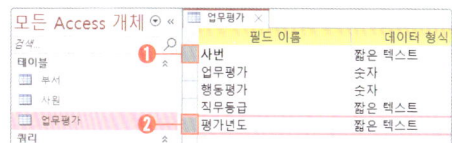

> **TIP**
> **다중 필드 선택**
> 비연속적인 필드는 Ctrl 키와 함께 클릭하고, 연속적인 필드는 Shift 키와 함께 클릭하면 필드를 여러 개 선택할 수 있습니다.

③ [테이블 디자인] 탭-[도구] 그룹-[기본 키]를 클릭합니다.
   ※ 기본 키로 선택된 필드 이름에서 마우스 오른쪽 단추를 클릭하여 기본 키를 설정/해제 할 수도 있습니다.

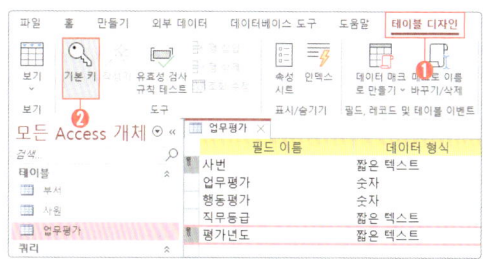

> **TIP**
> - 기본 키는 모든 레코드에 대해 고유한 식별자를 가지고, NULL이 아닌 유일 키입니다.
> - 사원번호, 고객 데이터의 ID 번호, 일련번호, 고유 식별번호 등은 기본 키가 될 수 있습니다.
> - 이름이나 직무등급 등의 필드는 중복된 값이 들어갈 수 있으므로 기본 키가 될 수 없습니다.
> - **필드의 데이터 형식** : 짧은 텍스트, 긴 텍스트, 숫자, 큰 번호, 날짜/시간, 통화, 일련번호, YES/NO, OLE 개체, 하이퍼링크, 첨부 파일, 계산, 조회 마법사 중 선택합니다.
> - **일련번호 형식** : 텍스트 형식은 일련번호 형식으로 변경되지 않고 '행 삭제' 후 '행 삽입'하여 변경될 수 있습니다.

Skill 02 유효성 검사 규칙과 유효성 검사 텍스트

❶ 행 선택기에서 '업무평가' 필드를 선택하고 '유효성 검사 규칙'에 'Between 0 And 100'을 입력합니다.

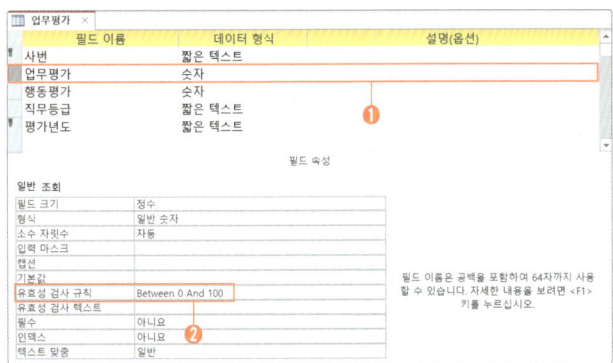

TIP

- 입력 데이터의 오류를 줄이기 위해 규칙을 정하는 것으로 예약어를 사용할 수 있습니다.
- 유효성 검사 텍스트는 유효성 검사 규칙에 어긋날 때 표시할 문자를 입력합니다.
- 유효성 검사 규칙의 예

규칙	설명
<>0	0이 아닌 값을 입력
Between 1 And 8 또는 >=1 And <=8	1에서 8 사이의 숫자를 입력
In ("국민","비씨","이체") 또는 "국민" Or "비씨" Or "이체"	국민 또는 비씨 또는 이체의 문자를 입력
Between #2010-1-1# And #2021-3-5#	• 2010-1-1에서 2021-3-5 사이의 날짜를 입력 • 날짜를 입력할 때에는 '#'을 날짜 앞, 뒤에 입력하고 두 날짜 사이는 And로 입력
Like "*@*"	• @기호를 포함하는 문자열을 입력 • *은 '모든'의 의미이므로 @기호를 포함하는 문자를 입력
Len([사번])=8	'사번' 필드의 길이를 8글자로 입력

❷ 행 선택기에서 '행동평가' 필드를 선택하고 '유효성 검사 규칙'에 'Between 0 And 100'을 입력합니다.

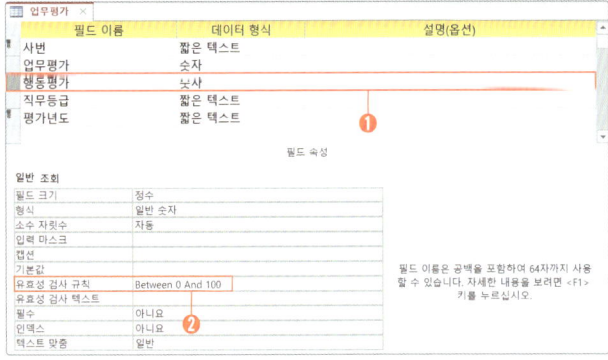

❸ 행 선택기에서 '직무등급' 필드를 선택하고 '유효성 검사 규칙'에 'In ("A","B","C","D","F")'를 입력하고 '유효성 검사 텍스트'에는 '등급을 확인하세요.'를 입력합니다.

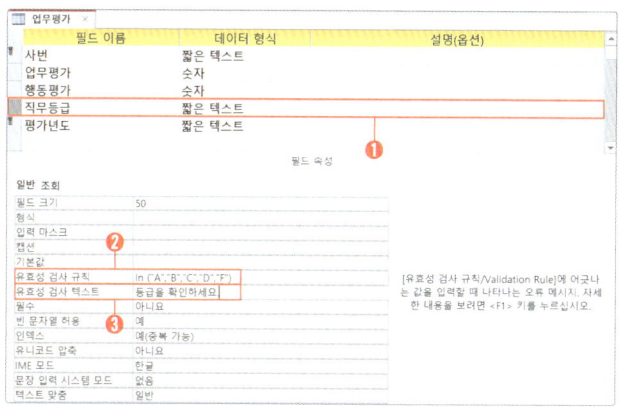

Skill 03 입력 마스크

❶ 행 선택기에서 '사번' 필드를 선택하고 '입력 마스크'에 '>L0000'을 입력합니다.

※ 첫 글자는 영문 대문자, 뒤 4자리는 숫자를 의미합니다.

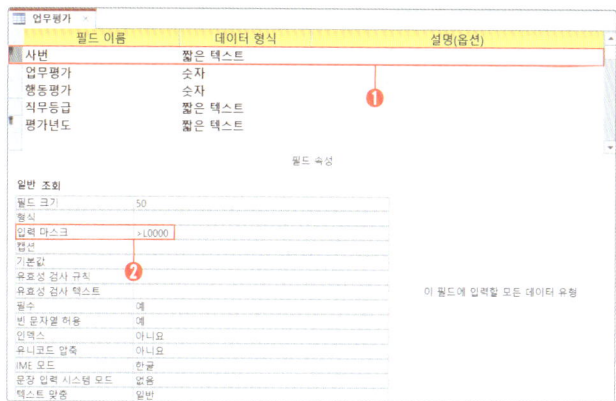

TIP

● 필드에 입력할 모든 데이터 유형을 숫자나 문자, 공백 등을 입력할 수 있도록 서식을 지정합니다.

● 형식은 '입력마스크기호;기호문자저장여부;입력할 때 표시되는 문자' 순입니다.

첫 번째 구역	두 번째 구역	세 번째 구역
(999)999-9999	0 또는 1 (0이면 문자를 포함하여 저장하고 1 또는 생략하면 입력된 값만 저장)	#
예) (999)999-9999;0;# → (###)###-####으로 표시되어 입력하면 #기호를 저장		

출제유형 01 • 테이블 속성 변경 **013**

● 사용자 정의 지정 기호

문자	설명
0	필수적으로 0~9까지의 숫자를 입력. +, – 기호 사용 불가능 예) 000-0000-0000
9	선택적으로 숫자나 공백을 입력. +, – 기호 사용 불가능 예) 999-9999
#	선택적으로 숫자나 공백을 입력. +, – 기호 사용 가능 예) ###-#####
L	필수적으로 A~Z까지 영문자나 한글 입력 예) >LLL
?	선택적으로 a~z까지 영문자나 한글 입력 예) <???
A	필수적으로 영문자나 한글, 숫자를 입력 예) AAAA
a	선택적으로 영문자나 한글, 숫자를 입력 예) >aaa (최대 3글자)
&	필수적으로 모든 문자나 공백을 입력 예) &&&
C	선택적으로 모든 문자나 공백을 입력 예) CCC
<	모든 문자를 소문자로 변환 예) <aaa
>	모든 문자를 대문자로 변환 예) >AAA

Skill 04 인덱스(색인)

❶ 행 선택기에서 '평가년도' 필드를 선택하고 '인덱스'에서 '예(중복 가능)'을 선택합니다.

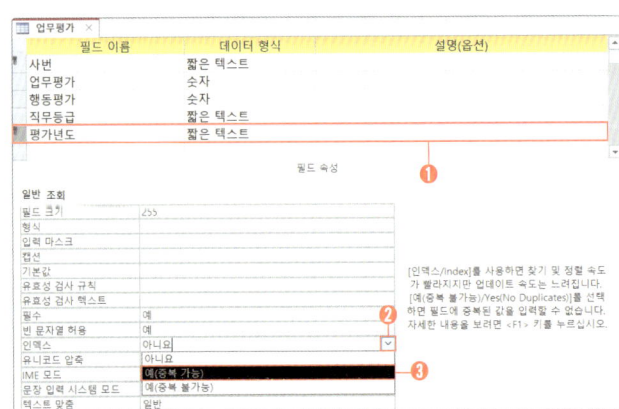

TIP
인덱스를 설정하면 찾기 및 정렬 속도는 빨라지고 업데이트 속도는 느려집니다. 종류에는 '아니요', '예(중복 가능)', '예(중복 불가능)' 중에서 선택할 수 있습니다.

❷ 모든 설정이 끝나면 빠른 실행 도구 모음에서 을 눌러 변경된 내용을 저장합니다. 이때 데이터 통합 규칙이 바뀌었다는 경고창이 표시되면 <예> 단추를 클릭 합니다.

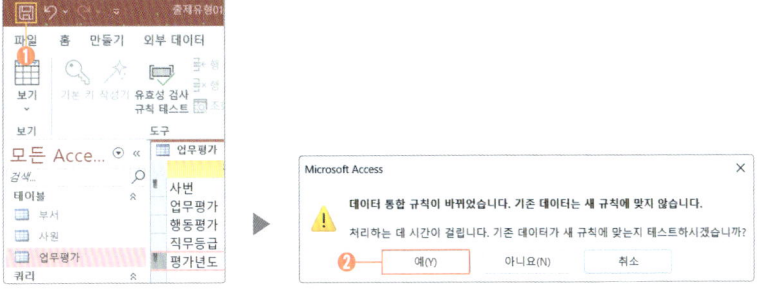

TIP

필드 속성

속성	의미
필드 크기	짧은 텍스트 데이터 형식은 최대 255자까지 지정
형식	• 숫자, 짧은 텍스트, 통화 등으로 표시 • 사용자 정의 숫자 형식은 양수;음수;0;Null 값의 형식 순으로 입력
입력 마스크	입력 형식을 지정
캡션	필드명을 변경, 즉 필드의 머리글 변경
기본값	기본적으로 표시할 값을 입력
필수	반드시 입력할 것인지 여부를 '예/아니요'로 설정
빈 문자열 허용	빈 문자열을 허용할 것인지 여부를 '예/아니요'로 설정
IME 모드	• 필드로 포커스가 이동되었을 때 설정할 입력기의 상태 • 현재 상태 유지, 한글, 영숫자 반자, 영숫자 전자 등을 선택할 수 있음
[조회] 탭의 컨트롤 표시	• 텍스트 상자, 목록 상자, 콤보 상자 중에서 입력할 자료형을 지정 • 행 원본, 바운드 열, 열 개수, 열 너비 등을 지정

출제유형 완전정복 ▶ 테이블 속성 변경

완전정복 - 01

📁 **작업 파일** : C:₩2024_컴활1급₩데이터베이스₩작업파일₩1장_출제유형01₩완전정복01_문제.accdb
📄 **완성 파일** : C:₩2024_컴활1급₩데이터베이스₩완성파일₩1장_출제유형01₩완전정복01_정답.accdb

도서관리에서 판매 내역을 관리하기 위한 데이터베이스를 구축하고자 한다. 다음의 지시사항에 따라 테이블을 완성하시오.

① <도서별판매내역> 테이블의 '접수번호'와 '도서코드' 필드를 기본 키로 설정하시오.
② <도서별판매내역> 테이블의 '주문일자' 필드에는 '2020년 1월 1일 수요일' 형식을 설정하시오.
③ <도서별판매내역> 테이블의 '주문처' 필드에는 값이 반드시 입력되도록 설정하시오.
④ <도서별판매내역> 테이블의 '판매단가' 필드에는 반드시 0 이상인 값이 입력되도록 설정하시오.
⑤ <도서별판매내역> 테이블의 '도서코드' 필드는 중복 가능한 인덱스를 설정하시오.

● 작업과정 ●

1 <도서별판매내역> 테이블 위에서 마우스 오른쪽 단추를 눌러 [디자인 보기]를 클릭합니다.

2 `Ctrl` 키를 누른 채 기본 키로 사용할 '접수번호' 필드와 '도서코드' 필드의 행 선택기를 클릭합니다.

3 [테이블 디자인] 탭-[도구] 그룹-[기본 키]를 클릭합니다.

※ 기본 키로 선택된 필드 이름에서 마우스 오른쪽 버튼을 클릭하여 기본 키를 설정/해제 할 수도 있습니다.

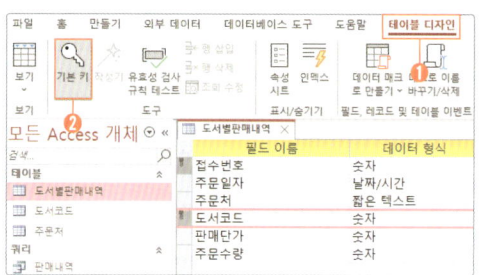

TIP
일련번호 : 주로 기본키로 지정

4 행 선택기에서 '주문일자' 필드를 선택하고 '형식'에서 '자세한 날짜'를 선택합니다.

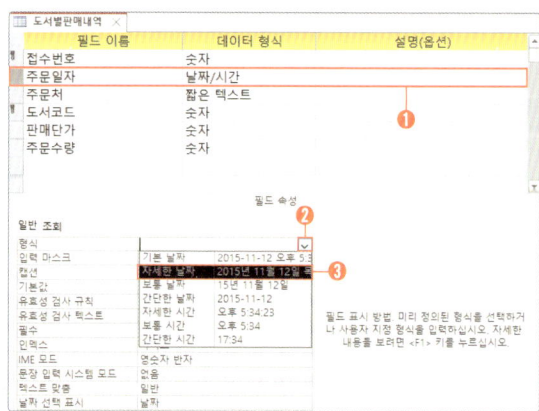

⑤ 행 선택기에서 '주문처' 필드를 선택하고 '필수'에서 '예'를 선택합니다.

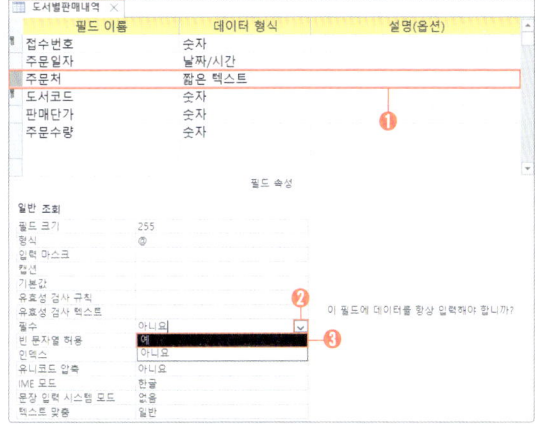

⑥ 행 선택기에서 '판매단가' 필드를 선택하고 '유효성 검사 규칙'에 '>=0'을 입력합니다.

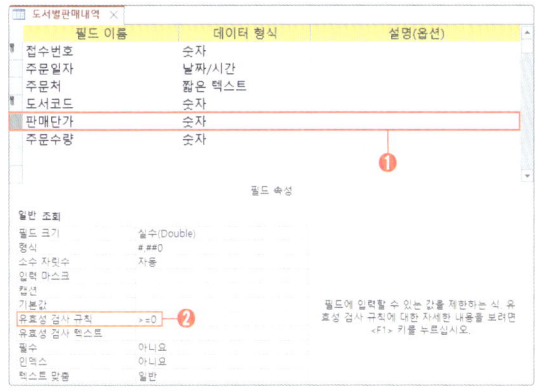

⑦ 행 선택기에서 '도서코드' 필드를 선택하고 '인덱스'에서 '예(중복 가능)'을 선택합니다.

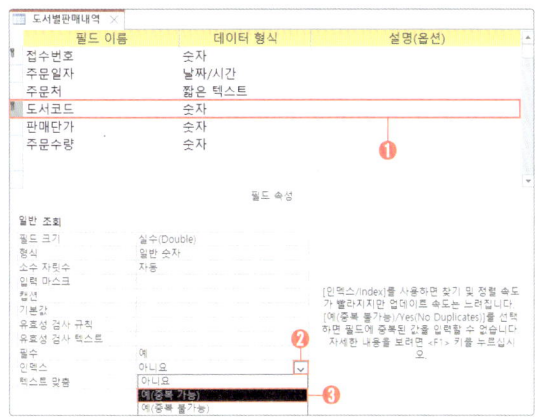

⑧ 모든 설정이 끝나면 빠른 실행 도구 모음에서 (저장)을 눌러 변경된 내용을 저장합니다. 이때 데이터 통합 규칙이 바뀌었다는 경고창이 표시되면 <예> 단추를 클릭합니다.

PART 01 / CHAPTER 01 · 테이블 완성

관계 설정

출제유형 분석

두 개 이상의 테이블 간의 관계를 설정하는 곳으로 [관계 편집]에서 '항상 참조 무결성', '관련 필드 모두 업데이트', '관련 레코드 모두 삭제'를 설정하는 방법을 숙지합니다. [관계 편집]할 때 주어진 조건을 판단하여 해당하는 항목에만 체크 표시합니다.

📁 작업 파일 : C:₩2024_컴활1급₩데이터베이스₩작업파일₩1장_출제유형02₩출제유형02_문제.accdb
📄 완성 파일 : C:₩2024_컴활1급₩데이터베이스₩완성파일₩1장_출제유형02₩출제유형02_정답.accdb

<업무평가> 테이블의 '사번' 필드는 <사원> 테이블의 '사번' 필드를, <사원> 테이블의 '부서코드' 필드는 <부서> 테이블의 '부서코드' 필드를 참조하며, 각 테이블 간의 관계는 M:1이다. 다음과 같이 테이블 간의 관계를 설정하시오.

※ 액세스 파일에 이미 설정되어 있는 관계는 수정하지 마시오.

▶ 각 테이블 간에 항상 참조 무결성이 유지되도록 설정하시오.
▶ 참조 필드의 값이 변경되면 관련 필드의 값도 변경되도록 설정하시오.
▶ 다른 테이블에서 참조하고 있는 레코드는 삭제할 수 없도록 설정하시오.

❶ [데이터베이스 도구] 탭-[관계] 그룹-[관계]를 클릭합니다.

❷ [관계 디자인] 탭-[관계] 그룹-[테이블 추가]를 클릭합니다.

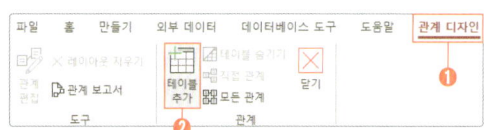

❸ [테이블 추가] 대화상자의 [테이블] 탭에서 Ctrl 키를 누른 채 차례대로 <부서>, <사원>, <업무평가> 테이블을 선택하고 <선택한 표 추가> 단추를 클릭합니다.

※ [테이블 추가] 대화상자의 [테이블] 탭에서 추가하고자 하는 '테이블명'을 더블클릭이나 드래그하여 추가할 수도 있습니다.

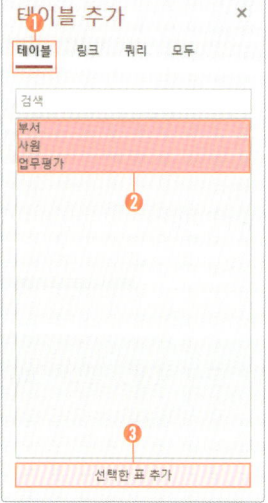

❹ [관계] 창에서 <업무평가> 테이블의 '사번' 필드를 <사원> 테이블의 '사번' 필드로 드래그 앤 드롭 합니다.

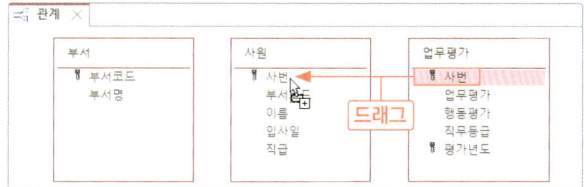

❺ [관계 편집] 대화상자에서 '항상 참조 무결성 유지', '관련 필드 모두 업데이트'를 선택하고 <만들기> 단추를 클릭합니다.

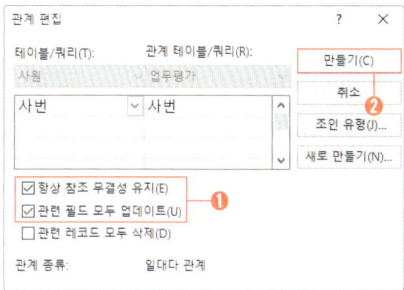

> **TIP**
> 사원 테이블의 사번 필드는 기본 키로 중복된 데이터를 입력할 수 없습니다. 기본 키가 설정되어 있어야 관계설정을 할 수 있습니다. 테이블이 열려 있으면 관계 편집이 안되므로 테이블을 닫기한 후 관계 편집을 합니다.

❻ [관계] 창에 '일대다(1:M)'의 관계가 표시됩니다.

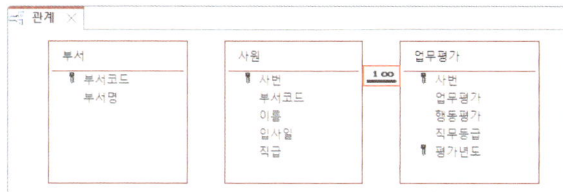

> **TIP**

관계 편집	
항상 참조 무결성	• 기본 테이블에 존재하지 않은 데이터를 연결하는 테이블에 생성, 변경하지 않도록 하는 규정 • 반드시 테이블에 기본 키로 설정된 필드에 있는 데이터를 입력
관련 필드 모두 업데이트	기본 키 값이 바뀔 때마다 연결된 테이블의 해당 필드의 값이 자동으로 변경하도록 하는 기능
관련 레코드 모두 삭제	하나의 테이블의 레코드가 삭제되면 관계된 테이블의 레코드도 함께 삭제하도록 하는 기능
관계의 종류	일대일(1:1), 일대다(1:M)
조인유형	
내부조인	두 테이블에서 모두 존재하는 레코드만 포함하여 표시
왼쪽 OUTER JOIN	왼쪽에서는 모든 레코드를 포함하고 오른쪽에서는 일치하는 레코드만 포함하여 표시
오른쪽 OUTER JOIN	오른쪽에서는 모든 레코드를 포함하고 왼쪽에서는 일치하는 레코드만 포함하여 표시

❼ [관계] 창에서 <사원> 테이블의 '부서코드' 필드를 <부서> 테이블의 '부서코드' 필드로 드래그 앤 드롭합니다.

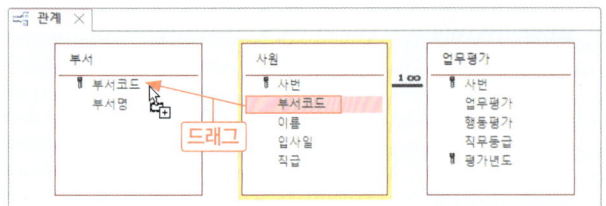

❽ [관계 편집] 대화상자에서 '항상 참조 무결성 유지', '관련 필드 모두 업데이트'를 선택하고 <만들기> 단추를 클릭합니다.

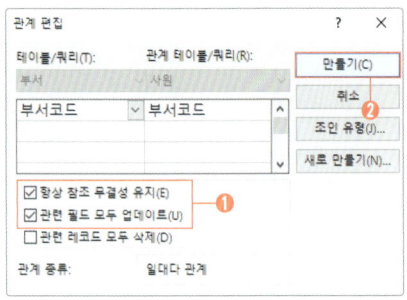

❾ [관계] 창에 '1:M(일대다)'의 관계가 표시됩니다.

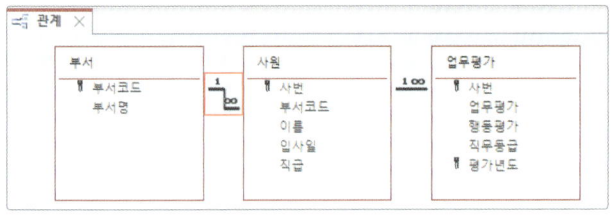

> **TIP**
> 관계의 삭제 : 관계 선을 클릭한 후 Delete 키를 눌러 삭제합니다.

❿ 빠른 실행 도구 모음에서 🔲(저장)을 눌러 변경된 내용을 저장합니다. [관계 디자인] 탭-[관계] 그룹-[닫기]를 클릭합니다.

출제유형 완전정복 ▶ 관계 설정

완전정복 - 01

📂 **작업 파일** : C:\2024_컴활1급\데이터베이스\작업파일\1장_출제유형02\완전정복01_문제.accdb
📂 **완성 파일** : C:\2024_컴활1급\데이터베이스\완성파일\1장_출제유형02\완전정복01_정답.accdb

데이터베이스의 관계를 설정하시오.

<도서별판매내역> 테이블의 '도서코드' 필드는 <도서코드> 테이블의 '도서코드' 필드를 참조하고 테이블 간의 관계는 1:M이다. 두 테이블에 대해 다음과 같이 관계를 설정하시오.

※ 액세스 파일에 이미 설정되어 있는 관계는 수정하지 마시오.

▶ 테이블 간에 항상 참조 무결성이 유지되도록 설정하시오.
▶ 참조 필드의 값이 변경되면 관련 필드의 값도 변경되도록 설정하시오.
▶ 다른 테이블에서 참조하고 있는 레코드는 삭제할 수 없도록 설정하시오.

● 작업과정

1 [데이터베이스 도구] 탭-[관계] 그룹-[관계]를 클릭합니다.

2 [관계 디자인] 탭-[관계] 그룹-[테이블 추가]를 클릭합니다.

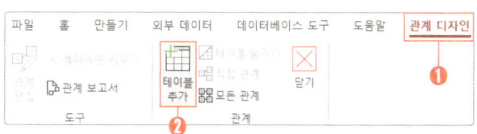

3 [테이블 추가] 대화상자의 [테이블] 탭에서 `Ctrl` 키를 누른 채 차례대로 <도서별 판매 내역>, <도서코드> 테이블을 선택하고 <선택한 표 추가> 단추를 클릭합니다.

※ [테이블 추가] 대화상자의 [테이블] 탭에서 추가하고자 하는 '테이블명'을 더블클릭이나 드래그 하여 추가할 수도 있습니다.

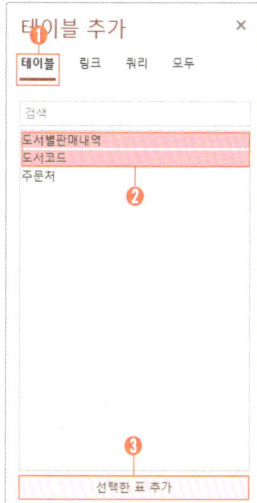

4 [관계] 창에서 <도서코드> 테이블의 '도서코드' 필드를 <도서별판매내역> 테이블의 '도서코드' 필드로 드래그 앤 드롭 합니다.

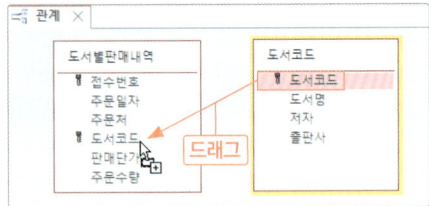

5 [관계 편집] 대화상자에서 '항상 참조 무결성 유지', '관련 필드 모두 업데이트'를 선택하고 <만들기> 단추를 클릭합니다.

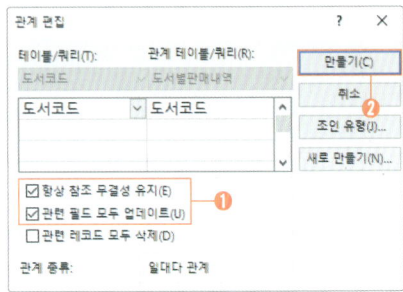

6 [관계] 창에 '1:M(일대다)'의 관계가 표시됩니다.

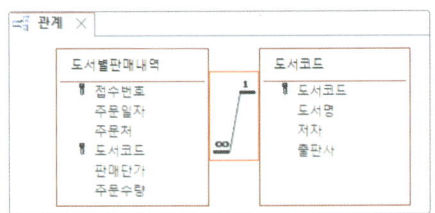

7 빠른 실행 도구 모음에서 ■(저장)을 눌러 변경된 내용을 저장합니다. [관계 디자인] 탭-[관계] 그룹-[닫기]를 클릭합니다.

Access 2021
출제유형 **03**

PART 01 / CHAPTER 01 · 테이블 완성

외부 데이터 가져오기

출제유형 분석 외부 데이터 가져오기 기능을 이용하여 엑셀 파일을 액세스 파일의 테이블로 가져오는 유형의 문제가 반드시 출제되므로 방법을 충분히 숙지해야 합니다. 또한, 액세스 파일의 테이블을 엑셀 파일로 내보내기할 수도 있습니다.

동영상 강의

문제 미리 보기

📂 **작업 파일** : C:₩2024_컴활1급₩데이터베이스₩작업파일₩1장_출제유형03₩출제유형03_문제.accdb
📄 **완성 파일** : C:₩2024_컴활1급₩데이터베이스₩완성파일₩1장_출제유형03₩출제유형03_정답.accdb

외부 데이터 가져오기 기능을 이용하여 <직급별호봉.xlsx>에서 범위의 정의된 이름 '직급별호봉'의 내용을 가져와 <직급별호봉> 테이블을 생성하시오.

▶ 첫 번째 행은 열 머리글임
▶ 기본 키는 없음으로 설정

❶ [외부 데이터] 탭-[가져오기 및 연결] 그룹-[새 데이터 원본]-[파일에서]-[Excel]를 클릭합니다.

※ 외부 데이터의 형식은 '엑셀 파일', '텍스트 파일' 형식의 파일 등 다양합니다.

❷ [외부 데이터 가져오기 - Excel 스프레드시트] 대화상자에서 <찾아보기> 단추를 클릭합니다.

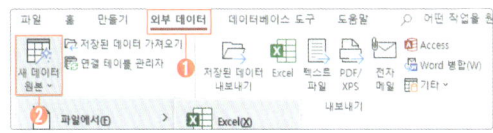

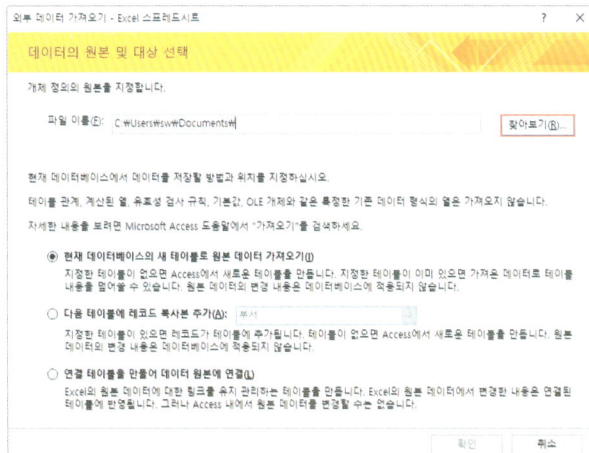

▶ **저장방법과 위치 지정**

① 외부에서 가져온 데이터를 이용하여 새로운 테이블을 작성합니다.
② 외부에서 가져온 데이터를 기존의 테이블에 추가합니다.
③ 외부에서 가져온 데이터를 이용하여 새로운 테이블을 작성하되 외부 데이터가 들어 있는 외부 파일과 연결합니다.

❸ [파일 열기] 대화상자에서 'C:₩2024_컴활1급₩데이터베이스₩작업파일₩1장_출제유형03₩직급별호봉.xlsx'을 선택하고 <열기> 단추를 클릭합니다.

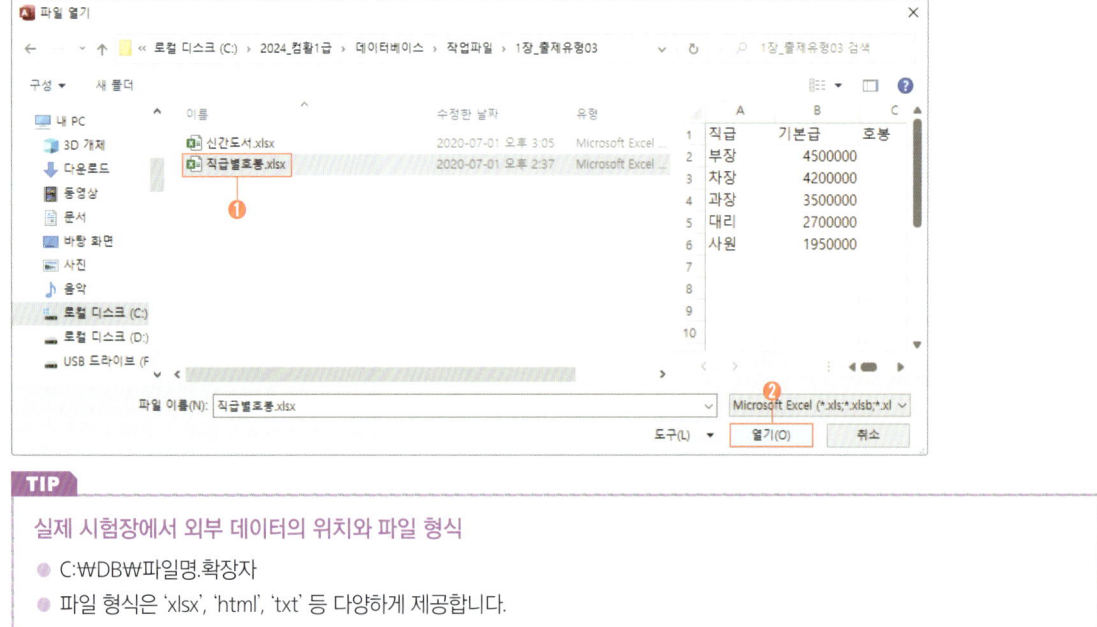

TIP

실제 시험장에서 외부 데이터의 위치와 파일 형식
- C:₩DB₩파일명.확장자
- 파일 형식은 'xlsx', 'html', 'txt' 등 다양하게 제공합니다.

❹ [외부 데이터 가져오기 - Excel 스프레드시트] 대화상자에서 저장할 방법과 위치를 '현재 데이터베이스의 새 테이블로 원본 데이터 가져오기(I)'를 선택하고 <확인> 단추를 클릭합니다.

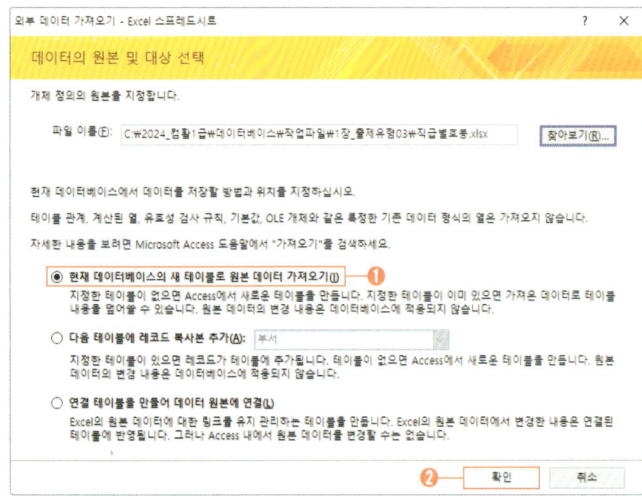

⑤ [스프레드시트 가져오기 마법사] 대화상자에서 '첫 행에 열 머리글이 있음'이 선택된 것을 확인하고 <다음> 단추를 클릭합니다.

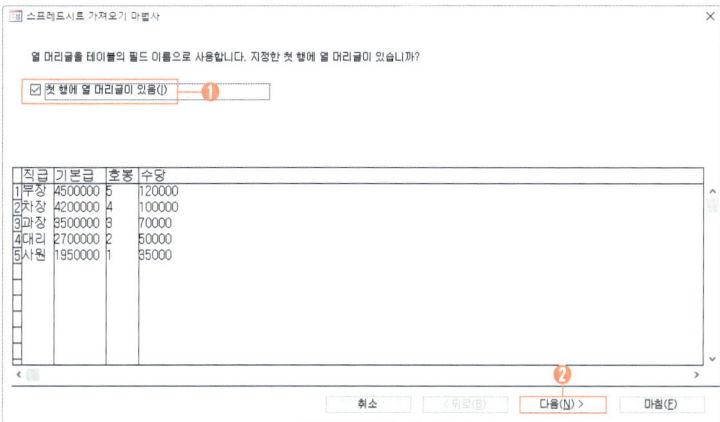

⑥ [스프레드시트 가져오기 마법사] 대화상자에서 필드에 대한 정보를 수정할 부분은 없으므로 <다음> 단추를 클릭합니다.

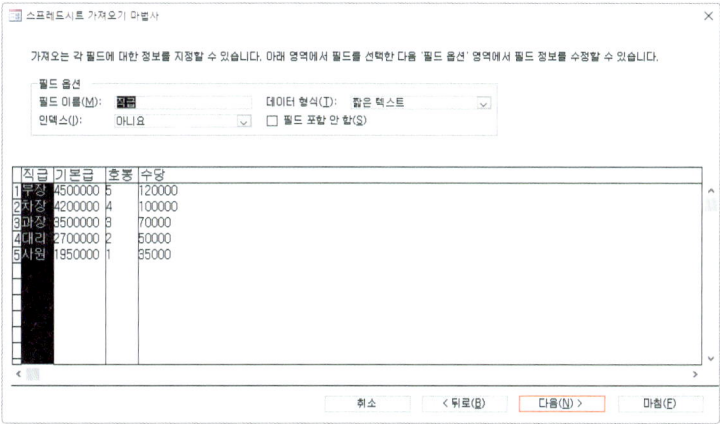

⑦ [스프레드시트 가져오기 마법사] 대화상자에서 '기본 키 없음'을 선택하고 <다음> 단추를 클릭합니다.

⑧ [스프레드시트 가져오기 마법사] 대화상자의 테이블로 가져오기 테이블 이름을 '직급별호봉'을 입력하고 <마침> 단추를 클릭합니다.

⑨ [외부 데이터 가져오기 - Excel 스프레드시트] 대화상자에서 '가져오기 단계 저장'이 선택되지 않은 것을 확인하고 <닫기> 단추를 클릭합니다.

⑩ 새로 생성된 <직급별호봉> 테이블을 더블 클릭하여 작업한 결과를 확인합니다.

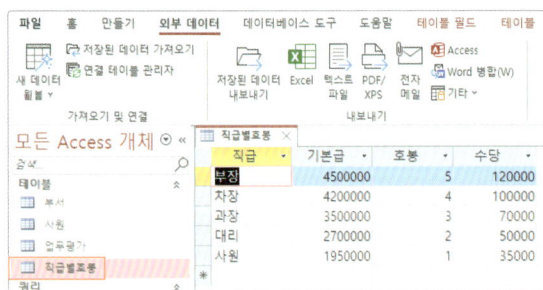

 **외부 데이터 가져오기**

📁 작업 파일 : C:₩2024_컴활1급₩데이터베이스₩작업파일₩1장_출제유형03₩완전정복01_문제.accdb
📁 완성 파일 : C:₩2024_컴활1급₩데이터베이스₩완성파일₩1장_출제유형03₩완전정복01_정답.accdb

외부 데이터 가져오기 기능을 이용하여 <신간도서.xlsx>에서 범위의 정의된 이름 '신간도서'의 내용을 가져와 <신간도서> 테이블을 생성하시오.

▶ 첫 번째 행은 열 머리글임
▶ '도서코드'의 데이터 형식은 정수로 설정
▶ '도서코드' 필드는 기본 키로 설정

작 업 과 정

1. [외부 데이터] 탭-[가져오기 및 연결] 그룹-[새 데이터 원본]-[파일에서]-[Excel]를 클릭합니다.

2. [외부 데이터 가져오기 - Excel 스프레드시트] 대화상자에서 <찾아보기> 단추를 클릭합니다.

3. [파일 열기] 대화상자에서 'C:₩2024_컴활1급₩데이터베이스₩작업파일₩1장_출제유형03₩신간도서.xlsx'를 선택하고 <열기> 단추를 클릭합니다.

TIP

실제 시험장에서 외부 데이터의 위치와 파일 형식
● C:₩DB₩파일명.확장자
● 파일 형식은 'xlsx', 'html', 'txt' 등 다양하게 제공합니다.

4 [외부 데이터 가져오기 - Excel 스프레드시트] 대화상자에서 저장할 방법과 위치를 '현재 데이터베이스의 새 테이블로 원본 데이터 가져오기(I)'를 선택하고 <확인> 단추를 클릭합니다.

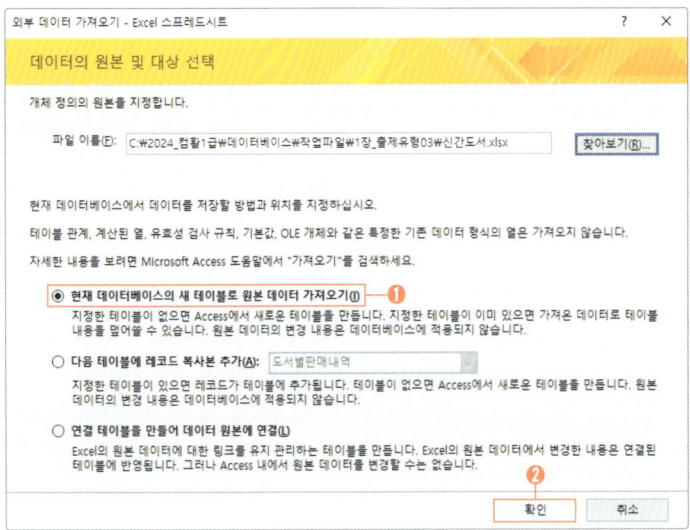

5 [스프레드시트 가져오기 마법사] 대화상자에서 '첫 행에 열 머리글이 있음'이 선택된 것을 확인하고 <다음> 단추를 클릭합니다.

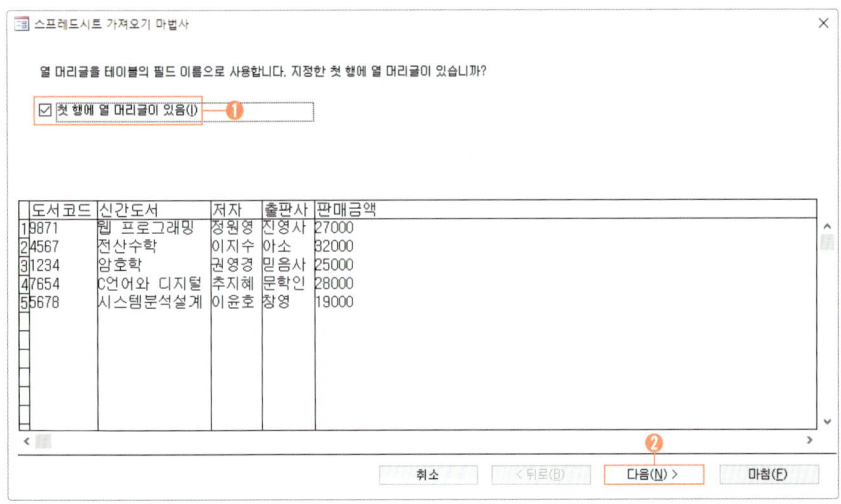

6 [스프레드시트 가져오기 마법사] 대화상자에서 필드 옵션의 필드 이름은 '도서코드', 데이터 형식은 '정수'를 선택하고 <다음> 단추를 클릭합니다.

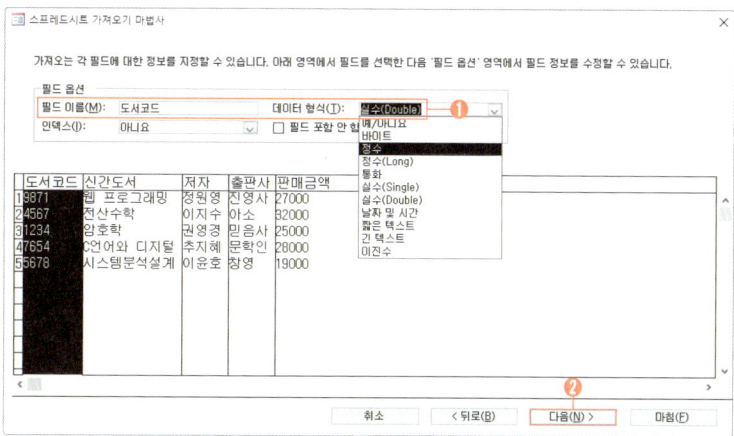

7 [스프레드시트 가져오기 마법사] 대화상자에서 '도서코드'의 '기본 키 선택'을 선택하고 <다음> 단추를 클릭합니다.

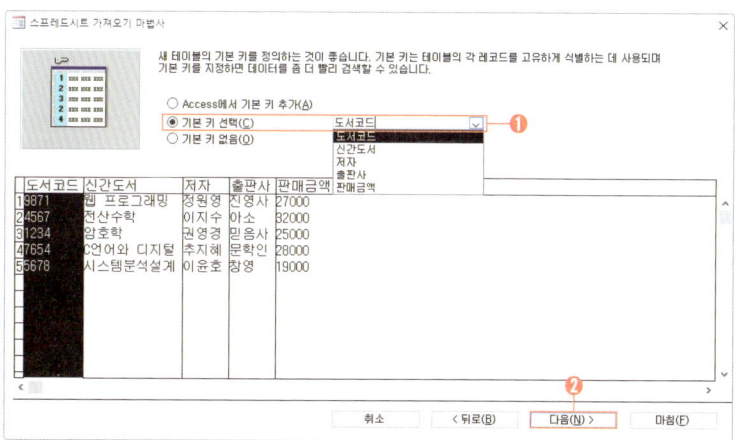

8 [스프레드시트 가져오기 마법사] 대화상자의 테이블로 가져오기에 테이블 이름을 '신간도서'를 입력하고 <마침> 단추를 클릭합니다.

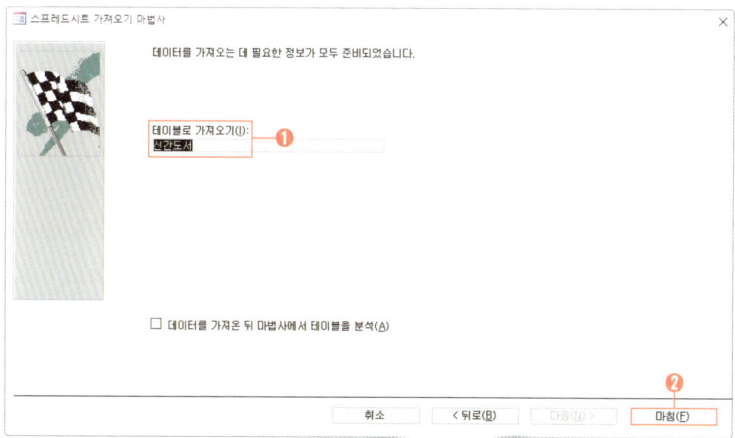

⑨ [외부 데이터 가져오기 – Excel 스프레드시트] 대화상자에서 '가져오기 단계 저장'이 선택되지 않은 것을 확인하고 <닫기> 단추를 클릭합니다.

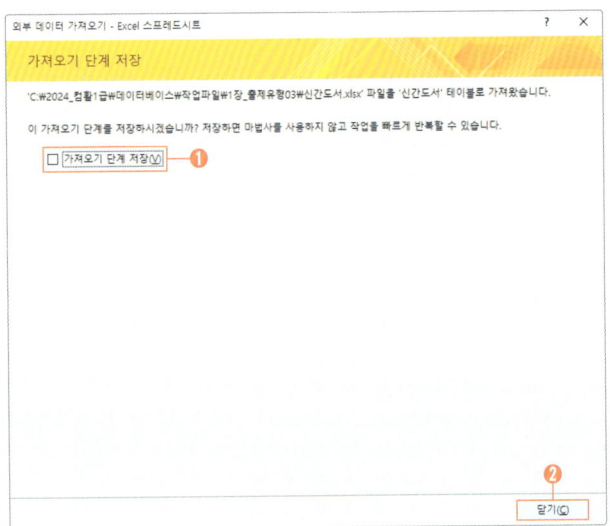

⑩ 새로 생성된 <신간도서> 테이블을 더블 클릭하여 작업한 결과를 확인합니다.

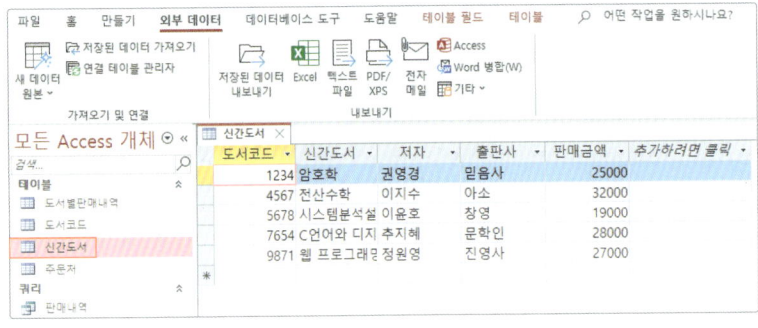

PART 01
기출문제유형 완전분석하기

CHAPTER 02

<폼의 입력과 수정>

출제유형 01 폼의 속성
출제유형 02 조건부 서식
출제유형 03 컨트롤에 원본 목록 만들기
출제유형 04 하위 폼 연결하기
출제유형 05 매크로 생성과 지정

PART 01 / CHAPTER 02 · 폼의 입력과 수정

폼의 속성

출제유형 분석

폼에 [레코드 원본]을 연결하고 각종 속성을 변경합니다. '사용 가능', '잠금', '레코드 선택기', '탐색 단추' 등 다양한 속성이 출제되므로 기능을 충분히 숙지해야 합니다. 폼의 [속성]은 탭 별로 나누어 있으므로 어느 탭에 어떤 속성이 있는지 기억하세요.

📁 **작업 파일** : C:₩2024_컴활1급₩데이터베이스₩작업파일₩2장_출제유형01₩출제유형01_문제.accdb
📁 **완성 파일** : C:₩2024_컴활1급₩데이터베이스₩완성파일₩2장_출제유형01₩출제유형01_정답.accdb

<사원별평가입력> 폼을 다음의 지시사항에 따라 완성하시오.

① <직무평가> 쿼리를 레코드 원본으로 설정하시오.
② 폼 머리글에 '사원별 평가 입력화면'이라는 제목이 표시되도록 레이블 컨트롤을 작성하시오.
   ▶ 레이블 컨트롤의 이름은 'title'로 지정할 것
   ▶ 글꼴 이름은 '돋움체', 글꼴 크기는 '24pt', 글꼴 두께는 '굵게'로 설정할 것
③ 본문 영역의 'txt업무평가'와 'txt직무등급' 컨트롤에는 '업무평가'와 '직무등급' 필드에 바운드시키오.
④ 폼 바닥글의 'txt총인원'은 모든 레코드의 총인원을 구하고, 'txt업무평가평균', 'txt행동평가평균' 컨트롤은 모든 레코드에 대한 '업무평가'와 '행동평가' 필드의 평균값을 구하시오. (Count(), Avg() 함수 사용)
⑤ 본문의 '이름(txt이름)' 컨트롤은 데이터를 변경할 수 없도록 '잠금' 기능을 설정하시오.

※ [폼의 구역]

폼 머리글	폼 제목 등이 폼 시작 위치에 표시되며 인쇄할 때에는 한 번만 인쇄됨
페이지 머리글	• 제목이나 열 머리글과 같이 동일한 정보를 표시 • 인쇄할 때에는 모든 페이지 위쪽에 인쇄
본문	레코드의 원본이 표시
페이지 바닥글	• 날짜나 페이지 번호, 명령 단추와 같은 정보를 표시 • 인쇄할 때마다 모든 페이지의 아래쪽에 인쇄
폼 바닥글	폼의 마지막 위치에 표시되며 인쇄할 때에는 마지막 페이지에 한 번만 인쇄됨

Skill 01 레코드 원본

① <사원별평가입력> 폼 위에서 마우스 오른쪽 단추를 눌러 [디자인 보기]를 클릭합니다.

※ 폼에 사용할 레코드의 원본을 지정하는 것으로 테이블이나 쿼리 개체를 선택합니다.

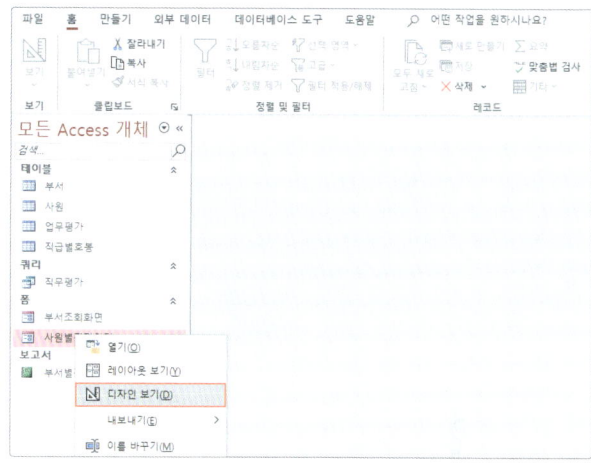

② [양식 디자인] 탭-[도구] 그룹-[속성 시트]를 클릭합니다.

※ 폼의 구역에서 마우스 오른쪽을 클릭하여 바로가기 메뉴에서 속성을 클릭 또는 폼을 선택하고 더블클릭할 수도 있습니다.

③ [폼] 속성 시트 창의 [모두] 탭에서 '레코드 원본' 속성 입력란의 ▼(목록 단추)를 클릭하여 '직무평가'를 선택합니다.

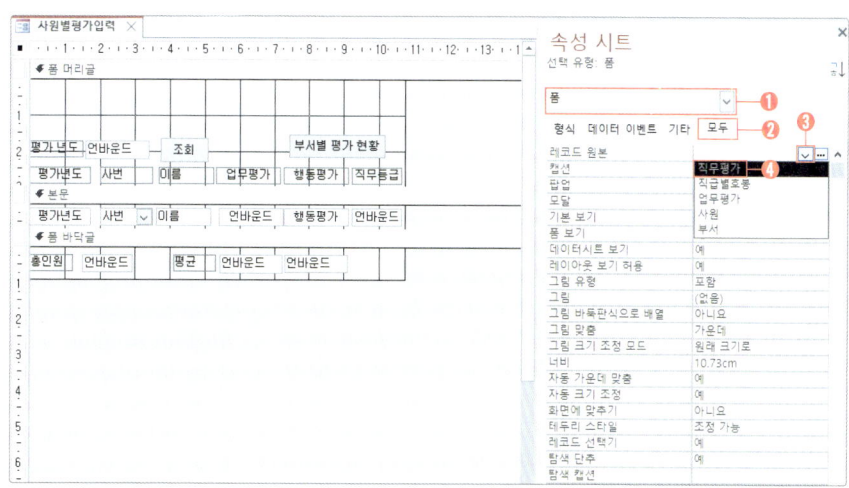

> **TIP**
>
> [속성 창 열기]
> [양식 디자인]-[도구]에서 [속성 시트]를 클릭합니다.

Skill 02 다양한 컨트롤

① [양식 디자인] 탭-[컨트롤] 그룹-[가가 (레이블)]을 클릭한 후 '폼 머리글' 영역에서 레이블이 놓일 위치와 적당한 크기로 드래그합니다.

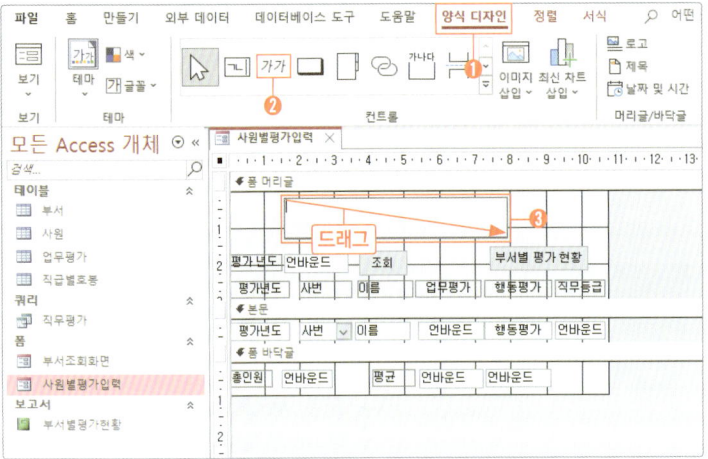

> **TIP**
> - [양식 디자인] 탭-[컨트롤] 그룹에는 다양한 컨트롤을 사용할 수 있습니다.
> - '개체 선택', '텍스트 상자', '레이블', '단추', '선', '하위 폼/하위 보고서' 등이 있습니다.
> - [컨트롤 마법사 사용( )]이 선택되어 있으면 단추 컨트롤을 사용할 때 마법사가 실행됩니다. 컨트롤 마법사 사용이 선택되지 않았으면 개체만 생성됩니다.

② 삽입된 레이블 컨트롤에 '사원별 평가 입력화면'을 입력한 후 테두리를 클릭합니다.

③ 삽입된 레이블 속성 시트 창의 [기타] 탭이나 [모두] 탭에서 '이름' 속성 입력란에 'title'를 입력하고 Enter 키를 누릅니다.

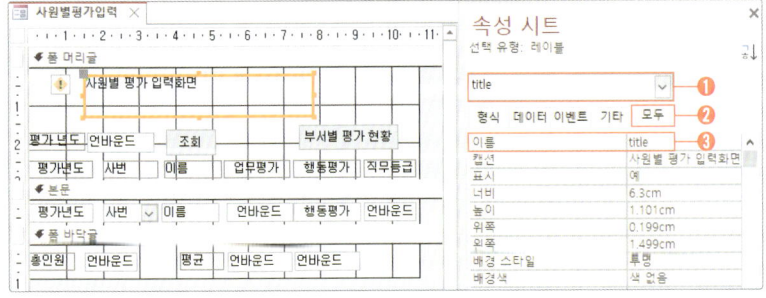

④ [title] 레이블 속성 시트 창의 [형식] 탭이나 [모두] 탭에서 글꼴 이름(돋움체), 글꼴 크기(24), 글꼴 두께(굵게)를 지정합니다.

※ 레이블 컨트롤의 테두리를 드래그하여 크기와 위치를 적당하게 조절합니다.

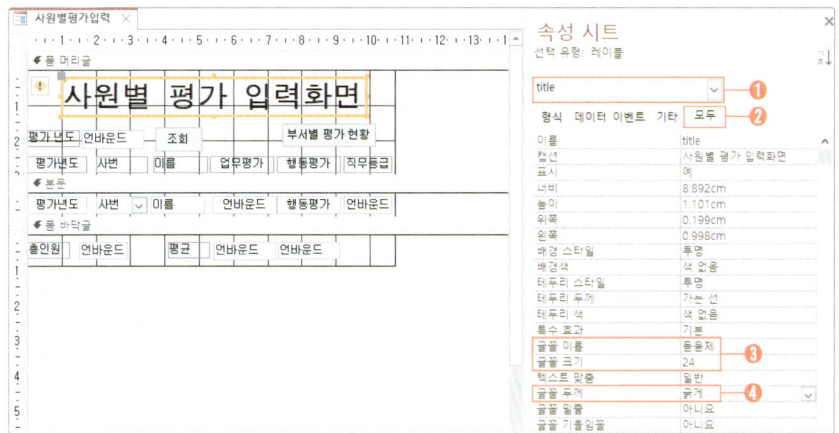

Skill 03 컨트롤 원본

① 속성 시트 창에서 ▼(목록 단추)를 눌러 'txt업무평가'를 선택합니다.

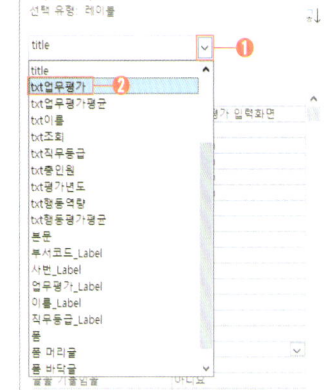

TIP
- 필드와 연결되지 않고 언바운드되어 있는 컨트롤에 원본 개체를 설정합니다.
- 테이블이나 쿼리의 필드명을 선택하거나 수식이나 함수를 사용하여 계산식이 입력될 수 있습니다.

② [txt업무평가] 속성 시트 창의 [데이터] 탭이나 [모두] 탭에서 '컨트롤 원본' 입력란의 ▼(목록 단추)를 클릭하여 '업무평가'를 선택합니다.

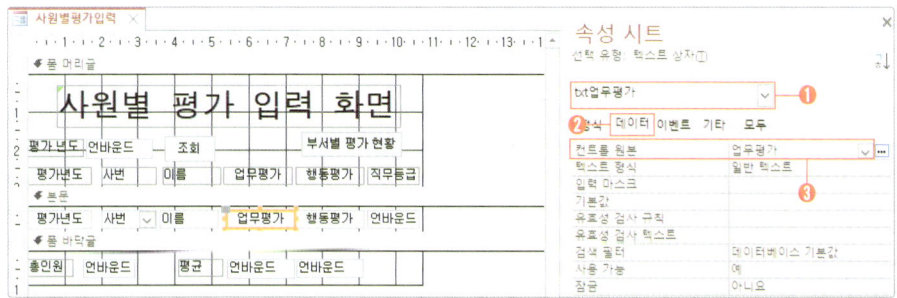

❸ 속성 시트 창에서 ☑(목록 단추)를 눌러 'txt직무등급'을 선택합니다.

❹ [txt직무등급] 속성 시트 창의 [데이터] 탭이나 [모두] 탭에서 '컨트롤 원본' 입력란의 ☑(목록 단추)를 클릭하여 '직무등급'을 선택합니다.

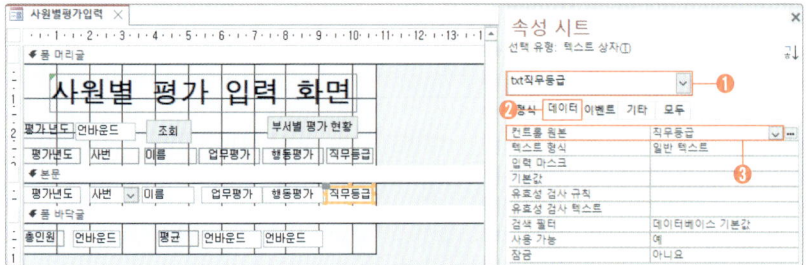

❺ 속성 시트 창에서 ☑(목록 단추)를 눌러 'txt총인원'을 선택합니다.

❻ [txt총인원] 속성 시트 창의 [데이터] 탭이나 [모두] 탭에서 '컨트롤 원본' 입력란에 '=Count(*)'를 입력하고 Enter 키를 누릅니다.

※ 컨트롤 원본을 입력할 때 Shift + F2 키를 눌러 나오는 [확대/축소] 대화상자를 이용하면 큰 화면에서 입력할 수 있습니다. 또는 ⋯을 눌러 나오는 [식 작성기] 대화상자를 이용하여 입력합니다.

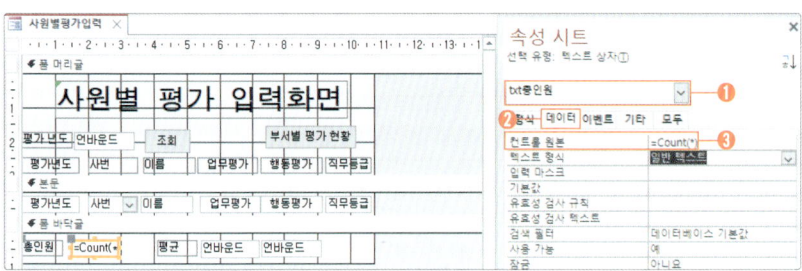

TIP

수식 또는 함수식
- 수식이나 함수식을 입력할 때에는 '='을 입력한 후 수식 또는 함수명을 입력합니다. 단, 필드명은 '[ ]' 기호 안에 입력합니다.
- 함수명은 대소문자 구별 없이 입력하면 단어의 첫 글자가 대문자로 자동으로 변경됩니다.

❼ 속성 시트 창에서 ☑(목록 단추)를 눌러 'txt업무평가평균'을 선택합니다.

❽ [txt업무평가평균] 속성 시트 창의 [데이터] 탭이나 [모두] 탭에서 '컨트롤 원본' 입력란에 '=Avg([업무평가])'를 입력하고 Enter 키를 누릅니다.

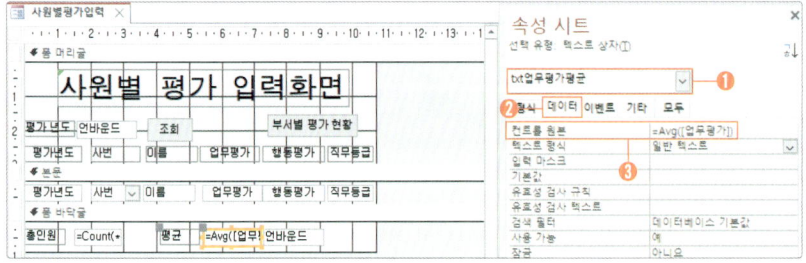

⑨ 속성 시트 창에서 ∨(목록 단추)를 눌러 'txt행동평가평균'을 선택합니다.

⑩ [txt행동평가평균] 속성 시트 창의 [데이터] 탭이나 [모두] 탭에서 '컨트롤 원본' 입력란에 '=Avg([행동평가])'를 입력하고 Enter 키를 누릅니다.

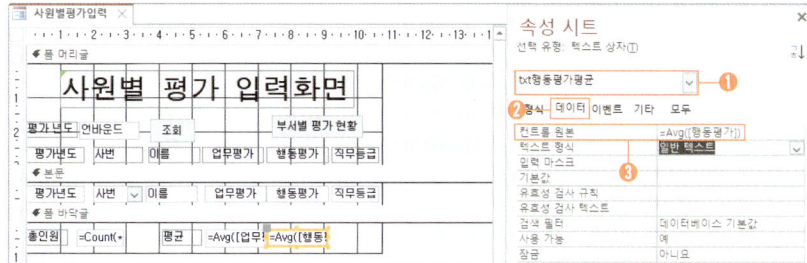

TIP

함수 알아보기

1. 계산 함수

함수명	의미
Sum([필드명])	필드명의 합계 [예] =Sum([점수])
Avg([필드명])	필드명의 평균 [예] =Avg([점수])
Count([필드명]) 또는 그룹에서는 Count(*)	필드명의 전체개수 또는 그룹별 개수 [예] =Count(*)

DSum("[필드명]", "[테이블/쿼리명]", "조건식(a=b)")	• 조건을 만족하는 특정 레코드의 합계를 구하기
	• 조건식을 지정할 때 문자는 " "(따옴표), 날짜는 양쪽에 #으로 묶어 입력
	  [예] =DSum("점수","회원","이름=txt이름")
	• 단, 필드명, 테이블명에 [ ]기호는 생략할 수 있음

DAvg("[필드명]", "[테이블/쿼리명]", "조건식(a=b)")	조건을 만족하는 특정 레코드의 평균을 구하기 [예] =DAvg("금액","분류항목","분류명='전기요금'")
Dlookup("[필드명]", "[테이블/쿼리명]", "조건식(a=b)")	조건에 맞는 필드 검색하기 [예] =Dlookup("전화번호","회원","이름=txt이름")

2. 날짜/시간 함수

함수명	의미
Now( )	오늘의 날짜와 시간 표시 [예] =Now( )
Date( )	오늘의 날짜 표시 [예] =Date( )
Time( )	현재의 시간 표시 [예] =Time( )
Year( )	연도를 표시 [예] =Year([생일])

Month( )	월 표시 [예] =Month([생일])
Day( )	일 표시 [예] =Day([생일])
Hour( )	시간 표시 [예] =Hour(Now( ))
Minute( )	분 표시 [예] =Minute(Now( ))
Second( )	초 표시 [예] =Second(Now( ))
DateAdd(간격, 숫자, 날짜)	• 지정된 시간 간격이 추가된 날짜가 들어있는 값을 반환 • 간격 : yyyy(연도), q(분기), m(월), d(일), w(주), h(시간), n(분), s(초) • 숫자 : 양수(미래의 날짜 구하기), 음수(과거의 날짜를 가져오기) [예] =DateAdd("d",1,"2020-05-04")
DateSerial(연도,월,일)	지정된 연도, 월, 일에 해당하는 값을 날짜 형식으로 반환

3. 문자 함수

Len([필드명])	필드명의 길이 [예] =Len([사원번호])
Left([필드명],개수)	필드명의 왼쪽에서 개수만큼 표시 [예] =Left([주소],3)
Right([필드명],개수)	필드명의 오른쪽에서 개수만큼 표시 [예] =Right([주소],2)
Mid([필드명],시작위치,개수)	필드명의 시작 위치에서 개수만큼 표시 [예] =Mid([주소],3,2)
Instr("문자열","문자")	• 문자열에서 문자의 위치를 찾아 숫자로 표시 [예] =Instr("무궁화꽃","화") • 문자열이 필드명일 경우에는 [부서명]과 같이 입력
Trim("문자열")	문자열의 바깥쪽 공백 지우기 [예] =Trim(" 액세스 ")
Replace("문자1","문자2","문자3")	문자1에서 문자2의 글자를 문자3으로 바꾸기 [예] =Replace("도레미","레","솔")

4. 조건 함수

IIf(조건, 참, 거짓)	조건에 맞으면 참의 영역을 실행하고, 조건에 맞지 않으면 거짓의 영역을 실행 [예] =IIf([점수]>=60,"합격","불합격")
Switch(조건1, 값1, 조건2, 값2…)	조건1이 맞으면 값1을 실행하고 조건2가 맞으면 값2를 실행 [예] =Switch([점수]>=60,"합격",[점수]<60,"불합격")
Choose(값, 실행1, 실행2, 실행3…)	값에 따라 실행1, 실행 2, 실행 3 중에 실행 [예] =Choose(1,"인사부","고객부","총무부")

5. 기타 함수

Page	현재 페이지를 표시
Pages	전체 페이지를 표시 [예] [Page] & "/" & [Pages]
Format(데이터, 표시형식) [예] =Format(123456,"#,##0") [예] =Format(Now(),"yy/mm/dd hh:nn:ss dddd")	• 데이터를 표시형식에 맞추어 표시 • # : 데이터 없으면 생략 • 0 : 데이터 없는 자리에도 0을 표시 • , : '.' 기호를 표시 • yy : 연도를 2자리로 표시 [예] 21 • mm : 월을 2자리로 표시 [예] 05 • mmm : 월을 영어 3자리로 표시 [예] Jan • mmmm : 월을 영어로 표시 [예] January • dd : 날짜를 2자리로 표시 [예] 21 • ddd : 요일을 영어 3자리로 표시 [예] Sun • dddd : 요일을 영어로 표시 [예] Sunday • aaaa : 요일을 한글로 표시 [예] 토요일 • hh : 시간을 2자리로 표시 [예] 09 • nn : 분을 2자리로 표시 [예] 25 • ss : 초를 2자리로 표시 [예] 45

Skill 04 잠금

① 속성 시트 창에서 (목록 단추)를 눌러 'txt이름'을 선택합니다.

② [txt이름] 속성 시트 창의 [데이터] 탭이나 [모두] 탭에서 잠금을 '예'로 선택합니다.

※ '잠금'을 설정하면 컨트롤을 수정할 수 없습니다.

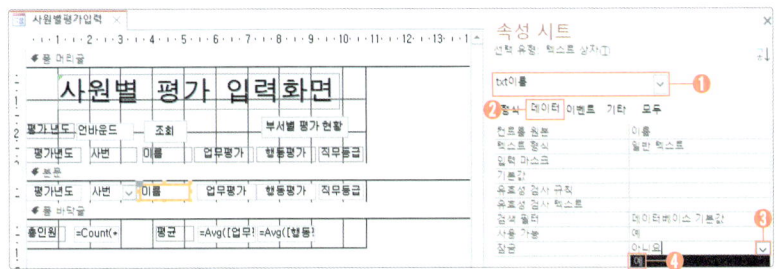

TIP
자주 출제되는 폼 컨트롤의 주요 속성

속성	기능
레코드 원본	폼에 연결하여 사용할 테이블이나 쿼리명을 지정
컨트롤 원본	개체에 연결하여 사용할 필드명이나 수식, 함수를 지정
캡션	폼 보기의 제목 표시줄에 표시되는 문자

기본 보기	• 폼의 보기(단일 폼, 연속 폼, 데이터시트) 형식을 지정 • 단일 폼 : 한 화면에 하나의 레코드만 표시 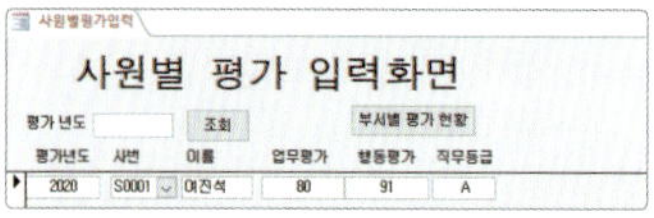 • 연속 폼 : 한 화면에 여러 개의 레코드를 표시 
레코드 선택기	레코드 선택기 단추의 표시를 '예/아니요' 중 선택
탐색 단추	탐색 단추 표시를 '예/아니요' 중 선택
구분 선	폼의 구분 선 표시를 '예/아니요' 중 선택
최소화/최대화 단추	• 제목 표시줄에 '최소화/최대화' 단추 표시 여부 • '표시 안 함', '최소화 단추만', '최대화 단추만', '둘 다 표시'
필터	레코드의 일부분 만이 표시되도록 필터 설정
추가 가능	추가할 레코드 사용의 '예/아니요' 중 선택
삭제 가능	삭제할 레코드 사용의 '예/아니요' 중 선택
편집 가능	수정할 레코드 사용의 '예/아니요' 중 선택
필터 가능	필터 가능 여부의 '예/아니요' 중 선택
레코드 잠금	2명 이상의 사용자가 동시에 같은 레코드를 편집하려고 할 때 레코드를 잠금하는 기능
모달	폼을 모달 폼으로 열 것인지의 여부를 '예/아니요' 중 선택하여 지정하는 것으로 '예'를 선택하면 해당 폼이 열려 있을 경우 다른 폼을 열 수 없음

❸ 모든 설정이 끝나면 빠른 실행 도구 모음에서 📙(저장)을 눌러 변경된 내용을 저장합니다.

❹ <사원별평가입력> 폼 위에서 마우스 오른쪽 단추를 눌러 [열기]를 클릭하여 변경된 내용을 확인합니다.

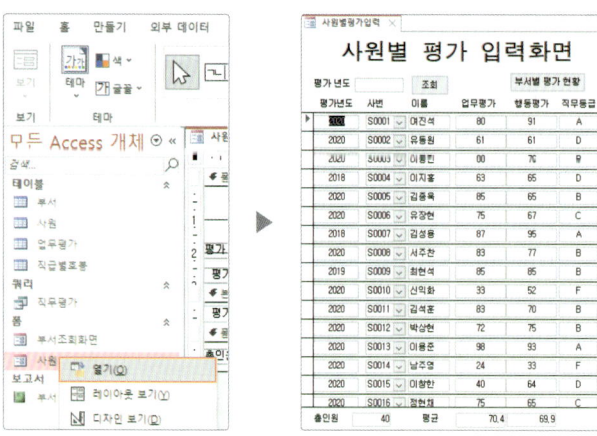

출제유형 완전정복 ▶ 폼의 속성

완전정복 - 01

📁 작업 파일 : C:₩2024_컴활1급₩데이터베이스₩작업파일₩2장_출제유형01₩완전정복01_문제.accdb
📁 완성 파일 : C:₩2024_컴활1급₩데이터베이스₩완성파일₩2장_출제유형01₩완전정복01_정답.accdb

<판매내역입력> 폼을 다음의 지시사항에 따라 완성하시오.

① <도서별판매내역> 테이블을 레코드 원본으로 설정하시오.

② '연속 폼'의 형태로 나타나도록 설정하시오.

③ 'txt총계'에 판매된 총금액을 표시하도록 계산 컨트롤로 작성하시오. (Sum( ) 함수 사용)
   ▶ 계산식 = ([판매단가]*[주문수량])의 합

④ 본문 영역의 'txt주문처'와 'txt주문수량' 컨트롤에는 '주문처'와 '주문수량' 필드에 바운드시키시오.

⑤ 본문의 컨트롤에 대해서 다음과 같이 탭 순서를 설정하시오.
   ▶ 'txt접수번호', 'txt주문일자', 'txt주문처', 'cmb도서코드', 'txt판매단가', 'txt주문수량'

● 작 업 과 정

1 <판매내역입력> 폼 위에서 마우스 오른쪽 단추를 눌러 [디자인 보기]를 클릭합니다.

2 [폼] 속성 시트 창의 [데이터] 탭이나 [모두] 탭에서 '레코드 원본' 속성 입력란의 ⌄ (목록 단추)를 클릭하여 '도서별판매내역'을 선택합니다.

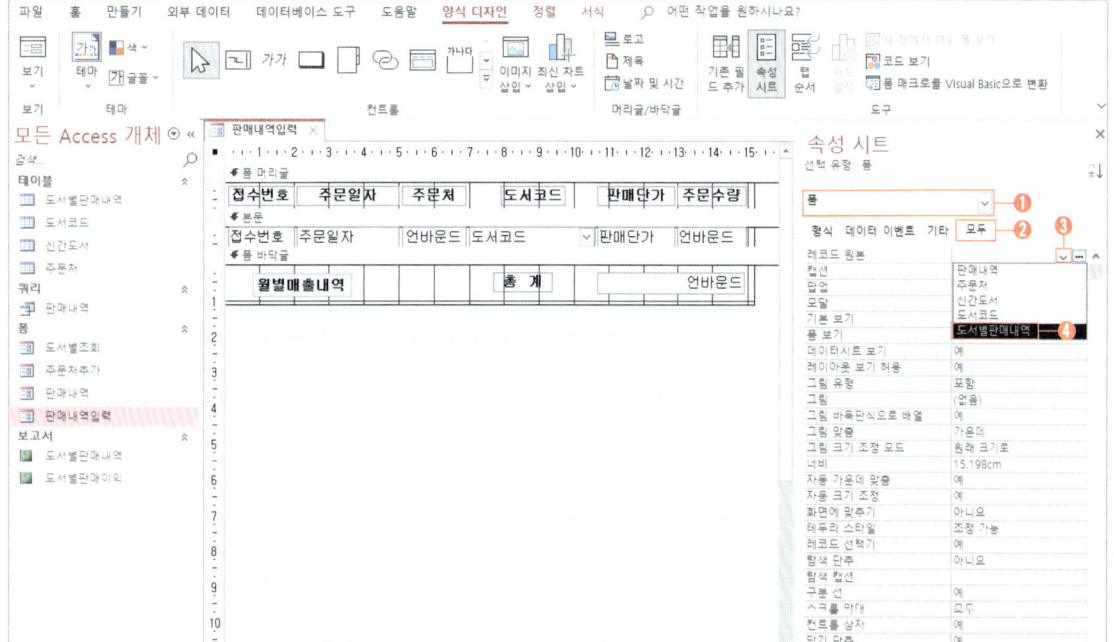

3 [폼] 속성 시트 창의 [형식] 탭이나 [모두] 탭에서 '기본 보기'의 ☑(목록 단추)를 클릭하여 '연속 폼'을 선택합니다.

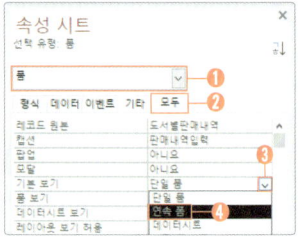

4 속성 시트 창에서 ☑(목록 단추)를 눌러 'txt총계'를 선택합니다.

5 [txt총계] 속성 시트 창의 [데이터] 탭이나 [모두] 탭에서 '컨트롤 원본' 입력란에 '=Sum([판매단가]*[주문수량])'을 입력하고 Enter 키를 누릅니다.

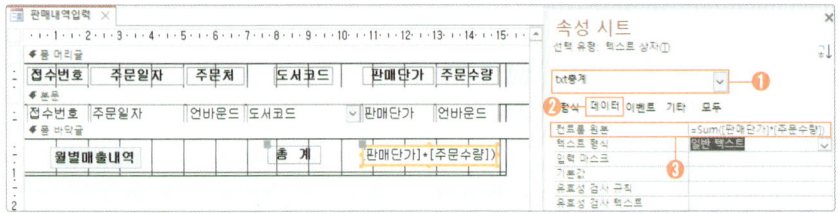

6 속성 시트 창에서 ☑(목록 단추)를 눌러 'txt주문처'를 선택합니다.

7 [txt주문처] 속성 시트 창의 [데이터] 탭이나 [모두] 탭에서 '컨트롤 원본' 입력란의 ☑(목록 단추)를 클릭하여 '주문처'를 선택합니다.

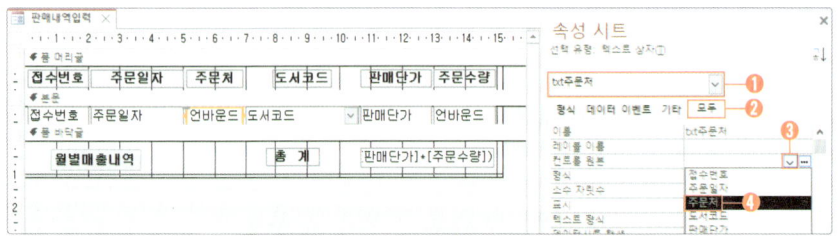

8 속성 시트 창에서 ☑(목록 단추)를 눌러 'txt주문수량'을 선택합니다.

9 [txt주문수량] 속성 시트 창의 [데이터] 탭이나 [모두] 탭에서 '컨트롤 원본' 입력란의 ☑(목록 단추)를 클릭하여 '주문수량'을 선택합니다.

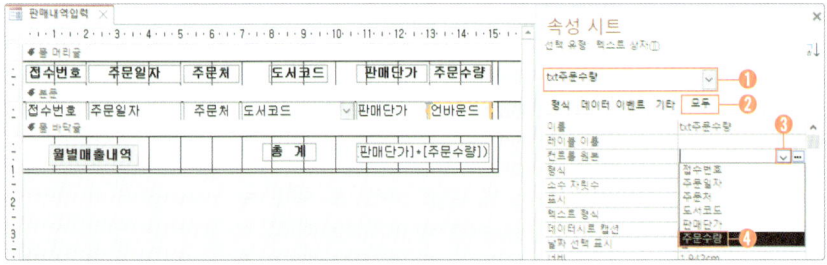

⑩ [양식 디자인] 탭-[도구] 그룹-[탭 순서]를 클릭합니다.

⑪ [탭 순서] 대화상자의 본문 구역의 사용자 지정 순서에서 'txt접수번호' 필드의 행 선택기를 클릭한 후 맨 위로 드래그합니다.(본문 구역에서 마우스 오른쪽 탭 순서를 선택하고 자동 순서를 클릭해도 됩니다.)

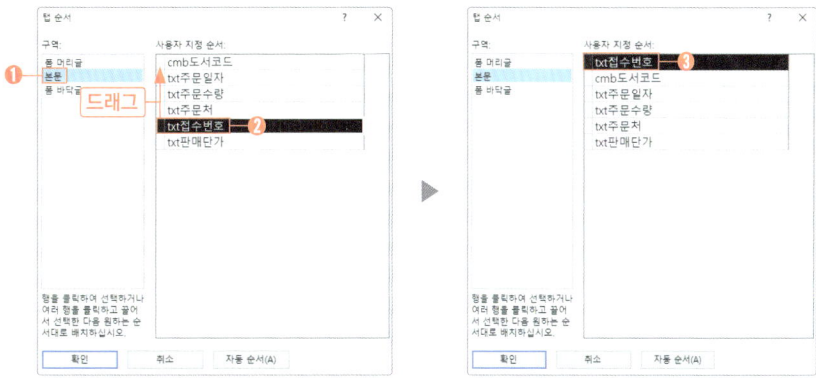

⑫ 위와 같은 방법으로 'txt접수번호', 'txt주문일자', 'txt주문처', 'cmb도서코드', 'txt판매단가', 'txt주문수량' 순으로 필드를 이동하고 <확인> 단추를 클릭합니다.

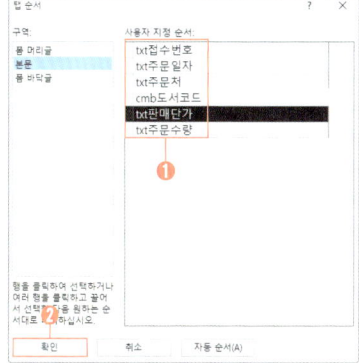

⑬ 모든 설정이 끝나면 빠른 실행 도구 모음에서 📄(저장)을 눌러 변경된 내용을 저장합니다.

⑭ <판매내역입력> 폼 위에서 마우스 오른쪽 단추를 눌러 [열기]를 클릭하여 변경된 내용을 확인합니다.

PART 01 / CHAPTER 02 · 폼의 입력과 수정

조건부 서식

출제유형 분석

폼에 '조건부 서식'을 지정하는 문제가 출제됩니다. [새 규칙]에서 조건을 지정할 때 '또는', '그리고' 등의 조건을 지정하는 방법을 숙지해야 합니다.

📁 **작업 파일** : C:₩2024_컴활1급₩데이터베이스₩작업파일₩2장_출제유형02₩출제유형02_문제.accdb
📁 **완성 파일** : C:₩2024_컴활1급₩데이터베이스₩완성파일₩2장_출제유형02₩출제유형02_정답.accdb

<사원별평가입력> 폼의 본문 영역에 다음과 같이 조건부 서식을 설정하시오.

▶ '직무등급'이 'A'이거나 'F'인 본문 영역의 모든 컨트롤의 글꼴이 '굵게', 글자색이 '빨강'으로 표시되도록 설정하시오.
▶ 단, 하나의 규칙으로 작성하시오.

❶ <사원별평가입력> 폼 위에서 마우스 오른쪽 단추를 눌러 [디자인 보기]를 클릭합니다.

❷ '본문' 영역에서 조건부 서식을 적용하기 위해 `Ctrl` 키를 이용하여 컨트롤을 모두 선택합니다.

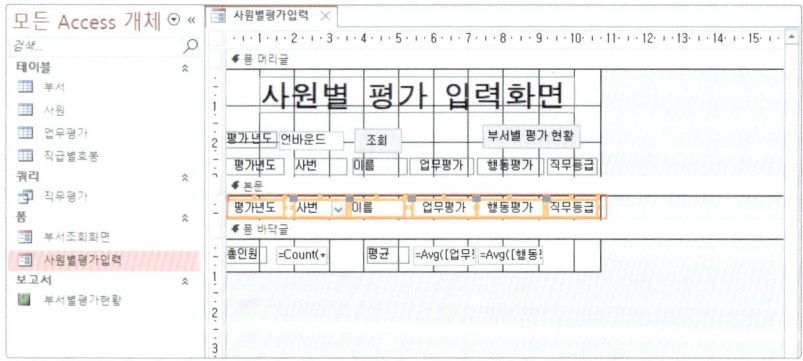

TIP
● 본문 왼쪽의 눈금자 부분에서 마우스 포인터가 오른쪽 화살표 모양일 때 마우스로 클릭하면 본문의 모든 컨트롤이 선택됩니다.

❸ [서식] 탭-[컨트롤 서식] 그룹-[조건부 서식]을 클릭합니다.
※ 조건부 서식을 이용하여 폼 또는 보고서의 데이터를 강조 표시하여 알기 쉽게 나타낼 수 있습니다.

④ [조건부 서식 규칙 관리자] 대화상자에서 <새 규칙> 단추를 클릭합니다.

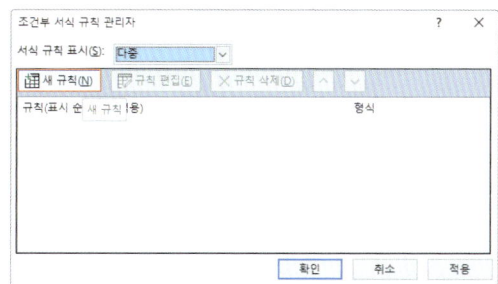

⑤ [새 서식 규칙] 대화상자에서 '필드 값이'의 ⌵(목록 단추)를 눌러 '식이'를 선택하고 '[직무등급] ="A" Or [직무등급] ="F"'를 입력합니다. 가 (굵게)를 클릭하고, 가▾(글자색)의 ▾(목록 단추)를 눌러 '빨강'을 선택합니다.

> **TIP**
>
> **조건부 서식에서 조건 지정할 때 주의 사항**
> - 레이블에는 조건부 서식을 지정할 수 없습니다.
> - 하나의 컨트롤에는 여러 개의 조건부 서식을 지정할 수 있습니다.
> - 조건부 서식에는 조건식을 시작할 때 '='를 입력하지 않습니다.

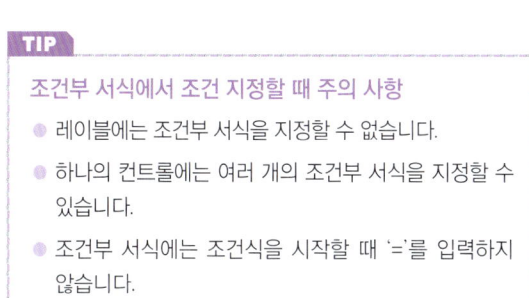
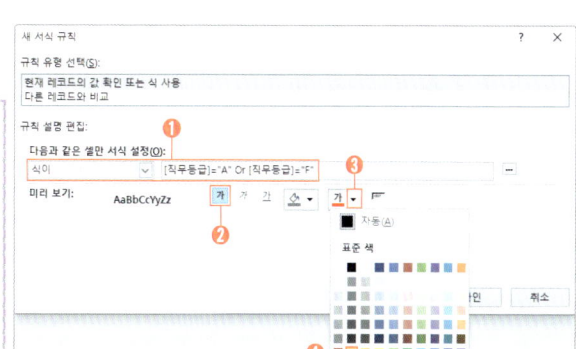

⑥ [새 서식 규칙] 대화상자에서 미리 보기에 적용된 서식을 확인하고 <확인> 단추를 클릭합니다.

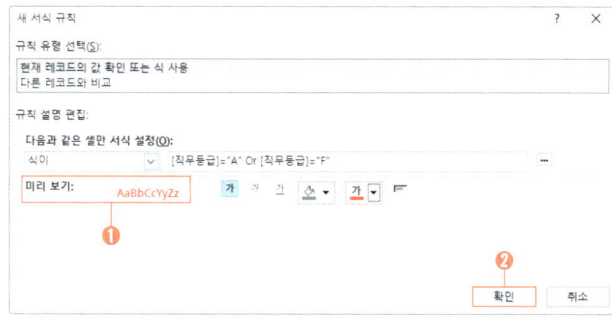

⑦ [조건부 서식 규칙 관리자] 대화상자에서 '규칙'을 확인하고 <확인> 단추를 클릭합니다.

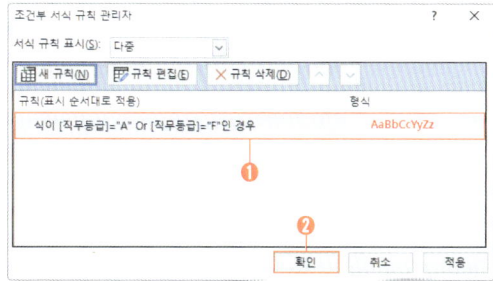

❽ <사원별평가입력> 폼 위에서 마우스 오른쪽 단추를 눌러 [열기]를 클릭하여 변경된 내용을 확인합니다.

> **TIP**
>
> **[폼 보기]와 [디자인 보기] 바로 가기 키**
> - Ctrl + . 키 : 폼 보기
> - Ctrl + , 키 : 디자인 보기

출제유형 완전정복 — 조건부 서식

완전정복 - 01

📁 작업 파일 : C:₩2024_컴활1급₩데이터베이스₩작업파일₩2장_출제유형02₩완전정복01_문제.accdb
📁 완성 파일 : C:₩2024_컴활1급₩데이터베이스₩완성파일₩2장_출제유형02₩완전정복01_정답.accdb

<판매내역입력> 폼에 조건부 서식을 설정하시오.

▶ '도서코드'가 '9791'이면서 '주문수량'이 '50'이상인 '도서코드'와 '주문수량' 컨트롤에 대해 배경색을 '노랑'으로 표시되도록 설정하시오.

▶ 단, 하나의 규칙으로 작성하시오.

● 작업 과정

1. <판매내역입력> 폼 위에서 마우스 오른쪽 단추를 눌러 [디자인 보기]를 클릭합니다.

2. '본문' 영역에서 조건부 서식을 적용하기 위해 Ctrl 키를 이용하여 '도서코드' 컨트롤과 '주문수량' 컨트롤을 선택합니다.

3. [서식] 탭-[컨트롤 서식] 그룹-[조건부 서식]을 클릭합니다.

4. [조건부 서식 규칙 관리자] 대화상자에서 <새 규칙> 단추를 클릭합니다.

5. [새 서식 규칙] 대화상자에서 '필드 값이'의 ▼ (목록 단추)를 눌러 '식이'를 선택하고 '[도서코드]=9791 And [주문수량]>=50'을 입력합니다. (배경색)의 ▼ (목록 단추)를 눌러 '노랑'을 선택합니다.

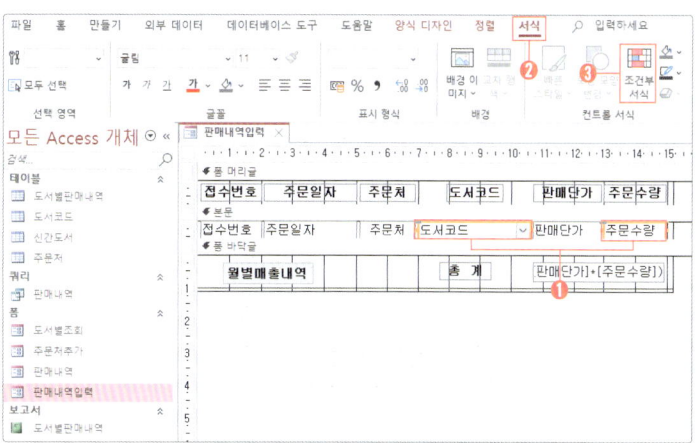

6 [새 서식 규칙] 대화상자에서 미리 보기에서 적용된 서식을 확인하고 <확인> 단추를 클릭합니다.

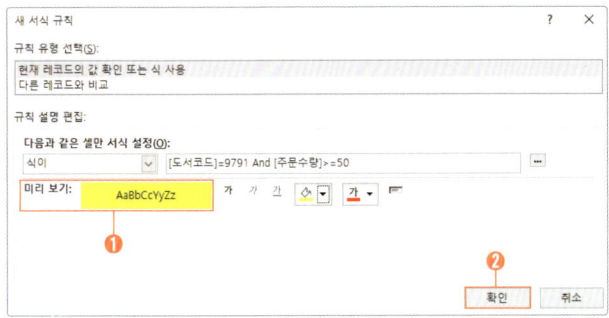

7 [조건부 서식 규칙 관리자] 대화상자에서 '규칙'을 확인하고 <확인> 단추를 클릭합니다.

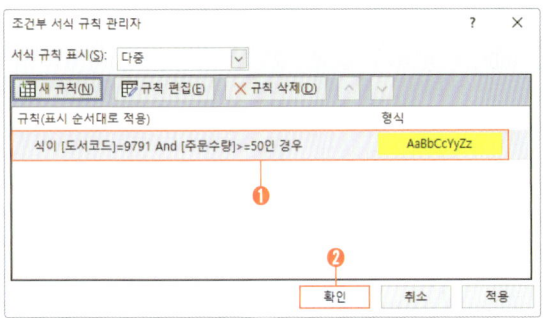

8 <판매내역입력> 폼 위에서 마우스 오른쪽 단추를 눌러 [열기]를 클릭하여 변경된 내용을 확인합니다.

PART 01 / CHAPTER 02 · 폼의 입력과 수정

컨트롤에 원본 목록 만들기

출제유형 분석 폼의 컨트롤에 원본 목록을 만들어 연결하는 문제가 출제되고 있습니다. '행 원본'과 '유형', '바운드 열' 등을 지정하는 방법을 숙지해야 합니다.

📁 **작업 파일** : C:₩2024_컴활1급₩데이터베이스₩작업파일₩2장_출제유형03₩출제유형03_문제.accdb
📋 **완성 파일** : C:₩2024_컴활1급₩데이터베이스₩완성파일₩2장_출제유형03₩출제유형03_정답.accdb

<사원별평가입력> 폼의 '사번'(cmb사번) 컨트롤에 다음과 같이 폼에 컨트롤 원본을 설정하시오.

▶ <사원> 테이블의 '사번'과 '이름'을 표시하시오.
▶ 컨트롤에는 '사번'이 저장되도록 설정하시오.
▶ 목록 이외의 값은 입력될 수 없도록 하시오.

❶ <사원별평가입력> 폼 위에서 마우스 오른쪽 단추를 눌러 [디자인 보기]를 클릭합니다.

❷ '본문' 영역에서 '사번' 컨트롤을 클릭합니다. [형식] 탭에서 열 개수는 '2'로 입력합니다. 이어서, [cmb사번] 속성 시트 창의 [데이터] 탭에서 '행 원본' 입력란의 ⋯(식 작성기)를 클릭합니다.

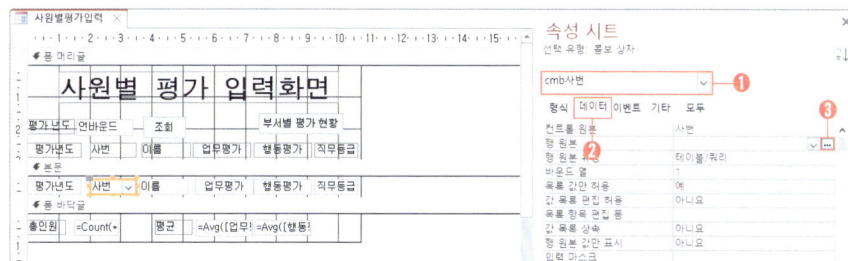

❸ [테이블 추가] 대화상자의 [테이블] 탭에서 <사원> 테이블을 선택하고 <선택한 표 추가> 단추를 클릭합니다.

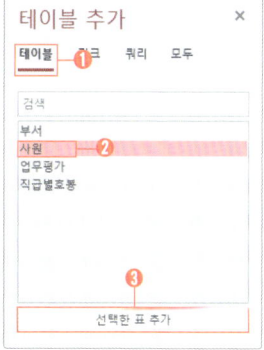

④ <사원> 테이블에서 '사번', '이름' 필드를 선택합니다. [쿼리 디자인] 탭-[닫기] 그룹-[닫기]를 클릭합니다.

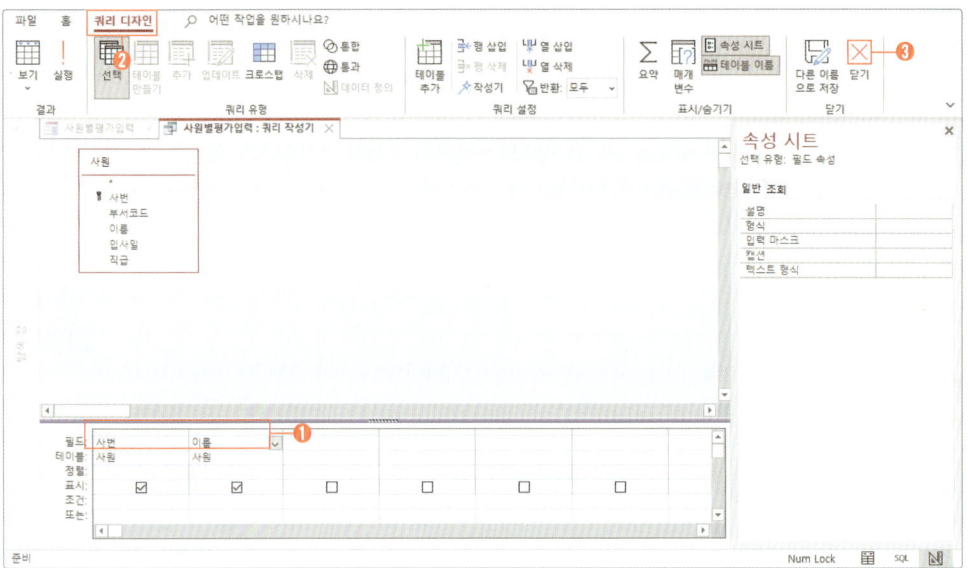

⑤ [SQL 문의 변경 내용을 저장하고 속성을 업데이트하시겠습니까?] 창에서 <예> 단추를 클릭합니다.

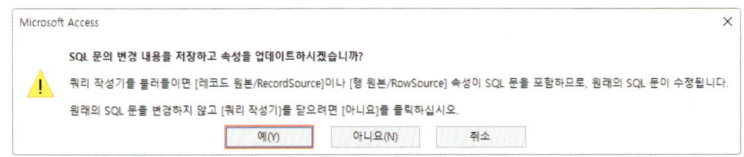

⑥ [cmb사번] 속성 시트 창의 [데이터] 탭에서 '바운드 열' 입력란에 '1'을 입력합니다. '목록 값만 허용'의 ☑(목록 단추)를 클릭하여 '예'를 선택합니다.

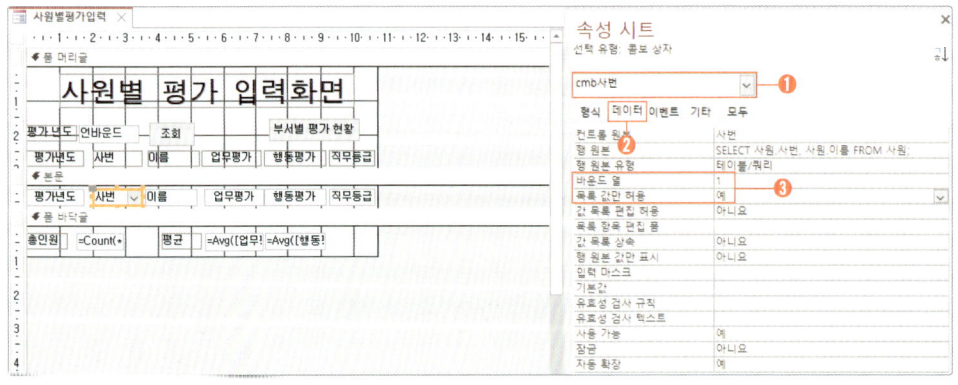

TIP

'바운드 열'은 지정된 열의 값이 저장되도록 하는 것이며 '목록 값만 허용'에서 '예'는 목록 값 이외의 값을 입력하지 않는다는 의미이고, '열 너비'가 '0cm;4cm'일 경우 첫 번째 열은 표시하지 않고 두 번째 열은 4cm 크기로 지정하는 것입니다.

출제유형 완전정복 : 컨트롤에 원본 목록 만들기

완전정복 - 01

📁 작업 파일 : C:₩2024_컴활1급₩데이터베이스₩작업파일₩2장_출제유형03₩완전정복01_문제.accdb
📁 완성 파일 : C:₩2024_컴활1급₩데이터베이스₩완성파일₩2장_출제유형03₩완전정복01_정답.accdb

<판매내역입력> 폼의 '도서코드(cmb도서코드)' 컨트롤에 대해 다음과 같이 설정하시오.

▶ <도서코드> 테이블의 '도서코드'와 '도서명'을 목록으로 하되 '도서코드'는 표시하지 않도록 하시오.
▶ 컨트롤과 바운드된 테이블에는 '도서코드'가 저장되도록 하시오.
▶ '도서코드(cmb도서코드)' 컨트롤에는 목록에 있는 값만 입력되도록 설정하시오.

• 결과 •

작업 과정

1. <판매내역입력> 폼 위에서 마우스 오른쪽 단추를 눌러 [디자인 보기]를 클릭합니다.

2. '도서코드(cmb도서코드)' 컨트롤을 클릭합니다.

3. [속성 시트]-[데이터] 탭의 '행 원본'에서 [식 작성기()]를 클릭합니다.

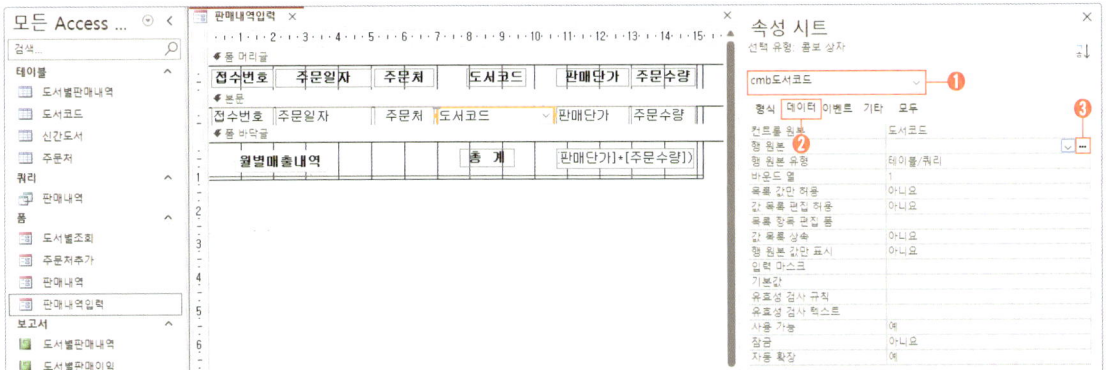

4 [테이블 추가] 대화상자의 [테이블] 탭에서 <도서코드> 테이블을 선택하고 <선택한 표 추가> 단추를 클릭합니다.

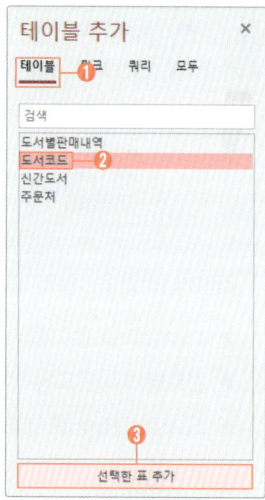

5 '도서코드', '도서명' 필드를 선택한 후 [닫기]를 클릭합니다. SQL 속성 업데이트 창에서 <예> 단추를 클릭합니다.

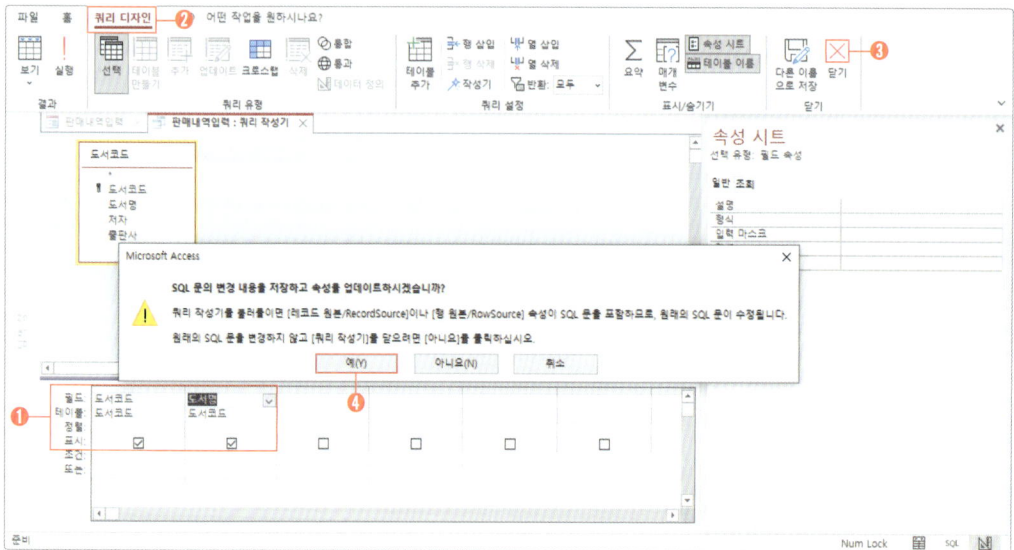

6 '바운드 열'은 '1', '목록 값만 허용'에 '예'를 설정합니다.

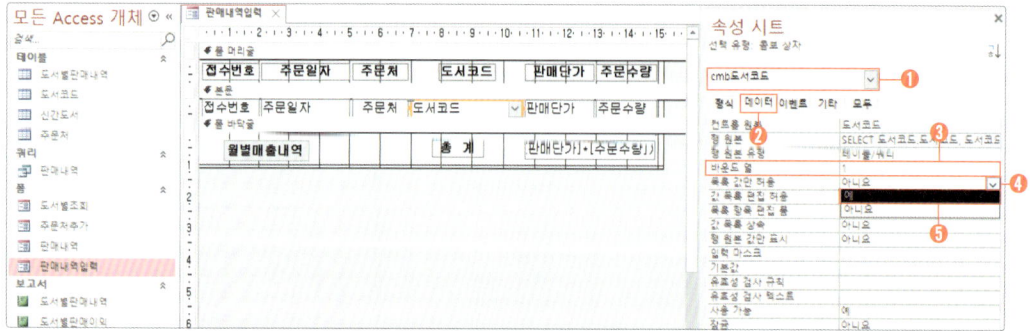

7 [속성 시트]-[형식] 탭의 '열 너비'에서 '0'을 입력하고 Enter 키를 누릅니다.

PART 01 / CHAPTER 02 · 폼의 입력과 수정

하위 폼 연결하기

출제유형 분석 현재 폼에 하위 폼을 연결하는 문제가 출제됩니다. 원본 개체와 기본/하위 필드 연결을 위한 기준 필드를 정확히 알아야 합니다.

문제 미리 보기
📁 **작업 파일** : C:₩2024_컴활1급₩데이터베이스₩작업파일₩2장_출제유형04₩출제유형04_문제.accdb
📗 **완성 파일** : C:₩2024_컴활1급₩데이터베이스₩완성파일₩2장_출제유형04₩출제유형04_정답.accdb

<부서조회화면> 폼의 본문 영역에 다음과 같이 하위 폼을 설정하시오.

▶ <사원> 테이블을 이용하여 하위 폼을 작성하시오. 단, 필드는 '이름', '입사일', '직급' 필드를 추가하시오.
▶ 하위 폼/하위 보고서 컨트롤의 이름은 '사원 하위 폼'으로 하위 폼 레이블의 캡션을 '사원 하위 폼'으로 하시오.
▶ 기본 폼과 하위 폼을 각각 '부서코드' 필드를 기준으로 연결하시오.

❶ <부서조회화면> 폼 위에서 마우스 오른쪽 단추를 눌러 [디자인 보기]를 클릭합니다.

❷ [양식 디자인] 탭-[컨트롤] 그룹에서 ▽(자세히)를 눌러 [▤(하위 폼/하위 보고서)]를 선택합니다.(하위폼으로 설정된 개체를 전체필드 모두 삽입시에는 본문영역으로 드래그 후에 속성창에서 기본필드/하위필드 연결을 설정하여도 됩니다.)

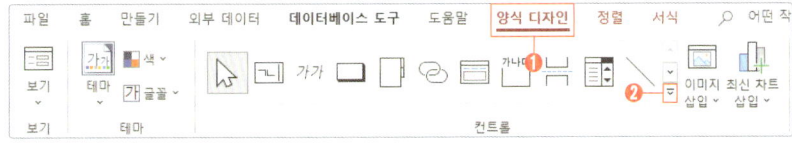

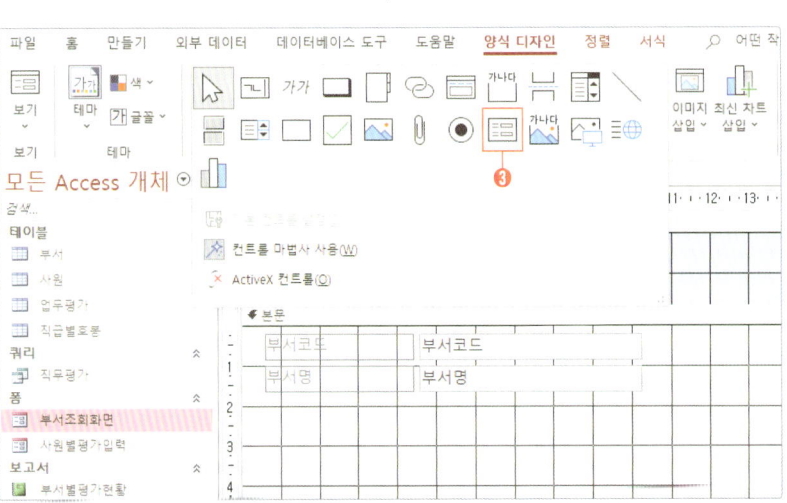

❸ 다음과 같이 '본문' 영역에서 하위 폼을 적당한 크기로 드래그 합니다.

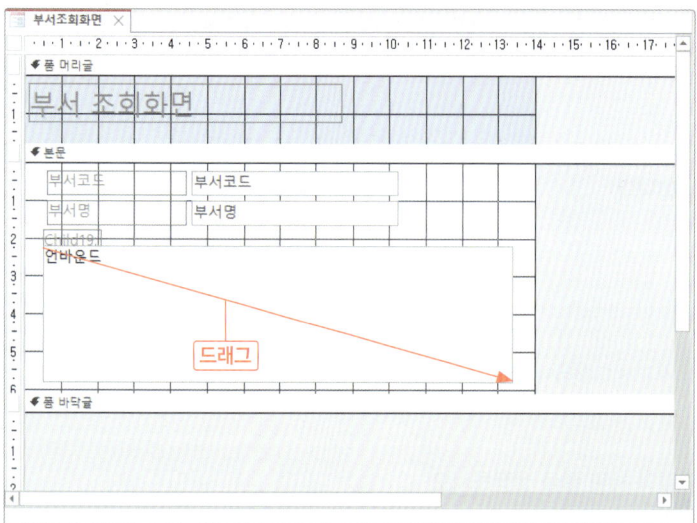

❹ [하위 폼 마법사] 대화상자에서 '기존 테이블 및 쿼리 사용'이 선택된 것을 확인하고 <다음> 단추를 클릭합니다.

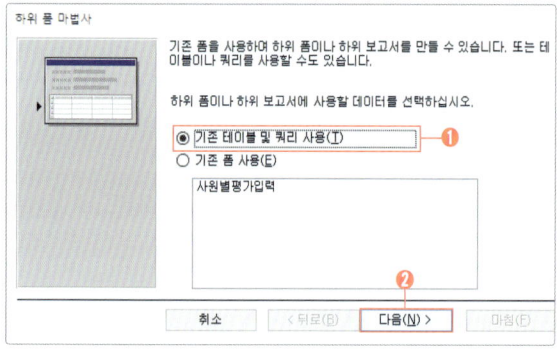

❺ [하위 폼 마법사] 대화상자의 테이블/쿼리에서 <사원> 테이블을 선택합니다. 사용 가능한 필드 목록에서 '이름', '입사일', '직급' 필드를 더블 클릭하여 선택한 필드에 추가하고 <다음> 단추를 클릭합니다.

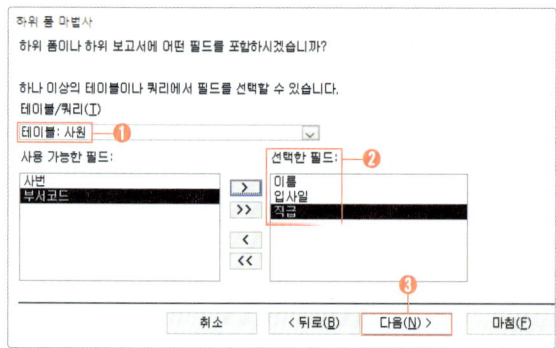

⑥ [하위 폼 마법사] 대화상자에서 '목록에서 선택', '부서코드을(를) 사용하여 부서의 각 레코드에 대해 사원을(를) 표시합니다'가 선택된 것을 확인하고 <다음> 단추를 클릭합니다.

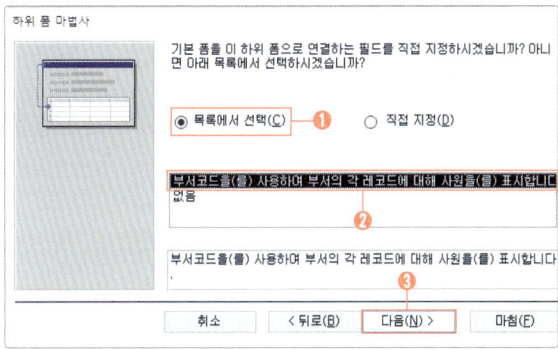

⑦ [하위 폼 마법사] 대화상자에서 '사원 하위 폼'을 입력하고 <마침> 단추를 클릭합니다.

⑧ [홈] 탭-[보기] 그룹-[보기]-[폼 보기]를 클릭하여 변경된 내용을 확인합니다.

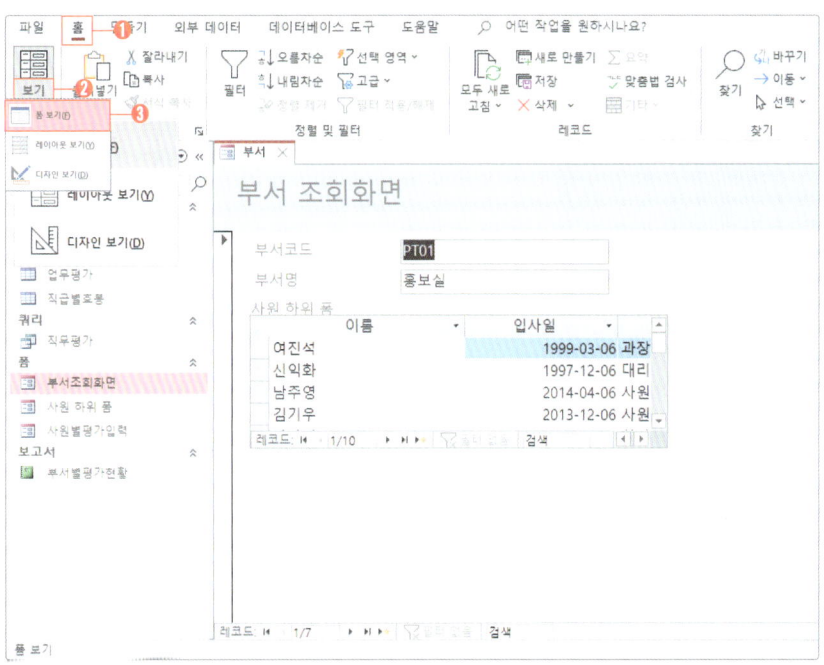

출제유형 완전정복 ▶ 하위 폼 연결하기

 📁 작업 파일 : C:₩2024_컴활1급₩데이터베이스₩작업파일₩2장_출제유형04₩완전정복01_문제.accdb
📁 완성 파일 : C:₩2024_컴활1급₩데이터베이스₩완성파일₩2장_출제유형04₩완전정복01_정답.accdb

<판매내역> 폼에 <판매내역입력> 하위 폼을 추가하시오.

▶ 하위 폼/하위 보고서 컨트롤의 이름은 '판매내역입력'으로 하위 폼 레이블의 캡션은 '판매내역입력'으로 하시오.
▶ 기본 폼과 하위 폼을 각각 '접수번호' 필드를 기준으로 연결하시오.

● 작 업 과 정 ●

1 <판매내역> 폼 위에서 마우스 오른쪽 단추를 눌러 [디자인 보기]를 클릭합니다.

2 [양식 디자인] 탭-[컨트롤] 그룹에서 ▼(자세히)를 눌러 [▤(하위 폼/하위 보고서)]를 선택하고 '본문' 영역에서 하위 폼을 적당한 크기로 드래그 합니다.
   ※ 이때 [컨트롤 마법사 사용]이 선택되어 있어야 마법사 창이 표시됩니다.

3 [하위 폼 마법사] 대화상자에서 '기존 폼 사용'을 클릭하고 '판매내역입력'을 선택한 후 <다음> 단추를 클릭합니다.

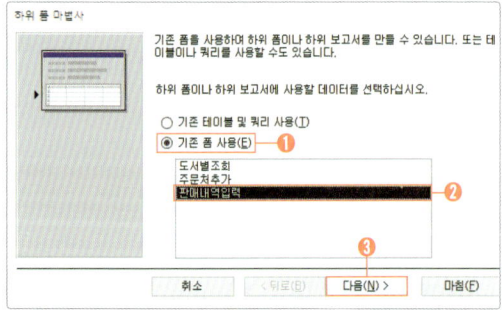

4 [하위 폼 마법사] 대화상자에서 '목록에서 선택', '접수번호을(를) 사용하여 도서별판매내역의 각 레코드에 대해 도서별판매내역을(를) 표시합니다.'를 선택하고 <다음> 단추를 클릭합니다.

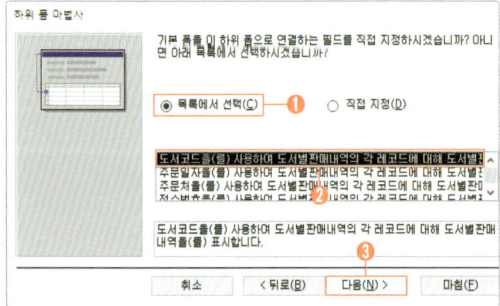

5 [하위 폼 마법사] 대화상자에서 '판매내역입력'을 입력하고 <마침> 단추를 클릭합니다.

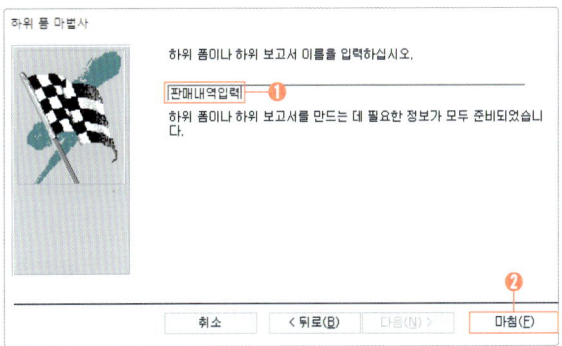

6 [홈] 탭-[보기] 그룹-[보기]-[폼 보기]를 클릭하여 변경된 내용을 확인합니다.

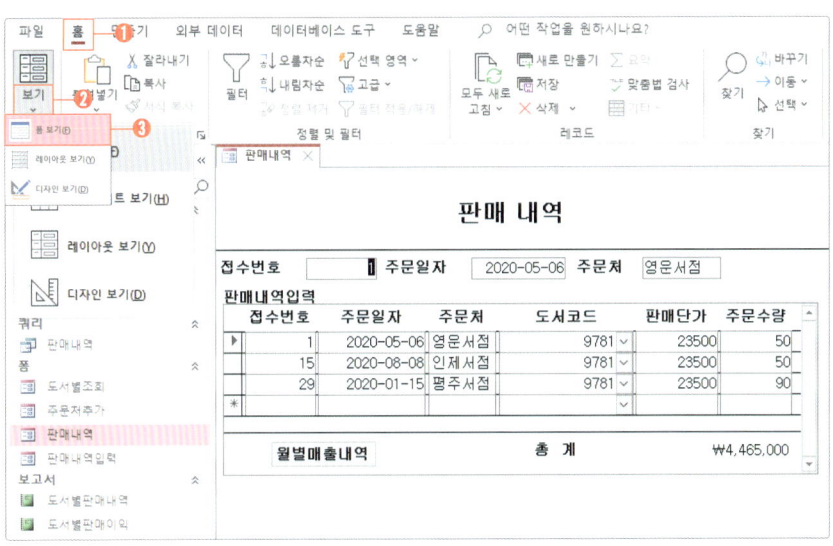

PART 01 / CHAPTER 02 · 폼의 입력과 수정

매크로 생성과 지정

출제유형 분석 매크로를 작성하여 컨트롤에 연결하거나, 컨트롤에 직접 포함하는 매크로를 작성하여 실행하는 유형으로 출제됩니다. 매크로를 작성하고 매크로에 포함되는 각종 함수의 사용법을 숙지해야 합니다.

동영상 강의

📁 **작업 파일** : C:₩2024_컴활1급₩데이터베이스₩작업파일₩2장_출제유형05₩출제유형05_문제.accdb
📁 **완성 파일** : C:₩2024_컴활1급₩데이터베이스₩완성파일₩2장_출제유형05₩출제유형05_정답.accdb

<사원별평가입력> 폼의 '부서별평가현황'(cmd부서별평가현황) 단추를 클릭하면 <부서별평가현황> 보고서를 '인쇄 미리 보기'의 형태로 여는 <Macro1> 매크로를 생성하여 지정하시오.

▶ 매크로 조건: '평가연도'의 조회 필드의 값이 'txt조회'에 해당하는 입력된 연도의 평가만 표시

① [만들기] 탭-[매크로 및 코드] 그룹-[매크로]를 클릭합니다.

② 매크로 작성기에서 '새 함수 추가'의 ▼ (목록 단추)를 클릭하여 [OpenReport]를 선택합니다.

※ 함수를 추가할 때에 함수 카탈로그의 함수 영역에서 선택할 수 있습니다.

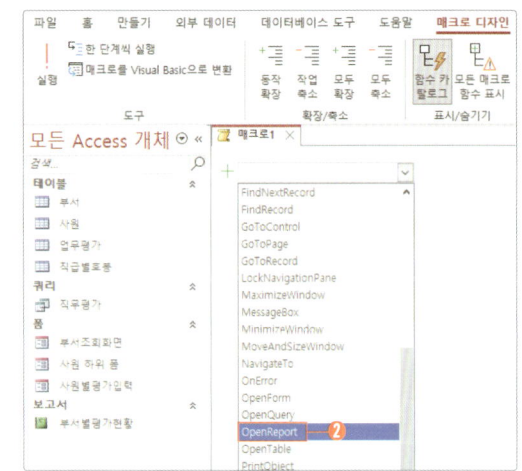

❸ 매크로 작성기에서 OpenReport 매크로 함수의 보고서 이름에 '부서별평가현황'을 입력하고 보기 형식에서 '인쇄 미리 보기'를 선택합니다. Where 조건문에 '[평가년도]=[Forms]![사원별평가입력]![txt조회]'를 입력합니다.

※ Where 조건문에는 <부서별평가현황> 보고서의 '평가년도' 필드와 <사원별평가입력> 폼의 'txt조회' 컨트롤의 내용이 같다는 조건을 입력합니다.

TIP

조건지정

- [ ] (대괄호) : [폼]이나 [보고서] 등의 개체명을 입력
- ! (느낌표) : [Forms]![폼명]![학번] 형식으로 개체와 개체를 구별할 때 입력
- . (온점) : [개체].속성을 선택할 때 입력

❹ 빠른 실행 도구 모음에서 🖫(저장)을 클릭합니다. [다른 이름으로 저장] 대화상자에서 매크로 이름에 'Macro1'를 입력하고 <확인> 단추를 클릭합니다.

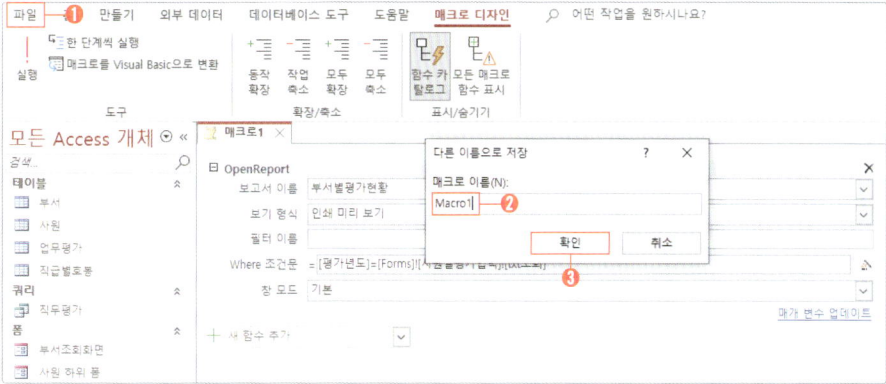

❺ <사원별평가입력> 폼 위에서 마우스 오른쪽 단추를 눌러 [디자인 보기]를 클릭합니다.

❻ '부서별 평가 현황' 버튼을 클릭합니다. [cmd부서별평가현황] 속성 시트 창의 [이벤트] 탭에서 On Click을 'Macro1'을 선택합니다.

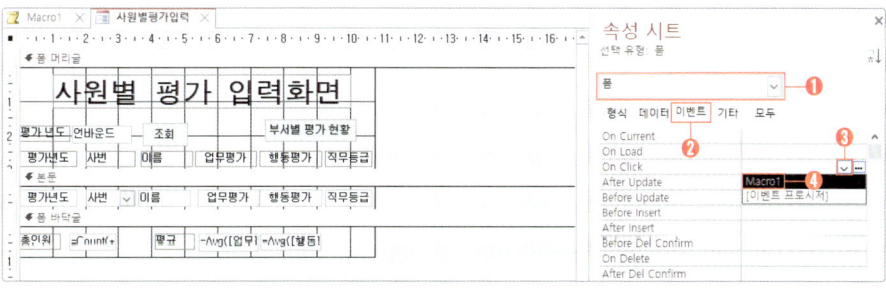

❼ [양식 디자인] 탭-[보기] 그룹-[보기]-[폼 보기]를 클릭합니다.

❽ [txt조회]에 연도를 입력한 후 '부서별 평가 현황' 버튼을 눌러 보고서 형태가 실행된 것을 확인합니다.
　　※ <부서별평가현황> 보고서의 레코드 원본을 연결한 후 평가년도를 입력해야 결과를 확인할 수 있습니다.

▼

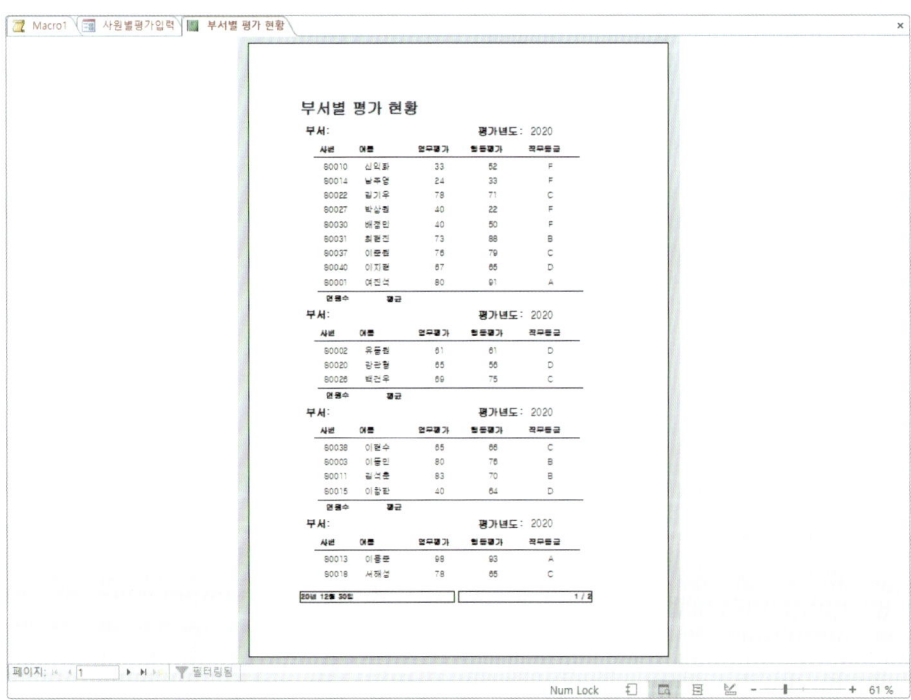

 **매크로 생성과 지정**

완전정복 - 01
📂 **작업 파일** : C:₩2024_컴활1급₩데이터베이스₩작업파일₩2장_출제유형05₩완전정복01_문제.accdb
📄 **완성 파일** : C:₩2024_컴활1급₩데이터베이스₩완성파일₩2장_출제유형05₩완전정복01_정답.accdb

<도서별조회> 폼의 '자료보기'(cmd자료보기) 단추를 클릭하면 <도서별판매이익> 보고서를 '보고서'의 형태로 여는 포함 매크로를 생성하여 지정하시오.

▶ OpenReport 개체를 사용하시오.

● 작업과정

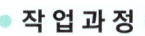 <도서별조회> 폼 위에서 마우스 오른쪽 단추를 눌러 <디자인 보기>를 클릭합니다.

 '자료보기'(cmd자료보기) 버튼 속성 시트 창의 [이벤트] 탭 중 [On Click]에 '식 작성기'(...)를 클릭합니다.

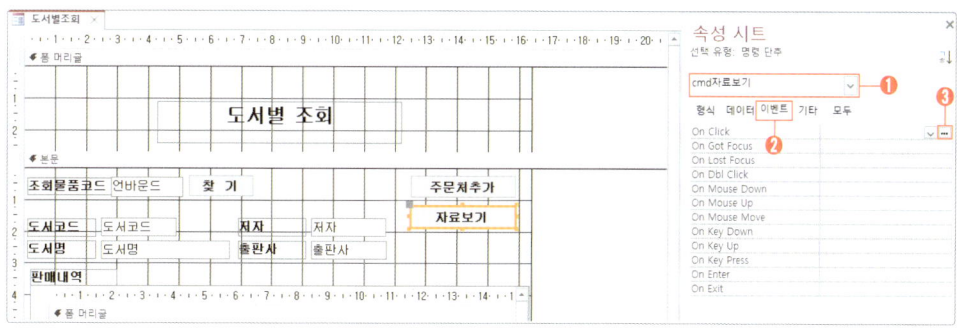

3 [작성기 선택] 대화상자에서 포함하는 매크로를 작성하기 위해 '매크로 작성기'를 선택하고 <확인> 단추를 클릭합니다.

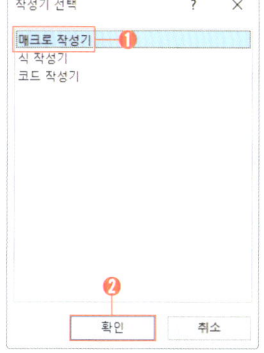

4 [새 함수 추가]에서 <OpenReport>를 선택합니다.

5 [보고서 이름]에 '도서별판매이익', [보기 형식]에 '보고서'를 선택합니다.

6 모든 설정이 끝나면 빠른 실행 도구 모음에서 ■(저장)을 눌러 변경된 내용을 저장합니다. [매크로 디자인] 탭-[닫기] 그룹-[닫기]를 클릭합니다.

7 [폼 보기]에서 '자료 보기' 버튼을 클릭하여 내용을 확인합니다.

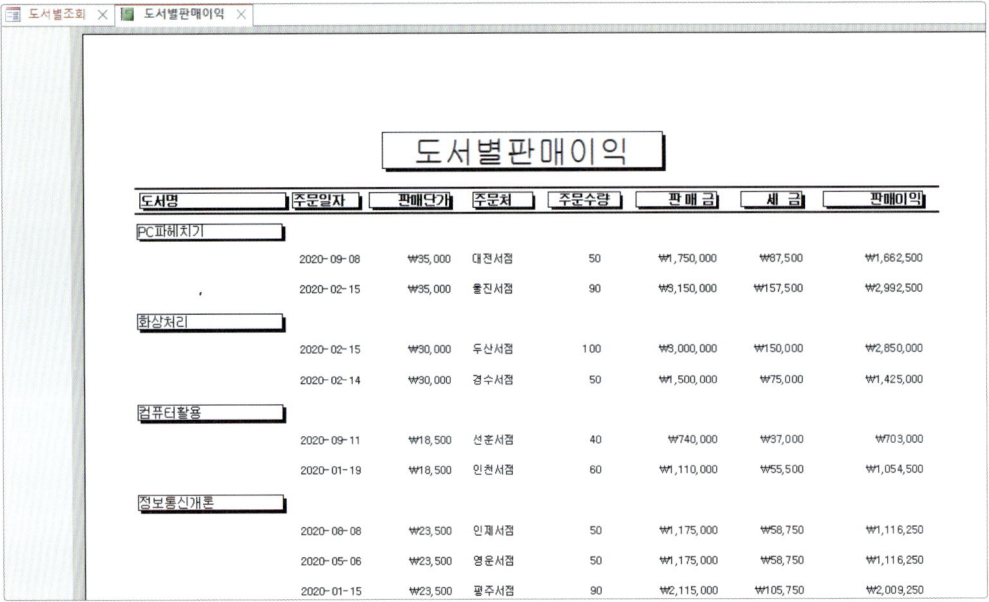

 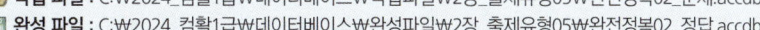 

<판매내역입력> 폼의 '월별매출내역'(cmd월별매출) 단추를 클릭하면 현재 폼을 엑셀 파일로 출력하는 포함 매크로를 작성하시오.

▶ 자동으로 시작하시오.

▶ ExportWithFormatting 함수를 이용하시오.

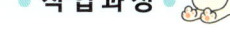

1 <판매내역입력> 폼 위에서 마우스 오른쪽 단추를 눌러 <디자인 보기>를 클릭합니다.

2 '폼 바닥글' 영역에서 '월별매출내역'(cmd월별매출) 버튼 속성 시트 창의 [이벤트] 탭 중 [On Click]에서 ···을 클릭합니다.

3 [작성기 선택] 대화상자에서 '매크로 작성기'를 선택하고 <확인> 단추를 클릭합니다.

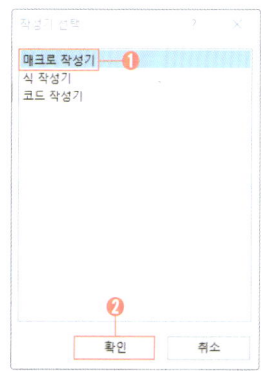

4 [새 함수 추가]에서 <ExportWithFormatting>를 선택합니다.

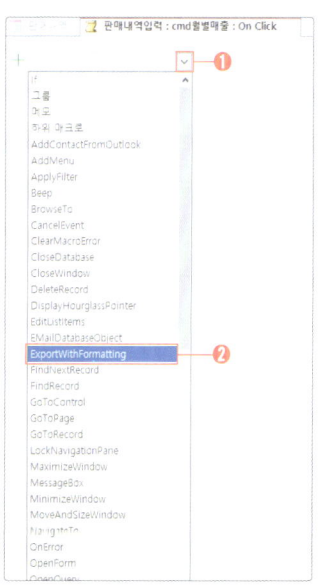

TIP

ExportWithFormatting : 내보내기 함수

- **개체 유형** : 출력할 데이터가 있는 개체 유형(테이블, 쿼리, 폼, 보고서 등)
- **개체 이름** : 출력할 데이터가 있는 개체의 이름(테이블 등에서 만든 개체의 이름 선택)
- **출력 형식** : 내보내기할 출력 파일 형식(*.xlsx, *.htm, *.pdf 등)
- **출력 파일** : 데이터를 출력할 파일의 전체 경로
- **자동 시작** : '예'이면 ExportWithFormatting 후 자동으로 시작

5 [개체 유형]에 '폼', [개체 이름]에 '판매내역입력', [출력 형식]에 'Excel 통합 문서 (*.xlsx)', [자동 시작]에 '예'를 입력 및 선택합니다.

6 [매크로 디자인] 탭-[닫기] 그룹-[닫기]를 클릭합니다.

7 Microsoft Access 메시지 창에서 <예> 단추를 클릭하여 매크로를 저장합니다.

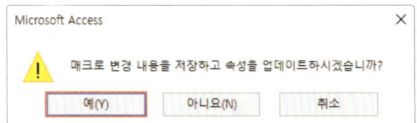

8 [폼 보기]에서 <월별매출내역> 단추를 클릭합니다.

9 '내보내기할 위치'와 '파일 이름'을 입력하고 <확인> 단추를 클릭합니다.

10 자동으로 엑셀 창이 표시되면 결과를 확인합니다.

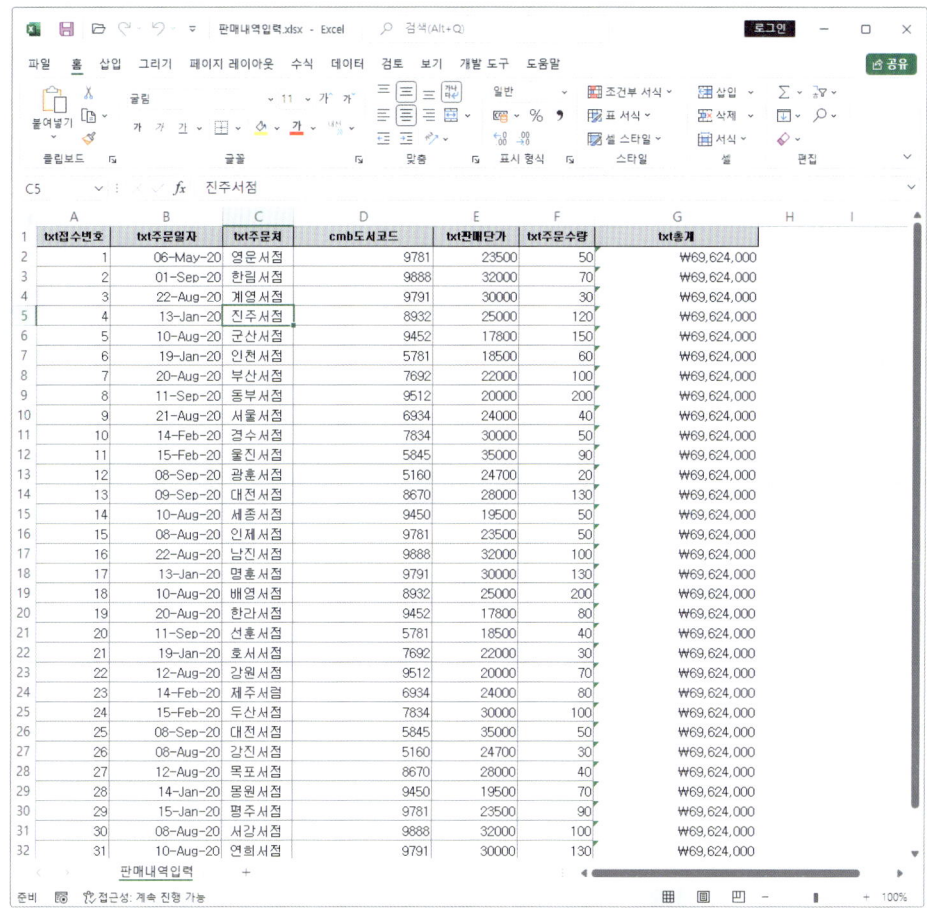

MEMO

PART 01
기출문제유형 완전분석하기

CHAPTER 03

<보고서의 조회 및 출력>

출제유형 01 보고서의 완성

출제유형 02 이벤트 프로시저 구현

PART 01 / CHAPTER 03 · 보고서의 조회 및 출력

보고서의 완성

출제유형 분석 보고서 개체의 각종 속성을 변경하여 보고서를 완성합니다. 여러 가지 속성이 다양하게 출제되므로 기능을 꼼꼼히 숙지하도록 합니다. 컨트롤 도구와 각종 함수의 사용법을 실습하여 익혀봅니다.

문제 미리 보기

📁 작업 파일 : C:₩2024_컴활1급₩데이터베이스₩작업파일₩3장_출제유형01₩출제유형01_문제.accdb
📁 완성 파일 : C:₩2024_컴활1급₩데이터베이스₩완성파일₩3장_출제유형01₩출제유형01_정답.accdb

다음의 지시사항에 따라 <부서별평가현황> 보고서를 완성하시오.

① <직무평가> 쿼리를 레코드 원본으로 설정하시오.
② 평가년도별 내림차순으로 정렬하시오.
③ 부서코드 머리글의 'txt부서' 컨트롤은 '부서명(부서코드)'이 표시되도록 설정하시오.
   ▶ 예) 부서명이 총무부이면 '총무부(PT2)'와 같이 표시
④ 부서코드 바닥글에는 해당 부서의 '인원수'가 표시되도록 'txt인원수' 컨트롤을 설정하시오. 부서코드 바닥글의 'txt업무평가평균'과 'txt행동평가평균' 컨트롤의 평균을 구한 후 소수점 1자리까지만 표시하도록 설정하시오.
⑤ 부서코드 머리글이 반복실행이 되도록 설정하시오.

레코드 원본

① <부서별평가현황> 보고서 위에서 마우스 오른쪽 단추를 눌러 <디자인 보기>를 클릭합니다.

② [보고서] 속성 시트 창의 [데이터] 탭 중 [레코드 원본]에 '직무평가'를 선택합니다.
   ※ 보고서에서 사용하는 필드에 연결할 레코드 원본을 설정합니다.

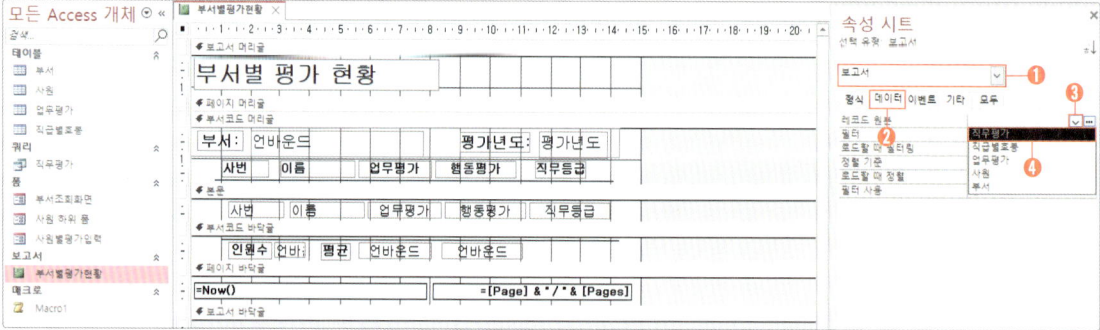

TIP

보고서 영역

보고서 머리글	보고서의 맨 위 영역으로 첫 페이지에 한 번만 표시
페이지 머리글	모든 페이지의 위쪽에 표시
그룹 머리글	그룹이 설정되어 있을 때 그룹 위쪽에 표시
본문	레코드 원본의 필드 정보가 표시
그룹 바닥글	그룹이 설정되어 있을 때 그룹 아래쪽에 표시
페이지 바닥글	모든 페이지의 아래쪽에 표시
보고서 바닥글	보고서의 맨 마지막 영역으로 마지막 페이지에 한 번만 표시

Skill 02 그룹, 정렬 및 요약

❶ [보고서 디자인] 탭-[그룹화 및 요약] 그룹-[그룹화 및 정렬]을 클릭합니다.
  ※ 화면 아래에 [그룹, 정렬 및 요약] 창이 기본적으로 선택되어 있습니다.

❷ 화면 아래에 표시되는 [그룹, 정렬 및 요약]에서 '평가년도' 필드는 [정렬]을 '내림차순'으로 선택합니다.
  ※ 레코드를 특정 필드순으로 '오름차순' 또는 '내림차순'으로 설정합니다. 첫 번째 필드가 같으면 정렬을 추가하여 다음 필드를 지정합니다.

Skill 03 컨트롤 원본

❶ '부서코드 머리글' 영역에서 'txt부서' 컨트롤 속성 시트 창의 [데이터] 탭 중 '컨트롤 원본' 입력란에 '=[부서명] & "(" & [부서코드] & ")"'을 입력하고 Enter 키를 누릅니다.
  ※ 필드에 사용할 필드의 원본을 지정합니다. 연결자 '&'기호를 사용할 수 있습니다.

출제유형 01 · 보고서의 완성

② '부서코드 바닥글' 영역에서 'txt인원수' 컨트롤 속성 시트 창의 [데이터] 탭 중 '컨트롤 원본' 입력란에 '=Count(*)'을 입력하고 Enter 키를 누릅니다.

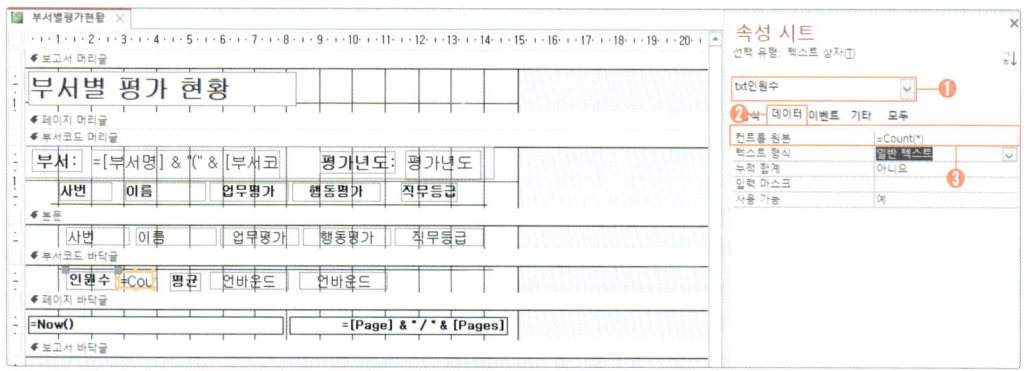

③ '부서코드 바닥글' 영역에서 'txt업무평가평균' 컨트롤 속성 시트 창의 [모두] 탭 중 '컨트롤 원본' 입력란에 '=Avg([업무평가])'를 입력하고 [소수 자릿수]에 '1'을 선택합니다.

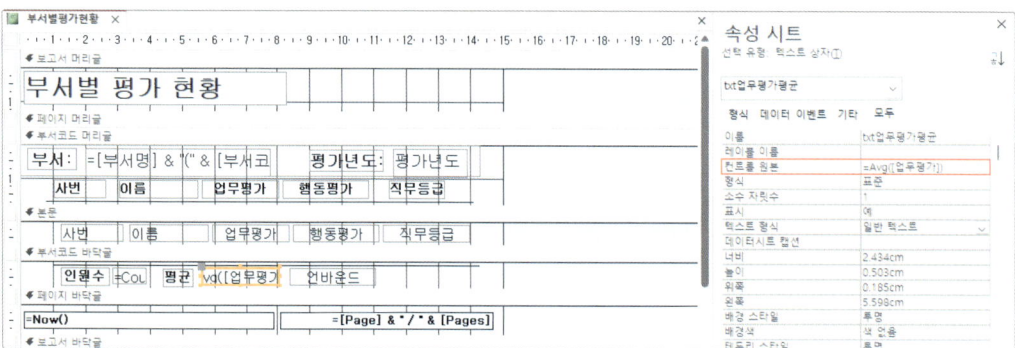

④ '부서코드 바닥글' 영역에서 'txt행동평가평균' 컨트롤 속성 시트 창의 [모두] 탭 중 '컨트롤 원본' 입력란에 '=Avg([행동평가])'를 입력하고 [소수 자릿수]에 '1'을 선택합니다.

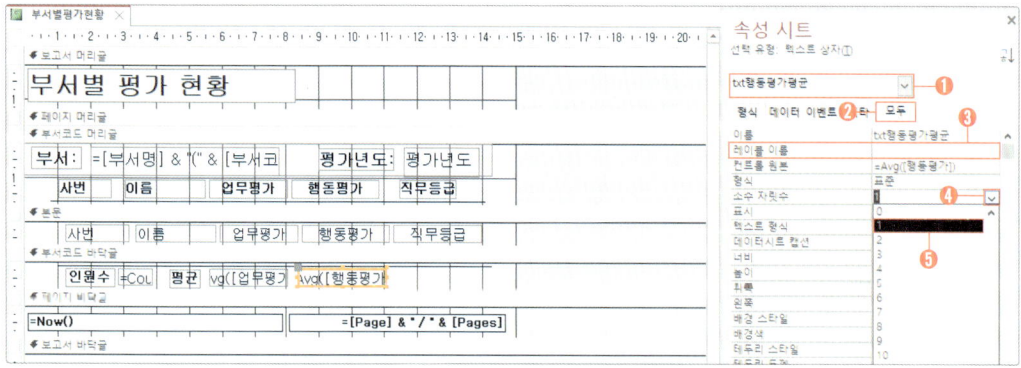

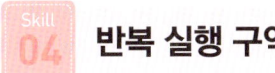 **반복 실행 구역**

① '부서코드 머리글' 영역에서 속성 시트 창의 [형식] 탭 중 [반복 실행 구역]에 '예'를 선택합니다.
 ※ 보고서를 출력할 때 페이지가 바뀌어도 반복적으로 실행할 구역을 선택합니다.

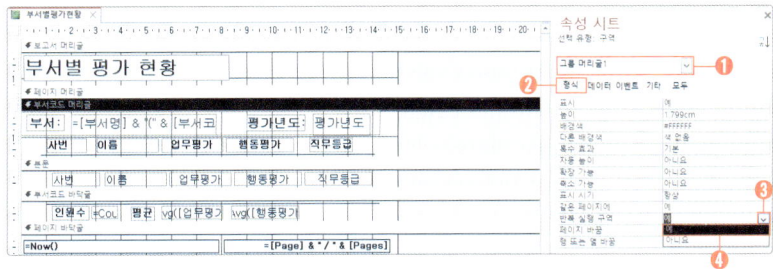

② 인쇄 미리보기를 눌러 내용을 확인합니다.

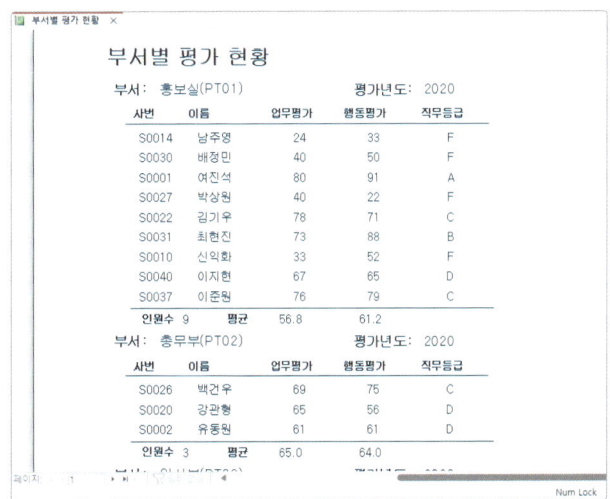

TIP

보고서의 주요 속성

속성	기능
레코드 원본	보고서에 사용될 테이블이나 쿼리 이름을 선택
같은 페이지에	구역을 모두 한 페이지에 표시할 것인지를 '예/아니요'로 지정
페이지 바꿈	• 다른 페이지에 표시할 것인지를 지정 • '없음', '구역 전', '구역 후', '구역 전/후' 중 선택
반복 실행 구역	그룹 머리글을 다음 페이지나 열에 반복하여 표시할 것인지를 '예/아니요'로 지정
중복 내용 숨기기	중복된 내용을 숨기기하여 한 번만 표시할 것인지를 '예/아니요'로 지정
컨트롤 원본	컨트롤에 연결되는 필드를 선택
누적 합계	• 그룹별 누적 합계를 표시할 것인지를 지정 • '아니요', '그룹', '모두' 중 선택
배경색	보고서의 배경색을 지정
글꼴 이름	보고서에 표시할 글꼴 이름을 지정
글꼴 크기	보고서에 표시할 글꼴 크기를 지정
글꼴 두께	보고서에 표시할 글꼴의 두께를 '가늘게', '중간', '굵게' 등으로 지정

출제유형 완전정복 ▶ 보고서의 완성

완전정복 - 01

📁 **작업 파일** : C:₩2024_컴활1급₩데이터베이스₩작업파일₩3장_출제유형01₩완전정복01_문제.accdb
📁 **완성 파일** : C:₩2024_컴활1급₩데이터베이스₩완성파일₩3장_출제유형01₩완전정복01_정답.accdb

다음의 지시사항에 따라 <도서별판매이익> 보고서를 완성하시오.

① <판매내역> 쿼리를 레코드 원본으로 설정하시오.

② 정렬 순서는 '도서명', '주문일자', '주문처' 필드 순으로 하고 오름차순으로 정렬하여 표시하시오.

③ 보고서 바닥글의 'txt세금'과 'txt판매이익' 컨트롤에 세금과 판매이익 필드의 총합계를 표시하시오.

④ 페이지 바닥글의 'txt날짜'에는 시스템의 현재 날짜가 표시되도록 형식을 설정하시오.
   ▶ 예) 현재 날짜가 2020년 7월 15일이면 '2020년 7월 15일 수요일'과 같이 표시

⑤ 페이지 바닥글의 'txt페이지'에는 페이지를 '현재페이지/전체페이지'의 형태로 표시되도록 설정하시오.
   ▶ 예) 전체 페이지수가 5이고 현재 페이지가 2이면 '2/5'와 같이 표시

● 작 업 과 정 ●

1️⃣ <도서별판매이익> 보고서 위에서 마우스 오른쪽 단추를 눌러 [디자인 보기]를 클릭하고 '보고서' 속성 시트 창의 [데이터] 탭 중 '레코드 원본' 입력란에 '판매내역'을 선택합니다.

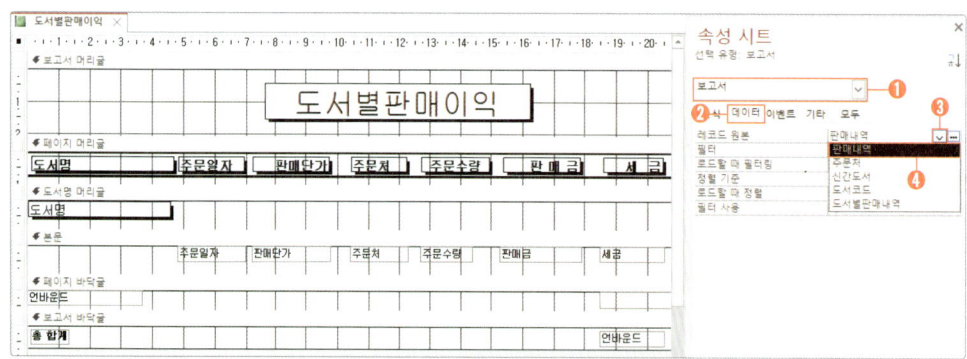

2️⃣ [그룹, 정렬 및 요약]에서 '도서명' 필드는 [정렬] - '오름차순', '주문일자' 필드는 [정렬] - '오름차순', '주문처' 필드는 [정렬] '오름치순'으로 선덱힙니다.

③ '보고서 바닥글' 영역에서 'txt세금' 컨트롤 속성 시트 창의 [데이터] 탭 중 '컨트롤 원본' 입력란에 '=Sum([세금])'을 입력하고 Enter 키를 누릅니다.

  ※ Shift + F2 를 눌러 [확대/축소] 대화상자에서 입력할 수 있습니다.

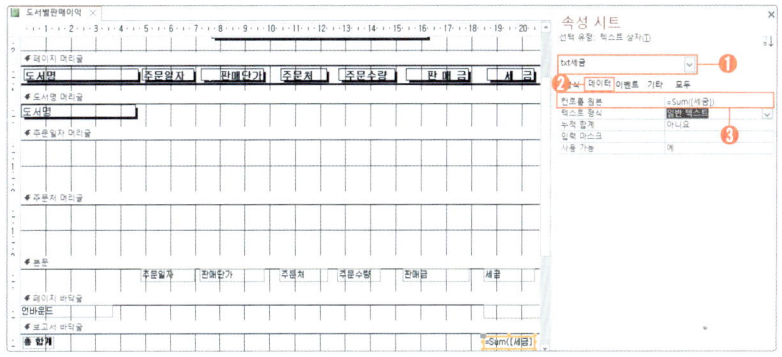

④ 'txt판매이익' 컨트롤 속성 시트 창의 [데이터] 탭 중 '컨트롤 원본' 입력란에 '=Sum([판매이익])'을 입력하고 Enter 키를 누릅니다.

⑤ '페이지 바닥글' 영역에서 'txt날짜' 컨트롤 속성 시트 창의 [모두] 탭 중 '컨트롤 원본' 입력란에 '=Date()'을 입력하고 '형식'에 '자세한 날짜'를 선택합니다.

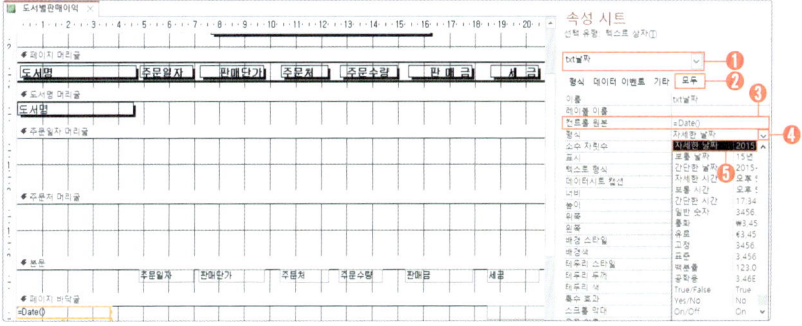

⑥ '페이지 바닥글' 영역에서 'txt페이지' 컨트롤 속성 시트 창의 [데이터] 탭 중 '컨트롤 원본' 입력란에 '=[Page] & "/" & [Pages]'를 입력하고 Enter 키를 누릅니다.

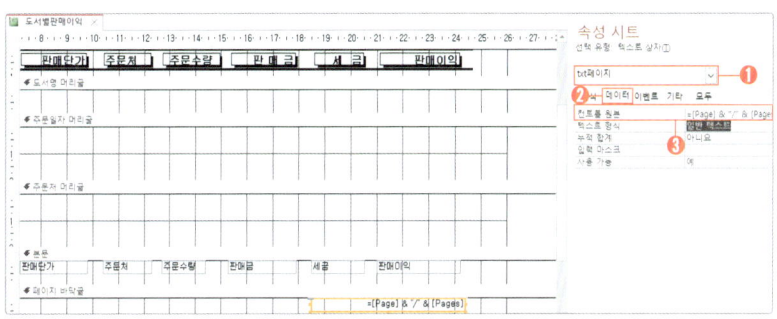

TIP

페이지 함수
- [Page] : 현재 페이지
- [Pages] : 전체 페이지

PART 01 / CHAPTER 03 · 보고서의 조회 및 출력

이벤트 프로시저 구현

출제유형 분석 버튼이나 각종 컨트롤에 이벤트 프로시저를 구현하는 문제가 반드시 출제됩니다. 개체의 사용과 VBA (Visual Basic for Application)에서 사용하는 각종 문법을 익혀야 합니다.

문제 미리 보기

📁 **작업 파일** : C:₩2024_컴활1급₩데이터베이스₩작업파일₩3장_출제유형02₩출제유형02_문제.accdb
📁 **완성 파일** : C:₩2024_컴활1급₩데이터베이스₩완성파일₩3장_출제유형02₩출제유형02_정답.accdb

<사원별평가입력> 폼에서 'txt직무등급' 컨트롤에 포커스가 이동하면(GotFocus) <그림>과 같은 메시지 상자를 출력하는 이벤트 프로시저를 구현하시오.

▶ '업무평가'(txt업무평가)와 '행동평가'(txt행동평가)의 평균값을 메시지 박스에 표시할 것
▶ 단, 평균이 60 미만이면 '이름 : 탈락'을 표시하시오.
▶ If ~ ElseIf 문 사용

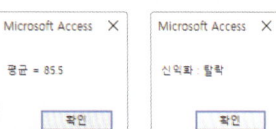

❶ <사원별평가입력> 폼의 바로 가기 메뉴에서 <디자인 보기>를 클릭합니다.

❷ 'txt직무등급' 컨트롤 속성 시트 창의 [이벤트] 탭 중 [On Got Focus]에 '식 작성기'(…)를 클릭하고 [작성기 선택] 대화상자에서 '코드 작성기'를 선택한 후 <확인> 단추를 클릭합니다.

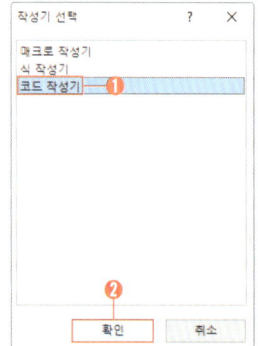

❸ VBA 창에 다음과 같이 코드를 입력합니다.

※ 변수 a에 업무평가와 행동평가의 평균을 구하고, a변수의 값이 60 미만이라면 메시지 박스(MsgBox)에 탈락을 표시하고 a변수의 값이 60 이상이라면 메시지 박스(MsgBox)에 평균을 표시합니다.

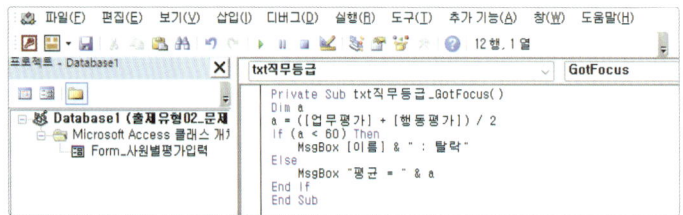

> **TIP**
>
> **MsgBox : 메시지 내용을 화면에 팝업으로 표시하는 박스**
> - **형식** : MsgBox ([메시지 박스 내용], [메시지 박스 타입], [메시지 박스 제목])
> - **예** : MsgBox "컴퓨터활용능력 ", vbOKOnly, "파이팅"

```
Private Sub txt직무등급_GotFocus( )
Dim a
a = ([업무평가] + [행동평가]) / 2
If a < 60 Then
    MsgBox [이름] & " : 탈락"
Else
    MsgBox "평균 = " & a
End If
End Sub
```

> **TIP**
>
> **주의**
> 코드 작성기에서 &(연결자) 기호를 쓸 때는 왼쪽과 오른쪽을 반드시 띄어 써야만 구문 오류가 나지 않습니다.

❹ Alt + Q 를 눌러 액세스 창으로 돌아옵니다.

❺ [양식 디자인] 탭-[보기] 그룹-[보기]-[폼 보기]를 클릭합니다.

❻ 'txt직무등급' 텍스트 상자를 마우스로 클릭하여 메시지 상자의 표시 여부를 확인한 후 <확인> 단추를 클릭합니다.

TIP

1. 이벤트 프로시저의 종류

종류	기능
Sub( )	코드를 실행하고 결과값을 반환하지 않음. 해당 모듈의 모든 프로시저에서 사용
Function( )	코드를 실행하고 결과값을 반환함. 모든 모듈의 모든 프로시저에서 사용
Property( )	개체의 속성을 새로 정의할 때 사용하는 것으로 반환값이 있음

2. 프로시저의 영역

영역	의미
Public	모듈의 처음에 선언하여 모든 모듈에서 사용
Private	모듈의 처음에 선언하며 해당 모듈 내의 모든 프로시저에서 사용 가능
Sub와 Public	Sub 프로시저는 모든 모듈 내의 모든 프로시저에서 해당 Sub프로시저를 호출
Sub와 Private	Sub 프로시저는 선언된 모듈 내의 다른 프로시저에서만 호출

 **이벤트 프로시저 구현**

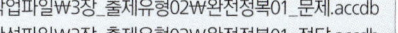

<도서별조회> 폼의 '주문처추가'(cmd주문처추가) 단추를 클릭(On Click)하면 <주문처추가> 폼을 열도록 설정하는 이벤트 프로시저를 구현하시오.

▶ DoCmd 개체 사용

● 작업과정

1. <도서별조회> 폼 위에서 마우스 오른쪽 단추를 눌러 <디자인 보기>를 클릭합니다.

2. '주문처추가'(cmd주문처추가) 버튼 속성 시트 창의 [이벤트] 탭 중 [On Click]에 '식 작성기'(…)를 클릭하고 [작성기 선택] 대화상자에서 '코드 작성기'를 선택하고 <확인> 단추를 클릭합니다.

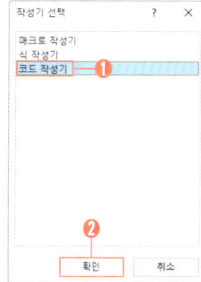

TIP
이벤트 프로시저를 사용할 때에는 코드 작성기로 입력해야 합니다.

3. VBA 창에 다음과 같이 코드를 입력합니다.
    ※ DoCmd는 프로시저에서 매크로 함수를 실행할 수 있는 개체입니다. DoCmd 개체로 폼(주문처추가) 개체를 열기합니다.

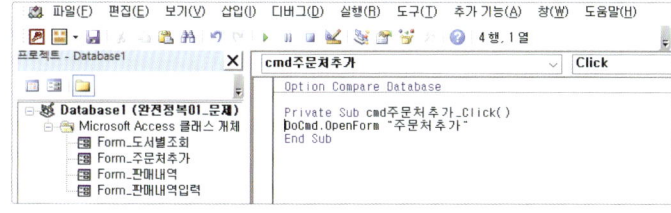

```
Private Sub cmd주문처추가_Click()
DoCmd.OpenForm "주문처추가"
End Sub
```

4. Alt + Q 를 눌러 액세스 창으로 돌아옵니다.

5. [양식 디자인] 탭-[보기] 그룹-[보기]-[폼 보기]를 클릭하여 결과를 확인합니다.

TIP

1. DoCmd 개체

DoCmd.OpenTable	테이블 열기
DoCmd.OpenQuery	쿼리 열기
DoCmd.OpenForm	폼 열기
DoCmd.OpenReport	보고서 열기
DoCmd.Close	• 현재 창 닫기 • acSaveNo : 저장 안 함, acSavePrompt : 저장을 물어보고 확인, acSaveYes : 반드시 저장 • 매크로에서는 CloseWindow로 변경하여 사용
DoCmd.ApplyFilter "조건(a=b)"	조건 앞을 띄우고 조건에 맞는 레코드 필터

2. Filter, FilterOn 개체

형식	• 폼이름.Filter 조건(a=b)
	• 폼이름.FilterOn=True
	• 단, 조건은 "필드=txt컨트롤명" 형식으로 작성하고 FinterOn=True와 함께 사용
	   예) Me.Filter "거래처명 = '" & cmb거래처명 & "'"
	        Me.FilterOn=True
	   (현재 폼에서 거래처명 필드가 cmb거래처명 컨트롤의 값과 일치하는 레코드만 표시되도록 조건을 지정)

필드명이 숫자인 경우	• "필드명=" & 컨트롤명
	   예) "점수>=" & txt점수
	   → 점수가 txt점수 이상인 레코드를 필터

필드명이 문자인 경우	• "필드명='" & 컨트롤명 &"'"
	   예) "이름='" & txt이름 & "'"
	   → 문자인 경우 ' ' 기호로 한 번 더 감싸줌. 즉 이름='김철수'의 형식으로 입력하여 필터
	• 왼쪽의 '"사이는 띄우지 말고 & 앞뒤는 띄워서 입력

필드명이 문자를 포함하는 경우	• "필드명 Like '*" & 컨트롤명 & "*'"
	   예) "학과명 Like '*" & txt학과명 & "*'"
	   → 포함하는 문자열에는 *(모든) 기호를 포함

필드명이 날짜 형식인 경우	• "필드명 =#" & 컨트롤명 &"#"
	   예) "입사일자 = #" & txt입사일조회 & "#"
	   → 날짜인 경우에는 # 기호를 앞뒤에 붙여줌

* 주의 사항
- 조건식 또는 SQL문은 큰 따옴표(" ")로 묶어주고 문자(텍스트)일 경우에는 작은 따옴표(' ')를 붙여 표시
- 컨트롤 이름, 변수 등은 큰 따옴표 안에 포함될 수 없으므로 연결자(&)를 사용

3. RecordsetClone, Bookmark 개체

사용 예	• Private Sub cmd찾기_Click( ) • Me.RecordsetClone.FindFirst "학번= '"& txt조회 &"'" • Me.Bookmark = Me.RecordsetClone.Bookmark • End Sub

RecordsetClone	• 현재 폼의 레코드 원본 복사본을 나타내는 속성 • 레코드 원본을 복사한 개체로 폼의 레코드를 탐색할 때 사용
Bookmark	해당 레코드로 이동하여 책갈피를 설정. 즉, 특정 레코드를 고유하게 식별하는 속성
FindFirst	지정한 조건에 맞는 첫 번째 레코드를 찾아 현재 레코드로 설정하는 메소드

4. RunSQL 개체

delete	DoCmd.RunSQL "delete * from 테이블명 where 조건(a=b)"
update	DoCmd.RunSQL "update 테이블명 set 업데이트할 내용 where 조건(a=b)"
insert	DoCmd.RunSQL "insert into 테이블명(필드1, 필드2,…) values("텍스트","#날짜#",숫자,…)"

5. SQL문

사용 예	SELECT [DISTINCT] 필드이름 FROM 테이블이름 [WHERE 조건식] [GROUP BY 필드이름] [HAVING 그룹 조건식] [ORDER BY 필드이름]
GROUP BY	• [DISTINCT] : 중복 제거 • 특정 필드를 기준으로 그룹화하여 검색할 때 사용 • 일반적으로 Sum, Avg, Count 같은 그룹 함수와 함께 사용
HAVING 절	그룹에 대한 조건을 지정할 때 사용하며 GROUP BY와 함께 사용
ORDER BY	• 특정 필드를 기준으로 레코드를 정렬하여 검색할 때 사용 • 정렬 방식은 ASC(오름차순 : 기본 설정), DESC(내림차순)

6. 기타 개체

Dim a As Object	레코드 셋 오브젝트를 변수 a에 정의
GotoRecord	• 새 레코드(acNewRec)로 이동 • 이전 레코드로 이동(acPrevious) • 다음 레코드로 이동(acNext)
GotoControl	컨트롤로 이동
OutputTo	• 외부 파일로 내보내기 • 2010 버전부터 ExportWithFormatting으로 변경
ShowAllRecords	모든 레코드 보기
Me.OrderBy Me.OrderByOn	• 오름차순(asc) 또는 내림차순(desc) 정렬 • Me.OrderBy = "필드 asc(또는 desc)" • Me.OrderByOn=True와 함께 사용
Me.RecordSource	• 조건에 맞는 레코드 찾기 • Me.RecordSource="Seletct * From 테이블 Where 조건(a=b)"

MEMO

PART 01
기출문제유형 완전분석하기

CHAPTER 04

<쿼리의 작성과 구현>

출제유형 01 쿼리의 작성과 실행

출제유형 02 쿼리 유형에 따른 다양한 쿼리 작성

PART 01 / CHAPTER 04 · 쿼리의 작성과 구현

쿼리의 작성과 실행

출제유형 분석 '조회 쿼리', '요약 쿼리', '매개 변수 쿼리', '크로스탭' 등 다양한 종류의 쿼리를 작성, 저장, 실행하는 문제가 출제되므로 방법을 숙지하도록 합니다. 쿼리를 작성할 때에는 테이블이나 쿼리를 이용하고 <그림>의 결과를 보고 필드명을 판단하는 연습을 합니다.

유형체크 01

 **문제 미리 보기**

📁 **작업 파일** : C:₩2024_컴활1급₩데이터베이스₩작업파일₩4장_출제유형01₩유형체크01_문제.accdb
📁 **완성 파일** : C:₩2024_컴활1급₩데이터베이스₩완성파일₩4장_출제유형01₩유형체크01_정답.accdb

사원의 '이름'의 일부를 매개 변수로 입력받아 해당 사원의 '업무평가'와 '행동평가'의 평균 점수를 조회하고 <사원별평균평가점수> 쿼리 이름으로 저장하시오.

▶ <직무평가> 쿼리를 이용하시오.
▶ 매개 변수의 내용은 '이름의 일부를 입력하세요'로 지정하시오.
▶ 쿼리 실행 결과 생성되는 테이블의 필드는 결과 <그림>을 참고하여 수험자가 판단하여 설정하시오.

• 결과 •

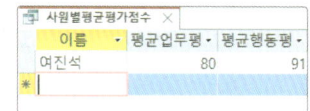

① [만들기] 탭-[쿼리] 그룹-[쿼리 디자인]을 클릭합니다.

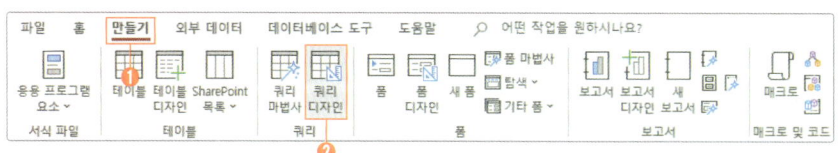

TIP

쿼리 종류

선택 쿼리	필요한 필드명을 선택하거나 수식을 입력하는 쿼리
테이블 만들기 쿼리	기존의 쿼리를 이용해 새로운 테이블을 작성하는 쿼리

추가 쿼리	테이블에 특정 필드의 레코드를 추가하는 쿼리
업데이트 쿼리	• 테이블의 내용을 변경하는 쿼리 • 업데이트 쿼리는 반드시 한 번만 실행해야 함. 여러 번 실행하면 계속 변경되고 되돌리기할 수 없음
크로스탭 쿼리	행 머리글과 열 머리글에 원하는 자료를 그룹화하여 표시하는 쿼리
삭제 쿼리	불필요한 레코드를 삭제하는 쿼리
요약 쿼리	묶는 방법에 따라 '합계', '평균', '최대값', '최소값', '개수', '표준 편차', '분산', '조건', '식' 등을 요약하여 표시
매개 변수 쿼리	특정 값을 입력하여 조회하는 쿼리

② [테이블 추가] 대화상자의 [쿼리] 탭에서 <직무평가> 테이블을 선택하고 <선택한 표 추가> 단추를 클릭합니다.

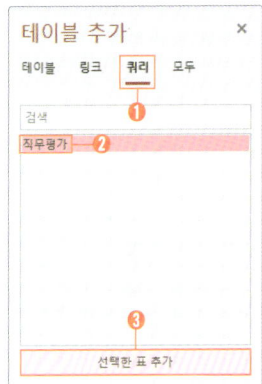

③ '이름' 필드를 선택하고 '평균업무평가: [업무평가]', '평균행동평가: [행동평가]'를 입력합니다.

※ Shift + F2 키를 눌러 수식을 입력할 수 있습니다.

TIP

쿼리에서 필드명 만들기

왼쪽에는 새롭게 사용될 필드명을 입력하고 ':' 기호를 입력한 후 오른쪽에는 기존에 있는 필드명을 '[ ]' 괄호 안에 입력합니다. 단, 필드명의 '[ ]'는 생략 가능합니다.

④ '이름' 필드는 [조건]에 'Like "*" & [이름의 일부를 입력하세요] & "*"'을 입력합니다.

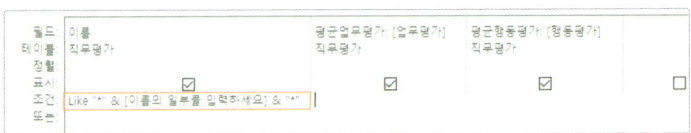

⑤ [쿼리 디자인] 탭-[결과] 그룹-[실행]을 클릭하여 실행 결과의 내용을 확인합니다.

⑥ 빠른 실행 도구 모음에서 (저장)을 클릭합니다. [쿼리 이름]에 '사원별평균평가점수'를 입력하고 <확인> 단추를 클릭합니다.

유형체크 02

📁 작업 파일 : C:₩2024_컴활1급₩데이터베이스₩작업파일₩4장_출제유형01₩유형체크02_문제.accdb
📁 완성 파일 : C:₩2024_컴활1급₩데이터베이스₩완성파일₩4장_출제유형01₩유형체크02_정답.accdb

<사원>, <업무평가> 테이블을 이용하여 '업무평가'와 '행동평가'가 모두 90 이상인 사원을 '이름' 필드의 값을 '★이름'으로 변경하는 <우수사원처리> 업데이트 쿼리를 작성한 후 실행하시오.

▶ In 연산자와 하위 쿼리 사용
▶ <사원> 테이블의 '이름' 필드에 기호를 연결 [표시 예 : 홍길동 → ★홍길동]

• 결과 •

※ <우수사원처리> 쿼리를 실행한 후의 <사원>테이블

❶ [만들기] 탭-[쿼리] 그룹-[쿼리 디자인]을 클릭하고 [쿼리 디자인] 탭-[쿼리 유형] 그룹-[업데이트]를 클릭합니다.

❷ [테이블 추가] 대화상자의 [테이블] 탭에서 <사원> 테이블을 선택하고 <선택한 표 추가> 단추를 클릭합니다.

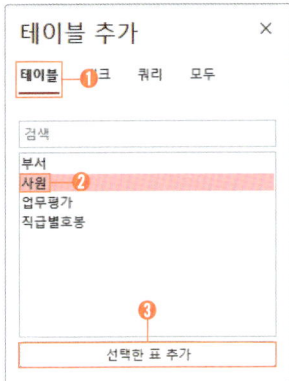

❸ '이름', '사번' 필드를 선택하고 '이름' 필드의 업데이트에 '"★" & [이름]'을 입력하고 '사번' 필드의 조건에 'In (select 사번 from 업무평가 where 업무평가>=90 and 행동평가 >=90)'를 입력합니다.

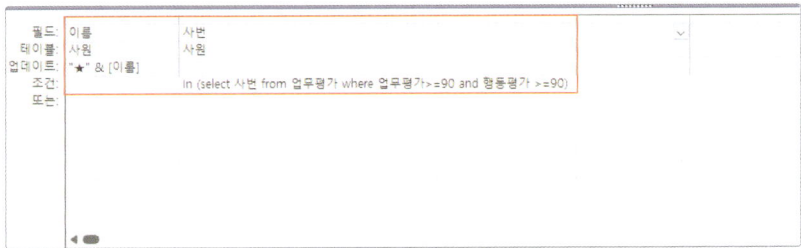

※ 'select 사번 from 업무평가 where 업무평가>=90 and 행동평가 >=90' from 뒤에 오는 문자는 테이블명을 나타내고 where는 조건문입니다. 즉, 업무평가 테이블에서 업무평가가 90이상이고 행동평가가 90이상인 사번을 검색하는 것으로 해석합니다.

❹ [쿼리 디자인] 탭-[결과] 그룹-[실행]을 클릭하고 레코드가 업데이트되는 메시지가 나오면 <예> 단추를 클릭 후 실행 결과의 내용을 확인합니다.

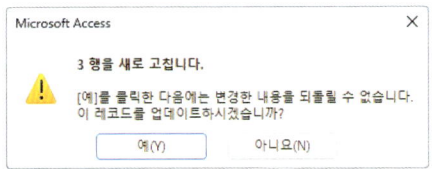

❺ 빠른 실행 도구 모음에서 🖫(저장)을 클릭합니다. [쿼리 이름]에 '우수사원처리'을 입력하고 <확인> 단추를 클릭합니다.

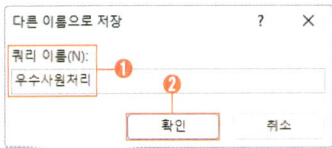

문제 미리 보기

📁 작업 파일 : C:₩2024_컴활1급₩데이터베이스₩작업파일₩4장_출제유형01₩유형체크03_문제.accdb
📁 완성 파일 : C:₩2024_컴활1급₩데이터베이스₩완성파일₩4장_출제유형01₩유형체크03_정답.accdb

부서별과 평가년도별로 직원들의 평균 업무평가 점수를 조회하는 <부서별수와업무평가평균> 크로스탭 쿼리를 작성하시오.

▶ <부서>, <사원>, <업무평가> 테이블을 이용하시오.
▶ 직원수는 '이름' 필드를 이용하시오.
▶ 입사일이 1999년 1월 1일부터 2015년 12월 31일까지만 조회대상으로 하시오.
▶ Between 연산자 사용
▶ 쿼리 실행 결과 표시되는 필드와 필드명은 <그림>의 결과와 같이 표시되도록 설정하시오.

• 결과 •

❶ [만들기] 탭-[쿼리] 그룹-[쿼리 디자인]을 클릭합니다.

❷ [테이블 추가] 대화상자의 [테이블] 탭에서 Ctrl 키를 누른 채 차례대로 <부서>, <사원>, <업무평가> 테이블을 선택하고 <선택한 표 추가> 단추를 클릭합니다.

❸ '부서명', '부서코드', '이름', '업무평가', '평가년도', '입사일' 필드를 선택합니다.

❹ [쿼리 디자인] 탭-[쿼리 유형] 그룹-[크로스탭]을 클릭합니다.

TIP

크로스탭 쿼리
- 행 머리글과 열 머리글로 구분하여 데이터를 그룹화합니다.
- 쿼리 결과를 표 형태로 표시하는 쿼리로 스프레드시트 프로그램의 피벗 테이블과 유사합니다.
- 테이블의 특정 필드의 요약 값(합계, 개수, 평균 등)을 표시하고 그 값들을 그룹별로 하나의 집합은 데이터시트의 왼쪽(행 머리글)에 다른 한 집합은 데이터시트의 위쪽(열 머리글)에 나열합니다.

- 열 머리글로 사용될 필드는 한 개만 지정할 수 있고 행 머리글로 사용될 필드는 여러 개를 지정할 수 있습니다.
- 행 머리글이나 열 머리글은 조건이 들어갈 수 있으나, 값 부분에는 조건이 들어갈 수 없습니다.
- 테이블이나 쿼리를 하나로 작성할 때에는 크로스탭 마법사를 사용할 수 있습니다.

⑤ '이름' 필드는 [필드]에 '직원수: 이름'으로 수정하고 '직원수: 이름' 필드는 [요약]에 '개수', '업무평가' 필드는 [요약]에 '평균', '입사일' 필드는 [요약]에 '조건"을 선택합니다.

⑥ [크로스탭]에 '부서명' 필드는 '행 머리글', '부서코드' 필드는 '행 머리글', '직원수: 이름' 필드는 '행 머리글', '업무평가' 필드는 '값', '평가년도' 필드는 '열 머리글'을 선택합니다.

⑦ '업무평가' 필드에 커서를 두고 [쿼리 디자인] 탭-[표시/숨기기] 그룹에서 속성 시트 창의 [일반] 탭 중 [형식]에 '표준', [소수 자릿수]에 '2'를 선택하고 '입사일' 필드의 조건에 'Between #1999-01-01# And #2015-12-31#'를 입력합니다.

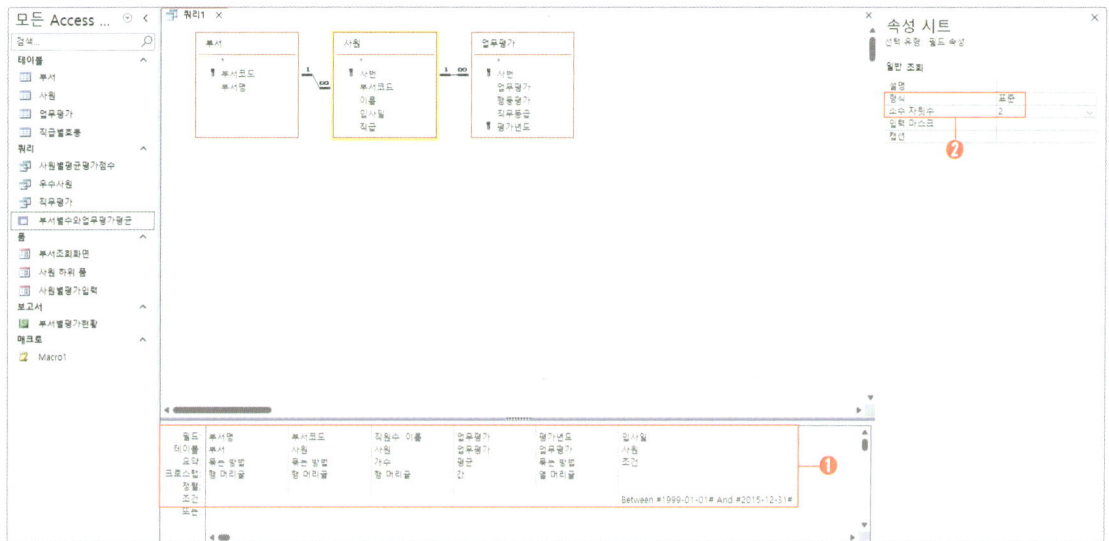

⑧ [쿼리 디자인] 탭-[결과] 그룹-[실행]을 클릭하여 실행 결과의 내용을 확인합니다.

⑨ 빠른 실행 도구 모음에서 📄(저장)을 클릭합니다. [쿼리 이름]에 '부서별수와 업무평가평균'을 입력하고 <확인> 단추를 클릭합니다.

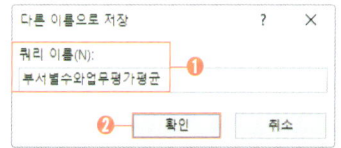

출제유형 완전정복 ▶ 쿼리의 작성과 실행

완전정복 - 01 작업 파일 : C:\2024_컴활1급\데이터베이스\작업파일\4장_출제유형01\완전정복01_문제.accdb
완성 파일 : C:\2024_컴활1급\데이터베이스\완성파일\4장_출제유형01\완전정복01_정답.accdb

주문서점별 도서구입분포를 나타내는 <주문처별구입현황> 크로스탭 쿼리를 작성하시오.

▶ <판매내역> 쿼리를 이용하시오.
▶ 주문처와 도서명별 '주문수량'의 합계를 조회하시오.
▶ 쿼리 실행 결과 표시되는 필드와 필드명은 <그림>과 같이 표시하시오.

• 결과 •

• 작 업 과 정 •

1 [만들기] 탭-[쿼리] 그룹-[쿼리 마법사]를 클릭합니다.

2 [새 쿼리] 대화상자에서 '크로스탭 쿼리 마법사'를 선택하고 <확인> 단추를 클릭합니다.

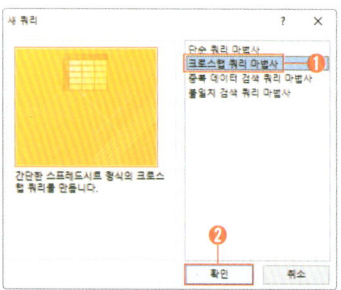

3 [크로스탭 쿼리 마법사] 대화상자에서 '쿼리', '쿼리: 판매내역'을 선택하고 <다음> 단추를 클릭합니다.

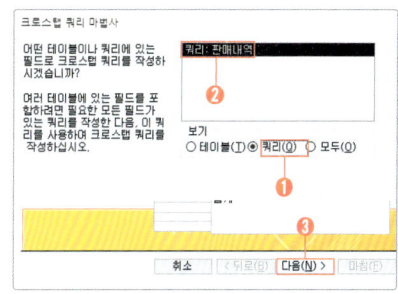

4 행 머리글로 '주문처' 필드를 선택하고 <다음> 단추를 클릭합니다.

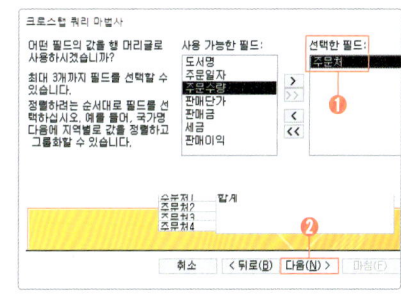

5 열 머리글로 '도서명'을 선택하고 <다음> 단추를 클릭합니다.

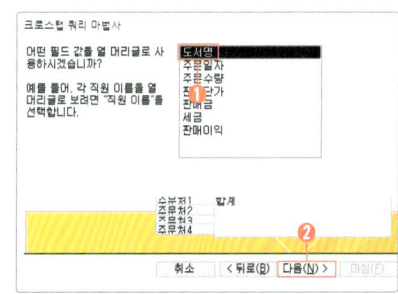

6 계산할 값에 '주문수량', 필드를 선택하고 [함수]에 '총계'를 선택한 후 <다음> 단추를 클릭합니다.

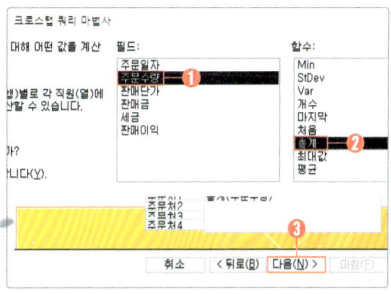

7 [쿼리 이름]에 '주문처별구입현황'을 입력하고 <마침> 단추를 클릭합니다.

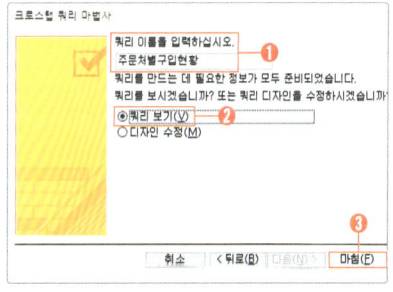

완전정복 - 02

- 작업 파일 : C:₩2024_컴활1급₩데이터베이스₩작업파일₩4장_출제유형01₩완전정복02_문제.accdb
- 완성 파일 : C:₩2024_컴활1급₩데이터베이스₩완성파일₩4장_출제유형01₩완전정복02_정답.accdb

100권 이상을 주문받은 출판사와 도서명을 조회하는 <100권이상주문조회> 조회 쿼리를 작성하시오.

▶ <도서코드>, <도서별판매내역> 테이블을 이용하시오.

▶ <주문일자>을 기준으로 오름차순 정렬하시오.

▶ 쿼리 실행 결과 표시되는 필드와 필드명은 <그림>과 같이 표시하시오.

• 결과 •

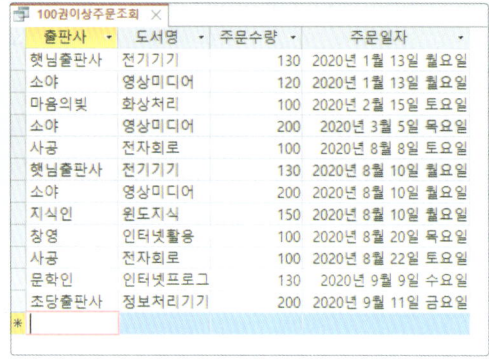

• 작 업 과 정 •

1. [만들기] 탭-[쿼리] 그룹-[쿼리 디자인]을 클릭합니다.

2. [테이블 추가] 대화상자의 [테이블] 탭에서 Ctrl 키를 누른 채 차례대로 <도서별판매내역>, <도서코드> 테이블을 선택하고 <선택한 표 추가> 단추를 클릭합니다.

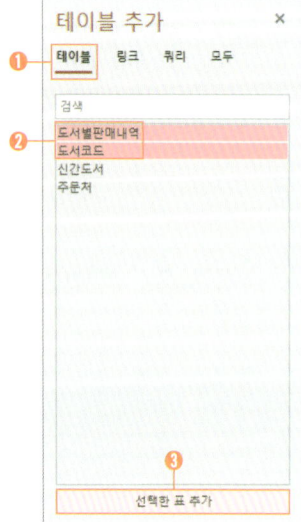

3 '출판사', '도서명', '주문수량', '주문일자' 필드를 선택합니다.

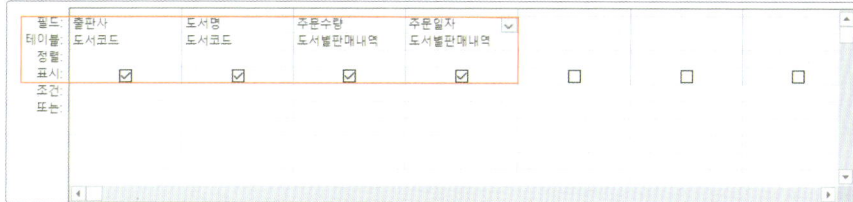

4 '주문수량' 필드는 [조건]에 '>=100'을 입력하고 '주문일자' 필드는 [정렬]을 '오름차순'으로 선택합니다.

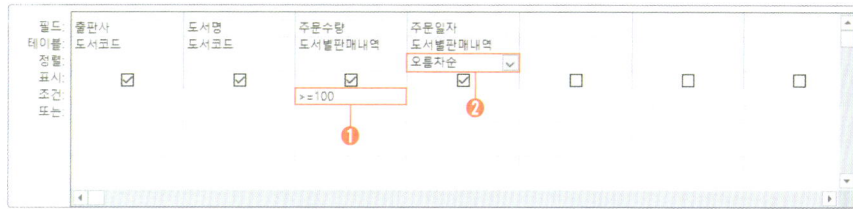

5 빠른 실행 도구 모음에서 을 클릭합니다. [쿼리 이름]에 '100권이상주문조회'를 입력하고 <확인> 단추를 클릭합니다.

완전정복 - 03

📁 작업 파일 : C:₩2024_컴활1급₩데이터베이스₩작업파일₩4장_출제유형01₩완전정복03_문제.accdb
📁 완성 파일 : C:₩2024_컴활1급₩데이터베이스₩완성파일₩4장_출제유형01₩완전정복03_정답.accdb

도서별총주문량을 조회하는 <도서별총주문량> 요약 쿼리를 작성하시오.

▶ <판매내역> 쿼리를 이용하시오.
▶ 쿼리 실행 결과 표시되는 필드와 필드명은 <그림>의 결과와 같이 표시하도록 설정하시오.

• 결과 •

• 작 업 과 정 •

1. [만들기] 탭-[쿼리] 그룹-[쿼리 디자인]을 클릭합니다.

2. [테이블 추가] 대화상자의 [쿼리] 탭에서 <판매내역> 쿼리를 선택하고 <선택한 표 추가> 단추를 클릭합니다.

3. '도서명', '판매단가', '주문수량' 필드를 선택합니다.

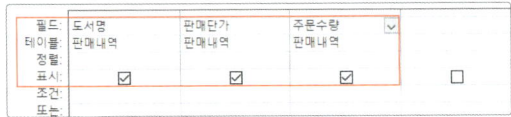

4. [쿼리 디자인] 탭-[표시/숨기기] 그룹-[요약]을 클릭합니다.

5. '도서명' 필드는 [정렬]을 '오름차순'으로 선택하고 '주문수량' 필드는 [필드]를 '총주문량: 주문수량'으로 수정하고 [요약]은 '합계'를 선택합니다

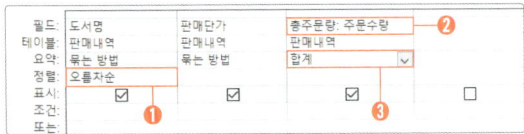

6. 빠른 실행 도구 모음에서 🗒(저장)을 클릭합니다. [쿼리 이름]에 '도서별총주문량'을 입력하고 <확인> 단추를 클릭합니다.

PART 01 / CHAPTER 04 · 쿼리의 작성과 구현

쿼리 유형에 따른 다양한 쿼리 작성

출제유형 분석 다양한 쿼리 유형에는 '테이블 만들기', '추가', '업데이트', '삭제' 쿼리 등이 있습니다. 종류가 다양하게 출제되므로 작성 방법을 숙지하도록 합니다.

문제 미리 보기

📁 작업 파일 : C:₩2024_컴활1급₩데이터베이스₩작업파일₩4장_출제유형02₩출제유형02_문제.accdb
📄 완성 파일 : C:₩2024_컴활1급₩데이터베이스₩완성파일₩4장_출제유형02₩출제유형02_정답.accdb

총무부에 해당되는 직원 명단을 조회하여 새 테이블로 생성하는 <총무부직원> 쿼리를 작성하고 실행하시오.

▶ <부서>, <사원> 테이블을 이용하시오.
▶ 쿼리 실행 후 생성되는 테이블의 이름은 <총무부직원조회>로 설정하시오.
▶ 쿼리 실행 결과 표시되는 필드와 필드명은 <그림>의 결과와 같이 표시하도록 설정하시오.

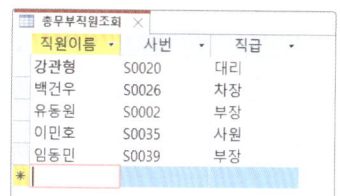

❶ [만들기] 탭-[쿼리] 그룹-[쿼리 디자인]을 클릭합니다.

❷ [테이블 추가] 대화상자의 [테이블] 탭에서 **Ctrl** 키를 누른 채 차례대로 <부서>, <사원> 테이블을 선택하고 <선택한 표 추가> 단추를 클릭합니다.

❸ '이름', '사번', '직급', '부서명' 필드를 선택합니다.

❹ '이름' 필드는 [필드]를 '직원이름: 이름'으로 수정하고 [정렬]을 '오름차순'으로 선택한 후 '부서명' 필드는 [조건]을 '총무부'로 입력하고 체크 표시(✓)를 해제합니다.

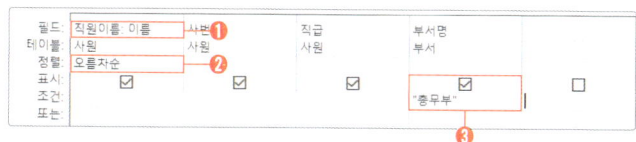

❺ [쿼리 디자인] 탭-[쿼리 유형] 그룹-[테이블 만들기(⊞)]를 클릭합니다.

⑥ [테이블 이름]에 '총무부직원조회'를 입력하고 <확인> 단추를 클릭합니다.

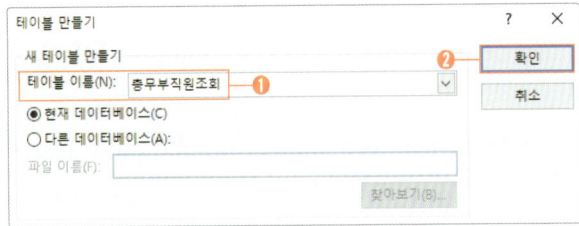

⑦ 빠른 실행 도구 모음에서 🔲(저장)을 클릭합니다. [쿼리 이름]에 '총무부직원'을 입력하고 <확인> 단추를 클릭합니다.

⑧ [쿼리 디자인] 탭-[결과] 그룹-[실행]을 클릭하여 실행 결과의 내용을 확인합니다.

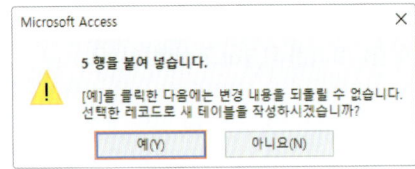

⑨ <총무부직원조회> 테이블의 바로 가기 메뉴에서 [열기]를 클릭하여 내용을 확인합니다.

출제유형 완전정복 ▶ 쿼리 유형에 따른 다양한 쿼리 작성

완전정복 - 01

📁 작업 파일 : C:\2024_컴활1급\데이터베이스\작업파일\4장_출제유형02\완전정복01_문제.accdb
📁 완성 파일 : C:\2024_컴활1급\데이터베이스\완성파일\4장_출제유형02\완전정복01_정답.accdb

도서코드를 입력하여 '판매단가'를 500원 인상하는 <판매가인상> 업데이트 쿼리를 작성하시오.

▶ <도서별판매내역> 테이블을 이용하시오.
▶ 쿼리 실행 결과 표시되는 필드와 필드명은 <그림>과 같이 표시하도록 설정하시오.

• 결과 •

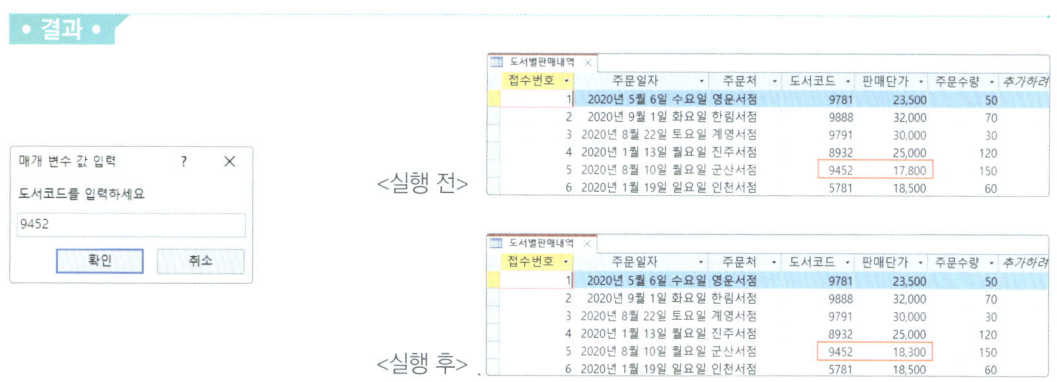

• 작 업 과 정 •

1. [만들기] 탭-[쿼리] 그룹-[쿼리 디자인]을 클릭합니다.

2. [테이블 추가] 대화상자의 [테이블] 탭에서 <도서별판매내역> 테이블을 선택하고 <선택한 표 추가> 단추를 클릭합니다.

3. '도서코드', '판매단가' 필드를 선택합니다.

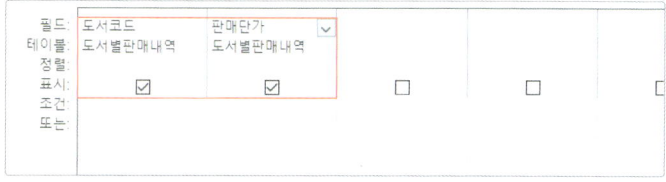

4. [쿼리 디자인] 탭-[쿼리 유형] 그룹-[업데이트](📝)를 클릭합니다.

5. '도서코드' 필드는 [조건]에 '[도서코드를 입력하세요]'를 입력합니다.

※ 쿼리를 실행할 때 조건을 확인하도록 하려면 매개 변수 쿼리를 작성합니다. [조건]란에 입력할 때에는 [ ](대괄호) 안에 메시지를 입력합니다.('마침표(.)'는 포함되면 안 됩니다.)

출제유형 02 • 쿼리 유형에 따른 다양한 쿼리 작성 **095**

6 '판매단가' 필드는 [업데이트]에 '[판매단가]+500'을 입력합니다.

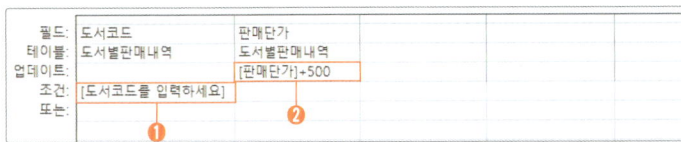

7 빠른 실행 도구 모음에서 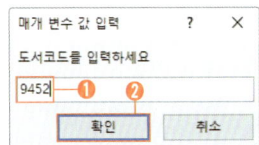(저장)을 클릭합니다. [쿼리 이름]에 '판매가인상'을 입력하고 <확인> 단추를 클릭합니다.

8 [쿼리 디자인] 탭-[결과] 그룹-[실행]을 클릭하여 '도서코드'를 입력합니다.

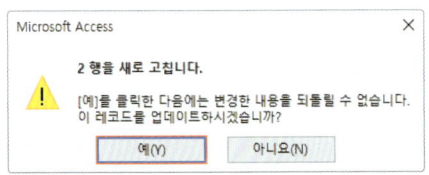

9 다음 대화상자에서 <예> 단추를 클릭하면 업데이트되어 테이블에 저장됩니다.

※ 단, 업데이트는 한 번만 실행해야 합니다.

10 <도서별판매내역> 테이블을 <열기>하여 결과를 확인합니다.

MEMO

컴퓨터활용능력
1급 실기

PART 02
최신유형문제 따라하기

● **최신유형문제 따라하기**
  최신유형문제 정답 및 해설

※ 'C:₩2024_컴활1급₩데이터베이스₩작업파일₩최신유형문제따라하기₩최신유형 따라하기_문제.accdb' 파일을 이용하여 최신유형문제와 문제 해결 방법을 알아봅니다.

최신유형문제 따라하기

프로그램명	제한시간
ACCESS 2021	45분

수 험 번 호 :

성   명 :

1급 | A형

유의사항

- 인적 사항 누락 및 잘못 작성으로 인한 불이익은 수험자 책임으로 합니다.

- 화면에 암호 입력창이 나타나면 아래의 암호를 입력하여야 합니다.
  - 암호 : 7646%5

- 작성된 답안은 주어진 경로 및 파일명을 변경하지 마시고 그대로 저장해야 합니다. 이를 준수하지 않으면 실격처리 됩니다.
  - 답안 파일명의 예 : C:₩DB₩수험번호 8자리.accdb

- 외부데이터 위치 : C:₩DB₩파일명

- 별도의 지시사항이 없는 경우, 다음과 같이 처리하면 실격 처리됩니다.
  - 제시된 개체의 이름을 임의로 변경한 경우
  - 제시된 개체의 속성을 임의로 변경한 경우
  - 제시된 개체를 임의로 삭제하거나 추가한 경우

- 별도의 지시사항이 없는 경우, 기능의 구현은 모듈이나 매크로 등을 이용하며, 예외적인 상황에 대해서는 고려하지 않아도 됩니다.

- 제시된 함수가 있을 경우 제시된 함수만을 사용하여야 하며, 그 외 함수 사용시 채점 대상에서 제외됩니다.

- 별도의 지시사항이 없는 경우, 주어진 각 개체의 속성은 설정값 또는 기본 설정값 (Default)으로 처리하십시오.

- 제시된 화면은 예시이며 나타난 값은 실제와 다를 수 있습니다.

- 저장 시간은 별도로 주어지지 아니하므로 제한된 시간 내에 저장을 완료해야 합니다.

- 본 문제의 용어는 MS Office LTSC Professional Plus 2021 기준으로 작성되었습니다.

문제 1 25점_ DB 구축

01 학생들의 봉사활동을 관리할 수 있도록 데이터베이스를 구축하고자 한다. 다음의 지시사항에 따라 각 테이블을 완성하시오. (각 3점)

① <봉사기관> 테이블의 '기관코드' 필드는 'S-00'와 같은 형태로 영문 대문자 1개, '-' 기호 1개와 숫자 2개가 반드시 포함되어 입력되도록 입력 마스크를 설정하시오.
  ▶ 영문자 입력은 영어와 한글만 입력할 수 있도록 설정할 것
  ▶ 숫자 입력은 0~9까지의 숫자만 입력할 수 있도록 설정할 것
  ▶ '-' 문자도 테이블에 저장되도록 설정할 것

② <봉사내역> 테이블의 '시수' 필드에는 1~8까지의 정수가 입력되도록 유효성 검사 규칙을 설정하시오.

③ <봉사내역> 테이블의 '봉사날짜' 필드는 새로운 레코드가 추가되는 경우 시간을 포함하지 않는 시스템의 오늘 날짜가 기본으로 입력되도록 설정하시오.

④ <재학생> 테이블의 '학과' 필드는 중복 가능한 인덱스를 설정하시오.

⑤ <재학생> 테이블의 '연락처' 필드는 빈 문자열이 허용되도록 설정하시오.

02 외부 데이터 가져오기 기능을 이용하여 <추가기관.xlsx>에서 범위의 정의된 이름 '추가기관'의 내용을 가져와 <봉사기관추가> 테이블을 생성하시오. (5점)

  ▶ 첫 번째 행은 열 머리글임   ▶ 기본 키는 없음으로 설정

03 <봉사내역> 테이블의 '기관코드' 필드는 <봉사기관> 테이블의 '기관코드' 필드를 참조하고 테이블 간의 관계는 1:M이다. 두 테이블에 대해 다음과 같이 관계를 설정하시오. (5점)

※ 액세스 파일에 이미 설정되어 있는 관계는 수정하지 마시오.

  ▶ 테이블 간에 항상 참조 무결성이 유지되도록 설정하시오.
  ▶ 참조 필드의 값이 변경되면 관련 필드의 값도 변경되도록 설정하시오.
  ▶ 다른 테이블에서 참조하고 있는 레코드는 삭제할 수 없도록 설정하시오.

문제 2 20점_ 입력 및 수정 기능 구현

01 <봉사내역입력> 폼을 다음의 화면과 지시사항에 따라 완성하시오. (각 3점)

① 폼의 '기본 보기' 속성을 <그림>과 같이 설정하시오.

② 폼의 '레코드 선택기'의 '탐색 단추'가 표시되도록 관련 속성을 설정하시오.

③ 폼 바닥글 영역의 'txt총시수' 컨트롤에는 시수의 총합이 표시되도록 '컨트롤 원본' 속성을 설정하시오.

▶ 표시 예: 15 → 총 시수: 15

02 <봉사내역입력> 폼의 폼 바닥글 영역에서 'txt봉사시수합계' 컨트롤에는 학과가 '회계학과'인 학생들의 봉사 시수 합계가 표시되도록 설정하시오. (6점)

▶ <봉사내역입력> 쿼리와 DSUM 함수 사용

03 <재학생관리> 폼을 '폼 보기' 형식으로 여는 <재학생보기> 매크로를 생성하고, <봉사내역입력> 폼의 '학생 정보확인'(cmd보기) 단추를 클릭하면 <재학생보기> 매크로가 실행되도록 지정하시오. (5점)

▶ 매크로 조건: '학번' 필드의 값이 'txt학번'에 해당하는 재학생의 정보만 표시

문제3 20점_ 조회 및 출력 기능 구현

01 다음의 지시사항 및 <그림>을 참조하여 <봉사현황> 보고서를 완성하시오. (각 3점)

① 동일한 '기관명' 내에서는 '학과' 필드를 기준으로 내림차순 정렬되어 표시되도록 정렬을 추가하시오.

② 페이지 머리글 영역의 'txt날짜' 컨트롤에는 [표시 예]와 같이 표시되도록 '형식' 속성을 설정하시오.

▶ 표시 예: 2023-01-03 → 2023년 1월

③ 기관명 머리글 영역에서 머리글 내용이 페이지마다 반복적으로 표시되도록 설정하시오.

④ 본문 영역의 'txt기관명' 컨트롤의 값이 이전 레코드와 같은 경우에는 표시되지 않도록 설정하시오.

⑤ 페이지 바닥글 영역의 'txt페이지' 컨트롤에는 페이지가 다음과 같이 표시되도록 설정하시오.

▶ 표시 예: 5페이지 중 2페이지

02 <봉사내역관리> 폼의 '오름'(cmd오름) 단추와 '내림'(cmd내림) 단추를 클릭(On Click)하면 시수를 기준으로 정렬을 수행하는 이벤트 프로시저를 구현하시오. (5점)

▶ '오름' 단추를 클릭하면 오름차순 정렬, '내림' 단추를 클릭하면 내림차순으로 정렬

▶ 폼의 OrderBy, OrderByOn 속성 사용

문제 4   35점_ 처리 기능 구현

01 <재학생>, <봉사내역> 테이블을 이용하여 시수의 합계가 10이상인 학생의 값을 '우수 봉사 학생'으로 변경하는 <우수봉사학생처리> 업데이트 쿼리를 작성한 후 실행하시오. (7점)

▶ In 연산자와 하위 쿼리 사용

▶ 쿼리 실행 결과 표시되는 필드와 필드명은 <그림>과 같이 표시되도록 설정하시오.

※ <우수봉사학생처리> 쿼리를 실행한 후의 <재학생> 테이블

02 기관별, 학과별로 봉사 횟수를 조회하는 <봉사횟수조회> 크로스탭 쿼리를 작성하시오. (7점)

▶ <봉사기관>, <봉사내역>, <재학생> 테이블을 이용하시오.

▶ 봉사횟수는 '봉사코드' 필드를 이용하시오.

▶ 봉사날짜가 2023년 7월 1일부터 2023년 12월 31일까지만 조회대상으로 하시오.

▶ Between 연산자 사용

▶ 쿼리 실행 결과 표시되는 필드와 필드명은 <그림>과 같이 표시되도록 설정하시오.

03 학과별로 봉사활동을 한 학생들의 총 인원수와 총 시수를 조회하는 <학과별봉사현황> 쿼리를 작성하시오. (7점)

- ▶ <봉사내역>, <재학생> 테이블을 이용하시오.
- ▶ 봉사학생수는 '학번' 필드를 이용하시오.
- ▶ 총시수는 내림차순 정렬하시오.
- ▶ 학생당봉사시수 = 총시수 / 봉사학생수
- ▶ 학생당봉사시수는 [표시 예]와 같이 표시되도록 '형식' 속성을 설정하시오. [표시 예: 0 → 0.0, 1.234 → 1.2]
- ▶ 쿼리 실행 결과 표시되는 필드와 필드명은 <그림>과 같이 표시되도록 설정하시오.

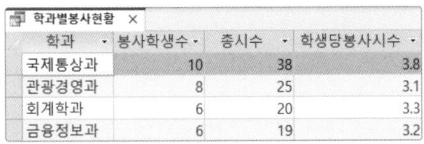

04 <봉사현황> 쿼리를 이용하여 학과명의 일부를 매개 변수로 입력받고, 해당 학과의 봉사현황을 조회하여 새 테이블로 생성하는 <학과현황생성> 쿼리를 작성하고 실행하시오. (7점)

- ▶ 쿼리 실행 후 생성되는 테이블의 이름은 [조회학과봉사현황]으로 설정하시오.
- ▶ 쿼리 실행 결과 생성되는 테이블의 필드는 <그림>을 참고하여 수험자가 판단하여 설정하시오.

※ <학과현황생성> 쿼리의 매개 변수 값으로 '경영'을 입력하여 실행한 후의 <조회학과봉사현황> 테이블

05 <봉사내역> 테이블을 이용하여 도우미구분별 봉사건수와 시수의 합계를 조회하는 <도우미구분별현황> 쿼리를 작성하시오. (7점)

- ▶ 봉사건수는 '봉사코드' 필드를, 봉사시수는 '시수' 필드를 이용하시오.
- ▶ 도우미구분은 봉사내용의 마지막 2개의 문자가 '멘토'인 경우 '청소년도우미', 그 외는 '어르신도우미'로 설정하시오.
- ▶ IIf, Right 함수 사용
- ▶ 쿼리 실행 결과 표시되는 필드와 필드명은 <그림>과 같이 표시되도록 설정하시오.

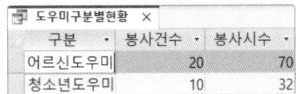

최신유형문제 정답 및 해설

📁 작업 파일 : C:₩2024_컴활1급₩데이터베이스₩작업파일₩최신유형문제따라하기₩최신유형따라하기_문제.accdb
💾 완성 파일 : C:₩2024_컴활1급₩데이터베이스₩완성파일₩최신유형문제따라하기₩최신유형따라하기_정답.accdb

정답

문제 1 ▶ DB 구축 (25점)

01 <봉사기관>, <봉사내역>, <재학생> 테이블 완성

지시사항	테이블명	필드명	필드 속성	설정 값
①	봉사기관	기관코드	입력 마스크	>L-00;0
②	봉사내역	시수	유효성 검사 규칙	Between 1 And 8
③		봉사날짜	기본값	Date()
④	재학생	학과	인덱스	예(중복 가능)
⑤		연락처	빈 문자열 허용	예

02 외부 데이터 가져오기

① [외부 데이터]-[가져오기 및 연결] 그룹에서 [새 데이터 원본]-[파일에서]-[Excel]을 클릭

② 첫 번째 행은 열 머리글, 기본 키 없음

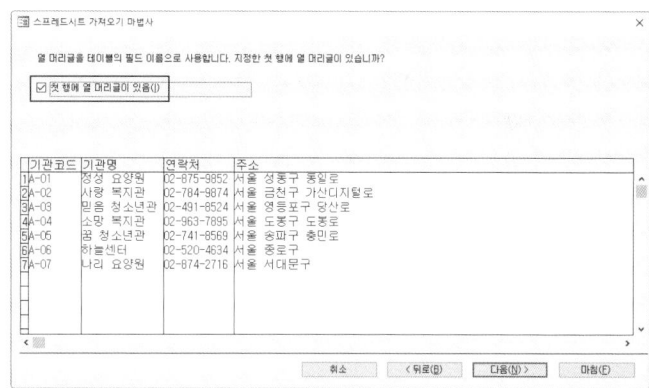

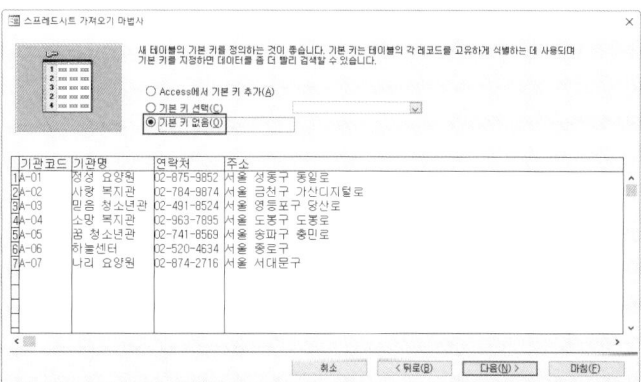

03 관계 설정

① [데이터베이스 도구]-[관계] 그룹의 [관계( )]를 클릭

② 관계 편집

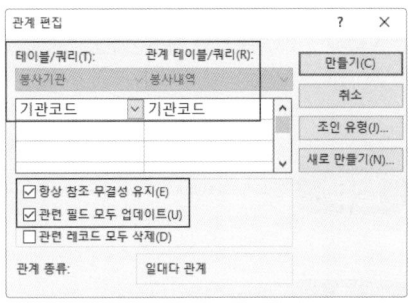

문제2 입력 및 수정 기능 구현 (20점)

01 <봉사내역입력> 폼의 속성 시트 완성

지시사항	영역	개체명	탭	항목	설정 값
①	폼		형식	기본 보기	단일 폼
②			형식	레코드 선택기	예
				탐색 단추	예
③	폼 바닥글	txt총시수	데이터	컨트롤 원본	="총 시수:" & Sum([시수])

02 <봉사내역입력> 폼에 함수 설정

① 'txt봉사시수합계' 컨트롤을 선택한 후 [속성 시트]-[데이터] 탭의 '컨트롤 원본'을 선택

② **Shift**+**F2** 를 눌러 DSum 함수식 직접 입력

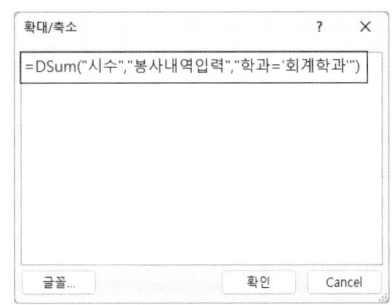

03 <봉사내역관리> 폼의 매크로 작성

① [만들기] [매크로 및 코드] 그룹에서 [매크로( )]를 클릭

② [OpenForm] 매크로 작성

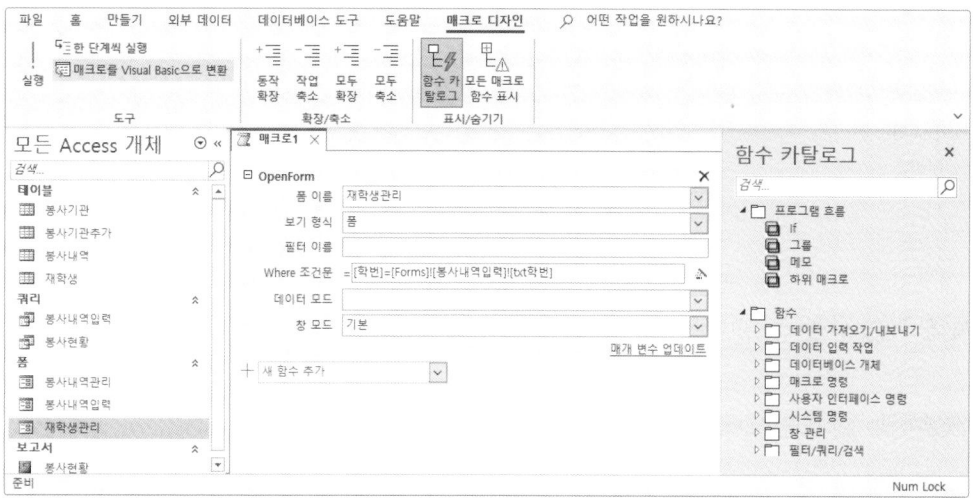

문제3 ▶ 조회 및 출력 기능 구현 (20점)

01 <봉사현황> 보고서 완성

지시사항	영역	개체명	탭	항목	설정 값
①	[그룹, 정렬 및 요약]에서 '기관명' 필드의 '오름차순', [정렬 추가]하여 '학과' 필드의 '내림차순'				
②	페이지 머리글	txt날짜	형식	형식	yyyy년 m월
③	기관명 머리글 영역		형식	반복 실행 구역	예
④	본문	txt기관명	형식	중복 내용 숨기기	예
⑤	페이지 바닥글	txt페이지	데이터	컨트롤 원본	=[Pages] & "페이지 중 " & [Page] & "페이지"

02 <봉사내역관리> 폼에 이벤트 프로시저 작성

① <오름> 단추의 [속성 시트]-[이벤트] 탭의 'On Click'에서 코드 작성기

② VBA 코드 작성

```
Private Sub cmd오름_Click( )
OrderBy = "시수"
OrderByOn = True
End Sub
```

③ <내림> 단주의 [속성 시트]-[이벤트] 탭의 'On Click'에서 코드 작성기

④ VBA 코드 작성

```
Private Sub cmd내림_Click( )
OrderBy = "시수 desc"
OrderByOn = True
End Sub
```

문제 4 ▶ 처리 기능 구현 (35점)

01 <우수봉사학생처리> 업데이트 쿼리

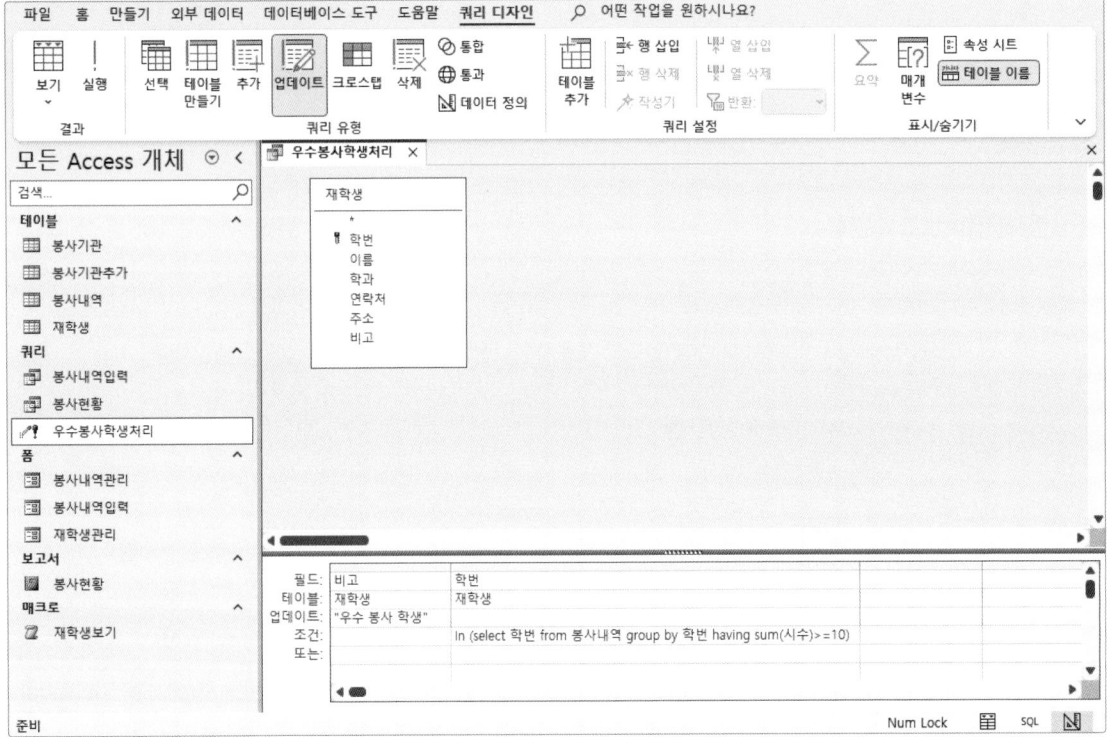

02 <봉사횟수조회> 크로스탭 쿼리

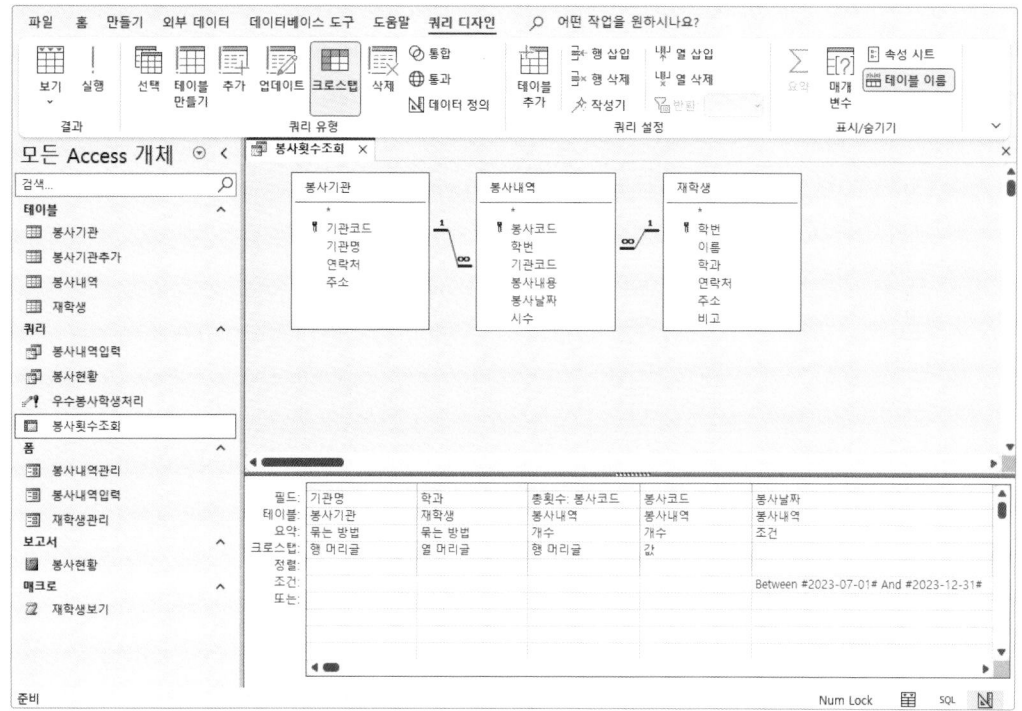

03 <학과별봉사현황> 요약 쿼리

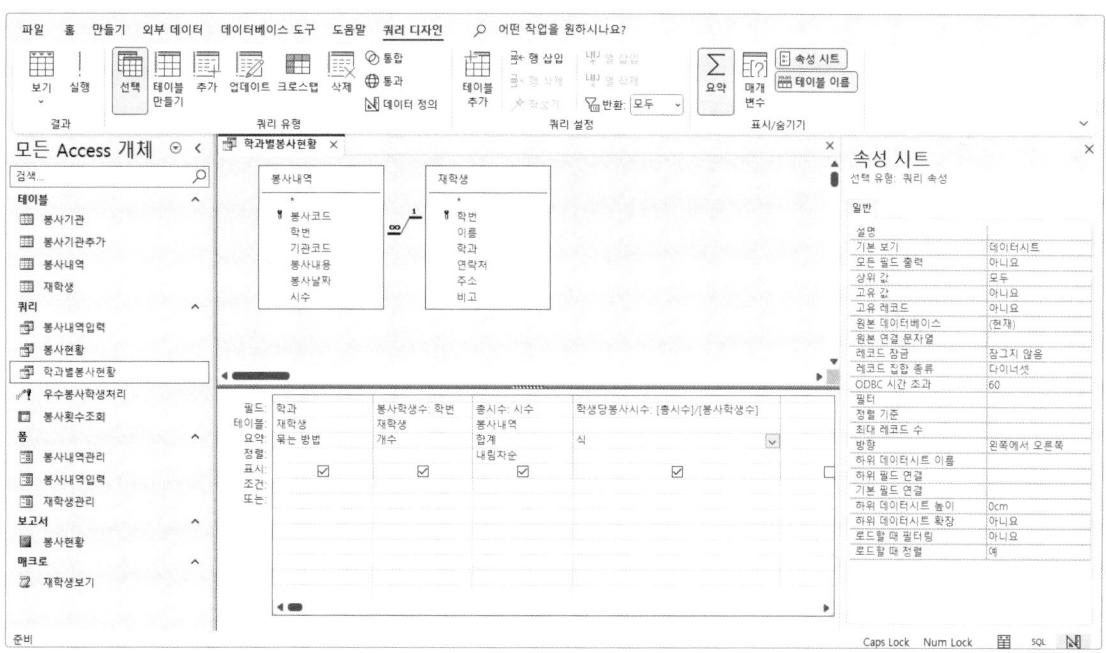

04 <학과현황생성> 매개 변수 쿼리

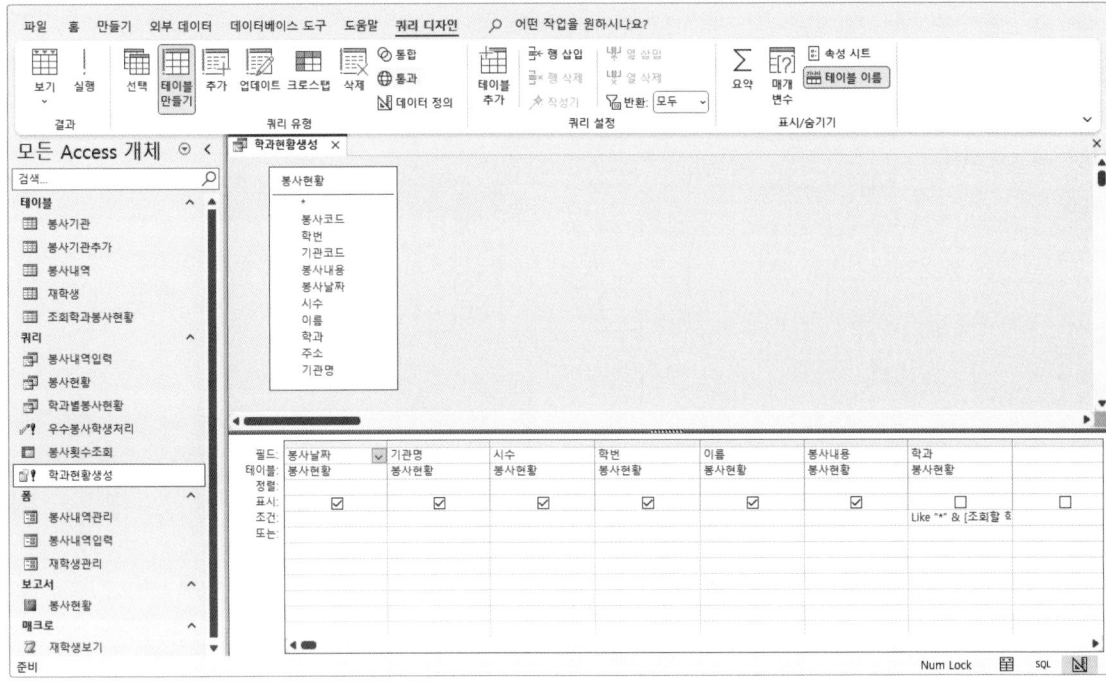

05 <도우미구분별현황> 조회 쿼리

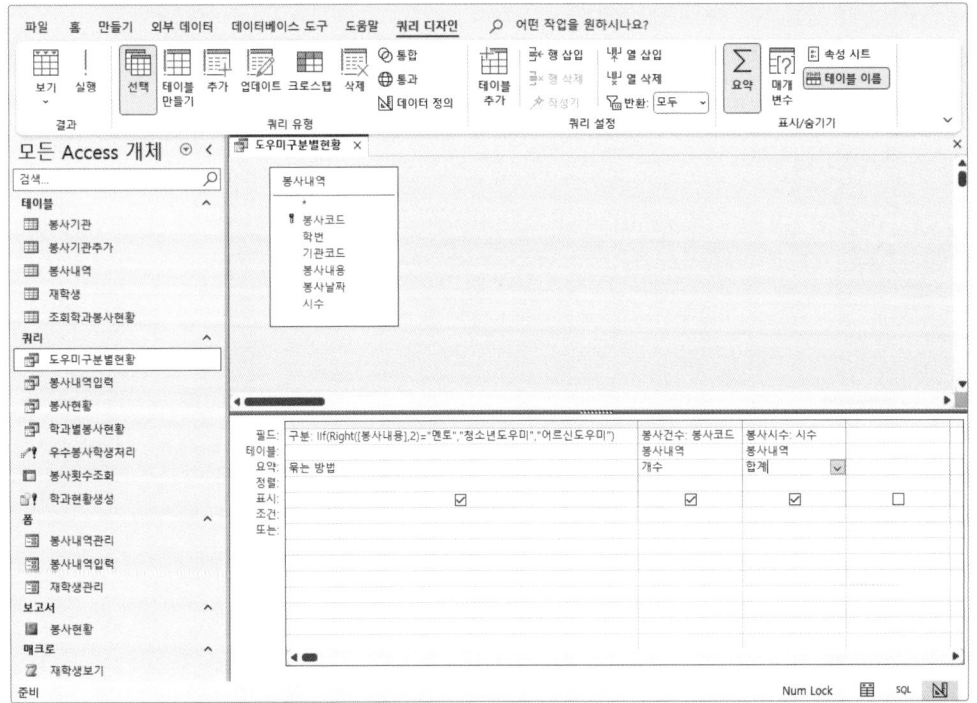

해설

문제 1 ▶ DB 구축 (25점)

1 암호 입력하여 문제 파일 열기

① 주어진 문제 파일을 더블클릭하여 [Microsoft Access 2021]로 열기합니다.

② [암호 입력] 대화상자에서 문제에서 주어진 암호를 입력하고 <확인> 단추를 클릭합니다.

③ 액세스 작업 화면에 주어진 모든 개체들이 화면에 표시됩니다. 이때 보안 경고 창이 표시되면 <콘텐츠 사용> 단추를 클릭합니다.

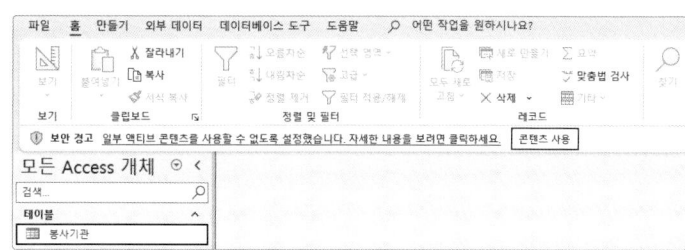

> **TIP**
>
> **보안 경고 창**
> [파일]-[옵션]-[보안 센터]-[보안 센터 설정]-[매크로 설정] 메뉴에서 '모든 매크로 포함(위험성 있는 코드가 실행될 수 있으므로 권장하지 않음)'을 선택하고 <확인> 단추를 클릭합니다.
>
>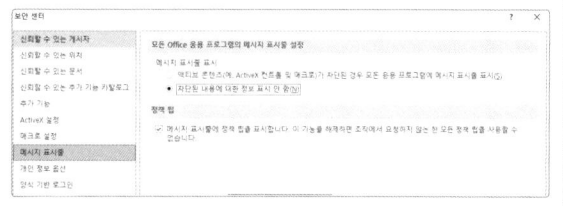

④ 액세스 저장 위치는 'C:\DB\수험번호. accdb'로 저장합니다.
  ※ 파일명 : 수험번호 8자리

> **TIP**
>
> **암호 해제**
> - [파일]-[열기] 메뉴에서 '파일명'을 선택하고 '단독으로 열기'를 선택한 후 '암호'를 입력
> - [파일]-[정보]-[데이터베이스 암호 해독]에서 기존의 '암호'를 입력하면 암호가 해제됨

2 <봉사기관>, <봉사내역>, <재학생> 테이블 완성하기

① <봉사기관> 테이블 위에서 마우스 오른쪽 단추를 눌러 <디자인 보기>를 클릭합니다.

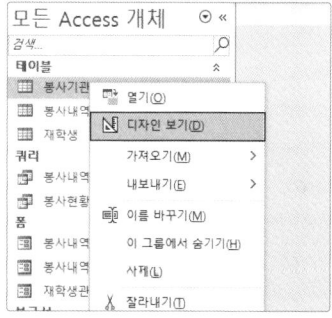

② '기관코드' 필드의 속성은 [입력 마스크]에 '>L-00;0'을 입력합니다.

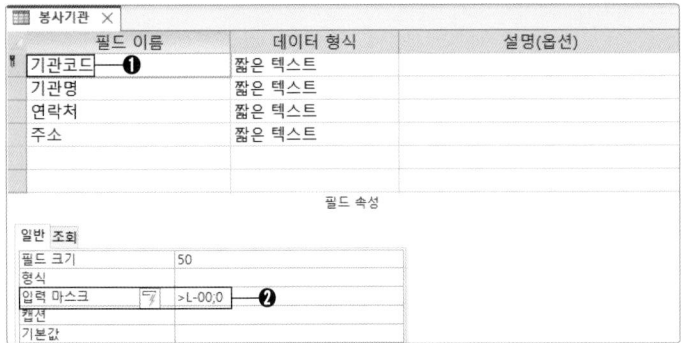

③ <봉사내역> 테이블 위에서 마우스 오른쪽 단추를 눌러 <디자인 보기>를 클릭합니다.

④ '시수' 필드의 속성은 [유효성 검사 규칙]에 'Between 1 And 8'을 입력합니다.

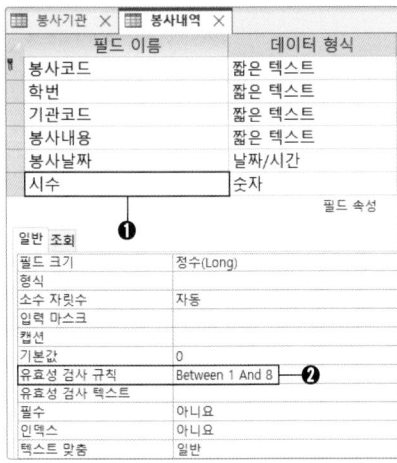

⑤ '봉사날짜' 필드의 속성은 [기본값]에 'Date( )' 또는 '=Date( )'를 입력합니다.

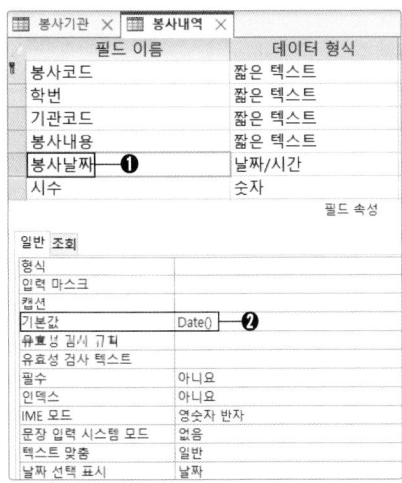

⑥ <재학생> 테이블 위에서 마우스 오른쪽 단추를 눌러 <디자인 보기>를 클릭합니다.

⑦ '학과' 필드의 속성은 [인덱스]에 '예(중복 가능)'을 선택합니다.

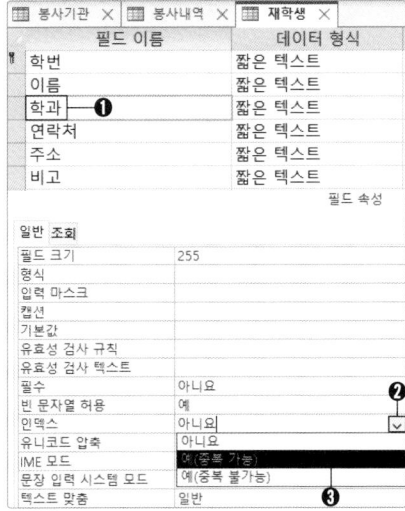

⑧ '연락처' 필드의 속성은 [빈 문자열 허용]에 '예'를 선택합니다.

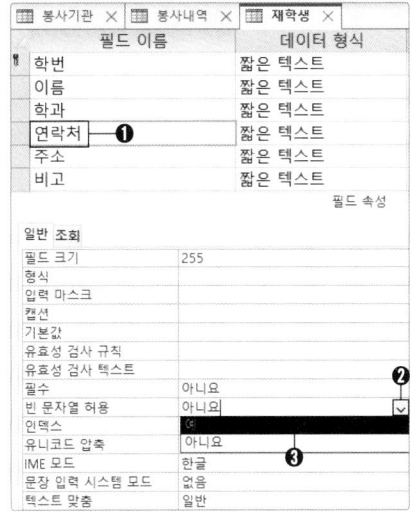

⑨ 빠른 실행 도구 모음에서 을 클릭하여 각각의 테이블을 변경된 사항을 반드시 저장을 합니다.

⑩ 데이터 통합 규칙이 바뀌었다는 창에서 <예> 단추를 클릭합니다.

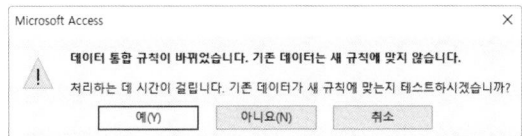

⑪ [테이블] 탭 위에서 마우스 오른쪽 단추를 눌러 <모두 닫기> 단추를 클릭합니다.

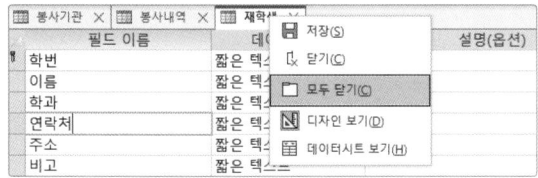

3 외부 데이터 가져오기 기능을 이용하여 <봉사기관추가> 테이블의 생성

① [외부 데이터] 탭-[가져오기 및 연결] 그룹-[새 데이터 원본]-[파일에서]-[Excel]를 클릭합니다.

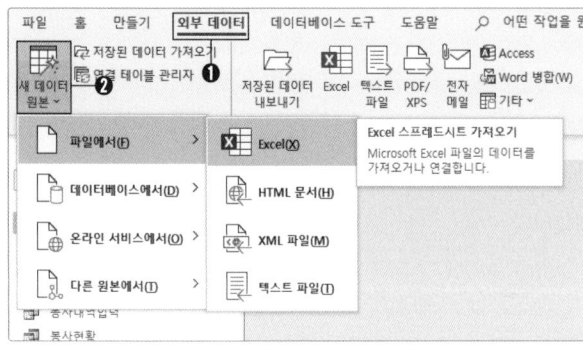

② [외부 데이터 가져오기 - Excel 스프레드시트] 대화상자에서 [데이터 원본 및 대상 선택] 창의 <찾아보기> 단추를 클릭하여 파일 이름은 'C:\2024_컴활1급\데이터베이스\작업파일\최신유형문제따라하기\추가기관.xlsx'을 선택하고 <열기> 단추를 클릭합니다.

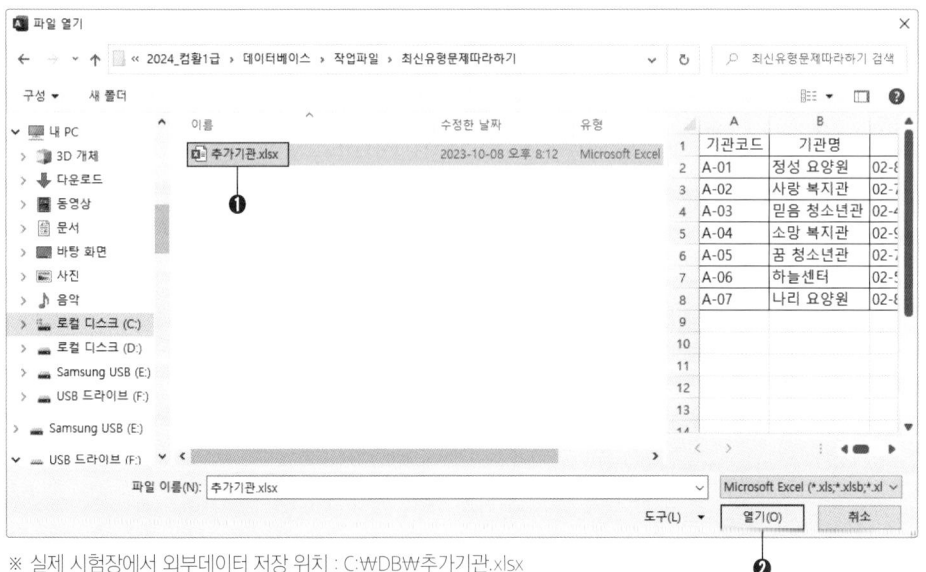

※ 실제 시험장에서 외부데이터 저장 위치 : C:\DB\추가기관.xlsx

③ 저장할 방법과 위치는 '현재 데이터베이스의 새 테이블로 원본 데이터 가져오기(I)'를 선택하고 <확인> 단추를 클릭합니다.

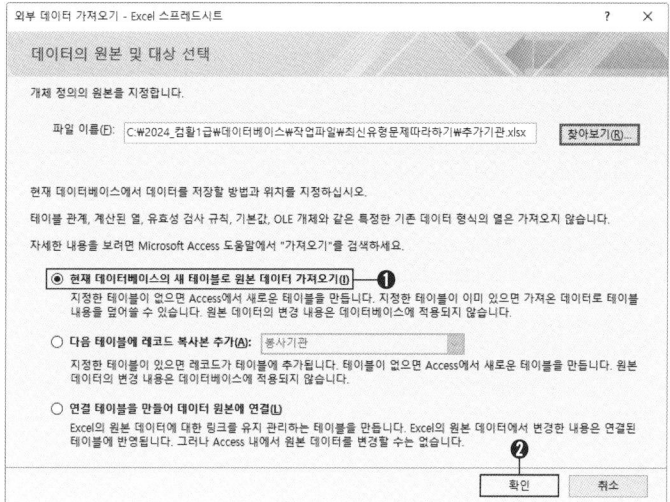

④ [스프레드시트 가져오기 마법사] 대화상자에서 '워크시트 표시'가 선택된 상태에서 <다음> 단추를 클릭합니다.

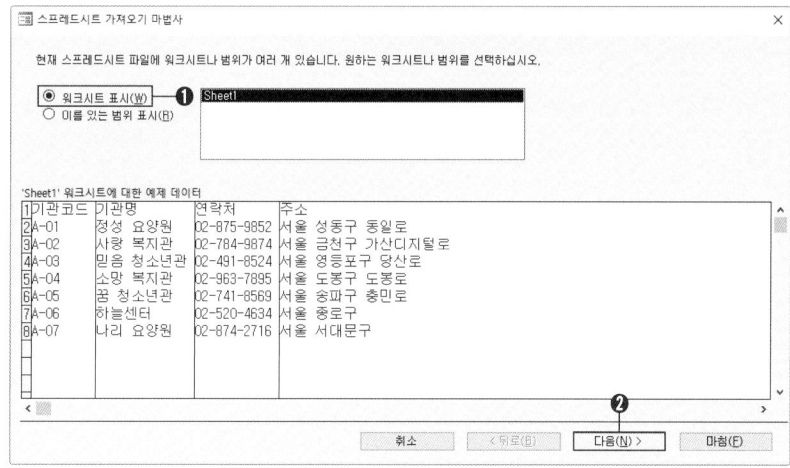

⑤ [스프레드시트 가져오기 마법사] 대화상자에서 '첫 행에 열 머리글이 있음'을 선택하고 <다음> 단추를 클릭합니다.

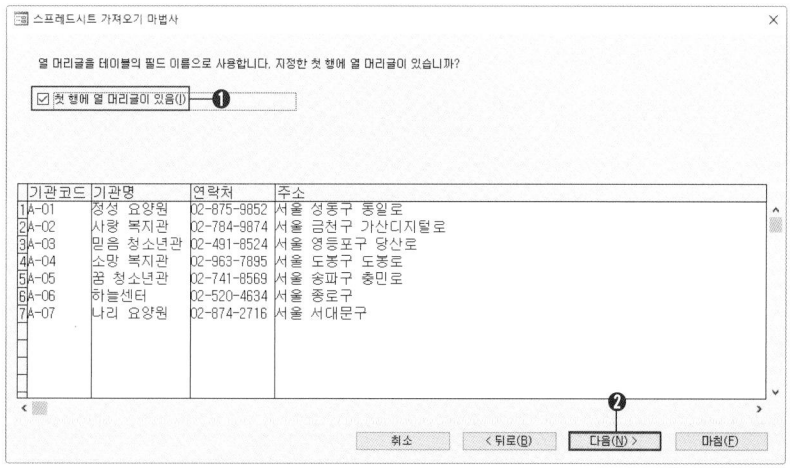

⑥ [필드 옵션]에서 <다음> 단추를 클릭합니다.

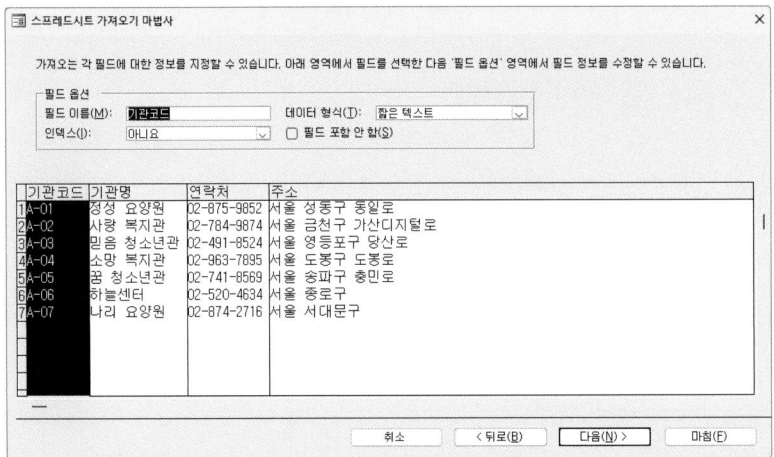

⑦ '기본 키 없음'을 선택하고 <다음> 단추를 클릭합니다.

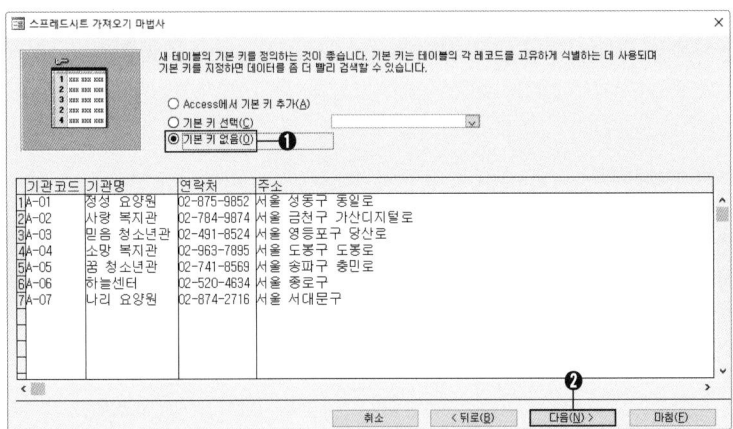

⑧ [테이블 이름]에 '봉사기관추가'를 입력하고 <마침> 단추를 클릭합니다.

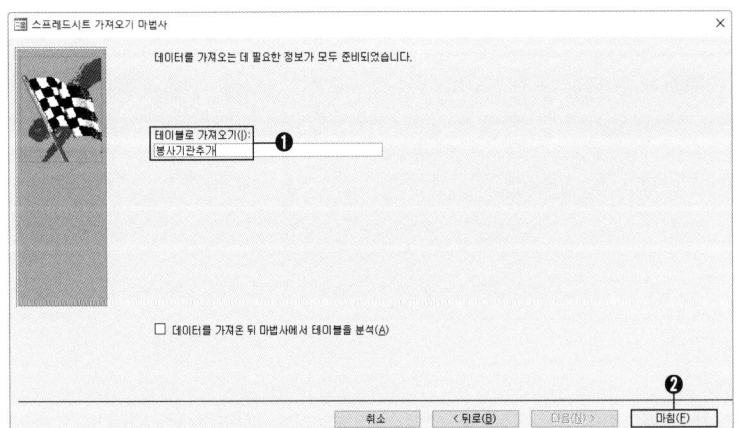

⑨ '가져오기 단계 저장'은 선택하지 않고 <닫기> 단추를 클릭합니다.

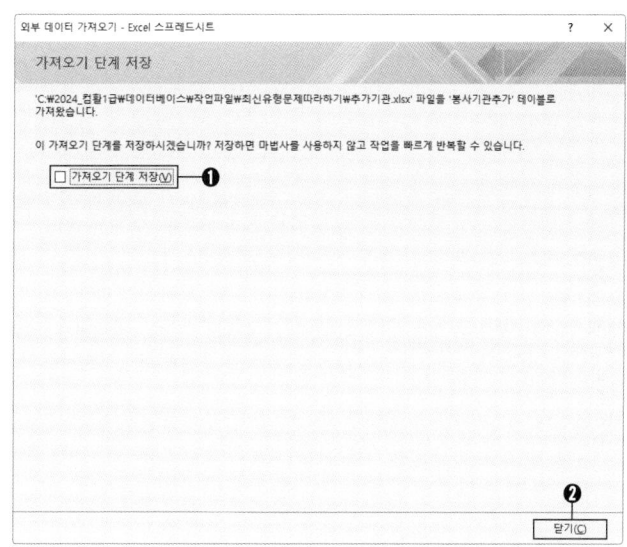

⑩ <봉사기관추가> 테이블이 생성되었고, 테이블의 바로 가기 메뉴에서 <열기>를 클릭하면 데이터가 표시됩니다.

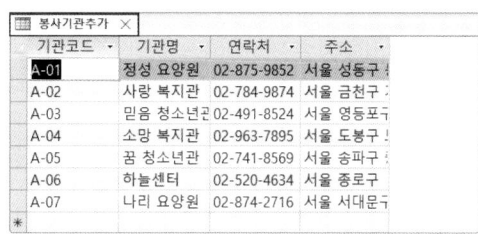

4 관계 설정

① [데이터베이스 도구] 탭-[관계] 그룹-[관계]를 클릭합니다.

② [관계] 그룹-[테이블 추가]를 클릭하여 나오는 [테이블 추가] 대화상자의 [테이블] 탭에서 <봉사기관> 테이블을 선택하고 <선택한 표 추가> 단추를 클릭합니다.

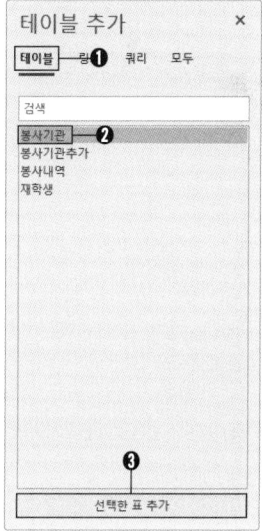

③ <봉사기관> 테이블의 '기관코드' 필드를 <봉사내역> 테이블의 '기관코드' 필드로 드래그 앤 드롭합니다.

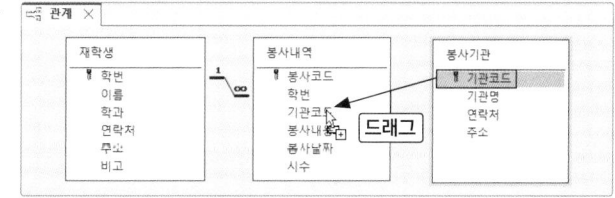

④ [관계 편집] 대화상자에서 '항상 참조 무결성 유지', '관련 필드 모두 업데이트'를 선택하고 <만들기> 단추를 클릭합니다.

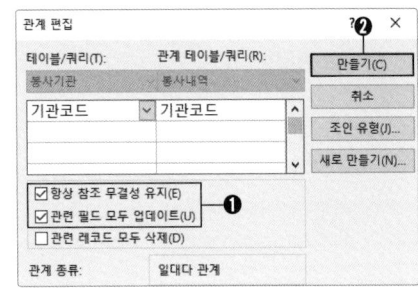

⑤ '일대다(1:M)'의 관계 편집이 완료됩니다.
※ 기존에 있는 관계 창은 편집하지 않습니다.

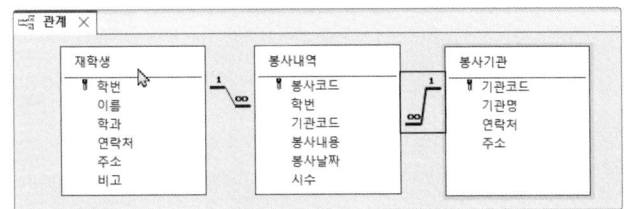

⑥ [관계 디자인] 탭-[관계] 그룹-[닫기]를 클릭합니다. ['관계' 형식에서 변경한 내용을 저장하시겠습니까?] 창에서 <예> 단추를 클릭합니다.

문제2 ▶ 입력 및 수정 기능 구현 (20점)

■ <봉사내역입력> 폼의 완성

① <봉사내역입력> 폼 위에서 마우스 오른쪽 단추를 눌러 <디자인 보기>를 클릭합니다.

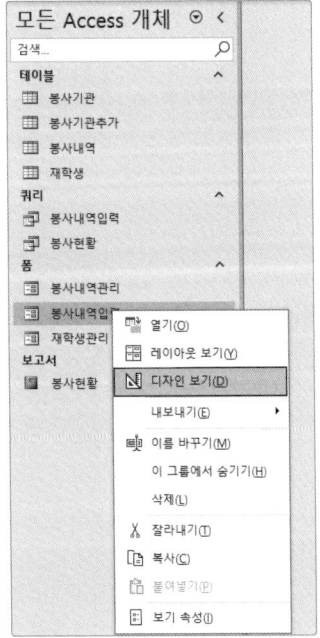

② [양식 디자인] 탭-[도구] 그룹-[속성 시트]를 눌러 나오는 속성 시트 창의 [형식] 탭 중 [기본 보기]에 '단일 폼'으로 선택합니다.

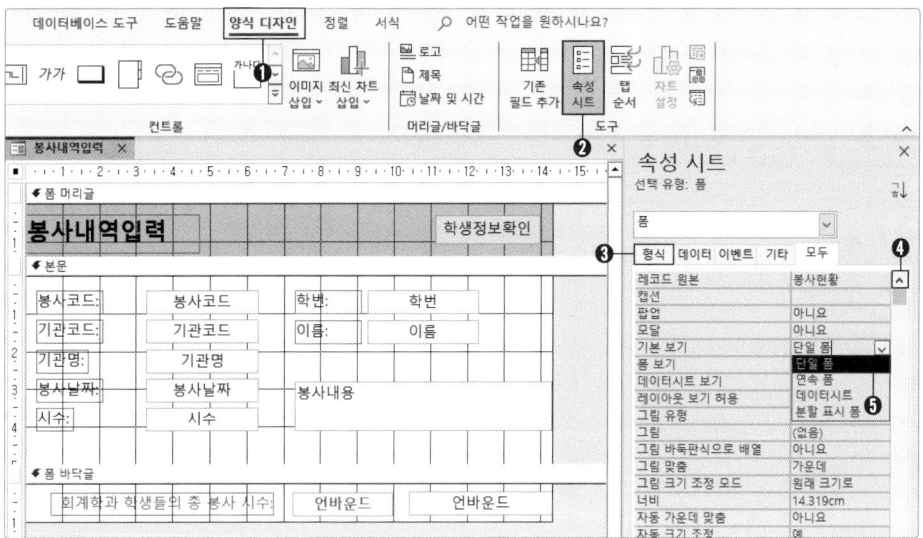

③ '폼' 영역 속성 시트 창의 [형식] 탭 중 [레코드 선택기]에 '예', [탐색 단추]에 '예'로 선택합니다.

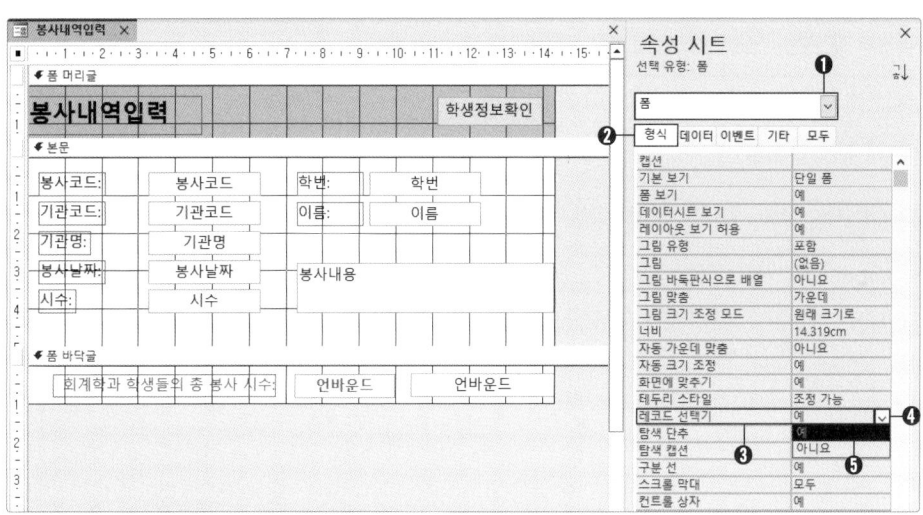

④ '폼 바닥글' 영역에서 'txt총시수' 컨트롤 속성 시트 창의 [데이터] 탭 중 [컨트롤 원본]에 '="총 시수: " & Sum([시수])'로 입력합니다.

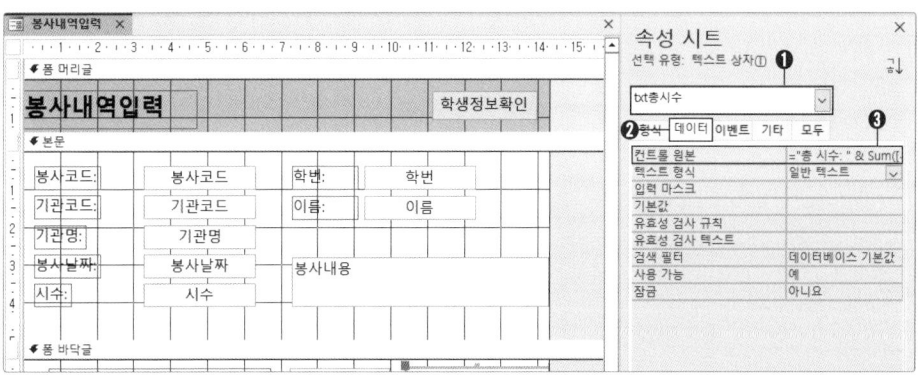

2 <봉사내역입력> 폼에 함수 설정

① '폼 바닥글' 영역에서 'txt봉사시수합계' 속성 시트 창의 [데이터] 탭 중 [컨트롤 원본]에 '=DSum("시수","봉사내역입력","학과='회계학과'")'으로 입력합니다.

※ 이때 **Shift**+**F2** 키를 눌러 나오는 [확대/축소] 대화상자에서도 입력할 수 있습니다. [확대/축소] 대화상자를 이용하면 화면의 '글꼴'과 '크기'를 확대 또는 축소하여 표시할 수 있습니다.

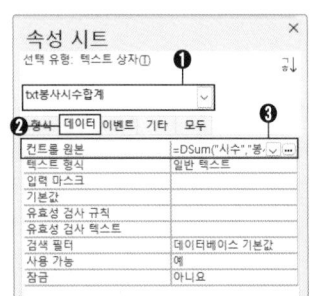 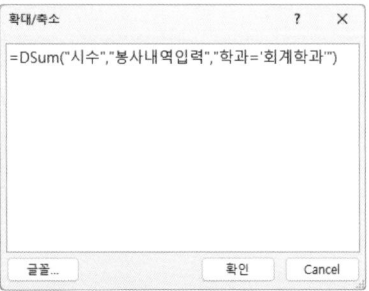

② 빠른 실행 도구 모음에서 🔛(저장)을 눌러 폼을 저장하고 바로 가기 메뉴에서 <닫기>을 클릭합니다.

> **TIP**
>
> **DSum( ) 함수**
> - DSum("필드명","테이블명","조건식")의 형식으로 조건을 만족하는 특정 레코드의 합계를 구하는 함수
> - 조건식을 입력할 때 문자 조건에는 ' '(홑따옴표)안에 입력(날짜 조건은 # #안에 입력)

3 <봉사내역입력> 폼에 매크로 생성

① [만들기] 탭-[매크로 및 코드] 그룹-[매크로]를 클릭합니다.

② [새 함수 추가]에서 <OpenForm>를 선택합니다.

※ 또는 [함수 카탈로그]-[함수]-[데이터베이스 개체] 폴더를 열어 <OpenForm>를 더블클릭하여 선택해도 됩니다.

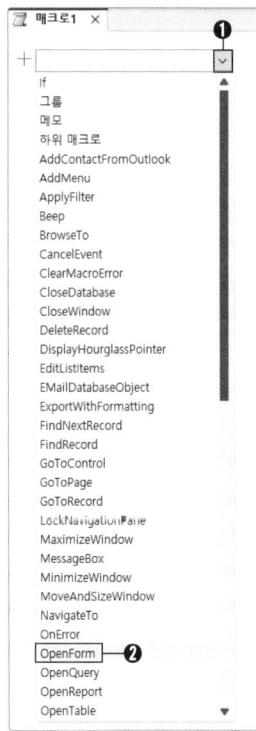

③ [폼 이름]에 '재학생관리', [보기 형식]에 '폼'을 선택합니다.

④ [Where 조건문]에 '[학번]=[Forms]![봉사내역 입력]![txt학번]'을 입력합니다.

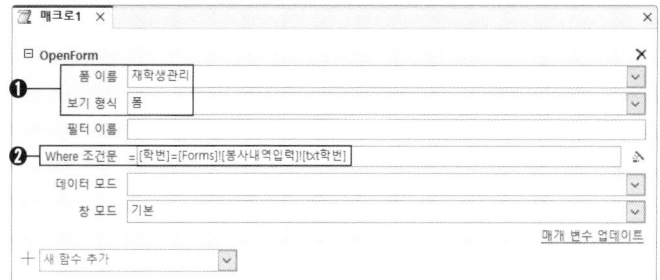

⑤ 빠른 실행 도구 모음에서 (저장)을 클릭합니다. [매크로 이름]에 '재학생보기'를 입력하고 <확인> 단추를 클릭합니다.

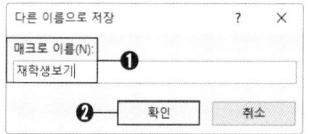

⑥ <봉사내역입력> 폼의 바로 가기 메뉴에서 <디자인 보기>를 클릭합니다.

⑦ '폼 머리글' 영역에서 '학생정보확인'(cmd보기) 단추 속성 시트 창의 [이벤트] 탭 중 [On Click]에 을 클릭하고 '재학생보기'를 선택합니다.

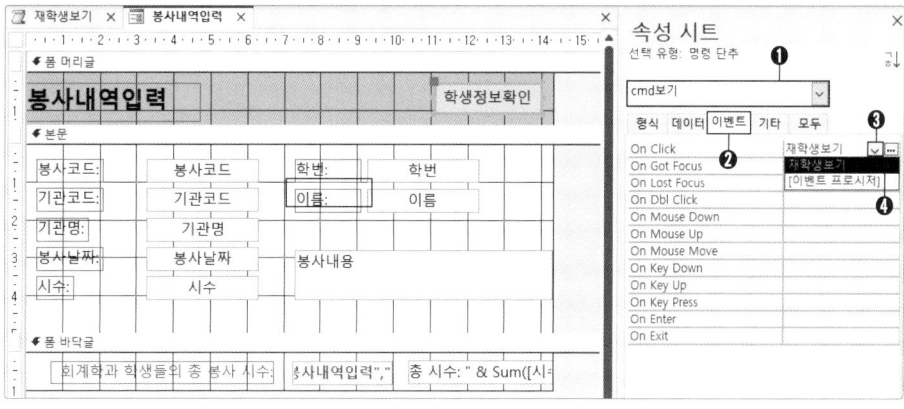

⑧ 빠른 실행 도구 모음에서 (저장)을 눌러 폼을 저장하고 바로가기 메뉴에서 <닫기>를 클릭합니다.

문제3 ▶ 조회 및 출력 기능 구현 (20점)

1 <봉사현황> 보고서 완성

① <봉사현황> 보고서 위에서 마우스 오른쪽 단추를 눌러 <디자인 보기>를 클릭합니다.

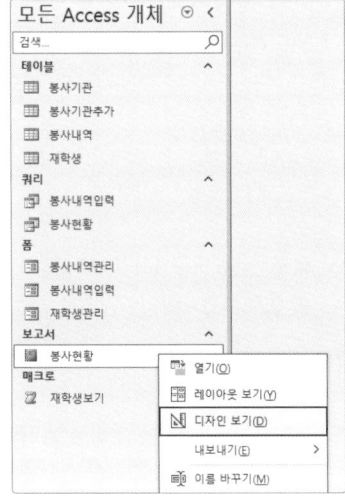

② [보고서 디자인] 탭-[그룹화 및 요약] 그룹-[그룹화 및 정렬]을 클릭합니다.

③ [그룹, 정렬 및 요약] 대화상자에서 '기관명' 필드는 [정렬]에 '오름차순'으로 선택하고 <정렬 추가>를 눌러 '학과' 필드를 추가한 다음 [정렬]에 '내림차순'으로 선택합니다.

④ '페이지 머리글' 영역에서 'txt날짜' 컨트롤 속성 시트 창의 [형식] 탭 중 [형식]에 'yyyy년 m월'을 입력합니다.

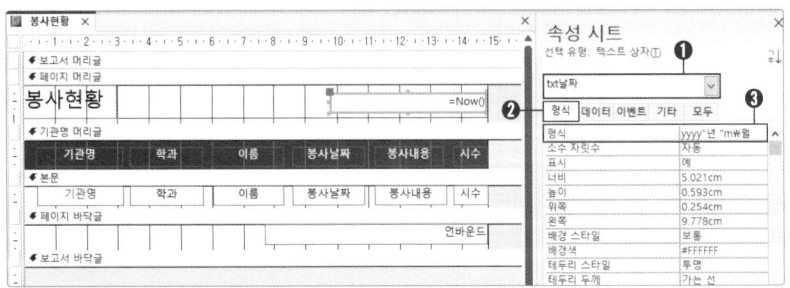

⑤ '기관명 머리글' 영역 속성 시트 창의 [형식] 탭 중 [반복 실행 구역]에 '예'를 선택합니다.

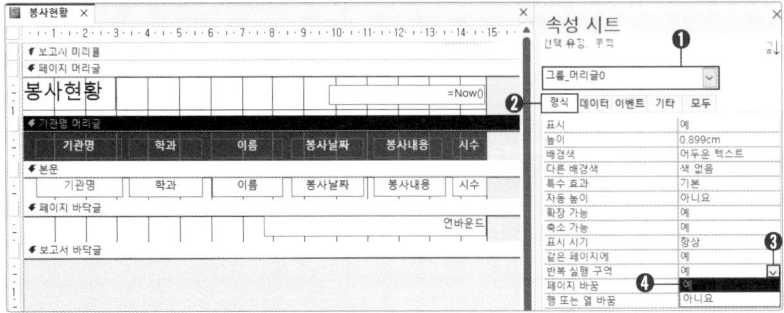

⑥ '본문' 영역에서 'txt기관명' 컨트롤 속성 시트 창의 [형식] 탭 중 [중복 내용 숨기기]에 '예'를 선택합니다.

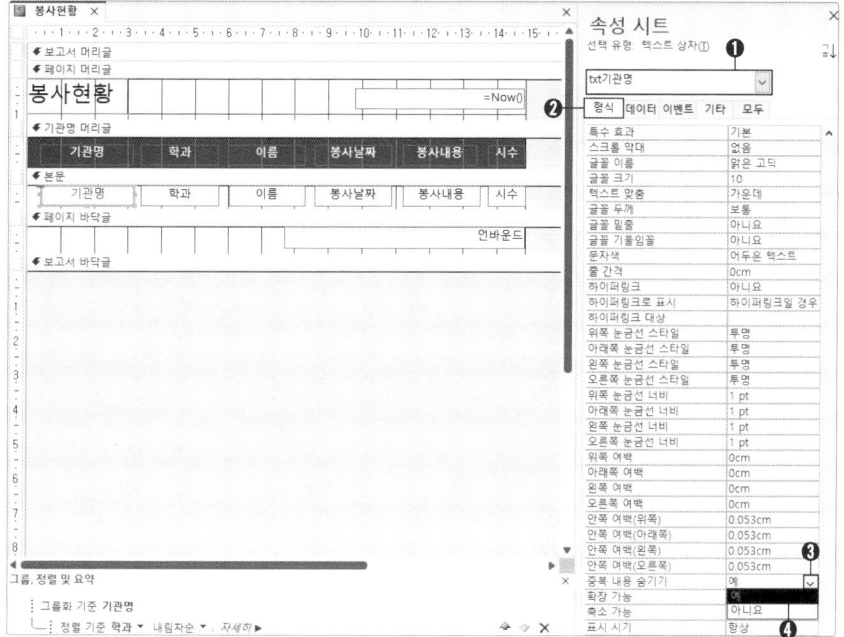

⑦ '페이지 바닥글' 영역에서 'txt페이지' 컨트롤 속성 시트 창의 [데이터] 탭 중 [컨트롤 원본]에 '=[Pages] & "페이지 중 " & [Page] & "페이지"'로 입력합니다.

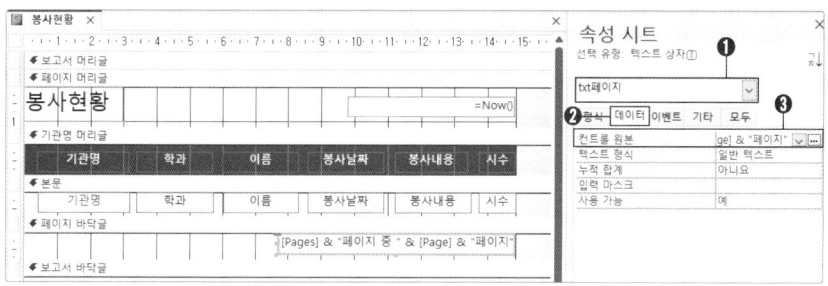

⑧ 빠른 실행 도구 모음에서 📙(저장)을 눌러 보고서를 저장하고 바로 가기 메뉴에서 <닫기>를 클릭합니다.

2 <봉사내역관리> 폼에 이벤트 프로시저 작성

① <봉사내역관리> 폼 위에서 마우스 오른쪽 단추를 눌러 <디자인 보기>를 클릭합니다.

② '오름'(cmd오름) 버튼 속성 시트 창의 [이벤트] 탭 중 [On Click]에 (…)을 클릭합니다.

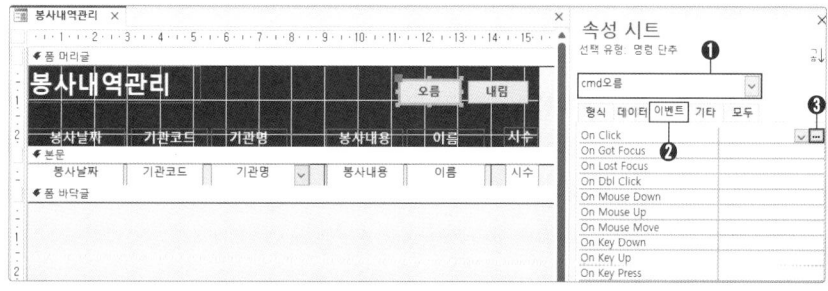

최신유형문제 | **123**

③ [작성기 선택] 대화상자에서 '코드 작성기'를 선택하고 <확인> 단추를 클릭합니다.

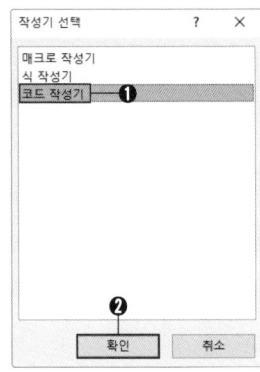

④ VBA(Visual Basic Application) 창에 다음의 코드를 입력합니다.
※ '시수' 필드를 기준으로 오름차순 정렬하는 코드입니다. 'OrderBy'를 사용할 때에는 반드시 'OrderByOn = True'와 함께 입력합니다.

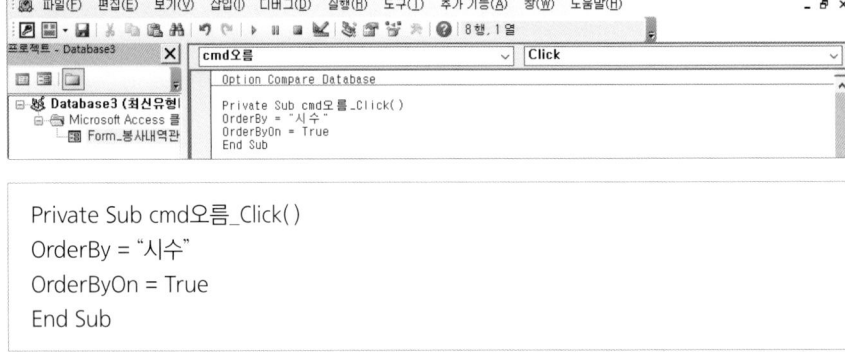

```
Private Sub cmd오름_Click( )
OrderBy = "시수"
OrderByOn = True
End Sub
```

⑤ VBA(Visual Basic Application) 창의 개체 선택에서 'cmd내림'을 선택합니다.

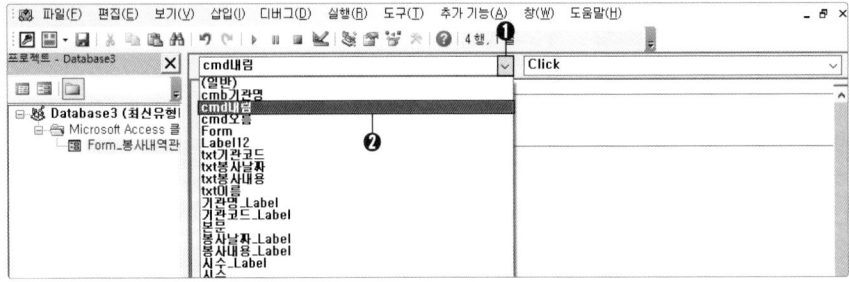

⑥ '내림'(cmd내림) 단추 프로시저에 다음의 코드를 작성합니다.
※ 내림차순이므로 '시수' 필드에 'desc'를 입력합니다.

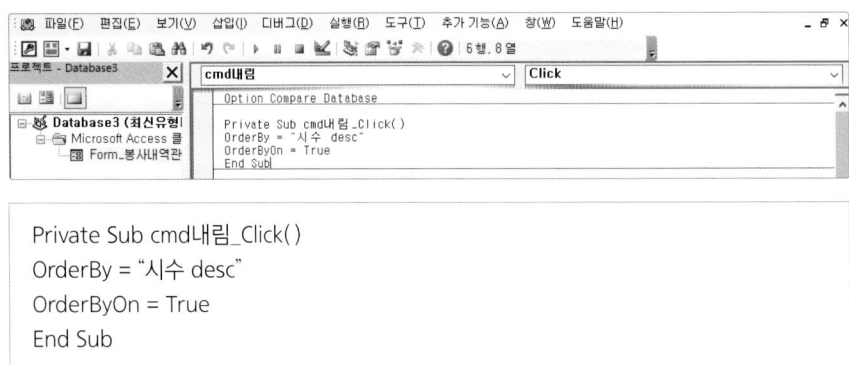

```
Private Sub cmd내림_Click( )
OrderBy = "시수 desc"
OrderByOn = True
End Sub
```

⑦ [파일]-[닫고 Microsoft Access(으)로 돌아가기] 또는 **Alt**+**Q** 를 눌러 액세스 창으로 돌아옵니다.

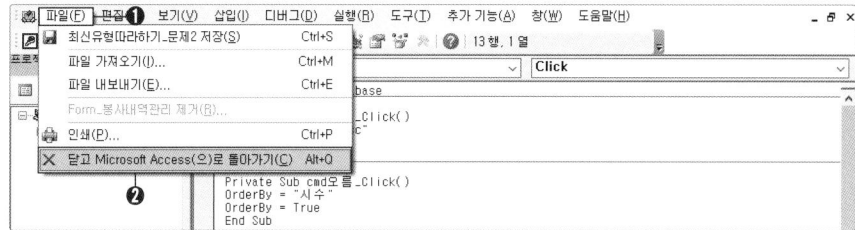

⑧ [양식 디자인] 탭-[보기] 그룹-[보기]-[폼보기]에서 '오름' 버튼을 누르면 '시수'의 오름차순으로 변경됩니다.

⑨ '내림' 버튼을 누르면 '시수'의 내림차순으로 변경되는 것을 확인합니다.

TIP

이벤트 프로시저가 실행되지 않을 때

● [파일]-[옵션]-[보안센터]-[보안 센터 설정]-[매크로 설정]-[모든 매크로 포함]을 선택합니다.

⑩ 빠른 실행 도구 모음에서 🖫(저장)을 눌러 폼을 저장하고 바로 가기 메뉴에서 <닫기>을 클릭합니다.

문제 4 ▶ 처리 기능 구현 (35점)

1 <우수봉사학생처리> 업데이트 쿼리 작성

① [만들기] 탭-[쿼리] 그룹-[쿼리 디자인]을 클릭합니다.

② [테이블 추가] 대화상자에서 <재학생> 쿼리를 선택한 후 더블클릭 또는 <선택한 표 추가> 단추를 클릭합니다.

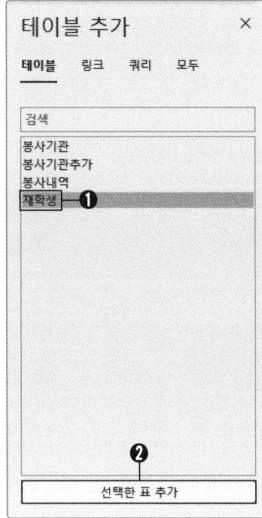

> **TIP**
>
> **액세스 개체 선택**
>
> 테이블 추가 창에서 액세스 개체를 선택할 때 연속적인 개체의 선택은 **Shift** 와 함께 클릭하고, 비연속적인 개체의 선택은 **Ctrl** 를 누른 상태에서 개체를 클릭합니다.

③ [재학생] 테이블에서 '비고', '학번' 필드를 선택합니다.

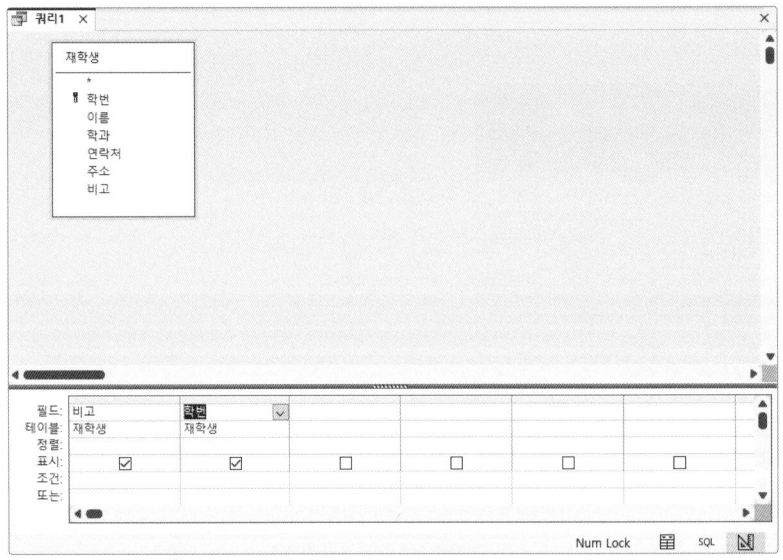

④ [쿼리 디자인] 탭-[쿼리 유형] 그룹-[업데이트]를 클릭합니다.

⑤ '비고' 필드는 [업데이트]에 '우수 봉사 학생', '학번' 필드에는 [조건]에 'In (select 학번 from 봉사내역 group by 학번 having sum(시수)>=10)'을 입력합니다.

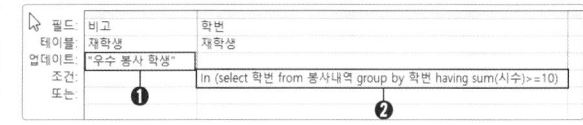

⑥ [빠른 실행 도구 모음에서 💾(저장)을 클릭하여 '우수봉사학생처리'로 입력하고 [쿼리 디자인] 탭-[결과] 그룹 -[실행]을 클릭하고 "5 행을 새로 고칩니다." 메시지가 나오면 <예> 단추를 클릭합니다.
   ※ [홈] 탭-[보기] 그룹-[보기]를 누르면 [디자인 보기]와 [데이터 시트 보기]로 변경됩니다.

⑦ [홈] 탭-[보기] 그룹-[보기]-[데이터 시트보기]를 클릭하여 업데이트된 내용을 확인합니다.

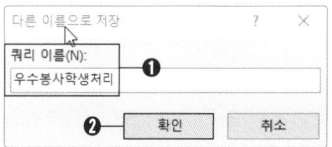

2 <봉사횟수조회> 크로스탭 쿼리 작성

① [만들기] 탭-[쿼리] 그룹-[쿼리 디자인]을 클릭합니다.

② [테이블 추가] 대화상자의 [테이블] 탭에서 Ctrl 키를 누른 채 차례대로 <봉사기관>, <봉사내역>, <재학생> 테이블을 선택하고 <선택한 표 추가> 단추를 클릭합니다.

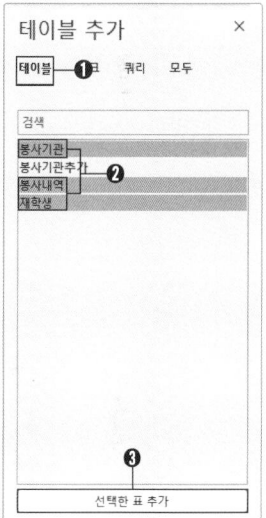

③ '기관명', '학과' 필드를 선택하고 '총횟수: 봉사코드' 필드는 입력 후 '봉사코드', '봉사날짜' 필드를 선택합니다.

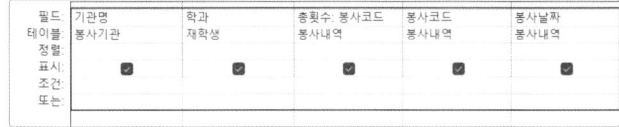

④ [쿼리 디자인] 탭-[쿼리 유형] 그룹-[크로스탭]을 클릭합니다.

⑤ [요약]에 '봉사코드', '총횟수: 봉사코드' 필드는 '개수'로, '봉사날짜' 필드는 '조건'으로 선택합니다.

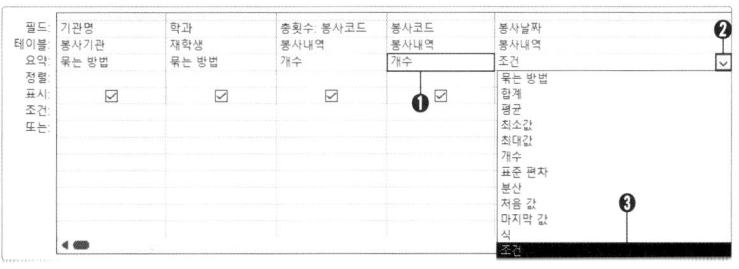

⑥ [크로스탭]에 '기관명', '총횟수: 봉사코드' 필드는 '행 머리글', '학과' 필드는 '열 머리글', '봉사코드' 필드는 '값'으로 선택합니다.

필드:	기관명	학과	총횟수: 봉사코드	봉사코드	봉사날짜
테이블:	봉사기관	재학생	봉사내역	봉사내역	봉사내역
요약:	묶는 방법	묶는 방법	개수	개수	조건
크로스탭:	행 머리글	열 머리글	행 머리글	값	
정렬:					
조건:					
또는:					

⑦ [조건]에 '봉사날짜' 필드는 'Between #2023-07-01# And #2023-12-31#'을 입력합니다.

⑧ 빠른 실행 도구 모음에서 🔲(저장)을 클릭합니다. [쿼리 이름]에 '봉사횟수조회'를 입력하고 <확인> 단추를 클릭합니다.

3 <학과별봉사현황> 요약 쿼리 작성

① [만들기] 탭-[쿼리] 그룹-[쿼리 디자인]을 클릭합니다.

② [테이블 추가] 대화상자의 [테이블] 탭에서 Ctrl 키를 누른 채 차례대로 <봉사내역>, <재학생> 테이블을 선택하고 <선택한 표 추가> 단추를 클릭합니다.

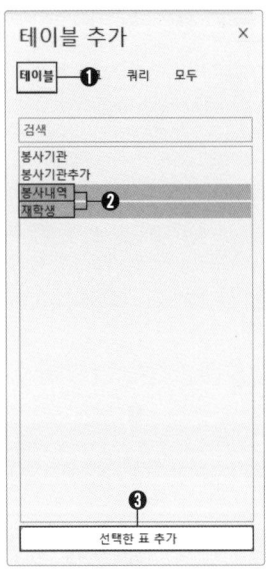

③ '학과' 필드를 선택하고 '봉사학생수: 학번', '총시수: 시수', '학생당봉사시수: [총시수]/[봉사학생수]' 필드를 입력합니다.

필드:	학과	봉사학생수: 학번	총시수: 시수	학생당봉사시수: [총시수]/[봉사학생수]	
테이블:	재학생	재학생	봉사내역		
정렬:					
표시:	☑	☑	☑	☑	☐
조건:					
또는:					

④ [쿼리 디자인] 탭-[표시/숨기기] 그룹-[요약]을 클릭하고 [요약]에 '봉사학생수' 필드는 '개수', '총시수' 필드는 '합계-정렬: 내림차순', '학생당봉사시수' 필드는 '식'으로 선택합니다.

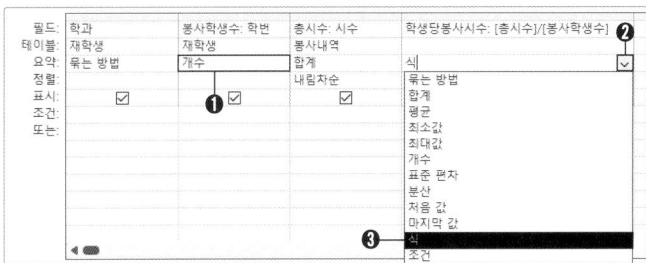

⑤ '학생당봉사시수' 필드를 선택한 후 [쿼리 디자인] 탭-[표시/숨기기] 그룹-[속성 시트]를 클릭하여 '형식'에 '0.0'을 입력합니다.

⑥ 빠른 실행 도구 모음에서 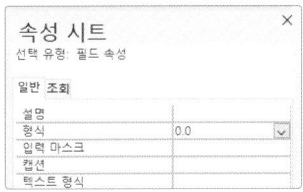(저장)을 클릭합니다. [쿼리 이름]에 '학과별봉사현황'을 입력하고 <확인> 단추를 클릭합니다.

⑦ [쿼리 디자인] 탭-[결과] 그룹-[실행]을 눌러 결과의 내용을 확인합니다.

4 <학과현황생성> 쿼리에서 테이블 만들기 쿼리 작성

① [만들기] 탭-[쿼리] 그룹-[쿼리 디자인]을 클릭합니다.

② [테이블 추가] 대화상자의 [쿼리] 탭에서 <봉사현황> 쿼리를 선택하고 < 선택한 표 추가> 단추를 클릭합니다.

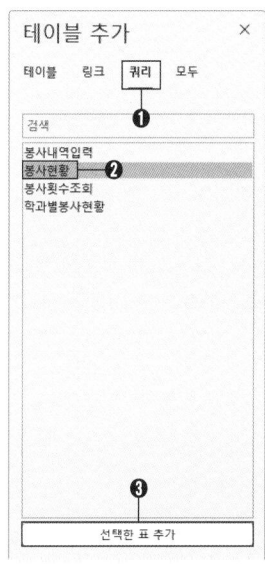

③ '봉사날짜', '기관명', '시수', '학번', '이름', '봉사내용', '학과' 필드를 선택합니다.

④ '학과' 필드는 <표시>를 해제합니다.

필드:	봉사날짜	기관명	시수	학번	이름	봉사내용	학과
테이블:	봉사현황	봉사현황	봉사현황	봉사현황	봉사현황	봉사현황	봉사현황
정렬:							
표시:	☑	☑	☑	☑	☑	☑	☐
조건:							
또는:							

⑤ '학과' 필드는 [조건]에 'Like "*" & [조회할 학과명의 일부를 입력] & "*"'를 입력하고 <확인> 단추를 클릭합니다.

※ [쿼리 디자인] 탭-[쿼리 설정] 그룹-[작성기](🔨)를 클릭하여 입력할 수 있습니다.

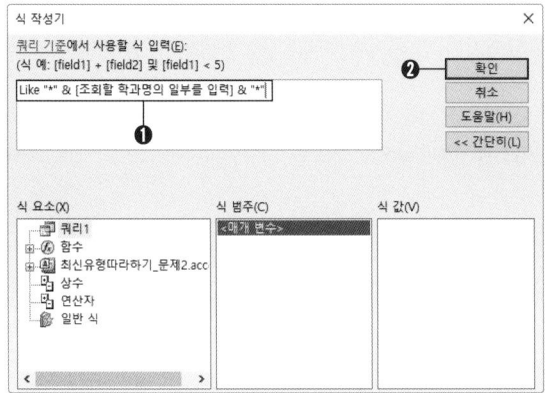

⑥ 빠른 실행 도구 모음에서 🔳(저장)을 클릭합니다. [쿼리 이름]에 '학과현황생성'을 입력하고 <확인> 단추를 클릭합니다.

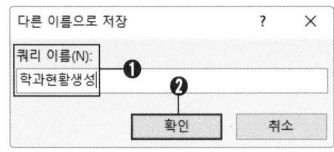

⑦ [쿼리 디자인] 탭-[쿼리 유형] 그룹-[테이블 만들기]를 클릭하고 테이블 이름을 '조회학과봉사현황'을 입력한 후 <확인> 단추를 클릭합니다.

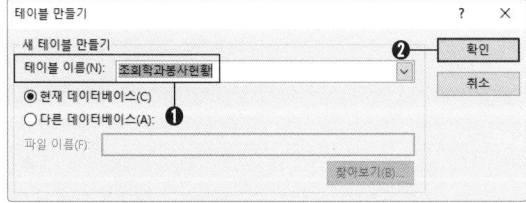

⑧ [쿼리 디자인] 탭-[결과] 그룹-[실행]을 클릭합니다.

⑨ [매개 변수 값 입력] 대화상자에서 조회할 학과명의 일부를 입력에 '경영'을 입력하고 <확인> 단추를 클릭합니다.

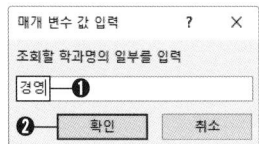

⑩ [8 행을 붙여 넣습니다.] 창에서 <예> 단추를 클릭합니다. 빠른 실행 도구 모음에서 🔲(저장)을 클릭합니다.

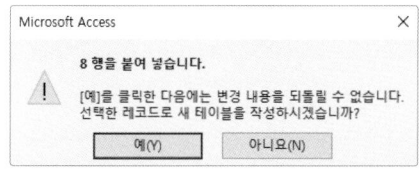

⑪ <조회학과봉사현황> 테이블 위에서 마우스 오른쪽 단추를 눌러 <열기>를 클릭하면 테이블의 내용이 표시됩니다.

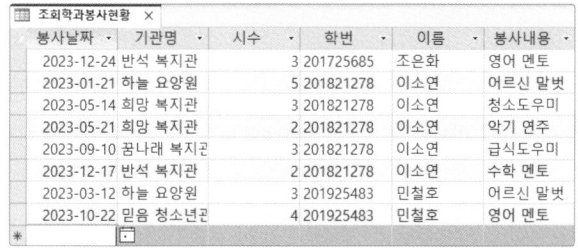

5 <도우미구분별현황> 쿼리 작성

① [만들기] 탭-[쿼리] 그룹-[쿼리 디자인]을 클릭합니다.

② [테이블 추가] 대화상자의 [쿼리] 탭에서 <봉사내역> 쿼리를 선택하고 <선택한 표 추가> 단추를 클릭합니다.

③ [쿼리 디자인]에서 [표시/숨기기] 그룹-[요약]을 클릭합니다.

④ '구분: IIf(Right([봉사내용],2)="멘토","청소년도우미","어르신도우미")', '봉사건수: 봉사코드', '행사시수: 시수'를 입력합니다.

⑤ '봉사건수: 봉사코드'에 요약은 '개수', '행사시수: 시수'에는 '합계'를 선택합니다.

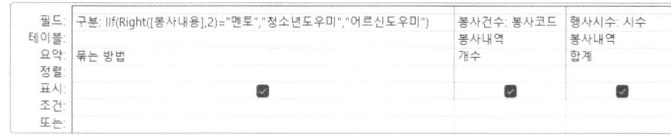

⑥ 빠른 실행 도구 모음에서 🔲(저장)을 클릭합니다. [쿼리 이름]에 '도우미구분별현황'을 입력하고 <확인> 단추를 클릭합니다.

⑦ [쿼리 디자인] 탭-[결과] 그룹-[실행]을 눌러 결과의 내용을 확인합니다.

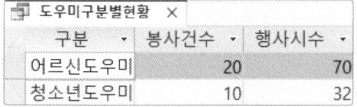

컴퓨터활용능력
1급 실기

PART 03
실전모의고사

- **실전모의고사 1회**
  실전모의고사 **1회** 정답 및 해설

- **실전모의고사 2회**
  실전모의고사 **2회** 정답 및 해설

- **실전모의고사 3회**
  실전모의고사 **3회** 정답 및 해설

- **실전모의고사 4회**
  실전모의고사 **4회** 정답 및 해설

- **실전모의고사 5회**
  실전모의고사 **5회** 정답 및 해설

※ 'C:₩2024 컴활1급₩데이터베이스₩작업파일₩실전모의고사' 폴더를 이용하여 실전모의고사 문제를 해결합니다.

컴퓨터활용능력 실전모의고사 1회

프로그램명	제한시간
ACCESS 2021	45분

수 험 번 호 :

성   명 :

1급   A형

유의사항

- 인적 사항 누락 및 잘못 작성으로 인한 불이익은 수험자 책임으로 합니다.

- 화면에 암호 입력창이 나타나면 아래의 암호를 입력하여야 합니다.
  - 암호 : 782&33

- 작성된 답안은 주어진 경로 및 파일명을 변경하지 마시고 그대로 저장해야 합니다. 이를 준수하지 않으면 실격처리 됩니다.
  - 답안 파일명의 예 : C:\DB\수험번호 8자리.accdb

- 외부데이터 위치 : C:\DB\파일명

- 별도의 지시사항이 없는 경우, 다음과 같이 처리하면 실격 처리됩니다.
  - 제시된 개체의 이름을 임의로 변경한 경우
  - 제시된 개체의 속성을 임의로 변경한 경우
  - 제시된 개체를 임의로 삭제하거나 추가한 경우

- 별도의 지시사항이 없는 경우, 기능의 구현은 모듈이나 매크로 등을 이용하며, 예외적인 상황에 대해서는 고려하지 않아도 됩니다.

- 제시된 함수가 있을 경우 제시된 함수만을 사용하여야 하며, 그 외 함수 사용시 채점 대상에서 제외됩니다.

- 별도의 지시사항이 없는 경우, 주어진 각 개체의 속성은 설정값 또는 기본 설정값(Default)으로 처리하십시오.

- 제시된 화면은 예시이며 나타난 값은 실제와 다를 수 있습니다.

- 저장 시간은 별도로 주어지지 아니하므로 제한된 시간 내에 저장을 완료해야 합니다.

- 본 문제의 용어는 MS Office LTSC Professional Plus 2021 기준으로 작성되었습니다.

문제 1 25점_ DB 구축

01 기업의 납품 현황을 관리하기 위한 데이터베이스를 구축하고자 한다. 다음의 지시사항에 따라 각 테이블을 완성하시오. (각 3점)

① <제품납품내역> 테이블의 '접수번호' 필드를 기본 키(Primary Key)로 설정하시오.

② <제품납품내역> 테이블의 '납품처' 필드에는 값이 반드시 입력되도록 설정하시오.

③ <제품납품내역> 테이블의 '납품단가', '납품수량' 필드에는 반드시 0보다 큰 값이 입력되도록 설정하시오.

④ <제품납품내역> 테이블의 '제품코드' 필드는 중복 가능한 인덱스를 설정하시오.

⑤ <제품코드> 테이블의 '제품코드' 필드는 기본 키로 설정하고 'E-5'와 같은 형태로 영문 대문자 1개, '-' 기호 1개와 숫자 1개가 반드시 포함되어 입력되도록 입력 마스크를 설정하시오.
  ▶ 영문자 입력은 영어와 한글만 입력할 수 있도록 설정할 것
  ▶ 숫자 입력은 0~9까지의 숫자만 입력할 수 있도록 설정할 것
  ▶ '-' 문자도 테이블에 저장되도록 설정할 것

02 <제품납품내역> 테이블의 '제품코드' 필드는 <제품코드> 테이블의 '제품코드' 필드를, <제품납품내역> 테이블의 '납품처'는 <거래처> 테이블의 '거래처코드'를 참조하며, 각 테이블 간의 관계는 M:1이다. 다음과 같이 테이블 간의 관계를 설정하시오. (5점)

▶ 각 테이블 간에 항상 참조 무결성이 유지되도록 설정하시오.
▶ 참조 필드의 값이 변경되면 관련 필드의 값도 변경되도록 설정하시오.
▶ 다른 테이블에서 참조하고 있는 레코드는 삭제할 수 없도록 설정하시오.

03 외부 데이터 가져오기 기능을 이용하여 <거래처현황.xlsx> 파일의 내용을 가져와 <거래처현황> 테이블을 생성하시오. (5점)

▶ 첫 번째 행은 열 머리글임
▶ 기본 키는 없음으로 설정

문제 2 20점_ 입력 및 수정 기능 구현

01 <납품내역입력> 폼을 다음 지시사항에 따라 완성하시오. (각 3점)

① 폼 머리글의 배경색을 '교차 행'으로 변경하시오.

② 본문의 'txt납품단가'와 'txt납품수량'을 각각 '납품단가'와 '납품수량' 필드에 바운드시키시오.

③ 폼 바닥글의 'txt총계'에 제품의 총 금액을 표시하도록 계산 컨트롤로 작성하시오.
▶ 계산식 : ([납품단가] × [납품수량])의 합

02 <납품내역입력> 폼의 본문 영역에 다음과 같이 조건부 서식을 설정하시오. (6점)

▶ '납품수량'이 50 이상이고 100 이하인 본문 영역의 모든 컨트롤의 글꼴이 '굵게', '기울임꼴', 글꼴색은 '빨강'으로 표시되도록 설정하시오.

▶ 단, 하나의 규칙으로 작성하시오.

접수번호	납품일자	납품처	제품코드	납품단가	납품수량
1	23-08-15	충주전자	E-1	450	85
2	23-08-29	홍천전자	E-2	400	120
3	23-09-05	포천전자	E-9	650	110
4	23-10-11	양평전자	E-1	450	125
5	23-08-19	대구전자	E-3	550	131
6	23-10-12	군포전자	E-4	550	45
7	23-11-17	청주전자	E-8	380	105
8	23-12-15	구미전자	E-5	250	90
9	23-10-11	명촌전자	E-7	850	34
10	23-10-29	순천전자	E-3	550	58
11	23-09-13	남부전자	E-4	550	86
12	23-09-01	독도전자	E-2	400	14
13	23-10-18	군산전자	E-1	450	141
14	23-08-12	진주전자	E-5	250	65
15	23-08-21	구리전자	E-7	850	31
16	23-08-25	홍천전자	E-2	400	93
17	23-09-27	호주전자	E-8	380	201
18	23-09-14	구리전자	E-3	550	175
19	23-08-20	경호전자	E-4	550	88
20	23-09-11	군포전자	E-1	450	97
21	23-10-09	용인전자	E-5	250	31
22	23-08-12	충주전자	E-6	370	23
23	23-08-25	춘천전자	E-9	650	27
24	23-09-11	제주전자	E-1	450	81
25	23-10-12	진주전자	E-3	550	43
26	23-09-14	군산전자	E-2	400	22

총 계 ₩1,910,520

03 <제품별조회> 폼의 '납품내역보기'(cmd납품내역보기) 단추를 클릭하면 <납품내역조회> 폼을 '폼 보기' 형식으로 여는 <조회> 매크로를 생성하여 지정하시오. (5점)

▶ 매크로 조건 : '제품코드' 필드의 값이 'txt제품코드'에 해당하는 제품의 정보만 표시

문제 3 20점_ 조회 및 출력 기능 구현

01 다음의 지시사항 및 화면을 참조하여 <제품별납품현황> 보고서를 완성하시오. (각 3점)

① <납품내역현황> 쿼리를 레코드 원본으로 설정하시오.

② '제품명' 오름차순으로 정렬하고 제품이 같으면 '납품일자' 필드를 기준으로 오름차순 정렬하여 표시하시오.

③ '제품명'은 중복되지 않도록 설정하시오.

④ 제품명 바닥글의 'txt납품금액' 컨트롤에는 납품금액, 'txt이익' 컨트롤에는 이익의 총계를 표시하시오.

⑤ 매 페이지 아래에 다음과 같은 형식으로 현재 날짜와 페이지가 표시되도록 입력란 컨트롤을 완성하시오.

▶ 'txt날짜' 컨트롤의 날짜 표시형식 : 현재 날짜가 2020년 6월 27일이면 '2020년 6월 27일 토요일' 같이 표시

▶ 'txt페이지' 컨트롤의 페이지 표시형식 : 현재 페이지 1 / 전체페이지 5

02 <납품내역현황> 폼의 '납품수량' 컨트롤에 포커스가 이동(GotFocus)하면 다음과 같이 기능이 수행되도록 이벤트 프로시저를 구현하시오. (5점)

▶ 납품수량이 200 이상이면 '우수', 100 이상이면 '보통', 100 미만이면 '저조'를 표시하는 메시지 박스를 표시하시오.

▶ Select ~ Case문 사용

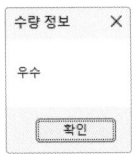

문제 4 35점_ 처리 기능 구현

01 <납품내역현황> 쿼리를 이용하여 제품명이 커플러인 납품월이 10월인 거래 내역을 조회하는 <커플러10월 거래내역조회> 쿼리를 작성하시오. (7점)

▶ 거래처명을 기준으로 오름차순 정렬하여 표시하시오.

▶ 쿼리 실행 결과 표시되는 필드와 필드명은 <그림>과 같이 표시되도록 설정하시오.

커플러10월거래내역조회				
거래처명	납품일자	제품명	납품수량	납품금액
용인전자	23-10-09	커플러	31	7750
제주전자	23-10-19	커플러	94	23500
호서전자	23-10-12	커플러	45	11250

02 다음과 같이 거래처별, 제품명별 납품수량의 총계를 구하는 쿼리를 작성하시오. (7점)

▶ <제품코드>, <거래처>, <제품납품내역> 테이블을 이용하시오.

▶ 쿼리의 이름은 <거래처별납품수량>으로 하시오.

▶ 매개 변수값 입력을 사용하시오.

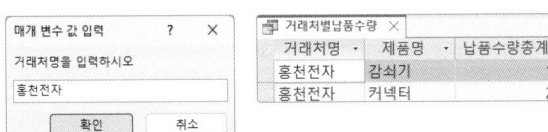

03 다음과 같은 기능을 수행하는 쿼리를 작성하시오. (7점)

▶ <납품내역현황> 쿼리를 사용하시오.

▶ 쿼리의 이름은 <제품별납품요약>으로 하시오.

▶ '제품명'별 내림차순으로 정렬하시오.

▶ 제품별 총납품수량평균과 총납품금액평균은 표준 형식의 소수 자릿수는 '0'으로 설정하시오.

제품별납품요약		
제품명	총납품수량평균	총납품금액평균
PCB	33	12,025
파워코드	82	53,560
콘덴서	86	42,694
커플러	69	17,333
커넥터	61	24,467
점퍼	72	39,820
와이어	57	48,238
어댑터	121	66,770
감쇠기	101	38,428

04 거래처명과 제품코드별로 납품수량의 합을 조회하는 <거래처별10월납품수량> 크로스탭 쿼리를 작성하시오. (7점)

▶ <거래처>, <제품납품내역> 테이블을 이용하시오.

▶ 쿼리 실행 결과 표시되는 필드와 필드명은 <그림>과 같이 표시되도록 설정하시오.

거래처명	납품일자	E-1	E-3	E-4	E-5	E-7
군산전자	23-10-18	141				
군포전자	23-10-12			45		
순천전자	23-10-29		58			
양평전자	23-10-11	125				
용인전자	23-10-09				31	
제주전자	23-10-19				94	
진주전자	23-10-12		43			
충주전자	23-10-09					30
평촌전자	23-10-11					34
호서전자	23-10-12			45		

05 제품명이 '콘덴서'인 제품의 '납품단가'를 10% 인상하는 <콘덴서납품단가10%인상> 업데이트 쿼리를 작성하시오. (7점)

▶ <납품내역현황> 쿼리를 이용하시오.

▶ 쿼리 실행 결과 표시되는 필드와 필드명은 <그림>과 같이 표시하도록 설정하시오.

<실행전>

제품명	납품단가	납품일자	납품처	거래처명	납품수량	납품금액	세금	이익
콘덴서	450.00	23-08-15	42	충주전자	85	38250	2103.75	36146.25
커넥터	400.00	23-08-29	1	홍천전자	120	48000	2640	45360
파워코드	650.00	23-09-05	44	포천전자	110	71500	3932.5	67567.5
콘덴서	450.00	23-10-11	28	양평전자	125	56250	3093.75	53156.25
어댑터	550.00	23-08-19	12	대구전자	131	72050	3962.75	68087.25
점퍼	550.00	23-10-12	9	군포전자	45	24750	1361.25	23388.75
감쇠기	380.00	23-11-17	40	청주전자	105	39900	2194.5	37705.5
커플러	250.00	23-12-15	7	구미전자	90	22500	1237.5	21262.5
와이어	850.00	23-10-11	43	평촌전자	34	28900	1589.5	27310.5
어댑터	550.00	23-10-29	26	순천전자	58	31900	1754.5	30145.5
점퍼	550.00	23-09-13	11	남부전자	88	48400	2662	45738
커넥터	400.00	23-09-01	14	독도전자	14	5600	308	5292
콘덴서	450.00	23-10-18	8	군산전자	141	63450	3489.75	59960.25

<실행후>

제품명	납품단가	납품일자	납품처	거래처명	납품수량	납품금액	세금	이익
콘덴서	495.00	23-08-15	42	충주전자	85	42075	2314.125	39760.875
커넥터	400.00	23-08-29	1	홍천전자	120	48000	2640	45360
파워코드	650.00	23-09-05	44	포천전자	110	71500	3932.5	67567.5
콘덴서	495.00	23-10-11	28	양평전자	125	61875	3403.125	58471.875
어댑터	550.00	23-08-19	12	대구전자	131	72050	3962.75	68087.25
점퍼	550.00	23-10-12	9	군포전자	45	24750	1361.25	23388.75
감쇠기	380.00	23-11-17	40	청주전자	105	39900	2194.5	37705.5
커플러	250.00	23-12-15	7	구미전자	90	22500	1237.5	21262.5
와이어	850.00	23-10-11	43	평촌전자	34	28900	1589.5	27310.5
어댑터	550.00	23-10-29	26	순천전자	58	31900	1754.5	30145.5
점퍼	550.00	23-09-13	11	남부전자	88	48400	2662	45738
커넥터	400.00	23-09-01	14	독도전자	14	5600	308	5292
콘덴서	495.00	23-10-18	8	군산전자	141	69795	3838.725	65956.275

실전모의고사 1회 정답 및 해설

📁 작업 파일 : C:₩2024_컴활1급₩데이터베이스₩작업파일₩실전모의고사₩실전모의고사 1회_문제.accdb
📁 완성 파일 : C:₩2024_컴활1급₩데이터베이스₩완성파일₩실전모의고사₩실전모의고사 1회_정답.accdb

정답

문제1 ▶ DB 구축 (25점)

01 <제품납품내역>, <제품코드> 테이블 완성

지시사항	테이블명	필드명	필드 속성 및 기본키	설정 값
①	제품납품내역	접수번호	기본 키 설정	
②		납품처	필수	예
③		납품단가	유효성 검사 규칙	>0
		납품수량		
④		제품코드	인덱스	예(중복 가능)
⑤	제품코드	제품코드	기본 키 설정	
			입력 마스크	>L-0 ; 0

02 관계 설정

① [데이터베이스 도구]-[관계] 그룹의 [관계(관계)]를 클릭

② 관계 편집

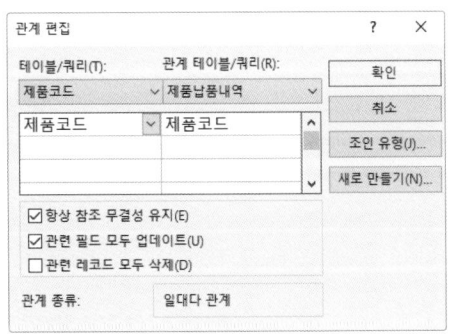
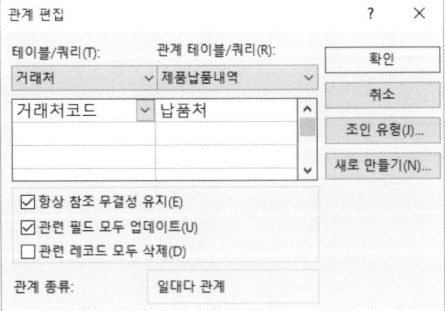

03 외부 데이터 가져오기

① [외부 데이터] 탭-[가져오기 및 연결] 그룹-[새 데이터 원본]-[파일에서]-[Excel]을 클릭

② 첫 번째 행은 열 머리글, 기본 키 없음

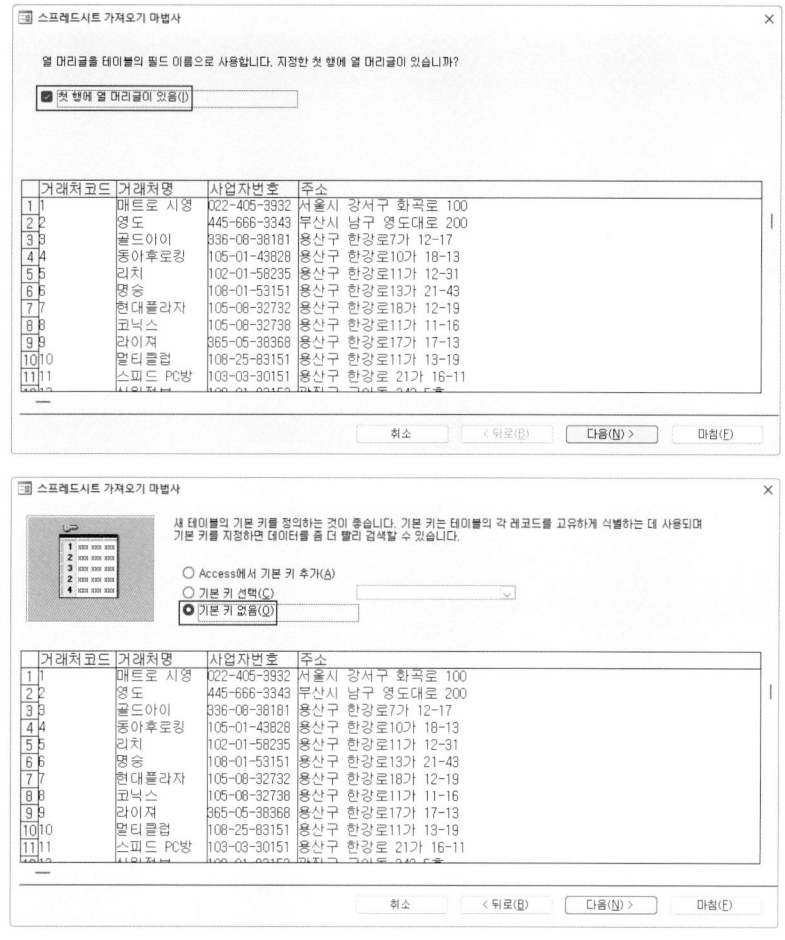

문제2 ▶ 입력 및 수정 기능 구현 (20점)

01 <납품내역입력> 폼의 속성 시트 완성

지시사항	영역	개체명	탭	항목	설정 값
①	폼 머리글		형식	배경색	교차 행
②	본문	txt납품단가	데이터	컨트롤 원본	납품단가
		txt납품수량			납품수량
③	폼 바닥글	txt총계	데이터	컨트롤 원본	=Sum([납품단가] * [납품수량])

02 <납품내역입력> 폼의 조건부 서식 설정

① [서식]-[조건부 서식]-[조건부 서식 규칙 관리자] 창에서 [새 규칙]을 클릭

② [새 서식 규칙]

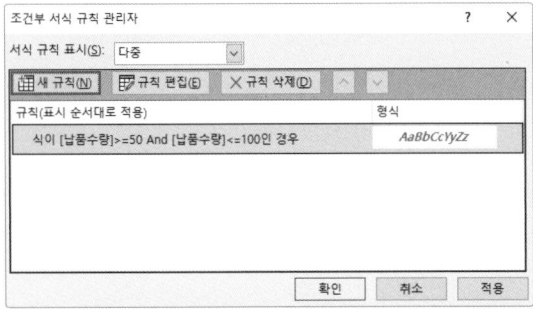

03 <제품별조회> 폼의 매크로 설정

① [만들기]-[만들기 및 코드] 그룹의 [매크로( )]를 클릭

② [조회] 매크로 작성

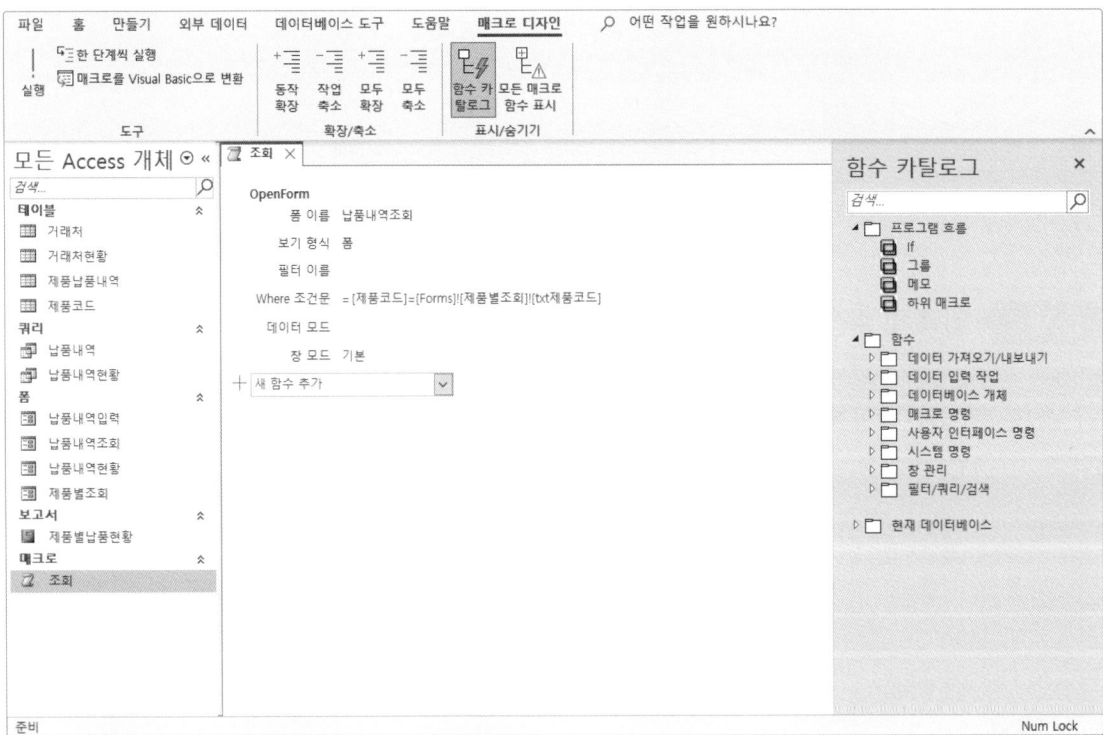

문제3 조회 및 출력 기능 구현 (20점)

01 <제품별납품현황> 보고서 완성

지시사항	영역	개체명	탭	항목	설정 값
①	보고서		데이터	레코드 원본	납품내역현황
②	[그룹, 정렬 및 요약]에서 '제품명' 필드의 '오름차순'으로 하고 정렬을 추가하여 '납품일자' 필드의 '오름차순' 으로 선택 그룹, 정렬 및 요약 그룹화 기준 제품명 정렬 기준 납품일자 ▼ 오름차순 ▼ , 자세히 ▶ 그룹 추가 정렬 추가				
③	본문	제품명	형식	중복 내용 숨기기	예
④	제품명 바닥글	txt납품금액	데이터	컨트롤 원본	=Sum([납품금액])
		txt이익			=Sum([이익])
⑤	페이지 바닥글	txt날짜	모두	컨트롤 원본	=Date( )
				형식	자세한 날짜
		txt페이지	데이터	컨트롤 원본	="현재 페이지 " & [Page] & "/" & "전체 페이지 " & [Pages]

02 <납품내역현황> 폼에 이벤트 프로시저 작성

① [속성 시트]-[이벤트] 탭의 'On Got Focus'에서 코드 작성기

② VBA 코드 작성

```
Select Case 납품수량
Case Is >= 200
    MsgBox "우수",, "수량 정보"
Case Is >= 100
    MsgBox "보통",, "수량 정보"
Case Else
    MsgBox "저조",, "수량 정보"
End Select
```

문제 4 처리 기능 구현 (35점)

01 <커플러10월거래내역조회> 조회 쿼리

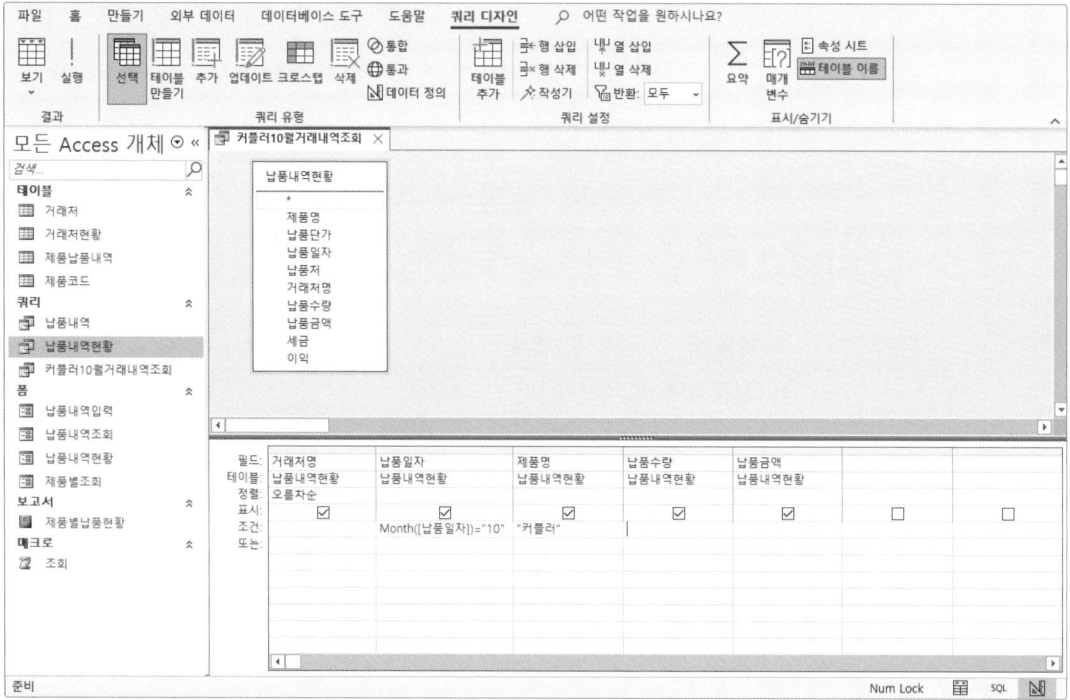

02 <거래처별납품수량> 매개변수 쿼리

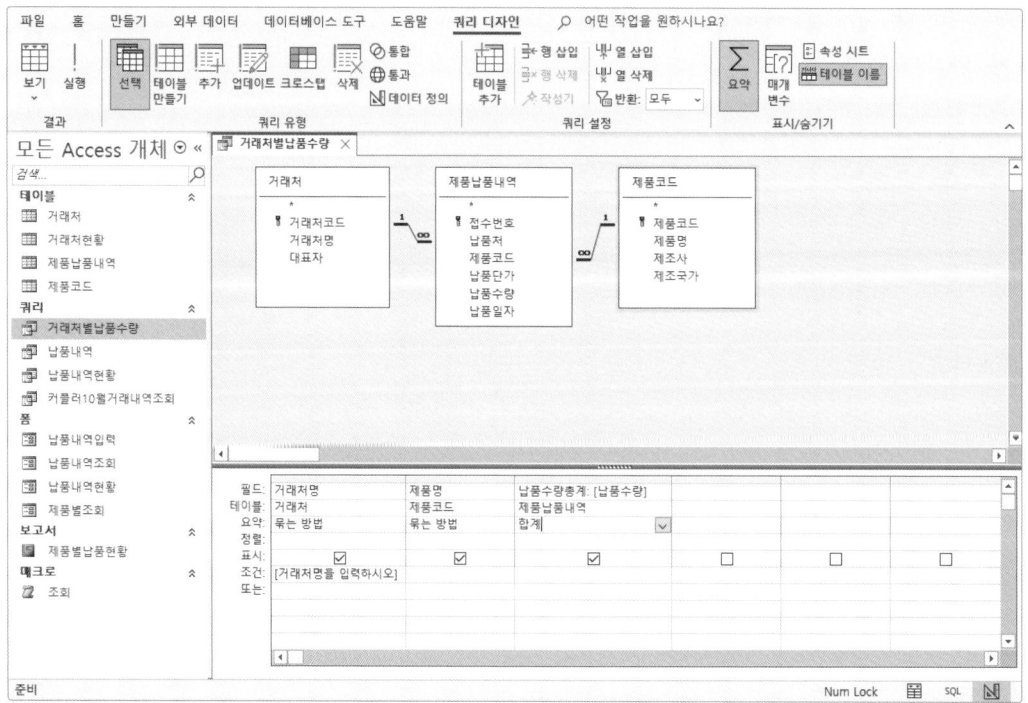

03 <제품별납품요약> 요약 쿼리

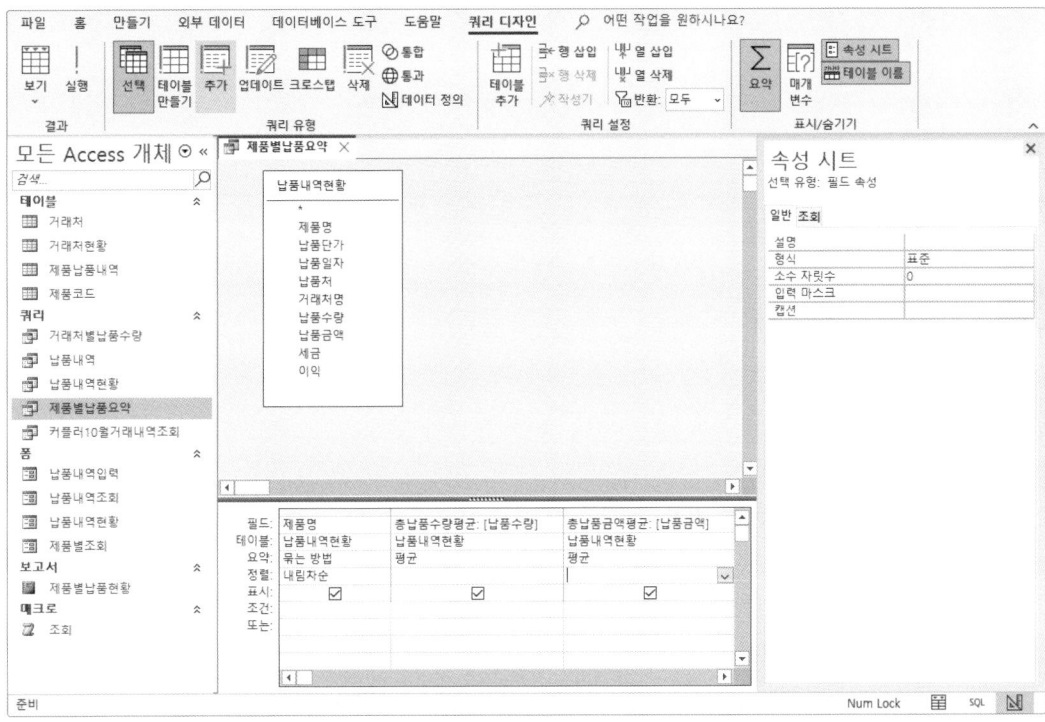

04 <거래처별10월납품수량> 크로스탭 쿼리

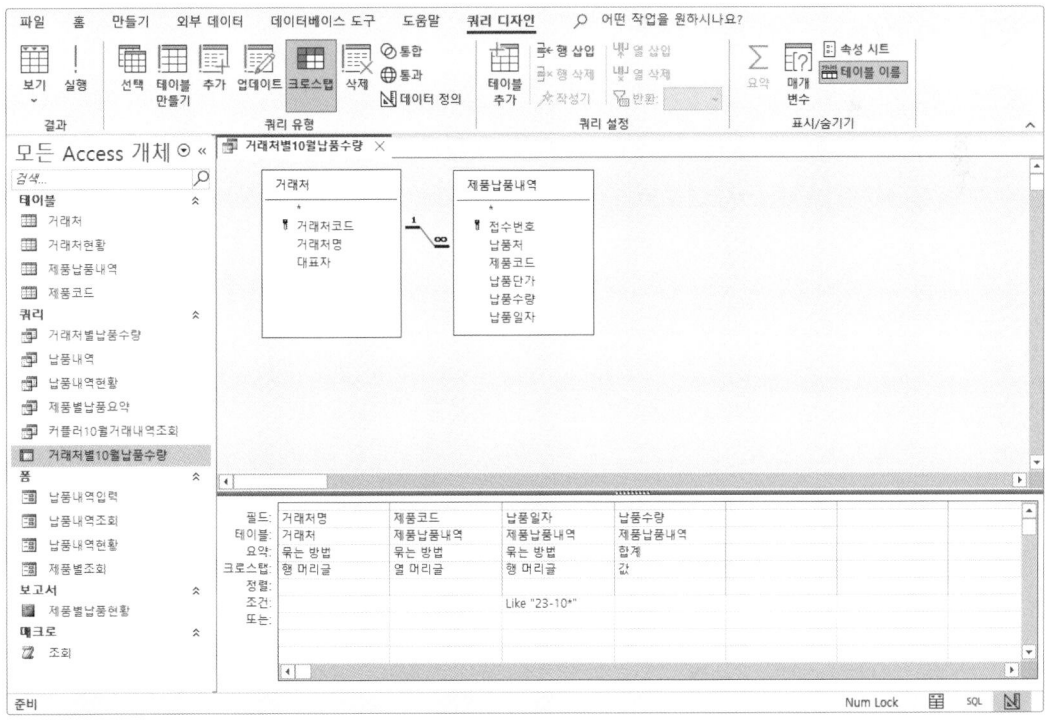

05 <콘덴서납품단가10%인상> 업데이트 쿼리

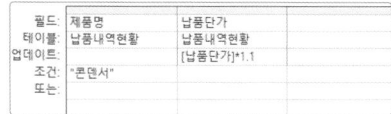

해설

문제1 ▶ DB 구축 (25점)

1 <제품납품내역>, <제품코드> 테이블 완성

① <제품납품내역> 테이블 위에서 마우스 오른쪽 단추를 눌러 <디자인 보기>를 클릭합니다.

② '접수번호' 필드에서 [테이블 디자인] 탭-[도구] 그룹-[기본 키]를 클릭합니다.

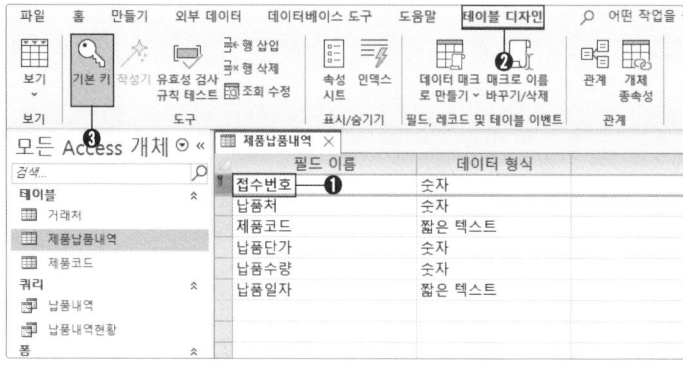

③ '납품처' 필드의 속성은 [필수]에 '예'로 선택합니다.

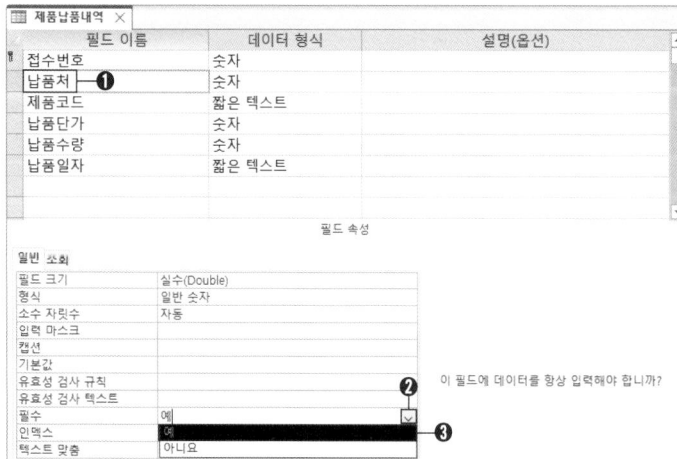

④ '납품단가'와 '납품수량' 필드의 속성은 [유효성 검사 규칙]에 '>0'을 입력합니다.

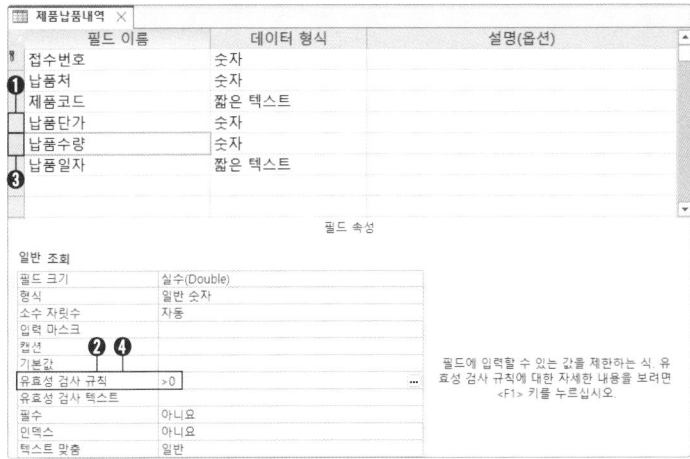

⑤ '제품코드' 필드의 속성은 [인덱스]에 '예(중복 가능)'으로 선택합니다.

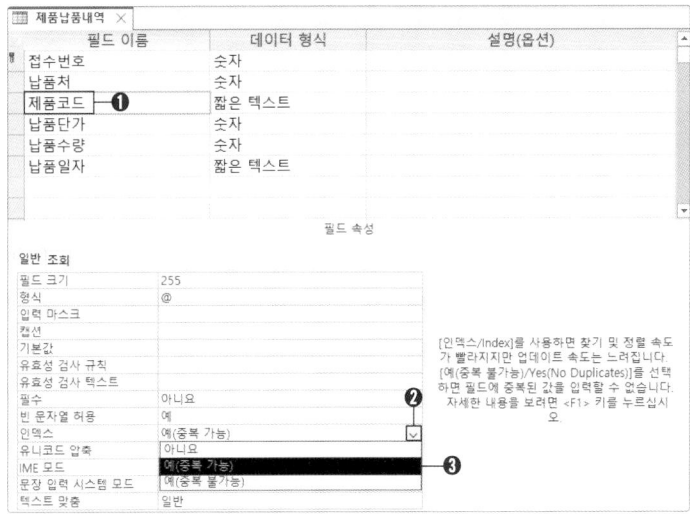

⑥ <제품코드> 테이블의 바로 가기 메뉴에서 <디자인 보기>를 클릭합니다.

⑦ '제품코드' 필드에서 [테이블 디자인] 탭-[도구] 그룹-[기본 키]를 클릭합니다.

⑧ '제품코드' 필드의 속성은 [입력 마스크]에 '>L-0;0'을 입력합니다.

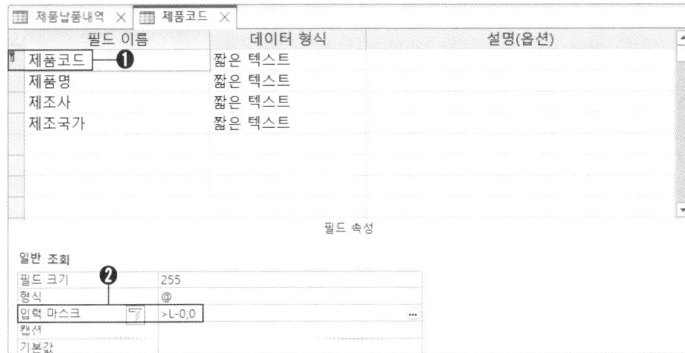

⑨ 빠른 실행 도구 모음에서 을 눌러 테이블을 저장하고 다음 창에서 데이터 통합 규칙 바뀌었다는 메시지에서 <예> 단추를 클릭합니다.

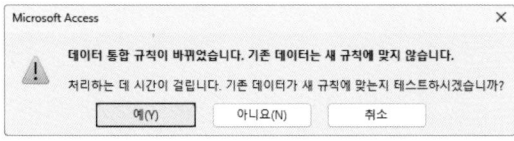

⑩ [테이블 디자인] 탭-[보기] 그룹-[보기] 메뉴-[데이터시트 보기]를 눌러 내용을 확인합니다.

2 관계 설정

① [데이터베이스 도구] 탭-[관계] 그룹-[관계]를 클릭합니다.

② [관계] 그룹-[테이블 추가]를 클릭합니다. [테이블 추가] 대화상자의 [테이블] 탭에서 Ctrl 키를 누른 채 차례대로 <거래처>, <제품납품내역>, <제품코드> 테이블을 선택하고 <선택한 표 추가> 단추를 클릭합니다.

③ <제품납품내역> 테이블의 '제품코드' 필드를 <제품코드> 테이블의 '제품코드' 필드로 드래그 앤 드롭 합니다.

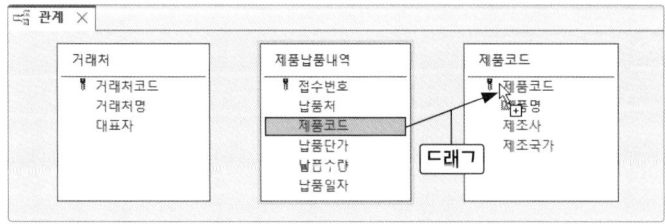

④ [관계 편집] 대화상자에서 '항상 참조 무결성 유지', '관련 필드 모두 업데이트'를 선택하고 <만들기> 단추를 클릭합니다.

※ '일대다(1:M)'의 관계가 설정됩니다.

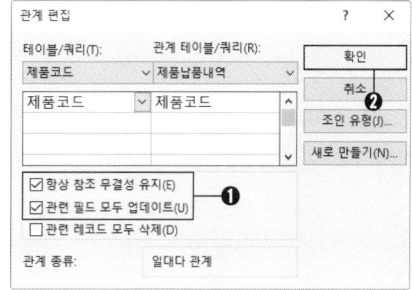

⑤ <제품납품내역> 테이블의 '납품처' 필드를 <거래처> 테이블의 '거래처코드' 필드로 드래그 앤 드롭 합니다.

⑥ [관계 편집] 대화상자에서 '항상 참조 무결성 유지', '관련 필드 모두 업데이트'를 선택하고 <만들기> 단추를 클릭합니다.

※ '일대다(1:M)'의 관계가 설정됩니다.

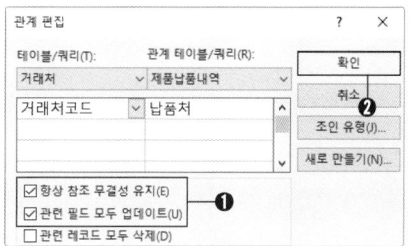

⑦ [관계] 창이 <그림>과 같이 표시됩니다. 빠른 실행 도구 모음에서 🖫(저장)을 눌러 변경된 내용을 저장합니다. [관계 디자인] 탭-[관계] 그룹-[닫기]를 클릭합니다.

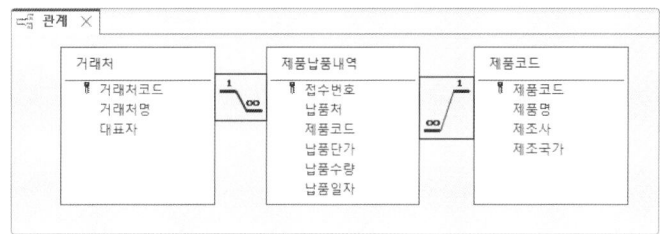

3 외부 데이터 가져오기

① [외부 데이터] 탭-[가져오기 및 연결] 그룹-[새 데이터 원본]-[파일에서]-[Excel]을 클릭

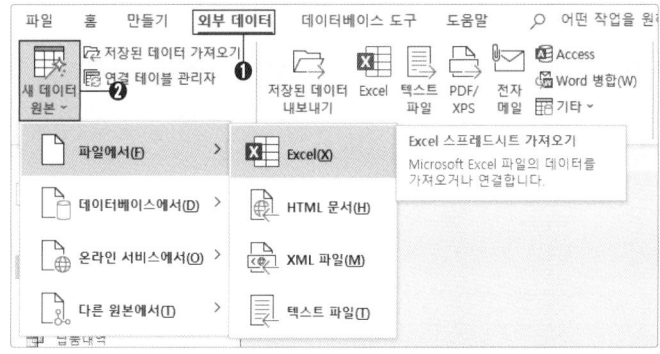

② [외부 데이터 가져오기 - Excel 스프레드시트] 대화상자에서 [데이터 원본 및 대상 선택] 창의 <찾아보기> 단추를 클릭합니다. [파일 열기] 대화상자에서 'C₩2024_컴활1급₩데이터베이스₩작업파일₩실전모의고사₩거래처현황.xlsx'을 선택하고 <열기> 단추를 클릭합니다.

③ [외부 데이터 가져오기 – Excel 스프레드시트] 대화상자에서 저장할 방법과 위치는 '현재 데이터베이스의 새 테이블로 원본 데이터 가져오기(I)'를 선택하고 <확인> 단추를 클릭합니다.

④ [스프레드시트 가져오기 마법사] 대화상자에서 '첫 행에 열 머리글이 있음'을 선택하고 <다음> 단추를 클릭합니다.

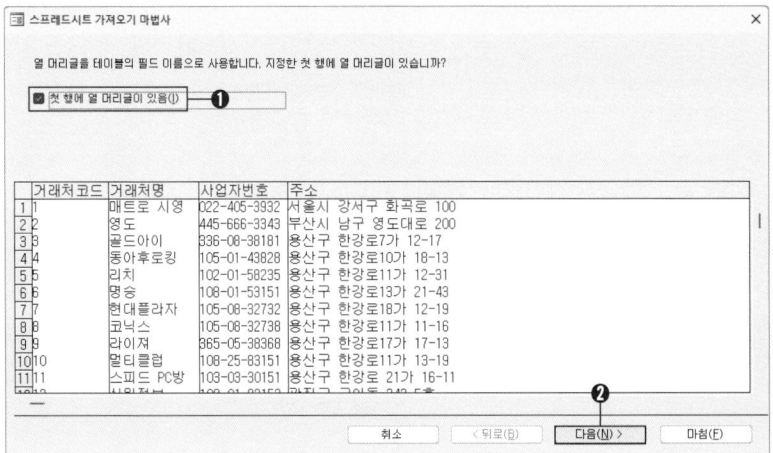

⑤ [스프레드시트 가져오기 마법사] 대화상자에서 필드에 대한 정보를 수정할 부분은 없으므로 <다음> 단추를 클릭합니다.

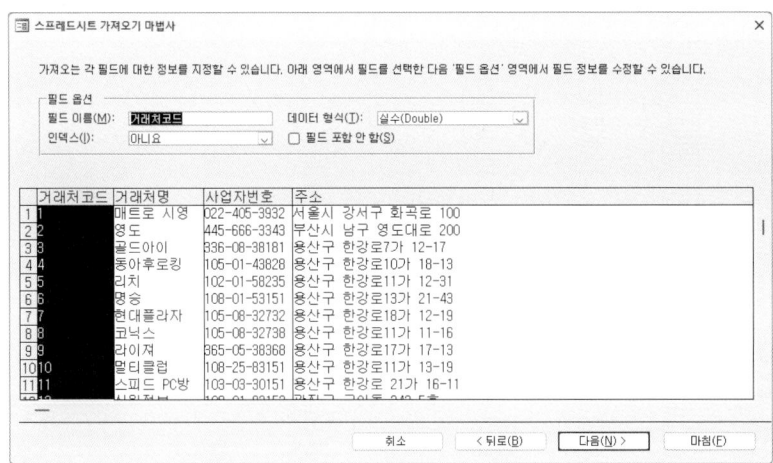

⑥ [스프레드시트 가져오기 마법사] 대화상자에서 '기본 키 없음'을 선택하고 <다음> 단추를 클릭합니다.

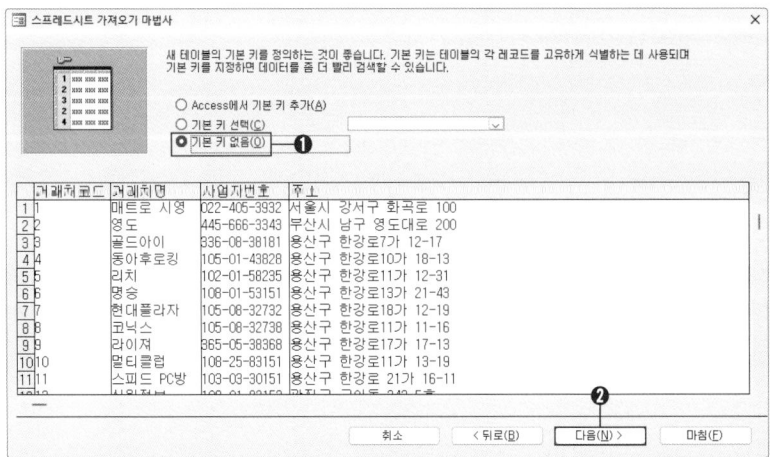

⑦ [스프레드시트 가져오기 마법사] 대화상자의 테이블 가져오기에 테이블 이름을 '거래처현황'을 입력하고 <마침> 단추를 클릭합니다.

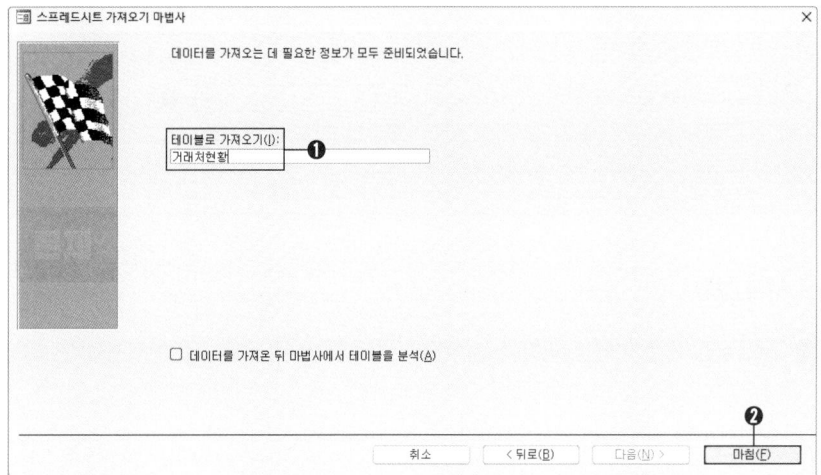

⑧ [외부 데이터 가져오기 - Excel 스프레드시트] 대화상자에서 '가져오기 단계 저장'이 선택되지 않은 것을 확인하고 <닫기> 단추를 클릭합니다.

⑨ <거래처현황> 테이블 위에서 마우스 오른쪽 단추를 눌러 <열기>를 눌러 내용을 확인합니다.

문제2 ▶ 입력 및 수정 기능 구현 (20점)

1 <납품내역입력> 폼의 완성

① <납품내역입력> 폼 위에서 마우스 오른쪽 단추를 눌러 <디자인 보기>를 클릭합니다.

② '폼 머리글' 영역 속성 시트 창의 [형식] 탭 중 [배경색]에 '교차 행'으로 선택합니다.

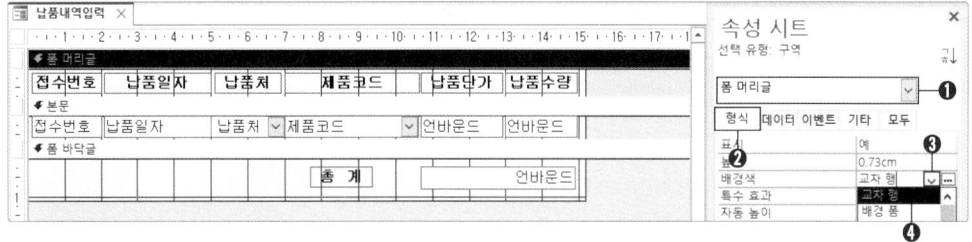

③ '본문' 영역에서 'txt납품단가' 컨트롤 속성 시트 창의 [데이터] 탭 중 [컨트롤 원본]에 '납품단가'로 선택하고 'txt납품수량' 컨트롤은 [컨트롤 원본]에 '납품수량'을 선택합니다.

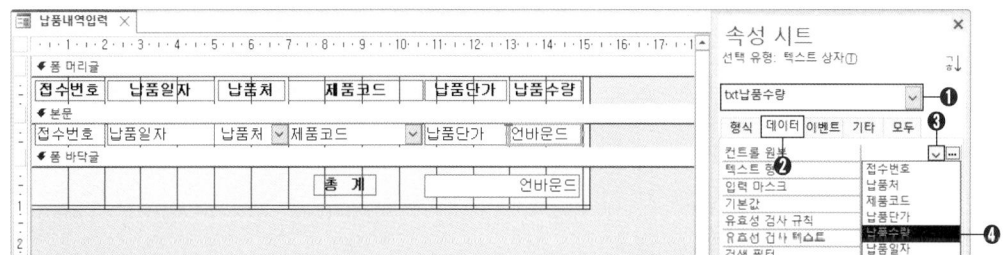

④ '폼 바닥글' 영역에서 'txt총계' 컨트롤 속성 시트 창의 [데이터] 탭 중 [컨트롤 원본]에 '=Sum([납품단가]*[납품수량])'을 입력합니다.

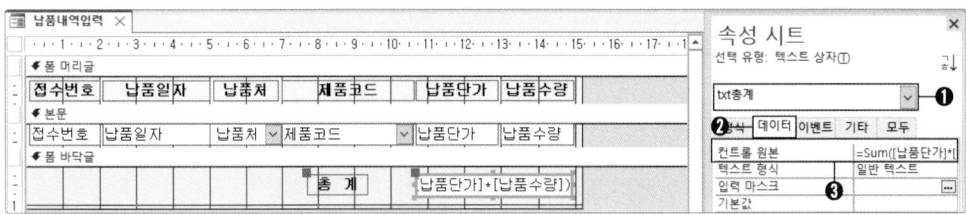

2 <납품내역입력> 폼의 조건부 서식 설정

① '본문' 영역에서 모든 컨트롤을 드래그 앤 드롭 하여 선택하고 [서식] 탭-[컨트롤 서식] 그룹-[조건부 서식]을 클릭합니다.

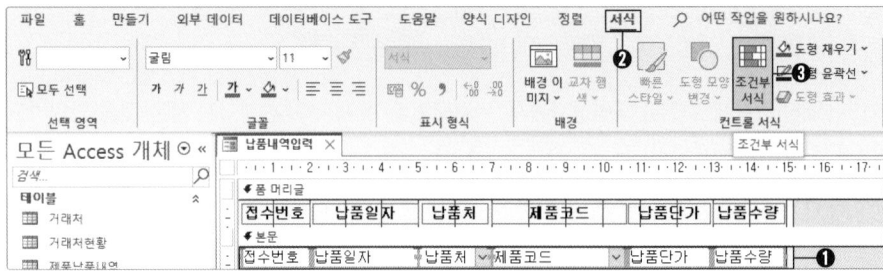

② [조건부 서식 규칙 관리자] 대화상자에서 <새 규칙> 단추를 클릭합니다.

③ [새 서식 규칙] 대화상자에서 '식이'를 선택하고 '[납품수량]>=50 And [납품수량]<=100'을 입력한 후 '굵게', '기울임 꼴', '빨강'을 선택하고 <확인> 단추를 클릭합니다.

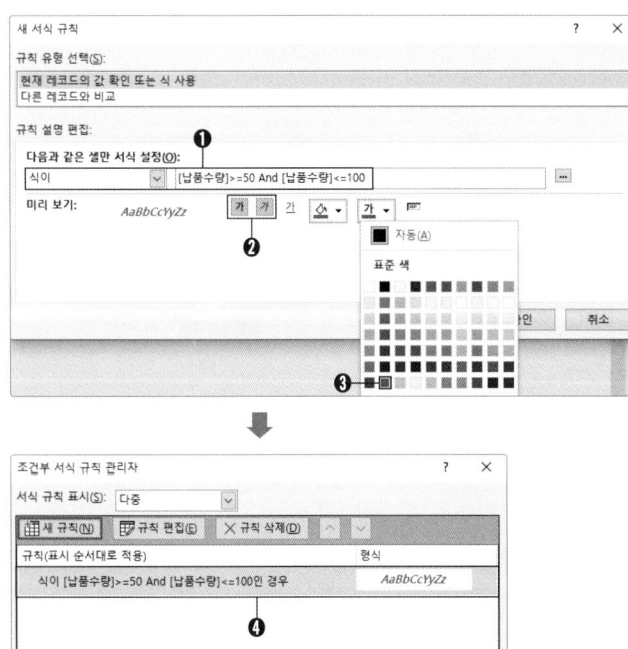

3 <제품별조회> 폼에 매크로 작성

① [만들기] 탭-[매크로 및 코드] 그룹-[매크로]를 클릭합니다.

② [새 함수 추가]에서 <OpenForm> 함수를 추가합니다.

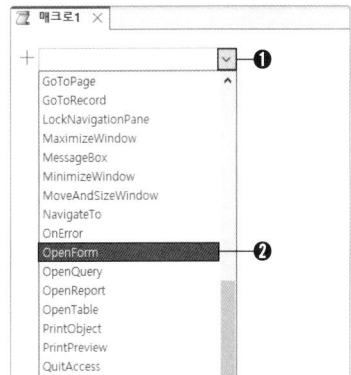

③ [폼 이름]에 '납품내역조회', [보기 형식]에 '폼'을 선택합니다.

④ [Where 조건문]에 '[제품코드]=[Forms]![제품별조회]![txt제품코드]'을 입력합니다.

⑤ 빠른 실행 도구 모음에서 ▦(저장)을 클릭합니다. [매크로 이름]에 '조회'를 입력합니다.

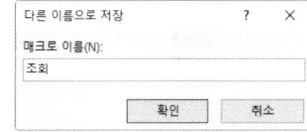

⑥ <제품별조회> 폼의 바로가기 메뉴에서 <디자인 보기>를 클릭합니다.

⑦ '납품내역보기'(cmd납품내역보기) 버튼 속성 시트 창의 [이벤트] 탭 중 [On Click]에 '조회'를 선택합니다.

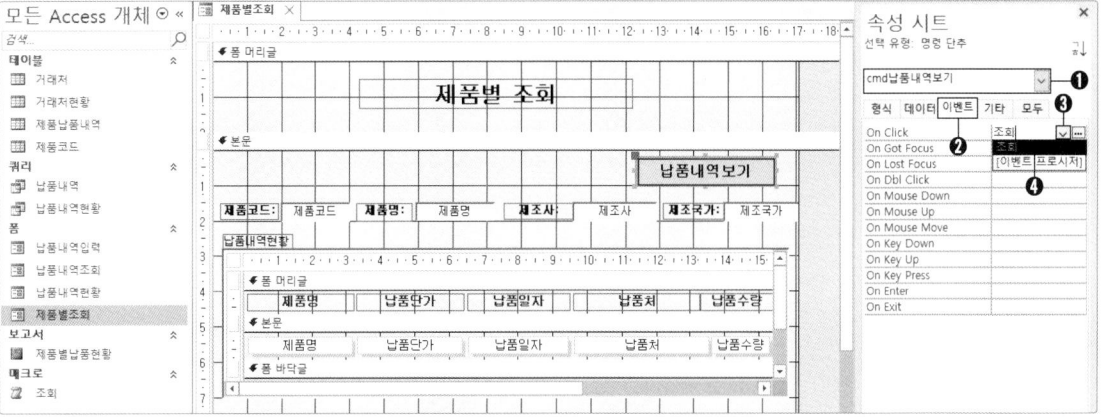

문제3 조회 및 출력 기능 구현 (20점)

1 <제품별납품현황> 보고서 완성

① <제품별납품현황> 보고서 위에서 마우스 오른쪽 단추를 눌러 <디자인 보기>를 클릭합니다.

② '보고서' 영역 속성 시트 창의 [데이터] 탭 중 [레코드 원본]에 '납품내역현황'을 선택합니다.

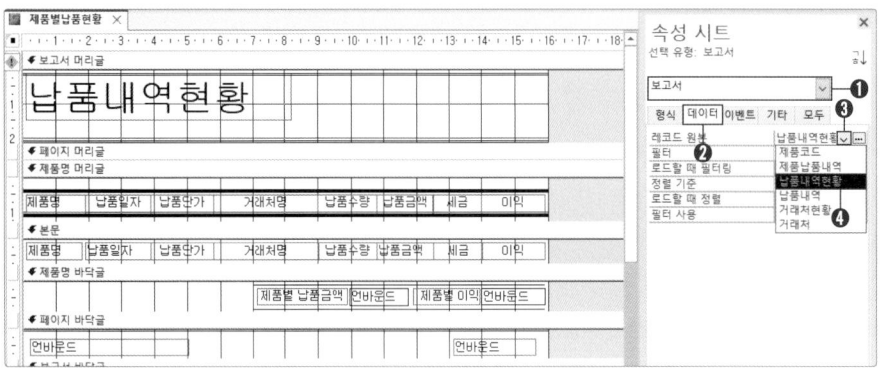

③ [보고서 디자인] 탭-[그룹화 및 요약] 그룹-[그룹화 및 정렬]을 클릭합니다.

④ '제품명' 필드는 [정렬]에 '오름차순'으로 선택하고 [정렬 추가]를 눌러 '납품일자' 필드를 추가한 다음 [정렬]에 '오름차순'을 선택합니다.

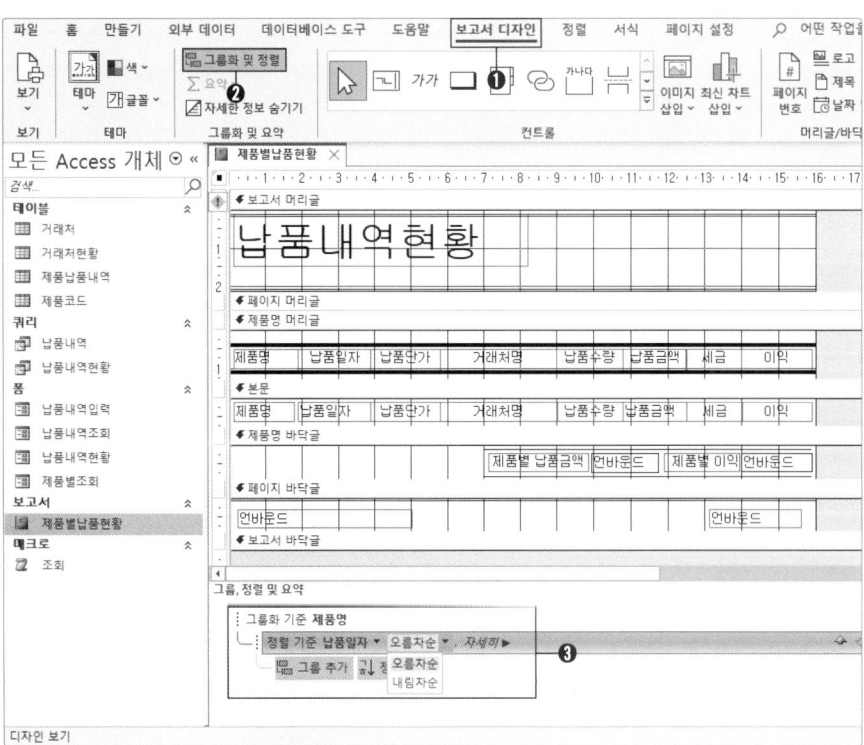

⑤ '본문' 영역에서 '제품명' 컨트롤 속성 시트 창의 [형식] 탭 중 [중복 내용 숨기기]에 '예'를 선택합니다.

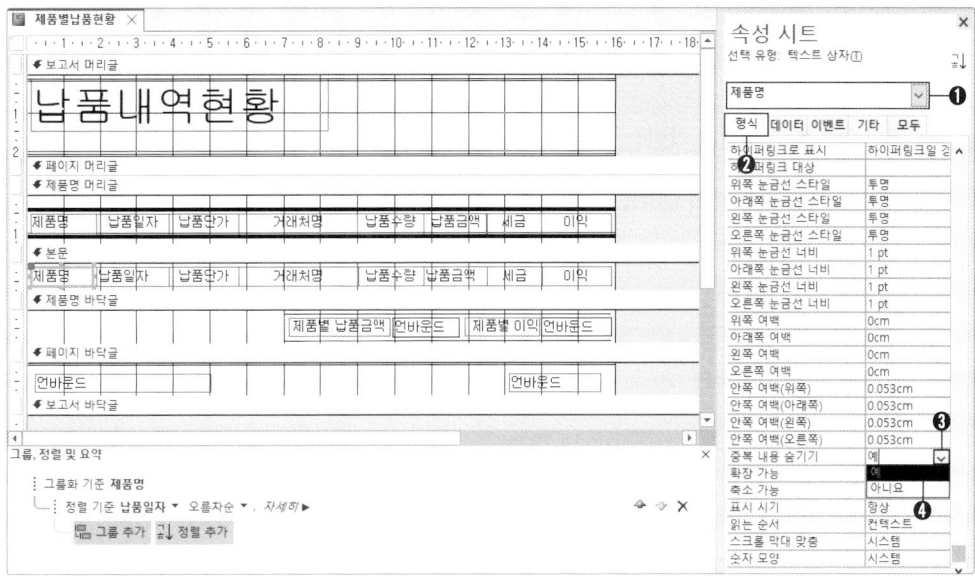

⑥ '제품명 바닥글' 영역에서 'txt납품금액' 컨트롤 속성 시트 창의 [데이터] 탭 중 [컨트롤 원본]에 '=Sum([납품금액])'을 입력하고 이와 같이 'txt이익' 컨트롤은 [컨트롤 원본]에 '=Sum([이익])'을 입력합니다.

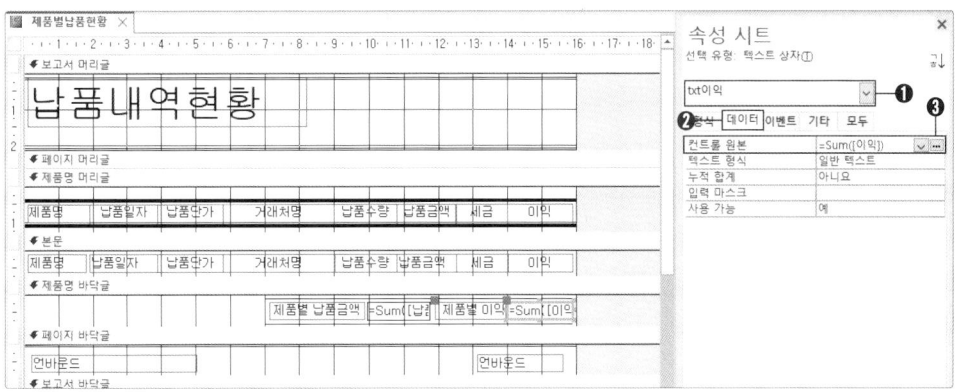

⑦ '페이지 바닥글' 영역에서 'txt날짜' 컨트롤 속성 시트 창의 [모두] 탭 중 [컨트롤 원본]에 '=Date( )'를 입력하고 [형식]에 '자세한 날짜'를 선택합니다.

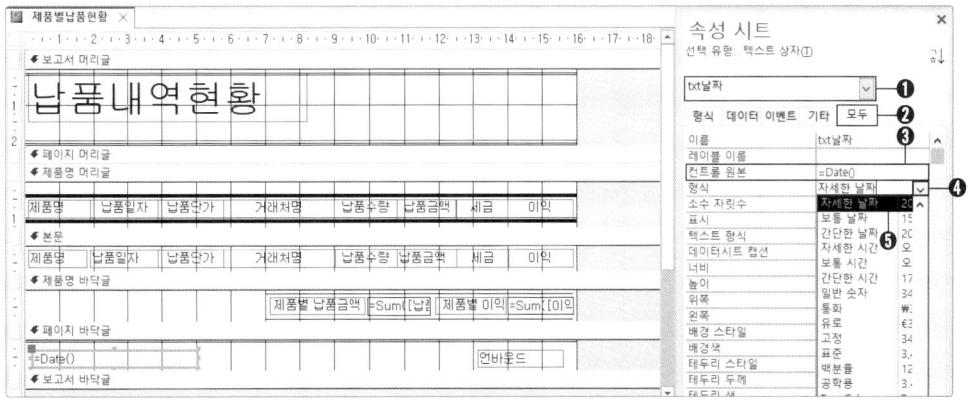

⑧ '페이지 바닥글'에서 'txt페이지' 컨트롤 속성 시트 창의 [데이터] 탭 중 [컨트롤 원본]에 '="현재페이지 " & [Page] & " / " & "전체페이지 " & [Pages]'을 클릭합니다.

※ txt페이지 컨트롤의 크기를 드래그하여 페이지 번호가 보일 수 있도록 조정합니다.

2 <납품내역현황> 폼의 이벤트 프로시저 작성

① <납품내역현황> 폼 위에서 마우스 오른쪽 단추를 눌러 <디자인 보기>를 클릭합니다.

② '본문' 영역에서 '납품수량' 컨트롤 속성 시트 창의 [이벤트] 탭 중 [On Got Focus]에 ...을 눌러 '코드 작성기'를 선택하고 <확인> 단추를 클릭합니다.

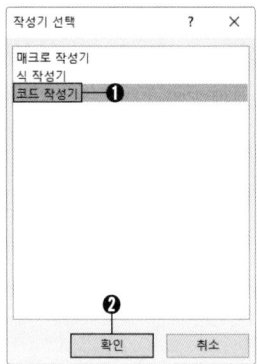

③ VBA 창에 다음과 같이 입력합니다.

※ '납품수량' 필드를 기준으로 납품수량이 '200' 이상이면 메시지 박스에 '우수'를 출력하고, '100' 이상이면 '보통'을 출력하고, '100' 미만이면 '저조'를 출력하는 코드입니다.

```
Private Sub 납품수량_GotFocus( )
Select Case 납품수량
   Case Is >= 200
      MsgBox "우수", , "수량 정보"
   Case Is >= 100
      MsgBox "보통", , "수량 정보"
   Case Else
      MsgBox "저조", , "수량 정보"
End Select
End Sub
```

TIP

1. MsgBox 형식

- MsgBox 메시지 박스 내용, [메시지 박스 타입], [메시지 박스 제목]
- 예) MsgBox "합격", vbOKOnly + 64, "조회 화면"
- 메시지 박스 타입 종류

내장상수	표시	반환 값
vbOKOnly	[확인] 버튼 표시. 생략 시 기본값	OK=1
vbOKCancel	[확인], [취소] 버튼 표시	Cancel=2
vbYesNo	[예], [아니요] 버튼 표시	Yes=6, No=7
vbYesNoCancel	[예], [아니요], [취소] 버튼 표시	
vbRetryCancel	[다시 시도], [취소] 버튼 표시	Retry=4
vbAbortRetryIgnore	[중단], [다시 시도], [무시] 버튼	Abort=3, Ignore=5

- 메시지 박스 아이콘

내장상수	값	그림	설명
vbCritical	16	✖	중요
vbQuestion	32	❓	질의
vbExclamation	48	⚠	경고
vbInformation	64	ⓘ	정보

2. Select Case 형식

Select Case 식(변수)

    Case 값

        처리할 내용

    [Case 값]

[처리할 내용] ...

    [Case Else]

    [Case 문이 모두 거짓일 때 처리할 내용]

End Select

④ **Alt** + **Q** 키를 눌러 액세스 창으로 돌아옵니다.

문제 4 ▶ 처리 기능 구현 (35점)

1 <커플러10월거래내역조회> 조회 쿼리 작성

① [만들기] 탭-[쿼리] 그룹-[쿼리 디자인]을 클릭합니다.

② [테이블 추가] 대화상자의 [쿼리] 탭에서 <납품내역현황> 쿼리를 선택하고 <선택한 표 추가> 단추를 클릭합니다.

③ '거래처명', '납품일자', '제품명', '납품수량', '납품금액' 필드를 선택합니다.

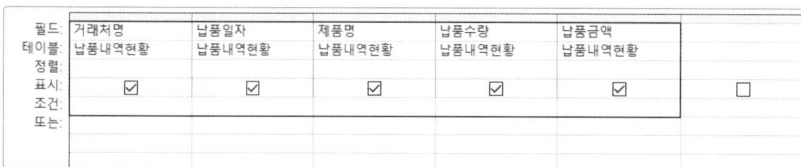

④ '거래처명' 필드는 [정렬]에 '오름차순'으로 선택하고 '납품일자' 필드는 [조건]에 'Month([납품일자])="10"'을 입력하고 '제품명' 필드는 [조건]에 '"커플러"'라고 입력하고 <표시>를 해제합니다.

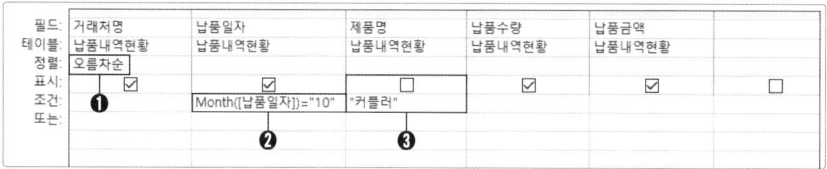

⑤ 빠른 실행 도구 모음에서 🖫(저장)을 클릭합니다. [쿼리 이름]에 '커플러10월거래내역조회'를 입력하고 <확인> 단추를 클릭합니다.

2 <거래처별납품수량> 매개 변수 쿼리 작성

① [만들기] 탭-[쿼리] 그룹-[쿼리 디자인]을 클릭합니다.

② [테이블 추가] 대화상자의 [테이블] 탭에서 **Ctrl** 키를 누른 채 차례대로 <거래처>, <제품납품내역>, <제품코드> 테이블을 선택하고 <선택한 표 추가> 단추를 클릭합니다.

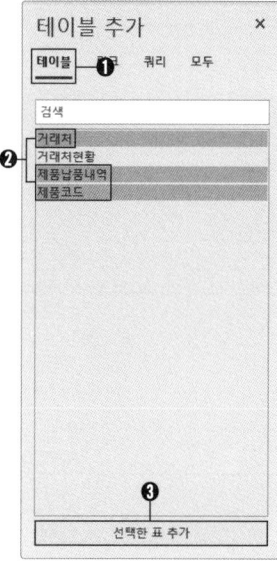

③ '거래처명', '제품명' 필드를 선택하고 '납품수량총계: 납품수량' 필드는 입력합니다.

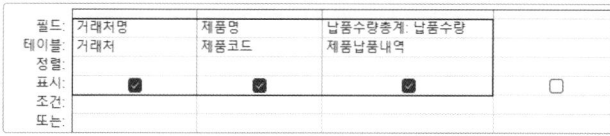

> **TIP**
> ● 필드 이름을 변경해서 입력하는 방법은 '납품수량: [납품수량]'으로 대괄호를 넣는 방식도 필드가 추가됩니다.

④ [쿼리 디자인] 탭-[표시/숨기기] 그룹-[요약]을 클릭합니다.

⑤ '거래처명' 필드는 [조건]에 '[거래처명을 입력하시오]'을 입력합니다.

⑥ '납품수량총계: 납품수량' 필드는 [요약]에 '합계'를 선택합니다.

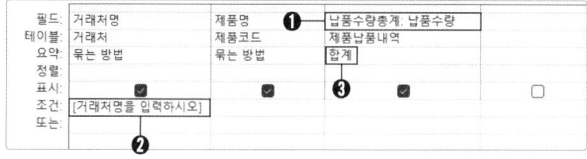

⑦ 빠른 실행 도구 모음에서 ■(저장)을 클릭합니다. [쿼리 이름]에 '거래처별납품수량'을 입력하고 <확인> 단추를 클릭합니다.

3 <제품별납품요약> 요약 쿼리 작성

① [만들기] 탭-[쿼리] 그룹-[쿼리 디자인]을 클릭합니다.

② [테이블 추가] 대화상자의 [쿼리] 탭에서 <납품내역현황> 쿼리를 선택하고 <선택한 표 추가> 단추를 클릭합니다.

③ '제품명' 필드를 선택하고, '총납품수량평균: [납품수량]', '총납품금액평균: [납품금액]' 필드는 입력합니다.

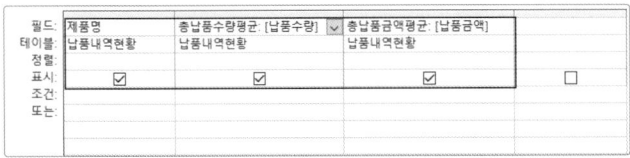

④ [쿼리 디자인] 탭-[표시/숨기기] 그룹-[요약]을 클릭합니다.

⑤ '제품명' 필드는 [정렬]에 '내림차순'으로 선택하고 '총납품수량평균: [납품수량]' 필드는 [요약]에 '평균'으로 선택하고 속성 시트 창의 [일반] 탭 중 [형식]에 '표준', [소수 자릿수]에 '0'으로 선택합니다.

⑥ '총납품금액평균: [납품금액]' 필드는 [요약]에 '평균'을 선택하고 속성 시트 창의 [일반] 탭 중 [형식]에 '표준', [소수 자릿수]에 '0'을 선택합니다.

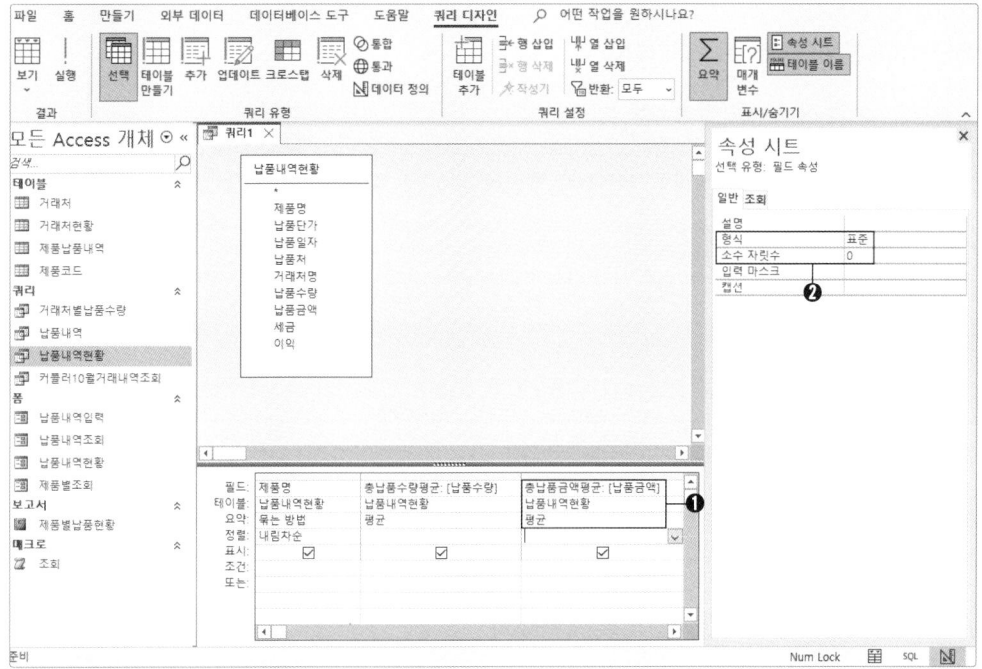

⑦ 빠른 실행 도구 모음에서 ■(저장)을 클릭합니다. [쿼리 이름]에 '제품별납품요약'을 입력하고 <확인> 단추를 클릭합니다.

4 <거래처별10월납품수량> 크로스탭 쿼리 작성

① [만들기] 탭-[쿼리] 그룹-[쿼리 디자인]을 클릭합니다.

② [테이블 추가] 대화상자의 [테이블] 탭에서 Ctrl 키를 누른 채 차례대로 <거래처>, <제품납품내역> 테이블을 선택하고 <선택한 표 추가> 단추를 클릭합니다.

③ '거래처명', '제품코드', '납품일자', '납품수량' 필드를 선택합니다.

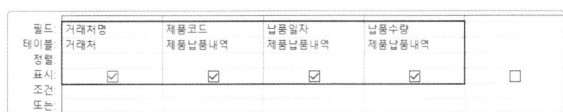

④ [쿼리 디자인] 탭-[쿼리 유형] 그룹-[크로스탭]을 클릭합니다.

⑤ '납품일자' 필드는 [조건에]에 'Like "23-10*"'을 입력하고 '납품수량' 필드는 [요약]에 합계를 선택합니다.

⑥ [크로스탭]에 '거래처명' 필드는 '행 머리글', '제품코드' 필드는 '열 머리글', '납품일자' 필드는 '행 머리글', '납품수량' 필드는 '값'을 선택합니다.

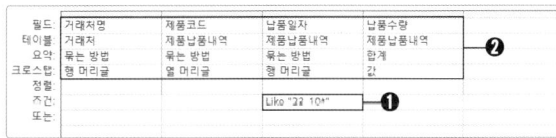

⑦ 빠른 실행 도구 모음에서 🖫(저장)을 클릭합니다. [쿼리 이름]에 '거래처별10월납품수량'을 입력하고 <확인> 단추를 클릭합니다.

5 <콘덴서납품단가10%인상> 업데이트 쿼리 작성

① [만들기] 탭-[쿼리] 그룹-[쿼리 디자인]을 클릭합니다.

② [테이블 추가] 대화상자의 [쿼리] 탭에서 <납품내역현황> 쿼리를 선택하고 <선택한 표 추가> 단추를 클릭합니다.

③ '제품명', '납품단가' 필드를 선택합니다.

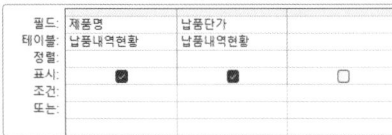

④ [쿼리 디자인] 탭-[쿼리 유형] 그룹-[업데이트(🖫)]를 클릭합니다.

⑤ '제품명' 필드의 조건에 '콘덴서'를 입력하고 '납품단가' 필드의 [업데이트]에 '[납품단가]*1.1'을 입력합니다.

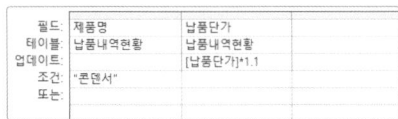

⑥ 빠른 실행 도구 모음에서 🖫(저장)을 클릭합니다. [쿼리 이름]에 '콘덴서납품단가10%인상'을 입력하고 <확인> 단추를 클릭합니다.

⑦ [쿼리 디자인] 탭-[결과] 그룹-[실행]을 클릭하고 다음 대화상자에서 <예> 단추를 클릭하면 업데이트되어 쿼리에 저장됩니다.

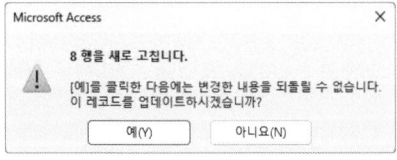

⑧ <납품내역현황> 쿼리를 <열기>하여 결과를 확인합니다.

MEMO

컴퓨터활용능력 실전모의고사 2회

컴퓨터활용능력
1급 실기

프로그램명	제한시간
ACCESS 2021	45분

수 험 번 호 :

성   명 :

1급 │ A형

유의사항

- 인적 사항 누락 및 잘못 작성으로 인한 불이익은 수험자 책임으로 합니다.

- 화면에 암호 입력창이 나타나면 아래의 암호를 입력하여야 합니다.
  - 암호 : 58%952

- 작성된 답안은 주어진 경로 및 파일명을 변경하지 마시고 그대로 저장해야 합니다. 이를 준수하지 않으면 실격처리 됩니다.
  - 답안 파일명의 예 : C:₩DB₩수험번호 8자리.accdb

- 외부데이터 위치 : C:₩DB₩파일명

- 별도의 지시사항이 없는 경우, 다음과 같이 처리하면 실격 처리됩니다.
  - 제시된 개체의 이름을 임의로 변경한 경우
  - 제시된 개체의 속성을 임의로 변경한 경우
  - 제시된 개체를 임의로 삭제하거나 추가한 경우

- 별도의 지시사항이 없는 경우, 기능의 구현은 모듈이나 매크로 등을 이용하며, 예외적인 상황에 대해서는 고려하지 않아도 됩니다.

- 제시된 함수가 있을 경우 제시된 함수만을 사용하여야 하며, 그 외 함수 사용시 채점 대상에서 제외됩니다.

- 별도의 지시사항이 없는 경우, 주어진 각 개체의 속성은 설정값 또는 기본 설정값 (Default)으로 처리하십시오.

- 제시된 화면은 예시이며 나타난 값은 실제와 다를 수 있습니다.

- 저장 시간은 별도로 주어지지 아니하므로 제한된 시간 내에 저장을 완료해야 합니다.

- 본 문제의 용어는 MS Office LTSC Professional Plus 2021 기준으로 작성되었습니다.

문제 1 25점_ DB 구축

01 일일 소비 내역을 관리하기 위한 데이터베이스를 구축하고자 한다. 다음의 지시사항에 따라 <소비> 테이블과 <분류> 테이블을 완성하시오. (각3점)

① <소비> 테이블에 일련 번호 형태의 '번호' 필드를 추가하고, 기본 키로 설정하시오.

② <소비> 테이블의 '날짜' 필드는 날짜와 요일이 표시되도록 설정하시오.
  ▶ 예) 2023년 10월 22일 일요일

③ <소비> 테이블의 '분류코드' 필드는 1부터 99 사이의 정수가 들어가도록 지정하시오.

④ <분류> 테이블의 '분류명' 필드의 크기는 '20'으로 설정하시오.

⑤ <분류> 테이블의 '대분류' 필드는 '공과금', '경조사', '교육비', '생활비', '용돈', '특별비' 값만 입력될 수 있도록 설정하시오.

02 <소비> 테이블의 '분류코드' 필드는 <분류> 테이블의 '분류코드' 필드를 참조하고 테이블 간의 관계는 1:M이다. 두 테이블에 대해 다음과 같이 관계를 설정하시오. (5점)

▶ '분류'에서는 모든 레코드를 포함하고 '소비'에서는 조인된 필드가 일치하는 레코드만 포함하도록 조인 속성을 설정하시오.

03 <소비> 테이블의 '출금항목' 필드의 조회 속성을 다음과 같이 설정하시오. (5점)

▶ 해당 필드에 값을 입력하는 경우, 콤보 상자의 형태로 '비씨', '이체', '국민'의 순서대로 값이 목록으로 나타나도록 하시오.

▶ 목록 값 이외에는 나타나지 않도록 하시오.

문제2 20점_ 입력 및 수정 기능 구현

01 소비내역을 입력하는 <일일소비입력> 폼에 대하여 다음의 화면과 지시사항에 따라 완성하시오. (각 3점)

① 폼의 <그림>과 같은 형태로 표시되도록 '기본 보기' 속성을 설정하시오.

② 'txt오늘날짜' 컨트롤에 오늘의 날짜가 표시되도록 설정하시오.

③ 제목 '소비 내역 출력 리스트' 컨트롤의 이름은 'lbl제목', 테두리 두께는 '2pt', 글꼴 이름은 '맑은 고딕'으로 설정하시오.

02 <일일소비입력> 폼의 폼 바닥글 영역에서 'txt평균' 컨트롤에는 분류가 '전기요금' 항목의 평균이 표시되도록 설정하시오. (6점)

▶ <분류항목> 쿼리와 DAvg 함수 사용

▶ Format( ) 과 & 사용

▶ 문제 2 '입력 및 수정 기능 구현' 1번 문제의 <그림> 참조

03 <일일소비입력> 폼의 '보고서보기'(cmd보고서)을 클릭할 때 다음과 같은 기능을 수행하도록 <보고서보기> 매크로를 구현하시오. (5점)

▶ '소비내역리스트' 보고서를 '인쇄 미리 보기'의 형태로 여시오.

▶ '조회날짜'(txt날짜)에 입력된 해당 월의 소비 내역만 표시하도록 설정하시오.

문제 3 20점_ 조회 및 출력 기능 구현

01 다음의 지시사항 및 그림을 참조하여 <소비내역리스트> 보고서를 완성하시오. (각 3점)

① 페이지 머리글의 'lbl제목' 컨트롤의 글꼴은 '휴먼매직체', 글꼴 크기는 '18', '굵게'로 설정하시오.

② 페이지 머리글의 'txt년도' 컨트롤에 현재의 년도만을 표시하도록 설정하시오.

③ 날짜 머리글 영역의 'txt월' 컨트롤에는 해당 날짜의 년도와 월이 표시되도록 하고 월별 내림차순으로 설정하시오.
 예) 월 : 2023년 10

④ 본문의 'txt누계' 컨트롤에는 해당 월에 대한 금액의 누계를 표시하도록 설정하시오.

⑤ 날짜 바닥글의 'txt합계' 컨트롤에 월별 합계가 표시되도록 설정하시오.

02 <일일소비입력> 폼의 '출금항목'(cmd출금항목)을 클릭할 때 다음과 같은 기능을 수행하도록 이벤트 프로시저를 구현하시오. (5점)

▶ 현재의 출금항목에 대한 메시지 창이 표시되도록 하시오.

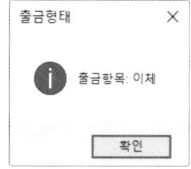

문제 4 35점_ 처리 기능 구현

01 <소비내역> 테이블의 데이터를 <소비> 테이블에 추가하는 소비내역추가 쿼리를 작성하시오. (7점)

▶ <소비> 테이블의 '번호' 필드의 값은 자동적으로 입력되므로 무시하시오.
▶ 추가 쿼리를 이용하여 처리하고 쿼리의 이름은 <소비내역추가>로 지정하시오.

02 <분류> 테이블에 존재하지 않는 <소비> 테이블의 자료를 '분류코드', '항목', '금액' 필드만 조회하는 쿼리를 작성하시오. (7점)

▶ 쿼리의 이름은 <분류코드에없는소비금액>로 설정하시오.
▶ 조건에 is Null을 사용하시오.

03 <소비> 테이블을 이용하여 특정 월에 대한 월별금액의 합계를 조회하는 <월별금액> 쿼리를 작성하시오. (7점)

▶ 쿼리를 실행하면 다음과 같이 '월을 입력하시오'를 매개변수에 조회할 월을 입력할 수 있도록 하시오.

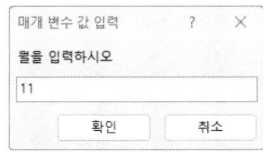

04 <예산> 테이블을 이용하여 분류코드와 월별 합계를 조회하는 <월별예산분류코드> 크로스탭 쿼리를 작성하시오. (7점)

▶ 쿼리 결과가 표시되는 필드와 필드명은 <그림>과 같이 표시되도록 설정하시오.
▶ 숫자 '0'인 경우는 표시하지 않도록 설정하시오.

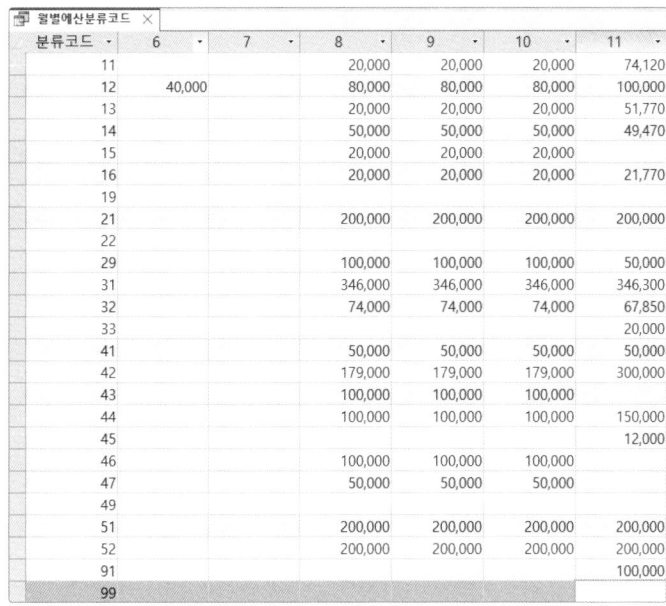

05 항목이 '가스요금'인 '출금항목'을 "비씨"로 변경하는 <가스요금출금항목변경> 업데이트 쿼리를 작성하시오. (7점)

▶ <소비내역> 테이블을 이용하시오.
▶ 쿼리 실행 결과 표시되는 필드와 필드명은 <그림>과 같이 표시하도록 설정하시오.

<실행전>   <실행후>

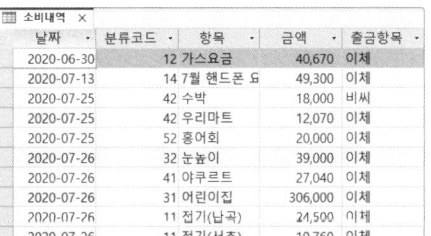

실전모의고사 2회 정답 및 해설

📁 **작업 파일** : C:₩2024_컴활1급₩데이터베이스₩작업파일₩실전모의고사₩실전모의고사 2회_문제.accdb
📁 **완성 파일** : C:₩2024_컴활1급₩데이터베이스₩완성파일₩실전모의고사₩실전모의고사 2회_정답.accdb

정답

문제 1 ▶ DB 구축 (25점)

01 <소비>, <분류> 테이블 완성

지시사항	테이블명	필드명	필드 속성 및 기본키	설정 값
①	소비	번호	데이터 형식 (일련번호)-기본 키 설정	
②		날짜	형식	자세한 날짜
③		분류코드	유효성 검사 규칙	Between 1 And 99
④	분류	분류명	필드 크기	20
⑤		대분류	유효성 검사 규칙	In ("공과금", "경조사", "교육비", "생활비", "용돈", "특별비")

02 관계 설정

① [데이터베이스 도구]-[관계] 그룹의 [관계(📊)]를 클릭

② [관계 편집]

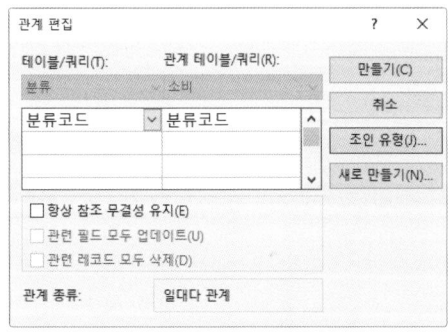
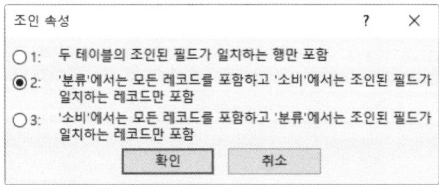

03 <소비> 테이블 조회 속성 설정

① [조회] 탭-[콤보 상자]

② 컨트롤 표시, 행 원본 유형, 행 원본 설정

문제2 ▶ 입력 및 수정 기능 구현 (20점)

01 <일일소비입력> 폼의 완성

지시사항	영역	개체명	탭	항목	설정 값
①	폼		형식	기본 보기	연속 폼
②	폼 머리글	txt오늘날짜	데이터	컨트롤 원본	=Date()
③	폼 머리글	'소비 내역 출력 리스트'	모두	이름	lbl제목
				테두리 두께	2pt
				글꼴 이름	맑은 고딕

02 <일일소비입력> 폼에 함수 작성

① [속성 시트]-[데이터] 탭의 '컨트롤 원본'

② DAvg 함수 작성

=Format(DAvg("금액","분류항목","분류명='전기요금'"),"#,##0") & "원"

03 <일일소비입력> 폼의 매크로 작성

① [만들기]-[매크로 및 코드] 그룹에서 [매크로( )]를 클릭

② [새 함수 추가]

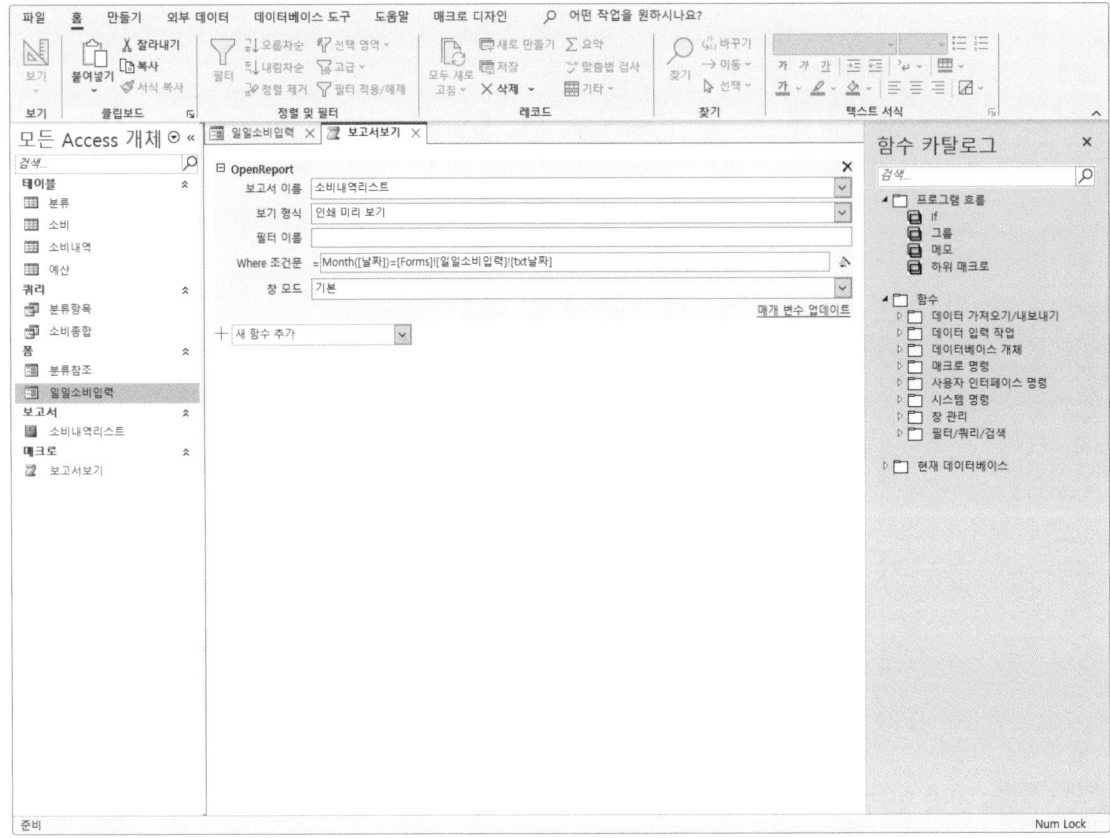

문제3 ▶ 조회 및 출력 기능 구현 (20점)

01 <소비내역리스트> 보고서 완성

지시사항	영역	개체명	탭	항목	설정 값
①	페이지 머리글	lbl제목	모두	글꼴 이름	휴먼매직체
				글꼴 크기	20
				글꼴 두께	굵게
②		txt년도	데이터	컨트롤 원본	=Year(Date( ))
③	날짜 머리글	txt월	데이터	컨트롤 원본	=Year([날짜]) & "년" & Month([날짜])
				[그룹, 정렬 및 요약]	날짜-내림차순
④	본문	txt누계	데이터	컨트롤 원본	금액
				누적 합계	그룹
⑤	날짜 바닥글	txt합계	데이터	컨트롤 원본	=Sum([금액])

02 <일일소비입력> 폼에 이벤트 프로시저 작성

① [속성 시트]-[이벤트] 탭의 'On Click'에서 [코드 작성기]를 클릭

② VBA 코드 작성

```
Private Sub cmd출금항목_Click( )
MsgBox "출금항목 : " & [출금항목], vbInformation, "출금형태"
End Sub
```

문제4 ▶ 처리 기능 구현 (35점)

01 <소비내역추가> 쿼리

02 <분류코드에없는소비금액> 조회 쿼리

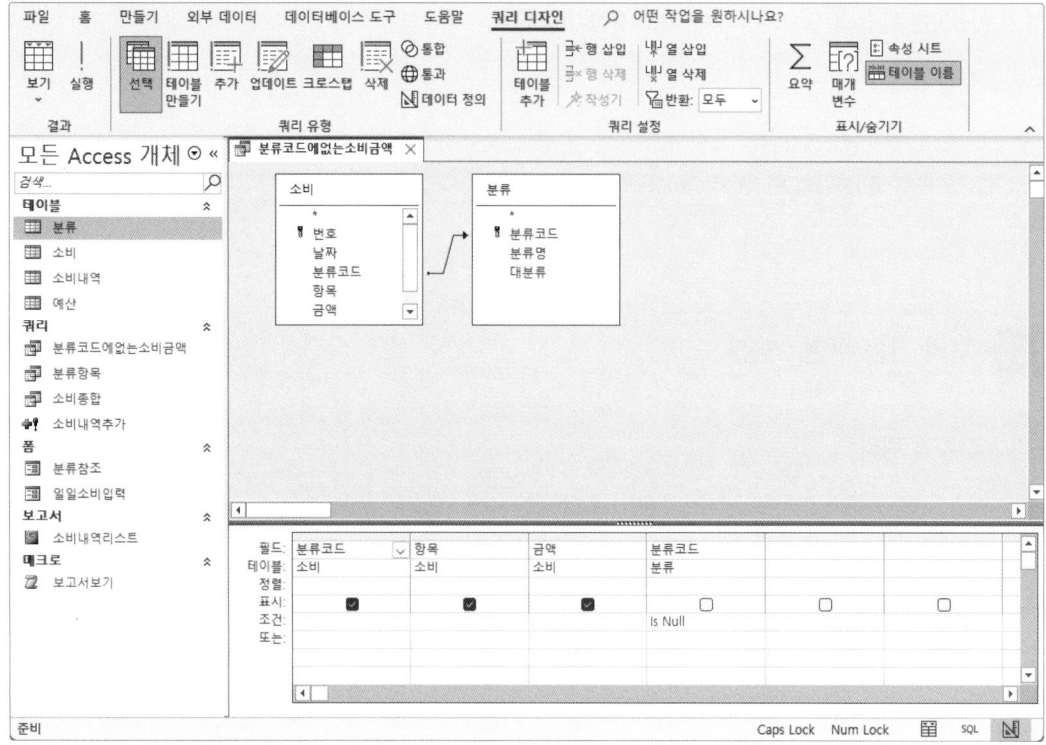

03 <월별금액> 매개 변수 쿼리

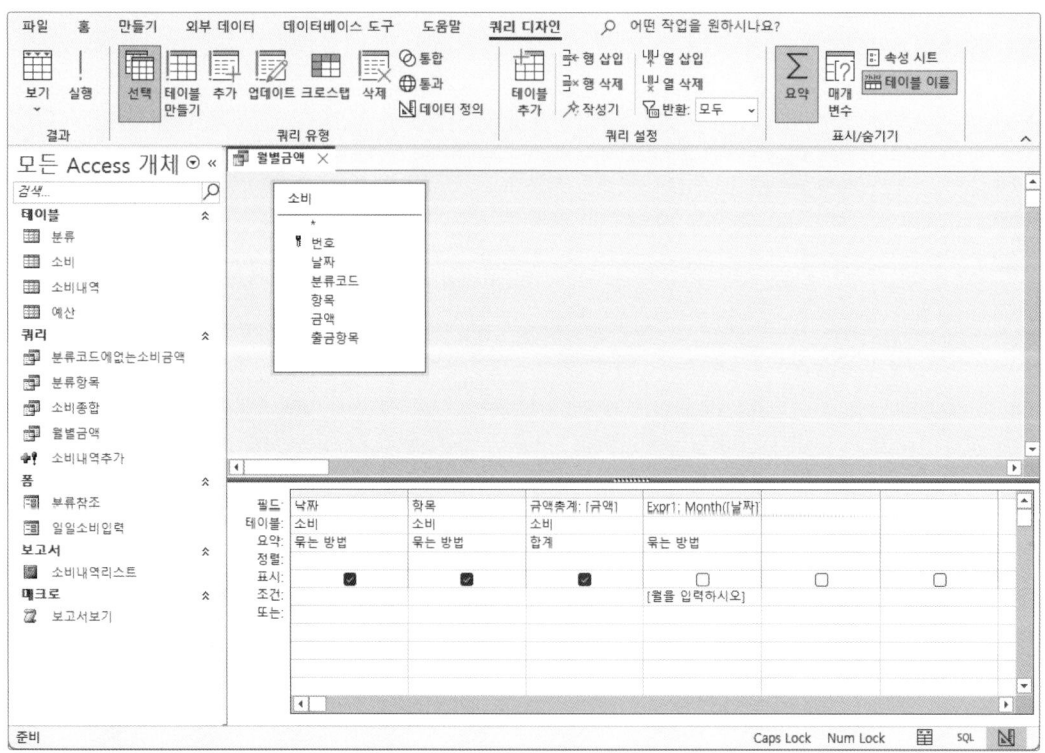

04 <월별예산분류코드> 크로스탭 쿼리

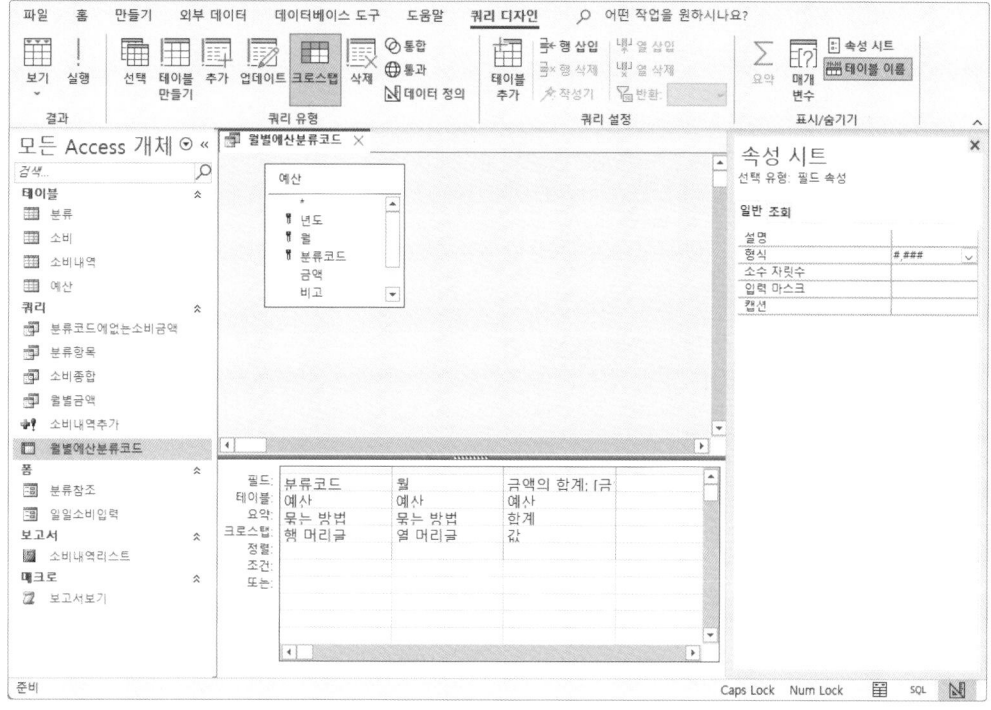

05 <가스요금출금항목변경> 업데이트 쿼리

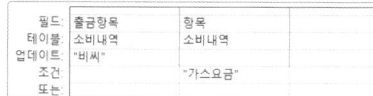

해설

문제 1 ▶ DB 구축 (25점)

1 <소비>, <분류> 테이블 완성

① <소비> 테이블 위에서 마우스 오른쪽 단추를 눌러 <디자인 보기>를 클릭합니다.

② '날짜' 필드에서 [테이블 디자인] 탭-[도구] 그룹-[행 삽입]을 클릭합니다.

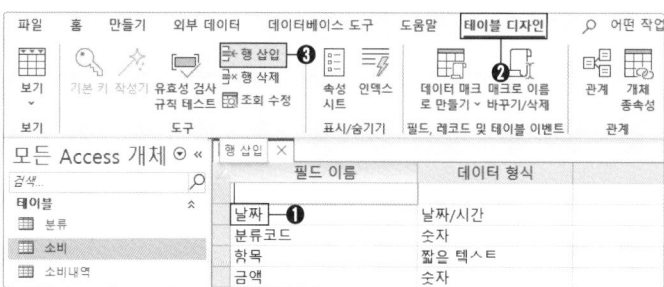

③ [필드 이름]에 '번호'로 입력하고 [데이터 형식]에 '일련번호'을 선택하고 [기본 키]를 클릭합니다.

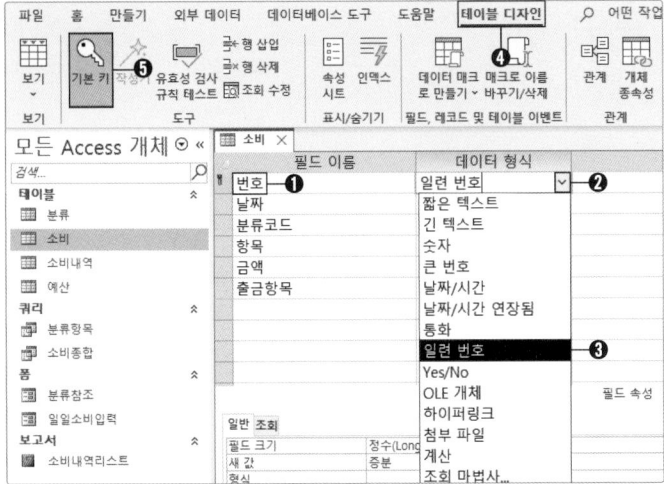

④ '날짜' 필드의 속성은 [형식]에 '자세한 날짜'를 선택합니다.

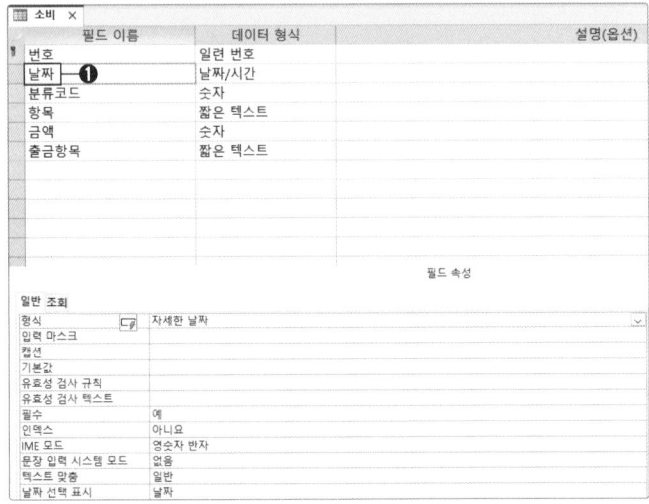

⑤ '분류코드' 필드의 속성은 [유효성 검사 규칙]에 'Between 1 And 99'를 입력합니다.

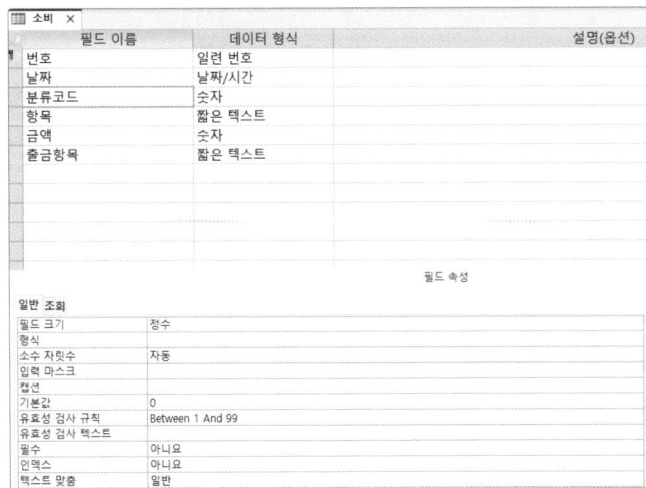

⑥ <분류> 테이블 위에서 마우스 오른쪽 단추를 눌러 <디자인 보기>를 클릭합니다.

⑦ '분류명' 필드의 속성은 [필드 크기]에 '20'을 입력합니다.

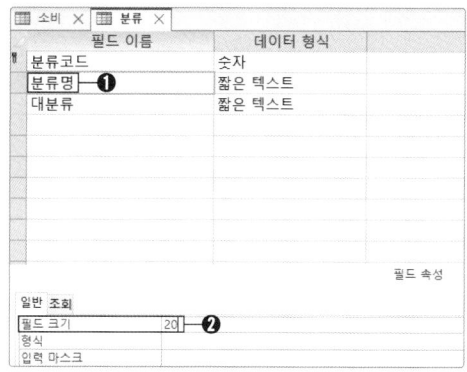

⑧ '대분류' 필드의 속성은 [유효성 검사 규칙]에 'In ("공과금", "경조사", "교육비", "생활비", "용돈", "특별비")'을 입력합니다.

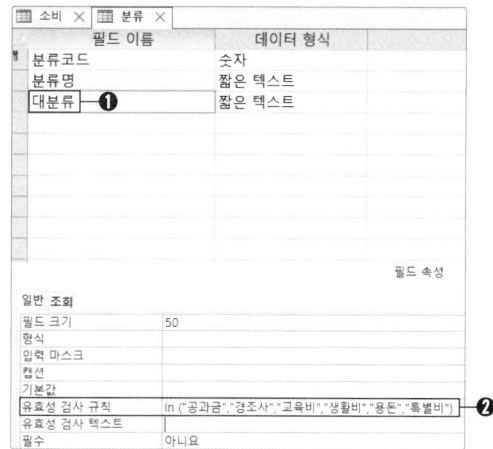

⑨ 빠른 실행 도구 모음에서 🔳(저장)을 눌러 테이블을 저장합니다.

2 관계 설정

① [데이터베이스 도구] 탭-[관계] 그룹-[관계]를 클릭합니다.

② [관계] 그룹-[테이블 추가]를 클릭합니다. [테이블 추가] 대화상자의 [테이블] 탭에서 **Ctrl** 키를 누른 채 차례대로 <분류>, <소비> 테이블을 선택하고 <선택한 표 추가> 단추를 클릭합니다.

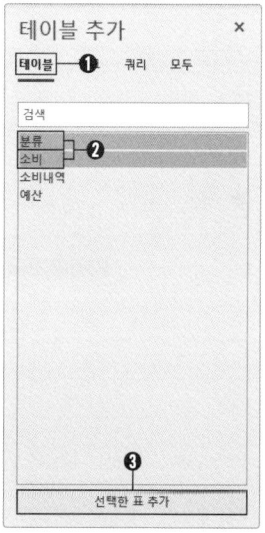

③ <분류> 테이블의 '분류코드' 필드를 <소비> 테이블의 '분류코드' 필드로 드래그 앤 드롭 합니다.

④ [관계 편집] 대화상자에서 <조인 유형> 단추를 클릭하여 '2: '분류'에서는 모든 레코드를 포함하고 '소비'에서는 조인된 필드가 일치하는 레코드만 포함'을 선택하고 <확인> 단추를 클릭한 다음 <만들기> 단추를 클릭합니다.

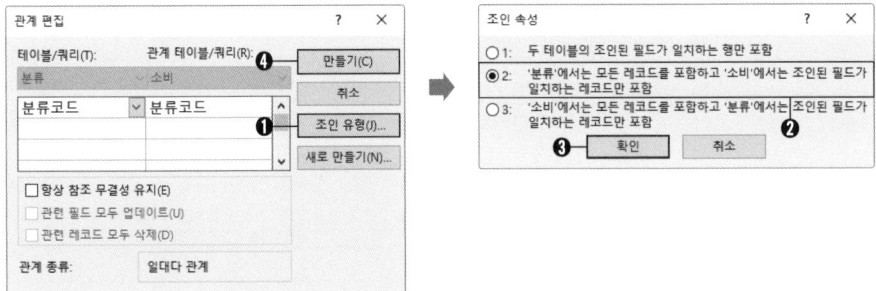

⑤ 다음과 같이 '조인설정' 관계창이 만들어 집니다.

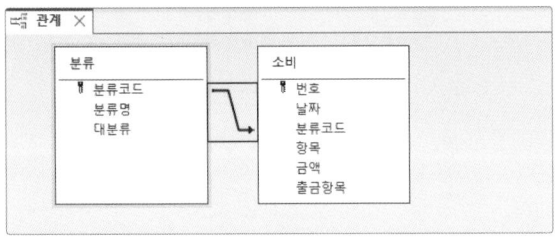

⑥ 빠른 실행 도구 모음에서 ■(저장)을 클릭합니다. [관계 디자인] 탭-[관계] 그룹-[닫기]를 클릭합니다.

3 <소비> 테이블에 조회 속성 설정

① <소비> 테이블 위에서 마우스 오른쪽 단추를 눌러 <디자인 보기>를 클릭합니다.

② '출금항목' 필드 속성 시트 창의 [조회] 탭 중 [컨트롤 표시]에 '콤보 상자'를 선택합니다.

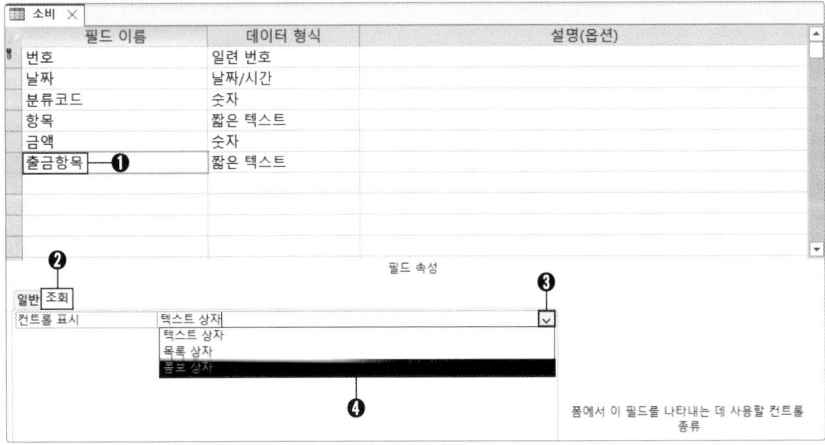

③ [행 원본 유형]에 '값 목록'을 선택합니다.

④ [행 원본]에 '비씨;이체;국민'을 입력합니다.

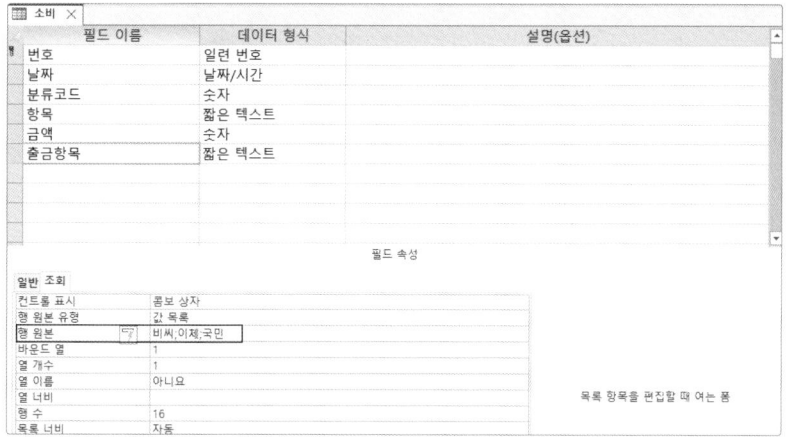

⑤ [목록 값만 허용]에 '예'를 선택합니다.

> **TIP**
>
> **콤보상자/목록상자 주요 속성**
>
> | 컨트롤 표시 | 텍스트 상자, 목록 상자, 콤보 상자 유형 중 필드에 연결하여 표시할 유형을 선택 |
> |---|---|
> | 행 원본 유형 | 테이블/쿼리, 값 목록, 필드 목록 중 선택 |
> | 행 원본 | 테이블에서 선택하여 표시할 필드명 |
> | 바운드 열 | 필드에 표시되는 열 번호 |
> | 열 개수 | 컨트롤에 표시할 열 개수를 지정 |
> | 열 이름 | 필드 이름을 열 머리글로 표시할 것인지를 '예/아니요'로 표시 |
> | 열 너비 | 열의 너비를 설정 [예] 4cm;0cm;5cm 에서 '0cm'열은 표시되지 않음 |
> | 목록 값만 허용 | 행 원본으로 지정한 목록 값만 입력되도록 설정 |

문제2 ▶ 입력 및 수정 기능 구현 (20점)

1 <일일소비입력> 폼의 완성

① <일일소비입력> 폼 위에서 마우스 오른쪽 단추를 눌러 <디자인 보기>를 클릭합니다.

② '폼' 영역 속성 시트 창의 [형식] 탭 중 [기본 보기]에 '연속 폼'을 선택합니다.

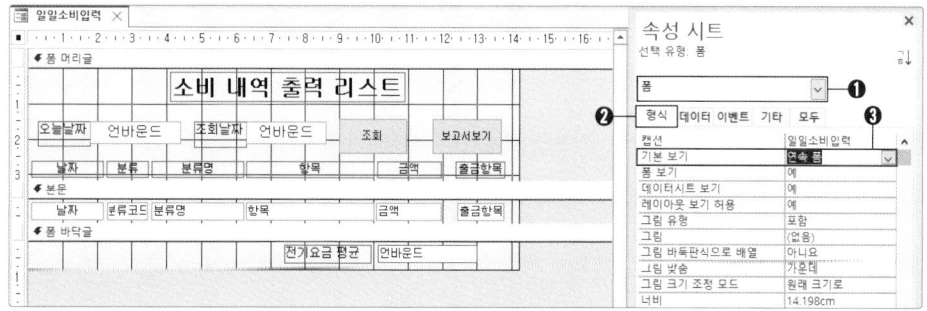

③ '폼 머리글' 영역에서 'txt오늘날짜' 컨트롤 속성 시트 창의 [데이터] 탭 중 [컨트롤 원본]에 '=Date( )'를 입력합니다.

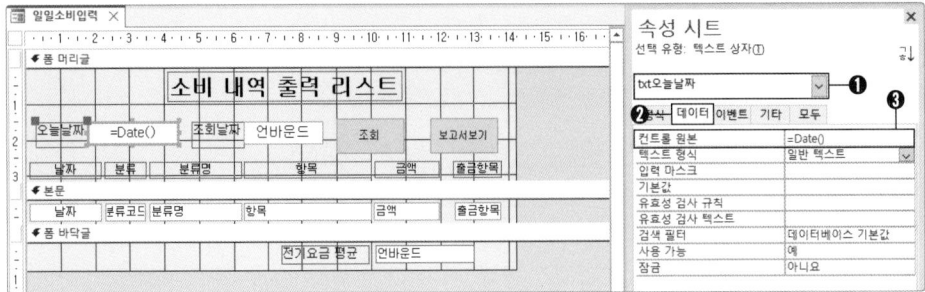

④ '폼 머리글' 영역에서 '소비 내역 출력 리스트' 컨트롤 속성 시트 창의 [모두] 탭 중 [이름]에 'lbl제목', [테두리 두께]에 '2pt', [글꼴 이름]에 '맑은 고딕'을 선택합니다.

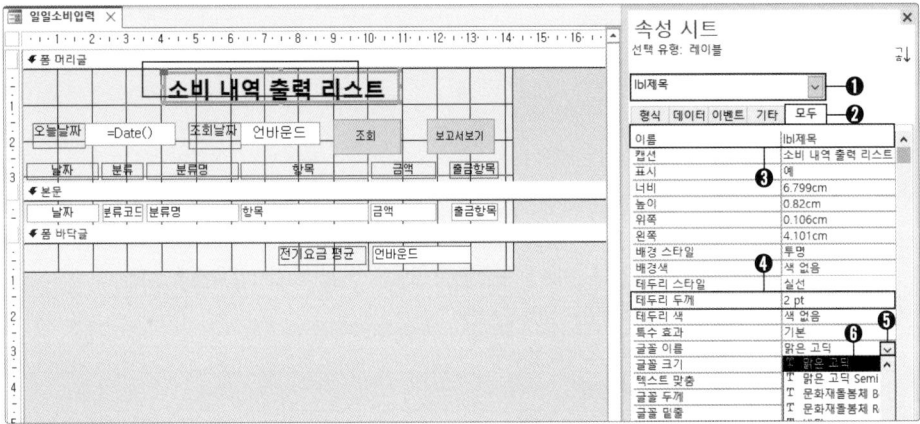

2 <일일소비입력> 폼의 함수 작성

① '폼 바닥글' 영역에서 'txt평균' 컨트롤 속성 시트 창의 [데이터] 탭 중 [컨트롤 원본]에 '=Format(DAvg("금액","분류항목","분류명='전기요금'"),"#,##0") & "원"'을 입력합니다.

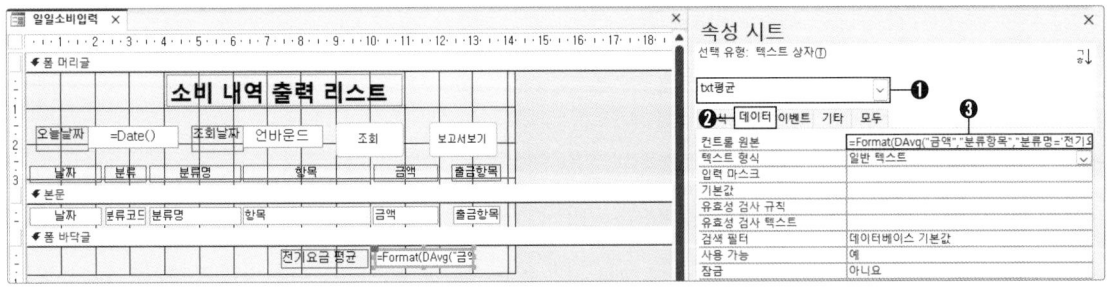

> **TIP**
>
> **Format 함수 형식**
> - Format (식, [사용자 정의 서식])
> - 사용자 정의 서식
>
> | 종류 | 표시 형식 | 사용 예 |
> |---|---|---|
> | 숫자 | • # : 0을 표시하지 않음
• 0 : 0을 표시함 | Format(123456,#,##0) : 123,456 |
> | 문자 | @ : 문자 1자리 | Format("12345678901", "@@@-@@@-@@@@")
: 123-456-78901 |
> | 날짜 | • yyyy : 년도 4자리 표시
• mm : 월을 2자리 표시
• dd : 일을 2자리 표시 | Format(Date( ),"yyyy-mm-dd") : 2020-07-05 |
> | 시간 | • hh : 시
• nn : 분
• ss : 초 | Format(Time( ),"hh:nn:ss") : 12:23:05 |

3 <일일소비입력> 폼의 매크로 작성

① [만들기] 탭-[매크로 및 코드] 그룹-[매크로]를 클릭합니다.

② [새 함수 추가]에서 <OpenReport>를 클릭합니다.

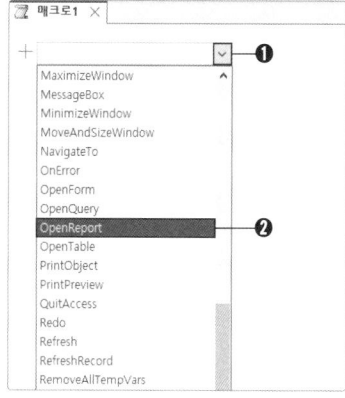

③ [보고서 이름]에 '소비내역리스트', [보기 형식]에 '인쇄 미리보기'를 선택합니다.

④ [Where 조건문]에 `Month([날짜])=[Forms]![일일소비입력]![txt날짜]`을 입력합니다.

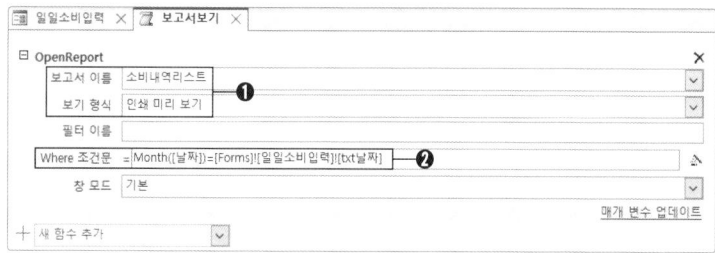

⑤ 빠른 실행 도구 모음에서 🔲(저장)을 클릭합니다. [매크로 이름]에 '보고서보기'를 입력합니다.

⑥ '폼 머리글' 영역에서 '보고서보기'(cmd보고서) 버튼 속성 시트 창의 [이벤트] 탭 중 [On Click]에 '보고서보기'를 선택합니다.

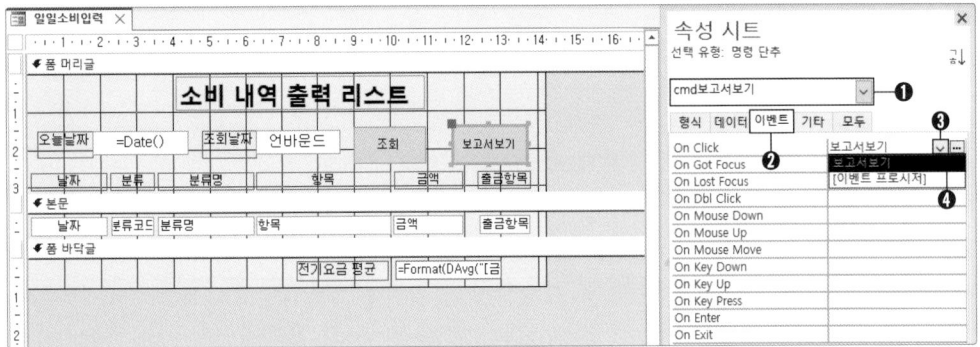

⑦ 빠른 실행 도구 모음에서 📳(저장)을 눌러 폼을 저장합니다.

문제3 ▶ 조회 및 출력 기능 구현 (20점)

1 <소비내역리스트> 보고서 완성

① <소비내역리스트> 보고서 위에서 마우스 오른쪽 단추를 눌러 <디자인 보기>를 클릭합니다.

② '페이지 머리글' 영역에서 'lbl제목' 컨트롤 속성 시트 창의 [모두] 탭 중 [글꼴 이름]에 '휴먼매직체', [글꼴 크기]에 '18pt', [글꼴 두께]에 '굵게'를 선택합니다.

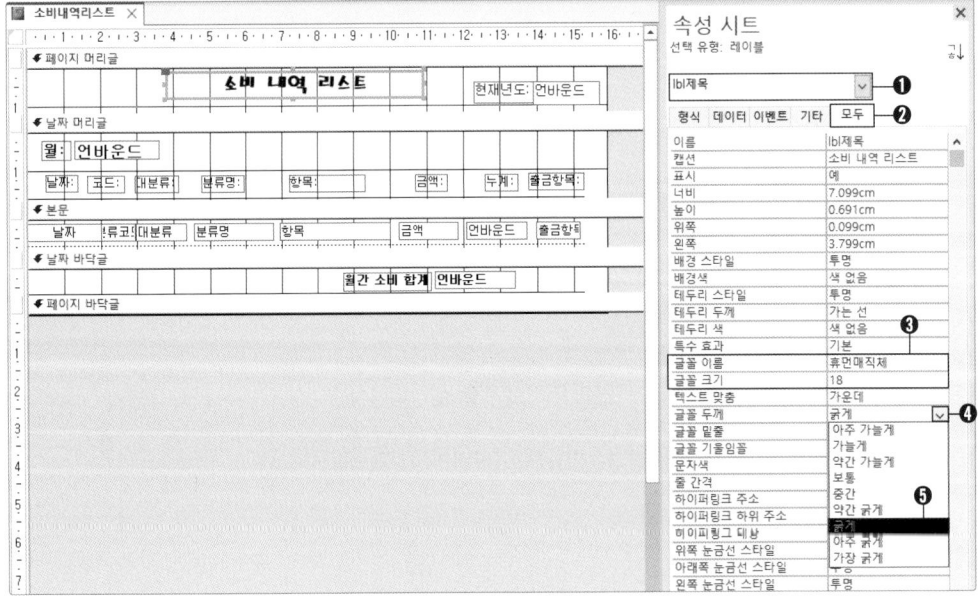

③ '페이지 머리글' 영역에서 'txt년도' 컨트롤 속성 시트 창의 [데이터] 탭 중 [컨트롤 원본]에 '=Year(Date( ))'을 입력합니다.

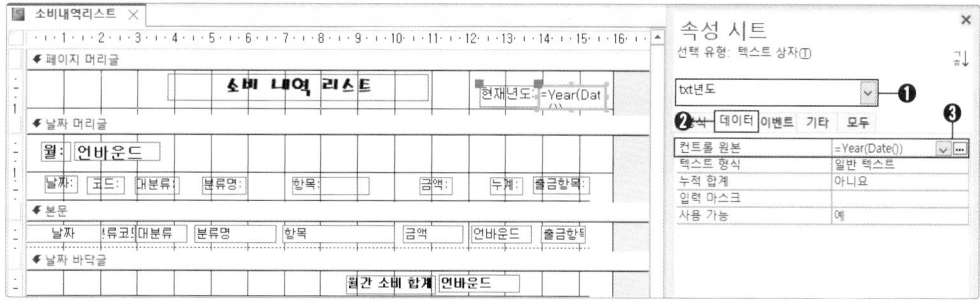

④ '날짜 머리글' 영역에서 'txt월' 컨트롤 속성 시트 창의 [데이터] 탭 중 [컨트롤 원본]에 '=Year([날짜]) & "년" & Month([날짜])'를 입력합니다.

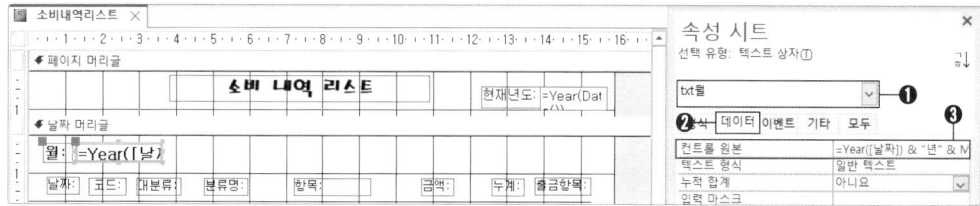

⑤ [보고서 디자인] 탭-[그룹화 및 요약] 그룹-[그룹화 및 정렬]을 클릭합니다.

⑥ 그룹화 기준은 '날짜' 필드는 [정렬]에 '내림차순'을 선택합니다.

⑦ '본문' 영역에서 'txt누계' 컨트롤 속성 시트 창의 [데이터] 탭 중 [컨트롤 원본]에 '금액'를 선택하고 [누적 합계] 컨트롤은 '그룹'을 선택합니다.

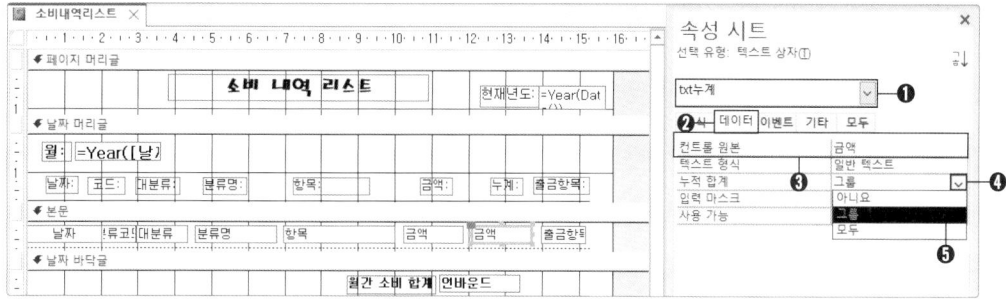

⑧ '날짜 바닥글' 영역에서 'txt합계' 컨트롤 속성 시트 창의 [데이터] 탭 중 [컨트롤 원본]에 '=Sum([금액])'을 입력합니다.

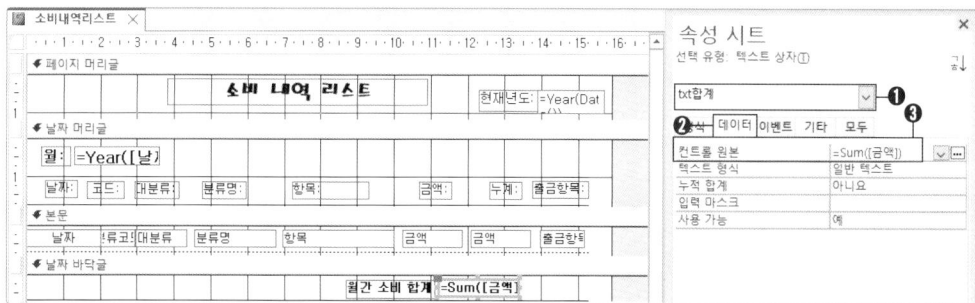

⑨ 빠른 실행 도구 모음에서 (저장)을 눌러 보고서를 저장합니다.

2 <일일소비내역> 폼에 이벤트 프로시저 작성

① <일일소비내역> 폼 위에서 마우스 오른쪽 단추를 눌러 <디자인 보기>를 클릭합니다.

② '출금항목'(cmd출금항목) 버튼 속성 시트 창의 [이벤트] 탭 중 [On Click]에 '코드 작성기'를 선택하고 <확인> 단추를 클릭합니다.

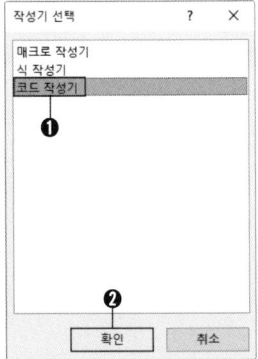

③ VBA 창에 다음의 코드를 입력합니다.

※ 메시지 박스에 '출금항목' 필드의 값과 정보 표시의 '출금형태' 제목이 표시됩니다.

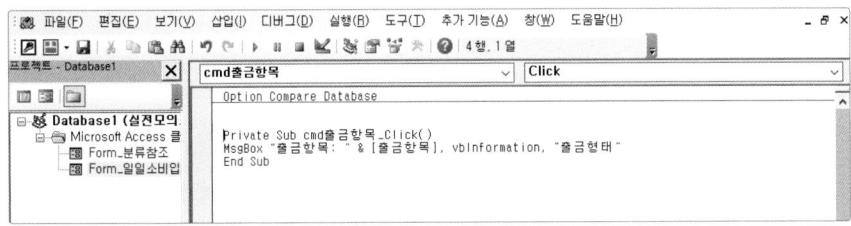

```
Private Sub cmd출금항목_Click( )
MsgBox "출금항목 : " & [출금항목], vbInformation, "출금형태"
End Sub
```

④ **Alt**+**Q** 키를 눌러 액세스 창으로 돌아옵니다.

문제4 ▶ 처리 기능 구현 (35점)

1 <소비내역추가> 추가 쿼리 작성

① [만들기] 탭-[쿼리] 그룹-[쿼리 디자인]을 클릭합니다.

② [테이블 추가] 대화상자의 [테이블] 탭에서 <소비내역> 테이블을 선택하고 <선택한 표 추가> 단추를 클릭합니다.

③ '날짜', '분류코드', '항목', '금액', '출금항목' 필드를 선택합니다.

필드:	날짜	분류코드	항목	금액	출금항목	
테이블:	소비내역	소비내역	소비내역	소비내역	소비내역	
정렬:						
표시:	☑	☑	☑	☑	☑	☐
조건:						
또는:						

④ [쿼리 디자인] 탭-[쿼리 유형] 그룹-[추가]를 클릭합니다.

⑤ [추가] 대화상자에서 테이블 이름에 '소비'를 입력이나 드롭다운 단추로 추가하고 <확인> 단추를 클릭합니다.

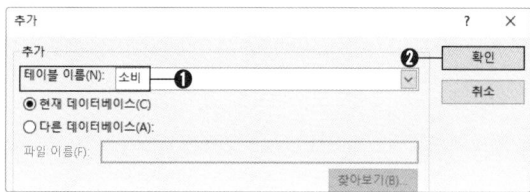

⑥ [쿼리 디자인] 탭-[결과] 그룹-[실행]을 클릭하빈다. [155행을 추가합니다.] 창에서 <예> 단추를 클릭합니다.

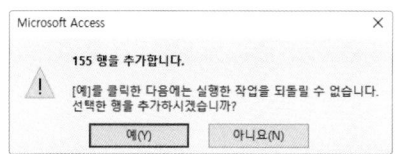

⑦ <소비> 테이블의 <데이터시트 보기>를 클릭하여 내용을 확인합니다.

⑧ 빠른 실행 도구 모음에서 🖫(저장)을 눌러 [쿼리 이름]에 '소비내역추가'를 입력합니다.

2 <분류코드에없는소비금액> 쿼리 작성

① [만들기] 탭-[쿼리] 그룹-[쿼리 마법사]를 클릭합니다.

② [새 쿼리] 대화상자에서 '불일치 검색 쿼리 마법사'를 선택하고 <확인> 단추를 클릭합니다.
　※ 'Is Null' 조건일 때 불일치 검색 쿼리 마법사를 사용하면 편리합니다.

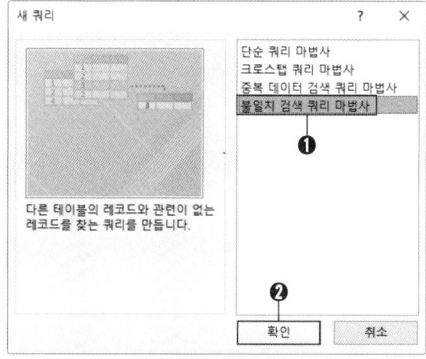

③ [불일치 검색 쿼리 마법사] 대화상자에서 '테이블 : 소비'를 선택하고 <다음> 단추를 클릭합니다.

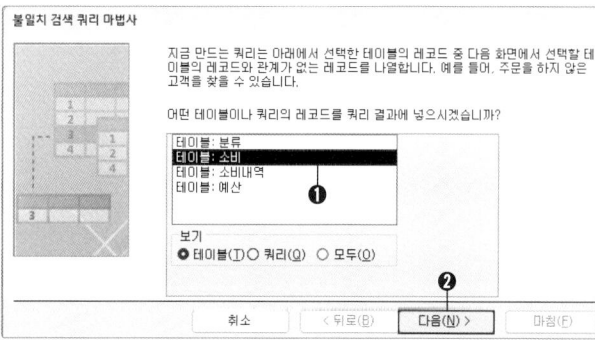

④ [불일치 검색 쿼리 마법사] 대화상자에서 '테이블 : 분류'를 선택하고 <다음> 단추를 클릭합니다.

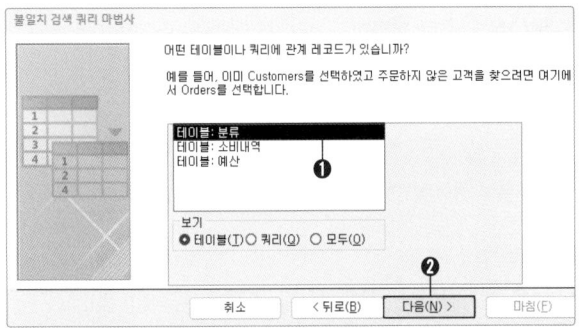

⑤ [불일치 검색 쿼리 마법사] 대화상자에서 [소비]의 '분류코드' 필드와 [분류]의 '분류코드' 필드를 일치시킨 후 <다음> 단추를 클릭합니다.

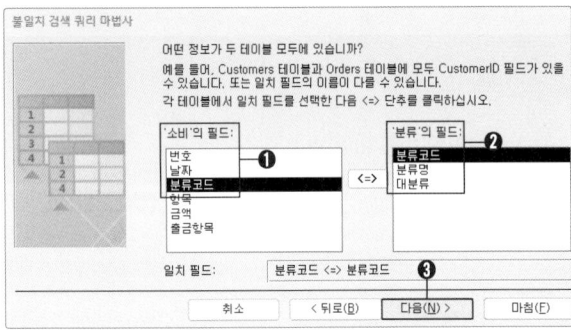

⑥ [불일치 검색 쿼리 마법사] 대화상자에서 '분류코드', '항목', '금액' 필드를 선택하고 <다음> 단추를 클릭합니다.

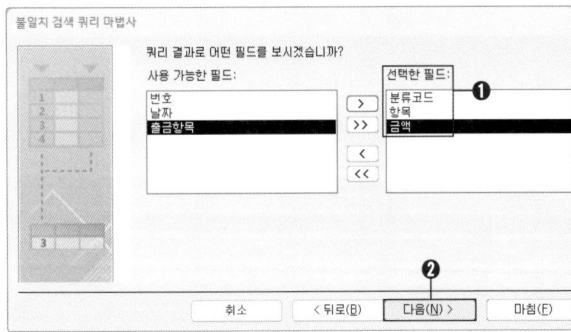

⑦ [불일치 검색 쿼리 마법사] 대화상자에서 [쿼리 이름]에 '분류코드에없는소비금액'을 입력하고 '디자인 수정'을 선택하고 <마침> 단추를 클릭합니다.

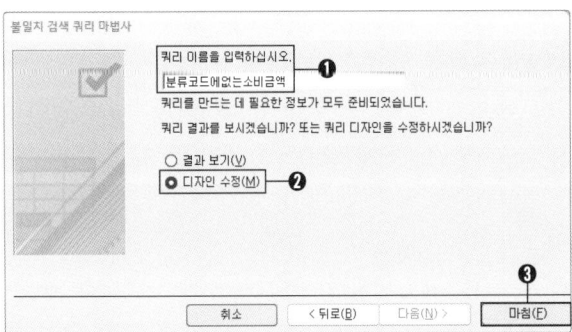

⑧ <분류코드에없는소비금액> 쿼리의 <디자인 보기>를 눌러 'Is Null' 조건을 확인합니다.

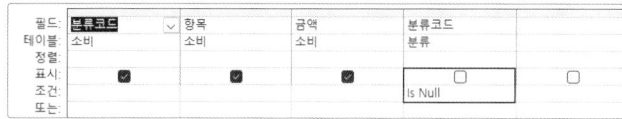

3 <월별금액> 매개 변수 쿼리 작성

① [만들기] 탭-[쿼리] 그룹-[쿼리 디자인]을 클릭합니다.

② [테이블 추가] 대화상자의 [테이블] 탭에서 <소비> 테이블을 선택하고 <선택한 표 추가> 단추를 클릭합니다.

③ '날짜', '항목' 필드를 선택하고 '금액총계: [금액]', 'Month([날짜])' 필드는 입력합니다.

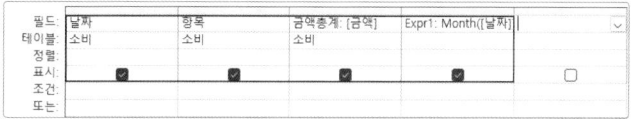

④ [쿼리 디자인] 탭-[표시/숨기기] 그룹-[요약]을 클릭합니다.

⑤ '날짜', '항목' 필드는 [요약]에 '묶는 방법'으로 선택하고 '금액총계: [금액]' 필드는 [요약]에 '합계'를 선택합니다.

⑥ 'Month([날짜])' 필드는 [요약]에 '묶는 방법'으로 선택하고 <표시>를 해제하고 또한, [조건]에 '[월을 입력하시오]'를 입력합니다.

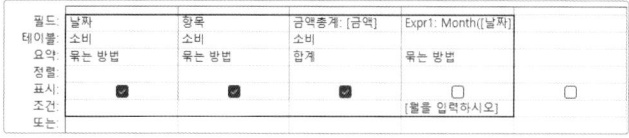

⑦ 빠른 실행 도구 모음에서 🖫(저장)을 클릭합니다. [쿼리 이름]에 '월별금액'을 입력하고 <확인> 단추를 클릭합니다.

4 <월별예산분류코드> 크로스탭 쿼리 작성

① [만들기] 탭-[쿼리] 그룹-[쿼리 디자인]을 클릭합니다.

② [테이블 추가] 대화상자의 [테이블] 탭에서 <예산> 테이블을 선택하고 <선택한 표 추가> 단추를 클릭합니다.

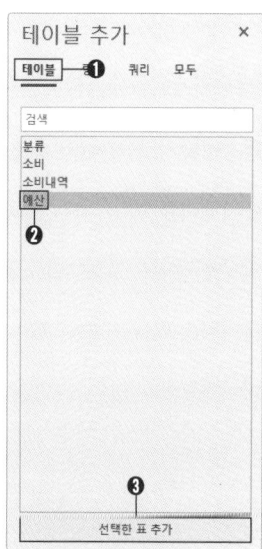

③ '분류코드', '월' 필드를 선택하고 '금액의 합계: [금액]' 필드는 입력합니다.

④ [쿼리 디자인] 탭-[쿼리 유형] 그룹-[크로스탭]를 클릭합니다.

⑤ [크로스탭]에 '분류코드' 필드는 '행 머리글', '월' 필드는 '열 머리글', '금액의 합계: [금액]' 필드는 [요약]에 '합계', [크로스탭]에 '값'을 선택합니다.

⑥ '금액의 합계: [금액]' 필드 속성 시트 창의 [일반] 탭 중 [형식]에 '#,###'을 입력합니다.

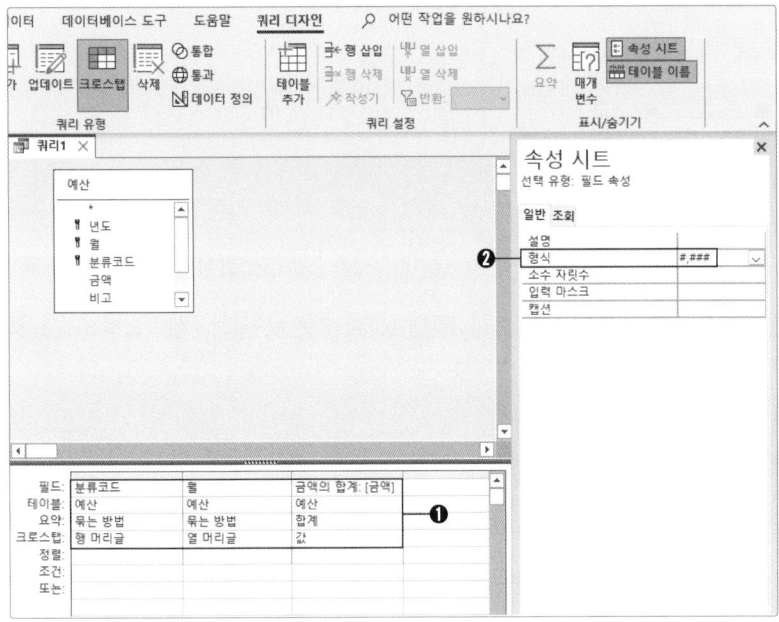

⑦ 빠른 실행 도구 모음에서 (저장)을 클릭합니다. [쿼리 이름]에 '월별예산분류코드'로 입력하고 <확인> 단추를 클릭합니다.

5 <가스요금출금항목변경> 업데이트 쿼리 작성

① [만들기] 탭-[쿼리] 그룹-[쿼리 디자인]을 클릭합니다.

② [테이블 추가] 대화상자의 [쿼리] 탭에서 <소비내역> 테이블을 선택하고 <선택한 표 추가> 단추를 클릭합니다.

③ '출금항목', '항목' 필드를 선택합니다.

④ [쿼리 디자인] 탭-[쿼리 유형] 그룹-[업데이트( )]를 클릭합니다.

⑤ '출금항목' 필드의 [업데이트]에 '비씨'를 입력하고 '항목' 필드의 [조건]에 '가스요금'을 입력합니다.

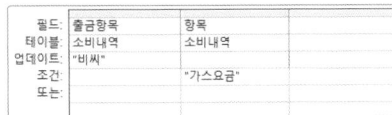

⑥ 빠른 실행 도구 모음에서 저장을 클릭합니다. [쿼리 이름]에 '가스요금출금항목변경'을 입력하고 <확인> 단추를 클릭합니다.

⑦ [쿼리 디자인] 탭-[결과] 그룹-[실행]을 클릭하고 다음 대화상자에서 <예> 단추를 클릭하면 업데이트되어 쿼리에 저장됩니다.

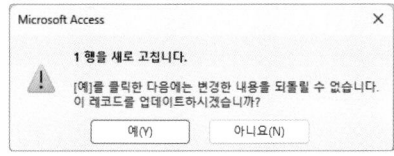

⑧ <소비내역> 테이블을 <열기>하여 결과를 확인합니다.

컴퓨터활용능력 실전모의고사 3회

프로그램명	제한시간
ACCESS 2021	45분

수 험 번 호 :

성   명 :

1급 │ A형

유의사항

- 인적 사항 누락 및 잘못 작성으로 인한 불이익은 수험자 책임으로 합니다.

- 화면에 암호 입력창이 나타나면 아래의 암호를 입력하여야 합니다.
  - 암호 : 73#794

- 작성된 답안은 주어진 경로 및 파일명을 변경하지 마시고 그대로 저장해야 합니다. 이를 준수하지 않으면 실격처리 됩니다.
  - 답안 파일명의 예 : C:₩DB₩수험번호 8자리.accdb

- 외부데이터 위치 : C:₩DB₩파일명

- 별도의 지시사항이 없는 경우, 다음과 같이 처리하면 실격 처리됩니다.
  - 제시된 개체의 이름을 임의로 변경한 경우
  - 제시된 개체의 속성을 임의로 변경한 경우
  - 제시된 개체를 임의로 삭제하거나 추가한 경우

- 별도의 지시사항이 없는 경우, 기능의 구현은 모듈이나 매크로 등을 이용하며, 예외적인 상황에 대해서는 고려하지 않아도 됩니다.

- 제시된 함수가 있을 경우 제시된 함수만을 사용하여야 하며, 그 외 함수 사용시 채점 대상에서 제외됩니다.

- 별도의 지시사항이 없는 경우, 주어진 각 개체의 속성은 설정값 또는 기본 설정값 (Default)으로 처리하십시오.

- 제시된 화면은 예시이며 나타난 값은 실제와 다를 수 있습니다.

- 저장 시간은 별도로 주어지지 아니하므로 제한된 시간 내에 저장을 완료해야 합니다.

- 본 문제의 용어는 MS Office LTSC Professional Plus 2021 기준으로 작성되었습니다.

문제 1 25점_ DB 구축

01 안경점의 매출 관리를 위하여 데이터베이스를 구축하고자 한다. 다음의 지시사항에 따라 <거래처> 테이블과 <고객> 테이블을 완성하시오. (각 3점)

① <거래처> 테이블의 '거래처명' 필드에는 값이 반드시 입력되도록 설정하시오.

② <거래처> 테이블의 '전화번호' 필드의 캡션은 'TEL', '팩스번호' 필드의 캡션은 'FAX'로 설정하시오.

③ <고객> 테이블의 '성별' 필드에는 '남' 또는 '여' 이외의 문자는 입력될 수 없도록 설정하시오.

④ <고객> 테이블의 '렌즈착용' 필드는 렌즈를 착용하면 True, 그렇지 않으면 False가 입력되도록 하고, 새로운 레코드를 추가하면 기본적으로 렌즈를 착용하는 것(True)으로 입력되도록 설정하시오.

⑤ <고객> 테이블의 '연락처' 필드는 인덱스를 설정하되 중복된 값이 입력될 수 없도록 하시오.

02 외부 데이터 기능을 이용하여 <거래처리스트.htm> 파일을 가져오기 하시오. (5점)

▶ 첫 행은 열 머리글이 아님
▶ 기본 키는 없음으로 설정
▶ 테이블 이름은 <새로운거래처>

03 <제품> 테이블의 '제품번호' 필드는 <매출> 테이블의 '제품번호' 필드와 일대다(1:M)의 관계를 갖는다. 두 테이블에 대해서 다음과 같이 관계를 설정하시오. (5점)

▶ 두 테이블 간에 항상 참조 무결성을 유지하도록 설정하시오.
▶ 참조 필드의 값이 변경되면 관련 필드의 값도 변경되도록 설정하시오.
▶ 다른 테이블에서 참조하고 있는 레코드는 삭제할 수 없도록 설정하시오.

문제 2 20점_ 입력 및 수정 기능 구현

01 매출 내역을 입력하는 <매출입력> 폼을 다음의 화면과 지시사항에 따라 완성하시오. (각 3점)

① 폼의 레코드 원본은 <매출정보> 쿼리로 설정하시오.

② 폼 바닥글의 'txt건수'와 'txt금액합' 컨트롤에 각각 매출 건수와 금액 필드의 합이 표시되도록 설정하시오.

③ 'txt전체매출합계' 컨트롤에는 <매출> 테이블의 '금액'의 합계가 표시되도록 설정하시오.

▶ <매출> 테이블과 DSum( ) 함수 사용

매출 입력

매출번호	매출일자	고객	제품	수량	단가	금액
173	2019-11-18	오선환	C-BR렌즈	2	50000	100000
161	2019-11-18	조봉진	C-GR렌즈	3	10000	30000
162	2019-11-18	조덕준	바슈롬렌즈	1	7000	7000
164	2019-11-18	조형선	세척제A	3	35000	105000
160	2019-11-18	영선영	세척제A	2	170000	340000
166	2019-11-18	모영선	C-BR렌즈	4	35000	140000
167	2019-11-18	조형선	소프트렌즈	2	43000	86000
168	2019-11-18	모영선	C-BL렌즈	3	50000	150000
169	2019-11-18	방관형	아쿠아렌즈	1	55000	55000
170	2019-11-18	조봉진	무테A	2	80000	160000
171	2019-11-18	영성숙	무테C	4	35000	140000
172	2019-11-18	성은옥	C-BR렌즈	3	43000	129000
163	2019-11-18	모영선	안경테C	4	40000	160000
155	2019-11-17	김광복	선글래스A	1	20000	20000

매출건수: 173 합계금액: 20433000
전체매출의 건수: 173 전체매출의 합계: ₩20,433,000

02 <매출입력> 폼의 '제품이름'(txt제품이름) 컨트롤에 조건부 서식을 지정하시오. (6점)

▶ 제품 이름에 '무테'를 포함한 본문 영역의 모든 컨트롤의 글꼴은 '굵게', 글자색은 '빨강'색으로 설정하시오.
▶ '문제 2 입력 및 수정 기능 구현' 1번 문제의 <그림> 참조

03 <매출입력> 폼의 '보고서 미리보기'(cmd보고서)단추를 클릭하면 <제품명별매출내역> 보고서를 '보고서' 형태로 여는 <이동> 매크로를 생성하여 지정하시오. (5점)

▶ 보고서로 이동하기 전에 다음과 같은 메시지 창이 표시되어 <확인>하면 이동할 것

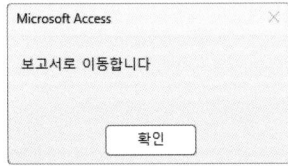

문제 3 20점_ 조회 및 출력 기능 구현

01 다음의 지시사항 및 화면을 참조하여 <제품명별매출내역> 보고서를 완성하시오. (각 3점)

① 보고서 머리글에 오늘의 날짜를 표시하는 텍스트 상자를 작성하시오.
   ▶ 시스템의 현재 날짜가 2020년 3월 28일이면 '2020년 3월 28일 토요일'과 같이 표시
   ▶ 컨트롤 명 : txt날짜

② 매출일 머리글의 내용이 매 페이지마다 반복적으로 표시되어 인쇄되도록 설정하시오.

③ 본문의 'txt누계금액' 컨트롤에는 해당 매출일에 대한 금액의 누계가 표시되도록 설정하시오.

④ 매출일 바닥글의 'txt건수', 'txt평균' 컨트롤에 각각 매출 건수와 '금액' 필드의 평균이 표시되도록 설정하시오.

⑤ 페이지 바닥글의 'txt페이지' 컨트롤에 홀수 페이지만 페이지가 표시되도록 설정하시오.
   ▶ IIF, MOD 함수 사용
   ▶ 예) 1 page / 12 page

02 <매출내역입력> 폼 바닥글의 '이전레코드'(cmd이전), '다음레코드'(cmd다음) 컨트롤을 다음과 같이 설정하시오. (5점)

   ▶ '이전레코드' 단추를 클릭하면 이전 레코드로 이동, '다음레코드' 단추를 클릭하면 다음레코드로 이동
   ▶ DoCmd.GotoRecord 개체를 사용

문제 4 35점_ 처리 기능 구현

01 <매출정보> 쿼리를 이용하여 고객명단 중에 김씨들의 매출내역을 조회하는 <김씨성매출내역> 쿼리를 작성하시오. (7점)

- ▶ 매출일을 기준으로 오름차순 정렬하여 표시하시오.
- ▶ 쿼리 실행 결과 표시되는 필드와 필드명은 <그림>과 같이 표시 되도록 설정하시오.

02 <매출정보> 쿼리를 이용하여 매개 변수 쿼리를 작성하시오. (7점)

- ▶ 매개변수 메시지는 '고객명을 입력하시오'로 표시하시오. 단, 고객명의 일부를 입력해도 쿼리를 실행하도록 하시오.
- ▶ 고객명을 입력하면 고객명, 제품명, 매출일, 수량, 단가, 금액의 형태로 표시하되 매출일을 기준으로 내림차순으로 정렬하시오.
- ▶ 쿼리 이름은 <고객관리쿼리>로 지정하시오.

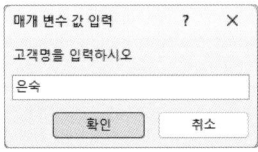

03 <제품> 테이블을 이용하여 <단가상승> 업데이트 쿼리를 작성하시오. (7점)

- ▶ 제품 이름에 '세척제'가 들어가면 제품에 대해 단가를 '1000원' 더해주는 쿼리 작성

▶ 단, 업데이트는 한 번만 실행

04 제품이름별, 제품번호별로 총매출액을 조회하는 <제품별총매출액의수량> 크로스탭 쿼리를 작성하시오. (7점)

▶ <매출>, <제품> 테이블을 이용하시오.

▶ 쿼리 실행 결과 표시되는 필드와 필드명은 <그림>과 같이 표시되도록 설정하시오.

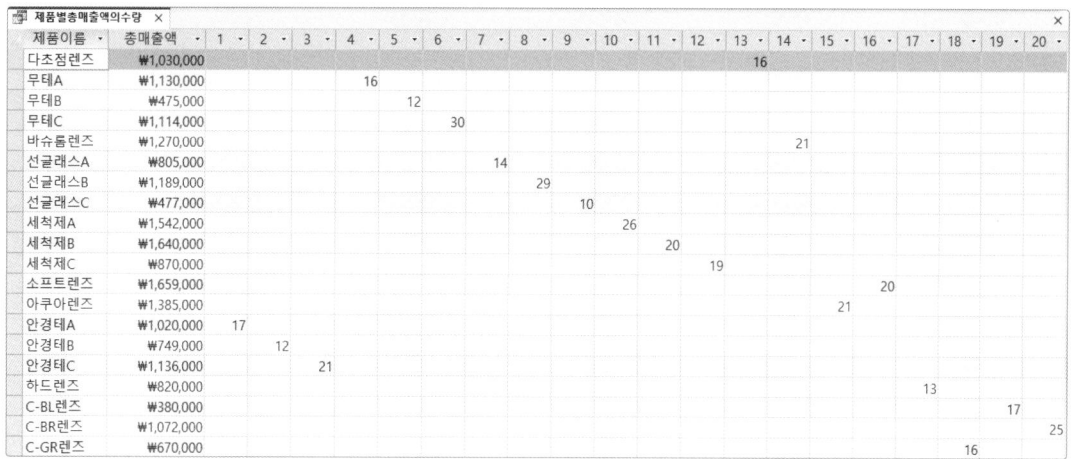

05 제품이름과 공급업체의 총수량과 총금액을 조회하는 <제품별매출내역> 작성하시오. (7점)

▶ <매출>, <제품> 테이블을 이용하시오.

▶ 수량은 20에서 30까지만 조회대상으로 하시오. (Between 연산자 사용)

▶ 금액을 기준으로 내림차순으로 정렬하시오.

▶ 쿼리 실행 결과 표시되는 필드와 필드명은 <그림>과 같이 표시하도록 설정하시오.

실전모의고사 3회 정답 및 해설

📁 작업 파일 : C:₩2024_컴활1급₩데이터베이스₩작업파일₩실전모의고사₩실전모의고사 3회_문제.accdb
💾 완성 파일 : C:₩2024_컴활1급₩데이터베이스₩완성파일₩실전모의고사₩실전모의고사 3회_정답.accdb

정답

문제 1 ▶ DB 구축 (25점)

01 <거래처>, <고객> 테이블 완성

지시사항	테이블명	필드명	필드 속성 및 기본키	설정 값
①	거래처	거래처명	필수	예
②		전화번호	캡션	TEL
		팩스번호	캡션	FAX
③	고객	성별	유효성 검사 규칙	In ("남","여")
④		렌즈착용	데이터 형식	Yes/No
			형식	True/False
			기본 값	True
⑤		연락처	인덱스	예(중복 불가능)

02 외부 데이터 가져오기

① [외부 데이터]-[가져오기 및 연결] 그룹에서 [새 데이터 원본]-[파일에서]-[HTML 문서]를 클릭

② 첫 행에 머리글 없음, 기본 키 없음

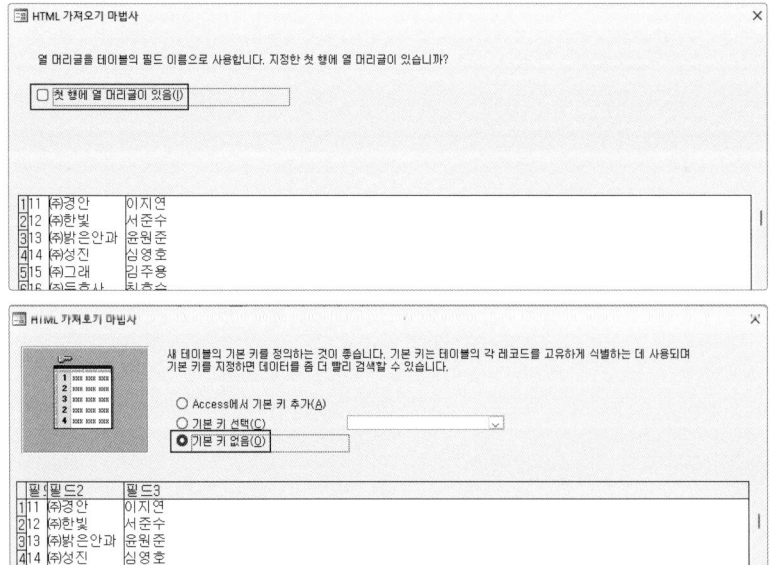

03 관계 설정

① [데이터베이스 도구]-[관계] 그룹의 [관계( )]를 클릭

② 관계 편집

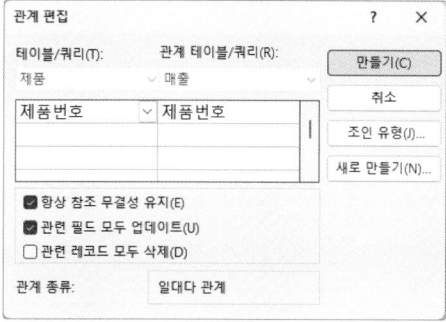

문제2 ▶ 입력 및 수정 기능 구현 (20점)

01 <매출입력> 폼의 완성

지시사항	영역	개체명	탭	항목	설정 값
①	폼		모두	레코드 원본	매출정보
②	폼 바닥글	txt건수	데이터	컨트롤 원본	=Count(*)
		txt금액합			=Sum([금액])
③		txt전체매출합계			=DSum("[금액]", "[매출]")

02 <매출입력> 폼에 조건부 서식 설정

① [서식]-[컨트롤 서식] 그룹의 [조건부 서식]을 클릭

② [새 서식 규칙]

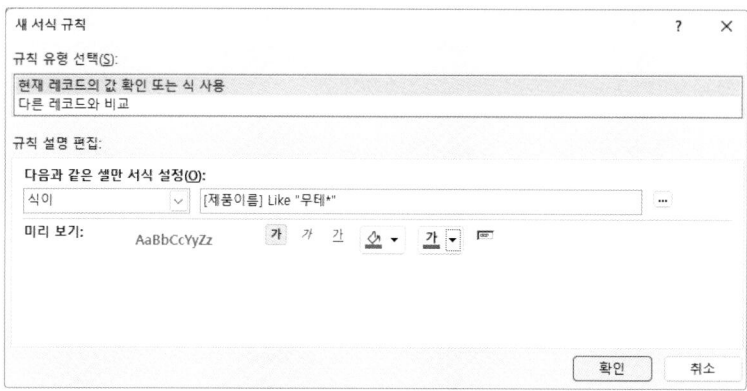

03 <매출입력> 폼에 매크로 작성

① [만들기]-[매크로 및 코드] 그룹에서 [매크로( )]를 클릭

② [이동] 매크로

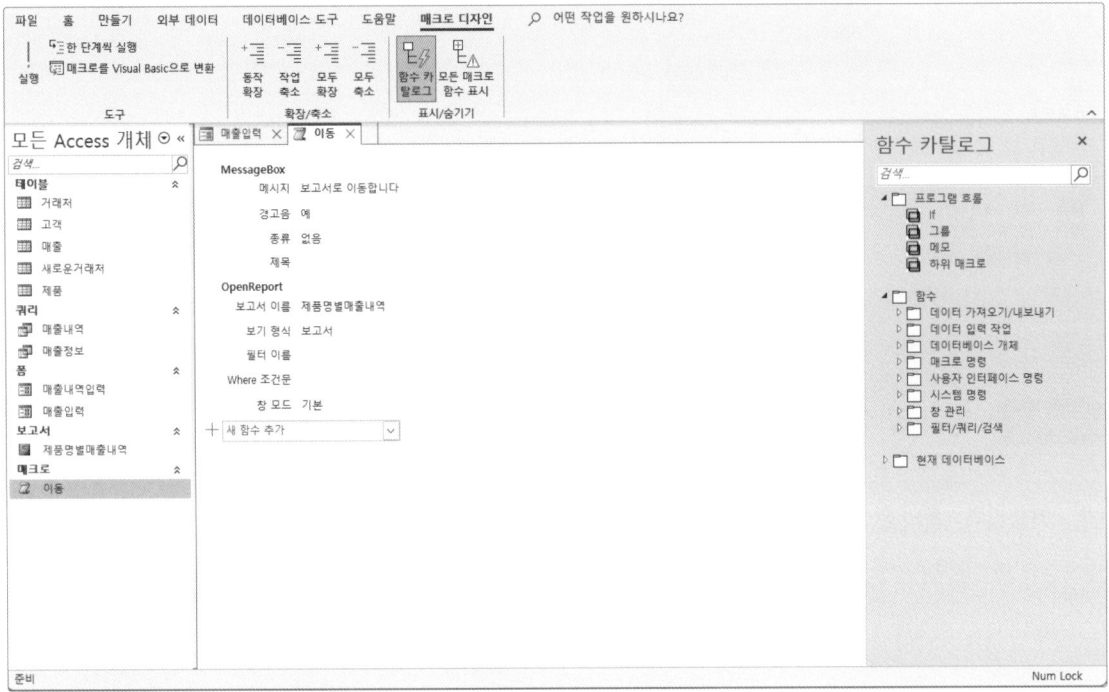

문제3 ▶ 조회 및 출력 기능 구현 (20점)

01 <제품명별매출내역> 보고서 완성

지시사항	영역	개체명	탭	항목	설정 값
①	보고서 머리글	텍스트 상자	모두	이름	txt날짜
				컨트롤 원본	=Date( )
				형식	자세한 날짜
②	매출일 머리글		형식	반복 실행 구역	예
③	본문	txt누계금액	데이터	컨트롤 원본	금액
				누적 합계	그룹
④	매출일 바닥글	txt건수	데이터	컨트롤 원본	=Count(*)
		txt평균			=Avg([금액])
⑤	페이지 바닥글	txt페이지	데이터	컨트롤 원본	=IIf([Page] Mod 2=1,[Page] & " page / " & [Pages] & " page")

02 <매출입력> 폼에 이벤트 프로시저 작성

① [속성 시트]-[이벤트] 탭의 'On Click'에서 [코드 작성기]를 선택

② VBA 코드 작성

```
Private Sub cmd이전_Click( )
DoCmd.GoToRecord , , acPrevious
End Sub
```

```
Private Sub cmd다음_Click( )
DoCmd.GoToRecord , , acNext
End Sub
```

문제4 ▶ 처리 기능 구현 (35점)

01 <김씨성매출내역> 조회 쿼리

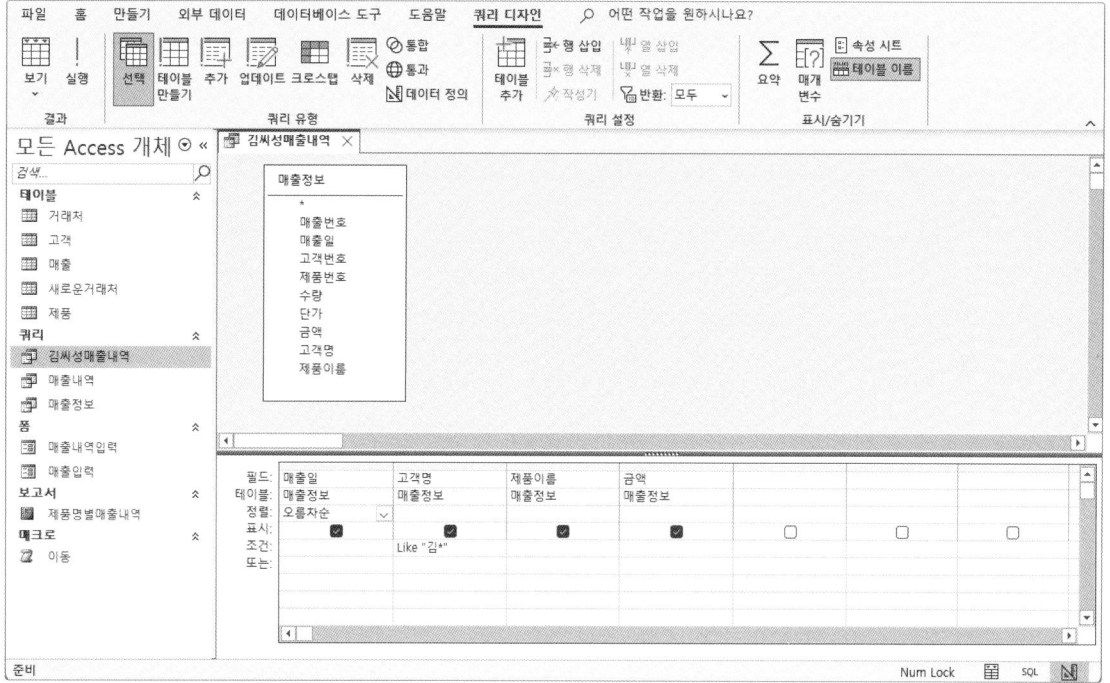

02 <고객관리쿼리> 매개 변수 쿼리

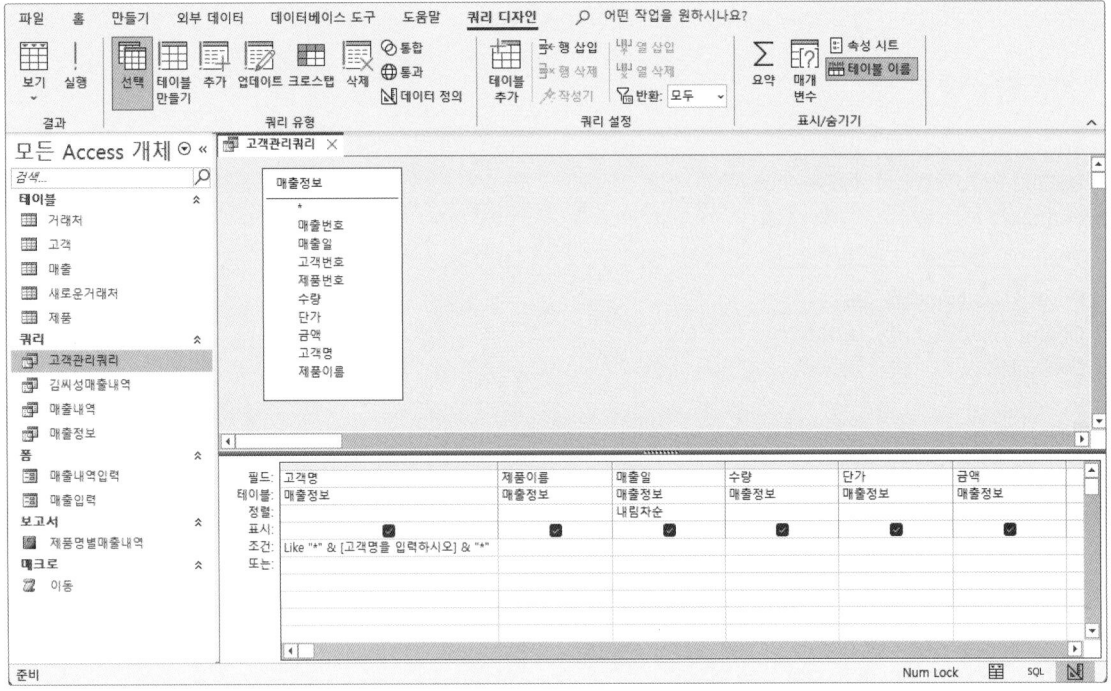

03 <단가상승> 업데이트 쿼리

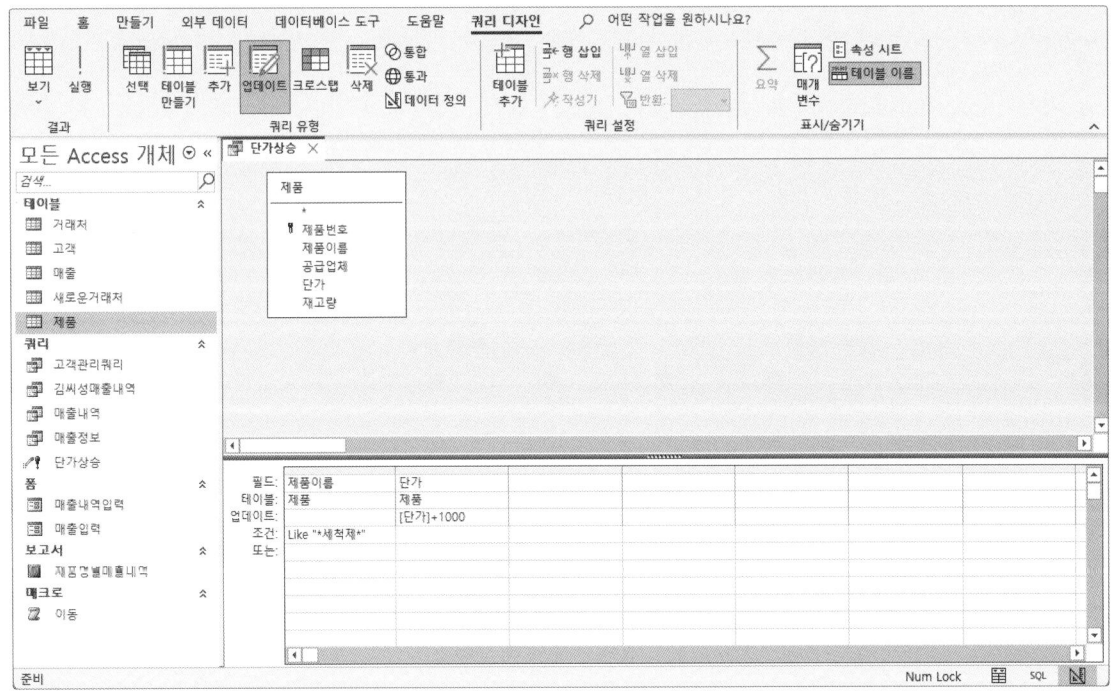

04 <제품별총매출액의수량> 크로스탭 쿼리

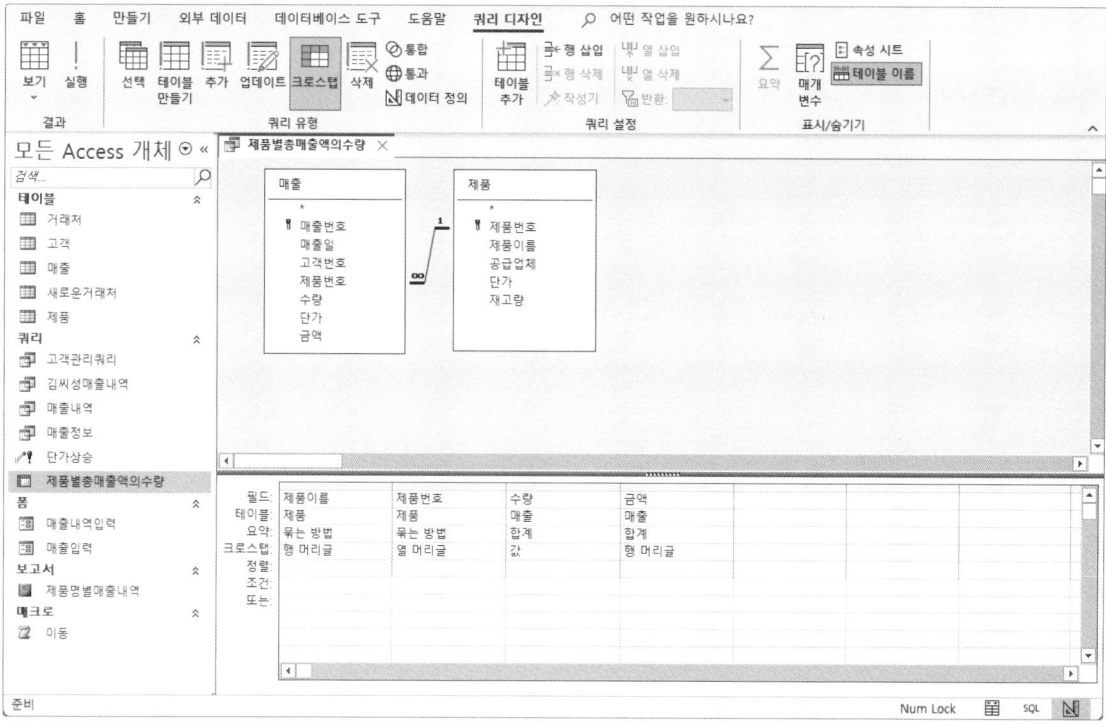

05 <제품별매출내역> 요약 쿼리

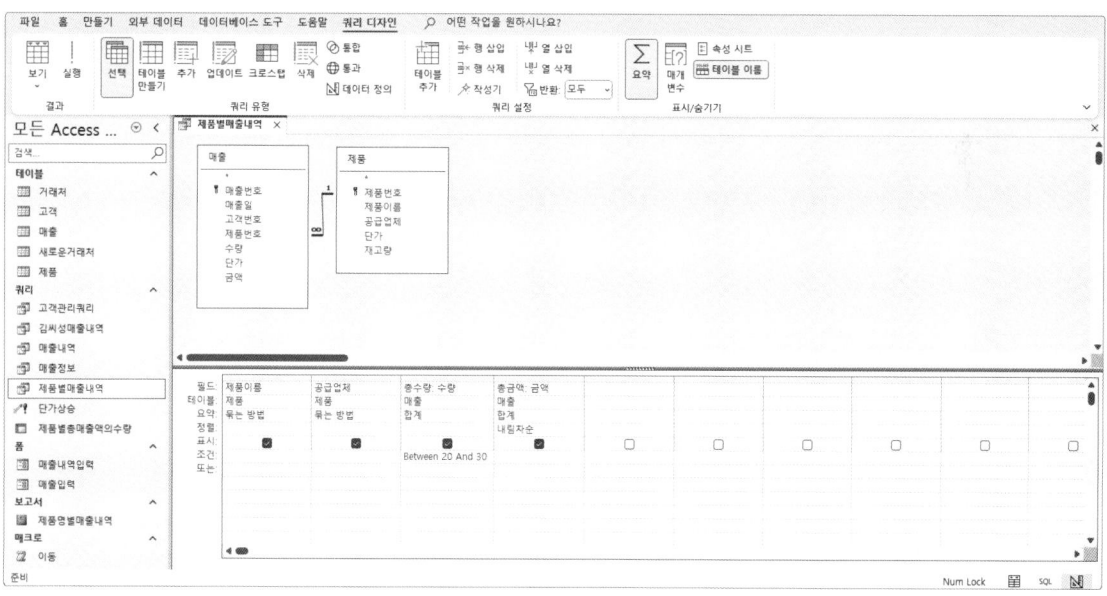

해설

문제1 ▶ DB 구축 (25점)

1 <거래처>, <고객> 테이블 완성

① <거래처> 테이블 위에서 마우스 오른쪽 단추를 눌러 <디자인 보기>를 클릭합니다.

② '거래처명' 필드의 속성은 [필수]에 '예'를 선택합니다.

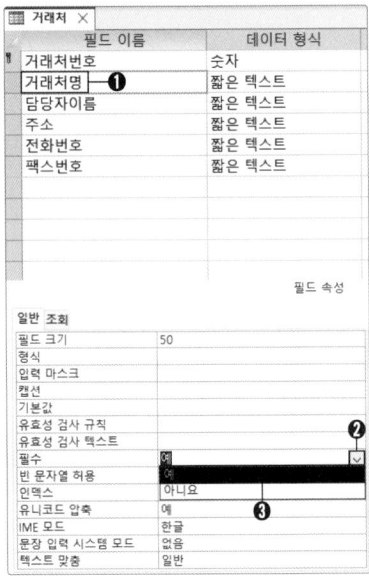

③ '전화번호' 필드의 속성은 [캡션]에 'TEL'을 입력하고 '팩스번호' 필드의 속성은 [캡션]에 'FAX'를 입력합니다.

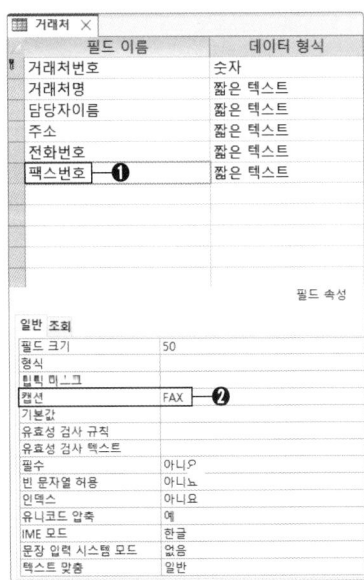

④ <고객> 테이블 위에서 마우스 오른쪽 단추를 눌러 <디자인 보기>를 클릭합니다.

⑤ '성별' 필드의 속성은 [유효성 검사 규칙]에 'In ("남","여")'를 입력합니다.

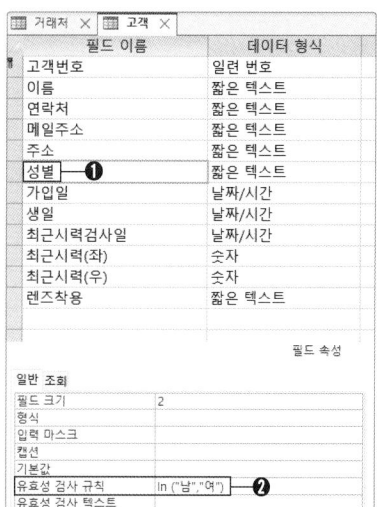

⑥ '렌즈착용' 필드의 속성은 [데이터 형식]에 'Yes/No', [형식]에 'True/False', [기본값]에 'True'를 선택합니다.

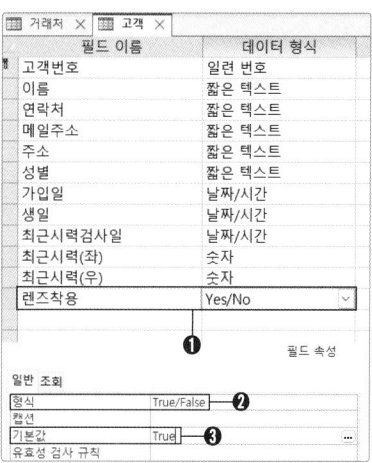

⑦ '연락처' 필드의 속성은 [인덱스]에 '예(중복 불가능)'을 선택합니다.

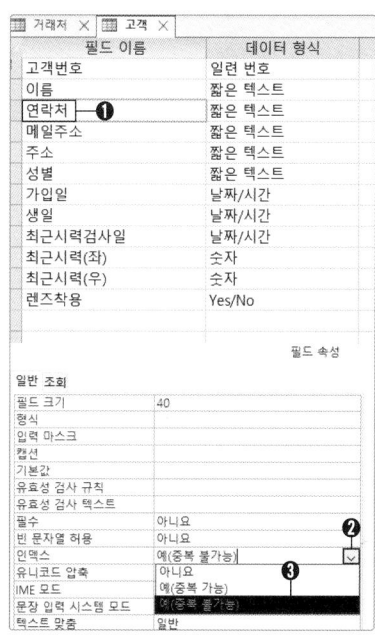

⑧ '빠른실행도구모음'에서 📄(저장)을 눌러 테이블을 저장합니다.

2 외부 데이터 가져오기

① [외부 데이터] 탭-[가져오기 및 연결] 그룹-[새 데이터 원본]-[파일에서]-[HTML 문서]를 클릭합니다.

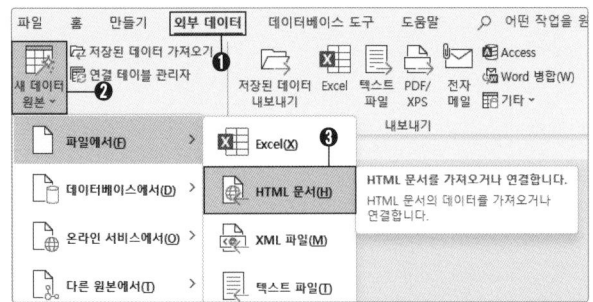

② [외부 데이터 가져오기 - HTML 문서] 대화상자에서 [데이터 원본 및 대상 선택] 창의 <찾아보기> 단추를 클릭하여 파일 이름은 "C:\2024_컴활1급\데이터베이스\작업파일\실전모의고사\거래리스트.html"을 선택합니다.

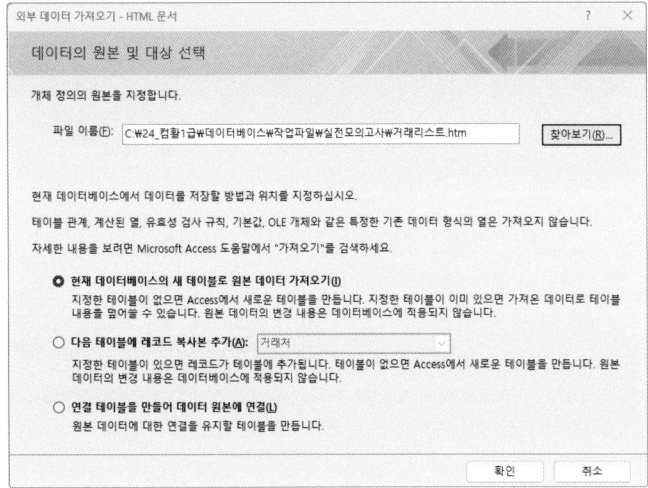

③ [외부 데이터 가져오기 - HTML 문서] 대화상자에서 저장할 방법과 위치는 '현재 데이터베이스의 새 테이블로 원본 데이터 가져오기(I)'를 선택하고 <확인> 단추를 클릭합니다.

④ [HTML 가져오기 마법사] 대화상자에서 '첫 행에 열 머리글이 있음'은 선택하지 않고 <다음> 단추를 클릭합니다.

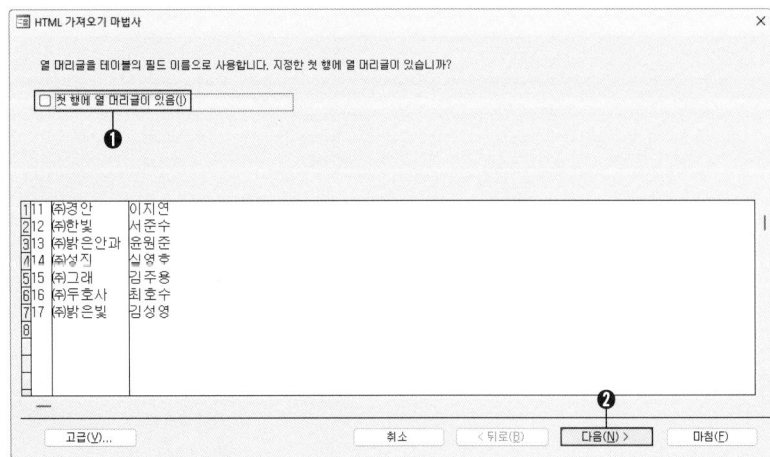

⑤ [HTML 가져오기 마법사] 대화상자에서 [필드 옵션]을 확인하고 <다음> 단추를 클릭합니다.

⑥ '기본 키 없음'을 선택하고 <다음> 단추를 클릭합니다.

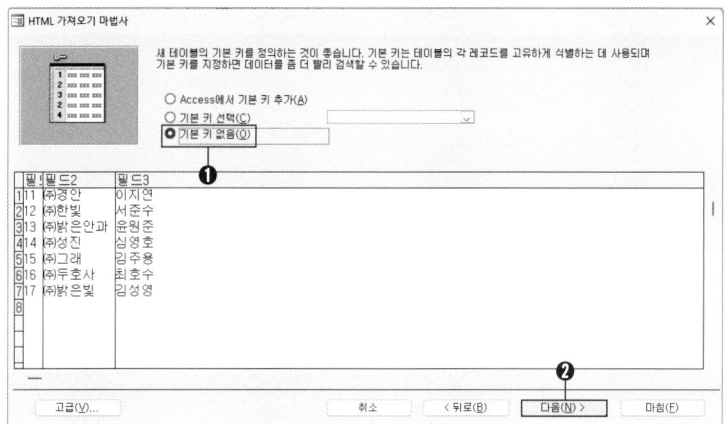

⑦ 테이블 가져오기에 '새로운거래처'를 입력하고 <마침> 단추를 클릭합니다.

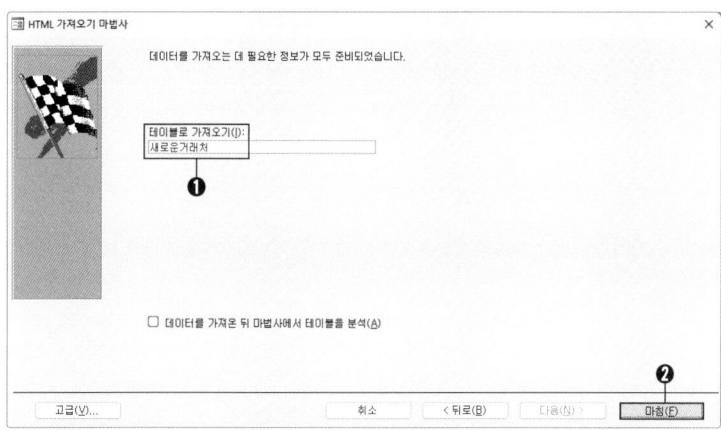

⑦ [외부 데이터 가져오기 - HTML] 대화상자에서 '가져오기 단계 저장'이 선택되지 않은 것을 확인하고 <닫기> 단추를 클릭합니다.

3 관계 설정

① [데이터베이스 도구] 탭-[관계] 그룹-[관계]를 클릭합니다.

② [관계] 그룹-[테이블 추가]를 클릭합니다. [테이블 추가] 대화상자의 [테이블] 탭에서 **Ctrl** 키를 누른 채 차례대로 <매출>, <제품> 테이블을 선택하고 <선택한 표 추가> 단추를 클릭합니다.

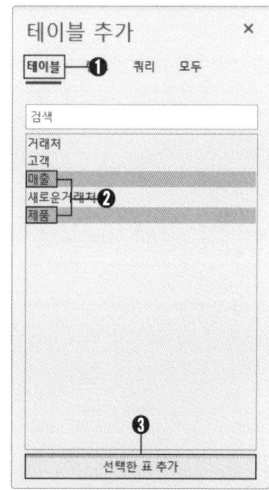

③ <제품> 테이블의 '제품번호' 필드를 <매출> 테이블의 '제품번호' 필드로 드래그 앤 드롭 합니다.

④ [관계 편집] 대화상자에서 '항상 참조 무결성 유지', '관련 필드 모두 업데이트'를 선택하고 <만들기> 단추를 클릭합니다.

※ '일대다(1:M)'의 관계가 설정됩니다.

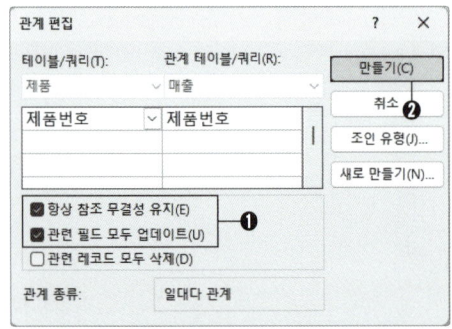

⑤ [관계] 창이 <그림>과 같이 표시됩니다. 빠른 실행 도구 모음에서 (저장)을 눌러 변경된 내용을 저장합니다. [관계 디자인] 탭-[관계] 그룹-[닫기]를 클릭합니다.

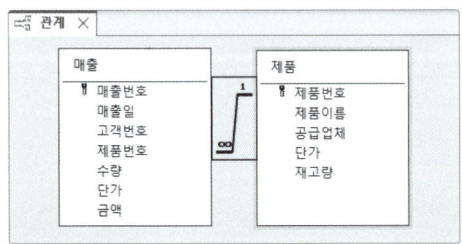

문제2 ▶ 입력 및 수정 기능 구현 (20점)

1 <매출입력> 폼의 완성

① <매출입력> 폼 위에서 마우스 오른쪽 단추를 눌러 <디자인 보기>를 클릭합니다.

② '폼' 영역 속성 시트 창의 [모두] 탭 중 [레코드 원본]에 '매출정보'를 선택합니다.

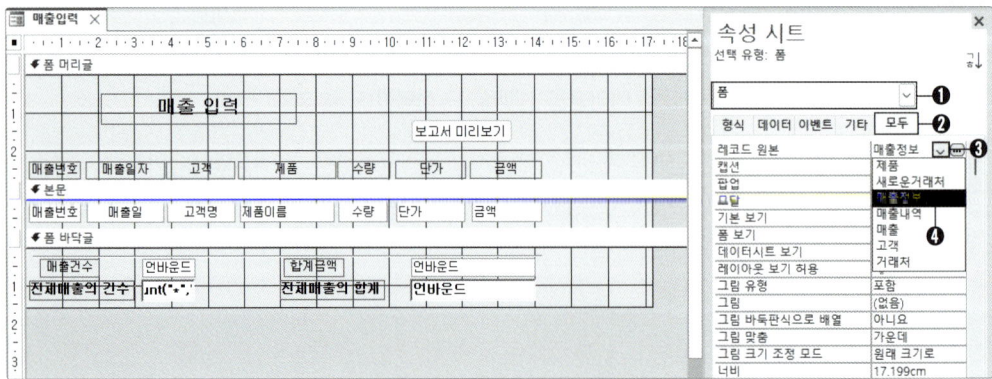

③ '폼 바닥글' 영역에서 'txt건수' 컨트롤 속성 시트 창의 [데이터] 탭 중 [컨트롤 원본]에 '=Count(*)'를 입력합니다.

④ 'txt금액합' 컨트롤 속성 시트 창의 [데이터] 탭 중 [컨트롤 원본]에 '=Sum([금액])'을 입력합니다.

⑤ 'txt전체매출합계' 컨트롤 속성 시트 창의 [데이터] 탭 중 [컨트롤 원본]에 '=DSum("금액","매출")'을 입력합니다.
　※ 필드명이나 테이블명에서 [ ](대괄호)는 생략 가능합니다.

2 <매출입력> 폼에 조건부 서식 작성

① <매출입력> 폼 위에서 마우스 오른쪽 단추를 눌러 <디자인 보기>를 클릭합니다.

② '본문' 영역에서 모든 컨트롤을 드래그 앤 드롭 하여 선택하고 [서식] 탭-[컨트롤 서식] 그룹-[조건부 서식]을 클릭합니다.

③ <새 규칙> 단추를 클릭합니다.

④ [새 서식 규칙] 대화상자에서 '식이'을 선택하고 '[제품이름] Like "무테*"'을 입력하고 '굵게', '빨강'을 선택하고 <확인> 단추를 클릭합니다. 이어서, [조건부 서식 규칙 관리자] 대화상자에서 <확인> 단추를 클릭합니다.

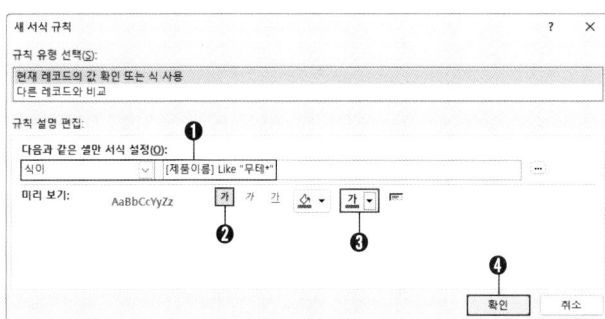

3 <매출입력> 폼에 매크로 작성

① [만들기] 탭-[매크로 및 코드] 그룹-[매크로]를 클릭합니다.

② [새 함수 추가]에서 <MessageBox>를 선택합니다.

③ [메시지]에 '보고서로 이동합니다.'를 입력합니다.

④ [새 함수 추가]에서 <OpenReport>를 선택합니다.

⑤ [보고서 이름]에 '제품명별매출내역', [보기 형식]에 '보고서'를 선택합니다.

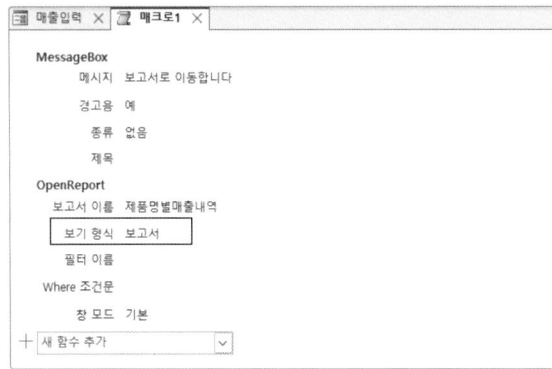

⑥ 빠른 실행 도구 모음에서 ■(저장)을 클릭합니다. [매크로 이름]에 '이동'을 입력합니다.

⑦ <매출입력> 폼 위에서 마우스 오른쪽 단추를 눌러 <디자인 보기>를 클릭합니다.

⑧ '보고서 미리보기'(cmd보고서) 버튼 속성 시트 창의 [이벤트] 탭 중 [On Click]에 '이동'을 선택합니다.

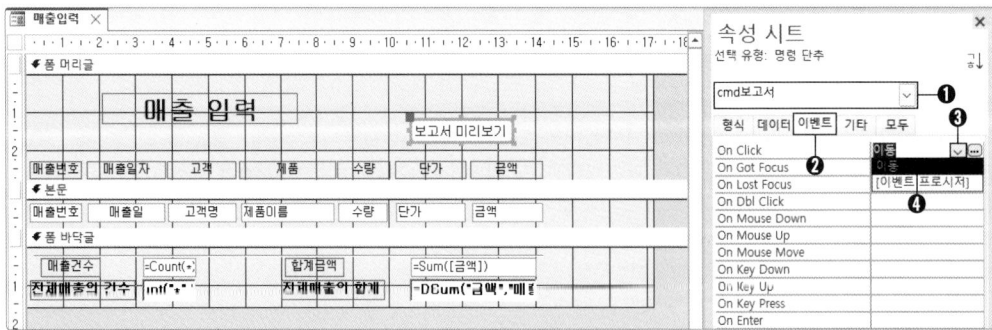

문제3 ▶ 조회 및 출력 기능 구현 (20점)

1 <제품명별매출내역> 보고서 완성

① <제품명별매출내역> 보고서 위에서 마우스 오른쪽 단추를 눌러 <디자인 보기>를 클릭합니다.

② [보고서 디자인] 탭-[컨트롤] 그룹-[텍스트 상자]를 '보고서 머리글' 영역에서 드래그 앤 드롭하여 작성합니다.

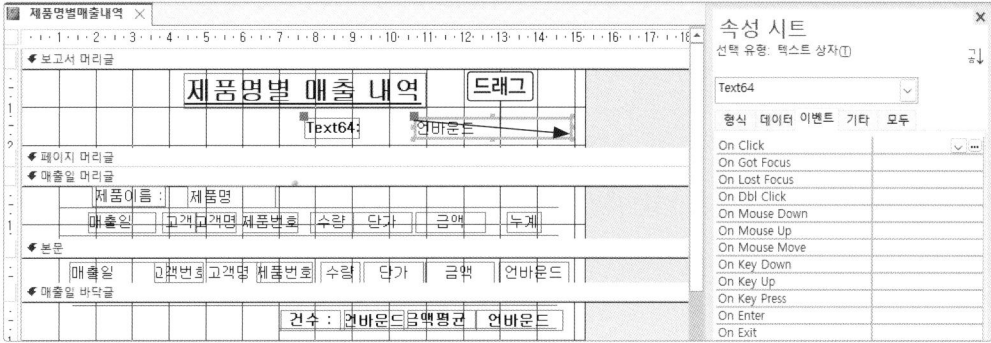

③ '왼쪽 레이블'을 클릭하여 '조회날짜:'를 입력합니다.

④ '오른쪽 텍스트 상자' 속성 시트 창의 [모두] 탭 중 [이름]에 'txt날짜' [컨트롤 원본]에 '=Date( )'을 입력하고 [형식]에 '자세한 날짜'를 선택합니다.

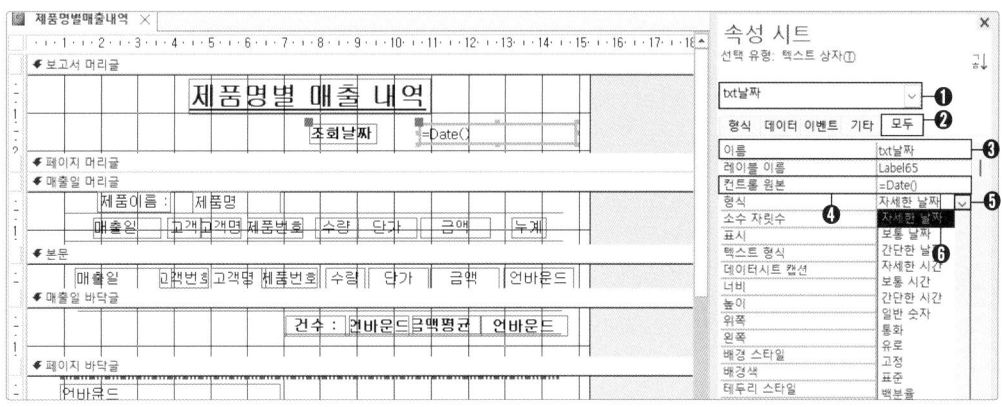

⑤ '매출일 머리글' 영역 속성 시트 창의 [모두] 탭 중 [반복 실행 구역]에 '예'를 선택합니다.

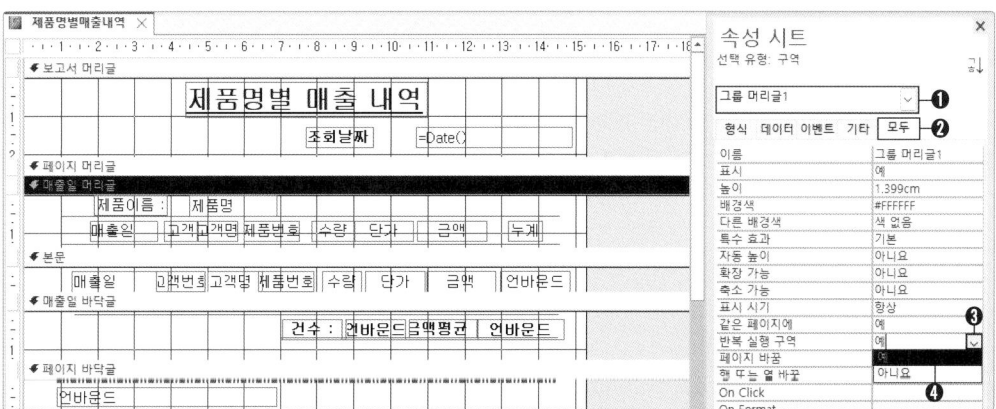

⑥ '본문' 영역에서 'txt누계금액' 컨트롤 속성 시트 창의 [데이터] 탭 중 [컨트롤 원본]에 '금액'을 선택하고 [누적 합계]에 '그룹'을 선택합니다.

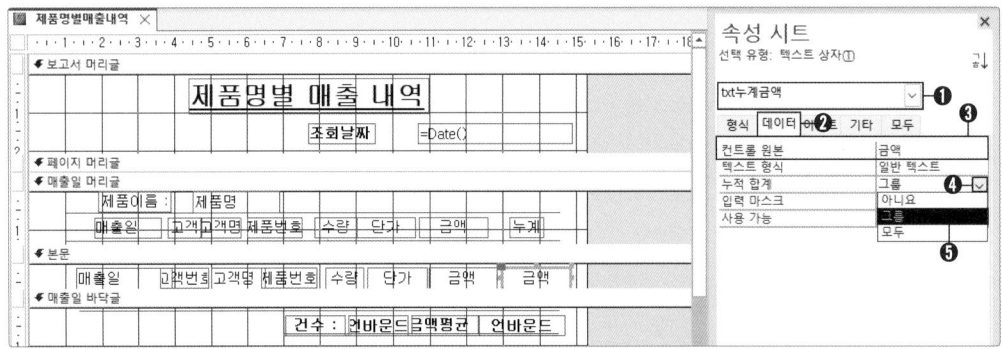

⑦ '매출일 바닥글' 영역에서 'txt건수' 컨트롤 속청 시트 창의 [데이터] 탭 중 [컨트롤 원본]에 '=Count(*)'를 입력합니다.

⑧ 'txt평균' 컨트롤 속성 시트 창의 [데이터] 탭 중 [컨트롤 원본]에 '=Avg([금액])'을 입력합니다.

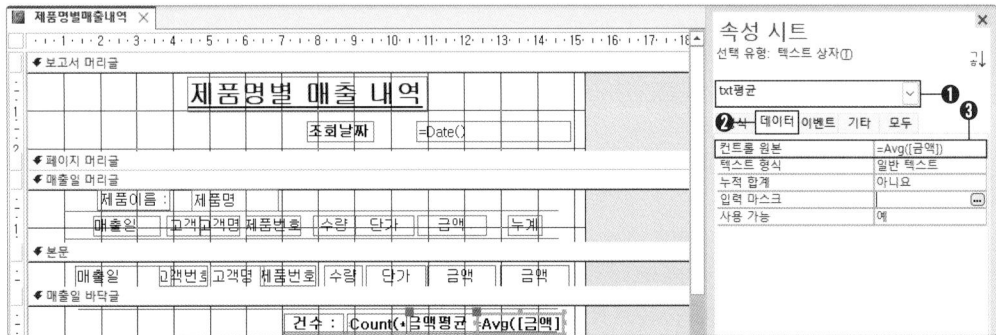

⑨ '페이지 바닥글' 영역에서 'txt페이지' 컨트롤 속성 시트 창의 [데이터] 탭 중 [컨트롤 원본]에 '=IIf([Page] Mod 2=1,[Page] & " page / " & [Pages] & " page")'를 입력합니다.

> **TIP**
>
> **IIF 함수와 Mod 함수**
> - IIF(조건, 참, 거짓) : 조건에 따라 참과 거짓으로 구별하여 실행
> - 값 Mod 수 : 값을 수로 나눈 나머지 구하기

2 <매출내역입력> 폼에 이벤트 프로시저 작성

① <매출내역입력> 폼 위에서 마우스 오른쪽 단추를 눌러 <디자인 보기>를 클릭합니다.

② '이전레코드'(cmd이전) 버튼 속성 시트 창의 [이벤트] 탭 중 [On Click]에 '코드 작성기'를 클릭하고 <확인> 단추를 클릭합니다.

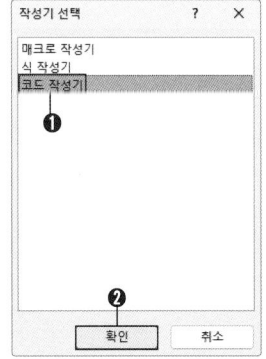

③ VBA 창에 다음과 같이 입력합니다.

※ 'GoToRecord'는 레코드 이동 개체이고 'acPrevious'는 이전 레코드 속성입니다.

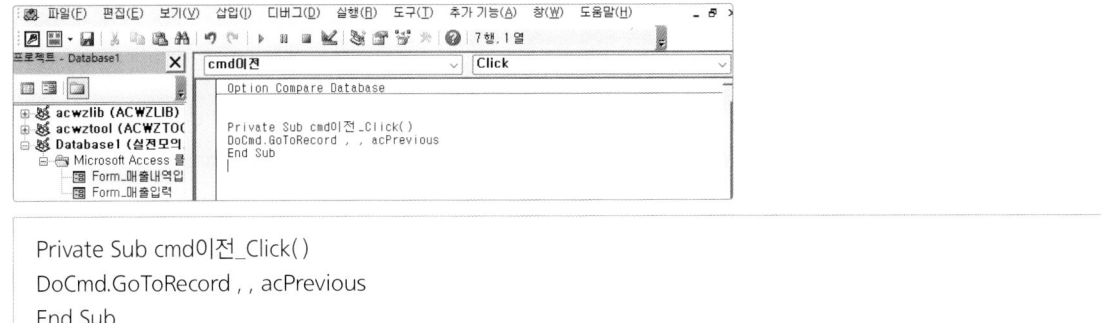

Private Sub cmd이전_Click( )
DoCmd.GoToRecord , , acPrevious
End Sub

④ [개체 선택기]에서 'cmd다음' 개체를 선택합니다.

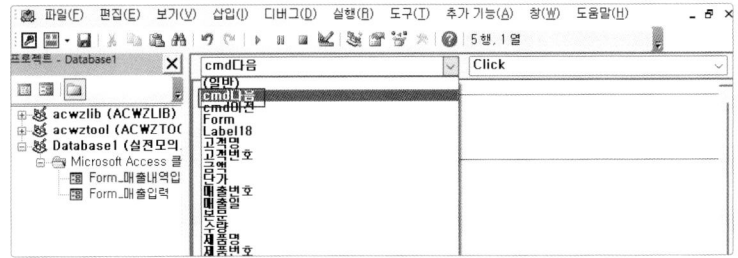

⑤ VBA 창에 다음과 같이 입력합니다.

※ "GoToRecord'의 'acNext'는 다음 레코드 속성입니다.

Private Sub cmd다음_Click( )
DoCmd.GoToRecord , , acNext
End Sub

⑥ **Alt** + **Q** 키를 눌러 액세스 창으로 돌아옵니다.

문제 4 처리 기능 구현 (35점)

1 <김씨성매출내역> 조회 쿼리 작성

① [만들기] 탭-[쿼리] 그룹-[쿼리 디자인]을 클릭합니다.

② [테이블 추가] 대화상자의 [쿼리] 탭에서 <매출정보> 쿼리를 선택하고 <선택한 표 추가> 단추를 클릭합니다.

③ '매출일', '고객명', '제품이름', '금액' 필드를 선택합니다.

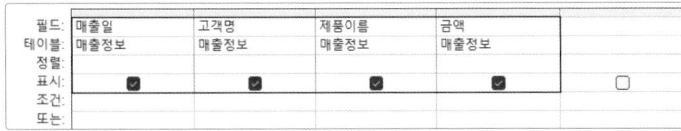

④ '매출일' 필드는 [정렬]에 '오름차순'으로 선택하고 '고객명' 필드는 [조건]에 'Like "김*"'을 입력합니다.

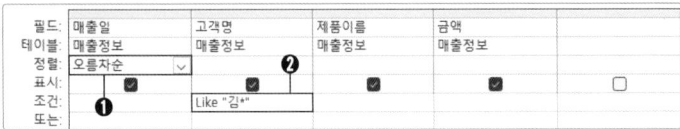

⑤ 빠른 실행 도구 모음에서 🖫(저장)을 클릭합니다. [쿼리 이름]에 '김씨성매출내역'을 입력합니다.

2 <고객관리쿼리> 매개 변수 쿼리 작성

① [만들기] 탭-[쿼리] 그룹-[쿼리 디자인]을 클릭합니다.

② [테이블 추가] 대화상자의 [쿼리] 탭에서 <매출정보> 쿼리를 선택하고 <선택한 표 추가> 단추를 클릭합니다.

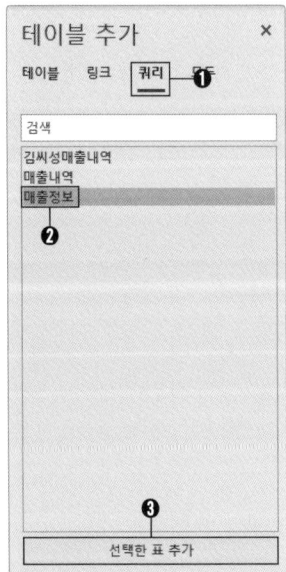

③ '고객명', '제품이름', '매출일', '수량', '단가', '금액' 필드를 선택합니다.

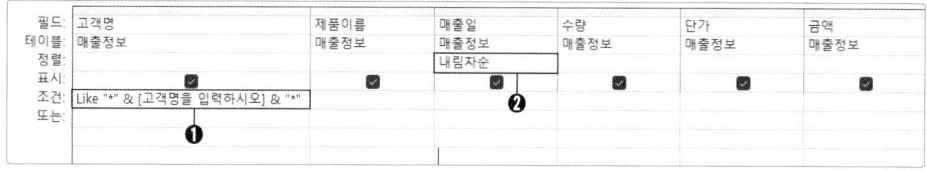

④ '고객명' 필드는 [조건]에 'Like "*" & [고객명을 입력하시오] & "*"'을 입력합니다.

⑤ '매출일' 필드는 [정렬]에 '내림차순'을 선택합니다.

⑥ 빠른 실행 도구 모음에서 (저장)을 클릭합니다. [쿼리 이름]에 '고객관리쿼리'를 입력합니다.

3 <단가상승> 업데이트 쿼리 작성

① [만들기] 탭-[쿼리] 그룹-[쿼리 디자인]을 클릭합니다.

② [테이블 추가] 대화상자의 [테이블] 탭에서 <제품> 테이블을 선택하고 <선택한 표 추가> 단추를 클릭합니다.

③ '제품이름', '단가' 필드를 선택합니다.

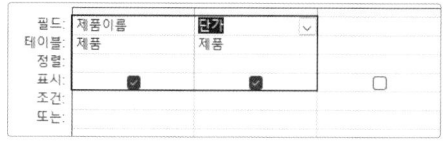

④ [쿼리 디자인] 탭-[쿼리 유형] 그룹-[업데이트]를 클릭합니다.

⑤ '제품이름' 필드는 [조건]에 'Like "*세척제*"'를 입력합니다.

⑥ '단가' 필드는 [업데이트]에 '[단가]+1000'을 입력합니다.

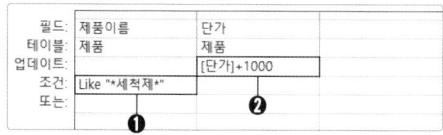

⑦ [쿼리 디자인] 탭-[결과] 그룹-[실행]을 눌러 업데이트 쿼리를 실행합니다.
  ※ 이때 실행은 반드시 한 번만 클릭합니다.

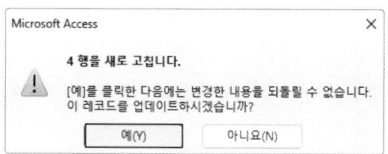

⑧ 빠른 실행 도구 모음에서 (저장)을 클릭합니다. [쿼리 이름]에 '단가상승'을 입력합니다.

4 <제품별총매출액의수량> 크로스탭 쿼리 작성

① [만들기] 탭-[쿼리] 그룹-[쿼리 디자인]을 클릭합니다.

② [테이블 추가] 대화상자의 [테이블] 탭에서 Ctrl 키를 누른 채 차례대로 <매출>, <제품> 테이블을 선택하고 <선택한 표 추가> 단추를 클릭합니다.

③ '제품이름', '제품번호', '수량', '금액' 필드를 선택합니다.

④ [쿼리 디자인] 탭-[쿼리 유형] 그룹-[크로스탭]을 클릭합니다.

⑤ '금액' 필드는 '총매출액:금액'으로 수정하고 [요약]에 '합계'를 선택하고, '수량' 필드도 [요약]에 '합계'를 선택합니다.

⑥ [크로스탭]에 '제품이름' 필드는 '행 머리글', '제품번호' 필드는 '열 머리글', '수량' 필드는 '값', '총매출액:금액' 필드는 '행 머리글'을 선택합니다.

⑦ 빠른 실행 도구 모음에서 (저장)을 클릭합니다. [쿼리 이름]에 '제품별총매출액의수량'을 입력합니다.

5 <제품별매출내역> 쿼리 작성

① [만들기] 탭-[쿼리] 그룹-[쿼리 디자인]을 클릭합니다.

② [테이블 추가] 대화상자의 [쿼리] 탭에서 <매출>, <제품> 테이블을 선택하고 <선택한 표 추가> 단추를 클릭합니다.

③ '제품이름', '공급업체' 필드를 선택하고 '총수량: 수량', '총금액: 금액'을 입력합니다.

④ [쿼리 디자인] 탭-[표시/숨기기] 그룹-[요약]을 클릭합니다.

⑤ '총수량: 수량'과 '총금액: 금액' 필드는 [요약]에 '합계'를 선택하고 '총수량: 수량' 필드의 [조건]에 'Between 20 And 30'을 입력 후 '총금액: 금액' 필드의 [정렬]은 '내림차순'을 선택합니다.

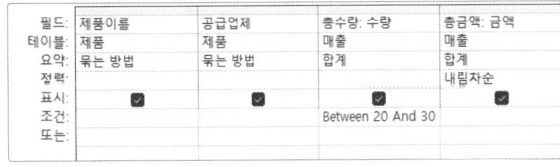

⑥ 빠른 실행 도구 모음에서 (저장)을 클릭합니다. [쿼리 이름]에 '제품별매출내역'을 입력하고 <확인> 단추를 클릭합니다.

MEMO

컴퓨터활용능력 실전모의고사 4회

컴퓨터활용능력
1급실기

프로그램명	제한시간
ACCESS 2021	45분

수 험 번 호 :

성   명 :

1급 │ A형

유의사항

- 인적 사항 누락 및 잘못 작성으로 인한 불이익은 수험자 책임으로 합니다.

- 화면에 암호 입력창이 나타나면 아래의 암호를 입력하여야 합니다.
  - 암호 : 23%685

- 작성된 답안은 주어진 경로 및 파일명을 변경하지 마시고 그대로 저장해야 합니다. 이를 준수하지 않으면 실격처리 됩니다.
  - 답안 파일명의 예 : C:₩DB₩수험번호 8자리.accdb

- 외부데이터 위치 : C:₩DB₩파일명

- 별도의 지시사항이 없는 경우, 다음과 같이 처리하면 실격 처리됩니다.
  - 제시된 개체의 이름을 임의로 변경한 경우
  - 제시된 개체의 속성을 임의로 변경한 경우
  - 제시된 개체를 임의로 삭제하거나 추가한 경우

- 별도의 지시사항이 없는 경우, 기능의 구현은 모듈이나 매크로 등을 이용하며, 예외적인 상황에 대해서는 고려하지 않아도 됩니다.

- 제시된 함수가 있을 경우 제시된 함수만을 사용하여야 하며, 그 외 함수 사용시 채점 대상에서 제외됩니다.

- 별도의 지시사항이 없는 경우, 주어진 각 개체의 속성은 설정값 또는 기본 설정값 (Default)으로 처리하십시오.

- 제시된 화면은 예시이며 나타난 값은 실제와 다를 수 있습니다.

- 저장 시간은 별도로 주어지지 아니하므로 제한된 시간 내에 저장을 완료해야 합니다.

- 본 문제의 용어는 MS Office LTSC Professional Plus 2021 기준으로 작성되었습니다.

문제 1 25점_ DB 구축

01 유치원생 관리를 위해 데이터베이스를 구축하였다. 다음 지시사항에 따라 각각의 테이블을 완성하시오. (각 3점)

① <원아> 테이블의 '원아번호'를 기본 키(Primary Key)로 설정하시오.

② <원아> 테이블의 '생년월일' 필드에는 2015년 이후 출생자만이 입력되도록 설정하고, 다른 값이 입력되면 '2015년 이후 출생자만 입력 가능합니다.'라고 메시지를 보내도록 설정하시오.

③ <원아> 테이블의 마지막 필드 위치에 '사진' 필드는 'OLE 개체' 데이터 형식으로 추가하시오.

④ <교사> 테이블의 '교사명' 필드는 필수로 입력하도록 설정하시오.

⑤ <교사> 테이블의 '전화번호' 필드에 대하여 입력 마스크를 설정하시오
▶ 필드에 숫자 3자리-4자리-4자리 형식으로 '-' 기호는 입력하지 않도록 하시오.

02 외부 데이터 가져오기 기능을 이용하여 <대기자명단.xlsx>에서 범위의 정의된 이름을 가져와 <대기자명단> 테이블을 생성하시오. (5점)

▶ 첫 번째 행은 열 머리글임
▶ Access에서 기본 키 추가를 설정

03 <원아> 테이블의 '반번호' 필드는 <반정보> 테이블의 '반번호' 필드를 참조하며, <원아> 테이블을 기준으로 <반정보> 테이블은 M:1 관계를 가진다. 또한, <교사> 테이블의 '교사번호' 필드가 <반정보> 테이블의 '담당교사' 필드와 1:M의 관계를 가지도록 설정하시오. (5점)

▶ 각 테이블 간에 항상 참조 무결성을 유지하도록 설정하시오.
▶ 참조 필드의 값이 변경되면 관련 필드의 값도 변경되도록 설정하시오.
▶ 다른 테이블에서 참조하고 있는 레코드는 삭제할 수 없도록 설정하시오.

문제 2 20점_ 입력 및 수정 기능 구현

01 <원아정보> 폼을 다음의 지시사항에 따라 완성하시오. (각 3점)

① 폼 머리글 영역의 높이를 '2cm'로 설정하고 레이블을 추가하여 '캡션'은 '원 아 정 보', '이름'은 'lbl정보', '글꼴 크기'는 '24pt'로 설정하시오.

② 본문의 'txt원아번호', 'txt원아명', 'txt반번호', 'txt생년월일', 'txt주소', 'txt전화번호', 'txt특이사항'을 각각 '원아번호', '원아명', '반번호', '생년월일', '주소', '전화번호', '특이사항' 필드에 바운드시키시오.

③ 본문의 모든 컨트롤을 사용할 수 없도록 설정하시오.

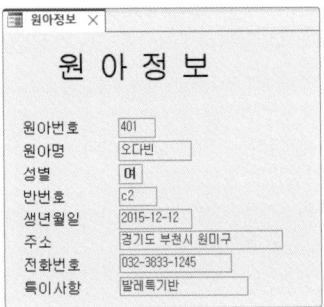

02 <원아데이터시트> 폼의 본문 영역에 다음과 같이 조건부 서식을 설정하시오. (6점)

▶ '특이사항'이 있는 경우에 본문의 모든 컨트롤의 바탕색을 '노랑'색으로 표시되도록 설정하시오.
▶ 단, 하나의 규칙으로 작성하시오.
▶ '문제 2의 입력 및 수정 기능 구현 3번' 문제의 <그림> 참조

03 <반정보> 폼에서 '조회'(cmd조회) 버튼을 클릭하면 해당 반의 정보가 표시되는 <반정보조회> 매크로를 구현하시오. (5점)

▶ 반을 선택하는 'cmb조회' 컨트롤에 저장된 반번호에 해당하는 반을 표시
▶ ApplyFilter 개체 이용

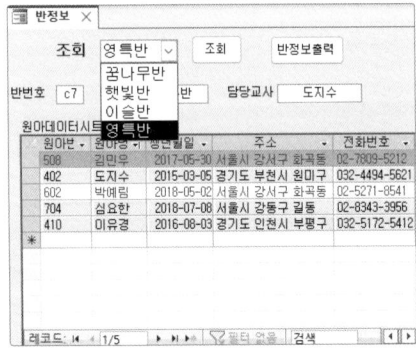

문제 3 20점_ 조회 및 출력 기능 구현

01 다음의 지시사항 및 화면을 참조하여 <반별원아리스트> 보고서를 완성하시오. (각 3점)

① 페이지 머리글에 레이블 컨트롤 생성 후 '반별 원아 리스트'로 제목을 표시하시오.
   ▶ 페이지 머리글의 높이 : 1cm
   ▶ 컨트롤 명 : 'lbl제목'
   ▶ 글꼴 이름은 '휴먼매직체', 글꼴 크기 '20pt', 글꼴 두께 '아주 굵게'로 설정

② '반명' 필드를 기준으로 내림차순으로 정렬하되 동일한 반에서는 '생년월일'을 기준으로 오름차순으로 정렬되어 표시되도록 설정하시오.

③ 본문의 'txt반명', 'txt교사명' 컨트롤이 이전 레코드와 동일한 값을 갖는 경우 표시되지 않도록 설정하시오.

④ '반명' 바닥글에 텍스트 상자 컨트롤 생성 후 인원수를 표시하시오.
   ▶ 컨트롤 명 : txt인원수
   ▶ 예 : 5명

⑤ 반명 머리글 부분을 반복 실행 구역으로 설정하시오.

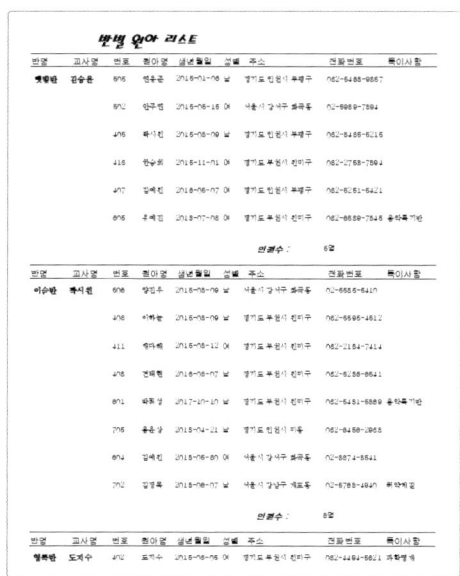

02 <반정보> 폼 상단의 '반정보출력'(cmd출력) 버튼을 클릭하면 <반별원아리스트> 보고서를 '인쇄 미리 보기' 형태로 출력되도록 이벤트 프로시저를 작성하시오. (5점)

▶ '반번호를 입력하세요' 입력 대화상자에서 반번호를 입력받아 해당하는 해당 반번호만 미리보기로 표시하시오.
▶ InputBox 개체를 사용하시오.

문제 4 35점_ 처리 기능 구현

01 <반정보>, <원아> 테이블을 이용하여 햇빛반 원아들의 명단을 조회하는 <햇빛반조회> 쿼리를 작성하시오. (7점)

▶ 원아명을 기준으로 오름차순 정렬하여 표시하시오.

▶ 쿼리 실행 결과 표시되는 필드와 필드명은 <그림>과 같이 표시되도록 설정하시오.

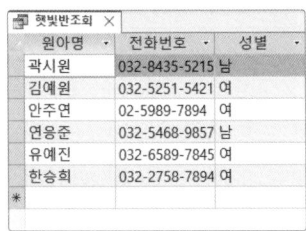

02 <반정보>와 <원아> 테이블을 이용하여 특이사항이 있는 원아를 조회하는 <특이사항있음> 쿼리를 작성하시오. (7점)

▶ 반명, 원아명, 전화번호, 성별, 특이사항이 표시되도록 하시오.

▶ Is Null 또는 Is Not Null 중 사용

03 <원아리스트> 쿼리를 이용하여 반별, 성별 원아수를 나타내는 크로스탭 질의를 <그림>과 같이 작성하시오. (7점)

▶ 쿼리 이름은 <성별인원수>로 하시오.

▶ 각 성별 전체 학생이 합계로 나타내시오.

▶ 인원수에 "명"을 함께 표시하시오.

성별	전체합	꿈나무반	영특반	이슬반	햇빛반
남	14 명	4 명	2 명	6 명	2 명
여	17 명	8 명	3 명	2 명	4 명

04 <교사>, <반정보>, <원아> 테이블을 이용하여 다음과 같은 기능을 수행하는 <원아찾기> 쿼리를 작성하시오. (7점)

▶ '원아명'의 일부를 입력하여 조회하는 쿼리를 작성하시오.

▶ 쿼리 실행 결과 표시되는 필드와 필드명은 <그림>과 같이 표시되도록 설정하시오.

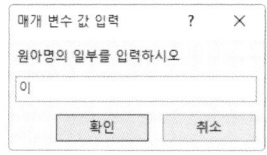

05 생년월일과 주소에 따라 <전학인원삭제> 쿼리를 작성하시오. (7점)

▶ <원아> 테이블을 이용하시오.

▶ 생년월일이 2015년 1월 1일부터 2015년 12월 31일까지이면서 주소가 '서울'로 시작하는 데이터를 삭제하시오.

실전모의고사 4회 정답 및 해설

> 📁 **작업 파일** : C:₩2024_컴활1급₩데이터베이스₩작업파일₩실전모의고사₩실전모의고사 4회_문제.accdb
> 📁 **완성 파일** : C:₩2024_컴활1급₩데이터베이스₩완성파일₩실전모의고사₩실전모의고사 4회_정답.accdb

정답

문제 1 ▶ DB 구축 (25점)

01 <원아>, <교사> 테이블 완성

지시사항	테이블명	필드명	필드 속성 및 기본키	설정 값
①	원아	원아번호	기본 키 설정	
②		생년월일	유효성 검사 규칙	>=#2015-01-01#
			유효성 검사 메시지	2015년 이후 출생자만 입력 가능합니다
③		사진	데이터 형식	OLE 개체
④	교사	교사명	필수	예
⑤		전화번호	입력 마스크	999-9999-9999

02 외부 데이터 가져오기

① [외부 데이터] 탭-[가져오기 및 연결] 그룹-[새 데이터 원본]-[파일에서]-[Excel]를 클릭합니다.

② 첫 행에 열 머리글 있음, Access에서 기본 키 추가

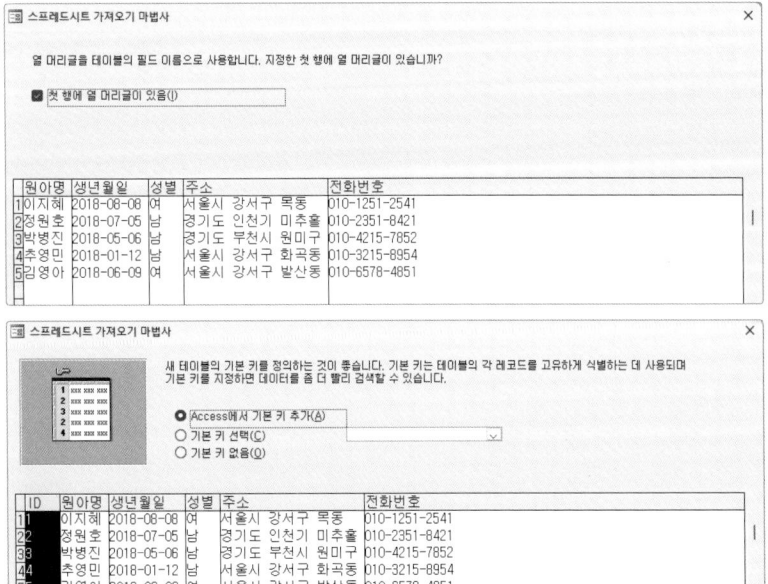

03 관계 설정

① [데이터베이스 도구]-[관계] 그룹의 [관계( )]를 클릭

② 관계 편집

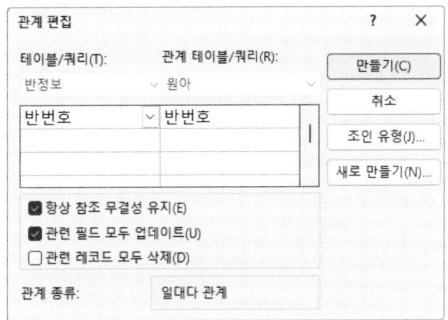 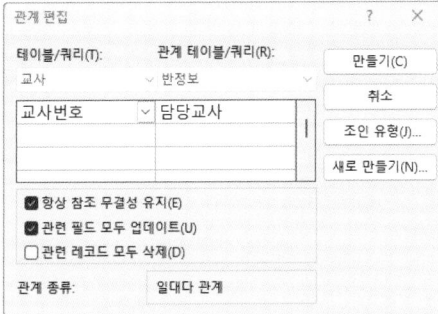

문제2 ▶ 입력 및 수정 기능 구현 (20점)

01 <원아정보> 폼의 완성

지시사항	영역	개체명	탭	항목	설정 값
①	폼 머리글		형식	높이	2cm
		lbl정보	모두	캡션	원 아 정 보
				이름	lbl정보
				글꼴 크기	24
②	폼	txt원아번호	데이터	컨트롤 원본	원아번호
		txt원아명			원아명
		txt반번호			반번호
		txt생년월일			생년월일
		txt주소			주소
		txt전화번호			전화번호
		txt특이사항			특이사항
③	본문	모든 컨트롤	데이터	사용 가능	아니요

02 <원아데이터시트> 폼에 조건부 서식 설정

① [서식]-[컨트롤 서식] 그룹의 [조건부 서식]을 클릭

② [새 서식 규칙]

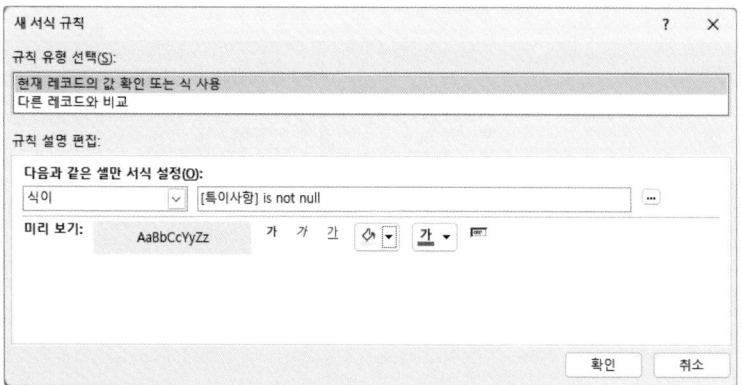

03 <매출입력> 폼에 매크로 작성

① [만들기]-[매크로 및 코드] 그룹에서 [매크로( )]를 클릭

② [반정보조회] 매크로

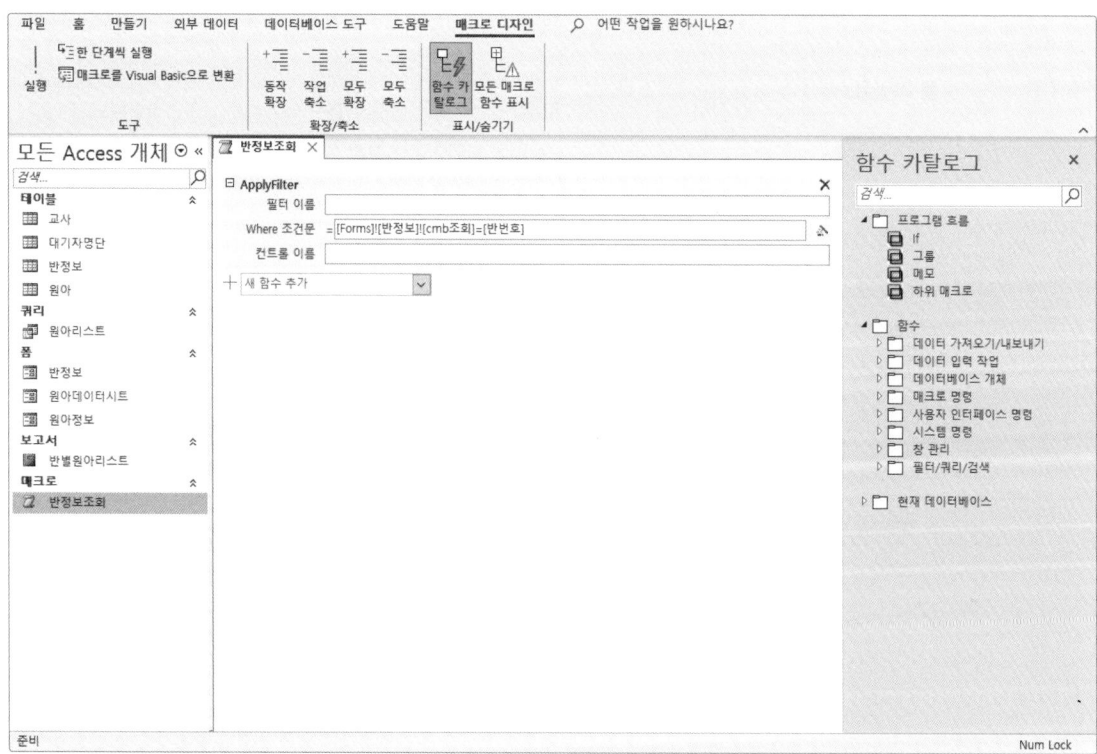

문제3 ▶ 조회 및 출력 기능 구현 (20점)

01 <반별원아리스트> 보고서 완성

지시사항	영역	개체명	탭	항목	설정 값
①	페이지 머리글	lbl제목	형식	높이	1cm
			모두	이름	lbl제목
				글꼴 이름	휴먼매직체
				글꼴 크기	20
				글꼴 두께	아주 굵게
②	[그룹, 정렬 및 요약]에서 '반명' 필드의 '내림차순'으로 하고 정렬을 추가하여 '생년월일' 필드의 '오름차순'으로 선택					
③	본문	txt반명	형식	중복 내용 숨기기	예
		txt교사명			
④	반명 바닥글	txt인원수	기타	이름	txt인원수
				컨트롤 원본	=Count(*) & "명"
⑤	반명 머리글		형식	반복 실행 구역	예

02 <반정보> 폼에 이벤트 프로시저 작성

① '반정보출력(cmd출력)' 컨트롤을 선택한 후 [속성 시트]-[이벤트] 탭의 'On Click'에서 [코드 작성기]를 클릭

② VBA 코드 작성

```
Private Sub cmd출력_Click( )
DoCmd.OpenReport "반별원아리스트", acViewPreview, , "반번호= ' " & InputBox("반정보를 입력하세요") & " ' "
End Sub
```

문제4 처리 기능 구현 (35점)

01 <햇빛반조회> 조회 쿼리

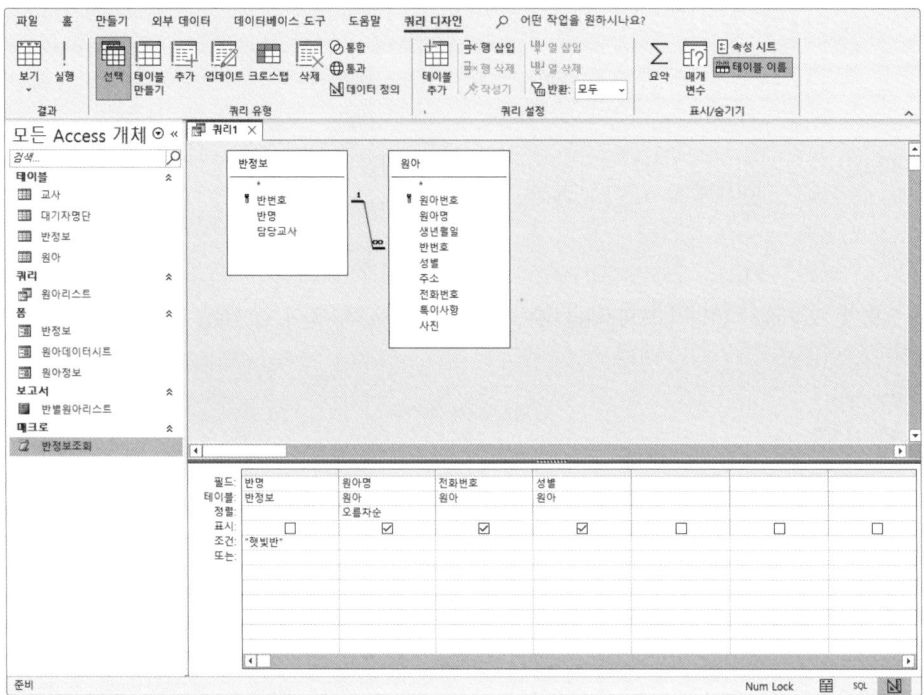

02 <특이사항있음> 조건 쿼리

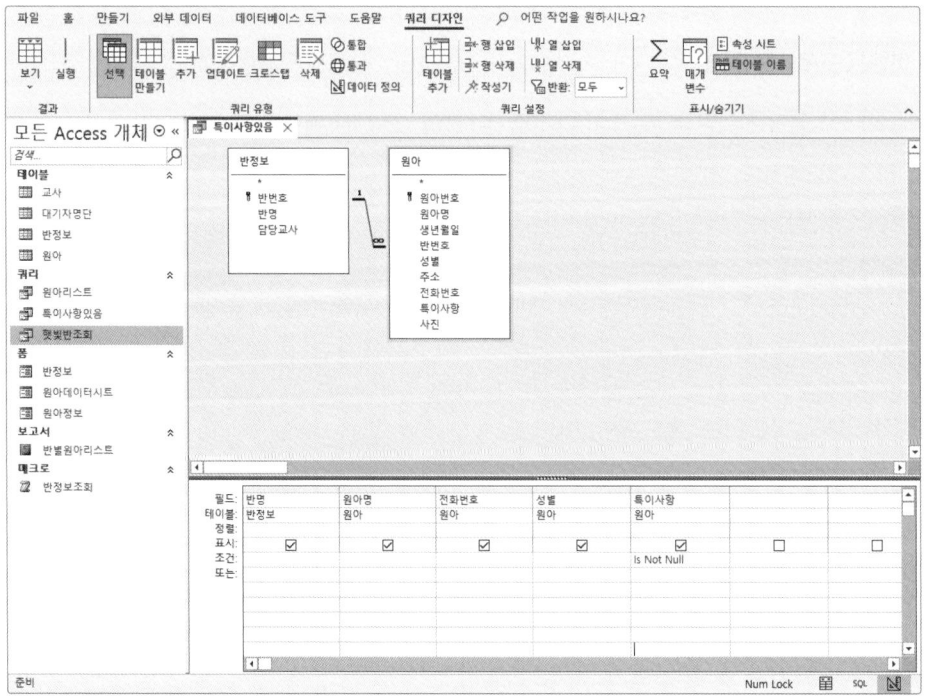

03 <성별인원수> 크로스탭 쿼리

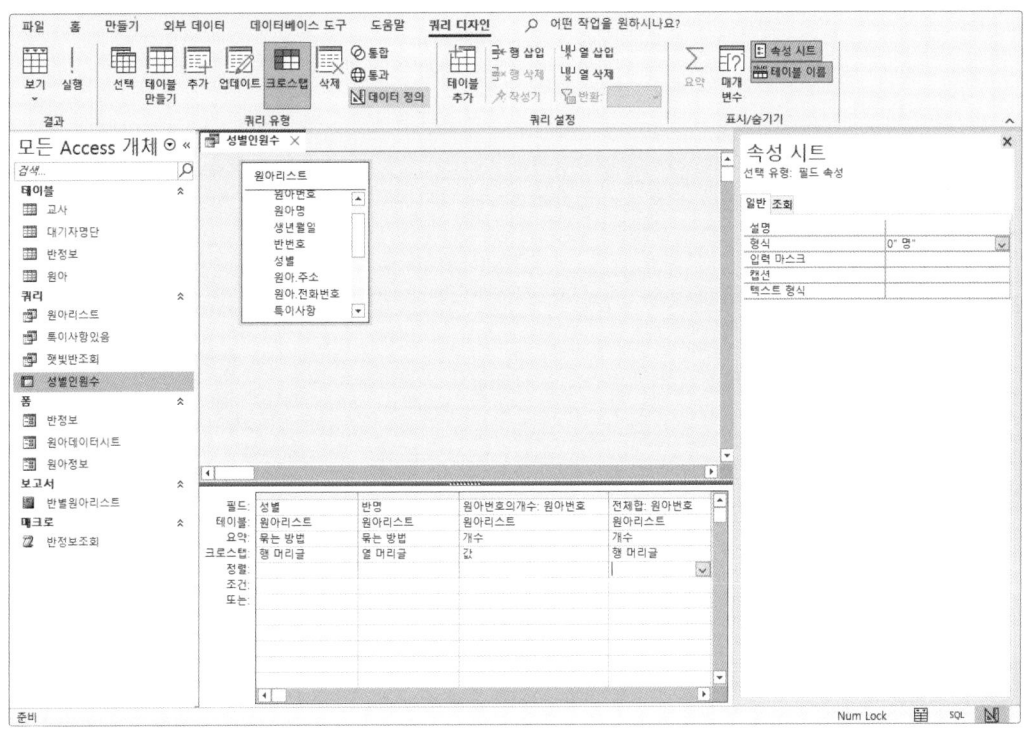

04 <원아찾기> 매개 변수 쿼리

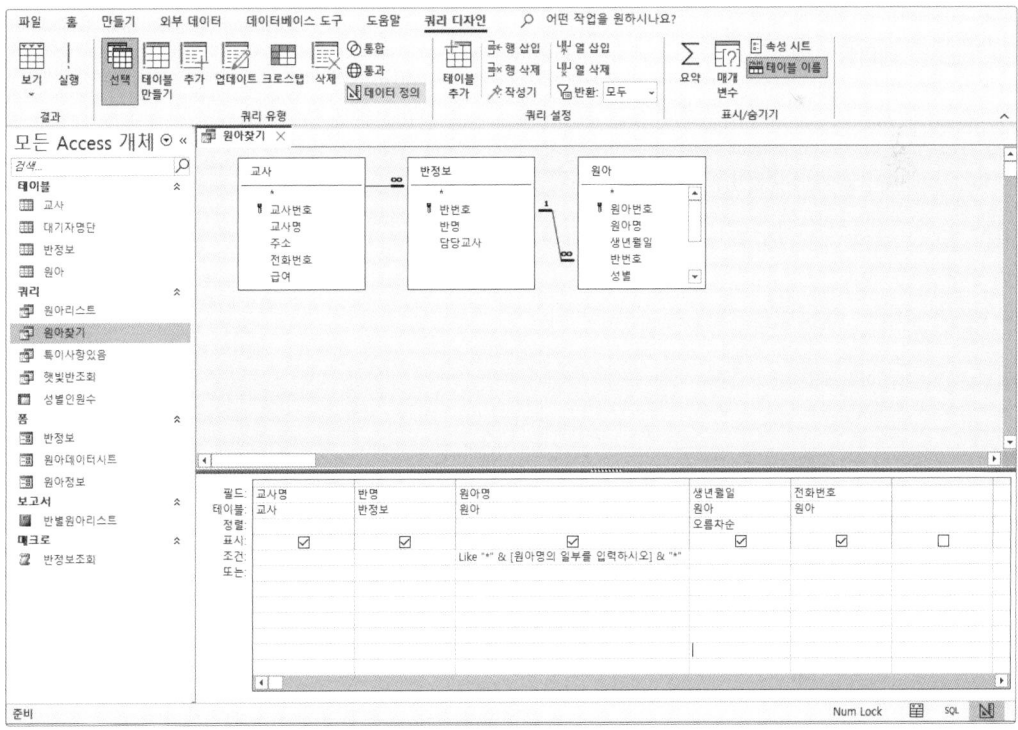

05 <전학인원삭제> 삭제 쿼리

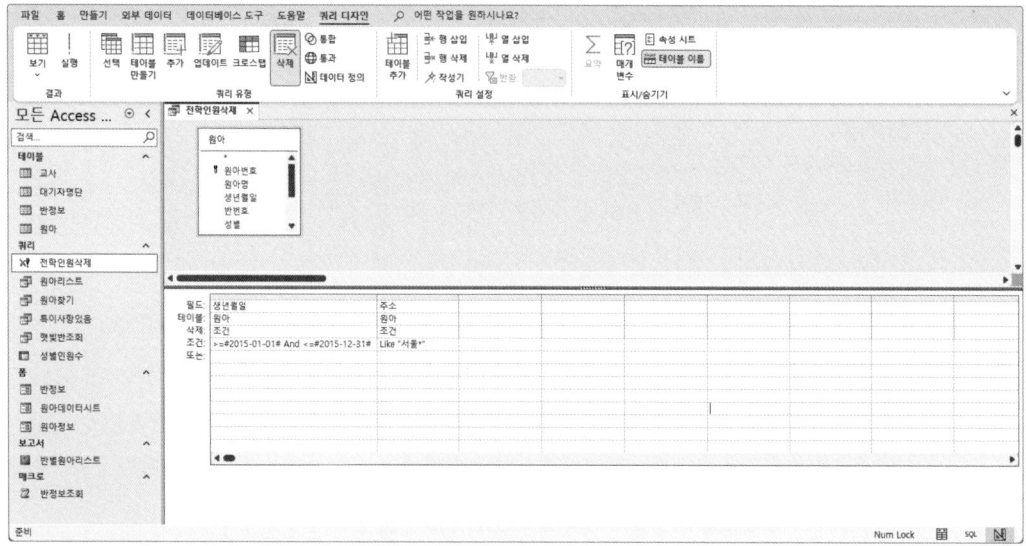

해설

문제 1 ▶ DB 구축 (25점)

1 <원아>, <교사> 테이블 완성

① <원아> 테이블 위에서 마우스 오른쪽 단추를 눌러 <디자인 보기>를 클릭합니다.

② '원아번호' 필드에서 [테이블 디자인] 탭-[도구] 그룹-[기본 키]를 클릭합니다.

③ '생년월일' 필드의 속성은 [유효성 검사 규칙]에 '>=#2015-01-01#', [유효성 검사 메시지]에 '2015년 이후 출생자만 입력 가능합니다.'로 입력합니다.
 ※ '날짜' 필드에는 왼쪽 · 오른쪽에 '#'을 입력합니다.

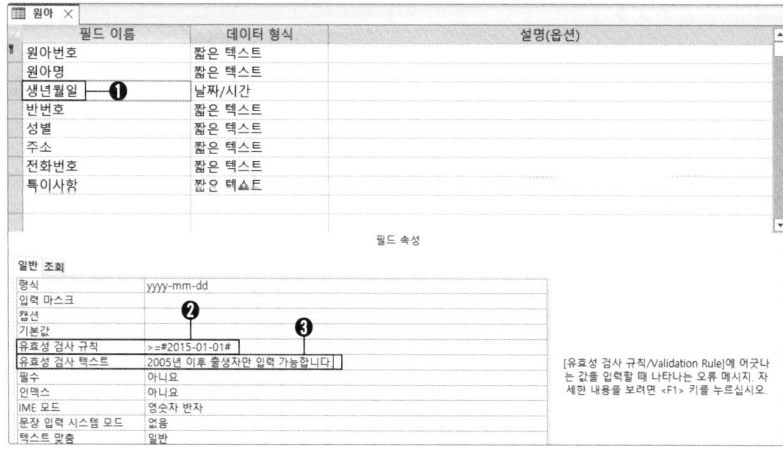

④ 마지막 필드의 [필드 이름]에 '사진'을 입력하고 [데이터 형식]에 'OLE 개체'를 선택합니다.

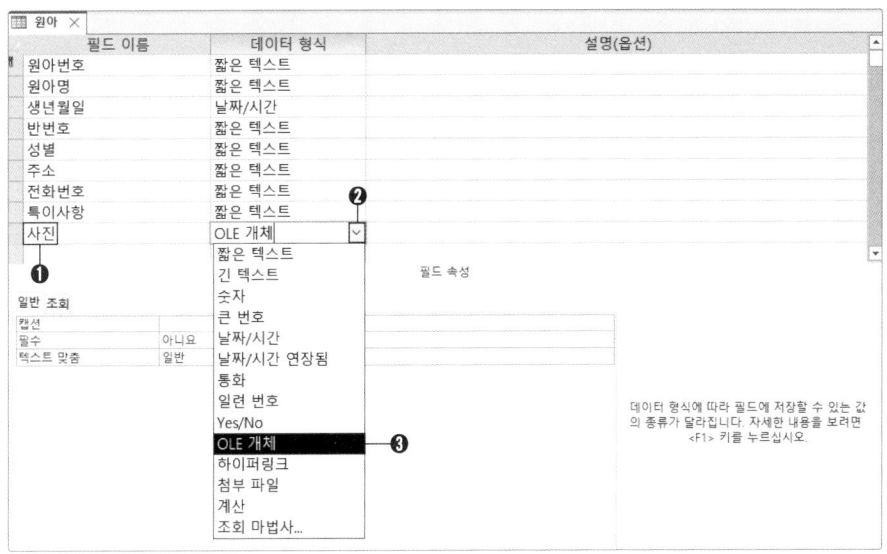

⑤ <교사> 테이블 위에서 마우스 오른쪽 단추를 눌러 <디자인 보기>를 클릭합니다.

⑥ '교사명' 필드의 속성은 [필수]에 '예'를 선택합니다.

⑦ '전화번호' 필드의 속성은 [입력 마스크]에 '999-9999-9999'를 입력합니다.

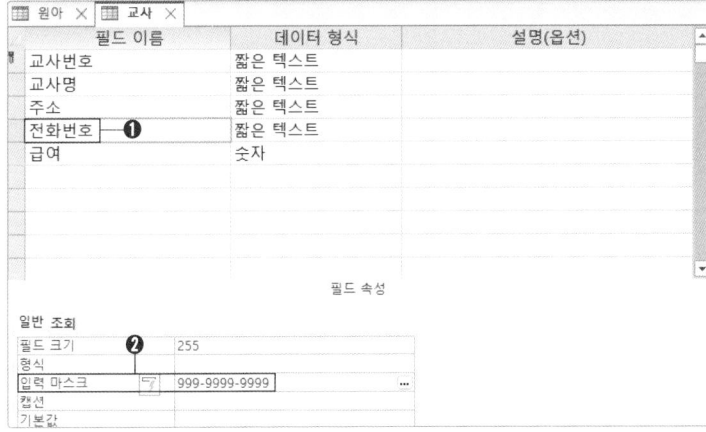

2 외부 데이터 가져오기

① [외부 데이터] 탭-[가져오기 및 연결] 그룹-[새 데이터 원본]-[파일에서]-[Excel]를 클릭합니다.

② [외부 데이터 가져오기 - Excel 스프레드시트] 대화상자에서 [데이터 원본 및 대상 선택] 창의 <찾아보기> 단추를 클릭하여 파일 이름은 'C:₩2024_컴활1급₩데이터베이스₩작업파일₩실전모의고사₩대기자명단.xlsx'을 선택합니다.

③ [외부 데이터 가져오기 - Excel 스프레드시트] 대화상자에서 저장할 방법과 위치는 '현재 데이터베이스의 새 테이블로 원본 데이터 가져오기(I)'를 선택하고 <확인> 단추를 클릭합니다.

④ [스프레드시트 가져오기 마법사] 대화상자에서 '첫 행에 열 머리글이 있음'을 선택하고 <다음> 단추를 클릭합니다.

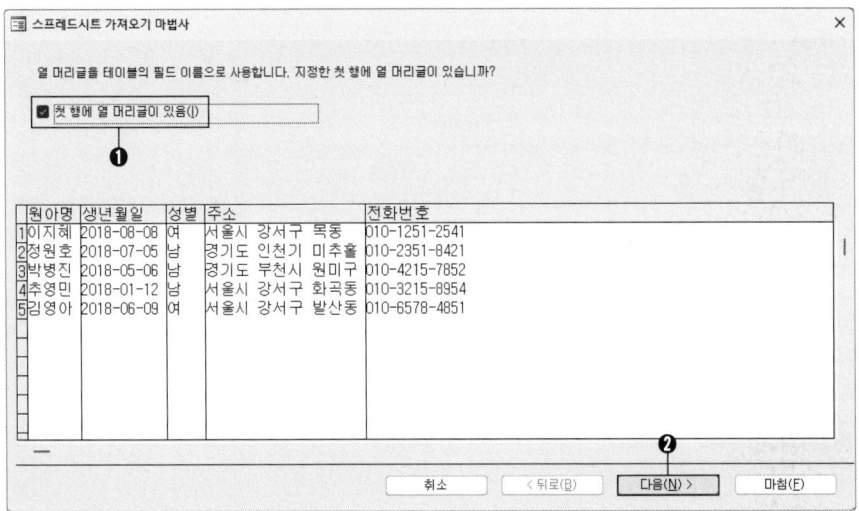

⑤ [스프레드시트 가져오기 마법사] 대화상자에서 필드 옵션을 확인하고 <다음> 단추를 클릭합니다.

⑥ [스프레드시트 가져오기 마법사] 대화상자에서 'Access에서 기본 키 추가'를 선택하고 <다음> 단추를 클릭합니다.

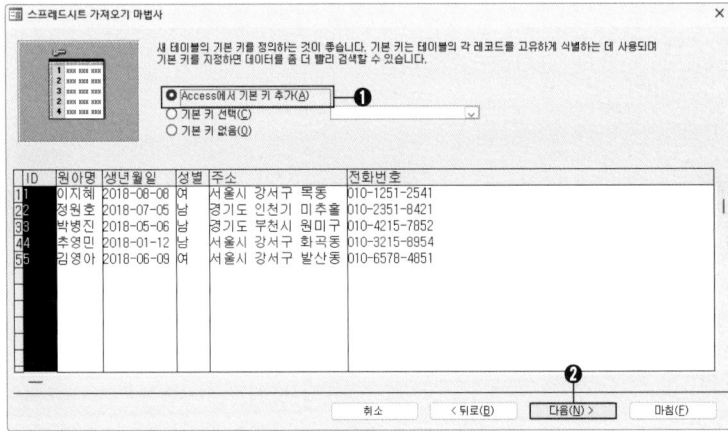

⑦ [스프레드시트 가져오기 마법사] 대화상자의 테이블 가져오기에 테이블 이름을 '대기자명단'으로 입력하고 <마침> 단추를 클릭합니다.

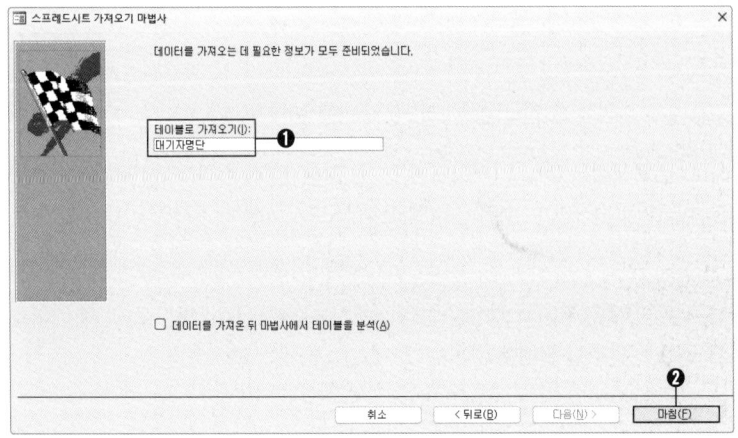

⑧ [외부 데이터 가져오기 - Excel 스프레드시트] 대화상자에서 '가져오기 단계 저장'이 선택되지 않은 것을 확인하고 <닫기> 단추를 클릭합니다.

3 관계 설정

① [데이터베이스 도구] 탭-[관계] 그룹-[관계]를 클릭합니다.

② 관계] 그룹-[테이블 추가]를 클릭합니다. [테이블 추가] 대화상자의 [테이블] 탭에서 **Ctrl** 키를 누른 채 차례대로 <교사>, <반정보>, <원아> 테이블을 선택하고 <선택한 표 추가> 단추를 클릭합니다.

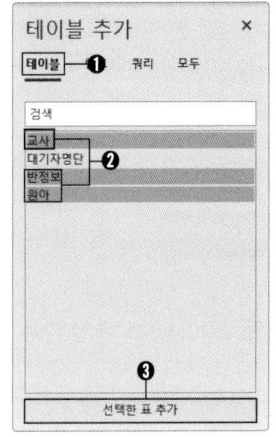

③ <원아> 테이블의 '반번호' 필드를 <반정보> 테이블의 '반번호' 필드로 드래그 앤 드롭 합니다.

④ [관계 편집] 대화상자에서 '항상 참조 무결성 유지', '관련 필드 모두 업데이트'를 선택하고 <만들기> 단추를 클릭합니다.

※ '일대다(1:M)'의 관계가 설정됩니다.

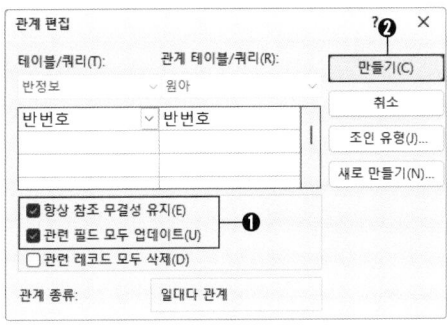

⑤ <교사> 테이블의 '교사번호' 필드를 <반정보> 테이블의 '담당교사' 필드로 드래그 앤 드롭 합니다.

⑥ [관계 편집] 대화상자에서 '항상 참조 무결성 유지', '관련 필드 모두 업데이트'를 선택하고 <만들기> 단추를 클릭합니다.

※ '일대다(1:M)'의 관계가 설정됩니다.

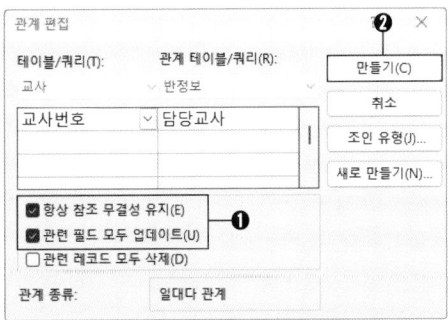

⑦ [관계] 창이 <그림>과 같이 표시됩니다. 빠른 실행 도구 모음에서 🔚(저장)을 눌러 변경된 내용을 저장합니다. [관계 디자인] 탭-[관계] 그룹-[닫기]를 클릭합니다.

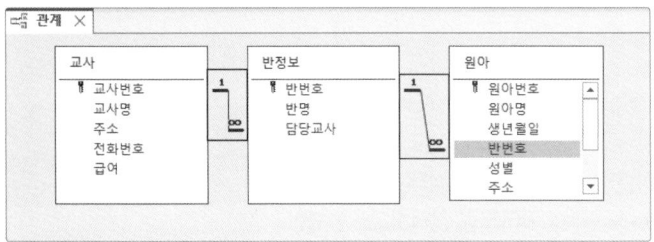

문제2 ▶ 입력 및 수정 기능 구현 (20점)

1 <원아정보> 폼의 완성

① <원아정보> 폼 위에서 마우스 오른쪽 단추를 눌러 <디자인 보기>를 클릭합니다.

② '폼 머리글' 영역 속성 시트 창의 [형식] 탭 중 [높이]에 '2cm'을 입력합니다.

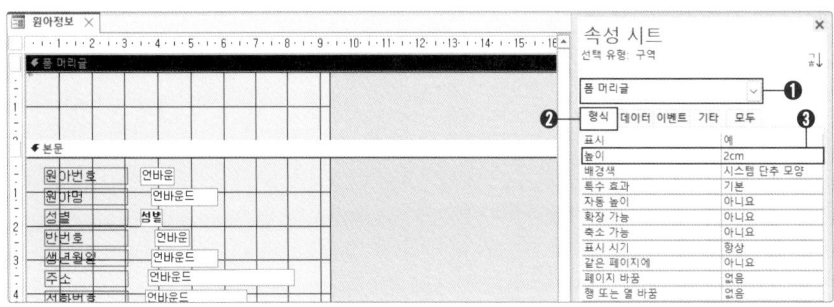

③ [양식 디자인] 탭-[컨트롤] 그룹-[*가가*](레이블)을 '폼 머리글' 영역으로 드래그 앤 드롭하여 '원 아 정 보'를 입력합니다.

④ 속성 시트 창의 [모두] 탭 중 [이름]에 'lbl정보', [캡션]에 '원 아 정 보', [글꼴 크기]에 '24pt'를 입력합니다.

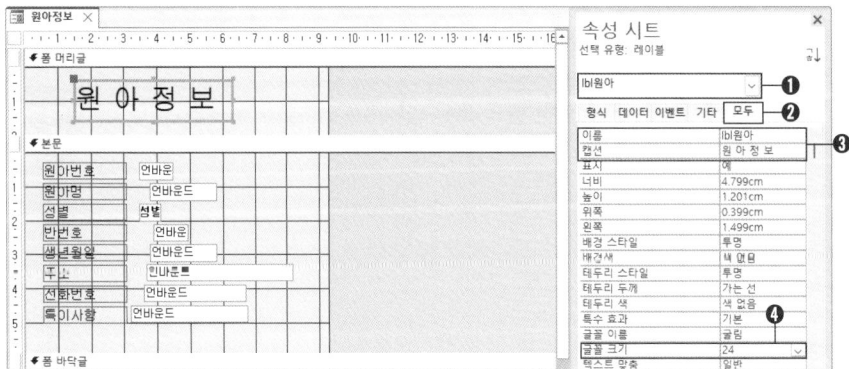

⑤ '폼' 영역에서 'txt원아번호' 컨트롤 속성 시트 창의 [데이터] 탭 중 [컨트롤 원본]에 '원아번호'를 선택합니다.

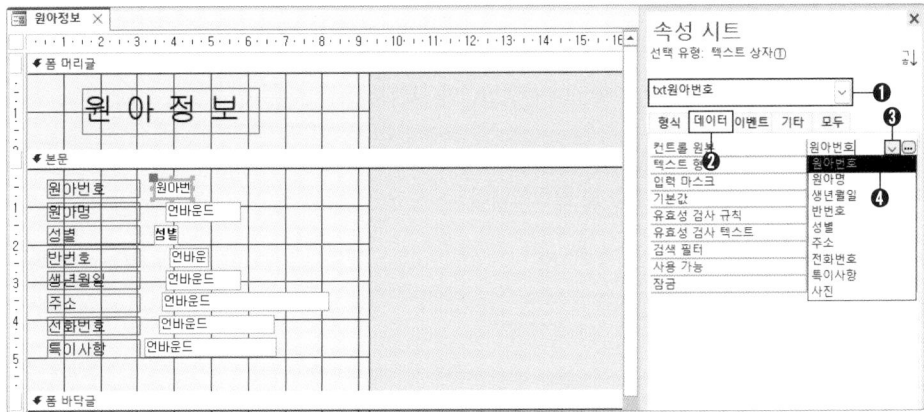

⑥ 이와 같이 'txt원아명' 컨트롤은 '원아명', 'txt반번호' 컨트롤은 '반번호', 'txt생년월일' 컨트롤은 '생년월일', 'txt주소' 컨트롤은 '주소', 'txt전화번호' 컨트롤은 '전화번호', 'txt특이사항' 컨트롤은 '특이사항' 필드에 연결합니다.

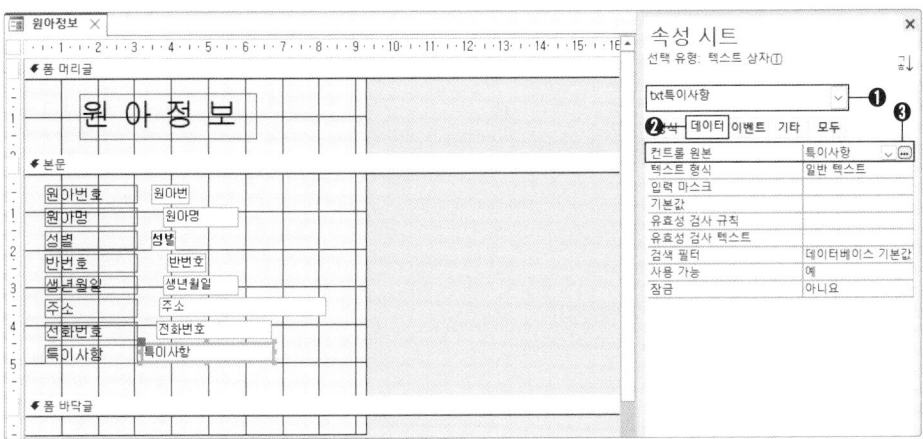

⑦ '본문' 영역에서 텍스트 상자 컨트롤을 선택하고 속성 시트 창의 [데이터] 탭 중 [사용 가능]에 '아니요'를 선택합니다.

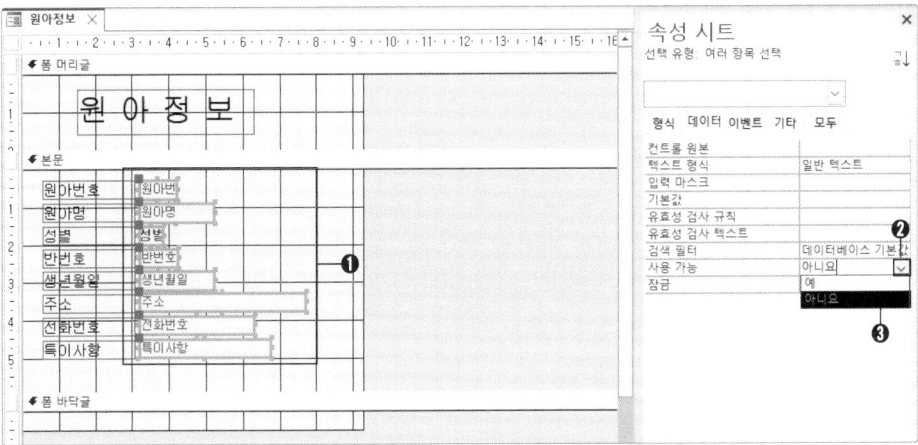

2 <원아데이터시트> 폼의 조건부 서식 설정

① <원아데이터시트> 폼 위에서 마우스 오른쪽 단추를 눌러 <디자인 보기>를 클릭합니다.

② '본문' 영역에서 텍스트 상자 컨트롤을 드래그 앤 드롭하여 선택합니다. [서식] 탭-[컨트롤 서식] 그룹-[조건부 서식]을 클릭합니다.

③ [조건부 서식 규칙 관리자] 대화상자에서 <새 규칙>을 클릭합니다.

④ [새 서식 규칙] 대화상자에서 '식이'을 선택하고 '[특이사항] Is Not Null'을 입력하고 [배경색]에 '노랑'을 선택하고 <확인> 단추를 클릭합니다.

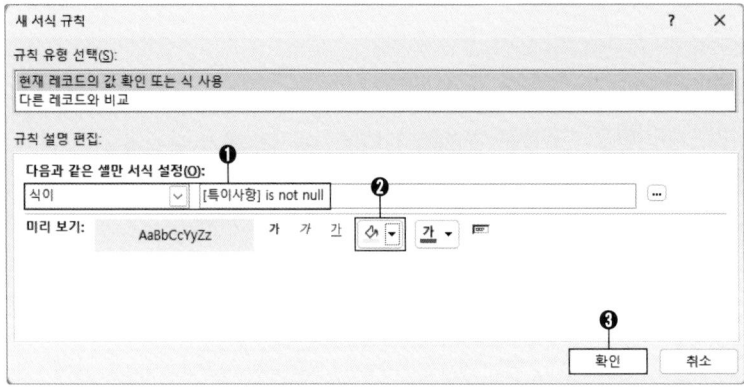

3 <반정보> 폼에 매크로 작성

① [만들기] 탭-[매크로 및 코드] 그룹-[매크로]를 클릭합니다.

② [새 함수 추가]에서 <ApplyFilter>를 선택합니다.

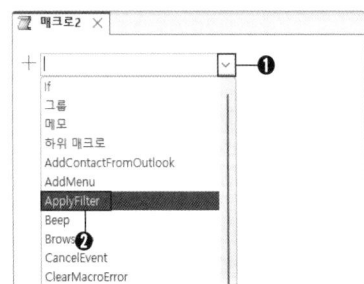

> **TIP**
>
> **[ApplyFilter] 매크로 함수**
> - 테이블, 폼, 보고서에 필터, 쿼리 또는 SQL Where 절을 사용하여 레코드를 제한하거나 정렬할 수 있는 개체. 필터 이름은 생략
> - 형식 : 필터이름, Where 조건문(a=b).
> - 예) DoCmd.ApplyFilter ,"조건" 또는 매크로 함수를 사용

③ [Where 조건문]에 '[Forms]![반정보]![cmb조회]=[반번호]'을 입력합니다.

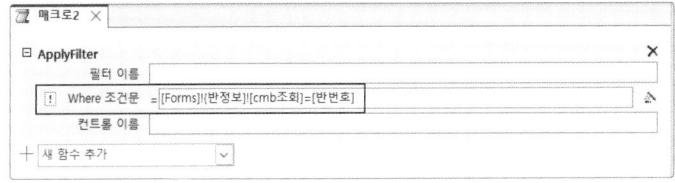

④ 빠른 실행 도구 모음에서 을 클릭합니다. [매크로 이름]에 '반정보조회'를 입력합니다.

⑤ <반정보> 폼 위에서 마우스 오른쪽 단추를 눌러 <디자인 보기>를 클릭합니다.

⑥ '조회'(cmd조회) 버튼 속성 시트 창의 [이벤트] 탭 중 [On Click]에 '반정보조회'를 선택합니다.

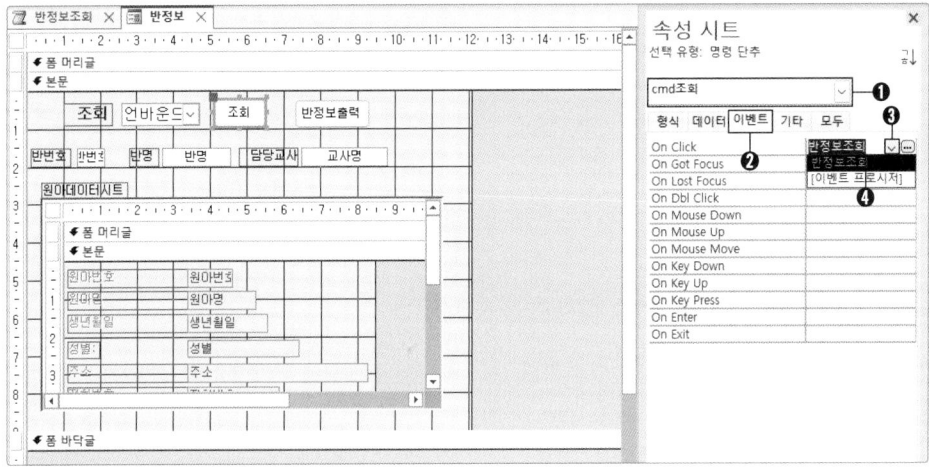

문제3 ▶ 조회 및 출력 기능 구현 (20점)

1 <반별원아리스트> 보고서 완성

① <반별원아리스트> 보고서 위에서 마우스 오른쪽 단추를 눌러 <디자인 보기>를 클릭합니다.

② '페이지 머리글' 구역 속성 시트 창의 [형식] 탭 중 [높이]에 '1cm'을 입력합니다.

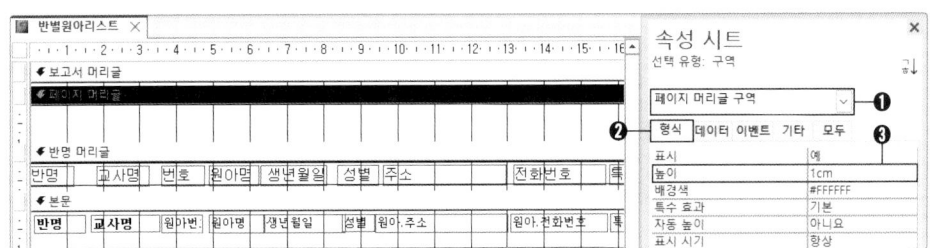

③ [보고서 디자인] 탭-[컨트롤] 그룹-[*가가*(레이블)]을 '페이지 머리글' 구역으로 드래그 앤 드롭 하여 '반별 원아 리스트'를 입력합니다.

④ '제목' 레이블 속성 시트 창의 [모두] 탭 중 [이름]에 'lbl제목', [글꼴 이름]에 '휴먼매직체', [글꼴 크기]에 '20pt', [글꼴 두께]에 '아주 굵게'를 선택합니다.

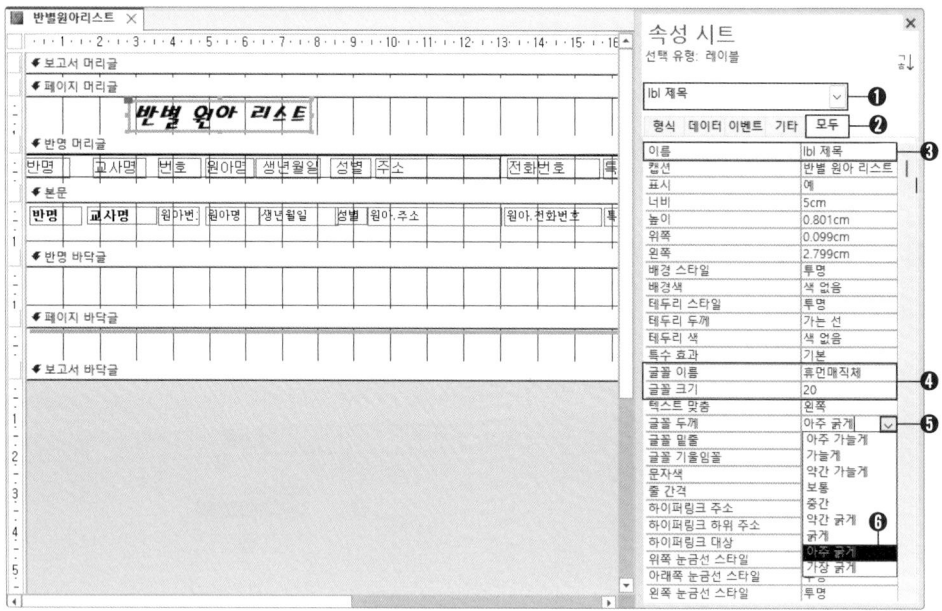

⑤ [보고서 디자인] 탭-[그룹화 및 요약] 그룹-[그룹화 및 정렬]을 클릭합니다.

⑥ '반명' 필드는 [정렬]에 '내림차순'으로 선택하고 [정렬 추가]를 눌러 '생년월일' 필드를 추가한 다음 [정렬]에 '오름차순'으로 선택합니다.

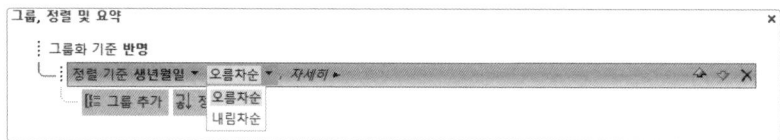

⑦ '본문' 영역에서 'txt반명', 'txt교사명' 컨트롤 속성 시트 창의 [형식] 탭 중 [중복 내용 숨기기]에 '예'을 선택합니다.

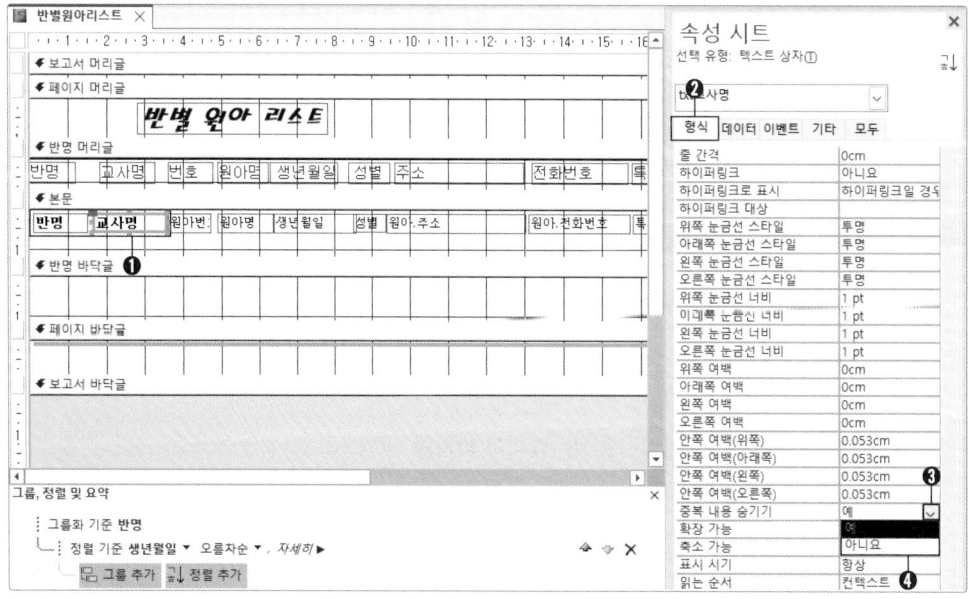

⑧ [보고서 디자인] 탭-[컨트롤] 그룹-[텍스트 상자]를 '반명 바닥글' 영역으로 드래그 앤 드롭 합니다.

⑨ 레이블 영역에서 [캡션]에 '인원수 : '를 입력하고, 텍스트 상자 속성 시트 창의 [모두] 탭 중 [이름]에 'txt인원수', [컨트롤 원본]에 '=Count(*) & "명"'을 입력합니다.

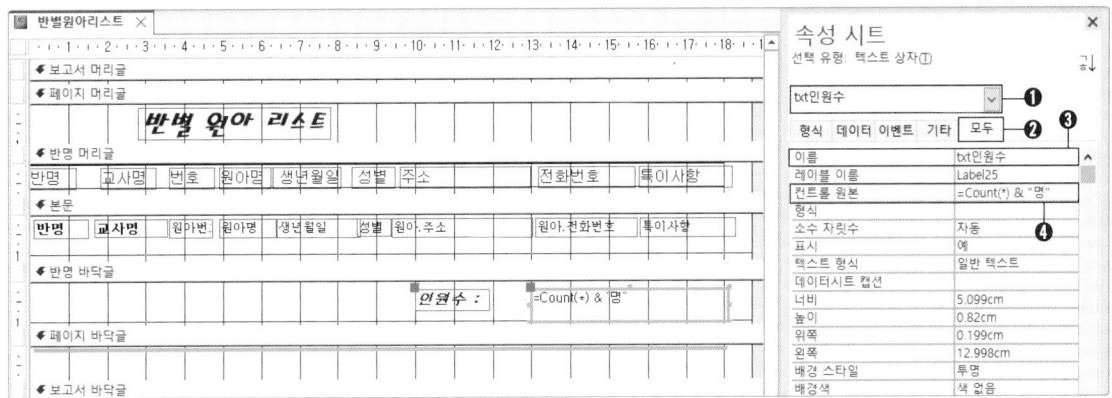

⑩ '반명 머리글' 영역 속성 시트 창의 [형식] 탭 중 [반복 실행 구역]에 '예'를 선택합니다.

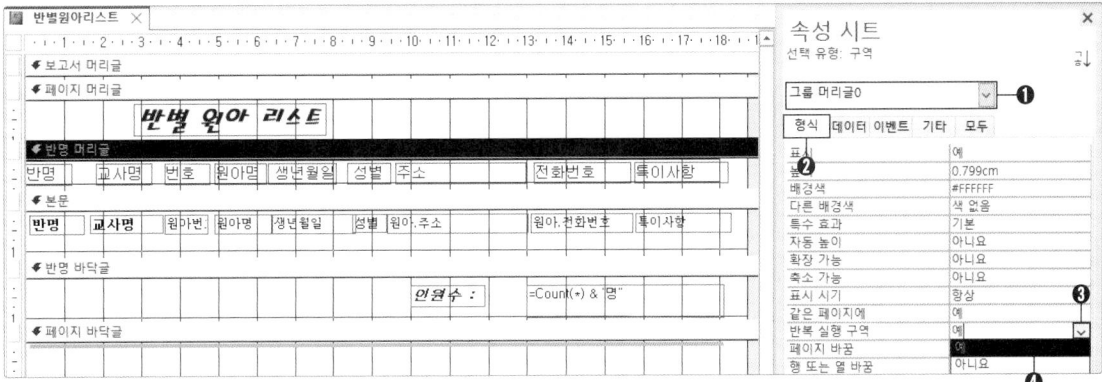

2 <반정보> 폼에 이벤트 프로시저 작성

① <반정보> 폼 위에서 마우스 오른쪽 단추를 눌러 <디자인 보기>를 클릭합니다.

② '본문' 영역에서 '반정보출력'(cmd출력) 버튼 속성 시트 창의 [이벤트] 탭 중 [On Click]에 '코드 작성기'를 선택하고 <확인> 단추를 클릭합니다.

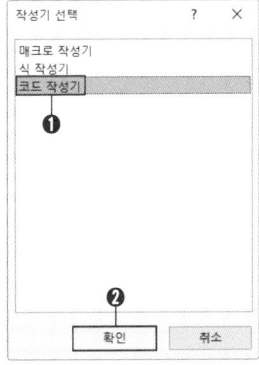

③ VBA 창에 다음과 같이 입력합니다.

※ InputBox에서 입력받은 반번호 자료에서 '반별원아리스트' 보고서(OpenReport)를 미리 보기(acViewPreview)로 열기합니다.

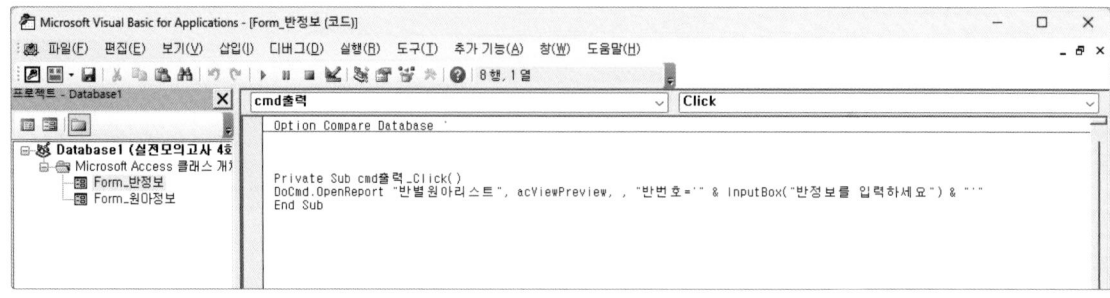

Private Sub cmd출력_Click( )
DoCmd.OpenReport "반별원아리스트", acViewPreview, , "반번호= '" & InputBox("반정보를 입력하세요") & "'"
End Sub

④ **Alt**+**Q** 키를 눌러 액세스 창으로 돌아옵니다.

TIP

InputBox 형식
- InputBox("표시할 메시지", [제목], [기본값], [수평위치], [수직위치])
- 예) InputBox("점수를 입력하시오.", "점수 입력 화면", 0, 5, 10)

문제 4 ▶ 처리 기능 구현 (35점)

1 <햇빛반조회> 조회 쿼리 작성

① [만들기] 탭-[쿼리] 그룹-[쿼리 디자인]을 클릭합니다.

② [테이블 추가] 대화상자의 [테이블] 탭에서 **Ctrl** 키를 누른 채 차례대로 <반정보>, <원아> 테이블을 선택하고 <선택한 표 추가> 단추를 클릭합니다.

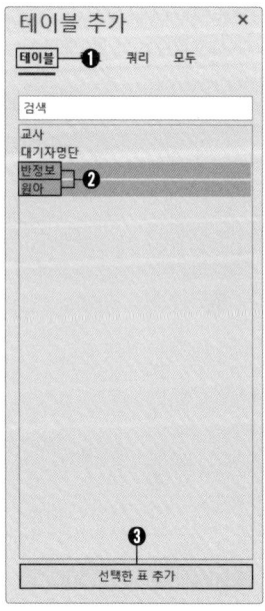

③ '반명', '원아명', '전화번호', '성별' 필드를 선택합니다.

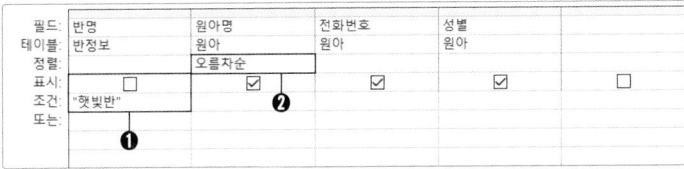

④ '반명' 필드는 [조건]에 '햇빛반'을 입력하고 <표시>를 해제합니다.

⑤ '원아명' 필드는 [정렬]에 '오름차순'으로 선택합니다.

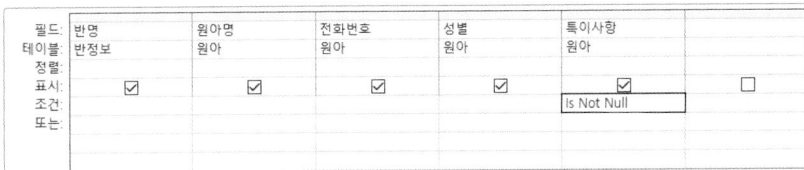

⑥ 빠른 실행 도구 모음에서 🖫(저장)을 클릭합니다. [쿼리 이름]에 '햇빛반조회'로 입력합니다.

2 <특이사항있음> 쿼리 작성

① [만들기] 탭-[쿼리] 그룹-[쿼리 디자인]을 클릭합니다.

② [테이블 추가] 대화상자의 [테이블] 탭에서 Ctrl 키를 누른 채 차례대로 <반정보>, <원아> 테이블을 선택하고 <선택한 표 추가> 단추를 클릭합니다.

③ '반명', '원아명', '전화번호', '성별', '특이사항' 필드를 선택합니다.

④ '특이사항' 필드는 [조건]에 'Is Not Null'을 입력합니다.

필드:	반명	원아명	전화번호	성별	특이사항	
테이블:	반정보	원아	원아	원아	원아	
정렬:						
표시:	☑	☑	☑	☑	☑	☐
조건:					Is Not Null	
또는:						

> **TIP**
> - Is Null : Null인 것, 즉 비어 있는 필드
> - Is Not Null : Null이 아닌 것, 즉 비어 있지 않은 필드

⑤ 빠른 실행 도구 모음에서 🖫(저장)을 클릭합니다. [쿼리 이름]에 '특이사항있음'으로 입력합니다.

3 <성별인원수> 크로스탭 쿼리 작성

① [만들기] 탭-[쿼리] 그룹-[쿼리 디자인]을 클릭합니다.

② [테이블 추가] 대화상자의 [쿼리] 탭에서 <원아리스트> 쿼리를 선택하고 <선택한 표 추가> 단추를 클릭합니다.

③ '성별', '반명' 필드는 선택하고, '원아번호의개수: 원아번호', '전체합: 원아번호' 필드는 입력합니다.

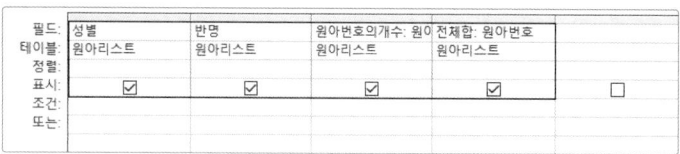

④ [쿼리 디자인] 탭-[쿼리 유형] 그룹-[크로스탭]을 클릭합니다.

⑤ '성별' 필드는 [요약]에 '묶는 방법', [크로스탭]에 '행 머리글'을 선택합니다.

⑥ '반명' 필드는 [요약]에 '묶는 방법', [크로스탭]에 '열 머리글'을 선택합니다.

⑦ '원아번호의개수: 원아번호' 필드는 [요약]에 '개수', [크로스탭]에 '값'을 선택합니다.

⑧ '전체합: 원아번호' 필드는 [요약]에 '개수', [크로스탭]에 '행 머리글'을 선택합니다.

필드:	성별	반명	원아번호의개수: 원아번호	전체합: 원아번호
테이블:	원아리스트	원아리스트	원아리스트	원아리스트
요약:	묶는 방법	묶는 방법	개수	개수
크로스탭:	행 머리글	열 머리글	값	행 머리글
정렬:				
조건:				
또는:				

⑨ '원아번호의개수: 원아번호' 필드 속성 시트 창의 [일반] 탭 중 [형식]에 '0 "명"'을 입력하고 이와 같이 '전체합: 원아번호' 필드는 [형식]에 '0 "명"'을 입력합니다.

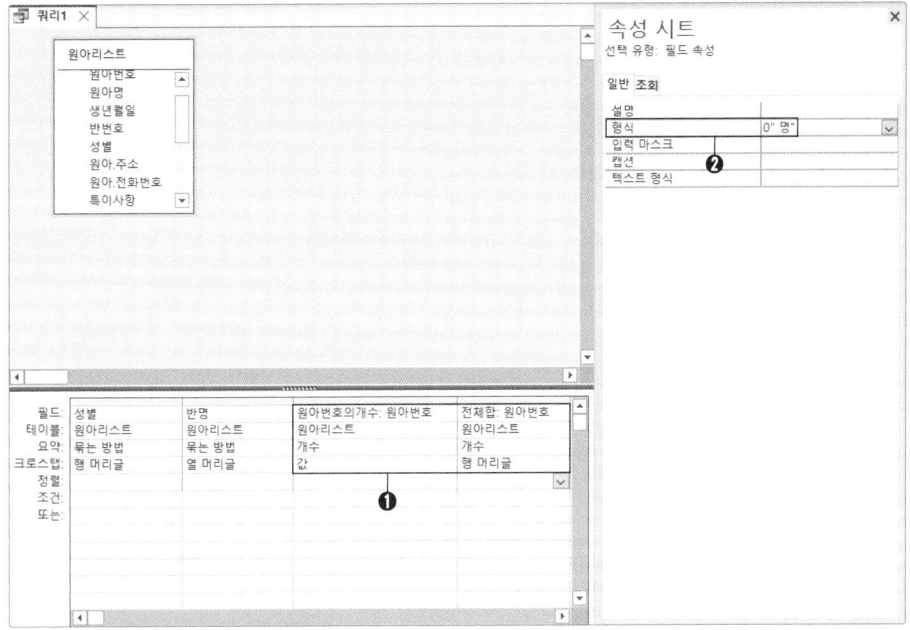

⑩ 빠른 실행 도구 모음에서 🖫(저장)을 클릭합니다. [쿼리 이름]에 '성별인원수'를 입력합니다.

4 <원아찾기> 매개 변수 쿼리 작성

① [만들기] 탭-[쿼리] 그룹-[쿼리 디자인]을 클릭합니다.

② [테이블 추가] 대화상자의 [테이블] 탭에서 **Ctrl** 키를 누른 채 차례대로 <교사>, <반정보>, <원아> 테이블을 선택하고 <선택한 표 추가> 단추를 클릭합니다.

③ '교사명', '반명', '원아명', '생년월일', '전화번호' 필드를 선택합니다.

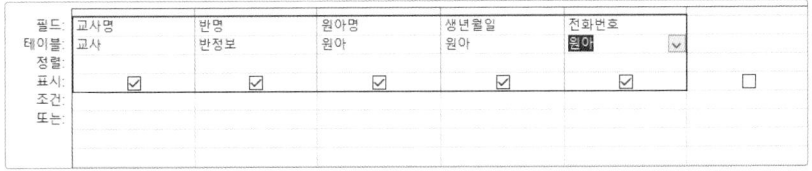

④ '원아명' 필드는 [조건]에 'Like "*" & [원아명의 일부를 입력하시오] & "*"'을 입력합니다.

⑤ '생년월일' 필드는 [정렬]에 '오름차순'을 선택합니다.

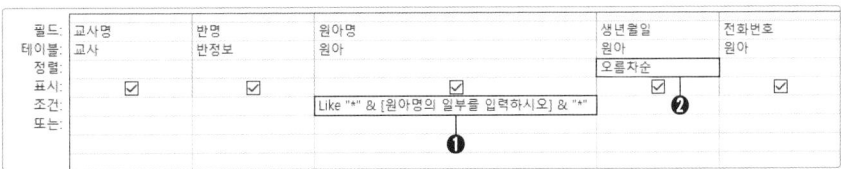

⑥ 빠른 실행 도구 모음에서 🖫(저장)을 클릭합니다. [쿼리 이름]에 '원아찾기'를 입력합니다.

5 <전학인원삭제> 삭제 쿼리 작성

① [만들기] 탭-[쿼리] 그룹-[쿼리 디자인]을 클릭합니다.

② [테이블 추가] 대화상자의 [테이블] 탭에서 <원아> 테이블을 선택하고 <선택한 표 추가> 단추를 클릭합니다.

③ '생년월일', '주소' 필드를 선택합니다.

④ [쿼리 디자인] 탭-[쿼리 유형] 그룹-[삭제(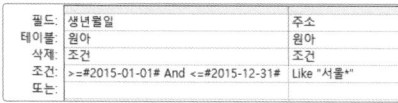)]를 클릭합니다.

⑤ '생년월일' 필드의 조건에 '>=#2015-01-01# And <=#2015-12-31#'를 입력하고 '주소' 필드의 조건에 'Like "서울*"'을 입력합니다.

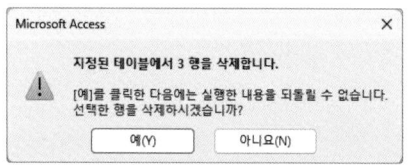

⑥ 빠른 실행 도구 모음에서 (저장)을 클릭합니다. [쿼리 이름]에 '전학인원삭제'를 입력하고 <확인> 단추를 클릭합니다.

⑦ [쿼리 디자인] 탭-[결과] 그룹-[실행]을 클릭하고 다음 대화상자에서 <예> 단추를 클릭하면 삭제가 되어 테이블에 저장됩니다.

⑧ <원아> 테이블을 <열기>하여 결과를 확인합니다.

MEMO

컴퓨터활용능력 실전모의고사 5회

프로그램명	제한시간
ACCESS 2021	45분

수 험 번 호 :

성   명 :

1급 │ A형

유의사항

- 인적 사항 누락 및 잘못 작성으로 인한 불이익은 수험자 책임으로 합니다.

- 화면에 암호 입력창이 나타나면 아래의 암호를 입력하여야 합니다.
  - 암호 : 781$54

- 작성된 답안은 주어진 경로 및 파일명을 변경하지 마시고 그대로 저장해야 합니다. 이를 준수하지 않으면 실격처리 됩니다.
  - 답안 파일명의 예 : C:\DB\수험번호 8자리.accdb

- 외부데이터 위치 : C:\DB\파일명

- 별도의 지시사항이 없는 경우, 다음과 같이 처리하면 실격 처리됩니다.
  - 제시된 개체의 이름을 임의로 변경한 경우
  - 제시된 개체의 속성을 임의로 변경한 경우
  - 제시된 개체를 임의로 삭제하거나 추가한 경우

- 별도의 지시사항이 없는 경우, 기능의 구현은 모듈이나 매크로 등을 이용하며, 예외적인 상황에 대해서는 고려하지 않아도 됩니다.

- 제시된 함수가 있을 경우 제시된 함수만을 사용하여야 하며, 그 외 함수 사용시 채점 대상에서 제외됩니다.

- 별도의 지시사항이 없는 경우, 주어진 각 개체의 속성은 설정값 또는 기본 설정값 (Default)으로 처리하십시오.

- 제시된 화면은 예시이며 나타난 값은 실제와 다를 수 있습니다.

- 저장 시간은 별도로 주어지지 아니하므로 제한된 시간 내에 저장을 완료해야 합니다.

- 본 문제의 용어는 MS Office LTSC Professional Plus 2021 기준으로 작성되었습니다.

문제 1 25점_ DB 구축

01 일상생활에 유용한 사자성어를 관리하기 위하여 데이터베이스를 구축하고자 한다. 다음의 지시사항에 따라 각각 테이블을 완성하시오. (각 3점)

① <성어> 테이블의 '사자성어' 필드에는 중복된 값이 입력될 수 없도록 인덱스를 설정하시오.

② <성어> 테이블의 '사자성어' 필드에는 4글자의 문자만이 입력될 수 있도록 '유효성 검사 규칙'을 설정하시오.

③ <성어> 테이블의 '한자성어' 필드에는 값이 반드시 입력되도록 설정하고, 중복된 값이 입력될 수 없도록 인덱스를 설정하시오.

④ <성어> 테이블의 '뜻' 필드는 'IME 모드'를 '한글'로 설정하시오.

⑤ <주제별성어> 테이블에 대해 '주제번호'와 '성어번호' 필드를 기본키(Primary Key)로 설정하시오.

02 <주제> 테이블의 '주제번호' 필드는 <주제별성어> 테이블의 '주제번호' 필드를 참조하며, 테이블 간의 관계는 일대다(1:M)이다. 테이블에 대해 다음과 같이 관계를 설정하시오. (5점)

▶ 각 테이블 간에 항상 참조 무결성을 유지하도록 설정하시오.
▶ 참조 필드의 값이 변경되면 관련 필드의 값도 변경되도록 설정하시오.
▶ 다른 테이블에서 참조하고 있는 레코드는 삭제할 수 없도록 설정하시오.

03 <외부 데이터 가져오기> 기능을 이용하여 <사자성어.xlsx> 파일을 가져와 <사자성어> 테이블을 생성하시오. (5점)

▶ 첫 행에 열 머리글이 있음
▶ 번호 필드는 정수(Long) 형
▶ 기본 키는 없음

문제 2 20점_ 입력 및 수정 기능 구현

01 <주제별성어입력>, <주제별성어목록> 폼을 다음의 화면과 지시사항에 따라 완성하시오. (각 3점)

① 본문 상단에 '주제별 사자성어'라는 제목의 'lbl제목' 컨트롤에 글꼴 크기는 18, 아주 굵게 표시하시오.

② 본문의 'txt주제번호', 'txt주제', 'txt의미'에 각각 '주제번호', '주제', '의미' 필드를 바운드 시키시오.

③ 폼 바닥글의 'txt개수' 컨트롤이 레코드의 개수를 표시하도록 설정하시오.

▶ 예) 개수 : 5개

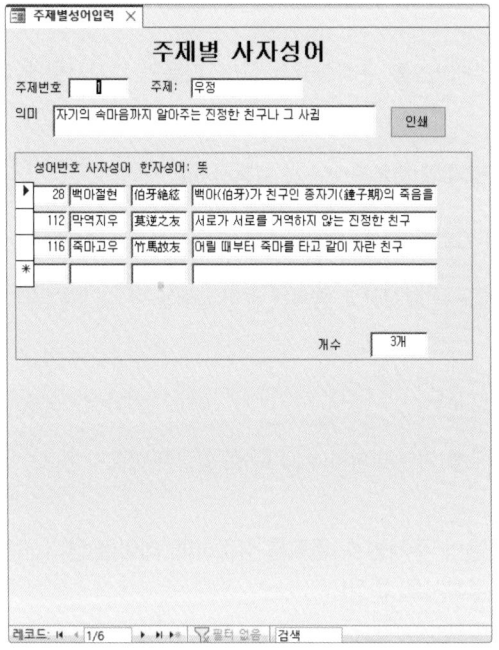

02 <성어참조> 폼의 '조회'(cmd조회) 버튼을 클릭하면 다음과 같이 조회 기능을 수행하도록 이벤트 프로시저를 구현하시오. (6점)

▶ '사자성어' 필드의 일부가 'txt조회'에 입력된 글자와 동일한 레코드를 표시하도록 설정하시오.

▶ 예) '새옹'으로 조회하는 경우 '새옹득실', '새옹지마'가 조회되도록 하시오.

▶ Filter와 FilterOn 속성을 이용하시오.

03 <주제별성어입력> 폼의 '인쇄'(cmd인쇄) 버튼을 클릭하면 다음과 같은 기능을 수행하도록 <주제별매크로> 매크로를 생성하여 지정하시오. (5점)

▶ <주제별사자성어> 보고서를 '인쇄 미리 보기'의 형태로 여시오.

▶ 단, 'txt주제번호'에 입력된 주세에 해당하는 사자성어만을 표시하도록 하시오.

문제 3 20점_ 조회 및 출력 기능 구현

01 다음의 지시사항 및 <그림>을 참조하여 <주제별사자성어> 보고서를 완성하시오. (각 3점)

① 보고서 머리글 영역의 'lbl제목'이 매 페이지마다 표시되도록 컨트롤을 이동하고 보고서 머리글 영역의 높이를 '0cm'으로 설정하시오.

② '주제' 필드를 기준으로 내림차순으로 정렬하고 같은 주제이면 '주제번호' 필드의 오름차순으로 정렬하여 표기하시오.

③ 주제 바닥글 영역에 실선(Line)으로 이름은 'line바닥선' 컨트롤을 작성하고 두께는 '2pt'로 설정하시오.

④ 본문 영역의 'txt순번' 컨트롤은 해당 그룹내에서의 일련번호를 표시하도록 설정하시오.

⑤ 주제 머리글 영역의 'txt개수' 컨트롤에는 <그림>과 같이 레코드 개수를 표시하도록 설정하시오.

▶ 레코드 개수가 2개이면 '총 2개'와 같이 표시

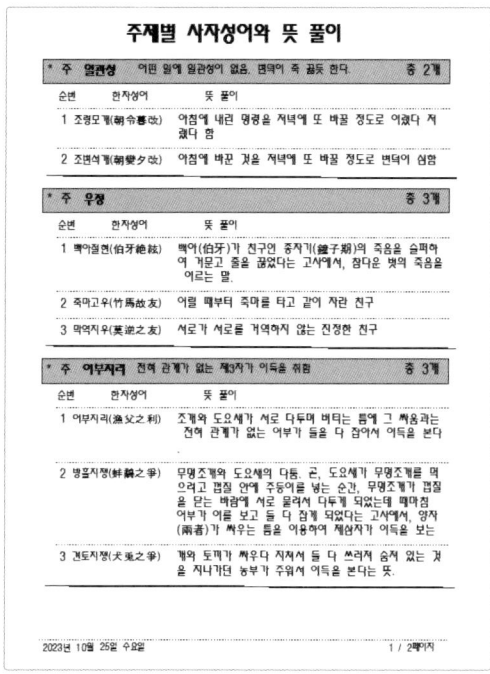

02 <성어참조> 폼의 'txt사자성어' 컨트롤에 포커스가 옮겨가는(GotFocus) 경우 현재 선택된 사자성어의 뜻을 표시하도록 이벤트 프로시저를 구현하시오. (5점)

▶ <그림>을 참조하여 메시지 박스로 표시

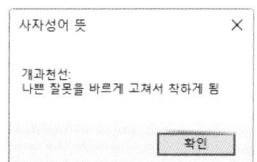

문제 4 35점_ 처리 기능 구현

01 <성어> 테이블을 이용하여 사자성어중 'ㄱ'으로 시작되는 성어로부터 'ㅅ'이전까지의 성어를 조회하는 <ㄱ에서ㅅ이전사자성어> 쿼리를 작성하시오. (7점)

▶ 사자성어를 기준으로 오름차순 정렬하여 표시하시오.

▶ 쿼리 실행 결과 표시되는 필드와 필드명은 <그림>과 같이 표시되도록 설정하시오.

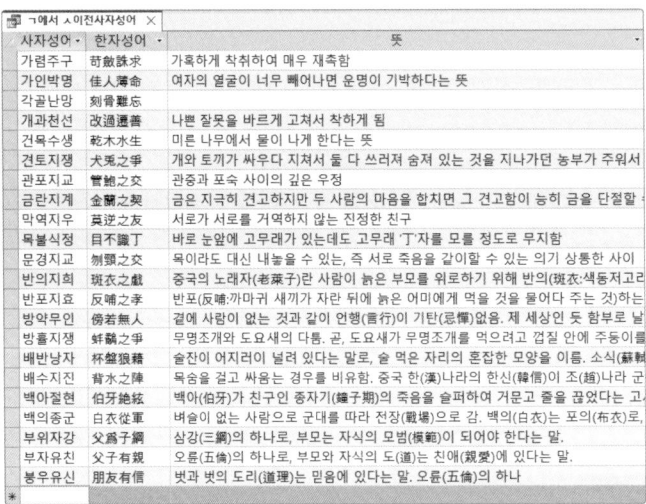

02 <성어> 테이블에서 '뜻' 필드의 값을 변경하는 업데이트(Update) 쿼리를 작성하시오. (7점)

▶ '뜻' 필드에 아무런 값이 들어있지 않은 경우 레코드의 '뜻' 필드에 '내용 없음'으로 문자를 입력하시오.

▶ 업데이트(Update) 질의를 작성하고 이를 실행하시오.

▶ 쿼리의 이름은 <뜻없는성어>로 설정하시오. 단, 한 번만 실행하시오.

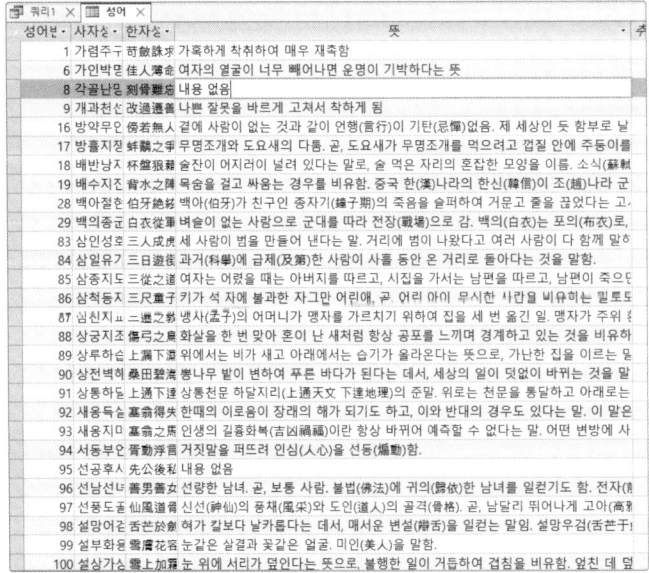

03 <사자성어종합> 쿼리를 이용하여 다음과 같은 기능을 수행하는 <검색어관련성어> 쿼리를 작성하시오. (7점)

▶ '검색어'를 매개 변수로 하는 쿼리를 작성하시오.
▶ 예를 들어 '뜻'에 '친구'라는 글자가 들어가는 성어의 '주제', '사자성어', '한자성어', '뜻'을 조회하시오.

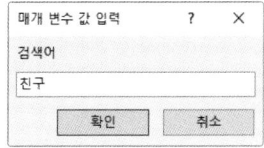
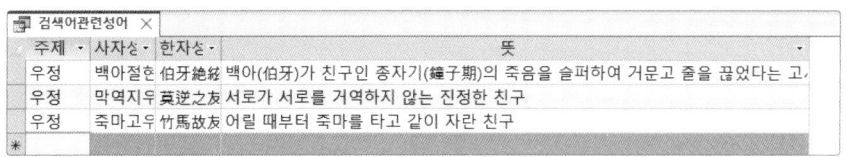

04 주제별, 의미별로 주제건수를 조회하는 <주제별건수조회> 크로스탭 쿼리를 작성하시오. (7점)

▶ <주제>, <주제별성어> 테이블을 이용하시오.
▶ 쿼리 실행 결과 표시되는 필드와 필드명은 <그림>과 같이 표시되도록 설정하시오.

의미	총개수	무식함	변화	불가능	어부지리	우정	일관성
불가능한 일을 굳이 하려함	3 건			3			
세상이 크게 변함, 10년이면 강산도 변	2 건		2				
아주 무식함. 낫 놓고 기역자도 모른다	4 건	4					
어떤 일에 일관성이 없음. 변덕이 죽 끓	2 건						2
자기의 속마음까지 알아주는 진정한 친	3 건					3	
전혀 관계가 없는 제3자가 이득을 취함	3 건				3		

05 <성어> 테이블을 이용하여 성어번호, 사자성어, 뜻을 조회하는 <효와관련된> 쿼리를 작성하시오. (7점)

▶ <성어> 테이블을 이용하시오.
▶ '사자성어'에 '효'가 들어가거나 '뜻'에 '부모'가 들어가는 내용을 조회대상으로 하시오.
▶ '글자수' 필드는 '뜻'의 공백을 포함한 글자수를 나타내고 오름차순 정렬하여 표시하시오. (Len 함수 사용)
▶ 쿼리 실행 결과 표시되는 필드와 필드명은 <그림>과 같이 표시하도록 설정하시오.

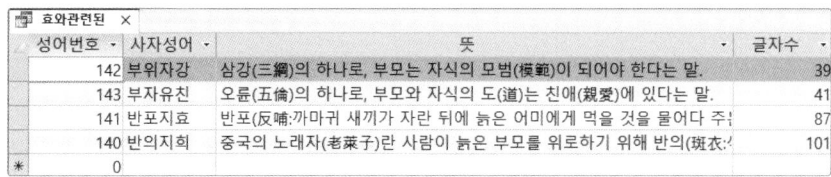

실전모의고사 5회 정답 및 해설

📂 작업 파일 : C:₩2024_컴활1급₩데이터베이스₩작업파일₩실전모의고사₩실전모의고사 5회_문제.accdb
📄 완성 파일 : C:₩2024_컴활1급₩데이터베이스₩완성파일₩실전모의고사₩실전모의고사 5회_정답.accdb

정답

문제1 ▶ DB 구축 (25점)

01 <성어>, <주제별성어> 테이블 완성

지시사항	테이블명	필드명	필드 속성 및 기본키	설정 값
①	성어	사자성어	인덱스	예(중복 불가능)
②			유효성 검사 규칙	Len([사자성어])=4
③		한자성어	필수	예
			인덱스	예(중복 불가능)
④		뜻	IME 모드	한글
⑤	주제별 성어	주제번호	기본 키 설정	
		성어번호		

02 관계 설정

① [데이터베이스 도구]-[관계] 그룹의 [관계(🔗)]를 클릭

② 관계 편집

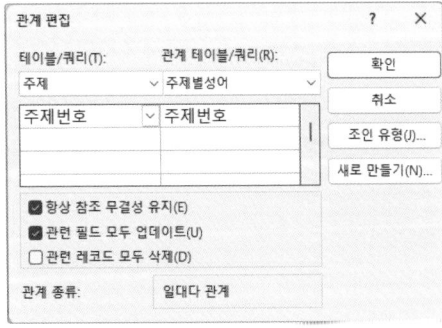

03 외부 데이터 가져오기

① [외부 데이터] 탭-[가져오기 및 연결] 그룹-[새 데이터 원본]-[파일에서]-[Excel]를 클릭합니다.

② '사자성어.xlsx'파일을 불러온 다음 첫 번째 행은 열 머리글, 기본 키 없음

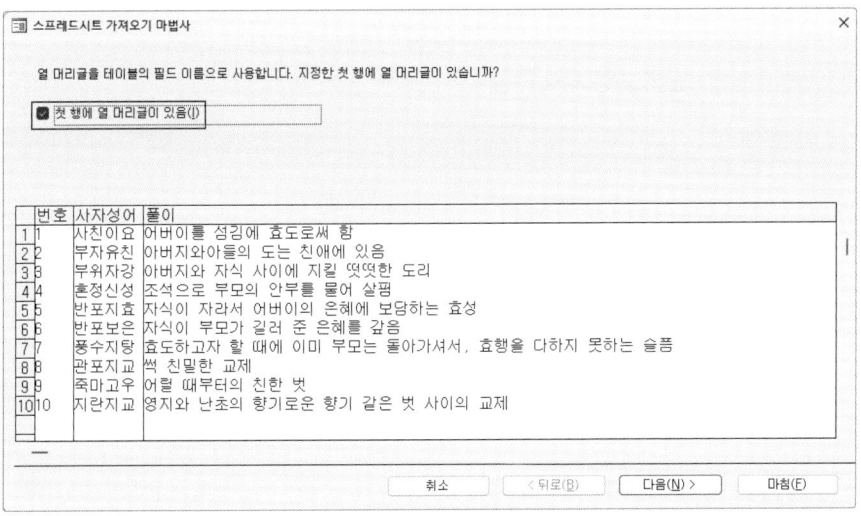

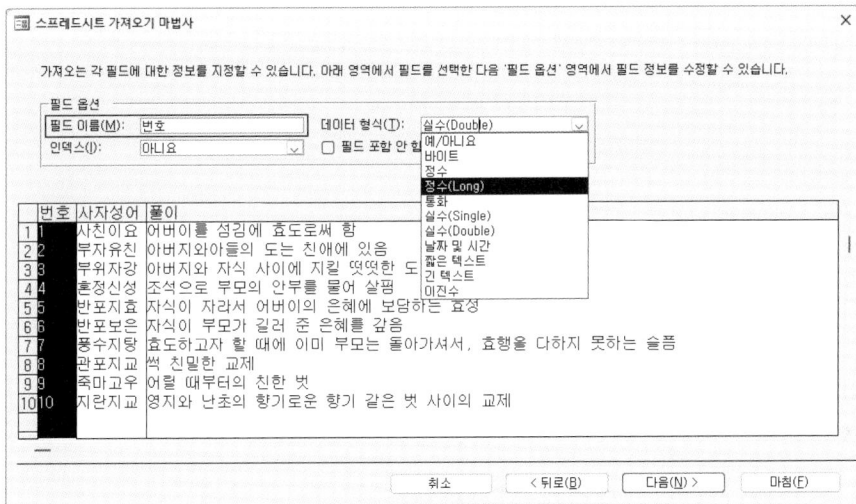

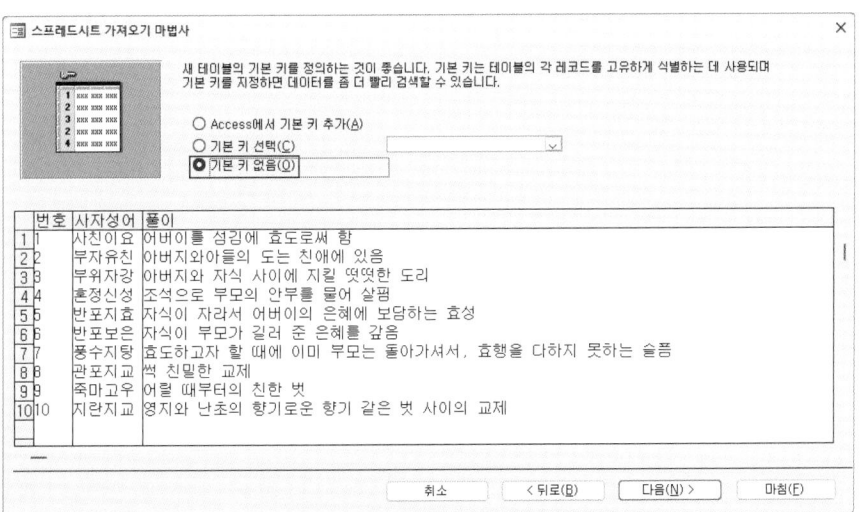

문제2 ▶ 입력 및 수정 기능 구현 (20점)

01 <주제별성어입력>, <주제별성어목록> 폼의 속성 시트 완성

지시사항	영역	개체명	탭	항목	설정 값
①	본문	lbl정보	형식	글꼴 크기	18
				글꼴 두께	아주 굵게
②	본문	txt주제번호	데이터	컨트롤 원본	주제번호
		txt주제			주제
		txt의미			의미
③	폼 바닥글	txt개수	데이터	컨트롤 원본	=Count(*)&"개"

02 <성어참조> 폼의 이벤트 프로시저 작성

① [속성 시트]-[이벤트] 탭의 'On Click'에서 [코드 작성기]

② VBA 코드 작성

```
Private Sub cmd조회_Click( )
Me.Filter = "사자성어 like '*" & txt조회 & "*'"
Me.FilterOn = True
End Sub
```

03 <성어참조> 폼의 이벤트 프로시저 작성

① [만들기]-[매크로 및 코드] 그룹에서 [매크로(   )]를 클릭

② [주제별매크로] 작성

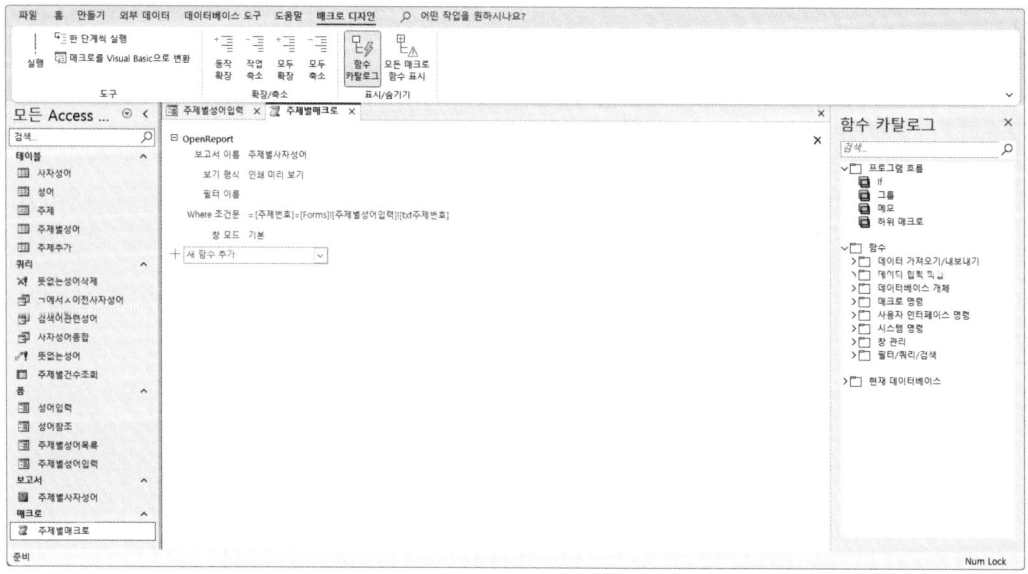

문제3 ▶ 조회 및 출력 기능 구현 (20점)

01 <주제별사자성어> 보고서 완성

지시사항	영역	개체명	탭	항목	설정 값
①	보고서 머리글	lbl제목		페이지 머리글로 이동	
			형식	높이	0
②	[그룹, 정렬 및 요약]에서 '주제'는 '내림차순', 정렬 추가하여 '주제번호'의 '오름차순'				
③	주제번호 바닥글	line바닥선	모두	이름	line바닥선
				테두리 두께	2pt
④	본문	txt순번	데이터	컨트롤 원본	=1
				누적합계	그룹
⑤	주제 머리글	txt개수	데이터	컨트롤 원본	="총 " & Count(*) & "개"

02 <성어참조> 폼에 이벤트 프로시저 작성

① [속성 시트]-[이벤트] 탭의 'On Got Focus'에서 [코드 작성기]를 클릭

② VBA 코드 작성

```
Private Sub txt사자성어_GotFocus( )
MsgBox 사자성어 & ":" & vbCrLf & 뜻, , "사자성어 뜻"
End Sub
```

문제 4 ▶ 처리 기능 구현 (35점)

01 <ㄱ에서ㅅ이전사자성어> 조회 쿼리

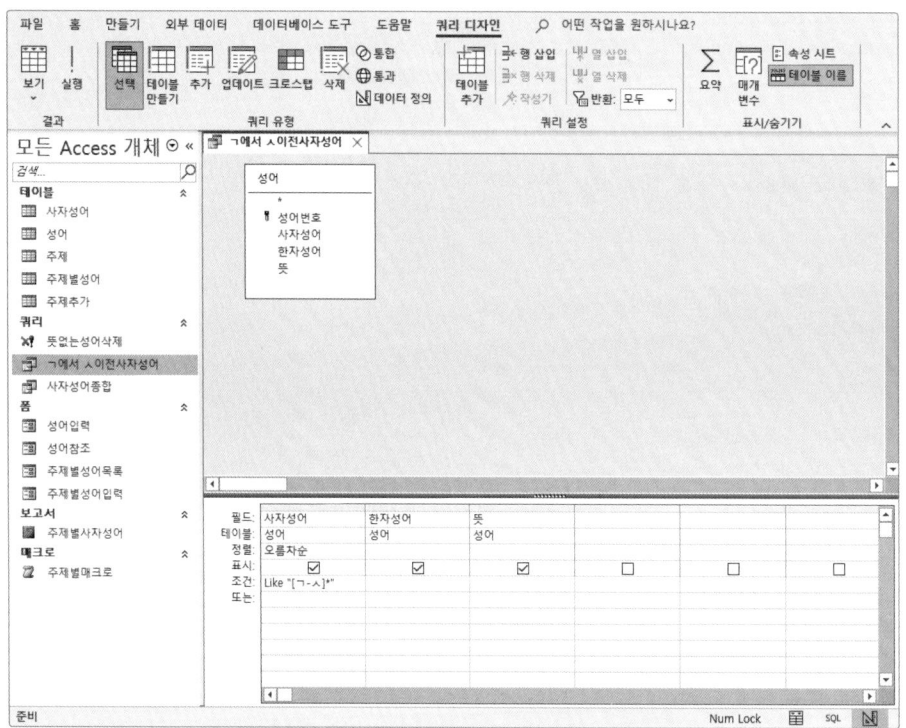

02 <뜻없는성어> 업데이트 쿼리

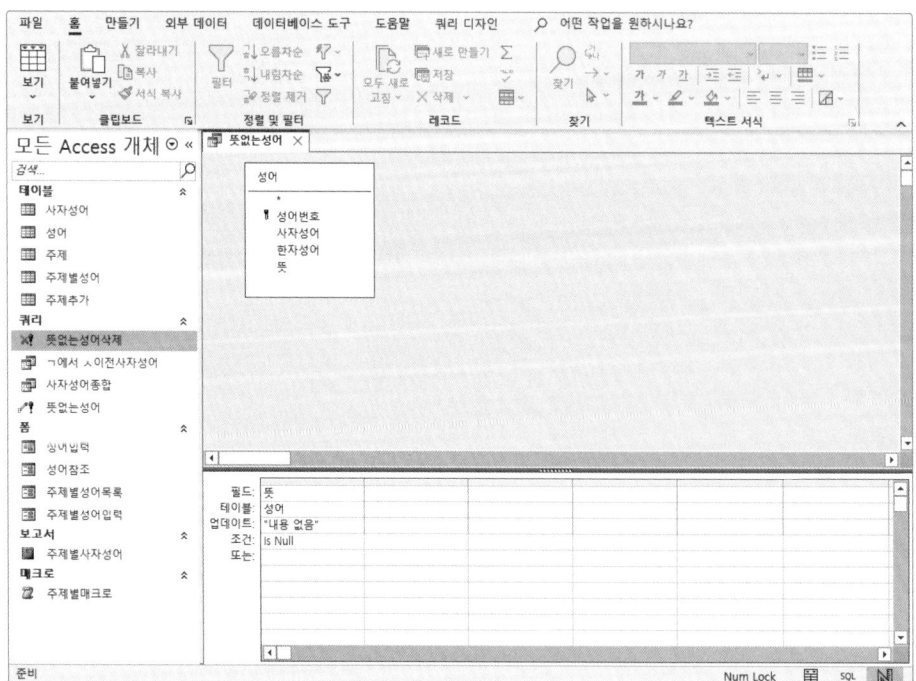

03 <검색어관련성어> 매개 변수 쿼리

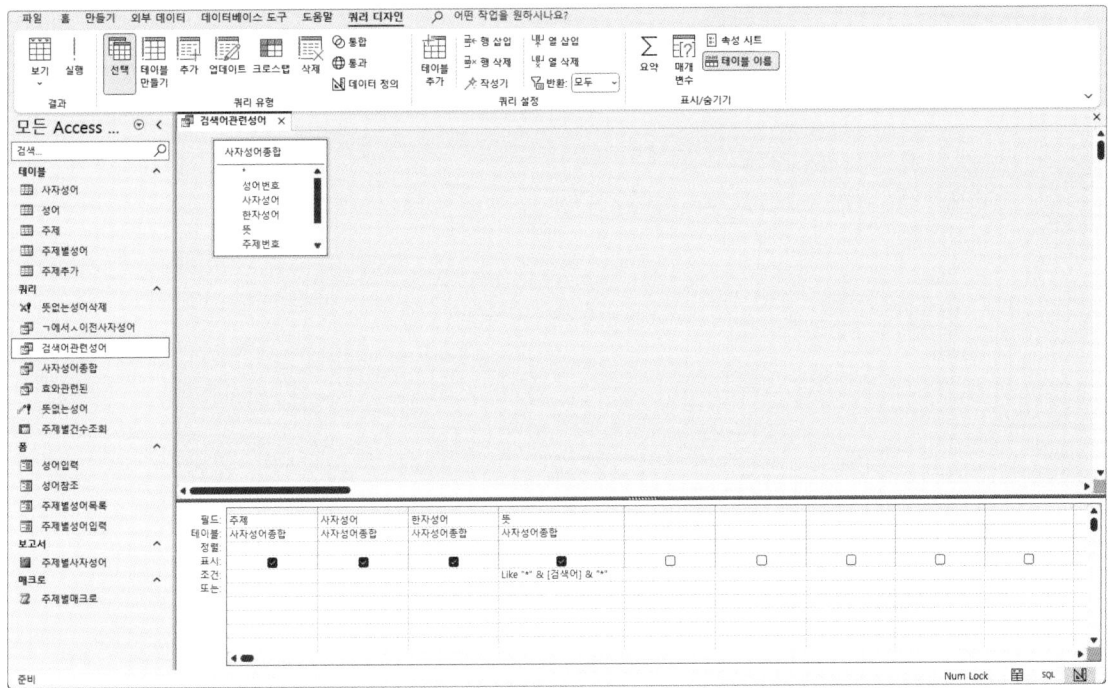

04 <주제별건수조회> 크로스탭 쿼리

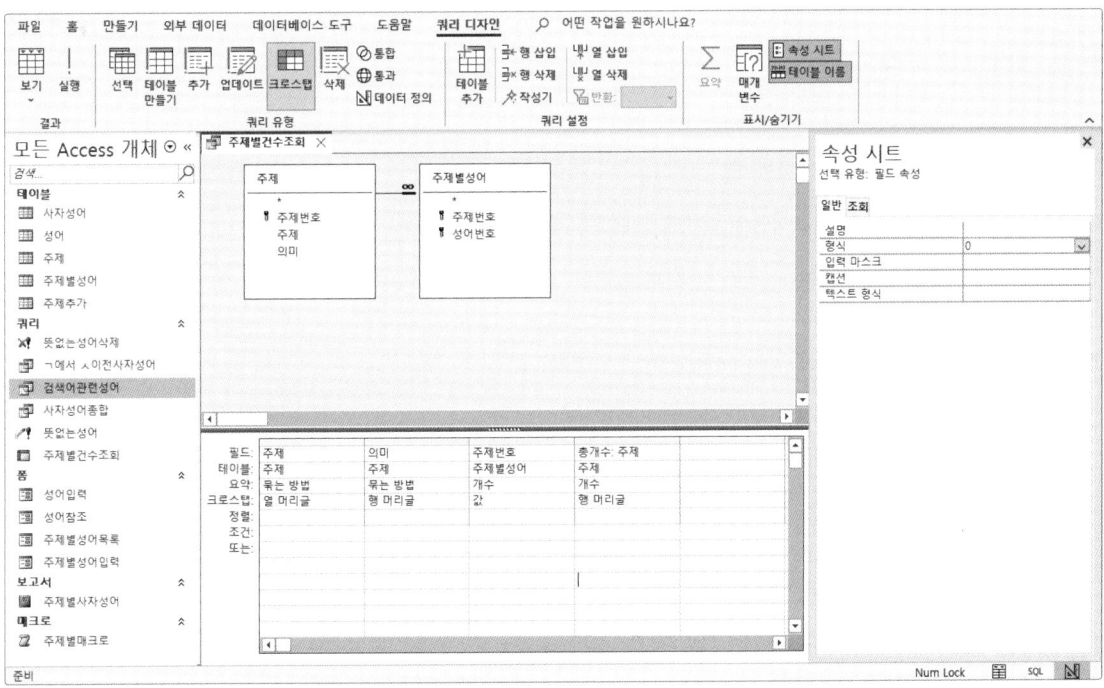

05 <효와관련된> 조회 쿼리

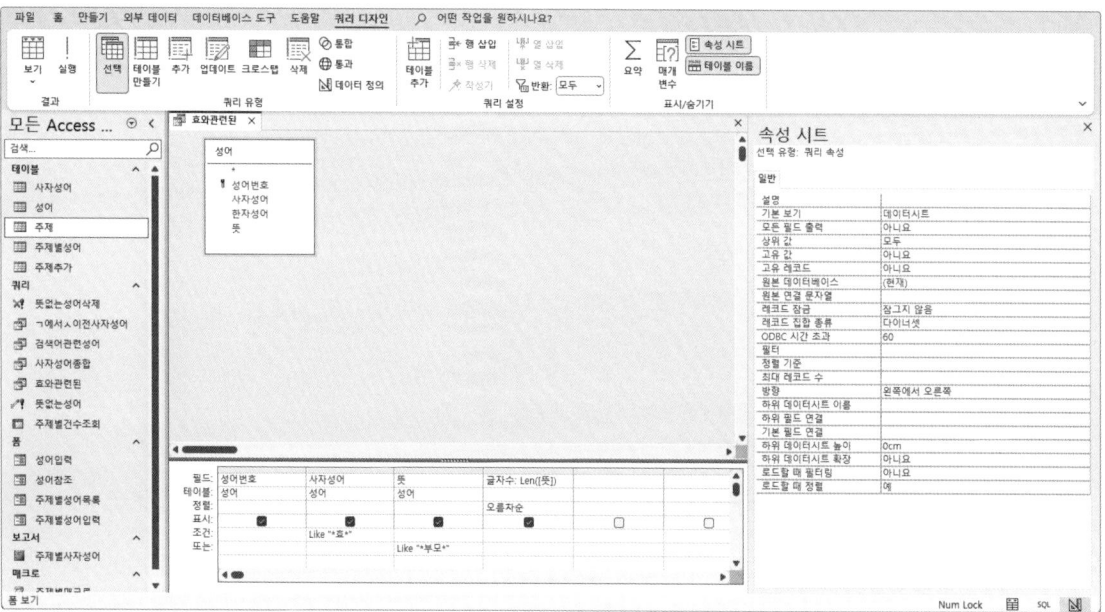

해설

문제1 ▶ DB 구축 (25점)

1 <성어>, <주제별성어> 테이블 완성

① <성어> 테이블 위에서 마우스 오른쪽 단추를 눌러 <디자인 보기>를 클릭합니다.

② '사자성어' 필드의 속성은 [인덱스]에 '예(중복 불가능)'으로 선택하고 [유효성 검사 규칙]에 'Len([사자성어])=4'를 입력합니다.

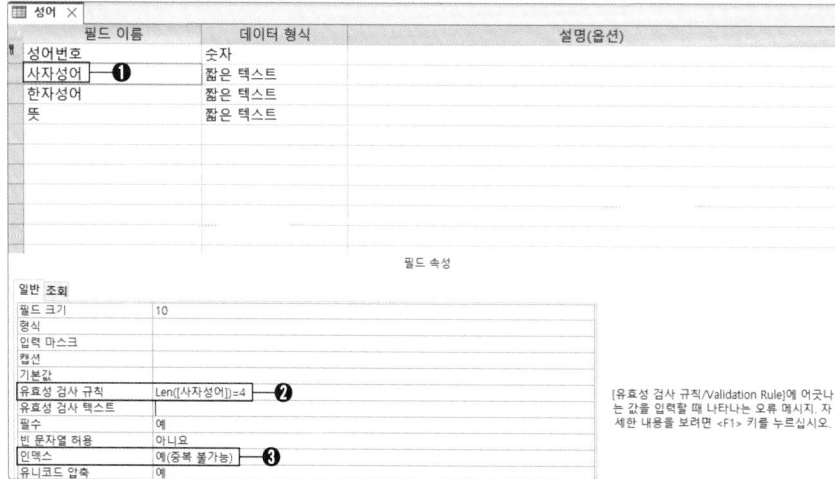

③ '한자성어' 필드의 속성은 [필수]에 '예', [인덱스]에 '예(중복 불가능)'을 선택합니다.

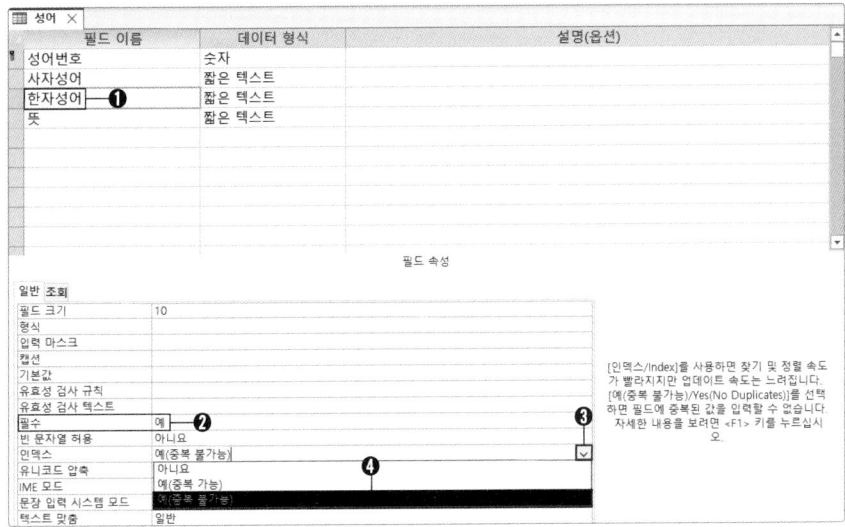

④ '뜻' 필드의 속성은 [IME 모드]에 '한글'을 선택합니다.

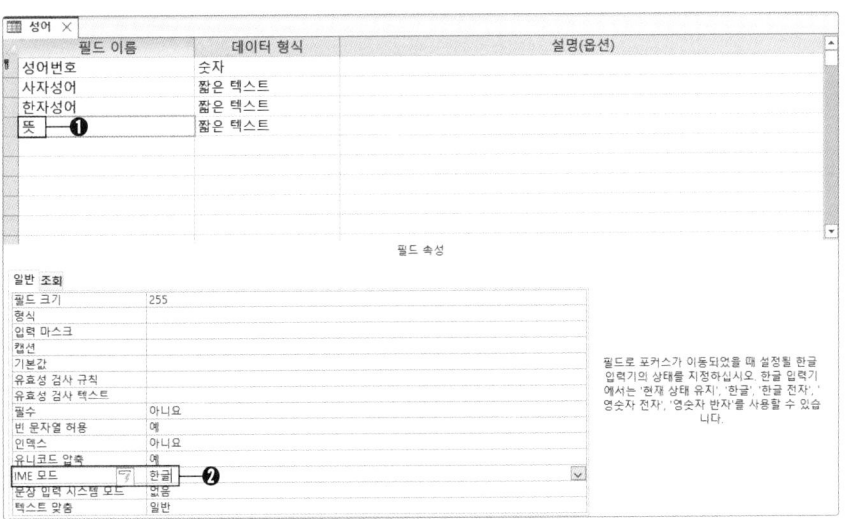

⑤ <주제별성어> 테이블의 바로 가기 메뉴에서 <디자인 보기>를 클릭합니다.

⑥ '주제번호' 필드와 '성어번호' 필드의 [행 선택기]를 드래그하여 선택하고 [테이블 디자인] 탭- [도구] 그룹-[기본 키]를 클릭합니다.

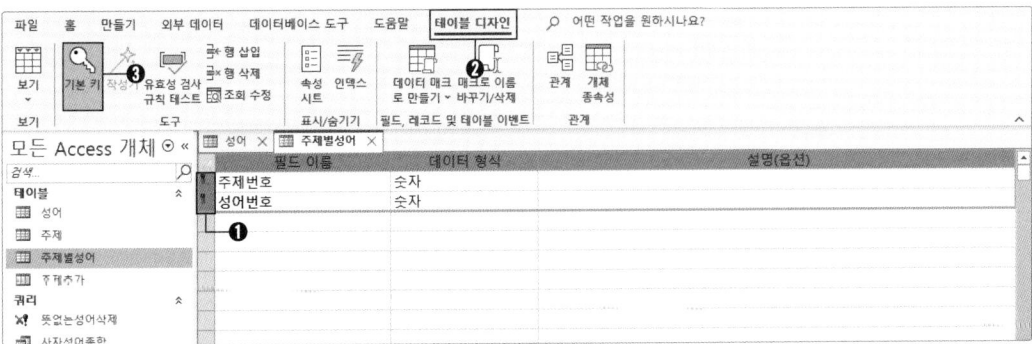

2 관계 설정

① [데이터베이스 도구] 탭-[관계] 그룹-[관계]를 클릭합니다.

② [관계] 그룹-[테이블 추가]를 클릭합니다. [테이블 추가] 대화상자의 [테이블] 탭에서 **Ctrl** 키를 누른 채 차례대로 <주제>, <주제별성어> 테이블을 선택하고 <선택한 표 추가> 단추를 클릭합니다.

③ <주제> 테이블의 '주제번호' 필드를 <주제별성어> 테이블의 '주제번호' 필드로 드래그 앤 드롭 합니다.

④ [관계 편집] 대화상자에서 '항상 참조 무결성 유지', '관련 필드 모두 업데이트'를 선택하고 <만들기> 단추를 클릭합니다.

※ '일대다(1:M)'의 관계가 설정됩니다.

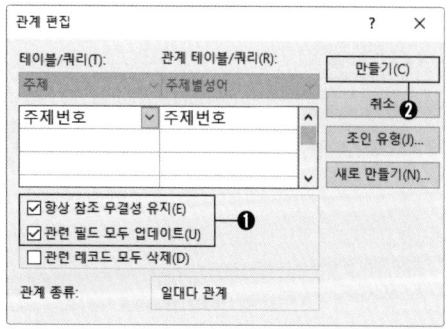

⑤ [관계] 창이 다음과 같이 표시됩니다. 빠른 실행 도구 모음에서 (저장)을 눌러 변경된 내용을 저장합니다. [관계 디자인] 탭-[관계] 그룹-[닫기]를 클릭합니다.

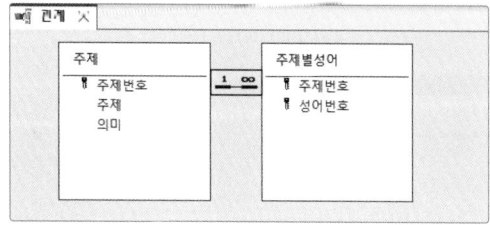

3 외부 데이터 가져오기

① [외부 데이터] 탭-[가져오기 및 연결] 그룹-[새 데이터 원본]-[파일에서]-[Excel]을 클릭합니다.

② [외부 데이터 가져오기 - Excel 스프레드시트] 대화상자에서 [데이터 원본 및 대상 선택] 창의 <찾아보기> 단추를 클릭하여 파일 이름은 'C:\2024_컴활1급\데이터베이스\작업파일\실전모의고사\사자성어.xlsx'를 선택합니다.

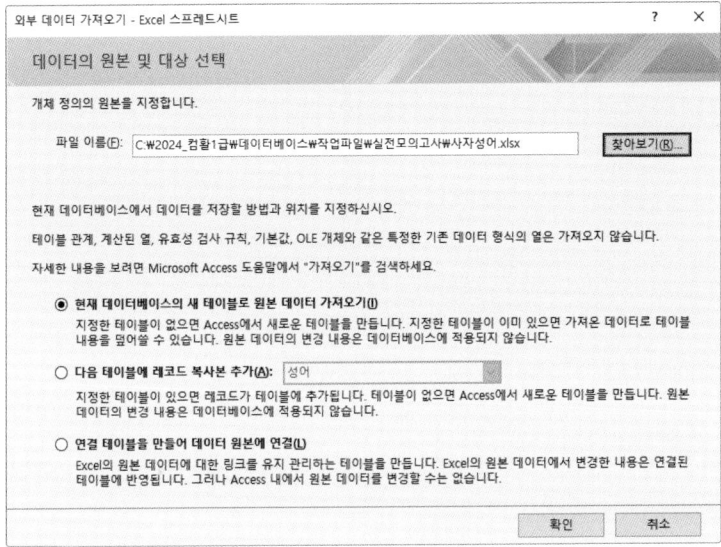

③ [외부 데이터 가져오기 - Excel 스프레드시트] 대화상자에서 저장할 방법과 위치는 '현재 데이터베이스의 새 테이블로 원본 데이터 가져오기(I)'를 선택하고 <확인> 단추를 클릭합니다.

④ [스프레드시트 가져오기 마법사] 대화상자에서 '첫 행에 열 머리글이 있음'를 선택하고 <다음> 단추를 클릭합니다.

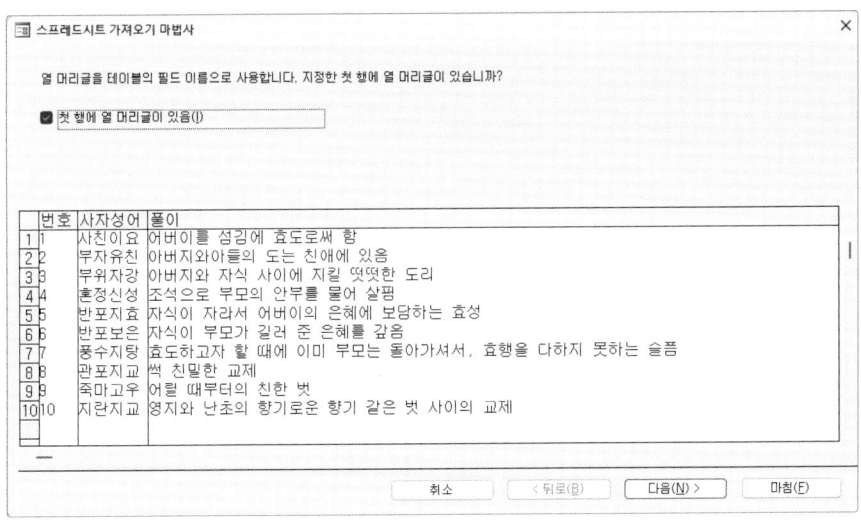

⑤ [스프레드시트 가져오기 마법사] 대화상자에서 필드 옵션의 필드 이름은 '번호', 데이터 형식은 '정수(Long)'를 선택하고 <다음> 단추를 클릭합니다.

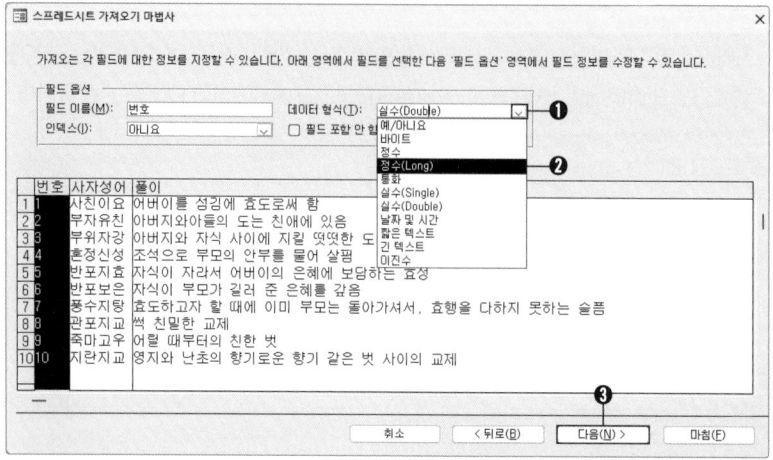

⑥ [스프레드시트 가져오기 마법사] 대화상자에서 '기본 키 없음'을 선택하고 <다음> 단추를 클릭합니다.

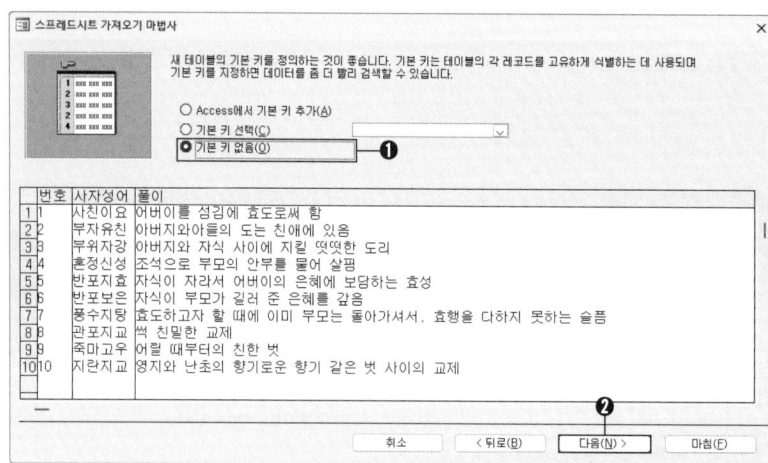

⑦ [스프레드시트 가져오기 마법사] 대화상자의 테이블 가져오기에 테이블 이름을 '사자성어'로 입력하고 <마침> 단추를 클릭합니다.

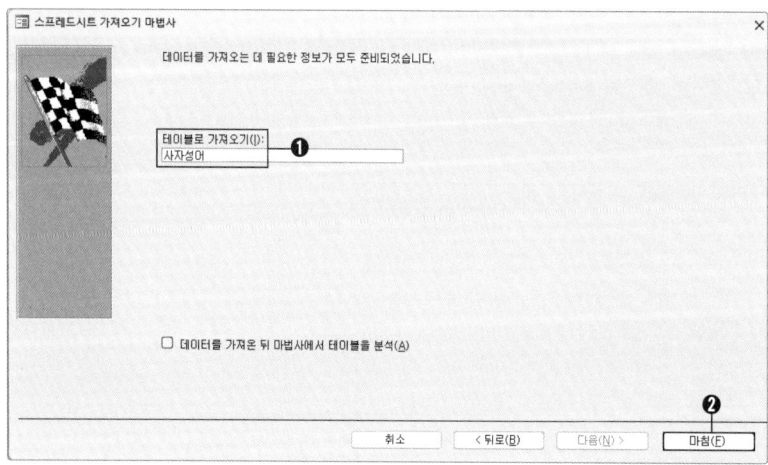

문제2 ▶ 입력 및 수정 기능 구현 (20점)

1 <주제별성어입력> 폼의 완성

① <주제별성어입력> 폼 위에서 마우스 오른쪽 단추를 눌러 <디자인 보기>를 클릭합니다.

② '본문' 영역에서 'lbl제목' 컨트롤 속성 시트 창의 [모두] 탭 중 [글꼴 크기]에 '18pt', [글꼴 두께]에 '아주 굵게'를 선택합니다.

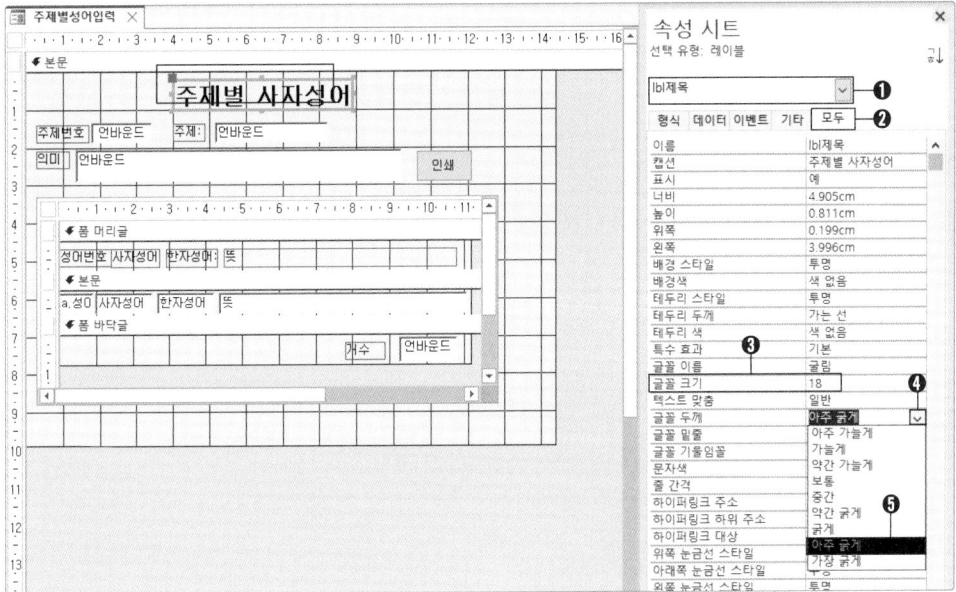

③ 'txt주제번호' 컨트롤 속성 시트 창의 [데이터] 탭 중 [컨트롤 원본]에 '주제번호'로 선택하고 이와 같이 'txt주제' 컨트롤은 [컨트롤 원본]에 '주제', 'txt의미' 컨트롤은 [컨트롤 원본]에 '의미'를 바운드합니다.

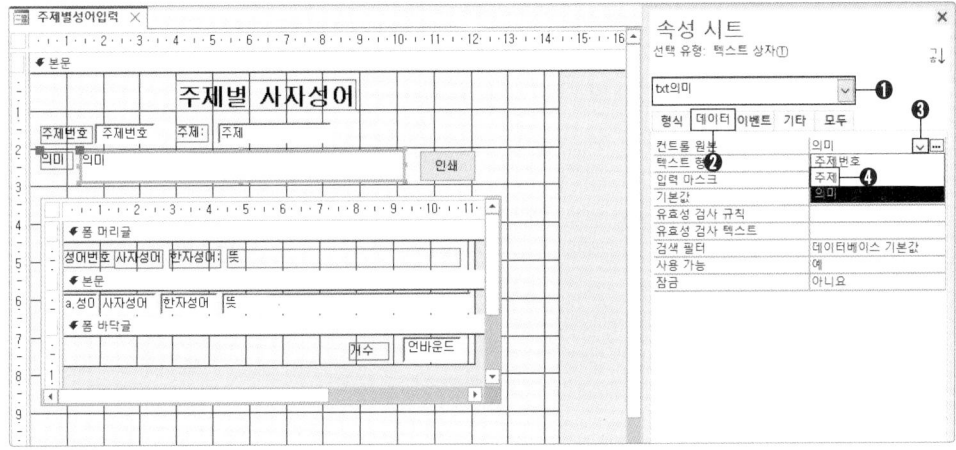

④ '폼 바닥글' 영역에서 'txt개수' 컨트롤 속성 시트 창의 [데이터] 탭 중 [컨트롤 원본]에 '=Count(*) & "개"'를 입력합니다.

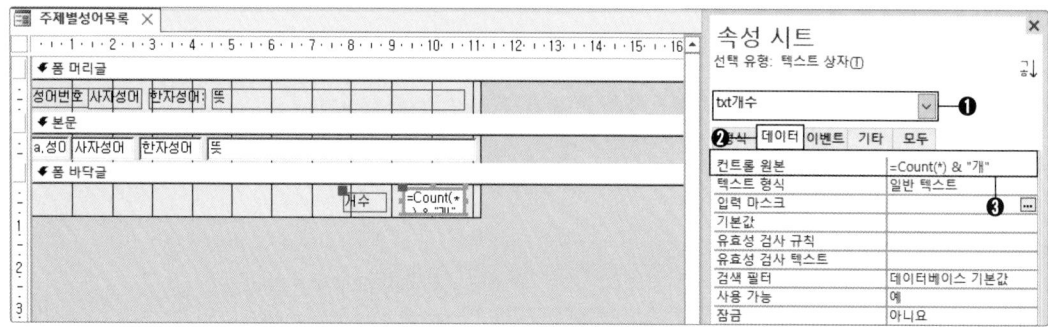

2 <성어참조> 폼에 이벤트 프로시저 작성

① <성어참조> 폼 위에서 마우스 오른쪽 단추를 눌러 <디자인 보기>를 클릭합니다.

② '조회'(cmd조회) 버튼 속성 시트 창의 [이벤트] 탭 중 [On Click]에 '코드 작성기'를 선택하고 <확인> 단추를 클릭합니다.

③ VBA 창에 다음과 같이 입력합니다.

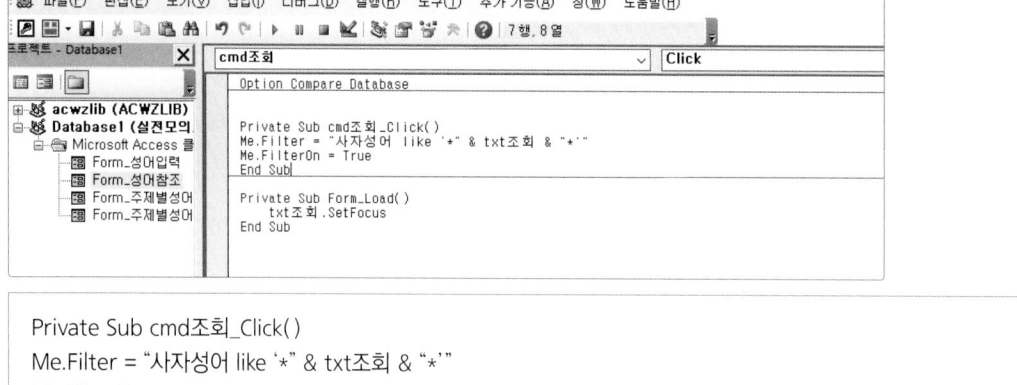

```
Private Sub cmd조회_Click()
Me.Filter = "사자성어 like '*" & txt조회 & "*'"
Me.FilterOn = True
End Sub
```

④ Alt + Q 키를 눌러 액세스 창으로 돌아옵니다.

※ 기존의 프로시저는 수정하지 않습니다.

3 <주제별성어입력> 폼의 이벤트 프로시저 작성

① [만들기] 탭-[매크로 및 코드] 그룹-[매크로]를 클릭합니다.

② [새 함수 추가]에서 <OpenReport>를 선택합니다.

③ [보고서 이름]에 '주제별사자성어', [보기 형식]에 '인쇄 미리 보기'를 선택합니다.

④ [Where 조건문]에 '[주제번호]=[Forms]![주제별성어입력]![txt주제번호]'를 입력합니다.

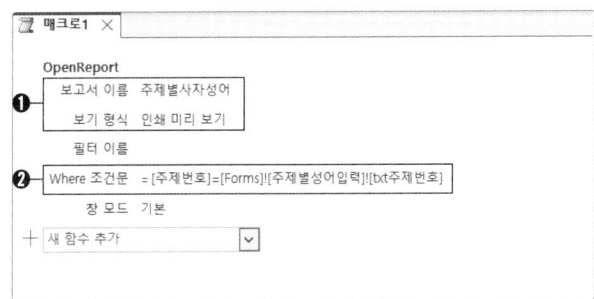

⑤ 빠른 실행 도구 모음에서 🖫(저장)을 클릭합니다. [매크로 이름]에 '주제별매크로'를 입력합니다.

⑥ <주제별성어입력> 폼 위에서 마우스 오른쪽 단추를 눌러 <디자인 보기>를 클릭합니다.

⑦ '인쇄'(cmd인쇄) 버튼 속성 시트 창의 [이벤트] 탭 중 [On Click]에 '주제별매크로'를 선택합니다.

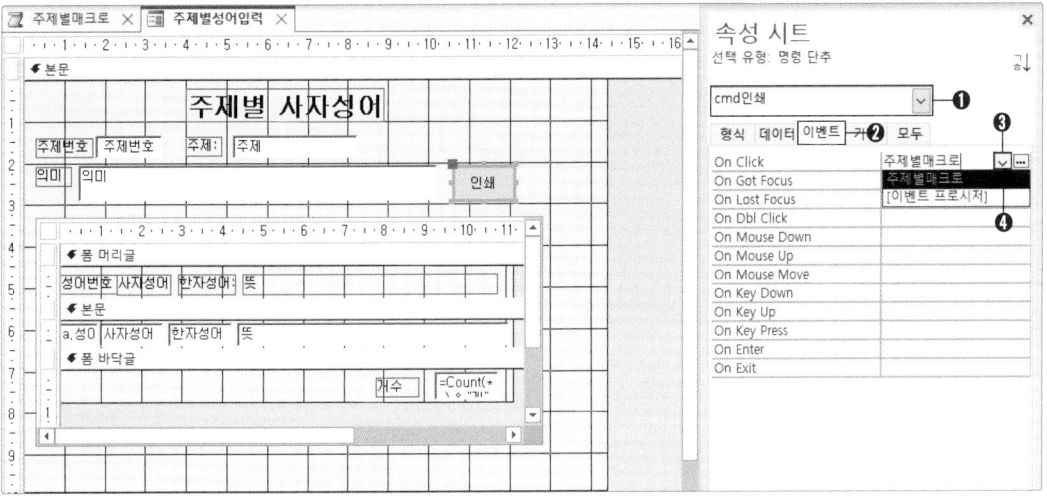

문제3 ▶ 조회 및 출력 기능 구현 (20점)

1 <주제별사자성어> 보고서 완성

① <주제별사자성어> 보고서 위에서 마우스 오른쪽 단추를 눌러 <디자인 보기>를 클릭합니다.

② '보고서 머리글' 영역에서 'lbl제목' 컨트롤을 드래그 앤 드롭 하여 '페이지 머리글' 영역을 이동합니다.

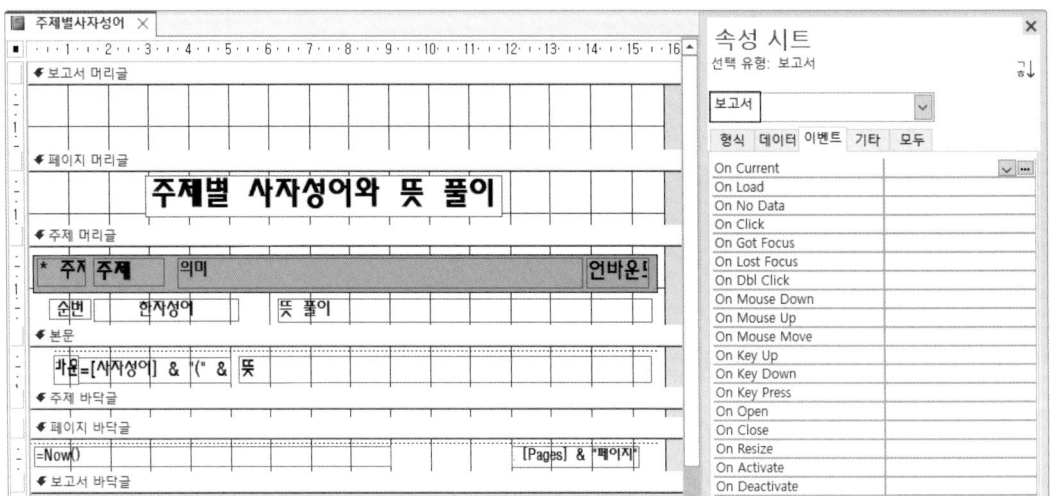

③ '보고서 머리글' 영역 속성 시트 창의 [형식] 탭 중 [높이]에 '0'을 입력합니다.

④ [보고서 디자인] 탭-[그룹화 및 요약] 그룹-[그룹화 및 정렬]을 클릭합니다.

⑤ '주제' 필드는 [정렬]에 '내림차순'으로 선택하고 [정렬 추가]를 눌러 '주제번호' 필드를 추가한 다음 [정렬]에 '오름차순'을 선택합니다.

⑥ [양식 디자인] 탭-[컨트롤] 그룹-[◢(선)]을 '주제번호 바닥글' 영역에서 드래그합니다. 속성 시트 창의 [모두] 탭 중 [이름]에 'line바닥선'을 입력하고 [테두리 두께]에 '2pt'를 선택합니다.

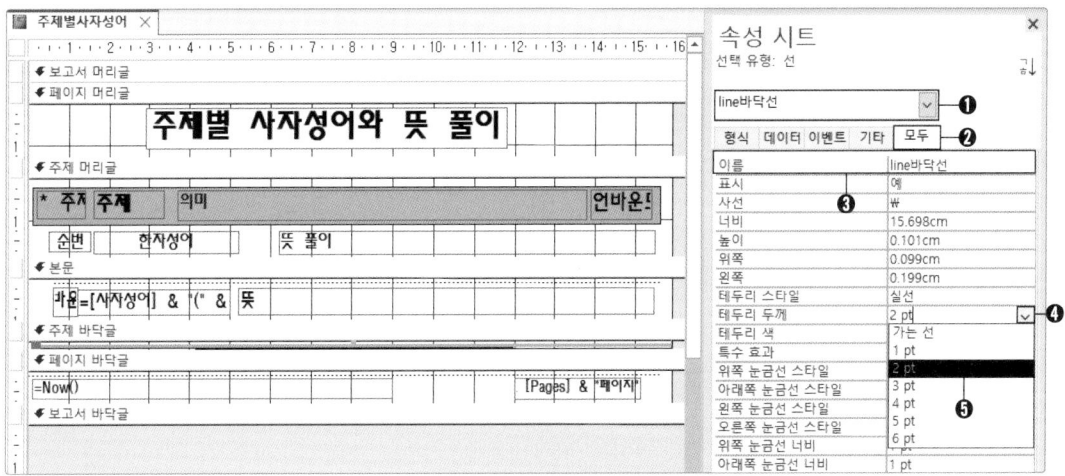

⑦ '본문' 영역에서 'txt순번' 컨트롤 속성 시트 창의 [데이터] 탭 중 [컨트롤 원본]에 '=1'을 입력하고 [누적 합계]에 '그룹'을 선택합니다.

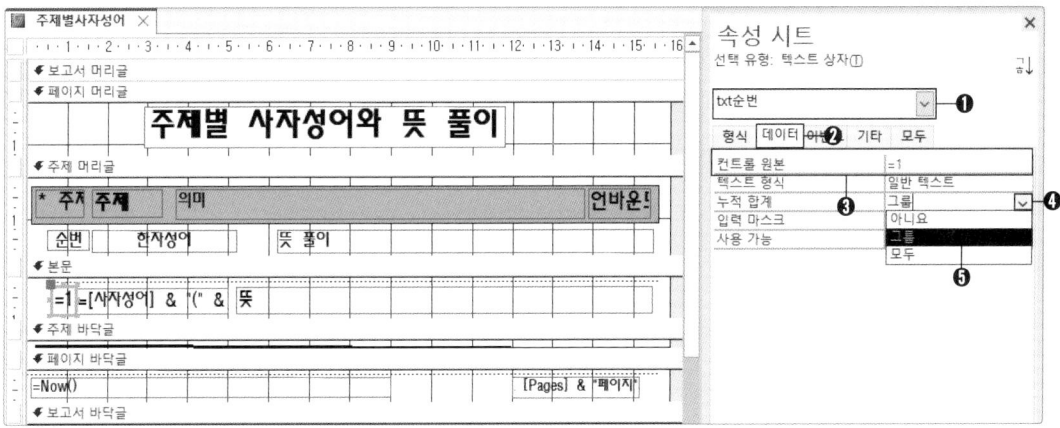

⑧ '주제 머리글' 영역에서 'txt개수' 컨트롤 속성 시트 창의 [데이터] 탭 중 [컨트롤 원본]에 '="총 " & Count(*) & "개"'를 입력합니다.

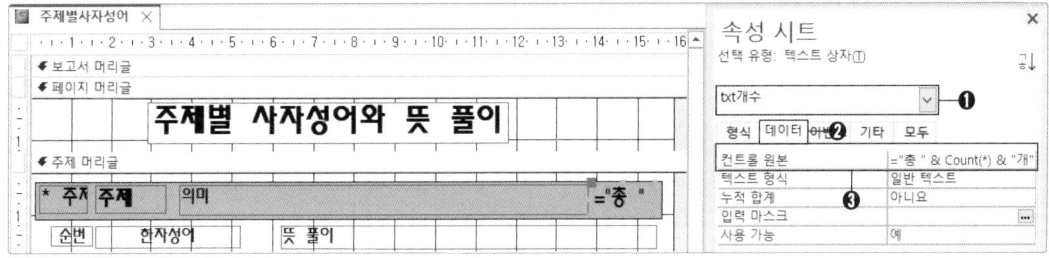

2 <성어참조> 폼에 이벤트 프로시저 작성

① <성어참조> 폼 위에서 마우스 오른쪽 단추를 눌러 <디자인 보기>를 클릭합니다.

② '본문' 영역에서 'txt사자성어' 컨트롤 속성 시트 창의 [이벤트] 탭 중 [On Got Focus]에 '코드 작성기'를 선택하고 <확인> 단추를 클릭합니다.

③ VBA 창에 다음과 같이 입력을 합니다.

※ 메시지 박스에 '사자성어' 필드를 표시하고 줄바꿈(vbCrLf)한 후 사자성어 '뜻'을 표시합니다.

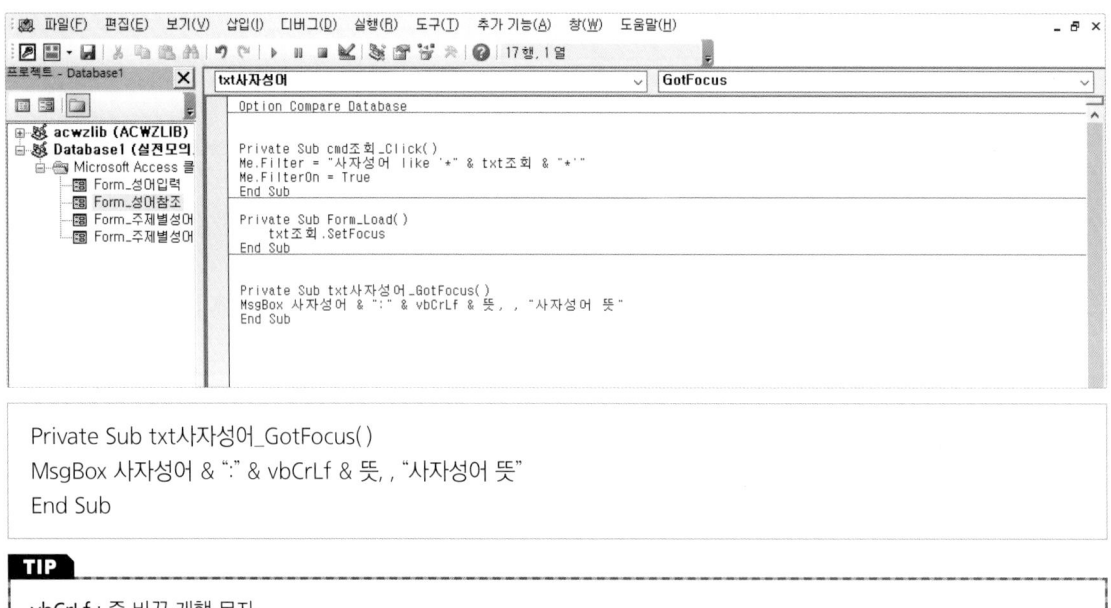

```
Private Sub txt사자성어_GotFocus( )
MsgBox 사자성어 & ":" & vbCrLf & 뜻, , "사자성어 뜻"
End Sub
```

> **TIP**
> vbCrLf : 줄 바꿈 개행 문자

④ **Alt** + **Q** 키를 눌러 액세스 창으로 돌아옵니다.

문제4 처리 기능 구현 (35점)

1 <ㄱ에서ㅅ이전사자성어> 추가 쿼리 작성

① [만들기] 탭-[쿼리] 그룹-[쿼리 디자인]을 클릭합니다.

② [테이블 추가] 대화상자의 [테이블] 탭에서 <성어> 테이블을 선택하고 <선택한 표 추가> 단추를 클릭합니다.

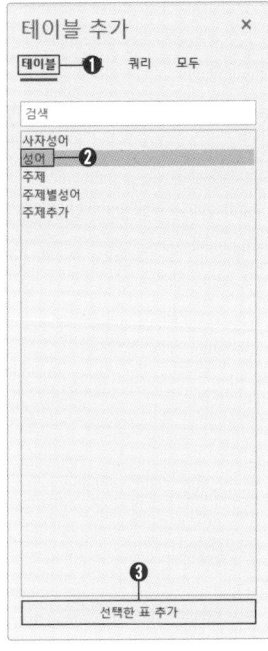

③ '사자성어', '한자성어', '뜻' 필드를 선택합니다.

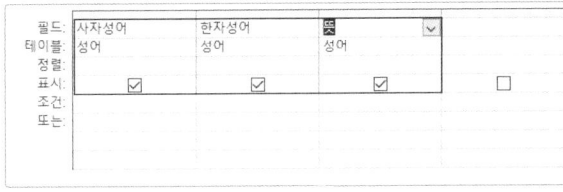

④ '사자성어' 필드는 [정렬]에 '오름차순'으로 선택하고 [조건]에 'Like "[ㄱ-ㅅ]*"'을 입력합니다.

※ 마지막 'ㅅ' 문자는 포함되지 않고 그 이전까지 포함됩니다.

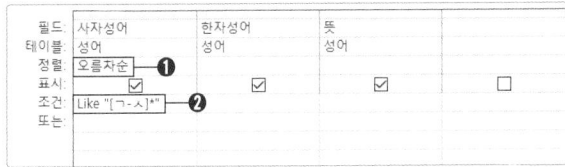

⑤ 빠른 실행 도구 모음에서 🖫(저장)을 클릭합니다. [쿼리 이름]에 'ㄱ에서ㅅ이전사자성어'를 입력합니다.

2 <뜻없는성어> 업데이트 쿼리 작성

① [만들기] 탭-[쿼리] 그룹-[쿼리 디자인]을 클릭합니다.

② [테이블 추가] 대화상자의 [테이블] 탭에서 <성어> 테이블을 선택하고 <선택한 표 추가> 단추를 클릭합니다.

③ '뜻' 필드를 선택하고 [조건]에 'Is Null'을 입력합니다.

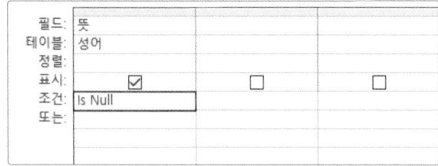

④ [쿼리 디자인] 탭-[쿼리 유형] 그룹-[업데이트]를 클릭하고 [업데이트]에 '내용 없음'을 입력합니다.

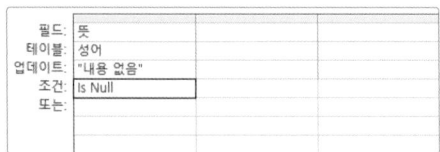

> **TIP**
> **업데이트 쿼리의 필드명**
> 쿼리를 실행하면 업데이트 대상이 되지 않는 필드는 선택하여도 표시되지 않습니다.

⑤ [쿼리 디자인] 탭-[결과] 그룹-[실행]을 눌러 실행시킵니다. 다음의 창에서 <예> 단추를 클릭합니다.
   ※ 단 업데이트는 한 번만 실행합니다.

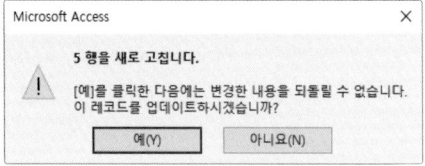

⑥ <성어> 테이블을 <열기>하여 업데이트된 내용을 확인합니다.

⑦ 빠른 실행 도구 모음에서 🔲(저장)을 클릭합니다. [쿼리 이름]에 '뜻없는성어'를 입력합니다.

3 <검색어관련성어> 매개 변수 쿼리 작성

① [만들기] 탭-[쿼리] 그룹-[쿼리 디자인]을 클릭합니다.

② [테이블 추가] 대화상자의 [쿼리] 탭에서 <사자성어종합> 쿼리를 선택하고 <선택한 표 추가> 단추를 클릭합니다.

③ '주제', '사자성어', '한자성어', '뜻' 필드를 선택합니다.

④ '뜻' 필드는 [조건]에 'Like "*" & [검색어] & "*"'을 입력합니다.

⑤ [쿼리 디자인] 탭-[결과] 그룹-[실행]을 눌러 검색어를 입력합니다.

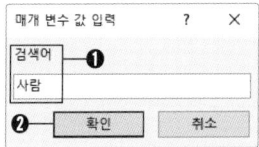

⑥ 빠른 실행 도구 모음에서 🔳(저장)을 클릭합니다. [쿼리 이름]에 '검색어관련성어'를 입력합니다.

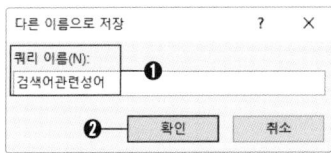

4 <주제별건수조회> 크로스탭 쿼리 작성

① [만들기] 탭-[쿼리] 그룹-[쿼리 디자인]을 클릭합니다.

② [테이블 추가] 대화상자의 [테이블] 탭에서 Ctrl 키를 누른 채 차례대로 <주제>, <주제별성어> 테이블을 선택하고 <선택한 표 추가> 단추를 클릭합니다.

③ '주제', '의미', '주제번호' 필드를 선택하고, '총개수:주제' 필드는 입력합니다.

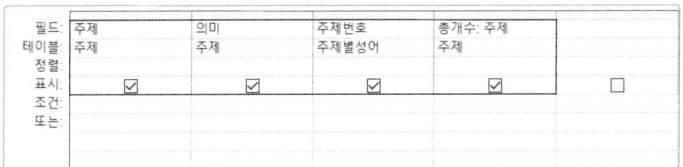

④ [쿼리 디자인] 탭-[쿼리 유형] 그룹-[크로스탭]를 클릭합니다.

⑤ [요약]에 '주제번호', '총개수:주제' 필드는 '개수'를 선택합니다.

⑥ [크로스탭]에 '주제' 필드는 '열 머리글', '의미' 필드는 '행 머리글', '주제번호' 필드는 '값', '총개수:주제' 필드는 '행 머리글'을 선택합니다.

⑦ '총개수: 주제' 필드 속성 시트 창의 [일반] 탭 중 [형식]에 '0" 건"'으로 입력합니다.

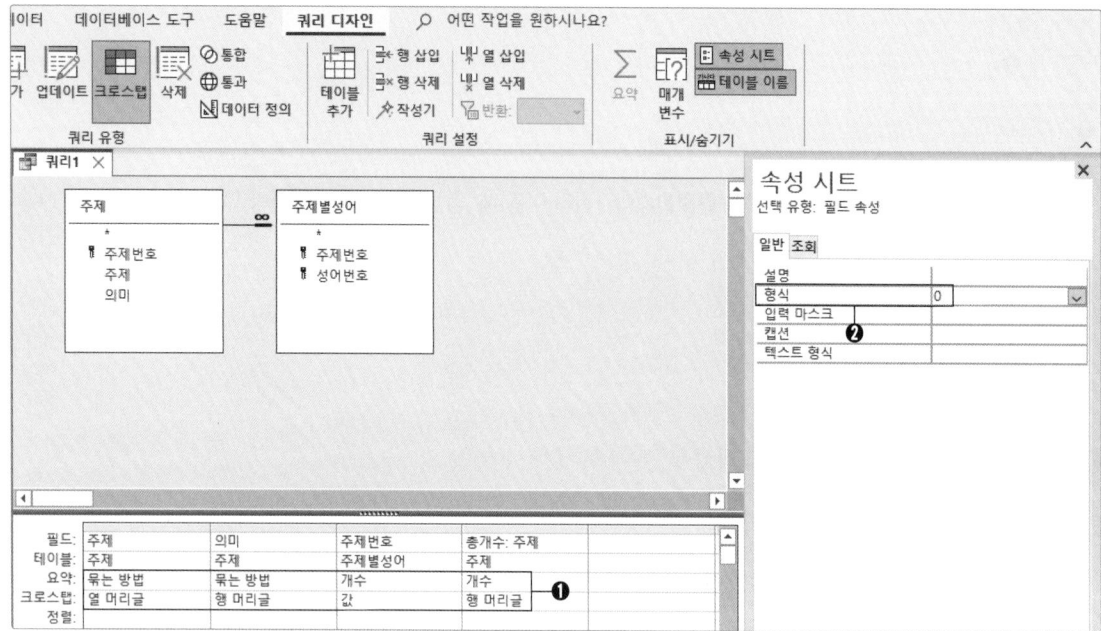

⑧ 빠른 실행 도구 모음에서 🔳(저장)을 클릭합니다. [쿼리 이름]에 '주제별건수조회'를 입력합니다.

5 <효와관련된> 쿼리 작성

① [만들기] 탭-[쿼리] 그룹-[쿼리 디자인]을 클릭합니다.

② [테이블 추가] 대화상자의 [쿼리] 탭에서 <성어> 테이블을 선택하고 <선택한 표 추가> 단추를 클릭합니다.

③ '성어번호', '사자성어', '뜻' 필드를 선택하고 '글자수: Len([뜻])'을 입력합니다.

④ '사자성어' 필드의 [조건]에 'Like "*효*"'를 입력 후 '뜻' 필드의 [또는]에 'Like "*부모*"'를 입력하고 '글자수' 필드의 [정렬]은 '오름차순'을 선택합니다.

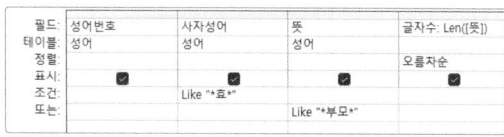

⑤ 빠른 실행 도구 모음에서 🔳(저장)을 클릭합니다. [쿼리 이름]에 '효와관련된'을 입력하고 <확인> 단추를 클릭합니다.

MEMO

컴퓨터활용능력
1급 실기

PART 04
최신기출유형

- **최신기출유형 1회**
  최신기출유형 1회 정답 및 해설
- **최신기출유형 2회**
  최신기출유형 2회 정답 및 해설
- **최신기출유형 3회**
  최신기출유형 3회 정답 및 해설
- **최신기출유형 4회**
  최신기출유형 4회 정답 및 해설
- **최신기출유형 5회**
  최신기출유형 5회 정답 및 해설
- **최신기출유형 6회**
  최신기출유형 6회 정답 및 해설
- **최신기출유형 7회**
  최신기출유형 7회 정답 및 해설
- **최신기출유형 8회**
  최신기출유형 8회 정답 및 해설
- **최신기출유형 9회**
  최신기출유형 9회 정답 및 해설
- **최신기출유형 10회**
  최신기출유형 10회 정답 및 해설

※ 'C:₩2024_컴활1급₩데이터베이스₩작업파일₩최신기출유형' 폴더를 이용하여 최신기출유형 문제를 해결합니다.

컴퓨터활용능력 최신기출유형 1회

프로그램명	제한시간
ACCESS 2021	45분

수험번호:

성   명:

1급 | A형

유의사항

- 인적 사항 누락 및 잘못 작성으로 인한 불이익은 수험자 책임으로 합니다.

- 화면에 암호 입력창이 나타나면 아래의 암호를 입력하여야 합니다.
  - 암호 : 5745%2

- 작성된 답안은 주어진 경로 및 파일명을 변경하지 마시고 그대로 저장해야 합니다. 이를 준수하지 않으면 실격처리 됩니다.
  - 답안 파일명의 예: C:\DB\수험번호 8자리.accdb

- 외부데이터 위치: C:\DB\파일명

- 별도의 지시사항이 없는 경우, 다음과 같이 처리하면 실격 처리됩니다.
  - 제시된 개체의 이름을 임의로 변경한 경우
  - 제시된 개체의 속성을 임의로 변경한 경우
  - 제시된 개체를 임의로 삭제하거나 추가한 경우

- 별도의 지시사항이 없는 경우, 기능의 구현은 모듈이나 매크로 등을 이용하며, 예외적인 상황에 대해서는 고려하지 않아도 됩니다.

- 제시된 함수가 있을 경우 제시된 함수만을 사용하여야 하며, 그 외 함수 사용시 채점 대상에서 제외됩니다.

- 별도의 지시사항이 없는 경우, 주어진 각 개체의 속성은 설정값 또는 기본 설정값 (Default)으로 처리하십시오.

- 제시된 화면은 예시이며 나타난 값은 실제와 다를 수 있습니다.

- 저장 시간은 별도로 주어지지 아니하므로 제한된 시간 내에 저장을 완료해야 합니다.

- 본 문제의 용어는 MS Office LTSC Professional Plus 2021 기준으로 작성되었습니다.

문제 1 25점_ DB 구축

01 씨앗을 판매하는 업무를 수행하기 위한 데이터베이스를 구축하고자 한다. 다음의 지시사항에 따라 각 테이블을 완성하시오. (각 3점)

① <씨앗> 테이블의 '씨앗코드' 필드는 'A0000'과 같은 형태로 영문 대문자 1개와 숫자 4개가 반드시 입력되도록 입력 마스크를 설정하시오.
▶ 영문자 입력은 영어와 한글만 입력할 수 있도록 설정할 것
▶ 숫자 입력은 0 ~ 9까지의 숫자만 입력할 수 있도록 설정할 것

② <씨앗> 테이블의 '씨앗명' 필드는 필드 크기를 10으로 설정하고, 반드시 입력되도록 설정하시오.

③ <회원> 테이블의 '전화번호' 필드에는 중복된 값이 입력될 수 없도록 인덱스를 설정하시오.

④ <회원> 테이블의 'E-Mail' 필드에는 '@'문자가 반드시 포함되도록 유효성 검사 규칙을 설정하시오.

⑤ <씨앗입고> 테이블의 '입고수량' 필드는 새로운 레코드를 추가하면 '20'이 기본적으로 입력되도록 설정하시오.

02 외부 데이터 가져오기 기능을 이용하여 <B2B납품.xlsx> 파일의 내용을 가져와 <B2B납품> 테이블을 생성하시오. (5점)

▶ 첫 번째 행은 열 머리글임
▶ 기본 키는 없음으로 설정

03 <씨앗> 테이블의 '씨앗코드' 필드는 <씨앗입고> 테이블의 '씨앗코드' 필드를, <주문> 테이블의 '씨앗코드' 필드는 <씨앗> 테이블의 '씨앗코드' 필드를 참조하며, 각 테이블 간의 관계는 M:1이다. 다음과 같이 테이블 간의 관계를 설정하시오. (5점)

※ 액세스 파일에 이미 설정되어 있는 관계는 수정하지 마시오.

▶ 각 테이블 간에 항상 참조 무결성이 유지되도록 설정하시오.
▶ 참조 필드의 값이 변경되면 관련 필드의 값도 변경되도록 설정하시오.
▶ 다른 테이블에서 참조하고 있는 레코드는 삭제할 수 없도록 설정하시오.

문제 2 20점_ 입력 및 수정 기능 구현

01 <씨앗입고현황> 폼을 다음의 화면과 지시사항에 따라 완성하시오. (각 3점)

① 폼의 '기본 보기' 속성을 <그림>과 같이 설정하시오.

② 본문 영역에서 탭이 다음의 순서대로 정지하도록 관련 속성을 설정하시오.

▶ txt판매단가, txt입고단가, txt입고수량, txt씨앗명, txt씨앗코드, txt입고일자, txt상품입고번호

③ 폼 바닥글 영역의 'txt총입고수량' 컨트롤에는 입고수량의 합계가 표시되도록 컨트롤 원본 속성을 설정하시오.

02 <씨앗입고현황> 폼의 본문 영역에 다음과 같이 조건부 서식을 설정하시오. (5점)

▶ '입고수량'이 50 이상인 경우 본문 영역의 모든 컨트롤의 글꼴이 '굵게', '밑줄'로 표시되도록 설정하시오.

▶ 단, 하나의 규칙으로 작성하시오.

03 <씨앗코드별주문현황> 보고서를 '인쇄미리 보기'의 형식으로 연 후 <씨앗정보찾기> 폼을 닫는 <보고서출력> 매크로를 생성하고, <씨앗정보찾기> 폼의 '보고서(cmd보고서) 단추를 클릭하면 <보고서출력> 매크로가 실행되도록 지정하시오. (5점)

▶ 매크로 조건 : '씨앗코드' 필드의 값이 'txt씨앗코드'에 해당하는 씨앗 정보만 표시

문제3 20점_ 조회 및 출력 기능 구현

01 다음의 지시사항 및 화면을 참조하여 <씨앗코드별주문현황> 보고서를 완성하시오. (각 3점)

① 씨앗코드 머리글 영역에서 머리글의 내용이 페이지마다 반복적으로 표시되도록 설정하고, '씨앗코드'가 변경되면 매 구역 전에 페이지도 변경되도록 설정하시오.

② 동일한 '씨앗코드' 내에서는 '주문일자'를 기준으로 오름차순 정렬되어 표시되도록 정렬을 추가하시오.

③ 본문 영역에서 '씨앗코드' 필드의 값이 이전 레코드와 동일한 경우에는 표시되지 않도록 설정하시오.

④ 본문 영역의 배경색을 '교차 행'으로 변경하시오.

⑤ 씨앗코드 바닥글 영역의 'txt주문횟수' 컨트롤에는 씨앗코드별 전체 레코드 수가 표시되도록 컨트롤 원본 속성을 설정하시오.

▶ 표시 예 : 5회

▶ & 연산자 이용

주문현황				2023-11-15
씨앗코드	주문일자	이름	전화번호	수량
A0077	2023-04-14	최다희	010-9984-2585	8
	2023-04-17	노현수	010-1477-7414	1
	2023-04-21	노현수	010-1477-7414	10
	2023-04-23	이창수	010-0003-2576	9
			주문횟수 :	4회

1/12페이지

02 <주문현황> 폼에서 'txt수량' 컨트롤에 포커스가 이동하면(GotFocus) <그림>과 같은 메시지 상자를 출력하는 이벤트 프로시저를 구현하시오. (5점)

▶ 'txt수량' 컨트롤에 표시된 값이 10 이상이면 '인기품종', 10 미만 6 이상이면 '보통품종', 그 외에는 '비인기품종'으로 표시하시오.

▶ If ~ ElseIf 문 사용

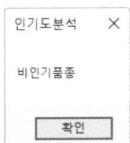

문제 4 35점_ 처리 기능 구현

01 <회원>, <주문> 테이블을 이용하여 최근 주문이 없는 고객에 대해 <회원> 테이블의 '비고' 필드의 값을 '★ 관리대상회원'으로 변경하는 <관리대상회원처리> 업데이트 쿼리를 작성한 후 실행하시오. (7점)

▶ 최근 주문이 없는 고객이란 주문일자가 2023년 4월 10일부터 2023년 4월 30일까지 중에서 <회원> 테이블에는 '고객ID'가 있으나 <주문> 테이블에는 '고객ID'가 없는 고객임.

▶ Not In 과 하위 쿼리 사용

| 회원 X |
고객ID	이름	전화번호	우편번호	주소	E-Mail	비고
20170729	최다영	010-2000-3635	136-802	서울특별시 성북구 길음로	cdy@ho.net	★ 관리대상회원
20171010	김철수	010-1542-3658	712-862	경상북도 경산시 남산면 갈지로	kcs@nm.com	
20171120	이찬영	010-9654-3695	132-820	서울특별시 도봉구 도담로	lcy@jo.com	
20171214	박삼수	010-8888-3252	368-905	충청북도 증평군 증평읍 중앙로	pss@gol.com	
20171220	조성민	010-6547-6542	480-841	경기도 의정부시 평화로	jsm@go.co.kr	
20190131	이지영	010-9874-1245	367-893	충청북도 괴산군 감물면 감물로	lgy@aol.com	
20190227	박지수	010-6321-8411	417-802	인천광역시 강화군 강화읍 갑룡길	pjs@niver.com	
20190411	김혜원	010-7878-0107	506-358	광주광역시 광산구 고봉로	khw@dim.com	
20190428	김민철	010-9696-9632	151-801	서울특별시 관악구 과천대로	kmc@sangor	
20190808	정찬수	010-7474-2145	306-160	대전광역시 대덕구 대청호수로	jcs@do.co.kr	
20190930	노현수	010-1477-7414	143-803	서울특별시 광진구 광나루로	nhs@chul.ne	
20191124	김민규	010-0012-7411	680-130	울산광역시 남구 용잠로	kmk@gol.com	★ 관리대상회원
20200702	최다희	010-9984-2585	477-803	경기도 가평군 가평읍 가랫골길	cdh@korea.c	
20200711	이창수	010-0003-2576	158-811	서울특별시 양천구 공항대로	lcs@mu.net	

※ <관리대상회원처리> 쿼리를 실행한 후의 <회원> 테이블

02 입고월별 생산지별로 입고수량의 합계를 조회하는 <입고현황> 크로스탭 쿼리를 작성하시오. (7점)

▶ <씨앗>, <씨앗입고> 테이블을 이용하시오.

▶ 입고품종수는 '씨앗코드' 필드를 이용하시오.

▶ 입고월은 입고일자의 월로 설정하시오.

▶ 생산지는 원산지가 한국이면 '국내산', 그 외는 '수입산'으로 설정하시오.

▶ IIf, Month 함수 사용

▶ 쿼리 결과 표시되는 필드와 필드명은 <그림>과 같이 표시되도록 설정하시오.

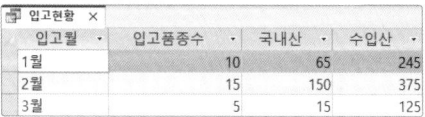

03 <씨앗>과 <씨앗입고> 테이블을 이용하여 검색할 씨앗명의 일부를 매개 변수로 입력받아 해당 제품의 입고 정보를 조회하는 <씨앗입고조회> 매개변수 쿼리를 작성하시오. (7점)

▶ '부가세' 필드는 '입고단가'가 10000 이하이면 '판매단가'의 10%로, 10000초과 50000이하이면 '판매단가'의 20%로, 50000초과이면 '판매단가'의 30%로 계산하시오.

▶ '입고일자' 필드를 기준으로 내림차순 정렬하여 표시하시오.

▶ Switch 함수 사용

▶ 쿼리 결과 표시되는 필드와 필드명, 필드의 형식은 <그림>과 같이 표시되도록 설정하시오.

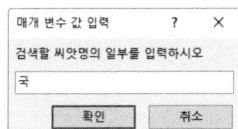

04 <씨앗입고>, <씨앗>, <주문> 테이블을 이용하여 씨앗명별 최근입고일자, 총입고량, 총주문량을 조회하는 <재고현황> 쿼리를 작성하시오. (7점)

▶ '최근입고일자'는 '입고일자'의 최대값, '총입고량'은 '입고수량'의 합계, '총주문량'은 <주문> 테이블 '수량' 필드의 합계로 처리하시오.

▶ 씨앗코드가 A부터 B까지의 문자 중 하나로 시작하는 것만 조회대상으로 하시오.

▶ 재고비율 = 총주문량 / 총입고량

▶ 재고비율은 [표시 예]와 같이 표시되도록 '형식' 속성을 설정하시오. [표시 예 : 0 → 0.0%, 0.34523 → 34.5%]

▶ Like 연산자 사용

▶ 쿼리 결과 표시되는 필드와 필드명은 <그림>과 같이 표시되도록 설정하시오.

씨앗명	최근입고일자	총입고량	총주문량	재고비율
금계국	2023-02-14	40	28	70.0%
끈끈이대나물	2023-02-07	135	15	11.1%
나팔꽃	2023-02-07	165	50	30.3%
메밀꽃	2023-02-07	220	48	21.8%
물망초	2023-02-07	195	54	27.7%
양귀비	2023-02-14	510	138	27.1%
자운영	2023-02-14	110	11	10.0%
한련화	2023-03-07	260	42	16.2%

05 <씨앗>, <씨앗입고> 쿼리를 이용하여 다음 씨앗입고일을 조회하여 새 테이블로 생성하는 <다음입고일생성> 쿼리를 작성하고 실행하시오. (7점)

▶ 판매단가가 10000이하인 경우만 조회대상으로 설정하시오.

▶ 다음입고일자는 입고일자로부터 15일후로 계산하시오.

▶ 필요수량은 입고수량의 2배로 계산하시오.

▶ 쿼리 실행 후 생성되는 테이블의 이름은 [다음씨앗입고관리]로 설정하시오.

▶ DateAdd 함수 사용

▶ 쿼리 실행 결과 생성되는 테이블의 필드는 그림을 참고하여 수험자가 판단하여 설정하시오.

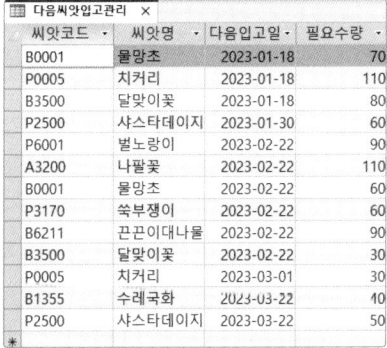

※ <다음입고일생성> 쿼리를 실행한 후의 <다음씨앗입고관리> 테이블

최신기출유형 1회 정답 및 해설

📁 작업 파일 : C:₩2024_컴활1급₩데이터베이스₩작업파일₩최신기출유형₩최신기출유형 1회_문제.accdb
📋 완성 파일 : C:₩2024_컴활1급₩데이터베이스₩완성파일₩최신기출유형₩최신기출유형 1회_정답.accdb

정답

문제 1 DB 구축 (25점)

01 <씨앗>, <회원>, <씨앗입고>, 테이블 완성

지시사항	테이블명	필드명	필드 속성	설정 값
①	씨앗	씨앗코드	입력 마스크	>L0000
②		씨 앗 명	필드 크기	10
③			필수	예
④	회원	전화번호	인덱스	예(중복 불가능)
		E-Mail	유효성 검사 규칙	Like "*@*"
⑤	씨앗입고	입고수량	기본값	20

02 외부 데이터 가져오기

① [외부 데이터]-[가져오기 및 연결] 그룹에서 [새 테이블 원본]-[파일에서]-[Excel]을 클릭

② 첫 번째 행은 열 머리글, 기본 키 없음

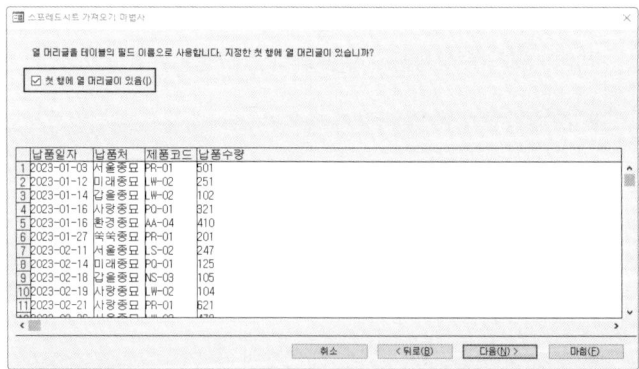

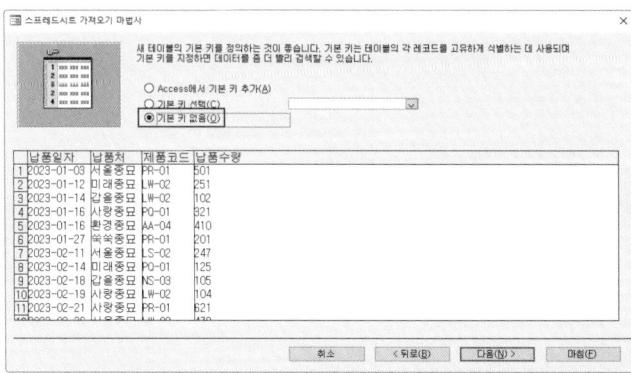

03 관계 설정

① [데이터베이스 도구]-[관계] 그룹의 [관계(□)]를 클릭

② 관계 편집

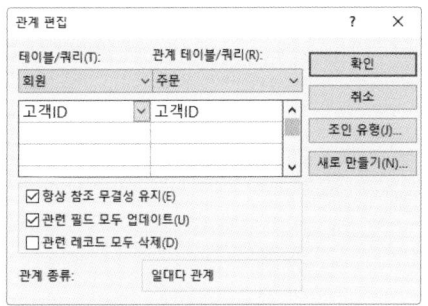
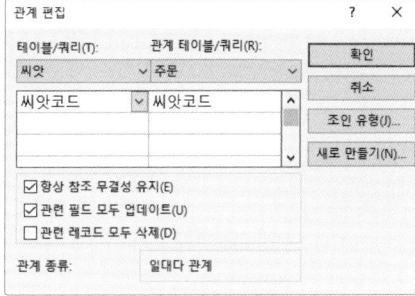

문제2 ▶ 입력 및 수정 기능 구현 (20점)

01 <씨앗입고현황> 폼의 완성

지시사항	영역	개체명	탭	항목	설정 값
①	폼		형식	기본 보기	연속 폼
②			[양식 디자인]-[탭 순서] 구역: 폼 머리글 / 본문 / 폼 바닥글 사용자 지정 순서: txt판매단가, txt입고단가, txt입고수량, txt씨앗명, txt씨앗코드, txt입고일자, txt상품입고번호			
③	폼 바닥글	txt총입고수량	데이터	컨트롤 원본	=Sum([입고수량])

02 <씨앗입고현황> 폼의 조건부 서식

① [서식]-[컨트롤 서식] 그룹에서 [조건부 서식]을 클릭

② 서식 규칙 편집

03 <씨앗입고찾기> 폼의 매크로 작성

① [만들기]-[매크로 및 코드] 그룹에서 [매크로( )]를 클릭

② [보고서출력] 매크로 작성

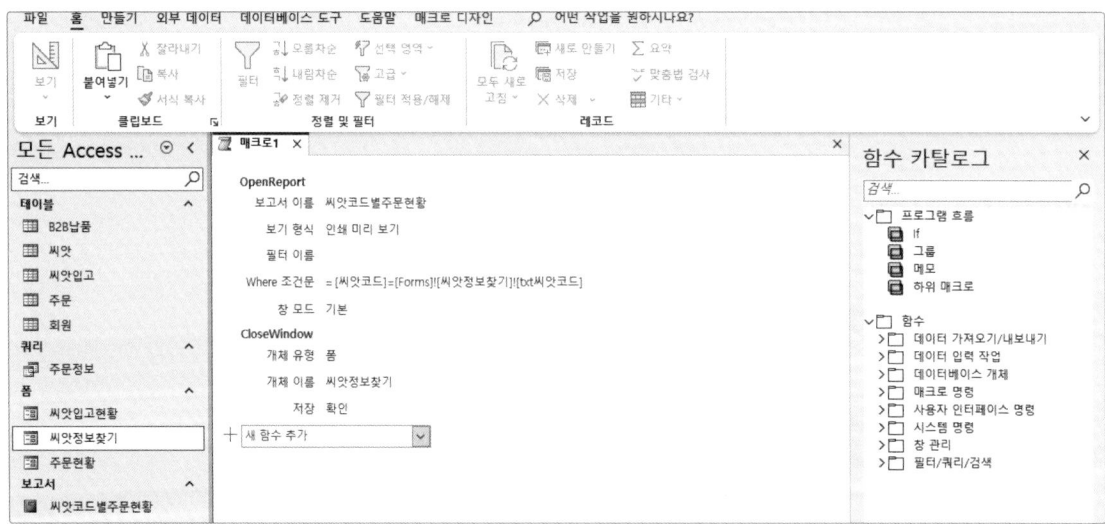

문제3 조회 및 출력 기능 구현 (20점)

01 <씨앗코드별주문현황> 보고서 완성

지시사항	영역	개체명	탭	항목	설정 값
①	씨앗코드 머리글		형식	반복 실행 구역	예
				페이지 바꿈	구역 전
②	[그룹, 정렬 및 요약]에서 그룹화 기준은 '씨앗코드' 필드의 '오름차순', 정렬 추가하여 '주문일자'의 '오름차순'					
③	본문	씨앗코드	형식	중복 내용 숨기기	예
④	본문		형식	배경색	교차 행
⑤	씨앗코드 바닥글	txt주문횟수	데이터	컨트롤 원본	=Count(*) & "회"

02 <주문현황> 폼에 이벤트 프로시저 작성

① 'txt수량' 컨트롤을 선택하여 [속성 시트]-[이벤트] 탭의 'On Got Focus'에서 ···를 눌러 [코드 작성기]를 선택

② VBA 코드 작성

```
Private Sub txt수량_GotFocus( )
If txt수량 >= 10 Then
MsgBox "인기품종", , "인기도분석"
ElseIf txt수량 >= 6 Then
MsgBox "보통품종", , "인기도분석"
Else
MsgBox "비인기품종", , "인기도분석"
End If
End Sub
```

문제 4 ▶ 처리 기능 구현 (35점)

01 <관리대상회원처리> 업데이트 쿼리

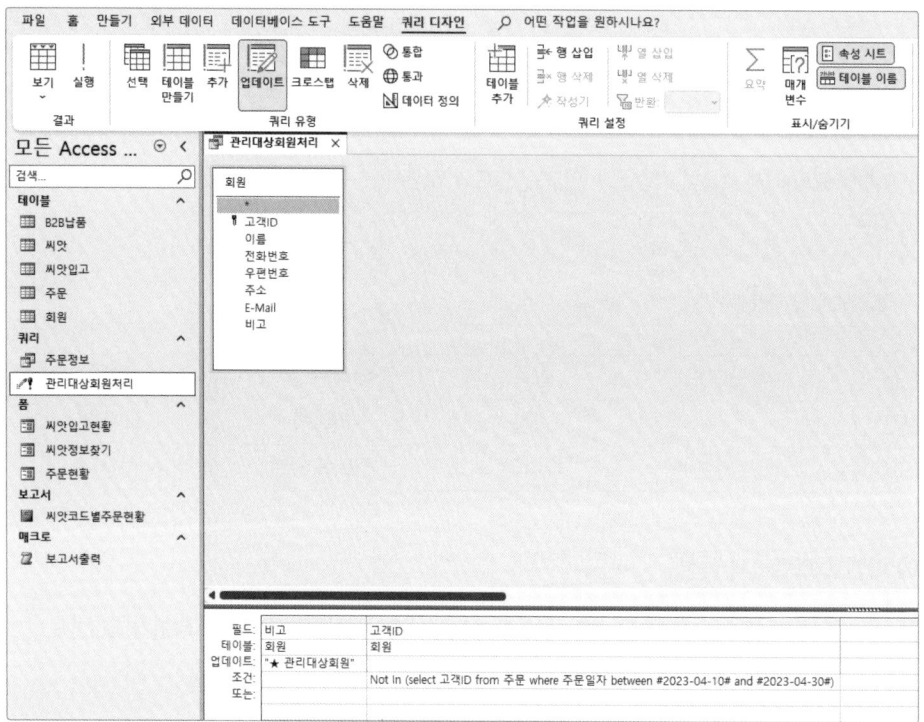

02 <입고현황> 크로스탭 쿼리

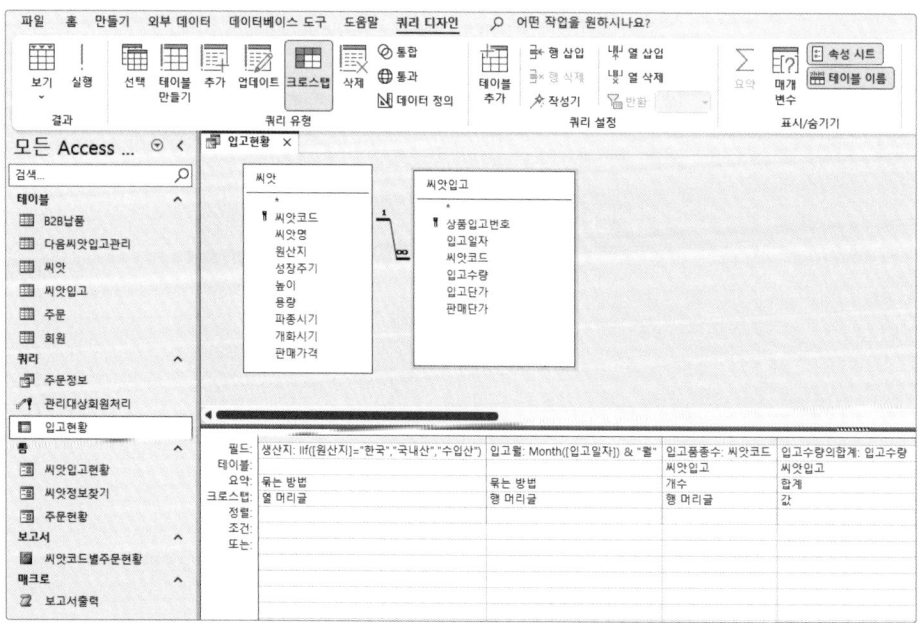

03 <씨앗입고조회> 매개변수 쿼리

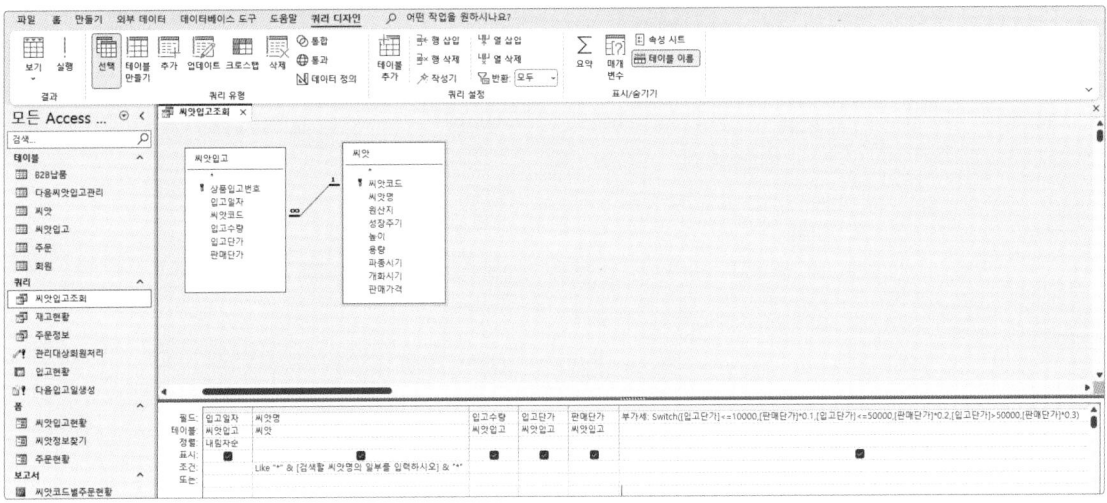

04 <재고현황> 요약 쿼리

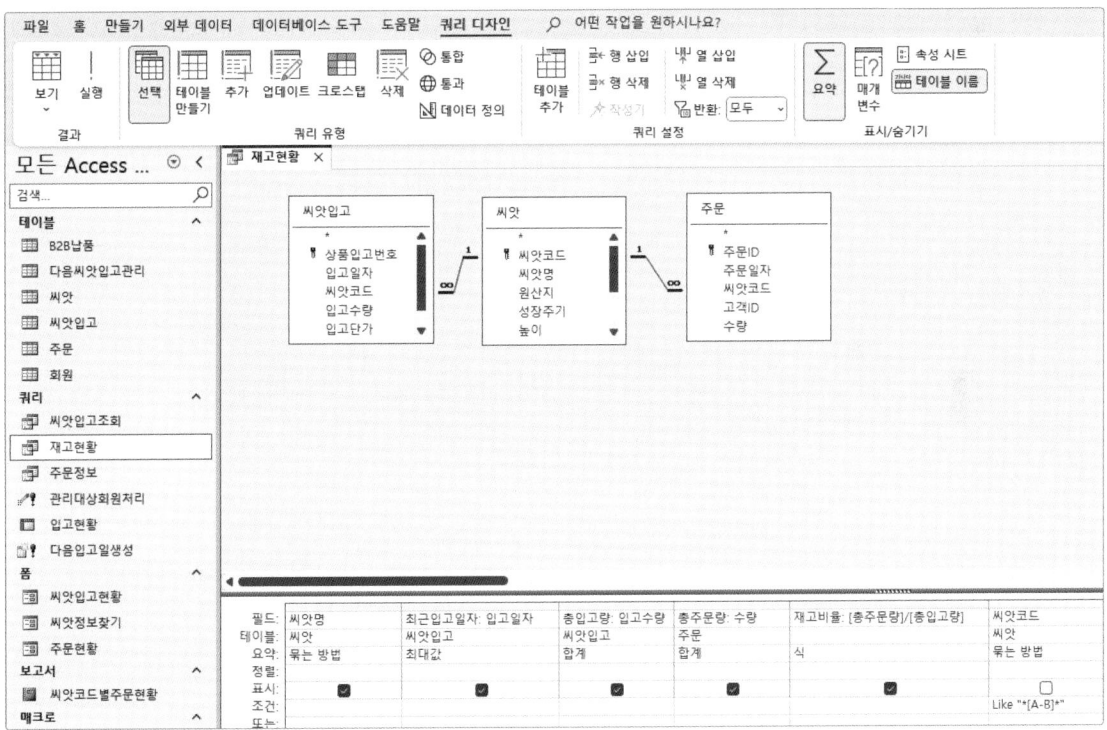

05 <다음입고일생성> 테이블 만들기 쿼리

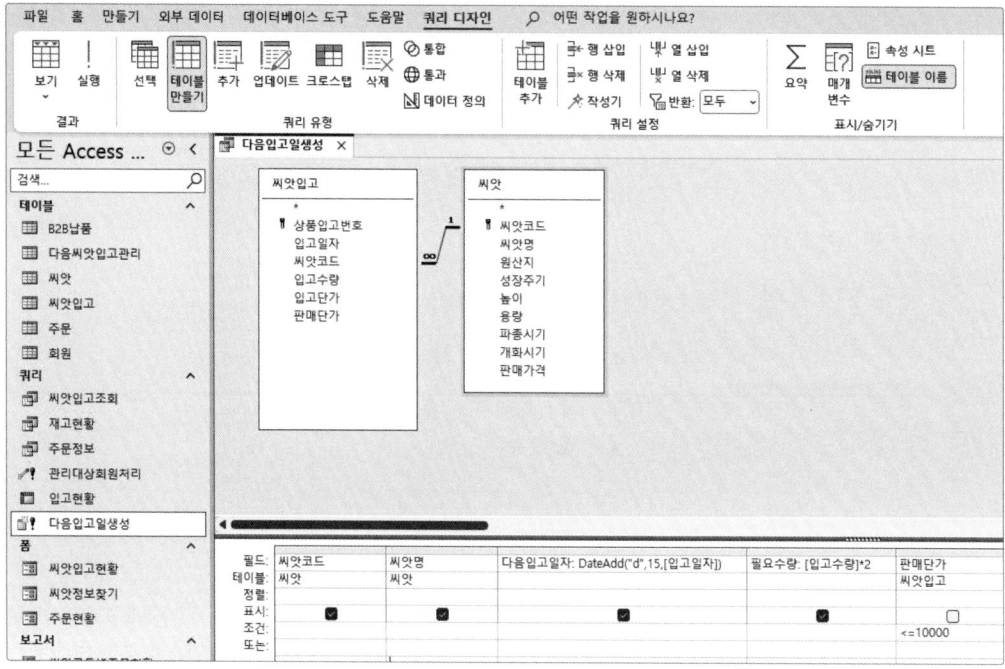

문제1 ▶ DB 구축 (25점)

1 <씨앗>, <회원>, <씨앗입고> 테이블 완성

① <씨앗> 테이블 위에서 마우스 오른쪽 단추를 눌러 <디자인 보기>를 클릭합니다.

② '씨앗코드' 필드의 속성은 [입력 마스크]에 '>L0000'을 입력합니다.

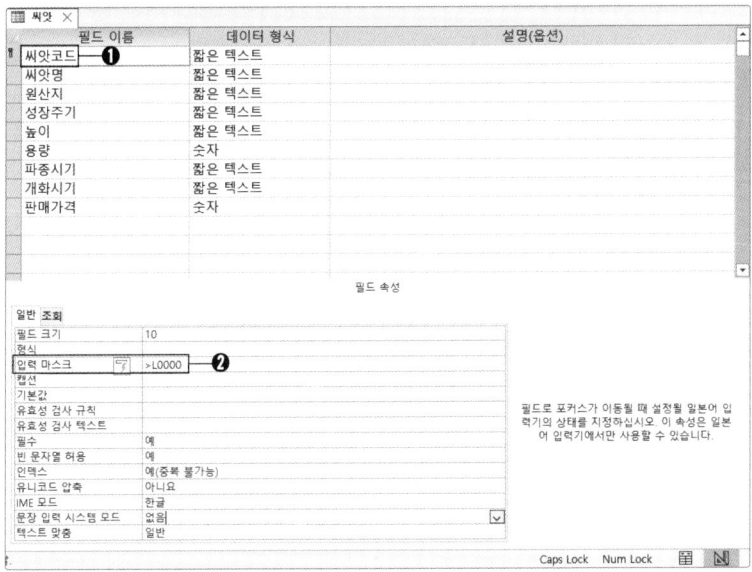

③ '씨앗명' 필드의 속성은 [필드 크기]에 '10'을 입력하고 [필수]에 '예'를 선택합니다.

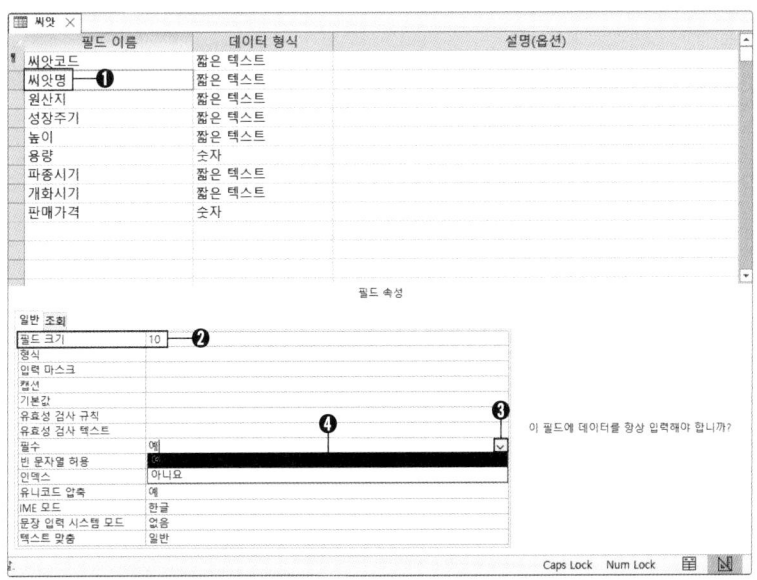

④ <회원> 테이블 위에서 마우스 오른쪽 단추를 눌러 <디자인 보기>를 클릭합니다.

⑤ '전화번호' 필드의 속성은 [인덱스]에 '예(중복 불가능)'을 선택합니다.

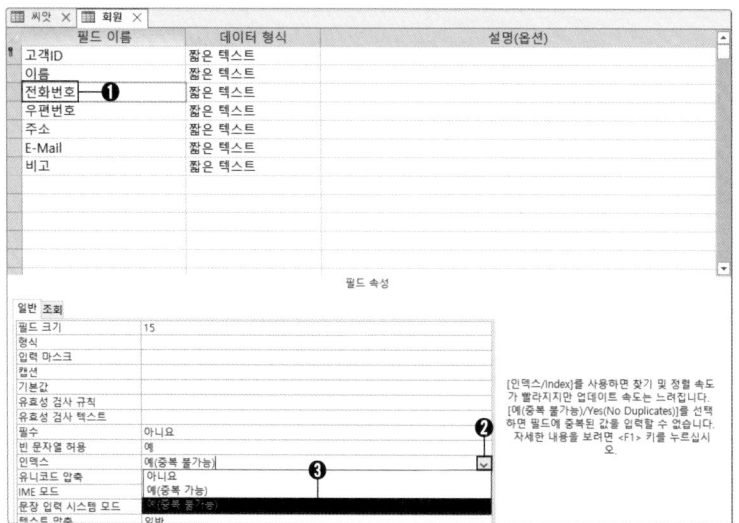

⑥ 'E-Mail' 필드의 속성은 [유효성 검사 규칙]에 'Like "*@*"'을 입력합니다.

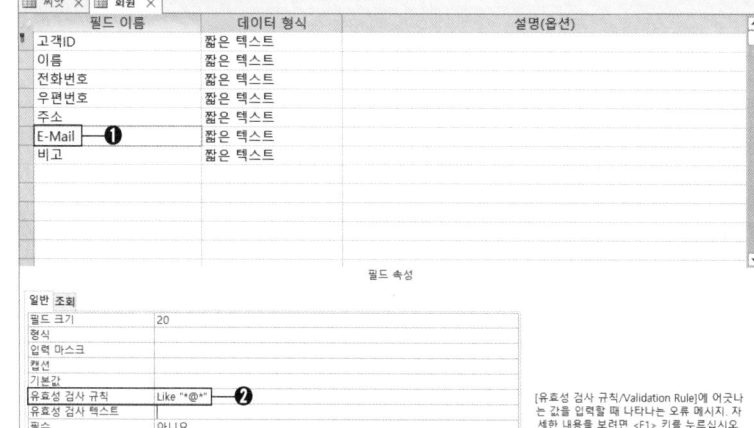

> **TIP**
> '*Like "*@*"'에서 "*@*"는 @기호를 포함하는 모든 문자열을 의미합니다.

⑦ <씨앗입고> 테이블 위에서 마우스 오른쪽 단추를 눌러 <디자인 보기>를 클릭합니다.

⑧ '입고수량' 필드의 속성은 [기본값]에 '20'을 입력합니다.

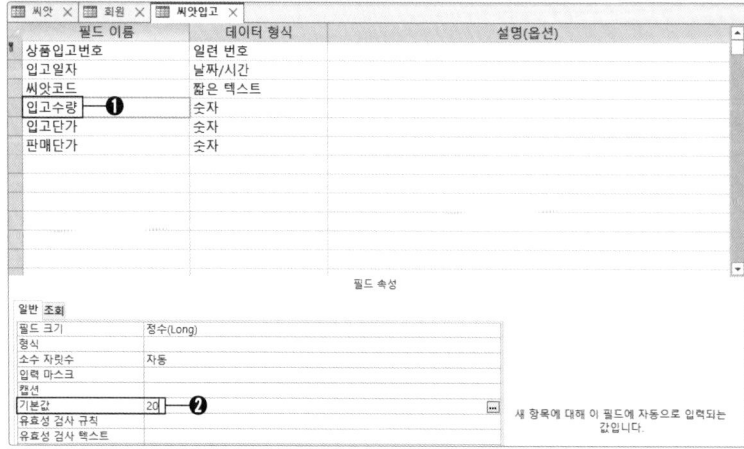

⑨ 빠른 실행 도구 모음에서 (저장)을 클릭합니다. [데이터 통합 규칙이 바뀌었습니다.] 경고 창에서 <예> 단추를 클릭합니다.

⑩ [테이블] 탭 위에서 마우스 오른쪽 단추를 눌러 <모두 닫기>를 클릭합니다.

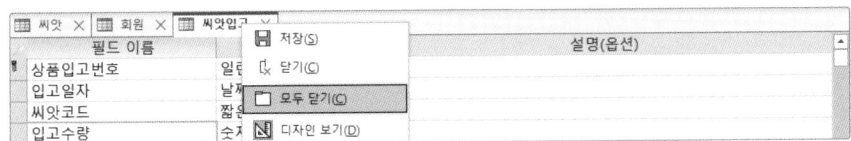

2 외부 데이터 가져오기 기능을 이용하여 <B2B납품> 테이블의 생성

① [외부 데이터] 탭-[가져오기 및 연결] 그룹-[새 데이터 원본]-[파일에서]-[Excel]을 클릭합니다.

② [외부 데이터 가져오기-Excel 스프레드시트] 대화상자에서 [데이터 원본 및 대상 선택] 창의 <찾아보기> 단추를 클릭하여 파일 이름은 'C:₩2024_컴활1급₩데이터베이스₩작업파일₩최신기출유형₩B2B납품.xlsx'을 선택합니다.

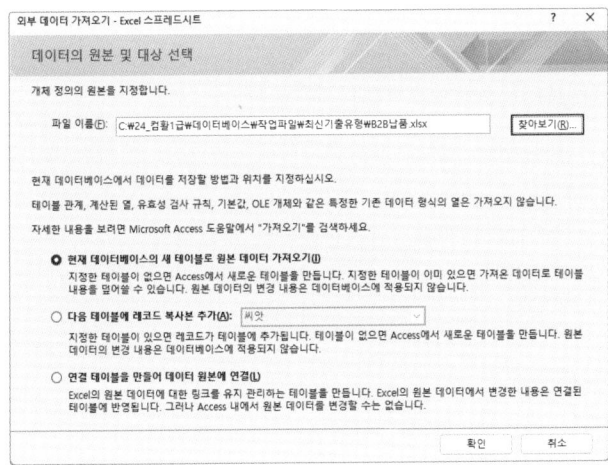

③ [외부 데이터 가져오기-Excel 스프레드시트] 대화상자에서 저장할 방법과 위치는 '현재 데이터베이스의 새 테이블로 원본 데이터 가져오기(I)'를 선택하고 <확인> 단추를 클릭합니다.

④ [스프레드시트 가져오기 마법사] 대화상자에서 '첫 행에 열 머리글이 있음'을 선택하고 <다음> 단추를 클릭합니다.

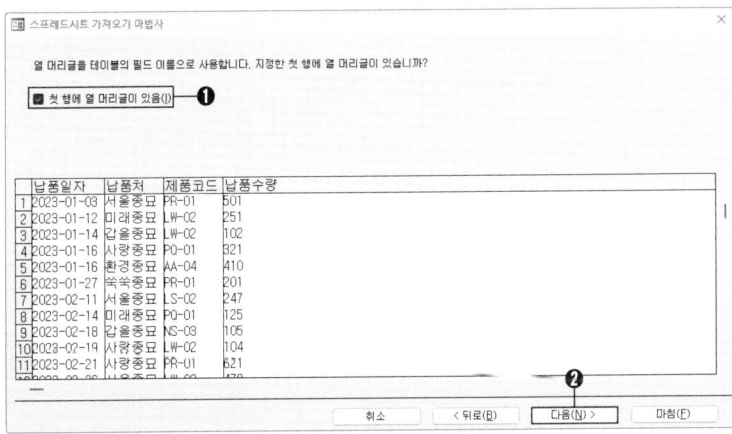

⑤ [스프레드시트 가져오기 마법사] 대화상자의 필드 옵션에서 <다음> 단추를 클릭합니다.

⑥ [스프레드시트 가져오기 마법사] 대화상자에서 '기본 키 없음'을 선택하고 <다음> 단추를 클릭합니다.

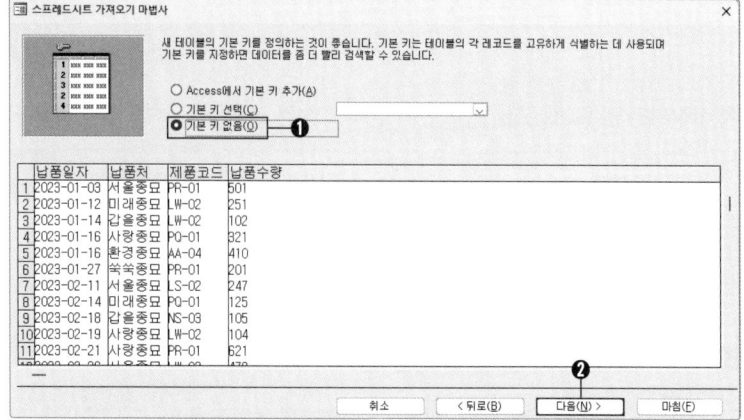

⑦ [스프레드시트 가져오기 마법사] 대화상자의 테이블 가져오기에 테이블 이름을 'B2B납품'로 입력하고 <마침> 단추를 클릭합니다.

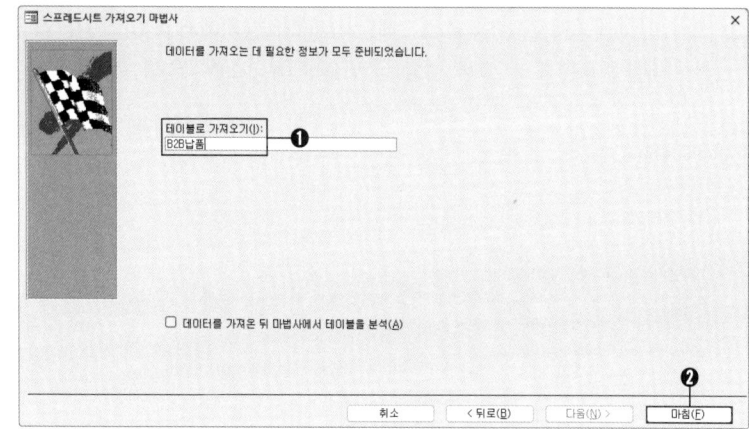

⑧ '가져오기 단계 저장'은 선택하지 않고 <닫기> 단추를 클릭합니다.

3 관계 설정

① [데이터베이스 도구] 탭-[관계] 그룹-[관계]를 클릭합니다.

② [관계 디자인] 탭-[관계] 그룹-[테이블 추가] 대화상자의 [테이블] 탭에서 <주문>, <회원> 테이블을 선택하고 <선택한 표 추가> 단추를 클릭합니다.

※ <씨앗입고>, <씨앗> 테이블은 이미 관계 설정이 되어있는데 이 관계 설정은 수정하지 않습니다.

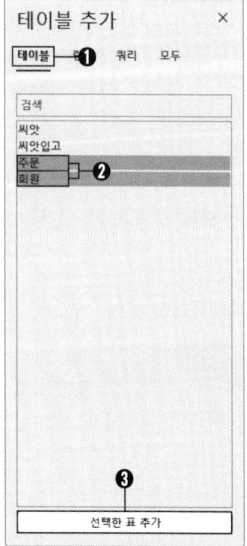

③ <회원> 테이블의 '고객ID' 필드를 <주문> 테이블의 '고객ID' 필드로 드래그 앤 드롭 합니다.

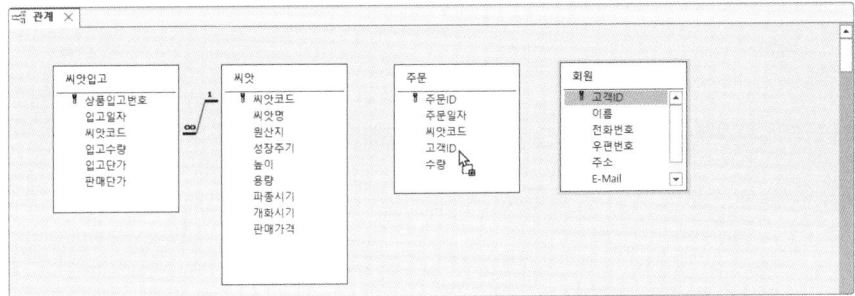

④ [관계 편집] 대화상자에서 '항상 참조 무결성 유지', '관련 필드 모두 업데이트'를 선택하고 <만들기> 단추를 클릭합니다.

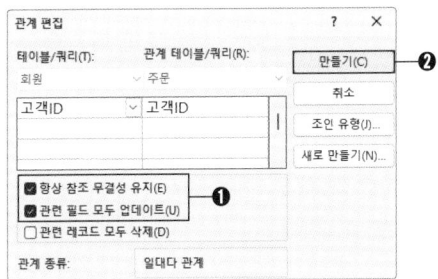

⑤ <주문> 테이블의 '씨앗코드' 필드를 <씨앗> 테이블의 '씨앗코드' 필드로 드래그 앤 드롭 합니다.

⑥ [관계 편집] 대화상자에서 '항상 참조 무결성 유지', '관련 필드 모두 업데이트'를 선택하고 <만들기> 단추를 클릭합니다.

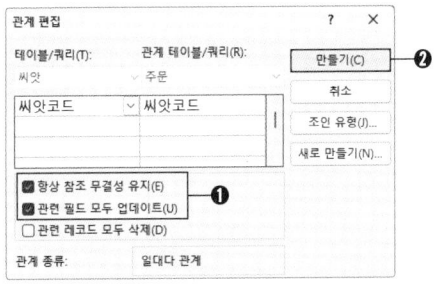

⑦ <씨앗입고>, <씨앗>, <주문>, <회원> 4개 테이블의 관계 설정이 '일대다(1:M)'로 표시됩니다.

⑧ 빠른 실행 도구 모음에서 ⊞(저장)을 눌러 변경된 내용을 저장합니다. [관계 디자인] 탭-[관계] 그룹-[닫기]를 클릭합니다.

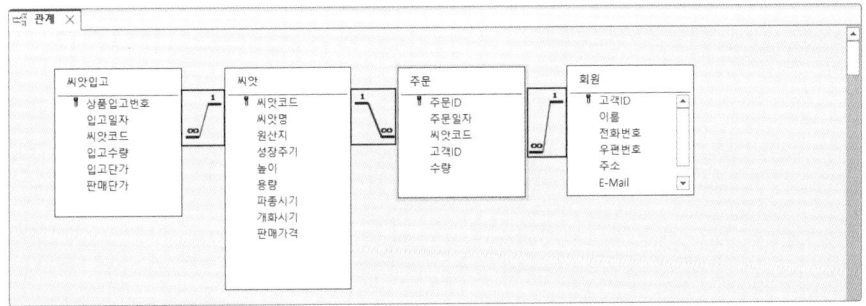

문제2 ▶ 입력 및 수정 기능 구현 (20점)

1 <씨앗입고현황> 폼의 완성

① <씨앗입고현황> 폼 위에서 마우스 오른쪽 단추를 눌러 <디자인 보기>를 클릭합니다.

② '폼' 영역 속성 시트 창의 [형식] 탭 중 [기본 보기]에 '연속 폼'을 선택합니다.

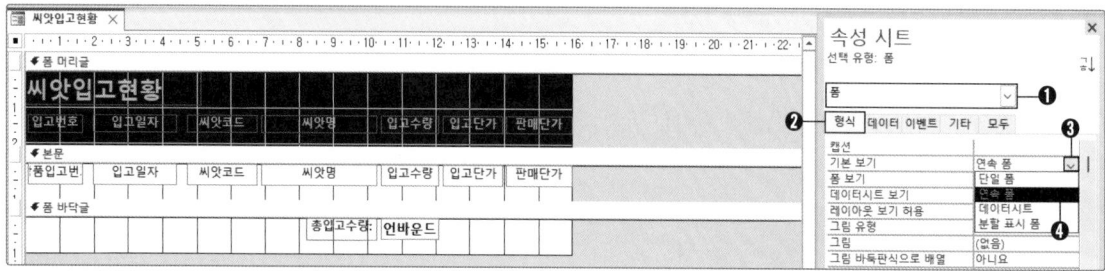

③ [양식 디자인] 탭-[도구] 그룹-[탭 순서]를 클릭합니다.

④ '본문' 영역에서 [컨트롤 선택기]를 드래그 앤 드롭하여 'txt판매단가', 'txt입고단가', 'txt입고수량', 'txt씨앗명', 'txt씨앗코드', 'txt입고일자', 'txt상품입고번호' 순으로 바꾼 다음 <확인> 단추를 클릭합니다.

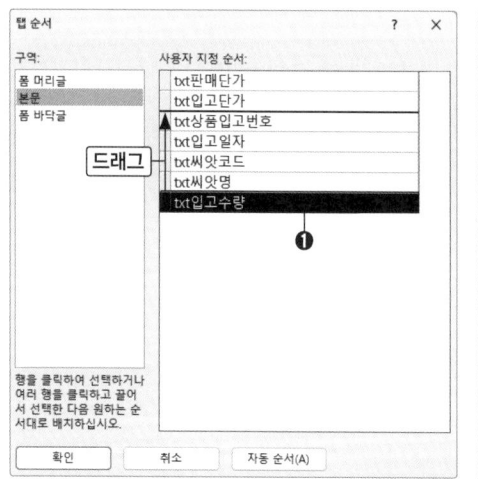 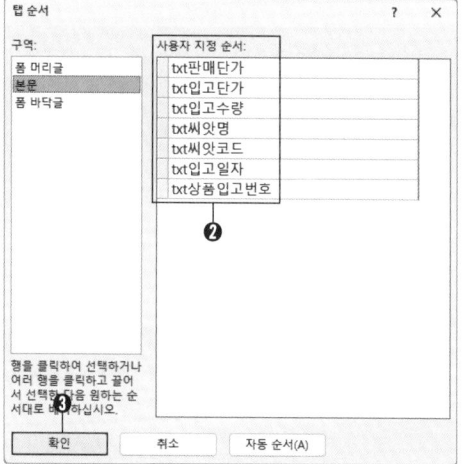

⑤ '폼 바닥글' 영역에서 'txt총입고수량' 컨트롤 속성 시트 창의 [데이터] 탭 중 [컨트롤 원본]에 '=Sum([입고수량])'을 입력합니다.

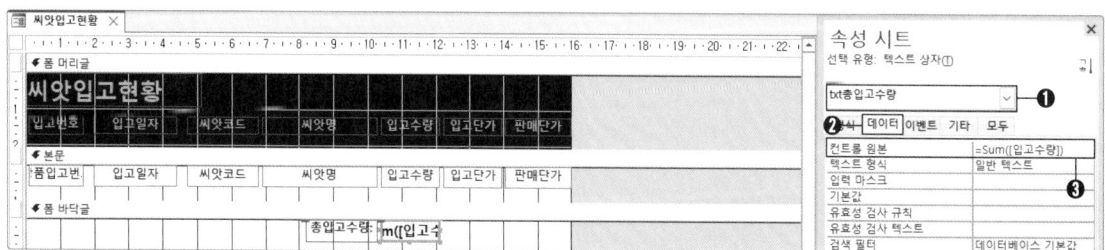

2 <씨앗입고현황> 폼의 조건부 서식 설정

① <씨앗입고현황> 폼 위에서 마우스 오른쪽 단추를 눌러 <디자인 보기>를 클릭합니다.

② '본문' 영역에서 모든 컨트롤을 드래그 앤 드롭 하여 선택하고 [서식] 탭-[컨트롤 서식] 그룹-[조건부 서식]을 클릭합니다.

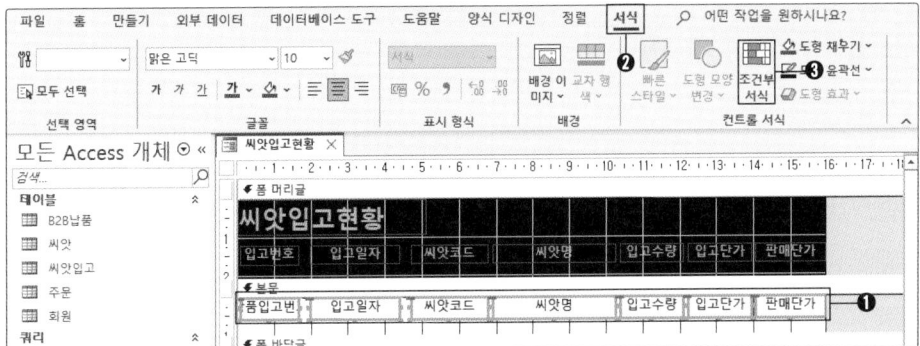

③ [조건부 서식 규칙 관리자] 대화상자에서 <새 규칙> 단추를 클릭합니다.

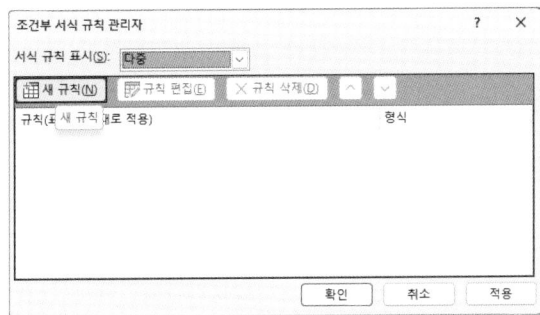

④ [서식 규칙 편집] 대화상자에서 '식이'를 선택하고 [조건]에 '[입고수량]>=50'을 입력하고 [글꼴]에 '굵게', '밑줄'을 선택하고 <확인> 단추를 클릭합니다.

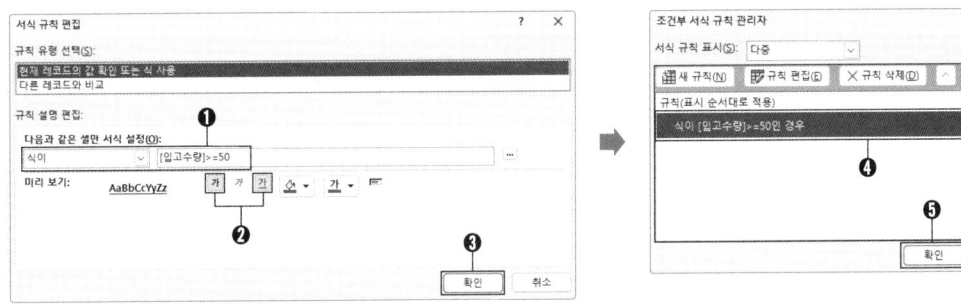

3 <씨앗입고찾기>폼의 매크로 생성

① [만들기] 탭-[매크로 및 코드] 그룹-[매크로]를 클릭합니다.

② [새 함수 추가]에서 <OpenReport>를 선택합니다

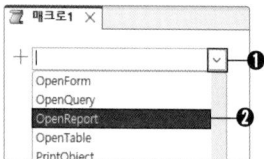

③ [보고서 이름]에 '씨앗코드별주문현황', [보기 형식]에 '인쇄 미리 보기'를 선택합니다.

④ [Where 조건문]에 '[씨앗코드]=[Forms]![씨앗정보찾기]![txt씨앗코드]'를 입력합니다.

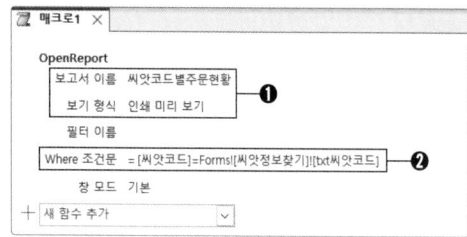

⑤ 빠른 실행 도구 모음에서 📳(저장)을 클릭합니다. [매크로 이름]에 '보고서출력'으로 입력합니다.

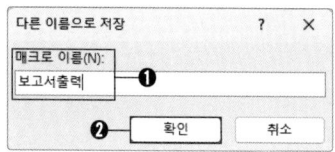

⑥ <씨앗정보찾기> 폼 위에서 마우스 오른쪽 단추를 눌러 <디자인 보기>를 클릭합니다.

⑦ '보고서'(cmd보고서) 단추 속성 시트 창의 [이벤트] 탭 중 [On Click]에 '보고서출력'으로 선택합니다.

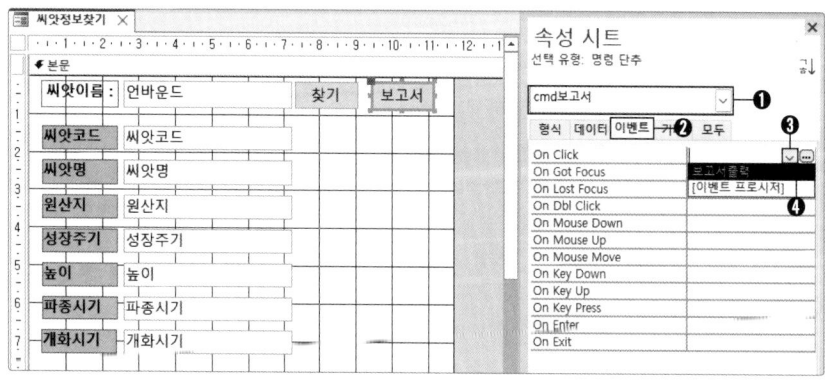

⑧ [양식 디자인] 탭-[보기] 그룹-[보기]-[폼 보기]를 누른 다음 '보고서' 단추를 클릭하여 씨앗코드에 해당하는 '인쇄 미리 보기'가 실행되는지 확인합니다.

문제3 ▶ 조회 및 출력 기능 구현 (20점)

1 <씨앗코드별주문현황> 보고서 완성

① <씨앗코드별주문현황> 보고서 위에서 마우스 오른쪽 단추를 눌러 <디자인 보기>를 클릭합니다.

② '씨앗코드 머리글' 영역 속성 시트 창의 [형식] 탭 중 [반복 실행 구역]에 '예', [페이지 바꿈]에 '구역 전'으로 선택합니다.

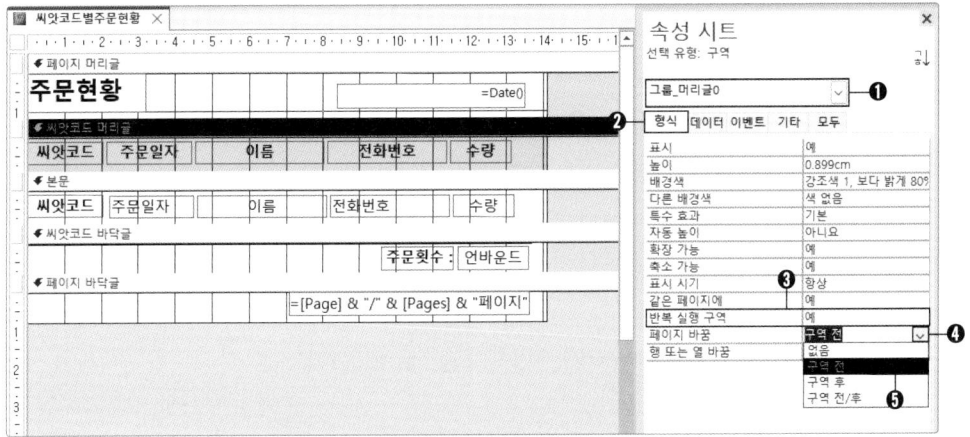

③ [보고서 디자인] 탭-[그룹화 및 요약] 그룹-[그룹화 및 정렬]을 클릭합니다. [정렬 추가]을 눌러 '주문일자' 필드를 추가한 다음 [정렬]에 '오름차순'을 선택합니다.

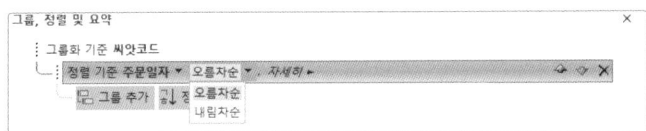

④ '본문' 영역에서 'txt씨앗코드' 필드 속성 시트 창의 [형식] 탭 중 [중복 내용 숨기기]에 '예'를 선택합니다.

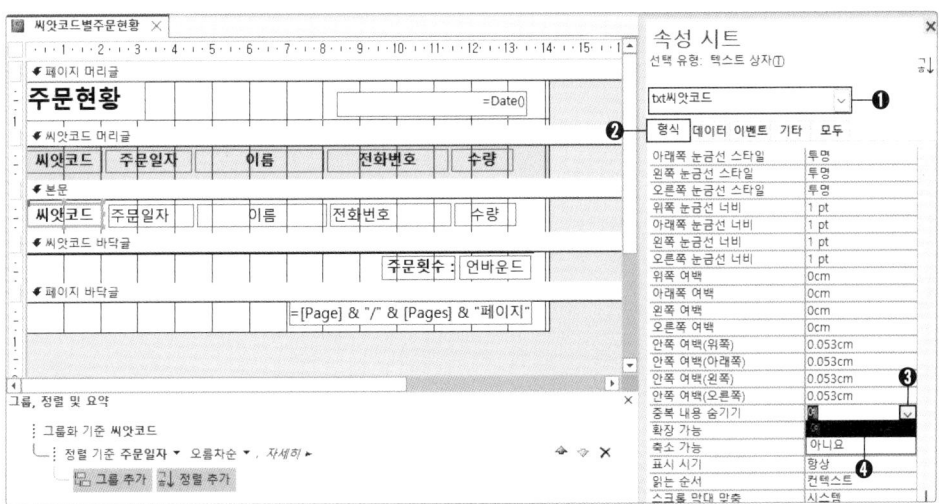

⑤ '본문' 영역 속성 시트 창의 [형식] 탭 중 [배경색]에 '교차 행'을 선택합니다.

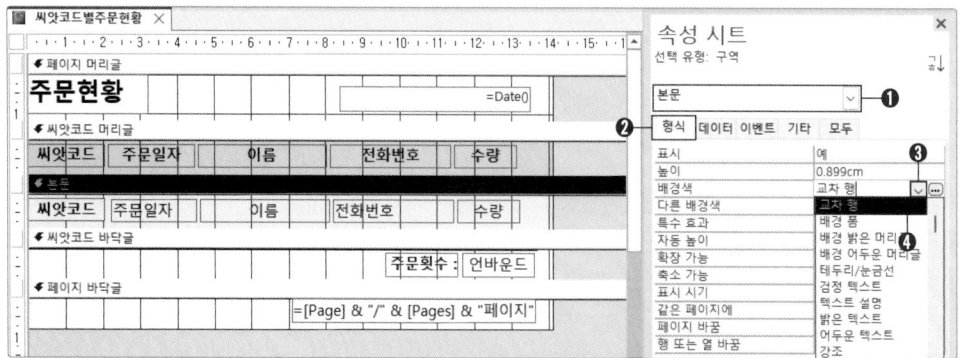

⑥ '씨앗코드 바닥글' 영역에서 'txt주문횟수' 컨트롤 속성 시트 창의 [데이터] 탭 중 [컨트롤 원본]에 '=Count(*) & "회"'를 입력합니다.

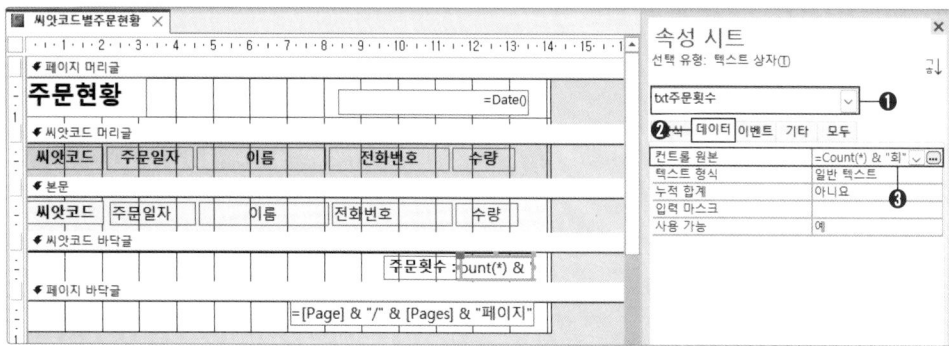

2 <주문현황> 폼의 이벤트 프로시저 작성

① <주문현황> 폼 위에서 마우스 오른쪽 단추를 눌러 <디자인 보기>를 클릭합니다.

② 'txt수량' 컨트롤 속성 시트 창의 [이벤트] 탭 중 [On Got Focus]에 ⋯ 를 눌러 '코드 작성기'를 선택하고 <확인> 단추를 클릭합니다.

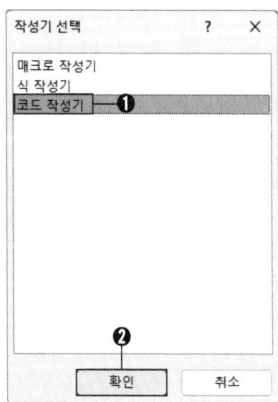

③ VBA 창에 다음과 같이 코드를 입력합니다.

※ 메시지 박스에 'txt수량' 필드의 값이 10 이상이면 '인기품종'을 표시하고 6 이상이면 '보통품종', 6 미만이면 '비인기품종'을 표시합니다.

```
Private Sub txt수량_GotFocus()
    If txt수량 >= 10 Then
        MsgBox "인기품종", , "인기도분석"
    ElseIf txt수량 >= 6 Then
        MsgBox "보통품종", , "인기도분석"
    Else
        MsgBox "비인기품종", , "인기도분석"
    End If
End Sub
```

TIP

If ~ ElseIf 문 형식

If 조건 Then
   실행할 문장
    [ElseIf 조건 Then]
   실행할 문장
    ....
    [Else]
   위의 조건이 모두 거짓일 때 실행할 문장
End If

Private Sub txt수량_GotFocus( )
If txt수량 >= 10 Then
MsgBox "인기품종", , "인기도분석"
ElseIf txt수량 >= 6 Then
MsgBox "보통품종", , "인기도분석"
Else
MsgBox "비인기품종", , "인기도분석"
End If
End Sub

④ **Alt**+**Q** 키를 눌러 액세스 창으로 돌아옵니다.

⑤ [양식 디자인] 탭-[보기] 그룹-[보기]-[폼 보기]를 누른 다음 '수량' 필드에 커서를 이동하여 이벤트 프로시저를 확인합니다.

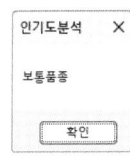

문제4 처리 기능 구현 (35점)

1 <관리대상회원처리> 업데이트 쿼리 작성

① [만들기] 탭-[쿼리] 그룹-[쿼리 디자인]을 클릭합니다.

② [테이블 추가] 대화상자의 [테이블] 탭에서 **Ctrl** 키를 누른 채 차례대로 <회원>, <주문> 테이블을 선택하고 <선택한 표 추가> 단추를 클릭합니다.

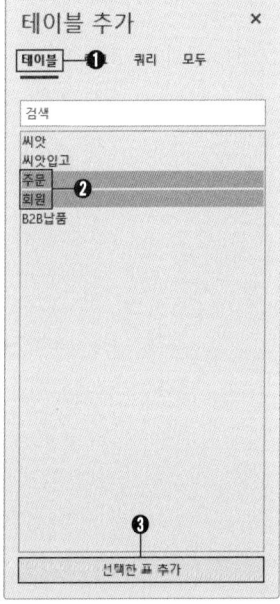

③ '비고', '고객ID' 필드를 선택합니다.

④ [쿼리 디자인] 탭-[쿼리 유형] 그룹-[업데이트]를 클릭합니다.

⑤ '비고' 필드는 업데이트에 '★ 관리대상회원', '고객ID' 필드는 조건에 'Not In (select 고객ID from 주문 where 주문일자 between #2023-04-10# and #2023-04-30#)'을 입력합니다.

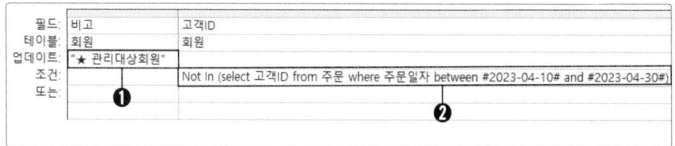

⑥ 빠른 실행 도구 모음에서 저장을 클릭합니다. [쿼리 이름]에 '관리대상회원처리'로 저장합니다.

⑦ [쿼리 디자인] 탭-[결과] 그룹-[실행]을 클릭하고 [2 행을 새로 고칩니다] 창에서 <예> 단추를 클릭합니다.

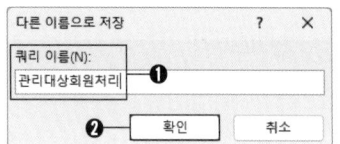 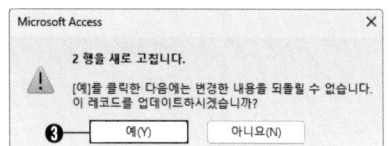

2 <입고현황> 크로스탭 쿼리 작성

① [만들기] 탭-[쿼리] 그룹-[쿼리 디자인]을 클릭합니다.

② [테이블 추가] 대화상자의 [테이블] 탭에서 Ctrl 키를 누른 채 차례대로 <씨앗>, <씨앗입고> 테이블을 선택하고 <선택한 표 추가> 단추를 클릭합니다.

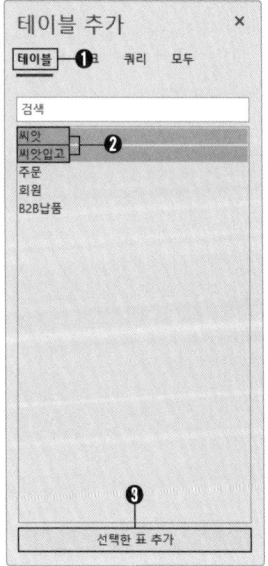

③ '입고일자', '씨앗코드', '원산지', '입고수량' 필드를 선택합니다.

④ [쿼리 디자인] 탭-[쿼리 유형] 그룹-[크로스탭]을 클릭한 후 '입고일자' 필드는 '입고월: Month([입고일자]) & "월"', '씨앗코드' 필드는 '입고품종수: 씨앗코드', '원산지' 필드는 '생산지: IIf([원산지]="한국","국내산","수입산")'을 입력합니다.

⑤ [크로스탭]에 '입고월', '입고품종수' 필드는 '행머리글', '생산지' 필드는 '열머리글', '입고수량' 필드는 '값'을 선택하고, [요약]에 '입고품종수' 필드는 '개수', '입고수량' 필드는 '합계'를 선택합니다.

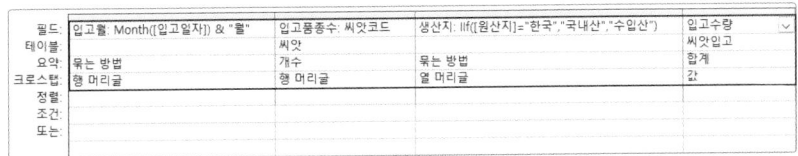

⑥ 빠른 실행 도구 모음에서 저장을 클릭합니다. [쿼리 이름]에 '입고현황'을 입력하고 <확인> 단추를 클릭합니다.

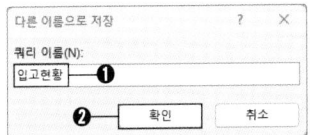

3 <씨앗입고조회> 매개 변수 쿼리 작성

① [만들기] 탭-[쿼리] 그룹-[쿼리 디자인]을 클릭합니다.

② [테이블 추가] 대화상자의 [테이블] 탭에서 Ctrl 키를 누른 채 차례대로 <씨앗>, <씨앗입고> 테이블을 선택하고 <선택한 표 추가> 단추를 클릭합니다.

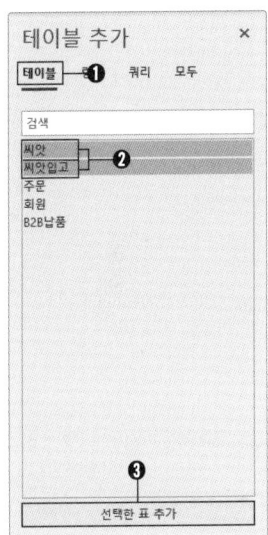

③ '입고일자', '씨앗명', '입고수량', '입고단가', '판매단가' 필드를 선택하여 추가합니다.

④ '입고일자' 필드는 [정렬]에 '내림차순', '씨앗명' 필드는 [조건]에 'Like "*" & [검색할 씨앗명의 일부를 입력하시오] & "*"', '부가세' 필드는 'Switch([입고단가]<=10000,[판매단가]*0.1,[입고단가]<=50000,[판매단가]*0.2,[입고단가]>50000,[판매단가]*0.3)'을 입력합니다.

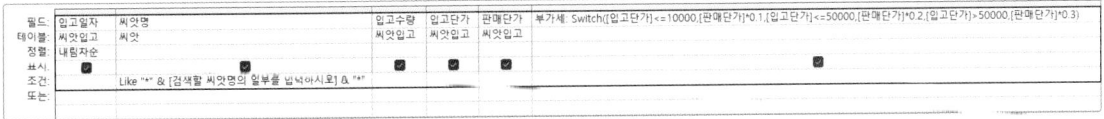

⑤ '입고단가', '판매단가', '부가세' 필드에 각각 속성 시트 창의 [일반] 탭 중 [형식]에서 '통화'를 선택합니다.

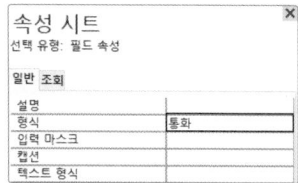

⑥ [쿼리 디자인] 탭-[결과] 그룹-[실행]을 눌러 '국'을 입력하고 <확인> 단추를 클릭합니다.

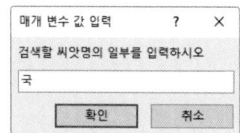

⑦ 빠른 실행 도구 모음에서 을 클릭합니다. [쿼리 이름]에 '씨앗입고조회'로 입력합니다.

4 <재고현황> 요약 쿼리 작성

① [만들기] 탭-[쿼리] 그룹-[쿼리 디자인]을 클릭합니다.

② [테이블 추가] 대화상자의 [테이블] 탭에서 Ctrl 키를 누른 채 차례대로 <씨앗>, <씨앗입고>, <주문> 테이블을 선택하고 <선택한 표 추가> 단추를 클릭합니다.

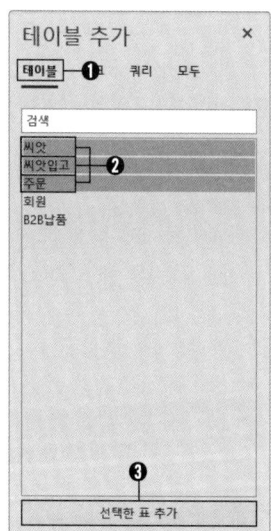

③ '씨앗명', '입고일자', '입고수량', '수량' 필드를 선택하여 추가합니다.

④ [쿼리 디자인] 탭-[표시/숨기기] 그룹-[요약]을 클릭합니다.

⑤ '입고일자' 필드는 '최근입고일자: 입고일자', '입고수량' 필드는 '총입고량: 입고수량', '수량' 필드는 '총주문량: 수량', '재고비율: [총주문량]/[총입고량]'으로 입력하고, [요약]에는 '최근입고일자' 필드는 '최대값', '총입고량', '총주문량' 필드는 '합계', '재고비율' 필드는 '식'을 입력합니다.

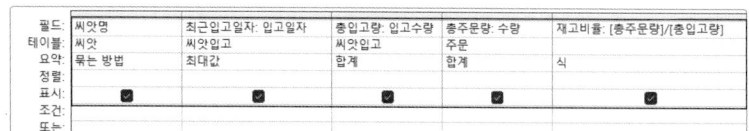

⑥ '씨앗코드' 필드를 선택하여 추가하고 [표시]를 해제한 후 [조건]에 'Like "[A-B]*"'를 입력합니다.

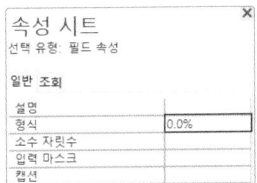

⑦ '재고비율' 필드를 선택하고 [속성 시트]의 '형식'에 0.0%를 입력합니다.

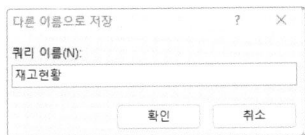

⑧ [쿼리 디자인] 탭-[결과] 그룹-[실행]을 눌러 결과를 확인합니다.

⑨ 빠른 실행 도구 모음에서 🔲(저장)을 클릭합니다. [쿼리 이름]에 '재고현황'을 입력합니다.

5 <다음입고일생성> 새 테이블 만들기

① [만들기] 탭-[쿼리] 그룹-[쿼리 디자인]을 클릭합니다.

② [테이블 추가] 대화상자의 [테이블] 탭에서 **Ctrl** 키를 누른 채 차례대로 <씨앗>, <씨앗입고> 테이블을 선택하고 <선택한 표 추가> 단추를 클릭합니다.

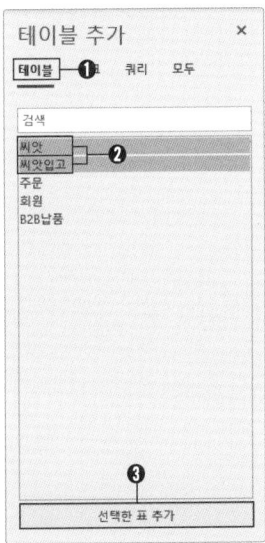

③ '씨앗코드', '씨앗명', '입고일자', '입고수량', '판매단가' 필드를 선택하여 추가합니다.

④ '입고일자' 필드는 '다음입고일자: DateAdd("d",15,[입고일자])', '입고수량' 필드는 '필요수량: [입고수량]*2', '판매단가' 필드는 [조건]에 '<=10000'을 입력합니다.

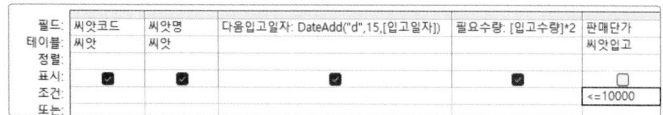

⑤ [쿼리 디자인] 탭-[쿼리 유형] 그룹-[테이블 만들기]을 클릭하여 '다음씨앗입고관리'를 입력하고 <확인> 단추를 클릭합니다.

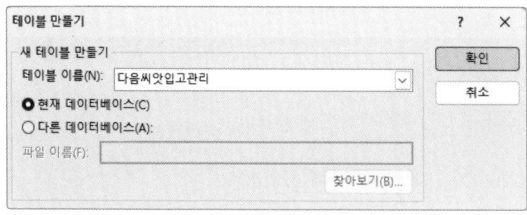

⑥ 빠른 실행 도구 모음에서 (저장)을 클릭합니다. [쿼리 이름]에 '다음입고일생성'을 입력합니다.

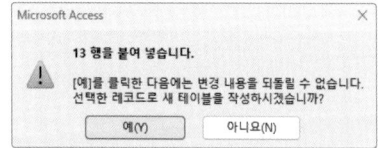

⑦ [쿼리 디자인] 탭-[결과] 그룹-[실행]을 눌러 결과를 확인합니다.

⑧ [13 행을 붙여 넣습니다.] 창에서 <예>를 클릭합니다.

MEMO

컴퓨터활용능력 최신기출유형 2회

컴퓨터활용능력
1급 실기

프로그램명	제한시간
ACCESS 2021	45분

수 험 번 호 :

성   명 :

1급 | A형

유의사항

- 인적 사항 누락 및 잘못 작성으로 인한 불이익은 수험자 책임으로 합니다.

- 화면에 암호 입력창이 나타나면 아래의 암호를 입력하여야 합니다.
  - 암호 : 2564%2

- 작성된 답안은 주어진 경로 및 파일명을 변경하지 마시고 그대로 저장해야 합니다. 이를 준수하지 않으면 실격처리 됩니다.
  - 답안 파일명의 예: C:\DB\수험번호 8자리.accdb

- 외부데이터 위치: C:\DB\파일명

- 별도의 지시사항이 없는 경우, 다음과 같이 처리하면 실격 처리됩니다.
  - 제시된 개체의 이름을 임의로 변경한 경우
  - 제시된 개체의 속성을 임의로 변경한 경우
  - 제시된 개체를 임의로 삭제하거나 추가한 경우

- 별도의 지시사항이 없는 경우, 기능의 구현은 모듈이나 매크로 등을 이용하며, 예외적인 상황에 대해서는 고려하지 않아도 됩니다.

- 제시된 함수가 있을 경우 제시된 함수만을 사용하여야 하며, 그 외 함수 사용시 채점 대상에서 제외됩니다.

- 별도의 지시사항이 없는 경우, 주어진 각 개체의 속성은 설정값 또는 기본 설정값 (Default)으로 처리하십시오.

- 제시된 화면은 예시이며 나타난 값은 실제와 다를 수 있습니다.

- 저장 시간은 별도로 주어지지 아니하므로 제한된 시간 내에 저장을 완료해야 합니다.

- 본 문제의 용어는 MS Office LTSC Professional Plus 2021 기준으로 작성되었습니다.

문제 1 25점_ DB 구축

01 고속도로 서울요금소의 통행차량을 관리하기 위하여 데이터베이스를 구축하였다. 다음의 지시사항에 따라 테이블을 완성하시오. (각 3점)

① <통행목록> 테이블의 첫 번째 필드로 '통행번호' 필드를 추가하고, 데이터 형식을 '일련 번호'로 지정한 후 기본 키로 설정하시오.

② <통행목록> 테이블의 '차량번호' 필드는 다음과 같은 형태로 입력되도록 입력 마스크를 설정하시오.
  ▶ '02마1234'와 같이 7자리의 데이터가 입력되며, 반드시 앞의 두 자리는 숫자, 세 번째 자리는 한글, 뒤의 네 자리는 숫자로 입력되어야 함
  ▶ 한글 입력은 영어와 한글만 입력할 수 있도록 설정할 것
  ▶ 숫자 입력은 0~9까지의 숫자만 입력할 수 있도록 설정할 것

③ <통행목록> 테이블의 '진입시간' 필드는 새 레코드가 추가되는 경우 기본적으로 시스템의 오늘 날짜와 시간이 입력되도록 설정하시오.

④ <통행목록> 테이블의 '경차유무' 필드는 데이터 형식을 '예/아니오'로 설정하시오.

⑤ <통행목록> 테이블의 '할인구분' 필드는 '경차할인', '출퇴근할인', '화물차심야할인'만 입력되도록 유효성 검사 규칙을 설정하시오.

02 <통행목록> 테이블의 '입구ID' 필드에 조회 속성을 설정하시오. (5점)

▶ <지역정보> 테이블의 '지역코드', '지역명' 필드의 값들이 콤보 상자 형태로 표시되도록 설정하시오.
▶ 필드에는 '지역코드'가 저장되도록 설정하시오.
▶ 열 너비는 각각 2cm로 설정하고, 목록 너비는 4cm로 설정하시오.

03 <통행목록> 테이블의 '입구ID' 필드는 <지역정보> 테이블의 '지역코드' 필드를 참조하고, 각 테이블 간의 관계는 M:1이다. 두 테이블에 대해 다음과 같이 관계를 설정하시오. (5점)

▶ 두 테이블 간에 항상 참조 무결성을 유지하도록 설정하시오.
▶ 참조 필드의 값이 변경되면 관련 필드의 값도 변경되도록 설정하시오.
▶ 다른 테이블에서 참조하고 있는 레코드는 삭제할 수 없도록 설정하시오.

문제 2 20점_ 입력 및 수정 기능 구현

01 <영업소이용관리> 폼을 다음의 화면과 지시사항에 따라 완성하시오. (각 3점)

① 폼 머리글 영역에 '서울요금소의 입구영업소관리'라는 제목을 표시하는 레이블 컨트롤을 생성하시오.
▶ 이름 : 'lbl제목'
▶ 글꼴 크기 '20', 문자색 '어두운 텍스트'로 설정

② 기본 폼과 하위 폼의 레코드 원본 및 관계를 참조하여 적절한 필드를 기준으로 두 폼을 연결하시오.

③ 하위 폼 바닥글의 'txt통행차량수' 컨트롤에는 전체 통행차량의 수가 <그림>과 같이 표시되도록 컨트롤 원본과 형식 속성을 설정하시오.
▶ 표시 예 : 9 → 9 건, 0 → 0 건

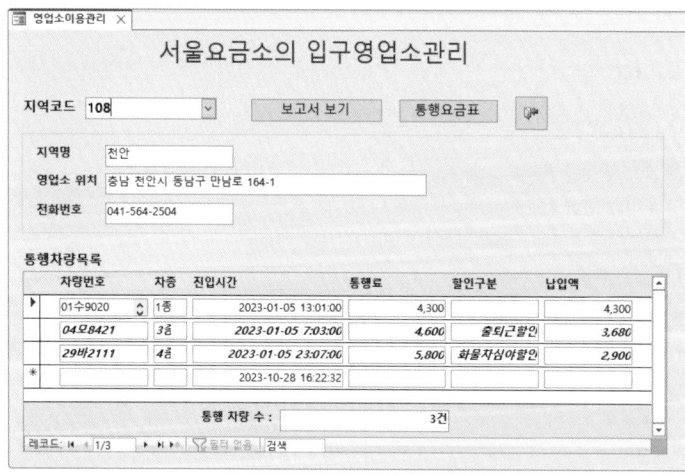

02 <영업소이용관리> 폼의 'cmb지역조회' 컨트롤에서 지역코드를 선택하면(Change) 다음과 같은 조회기능을 수행하는 이벤트 프로시저를 작성하시오. (6점)

▶ '지역코드'가 'cmb지역조회'에서 선택한 지역과 같은 레코드만을 표시하도록 설정하시오.
▶ 폼의 Filter와 FilterOn 속성 사용

03 <통행차량보기> 폼에 대하여 다음과 같이 조건부 서식을 설정하시오. (5점)

▶ '할인구분'의 값이 NULL이 아닌 경우 본문 영역의 모든 텍스트 상자 컨트롤에 '굵게', '기울임꼴' 서식이 적용되도록 설정하시오.

▶ 단, 하나의 규칙으로 작성하시오.

문제3 20점_ 조회 및 출력 기능 구현

01 다음의 지시사항 및 화면을 참조하여 <출발지별통행내역> 보고서를 완성하시오. (각 3점)

① 입구ID 머리글 영역의 'txt입구ID' 컨트롤에는 '입구ID'와 '지역명'을 함께 표시하시오.

▶ 입구ID가 '115'이고, 지역명이 '대전'인 경우 [표시 예 : 115-대전]

② 본문 영역의 'txt순번' 컨트롤에는 그룹별로 일련번호가 표시되도록 설정하시오.

③ 본문 영역의 'txt차종' 컨트롤에는 '차종' 필드의 값이 이전 레코드와 동일한 경우에는 표시되지 않도록 설정하시오.

④ 입구ID 바닥글 영역의 'txt총납입액' 컨트롤에는 납입액의 합계가 표시되도록 설정하시오.

⑤ 페이지 바닥글의 'txt페이지' 컨트롤에는 <그림>과 같이 페이지 번호가 표시되도록 설정하시오.

▶ 표시 예 : 1/4

02 <영업소이용관리> 폼의 '단추'(cmd닫기)를 클릭하면 다음과 같은 기능을 수행하도록 이벤트 프로시저를 구현하시오. (5점)

▶ <그림>과 같은 메시지 상자를 표시하고, 메시지 상자의 <예> 단추를 클릭하면 폼이 종료되도록 설정하시오.

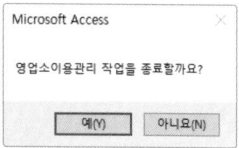

문제 4 35점_ 처리 기능 구현

01 <지역정보>와 <통행목록> 테이블을 이용하여 '아'를 포함한 차량번호를 조회하는 <차량조회> 쿼리를 작성하시오. (7점)

▶ 차량번호를 기준으로 오름차순 정렬하여 표시하시오.
▶ Like 연산자 사용
▶ 쿼리 실행 결과 표시되는 필드와 필드명은 <그림>과 같이 표시되도록 설정하시오.

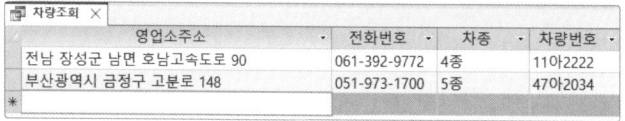

02 영업소주소별 지역명별로 통행료횟수와 통행료합계를 조회하는 <통행료횟수조회> 크로스탭 쿼리를 작성하시오. (7점)

▶ <지역정보>, <통행목록> 테이블을 이용하시오.
▶ 통행료횟수는 '통행료' 필드를 이용하시오.
▶ 쿼리 실행 결과 표시되는 필드와 필드명은 <그림>과 같이 표시되도록 설정하시오.

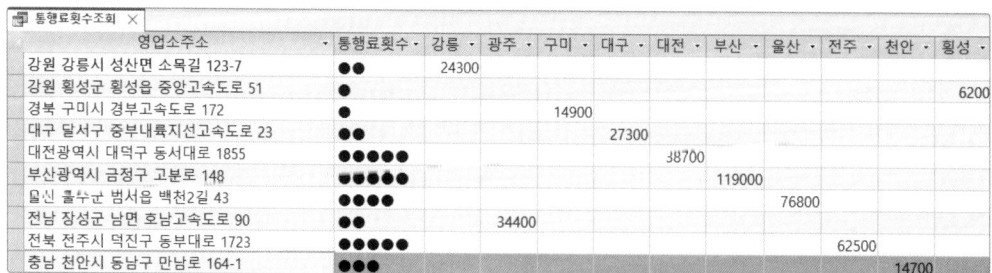

03 영업소 주소의 일부를 매개 변수로 입력받아 해당하는 주소의 통행요금 정보를 표시하는 <통행요금조회> 쿼리를 작성하시오. (7점)

▶ <통행요금>과 <지역정보> 테이블을 이용하며, 두 테이블의 조인된 필드(출발지코드와 지역코드)가 일치하는 행만 포함되도록 설정하시오.
▶ 출퇴근할인요금은 요금에 20% 할인율을 적용한 금액으로 나타내시오.
▶ 쿼리 결과 표시되는 필드와 필드명, 필드의 형식은 <그림>과 같이 표시되도록 설정하시오.

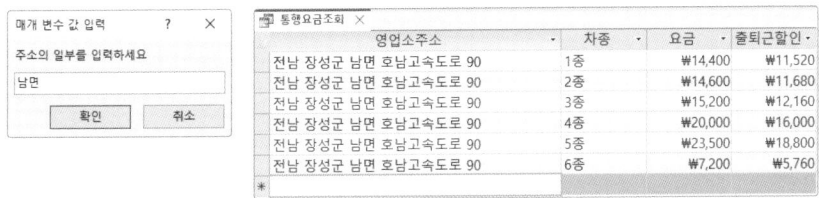

04 <지역정보>, <통행목록> 테이블을 이용하여 지역별 '통행료'의 합계를 조회하는 <지역별합계> 쿼리를 작성하시오. (7점)

▶ '지역명' 필드를 기준으로 내림차순 정렬되어 표시되도록 설정하시오.
▶ 쿼리 결과 표시되는 필드와 필드명은 <그림>과 같이 표시되도록 설정하시오.

지역명	영업소주소	전화번호	통행료합계
횡성	강원 횡성군 횡성읍 중앙고속도로 51	033-434-7292	6200
천안	충남 천안시 동남구 만남로 164-1	041-564-2504	14700
전주	전북 전주시 덕진구 동부대로 1723	063-212-9772	62500
울산	울산 울주군 범서읍 백천2길 43	052-254-8800	76800
부산	부산광역시 금정구 고분로 148	051-973-1700	119000
대전	대전광역시 대덕구 동서대로 1855	042-636-2504	38700
대구	대구 달서구 중부내륙지선고속도로 23	053-591-2504	27300
구미	경북 구미시 경부고속도로 172	054-462-8800	14900
광주	전남 장성군 남면 호남고속도로 90	061-392-9772	34400
강릉	강원 강릉시 성산면 소목길 123-7	033-643-2727	24300

05 <통행목록> 테이블을 이용하여 할인받은차량을 조회하여 새 테이블로 생성하는 <할인받은차량정보> 쿼리를 작성하고 실행하시오. (7점)

▶ <통행목록> 테이블을 이용할 것
▶ 할인 구분이 적용되어있는 대상만 조회대상으로 설정하시오.
▶ Is Not Null 연산자 사용
▶ 할인요금 = 통행료 * 할인율(할인요금은 평균으로 구하시오.)
▶ 쿼리 실행 후 생성된 테이블의 이름은 [할인적용차량관리]로 설정하시오.
▶ 쿼리 실행 결과 생성되는 테이블의 필드는 그림을 참고하여 수험자가 판단하여 설정하시오.

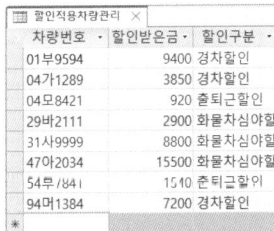

※ <할인받은차량정보> 쿼리를 실행한 후의 <할인적용차량관리> 테이블

최신기출유형 2회 정답 및 해설

> 작업 파일 : C:₩2024_컴활1급₩데이터베이스₩작업파일₩최신기출유형₩최신기출유형 2회_문제.accdb
> 완성 파일 : C:₩2024_컴활1급₩데이터베이스₩작업파일₩최신기출유형₩최신기출유형 2회_정답.accdb

정답

문제 1 ▶ DB 구축 (25점)

01 <통행목록> 테이블 완성

지시사항	데이터형식	필드명	필드 속성	설정 값
①	일련번호	통행번호	행삽입	기본 키
②		차량번호	입력 마스크	00L0000
③		진입시간	기본 값	Now( )
④	Yes / No	경차유무		
⑤		할인구분	유효성 검사 규칙	In("경차할인", "출퇴근할인", "화물차심야할인")

02 <통행목록> 테이블에 조회 속성 설정

① '입구ID' 필드의 [필드 속성]-[조회] 탭에서 '컨트롤 표시'를 '콤보상자'로 선택

② 행 원본과 열 너비를 설정

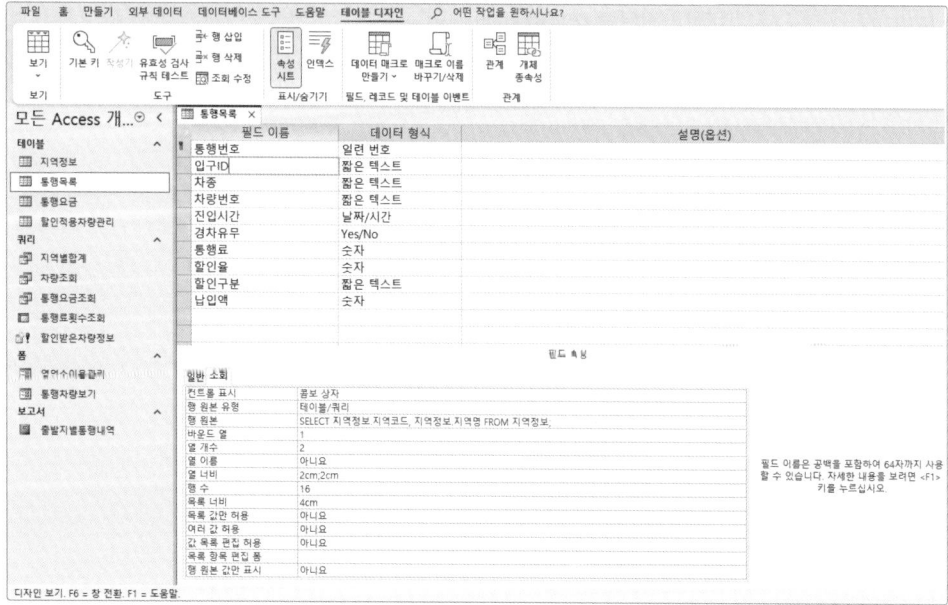

03 관계 설정

① [데이터베이스 도구]-[관계] 그룹의 [관계(🔲)]를 클릭

② 관계 편집

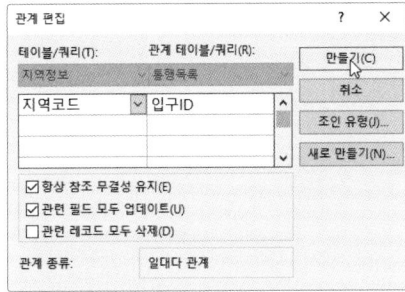

문제2 입력 및 수정 기능 구현 (20점)

01 <영업소이용관리> 폼의 완성

지시사항	영역	개체명	탭	항목	설정 값
①	폼 머리글	lbl제목	모두	이름	lbl제목
				글꼴 크기	20
				문자색	어두운 텍스트
②	본문 영역	통행차량목록	데이터	기본 필드 연결	지역코드
				하위 필드 연결	입구ID
③	하위 폼 바닥글	txt통행차량수	데이터	컨트롤 원본	=Count(*)&"건"

02 <영업소이용관리> 폼에 이벤트 프로시저 작성

① 'cmb지역조회' 컨트롤의 [속성시트]-[이벤트] 탭의 'On Change'에서 [코드 작성기]를 클릭

② VBA 창에 다음의 코드 입력

```
Private Sub cmb지역조회_Change( )
Me.Filter = "지역코드 = '" & cmb지역조회 & "'"
Me.FilterOn = True
End Sub
```

03 <통행차량보기> 폼의 조건부 서식 설정

① [서식]-[컨트롤 서식] 그룹의 [조건부 서식]을 클릭

② 서식 규칙 편집

문제3 ▶ 조회 및 출력 기능 구현 (20점)

01 <출발지별통행내역> 보고서 완성

지시사항	영역	개체명	탭	항목	설정 값
①	입구ID 머리글	txt입구ID	데이터	컨트롤 원본	=[입구ID] & "-" & [지역명]
②	본문	txt순번	데이터	컨트롤 원본	=1
				누적 합계	그룹
③	본문	txt차종	형식	중복 내용 숨기기	예
④	입구ID 바닥글	txt총납입액	데이터	컨트롤 원본	=Sum([납입액])
⑤	페이지 바닥글	txt페이지	데이터	컨트롤 원본	=[Page] & "/" & [Pages]

02 <영업소이용관리> 폼에 이벤트 프로시저 작성

① 'cmd닫기' 컨트롤의 [속성 시트]-[이벤트] 탭의 'On Click'에서 코드 작성기

② VBA 코드 작성

```
Private Sub cmd닫기_Click( )
If MsgBox("영업소이용관리 작업을 종료할까요?", vbYesNo) = vbYes Then
DoCmd.Close acForm, "영업소이용관리"
End If
End Sub
```

문제4 처리 기능 구현 (35점)

01 <차량조회> 조회 쿼리

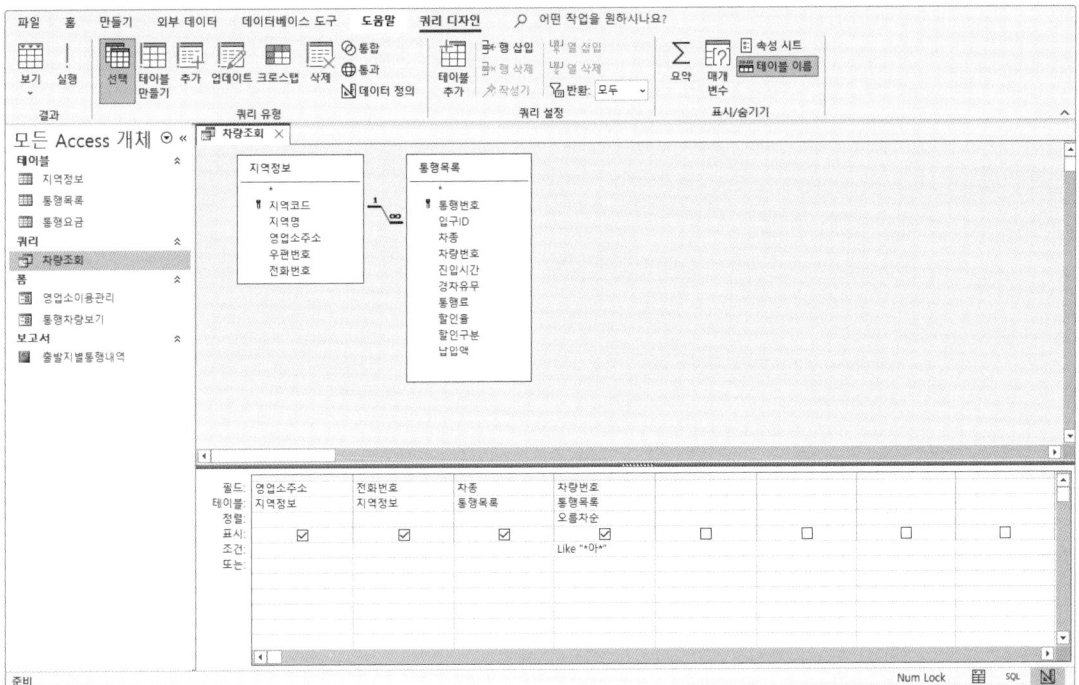

02 <통행료횟수조회> 크로스탭 쿼리

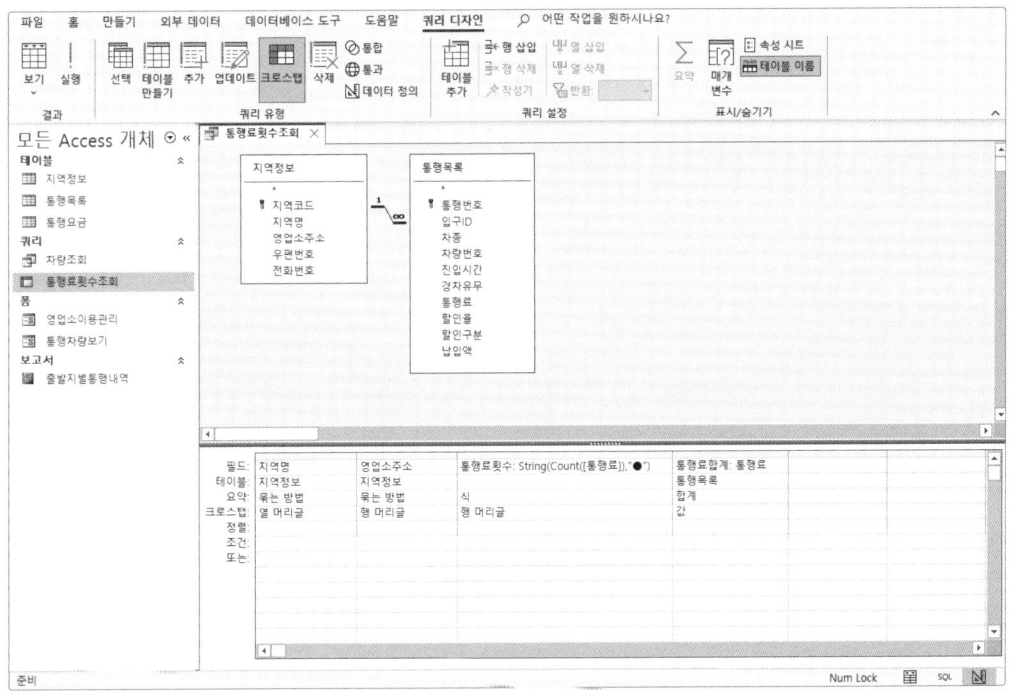

03 <통행요금조회> 매개 변수 쿼리

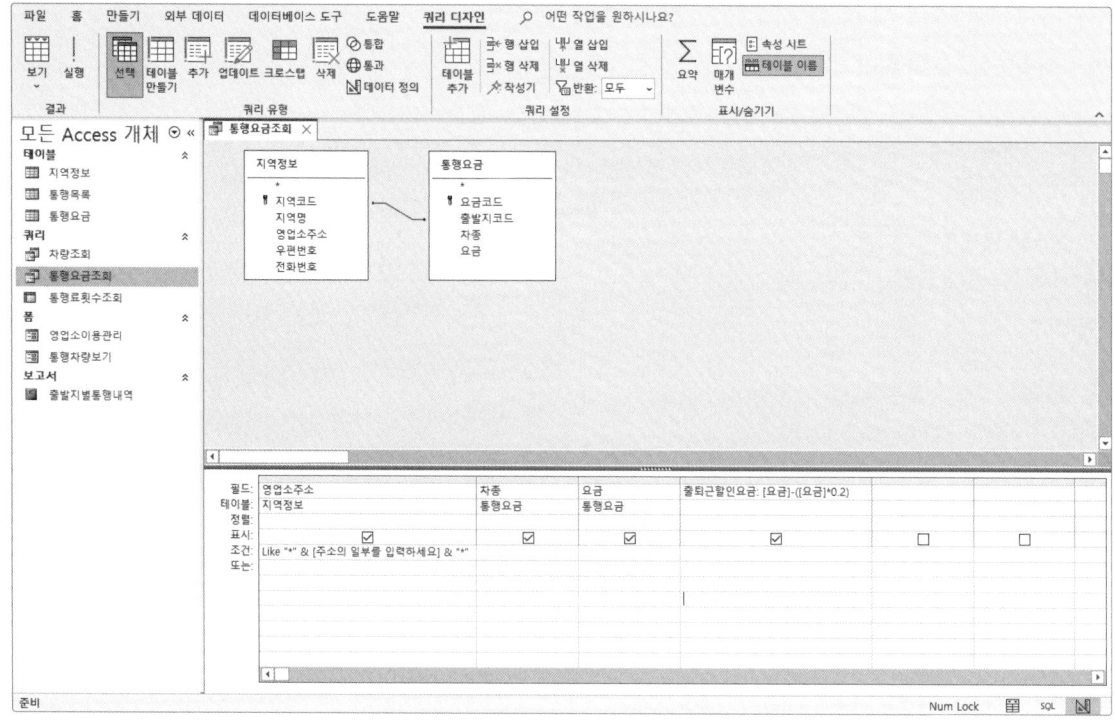

04 <지역별합계> 요약 쿼리

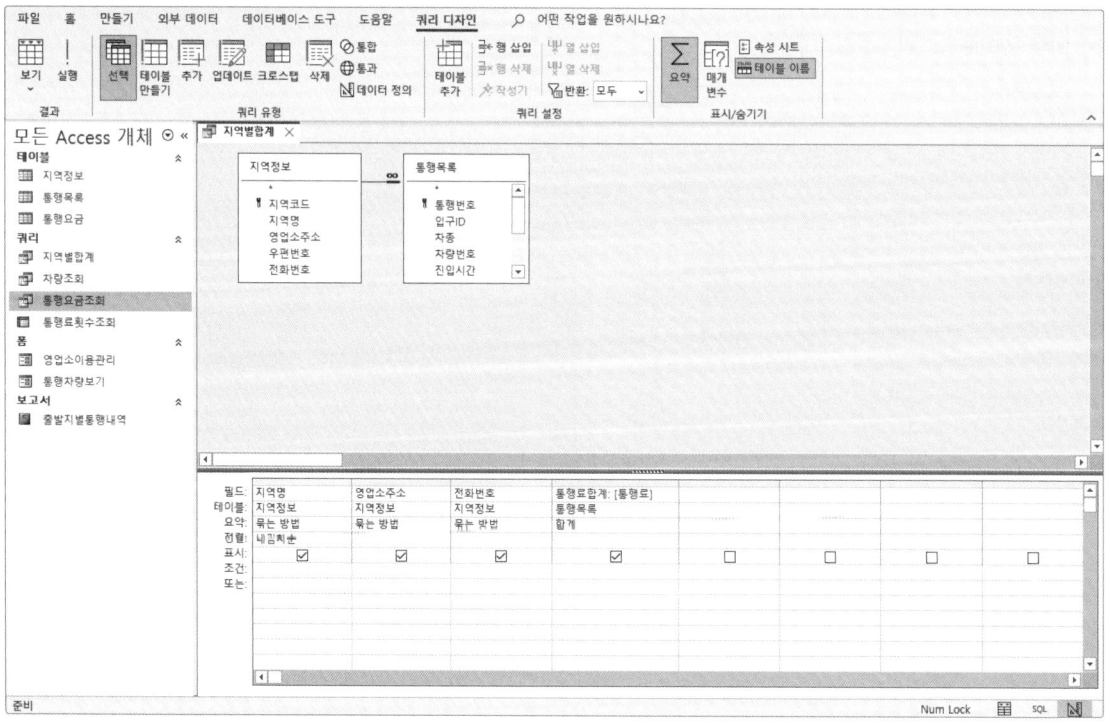

05 <할인받은차량정보> 테이블 만들기 쿼리

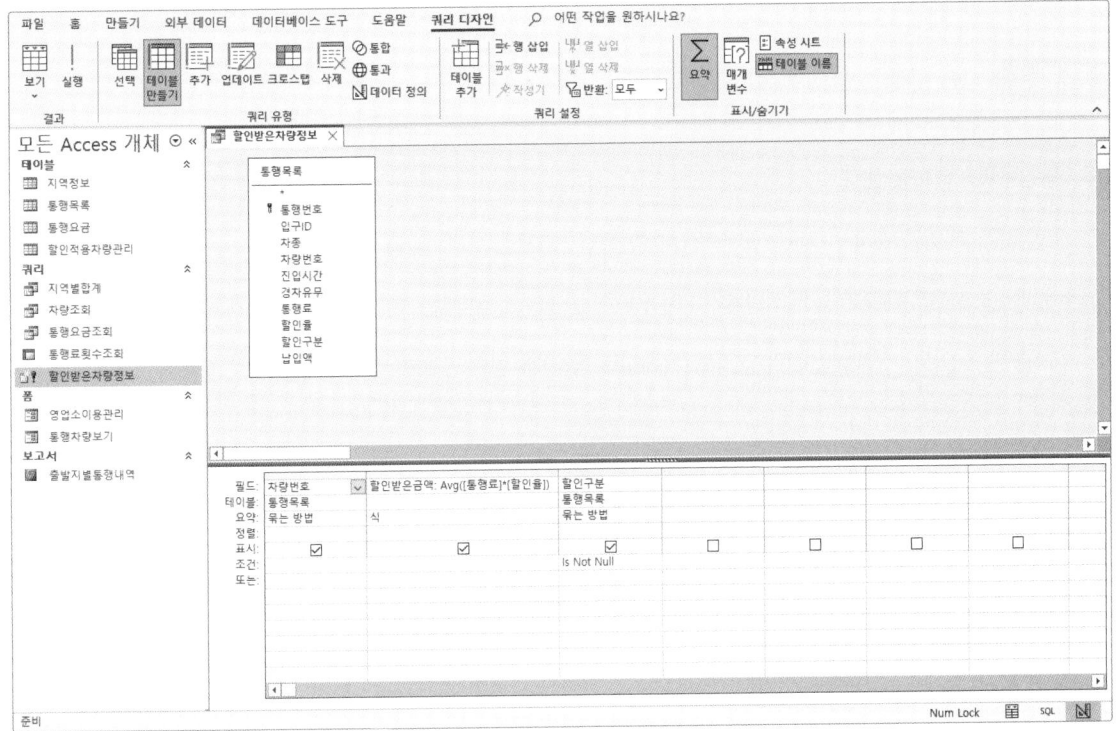

해설

문제 1 ▶ DB 구축 (25점)

1 <통행목록> 테이블 완성

① <통행목록> 테이블 위에서 마우스 오른쪽 단추를 눌러 <디자인 보기>를 클릭합니다.

② 첫 번째 [필드 이름]에 커서를 위치한 후 [테이블 디자인] 탭-[도구] 그룹-[행 삽입]을 클릭합니다.

③ 추가된 [필드 이름]에 '통행번호'로 입력하고 [데이터 형식]에 '일련 번호'를 선택합니다.

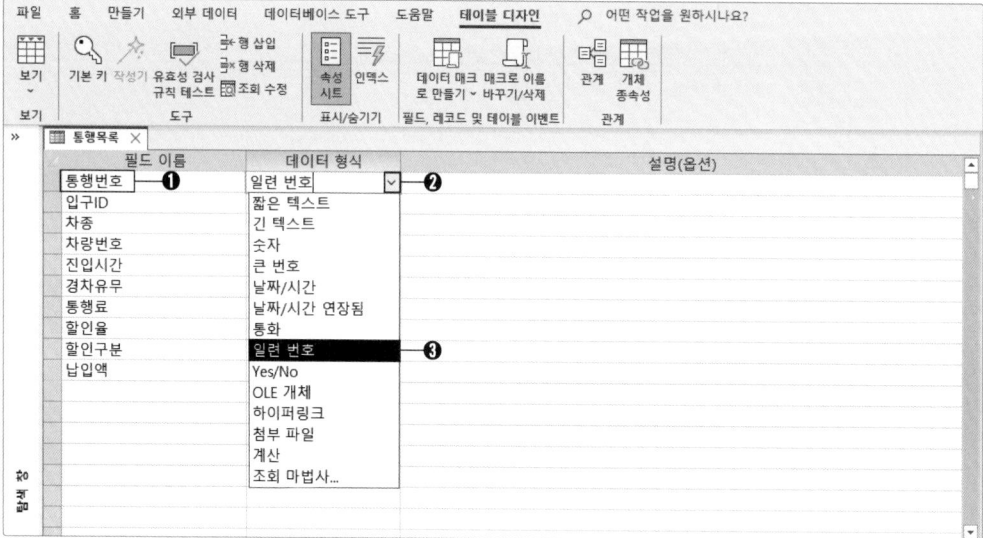

④ [테이블 디자인] 탭-[도구] 그룹-[기본 키]를 클릭합니다. [행 선택기]에 열쇠 모양이 표시됩니다.

※ 기본 키로 설정된 필드는 공백이나 중복된 값이 입력되면 안됩니다.

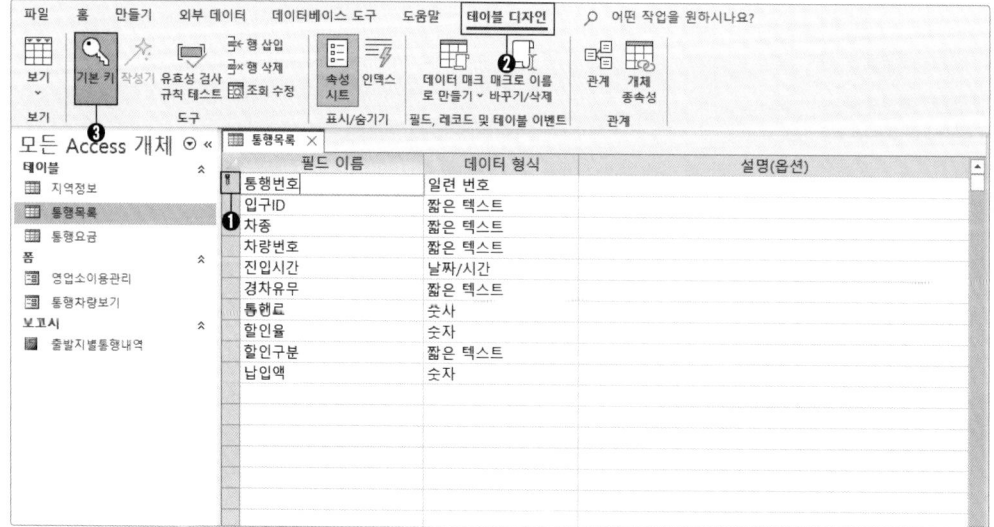

⑤ '차량번호' 필드의 속성은 [입력 마스크]에 '00L0000'을 입력합니다.

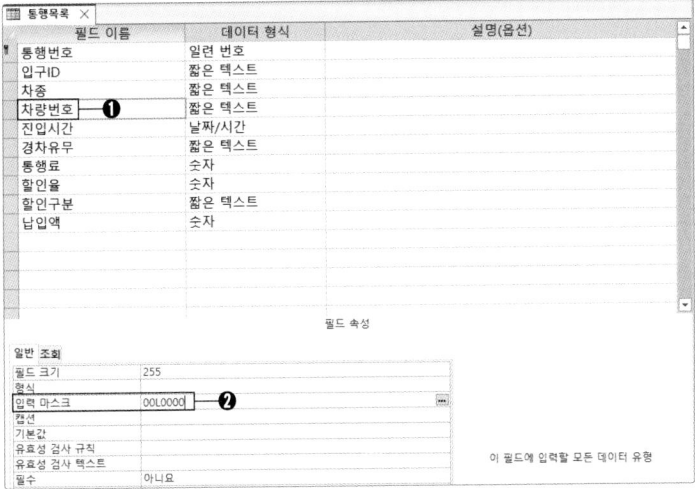

⑥ '진입시간' 필드의 속성은 [기본 값]에 'Now( )' 또는 '=NOW( )'를 입력합니다.

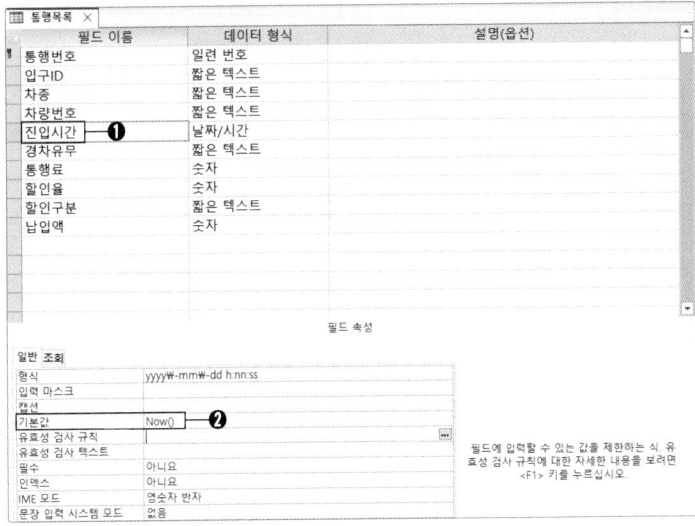

⑦ '경차유무' 필드의 속성은 [데이터 형식]에 'Yes/No'를 선택합니다.

⑧ '할인구분' 필드의 속성은 [유효성 검사 규칙]에 'In("경차할인","출퇴근할인","화물차심야할인")'을 입력합니다.

 ※ **Shift**+**F2** 키를 눌러 [확대/축소] 창에 입력할 수 있습니다.

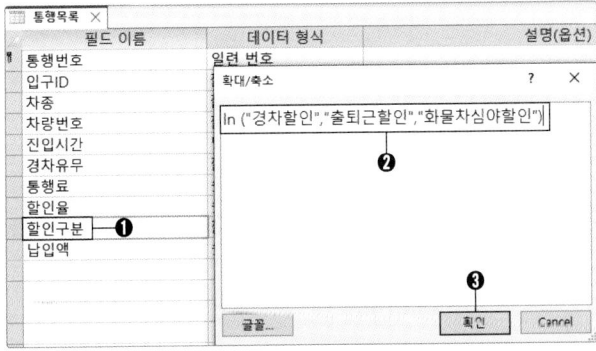

2 <통행목록> 테이블에 조회 속성 설정

① <통행목록> 테이블의 '입구ID' 필드를 클릭합니다.

② [입구ID] 필드 속성 시트 창의 [조회] 탭 중 [컨트롤 표시]에 '콤보 상자', [행 원본 유형]에 '테이블/쿼리'를 선택합니다.

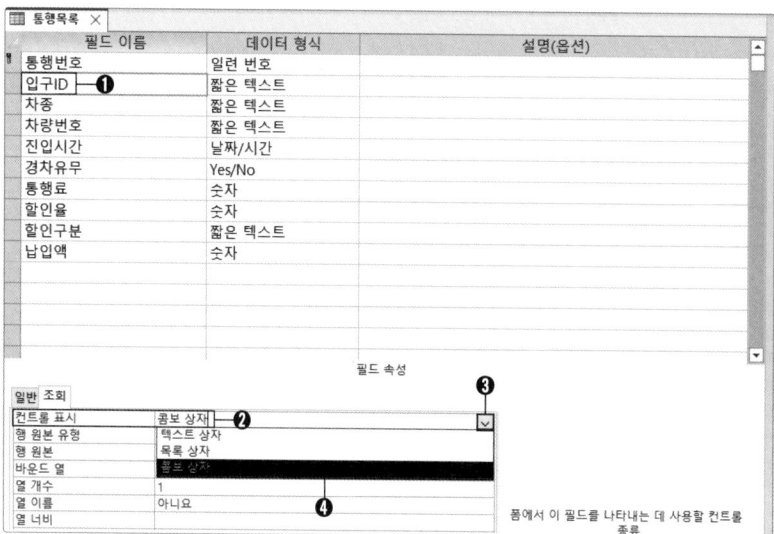

③ [행 원본]에 ...을 눌러 나오는 [테이블 추가] 대화상자의 [테이블] 탭에서 <지역정보> 테이블을 선택하고 <선택한 표 추가> 단추를 클릭합니다.

④ <지역정보> 테이블에서 '지역코드', '지역명' 필드를 선택합니다.

⑤ [쿼리 디자인] 탭-[닫기] 그룹-[닫기]를 눌러 나오는 [SQL 변경 속성을 저장하고 속성을 업데이트하시겠습니까?] 경고창에서 <예> 단추를 클릭합니다.

⑥ '입구ID' 필드의 속성은 [바운드 열]에 '1', [열 개수]에 '2', [열 너비]에 '2cm;2cm', [목록 너비]에 '4cm'을 입력합니다.

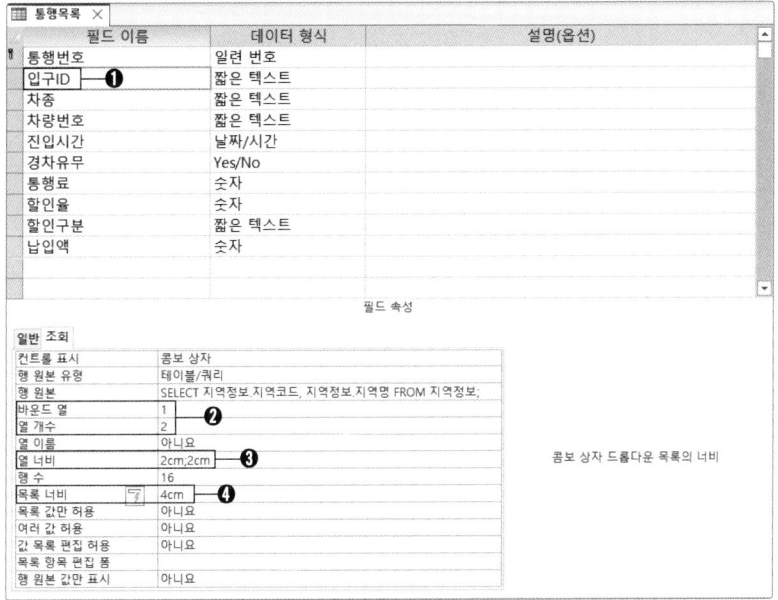

⑦ <통행목록> 테이블에서 빠른 실행 도구 모음의 ■(저장)을 클릭합니다. ([경차유무] 필드의 데이터 형식 변경으로 크기가 줄어 경고가 발생) [데이터의 일부가 손실될 수 있습니다] 경고 창에서 <예> 단추를 클릭합니다.

⑧ 데이터 통합 규칙이 바뀌었다는 경고 창에서 <예> 단추를 클릭합니다.

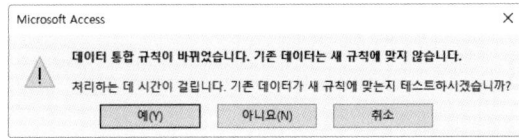

3 관계 설정

① [데이터베이스 도구] 탭-[관계] 그룹-[관계]를 클릭합니다.

② [관계] 그룹-[테이블 추가]를 클릭합니다. [테이블 추가] 대화상자의 [테이블] 탭에서 **Ctrl** 키를 누른 채 차례대로 <통행목록>, <지역정보> 테이블을 선택하고 <선택한 표 추가> 단추를 클릭합니다.

③ <통행목록> 테이블의 '입구ID' 필드를 <지역정보> 테이블의 '지역코드' 필드로 드래그 앤 드롭 합니다.

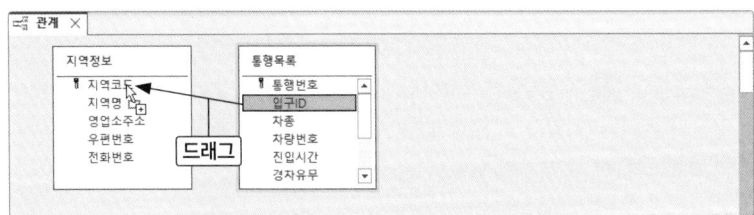

④ [관계 편집] 대화상자에서 '항상 참조 무결성 유지', '관련 필드 모두 업데이트'를 선택하고 <만들기> 단추를 클릭합니다.

※ '일대다(1:M)'의 관계가 설정됩니다.

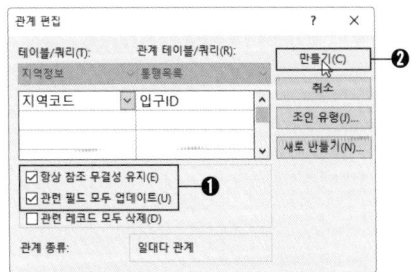

⑤ 빠른 실행 도구 모음에서 저장을 눌러 변경된 내용을 저장합니다. [관계 디자인] 탭-[관계] 그룹-[닫기]를 클릭합니다.

문제2 ▶ 입력 및 수정 기능 구현 (20점)

1 <영업소이용관리> 폼의 완성

① <영업소이용관리> 폼 위에서 마우스 오른쪽 단추를 눌러 <디자인 보기>를 클릭합니다.

② [양식 디자인] 탭-[컨트롤] 그룹-[lbl.png(레이블)]을 '폼 머리글' 영역으로 드래그 앤 드롭하고 '서울요금소의 입구영업소관리'를 입력합니다.

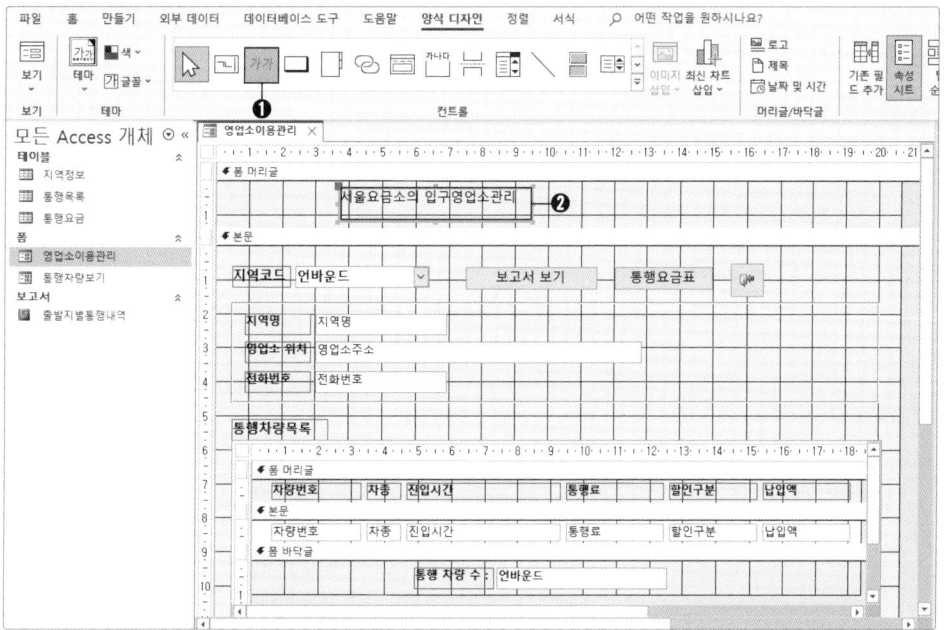

③ '제목' 레이블 속성 시트 창의 [모두] 탭 중 [이름]에 'lbl제목'으로 입력하고 [글꼴 크기]에 '20pt', [문자색]에 '어두운 텍스트'를 선택합니다.

※ '제목' 레이블의 조절점을 드래그하여 크기를 조절합니다.(조절점을 더블클릭하면 텍스트 크기에 맞게 크기 조정)

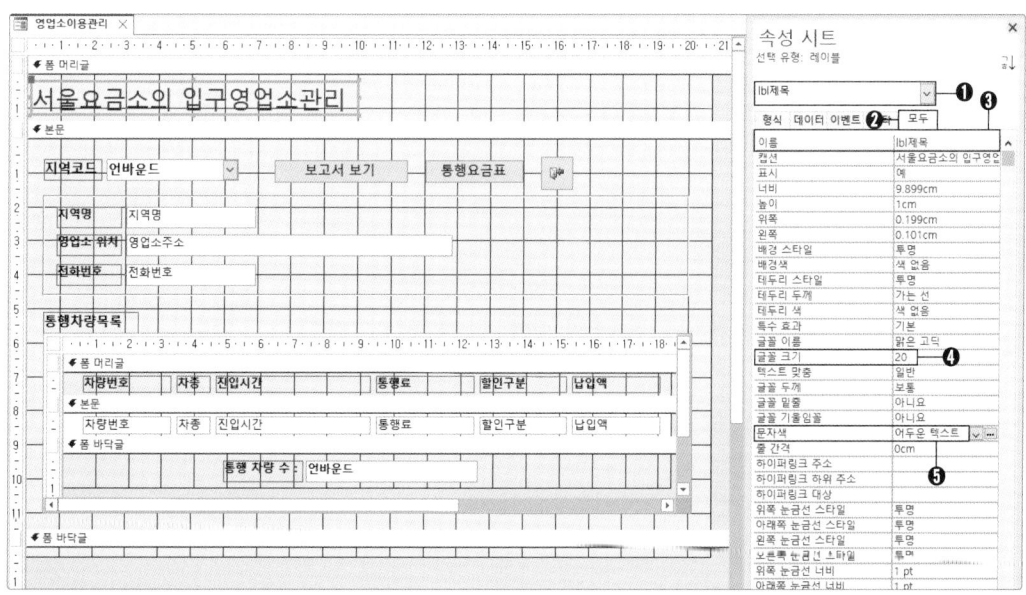

④ <통행차량목록> 하위 폼 속성 시트 창의 [데이터] 탭 중 [기본 필드 연결]에 ┅ 를 클릭합니다.

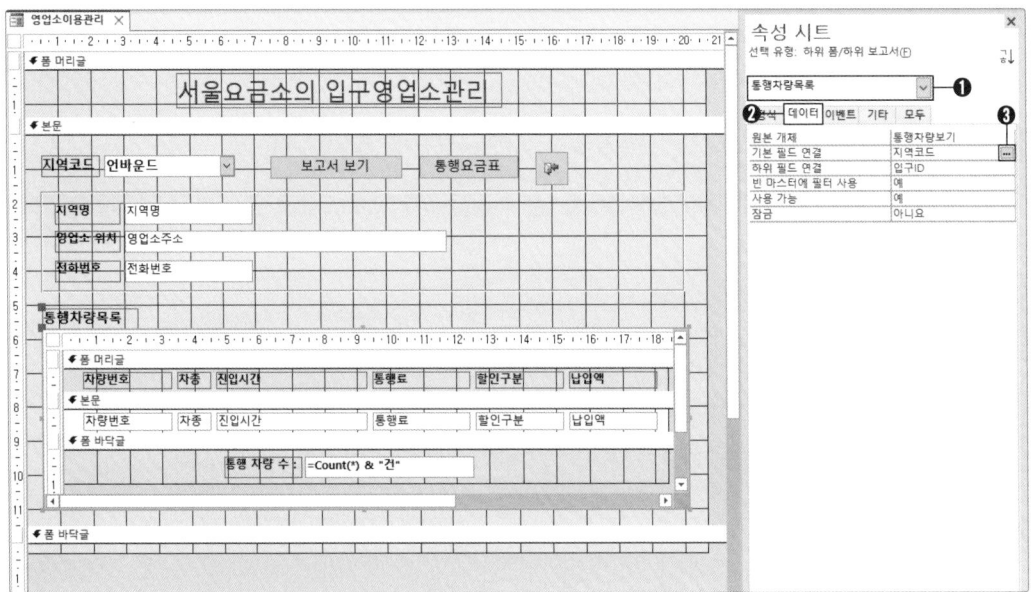

⑤ [하위 폼 필드 연결기] 대화상자에서 [기본필드]에 '지역코드', [하위필드]에 '입구ID'를 선택하고 <확인> 단추를 클릭합니다.

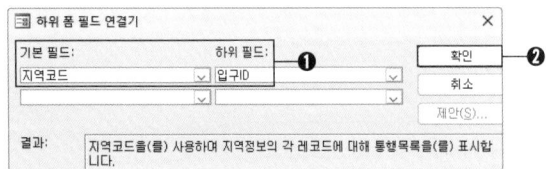

⑥ 하위 폼 '바닥글'에서 'txt통행차량수' 컨트롤 속성 시트 창의 [데이터] 탭 중 [컨트롤 원본]에 '=Count(*) & "건"'을 입력합니다.

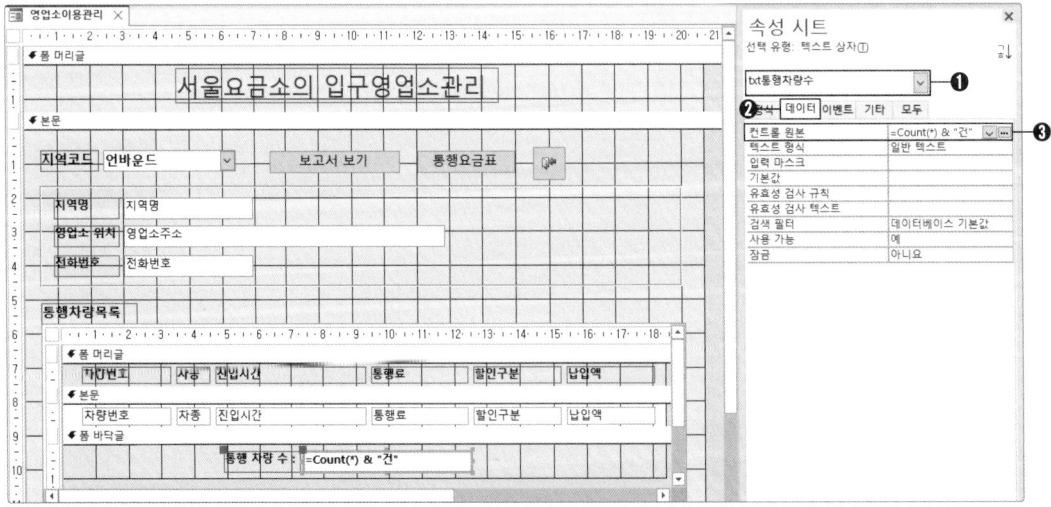

⑦ 폼 바닥글 영역에서 'txt통행차량수' 컨트롤 속성 시트 창의 [형식] 탭 중 [형식]에 '0 "건"'을 입력합니다.

2 <영업소이용관리> 폼에 이벤트 프로시저 작성

① <영업소이용관리> 폼에서 'cmb지역조회' 버튼 속성 시트 창의 [이벤트] 탭 중 [On Change]에 [...]를 눌러 '코드 작성기'를 선택하고 <확인> 단추를 클릭합니다.

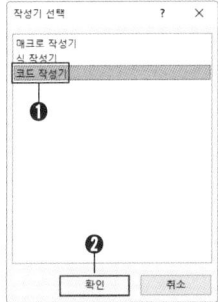

② VBA 코드 작성기 창에 다음의 코드를 입력합니다.

```
Private Sub cmb지역조회_Change( )
Me.Filter = "지역코드 = '" & cmb지역조회 & "'"
Me.FilterOn = True
End Sub
```

> **TIP**
> [Filter, FilterOn 속성에서 필드명이 문자일 경우 형식]
> ● Me.Filter = "필드명 = '" & 필드명 & "'"   ● Me.FilterOn = True

③ Alt + Q 키를 눌러 액세스 창으로 돌아옵니다.

3 <통행차량보기> 폼의 조건부 서식 설정

① <통행차량보기> 폼 위에서 마우스 오른쪽 단추를 눌러 <디자인 보기>를 클릭합니다.

② '본문' 영역에서 모든 컨트롤 개체를 드래그 앤 드롭 하여 선택하고 [서식] 탭-[컨트롤 서식] 그룹-[조건부 서식]을 클릭합니다.

③ [조건부 서식 규칙 관리자] 대화상자에서 <새 규칙>을 클릭합니다.

④ [새 서식 규칙] 대화상자에서 '식이'을 선택하고 '[할인구분] Is Not Null'을 입력하고 '굵게', '기울임꼴'을 선택하고 <확인> 단추를 클릭합니다.

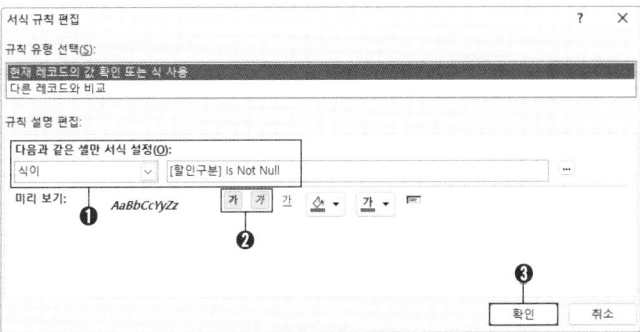

⑤ [조건부 서식 규칙 관리자] 대화상자에서 <확인> 단추를 클릭합니다.

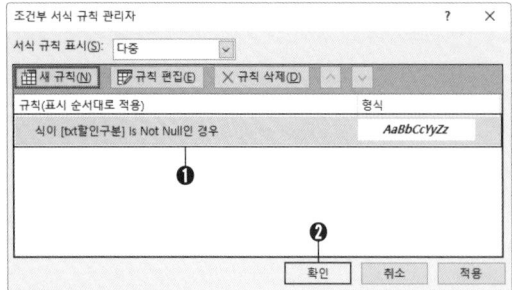

문제3 ▶ 조회 및 출력 기능 구현 (20점)

1 <출발지별통행내역> 보고서 완성

① <출발지별통행내역> 보고서 위에서 마우스 오른쪽 단추를 눌러 <디자인 보기>를 클릭합니다.

② '입구ID 머리글' 영역에서 'txt입구ID' 컨트롤 속성 시트 창의 [데이터] 탭 중 [컨트롤 원본]에 '=[입구ID] & "-" & [지역명]'을 입력합니다.

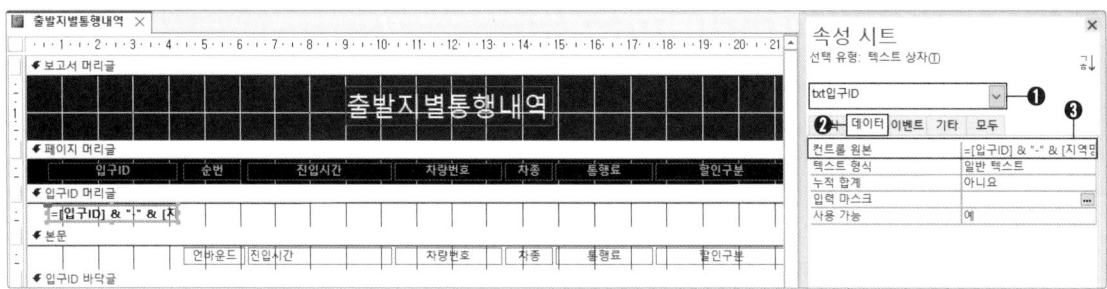

③ '본문' 영역에서 'txt순번' 컨트롤 속성 시트 창의 [데이터] 탭 중 컨트롤 원본에 '=1'을 입력하고 [누적 합계]에 '그룹'을 선택합니다.

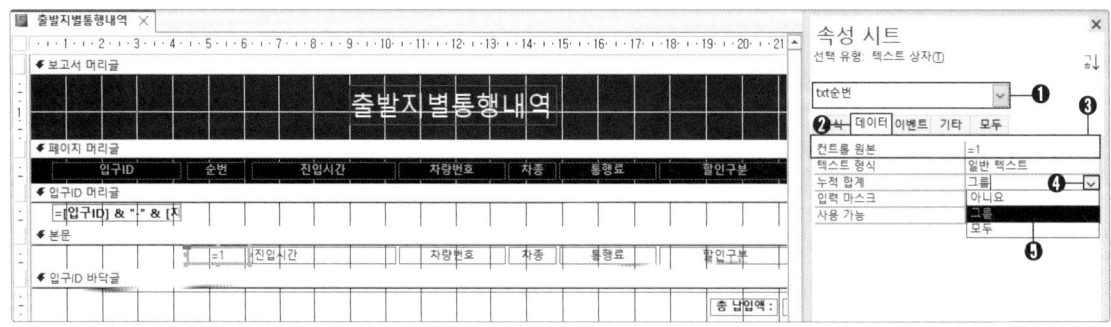

④ '본문' 영역에서 'txt차종' 컨트롤 속성 시트 창의 [형식] 탭 중 [중복 내용 숨기기]에 '예'를 선택합니다.

⑤ '입구ID 바닥글' 영역에서 'txt총납입액' 컨트롤 속성 시트 창의 [데이터] 탭 중 [컨트롤 원본]에 '=Sum([납입액])'을 입력합니다.

⑥ '페이지 바닥글' 영역에서 'txt페이지' 컨트롤 속성 시트 창의 [데이터] 탭 중 [컨트롤 원본]에 '=[Page] & "/" & [Pages]'를 입력합니다.

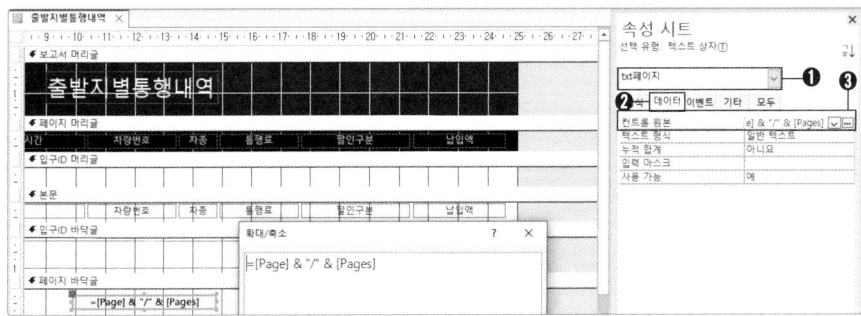

2 <영업소이용관리> 폼에 이벤트 프로시저 작성

① <영업소이용관리> 폼 위에서 마우스 오른쪽 단추를 눌러 <디자인 보기>를 클릭합니다.

② '본문' 영역에서 'cmd닫기' 버튼 속성 시트 창의 [이벤트] 탭 중 [On Click]에 ⋯ 을 눌러 '코드 작성기'를 선택하고 <확인> 단추를 클릭합니다.

③ VBA 창에 다음과 같이 입력합니다.
※ 메시지 박스에서 <예> 단추를 클릭하면 현재 폼(영업소이용관리)을 종료합니다.

```
Private Sub cmd닫기_Click( )
If MsgBox("영업소이용관리 작업을 종료할까요?", vbYesNo) = vbYes Then
DoCmd.Close acForm, "영업소이용관리"
End If
End Sub
```

④ **Alt** + **Q** 키를 눌러 액세스 창으로 돌아옵니다.

문제 4 ▶ 처리 기능 구현 (35점)

1 <차량조회> 조회 쿼리 작성

① [만들기] 탭-[쿼리] 그룹-[쿼리 디자인]을 클릭합니다.

② [테이블 추가] 대화상자의 [테이블] 탭에서 **Ctrl** 키를 누른 채 차례대로 <지역정보>, <통행목록> 테이블을 선택하고 <선택한 표 추가> 단추를 클릭합니다.

③ <지역정보> 테이블에서 '영업소주소', '전화번호' 필드를 선택하고 <통행목록> 테이블에서 '차종', '차량번호' 필드를 선택합니다.

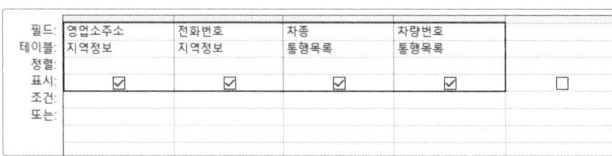

④ '차량번호' 필드는 [정렬]에 '오름차순'으로 선택하고 [조건]에 'Like "*아*"'을 입력합니다.

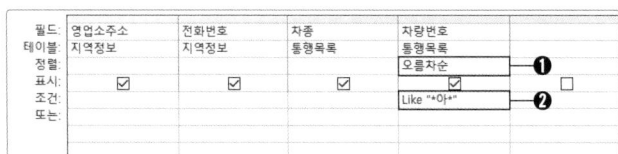

⑤ 빠른 실행 도구 모음에서 🖫(저장)을 클릭합니다. [쿼리 이름]에 '차량조회'를 입력합니다.

2 <통행료횟수조회> 크로스탭 쿼리 작성

① [만들기] 탭-[쿼리] 그룹-[쿼리 디자인]을 클릭합니다.

② [테이블 추가] 대화상자의 [테이블] 탭에서 Ctrl 키를 누른 채 차례대로 <지역정보>, <통행목록> 테이블을 선택하고 <선택한 표 추가> 단추를 클릭합니다.

③ '지역명', '영업소주소' 필드를 선택하고 '통행료횟수: String(Count([통행료]),"●")', '통행료합계: 통행료' 필드는 입력합니다.

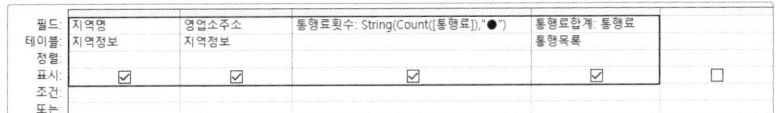

④ [쿼리 디자인] 탭-[쿼리 유형] 그룹-[크로스탭]을 클릭합니다.

⑤ [요약]에 '통행료횟수' 필드는 '식', '통행료합계' 필드는 '합계'를 선택합니다.

⑥ [크로스탭]에 '지역명' 필드는 '열 머리글', '영업소주소', '통행료횟수' 필드는 '행 머리글', '통행료합계' 필드는 '값'을 선택합니다.

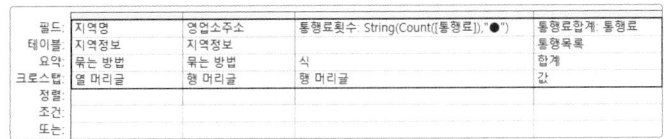

⑦ 빠른 실행 도구 모음에서 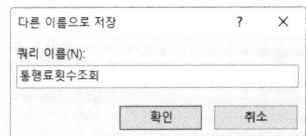 (저장)을 클릭합니다. [쿼리 이름]에 '통행료횟수조회'로 입력합니다.

3 <통행요금조회> 매개 변수 쿼리 작성

① [만들기] 탭-[쿼리] 그룹-[쿼리 디자인]을 클릭합니다.

② [테이블 추가] 대화상자의 [테이블] 탭에서 Ctrl 키를 누른 채 차례대로 <통행요금>, <지역정보> 테이블을 선택하고 <선택한 표 추가> 단추를 클릭합니다.

③ <통행요금> 테이블의 '출발지코드' 필드를 <지역정보> 테이블의 '지역코드'로 드래그 앤 드롭 합니다.

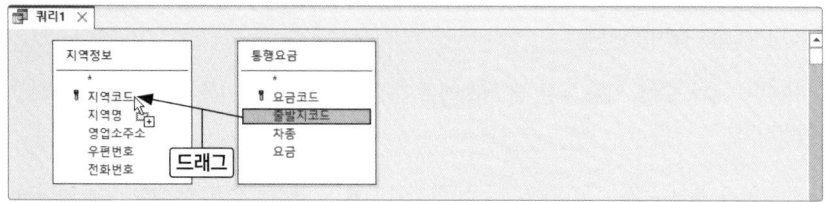

④ 조인된 선을 더블클릭하고 [조인 속성] 대화상자에서 첫 번째 항목인 '두 테이블의 조인된 필드가 일치하는 행만 포함'을 선택하고 <확인> 단추를 클릭합니다.

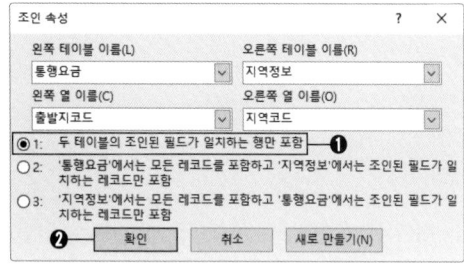

⑤ '영업소주소', '차종', '요금' 필드를 선택하고 '영업소주소' 필드의 [조건]에 'Like "*" & [주소의 일부를 입력하세요] & "*"'를 입력합니다.

⑥ 마지막 필드에는 '출퇴근할인요금: [요금]-([요금]*0.2)'을 입력합니다. '요금'과, '출퇴근할인요금' 필드 속성 시트 창의 [일반] 탭 중 [형식]에 '통화'를 선택합니다.

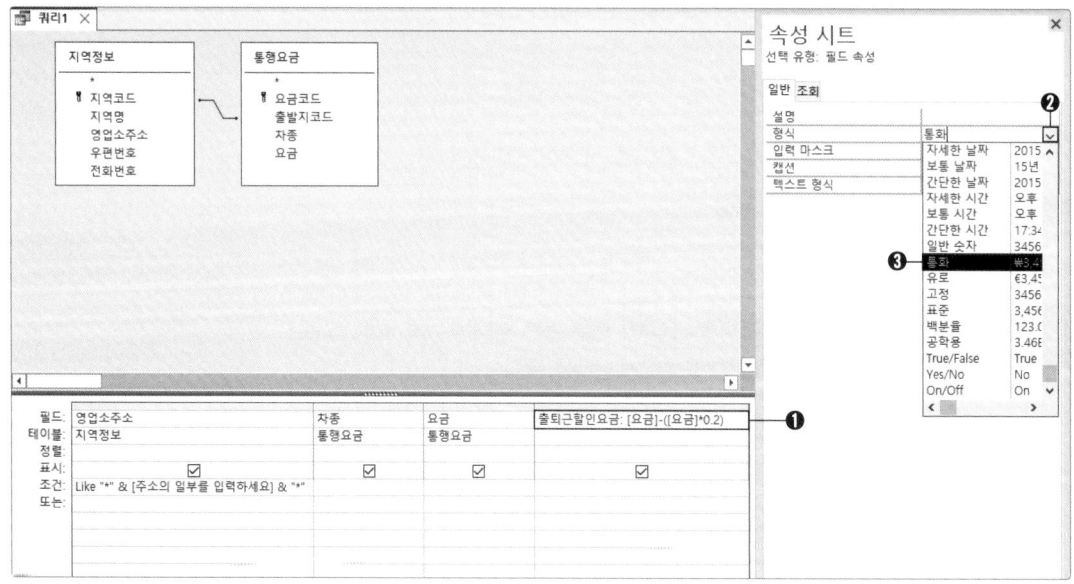

⑦ [쿼리 디자인] 탭-[결과] 그룹-[실행]을 클릭합니다. [매개 변수 값 입력] 대화상자에서 '남면'과 같이 단어를 입력하여 실행합니다.

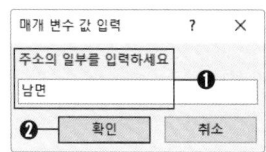

⑧ 빠른 실행 도구 모음에서 🖫(저장)을 클릭합니다. [쿼리 이름]에 '통행요금조회'를 입력합니다.

4 <지역별합계> 요약 쿼리 작성

① [만들기] 탭-[쿼리] 그룹-[쿼리 디자인]을 클릭합니다.

② [테이블 추가] 대화상자의 [테이블] 탭에서 Ctrl 키를 누른 채 차례대로 <지역정보>, <통행목록> 테이블을 선택하고 <선택한 표 추가> 단추를 클릭합니다.

③ '지역명', '영업소주소', '전화번호' 필드를 선택하고 '통행료합계:[통행료]' 필드는 입력합니다.

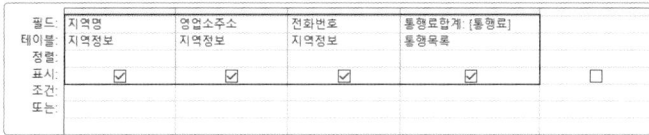

④ '지역명' 필드는 [정렬]에 '내림차순'을 선택합니다.

⑤ [쿼리 디자인] 탭-[표시/숨기기] 그룹-[요약]을 클릭합니다. '통행료합계' 필드는 [요약]에 '합계'를 선택합니다.

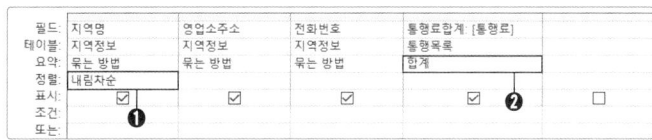

⑥ 빠른 실행 도구 모음에서 🖫(저장)을 클릭합니다. [쿼리 이름]에 '지역별합계'를 입력합니다.

5 <할인적용차량관리> 테이블 만들기 쿼리 작성

① [만들기] 탭-[쿼리] 그룹-[쿼리 디자인]을 클릭합니다.

② [테이블 추가] 대화상자의 [테이블] 탭에서 <통행목록> 테이블을 선택하고 <선택한 표 추가> 단추를 클릭합니다.

③ '차량번호', '할인구분' 필드를 선택하고 '할인받은금액: [통행료]*[할인율]' 필드는 입력합니다.

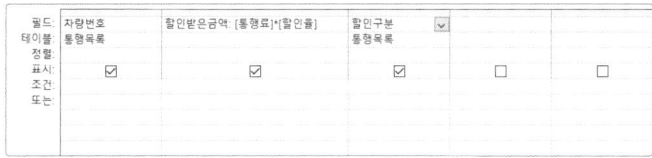

④ [쿼리 디자인] 탭-[표시/숨기기] 그룹-[요약]을 클릭합니다.

⑤ [요약]에 '할인받은금액' 필드는 '평균'을 선택하고 [조건]에 '할인구분' 필드는 'Is Not Null'을 입력합니다.

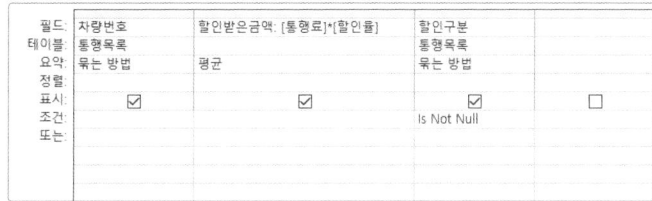

⑥ [쿼리 디자인] 탭-[쿼리 유형] 그룹-[테이블 만들기]을 클릭합니다.

⑦ [테이블 만들기] 대화상자에서 테이블 이름에 '할인적용차량관리'를 입력합니다.

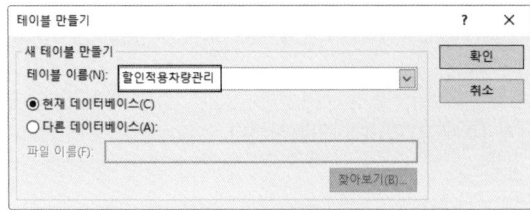

⑧ 빠른 실행 도구 모음에서 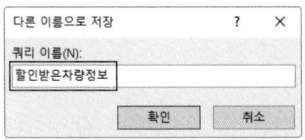(저장)을 클릭합니다. [쿼리 이름]에 '할인받은차량정보'을 입력합니다.

⑨ <할인받은차량정보> 쿼리 위에서 마우스 오른쪽 단추를 눌러 [열기]를 클릭하고 경고 창이 표시되면 <예> 단추를 클릭합니다.

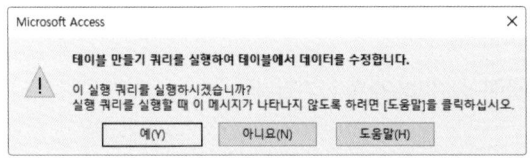

⑩ 다음 창에서 <예> 단추를 클릭하면 <할인적용차량관리> 테이블이 작성됩니다.

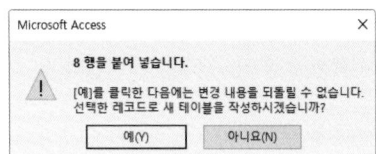

MEMO

컴퓨터활용능력 최신기출유형 3회

프로그램명	제한시간
ACCESS 2021	45분

수험번호 :

성   명 :

1급 | A형

유의사항

- 인적 사항 누락 및 잘못 작성으로 인한 불이익은 수험자 책임으로 합니다.

- 화면에 암호 입력창이 나타나면 아래의 암호를 입력하여야 합니다.
  - 암호 : 92%701

- 작성된 답안은 주어진 경로 및 파일명을 변경하지 마시고 그대로 저장해야 합니다. 이를 준수하지 않으면 실격처리 됩니다.
  - 답안 파일명의 예: C:₩DB₩수험번호 8자리.accdb

- 외부데이터 위치: C:₩DB₩파일명

- 별도의 지시사항이 없는 경우, 다음과 같이 처리하면 실격 처리됩니다.
  - 제시된 개체의 이름을 임의로 변경한 경우
  - 제시된 개체의 속성을 임의로 변경한 경우
  - 제시된 개체를 임의로 삭제하거나 추가한 경우

- 별도의 지시사항이 없는 경우, 기능의 구현은 모듈이나 매크로 등을 이용하며, 예외적인 상황에 대해서는 고려하지 않아도 됩니다.

- 제시된 함수가 있을 경우 제시된 함수만을 사용하여야 하며, 그 외 함수 사용시 채점 대상에서 제외됩니다.

- 별도의 지시사항이 없는 경우, 주어진 각 개체의 속성은 설정값 또는 기본 설정값 (Default)으로 처리하십시오.

- 제시된 화면은 예시이며 나타난 값은 실제와 다를 수 있습니다.

- 저장 시간은 별도로 주어지지 아니하므로 제한된 시간 내에 저장을 완료해야 합니다.

- 본 문제의 용어는 MS Office LTSC Professional Plus 2021 기준으로 작성되었습니다.

문제 1 25점_ DB 구축

01 커피 제품을 관리하기 위하여 데이터베이스를 구축하고자 한다. 다음의 지시사항에 따라 테이블을 완성하시오. (각 3점)

① <제품> 테이블의 '상품코드' 필드에 다음과 같이 입력 마스크를 설정하시오.
   ▶ 첫 글자는 영문 대문자, 나머지 4글자는 숫자로 입력받되, 반드시 값이 입력되도록 설정하시오.

② <제품> 테이블의 '원산지' 필드는 '케냐', '에디오피아', '코스타리카', '콜롬비아', '과테말라', '온두라스', '브라질', '베트남', '파나마'만 입력할 수 있도록 유효성 검사 규칙을 설정하시오.

③ <제품> 테이블의 '용량' 필드에는 기본적으로 100이 입력되도록 설정하시오.

④ <제품> 테이블의 '상품코드' 필드에 중복된 값이 입력될 수 없도록 인덱스를 설정하시오.

⑤ <판매관리> 테이블의 '수량' 필드에는 1부터 200 사이의 숫자만 입력할 수 있도록 유효성 검사 규칙을 설정하시오.

02 <판매관리> 테이블의 '상품코드' 필드는 <제품> 테이블의 '상품코드' 필드를 참조하고 테이블 간의 관계는 M:1 이다. 두 테이블에 대하여 다음과 같이 관계를 설정하시오. (5점)

▶ 각 테이블 간에 항상 참조 무결성을 유지하도록 설정하시오.
▶ 참조 필드의 값이 변경되면 관련 필드의 값도 변경되도록 설정하시오.
▶ 다른 테이블에서 참조하고 있는 레코드는 삭제할 수 없도록 설정하시오.
   ※ 기존에 설정되어 있는 관계는 절대로 해제하지 마시오.

03 외부 데이터 가져오기 기능을 이용하여 <결제수단.xlsx> 파일을 가져와 다음과 같이 <결제수단> 테이블을 작성하시오. (5점)

▶ 첫 번째 행은 필드 이름임
▶ 기본 키는 없음

문제 2 20점_ 입력 및 수정 기능 구현

01 <판매관리> 폼을 다음의 <그림>과 지시사항에 따라 완성하시오. (각 3점)

① 폼의 레코드 원본은 '판매현황' 쿼리로 설정하시오.

② 본문의 'txt판매일자'와 'txt수량' 컨트롤을 '판매일자', '수량'에 각각 바운드시키시오.

③ 폼 바닥글의 'txt합계' 컨트롤에는 수량의 합계가 표시되도록 설정하시오.

02 <판매관리> 폼 본문의 모든 컨트롤에 대하여 위 그림(문제 1 참고)과 같이 조건부 서식을 설정하시오. (6점)

▶ '수량'이 100 이상이면, 모든 컨트롤에 배경색을 '노랑', '굵게'로 설정할 것
▶ 단, 하나의 규칙으로 작성하시오.
▶ '문제 2 입력 및 수정 기능 구현' 1번 문제의 <그림> 참조

03 <판매관리> 폼의 바닥글 영역에 컨트롤의 이름은 '저장 후 닫기'(cmd닫기)에 매크로를 설정하시오. (5점)

▶ 명령 단추를 클릭하면 현재 폼의 저장을 확인하고 닫히도록 설정
▶ 매크로 이름은 '닫기'로 설정
▶ '문제 2 입력 및 수정 기능 구현' 1번 문제의 <그림> 참조

문제3 20집_ 조회 및 출력 기능 구현

01 다음의 지시사항 및 <그림>을 참조하여 <일자별판매현황> 보고서를 완성하시오. (각 3점)

① 판매일자 머리글 영역이 매 페이지마다 반복하여 출력되도록 설정하고, 판매일자 머리글 영역이 시작되기 전에 페이지를 바꾸도록 '페이지 바꿈' 속성을 설정하시오.

② '판매일자' 필드를 기준으로 오름차순으로 정렬하고 판매일자가 같으면 이름의 오름차순으로 정렬하여 표시하시오.

③ '회원명'(txt회원명)이 이전 레코드와 동일한 경우에는 표시되지 않도록 설정하시오.

④ 본문 영역의 'txt순번' 컨트롤에는 그룹별로 일련번호가 표시되도록 설정하시오.

⑤ '판매일자 바닥글' 영역의 'txt날짜별판매건' 컨트롤에 "판매 : 8건"과 같이 개수가 표시되도록 설정하시오.
  ▶ Count 함수와 & 연산자 사용

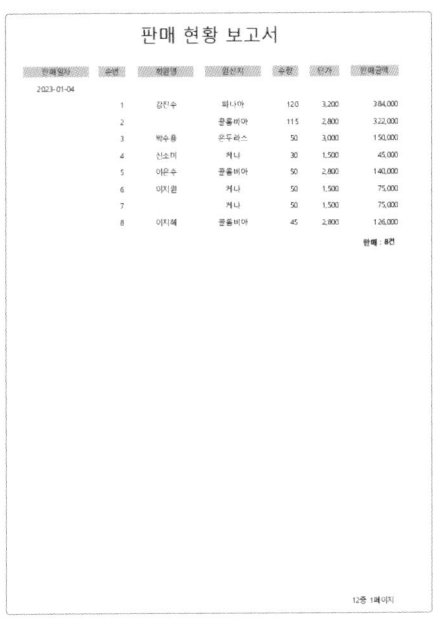

02 <판매현황> 폼의 'txt조회' 컨트롤에 상품코드를 입력한 후 '조회'(cmd조회)를 클릭하면 다음의 기능이 수행되도록 이벤트 프로시저를 구현하시오. (5점)

▶ 'txt조회' 컨트롤에 입력된 상품코드의 자료만 표시할 것
▶ RecordSource 속성을 이용할 것

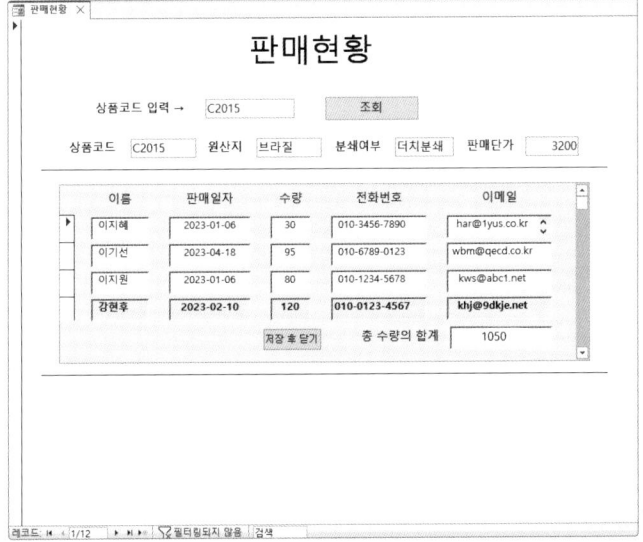

문제 4   35점_ 처리 기능 구현

01 <판매현황> 쿼리를 이용하여 콜롬비아가 원산지인 판매 수량의 합계를 조회하는 <콜롬비아조회> 쿼리를 작성하시오. (7점)

▶ 이름을 기준으로 오름차순 정렬하여 표시하시오.
▶ 쿼리 실행 결과 표시되는 필드와 필드명은 <그림>과 같이 표시되도록 설정하시오.

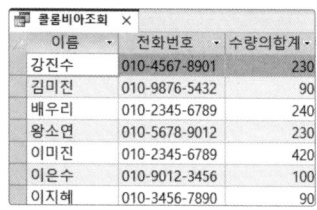

02 <판매현황> 쿼리를 이용하여 판매일자별로 판매한 수량을 월단위로 조회하는 새 테이블을 생성하고 <월별판매수량> 쿼리를 작성하시오. (7점)

▶ 쿼리 실행 후 생성되는 테이블의 이름은 [월별수량합계]로 설정하시오.
▶ month 함수 사용

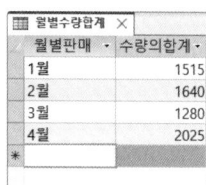

03 <제품>과 <판매관리> 테이블을 이용하여 <세금> 쿼리를 작성하시오. (7점)

▶ 원산지의 일부를 매개변수로 입력받아 <그림>과 같이 표시하시오.
▶ 세금의 금액이 100,000원 이상인 경우 금액의 5%, 나머지는 3%를 적용하시오.(통화형식)
▶ IIF 함수 사용

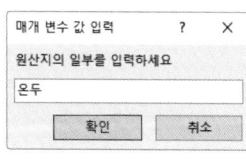

04 <거래처>, <판매관리>, <제품> 테이블을 이용하여 크로스탭 쿼리를 작성하시오. (7점)

▶ 이름과 판매건수별 판매수량의 합계를 구할 것

▶ 판매건수는 '이름' 필드를 이용할 것

▶ 쿼리 이름은 <상품판매내역>으로 지정할 것

이름	판매건수	과테말라	베트남	브라질	에디오피아	온두라스	케냐	코스타리카	콜롬비아	파나마
강진수	4 건								230	240
강현우	2 건						190			
강현후	2 건	240								
김미진	6 건					60			90	230
박미선	2 건					60				
박수용	4 건					100		50		
배우리	6 건					130		150	240	
신소미	4 건							250		
엄희정	6 건			160	320			50		
왕소연	6 건	150				130			230	
이기선	8 건		90	190		130				300
이미진	4 건							420		
이은수	2 건							100		
이지원	8 건			160			100	160		320
이지혜	6 건			60					90	300
이진호	6 건			240		50	150			
조영수	2 건							300		

05 <제품> 테이블을 이용하여 다음 기능을 수행하는 업데이트 쿼리를 작성하고 실행하시오. (7점)

▶ <제품> 테이블의 '상품코드'가 E~F로 시작하는 상품만 단가를 200원이 인상되도록 수정하시오.

▶ Like 연산자 사용

▶ 질의의 이름은 <단가인상>으로 할 것.

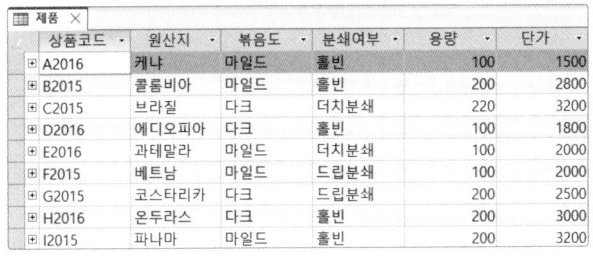

최신기출유형 3회 정답 및 해설

📁 **작업 파일** : C:₩2024_컴활1급₩데이터베이스₩작업파일₩최신기출유형₩최신기출유형 3회_문제.accdb
📄 **완성 파일** : C:₩2024_컴활1급₩데이터베이스₩완성파일₩최신기출유형₩최신기출유형 3회_정답.accdb

정답

문제1 ▶ DB 구축 (25점)

01 <제품>, <판매관리> 테이블 완성

지시사항	테이블명	필드명	필드 속성	설정 값
①	제품	상품코드	입력 마스크	>L0000
②		원산지	유효성 검사 규칙	In ("케냐","에디오피아", "코스타리카","콜롬비아", "과테말라","온두라스", "브라질","베트남","파나마")
③		용량	기본 값	100
④		상품코드	인덱스	예(중복 불가능)
⑤	판매관리	수량	유효성 검사 규칙	Between 1 And 200

02 관계 설정

① [데이터베이스 도구]-[관계] 그룹의 [관계(　)]를 클릭

② 관계 편집

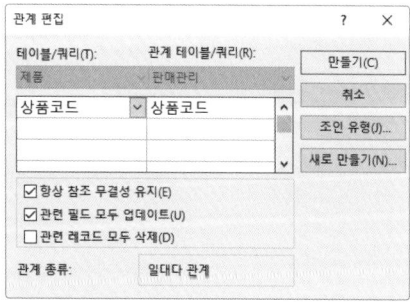

03 외부 데이터 가져오기

① [외부 데이터] 탭-[가져오기 및 연결] 그룹-[새 데이터 원본]-[파일]-[Excel]을 클릭합니다.

② 첫 번째 행은 열 머리글, 기본 키 없음

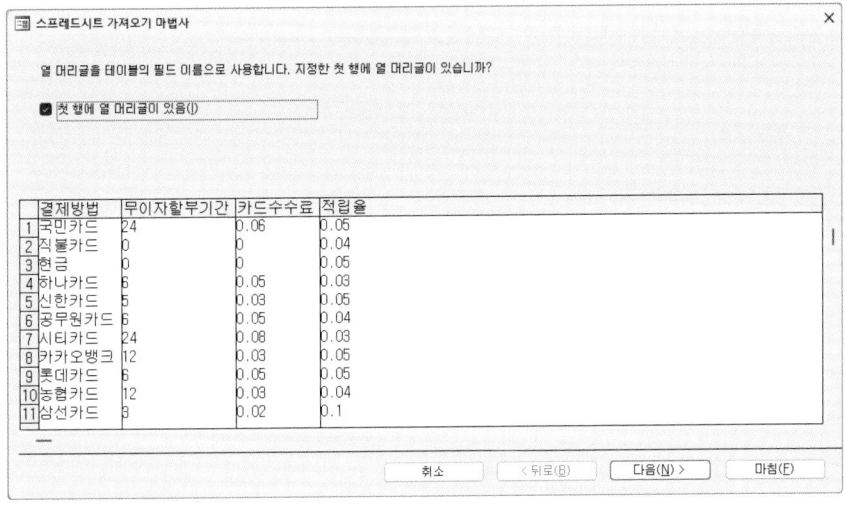

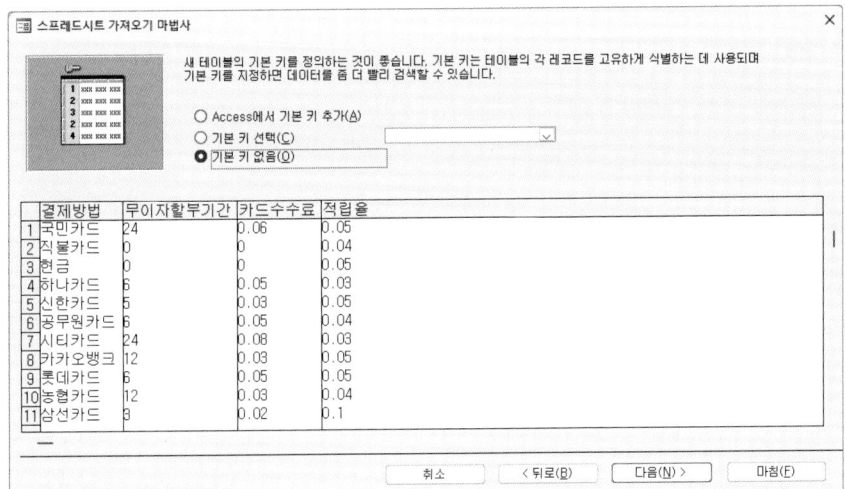

문제2 ▶ 입력 및 수정 기능 구현 (20점)

01 <판매관리> 폼의 완성

지시사항	영역	개체명	탭	항목	설정 값
①	폼		데이터	레코드 원본	판매현황
②	본문	txt판매일자	데이터	컨트롤 원본	판매일자
		txt수량			수량
③	폼 바닥글	txt합계	데이터	컨트롤 원본	=Sum([수량])

02 <판매관리> 폼에 조건부 서식 설정

① [서식]-[컨트롤 서식] 그룹의 [조건부 서식]을 클릭

② [새 서식 규칙]

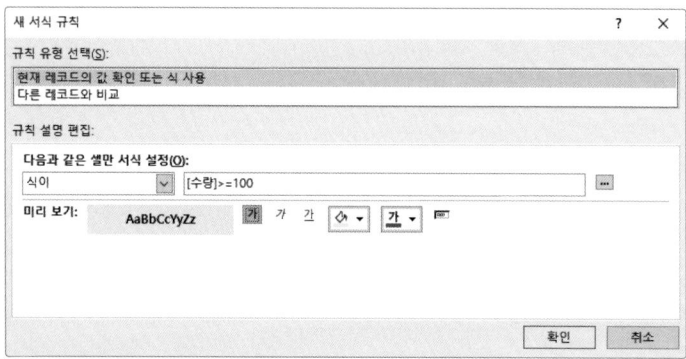

03 <판매관리> 폼의 매크로 작성

① [만들기]-[매크로 및 코드] 그룹에서 [매크로(🗔)]를 클릭

② [닫기] 매크로 작성

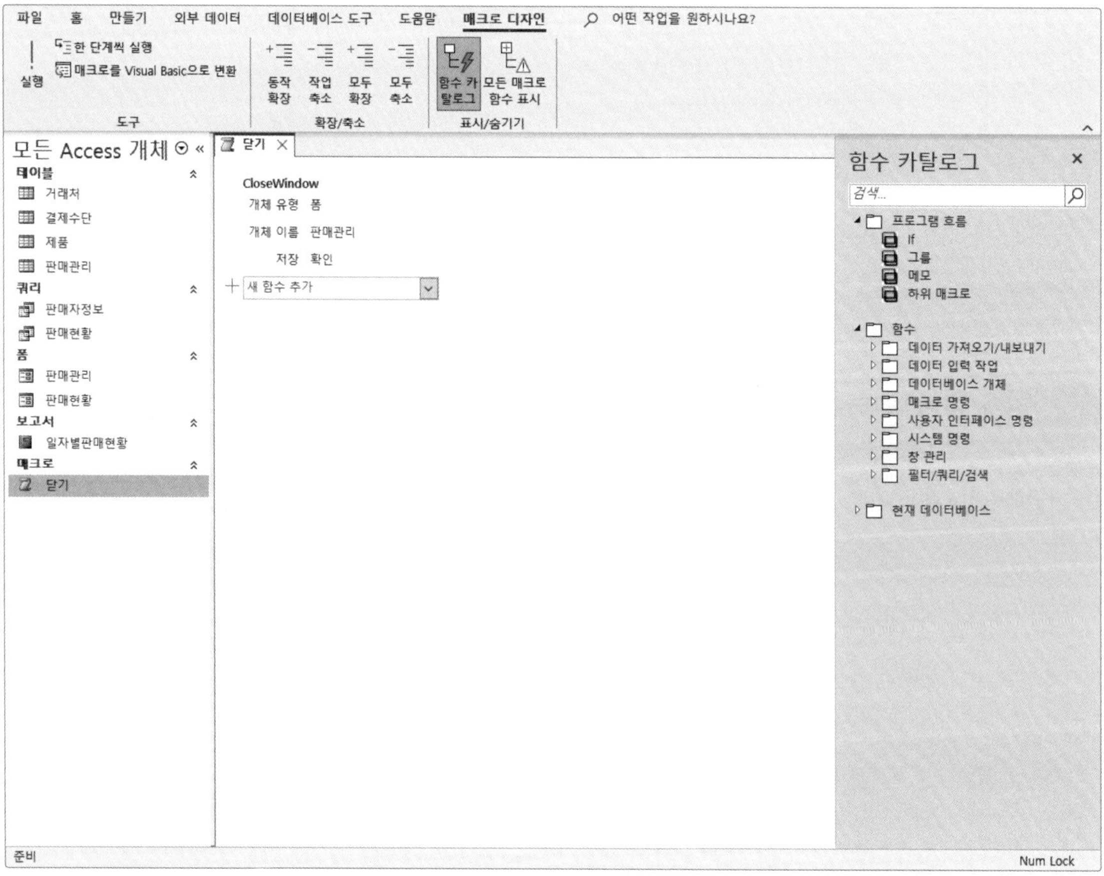

문제3 조회 및 출력 기능 구현 (20점)

01 <일자별판매현황> 보고서 완성

지시사항	영역	개체명	탭	항목	설정 값
①	판매일자 머리글		형식	반복 실행 구역	예
				페이지 바꿈	구역 전
②	판매일자 머리글	txt판매일자	[그룹, 정렬 및 요약]에서 '판매일자'의 '오름차순', [정렬 추가]하여 '이름'의 '오름차순'		
③	본문	txt회원명	형식	중복 내용 숨기기	예
④	본문	txt순번	데이터	컨트롤 원본	=1
				누적 합계	그룹
⑤	판매일자 바닥글	txt날짜별 판매건	데이터	컨트롤 원본	="판매 : " & Count(*) & "건"

02 <판매현황> 폼에 이벤트 프로시저 작성

① <조회> 단추의 [속성 시트]-[이벤트] 탭의 'On Click'에서 코드 작성기

② VBA 코드 작성

```
Private Sub cmd조회_Click( )
Me.RecordSource = "Select * from 판매현황 where 상품코드 = '" & txt조회 & "'"
End Sub
```

문제 4 ▶ 처리 기능 구현 (35점)

01 <콜롬비아조회> 조회 쿼리

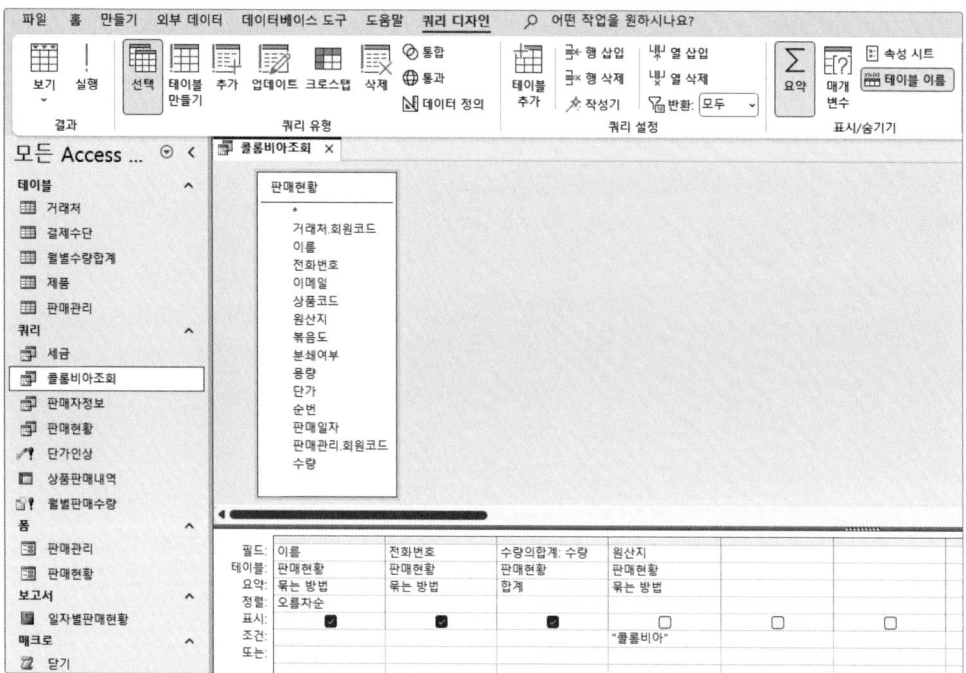

02 <월별판매수량> 쿼리에서 <월별수량합계> 테이블 만들기

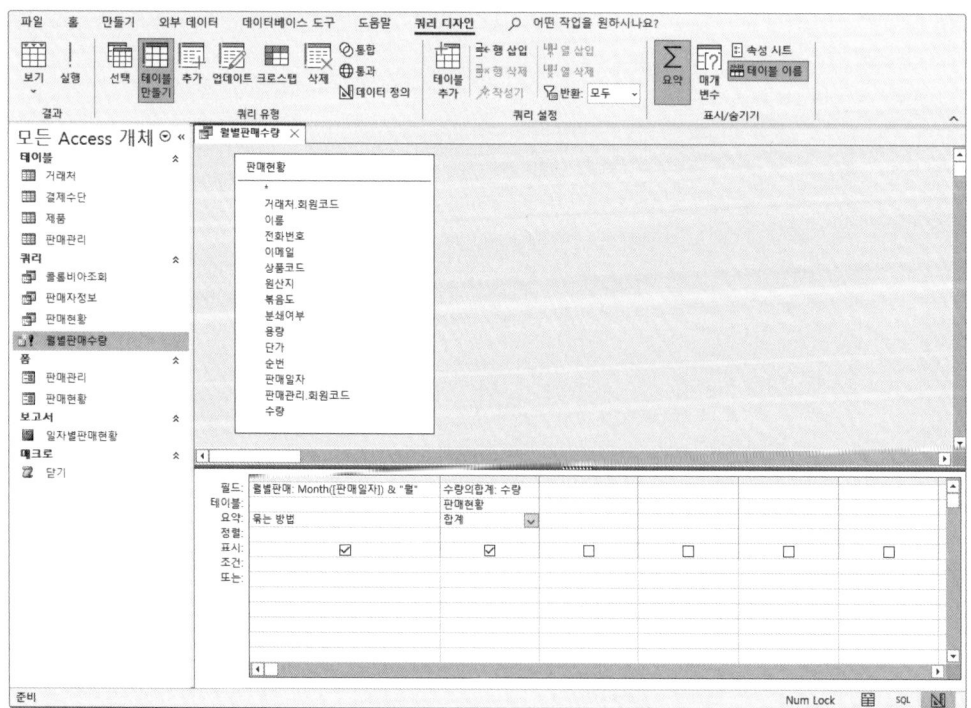

03 <세금> 매개 변수 쿼리

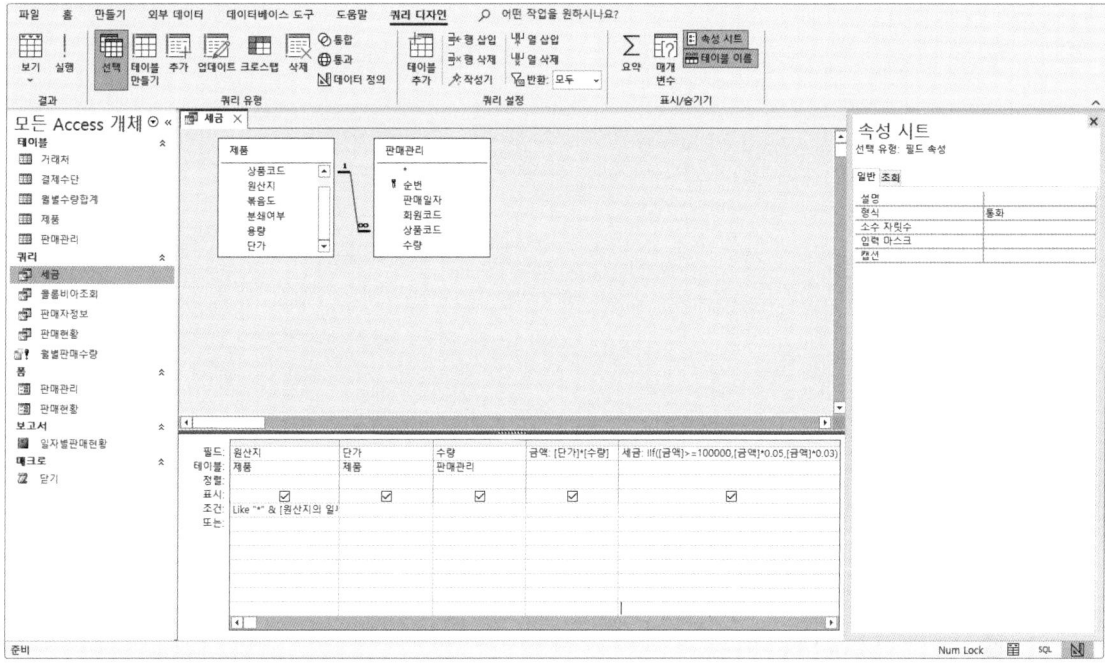

04 <상품판매내역> 크로스탭 쿼리

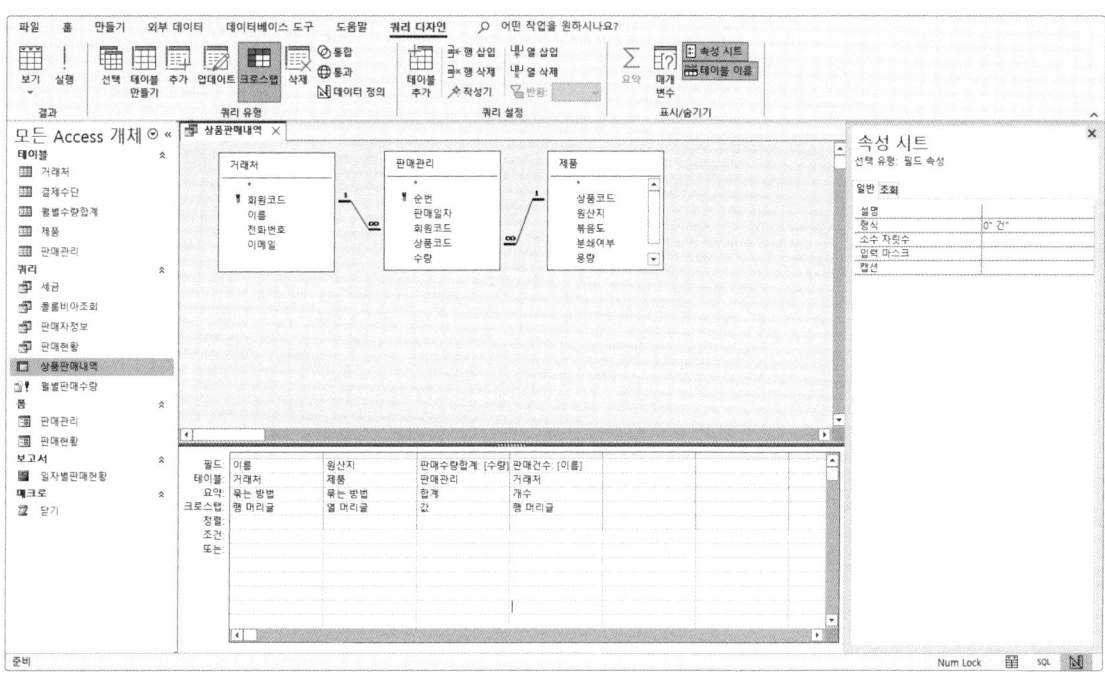

05 <단가인상> 업데이트 쿼리

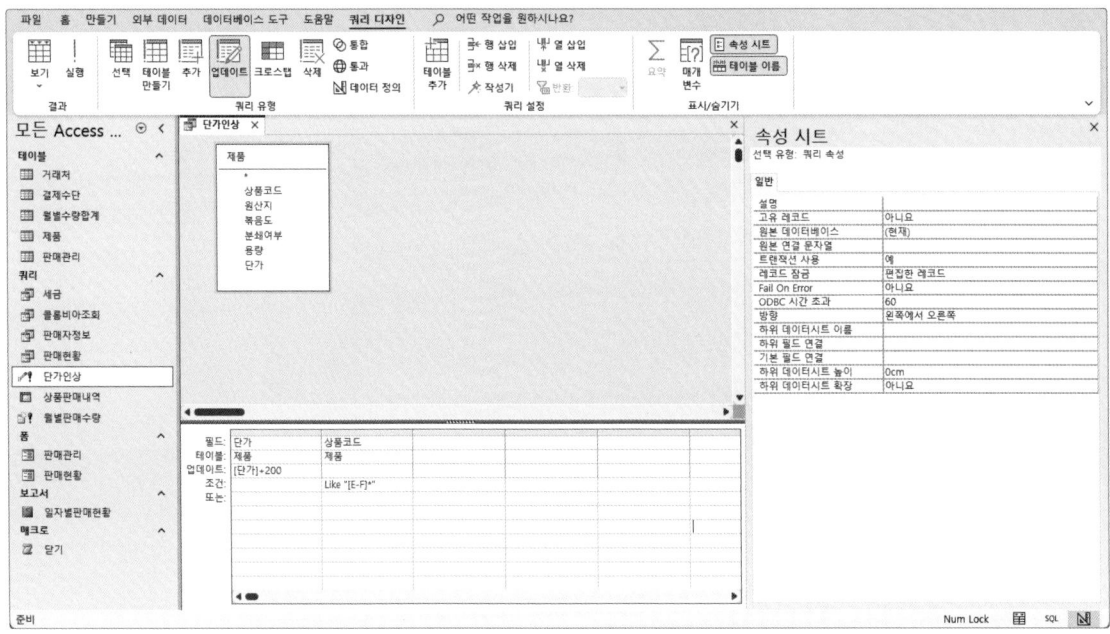

해설

문제1 ▶ DB 구축 (25점)

1 <제품>, <판매관리> 테이블 완성

① <제품> 테이블 위에서 마우스 오른쪽 단추를 눌러 <디자인 보기>를 클릭합니다.

② '상품코드' 필드의 속성은 [입력 마스크]에 '>L0000'을 입력한 후 [필수]에 '예'를 선택합니다.

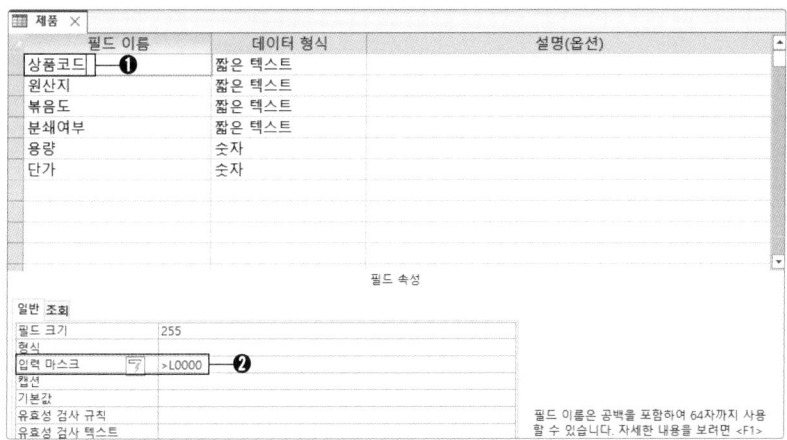

③ '원산지' 필드의 속성은 [유효성 검사 규칙]에 'In ("케냐","에디오피아","코스타리카","콜롬비아","과테말라","온두라스","브라질","베트남","파나마")'를 입력합니다.

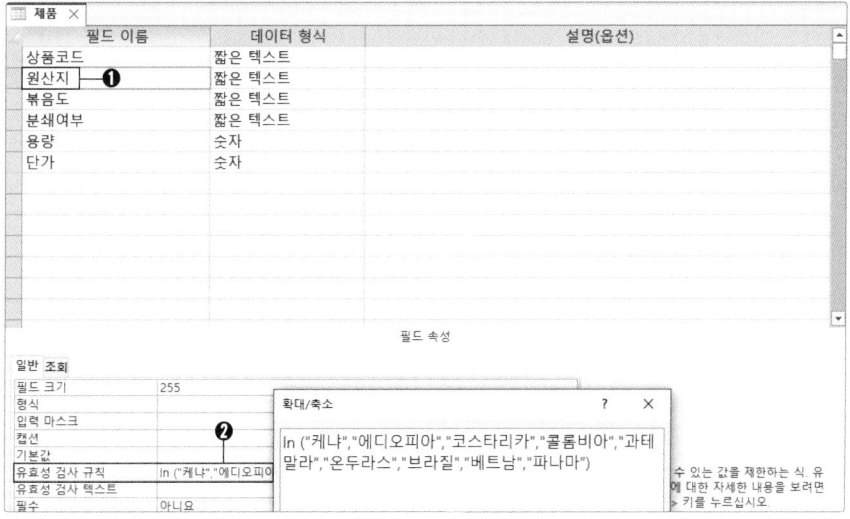

④ '용량' 필드의 속성은 [기본 값]에 '100'으로 입력합니다.

⑤ '상품코드' 필드의 속성은 [인덱스]에 '예(중복 불가능)'을 선택합니다.

⑥ <판매관리> 테이블 위에서 마우스 오른쪽 단추를 눌러 <디자인 보기>를 클릭합니다.

⑦ '수량' 필드의 속성은 [유효성 검사 규칙]에 'Between 1 And 200'을 입력합니다.

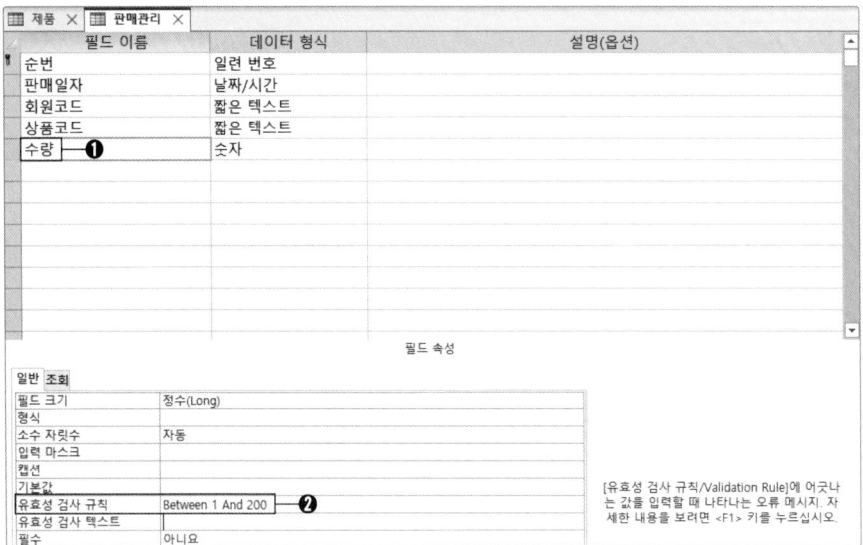

⑧ 빠른 실행 도구 모음에서 ■(저장)을 클릭합니다. 경고 창에서 반드시 <예> 단추를 눌러 저장합니다.

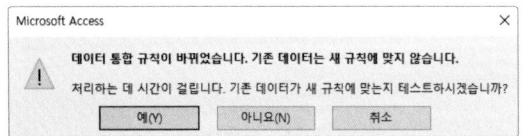

2 관계 설정

① [데이터베이스 도구] 탭-[관계] 그룹-[관계]를 클릭합니다.

② [관계] 그룹- [테이블 추가]를 클릭합니다. [테이블 추가] 대화상자의 [테이블]에서 <제품> 테이블을 선택하고 <선택한 표 추가> 단추를 클릭합니다.

③ <제품> 테이블의 '상품코드' 필드를 <판매관리> 테이블의 '상품코드' 필드로 드래그 앤 드롭 합니다.

④ [관계 편집] 대화상자에서 '항상 참조 무결성 유지', '관련 필드 모두 업데이트'를 선택하고 <만들기> 단추를 클릭합니다.

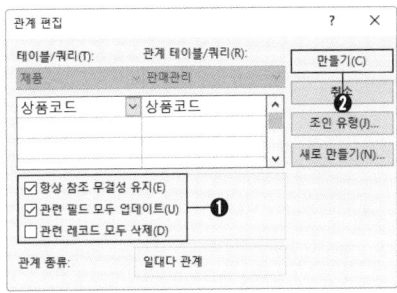

⑤ 기존의 테이블 관계를 그대로 유지하고 새로운 테이블 간의 'M:1'의 관계가 설정됩니다.

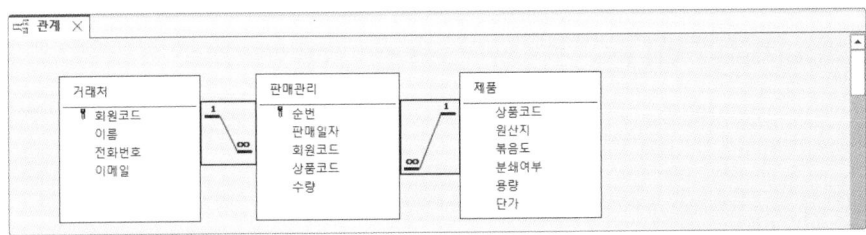

⑥ 빠른 실행 도구 모음에서 을 눌러 변경된 내용을 저장합니다. [관계 디자인] 탭-[관계] 그룹-[닫기]를 클릭합니다.

3 외부 데이터 가져오기 기능을 이용하여 <결제수단> 테이블의 생성

① [외부 데이터] 탭-[가져오기 및 연결] 그룹-[새 데이터 원본]-[파일]-[Excel]을 클릭합니다.

② [외부 데이터 가져오기-Excel 스프레드시트] 대화상자에서 [데이터 원본 및 대상 선택] 창의 <찾아보기> 단추를 클릭하여 파일 이름은 'C:₩2024_컴활1급₩데이터베이스₩작업파일₩최신기출유형₩결제수단.xlsx'을 선택합니다.

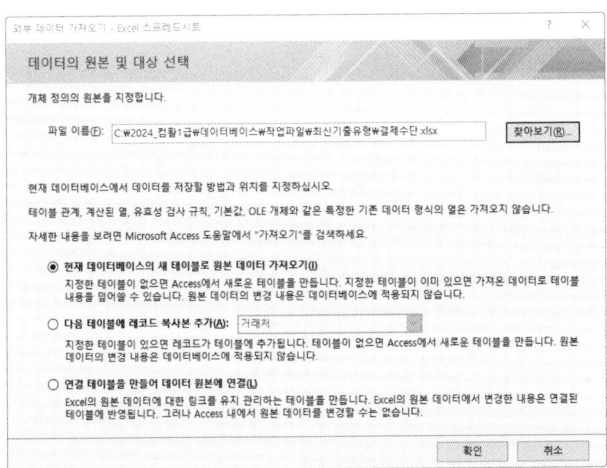

③ [외부 데이터 가져오기-Excel 스프레드시트] 대화상자에서 저장할 방법과 위치는 '현재 데이터베이스의 새 테이블로 원본 데이터 가져오기(I)'를 선택하고 <확인> 단추를 클릭합니다.

④ [스프레드시트 가져오기 마법사] 대화상자에서 '첫 행에 열 머리글이 있음'을 선택하고 <다음> 단추를 클릭합니다.

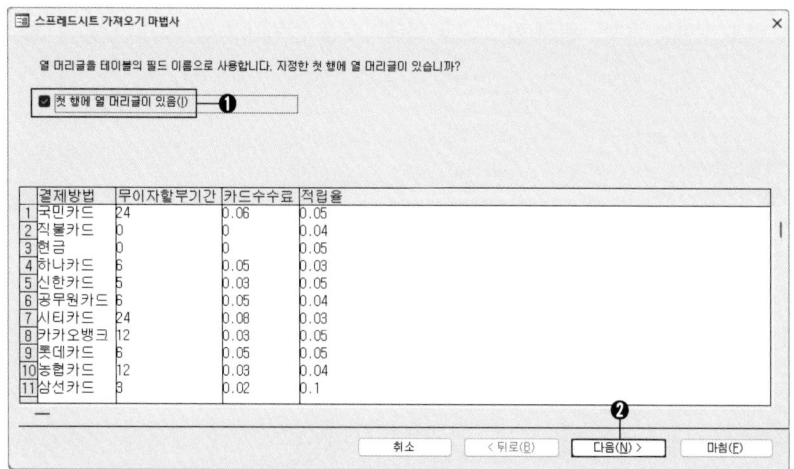

⑤ [스프레드시트 가져오기 마법사] 대화상자에서 필드 옵션을 확인하고 <다음> 단추를 클릭합니다.

⑥ [스프레드시트 가져오기 마법사] 대화상자에서 '기본 키 없음'을 선택하고 <다음> 단추를 클릭합니다.

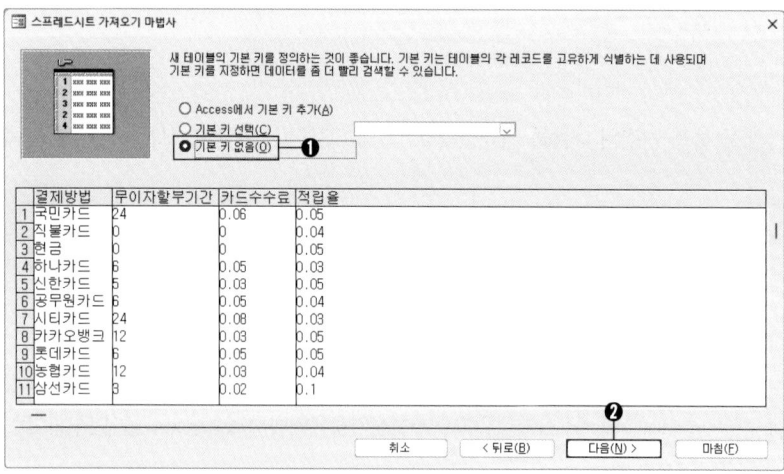

⑦ [스프레드시트 가져오기 마법사] 대화상자에서 테이블로 가져오기에 '결제수단'을 입력하고 <마침> 단추를 클릭합니다.

⑧ [가져오기 단계 저장] 대화상자에서 <닫기> 단추를 클릭합니다.

⑨ <결제수단> 테이블 위에서 마우스 오른쪽 단추를 눌러 <열기>를 클릭하여 내용을 확인합니다.

결제방법	무이자할부	카드수수료	적립율
국민카드	24	0.06	0.05
직불카드	0	0	0.04
현금	0	0	0.05
하나카드	6	0.05	0.03
신한카드	5	0.03	0.05
공무원카드	6	0.05	0.04
시티카드	24	0.08	0.03
카카오뱅크	12	0.03	0.05
롯데카드	6	0.05	0.05
농협카드	12	0.03	0.04
삼선카드	3	0.02	0.1

문제2 ▶ 입력 및 수정 기능 구현 (20점)

1 <판매관리> 폼의 완성

① <판매관리> 폼 위에서 마우스 오른쪽 단추를 눌러 <디자인 보기>를 클릭합니다.

② '폼'을 선택하고 [양식 디자인] 탭-[도구] 그룹-[속성 시트]를 클릭합니다. [속성 시트] 창의 [데이터] 탭 중 [레코드 원본]에 '판매현황'을 선택합니다.

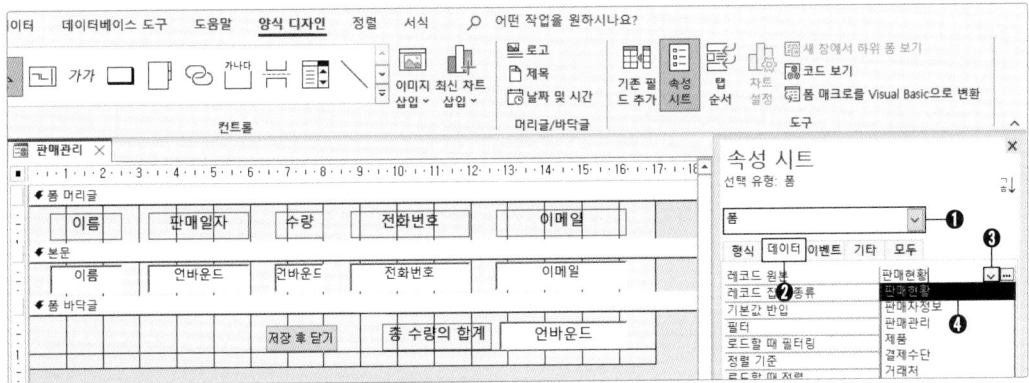

③ '본문' 영역 'txt판매일자' 컨트롤 속성 시트 창의 [데이터] 탭 중 [컨트롤 원본]에 '판매일자'를 선택하고 'txt수량' 컨트롤은 [컨트롤 원본]에 '수량'을 선택합니다.

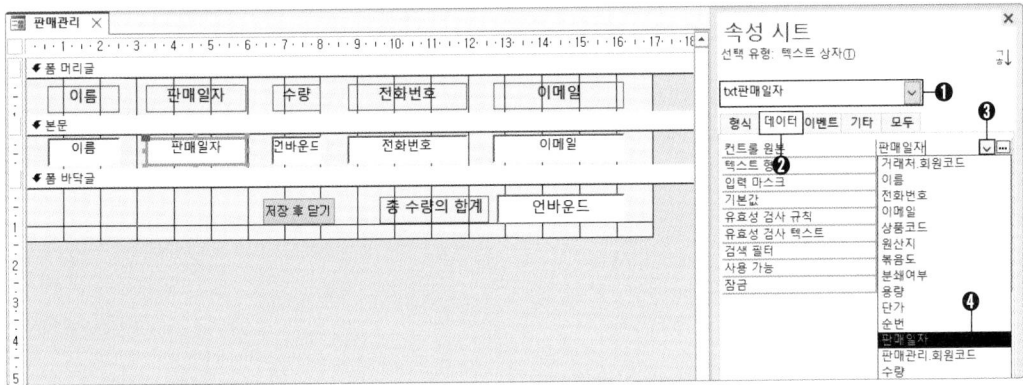

④ '폼 바닥글' 영역에서 'txt합계' 컨트롤 속성 시트 창의 [데이터] 탭 중 [컨트롤 원본]에 '=Sum([수량])'를 입력합니다.

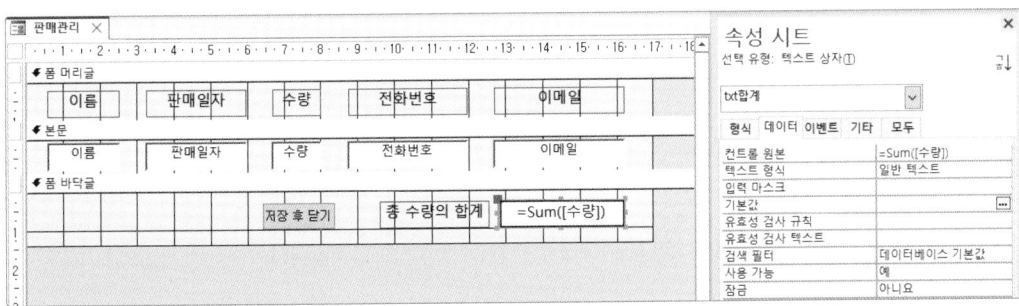

2 <판매관리> 폼의 조건부 서식 설정

① '본문' 영역에서 모든 컨트롤을 드래그 앤 드롭 하여 선택하고 [서식] 탭-[컨트롤 서식] 그룹-[조건부 서식]을 클릭합니다.

② [조건부 서식 규칙 관리자] 대화상자에서 <새 규칙>을 클릭합니다.

③ [새 서식 규칙] 대화상자에서 '식이'을 선택하고 '[수량]>=100'을 입력하고 [배경색]에 '노랑', '굵게'로 선택하고 <확인> 단추를 클릭합니다.

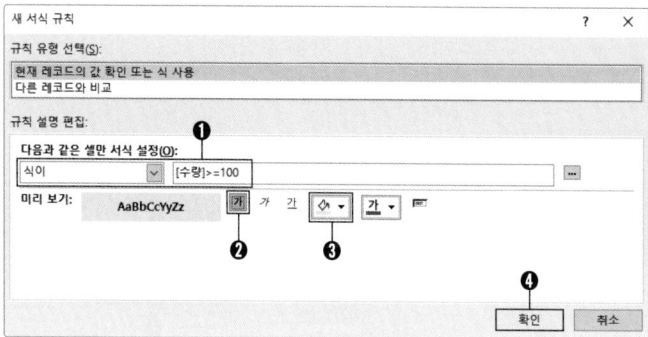

3 <판매관리> 폼에 매크로 작성

① [만들기] 탭-[매크로 및 코드] 그룹-[매크로]를 클릭합니다.

② [새 함수 추가]에서 <CloseWindow>를 선택합니다.

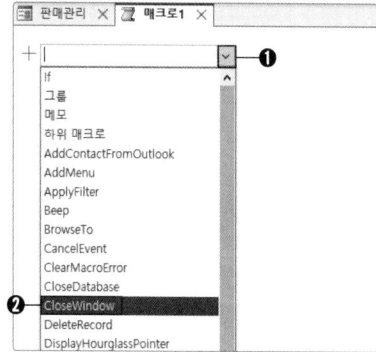

③ [개체 유형]에 '폼', [개체 이름]에 '판매관리', [저장]에 '확인'을 선택합니다.

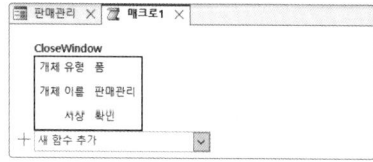

④ 빠른 실행 도구 모음에서 🖫(저장)을 클릭합니다. [매크로 이름]에 '닫기'로 입력합니다.

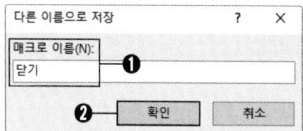

⑤ <판매관리> 폼의 '폼 바닥글' 영역에서 '저장 후 닫기'(cmd닫기) 버튼 속성 시트 창의 [이벤트] 탭 중 [On Click]에 '닫기'를 선택합니다.

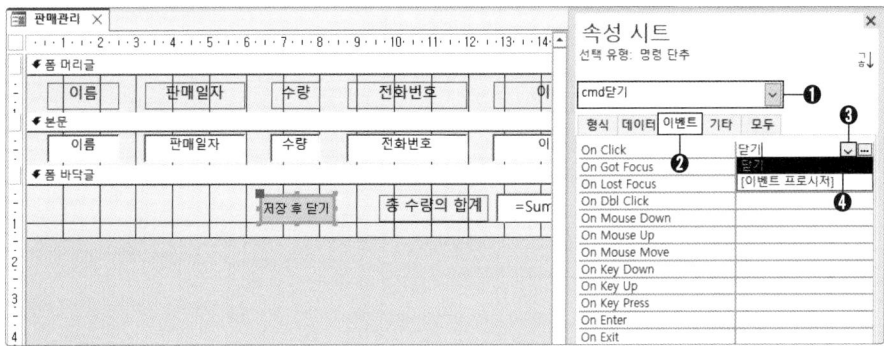

문제3 ▶ 조회 및 출력 기능 구현 (20점)

■ <일자별판매현황> 보고서 완성

① <일자별판매현황> 보고서 위에서 마우스 오른쪽 단추를 눌러 <디자인 보기>를 클릭합니다.

② '판매일자 머리글' 영역 속성 시트 창의 [형식] 탭 중 [반복 실행 구역]에 '예', [페이지 바꿈]에 '구역 전'을 선택합니다.

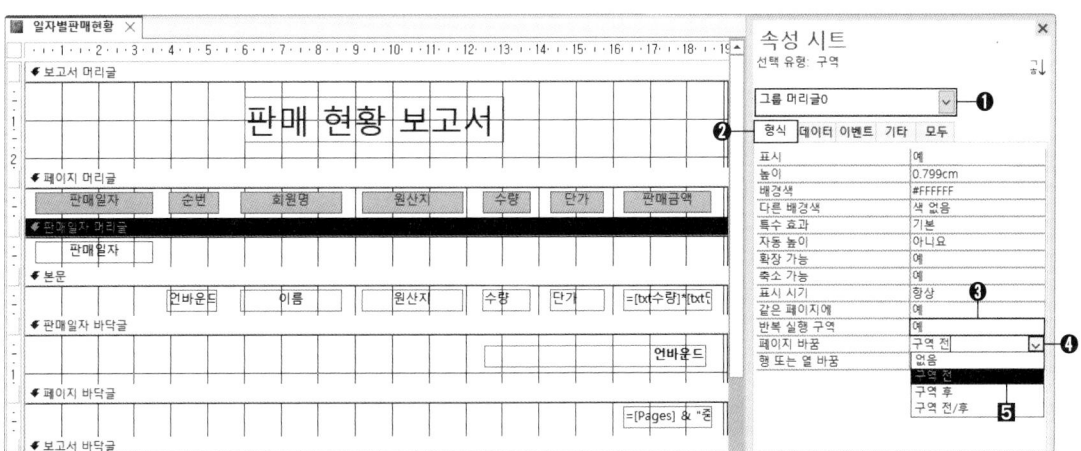

③ [보고서 디자인] 탭-[그룹화 및 요약] 그룹-[그룹화 및 정렬]을 클릭합니다.

④ '판매일자' 필드는 [정렬]에 '오름차순'으로 선택하고 [정렬 추가]울 눌러 '이름' 필드의 [정렬]에서 '오름차순'으로 정렬합니다.

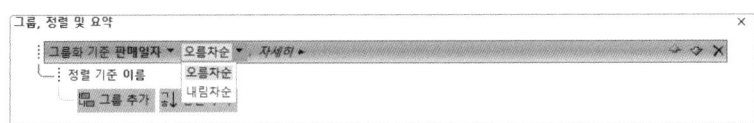

⑤ '본문' 영역에서 'txt회원명' 컨트롤 속성 시트 창의 [형식] 탭 중 [중복 내용 숨기기]에 '예'를 선택합니다.

⑥ '본문' 영역에서 'txt순번' 컨트롤 속성 시트 창의 [데이터] 탭 중 [컨트롤 원본]에 '=1'을 입력하고 [누적 합계]에 '그룹'으로 선택합니다.

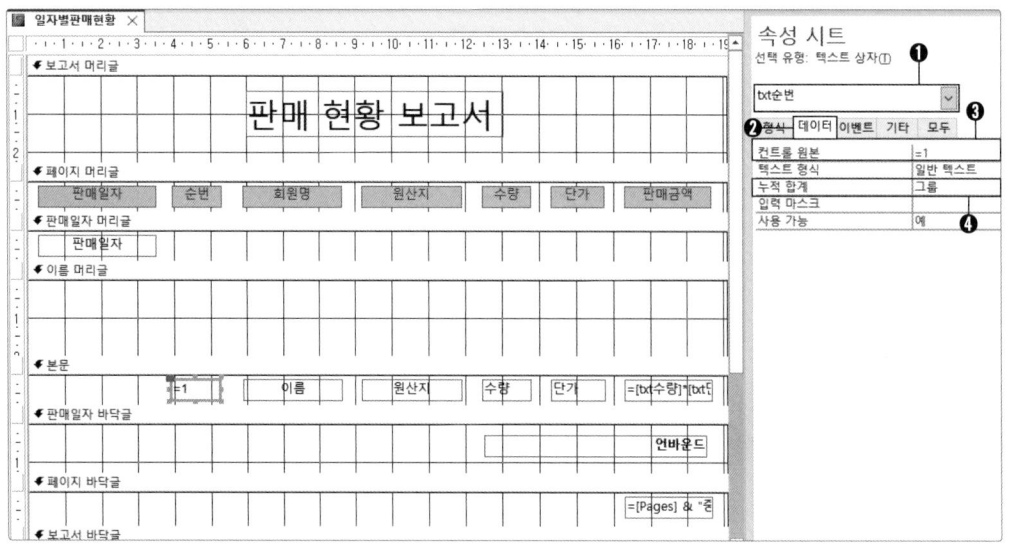

⑦ '판매일자 바닥글' 영역에서 'txt날짜별판매건' 컨트롤 속성 시트 창의 [데이터] 탭 중 [컨트롤 원본]에 '="판매 : " & Count(*) & "건"'을 입력합니다.

2 <판매현황> 폼에 이벤트 프로시저 작성

① <판매현황> 폼 위에서 마우스 오른쪽 단추를 눌러 <디자인 보기>를 클릭합니다.

② '조회'(cmd조회) 버튼 속성 시트 창의 [이벤트] 탭 중 [On Click]에 '코드 작성기'를 선택하고 <확인> 단추를 클릭합니다.

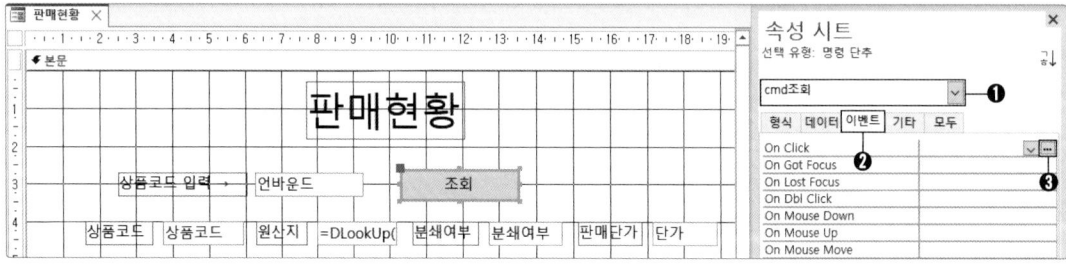

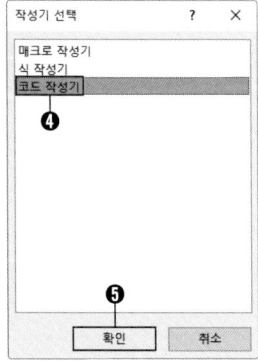

③ VBA창에 다음과 같이 코드를 입력합니다.

※ <판매현황> 테이블의 'txt조회'에서 입력한 '상품코드'를 찾기하는 코드입니다.

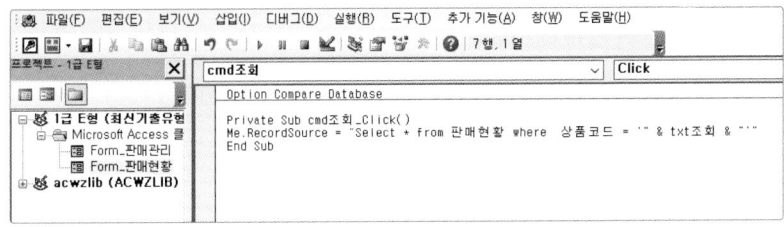

Private Sub cmd조회_Click( )
Me.RecordSource = "Select * from 판매현황 where 상품코드 = '" & txt조회 & "'"
End Sub

TIP

RecordSource 형식 : 조건에 맞는 레코드 찾기

Me.RecordSource="Seletct * From 테이블 Where 조건(a=b)"

④ **Alt** + **Q** 키를 눌러 액세스 창으로 돌아옵니다.

문제4 처리 기능 구현 (35점)

1 <콜롬비아조회> 조회 쿼리 작성

① [만들기] 탭-[쿼리] 그룹-[쿼리 디자인]을 클릭합니다.

② [테이블 추가] 대화상자의 [쿼리] 탭에서 <판매현황> 쿼리를 선택하고 <선택한 표 추가> 단추를 클릭합니다.

③ '이름', '전화번호', '원산지', '수량' 필드를 선택합니다.

④ '이름' 필드는 [정렬]에 '오름차순'으로 선택하고 '원산지' 필드는 [조건]에 "콜롬비아"로 입력하고 <표시>를 해제하고 [쿼리 디자인] 탭-[표시/숨기기] 그룹-[요약] 클릭 후 '수량' 필드는 [요약]에 '합계'를 선택합니다.

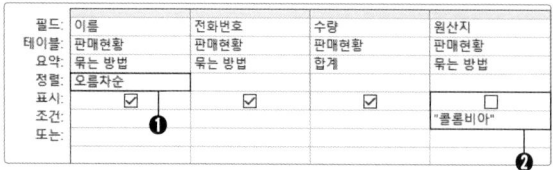

⑤ 빠른 실행 도구 모음에서 (저장)을 클릭합니다. [쿼리 이름]에 '콜롬비아조회'를 입력합니다.

2 <월별수량합계> 테이블 만들기 쿼리

① [만들기] 탭-[쿼리] 그룹-[쿼리 디자인]을 클릭합니다.

② [테이블 추가] 대화상자의 [쿼리] 탭에서 <판매현황> 쿼리를 선택하고 <선택한 표 추가> 단추를 클릭합니다.

③ [필드]에 '월별판매: Month([판매일자]) & "월"'을 입력하고 '수량의합계: 수량'을 입력합니다.

④ [쿼리 디자인] 탭-[표시/숨기기] 그룹-[요약]을 클릭합니다.

⑤ '수량' 필드는 [요약]에 '합계'를 선택합니다.

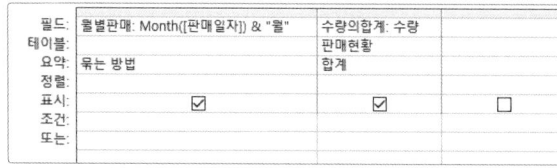

⑥ [쿼리 디자인] 탭-[쿼리 유형] 그룹-[테이블 만들기]를 클릭합니다.

⑦ [테이블 만들기] 대화상자에서 [테이블 이름]에 '월별수량합계'를 입력하고 <확인> 단추를 클릭합니다.

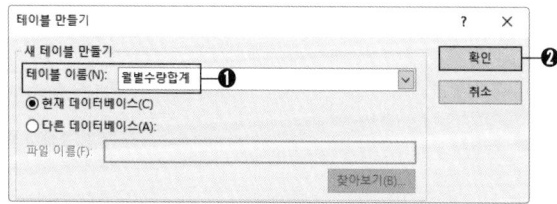

⑧ 빠른 실행 도구 모음에서 (저장)을 클릭합니다. [쿼리 이름]에 '월별판매수량'을 입력합니다.

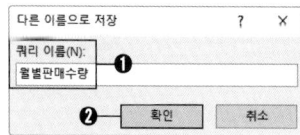

⑨ <월별판매수량> 쿼리 위에서 마우스 오른쪽 단추를 눌러 [열기]를 클릭하고 경고 창이 표시되면 <예> 단추를 클릭합니다.

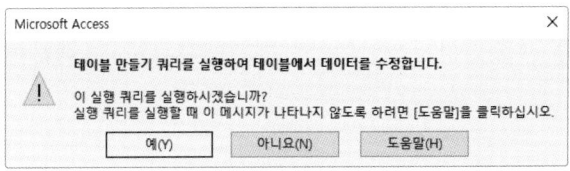

⑩ 다음 창에서 <예> 단추를 클릭하면 <월별수량합계> 테이블이 작성됩니다.

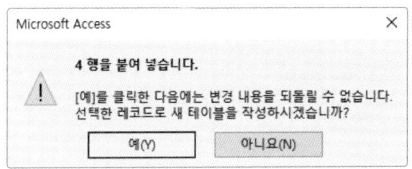

3 <세금> 매개 변수 작성 쿼리 작성

① [만들기] 탭-[쿼리] 그룹-[쿼리 디자인]을 클릭합니다.

② [테이블 추가] 대화상자의 [테이블] 탭에서 Ctrl 키를 누른 채 차례대로 <제품>, <판매관리> 테이블을 선택하고 <선택한 표 추가> 단추를 클릭합니다.

③ '원산지', '단가', '수량' 필드를 선택하고 다음 [필드]에 '금액: [단가]*[수량]'을 입력합니다.

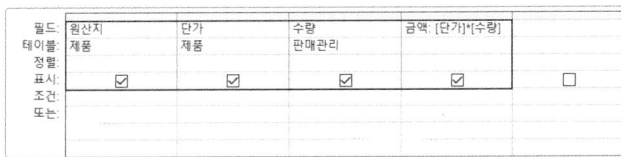

④ '세금: IIf([금액]>=100000,[금액]*0.05,[금액]*0.03)' 필드는 입력합니다.

⑤ '원산지' 필드는 [조건]에 'Like "*" & [원산지의 일부를 입력하세요] & "*"'을 입력합니다.

⑥ '단가' 필드 속성 시트 창의 [일반] 탭 중 [형식]에 '통화'를 선택하고 이와 같이 '금액'과 '세금' 필드는 [형식]에 '통화'를 선택합니다.

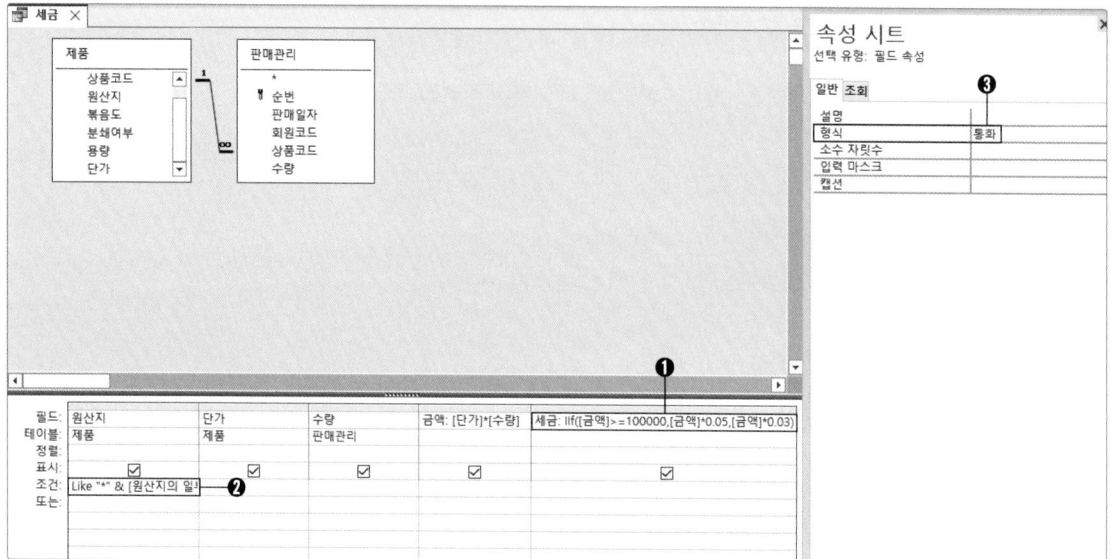

⑦ 빠른 실행 도구 모음에서 🖫(저장)을 클릭합니다. [쿼리 이름]에 '세금'을 입력합니다.

4 <상품판매내역> 크로스탭 쿼리 작성

① [만들기] 탭-[쿼리] 그룹-[쿼리 디자인]을 클릭합니다.

② [테이블 추가] 대화상자의 [테이블] 탭에서 **Ctrl** 키를 누른 채 차례대로 <거래처>, <판매관리>, <제품> 테이블을 선택하고 <선택한 표 추가> 단추를 클릭합니다.

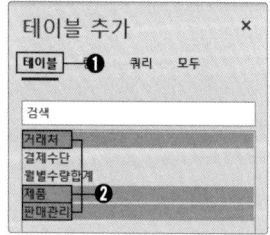

③ '이름', '원산지' 필드는 선택하고 '판매수량합계: [수량]', '판매건수: [이름]' 필드는 입력합니다.

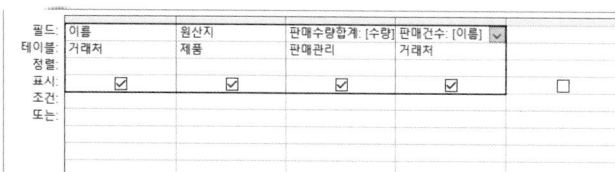

④ [쿼리 디자인] 탭-[쿼리 유형] 그룹-[크로스탭]을 선택합니다.

⑤ '이름' 필드는 [크로스탭]에 '행 머리글'을 선택합니다.

⑥ '원산지' 필드는 [크로스탭]에 '열 머리글'을 선택합니다.

⑦ '판매수량합계: [수량]' 필드는 [요약]에 '합계', [크로스탭]에 '값'을 선택합니다.

⑧ '판매건수: [이름]' 필드는 [요약]에 '개수', [크로스탭]에 '행 머리글'을 선택합니다.

⑨ '판매건수: [이름]' 필드 속성 시트 창의 [일반] 탭 중 [형식]에 '0" 건"'을 입력합니다.

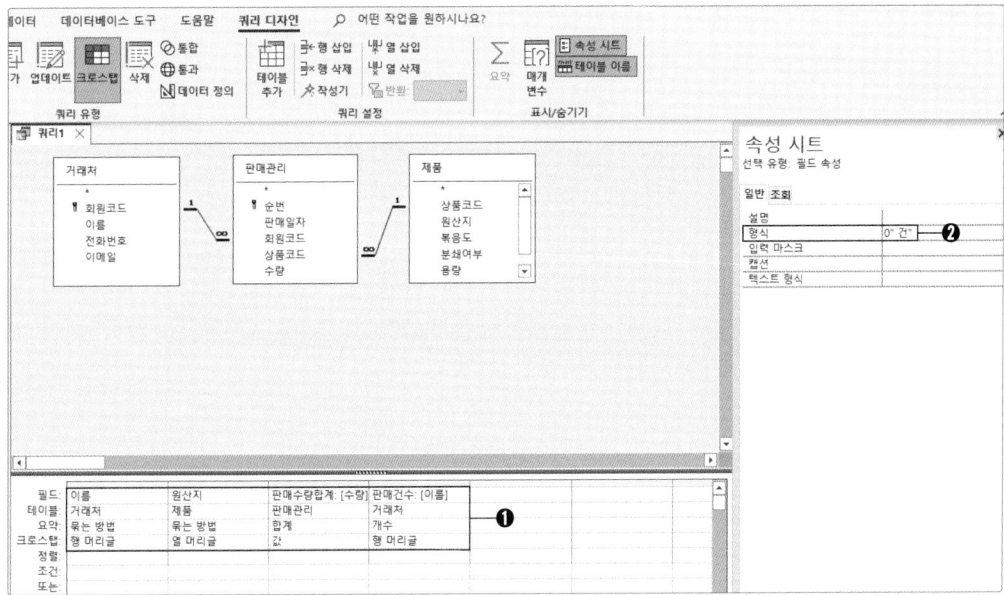

⑩ 빠른 실행 도구 모음에서 을 클릭합니다. [쿼리 이름]에 '상품판매내역'을 입력합니다.

5 <단가인상> 업데이트 쿼리 작성

① [만들기] 탭-[쿼리] 그룹-[쿼리 디자인]을 클릭합니다.

② [테이블 추가] 대화상자의 [테이블] 탭에서 <제품> 테이블을 선택하고 <선택한 표 추가> 단추를 클릭합니다.

③ '상품코드', '단가' 필드를 선택하여 추가합니다.

④ [쿼리 디자인] 탭-[쿼리 유형] 그룹-[업데이트]를 선택합니다.

⑤ [조건]에 '상품코드' 필드는 'Like "[E-F]*"'를 입력하고 [업데이트]에 '단가' 필드는 '[단가]+200'을 입력합니다.

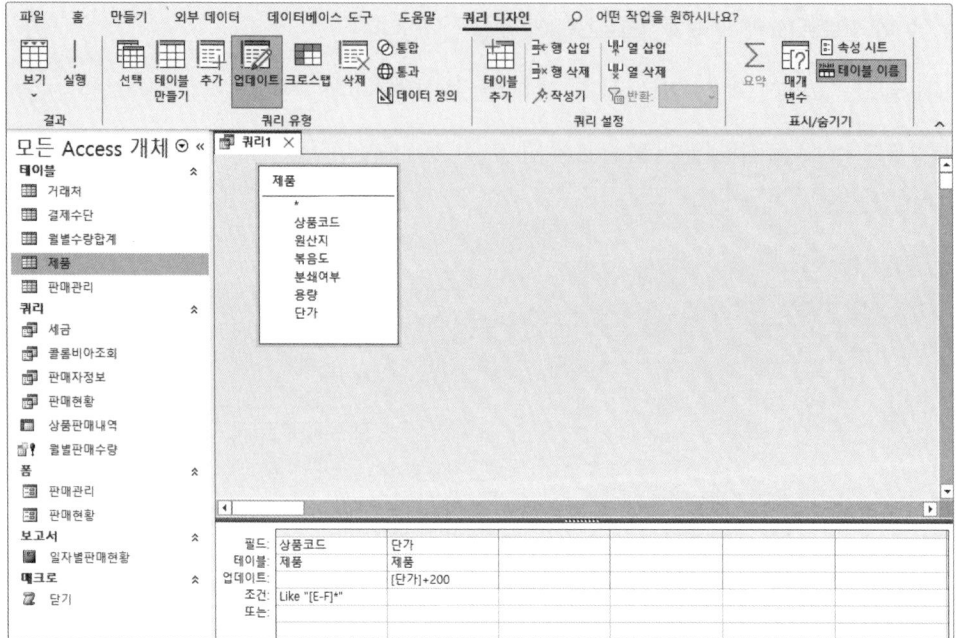

⑥ 빠른 실행 도구 모음에서 을 클릭합니다. [쿼리 이름]에 '단가인상'을 입력합니다.

⑦ [쿼리 디자인] 탭-[결과] 그룹-[실행]을 눌러 결과를 확인합니다.

⑧ [2 행을 새로 고칩니다.] 창에서 <예>를 클릭합니다.

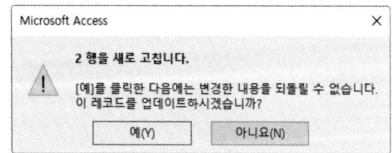

MEMO

컴퓨터활용능력 최신기출유형 4회

프로그램명	제한시간
ACCESS 2021	45분

수 험 번 호 :

성   명 :

1급 | A형

유의사항

- 인적 사항 누락 및 잘못 작성으로 인한 불이익은 수험자 책임으로 합니다.

- 화면에 암호 입력창이 나타나면 아래의 암호를 입력하여야 합니다.
  - 암호 : 5763^5

- 작성된 답안은 주어진 경로 및 파일명을 변경하지 마시고 그대로 저장해야 합니다. 이를 준수하지 않으면 실격처리 됩니다.
  - 답안 파일명의 예: C:\DB\수험번호 8자리.accdb

- 외부데이터 위치 : C:\DB\파일명

- 별도의 지시사항이 없는 경우, 다음과 같이 처리하면 실격 처리됩니다.
  - 제시된 개체의 이름을 임의로 변경한 경우
  - 제시된 개체의 속성을 임의로 변경한 경우
  - 제시된 개체를 임의로 삭제하거나 추가한 경우

- 별도의 지시사항이 없는 경우, 기능의 구현은 모듈이나 매크로 등을 이용하며, 예외적인 상황에 대해서는 고려하지 않아도 됩니다.

- 제시된 함수가 있을 경우 제시된 함수만을 사용하여야 하며, 그 외 함수 사용시 채점 대상에서 제외됩니다.

- 별도의 지시사항이 없는 경우, 주어진 각 개체의 속성은 실성값 또는 기본 설정값 (Default)으로 처리하십시오.

- 제시된 화면은 예시이며 나타난 값은 실제와 다를 수 있습니다.

- 저장 시간은 별도로 주어지지 아니하므로 제한된 시간 내에 저장을 완료해야 합니다.

- 본 문제의 용어는 MS Office LTSC Professional Plus 2021 기준으로 작성되었습니다.

문제 1 25점_ DB 구축

01 대학의 성적 정보를 관리하기 위해 다음과 같이 데이터베이스를 구축하고자 한다. 다음의 지시사항에 따라 테이블을 완성하시오. (각 3점)

① <학생> 테이블의 '학번'에 기본 키를 설정하고 중복된 값이 입력될 수 없도록 인덱스를 설정하시오.

② <학생> 테이블의 '성별' 필드에는 'M', 'F' 이외에는 값이 입력될 수 없도록 설정하시오.

③ <학생> 테이블의 '학년' 필드에는 새 레코드 추가 시 기본적으로 "1"이 입력되도록 설정하시오.

④ <과목> 테이블의 '과목코드' 필드에는 'A000'과 같은 형태로 영문 대문자와 숫자 3자가 반드시 입력되도록 입력 마스크를 설정하시오.

⑤ <과목> 테이블의 '과목명' 필드에는 필드 크기는 '30'으로 설정하고, 반드시 입력되도록 설정하시오.

02 <학생> 테이블의 '학과코드' 필드는 <학과정보> 테이블의 '학과코드' 필드를 참조하고 테이블 간의 관계는 M:1이다. <학생> 테이블의 '학번' 필드는 <성적> 테이블의 '학번' 필드를 참조하고 테이블 간의 관계는 1:M 이다. 테이블에 대하여 다음과 같이 관계를 설정하시오. (5점)

▶ 각 테이블 간에 항상 참조 무결성을 유지하도록 설정하시오.
▶ 참조 필드의 값이 변경되면 관련 필드의 값도 변경되도록 설정하시오.
▶ 다른 테이블에서 참조하고 있는 레코드는 삭제할 수 없도록 설정하시오.

03 외부 데이터 가져오기 기능을 이용하여 <편입생.xlsx> 파일을 가져와 다음과 같이 <편입생> 테이블을 작성하시오. (5점)

▶ 첫 번째 행은 열 필드 이름임
▶ '기본 키는 없음'을 설정할 것

문제 2 20점_ 입력 및 수정 기능 구현

01 <성적정보> 폼을 다음 지시사항에 따라 완성하시오. (각 3점)

① 기본 보기 형식을 <그림>과 같이 설정하시오.

② 폼의 구분선을 표시하지 않도록 설정하시오.

③ 폼 바닥글의 'txt평균' 컨트롤에는 성적의 평균을 구하고 소수이하 2자리까지 표시되도록 설정하시오.

▶ 예) 78.54

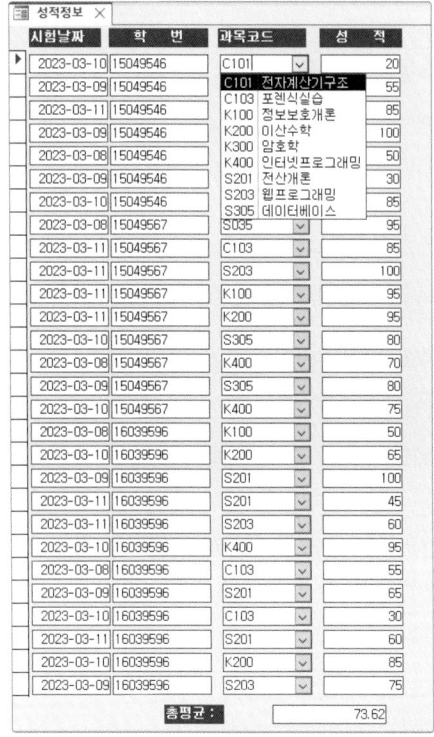

02 '성적정보' 폼에 'cmb과목' 컨트롤에 콤보 상자를 설정하시오. (6점)

▶ <과목> 테이블의 '과목코드'와 '과목명'을 표시하시오.
▶ 컨트롤에는 '과목코드'가 저장되도록 설정하시오.
▶ '과목코드'와 '과목명'의 열너비를 각각 '1cm', '3cm'로 설정하고 목록 너비를 '4cm'로 하시오.
▶ '문제 2 입력 및 수정 기능 구현' 1번 문제의 <그림> 참조

03 <과목별성적조회> 폼의 '인쇄하기'(cmd인쇄)을 클릭할 때 다음과 같은 기능을 수행하도록 매크로를 작성하시오. (5점)

▶ <과목별시험성적> 보고서를 '인쇄 미리 보기'의 형태로 여시오.
▶ 과목명과 일치하는 과목만 인쇄 미리 보기로 하시오.

▶ 매크로 이름은 'Macro1'로 저장하시오.

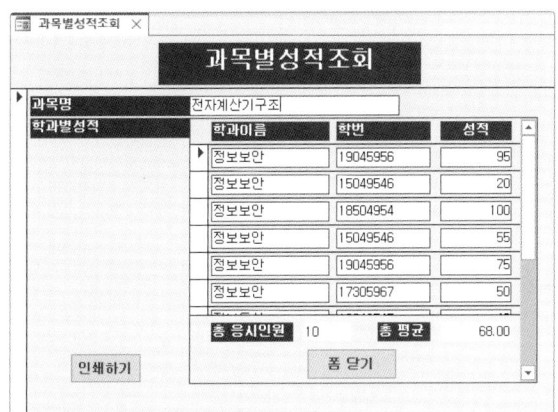

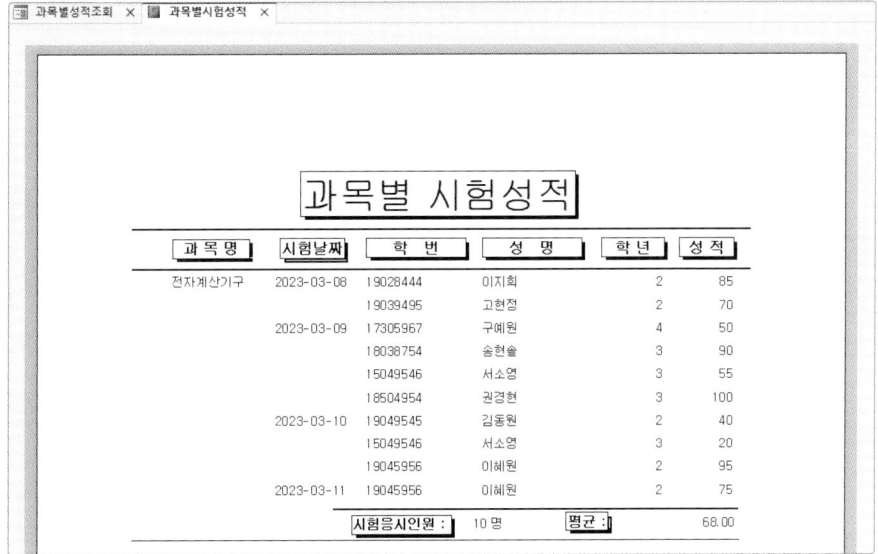

문제3 20점_ 조회 및 출력 기능 구현

01 다음의 지시사항 및 <그림>을 참조하여 <과목별시험성적> 보고서를 완성하시오. (각 3점)

① '과목명'의 오름차순으로 되었고 과목명이 같은 경우 '시험날짜'의 오름차순으로 정렬되어 표시되도록 설정하시오.

② 본문 영역의 과목명과 시험날짜는 중복된 데이터가 한 번만 표시되도록 설정하시오.

③ 과목명 그룹 바닥글 영역을 표시하여 보고서 바닥글의 전체 컨트롤을 과목명 그룹 바닥글 영역으로 옮기시오.

④ 과목명 바닥글의 'txt응시인원'은 해당 그룹에서 시험에 응시한 인원수를 표시하시오.

▶ 예) '시험응시인원 : 5 명' 과 같이 표시

⑤ 매 페이지의 아래쪽에는 시스템의 현재 날짜가 표시되도록 'txt날짜' 컨트롤을 생성하시오.

▶ 예) 현재 날짜가 2020년 4월 8일이면 '2020년 4월 8일 수요일'과 같이 표시

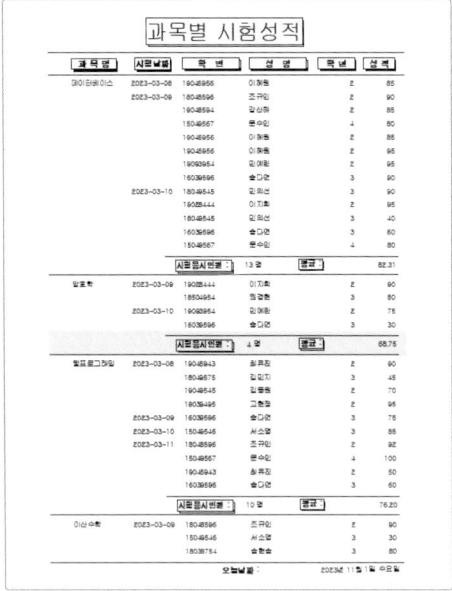

02 <학과별성적> 폼에 '폼 닫기(cmd닫기)' 버튼을 클릭하면 다음과 같은 기능을 수행하는 이벤트 프로시저를 작성하시오. (5점)

▶ <그림>과 같이 메시지 박스를 표시한 후 <예>를 클릭하면 현재 폼을 닫기할 것

▶ MsgBox, DoCmd, If ~ End If 문 이용

문제 4 35점_ 처리 기능 구현

01 <성적> 테이블을 이용하여 모든 학과의 성적에 대한 '비고' 필드의 값의 데이터를 '평가분류'로 나타내는 <성적평가분류> 업데이트 쿼리를 작성한 후 실행하시오. (7점)

▶ 성적이 80점 이상이면 'Excelent', 70점 이상이면 'Good', 60점 이상이면 'Pass' 그 외에는 'fail'로 분류하시오.
▶ 평가분류는 '성적' 필드를 이용하시오.
▶ IIF 함수 사용.
▶ 쿼리의 이름은 <성적평가분류>으로 하시오.
▶ 쿼리 결과 표시되는 필드와 필드명은 <그림>과 같이 표시되도록 설정하시오.

※ <성적평가분류> 쿼리를 실행한 전의 <성적> 테이블   ※ <성적평가분류> 쿼리를 실행한 후의 <성적> 테이블

02 <성적>, <학생>, <학과정보> 테이블을 이용하여 정보보안과의 60점 이상의 성적을 가진 학생들을 조회하는 <정보보안PASS명단> 쿼리를 작성하시오. (7점)

▶ 과목코드를 기준으로 오름차순 정렬하여 표시하시오.
▶ 쿼리 실행 결과 표시되는 필드와 필드명은 <그림>과 같이 표시되도록 설정하시오.

03 학년별로 PASS한 학생들의 인원수와 평균을 조회하는 <학년별인원수와평균> 쿼리를 작성하시오. (7점)

▶ <정보보안PASS명단> 쿼리를 이용하시오.

▶ 학년별인원수와 평균은 '성적' 필드를 이용하시오.

▶ 쿼리 실행 결과 표시되는 필드와 필드명은 <그림>과 같이 표시되도록 설정하시오.

▶ 연산자 사용

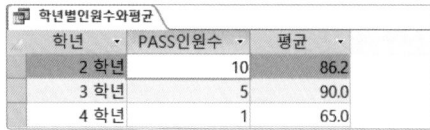

04 다음과 같은 기능을 수행하는 쿼리를 작성하시오. (7점)

▶ <과목>, <성적>, <학생> 테이블을 이용하여 <이름검색테이블> 테이블 만들기 쿼리를 작성하시오.

▶ 쿼리 이름은 <이름검색쿼리>로 설정하시오.

▶ 조회할 이름의 일부분을 입력받아 실행하시오.

▶ 성적 필드를 기준으로 내림차순으로 정렬하여 표시하시오.

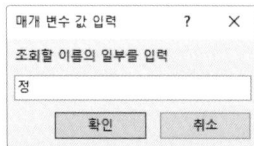 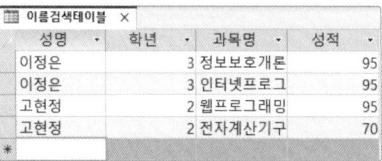

05 다음 <그림>을 참조하여 학과명과 학년별 인원수를 나타내는 크로스탭 쿼리를 작성하시오. (7점)

▶ <과별정보> 쿼리를 이용하시오.

▶ 쿼리 이름은 <학과별인원수>로 하시오.

▶ 인원수는 '성별'을 이용하시오.

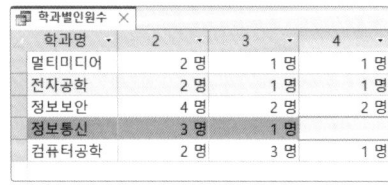

최신기출유형 4회 정답 및 해설

📁 작업 파일 : C:₩2024_컴활1급₩데이터베이스₩작업파일₩최신기출유형₩최신기출유형 4회_문제.accdb
💾 완성 파일 : C:₩2024_컴활1급₩데이터베이스₩완성파일₩최신기출유형₩최신기출유형 4회_정답.accdb

정답

문제 1 ▶ DB 구축 (25점)

01 <학생>, <과목> 테이블 완성

지시사항	테이블명	필드명	필드 속성	설정 값
①	학생	학번	기본키	
			인덱스	예(중복 불가능)
②		성별	유효성 검사 규칙	In ("M","F")
③		학년	기본 값	1
④	과목	과목코드	입력 마스크	>L000
⑤		과목명	필드 크기	30
			필수	예

02 관계 설정

① [데이터베이스 도구]-[관계] 그룹의 [관계(⬚)]를 클릭

② 관계 편집

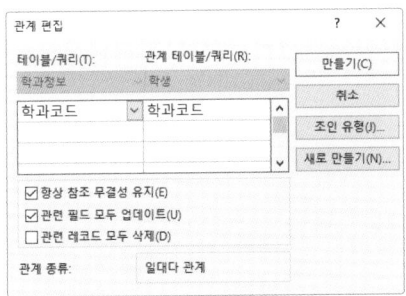
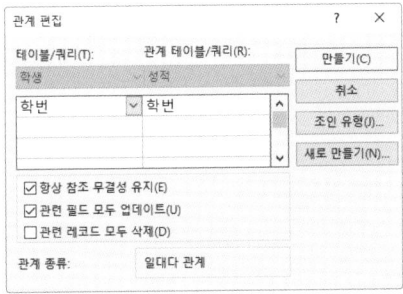

03 외부 데이터 가져오기

① [외부 데이터] 탭-[가져오기 및 연결] 그룹-[새 데이터 원본]-[파일]-[Excel]을 클릭합니다.

② 첫 번째 행은 열 머리글, 기본 키 없음

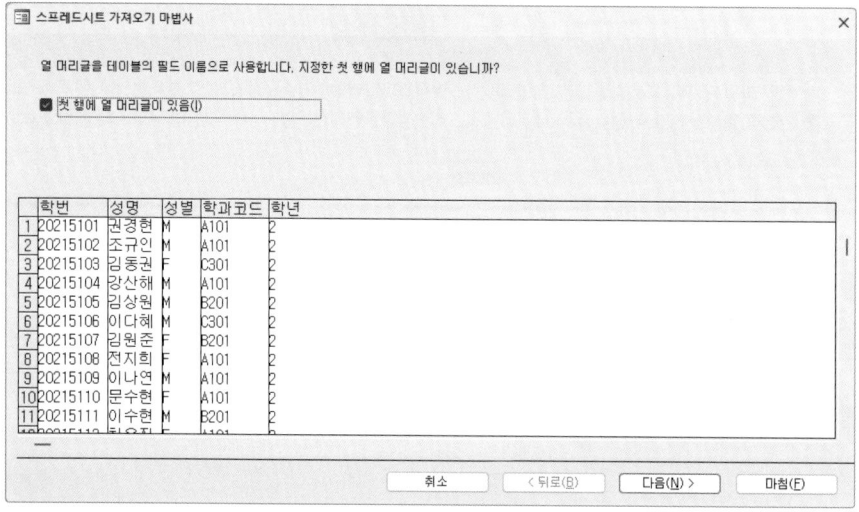

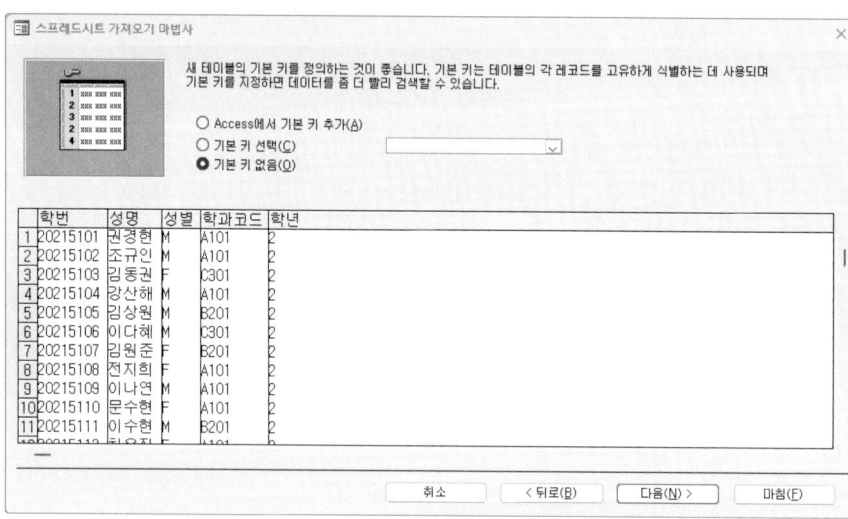

문제2 ▶ 입력 및 수정 기능 구현 (20점)

01 <성적정보> 폼의 완성

지시사항	영역	개체명	탭	항목	설정 값
①	폼		형식	기본 보기	연속 폼
②	폼		형식	구분 선	아니오
③	폼 바닥글	txt평균	모두	컨트롤 원본	=Avg([성적])
				소수 자릿수	2

02 <성적정보> 폼에 콤보 상자 설정

① [속성 시트]-[데이터] 탭에서 '행 원본 유형'은 '테이블/쿼리'를 선택

② '열 개수'는 '2'를 입력하고, '열 너비'는 '1cm;3cm', '목록 너비'는 '4cm'을 입력

03 <과목별성적조회> 폼에 매크로 작성

① [만들기]-[매크로 및 코드] 그룹에서 [매크로( )]를 클릭

② [Macro1] 매크로 작성

문제3 조회 및 출력 기능 구현 (20점)

01 <과목별시험성적> 보고서 완성

지시사항	영역	개체명	탭	항목	설정 값
①	[그룹, 정렬 및 요약] '과목명'의 '오름차순', [정렬 추가]하여 '시험날짜'의 '오름차순'				
②	본문	과목명	형식	중복 내용 숨기기	예
		시험날짜			
③	그룹 바닥글 구역 표시		보고서 바닥글 컨트롤을 드래그하여 이동		
④	과목명 바닥글	txt응시인원	데이터	컨트롤 원본	=Count(*) & " 명"
⑤	페이지 바닥글	txt날짜	모두	이름	txt날짜
				컨트롤 원본	=Date( )
				형식	자세한 날짜

02 <학과별성적> 폼에 이벤트 프로시저 작성

① '폼 닫기(cmd닫기)' 컨트롤의 [속성 시트]-[이벤트] 탭의 'On Click'에서 [코드 작성기]를 클릭

② VBA 코드 작성

```
Private Sub cmd닫기_Click( )
Dim a
a = MsgBox("폼을 닫으시겠습니까?", vbYesNoCancel, "폼 닫기")
If a = vbYes Then
DoCmd.Close
End If
End Sub
```

문제 4 처리 기능 구현 (35점)

01 <성적평가분류> 업데이트 쿼리

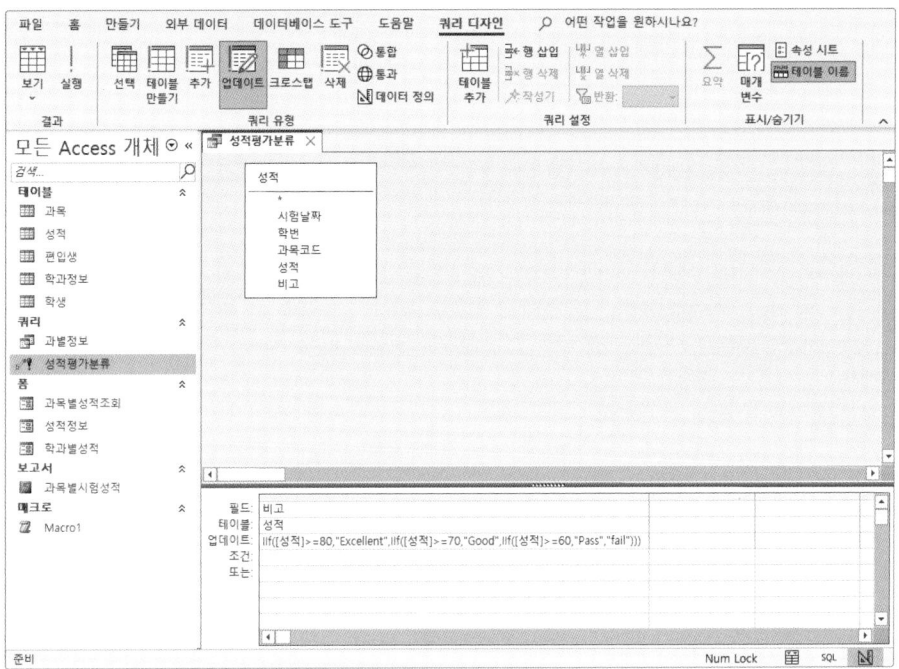

02 <정보보안PASS명단> 조회 쿼리

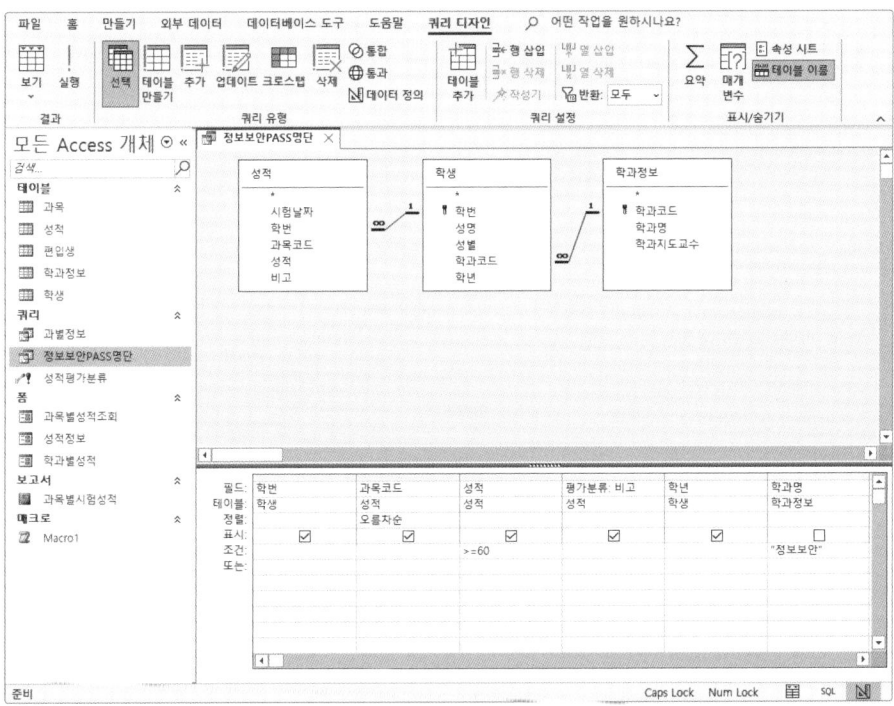

03 <학년별인원수와평균> 요약 쿼리

04 <이름검색쿼리>로 테이블 만들기 쿼리

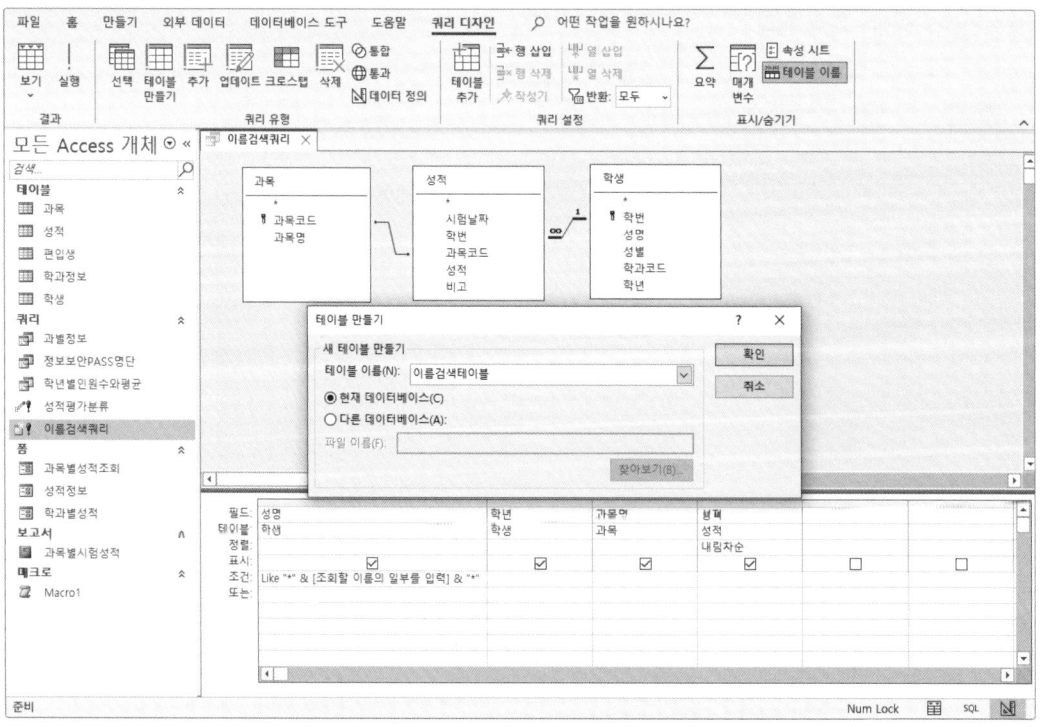

05 <학과별인원수> 크로스탭 쿼리

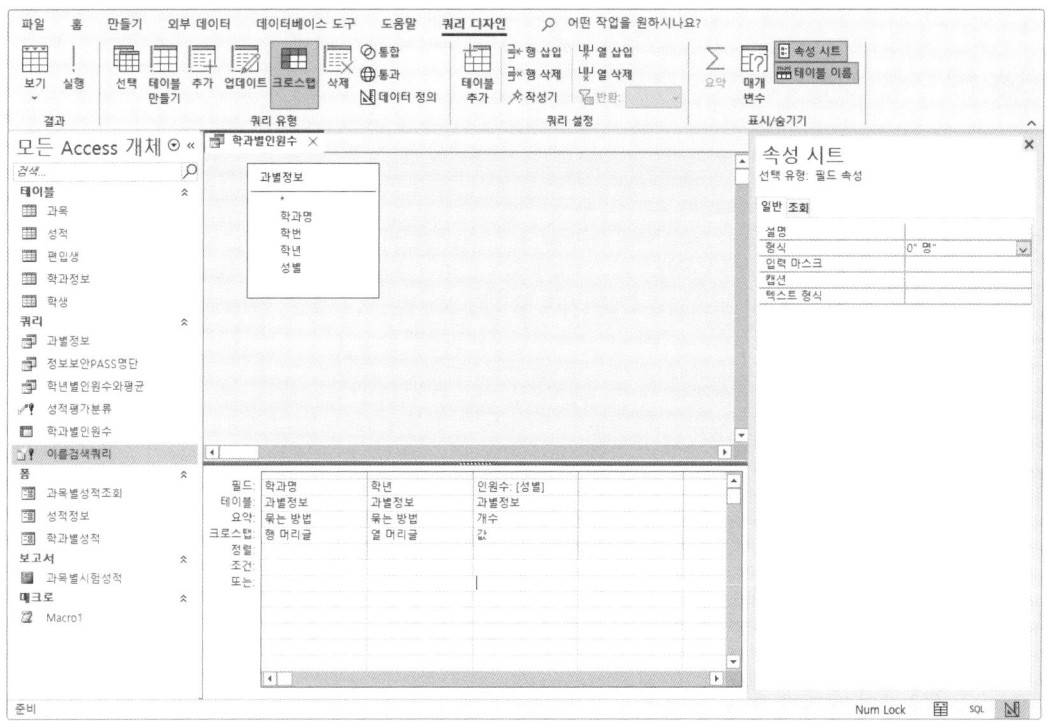

해설

문제1 ▶ DB 구축 (25점)

1 <학생>, <과목> 테이블 완성

① <학생> 테이블 위에서 마우스 오른쪽 단추를 눌러 <디자인 보기>를 클릭합니다.

② '학번' 필드에서 [테이블 디자인] 탭-[도구] 그룹-[기본 키]를 클릭합니다. 필드이 속성은 [인덱스]에 '예(중복 불가능)'을 선택합니다.

③ '성별' 필드의 속성은 [유효성 검사 규칙]에 'In ("M","F")'을 입력합니다.

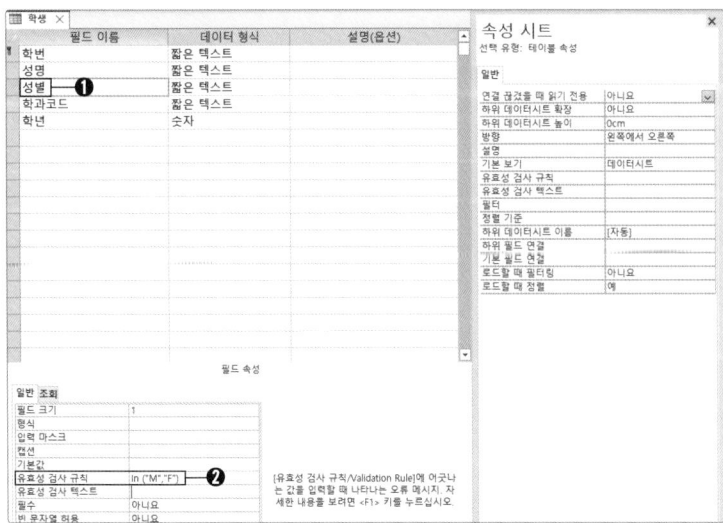

④ '학년' 필드의 속성은 [기본값]에 '1'을 입력합니다.

⑤ <과목> 테이블 위에서 마우스 오른쪽 단추를 눌러 <디자인 보기>를 클릭합니다.

⑥ '과목코드' 필드의 속성은 [입력 마스크]에 '>L000'을 입력합니다.

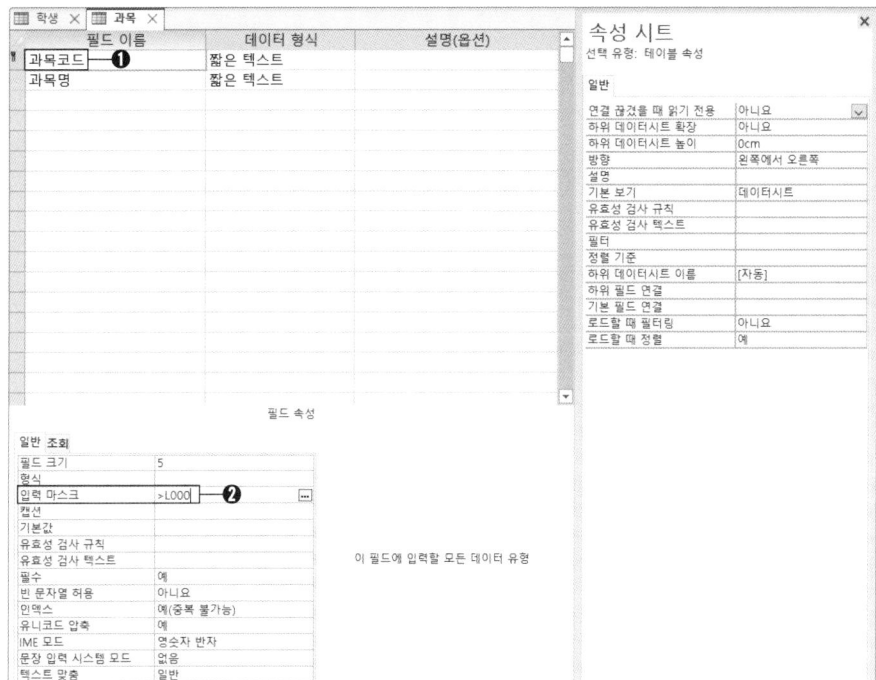

⑦ '과목명' 필드의 속성은 [필드 크기]에 '30'으로 입력하고 [필수]에 '예'를 선택합니다.

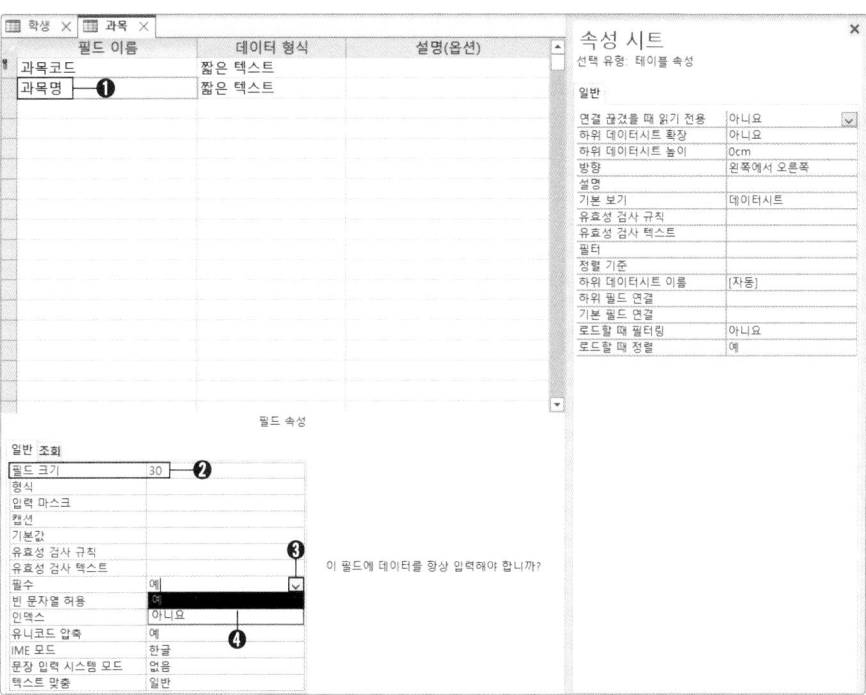

⑧ 빠른 실행 도구 모음에서 🔚(저장)을 클릭합니다. 경고 창에서 반드시 <예> 단추를 눌러 서상합니다.

2 관계 설정

① [데이터베이스 도구] 탭-[관계] 그룹-[관계]를 클릭합니다.

② [관계] 그룹-[테이블 추가] 대화상자의 [테이블] 탭에서 **Ctrl** 키를 누른 채 차례대로 <학과정보>, <학생>, <성적> 테이블을 선택하고 <선택한 표 추가> 단추를 클릭합니다.

③ <학과정보> 테이블의 '학과코드' 필드를 <학생> 테이블의 '학과코드' 필드로 드래그 앤 드롭 합니다.

④ [관계 편집] 대화상자에서 '항상 참조 무결성 유지', '관련 필드 모두 업데이트'를 선택하고 <만들기> 단추를 클릭합니다.

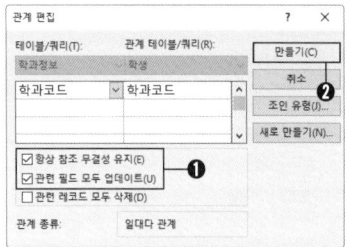

⑤ <학생> 테이블의 '학번' 필드를 <성적> 테이블의 '학번' 필드로 드래그 앤 드롭 합니다.

⑥ [관계 편집] 대화상자에서 '항상 참조 무결성 유지', '관련 필드 모두 업데이트'를 선택하고 <만들기> 단추를 클릭합니다.
  ※ '일대다(1:M)'의 관계가 설정됩니다.

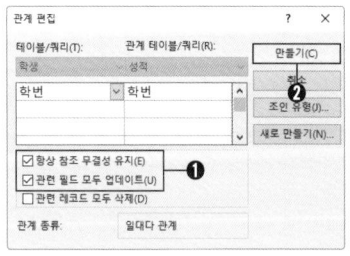

⑦ [관계] 창이 <그림>과 같이 표시됩니다. 빠른 실행 도구 모음에서 을 눌러 변경된 내용을 저장합니다. [관계 디자인] 탭-[관계] 그룹-[닫기]를 클릭합니다.

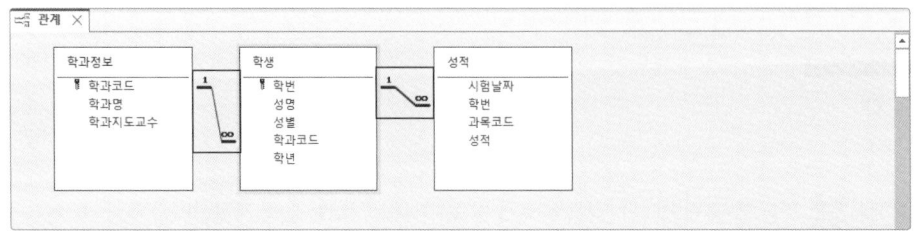

3 외부 데이터 가져오기 기능을 이용하여 <편입생> 테이블의 생성

① [외부 데이터] 탭-[가져오기 및 연결] 그룹-[새 데이터 원본]-[파일]-[Excel]을 클릭합니다.

② [외부 데이터 가져오기-Excel 스프레드시트] 대화상자에서 [데이터 원본 및 대상 선택] 창의 <찾아보기> 단추를 클릭하여 파일 이름은 'C:₩2024_컴활1급₩데이터베이스₩작업파일₩최신기출유형₩편입생.xlsx'을 선택합니다.

③ [외부 데이터 가져오기-Excel 스프레드시트] 대화상자에서 저장할 방법과 위치는 '현재 데이터베이스의 새 테이블로 원본 데이터 가져오기(I)'를 선택하고 <확인> 단추를 클릭합니다.

④ [스프레드시트 가져오기 마법사] 대화상자에서 '첫 행에 열 머리글이 있음'를 선택하고 <다음> 단추를 클릭합니다.

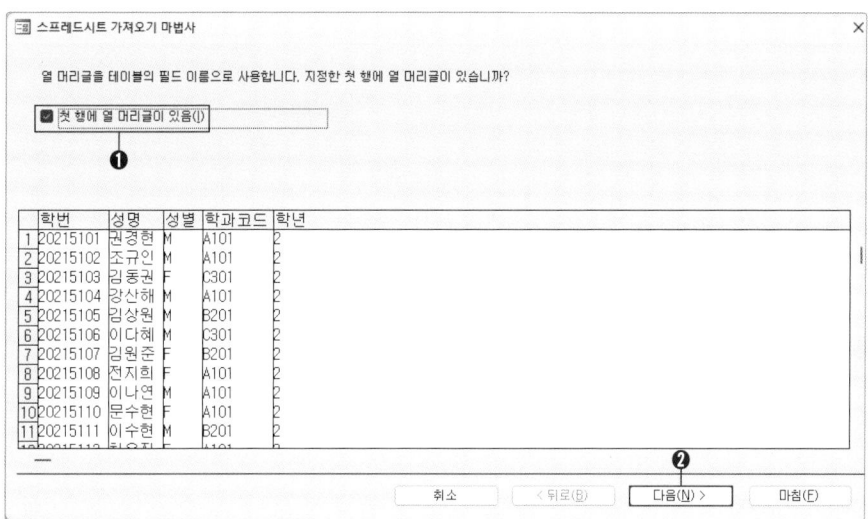

⑤ [스프레드시트 가져오기 마법사] 대화상자에서 필드 옵션을 확인하고 <다음> 단추를 클릭합니다.

⑥ [스프레드시트 가져오기 마법사] 대화상자에서 '기본 키 없음'을 선택하고 <다음> 단추를 클릭합니다.

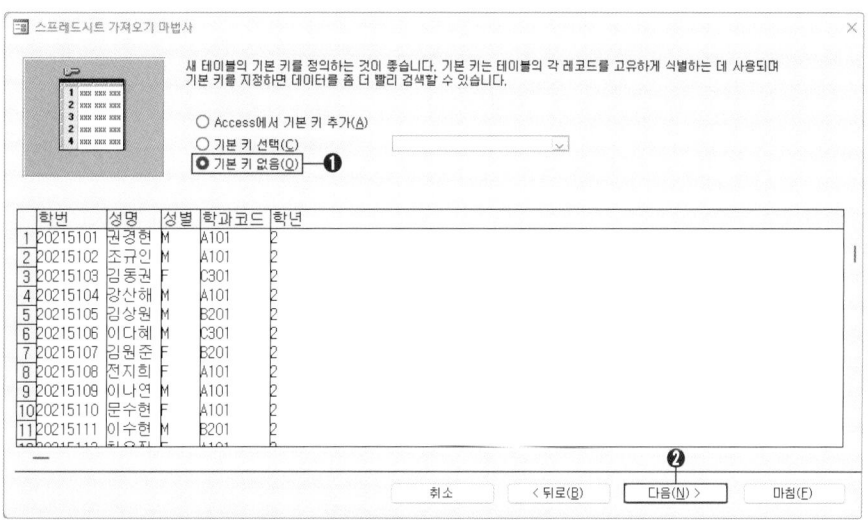

⑦ [스프레드시트 가져오기 마법사] 대화상자에서 테이블로 가져오기에 '편입생'을 입력하고 <마침> 단추를 클릭합니다.

⑧ [가져오기 단계 저장] 대화상자에서 <닫기> 단추를 클릭합니다.

문제 2 ▶ 입력 및 수정 기능 구현 (20점)

1 <성적정보> 폼의 완성

① <성적정보> 폼 위에서 마우스 오른쪽 단추를 눌러 <디자인 보기>를 클릭합니다.

② '폼' 영역 속성 시트 창의 [형식] 탭 중 [기본 보기]에 '연속 폼'을 선택합니다.

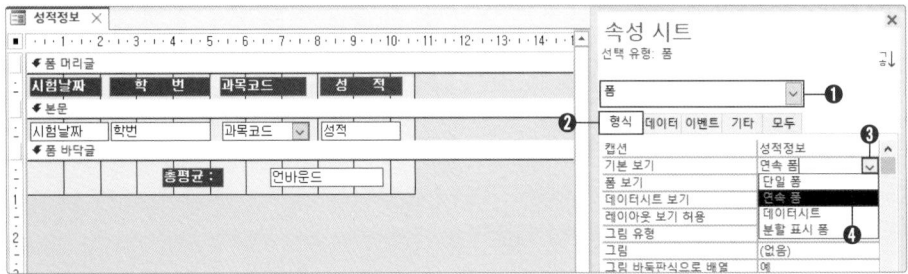

③ '폼' 영역 속성 시트 창의 [모두] 탭 중 [구분 선]에 '아니요'를 선택합니다.

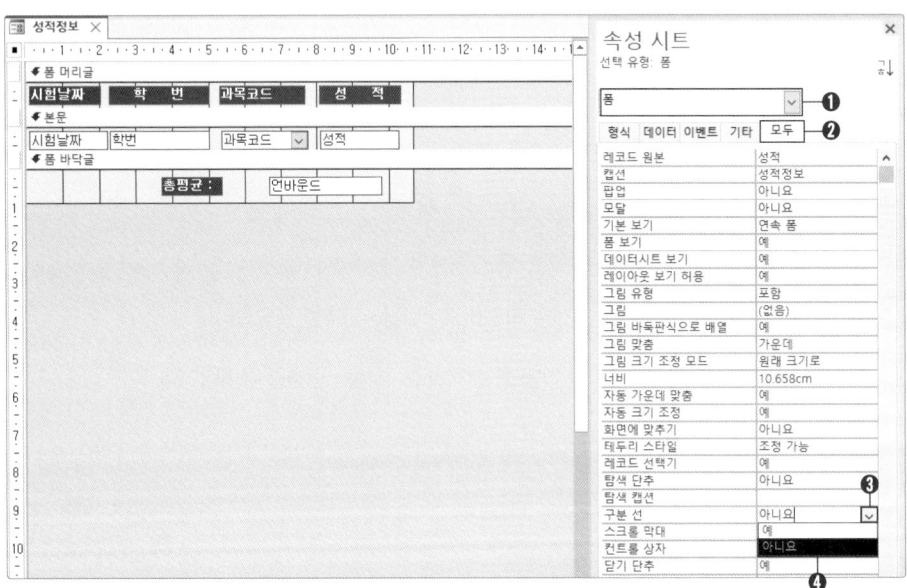

④ '폼 바닥글' 영역에서 'txt평균' 컨트롤 속성 시트 창의 [모두] 탭 중 [컨트롤 원본]에 '=Avg([성적])'을 입력하고 [소수 자릿수]에 '2'로 선택합니다.

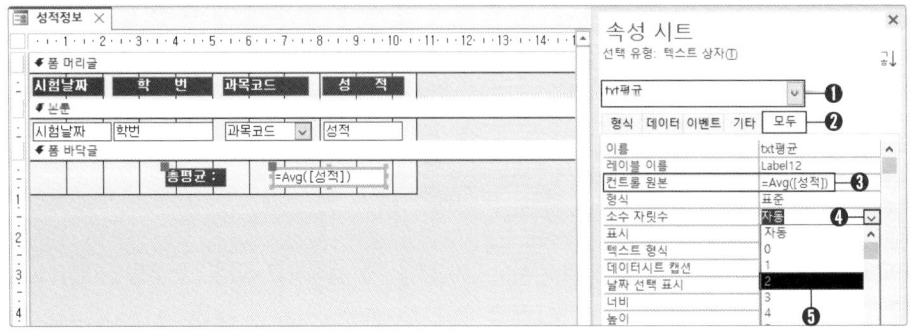

2 <성적정보> 폼에 콤보 상자 설정

① <성적정보> 폼 위에서 마우스 오른쪽 단추를 눌러 <디자인 보기>를 클릭합니다.

② '본문' 영역에서 'cmb과목' 버튼 속성 시트 창의 [데이터] 탭 중 [행 원본 유형]에 '테이블/쿼리', [바운드 열]은 '1'을 선택합니다.

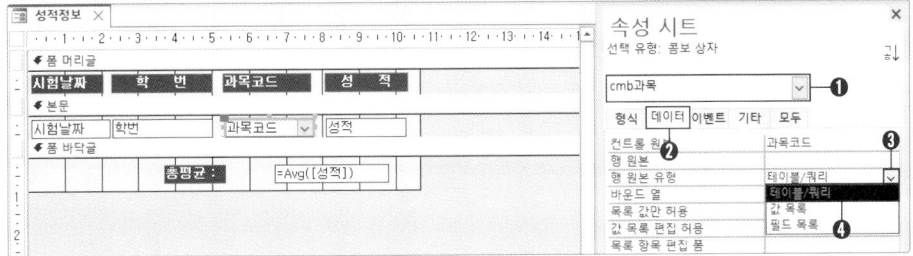

③ [행 원본]에 ⋯을 눌러 나오는 [테이블 추가] 대화상자의 [테이블] 탭에서 <과목> 테이블을 선택하고 <선택한 표 추가> 단추를 클릭합니다.

④ '과목코드', '과목명' 필드를 선택합니다.

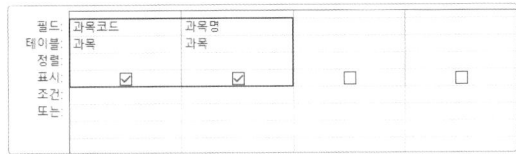

⑤ <닫기>(☒)을 클릭하고 업데이트된 내용을 저장하도록 <예> 단추를 클릭합니다.

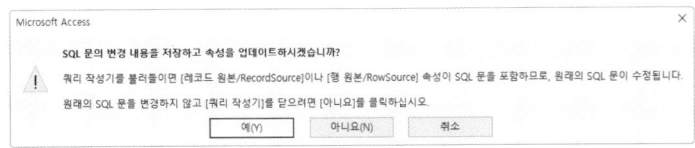

⑥ 속성 시트 창의 [형식] 탭 중 [열 개수]에 '2', [열 너비]에 '1cm;3cm', [목록 너비]에 '4cm'을 입력합니다.

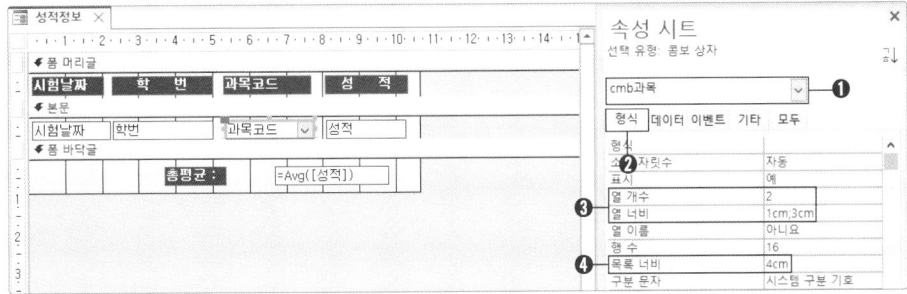

3 <과목별성적조회> 폼에 매크로 작성

① [만들기] 탭-[매크로 및 코드] 그룹-[매크로]를 클릭합니다.

② [새 함수 추가]에서 <OpenReport>를 선택합니다.

③ [보고서 이름]에 '과목별시험성적', [보기 형식]에 '인쇄 미리 보기'를 선택합니다.

④ [Where 조건문]에 '[과목명]=[Forms]![과목별성적조회]![과목명]'을 입력합니다.

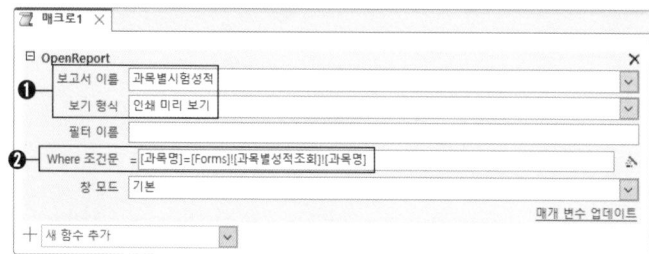

⑤ <빠른 실행 도구 모음에서 🖫(저장)을 클릭합니다. [매크로 이름]에 'Macro1'을 입력합니다.

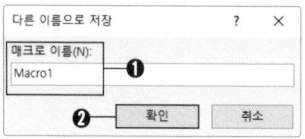

⑥ <과목별성적조회> 폼 위에서 마우스 오른쪽 단추를 눌러 <디자인 보기>를 클릭합니다.

⑦ '인쇄하기'(cmd인쇄) 버튼 속성 시트 창의 [이벤트] 탭 중 [On Click]에 'Macro1'을 선택합니다.

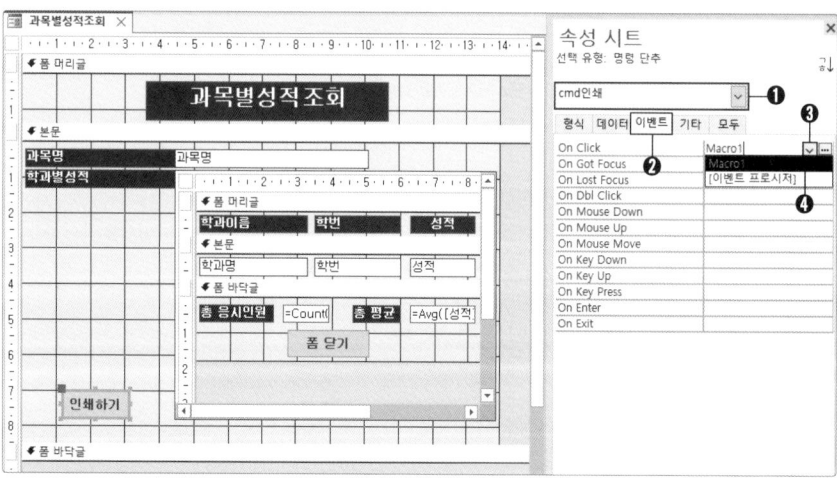

문제3 ▶ 조회 및 출력 기능 구현 (20점)

1 <과목별시험성적> 보고서 완성

① <과목별시험성적> 보고서 위에서 마우스 오른쪽 단추를 눌러 <디자인 보기>를 클릭합니다.

② [보고서 디자인] 탭-[그룹화 및 요약] 그룹-[그룹화 및 정렬]을 클릭하고 [정렬 추가]를 눌러 '시험날짜' 필드를 추가한 다음 [정렬]에 '오름차순'을 선택합니다.

③ '본문' 영역에서 '과목명'과 '시험날짜' 컨트롤 속성 시트 창의 [형식] 탭 중 [중복 내용 숨기기]에 '예'를 선택합니다.

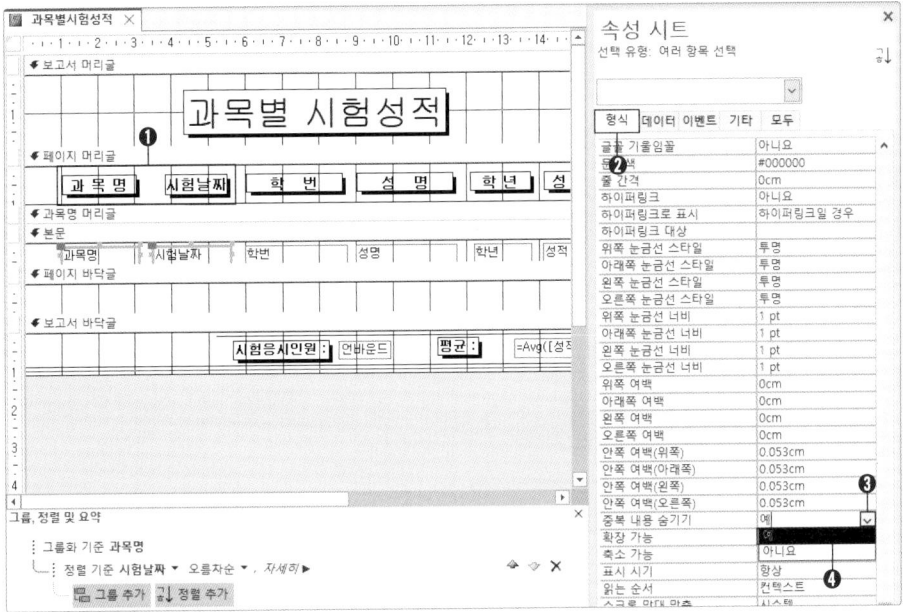

④ [그룹, 정렬 및 요약]에서 [과목명의 자세히]에 '바닥글 구역 표시'를 선택합니다.

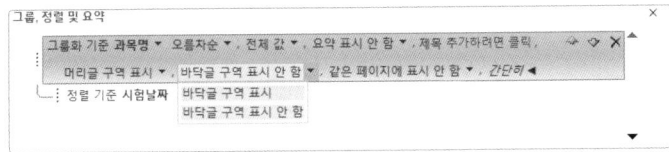

⑤ '보고서 바닥글' 영역에서 모든 컨트롤을 드래그 앤 드롭으로 선택하고 잘라내기(**Ctrl**+**X**)를 하고 '과목명 바닥글' 영역에서 붙여넣기(**Ctrl**+**V**) 합니다.

※ '과목명 바닥글' 영역의 크기를 조절합니다.

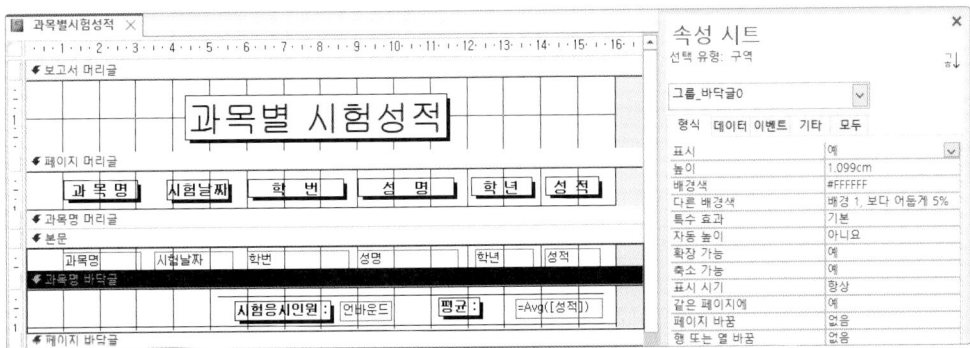

⑥ '과목명 바닥글' 영역에서 'txt응시인원' 컨트롤 속성 시트 창의 [데이터] 탭 중 [컨트롤 원본]에 '=Count(*) & " 명"'을 입력합니다.

⑦ '페이지 바닥글' 영역에서 [보고서 디자인] 탭-[컨트롤] 그룹-[ㄱㄴ](텍스트 상자)를 클릭하여 드래그 앤 드롭하여 작성합니다.

⑧ '왼쪽 레이블' 영역에는 '오늘 날짜 : '을 입력합니다.

⑨ '오른쪽 텍스트 상자' 속성 시트 창의 [모두] 탭 중 [이름]에 'txt날짜'를 입력하고 [컨트롤 원본]에 '=Date( )'를 입력하고 [형식]에 '자세한 날짜'를 선택합니다.

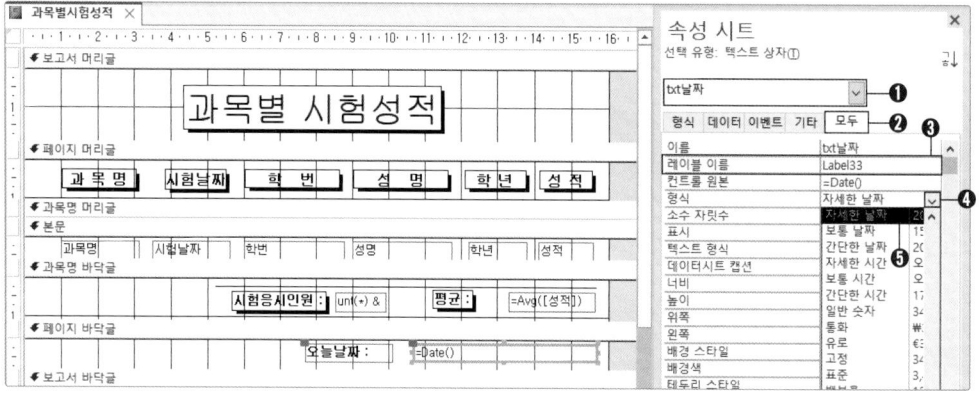

⑩ 빠른 실행 도구 모음에서 💾(저장)을 클릭합니다.

2 <학과별성적> 폼에 이벤트 프로시저 작성

① <학과별성적> 폼 위에서 마우스 오른쪽 단추를 눌러 <디자인 보기>를 클릭합니다.

② '폼 바닥글' 영역에서 '폼 닫기'(cmd닫기) 버튼 속성 시트 창의 [이벤트] 탭 중 [On Click]에 '코드 작성기'를 선택하고 <확인> 단추를 클릭합니다.

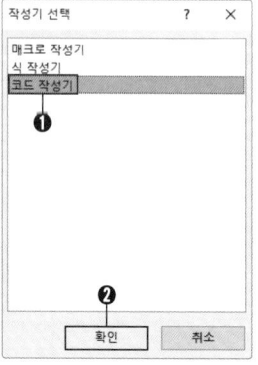

③ VBA 창에 다음과 같이 입력합니다.

※ 메시지 박스에 <예>, <아니요>, <취소> 단추 중 <예> 단추를 클릭하면 '닫기'를 합니다.

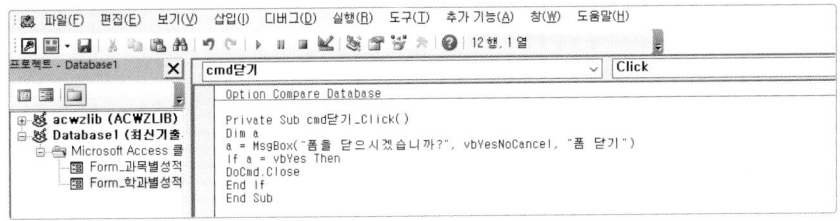

```
Private Sub cmd닫기_Click( )
Dim a
a = MsgBox("폼을 닫으시겠습니까?", vbYesNoCancel, "폼 닫기")
If a = vbYes Then
DoCmd.Close
End If
End Sub
```

④ **Alt** + **Q** 키를 눌러 액세스 창으로 돌아옵니다.

문제4 처리 기능 구현 (35점)

1 <성적평가분류> 업데이트 쿼리 작성

① [만들기] 탭-[쿼리] 그룹-[쿼리 디자인]을 클릭합니다.

② [테이블 추가] 대화상자의 [테이블] 탭에서 <성적> 테이블을 선택하고 <선택한 표 추가> 단추를 클릭합니다.

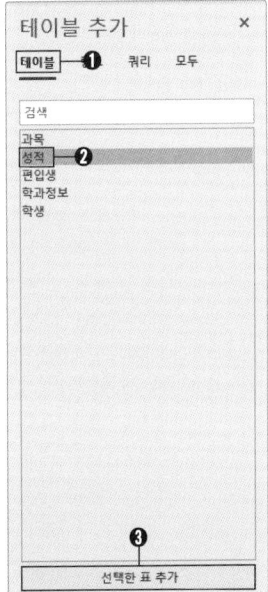

③ '비고' 필드를 선택하여 추가합니다.

④ [쿼리 디자인] 탭-[쿼리 유형] 그룹-[업데이트]를 선택합니다.

⑤ [업데이트]에 IIf([성적]>=80,"Excellent",IIf([성적]>=70,"Good",IIf([성적]>=60,"Pass","fail")))를 입력합니다.

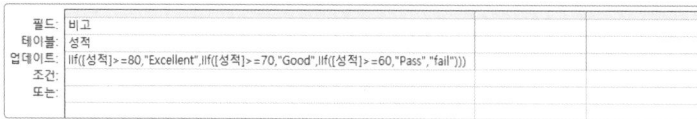

⑥ 빠른 실행 도구 모음에서 🖫(저장)을 클릭합니다. [쿼리 이름]에 '성적평가분류'를 입력합니다.

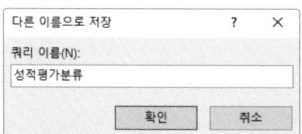

⑦ [쿼리 디자인] 탭-[결과] 그룹-[실행]을 눌러 결과를 확인합니다.

⑧ [78 행을 새로 고칩니다.] 창에서 <예>를 클릭합니다.

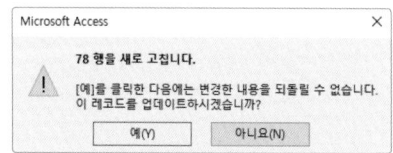

2 <정보보안PASS명단> 조회 쿼리 작성

① [만들기] 탭-[쿼리] 그룹-[쿼리 디자인]을 클릭합니다.

② [테이블 추가] 대화상자의 [테이블] 탭에서 **Ctrl** 키를 누른 채 차례대로 <성적>, <학과정보>, <학생> 테이블을 선택하고 <선택한 표 추가> 단추를 클릭합니다.

③ '학번', '과목코드', '성적', '비고', '학년', '학과명' 필드를 선택하고 '비고' 필드는 '평가분류: 비고'를 입력합니다.

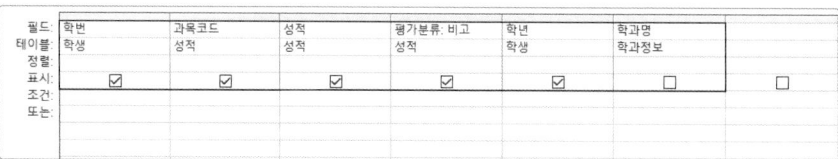

④ '과목코드' 필드는 [정렬]에 '오름차순'을 선택합니다.

⑤ '성적' 필드는 [조건]에 '>=60'을 입력하고 '학과명' 필드는 [조건]에 '정보보안'을 입력한 후 <표시>를 해세합니다.

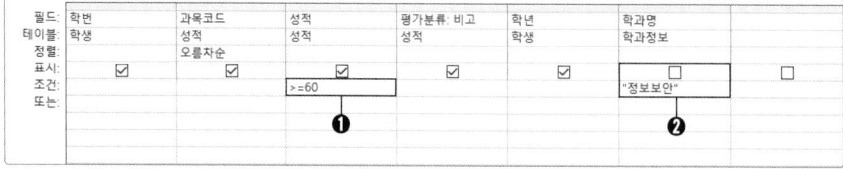

⑥ 빠른 실행 도구 모음에서 저장을 클릭합니다. [쿼리 이름]에 '정보보안PASS명단'을 입력합니다.

3 <학년별인원수와평균> 요약 쿼리 작성

① [만들기] 탭-[쿼리] 그룹-[쿼리 디자인]을 클릭합니다.

② [테이블 추가] 대화상자의 [쿼리] 탭에서 <정보보안PASS명단> 쿼리를 선택하고 <선택한 표 추가> 단추를 클릭합니다.

③ '학년' 필드를 선택하고 'PASS인원수:성적', '평균:성적' 필드는 입력합니다.

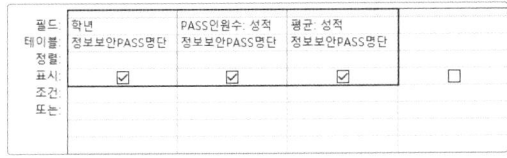

④ [쿼리 디자인] 탭-[표시/숨기기] 그룹-[요약]을 클릭합니다.

⑤ [요약]에 'PASS인원수: 성적' 필드는 '개수', '평균: 성적' 필드는 '평균'을 선택합니다.

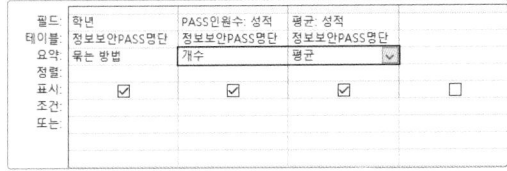

⑥ '학년' 필드는 [정렬]에 '오름차순'을 선택하고 속성 시트 창의 [일반] 탭 중 [형식]에 '0" 학년"'을 입력합니다.

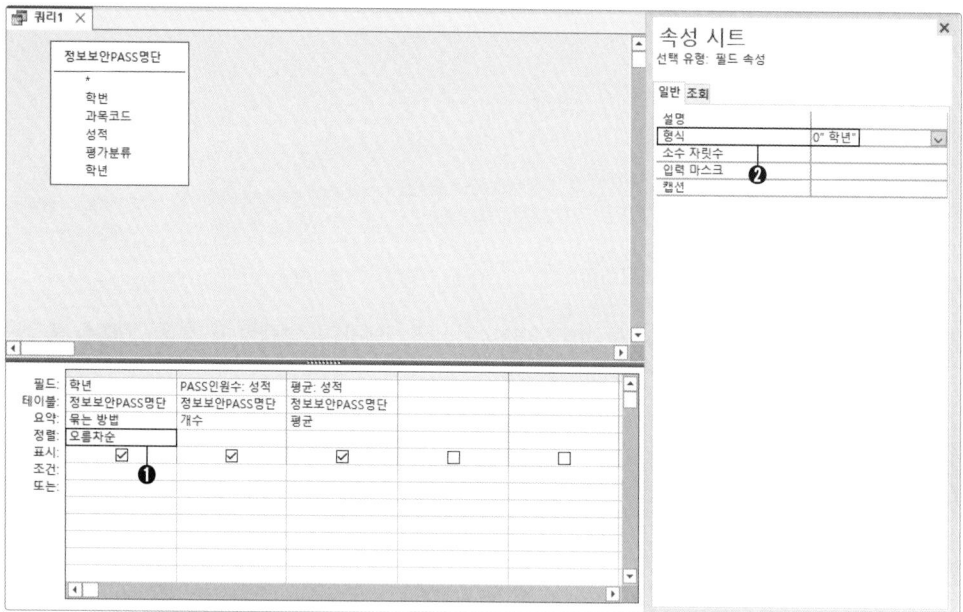

⑦ '평균' 필드 속성 시트 창의 [일반] 탭 중 [형식]에 '표준', [소수 자릿수]에 '1'을 선택합니다.

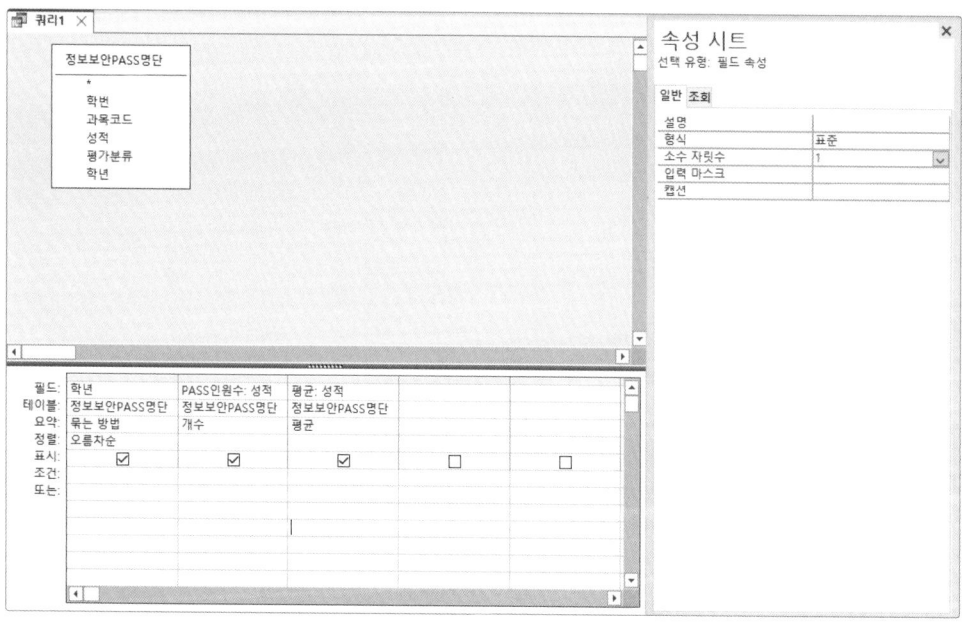

⑧ 빠른 실행 도구 모음에서 🔚(저장)을 클릭합니다. [쿼리 이름]에 '학년별인원수와평균'을 입력합니다.

4 <이름검색쿼리> 테이블 만들기 쿼리 작성

① [만들기] 탭-[쿼리] 그룹-[쿼리 디자인]을 클릭합니다.

② [테이블 추가] 대화상자의 [테이블] 탭에서 **Ctrl** 키를 누른 채 차례대로 <과목>, <성적>, <학생> 테이블을 선택하고 <선택한 표 추가> 단추를 클릭합니다.

③ '성명', '학년', '과목명', '성적' 필드를 선택합니다.

④ '성명' 필드는 [조건]에 'Like "*" & [조회할 이름의 일부를 입력] & "*"'를 입력합니다.

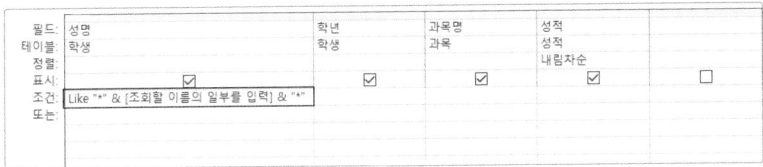

⑤ '성적' 필드는 [정렬]에 '내림차순'을 선택합니다.

⑥ [쿼리 디자인] 탭-[쿼리 유형] 그룹-[테이블 만들기]를 선택합니다.

⑦ [테이블 만들기] 대화상자에서 [테이블 이름]에 '이름검색테이블'을 입력하고 <확인> 단추를 클릭합니다.

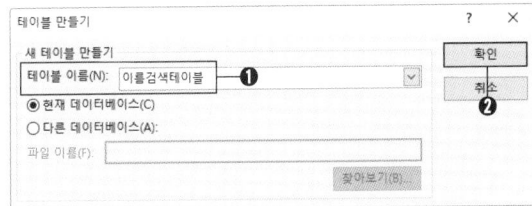

⑧ 빠른 실행 도구 모음에서 ■(저장)을 클릭합니다. [쿼리 이름]에 '이름검색쿼리'를 입력합니다.

⑨ <이름검색쿼리> 쿼리 위에서 마우스 오른쪽 단추를 눌러 [열기]를 클릭합니다.

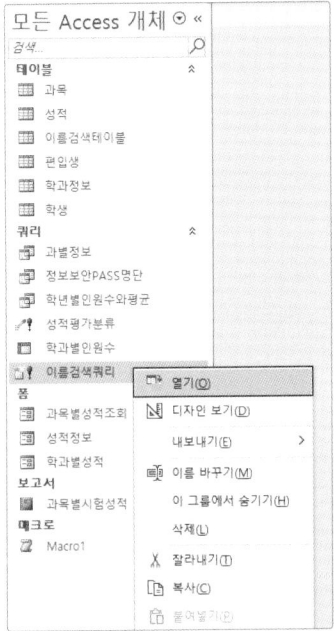

⑩ '경고 창'이 표시되면 <예> 단추를 클릭합니다.

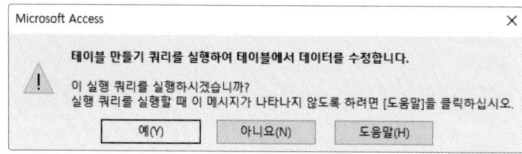

⑪ 매개 변수 값에 '정'을 입력하고 '정'이 포함된 [4행을 붙여넣기] 대화상자에서 <예> 단추를 클릭합니다.

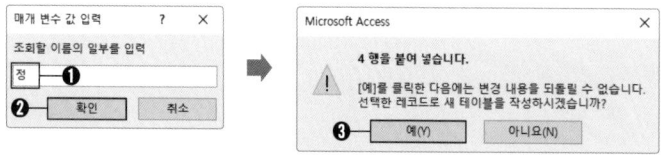

5 <학과별인원수> 크로스탭 쿼리 작성

① [만들기] 탭-[쿼리] 그룹-[쿼리 디자인]을 클릭합니다.

② [테이블 추가] 대화상자의 [쿼리] 탭에서 <과별정보> 쿼리를 선택하고 <선택한 표 추가> 단추를 클릭합니다.

③ '학과명', '학년' 필드를 선택하고 '인원수: [성별]' 필드는 입력합니다.

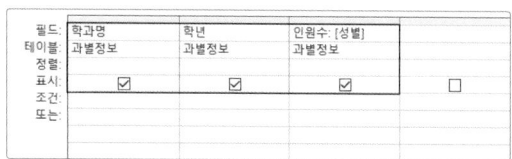

④ [쿼리 디자인] 탭-[쿼리 유형] 그룹-[크로스탭]를 클릭합니다.

⑤ '학과명' 필드는 [요약]에 '묶는 방법', [크로스탭]에 '행 머리글'을 선택합니다.

⑥ '학년' 필드는 [요약]에 '묶는 방법', [크로스탭]에 '열 머리글'을 선택합니다.

⑦ '인원수: [성별]' 필드는 [요약]에 '개수', [크로스탭]에 '값'을 선택합니다.

⑧ '인원수: [성별]' 필드 속성 시트 창의 [일반] 탭 중 [형식]에 '0" 명"'을 입력합니다.

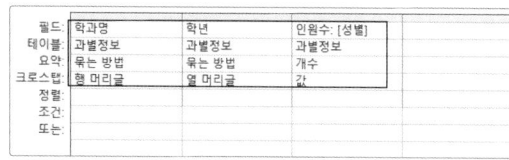

⑨ 빠른 실행 도구 모음에서 🖫(저장)을 클릭합니다. [쿼리 이름]에 '학과별인원수'를 입력합니다.

MEMO

컴퓨터활용능력 최신기출유형 5회

프로그램명	제한시간
ACCESS 2021	45분

수 험 번 호 :

성   명 :

1급 │ A형

유의사항

- 인적 사항 누락 및 잘못 작성으로 인한 불이익은 수험자 책임으로 합니다.

- 화면에 암호 입력창이 나타나면 아래의 암호를 입력하여야 합니다.
  - 암호 : 17$548

- 작성된 답안은 주어진 경로 및 파일명을 변경하지 마시고 그대로 저장해야 합니다. 이를 준수하지 않으면 실격처리 됩니다.
  - 답안 파일명의 예: C:\DB\수험번호 8자리.accdb

- 외부데이터 위치: C:\DB\파일명

- 별도의 지시사항이 없는 경우, 다음과 같이 처리하면 실격 처리됩니다.
  - 제시된 개체의 이름을 임의로 변경한 경우
  - 제시된 개체의 속성을 임의로 변경한 경우
  - 제시된 개체를 임의로 삭제하거나 추가한 경우

- 별도의 지시사항이 없는 경우, 기능의 구현은 모듈이나 매크로 등을 이용하며, 예외적인 상황에 대해서는 고려하지 않아도 됩니다.

- 제시된 함수가 있을 경우 제시된 함수만을 사용하여야 하며, 그 외 함수 사용시 채점 대상에서 제외됩니다.

- 별도의 지시사항이 없는 경우, 주어진 각 개체의 속성은 설정값 또는 기본 설정값 (Default)으로 처리하십시오.

- 제시된 화면은 예시이며 나타난 값은 실제와 다를 수 있습니다.

- 저장 시간은 별도로 주어지지 아니하므로 제한된 시간 내에 저장을 완료해야 합니다.

- 본 문제의 용어는 MS Office LTSC Professional Plus 2021 기준으로 작성되었습니다.

문제1 25점_ DB 구축

01 스포츠센터 수강생 현황을 관리하기 위해 다음과 같이 데이터베이스를 구축하였다. 다음의 지시사항에 따라 <강좌목록> 테이블과 <회원> 테이블을 완성하시오. (각 3점)

① <강좌목록> 테이블의 '강좌코드' 필드를 기본 키(Primary Key)로 설정하시오

② <강좌목록> 테이블의 '정원' 필드를 기준으로 내림차순 정렬되도록 테이블 속성을 설정하시오.

③ <강좌목록> 테이블 '월수강료' 필드는 기본 값이 10000 입력되도록 설정하시오.

④ <회원> 테이블의 '회원번호' 필드에는 다음과 같은 입력 마스크를 설정하시오.
  ▶ 앞의 두 글자는 영문 대문자, 뒤의 세 글자는 숫자가 반드시 입력되도록 설정하시오.

⑤ <회원> 테이블의 '이메일' 필드에는 "@"문자가 반드시 포함되도록 유효성 검사 규칙을 설정하고 '반드시 @를 포함하여 입력하시오.'의 유효성 검사 텍스트를 설정하시오.

02 <수강신청> 테이블의 '회원번호' 필드는 <회원> 테이블의 '회원번호' 필드를 참조하고, <수강신청> 테이블의 '강좌코드' 필드는 <강좌목록> 테이블의 '강좌코드' 필드를 참조하며 각 테이블 간의 관계는 M:1이다. 새 테이블에 대해 다음과 같이 관계를 설정하시오. (5점)

  ▶ 두 테이블 간에 항상 참조 무결성을 유지하도록 설정하시오.
  ▶ 참조 필드의 값이 변경되면 관련 필드의 값도 변경되도록 설정하시오.
  ▶ 다른 테이블에서 참조하고 있는 레코드는 삭제할 수 없도록 설정하시오.

03 <수강신청> 테이블의 '강좌코드' 필드에 다음과 같이 조회 속성을 설정하시오. (5점)

  ▶ 콤보 상자의 형태로 <강좌목록> 테이블의 '강좌코드', '강좌명' 목록이 나타나도록 설정하시오.
  ▶ 필드에는 '강좌코드'가 저장되도록 설정하시오.
  ▶ 열 너비는 2cm, 4cm, 목록 너비는 6cm로 설정하시오.

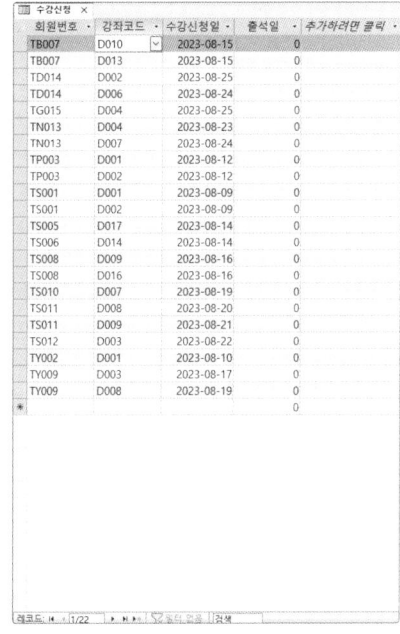

문제 2 20점_ 입력 및 수정 기능 구현

01 <개설된강좌보기> 폼을 다음 지시사항에 따라 완성하시오. (각 3점)

① 폼 머리글의 'lbl제목' 컨트롤의 글꼴은 '함초롬돋움', 글꼴 크기는 '18'로 설정하시오.

② 폼 머리글의 'txt날짜' 컨트롤에 현재의 년과 월을 표시하시오.
  ▶ 예) 2021년 5월
  ▶ Date( ), Format( ) 함수 사용할 것

③ 폼 바닥글의 'txt총강좌수' 컨트롤에는 총 레코드 수가 화면에 표시되도록 컨트롤 원본을 설정하시오.

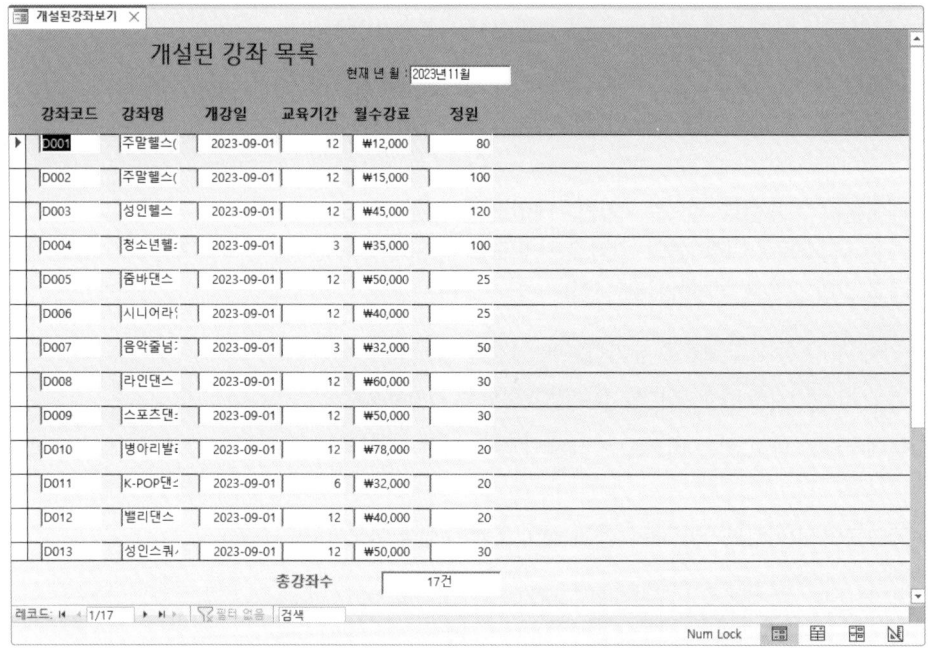

02 <강좌정보> 폼의 본문 영역에 다음과 같이 조건부 서식을 설정하시오. (6점)

▶ '강좌명'이 '댄스'로 끝나는 레코드에 대해 본문 영역의 모든 컨트롤의 글꼴이 '굵게', 글꼴 색이 '빨강'으로 표시되도록 설정하시오.

▶ Right( ) 함수 사용하시오.

▶ 단, 하나의 규칙으로 설정하시오.

03 <수강정보보기> 폼에서 '수강정보'(cmd정보) 컨트롤을 클릭하면 다음과 같은 기능을 수행하도록 매크로를 작성하시오. (5점)

▶ '회원정보' 폼을 '폼 보기' 형식으로 열기하시오.
▶ 매크로 조건 '회원번호' 필드의 값이 'txt회원번호'에 해당하는 정보만 표시하시오.
▶ 매크로 이름은 '매크로1'로 저장하시오.

문제 3 20점_ 조회 및 출력 기능 구현

01 다음의 지시사항 및 <그림>을 참조하여 <회원별수강현황> 보고서를 완성하시오. (각 3점)

① 페이지 머리글의 'txt날짜' 컨트롤에 오늘의 날짜가 다음과 같이 표시되도록 설정하시오.
▶ 표시 예 : 2021년 5월 20일 목요일

② '이름'을 기준으로 그룹화된 상태에서 '월수강료'를 기준으로 내림차순으로 정렬하여 표시 되도록 설정하시오.

③ 'txt번호' 컨트롤에 그룹별 일련번호가 표시되도록 설정하시오.

④ 그룹 바닥글의 'txt총액' 컨트롤에 월수강료의 합계가 표시되도록 설정하시오.

⑤ '이름', '주소', '전화번호', '이메일' 필드의 값이 이전 레코드와 동일한 경우에는 표시되지 않도록 설정하시오.

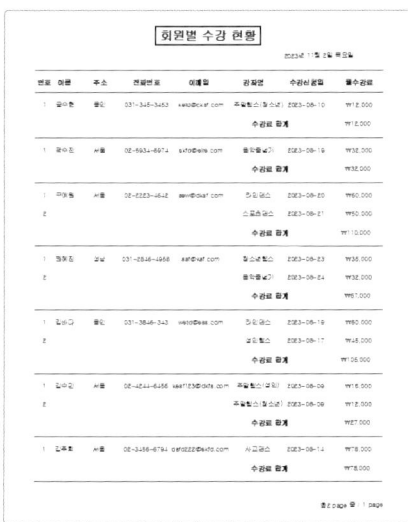

02 <강좌정보찾기> 폼에서 'txt찾기' 컨트롤에 찾고자 하는 '강좌명'의 일부를 입력한 후 '찾기'(cmd찾기) 버튼을 클릭하면 다음과 같은 기능을 수행하도록 이벤트 프로시저를 구현하시오. (5점)

▶ 'txt찾기' 컨트롤에 입력한 내용을 포함하는 네이터민 표시하시오.
▶ RecordSource를 이용하시오.

문제4   35점_ 처리 기능 구현

01 <회원별수강정보현황>쿼리를 이용하여 강좌명이 주말헬스 중에 주소지가 용인이나 분당 수강자를 조회하는 <용인분당주말헬스조회> 쿼리를 작성하시오. (7점)

▶ 이름을 기준으로 오름차순 정렬하여 표시하시오.

▶ 쿼리 실행 결과 표시되는 필드와 필드명은 <그림>과 같이 표시되도록 설정하시오.

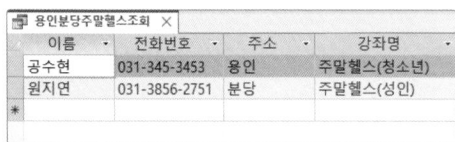

02 다음과 같은 기능을 수행하는 쿼리를 작성하시오. (7점)

▶ <수강신청> 테이블에 존재하지 않는 <회원> 테이블의 자료 중 '이름', '주소', '전화번호', '이메일' 필드만을 조회하시오.

▶ 쿼리 이름은 <수강하지않은회원>으로 하시오.

▶ Is Null을 이용하시오.

03 <강사정보> 테이블을 이용하여 학력별 강의평가 인원수를 나타내는 크로스탭 쿼리를 작성하시오. (7점)

▶ 인원수는 '강사번호' 필드를 이용하시오.

▶ 쿼리 이름은 <강사관리>로 하시오.

▶ 결과의 필드와 필드명은 <그림>을 참조하여 지정하시오.

04 <강좌정보체크> 쿼리에서 '라인댄스'가 들어 있는 강좌명을 모두 '줌바댄스'로 수정하는 <강좌명변경> 업데이트 쿼리를 작성하시오. (7점)

▶ <강좌정보체크> 쿼리를 이용하시오.

▶ 쿼리 실행 결과 표시되는 필드와 필드명은 <그림>과 같이 표시되도록 설정하시오.

05 <강좌목록>, <강사정보> 테이블을 이용하여 검색할 강좌명 일부를 매개변수로 입력받아 해당 강좌의 개강일을 조회하여 새 테이블로 생성하는 <개강일조회>쿼리를 작성하시오. (7점)

▶ 쿼리 실행 후 생성되는 테이블의 이름은 <개강일정보>로 설정하시오.

▶ 조회할 강좌명의 일부분을 입력받아 실행하시오.

▶ 개강일을 기준으로 오름차순으로 정렬하여 표시하시오.

▶ 쿼리 실행 결과 생성되는 테이블의 필드는 <그림>을 참고하여 수험자가 판단하여 설정하시오.

※ <개강일조회> 쿼리의 매개 변수 값으로 '주말'을 입력하여 실행 한 후의 <개강일정보> 테이블

최신기출유형 5회 정답 및 해설

📁 작업 파일 : C:₩2024_컴활1급₩데이터베이스₩작업파일₩최신기출유형₩최신기출유형 5회_문제.accdb
📁 완성 파일 : C:₩2024_컴활1급₩데이터베이스₩완성파일₩최신기출유형₩최신기출유형 5회_정답.accdb

정답

문제1 ▶ DB 구축 (25점)

01 <강좌목록>, <회원> 테이블 완성

지시사항	테이블명	필드명	필드 속성	설정 값
①	강좌목록	강좌코드	기본 키	
②		정원	정렬-정원 DESC	
③		월수강료	기본값	10000
④	회원	회원번호	입력마스크	>LL000
⑤		이메일	유효성 검사 규칙	Like "*@*"
			유효성 검사 텍스트	반드시 @를 포함하여 입력하시오.

02 관계 설정

① [데이터베이스 도구]-[관계] 그룹의 [관계( )]를 클릭

② 관계 편집

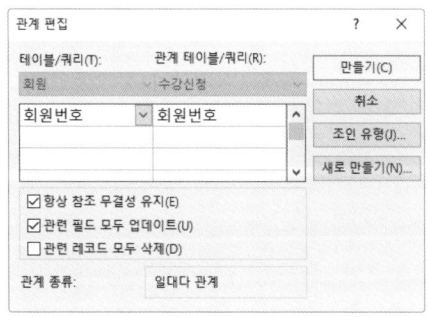
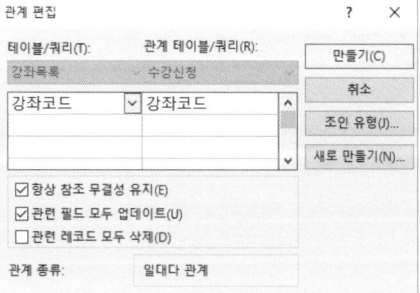

03 수강 테이블 조회 속성 설정

① '강좌코드' 필드의 [조회] 탭-[콤보 상자]

② '열 개수'는 '2'를 입력하고 '열 너비'는 '2cm;4cm', '목록 너비'는 '6cm'을 입력

문제2 ▶ 입력 및 수정 기능 구현 (20점)

01 <개설된강좌보기> 폼의 완성

지시사항	영역	개체명	탭	항목	설정 값
①	폼 머리글	lbl제목	형식	글꼴 이름	함초롬돋움
				글꼴 크기	18
②		txt날짜	데이터	컨트롤 원본	=Format(Date( ), "yyyy년 m 월")
③	폼 바닥글	txt총강좌수	데이터	컨트롤 원본	=Count(*)&"건"

02 <강좌정보> 폼에 조건부 서식 설정

① [서식]-[컨트롤 서식] 그룹의 [조건부 서식]을 클릭

② [새 서식 규칙]

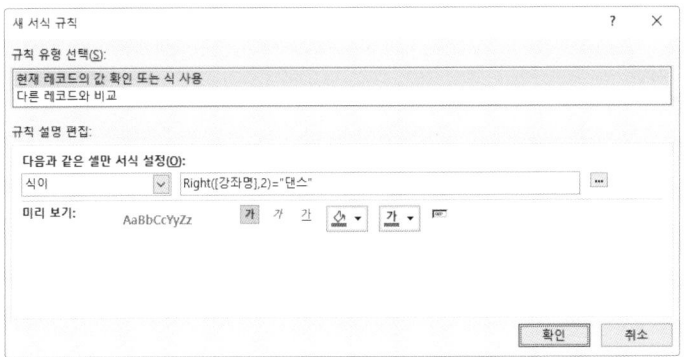

03 <수강정보보기> 폼의 매크로 작성

① [만들기]-[매크로 및 코드] 그룹에서 [매크로( )]를 클릭

② [매크로1] 매크로 작성

문제3 조회 및 출력 기능 구현 (20점)

01 <회원별수강현황> 보고서 완성

지시사항	영역	개체명	탭	항목	설정 값
①	페이지 머리글	txt날짜	모두	컨트롤 원본	=Date( )
				형식	자세한 날짜
②	[그룹, 정렬 및 요약] '이름'의 '오름차순', [정렬 추가]하여 '월수강료'의 '내림차순'					
③	본문	txt번호	데이터	컨트롤 원본	=1
				누적 합계	그룹
④	그룹 바닥글	txt총액	데이터	컨트롤 원본	=Sum([월수강료])
⑤	본문	이름, 주소, 전화번호, 이메일	형식	중복 내용 숨기기	예

02 <강사정보찾기> 폼에 이벤트 프로시저 작성

① '찾기(cmd찾기)' 단추의 [속성 시트]-[이벤트] 탭의 'On Click'에서 [코드 작성기]

② VBA 코드 작성

```
Private Sub cmd찾기_Click( )
Me.RecordSource = "Select * from 강좌목록 where 강좌명 like '*" & txt찾기 & "*'"
End Sub
```

문제4 ▶ 처리 기능 구현 (35점)

01 <용인분당주말헬스조회> 조회 쿼리

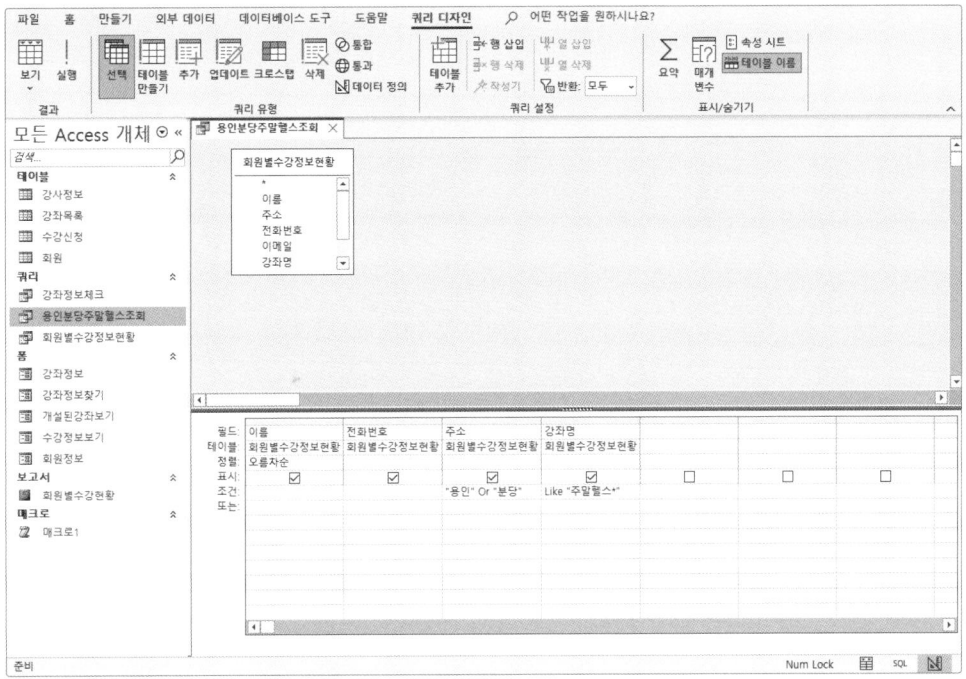

02 <수강하지않은회원> 조건 쿼리

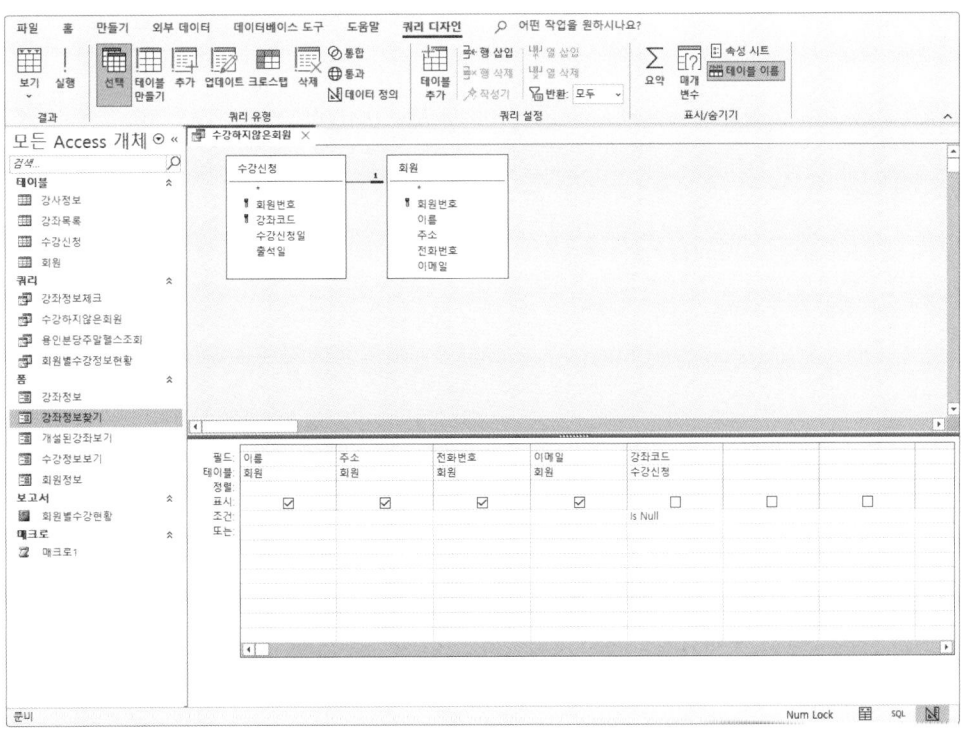

03 <강사관리> 크로스탭 쿼리

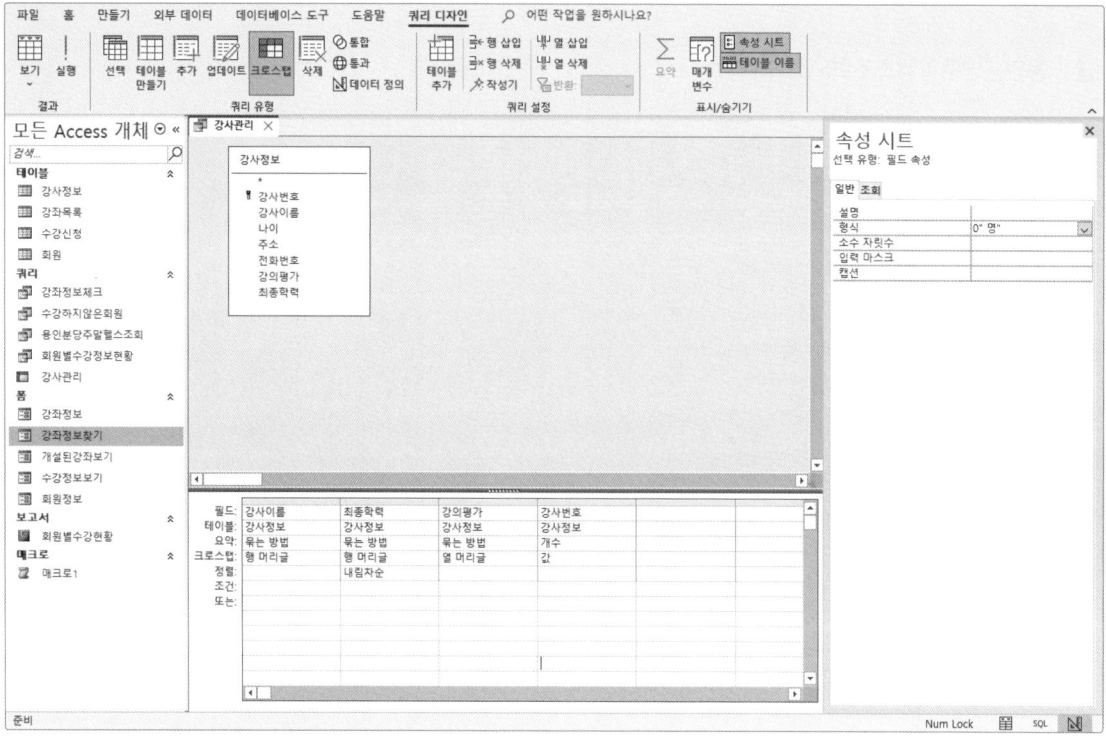

04 <강좌명변경> 업데이트 쿼리

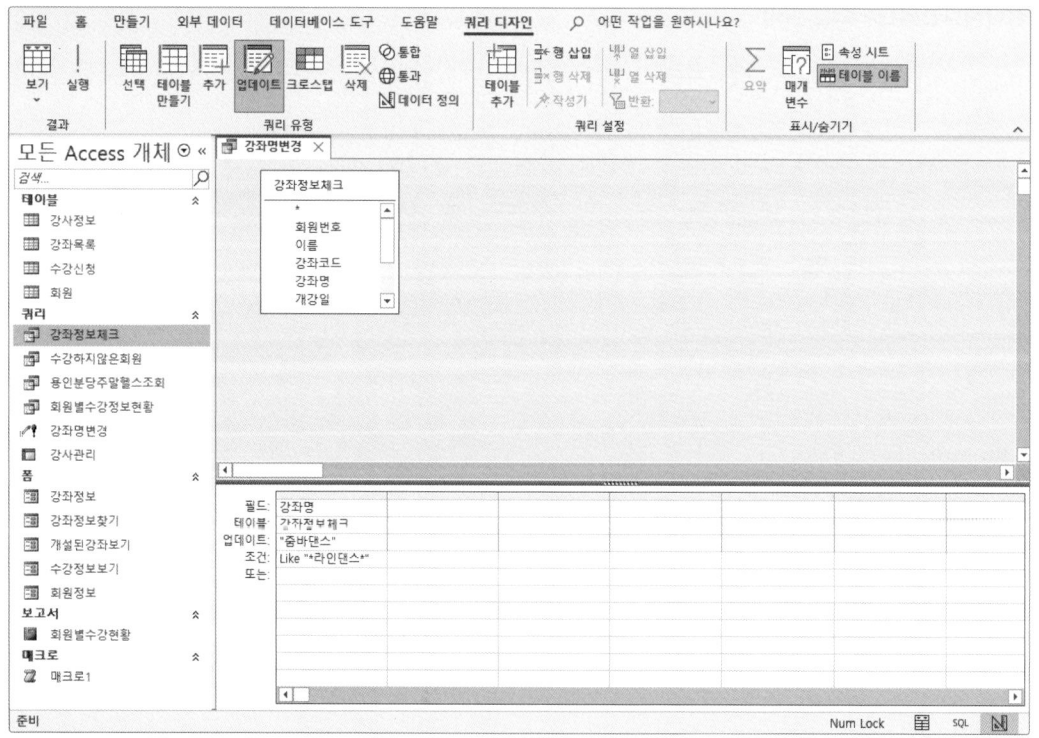

05 <개강일조회> 테이블 만들기 쿼리

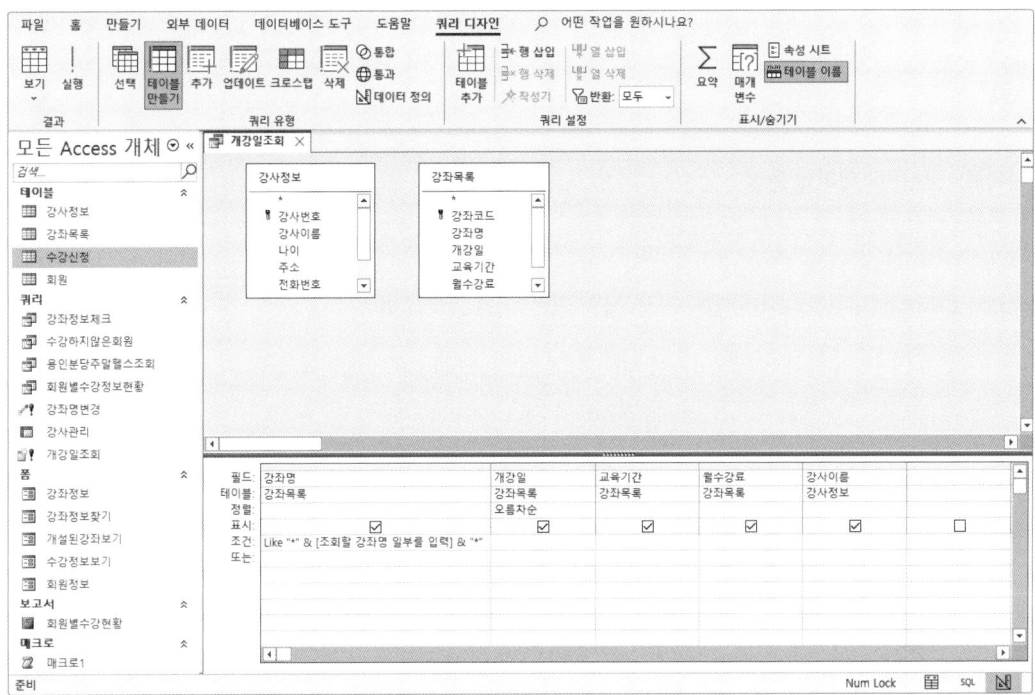

해설

문제1 ▶ DB 구축 (25점)

1 <강좌목록>, <회원> 테이블 완성

① <강좌목록> 테이블 위에서 마우스 오른쪽 단추를 눌러 <디자인 보기>를 클릭합니다.

② '강좌코드' 필드에서 [테이블 디자인] 탭-[도구] 그룹-[기본 키]를 클릭합니다.

③ [테이블 디자인] 탭-[표시/숨기기] 그룹-[속성 시트] 창의 [일반] 탭 중 [정렬 기준]에 '정원 DESC'를 입력합니다.

④ '월수강료' 필드의 속성은 [기본 값]에 '10000'을 입력합니다.

⑤ <회원> 테이블 위에서 마우스 오른쪽 단추를 눌러 <디자인 보기>를 클릭합니다.

⑥ '회원번호' 필드의 속성은 [입력 마스크]에 '>LL000'을 입력합니다.

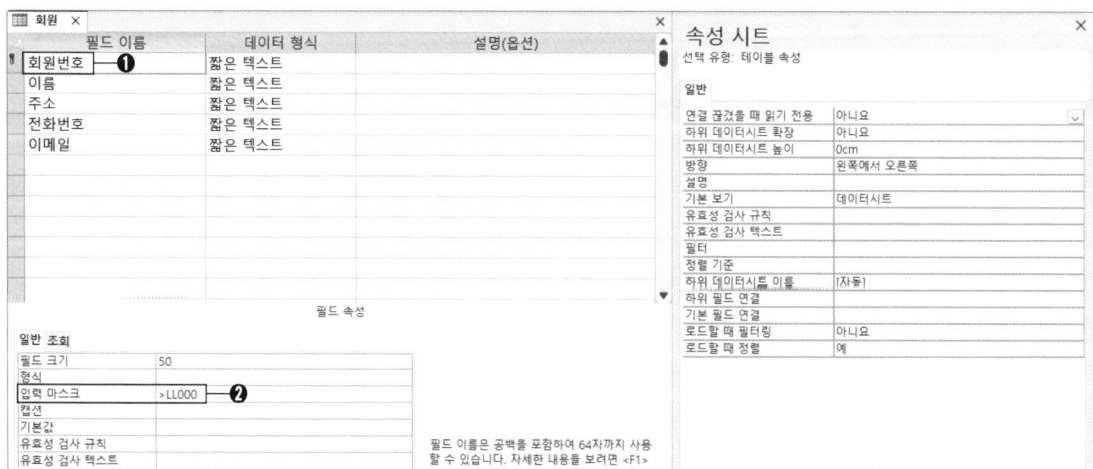

⑦ '이메일' 필드의 속성은 [유효성 검사 규칙]에 'Like "*@*"'을 입력하고 [유효성 검사 텍스트]에 '반드시 @를 포함하여 입력하시오.'를 입력합니다.

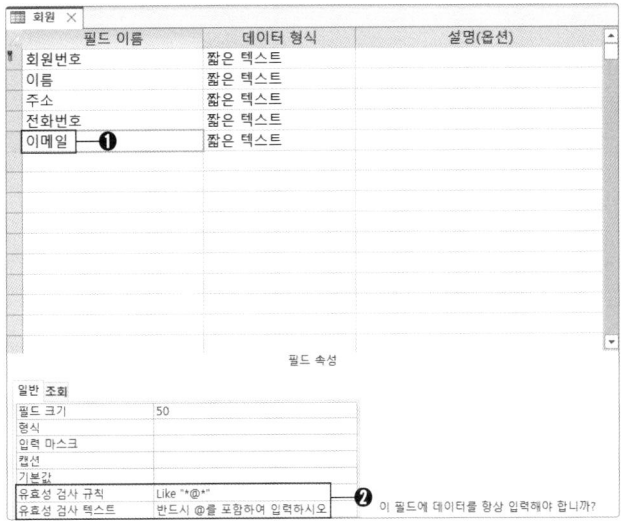

2 관계 설정

① [데이터베이스 도구] 탭-[관계] 그룹-[관계]를 클릭합니다.

② [관계] 그룹-[테이블 추가] 대화상자의 [테이블] 탭에서 Ctrl 키를 누른 채 차례대로 <강좌목록>, <수강신청>, <회원> 테이블을 선택하고 <선택한 표 추가> 단추를 클릭합니다.

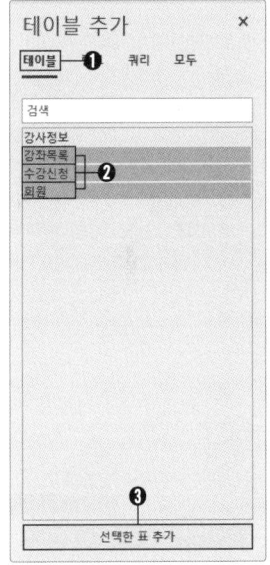

③ <수강신청> 테이블의 '회원번호' 필드를 <회원> 테이블의 '회원번호' 필드로 드래그 앤 드롭 합니다.

④ [관계 편집] 대화상자에서 '항상 참조 무결성 유지', '관련 필드 모두 업데이트'를 선택하고 <만들기> 단추를 클릭합니다.
　※ '일대다(1:M)'의 관계가 설정됩니다.

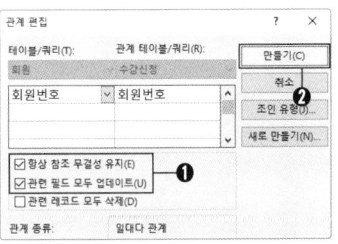

⑤ <수강신청> 테이블의 '강좌코드' 필드를 <강좌목록> 테이블의 '강좌코드' 필드로 드래그 앤 드롭 합니다.

⑥ [관계 편집] 대화상자에서 '항상 참조 무결성 유지', '관련 필드 모두 업데이트'를 선택하고 <만들기> 단추를 클릭합니다.
   ※ '일대다(1:M)'의 관계가 설정됩니다.

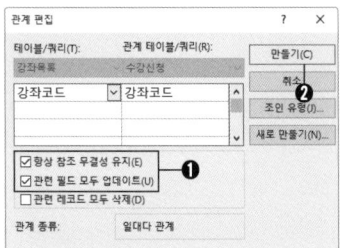

⑦ [관계] 창이 <그림>과 같이 표시됩니다. 빠른 실행 도구 모음에서 🖫(저장)을 눌러 변경된 내용을 저장합니다.
   [관계 디자인] 탭-[관계] 그룹-[닫기]를 클릭합니다.

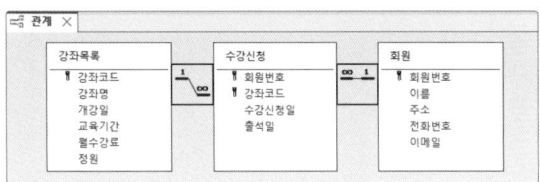

3 <수강신청> 테이블에 조회 속성 설정

① <수강신청> 테이블 위에서 마우스 오른쪽 단추를 눌러 <디자인 보기>를 클릭합니다.

② '강좌코드' 필드 속성 시트 창의 [조회] 탭 중 [컨트롤 표시]에 '콤보 상자'를 선택합니다.

③ [행 원본]에 ···을 눌러 <강좌목록> 테이블을 추가하여 '강좌코드', '강좌명' 필드를 선택합니다.

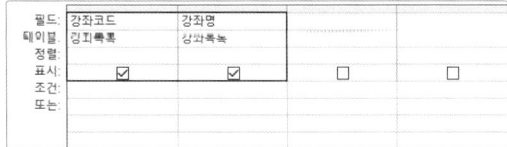

④ <닫기>(☒)를 눌러 [업데이트] 대화상자에서 <예> 단추를 클릭합니다.

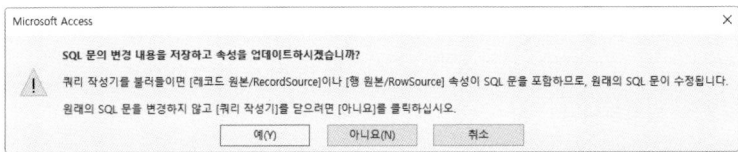

⑤ '강좌코드' 필드의 속성은 [바운드 열]에 '1', [열 개수]에 '2', [열 너비]에 '2cm;4cm', [목록 너비]에 '6cm'를 입력합니다.

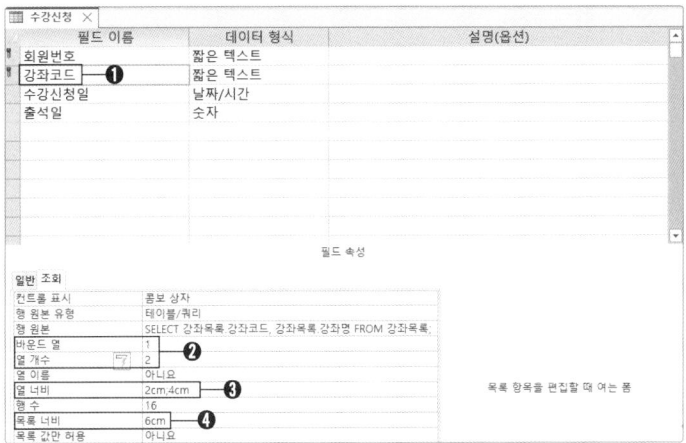

⑥ 빠른 실행 도구 모음에서 🔚(저장)을 클릭합니다.

문제2 ▶ 입력 및 수정 기능 구현 (20점)

1 <개설된강좌보기> 폼의 완성

① <개설된강좌보기> 폼 위에서 마우스 오른쪽 단추를 눌러 <디자인 보기>를 클릭합니다.

② '폼 머리글' 영역에서 'lbl제목' 컨트롤 속성 시트 창의 [형식] 탭 중 [글꼴 이름]에 '함초롬돋움'을 선택하고 [글꼴 크기]에 '18pt'를 입력합니다.

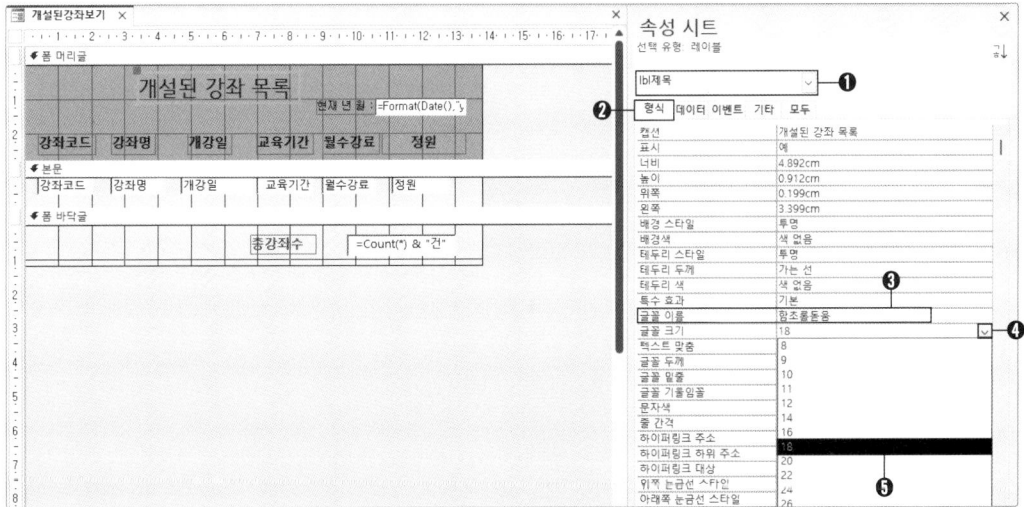

③ '폼 머리글' 영역에서 'txt날짜' 컨트롤 속성 시트 창의 [데이터] 탭 중 [컨트롤 원본]에 '=Format(Date( ),"yyyy년 m월")'을 입력합니다.

④ '폼 바닥글' 영역에서 'txt총강좌수' 컨트롤 속성 시트 창의 [데이터] 탭 중 [컨트롤 원본]에 '=Count(*)&"건"'를 입력하고 [서식] 탭-[글꼴] 그룹-[가운데 맞춤]을 클릭합니다.

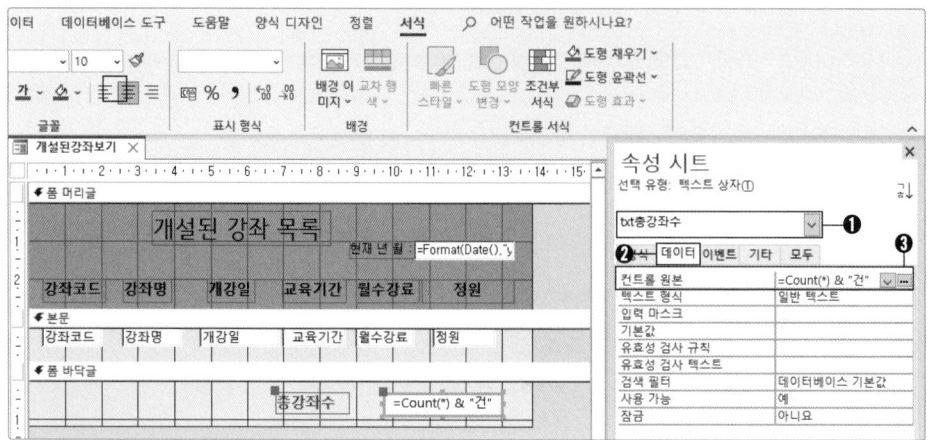

⑤ 빠른 실행 도구 모음에서 🔲(저장)을 클릭합니다.

② <강좌정보> 폼에 조건부 서식 설정

① <강좌정보> 폼 위에서 마우스 오른쪽 단추를 눌러 <디자인 보기>를 클릭합니다.

② '본문' 영역에서 모든 컨트롤을 드래그 앤 드롭 하여 선택하고 [서식] 탭-[컨트롤 서식] 그룹-[조건부 서식]을 클릭합니다.

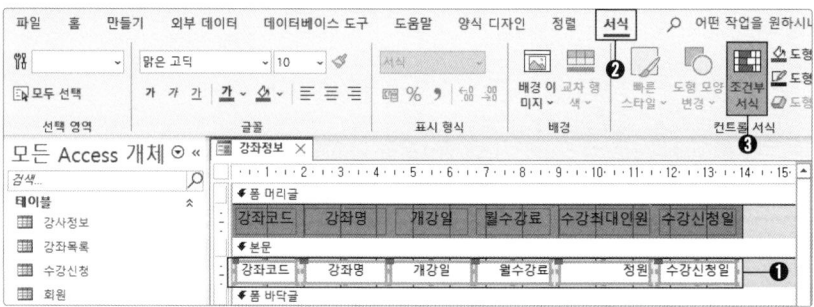

③ [조건부 서식 규칙 관리자] 대화상자에서 <새 규칙>을 클릭합니다.

④ [서식 설정]에서 '식이'를 선택하고 'Right([강좌명],2)="댄스"'을 입력하고 [글꼴]에 '굵게', [글꼴색]에 '빨강'을 선택하고 <확인> 단추를 클릭합니다.

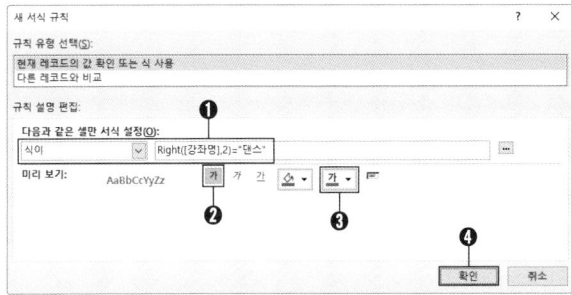

3 <수강정보보기> 폼에 매크로 작성

① [만들기] 탭-[매크로 및 코드] 그룹-[매크로]를 클릭합니다.

② [새 함수 추가]에서 <OpenForm>을 선택합니다.

③ [폼 이름]에 '회원정보', [보기 형식]에 '폼'을 선택합니다.

④ [Where 조건문]에 '[회원번호]=[Forms]![수강정보보기]![회원번호]'를 입력합니다.
   ※ [txt회원번호] 이름의 컨트롤 원본이 [회원번호]이므로 [txt회원번호]로 입력하거나 [회원번호]를 입력하여도 됩니다.

⑤ 빠른 실행 도구 모음에서 (저장)을 클릭합니다. [매크로 이름]에 '매크로1'을 입력합니다.

⑥ <수강정보보기> 폼의 바로 가기 메뉴에서 <디자인 보기>를 클릭합니다.

⑦ '본문' 영역에서 '수강정보'(cmd정보) 버튼 속성 시트 창의 [이벤트] 탭 중 [On Click]에서 '매크로1'을 선택합니다.

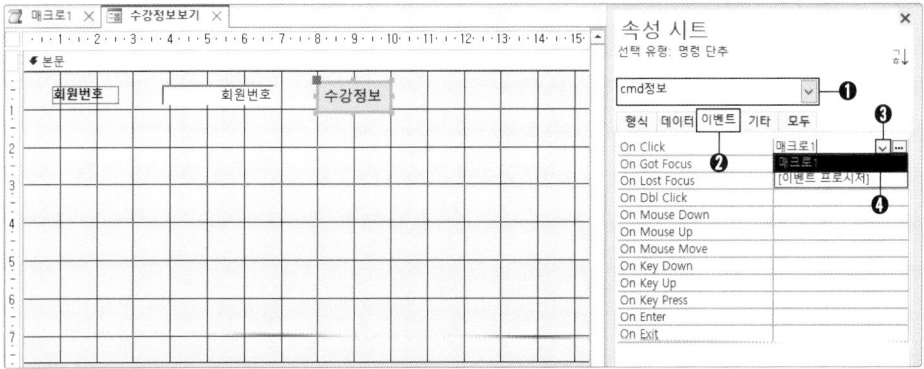

문제3 조회 및 출력 기능 구현 (20점)

1 <회원별수강현황> 보고서 완성

① <회원별수강현황> 보고서 위에서 마우스 오른쪽 단추를 눌러 <디자인 보기>를 클릭합니다.

② '페이지 머리글' 영역에서 'txt날짜' 컨트롤 속성 시트 창의 [모두] 탭 중 [컨트롤 원본]에 '=Date( )'를 입력하고 [형식]에 '자세한 날짜'를 선택합니다.

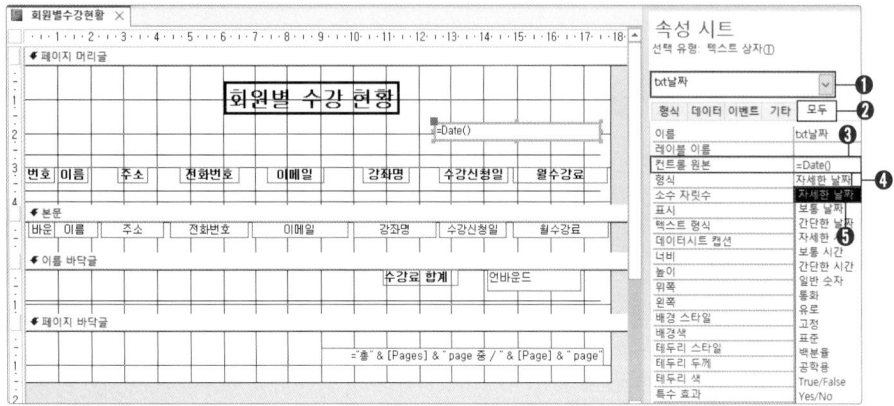

③ [보고서 디자인] 탭-[그룹화 및 요약] 탭-[그룹화 및 정렬]을 클릭합니다. [그룹, 정렬 및 요약] 대화상자에서 [정렬 추가]를 클릭한 후 '월수강료' 필드는 [정렬]에 '내림차순'을 선택합니다.

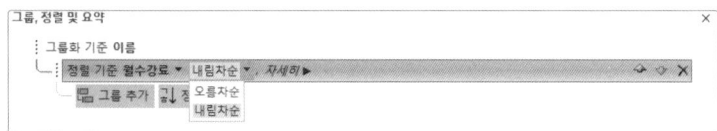

④ '본문' 영역에서 'txt번호' 컨트롤 속성 시트 창의 [데이터] 탭 중 [컨트롤 원본]에 '=1'을 입력하고 [누적 합계]에 '그룹'을 선택합니다.

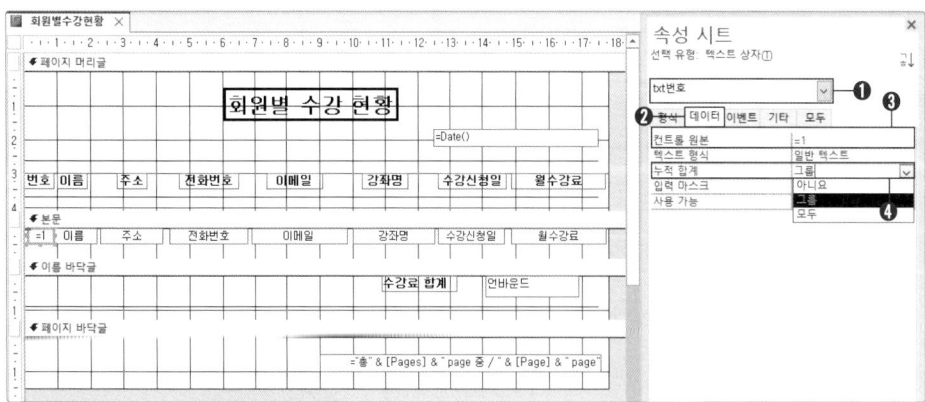

⑤ '이름 바닥글' 영역에서 'txt총액' 컨트롤 속성 시트 창의 [데이터] 탭 중 [컨트롤 원본]에 '=Sum([월수강료])'를 입력합니다.

⑥ '이름', '주소', '전화번호', '이메일' 필드를 선택하고 속성 시트 창의 [형식] 탭 중 [중복 내용 숨기기]에 '예'를 선택합니다.

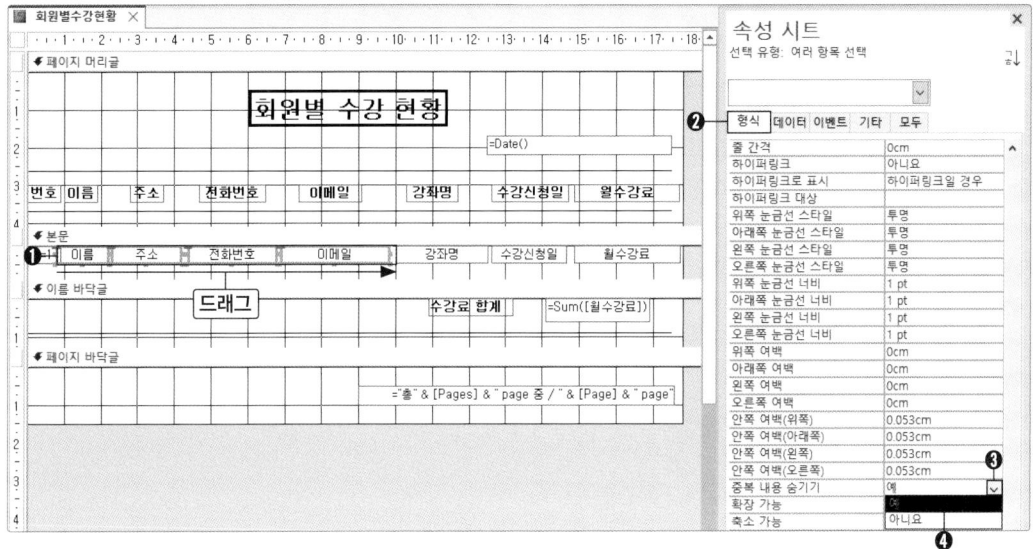

2 <강좌정보찾기> 폼에 이벤트 프로시저 작성

① <강좌정보찾기> 폼 위에서 마우스 오른쪽 단추를 눌러 <디자인 보기>를 클릭합니다.

② '본문' 영역에서 '찾기'(cmd찾기) 버튼 속성 시트 창의 [이벤트] 탭 중 [On Click]에 '코드 작성기'를 선택하고 <확인> 단추를 클릭합니다.

③ VBA 창에 다음과 같이 코드를 입력합니다.

※ <강좌목록> 테이블에서 'txt찾기'에 입력한 '강좌명' 필드를 찾기 'RecordSource(조건에 맞는 레코드 찾기)'합니다.

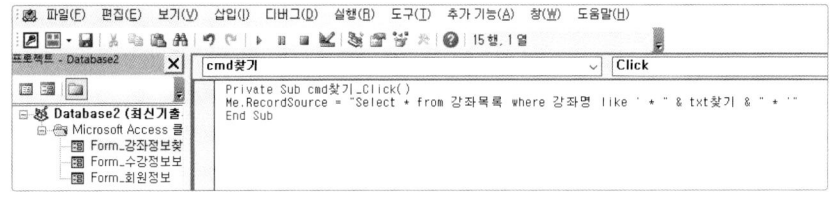

```
Private Sub cmd찾기_Click( )
Me.RecordSource = "Select * from 강좌목록 where 강좌명 like '*" & txt찾기 & "*'"
End Sub
```

④ Alt + Q 키를 눌러 액세스 창으로 돌아옵니다.

문제 4 처리 기능 구현 (35점)

1 <용인분당주말헬스조회> 조회 쿼리 작성

① [만들기] 탭-[쿼리] 그룹-[쿼리 디자인]을 클릭합니다.

② [테이블 추가] 대화상자의 [쿼리] 탭에서 <회원별수강정보현황> 쿼리를 선택하고 <선택한 표 추가> 단추를 클릭합니다.

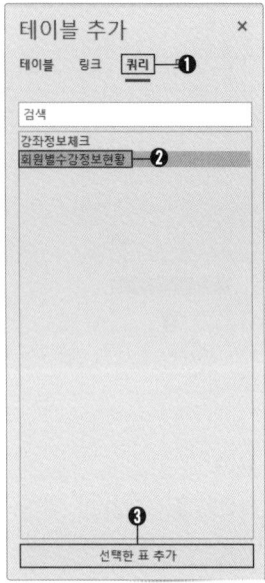

③ '이름', '전화번호', '주소', '강좌명' 필드를 선택합니다.

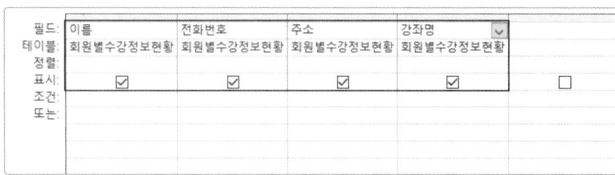

④ '이름' 필드는 [정렬]에 '오름차순'으로 선택합니다.

⑤ '주소' 필드는 [조건]에 '"용인" Or "분당"'을 입력하고 '강좌명' 필드는 [조건]에 'Like "주말헬스*"'을 입력합니다.

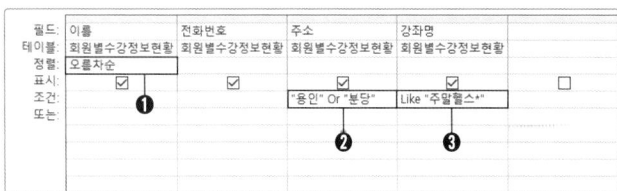

⑥ 빠른 실행 도구 모음에서 🔚(저장)을 클릭합니다. [쿼리 이름]에 '용인분당주말헬스조회'를 입력합니다.

2 <수강하지않은회원> 쿼리 작성

① [만들기] 탭-[쿼리] 그룹-[쿼리 디자인]을 클릭합니다.

② [테이블 추가] 대화상자의 [테이블] 탭에서 **Ctrl** 키를 누른 채 차례대로 <수강신청>, <회원> 테이블을 선택하고 <선택한 표 추가> 단추를 클릭합니다

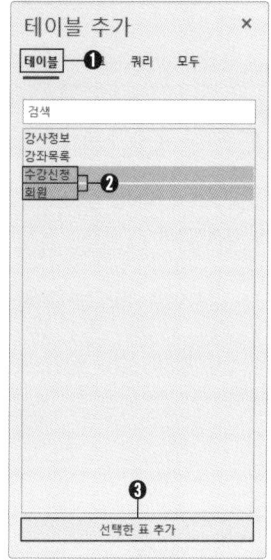

③ '이름', '주소', '전화번호', '이메일', '강좌코드' 필드를 선택합니다.

④ 1:M의 조인 속성 선을 더블클릭하여 표시되는 [조인 속성] 대화상자에서 '2:'회원'에서는 모든 레코드를 포함하고 '수강'에서는 조인된 필드가 일치하는 레코드만 포함'을 선택하고 <확인> 단추를 클릭합니다.

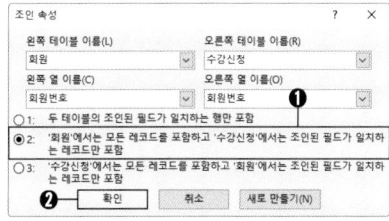

⑤ '강좌코드' 필드는 <표시>를 해제하고 [조건]에 'Is Null'을 입력합니다.

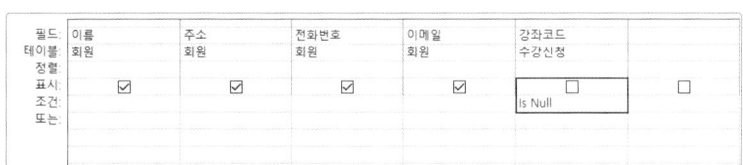

⑥ 빠른 실행 도구 모음에서 🖫(저장)을 클릭합니다. [쿼리 이름]에 '수강하지않은회원'을 입력합니다.

3 <강사관리> 크로스탭 쿼리 작성

① [만들기] 탭-[쿼리] 그룹-[쿼리 디자인]을 클릭합니다.

② [테이블 추가] 대화상자의 [테이블] 탭에서 <강사정보> 테이블을 선택하고 <선택한 표 추가> 단추를 클릭합니다.

③ '강사이름', '최종학력', '강의평가', '강사번호' 필드를 선택합니다.

④ [쿼리 디자인] 탭-[쿼리 유형] 그룹-[크로스탭]을 클릭합니다.

⑤ [크로스탭]에 '강사이름', '최종학력' 필드는 '행 머리글', '강의평가' 필드는 '열 머리글'을 선택하고 '최종학력' 필드는 [정렬]에 '내림차순'을 선택합니다.

⑥ '강사번호' 필드는 [요약]에 '개수', [크로스탭]에 '값'을 선택합니다.

⑦ '강사번호' 필드 속성 시트 창의 [일반] 탭 중 [형식]에 '0" 명"'을 입력합니다.

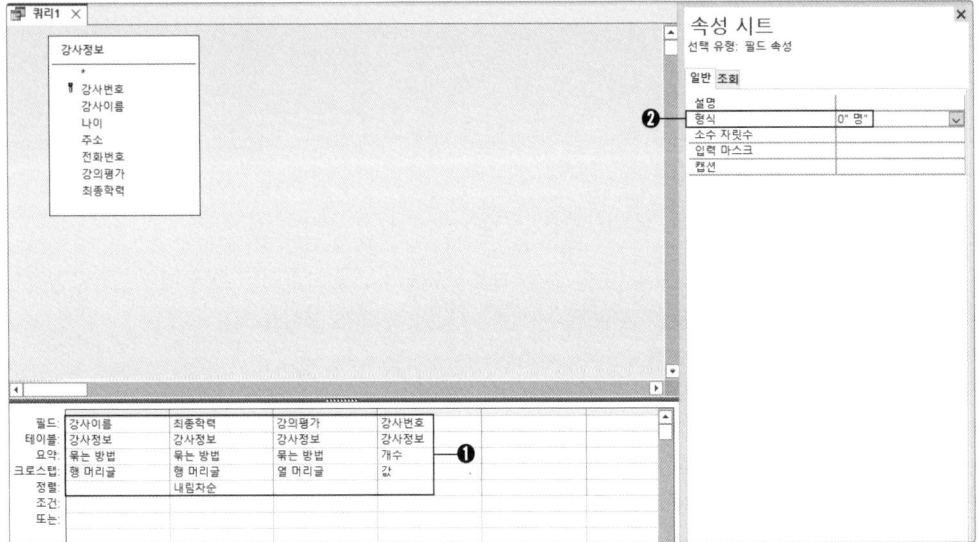

⑧ 빠른 실행 도구 모음에서 ▦(저장)을 클릭합니다. [쿼리 이름]에 '강사관리'를 입력합니다.

4 <강좌명변경> 업데이트 쿼리 작성

① [만들기] 탭-[쿼리] 그룹-[쿼리 디자인]을 클릭합니다.

② [테이블 추가] 대화상자의 [쿼리] 탭에서 <강좌정보체크> 쿼리를 선택하고 <선택한 표 추가> 단추를 클릭합니다.

③ '강좌명' 필드를 선택합니다.

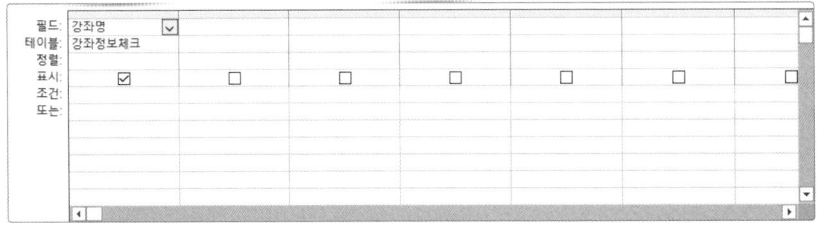

④ [쿼리 디자인] 탭-[쿼리 유형] 그룹-[업데이트]을 클릭합니다.

⑤ '강좌명' 필드는 [조건]에 'Like "*라인댄스*"'을 입력하고 [업데이트]에 '"줌바댄스"'를 입력합니다.

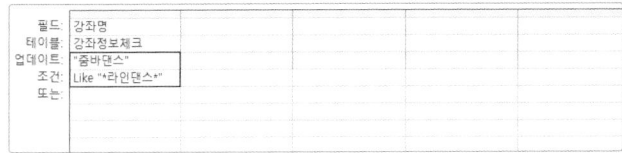

⑥ [쿼리 디자인] 탭-[결과] 그룹-[실행]을 클릭합니다. [3행을 새로 고칩니다.] 창이 표시되므로 <예> 단추를 클릭합니다.

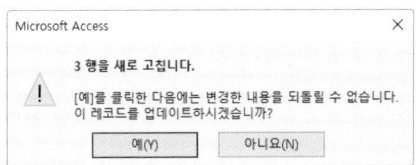

⑦ 빠른 실행 도구 모음에서 🖫(저장)을 클릭합니다. [쿼리 이름]에 '강좌명변경'을 입력합니다.

⑧ <강좌정보체크> 쿼리 위에서 마우스 오른쪽 단추를 눌러 <열기>를 클릭하여 '줌바댄스'로 변경되었는지 확인합니다.

5 <개강일정보> 테이블 만들기 쿼리 작성

① [만들기] 탭-[쿼리] 그룹-[쿼리 디자인]을 클릭합니다.

② [테이블 추가] 대화상자의 [테이블] 탭에서 Ctrl 키를 누른 채 차례대로 <강사정보>, <강좌목록> 테이블을 선택하고 <선택한 표 추가> 단추를 클릭합니다.

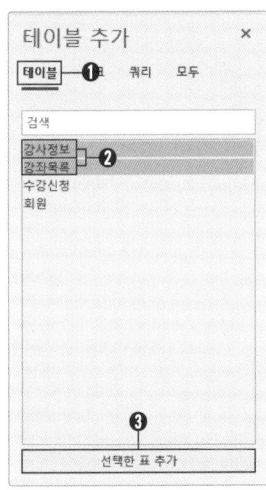

③ '강좌명', '개강일', '교육기간', '월수강료', '강사이름' 필드를 선택하여 추가합니다.

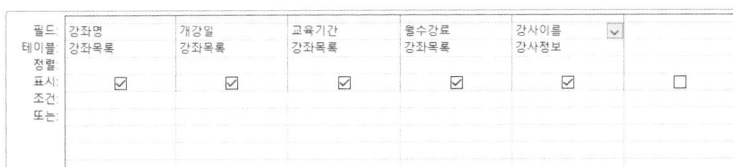

④ '강좌' 필드는 [조건]에 Like "*" & [조회할 강좌의 일부를 입력] & "*"를 입력합니다.

⑤ '개강일' 필드는 [정렬]에 오름차순을 선택합니다.

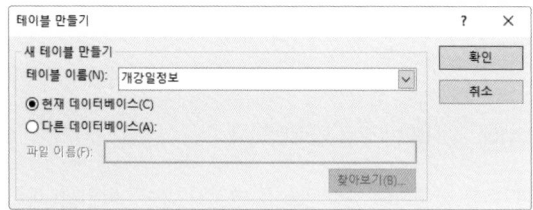

⑥ [쿼리 디자인] 탭-[쿼리 유형] 그룹-[테이블 만들기]를 클릭합니다.

⑦ [테이블 만들기] 대화상자에서 [테이블 이름]에 '개강일정보'를 입력하고 <확인> 단추를 클릭합니다.

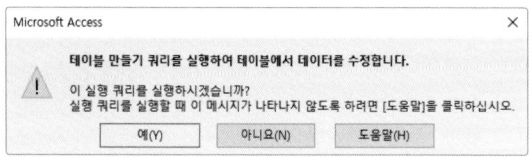

⑧ 빠른 실행 도구 모음에서 🖫(저장)을 클릭합니다. [쿼리 이름]에 '개강일조회'를 입력합니다.

⑨ <개강일조회> 쿼리 위에서 마우스 오른쪽 단추를 눌러 [열기]를 클릭합니다.

⑩ '경고 창'이 표시되면 <예> 단추를 클릭합니다.

⑪ 매개 변수 값에 '주말'을 입력하고 <확인>을 클릭한 후 [행을 붙여넣기] 대화상자에서 <예> 단추를 클릭합니다.

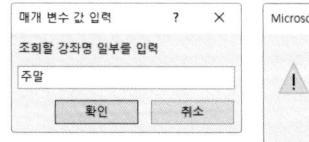 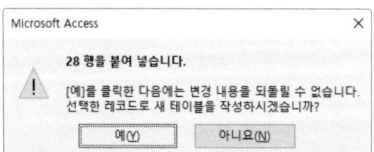

MEMO

컴퓨터활용능력 최신기출유형 6회

프로그램명	제한시간
ACCESS 2021	45분

수 험 번 호 :

성   명 :

1급 | A형

유의사항

- 인적 사항 누락 및 잘못 작성으로 인한 불이익은 수험자 책임으로 합니다.

- 화면에 암호 입력창이 나타나면 아래의 암호를 입력하여야 합니다.
  - 암호 : 988%69

- 작성된 답안은 주어진 경로 및 파일명을 변경하지 마시고 그대로 저장해야 합니다. 이를 준수하지 않으면 실격처리 됩니다.
  - 답안 파일명의 예 : C:\DB\수험번호 8자리.accdb

- 외부데이터 위치 : C:\DB\파일명

- 별도의 지시사항이 없는 경우, 다음과 같이 처리하면 실격 처리됩니다.
  - 제시된 개체의 이름을 임의로 변경한 경우
  - 제시된 개체의 속성을 임의로 변경한 경우
  - 제시된 개체를 임의로 삭제하거나 추가한 경우

- 별도의 지시사항이 없는 경우, 기능의 구현은 모듈이나 매크로 등을 이용하며, 예외적인 상황에 대해서는 고려하지 않아도 됩니다.

- 제시된 함수가 있을 경우 제시된 함수만을 사용하여야 하며, 그 외 함수 사용시 채점 대상에서 제외됩니다.

- 별도의 지시사항이 없는 경우, 주어진 각 개체의 속성은 설정값 또는 기본 설정값 (Default)으로 처리하십시오.

- 제시된 화면은 예시이며 나타난 값은 실제와 다를 수 있습니다.

- 저장 시간은 별도로 주어지지 아니하므로 제한된 시간 내에 저장을 완료해야 합니다.

- 본 문제의 용어는 MS Office LTSC Professional Plus 2021 기준으로 작성되었습니다.

문제 1 25점_ DB 구축

01 '효사랑' 요양원의 환자를 관리하기 위해 다음과 같이 데이터베이스를 구축하였다. 다음의 지시사항에 따라 완성하시오. (각 3점)

① <환자명> 테이블의 '환자코드' 필드에 'S1-1234' 형식으로 입력되도록 다음과 같이 입력 마스크를 설정하시오.
  ▶ 앞의 한 글자는 반드시 영문자나 한글이, 뒤의 다섯 글자는 숫자가 반드시 입력되도록 설정하시오.
  ▶ 데이터와 함께 "-"도 저장되고 데이터가 입력될 자리에 "#"이 표시되도록 설정하시오.

② <환자명> 테이블의 '환자명' 필드에 포커스가 이동하면 입력기가 한글이 되도록 설정하시오.

③ <환자명> 테이블의 '성별' 필드에서 "남" 또는 "여"만 입력되도록 설정하고 그 외의 문자가 입력되면 '성별을 확인하시오.' 메시지를 표시하시오.

④ <서비스명> 테이블의 '서비스코드' 필드는 기본 키로 설정하시오.

⑤ <서비스명> 테이블에 '담당요양사' 필드를 '서비스명' 필드 다음에 추가하고, 데이터 형식은 '짧은 텍스트', 필드 크기는 '50'으로 설정하시오.

02 <서비스명> 테이블의 '유형코드' 필드는 <유형> 테이블의 '유형코드' 필드를 참조하고, <신청목록> 테이블의 '서비스코드' 필드는 <서비스명> 테이블의 '서비스코드' 필드를 참조하여 테이블 간의 관계는 M:1이다. 두 테이블에 대하여 다음과 같이 관계를 설정하시오. (5점)

▶ 두 테이블 간에 항상 참조 무결성을 유지하도록 설정하시오.
▶ 참조 필드의 값이 변경되면 관련 필드의 값도 변경되도록 설정하시오.
▶ 다른 테이블에서 참조하고 있는 레코드는 삭제할 수 없도록 설정하시오.
  ※ 기존에 설정되어 있는 관계는 절대로 해제하지 마시오.

03 테이블 개체 중 '기관명'을 'Excel 통합 문서(*.xlsx)' 형식의 파일로 내보내기를 하시오. (5점)

▶ 파일명은 'C:\DB\기관명.xlsx'임

문제 2 20점_ 입력 및 수정 기능 구현

01 <환자관리> 폼을 다음 지시사항에 따라 완성하시오. (각 3점)

① 폼을 열기할 때 팝업으로 표시하도록 설정하시오.

② 하위 폼에는 <서비스현황> 폼의 환자코드와 관련된 하위 데이터가 표시되도록 하위 폼과 기본 폼을 연결하시오.

③ 하위 폼 바닥글의 'txt총액' 컨트롤에는 다음과 같이 부담금합계의 총액이 표시되도록 설정하시오.

▶ 총액이 235000일 경우 "총 부담금액 : 235,000원"으로 표시

▶ 총액이 0일 경우 "총 부담금액 : 0원"으로 표시

▶ Format 사용

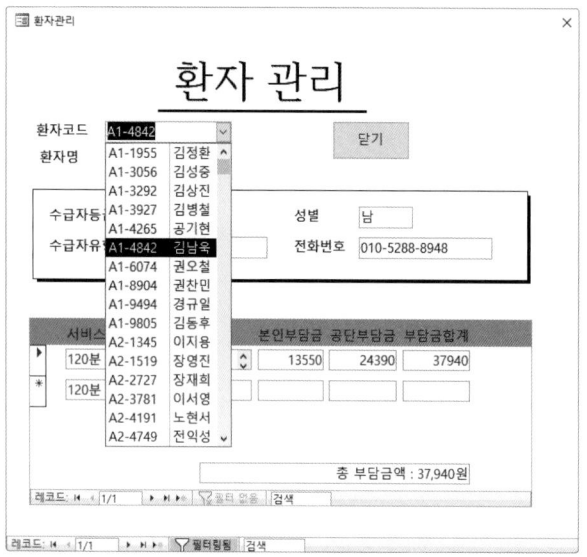

02 <환자관리> 폼의 하위 폼 본문의 'txt서비스명' 컨트롤에 환자 코드와 일치하는 서비스 신청 쿼리의 서비스명이 표시되도록 설정하시오. (6점)

▶ Dlookup( ) 함수 사용

▶ 폼 화면에는 '서비스코드'가 표시되어 있지 않음

▶ '문제 2 입력 및 수정 기능 구현' 1번 문제의 <그림> 참조

03 <환자관리> 폼의 본문 영역에 다음의 지시사항에 따라 '닫기' 컨트롤을 생성하시오. (5점)

▶ '닫기' 컨트롤의 이름은 'cmd닫기', 캡션은 '닫기'로 설정하시오.

▶ <보기>의 형식으로 메시지가 출력되고 현재 폼 창을 종료하는 <폼닫기> 매크로를 생성하여 지정하시오.

▶ '문제 2 입력 및 수정 기능 구현' 1번 문제의 <그림> 참조

문제 3 20점_ 조회 및 출력 기능 구현

01 다음의 지시사항과 <그림>을 참조하여 <등급별서비스현황> 보고서를 완성하시오. (각 3점)

① 요양등급 머리글 영역에서 머리글의 내용이 페이지마다 반복적으로 표시되도록 설정하고, '등급'이 변경되면 매 구역 전에 페이지도 변경되도록 설정하시오.

② 'txt날짜' 컨트롤에 오늘의 년도와 월을 표시되도록 설정하시오.
   ▶ Date( ), Year( ), Month( ) 사용할 것

③ 'txtID' 컨트롤에 그룹별로 일련번호가 표시되도록 설정하시오.

④ 요양등급 바닥글 영역의 'txt총합계' 컨트롤에는 '부담금합계'의 합이 표시되도록 설정하시오.

⑤ 페이지 바닥글의 'txt페이지' 컨트롤에는 페이지가 <그림>과 같이 표시되도록 설정하시오.
   ▶ 표시 예 : 총 페이지 5에서 현재 페이지 1

02 <환자관리> 폼에서 'cmb환자코드' 콤보 상자에서 특정 값으로 변경(Change)하면 다음과 같은 기능이 수행되도록 구현하시오. (5점)

▶ 'cmb환자코드' 컨트롤에서 선택한 환자의 자료만 표시할 것
▶ Filter와 FilterOn 속성을 이용하여 이벤트 프로시저를 작성할 것
▶ '문제 2 입력 및 수정 기능 구현' 1번 문제의 <그림> 참조할 것

문제4 35점_ 처리 기능 구현

01 <서비스신청> 쿼리를 이용하여 지원유형이 방문요양인 남성을 조회하는 <남성방문요양서비스>쿼리를 작성하시오. (7점)

▶ 환자명을 기준으로 오름차순 정렬하여 표시하시오.

▶ 쿼리 실행 결과 표시되는 필드와 필드명은 <그림>과 같이 표시되도록 설정하시오.

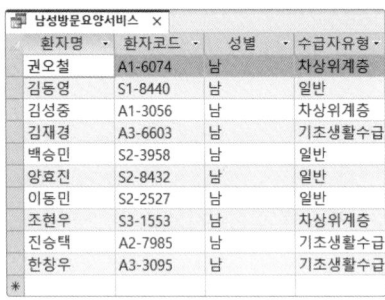

02 다음 <그림>을 참조하여 성별, 수급자유형별 부담금의 합계를 표시하는 크로스탭 질의를 작성하시오. (7점)

▶ <서비스신청> 쿼리를 이용하시오.

▶ 쿼리 이름은 <유형별부담금>으로 하시오.

▶ 등급이 1등급이나 3등급만 표시하시오.

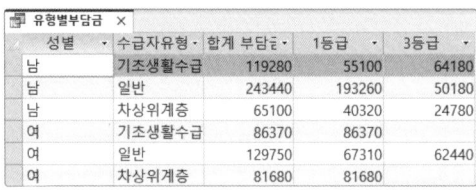

03 <환자명>, <신청목록>, <서비스명>, <유형> 테이블을 이용하여 <환자본인부담금>을 조회하는 쿼리를 작성하시오. (7점)

▶ 환자명을 입력받아 <그림>과 같이 표시하시오.

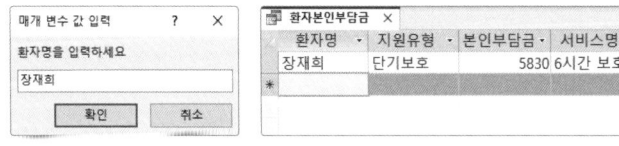

04 <기관명> 테이블을 이용하여 레코드를 지우는 삭제 쿼리를 작성하시오. (7점)

▶ 요양기관코드 명을 입력받아 레코드를 삭제하는 쿼리를 작성하시오.

▶ 쿼리의 이름은 <기관지우기>를 하시오.

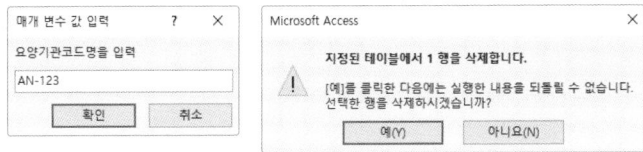

05 서비스명, 본인부담금, 공단부담금을 조회하는 <서비스별부담금> 쿼리를 작성하시오. (7점)

▶ <신청목록>, <서비스명> 테이블을 이용하시오.

▶ 구분은 '종일'만 조회대상으로 하시오.

▶ 본인부담금을 기준으로 내림차순으로 정렬하시오.

▶ 쿼리 실행 결과 표시되는 필드와 필드명은 <그림>과 같이 표시하도록 설정하시오.

서비스명	본인부담금	공단부담금
단기보호 4	64050	115290
단기보호 1	39270	70690
30분 이상 ~ 60분 미만 간호	28870	51960
단기보호 3	28710	51680
미차량방문목욕	28080	50540
150분 방문요양	27180	48930
120분 요양	24310	43760
60분 미만 단기 간호	22810	41060
6시간 보호	22190	39940
3시간 보호	19470	35050
210분 방문요양	18960	34130
30분 요양	16090	28960
단기보호 2	15900	28620
차량방문목욕	15500	27900
60분 요양	12250	22050
180분 방문요양	11190	20140
240분 방문요양	8500	15300
9시간 보호	5600	10080
90분 요양	4660	8390

최신기출유형 6회 정답 및 해설

📁 **작업 파일** : C:₩2024_컴활1급₩데이터베이스₩작업파일₩최신기출유형₩최신기출유형 6회_문제.accdb
💾 **완성 파일** : C:₩2024_컴활1급₩데이터베이스₩완성파일₩최신기출유형₩최신기출유형 6회_정답.accdb

정답

문제 1 ▶ DB 구축 (25점)

01 <환자명>, <서비스명> 테이블 완성

지시사항	테이블명	필드명	필드 속성	설정 값
①	환자명	환자코드	입력 마스크	>L0-0000;0;#
②		환자명	IME 모드	한글
③		성별	유효성 검사 규칙	In("남","여")
			유효성 검사 텍스트	성별을 확인하시오.
④	서비스명	서비스코드	기본키	
⑤		담당요양사	데이터 형식	짧은 텍스트
			필드 크기	50

02 관계 설정

① [데이터베이스 도구]-[관계] 그룹의 [관계(📊)]를 클릭

② 관계 편집

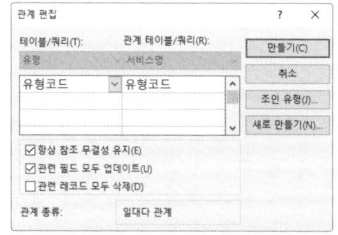 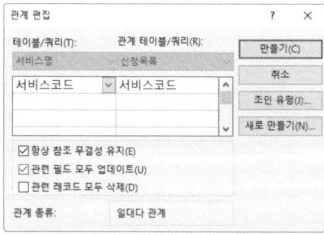

03 외부로 데이터 내보내기

① [외부 데이터]-[내보내기] 그룹의 [Excel: 📊]을 클릭

② '파일 형식'은 'Excel Workbook(*.xlsx)'

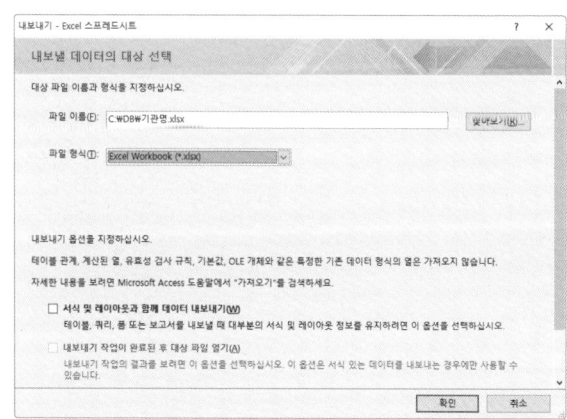

문제2 ▶ 입력 및 수정 기능 구현 (20점)

01 <환자관리> 폼의 완성

지시사항	영역	개체명	탭	항목	설정 값
①	폼		기타	팝업	예
②	본문	하위 컨트롤	데이터	원본 개체	서비스현황
				기본 필드 연결	환자코드
				하위 필드 연결	환자코드
③	하위 폼 바닥글	txt총액	데이터	컨트롤 원본	="총 부담금액 : " & Format(Sum([부담금합계]), "#,##0원")

02 <환자관리> 폼에 함수 설정

① 'txt서비스명' 컨트롤을 클릭

② =DLookUp("서비스명", "서비스신청", "Forms![환자관리]![환자코드]=[서비스신청]![환자코드]")

03 <환자관리> 폼에 매크로 설정

① [만들기]-[매크로 및 코드] 그룹에서 [매크로( )]를 클릭

② [폼닫기] 매크로 저장

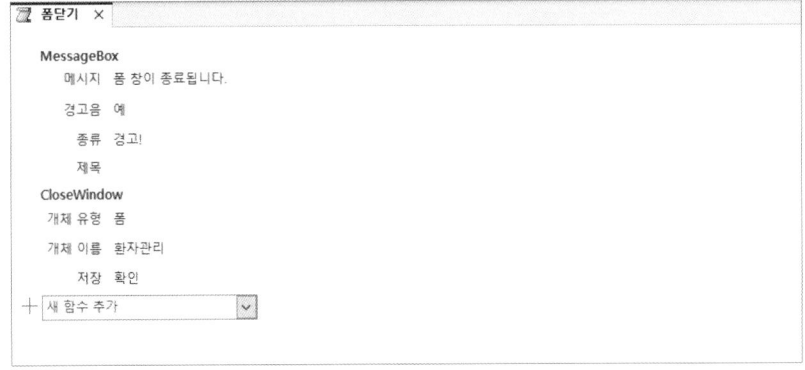

문제3 ▶ 조회 및 출력 기능 구현 (20점)

01 <등급별서비스현황> 보고서 완성

지시사항	영역	개체명	탭	항목	설정 값
①	요양등급머리글		형식	반복 실행 구역	예
				페이지 바꿈	구역 전
②	페이지 머리글	txt날짜	데이터	컨트롤 원본	=Year(Date( )) & "년" & Month(Date( )) & "월"'
③	본문	txtID	데이터	컨트롤 원본	=1
				누적 합계	그룹
④	요양등급 바닥글	txt총합계	데이터	컨트롤 원본	=Sum([부담금합계])
⑤	페이지 바닥글	txt페이지	모두	컨트롤 원본	="총 페이지 " & [Pages] & " 에서 현재 페이지 " & [Page]

02 <환자관리> 폼에 이벤트 프로시저 작성

① 'cmb환자코드' 컨트롤 [속성 시트]-[이벤트] 탭의 'On Change'에서 [코드 작성기]를 클릭

② VBA 코드 작성

```
Private Sub cmb환자코드_Change( )
Me.Filter = "환자코드 = '" & cmb환자코드 & "'"
Me.FilterOn = True
End Sub
```

문제 4 ▶ 처리 기능 구현 (35점)

01 <남성방문요양서비스> 조회 쿼리

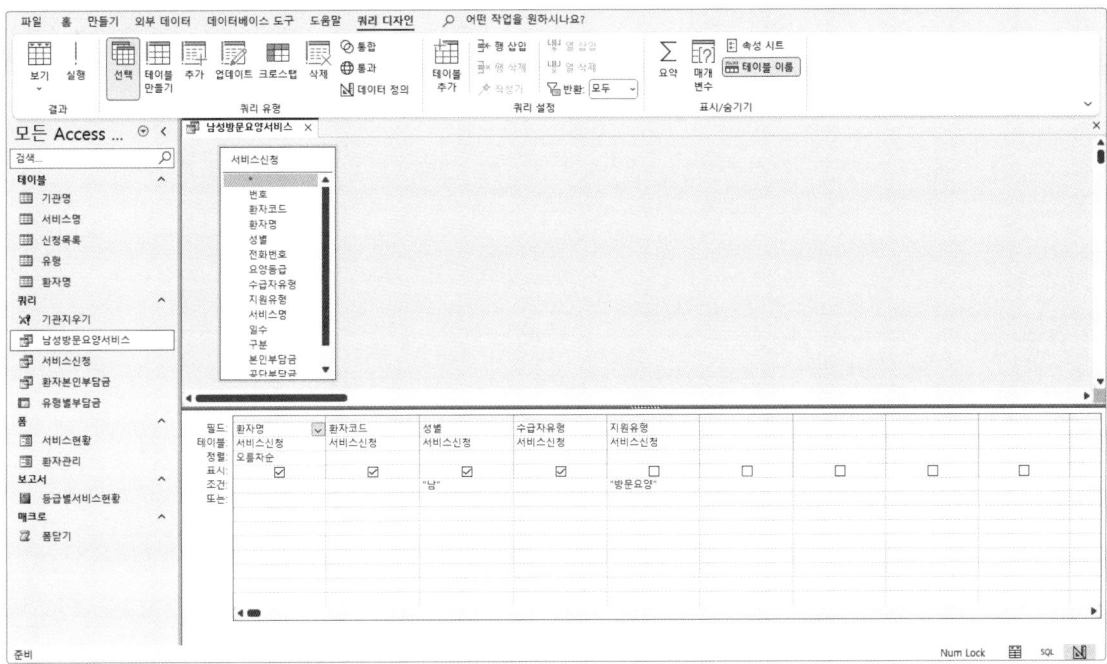

02 <유형별부담금> 크로스탭 쿼리

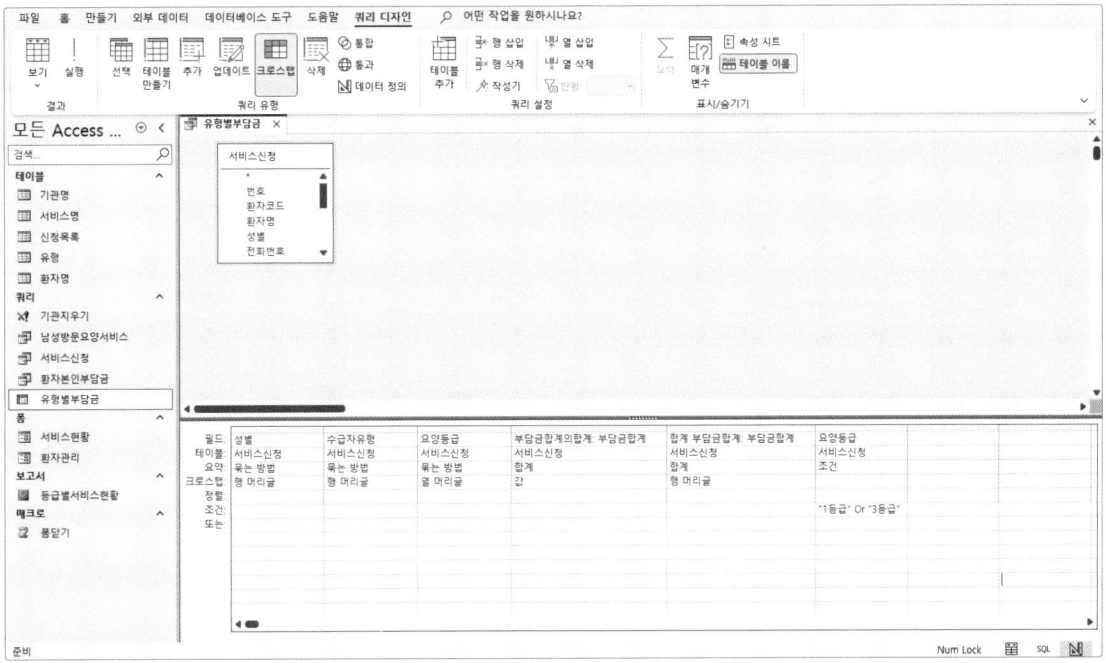

03 <환자본인부담금> 매개 변수 쿼리

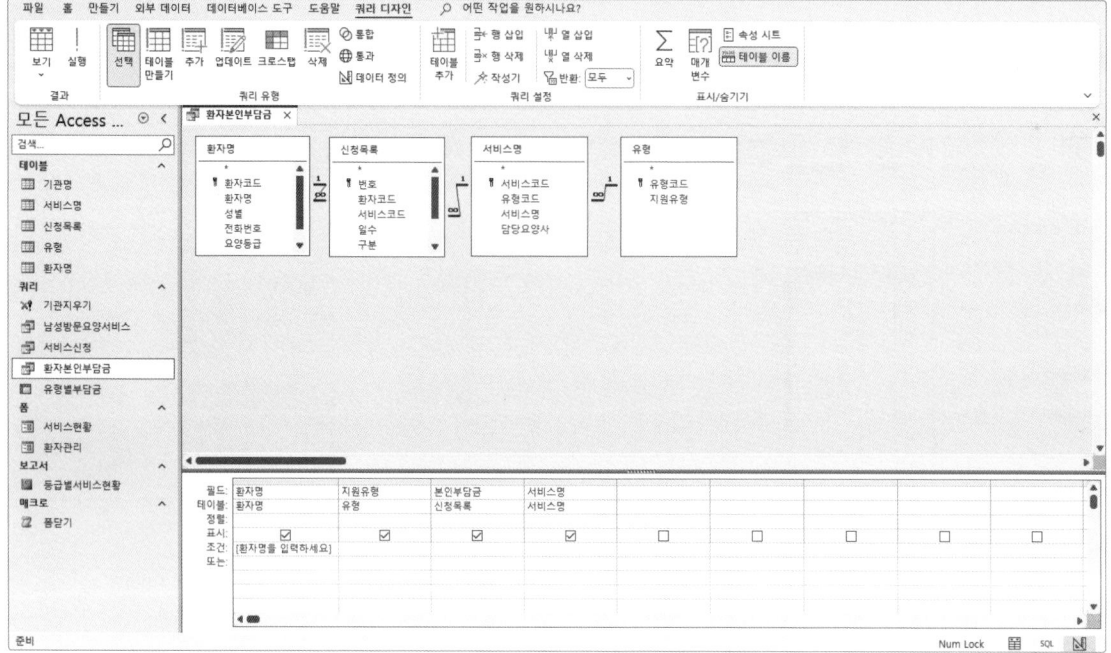

04 <기관지우기> 삭제 쿼리

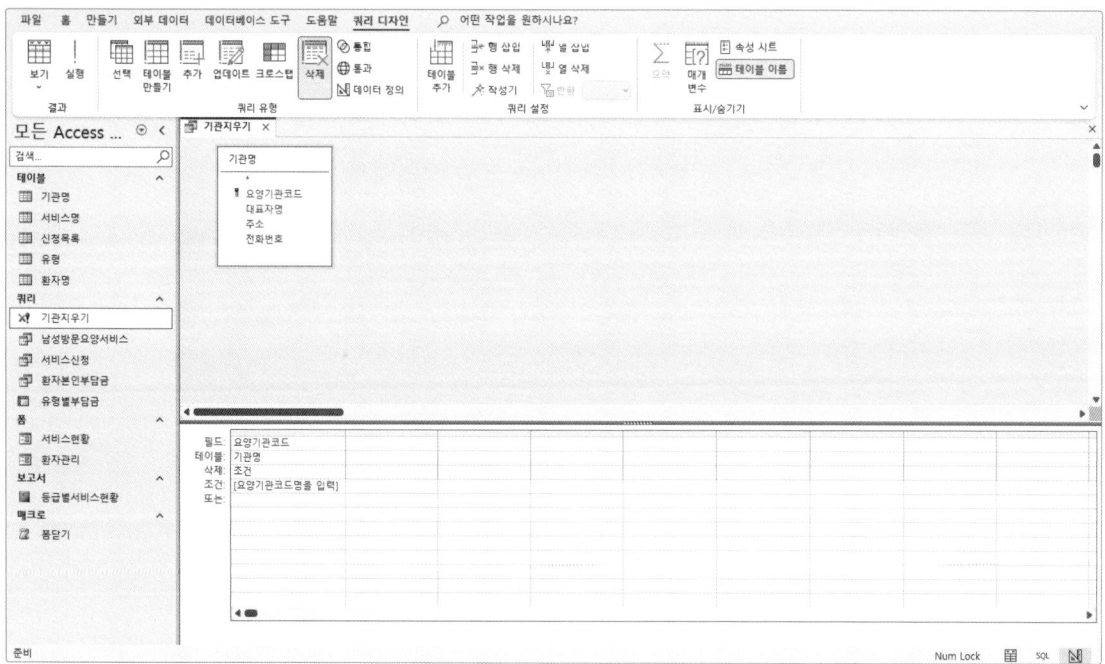

05 <서비스별부담금> 요약 쿼리

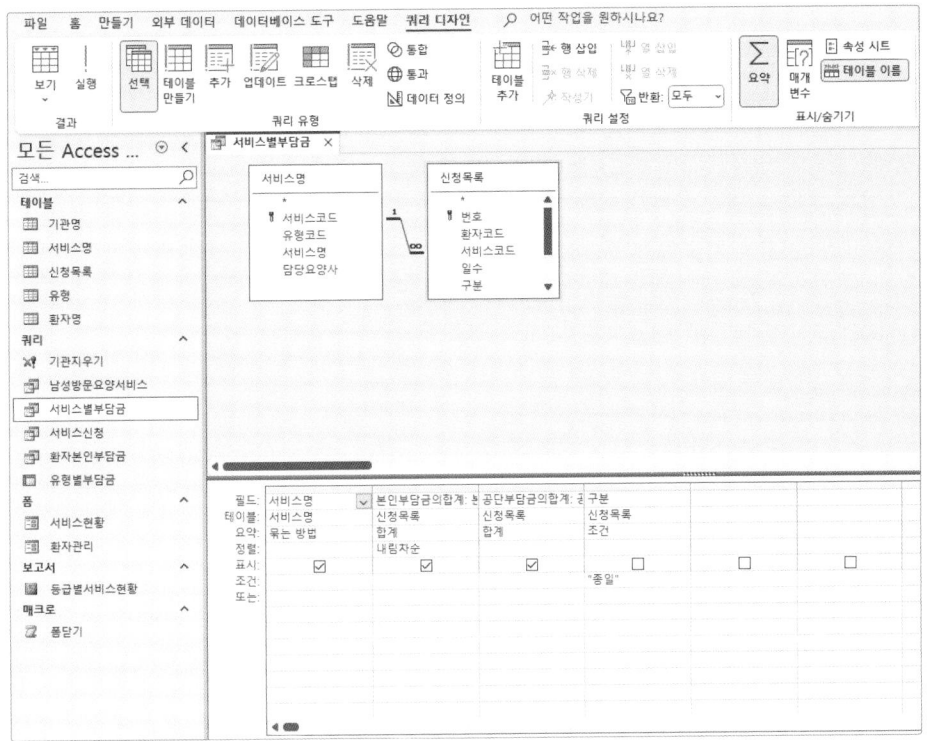

문제1 DB 구축 (25점)

1 <환자명>, <서비스명> 테이블 완성

① <환자명> 테이블 위에서 마우스 오른쪽 단추를 눌러 <디자인 보기>를 클릭합니다.

② '환자코드' 필드의 속성은 [입력 마스크]에 '>L0-0000;0;#'을 입력합니다.

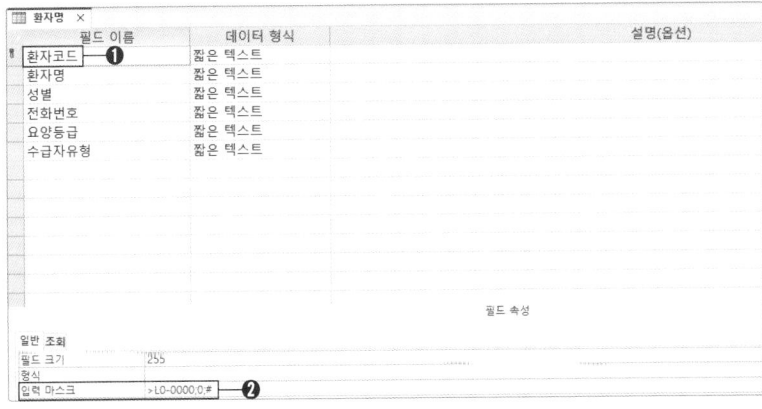

> **TIP**
>
> [입력 마스크 형식]
> - 형식 : 첫 번째;두 번째;세 번째
> - 첫 번째는 필수항목
> - 두 번째는 선택으로 0이면 문자가 데이터와 함께 저장, 1이면 문자가 저장되지 않고 표시만 됨
> - 세 번째는 선택으로 자리 표시자. 기본은 '_'이므로 표시할 다른 문자를 입력할 수 있음

③ '환자명' 필드의 속성은 [IME 모드]에 '한글'을 선택합니다.

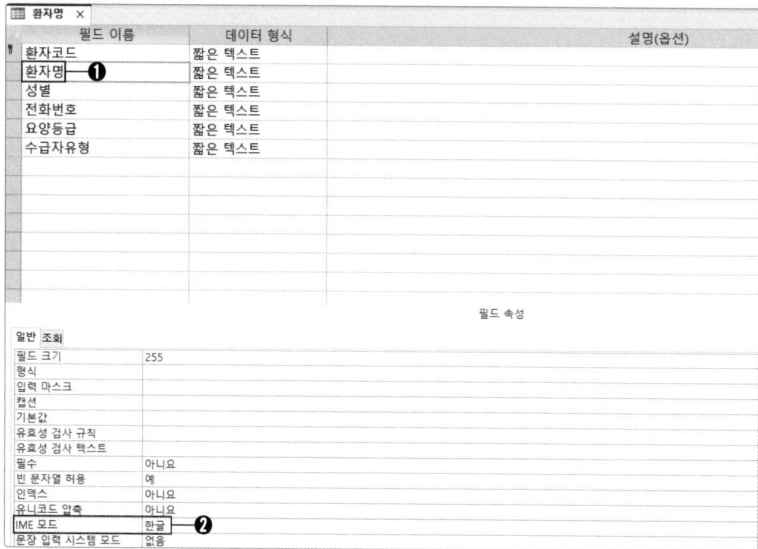

④ '성별' 필드의 속성은 [유효성 검사 규칙]에 'In("남","여")'를 입력하고 [유효성 검사 텍스트]에 '성별을 확인하시오.'를 입력합니다.

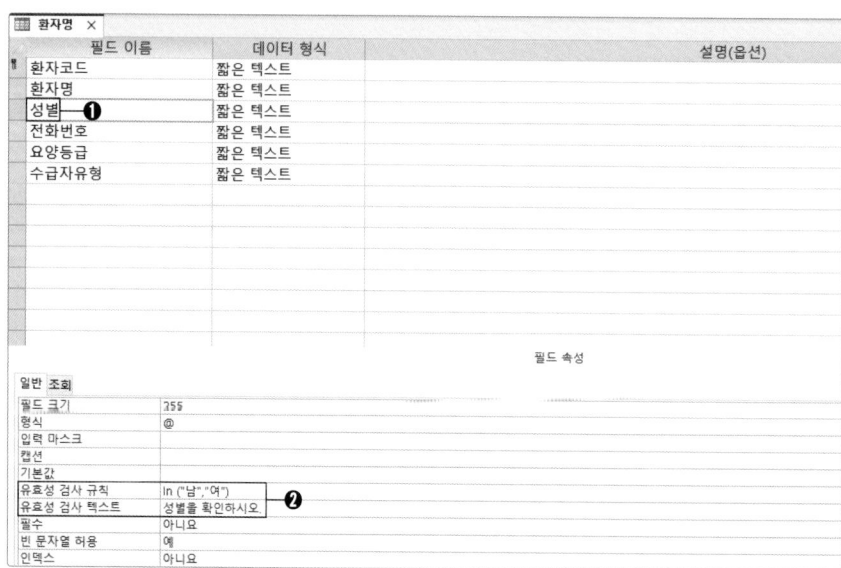

⑤ <서비스명> 테이블 위에서 마우스 오른쪽 단추를 눌러 <디자인 보기>를 클릭합니다.

⑥ '서비스코드' 필드에서 [테이블 디자인] 탭-[도구] 그룹-[기본 키]를 클릭합니다.

⑦ 필드 이름의 마지막에 커서를 위치하고 [필드 이름]에 '담당요양사'를 입력하고 [데이터 형식]에 '짧은 텍스트', 필드의 속성은 [필드 크기]에 '50'을 입력합니다.

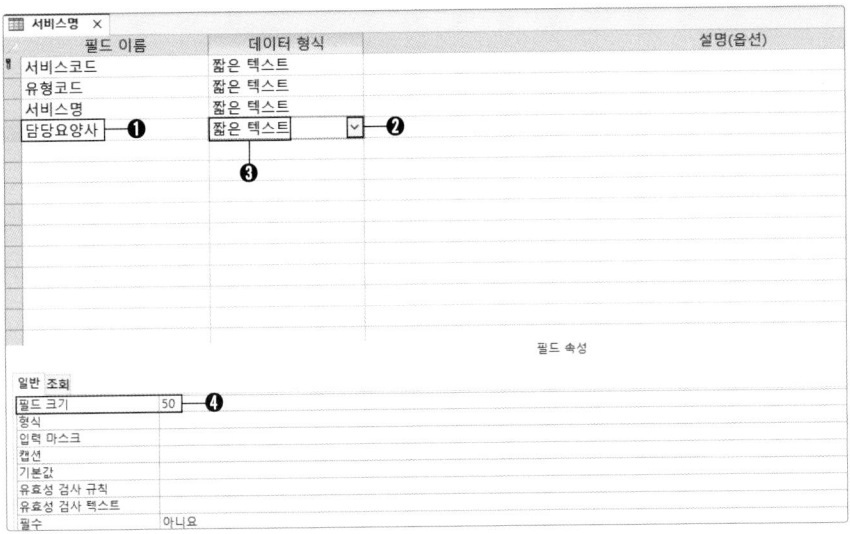

2 관계 설정

① [데이터베이스 도구] 탭-[관계] 그룹-[관계]를 클릭합니다.

② [관계] 그룹-[테이블 추가]를 클릭합니다. [테이블 추가] 대화상자의 [테이블] 탭에서 Ctrl 키를 누른 채 차례대로 <서비스명>, <유형> 테이블을 선택하고 <선택한 표 추가> 단추를 클릭합니다.

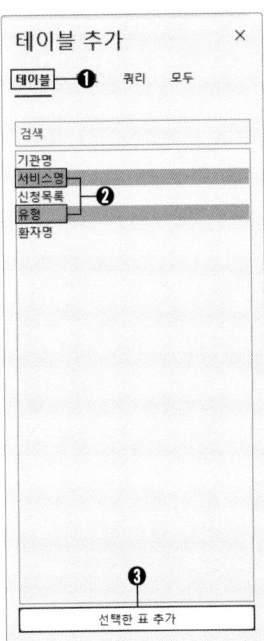

③ <유형> 테이블의 '유형코드' 필드를 <서비스명> 테이블의 '유형코드' 필드로 드래그 앤 드롭 합니다.

④ [관계 편집] 대화상자에서 '항상 참조 무결성 유지', '관련 필드 모두 업데이트'를 선택하고 <만들기> 단추를 클릭합니다.

※ '일대다(1:M)'의 관계가 설정됩니다.

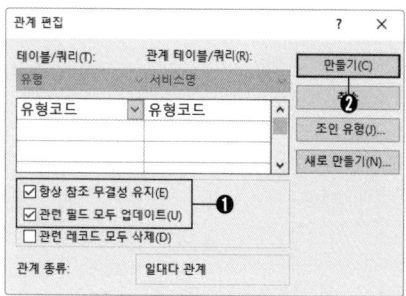

⑤ <서비스명> 테이블의 '서비스코드' 필드를 <신청목록> 테이블의 '서비스코드' 필드로 드래그 앤 드롭 합니다.

⑥ [관계 편집] 대화상자에서 '항상 참조 무결성 유지', '관련 필드 모두 업데이트'를 선택하고 <만들기> 단추를 클릭합니다.

※ '일대다(1:M)'의 관계가 설정됩니다.

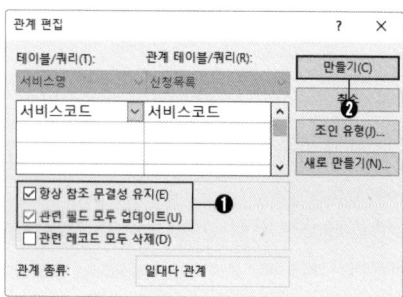

⑦ [관계] 창이 다음과 같이 표시됩니다. 빠른 실행 도구 모음에서 🗎(저장)을 눌러 변경된 내용을 저장합니다. [관계 디자인] 탭-[관계] 그룹-[닫기]를 클릭합니다.

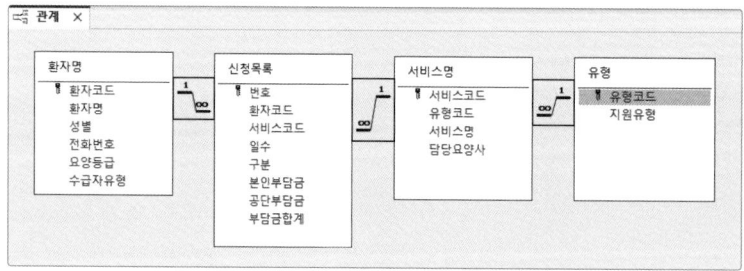

3 외부로 데이터 내보내기

① <기관명> 테이블에서 [외부 데이터] 탭-[내보내기] 그룹-[Excel]을 클릭합니다.

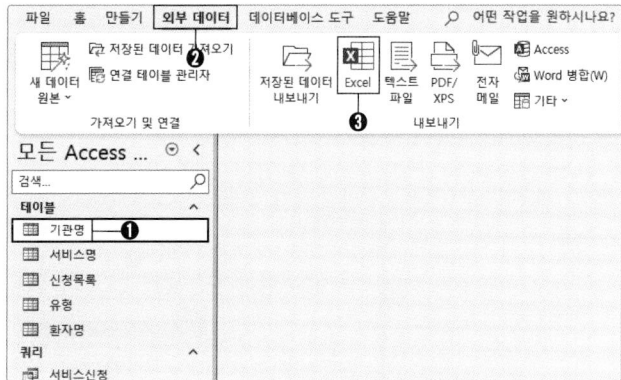

② [내보내기 - Excel 스프레드시트] 대화상자에서 [내보낼 데이터의 대상 선택] 창의 <찾아보기> 단추를 클릭하여 파일 이름은 'C:\DB\기관명.xlsx'을 선택합니다.

③ [내보내기 - Excel 스프레드시트] 대화상자에서 파일 형식에 'Excel Workbook(*.xlsx)'을 선택하고 <확인> 단추를 클릭합니다.

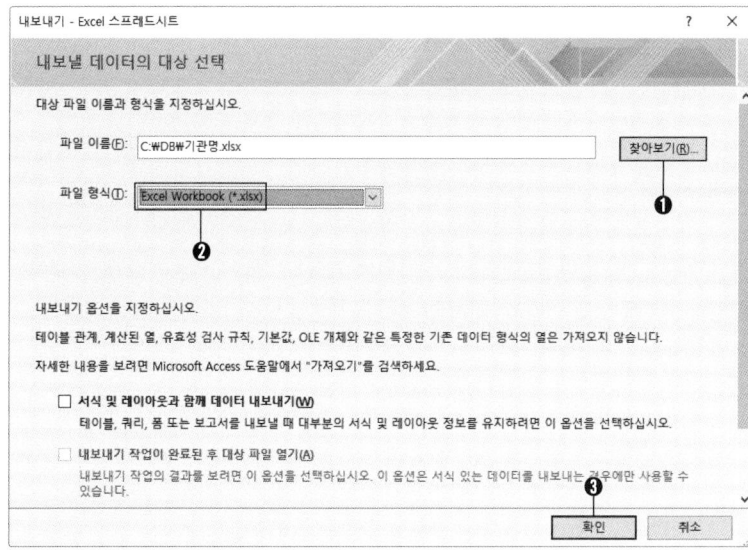

④ [내보내기 단계 저장] 대화상자에서 <닫기> 단추를 클릭합니다.

문제2 ▶ 입력 및 수정 기능 구현 (20점)

1 <환자관리> 폼의 완성

① <환자관리> 폼 위에서 마우스 오른쪽 단추를 눌러 <디자인 보기>를 클릭합니다.

② '폼' 영역 속성 시트 창의 [기타] 탭 중 [팝업]에 '예'로 선택합니다.

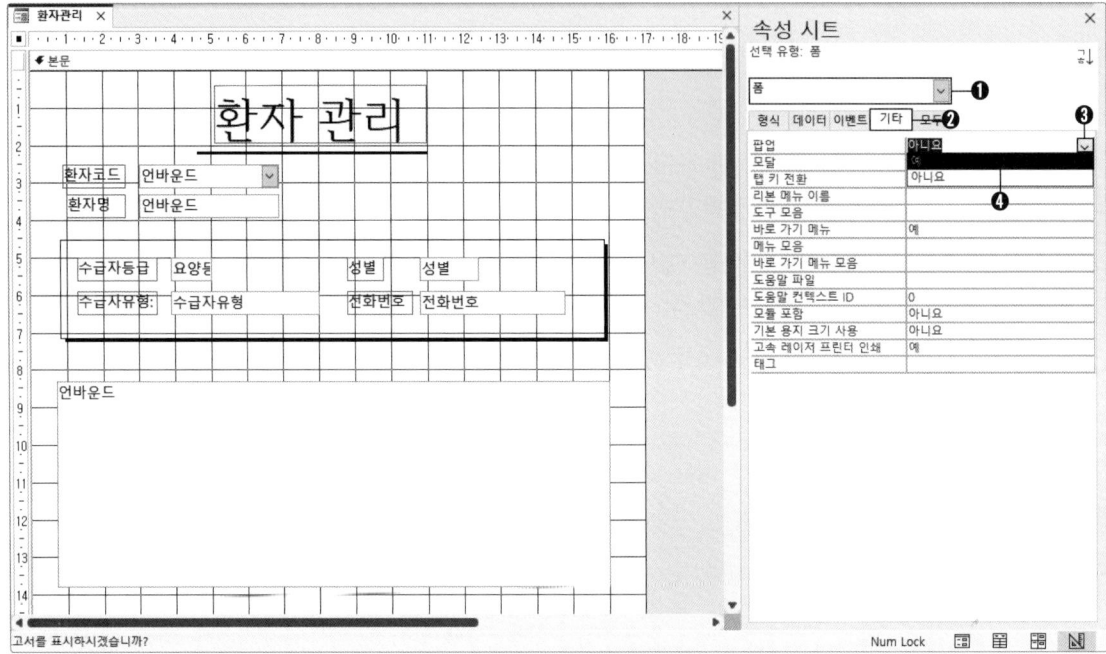

③ 언바운드 되어진 컨트롤 '하위 폼' 영역 속성 시트 창의 [데이터] 탭 중 [원본 개체]에 '폼·서비스현황'을 선택하고 [기본 필드 연결]에 ...을 눌러 표시되는 [하위 폼 필드 연결기] 대화상자에서 [기본 필드]와 [하위 필드]는 '환자코드'를 선택됩니다.

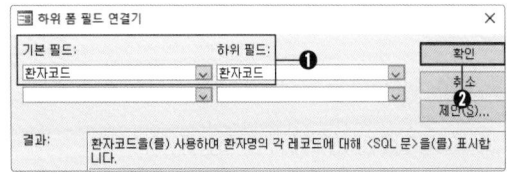

④ '하위 폼 바닥글' 영역에서 'txt총액' 컨트롤 속성 시트 창의 [데이터] 탭 중 [컨트롤 원본]에 '="총 부담금액 : " & Format(Sum([부담금합계]),"#,##0원")'을 입력합니다.

2 <환자관리>폼에 함수 설정

① <환자관리> 폼 위에서 마우스 오른쪽 단추를 눌러 <디자인 보기>를 클릭합니다.

② 하위 폼의 '본문' 영역에서 'txt서비스명' 컨트롤 속성 시트 창의 [데이터] 탭 중 [컨트롤 원본]에 '=DLookUp("서비스명","서비스신청","Forms![환자관리]![환자코드]=[서비스신청]![환자코드]")'를 입력합니다.

3 <환자관리> 폼에 매크로 설정

① [만들기] 탭-[매크로 및 코드] 그룹-[매크로]를 클릭합니다.

② [새 함수 추가]에서 <MessageBox>를 선택합니다.

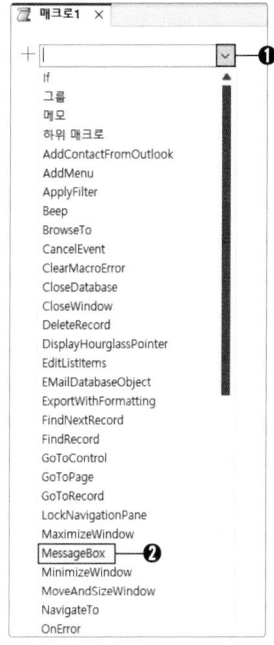

③ [메시지]에 '폼 창이 종료됩니다.'를 입력하고 [종류]에 '경고!'를 선택합니다.

④ [새 함수 추가]에서 <CloseWindow>를 클릭하고 [개체 유형]에 '폼', [개체 이름]에 '환자관리'를 선택합니다.

⑤ 빠른 실행 도구 모음에서 (저장)을 클릭합니다. [매크로 이름]에 '폼닫기'를 입력합니다.

⑥ <환자관리> 폼 위에서 마우스 오른쪽 단추를 눌러 <디자인 보기>를 클릭합니다.

⑦ [양식 디자인] 탭-[컨트롤] 그룹-[(단추)]를 '본문' 영역으로 드래그 앤 드롭 합니다.
  ※ 이때 명령 단추 마법사 창이 표시되면 <취소> 단추를 클릭합니다.

⑧ '닫기' 버튼 속성 시트 창의 [모두] 탭 중 [이름]에 'cmd닫기', [캡션]에 '닫기'를 입력합니다.

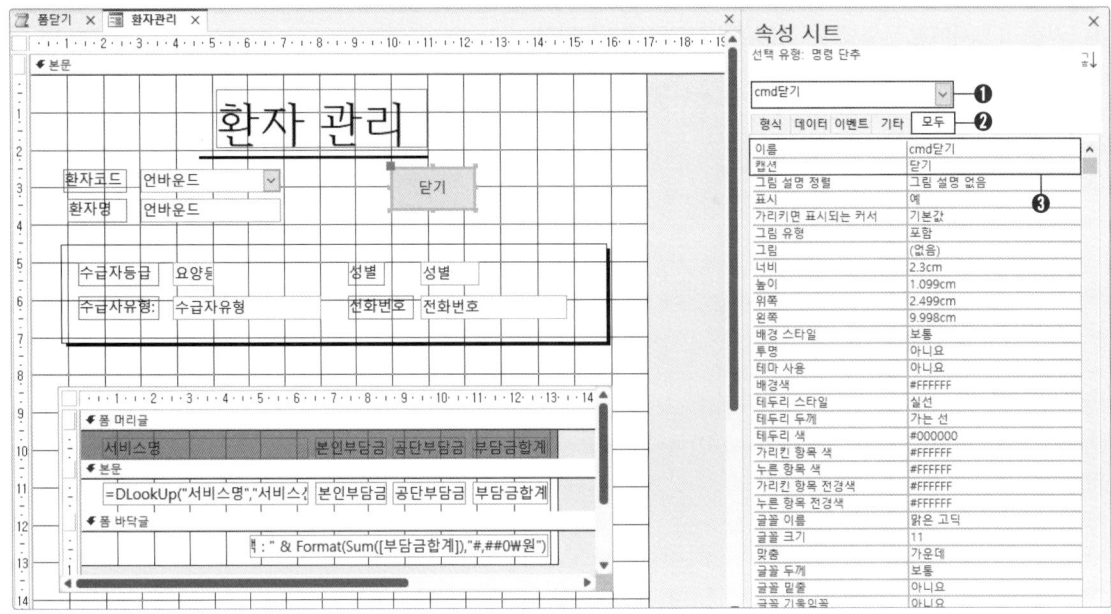

⑨ [이벤트] 탭 중 [On click]에 '폼닫기'를 선택합니다.

문제3 ▶ 조회 및 출력 기능 구현 (20점)

1 <등급별서비스현황> 보고서 완성

① <등급별서비스현황> 보고서 위에서 마우스 오른쪽 단추를 눌러 <디자인 보기>를 클릭합니다.

② '요양등급 머리글' 영역 속성 시트 창의 [형식] 탭 중 [반복 실행 구역]에 '예', [페이지 바꿈]에 '구역 전'을 선택합니다.

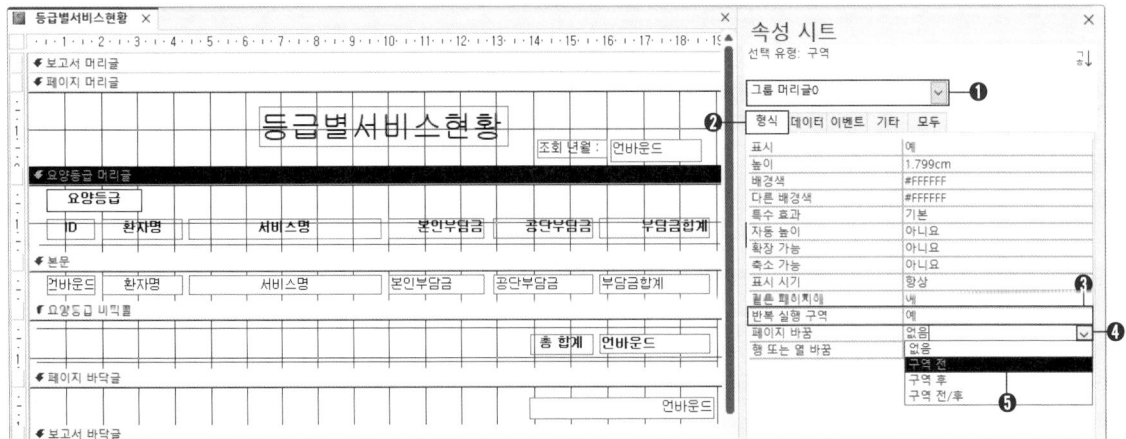

③ '페이지 머리글' 영역에서 'txt날짜' 컨트롤 속성 시트 창의 [모두] 탭 중 [컨트롤 원본]에 '=Year(Date( )) & "년" & Month(Date( )) & "월"'을 입력합니다.

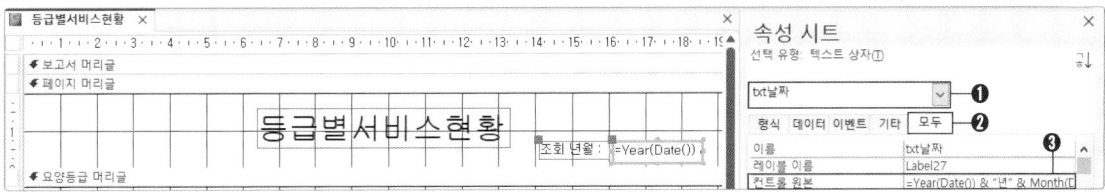

④ '본문' 영역에서 'txtID' 컨트롤 속성 시트 창의 [데이터] 탭 중 [컨트롤 원본]에 '=1'을 입력하고 [누적 합계]에 '그룹'을 선택합니다.

⑤ '요양등급 바닥글' 영역에서 'txt총합계' 컨트롤 속성 시트 창의 [데이터] 탭 중 [컨트롤 원본]에 '=Sum([부담금합계])'를 입력합니다.

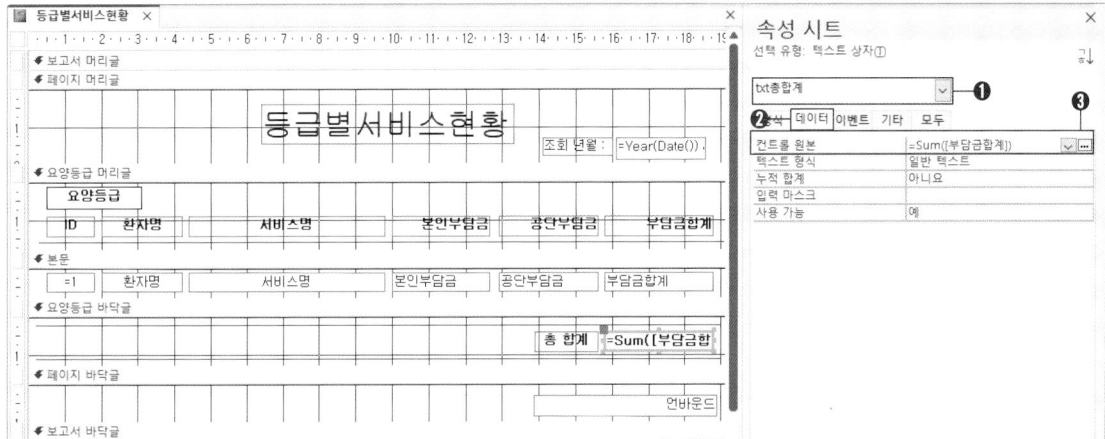

⑥ '페이지 바닥글' 영역에서 'txt페이지' 컨트롤 속성 시트 창의 [모두] 탭 중 [컨트롤 원본]에 '="총 페이지 " & [Pages] & " 에서 현재 페이지 " & [Page]'를 입력합니다.

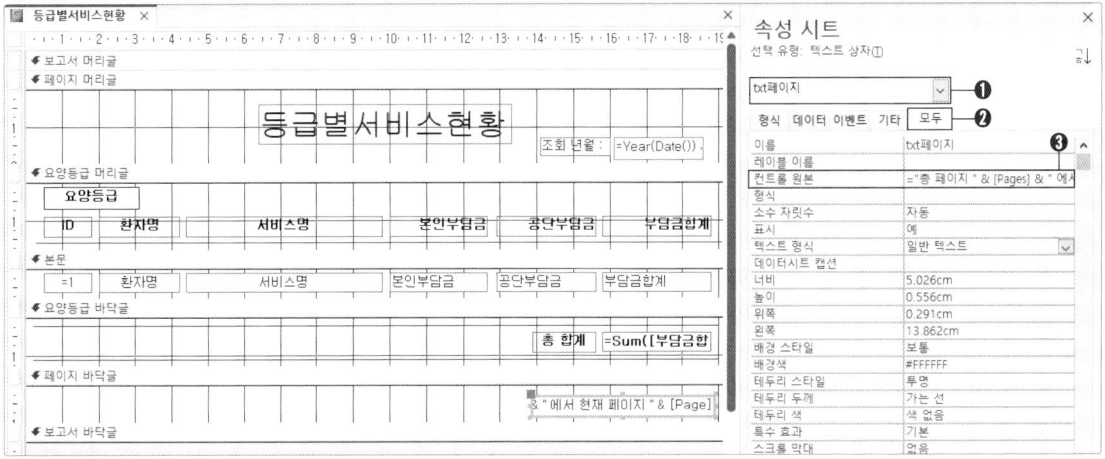

2 <환자관리> 폼에 이벤트 프로시저 작성

① <환자관리> 폼 위에서 마우스 오른쪽 단추를 눌러 <디자인 보기>를 클릭합니다.

② 'cmb환자코드' 버튼 속성 시트 창의 [이벤트] 탭 중 [On Change]에 '코드 작성기'를 선택하고 <확인> 단추를 클릭합니다.

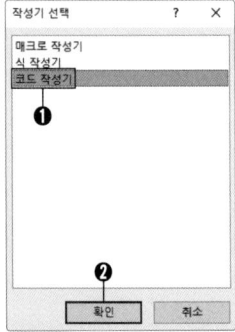

③ VBA 창에 다음과 같이 입력합니다.

※ 'cmb환자코드'에서 선택한 값과 '환자코드'값이 같으면 레코드를 필터하여 표시합니다.

```
Private Sub cmb환자코드_Change( )
Me.Filter = "환자코드 = '" & cmb환자코드 & "'"
Me.FilterOn = True
End Sub
```

문제 4 ▶ 처리 기능 구현 (35점)

1 <남성방문요양서비스> 조회 쿼리 작성

① [만들기] 탭-[쿼리] 그룹-[쿼리 디자인]을 클릭합니다.

② [테이블 추가] 대화상자의 [쿼리] 탭에서 <서비스신청> 쿼리를 선택하고 <선택한 표 추가> 단추를 클릭합니다.

③ '환자명', '환자코드', '성별', '수급자유형', '지원유형' 필드를 선택합니다.

④ '환자명' 필드는 [정렬]에 '오름차순'을 선택하고 '성별' 필드는 [조건]에 "남", '지원유형' 필드는 [조건]에 "방문요양"을 입력하고 <표시>는 해제합니다.

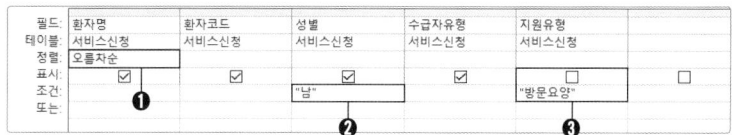

⑤ 빠른 실행 도구 모음에서 저장을 클릭합니다. [쿼리 이름]에 '남성방문요양서비스'를 입력합니다.

2 <유형별부담금> 크로스탭 쿼리 작성

① [만들기] 탭-[쿼리] 그룹-[쿼리 마법사]을 클릭합니다.

② [새 쿼리] 대화상자에서 '크로스탭 쿼리 마법사'를 선택하고 <확인> 단추를 클릭합니다.

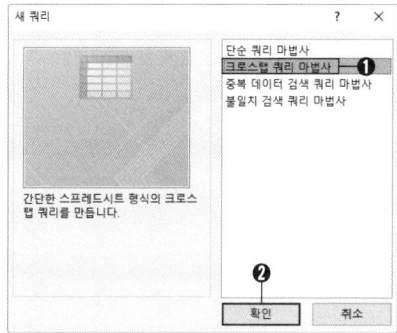

③ [크로스탭 쿼리 마법사] 대화상자에서 '쿼리: 서비스신청'을 선택하고 <다음> 단추를 클릭합니다.

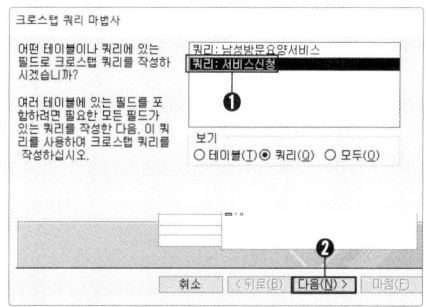

④ [크로스탭 쿼리 마법사] 대화상자에서 행 머리글에 '성별', '수급자유형'을 선택하고 <다음> 단추를 클릭합니다.

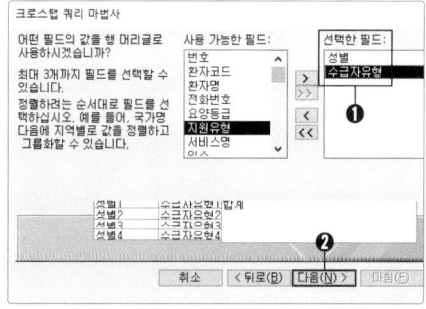

⑤ [크로스탭 쿼리 마법사] 대화상자에서 열 머리글에 '요양등급'을 선택하고 <다음> 단추를 클릭합니다.

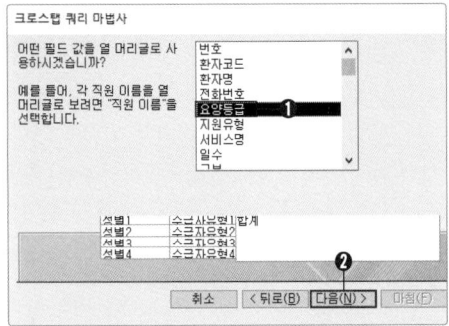

⑥ [크로스탭 쿼리 마법사] 대화상자에서 값 계산 필드에 '부담금합계', 함수에 '총계'를 선택하고 <다음> 단추를 클릭합니다.

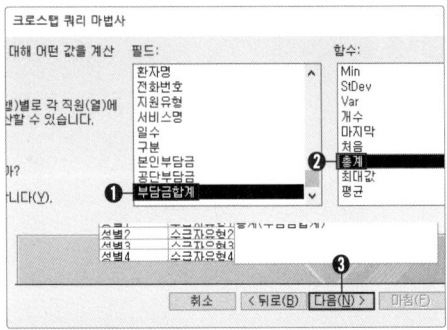

⑦ [크로스탭 쿼리 마법사] 대화상자에서 쿼리 이름에 '유형별부담금'을 입력하고 '디자인 수정'을 선택하고 <마침> 단추를 클릭합니다.

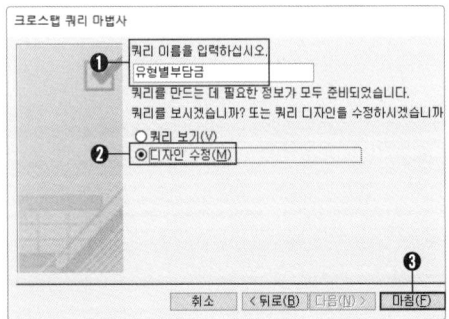

⑧ '요양등급' 필드는 [조건]에 '"1등급" Or "3등급"'을 입력합니다. 빠른 실행 도구 모음에서 🔳(저장)을 눌러 변경된 내용을 저장합니다.

필드:	[성별]	[수급자유형]	[요양등급]	[부담금합계]	합계 부담금합계: [부
테이블:	서비스신청	서비스신청	서비스신청	서비스신청	서비스신청
요약:	묶는 방법	묶는 방법	묶는 방법	합계	합계
크로스탭:	행 머리글	행 머리글	열 머리글	값	행 머리글
정렬:					
조건:			"1등급" Or "3등급"		
또는:					

3 <환자본인부담금> 매개 변수 쿼리 작성

① [만들기] 탭-[쿼리] 그룹-[쿼리 디자인]을 클릭합니다.

② [테이블 추가] 대화상자의 [테이블] 탭에서 **Ctrl** 키를 누른 채 차례대로 <환자명>, <신청목록>, <서비스명>, <유형> 테이블을 선택하고 <선택한 표 추가> 단추를 클릭합니다.

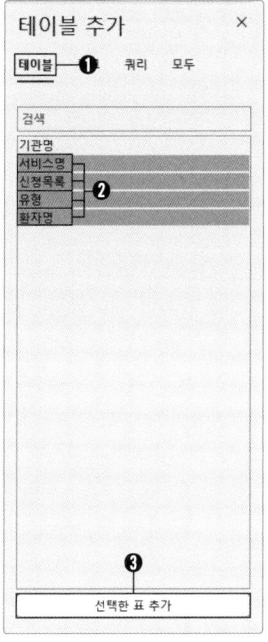

③ '환자명', '지원유형', '본인부담금', '서비스명' 필드를 선택합니다.

④ '환자명' 필드는 [조건]에 '[환자명을 입력하세요]'를 입력합니다.

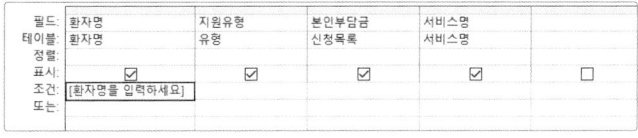

⑤ [쿼리 디자인] 탭-[결과] 그룹-[실행]을 클릭합니다. [매개 변수 값 입력] 대화상자에서 이름을 입력하고 <확인> 단추를 클릭합니다.

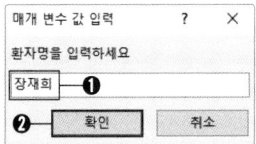

⑥ 빠른 실행 도구 모음에서 (저장)을 클릭합니다. [쿼리 이름]에 '환자본인부담금'을 입력합니다.

4 <기관지우기> 삭제 쿼리 작성

① [만들기] 탭-[쿼리] 그룹-[쿼리 디자인]을 클릭합니다.

② [테이블 추가] 대화상자의 [테이블] 탭에서 <기관명> 테이블을 선택하고 <선택한 표 추가> 단추를 클릭합니다.

③ '요양기관코드' 필드를 선택하고 [쿼리 디자인] 탭-[쿼리 유형] 그룹-[삭제]를 클릭합니다.

④ [조건]에 '[요양기관코드명을 입력]'으로 입력합니다.

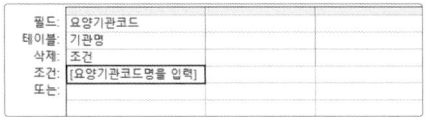

⑤ [쿼리 디자인] 탭-[결과] 그룹-[실행]을 클릭합니다.

⑥ [매개 변수 값 입력] 대화상자에서 '요양기관코드명'을 입력하고 <확인> 단추를 클릭합니다. [삭제] 대화상자에서 <예> 단추를 클릭합니다.

※ <예>를 한 번 누르면 더 이상 레코드를 복원할 수 없으므로 주의해야 합니다.

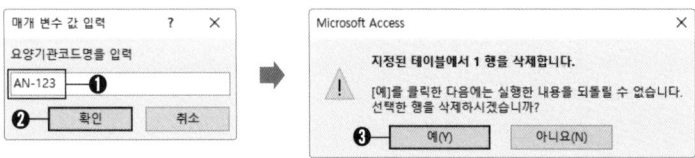

⑦ 빠른 실행 도구 모음에서 (저장)을 클릭합니다. [쿼리 이름]에 '기관지우기'를 입력합니다.

5 <서비스별부담금> 쿼리 작성

① [만들기] 탭-[쿼리] 그룹-[쿼리 디자인]을 클릭합니다.

② [테이블 추가] 대화상자의 [테이블] 탭에서 Ctrl 키를 누른 채 차례대로 <서비스명>, <신청목록> 테이블을 선택하고 <선택한 표 추가> 단추를 클릭합니다.

③ '서비스명', '구분', '본인부담금', '공단부담금' 필드를 선택합니다.

④ [쿼리 디자인] 탭-[표시/숨기기] 그룹-[요약]을 클릭합니다.

⑤ '본인부담금'과 '공단부담금' 필드는 [요약]에 '합계'를 선택하고 '구분' 필드의 [조건]에 '"종일"'을 입력 후 '본인부담금' 필드의 [정렬]은 '내림차순'을 선택합니다.

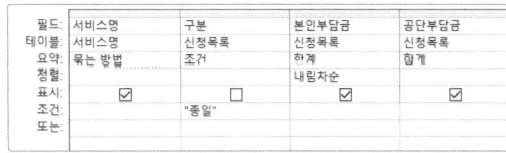

⑥ 빠른 실행 도구 모음에서 (저장)을 클릭합니다. [쿼리 이름]에 '서비스별부담금'을 입력하고 <확인> 단추를 클릭합니다.

MEMO

컴퓨터활용능력 최신기출유형 7회

프로그램명	제한시간
ACCESS 2021	45분

수험번호 :

성　　명 :

1급 │ A형

유의사항

- 인적 사항 누락 및 잘못 작성으로 인한 불이익은 수험자 책임으로 합니다.

- 화면에 암호 입력창이 나타나면 아래의 암호를 입력하여야 합니다.
    - 암호 : 55@475

- 작성된 답안은 주어진 경로 및 파일명을 변경하지 마시고 그대로 저장해야 합니다. 이를 준수하지 않으면 실격처리 됩니다.
    - 답안 파일명의 예 : C:\DB\수험번호 8자리.accdb

- 외부데이터 위치 : C:\DB\파일명

- 별도의 지시사항이 없는 경우, 다음과 같이 처리하면 실격 처리됩니다.
    - 제시된 개체의 이름을 임의로 변경한 경우
    - 제시된 개체의 속성을 임의로 변경한 경우
    - 제시된 개체를 임의로 삭제하거나 추가한 경우

- 별도의 지시사항이 없는 경우, 기능의 구현은 모듈이나 매크로 등을 이용하며, 예외적인 상황에 대해서는 고려하지 않아도 됩니다.

- 제시된 함수가 있을 경우 제시된 함수만을 사용하여야 하며, 그 외 함수 사용시 채점 대상에서 제외됩니다.

- 별도의 지시사항이 없는 경우, 주어진 각 개체의 속성은 설정값 또는 기본 설정값 (Default)으로 처리하십시오.

- 제시된 화면은 예시이며 나타난 값은 실제와 다를 수 있습니다.

- 저장 시간은 별도로 주어지지 아니하므로 제한된 시간 내에 저장을 완료해야 합니다.

- 본 문제의 용어는 MS Office LTSC Professional Plus 2021 기준으로 작성되었습니다.

문제 1 25점_ DB 구축

01 거래처별로 제품들의 납품 현황을 관리하기 위하여 데이터베이스를 구축하고자 한다. 다음의 지시사항에 따라 테이블을 완성하시오. (각 3점)

① <납품내역> 테이블의 '제품코드' 필드에는 인덱스(중복 가능)으로 설정하시오.

② <납품내역> 테이블의 '납품단가' 필드에는 값이 반드시 입력되도록 설정하시오.

③ <납품내역> 테이블의 '납품수량' 필드는 0이 아닌 값이 입력되도록 유효성 검사 규칙을 설정하시오.

④ <제품> 테이블의 '제품코드' 필드를 기본 키로 설정하고 'A12' 형식으로 입력되도록 다음과 같이 설정하시오.
  ▶ 앞의 영문자 반드시 대문자 1자리와 뒤의 2자리 숫자는 반드시 입력되도록 설정

⑤ <거래처> 테이블의 대표자 다음에 '전화번호' 필드를 데이터 형식이 '짧은 텍스트'로 추가하고 캡션은 'TEL'로 설정하시오.

02 외부 데이터 가져오기 기능을 이용하여 <신제품목록.xlsx> 파일의 내용을 가져와 <신제품목록> 테이블을 생성하시오. (5점)

▶ 첫 행에 열 머리글이 있음
▶ Access에서 제공하는 기본 키를 추가

03 <납품내역> 테이블의 '제품코드' 필드는 <제품> 테이블의 '제품코드' 필드를 참조하며 테이블 간의 관계는 1:M 이다. 두 테이블에 대해 다음과 같이 관계를 설정하시오. (5점)

▶ 두 테이블 간에 항상 참조 무결성을 유지하도록 설정하시오.
▶ 참조 필드의 값이 변경되면 관련 필드의 값도 변경되도록 설정하시오.
▶ 다른 테이블에서 참조하고 있는 레코드는 삭제할 수 없도록 설정하시오.
  ※ 이미 설정되어있는 관계를 제거하지 마시오.

문제 2 20점_ 입력 및 수정 기능 구현

01 <납품내역> 폼을 다음 지시사항에 따라 완성하시오. (각 3점)

① 폼이 열려 있을 경우 다른 작업을 수행할 수 없도록 설정하시오.

② 본문의 모든 컨트롤이 같은 위치에 표시되도록 아래쪽 맞춤으로 정렬하시오.

③ 폼 바닥글의 'txt납품단가합계'와 'txt납품금액합계' 컨트롤에는 <그림>과 같이 납품단가와 납품금액의 합계가 표시되도록 설정하시오.

02 <납품내역> 폼의 'txt거래처명' 컨트롤에는 'txt거래처코드'에 해당하는 거래처명이 표시되도록 구현하시오. (6점)

▶ <거래처> 테이블을 이용

▶ DLookup( ) 함수 사용

▶ '문제2 입력 및 수정 기능 구현' 1번 문제의 <그림> 참조

03 <납품내역> 폼의 '조회'(cmd조회) 버튼을 클릭하면 해당 월의 자료가 표시되도록 포함 매크로를 작성하시오. (5점)

▶ 매크로 조건 : '납품일자'의 월이 'txt월' 컨트롤에 입력된 월에 해당하는 자료만 표시

▶ ApplyFilter 함수를 이용

▶ '문제2 입력 및 수정 기능 구현' 1번 문제의 <그림> 참조

문제3 20점_ 조회 및 출력 기능 구현

01 다음의 지시사항 및 <그림>을 참조하여 <제품별납품현황> 보고서를 완성하시오. (각 3점)

① '제품코드'가 같은 경우 '납품일자'를 기준으로 오름차순으로 정렬되어 표시되도록 설정하시오.

② 본문의 'txt기타' 컨트롤에는 납품금액이 2,000,000원 이상일 경우 '우수거래처'을 나머지는 빈칸으로 표시하시오.

▶ IIF( ) 함수 사용

③ 제품코드 머리글 영역이 매 페이지마다 반복적으로 인쇄되도록 설정하시오.

④ 보고서 머리글의 'txt날짜' 컨트롤에는 현재 날짜가 <그림>과 같이 표시되도록 설정하시오.
▶ Format( ), Now( )함수 사용

⑤ 제품코드 바닥글 영역의 'txt총납품금액' 컨트롤에는 제품별 납품 총금액이 표시되도록 설정하시오.

02 <납품내역> 폼의 '보고서'(cmd보고서) 버튼을 클릭하면 다음의 기능을 수행하도록 이벤트 프로시저를 작성하시오. (5점)

▶ <제품별납품현황> 보고서를 '인쇄 미리 보기'의 형태로 열 것
▶ DoCmd, OpenReport를 이용할 것

문제 4 35점_ 처리 기능 구현

01 <거래처>, <납품내역>, <제품> 테이블을 이용하여 제품명이 아동화인 납품내역을 조회하는 <아동화조회> 쿼리를 작성하시오. (7점)

▶ 납품수량을 기준으로 내림차순 정렬하여 표시하시오.
▶ 쿼리 실행 결과 표시되는 필드와 필드명은 <그림>과 같이 표시되도록 설정하시오.

02 2020년 9월달 납품수량을 조회하는 <9월납품수량> 크로스탭 쿼리를 작성하시오. (7점)

▶ <납품내역>, <제품> 테이블을 이용하시오.

▶ 쿼리 실행 결과 표시되는 필드와 필드명은 <그림>과 같이 표시되도록 설정하시오.

납품일자	런닝화	슬리퍼	아동화	에어로빅화	주니어화	캔퍼스화	클래식화	테니스화	헬스화
2020-09-01	99								
2020-09-05									55
2020-09-11			29		37			21	
2020-09-13								94	
2020-09-14		91	74	66					
2020-09-18						108			
2020-09-23					74				
2020-09-27	117	31					75		

03 조회할 제품명의 일부를 매개 변수로 입력받아 해당 제품의 정보를 검색하는 <제품명조회> 쿼리를 작성하시오. (7점)

▶ <납품내역목록> 쿼리 이용

▶ 부가세는 납품금액의 10%임

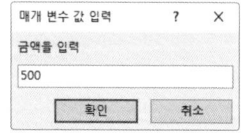

04 다음과 같은 기능을 수행하는 <단가변경> 업데이트 쿼리를 작성하시오. (7점)

▶ <납품내역> 테이블을 이용할 것

▶ 제품코드가 'A12'인 제품에 대해 금액을 입력하여 납품단가가 증가되는 쿼리를 작성할 것

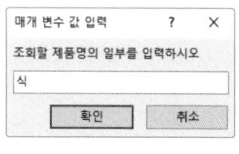

04 제품명과 제조사별로 납품수량을 조회하는 <제품별판매수량> 쿼리를 작성하시오. (7점)

▶ <납품내역>, <제품> 테이블을 이용하시오.

▶ 제품명은 '런닝화', '아동화', '워킹화'만 조회대상으로 하시오. (In 연산자)

▶ 납품수량을 기준으로 내림차순으로 정렬하시오.

▶ 쿼리 실행 결과 표시되는 필드와 필드명은 <그림>과 같이 표시하도록 설정하시오.

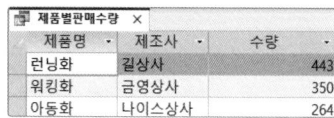

최신기출유형 7회 정답 및 해설

📁 작업 파일 : C:₩2024_컴활1급₩데이터베이스₩작업파일₩최신기출유형₩최신기출유형 7회_문제.accdb
📁 완성 파일 : C:₩2024_컴활1급₩데이터베이스₩완성파일₩최신기출유형₩최신기출유형 7회_정답.accdb

정답

문제 1 ▶ DB 구축 (25점)

01 <납품내역>, <제품>, <거래처> 테이블 완성

지시사항	테이블명	필드명	필드 속성	설정 값
①	납품내역	제품코드	인덱스	예(중복 가능)
②		납품단가	필수	예
③		납품수량	유효성 검사 규칙	<>0
④	제품	제품코드	기본키 설정	
			입력 마스크	>L00
⑤	거래처	전화번호	데이터 형식	짧은 텍스트
			캡션	TEL

02 외부 데이터 가져오기

① [외부 데이터] 탭-[가져오기 및 연결] 그룹-[새 데이터 원본]-[파일]-[Excel]을 클릭합니다.

② 첫 행에 열 머리글이 있음, Access에서 기본 키 추가

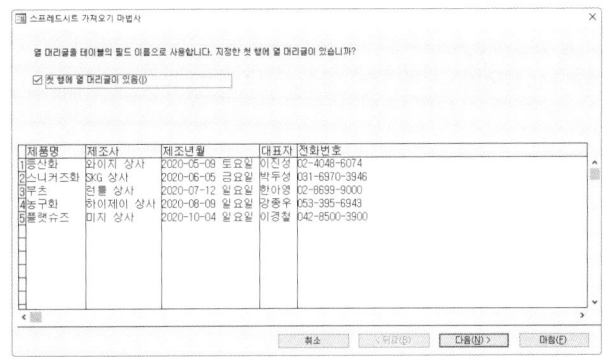

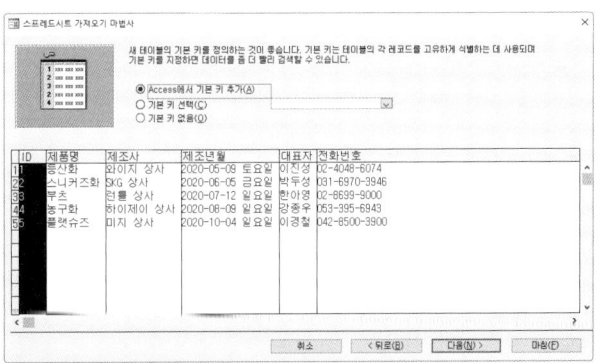

03 관계 설정

① [데이터베이스 도구]-[관계] 그룹의 [관계( )]를 클릭

② 관계 편집

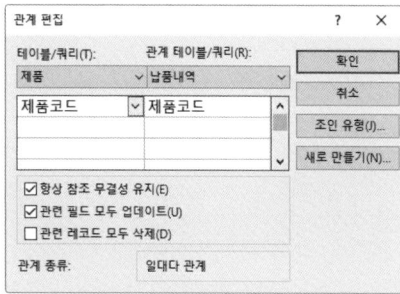

문제2 ▶ 입력 및 수정 기능 구현 (20점)

01 <납품내역> 폼의 완성

지시사항	영역	개체명	탭	항목	설정 값
①	폼		기타	모달	예
②	본문	모든 컨트롤	[정렬]-[크기 및 순서조정] 그룹의 [맞춤( )]의 '아래쪽'		
③	폼 바닥글	txt납품단가합계	데이터	컨트롤 원본	=Sum([납품단가])
		txt납품금액합계			=Sum([납품금액])

02 <납품내역> 폼에 함수 설정

① 'txt거래처명' 컨트롤의 '컨트롤 원본'

② DLookUp 함수 식 입력

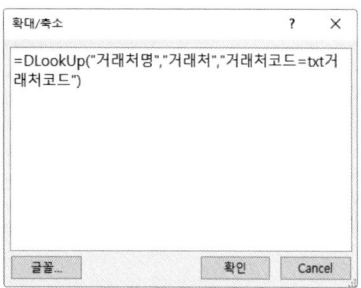

03 <납품내역> 폼에 포함 매크로 설정

① '조회(cmd조회)' 컨트롤에서 [속성 시트]-[이벤트]-[On Click]를 클릭

② 포함 매크로 설정

문제3 ▶ 조회 및 출력 기능 구현 (20점)

01 <제품별납품현황> 보고서 완성

지시사항	영역	개체명	탭	항목	설정 값
①	[그룹, 정렬 및 요약] '제품코드'의 '오름차순', [정렬 추가]하여 '납품일자'의 '오름차순'					
②	본문	txt기타	데이터	컨트롤 원본	=IIf([납품금액]>=2000000, "우수거래처"," ")
③	제품코드 머리글		형식	반복 실행 구역	예
④	보고서 머리글	txt날짜	데이터	컨트롤 원본	=Format(Now( ), "mmmm-dd")
⑤	제품코드 바닥글	txt납품금액	데이터	컨트롤 원본	=Sum([납품금액]

02 <납품내역> 폼에 이벤트 프로시저 작성

① '보고서(cmd보고서)' 단추의 [속성 시트]-[이벤트] 탭의 'On Click'에서 코드 작성기

② VBA 코드 작성

```
Private Sub cmd보고서_Click( )
MsgBox "보고서로 이동합니다."
DoCmd.OpenReport "제품별납품현황", acViewPreview
End Sub
```

문제 4 ▶ 처리 기능 구현 (35점)

01 <아동화조회> 조회 쿼리

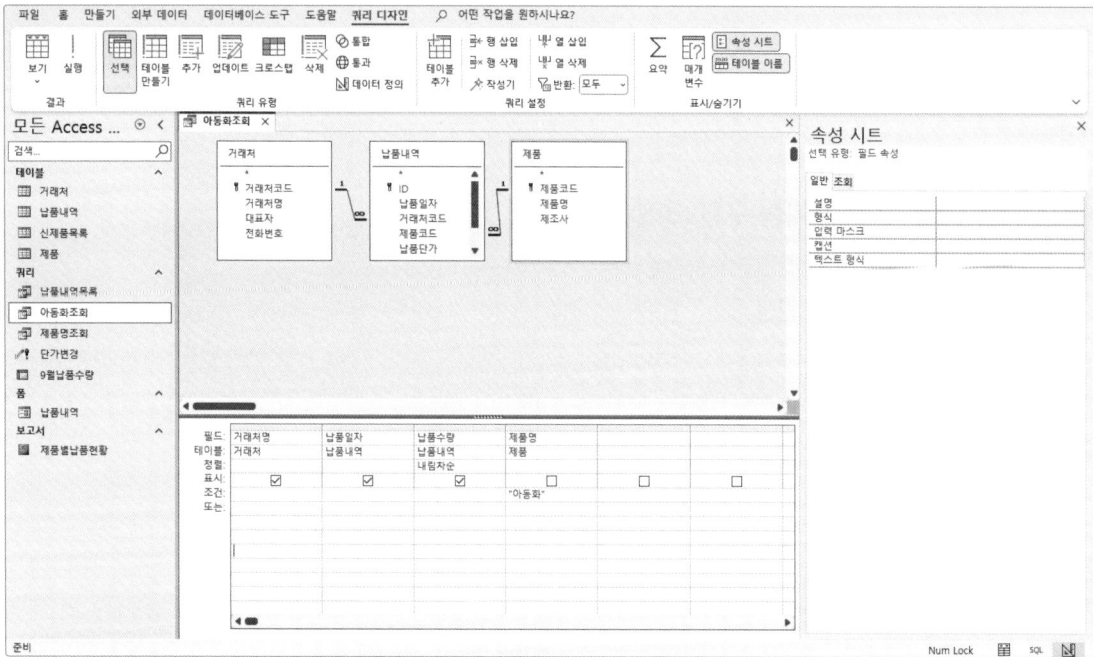

02 <9월납품수량> 크로스탭 쿼리

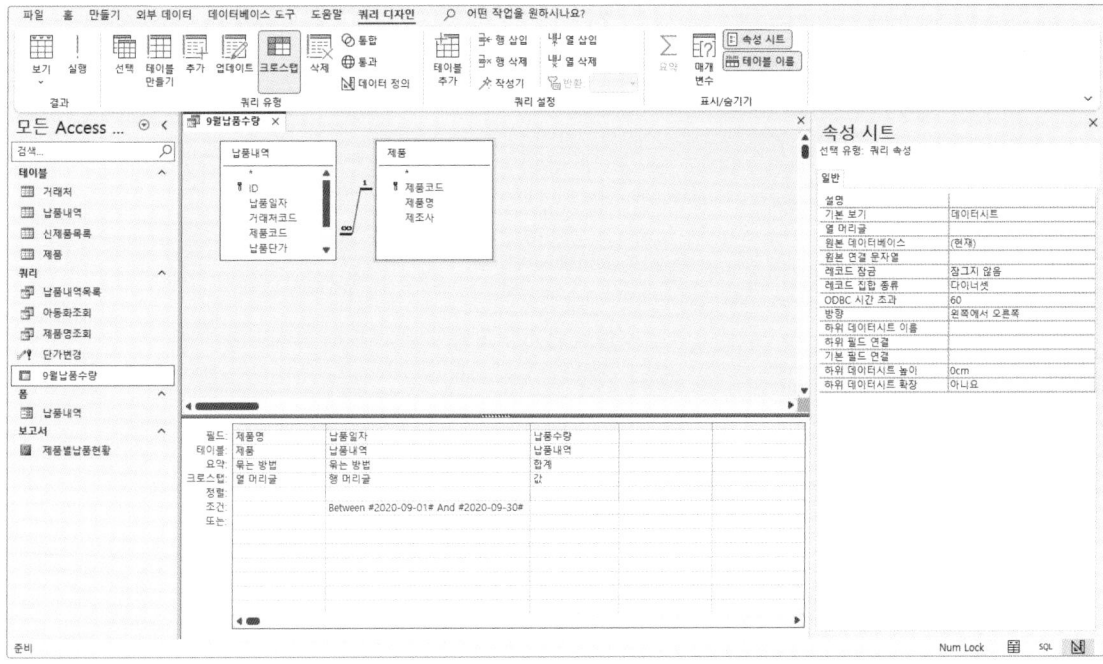

03 <제품명조회> 매개변수 쿼리

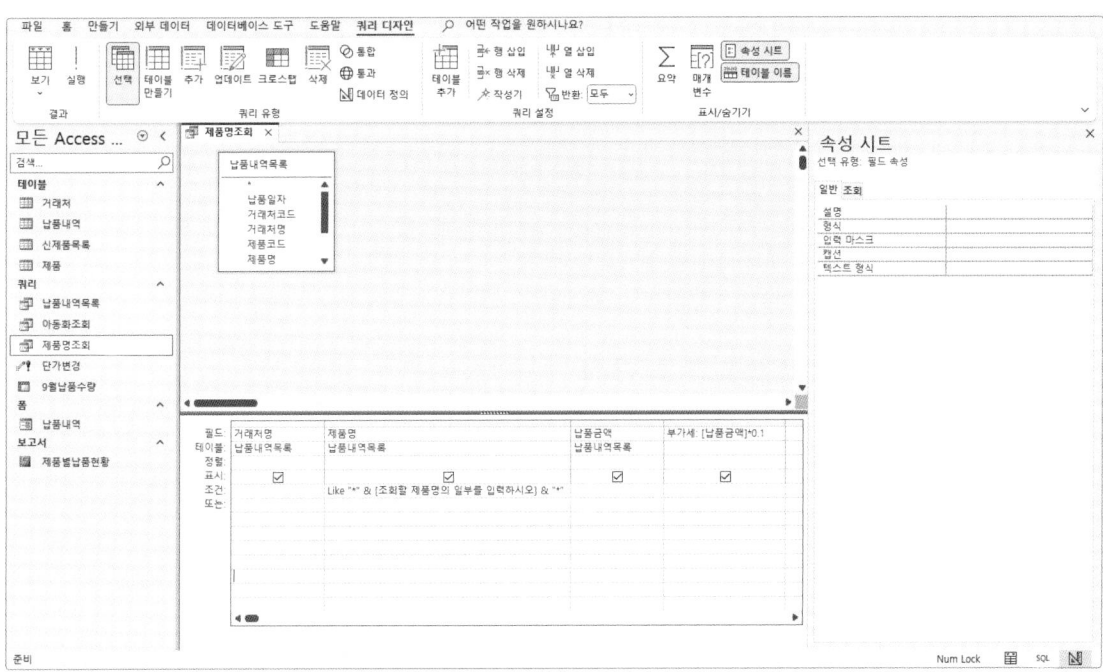

04 <단가변경> 업데이트 쿼리

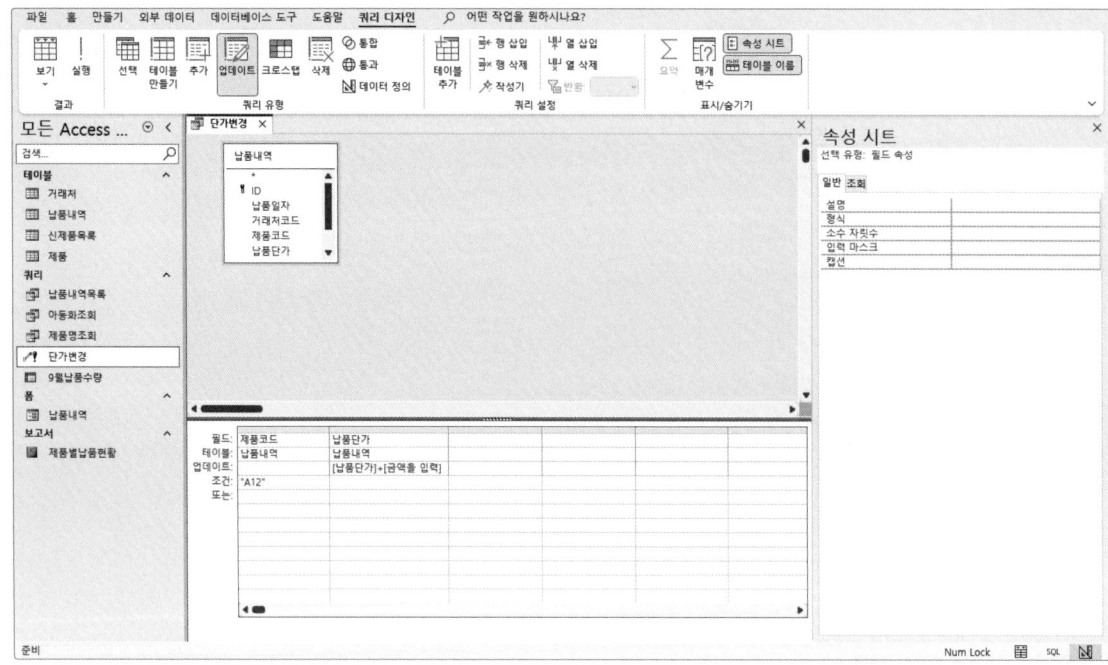

05 <제품별판매수량> 요약 쿼리

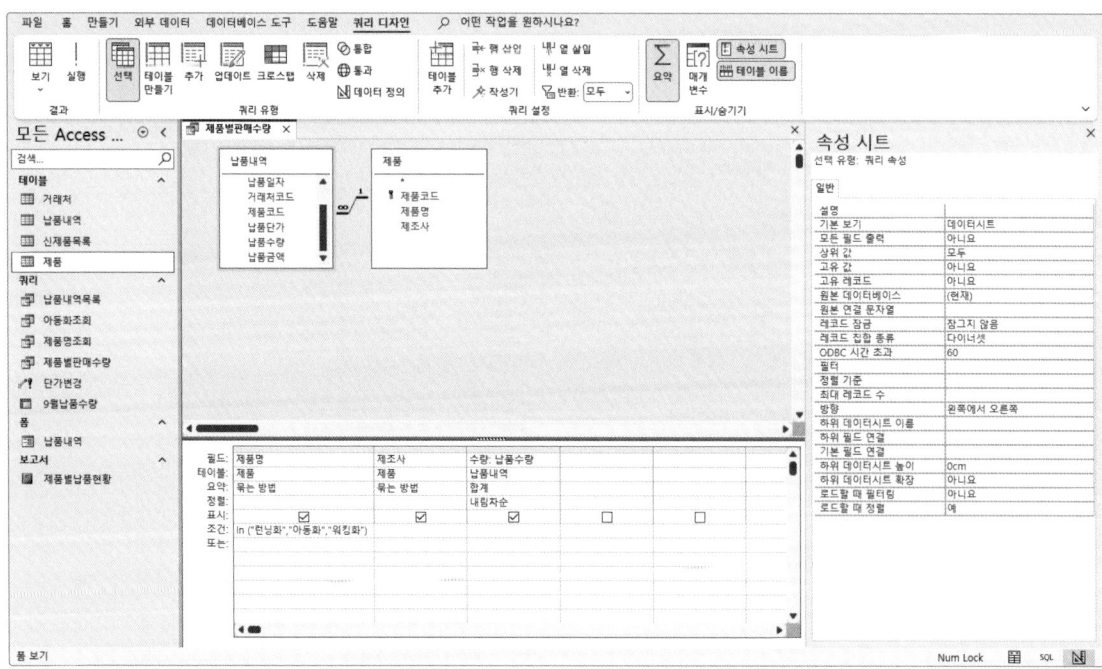

문제1 ▶ DB 구축 (25점)

1 <납품내역>, <제품>, <거래처> 테이블 완성

① <납품내역> 테이블 위에서 마우스 오른쪽 단추를 눌러 <디자인 보기>를 클릭합니다.

② '제품코드' 필드의 속성은 [인덱스]에 '예(중복 가능)'을 선택합니다.

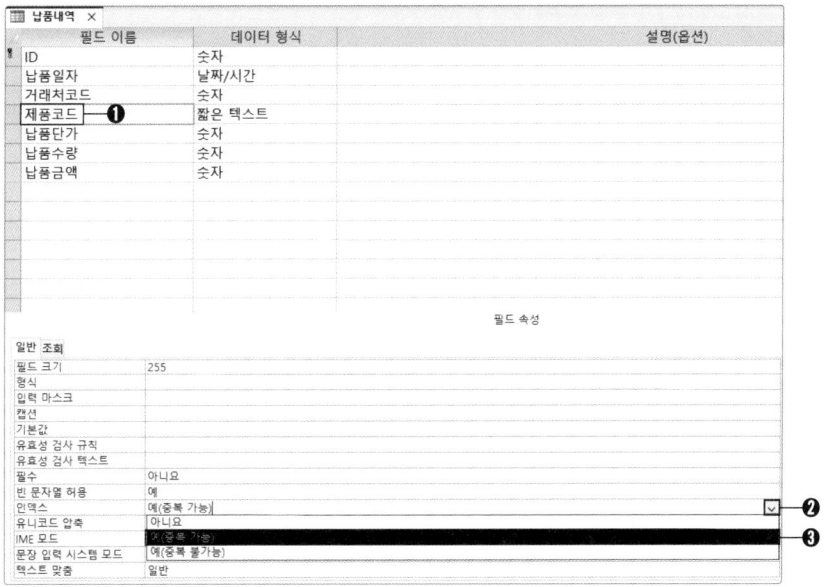

③ '납품단가' 필드의 속성은 [필수]에 '예'를 선택합니다.

④ '납품수량' 필드의 속성은 [유효성 검사 규칙]에 '<>0'을 입력합니다.

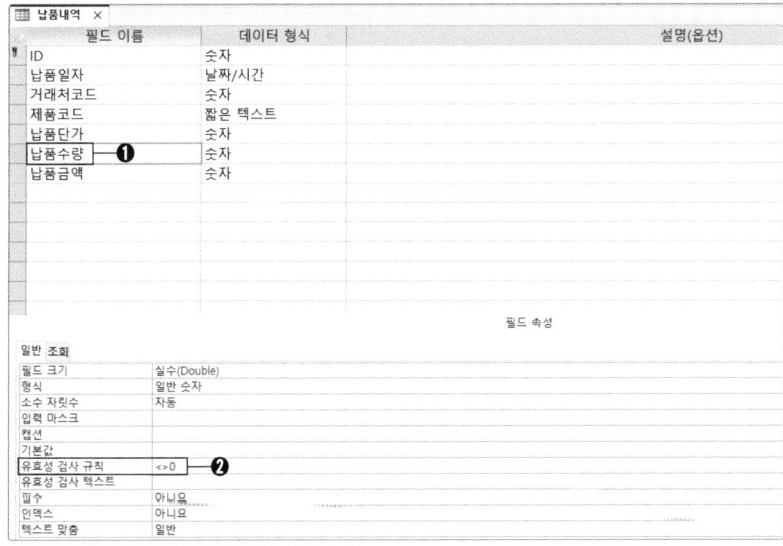

⑤ <제품> 테이블 위에서 마우스 오른쪽 단추를 눌러 <디자인 보기>를 클릭합니다.

⑥ '제품코드' 필드에서 [테이블 디자인] 탭-[도구] 그룹-[기본 키]를 클릭합니다.

⑦ '제품코드' 필드의 속성은 [입력 마스크]에 '>L00'을 입력합니다.

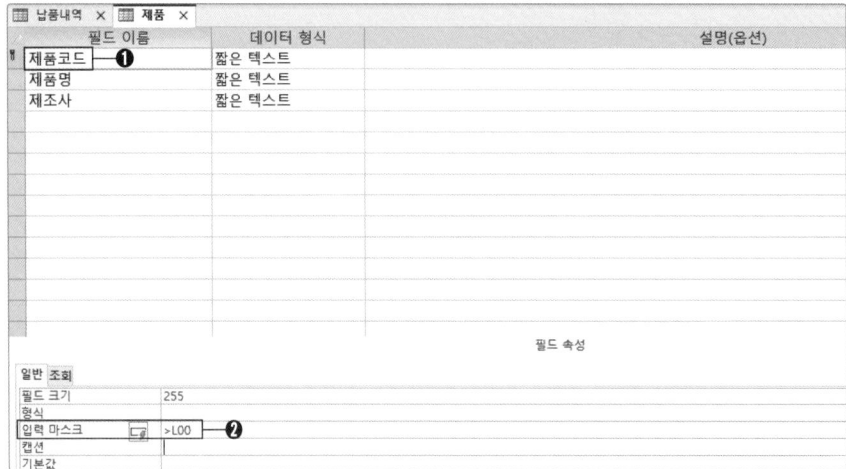

⑧ <거래처> 테이블 위에서 마우스 오른쪽 단추를 눌러 <디자인 보기>를 클릭합니다.

⑨ '대표자' 필드명 다음에 [필드 이름]에 '전화번호'로 입력하고 [데이터 형식]에 '짧은 텍스트'를 선택하고 필드의 속성은 [캡션]에 'TEL'을 입력합니다.

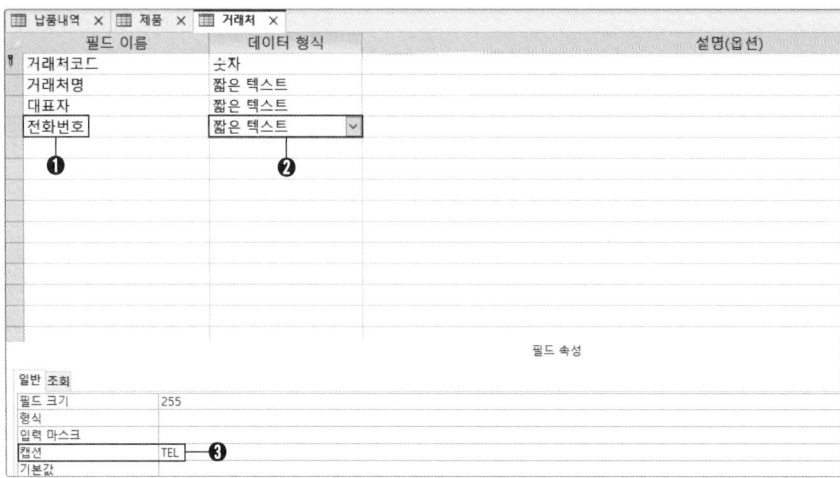

2 외부 데이터 가져오기

① [외부 데이터] 탭-[가져오기 및 연결] 그룹-[새 데이터 원본]-[파일에서]-[Excel]을 클릭합니다.

② [외부 데이터 가져오기-Excel 스프레드시트] 대화상자에서 [데이터 원본 및 대상 선택] 창의 <찾아보기> 단추를 클릭하여 파일 이름은 'C:₩2024_컴활1급₩데이터베이스₩작업파일₩최신기출유형₩신제품목록.xlsx'을 선택합니다.

③ [외부 데이터 가져오기 - Excel 스프레드시트] 대화상자에서 저장할 방법과 위치는 '현재 데이터베이스의 새 테이블로 원본 데이터 가져오기(I)'를 선택하고 <확인> 단추를 클릭합니다.

④ [스프레드시트 가져오기 마법사] 대화상자에서 '첫 행에 열 머리글이 있음'을 선택하고 <다음> 단추를 클릭합니다.

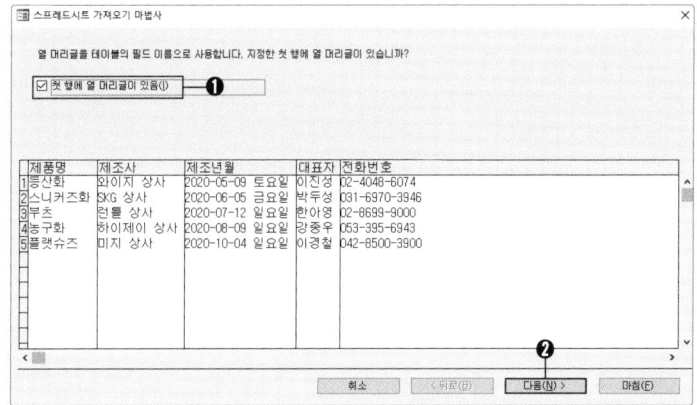

⑤ [스프레드시트 가져오기 마법사] 대화상자에서 필드 옵션을 확인하고 <다음> 단추를 클릭합니다.

⑥ [스프레드시트 가져오기 마법사] 대화상자에서 'Access에서 기본 키 추가'를 선택하고 <다음> 단추를 클릭합니다.

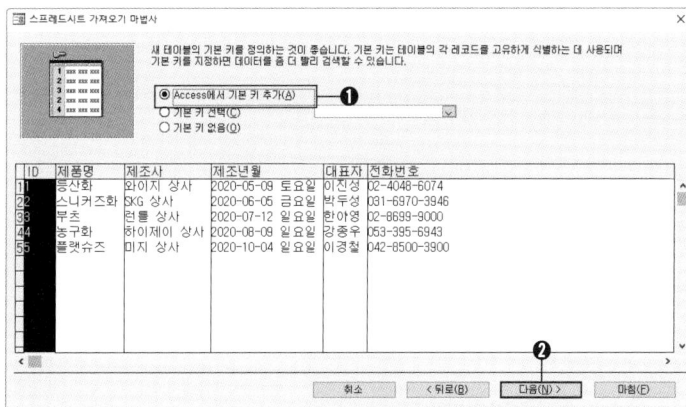

⑦ [스프레드시트 가져오기 마법사] 대화상자에서 테이블로 가져오기에서 '신제품목록'을 입력하고 <마침> 단추를 클릭합니다.

3 관계 설정

① [데이터베이스 도구] 탭-[관계] 그룹-[관계]를 클릭합니다.

② [관계 디자인] 탭-[관계] 그룹-[테이블 추가] 대화상자의 [테이블] 탭에서 <제품> 테이블을 선택하고 <선택한 표 추가> 단추를 클릭합니다.

③ <납품내역> 테이블의 '제품코드' 필드를 <제품> 테이블의 '제품코드' 필드로 드래그 앤 드롭 합니다.

④ [관계 편집] 대화상자에서 '항상 참조 무결성 유지', '관련 필드 모두 업데이트'를 선택하고 <만들기> 단추를 클릭합니다.
   ※ '일대다(1:M)'의 관계가 설정됩니다.

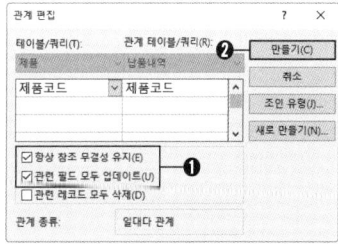

⑤ [관계] 창이 <그림>과 같이 표시됩니다. 빠른 실행 도구 모음에서 ▦(저장)을 눌러 변경된 내용을 저장합니다.
[관계 디자인] 탭-[관계] 그룹-[닫기]를 클릭합니다.

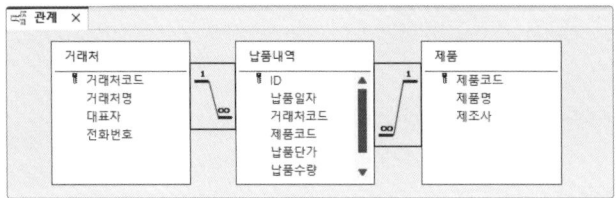

문제2 ▶ 입력 및 수정 기능 구현 (20점)

1 <납품내역> 폼의 완성

① <납품내역> 폼 위에서 마우스 오른쪽 단추를 눌러 <디자인 보기>를 클릭합니다.

② '폼' 영역 속성 시트 창의 [기타] 탭 중 [모달]에 '예'를 선택합니다.

※ 모달은 현재 폼이 닫히기 전에 다른 폼을 선택할 수 없는 기능입니다.

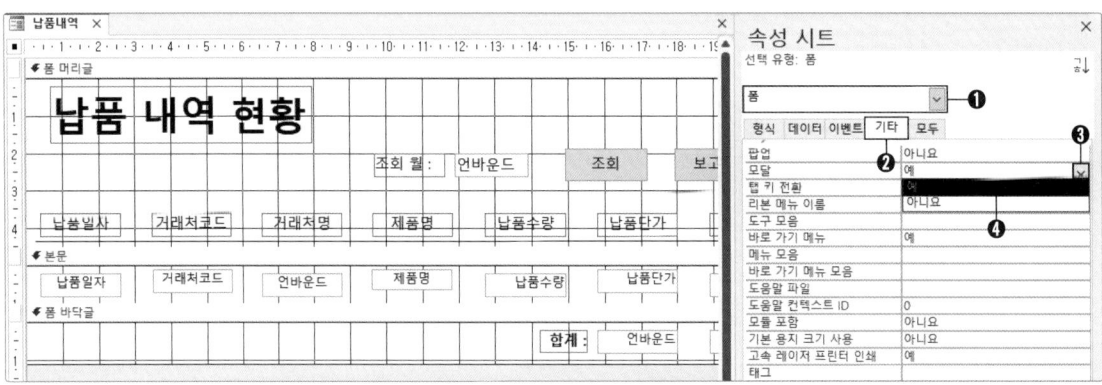

③ '본문' 영역에서 모든 컨트롤을 드래그 앤 드롭 하여 선택하고 [정렬] 탭-[크기 및 순서 조정] 그룹 -[맞춤]의 '아래쪽'을 선택합니다.

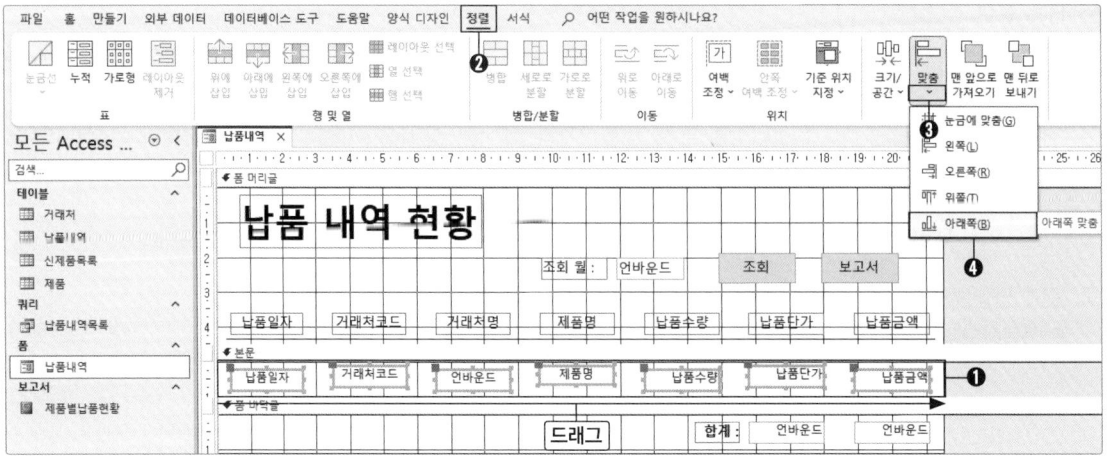

④ '폼 바닥글' 영역에서 'txt납품단가합계' 컨트롤 속성 시트 창의 [데이터] 탭 중 [컨트롤 원본]에 '=Sum([납품단가])'를 입력합니다.

⑤ '폼 바닥글' 영역에서 'txt납품금액합계' 컨트롤 속성 시트 창의 [데이터] 탭 중 [컨트롤 원본]에 '=Sum([납품금액])'을 입력합니다.

※ 식 작성기를 눌러 작성해도 됩니다.

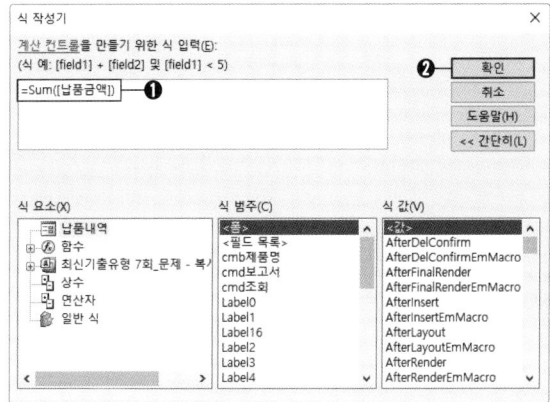

2 <납품내역> 폼에 함수 설정

① <납품내역> 폼 위에서 마우스 오른쪽 단추를 눌러 <디자인 보기>를 클릭합니다.

② '본문' 영역에서 'txt거래처명' 컨트롤 속성 시트 창의 [모두] 탭 중 [컨트롤 원본]에 '=DLookUp("거래처명", "거래처","거래처코드=txt거래처코드")'를 입력합니다.

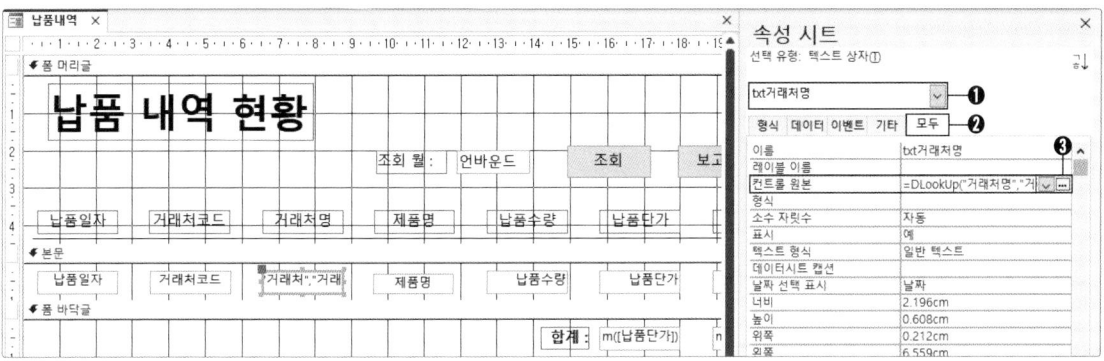

3 <납품내역> 폼에 포함 매크로 작성

① <납품내역> 폼 위에서 마우스 오른쪽 단추를 눌러 <디자인 보기>를 클릭합니다.

② '조회'(cmd조회) 버튼 속성 시트 창의 [이벤트] 탭 중 [On Click]에 '매크로 작성기'를 선택하고 <확인> 단추를 클릭합니다.

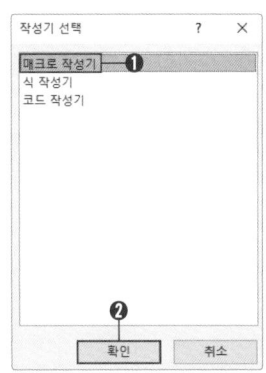

③ [새 함수 추가]에서 <ApplyFilter> 함수를 추가합니다.

④ [Where 조건문]에 'Month([납품일자])=[Forms]![납품내역]![txt월]'을 입력합니다.

⑤ 빠른 실행 도구 모음에서 🖫(저장)을 눌러 변경된 내용을 저장합니다. <닫기>(✕)를 합니다.

⑥ [On Click]에 '포함된 매크로'가 표시됩니다.

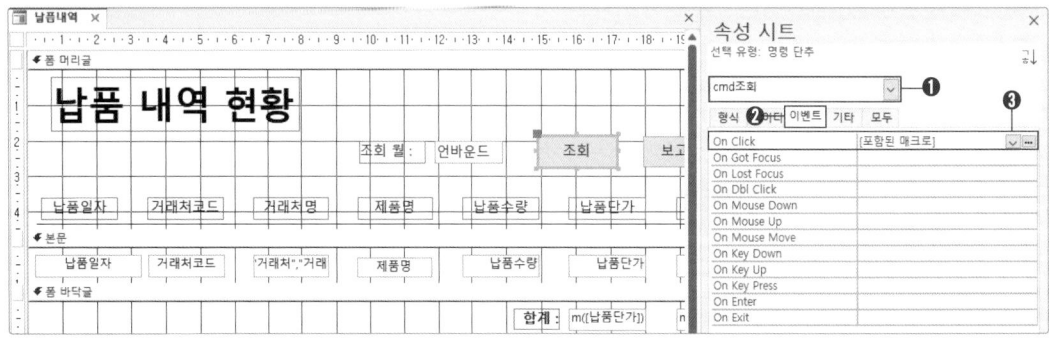

문제3 ▶ 조회 및 출력 기능 구현 (20점)

1 <제품별납품현황> 보고서 완성

① <제품별납품현황> 보고서 위에서 마우스 오른쪽 단추를 눌러 <디자인 보기>를 클릭합니다.

② [보고서 디자인] 탭-[그룹화 및 요약] 그룹-[그룹화 및 정렬]을 클릭합니다. [정렬 추가]을 눌러 '납품일자' 필드를 추가한 다음 [정렬]에 '오름차순'을 선택합니다.

③ '본문' 영역에서 'txt기타' 컨트롤 속성 시트 창의 [모두] 탭 중 [컨트롤 원본]에 '=IIf([납품금액]>=2000000,"우수거래처"," ")'를 입력합니다.

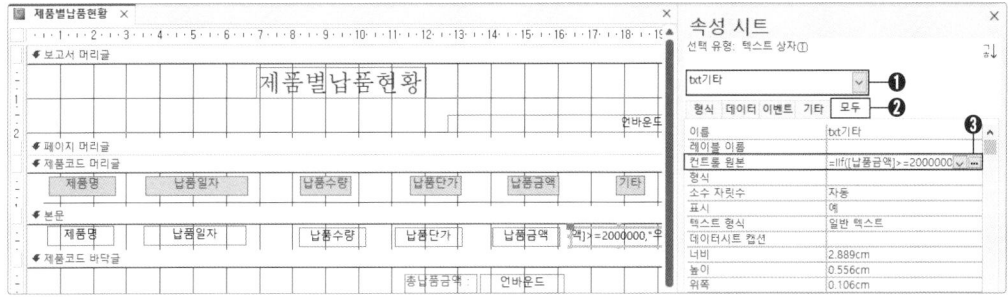

④ '제품코드 머리글' 영역 속성 시트 창의 [형식] 탭 중 [반복 실행 구역]에 '예'를 선택합니다.

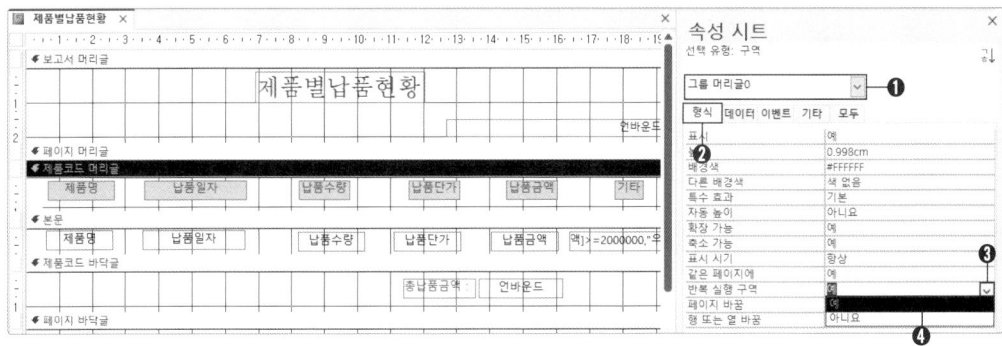

⑤ '보고서 머리글' 영역에서 'txt날짜' 컨트롤 속성 시트 창의 [모두] 탭 중 [컨트롤 원본]에 '=Format(Now( ),"mmmm-dd")'를 입력합니다.

※ 'mmmm'은 월의 영문으로 표시 합니다.

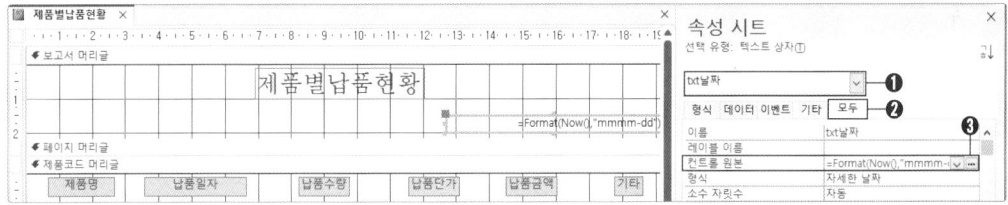

⑥ '제품코드 바닥글' 영역에서 'txt총납품금액' 컨트롤 속성 시트 창의 [데이터] 탭 중 [컨트롤 원본]에 '=Sum([납품금액])'을 입력합니다.

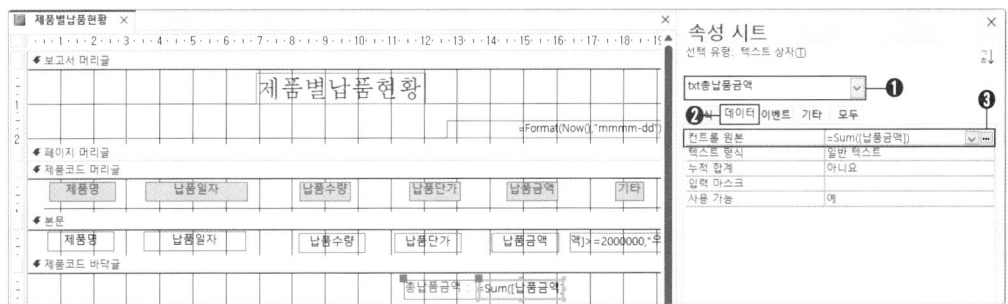

2 <납품내역> 폼에 이벤트 프로시저 작성

① <납품내역> 폼 위에서 마우스 오른쪽 단추를 눌러 <디자인 보기>를 클릭합니다.

② '본문' 영역에서 '보고서'(cmd보고서) 버튼 속성 시트 창의 [이벤트] 탭 중 [On Click]에 ...을 눌러 '코드 작성기'를 선택합니다.

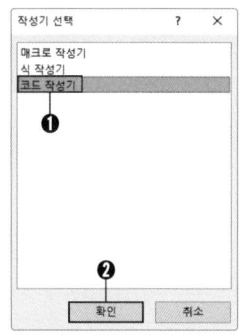

③ 다음의 코드를 작성합니다.

※ 메시지 박스를 우선 표시한 후 <확인> 버튼을 누르면 '제품별납품현황' 보고서(OpenReport)를 인쇄 미리 보기(acViewPreview)로 호출합니다.

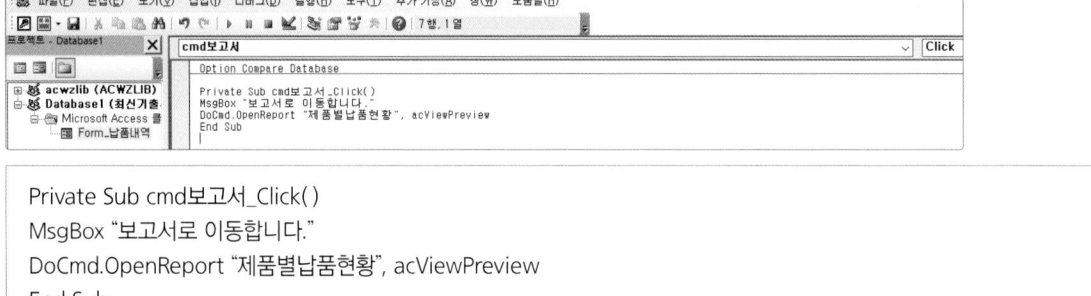

```
Private Sub cmd보고서_Click( )
MsgBox "보고서로 이동합니다."
DoCmd.OpenReport "제품별납품현황", acViewPreview
End Sub
```

문제4 ▶ 처리 기능 구현 (35점)

1 <아동화조회> 쿼리 작성

① [만들기] 탭-[쿼리] 그룹-[쿼리 디자인]을 클릭합니다.

② [테이블 추가] 대화상자의 [테이블] 탭에서 Ctrl 키를 누른 채 차례대로 <거래처>, <납품내역>, <제품> 테이블을 선택하고 <선택한 표 추가> 단추를 클릭합니다.

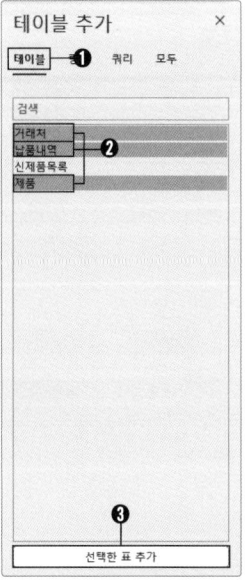

③ '제품명', '거래처명', '납품일자', '납품수량' 필드를 선택합니다.

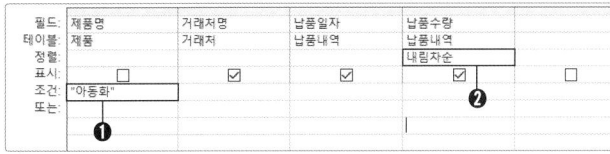

④ '제품명' 필드는 [조건]에 '아동화'를 입력하고 <표시>를 해제하고 '납품수량' 필드는 [정렬]에 '내림차순'을 선택합니다.

⑤ 빠른 실행 도구 모음에서 (저장)을 클릭합니다. [쿼리 이름]에 '아동화조회'를 입력합니다.

2 <9월납품수량> 크로스탭 쿼리 작성

① [만들기] 탭-[쿼리] 그룹-[쿼리 디자인]을 클릭합니다.

② [테이블 추가] 대화상자의 [테이블] 탭에서 Ctrl 키를 누른 채 차례대로 <납품내역>, <제품> 테이블을 선택하고 <선택한 표 추가> 단추를 클릭합니다.

③ '제품명', '납품일자', '납품수량' 필드를 선택합니다.

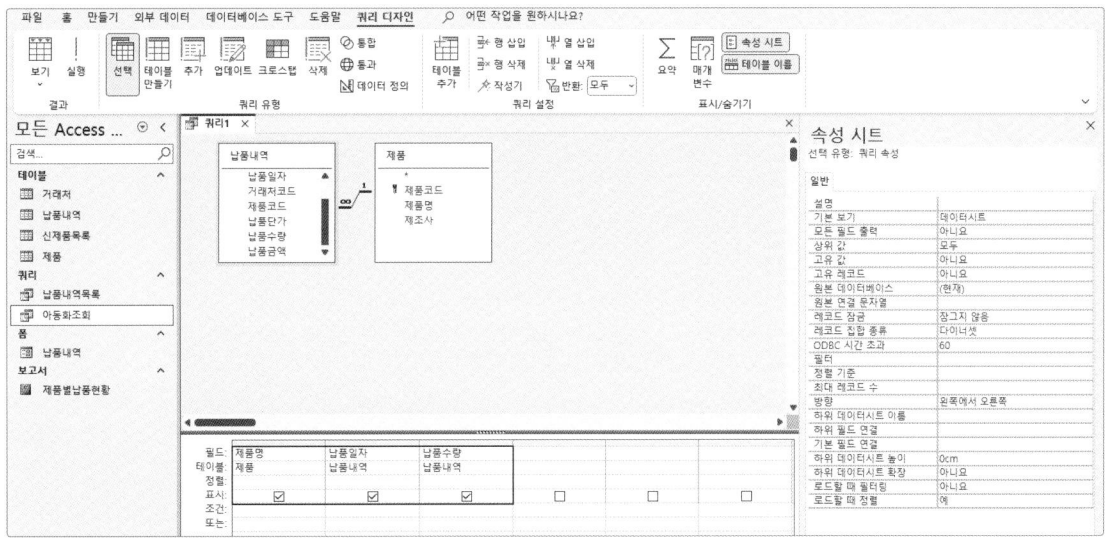

④ '납품일자' 필드는 [조건]에 'Between #2020-09-01# And #2020-09-30#'을 입력합니다.

⑤ [쿼리 디자인] 탭-[쿼리 유형] 그룹-[크로스탭]을 클릭합니다.

⑥ [요약]에 '납품수량' 필드는 '합계'를 선택합니다.

⑦ [크로스탭]에 '제품명' 필드는 '열 머리글', '납품일자' 필드는 '행 머리글', '납품수량' 필드는 '값'을 선택합니다.

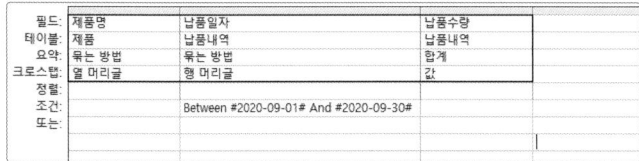

⑧ 빠른 실행 도구 모음에서 ![저장] (저장)을 클릭합니다. [쿼리 이름]에 '9월납품수량'을 입력합니다.

3 <제품명조회> 매개 변수 쿼리 작성

① [만들기] 탭-[쿼리] 그룹-[쿼리 디자인]을 클릭합니다.

② [테이블 추가] 대화상자의 [쿼리] 탭에서 <납품내역목록> 쿼리를 선택하고 <선택한 표 추가> 단추를 클릭합니다.

③ '거래처명', '제품명', '납품금액' 필드를 선택하고 '부가세:[납품금액]*0.1' 필드는 입력합니다.

④ '제품명' 필드는 [조건]에 'Like "*" & [조회할 제품명의 일부를 입력하시오] & "*"'을 입력합니다.

⑤ '납품금액'과 '부가세' 필드 속성 시트 창의 [일반] 탭 중 [형식]에 '통화'를 선택합니다.

⑥ [쿼리 디자인] 탭-[결과] 그룹-[실행]을 클릭합니다. [매개 변수 값 입력] 대화상자에 조회할 제품의 일부분을 입력하고 <확인> 단추를 클릭하여 결과를 확인합니다.

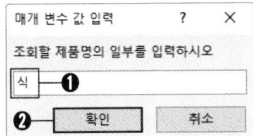

⑦ 빠른 실행 도구 모음에서 (저장)을 클릭합니다. [쿼리 이름]에 '제품명조회'를 입력합니다.

4 <단가변경> 업데이트 쿼리 작성

① [만들기] 탭-[쿼리] 그룹-[쿼리 디자인]을 클릭합니다.

② [테이블 추가] 대화상자의 [테이블] 탭에서 <납품내역> 테이블을 선택하고 <선택한 표 추가> 단추를 클릭합니다.

③ '제품코드', '납품단가' 필드를 선택합니다.

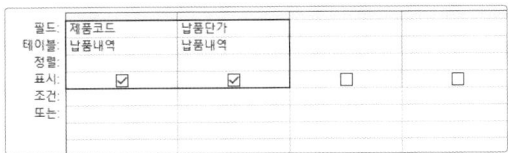

④ [쿼리 디자인] 탭-[쿼리유형] 그룹-[업데이트]를 클릭합니다.

⑤ '제품코드' 필드는 [조건]에 'A12'를 입력하고 '납품단가' 필드는 [업데이트]에 '[납품단가]+[금액을 입력]'으로 입력합니다.

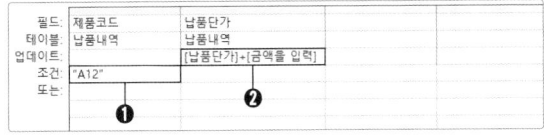

⑥ [쿼리 디자인] 탭-[결과] 그룹-[실행]을 클릭합니다. [매개 변수 값 입력] 대화상자에 금액을 입력하고 <확인> 버튼을 클릭하여 수정할 행을 표시하는 대화상자에서 <예> 단추를 클릭합니다.

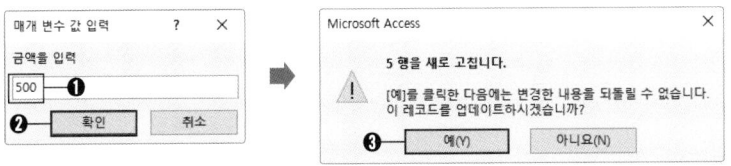

⑦ 빠른 실행 도구 모음에서 (저장)을 클릭합니다. [쿼리 이름]에 '단가변경'을 입력합니다.

> **TIP**
>
> [업데이트 쿼리]
> [쿼리 디자인] 탭-[결과] 그룹-[실행]을 여러 번 누르면 누른 횟수만큼 업데이트되어 내용이 변경되므로 한 번만 실행해야 합니다.

5 <제품별판매수량> 쿼리 작성

① [만들기] 탭-[쿼리] 그룹-[쿼리 디자인]을 클릭합니다.

② [테이블 추가] 대화상자의 [테이블] 탭에서 Ctrl 키를 누른 채 차례대로 <납품내역>, <제품> 테이블을 선택하고 <선택한 표 추가> 단추를 클릭합니다.

③ '제품명', '제조사' 필드를 선택하고 '수량: 납품수량'을 입력합니다.

④ [쿼리 디자인] 탭-[표시/숨기기] 그룹-[요약]을 클릭합니다.

⑤ '수량: 납품수량' 필드는 [요약]에 '합계'를 선택하고 [정렬]은 '내림차순'을 선택합니다. '제품명' 필드의 [조건]에 'In ("런닝화","아동화","워킹화")'을 입력합니다.

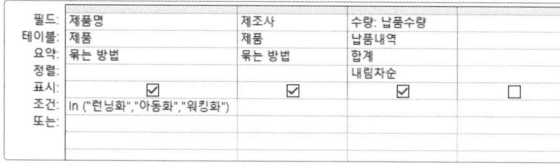

⑧ 빠른 실행 도구 모음에서 (저장)을 클릭합니다. [쿼리 이름]에 '제품별판매수량'을 입력하고 <확인> 단추를 클릭합니다.

MEMO

컴퓨터활용능력 최신기출유형 8회

컴퓨터활용능력
1급 실기

프로그램명	제한시간
ACCESS 2021	45분

수 험 번 호 :

성   명 :

1급 | A형

유의사항

- 인적 사항 누락 및 잘못 작성으로 인한 불이익은 수험자 책임으로 합니다.

- 화면에 암호 입력창이 나타나면 아래의 암호를 입력하여야 합니다.
  - 암호 : 87#298

- 작성된 답안은 주어진 경로 및 파일명을 변경하지 마시고 그대로 저장해야 합니다. 이를 준수하지 않으면 실격처리 됩니다.
  - 답안 파일명의 예 : C:₩DB₩수험번호 8자리.accdb

- 외부데이터 위치 : C:₩DB₩파일명

- 별도의 지시사항이 없는 경우, 다음과 같이 처리하면 실격 처리됩니다.
  - 제시된 개체의 이름을 임의로 변경한 경우
  - 제시된 개체의 속성을 임의로 변경한 경우
  - 제시된 개체를 임의로 삭제하거나 추가한 경우

- 별도의 지시사항이 없는 경우, 기능의 구현은 모듈이나 매크로 등을 이용하며, 예외적인 상황에 대해서는 고려하지 않아도 됩니다.

- 제시된 함수가 있을 경우 제시된 함수만을 사용하여야 하며, 그 외 함수 사용시 채점 대상에서 제외됩니다.

- 별도의 지시사항이 없는 경우, 주어진 각 개체의 속성은 설정값 또는 기본 설정값(Default)으로 처리하십시오.

- 제시된 화면은 예시이며 나타난 값은 실제와 다를 수 있습니다.

- 저장 시간은 별도로 주어지지 아니하므로 제한된 시간 내에 저장을 완료해야 합니다.

- 본 문제의 용어는 MS Office LTSC Professional Plus 2021 기준으로 작성되었습니다.

문제 1 25점_ DB 구축

01 대학에서 동아리 관리를 위해 데이터베이스를 구축하였다. 다음의 지시사항에 따라 각 테이블을 완성하시오. (각 3점)

① <회원> 테이블의 '학번'을 기본 키(Primary Key)로 설정하시오.

② <회원> 테이블의 '성명' 필드에 중복 가능한 인덱스를 설정하시오.

③ <지도교수> 테이블의 '교수코드' 필드는 'A0001'과 같은 형태로 영문자 1개, 숫자 4자리가 반드시 포함되어 입력되도록 입력 마스크를 설정하시오.
  ▶ 영문자는 영어 대문자만을 입력하도록 설정할 것
  ▶ 숫자는 0~9까지의 숫자만 입력할 수 있도록 설정할 것

④ <지도교수> 테이블의 '전화번호' 필드는 반드시 입력하도록 설정하시오.

⑤ <지도교수> 테이블의 '이메일' 필드는 대부분 영문자가 입력되므로 해당 필드에 데이터가 입력될 때 자동적으로 '영숫자 반자' 상태로 변환되도록 설정하시오.

02 <회원> 테이블에 대해 다음과 같이 조회 속성을 설정하시오. (5점)

▶ <회원> 테이블의 '동아리코드' 필드에 <동아리> 테이블의 '동아리명' 필드의 값을 콤보 상자의 형태로 선택하도록 설정하시오.

▶ 목록 이외의 값은 입력되지 않도록 하시오.

03 <동아리> 테이블의 '지도교수코드' 필드는 <지도교수> 테이블의 '교수코드' 필드를 참조하고 테이블 간의 관계는 M:1이다. 또한 <회원> 테이블의 '동아리코드' 필드는 <동아리> 테이블의 '동아리코드' 필드를 참조하고 테이블 간의 관계는 M:1의 관계를 갖는다. 각 테이블 간의 관계를 다음과 같이 설정하시오. (5점)

▶ 각 테이블 간에 항상 참조 무결성을 유지하도록 설정하시오.
▶ 참조 필드의 값이 변경되면 관련 필드의 값도 변경되도록 설정하시오.
▶ 다른 테이블에서 참조하고 있는 레코드가 삭제되면 관련 레코드도 삭제되도록 설정하시오.

문제2 ▶ 20점_ 입력 및 수정 기능 구현

01 <회원정보> 폼을 다음 지시사항에 따라 완성하시오. (각 3점)

① 폼의 레코드 원본을 <동아리별회원조회> 쿼리로 설정하시오.

② 제목 'lbl제목' 컨트롤의 글꼴크기 '18', 텍스트 맞춤은 '가운데'로 설정하시오.

③ 폼의 '학번', '성명', '동아리명', '전화번호', '이메일' 각 컨트롤을 사용하지 못하도록 설정하시오.

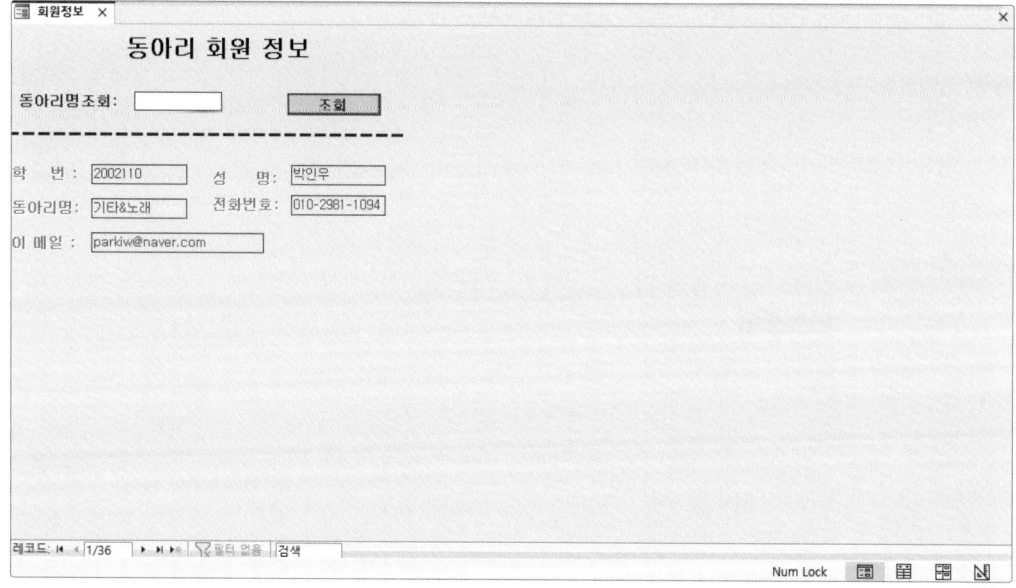

02 <동아리회원목록> 폼의 본문 영역에 <회원목록> 폼을 하위 폼으로 표시하도록 설정하시오. (6점)

▶ 기본 폼과 하위 폼을 각각 '동아리코드' 필드를 기준으로 연결하시오.
▶ <회원목록> 폼 바닥글의 'txt회원수' 컨트롤에는 회원의 인원수가 표시되도록 설정하시오.

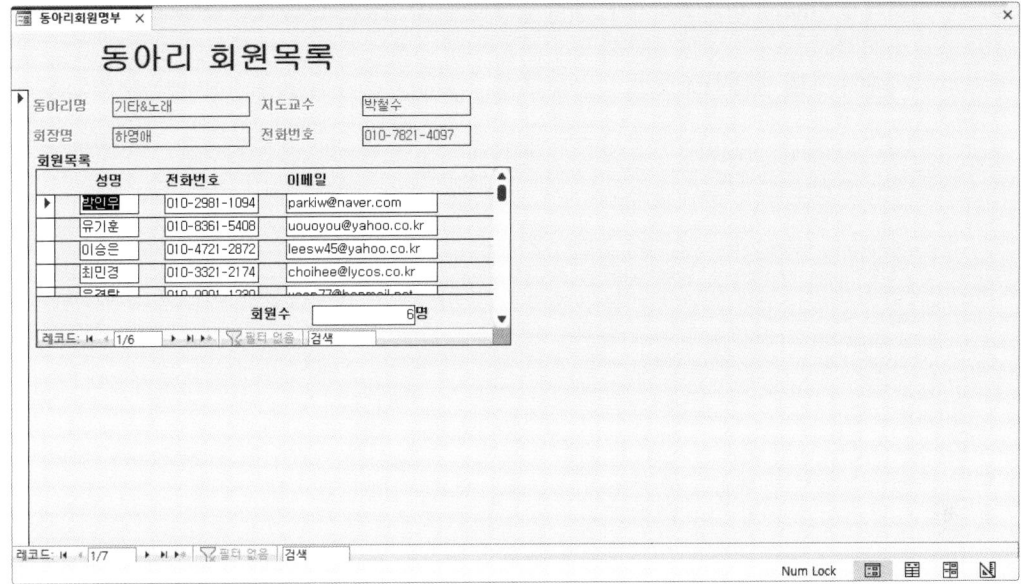

03 <회원정보> 폼에서 폼 머리글의 '조회'(cmd조회) 컨트롤을 클릭할 때 다음과 같이 기능을 수행하도록 매크로를 구현하시오. (5점)

▶ 매크로 조건 '동아리명' 필드의 값이 'txt조회'에 해당하는 정보만 표시
▶ <동아리연락처> 폼을 '폼 보기' 형태로 열기할 것
▶ 매크로 이름은 <동아리폼열기>로 할 것
▶ '문제 2 입력 및 수정 기능 구현' 1번 문제의 <그림> 참조

문제3   20점_ 조회 및 출력 기능 구현

01 다음의 지시사항 및 화면을 참조하여 <동아리별 회원리스트> 보고서를 완성하시오. (각 3점)

① 동아리 머리글의 'txt동아리명' 컨트롤에 '동아리명' 필드로 바운드 시키시오.

② 동일한 '동아리명'에서는 '학번'의 오름차순으로 정렬되어 표시하도록 추가하시오.

③ 동아리명 머리글의 모든 컨트롤의 글꼴을 '궁서체'로 설정하시오.

④ 동아리명 바닥글의 'txt인원' 컨트롤에 해당 동아리 인원이 표시되도록 설정하시오.
　▶ 표시 예 : 인원수 = 5명

⑤ 페이지 바닥글의 'txt페이지'에 다음과 같은 형태로 표시되도록 설정하시오.
　▶ 전체 페이지 수가 5이고 현재 페이지가 2이면 '총 5쪽 중 2쪽'과 같이 표시

02 <동아리연락처> 폼에서 'txt동아리명' 컨트롤에 포커스가 이동하면(GotFocus) <그림>과 같은 메시지 상자를 출력하는 이벤트 프로시저를 구현하시오. (5점)

▶ 'txt동아리명' 컨트롤이 기타&노래 또는 힙합이면 '음악동아리', 영어스터디이면 '공부동아리', 나머지는 '동아리연합'으로 표시하시오.
▶ Select Case 문 사용

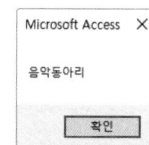

문제 4 35점_ 처리 기능 구현

01 <동아리별회원조회> 쿼리를 이용하여 힙합 동아리 회원의 연락정보를 조회하는 <힙합동아리조회> 쿼리를 작성하시오. (7점)

▶ 성명을 기준으로 오름차순 정렬하여 표시하시오.
▶ 쿼리 실행 결과 표시되는 필드와 필드명은 <그림>과 같이 표시되도록 설정하시오.

02 교수와 동아리명별 학생 수를 조회하는 <동아리인원수조회> 쿼리를 작성하시오. (7점)

▶ <지도교수>, <동아리>, <회원> 테이블을 이용하시오.
▶ 쿼리 실행 결과 표시되는 필드와 필드명은 <그림>과 같이 표시되도록 설정하시오.

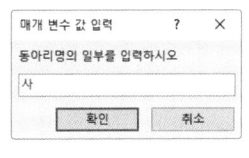

03 동아리명의 일부를 매개 변수로 입력받아 동아리 정보를 조회하는 <동아리정보> 쿼리를 작성하고 새 테이블로 생성하는 쿼리를 작성하고 실행하시오. (7점)

▶ <동아리별회원조회> 쿼리를 이용하시오.
▶ 쿼리 실행 후 생성되는 새 테이블의 이름은 <동아리조회>로 설정하시오.

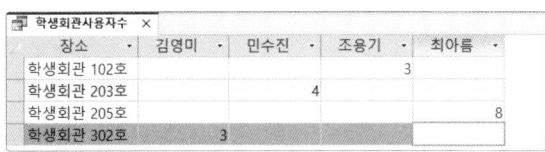

04 다음과 같은 기능을 수행하는 쿼리를 작성하고 저장하시오. (7점)

▶ <지도교수>, <동아리>, <회원> 테이블을 이용하시오.
▶ 장소와 지도교수별 인원수를 구하는 크로스탭 쿼리를 작성하시오.
▶ 인원수는 '성명' 필드를 이용하시오.
▶ 동아리 장소가 '학생회관'인 쿼리를 작성하시오.
▶ 쿼리의 이름은 <학생회관사용자수>로 하시오.

장소	김영미	민수진	조용기	최아름
학생회관 102호			3	
학생회관 203호		4		
학생회관 205호				8
학생회관 302호	3			

05 <동아리>, <지도교수> 테이블을 이용하여 조건을 적용하고 새 테이블로 생성하는 <공연준비담당> 쿼리를 작성하시오. (7점)

▶ 쿼리 실행 후 생성되는 테이블의 이름은 <공연준비동아리>로 설정하시오.
▶ 동아리명은 '기타&노래', '댄스', '힙합'만 조회대상으로 하시오. (In 연산자)
▶ 교수명을 기준으로 오름차순으로 정렬하여 표시하시오.
▶ 쿼리 실행 결과 생성되는 테이블의 필드는 그림을 참고하여 수험자가 판단하여 설정하시오.

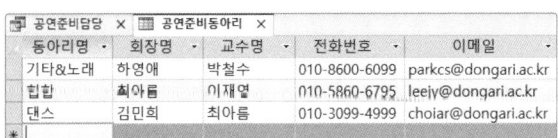

최신기출유형 8회 정답 및 해설

📁 작업 파일 : C:₩2024_컴활1급₩데이터베이스₩작업파일₩최신기출유형₩최신기출유형 8회_문제.accdb
📁 완성 파일 : C:₩2024_컴활1급₩데이터베이스₩완성파일₩최신기출유형₩최신기출유형 8회_정답.accdb

정답

문제1 ▶ DB 구축 (25점)

01 <회원>, <지도교수> 테이블 완성

지시사항	테이블명	필드명	필드 속성	설정 값
①	회원	학번	기본키 설정	
②		성명	인덱스	예(중복 가능)
③	지도교수	교수코드	입력 마스크	>L0000
④		전화번호	필수	예
⑤		이메일	IME 모드	영숫자 반자

02 <회원> 테이블의 조회 속성 설정

① '동아리코드' 필드의 [조회] 탭 –[콤보 상자]를 선택

② '열 개수'는 '2', '열 너비'는 '0cm'를 입력

03 관계 설정

① [데이터베이스 도구]-[관계] 그룹의 [관계()]를 클릭

② 관계 편집

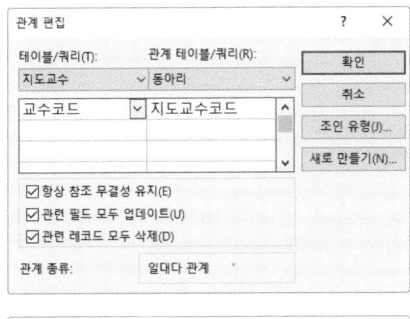

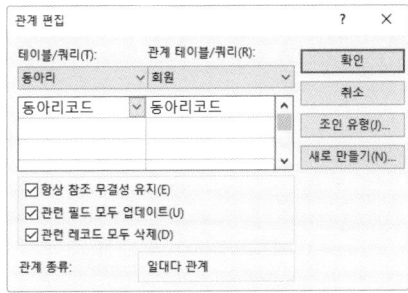

문제2 ▶ 입력 및 수정 기능 구현 (20점)

01 <회원정보> 폼의 완성

지시사항	영역	개체명	탭	항목	설정 값
①	폼		데이터	레코드 원본	동아리별회원조회
②	폼 머리글	lbl제목	형식	글꼴 크기	18
				텍스트 맞춤	가운데
③	본문	'학번', '성명', '동아리명', '전화번호', '이메일'	데이터	사용 가능	아니요

02 <동아리회원목록> 폼에 하위 폼 추가

① 'chd목록' 컨트롤의 '원본 개체'를 '회원목록'으로 설정

② [하위 폼 필드 연결기]

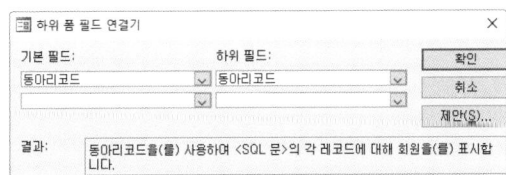

03 <회원정보> 폼에 매크로 작성

① [만들기]-[만들기 및 코드] 그룹의 [매크로(□)]를 클릭

② [동아리폼열기] 매크로 작성

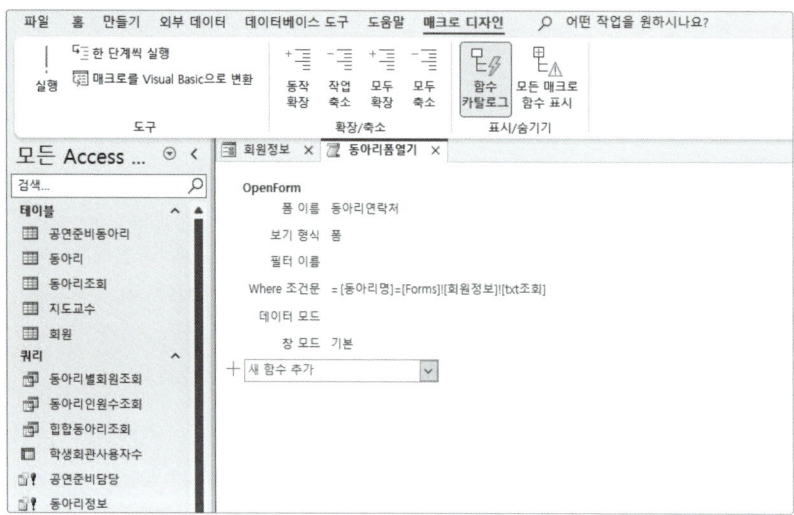

문제3 ▶ 조회 및 출력 기능 구현 (20점)

01 <동아리별 회원리스트> 보고서 완성

지시사항	영역	개체명	탭	항목	설정 값
①	동아리명 머리글	txt동아리명	데이터	컨트롤 원본	동아리명
②	[그룹, 정렬 및 요약] '동아리명'의 '내림차순', [정렬 추가]하여 '학번'의 '오름차순'					
③	동아리명 머리글	모든 컨트롤	형식	글꼴 이름	궁서체
④	동아리명 바닥글	txt인원	데이터	컨트롤 원본	="인원수 = " & Count(*) & "명"
⑤	페이지 바닥글	txt페이지	데이터	컨트롤 원본	="총" & [Pages] & "쪽 중 " & [Page] & "쪽"

02 <동아리연락처> 폼에 이벤트 프로시저 작성

① 'txt동아리명' 컨트롤에서 [속성 시트]-[이벤트] 탭의 'On Got Focus'에서 [코드 작성기]

② VBA 코드 작성

```
Private Sub txt동아리명_GotFocus( )
Select Case txt동아리명
Case "기타&노래", "힙합"
MsgBox "음악동아리"
Case "영어스터디"
MsgBox "공부동아리"
Case Else
MsgBox "동아리연합"
End Select
End Sub
```

문제 4 처리 기능 구현 (35점)

01 <힙합동아리조회> 조회 쿼리

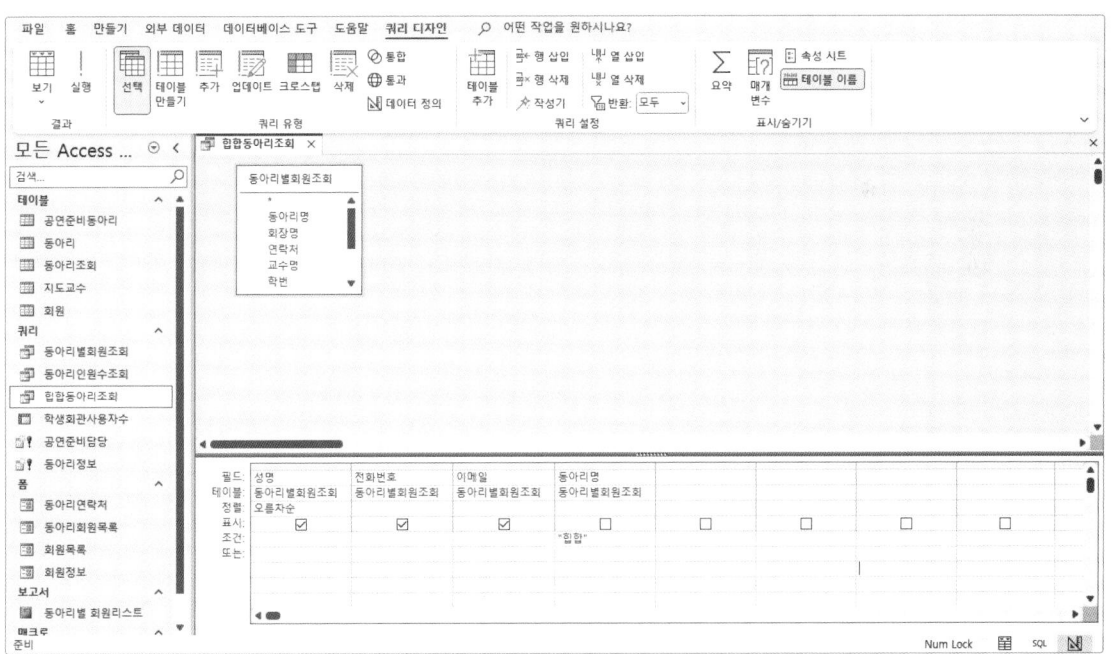

02 <동아리인원수조회> 요약 쿼리

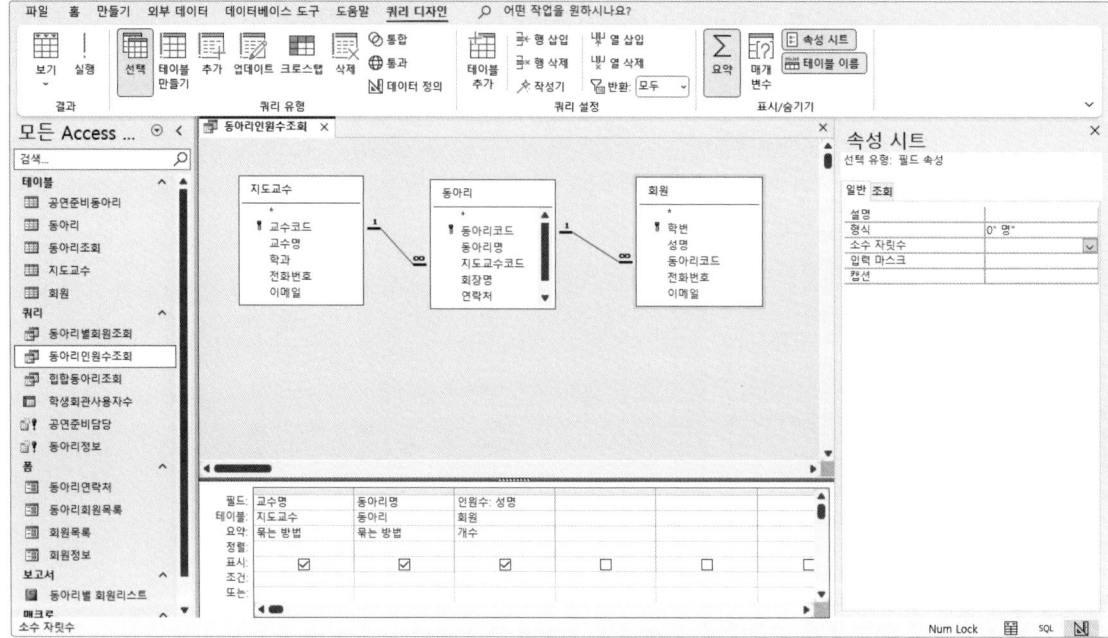

03 <동아리정보> 매개 변수 쿼리

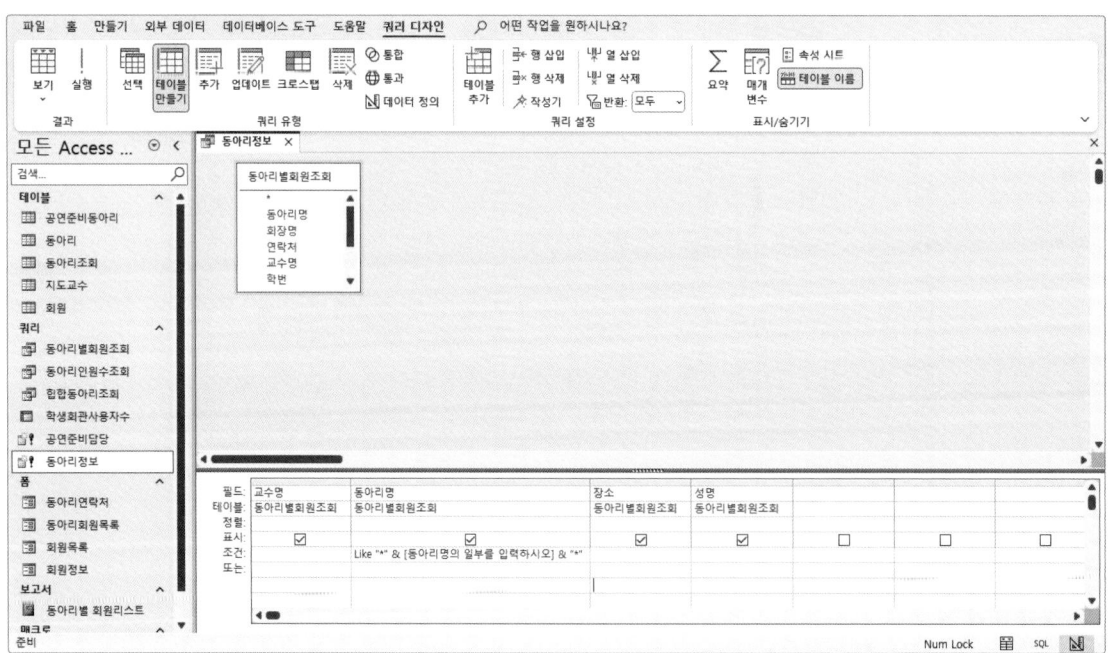

04 <학생회관사용자수> 크로스탭 쿼리

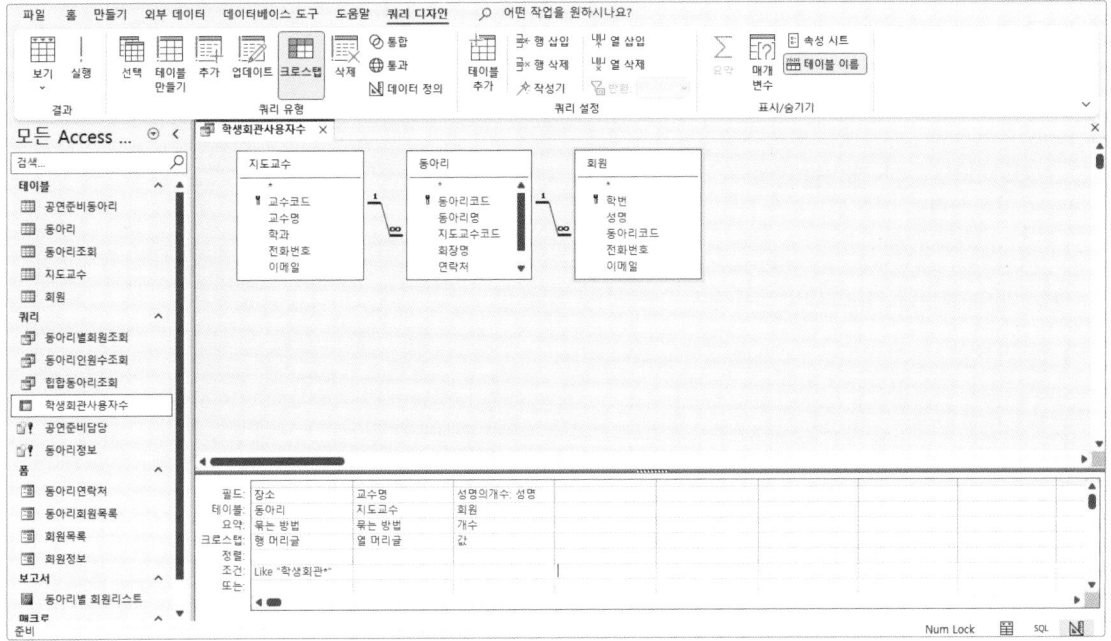

05 <공연준비담당> 테이블 만들기 쿼리

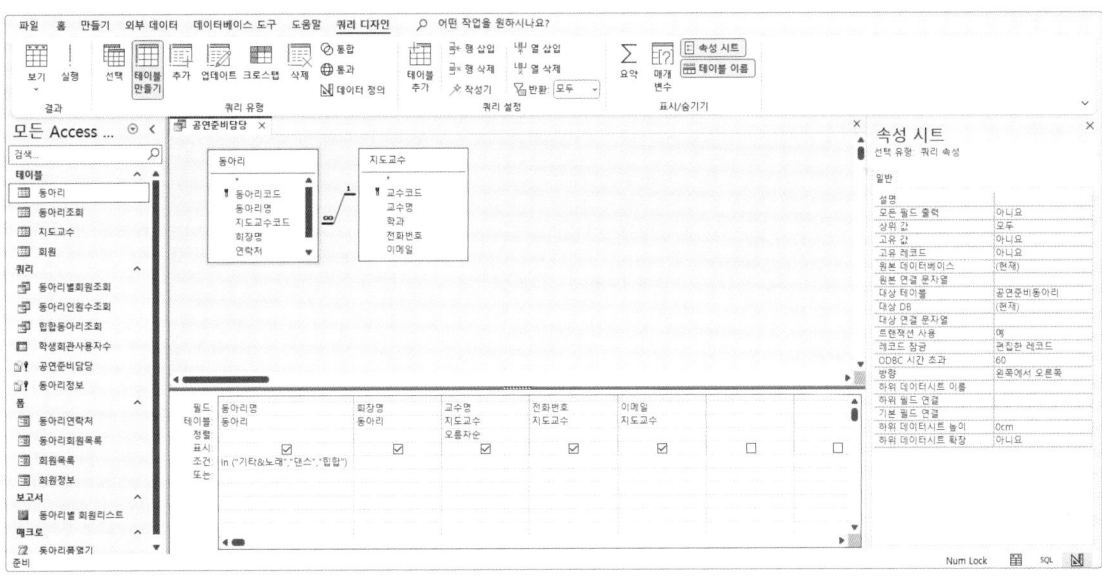

문제 1 ▶ DB 구축 (25점)

1 <회원>, <지도교수> 테이블 완성

① <회원> 테이블 위에서 마우스 오른쪽 단추를 눌러 <디자인 보기>를 클릭합니다.

② '학번' 필드에서 [테이블 디자인] 탭-[도구] 그룹-[기본 키]를 클릭합니다.

③ '성명' 필드의 속성은 [인덱스]에 '예(중복 가능)'을 클릭합니다.

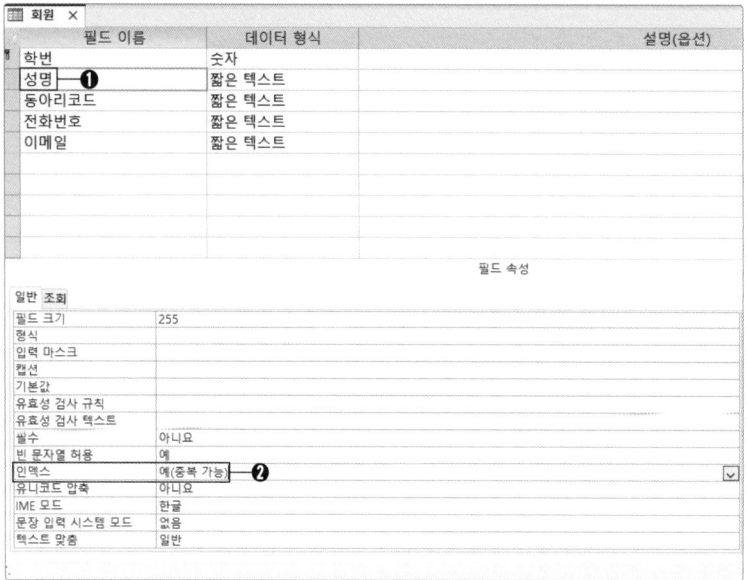

④ <지도교수> 테이블 위에서 마우스 오른쪽 단추를 눌러 <디자인 보기>를 클릭합니다.

⑤ '교수코드' 필드의 속성은 [입력 마스크]에 '>L0000'을 입력합니다.

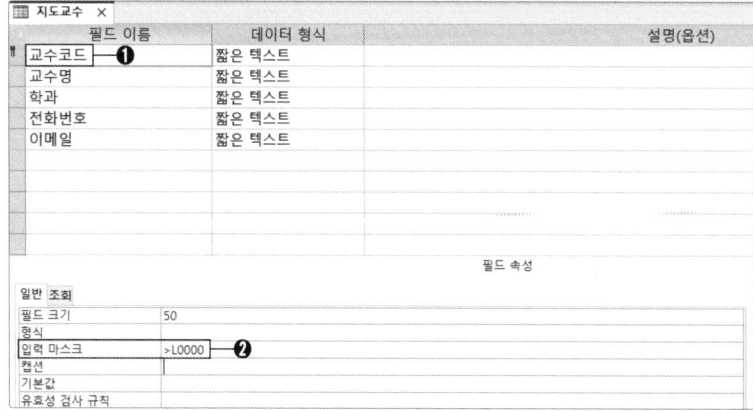

⑥ '전화번호' 필드의 속성은 [필수]에 '예'를 선택합니다.

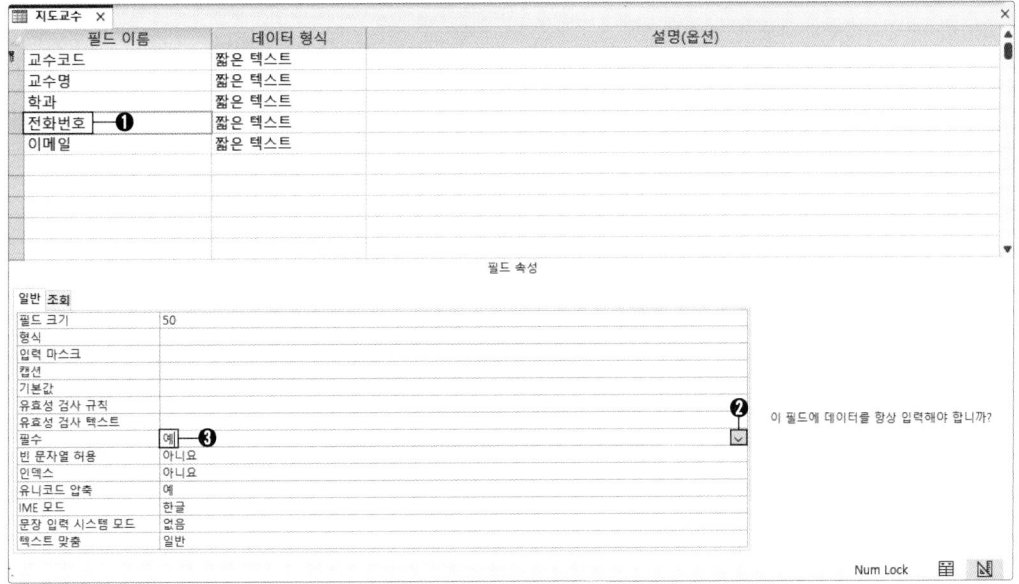

⑦ '이메일' 필드의 속성은 [IME 모드]에 '영숫자 반자'를 선택합니다.

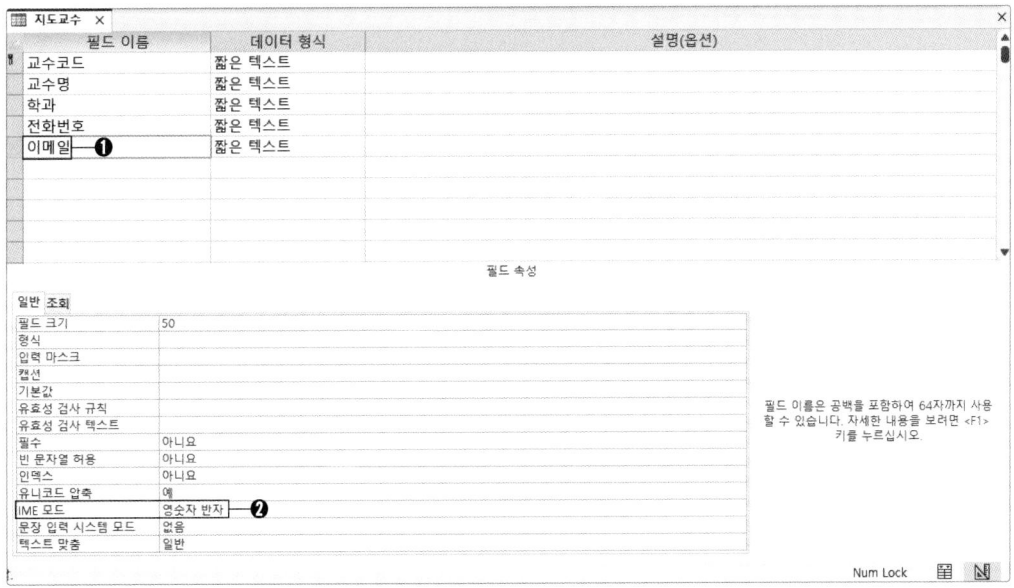

2 <회원> 테이블의 조회 속성 설정

① <회원> 테이블 위에서 마우스 오른쪽 단추를 눌러 <디자인 보기>를 클릭합니다.

② '동아리코드' 필드의 속성은 [조회] 탭 중 [컨트롤 표시]에 '콤보 상자'를 선택합니다.

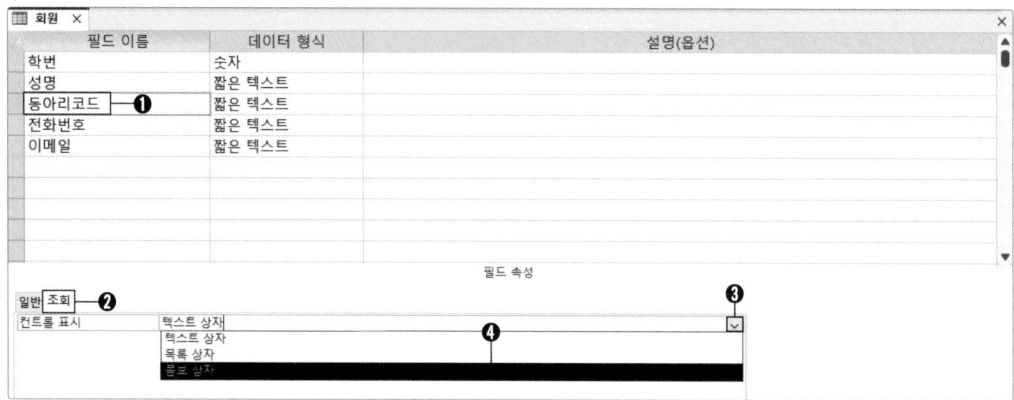

③ [행 원본]에 ⋯를 눌러 표시되는 [테이블 추가] 대화상자의 [테이블] 탭에서 <동아리> 테이블을 선택하고 <선택한 표 추가> 단추를 클릭합니다.

④ '동아리코드', '동아리명' 필드를 선택하고 <닫기>(☒)를 합니다.

⑤ [SQL 문의 변경 내용을 저장하고 속성을 업데이트하시겠습니까?] 대화상자에서 <예> 단추를 클릭합니다.

⑥ [행 원본]에 'SELECT 동아리.동아리코드, 동아리.동아리명 FROM 동아리;'가 입력된 것을 확인하고, [열 개수]에 '2', [열 너비]에 '0cm'를 입력합니다.

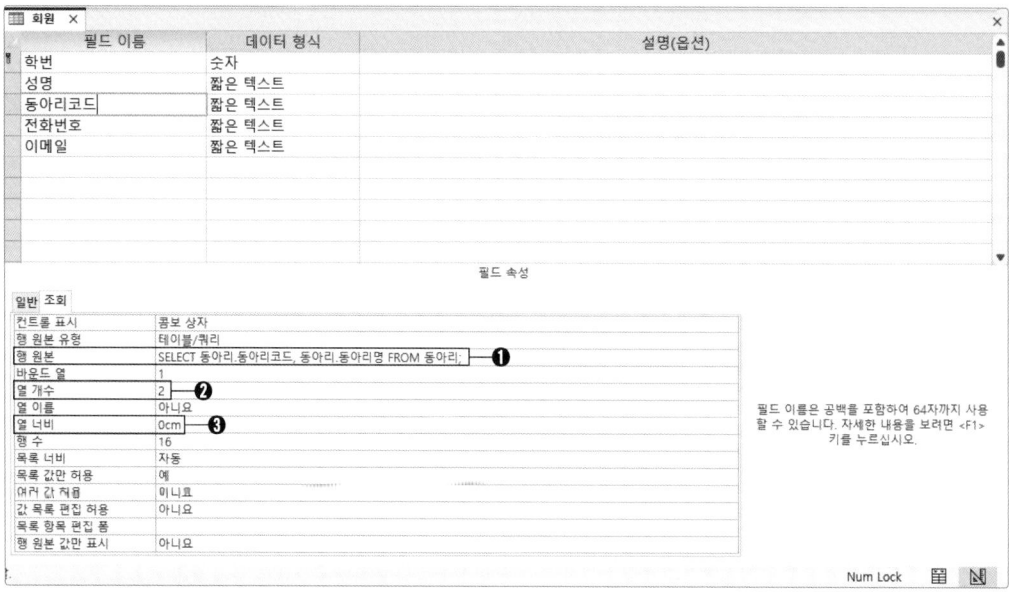

3 관계 설정

① [데이터베이스 도구] 탭-[관계] 그룹-[관계]를 클릭합니다.

② [관계] 그룹-[테이블 추가]를 클릭합니다. [테이블 추가] 대화상자의 [테이블] 탭에서 **Ctrl** 키를 누른 채 차례대로 <동아리>, <지도교수>, <회원> 테이블을 선택하고 <선택한 표 추가> 단추를 클릭합니다.

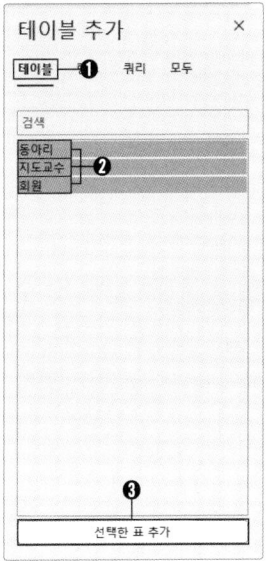

③ <동아리> 테이블의 '지도교수코드' 필드를 <지도교수> 테이블의 '교수코드' 필드로 드래그앤 드롭 합니다.

④ [관계 편집] 대화상자에서 '항상 참조 무결성 유지', '관련 필드 모두 업데이트', '관련 레코드 모두 삭제'를 선택하고 <만들기> 단추를 클릭합니다.
   ※ '일대다(1:M)'의 관계가 설정됩니다.

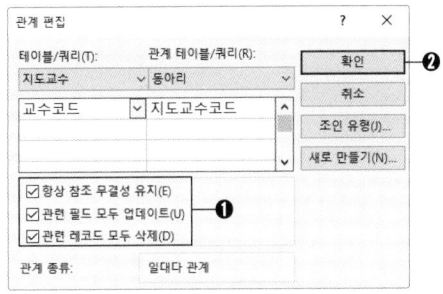

⑤ <회원> 테이블의 '동아리코드' 필드를 <동아리> 테이블의 '동아리코드' 필드로 드래그 앤 드롭 합니다.

⑥ [관계 편집] 대화상자에서 '항상 참조 무결성 유지', '관련 필드 모두 업데이트', '관련 레코드 모두 삭제'를 선택하고 <만들기> 단추를 클릭합니다.
   ※ '일대다(1:M)'의 관계가 설정됩니다.

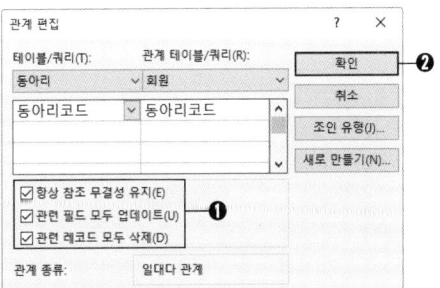

⑦ [관계] 창이 <그림>과 같이 표시됩니다. 빠른 실행 도구 모음에서 ■(저장)을 눌러 변경된 내용을 저장합니다. [관계 디자인] 탭-[관계] 그룹-[닫기]를 클릭합니다.

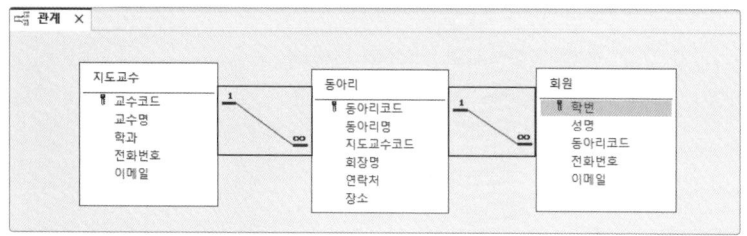

문제2 ▶ 입력 및 수정 기능 구현 (20점)

1 <회원정보> 폼의 완성

① <회원정보> 폼 위에서 마우스 오른쪽 단추를 눌러 <디자인 보기>를 클릭합니다.

② '폼' 영역 속성 시트 창의 [데이터] 탭 중 [레코드 원본]에 '동아리별회원조회'를 선택합니다.

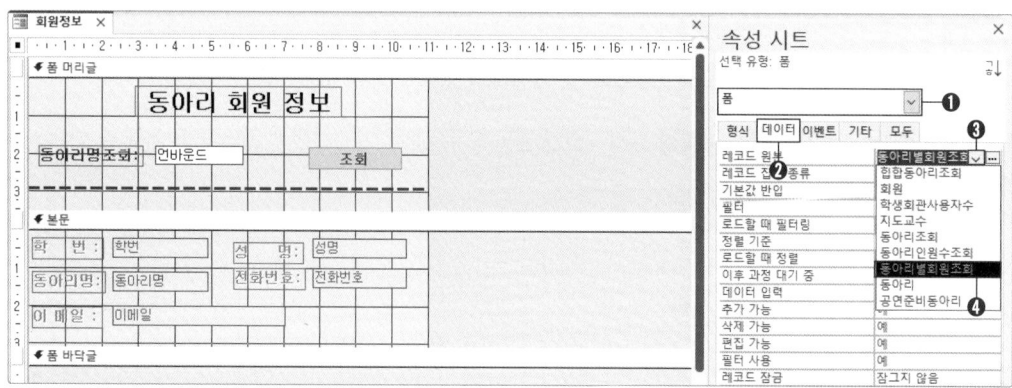

③ '폼 머리글' 영역에서 'lbl제목' 컨트롤 속성 시트 창의 [형식] 탭 중 [글꼴 크기]에 '18pt', [텍스트 맞춤]에 '가운데'를 선택합니다.

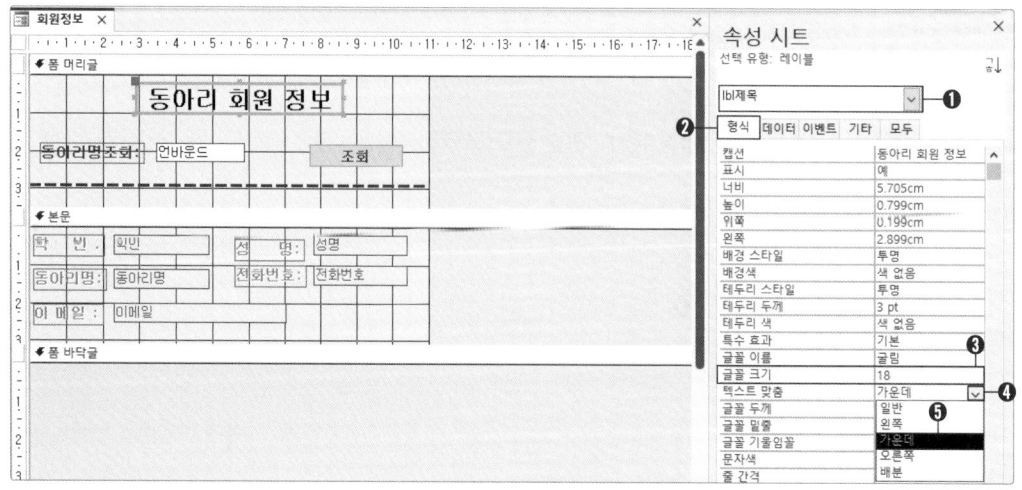

④ '본문' 영역에서 '학번', '성명', '동아리명', '전화번호', '이메일' 컨트롤 속성 시트 창의 [데이터] 탭 중 [사용 가능]에 '아니요'를 선택합니다.

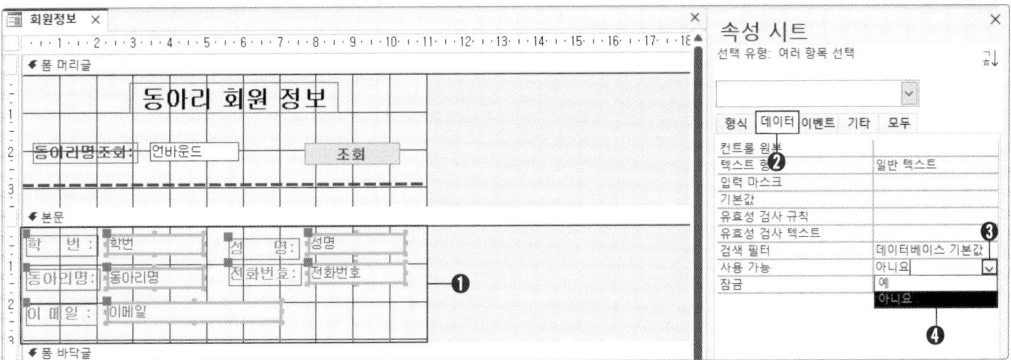

2 <동아리회원목록> 폼에 <회원목록> 하위 폼 추가

① <동아리회원목록> 폼 위에서 마우스 오른쪽 단추를 눌러 <디자인 보기>를 클릭합니다.

② '하위 폼' 개체에서 'chd목록' 컨트롤 속성 시트 창의 [데이터] 탭 중 [원본 개체]에 '회원목록'을 선택합니다.

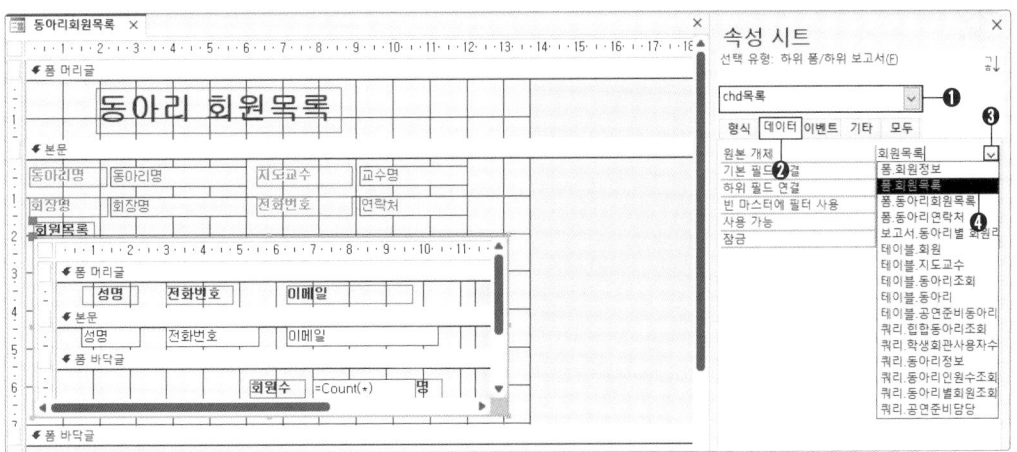

③ [기본 필드 연결]에 ...을 눌러 표시되는 [하위 폼 필드 연결기] 대화상자에서 [기본 필드]에 '동아리코드', [하위 필드]에 '동아리코드'를 선택하고 <확인> 단추를 클릭합니다.

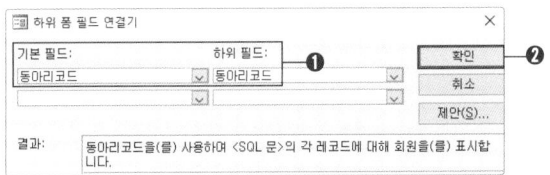

④ '하위 폼 바닥글' 영역에서 'txt회원수' 컨트롤 속성 시트 창의 [데이터] 탭 중 [컨트롤 원본]에 '=Count(*)'을 입력합니다.

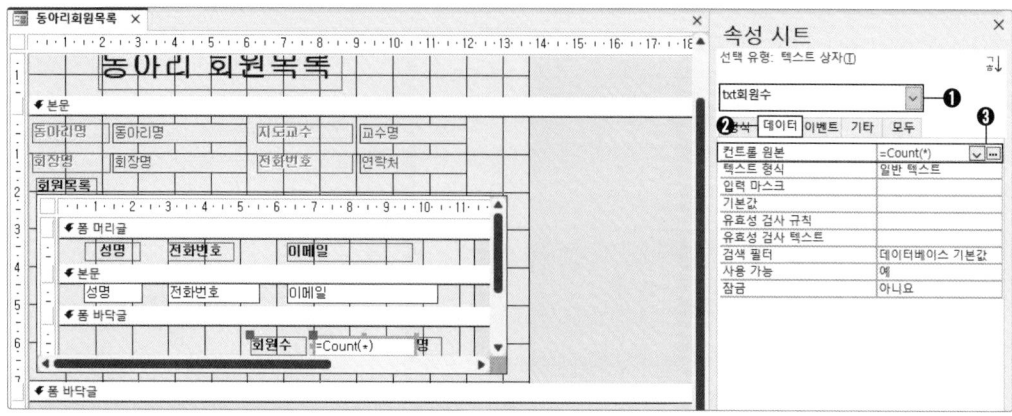

3 <회원정보> 폼에 매크로 지정

① [만들기] 탭-[만들기 및 코드] 그룹-[매크로]를 클릭합니다.

② [새 함수 추가]에서 <OpenForm>를 선택합니다.

③ [폼 이름]에 '동아리연락처', [보기 형식]에 '폼'을 선택합니다.

④ [Where 조건문]에 '[동아리명]=[Forms]![회원정보]![txt조회]'를 입력합니다.

⑤ 빠른 실행 도구 모음에서 🖫(저장)을 클릭합니다. [매크로 이름]에 '동아리폼열기'를 입력합니다.

⑥ <회원정보> 폼 위에서 마우스 오른쪽 단추를 눌러 <디자인 보기>를 클릭합니다.

⑦ '조회'(cmd조회) 버튼 속성 시트 창의 [이벤트] 탭 중 [On Click]에 '동아리폼열기'를 선택합니다.

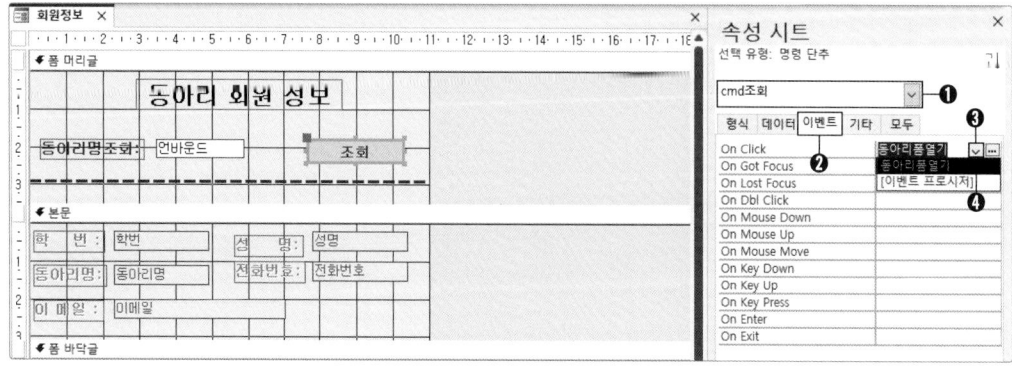

문제3 조회 및 출력 기능 구현 (20점)

1 <동아리별 회원리스트> 보고서 완성

① <동아리별 회원리스트> 보고서 위에서 마우스 오른쪽 단추를 눌러 <디자인 보기>를 클릭합니다.

② '동아리명 머리글' 영역에서 'txt동아리명' 컨트롤 속성 시트 창의 [데이터] 탭 중 [컨트롤 원본]에 '동아리명'을 선택합니다.

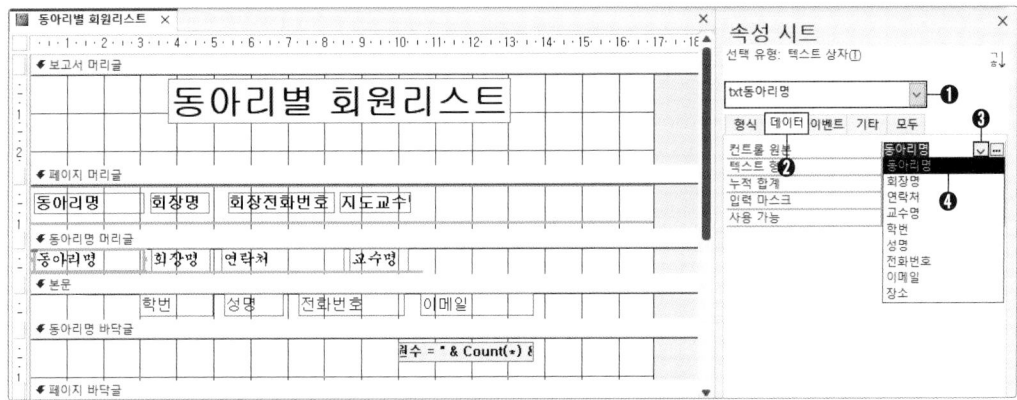

③ [그룹, 정렬 및 요약]에 [정렬 추가]를 눌러 '학번' 필드를 추가한 다음 [정렬]에 '오름차순'을 선택합니다.

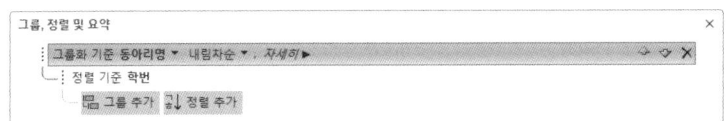

④ '동아리명 머리글' 영역에서 모든 컨트롤을 선택하고 속성 시트 창의 [형식] 탭 중 [글꼴 이름]에 '궁서체'를 선택합니다.

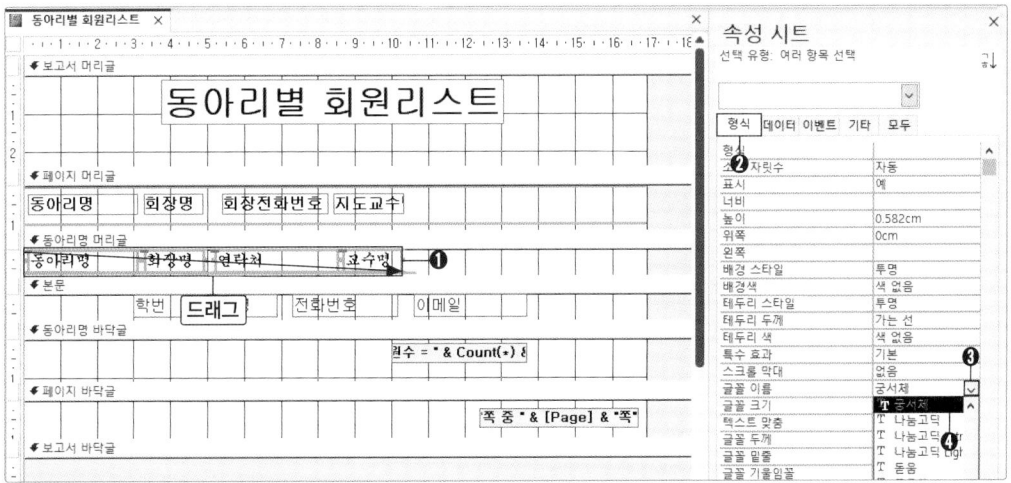

⑤ '동아리명 바닥글' 영역에서 'txt인원' 컨트롤 속성 시트 창의 [데이터] 탭 중 [컨트롤 원본]에 '="인원수 = " & Count(*) & "명"'을 입력합니다.

⑥ '페이지 바닥글' 영역에서 'txt페이지' 컨트롤 속성 시트 창의 [데이터] 탭 중 [컨트롤 원본]에 '="총 " & [Pages] & "쪽 중 " & [Page] & "쪽"'을 입력합니다.

2 <동아리연락처> 폼의 이벤트 프로시저 작성

① <동아리연락처> 폼 위에서 마우스 오른쪽 단추를 눌러 <디자인 보기>를 클릭합니다.

② 'txt동아리명' 컨트롤 속성 시트 창의 [이벤트] 탭 중 [On Got Focus]에 '코드 작성기'를 선택합니다.

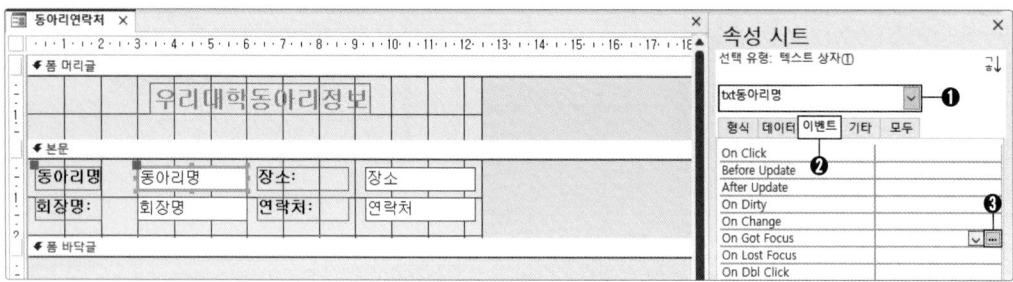

③ 다음의 VBA 코드를 입력합니다.

※ 'txt동아리명' 컨트롤의 값에 따라 Case로 이동하여 메시지 박스(MsgBox)에 표시합니다.

```
Private Sub txt동아리명_GotFocus( )
Select Case txt동아리명
Case "기타&노래", "힙합"
MsgBox "음악동아리"
Case "영어스터디"
MsgBox "공부동아리"
Case Else
MsgBox "동아리연합"
End Select
End Sub
```

문제 4 ▶ 처리 기능 구현 (35점)

1 <힙합동아리조회> 조회 쿼리

① [만들기] 탭-[쿼리] 그룹-[쿼리 디자인]을 클릭합니다.

② [테이블 추가] 대화상자의 [쿼리] 탭에서 <동아리별회원조회> 쿼리를 선택하고 <선택한 표 추가> 단추를 클릭합니다.

③ '동아리명', '성명', '전화번호', '이메일' 필드를 선택합니다.

④ '동아리명' 필드는 [조건]에 '힙합'을 입력하고 <표시>를 해제하고 '성명' 필드는 [정렬]에 '오름차순'을 선택합니다.

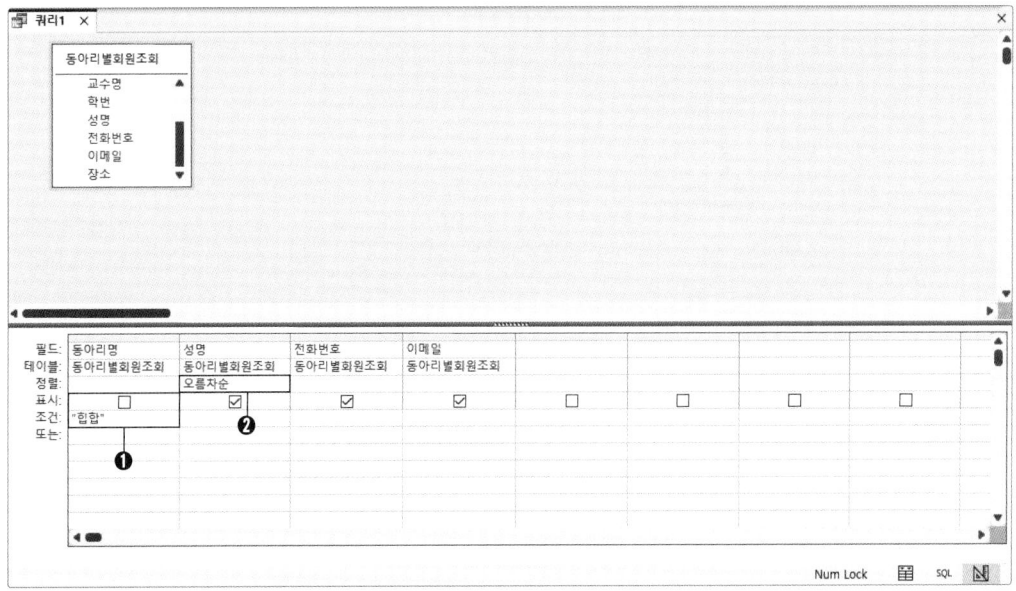

⑤ 빠른 실행 도구 모음에서 🖫(저장)을 클릭합니다. [쿼리 이름]에 '힙합동아리조회'를 입력합니다.

2 <동아리인원수조회> 요약 쿼리 작성

① [만들기] 탭-[쿼리] 그룹-[쿼리 디자인]을 클릭합니다.

② [테이블 추가] 대화상자의 [테이블] 탭에서 Ctrl 키를 누른 채 차례대로 <동아리>, <지도교수>, <회원> 테이블을 선택하고 <선택한 표 추가> 단추를 클릭합니다.

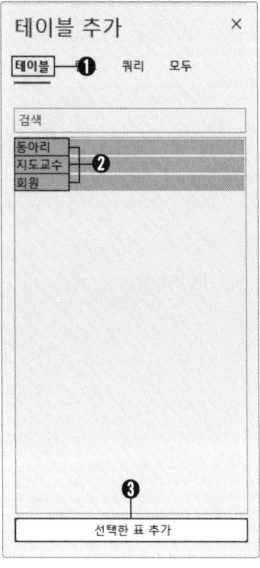

③ '교수명', '동아리명' 필드를 선택하고 다음 [필드]에 '인원수:성명'을 입력합니다.

④ [쿼리 디자인] 탭-[표시/숨기기] 그룹-[요약]을 클릭합니다.

⑤ '인원수' 필드는 [요약]에 '개수'를 선택합니다.

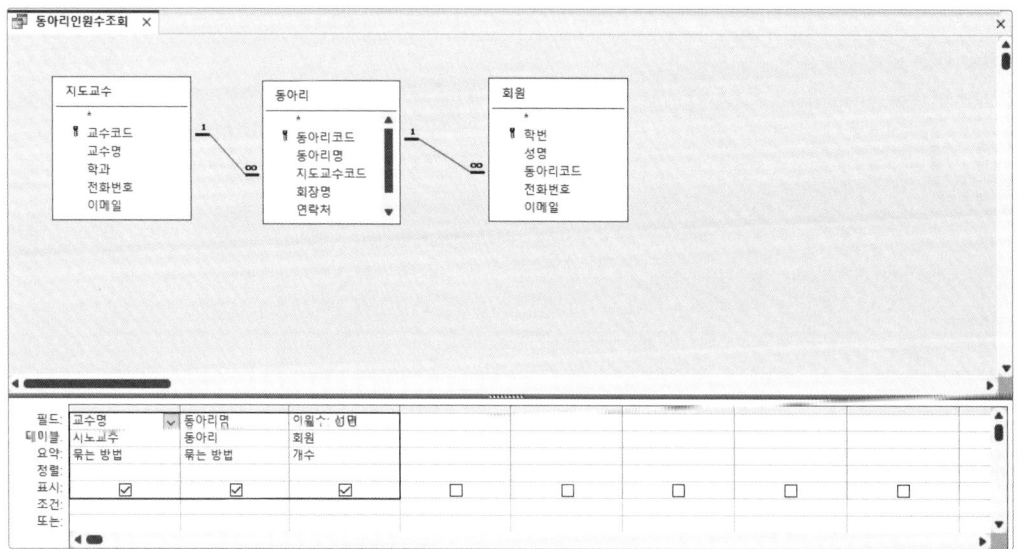

⑥ '인원수' 필드 속성 시트 창의 [일반] 탭 중 [형식]에 '0 "명"'을 입력합니다.

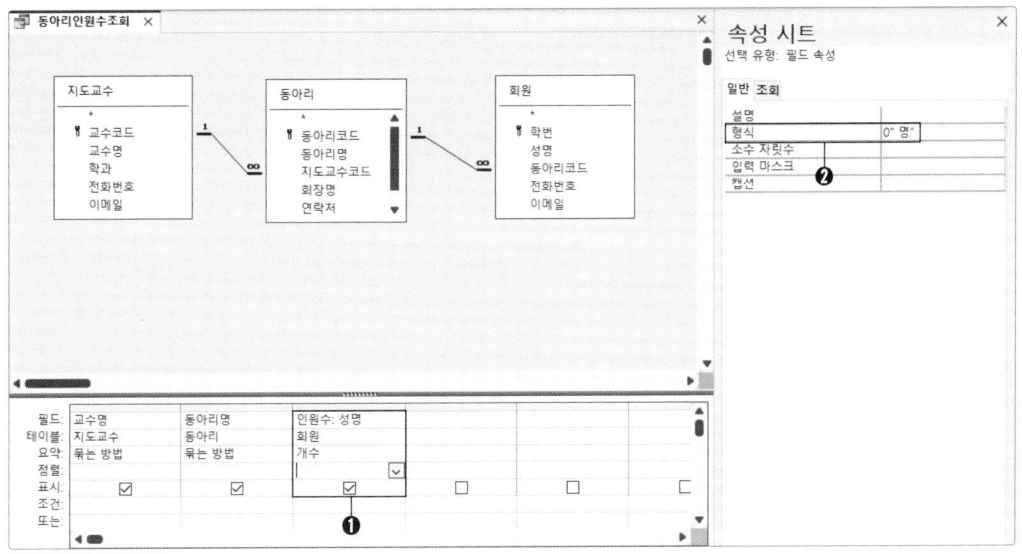

⑦ 빠른 실행 도구 모음에서 을 클릭합니다. [쿼리 이름]에 '동아리인원수조회'를 입력합니다.

3 <동아리정보> 쿼리에서 테이블 만들기 쿼리 작성

① [만들기] 탭-[쿼리] 그룹-[쿼리 디자인]을 클릭합니다.

② [테이블 추가] 대화상자의 [쿼리] 탭에서 <동아리별회원조회> 쿼리를 선택하고 <선택한 표 추가> 단추를 클릭합니다.

③ '교수명', '동아리명', '장소', '성명' 필드를 선택합니다.

④ 동아리명 필드는 [조건]에 'Like "*" & [동아리명의 일부를 입력하시오] & "*"'을 입력합니다.

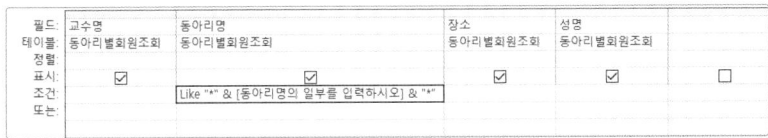

⑤ [쿼리 디자인] 탭-[쿼리 유형] 그룹-[테이블 만들기]를 클릭합니다.

⑥ [테이블 이름]에 '동아리조회'를 입력합니다.

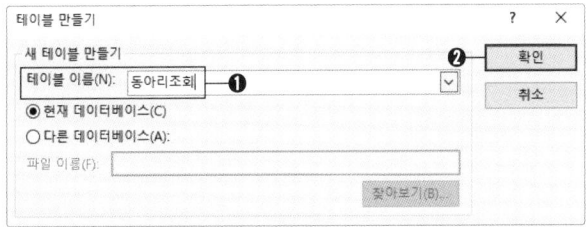

⑦ [쿼리 디자인] 탭-[결과] 그룹-[실행]을 클릭합니다.

⑧ [매개 변수 값 입력] 대화상자에서 '사'를 입력하고 <확인> 단추를 클릭합니다.

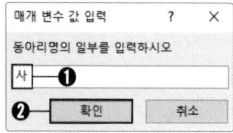

⑨ 다음의 창에서 <예> 단추를 클릭합니다.

⑩ 빠른 실행 도구 모음에서 🖫 (저장)을 클릭합니다. [쿼리 이름]에 '동아리정보'를 입력합니다.

4 <학생회관사용자수> 크로스탭 쿼리 작성

① [만들기] 탭-[쿼리] 그룹-[쿼리 디자인]을 클릭합니다.

② [테이블 추가] 대화상자의 [테이블] 탭에서 **Ctrl** 키를 누른 채 차례대로 <지도교수>, <동아리>, <회원> 테이블을 선택하고 <선택한 표 추가> 단추를 클릭합니다.

③ '장소', '교수명', '성명' 필드를 선택합니다.

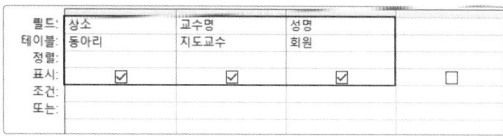

④ [쿼리 디자인] 탭-[쿼리 유형] 그룹-[크로스탭]을 클릭합니다.

⑤ '장소' 필드는 [요약]에 '묶는 방법', [크로스탭]에 '행 머리글'을 선택합니다.

⑥ '교수명' 필드는 [요약]에 '묶는 방법', [크로스탭]에 '열 머리글'을 선택합니다.

⑦ '성명' 필드는 [요약]에 '개수', [크로스탭]에 '값'을 선택합니다.

⑧ '장소' 필드는 [요약]에 '조건'을 선택하고 [조건]에 'Like "학생회관*"'을 입력합니다.

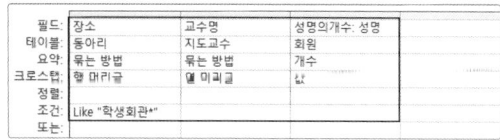

⑨ 빠른 실행 도구 모음에서 🖫 (저장)을 클릭합니다. [쿼리 이름]에 '학생회관사용자수'를 입력합니다.

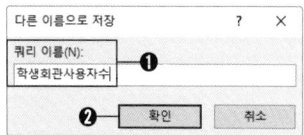

5 <공연준비담당> 테이블 만들기 쿼리 작성

① [만들기] 탭-[쿼리] 그룹-[쿼리 디자인]을 클릭합니다.

② [테이블 추가] 대화상자의 [테이블] 탭에서 Ctrl 키를 누른 채 차례대로 <동아리>, <지도교수> 테이블을 선택하고 <선택한 표 추가> 단추를 클릭합니다.

③ '동아리명', '회장명', '교수명', '전화번호', '이메일' 필드를 선택하여 추가합니다.

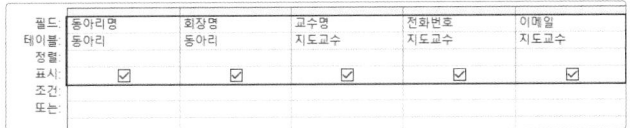

④ '동아리명' 필드는 [조건]에 'In ("기타&노래","댄스","힙합")'를 입력합니다.

⑤ '교수명' 필드는 [정렬]에 오름차순을 선택합니다.

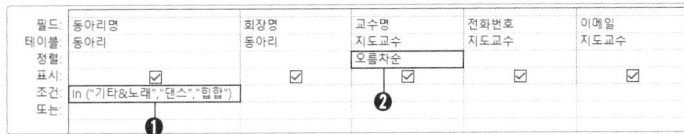

⑥ [쿼리 디자인] 탭-[쿼리 유형] 그룹-[테이블 만들기]를 클릭합니다.

⑦ [테이블 만들기] 대화상자에서 [테이블 이름]에 '공연준비동아리'를 입력하고 <확인> 단추를 클릭합니다.

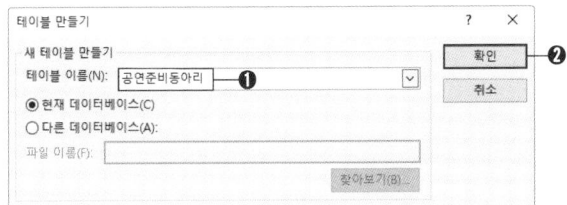

⑧ 빠른 실행 도구 모음에서 🖫(저장)을 클릭합니다. [쿼리 이름]에 '공연준비담당'을 입력합니다.

⑨ [쿼리 디자인] 탭-[결과] 그룹-[실행]을 클릭하고 다음 대화상자에서 <예> 단추를 클릭하면 <공연준비동아리> 테이블이 생성됩니다.

⑩ <공연준비동아리> 테이블을 <열기>하여 결과를 확인합니다.

컴퓨터활용능력 최신기출유형 9회

프로그램명	제한시간
ACCESS 2021	45분

수 험 번 호 :

성   명 :

1급 | A형

유의사항

- 인적 사항 누락 및 잘못 작성으로 인한 불이익은 수험자 책임으로 합니다.

- 화면에 암호 입력창이 나타나면 아래의 암호를 입력하여야 합니다.
  - 암호 : 647&87

- 작성된 답안은 주어진 경로 및 파일명을 변경하지 마시고 그대로 저장해야 합니다. 이를 준수하지 않으면 실격처리 됩니다.
  - 답안 파일명의 예 : C:₩DB₩수험번호 8자리.accdb

- 외부데이터 위치 : C:₩DB₩파일명

- 별도의 지시사항이 없는 경우, 다음과 같이 처리하면 실격 처리됩니다.
  - 제시된 개체의 이름을 임의로 변경한 경우
  - 제시된 개체의 속성을 임의로 변경한 경우
  - 제시된 개체를 임의로 삭제하거나 추가한 경우

- 별도의 지시사항이 없는 경우, 기능의 구현은 모듈이나 매크로 등을 이용하며, 예외적인 상황에 대해서는 고려하지 않아도 됩니다.

- 제시된 함수가 있을 경우 제시된 함수만을 사용하여야 하며, 그 외 함수 사용시 채점 대상에서 제외됩니다.

- 별도의 지시사항이 없는 경우, 주어진 각 개체의 속성은 설정값 또는 기본 설정값 (Default)으로 처리하십시오.

- 제시된 화면은 예시이며 나타난 값은 실제와 다를 수 있습니다.

- 저장 시간은 별도로 주어지지 아니하므로 제한된 시간 내에 저장을 완료해야 합니다.

- 본 문제의 용어는 MS Office LTSC Professional Plus 2021 기준으로 작성되었습니다.

문제 1 25점_ DB 구축

01 자격증 취득현황을 관리하기 위해서 다음과 같이 데이터베이스를 구축하였다. 다음의 지시사항에 따라 각 테이블을 완성하시오. (각 3점)

① <학생점수> 테이블의 기본 키(Primary Key)는 '학번'과 '과목코드'로 설정하시오.

② <학생점수> 테이블의 점수는 반드시 0 이상이 입력되도록 하시오.

③ <과목명> 테이블의 '과목명' 필드에는 값이 반드시 입력되도록 설정하시오.

④ <과목명> 테이블의 '구분' 필드에는 교양, 전공 중 하나의 값이 입력되도록 설정하시오.

⑤ <과목명> 테이블의 '학점수' 필드에는 필드 크기를 정수로 설정하시오.
  ▶ 학점수는 1에서 4 사이의 정수를 입력하도록 할 것

02 외부 데이터 가져오기 기능을 이용하여 <자격취득현황.xlsx> 파일에서 워크시트 표시의 데이터를 <자격취득현황> 테이블 이름으로 가져오기하시오. (5점)

▶ 첫 행에 열 머리글이 있음으로 설정
▶ 기본 키는 없음으로 설정

03 <자격취득현황> 테이블의 '학번' 필드는 <학생정보> 테이블의 '학번' 필드를 참조하며, 테이블의 관계는 일대다 (1:M)이다. 두 테이블에 대해 다음과 같이 관계를 설정하시오. (5점)

※ 액세스 파일에 이미 설정되어 있는 관계는 수정하지 마시오.

▶ 두 테이블 간에 항상 참조 무결성을 유지하도록 설정하시오.
▶ 참조 필드의 값이 변경되면 관련 필드의 값도 변경되도록 설정하시오.
▶ 다른 테이블이 참조하고 있는 레코드가 삭제되면 관련 레코드도 모두 삭제하도록 설정하시오.

문제 2 20점_ 입력 및 수정 기능 구현

01 <성적목록> 폼을 다음 지시사항에 따라 완성하시오. (각 3점)

① <성적세부정보> 쿼리를 폼의 레코드 원본으로 설정하시오.

② 폼 보기는 '연속 폼'의 형태로 나타나도록 설정하시오.

③ 'txt건수' 필드에 총 레코드의 수, 'txt평균점수'에 점수의 평균이 표시되도록 작성하시오.
▶ 총 레코드 수의 예 : 13 건
▶ 평균 점수의 예 : 78.25

02 <성적목록> 폼의 본문 영역에 다음과 같이 조건부 서식을 설정하시오. (6점)

▶ 이름과 학점 컨트롤에 대해 글꼴이 '기울임꼴', 글꼴 색이 '빨강'으로 표시되도록 설정
▶ 학점이 'A' 인 경우에 적용하시오.
▶ 단, 하나의 규칙으로 작성하시오.

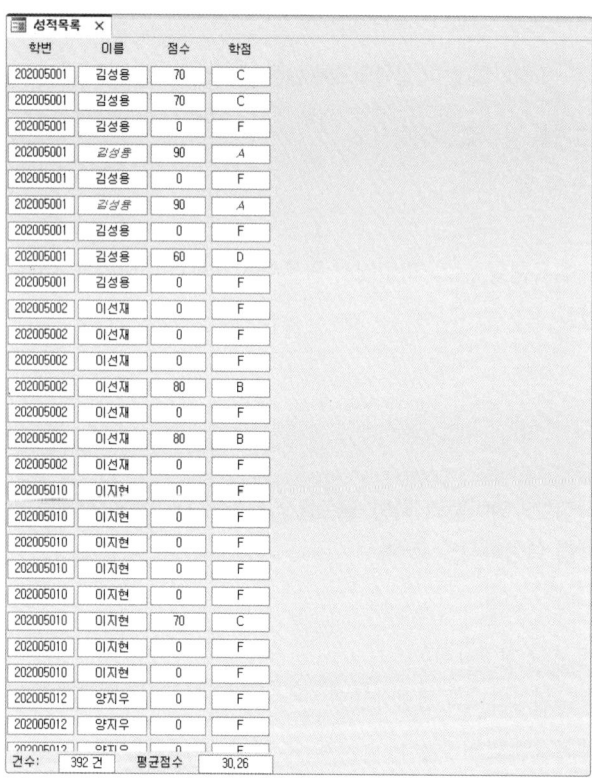

03 <성적입력> 폼에서 '미리보기'(cmd인쇄)을 클릭할 때 다음과 같은 기능을 수행하도록 <보고서보기> 매크로를 생성하여 지정하시오. (5점)

▶ <과목별성적표> 보고서를 '레이아웃'의 형태로 여시오.
▶ 'txt과목코드'와 일치하는 과목코드의 데이터만 표시하도록 하시오.

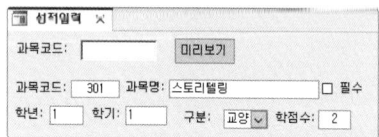

문제3 20점_ 조회 및 출력 기능 구현

01 다음의 지시사항 및 <그림>을 참조하여 <과목별성적표> 보고서를 완성하시오. (각 3점)

① 과목코드가 동일하면 '학년'의 내림차순, 학년도 같으면 '반'의 오름차순으로 정렬되어 표시되도록 설정하시오.

② 페이지 머리글의 전체 컨트롤을 과목코드 머리글 영역으로 옮기고 페이지 머리글 영역의 높이가 '0'으로 설정하시오.

③ 본문 영역의 'txt점수'와 'txt학점'에는 각각 '점수'와 '학점'을 컨트롤 원본으로 설정하시오.

④ 과목코드 머리글이 각 페이지의 맨 위에 인쇄되도록 설정하시오.

⑤ 과목코드 바닥글의 'txt인원수' 컨트롤에는 인원수를 표시하시오.

▶ 예) 인원수 : 50 명

02 <성적목록> 폼의 '점수'(txt점수)에서 값이 변경(Before Update)하면 다음과 같은 기능을 수행하도록 구현하시오. (5점)

▶ '학점'(txt학점) 컨트롤의 값이 변경되어 입력되도록 이벤트 프로시저를 작성하시오.

▶ 점수가 90 이상이면 "학점 : A", 80 이상이면 "학점 : B", 70 이상이면 "학점 : C", 60 이상이면 "학점 : D", 그렇지 않으면 "학점 : F"로 표시하시오.

▶ If ~ ElseIf 문, MsgBox 사용

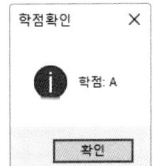

문제 4 35점_ 처리 기능 구현

01 <학생정보>와 <자격취득현황> 테이블을 이용하여 1학년 중에 성별이 남자이고 C반인 학생들을 자격취득을 조회하는 <1학년C반남학생자격번호> 쿼리를 작성하시오. (7점)

- ▶ 학번을 기준으로 오름차순 정렬하여 표시하시오.
- ▶ 쿼리 실행 결과 표시되는 필드와 필드명은 <그림>과 같이 표시되도록 설정하시오.

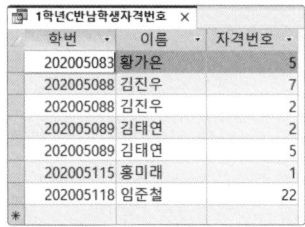

02 <학생정보> 테이블의 '나이' 필드에 1을 더하여 업데이트하기 위해 <나이업데이트> 쿼리를 작성하시오. (7점)

- ▶ <학생정보> 테이블을 이용하시오.
- ▶ 2학년 데이터만을 대상으로 할 것
- ▶ 쿼리 실행 결과 표시되는 필드와 필드명은 <그림>과 같이 표시되도록 설정하시오.

03 다음과 같은 기능을 수행하는 쿼리를 작성하시오. (7점)

- ▶ <학생점수>와 <과목명> 테이블을 이용하여 과목명과 구분별 점수의 평균을 표준 형식으로 소수 2자리까지 표시하시오.
- ▶ 학점이 'F'가 아닌 레코드를 대상으로 하시오.
- ▶ 쿼리명은 <과목별평균>으로 하시오.

04 구분과 성별 학생수를 표시하는 <구분별학생수> 크로스탭 쿼리를 작성하시오. (7점)

▶ 인원은 '이름' 필드를 이용하시오.

▶ <성적세부정보> 쿼리를 이용하시오.

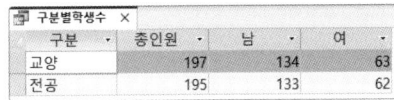

05 <자격취득현황>, <학생정보> 테이블을 이용하여 자격취득현황이 없는 학생을 조회하는 <자격증미취득인원> 쿼리를 작성하시오. (7점)

▶ 자격증취득현황이 없는 학생은 <자격증취득현황> 테이블에 없는 학번입니다.

▶ 학년은 3 또는 4로 조회하시오.

▶ Not In 과 하위 쿼리 사용

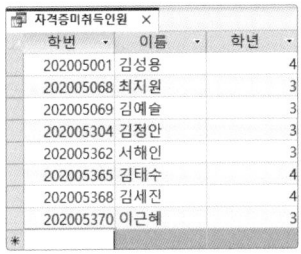

최신기출유형 9회 정답 및 해설

📁 **작업 파일** : C:₩2024_컴활1급₩데이터베이스₩작업파일₩최신기출유형₩최신기출유형 9회_문제.accdb
💾 **완성 파일** : C:₩2024_컴활1급₩데이터베이스₩완성파일₩최신기출유형₩최신기출유형 9회_정답.accdb

정답

문제1 ▶ DB 구축 (25점)

01 <학생점수>, <과목명> 테이블 완성

지시사항	테이블명	필드명	필드 속성	설정 값
①	학생점수	학번, 과목코드	기본키 설정	
②		점수	유효성 검사 규칙	>=0
③	과목명	과목명	필수	예
④		구분	유효성 검사 규칙	In ("교양","전공")
⑤		학점수	필드 크기	정수
			유효성 검사 규칙	Between 1 And 4

02 외부 데이터 가져오기

① [외부 데이터]-[가져오기 및 연결] 그룹에서 [새 데이터 원본]-[파일에서]-[Excel]을 클릭

② 첫 행에 열 머리글이 있음, 기본 키 없음

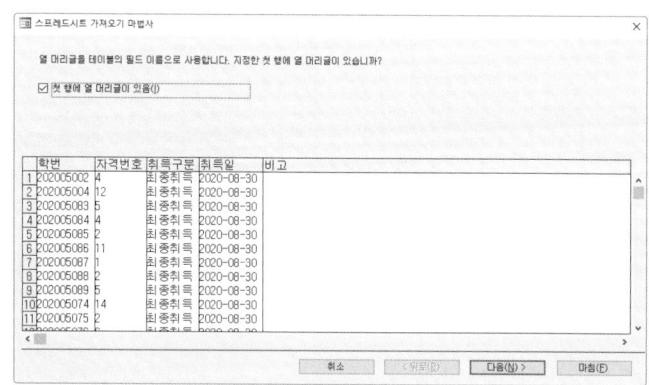

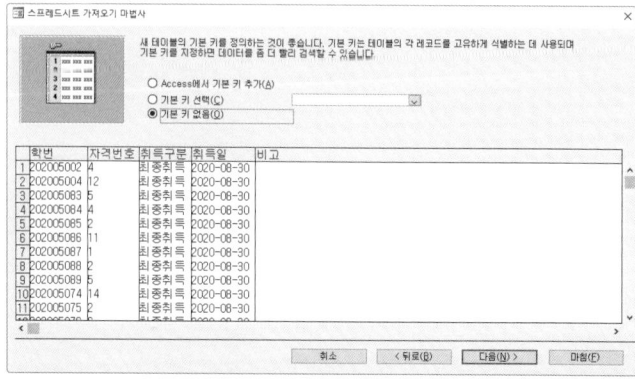

03 관계 설정

① [데이터베이스 도구]-[관계] 그룹의 [관계( )]를 클릭

② 관계 편집

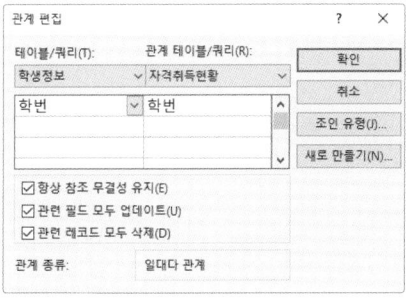

문제2 ▶ 입력 및 수정 기능 구현 (20점)

01 <성적목록> 폼의 완성

지시사항	영역	개체명	탭	항목	설정 값
①	폼		데이터	레코드 원본	성적세부정보
②			형식	기본 보기	연속 폼
③	폼 바닥글	txt건수	데이터	컨트롤 원본	=Count(*)&" 건"
		txt평균점수		컨트롤 원본	=Avg([점수])
				형식	표준
				소수 자릿수	2

02 <성적목록> 폼에 조건부 서식 설정

① [서식]-[컨트롤 서식] 그룹의 [조건부 서식]을 클릭

② [새 서식 규칙]

03 <성적목록> 폼의 매크로 작성

① [만들기]-[만들기 및 코드] 그룹의 [매크로(   )]를 클릭

② [보고서보기] 매크로 작성

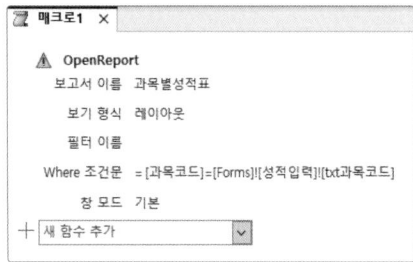

문제3 ▶ 조회 및 출력 기능 구현 (20점)

01 <과목별성적표> 보고서 완성

지시사항	영역	개체명	탭	항목	설정 값
①	[그룹, 정렬 및 요약]에서 [정렬 추가]하여 '학년'의 '내림차순', [정렬 추가]하여 '반'의 '오름차순'					
②	페이지 머리글	모든 컨트롤을 과목 코드 머리글로 이동			
			형식	높이	0
③	본문	txt점수	데이터	컨트롤 원본	점수
		txt학점			학점
④	과목코드 머리글		형식	반복 실행 구역	예
⑤	과목코드 바닥글	txt인원수	데이터	컨트롤 원본	=Count(*)&" 명"

02 <성적입력> 폼에 이벤트 프로시저 작성

① 'txt점수' 컨트롤을 클릭하여 [속성 시트]-[이벤트] 탭의 'Before Update'에서 [코드 작성기]

② VBA 코드 작성

```
Private Sub txt점수_BeforeUpdate(Cancel As Integer)
If txt점수 >= 90 Then
txt학점 = "A"
ElseIf txt점수 >= 80 Then
txt학점 = "B"
ElseIf txt점수 >= 70 Then
txt학점 = "C"
ElseIf txt점수 >= 60 Then
txt학점 = "D"
Else
txt학점 = "F"
End If
MsgBox "학점: " & txt학점, vbInformation, "학점확인"
End Sub
```

문제4 처리 기능 구현 (35점)

01 <1학년C반남학생자격번호> 조회 쿼리

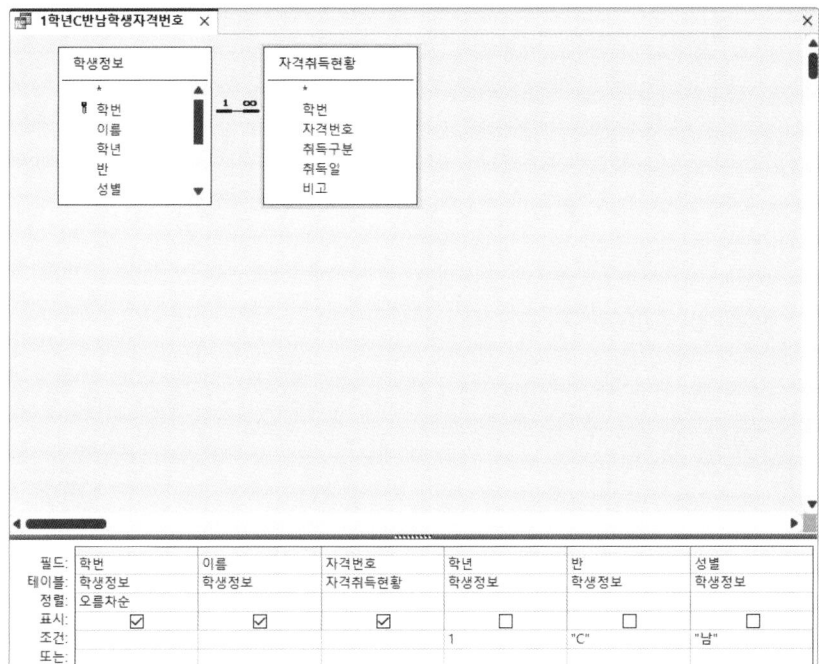

02 <나이업데이트> 업데이트 쿼리

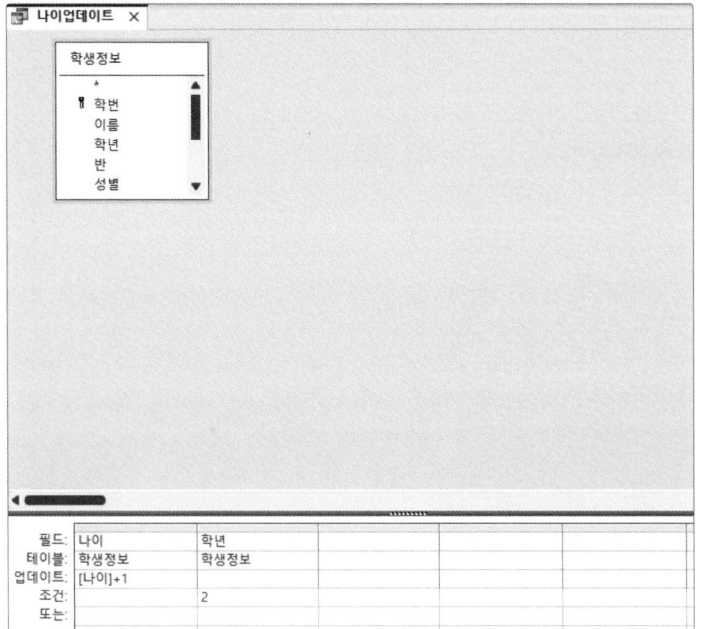

03 <과목별평균> 요약 쿼리

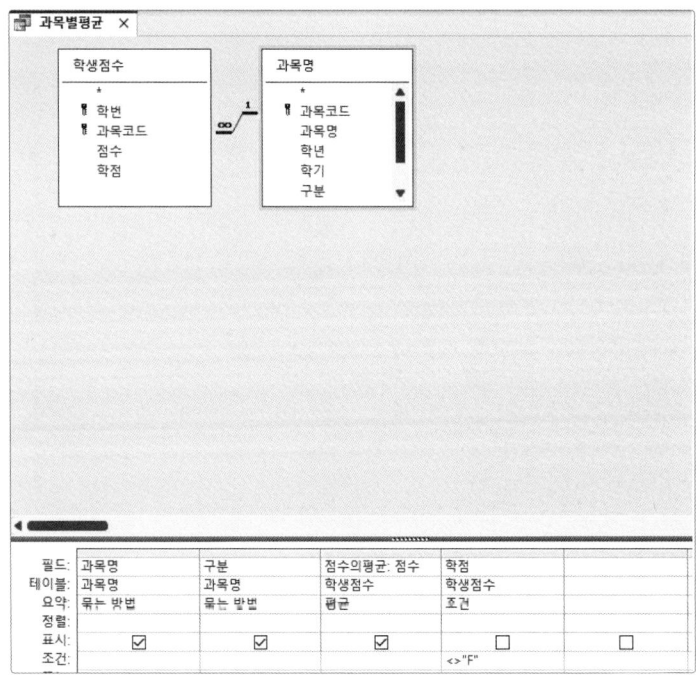

04 <구분별학생수> 크로스탭 쿼리

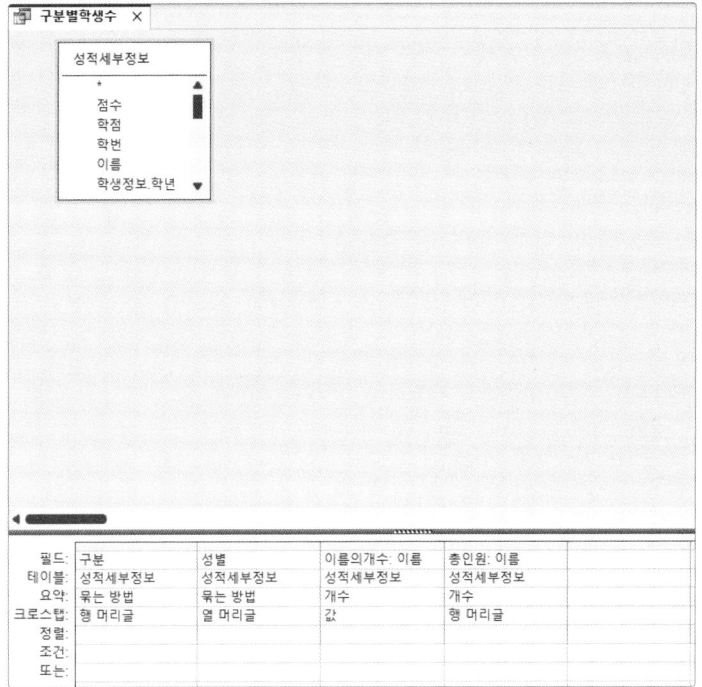

05 <자격증미취득인원> 불일치 쿼리

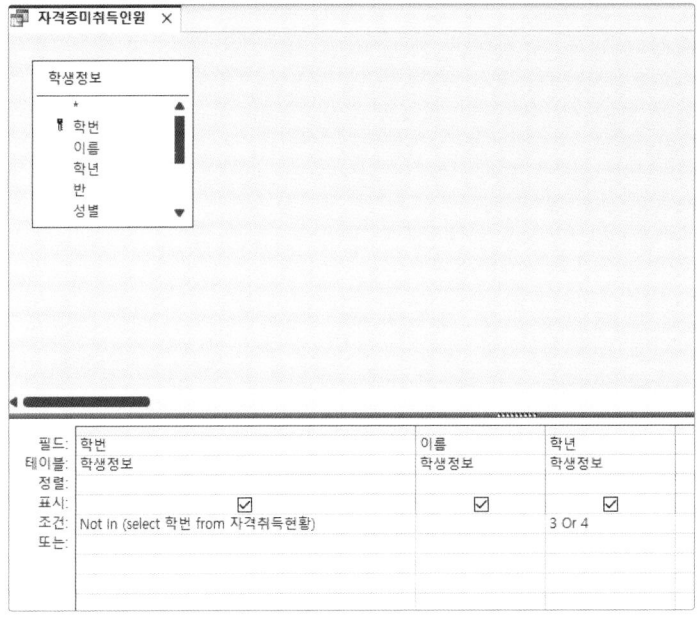

해설

문제 1 DB 구축 (25점)

1 <학생점수>, <과목명> 테이블 완성

① <학생점수> 테이블 위에서 마우스 오른쪽 단추를 눌러 <디자인 보기>를 클릭합니다.

② [행 선택기]에서 '학번', '과목코드' 필드를 드래그 앤 드롭 하여 선택하고 [테이블 디자인] 탭- [도구] 그룹-[기본 키]를 클릭합니다.

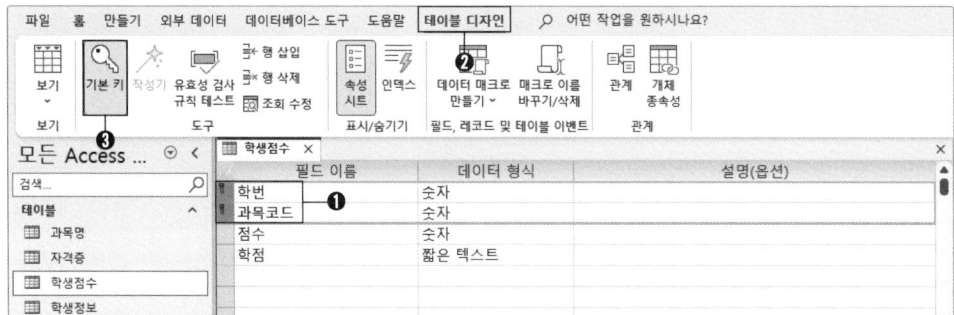

③ '점수' 필드의 속성은 [유효성 검사 규칙]에 '>=0'을 입력합니다.

④ <과목명> 테이블 위에서 마우스 오른쪽 단추를 눌러 <디자인 보기>를 클릭합니다.

⑤ '과목명' 필드의 속성은 [필수]에 '예'를 선택합니다.

⑥ '구분' 필드의 속성은 [유효성 검사 규칙]에 'In ("교양","전공")'을 입력합니다.

⑦ '학점수' 필드의 속성은 [필드 크기]에 '정수'로 변경하고 [유효성 검사 규칙]에 'Between 1 And 4'를 입력합니다.

2 외부 데이터 가져오기

① [외부 데이터] 탭-[가져오기 및 연결] 그룹-[새 데이터 원본]-[파일에서]-[Excel]을 클릭합니다.

② [외부 데이터 가져오기-Excel 스프레드시트] 대화상자에서 [데이터 원본 및 대상 선택] 창의 <찾아보기> 단추를 클릭하여 파일 이름은 'C:₩2024_컴활1급₩데이터베이스₩작업파일₩최신기출유형₩자격취득현황.xlsx'을 선택합니다.

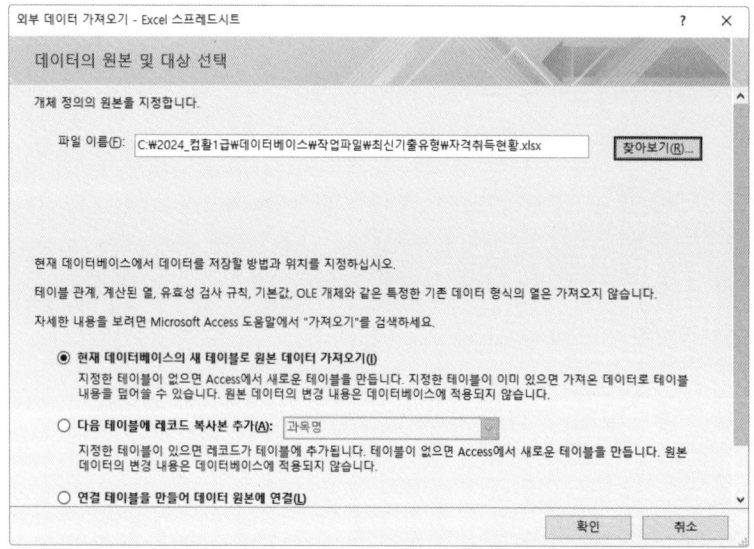

③ [외부 데이터 가져오기 - Excel 스프레드시트] 대화상자에서 저장할 방법과 위치는 '현재 데이터베이스의 새 테이블로 원본 데이터 가져오기(I)'를 선택하고 <확인> 단추를 클릭합니다.

④ [스프레드시트 가져오기 마법사] 대화상자에서 '첫 행에 열 머리글이 있음'을 선택하고 <다음> 단추를 클릭합니다.

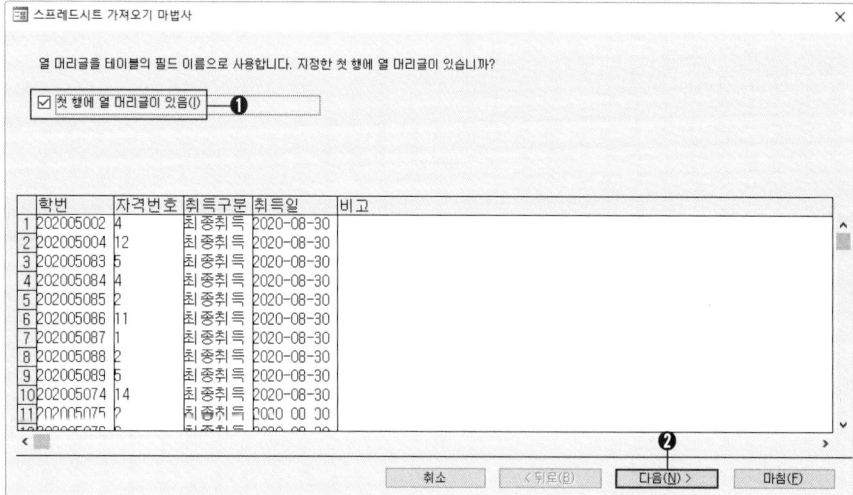

⑤ [스프레드시트 가져오기 마법사] 대화상자에서 필드 옵션을 확인하고 <다음> 단추를 클릭합니다.

⑥ [스프레드시트 가져오기 마법사] 대화상자에서 '기본 키 없음'을 선택하고 <다음> 단추를 클릭합니다.

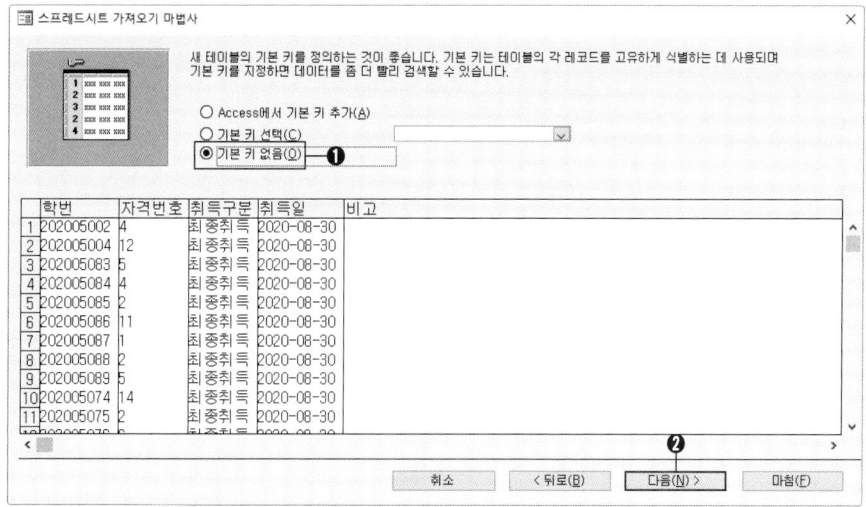

⑦ [스프레드시트 가져오기 마법사] 대화상자에서 테이블로 가져오기에 '자격취득현황'을 입력하고 <마침> 단추를 클릭합니다.

3 관계 설정

① [데이터베이스 도구] 탭-[관계] 그룹-[관계]를 클릭합니다.

② [관계] 그룹-[테이블 추가]를 클릭합니다. [테이블 추가] 대화상자의 [테이블] 탭에서 <자격취득현황> 테이블을 선택하고 <선택한 표 추가> 단추를 클릭합니다.

③ <자격취득현황> 테이블의 '학번' 필드를 <학생정보> 테이블의 '학번' 필드로 드래그 앤 드롭 합니다.

④ [관계 편집] 대화상자에서 '항상 참조 무결성 유지', '관련 필드 모두 업데이트', '관련 레코드 모두 삭제'를 선택하고 <만들기> 단추를 클릭합니다.
※ '일대다(1:M)'의 관계가 설정됩니다.

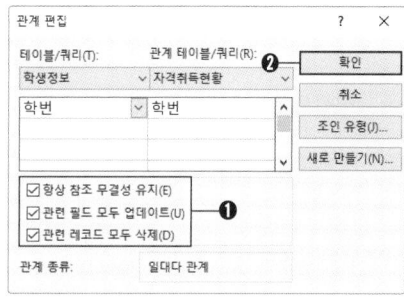

⑤ [관계] 창이 <그림>과 같이 표시됩니다. 빠른 실행 도구 모음에서 (저장)을 눌러 변경된 내용을 저장합니다. [관계 디자인] 탭-[관계] 그룹-[닫기]를 클릭합니다.

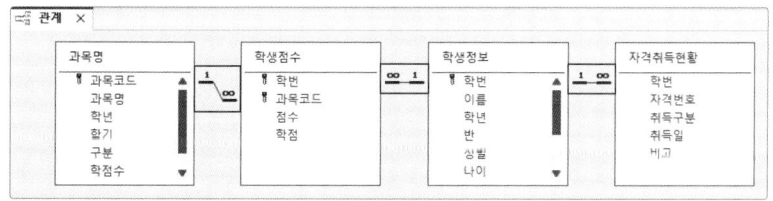

문제2 입력 및 수정 기능 구현 (20점)

1 <성적목록> 폼의 완성

① <성적목록> 폼 위에서 마우스 오른쪽 단추를 눌러 <디자인 보기>를 클릭합니다.

② '폼' 영역 속성 시트 창의 [모두] 탭 중 [레코드 원본]에 '성적세부정보', [기본 보기]에 '연속 폼'을 선택합니다.

③ '폼 바닥글' 영역에서 'txt건수' 컨트롤 속성 시트 창의 [데이터] 탭 중 [컨트롤 원본]에 '=Count(*)&" 건"'을 입력합니다.

④ 'txt평균점수' 컨트롤 속성 시트 창의 [모두] 탭 중 [컨트롤 원본]에 '=Avg([점수])'로 입력하고 [형식]에 '표준', [소수 자릿수]에 '2'를 선택합니다.

2 <성적목록> 폼에 조건부 서식 설정

① <성적목록> 폼 위에서 마우스 오른쪽 단추를 눌러 <디자인 보기>를 클릭합니다.

② '본문' 영역에서 '이름' 컨트롤을 클릭하고 **Ctrl**을 누른 상태에서 '학점' 컨트롤을 선택하고 [서식] 탭-[컨트롤 서식] 그룹-[조건부 서식]을 클릭합니다.

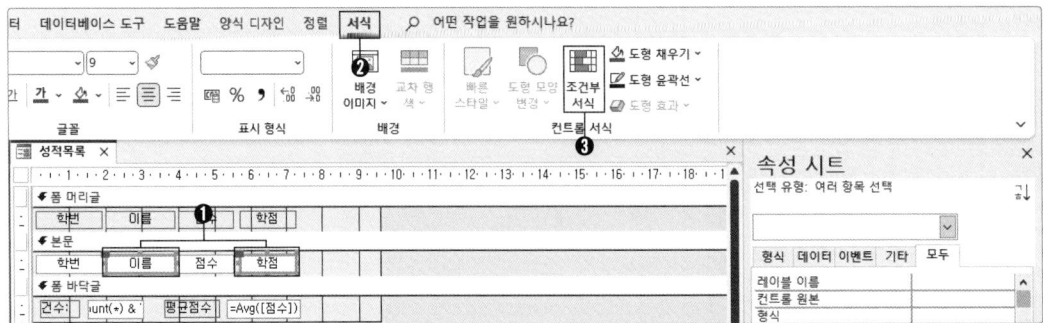

③ [조건부 서식 규칙 관리자] 대화상자에서 <새 규칙>을 클릭합니다.

④ [새 서식 규칙] 대화상자에서 '식이'를 선택하고 '[학점]="A"'를 입력하고 [글꼴]에 '기울임꼴', [글꼴 색]에 '빨강'을 선택하고 <확인> 단추를 클릭합니다.

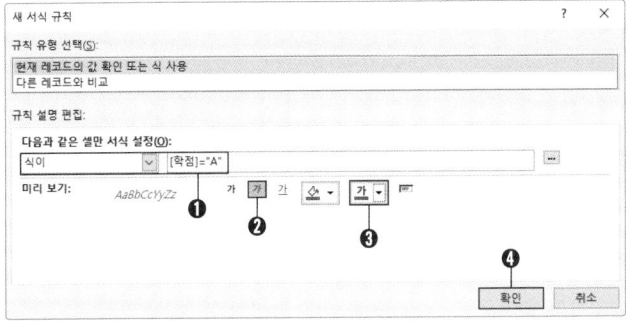

3 <성적입력> 폼에 매크로 작성

① [만들기] 탭-[매크로 및 코드] 그룹-[매크로]를 클릭합니다.

② [새 함수 추가]에서 <OpenReport>를 선택합니다.

③ [보고서 이름]에 '과목별성적표', [보기 형식]에 '레이아웃'을 선택합니다.

④ [Where 조건문]에 '[과목코드]=[Forms]![성적입력]![txt과목코드]'를 입력합니다.

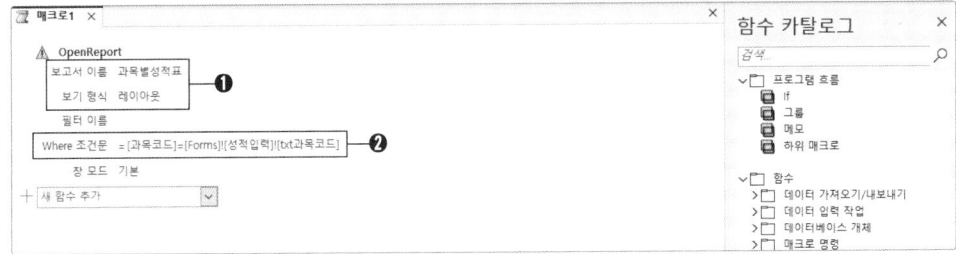

⑤ 빠른 실행 도구 모음에서 [저장]을 클릭합니다. [매크로 이름]에 '보고서보기'를 입력합니다.

⑥ <성적입력> 폼 위에서 마우스 오른쪽 단추를 눌러 <디자인 보기>를 클릭합니다.

⑦ '미리보기' 버튼 속성 시트 창의 [이벤트] 탭 중 [On Click]에 '보고서보기'를 선택합니다.

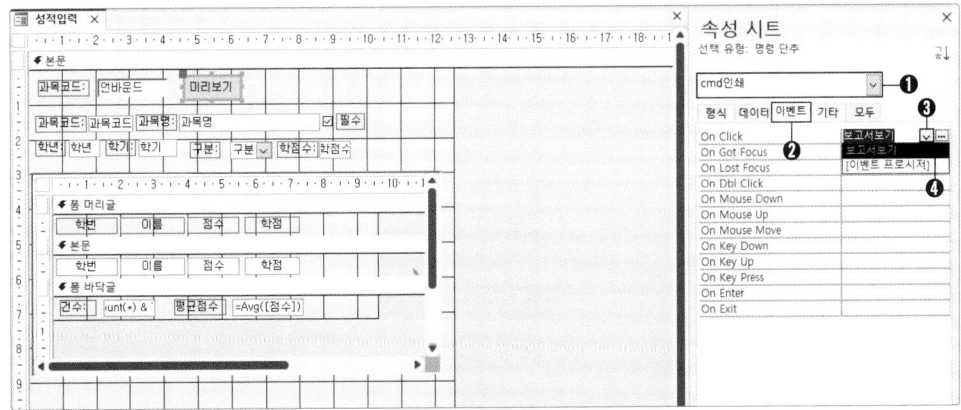

문제3 ▶ 조회 및 출력 기능 구현 (20점)

1 <과목별성적표> 보고서의 완성

① <과목별성적표> 보고서 위에서 마우스 오른쪽 단추를 눌러 <디자인 보기>를 클릭합니다.

② [그룹, 정렬 및 요약]에 [정렬 추가]를 눌러 '학생정보.학년' 필드를 추가한 다음 [정렬]에 '내림차순'을 선택합니다.

③ [정렬 추가]를 눌러 '반' 필드를 추가한 다음 [정렬]에 '오름차순'을 선택합니다.

④ '페이지 머리글' 영역에서 모든 컨트롤을 드래그 앤 드롭 하여 선택하고 '과목 코드 머리글'로 드래그 앤 드롭 하여 이동합니다.

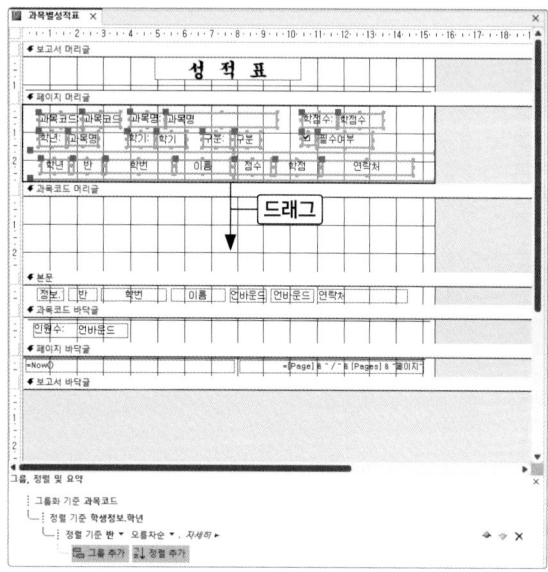

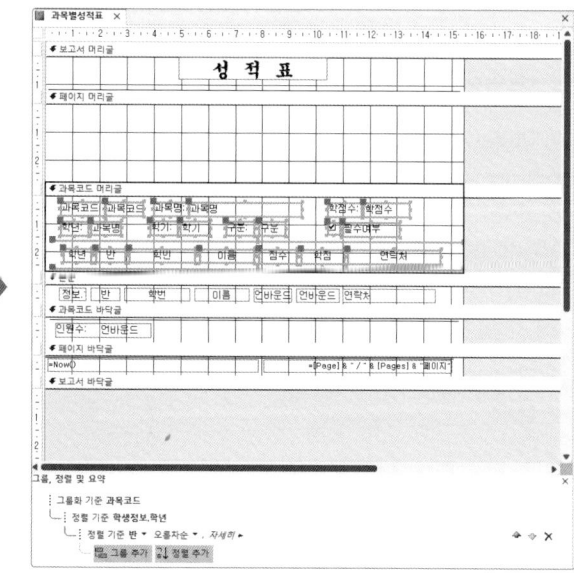

⑤ '페이지 머리글' 영역 속성 시트 창의 [형식] 탭 중 [높이]에 '0'을 입력합니다.

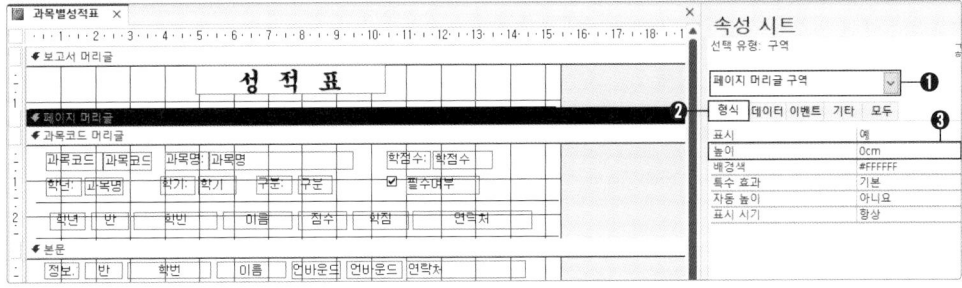

⑥ '본문' 영역에서 'txt점수' 컨트롤 속성 시트 창의 [데이터] 탭 중 [컨트롤 원본]에 '점수'를 선택하고 'txt학점' 필드는 [컨트롤 원본]에 '학점'을 선택합니다.

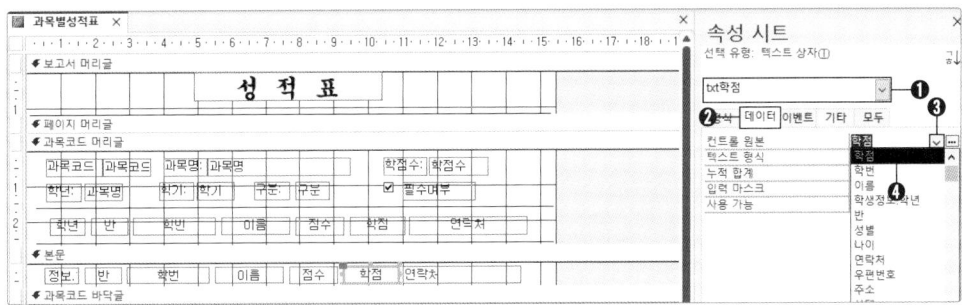

⑦ '과목코드 머리글' 영역 속성 시트 창의 [형식] 탭 중 [반복 실행 구역]에 '예'를 선택합니다.

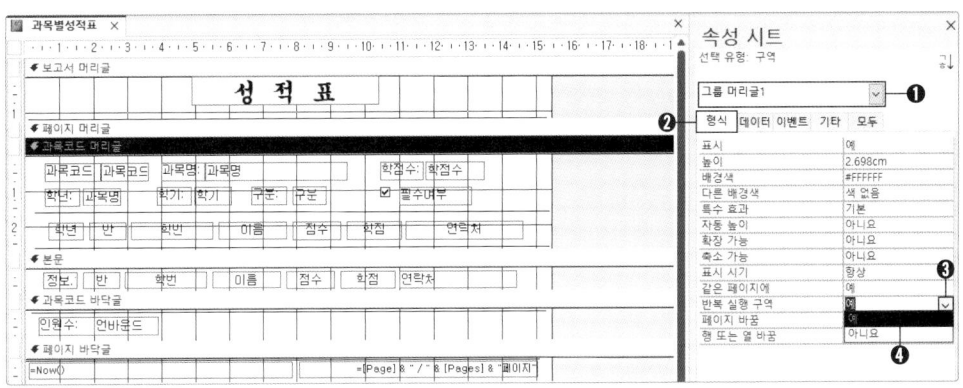

⑧ '과목코드 바닥글' 영역에서 'txt인원수' 컨트롤 속성 시트 창의 [데이터] 탭 중 [컨트롤 원본]에 '=Count(*)&" 명"'를 입력합니다.

2 <성적목록> 폼에 이벤트 프로시저 작성

① <성적목록> 폼 위에서 마우스 오른쪽 단추를 눌러 <디자인 보기>를 클릭합니다.

② '본문' 영역에서 'txt점수' 컨트롤 속성 시트 창의 [이벤트] 탭 중 [Before Update]에 '코드 작성기'를 선택하고 <확인> 단추를 클릭합니다.

③ VBA 창에 다음과 같이 입력합니다.

※ 'txt점수' 컨트롤의 값에 따라 'txt학점' 컨트롤에 학점이 입력됩니다. 메시지 박스에 학점과 정보 표시 아이콘이 표시됩니다.

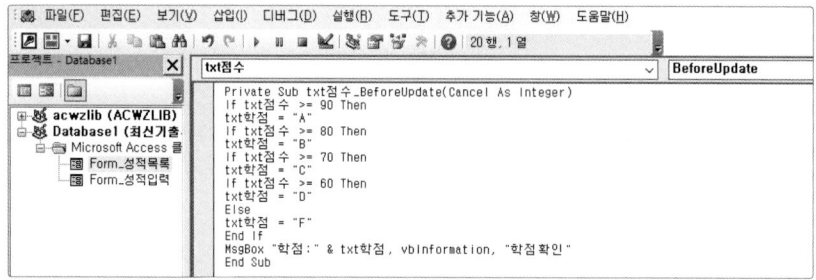

Private Sub txt점수_BeforeUpdate(Cancel As Integer)
If txt점수 >= 90 Then
txt학점 = "A"
ElseIf txt점수 >= 80 Then
txt학점 = "B"
ElseIf txt점수 >= 70 Then
txt학점 = "C"
ElseIf txt점수 >= 60 Then
txt학점 = "D"
Else
txt학점 = "F"
End If
MsgBox "학점: " & txt학점, vbInformation, "학점확인"
End Sub

문제4 ▶ 처리 기능 구현 (35점)

1 <1학년C반남학생자격번호> 조회 쿼리 작성

① [만들기] 탭-[쿼리] 그룹-[쿼리 디자인]을 클릭합니다.

② [테이블 추가] 대화상자의 [테이블] 탭에서 Ctrl 키를 누른 채 차례대로 <학생정보>, <자격취득현황> 테이블을 선택하고 <선택한 표 추가> 단추를 클릭합니다.

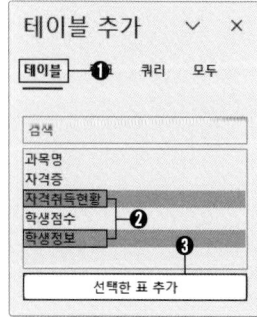

③ '학번', '이름', '학년', '반', '성별', '자격번호' 필드를 선택합니다.

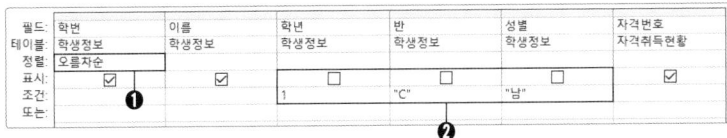

④ '학번' 필드는 [정렬]에 '오름차순'으로 선택합니다.

⑤ '학년', '반', '성별' 필드는 [조건]에 '1', '"C"', '"남"'을 입력하고 <표시>를 해제합니다.

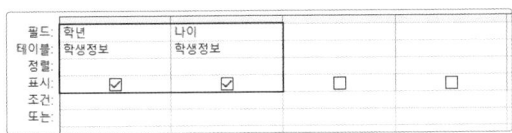

⑥ 빠른 실행 도구 모음에서 🖫(저장)을 클릭합니다. [쿼리 이름]에 '1학년C반남학생자격번호'를 입력합니다.

2 <나이업데이트> 쿼리 작성

① [만들기] 탭-[쿼리] 그룹-[쿼리 디자인]을 클릭합니다.

② [테이블 추가] 대화상자의 [테이블] 탭에서 <학생정보> 테이블을 선택하고 <선택한 표 추가> 단추를 클릭합니다.

③ '학년', '나이' 필드를 선택합니다.

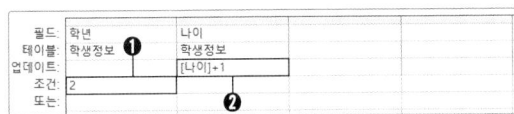

④ [쿼리 디자인] 탭-[쿼리 유형] 그룹-[업데이트]를 클릭합니다.

⑤ '학년' 필드는 [조건]에 '2'를 입력하고 '나이' 필드는 [업데이트]에 '[나이]+1'을 입력합니다.

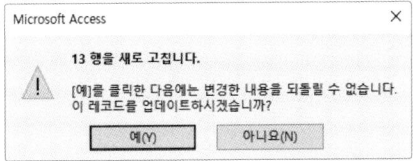

⑥ [쿼리 디자인] 탭-[결과] 그룹-[실행]을 클릭합니다. 다음의 창에서 <예> 단추를 눌러 실행합니다.

⑦ 빠른 실행 도구 모음에서 🖫(저장)을 클릭합니다. [쿼리 이름]에 '나이업데이트'를 입력합니다.

3 <과목별평균> 요약 쿼리 작성

① [만들기] 탭-[쿼리] 그룹-[쿼리 디자인]을 클릭합니다.

② [테이블 추가] 대화상자의 [테이블] 탭에서 **Ctrl** 키를 누른 채 차례대로 <학생점수>, <과목명> 테이블을 선택하고 <선택한 표 추가> 단추를 클릭합니다.

③ '과목명', '구분', '점수', '학점' 필드를 선택합니다.

④ [쿼리 디자인] 탭-[표시/숨기기] 그룹-[요약]을 클릭합니다.

⑤ '점수' 필드는 [요약]에 '평균'을 선택하고 속성 시트 창의 [일반] 탭 중 [형식]에 '표준', [소수 자릿수]에 '2'를 입력합니다.

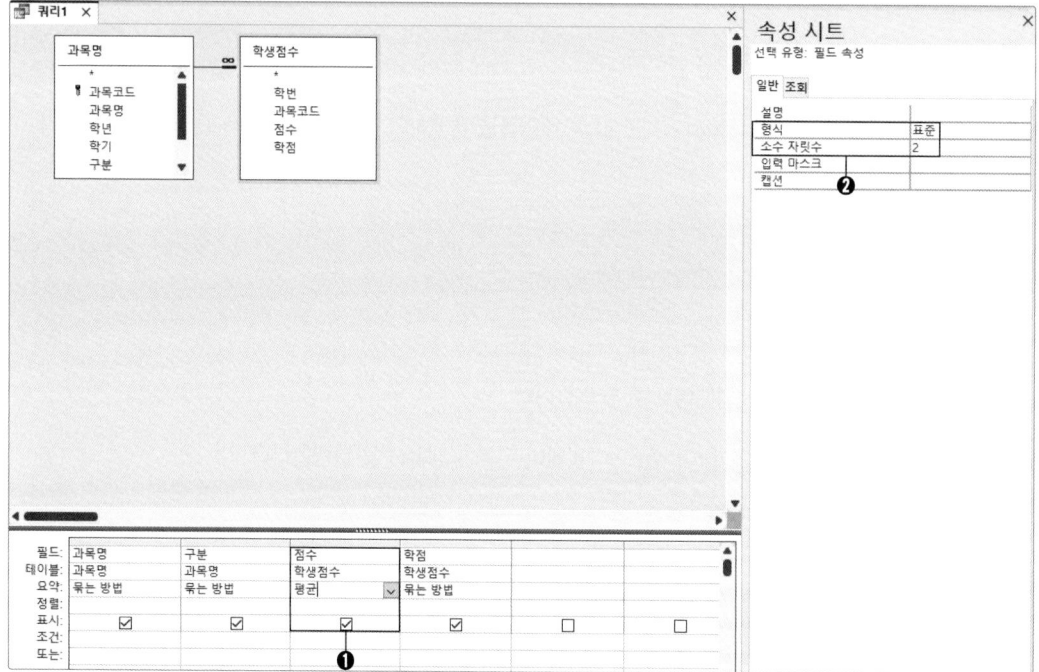

⑥ '학점' 필드는 [요약]에 '조건'을 선택하고 [조건]에 '<>"F"'를 입력합니다.

※ [요약]에 '조건'일 경우에는 <표시>를 해제해야 합니다.

⑦ 빠른 실행 도구 모음에서 🖫(저장)을 클릭합니다. [쿼리 이름]에 '과목별평균'을 입력합니다.

4 <구분별학생수> 크로스탭 쿼리 작성

① [만들기] 탭-[쿼리] 그룹-[쿼리 마법사]를 클릭합니다.

② [새 쿼리] 대화상자에서 '크로스탭 쿼리 마법사'를 선택하고 <확인> 단추를 클릭합니다.

③ [크로스탭 쿼리 마법사] 대화상자에서 '쿼리: 성적세부정보'를 선택하고 <다음> 단추를 클릭합니다.

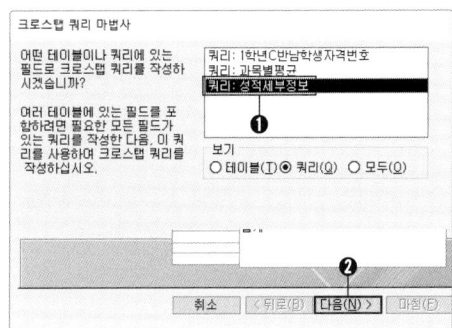

④ [크로스탭 쿼리 마법사] 대화상자에서 행 머리글에 '구분'을 선택하고 <다음> 단추를 클릭합니다.

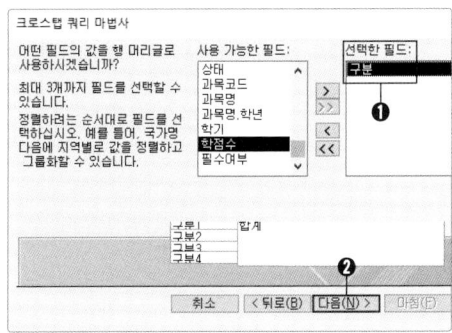

⑤ [크로스탭 쿼리 마법사] 대화상자에서 열 머리글에 '성별'을 선택하고 <다음> 단추를 클릭합니다.

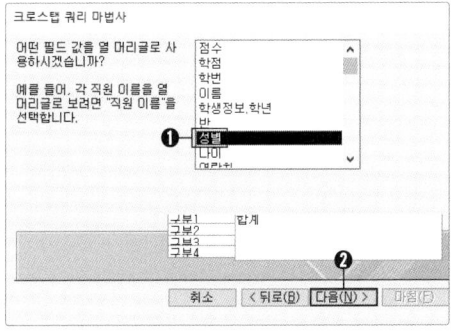

⑥ [크로스탭 쿼리 마법사] 대화상자에서 계산할 필드에 '이름', 함수에 '개수'를 선택하고 <다음> 단추를 클릭합니다.

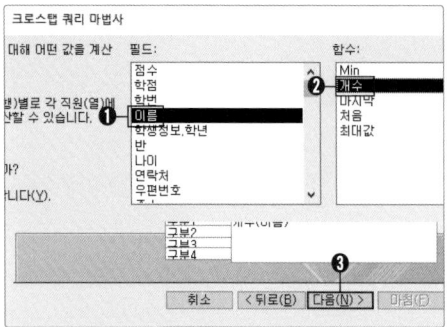

⑦ [크로스탭 쿼리 마법사] 대화상자에서 쿼리 이름에 '구분별학생수'를 입력하고 '디자인 수정'을 선택한 후 <마침> 단추를 클릭합니다.

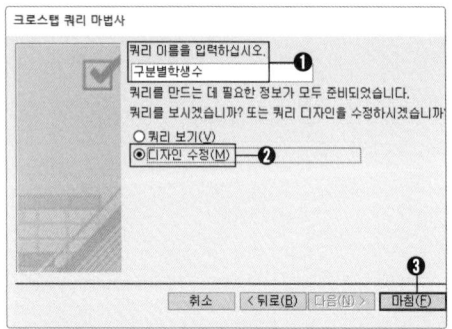

⑧ [디자인 보기] 상태에서 '합계 이름: [이름]' 필드는 '총인원: [이름]'으로 수정하여 입력하고 빠른 실행 도구 모음에서 📙(저장)을 클릭합니다.

5 <자격증미취득인원> 불일치 쿼리 작성

① [만들기] 탭-[쿼리] 그룹-[쿼리 디자인]을 클릭합니다.

② [테이블 추가] 대화상자의 [테이블] 탭에서 <학생정보> 테이블을 선택하고 <선택한 표 추가> 단추를 클릭합니다.

③ '학번', '이름', '학년' 필드를 선택하여 추가합니다.

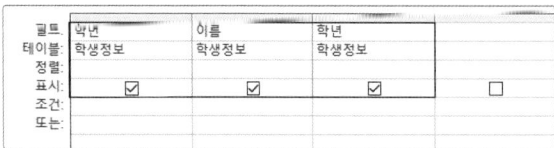

④ '학번' 필드는 [조건]에 'Not In (select 학번 from 자격취득현황)'을 입력하고 '학년' 필드 [조건]에 '3 Or 4'를 입력합니다.

필드:	학번	이름	학년
테이블:	학생정보	학생정보	학생정보
정렬:			
표시:	☑	☑	☑
조건:	Not In (select 학번 from 자격취득현황)		3 Or 4
또는:			

⑤ 빠른 실행 도구 모음에서 🖫(저장)을 클릭합니다. [쿼리 이름]에 '자격증미취득인원'을 입력합니다.

컴퓨터활용능력 최신기출유형 10회

프로그램명	제한시간
ACCESS 2021	45분

수 험 번 호 :

성   명 :

1급 │ A형

유의사항

- 인적 사항 누락 및 잘못 작성으로 인한 불이익은 수험자 책임으로 합니다.

- 화면에 암호 입력창이 나타나면 아래의 암호를 입력하여야 합니다.
  - 암호 : 27$394

- 작성된 답안은 주어진 경로 및 파일명을 변경하지 마시고 그대로 저장해야 합니다. 이를 준수하지 않으면 실격처리 됩니다.
  - 답안 파일명의 예 : C:\DB\수험번호 8자리.accdb

- 외부데이터 위치 : C:\DB\파일명

- 별도의 지시사항이 없는 경우, 다음과 같이 처리하면 실격 처리됩니다.
  - 제시된 개체의 이름을 임의로 변경한 경우
  - 제시된 개체의 속성을 임의로 변경한 경우
  - 제시된 개체를 임의로 삭제하거나 추가한 경우

- 별도의 지시사항이 없는 경우, 기능의 구현은 모듈이나 매크로 등을 이용하며, 예외적인 상황에 대해서는 고려하지 않아도 됩니다.

- 제시된 함수가 있을 경우 제시된 함수만을 사용하여야 하며, 그 외 함수 사용시 채점 대상에서 제외됩니다.

- 별도의 지시사항이 없는 경우, 주어진 각 개체의 속성은 설정값 또는 기본 설정값 (Default)으로 처리하십시오.

- 제시된 화면은 예시이며 나타난 값은 실제와 다를 수 있습니다.

- 저장 시간은 별도로 주어지지 아니하므로 제한된 시간 내에 저장을 완료해야 합니다.

- 본 문제의 용어는 MS Office LTSC Professional Plus 2021 기준으로 작성되었습니다.

문제 1 25점_ DB 구축

01 허브 제품 판매를 관리하기 위하여 데이터베이스를 구축하고자 한다. 다음의 지시사항에 따라 각 테이블을 완성하시오. (각 3점)

① <주문현황> 테이블의 '주문일자' 필드의 형식을 날짜와 요일이 표시되도록 설정하시오.

② <주문현황> 테이블의 '허브코드' 필드에는 'A-001'와 같은 형태로 영문 대문자 1개 '-'기호 1개와 숫자 3자리가 반드시 포함되어 입력되도록 입력 마스크를 설정하시오.

③ <주문현황> 테이블의 '수량' 필드에는 기본적으로 1이 입력되도록 설정하시오.

④ <허브입고현황> 테이블의 '허브명' 필드에는 중복된 데이터 입력이 가능하도록 인덱스를 설정하시오.

⑤ <허브입고현황> 테이블의 '입고수량' 필드에는 0보다 큰 값이 입력되도록 설정하시오.

02 <주문현황> 테이블의 '고객ID'는 <회원관리> 테이블의 '고객ID'를 참조하며 두 테이블 간의 관계는 M:1이다. 다음과 같이 관계를 설정하시오. (5점)

※ 액세스 파일에 이미 설정되어 있는 관계는 수정하지 마시오.

▶ 두 테이블 간에 항상 참조 무결성을 유지하도록 설정하시오.
▶ 참조 필드의 값이 변경되면 관련 필드의 값도 변경되도록 설정하시오.
▶ 다른 테이블에서 참조하고 있는 레코드는 삭제할 수 없도록 설정하시오.

03 외부 데이터 가져오기 기능을 이용하여 <허브효능.txt>를 가져와 <허브효능> 테이블을 생성하시오. (5점)

▶ 쉼표(,)을 기준으로 필드를 구분
▶ 필드의 이름은 '허브명', '효능' 순으로 입력할 것
▶ 'Access에서 기본 키 추가'를 추가할 것

문제 2 20점_ 입력 및 수정 기능 구현

01 <회원별주문현황> 폼을 다음 지시사항에 따라 완성하시오. (각 3점)

① 폼 머리글 영역에 본문 영역의 제목을 이동하시오.

② 본문 영역에 텍스트 상자를 추가하여 날짜를 설정하시오.

▶ 예를 들어 20/04/22 Wednesday 형식으로 표시할 것

▶ Date( ), Format( )을 사용

▶ 컨트롤의 이름은 'txt날짜'로 설정

▶ 텍스트 상자의 테두리 스타일은 투명으로 설정

③ 본문 영역의 배경색은 'Access 테마1'로 설정하시오.

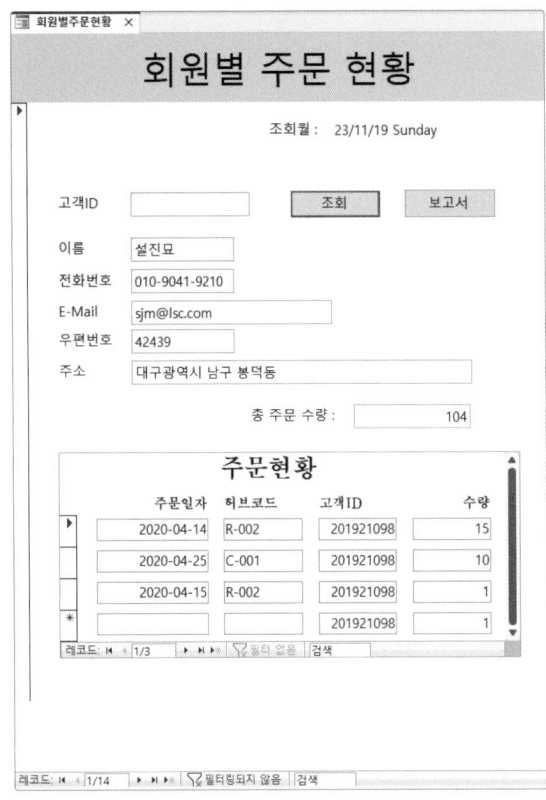

02 <회원별주문현황> 폼의 'txt총수량' 컨트롤에는 현재 폼의 이름에 해당하는 허브주문현황 쿼리의 수량 합계가 표시되도록 설정하시오. (6점)

▶ <허브주문현황> 쿼리와 DSum 함수 사용

▶ '문제 2 입력 및 수정 기능 구현' 1번 문제의 <그림> 참조

03 <회원별주문현황> 폼의 '보고서'(cmd인쇄) 버튼을 클릭하면 다음과 같은 기능을 수행하도록 <보고서열기> 매크로를 생성하여 지정하시오. (5점)

▶ 메시지 상자를 표시한 후 '허브입고현황' 보고서를 '인쇄 미리 보기'의 형태로 열 것

문제 3 20점_ 조회 및 출력 기능 구현

01 다음의 지시사항 및 <그림>을 참조하여 <허브입고현황> 보고서를 완성하시오. (각 3점)

① 보고서 머리글의 'lbl제목' 컨트롤의 글꼴은 '휴먼옛체', '굵게'로 설정하시오.

② 주문일자 머리글 그룹의 내용이 다음 페이지에도 반복적으로 표시되도록 설정하시오.

③ 본문의 'txt허브명' 컨트롤의 중복된 데이터를 숨기도록 설정하시오.

④ 주문일자 바닥글 영역의 'txt수량평균' 컨트롤에 수량의 평균을 소수 1자리까지 표시하고, 'txt판매금액합계' 컨트롤에 판매금액의 합계가 표시되도록 설정하시오.

⑤ 페이지 바닥글의 'txt페이지' 컨트롤에는 페이지가 다음과 같이 표시되도록 설정하시오.
  ▶ 현재 페이지가 1이면 '현재 : 1페이지'와 같이 표시

허브입고현황

2020-04-01	순번	허브명	수량	판매금액
	1	라벤다	15	₩49,500
	2		15	₩66,000
	3		15	₩82,500
	4	로즈마리	2	₩4,400
	5		2	₩8,800
	6		2	₩2,200
	7		2	₩6,600
	8	세이지	6	₩26,400
	9		6	₩6,600
	10		6	₩33,000
	11	스피아민트	6	₩19,800
	12		6	₩26,400
	13		6	₩26,400
	14	애플민트	15	₩33,000
	15		15	₩66,000
	16		15	₩66,000
	17		15	₩66,000
	18	캐모마일	4	₩17,600
	19		4	₩17,600
	20		4	₩8,800
			수량평균	8.1
			합계금액	₩633,600

02 <회원별주문현황> 폼의 'txt고객ID' 컨트롤에 '고객ID'를 입력한 후 '조회'(cmd조회) 버튼을 클릭하면 다음과 같은 조회 기능을 수행하도록 이벤트 프로시저를 작성하시오. (5점)

▶ 'txt고객ID' 컨트롤에 입력된 값이 '고객ID'에 포함하는 레코드만 표시하도록 설정
▶ Filter, FilterOn 속성 이용
▶ '문제 2 입력 및 수정 기능 구현' 1번 문제의 <그림> 참조

문제 4 35점_ 처리 기능 구현

01 <허브입고현황> 테이블을 이용하여 캐모마일 허브의 주문현황을 조회하는 <캐모마일조회> 쿼리를 작성하시오. (7점)

▶ 입고일자를 기준으로 내림차순 정렬하여 표시하시오.
▶ 쿼리 실행 결과 표시되는 필드와 필드명은 <그림>과 같이 표시되도록 설정하시오.

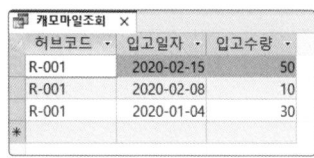

02 허브명과 입고월별로 입고횟수와 총 입고 횟수를 조회하는 <허브별입고횟수> 크로스탭 쿼리를 작성하시오. (7점)

▶ <허브입고현황> 테이블을 이용하시오.
▶ 입고 횟수는 '입고수량' 필드를 이용하시오.
▶ 쿼리 실행 결과 표시되는 필드와 필드명은 <그림>과 같이 표시되도록 설정하시오.

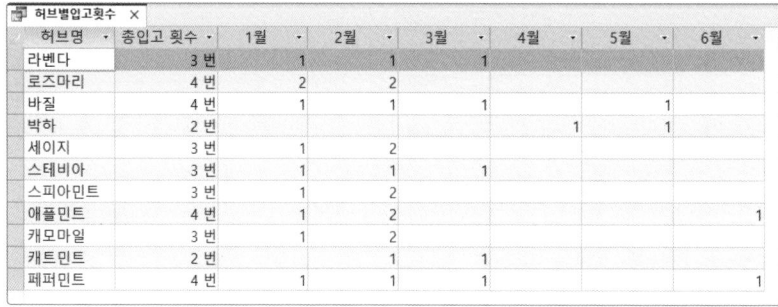

03 배송료는 주소가 서울시이면 3000, 그 외 지역이면 4500을 배송료로 표시하는 <배송료조회> 쿼리를 작성하시오. (7점)

▶ <주문현황>, <회원관리> 테이블 이용하시오.

▶ IIf( ) 함수와 Left( ) 함수를 이용하시오.

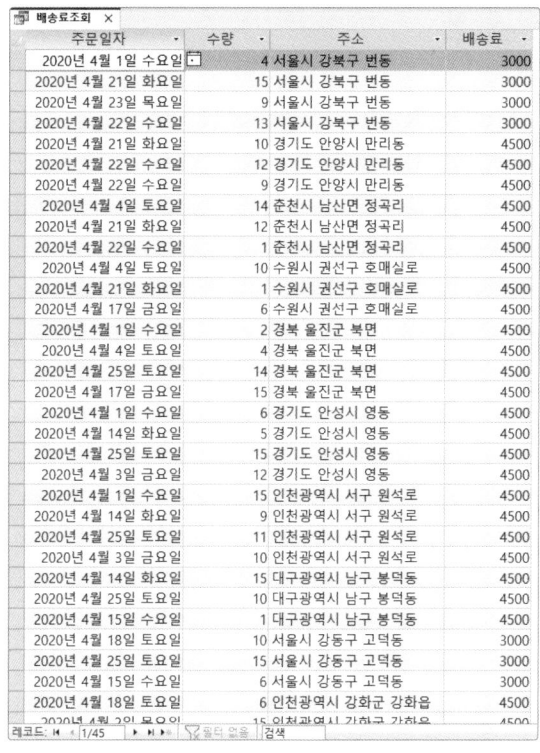

04 입고일자가 2020년 2월에서 3월까지 입고한 날짜를 조회하는 <입고날짜확인> 쿼리를 작성하시오. (7점)

▶ <허브입고현황> 테이블을 이용하시오.

▶ 입고일자를 기준으로 오름차순 정렬하여 표시하시오.

▶ DateAdd( ) 함수를 이용하시오.

05 <허브입고현황> 테이블을 이용하여 검색할 허브명의 일부를 매개 변수로 입력받아 해당 제품의 입고현황을 조회하는 <허브별입고현황> 매개변수 쿼리를 작성하시오. (7점)

▶ 입고일자를 기준으로 오름차순으로 정렬하여 표시하시오.

▶ 총계 = 입고수량 * 입고단가

▶ '입고단가', '총계' 필드는 [표시 예]와 같이 표시되도록 '형식' 속성을 설정하시오.

[표시 예 : 4000 → 4,000]

▶ 쿼리 실행 결과 생성되는 테이블의 필드는 <그림>을 참고하여 수험자가 판단하여 설정하시오.

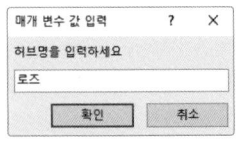

최신기출유형 10회 정답 및 해설

📂 작업 파일 : C:₩2024_컴활1급₩데이터베이스₩작업파일₩최신기출유형₩최신기출유형 10회_문제.accdb
📄 완성 파일 : C:₩2024_컴활1급₩데이터베이스₩완성파일₩최신기출유형₩최신기출유형 10회_정답.accdb

정답

문제 1 DB 구축 (25점)

01 <주문현황>, <허브입고현황> 테이블 완성

지시사항	테이블명	필드명	필드 속성	설정 값
①	주문현황	주문일자	형식	자세한 날짜
②		허브코드	입력 마스크	>L-000
③		수량	기본 값	1
④	허브입고현황	허브명	인덱스	예(중복 가능)
⑤		입고수량	유효성 검사 규칙	>0

02 관계 설정

① [데이터베이스 도구]-[관계] 그룹의 [관계(   )]를 클릭

② 관계 편집

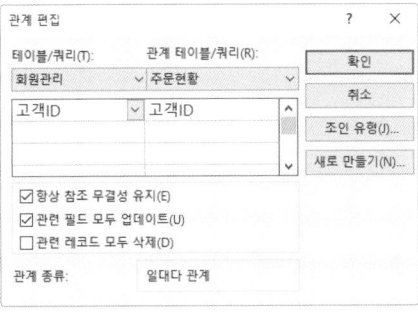

03 외부 데이터 가져오기

① [외부 데이터]-[가져오기 및 연결] 그룹에서 [새 데이터 원본]-[파일에서]-[텍스트 파일]을 클릭

② 쉼표로 나눔, 필드 이름 넣기, Access에서 기본 키 추가

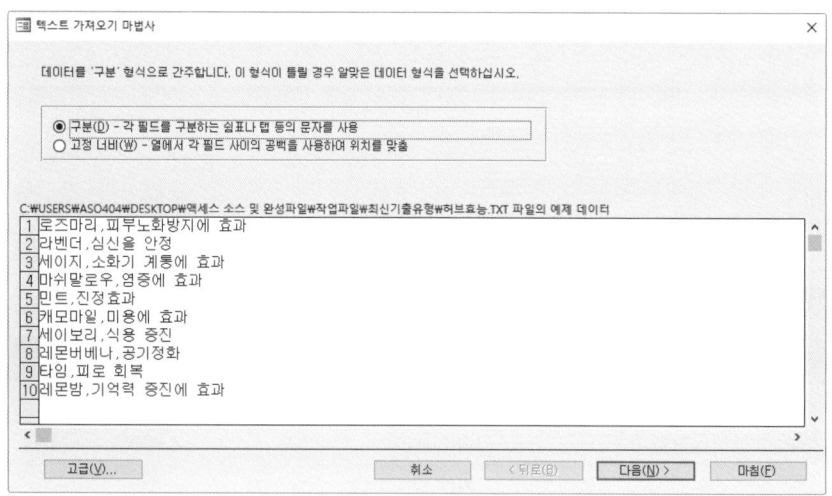

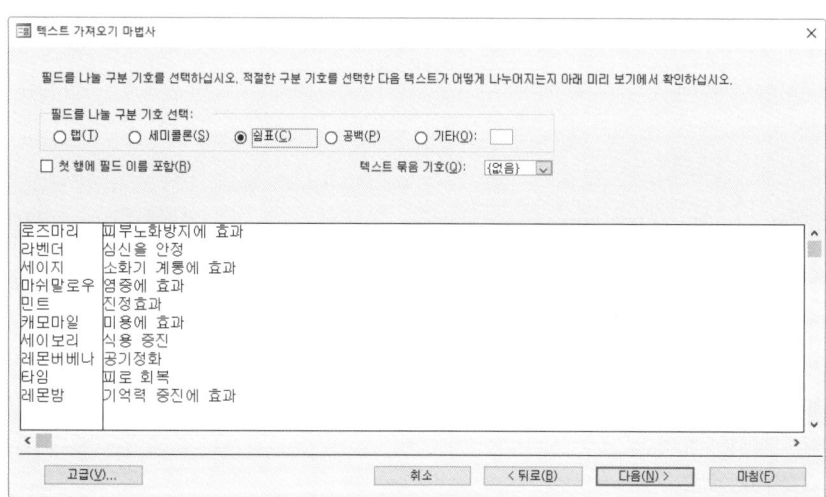

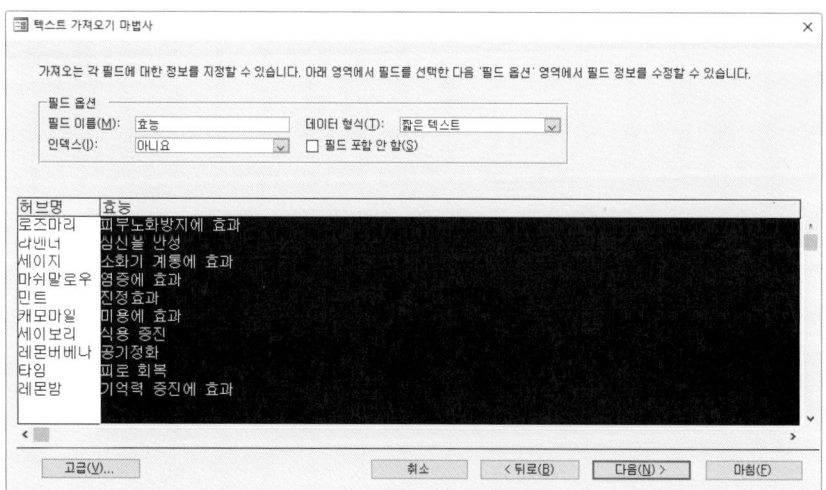

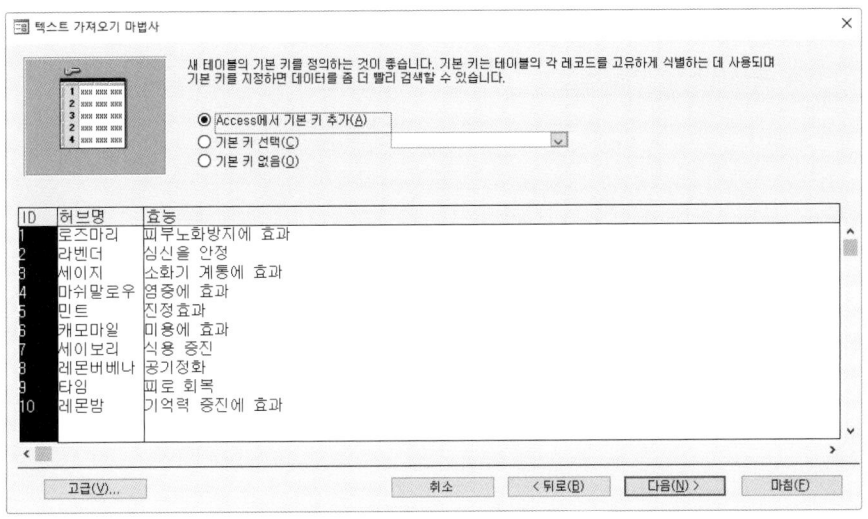

문제2 ▶ 입력 및 수정 기능 구현 (20점)

01 <회원별주문현황> 폼의 완성

지시사항	영역	개체명	탭	항목	설정 값
①	폼 머리글		폼 머리글 추가하여 제목 이동하기		
②	본문	텍스트 상자 레이블	형식	캡션	조회월:
		텍스트 상자	모두	이름	txt날짜
				컨트롤 원본	=Format(Date( ),"yy/mm/dd dddd")
				테두리 스타일	투명
③			형식	배경색	Access 테마 1

02 <회원별주문현황> 폼에 함수 설정

① 'txt총수량' 컨트롤의 [속성 시트]-[데이터] 탭 '컨트롤 원본'

② DSum함수 작성

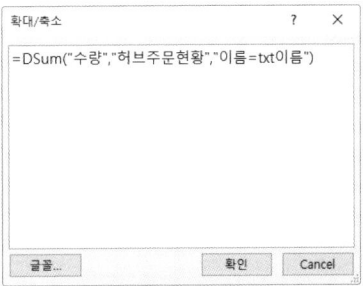

03 <회원별주문현황> 폼의 매크로 작성

① [만들기]-[만들기 및 코드] 그룹의 [매크로( )]를 클릭

② [보고서열기] 매크로 작성

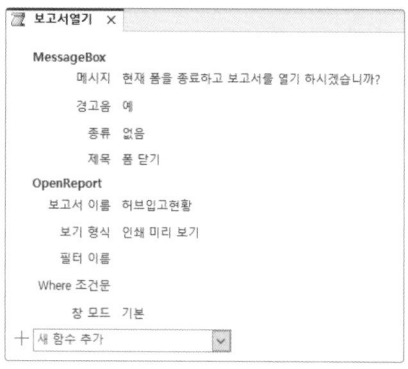

문제3 조회 및 출력 기능 구현 (20점)

01 <허브입고현황> 보고서 완성

지시사항	영역	개체명	탭	항목	설정 값
①	보고서 머리글	lbl제목	형식	글꼴 이름	휴먼옛체
				글꼴 두께	굵게
②	주문일자 머리글	머리글	형식	반복 실행 구역	예
③	본문	txt허브명	형식	중복 내용 숨기기	예
④	주문일자 바닥글	txt수량평균	모두	컨트롤 원본	=Avg([수량])
				형식	표준
				소수 자릿수	1
		txt판매금액합계	데이터	컨트롤 원본	=Sum([수량] * [판매단가])
⑤	페이지 바닥글	txt페이지	데이터	컨트롤 원본	="현재 : " & [Page] & "페이지"

02 <회원별주문현황> 폼에 이벤트 프로시저 작성

① '조회(cmd조회)' 컨트롤을 클릭한 후 [속성 시트]-[이벤트] 탭의 'On Click'에서 [코드 작성기]를 클릭

② VBA 코드 작성

```
Private Sub cmd조회_Click( )
Me.Filter = "고객ID like '*" & txt고객ID & "*'"
Me.FilterOn = True
End Sub
```

문제4 처리 기능 구현 (35점)

01 <케모마일조회> 조회 쿼리

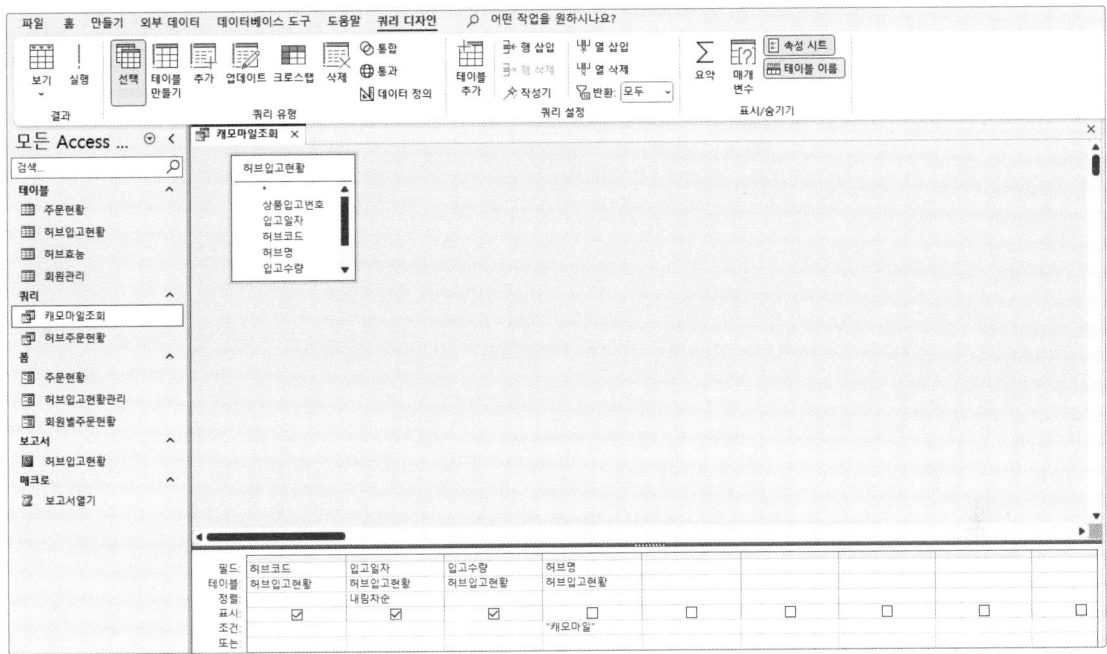

02 <허브별입고횟수> 크로스탭 쿼리

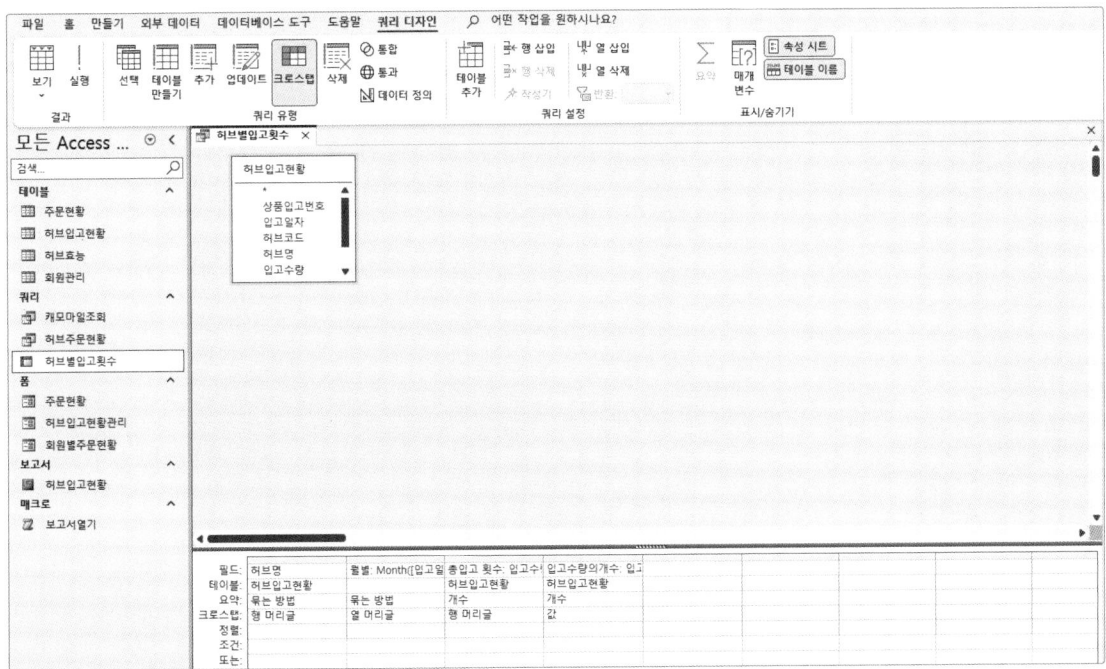

03 <배송료조회> 계산 쿼리

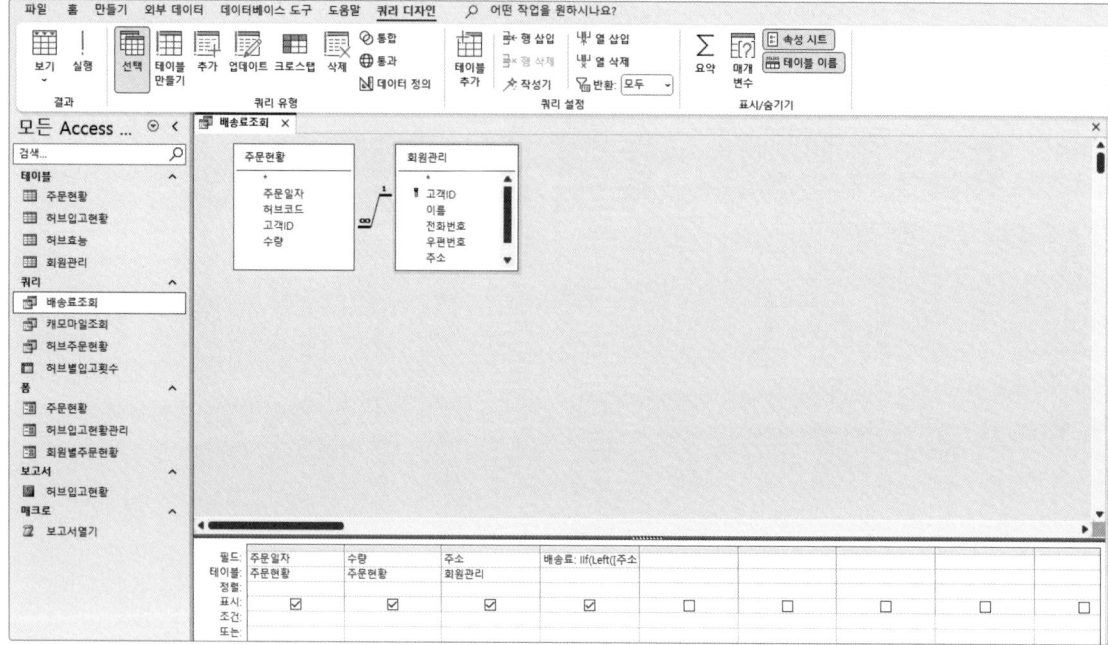

04 <입고날짜확인> 조회 쿼리

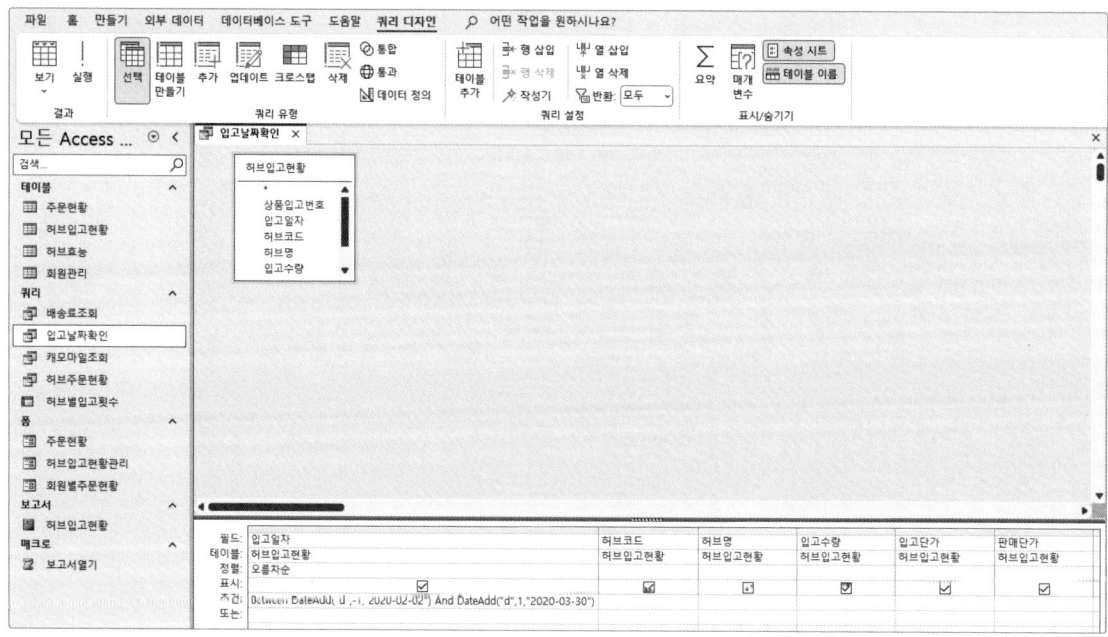

05 <허브별입고현황> 매개 변수 쿼리

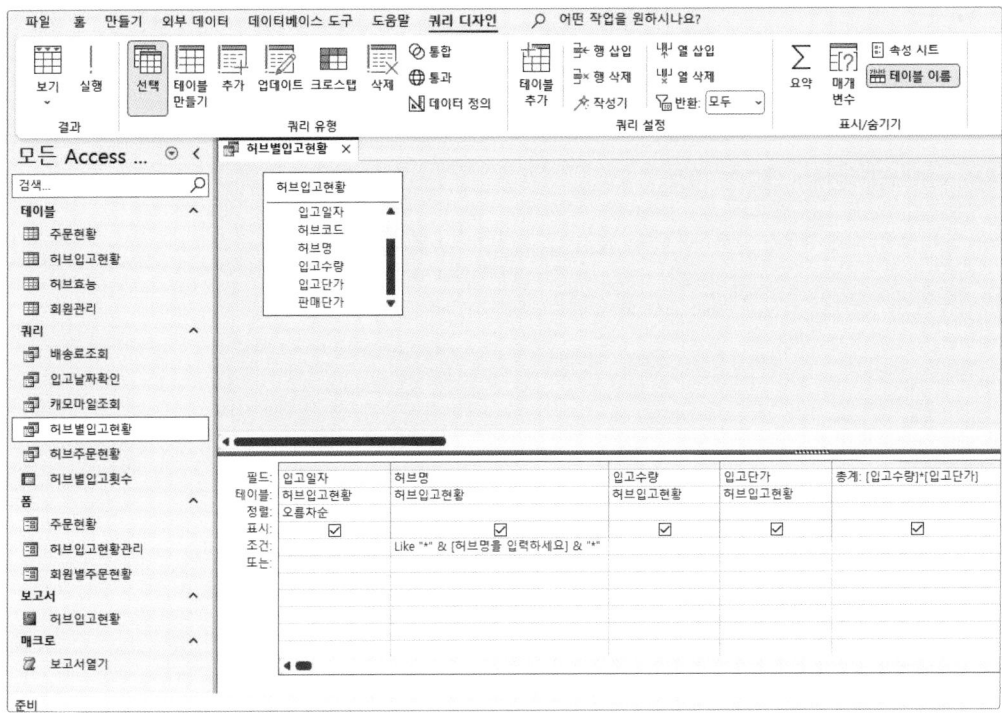

해설

문제 1 ▶ DB 구축 (25점)

1 <주문현황>, <허브입고현황> 테이블 완성

① <주문현황> 테이블 위에서 마우스 오른쪽 단추를 눌러 <디자인 보기>를 클릭합니다.

② '주문일자' 필드의 속성은 [형식]에 '자세한 날짜'를 선택합니다.

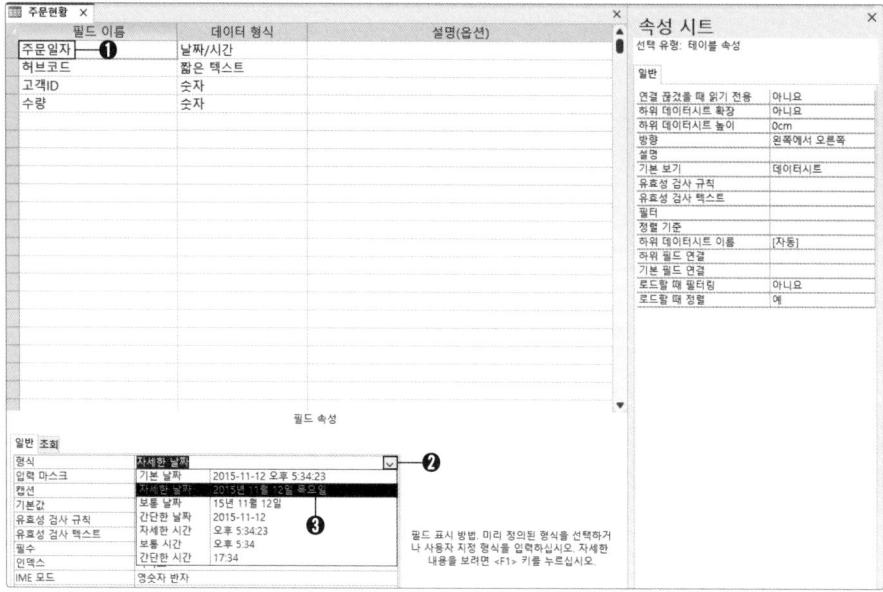

③ '허브코드' 필드의 속성은 [입력 마스크]에 '>L-000'을 입력합니다.

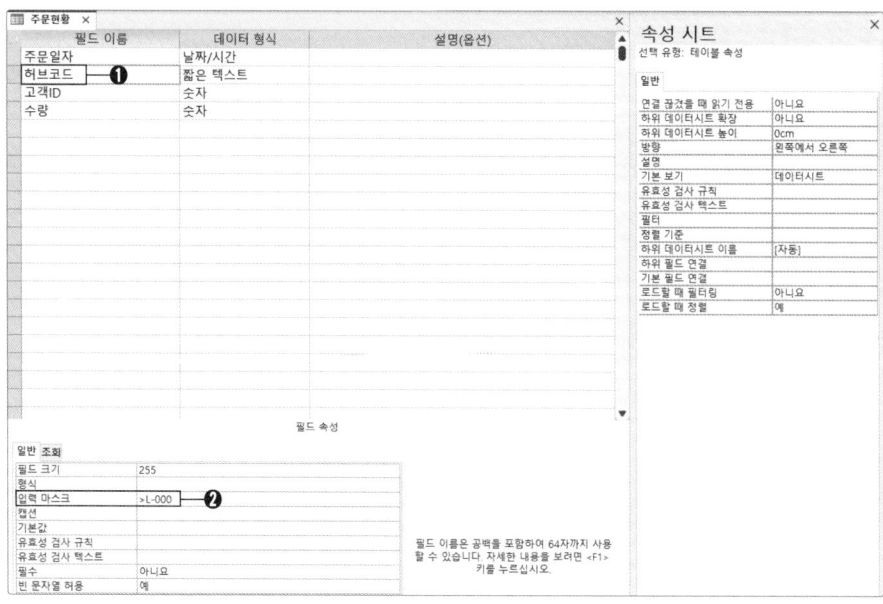

④ '수량' 필드의 속성은 [기본 값]에 '1'을 입력합니다.

⑤ <허브입고현황> 테이블 위에서 마우스 오른쪽 단추를 눌러 <디자인 보기>를 클릭합니다.

⑥ '허브명' 필드의 속성은 [인덱스]에 '예(중복 가능)'을 선택합니다.

⑦ '입고수량' 필드의 속성은 [유효성 검사 규칙]에 '>0'을 입력합니다.

2 관계 설정

① [데이터베이스 도구] 탭-[관계] 그룹-[관계]를 클릭합니다.

② [관계] 그룹-[테이블 추가]를 클릭합니다. [테이블 추가] 대화상자의 [테이블] 탭에서 **Ctrl** 키를 누른 채 차례대로 <주문현황>, <회원관리> 테이블을 선택하고 <선택한 표 추가> 단추를 클릭합니다.

③ <주문현황> 테이블의 '고객ID' 필드를 <회원관리> 테이블의 '고객ID' 필드로 드래그 앤 드롭 합니다.

④ [관계 편집] 대화상자에서 '항상 참조 무결성 유지', '관련 필드 모두 업데이트'를 선택하고 <만들기> 단추를 클릭합니다.
   ※ '일대다(1:M)'의 관계가 설정됩니다.

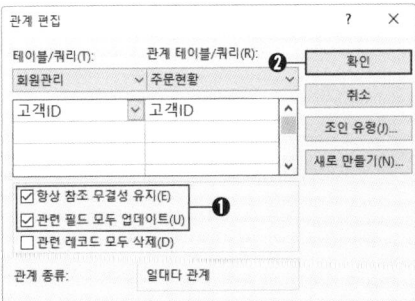

⑤ [관계] 창이 <그림>과 같이 표시됩니다. 빠른 실행 도구 모음에서 저장을 눌러 변경된 내용을 저장합니다. [관계 디자인] 탭-[관계] 그룹-[닫기]를 클릭합니다.

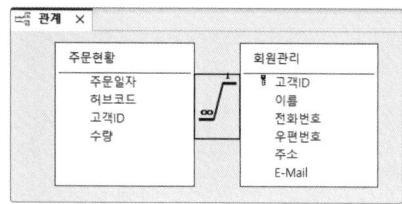

3 외부 데이터 가져오기

① [외부 데이터] 탭-[가져오기 및 연결] 그룹-[새 데이터 원본]-[파일에서]-[텍스트 파일]을 클릭합니다.

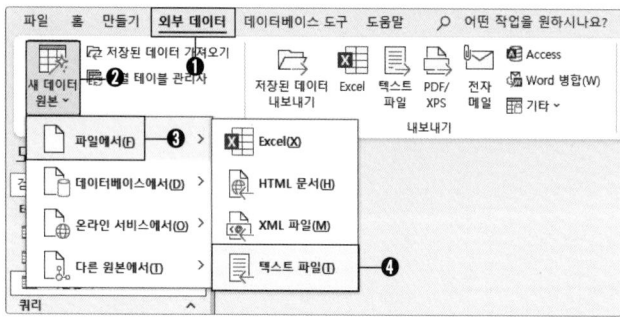

② [외부 데이터 가져오기-텍스트 파일] 대화상자에서 [데이터 원본 및 대상 선택] 창의 <찾아보기> 단추를 클릭하여 파일 이름은 'C:₩2024_컴활1급₩데이터베이스₩작업파일₩최신기출유형₩허브효능.₩txt'를 선택합니다.

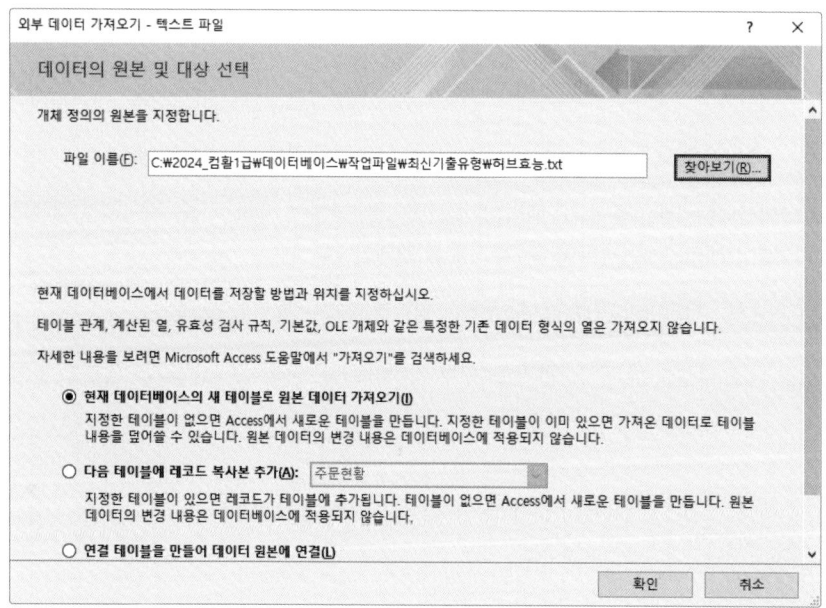

③ [외부 데이터 가져오기-텍스트 파일] 대화상자에서 저장할 방법과 위치는 '현재 데이터베이스의 새 테이블로 원본 데이터 가져오기(I)'를 선택하고 <확인> 단추를 클릭합니다.

④ [텍스트 가져오기 마법사] 대화상자에서 '구분'을 선택하고 <다음> 단추를 클릭합니다.

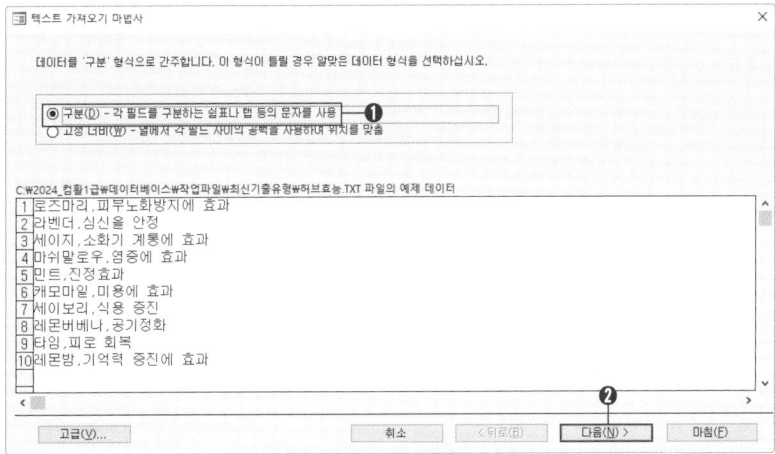

⑤ [텍스트 가져오기 마법사] 대화상자에서 필드를 나눌 구분 기호 선택에서 '쉼표'를 선택하고 <다음> 단추를 클릭합니다.

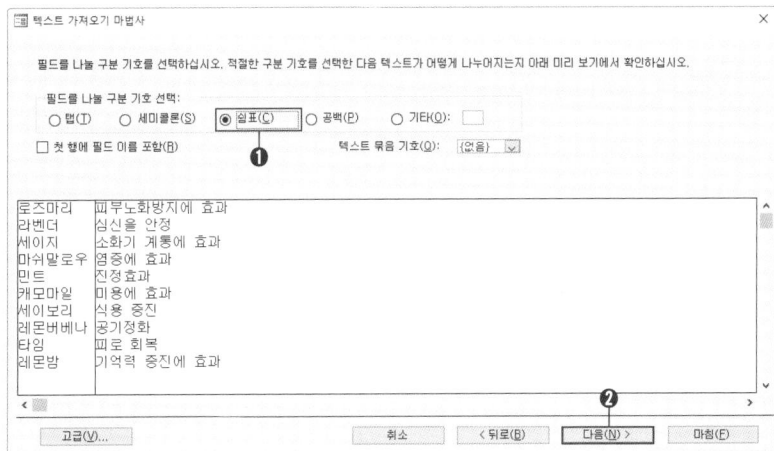

⑥ [텍스트 가져오기 마법사] 대화상자에서 필드 옵션에서 첫 번째 필드 이름에 '허브명', 두 번째 [필드 이름]에 '효능'을 입력하고 <다음> 단추를 클릭합니다.

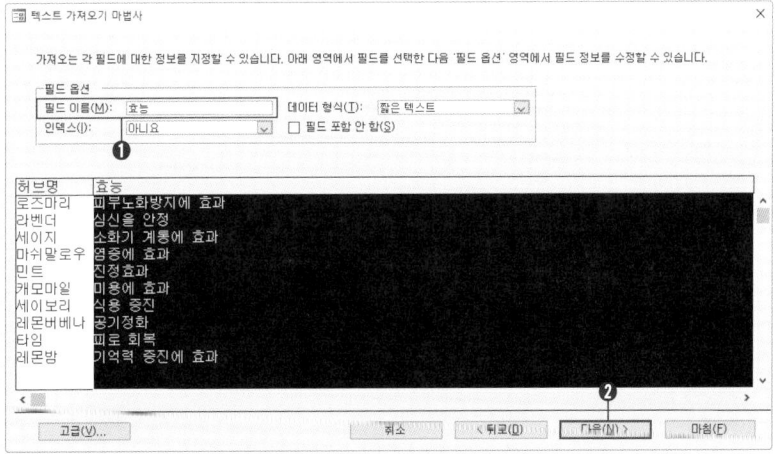

⑦ [텍스트 가져오기 마법사] 대화상자에서 'Access에서 기본 키 추가'를 선택하고 <다음> 단추를 클릭합니다.

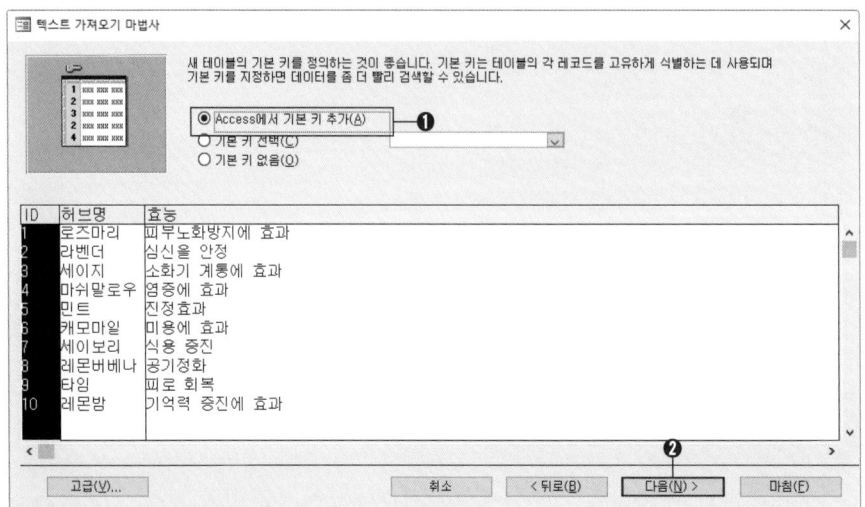

⑧ [텍스트 가져오기 마법사] 대화상자에서 테이블로 가져오기에 '허브효능'을 입력하고 <마침> 단추를 클릭합니다.

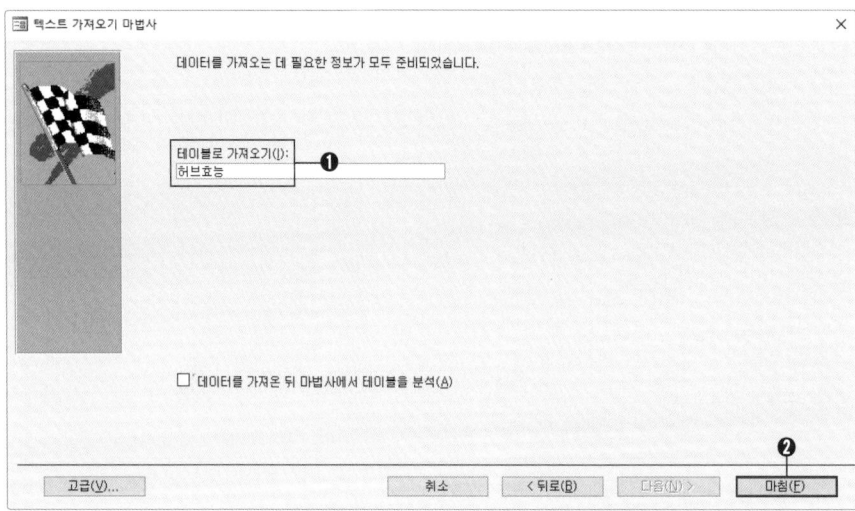

문제2 > 입력 및 수정 기능 구현 (20점)

1 <회원별주문현황> 폼의 완성

① <회원별주문현황> 폼 위에서 마우스 오른쪽 단추를 눌러 <디자인 보기>를 클릭합니다.

② '본문' 영역에서 마우스 오른쪽 단추를 눌러 <폼 머리글/폼 바닥글>을 클릭합니다.

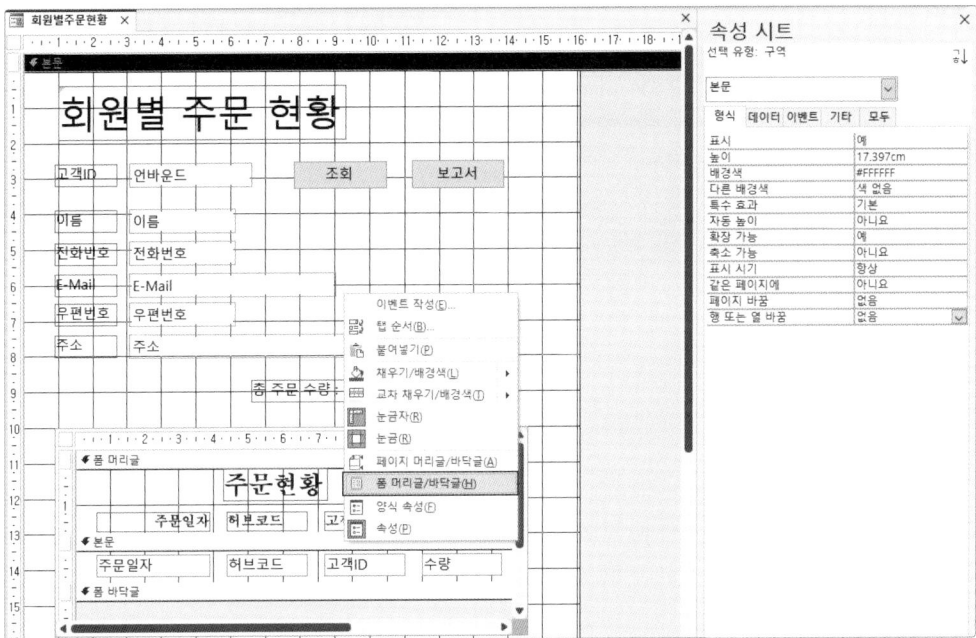

③ '본문' 영역에서 제목을 클릭하고 '폼 머리글' 영역으로 드래그 앤 드롭하여 이동합니다.

④ [양식 디자인] 탭-[컨트롤] 그룹-[🔲 (텍스트 상자)]를 '본문' 영역으로 드래그 앤 드롭 합니다.

※ 이때 텍스트 상자 마법사 창이 표시되면 <취소> 단추를 클릭합니다.

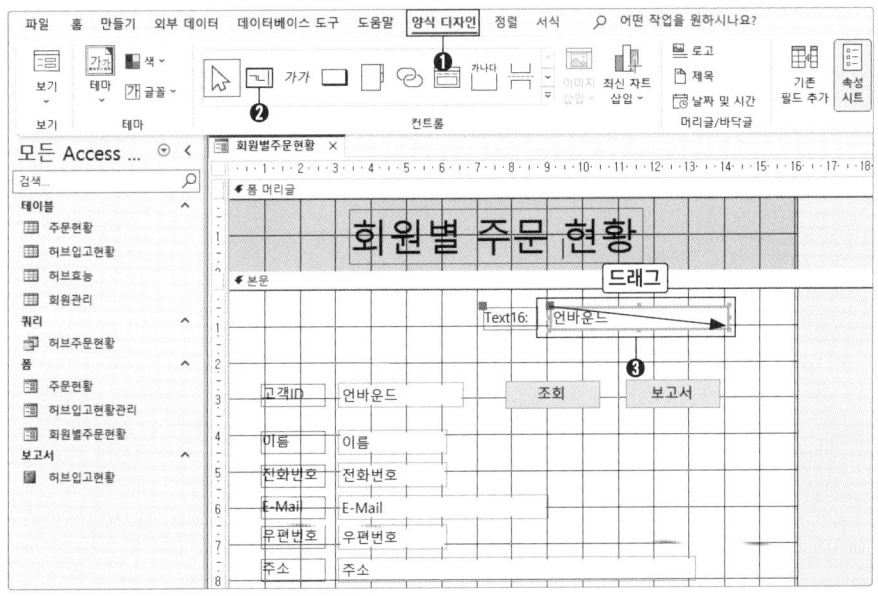

⑤ '레이블' 컨트롤에는 '조회월:'을 입력합니다.

⑥ '텍스트' 컨트롤 속성 시트 창의 [모두] 탭 중 [이름]에 'txt날짜'를 입력하고 [컨트롤 원본]에 '=Format(Date( ),"yy/mm/dd dddd")'을 입력하고 [테두리 스타일]에 '투명'을 선택합니다.
   ※ 'dddd'는 요일을 영어로 표시합니다.

⑦ '본문' 영역 속성 시트 창의 [형식] 탭 중 [다른 배경색]에 'Access 테마 1'로 선택합니다.

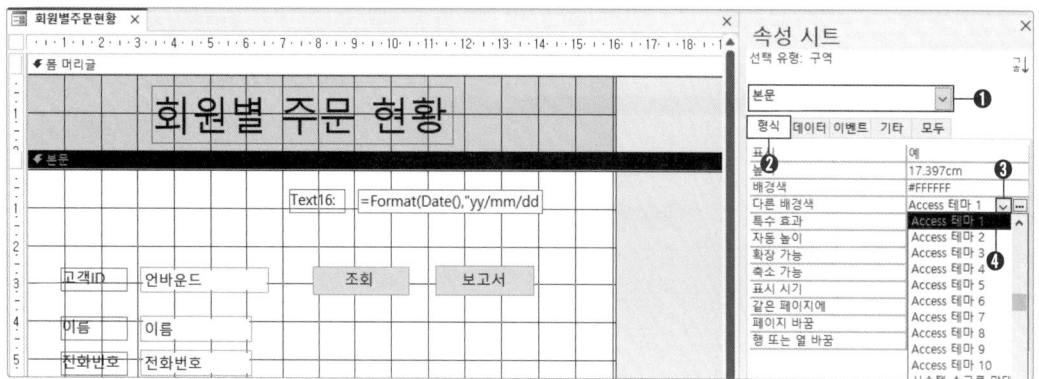

2 <회원별주문현황> 폼에 함수 설정

① <회원별주문현황> 폼 위에서 마우스 오른쪽 단추를 눌러 <디자인 보기>를 클릭합니다.

② 'txt총수량' 컨트롤 속성 시트 창의 [모두] 탭 중 [컨트롤 원본]에 '=DSum("수량","허브주문현황","이름=txt이름")'을 입력합니다.

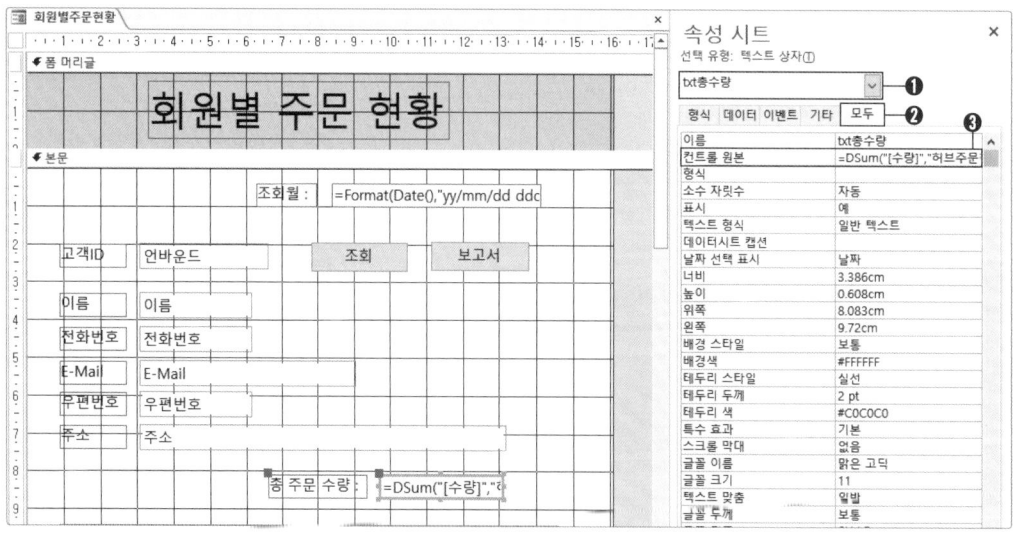

3 <회원별주문현황> 폼의 매크로 작성

① [만들기] 탭-[매크로 및 코드] 그룹-[매크로]를 클릭합니다.

② [새 함수 추가]에서 <MessageBox>를 선택합니다.

③ [메시지]에 '현재 폼을 종료하고 보고서를 열기 하시겠습니까?'를 입력하고 [제목]에 '폼 닫기'를 입력합니다.

④ [새 함수 추가]에서 <OpenReport>를 선택합니다.

⑤ [보고서 이름]에 '허브입고현황', [보기 형식]에 '인쇄 미리 보기'를 선택합니다.

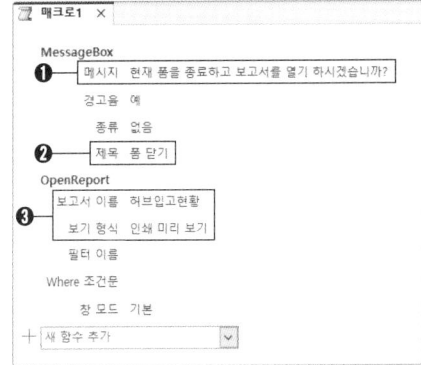

⑥ 빠른 실행 도구 모음에서 ▣(저장)을 클릭합니다. [매크로 이름]에 '보고서열기'를 입력합니다.

⑦ <회원별주문현황> 폼 위에서 마우스 오른쪽 단추를 눌러 <디자인 보기>를 클릭합니다.

⑧ '보고서'(cmd인쇄) 버튼 속성 시트 창의 [이벤트] 탭 중 [On Click]에 '보고서열기'를 선택합니다.

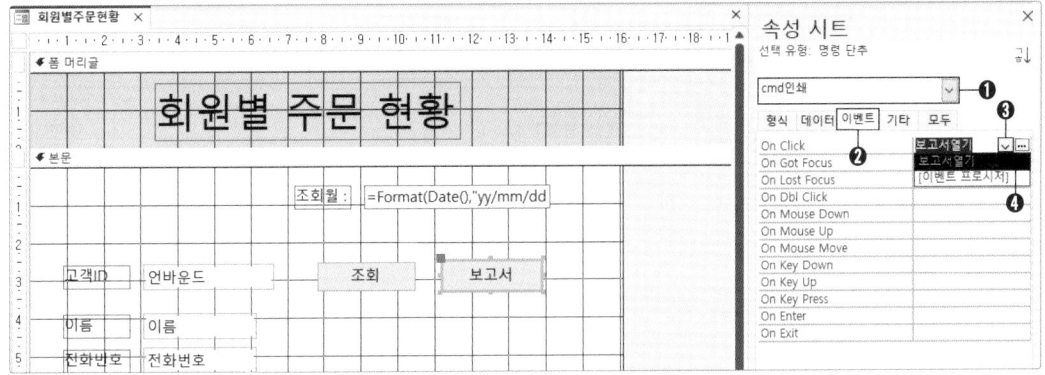

문제3 ▶ 조회 및 출력 기능 구현 (20점)

1 <허브입고현황> 보고서의 완성

① <허브입고현황> 보고서 위에서 마우스 오른쪽 단추를 눌러 <디자인 보기>를 클릭합니다.

② '보고서 머리글' 영역에서 'lbl제목' 컨트롤 속성 시트 창의 [형식] 탭 중 [글꼴 이름]에 '휴먼옛체', [글꼴 두께]에 '굵게'를 선택합니다.

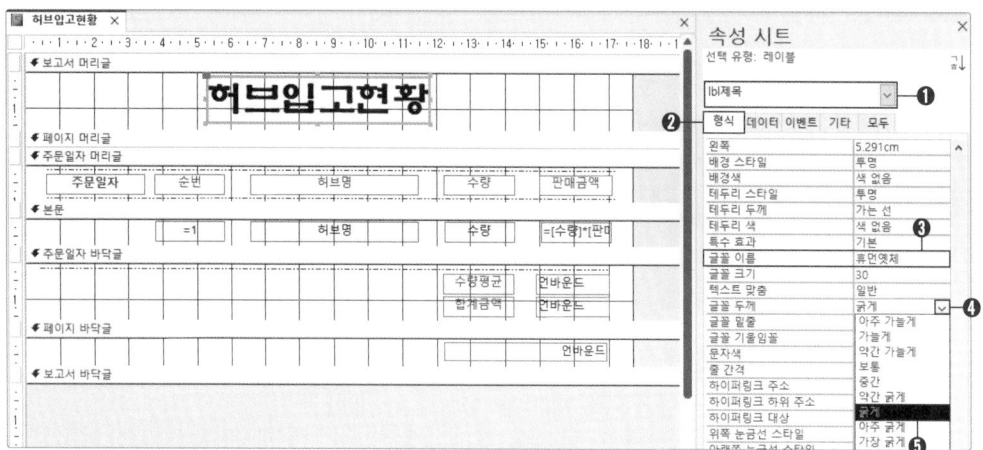

③ '주문일자 머리글' 영역 속성 시트 창의 [형식] 탭 중 [반복 실행 구역]에 '예'를 선택합니다.

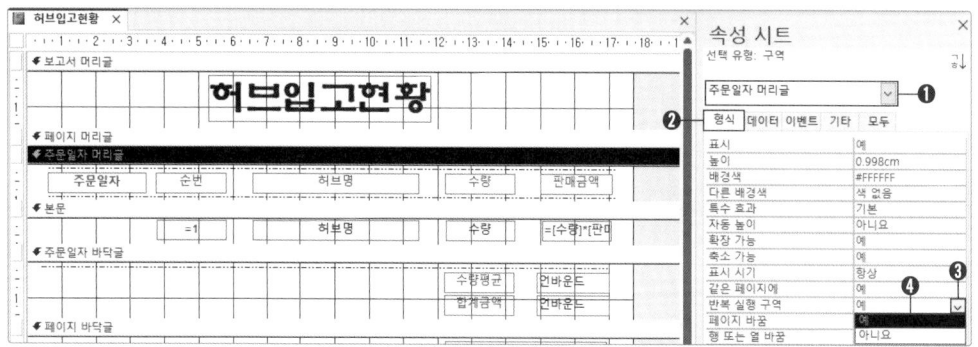

④ '본문' 영역에서 'txt허브명' 컨트롤 속성 시트 창의 [형식] 탭 중 [중복 내용 숨기기]에 '예'를 선택합니다.

⑤ '주문일자 바닥글' 영역에서 'txt수량평균' 컨트롤 속성 시트 창의 [모두] 탭 중 [컨트롤 원본]에 '=Avg([수량])'을 입력하고 [형식]에 '표준', [소수 자릿수]에 '1'을 선택합니다.

⑥ 'txt판매금액합계' 컨트롤 속성 시트 창의 [데이터] 탭 중 [컨트롤 원본]에 '=Sum([수량]*[판매단가])'를 입력합니다.

⑦ '페이지 바닥글' 영역에서 'txt페이지' 컨트롤 속성 시트 창의 [데이터] 탭 중 [컨트롤 원본]에 '="현재 : " & [Page] & "페이지"'를 입력합니다.

2 <회원별주문현황> 폼에 이벤트 프로시저 작성

① <회원별주문현황> 폼 위에서 마우스 오른쪽 단추를 눌러 <디자인 보기>를 클릭합니다.

② '본문' 영역에서 '조회'(cmd조회) 버튼 속성 시트 창의 [이벤트] 탭 중 [On Click]에 '코드 작성기'를 선택하고 <확인> 단추를 클릭합니다.

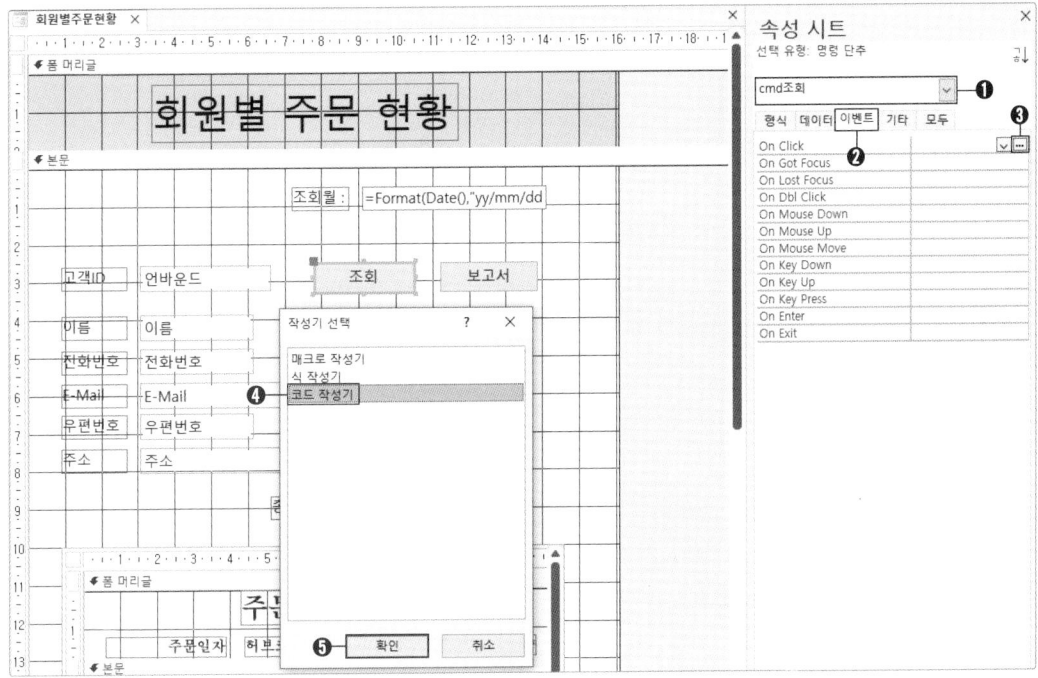

③ VBA 창에 다음과 같이 입력합니다.

※ 'txt고객ID' 컨트롤에 입력된 값이 포함되어 있으면 '고객ID'를 필터합니다.

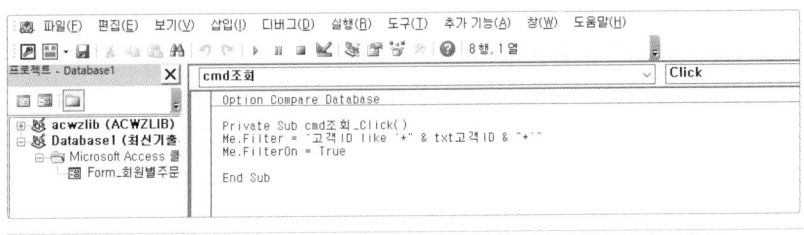

```
Private Sub cmd조회_Click( )
Me.Filter = "고객ID like '*" & txt고객ID & "*'"
Me.FilterOn = True
End Sub
```

문제4 ▶ 처리 기능 구현 (35점)

1 <캐모마일조회> 쿼리 작성

① [만들기] 탭-[쿼리] 그룹-[쿼리 디자인]을 클릭합니다.

② [테이블 추가] 대화상자의 [테이블] 탭에서 <허브입고현황> 테이블을 선택하고 <선택한 표 추가> 단추를 클릭합니다.

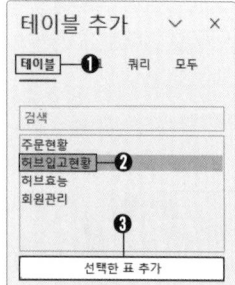

③ '허브명', '허브코드', '입고일자', '입고수량' 필드를 선택합니다.

④ '허브명' 필드는 [조건]에 '캐모마일', <표시>를 해제하고 '입고일자' 필드는 [정렬]에 '내림차순'을 지정합니다.

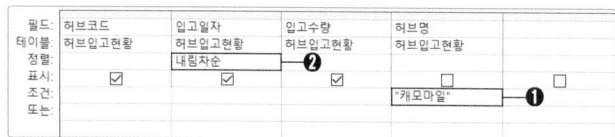

⑤ 빠른 실행 도구 모음에서 🖫(저장)을 클릭합니다. [쿼리 이름]에 '캐모마일조회'를 입력합니다.

2 <허브별입고횟수> 크로스탭 쿼리 작성

① [만들기] 탭-[쿼리] 그룹-[쿼리 디자인]을 클릭합니다.

② [테이블 추가] 대화상자의 [테이블] 탭에서 <허브입고현황> 테이블을 선택하고 <선택한 표 추가> 단추를 클릭합니다.

③ '허브명', '입고일자', '입고수량', '입고수량' 필드를 선택합니다.

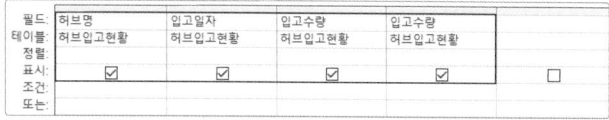

④ [쿼리 디자인] 탭-[쿼리 유형] 그룹-[크로스탭]을 클릭합니다.

⑤ '입고일자' 필드에 '월별: Month([입고일자]) & "월"', '입고수량' 필드에 '총입고 횟수: [입고수량]'을 수정합니다.

⑥ [요약]에 '총입고 횟수', '입고수량' 필드는 '개수'를 선택합니다.

⑦ [크로스탭]에 '허브명' 필드는 '행 머리글', '월별' 필드는 '열 머리글', '총입고 횟수' 필드는 '행 머리글', '입고수량' 필드는 '값'을 선택합니다.

⑧ '총입고 횟수' 필드 속성 시트 창의 [일반] 탭 중 [형식]에 '0" 번"'을 입력합니다.

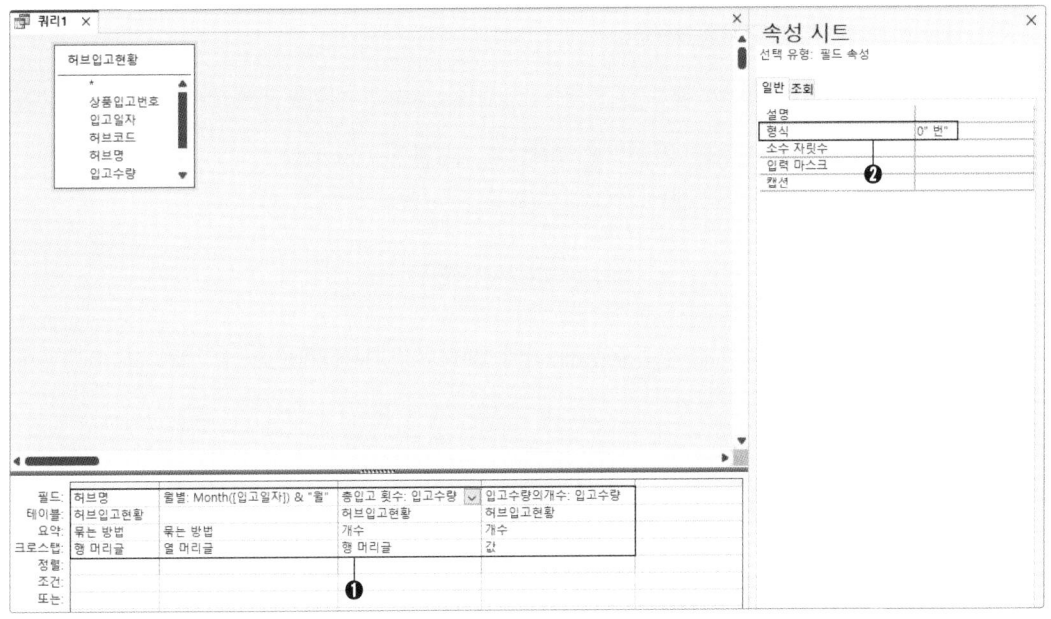

⑨ 빠른 실행 도구 모음에서 ■(저장)을 클릭합니다. [쿼리 이름]에 '허브별입고횟수'를 입력합니다.

3 <배송료조회> 계산 쿼리 작성

① [만들기] 탭-[쿼리] 그룹-[쿼리 디자인]을 클릭합니다.

② [테이블 추가] 대화상자의 [테이블] 탭에서 Ctrl 키를 누른 채 차례대로 <주문현황>, <회원관리> 테이블을 선택 하고 <선택한 표 추가> 단추를 클릭합니다.

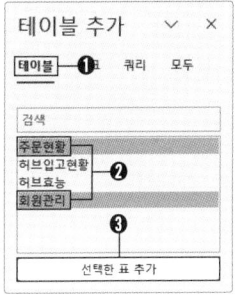

③ '주문일자' '수량', '주소' 필드를 선택합니다.

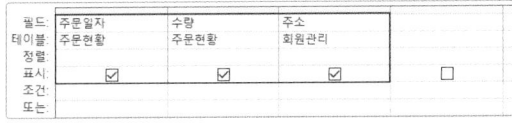

④ 마지막 필드에 '배송료: IIf(Left([주소],3)="서울시",3000,4500)'를 입력합니다.

⑤ 빠른 실행 도구 모음에서 ■(저장)을 클릭합니다. [쿼리 이름]에 '배송료조회'를 입력합니다.

4 <입고날짜확인> 날짜 검색 쿼리 작성

① [만들기] 탭-[쿼리] 그룹-[쿼리 디자인]을 클릭합니다.

② [테이블 추가] 대화상자의 [테이블] 탭에서 <허브입고현황> 테이블을 선택하고 <선택한 표 추가> 단추를 클릭합니다.

③ '입고일자', '허브코드', '허브명', '입고수량', '입고단가', '판매단가' 필드를 선택합니다.

④ '입고일자' 필드는 [정렬]에 '오름차순'을 선택하고 [조건]에 'Between DateAdd("d",-1,"2020-02-02") And DateAdd("d",1,"2020-03-30")'을 입력합니다.

 ※ '2020-02-02'에서 1을 빼면 '2020-02-01'이 되고 '2020-03-30'에서 1을 더하면 '2020-03-31'이 되므로 이 두 날짜 사이를 검색합니다.

⑤ 빠른 실행 도구 모음에서 (저장)을 클릭합니다. [쿼리 이름]에 '입고날짜확인'을 입력합니다.

5 <허브별입고현황> 매개 변수 쿼리

① [만들기] 탭-[쿼리] 그룹-[쿼리 디자인]을 클릭합니다.

② [테이블 추가] 대화상자의 [테이블] 탭에서 <허브입고현황> 테이블을 선택하고 <선택한 표 추가> 단추를 클릭합니다.

③ '입고일자', '허브명', '입고수량', '입고단가' 필드를 선택하고 '총계: [입고수량]*[입고단가]'를 입력합니다.

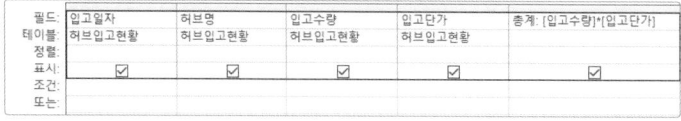

④ '허브명' 필드는 [조건]에 'Like "*" & [허브명을 입력하세요] & "*"'을 입력하고 '입고일자' 필드 [정렬]에 오름차순을 선택합니다.

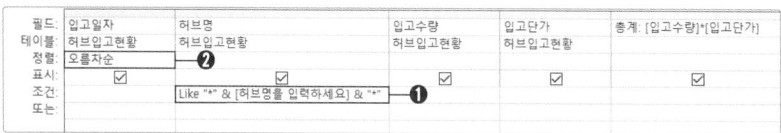

⑤ '입고단가'와 '총계' 필드 속성 시트 창의 [일반] 탭 중 [형식]에 '표준'을 선택하고 [소수 자릿수]는 '0'을 입력합니다.

⑥ [쿼리 디자인] 탭-[결과] 그룹-[실행]을 클릭합니다. [매개 변수 값 입력] 대화상자에 허브명의 일부분을 입력하고 <확인> 단추를 클릭하여 결과를 확인합니다.

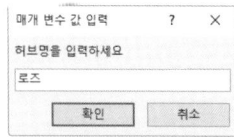

⑦ 빠른 실행 도구 모음에서 (저장)을 클릭합니다. [쿼리 이름]에 '허브별입고현황'을 입력합니다.

MEMO

MEMO